Achim Schlang
Michael Schumacher

Michael Schumacher

Alle Siege des REKORDCHAMPIONS

Achim Schlang

Motor
buch
Verlag

Einbandgestaltung: Dos Luis Santos

Abbildungen: PS-Sport

Eine Haftung des Autors oder des Verlages und seiner Beauftragten für Personen-, Sach- und Vermögensschäden ist ausgeschlossen.

ISBN 978-3-613-02762-6

Sie finden uns im Internet unter
http://www.motorbuch-verlag.de

1. Auflage 2006

Herstellung: IPa, 71665 Vaihingen/Enz
Druck und Bindung: Kessler Druck, 86399 Bobingen
Printed in Germany

Inhalt

SÃO PAULO
INTERLAGOS 8
INTERLAGOS 8
GR
MI

SÃO PA
ZIE
HAEL

Allianz
PRIX
ERS MAGNY-COURS 2006
Formula 1
M.Schumacher

Simply the Best

Mit Michael Schumacher ist der beste Formel 1-Pilot aller Zeiten zurückgetreten. Mit ihm geht ein Sportler der Superlative, der mit seiner einmaligen Erfolgsbilanz allerdings auch Neid weckte. Für viele seiner Fans ist der Grand Prix-Sport ohne ihn nahezu unvorstellbar. Sie seien getröstet: Als Rekordhalter vieler Statistiken wird »Schumi« auf Jahre hinaus präsent bleiben.

Mit Michael Schumacher hat sich am 22. Oktober 2006 der erfolgreichste Formel 1-Pilot aller Zeiten vom aktiven Grand Prix-Sport zurückgezogen. Damit endet – nicht nur aus Sicht seiner Fans – eine Ära. Welche besonderen Umstände machten die einmaligen Erfolge des Rheinländers möglich? Das »Geheimnis« ist ein Mix aus Talent, Fleiß, kompromisslos professioneller Einstellung und Lebensweise sowie 100prozentiger Motivation. In Perfektion ausgeübt, genügen eine oder zwei dieser vier Komponenten, um in der Formel 1 durch überzeugende Leistungen auf sich aufmerksam zu machen. So war Damon Hill, der Champion des Jahres 1996, nicht überdurchschnittlich talentiert, aber ungemein fleißig. Und Nelson Piquet wurde trotz ausgeprägter Faulheit dreimal Weltmeister. Doch »Schumi« profitierte nicht nur von diesen vier Tugenden, sondern zusätzlich von einem perfekten Umfeld. Hierfür stehen Namen wie Rory Byrne, Ross Brawn, Flavio Briatore und Jean Todt. Diesen Herren und anderen verdankte der Kerpener siegfähige F1-Boliden und effizient arbeitende Teams der Spitzenklasse.
Schumachers 91 Siege sprechen eine eindeutige Sprache. Diese einmalige Ausbeute ist allerdings noch weitaus beeindruckender, wenn man sie mit seinen zweiten und dritten Plätzen vergleicht, von denen er 43 beziehungsweise 20 nach Hause fuhr. Das zeigt: Wenn diesem Spitzenathleten ein gut abgestimmtes Auto zur Verfügung stand, das bis ins Ziel durchhielt, dann nutzte er das in der Regel zum Gewinn der vollen Punktzahl. Sich unter diesen Umständen mit dem zweiten oder dritten Rang zufrieden geben zu müssen, war die Ausnahme.
Kaum etwas unterstreicht die einmalige F1-Erfolgsstory so eindrucksvoll wie das allgemeine Echo auf Michael Schumachers Abschneiden im Verlauf der Saison 2005, das von vielen als katastrophaler Absturz ins Bodenlose empfunden und beschrieben wurde. Tatsächlich rangierte der deutsche Ferrari-Pilot im Endklassement auf Rang drei, was auf die Jahresleistung bezogen einem Podestplatz entspricht. Oder: Er musste sich zwar zwei Kollegen beugen, 17 aber ließ er hinter sich! »Abstürze« sehen objektiv betrachtet anders aus!
Kritiker behaupten, Michael Schumacher habe seine Erfolge in erster Linie den Technik- und Strategie-Spezialisten seiner Arbeitgeber zu verdanken. Das gilt speziell für die »rote Phase« des Rennfahrers, also für die Jahre ab 1996, die er in Diensten der Scuderia Ferrari bestritt. Diese Stimmen müssen sich allerdings vor Augen halten, dass es gute Gründe gibt, dass das Team aus Maranello bei den millionenschweren Unternehmungen Saison für Saison immer wieder auf Michael Schumacher setzte. Weshalb? Die Antwort auf diese Frage liegt auf der Hand: Um die Erfolgs-Chancen zu optimieren, verpflichtete das Management schlicht und einfach den besten Fahrer,

den der Markt anbot... Aus der Sicht des Ferrari-Konkurrenten beschrieb Sir Frank Williams die Lage wiederholt mit den Worten: ›Michael Schumacher hat einen großen Nachteil – er fährt nicht für unser Team.‹
Trotz seiner einmaligen Erfolgsserie ist Michael Schumacher als Sportler nicht unumstritten. Stellvertretend für die Kritiker vertritt Ex-Champion Jacques Villeneuve die Meinung: ›Michael ist kein großartiger F1-Rennfahrer, weil er kein großartiger Mensch ist.‹ Angekreidet werden dem Rheinländer speziell Einsätze am Steuer eines angeblich illegalen Boliden im Jahr 1994 sowie Karambolagen mit Damon Hill am 14. November ´94 in Adelaide und mit Villeneuve am 26. Oktober 1997 im spanischen Jerez. Zum Vorwurf der Verwendung einer damals verbotenen Traktionskontrolle im Benetton-Ford B194: Ein Regelverstoß konnte dem Team nicht nachgewiesen werden. Trotzdem war der Verdacht keineswegs unbegründet, denn nach Meinung neutral urteilender Fach-Ingenieure setzten in jener Saison tatsächlich ›alle Rennställe, die es sich finanziell leisten konnten‹ eine versteckte »TC« ein... Keinesfalls verfügte Benetton ´94 über einen technisch überlegenen Rennwagen, denn in diesem Fall hätten Michael Schumachers Teamkollegen besser abschneiden müssen. 1994 und 1995 konnte der Benetton aus eigener Kraft ausschließlich von Michael Schumacher und von keinem anderen Piloten zum Sieg gefahren werden. Diese Leistung ist mit der des unvergessenen Ayrton Senna im Verlauf der Saison 1993 vergleichbar, als der Südamerikaner fünfmal am Steuer des McLaren-Ford MP4/8 triumphierte.
Was die berühmte und oft zitierte Schumacher/Hill-Karambolage während des Saisonfinales 1994 betrifft, so gibt es keinerlei Zweifel daran, dass Michael Schumacher im entscheidenden Augenblick »Vorfahrt« hatte, denn zum Zeitpunkt des Einlenkens lag der Bug seines Boliden eindeutig vor dem des gegnerischen Rennwagens. Damon Hill hat seitdem ohnehin mehrmals eingestanden, dass ihm ein taktischer Fehler unterlief, als er den führenden Rivalen unüberlegt attackierte. Er habe, so der Brite zur Entschuldigung, seinen Fahr-Rhythmus nicht schnell genug der veränderten Situation anpassen können.

Bleibt der »Rammstoß von Jerez« gegen Villeneuve. Keine Frage: Michael Schumacher zog die Notbremse, als er seinen Ferrari gleich zwei Mal (!) gegen den Williams lenkte, um den Kanadier von der Piste zu rempeln. Dabei handelte es sich um ein klares Foul, das seitens der FIA hart bestraft wurde. Einen Vorteil brachte ihm die Aktion also nicht. In diesem Zusammenhang ist es interessant, dass vergleichbare Manöver – 1964 Lorenzo Bandini contra Graham Hill zugunsten von Bandinis Teamkollegen John Surtees und 1990 Ayrton Senna gegen Alain Prost – nicht geahndet wurden, obwohl jeweils die unfair agierende Partei entscheidend profitierte.
Seitens der Schumacher-Gegner wird auch gern argumentiert, der siebenmalige Ex-Champion habe wiederholt von einer »Team Order« profitiert. Der Hinweis ist korrekt, auch wenn er ausgerechnet auf das Paradebeispiel »A1-Ring« nicht zutrifft. Tatsache ist allerdings auch: Die sogenannte »Stallregie« wurde schon in den 30er Jahren des vorigen Jahrhunderts von Mercedes-Rennleiter Alfred Neubauer kreiert, wofür der »Dicke« viel Lob erntete. Außerdem verschenkte Michael Schumacher mehr Siege als er dank verordneter Großzügigkeit seiner Teamkollegen heimfahren konnte.
Der Rückblick macht deutlich: Michael Schumacher weckte positive und negative Emotionen. Wenn der Rheinländer paradoxerweise beim harten Kern der Alt-F1-Fans

zur Reizfigur wurde, dann lag das daran, dass er gegen den jahrzehntelang ebenso gültigen wie unerklärlichen »Grundsatz« verstieß, Deutsche hätten in der Formel 1 nur Nebenrollen zu spielen. »Schumi« brach mit dieser Tradition. Aus Sicht seiner Rivalen geht es weniger um diffuse Gefühle als um handfeste Nachteile: Aufgrund seiner Dominanz stellte der Deutsche mit Blick auf den Titelgewinn eineinhalb Generationen von Kollegen kalt. Dieser Hintergrund macht deutlich, weshalb Fernando Alonso so oft betont, dass ihm seine beiden Titelgewinne ganz besonders viel bedeuten, weil er sie gegen Michael Schumacher holte.

Bleibt die Frage, auf welchem Platz Michael Schumacher in der Liste der größten GP-Piloten aller Zeiten rangiert. Sie ist insofern ernüchternd, als es bedauerlicherweise keine Antwort gibt. Grand Prix werden inzwischen seit mehr als 100 Jahren ausgetragen. Im Verlauf der Jahrzehnte gab es immer wieder sensationelle Ausnahmeerscheinungen, doch die lassen sich leider nicht miteinander vergleichen. Weshalb? Weil sich diese Sportart seit 1906 in einem weitaus stärkeren Maße verändert hat als irgendeine andere. Wenn sich der Fußballsport in vergleichbarer Weise gewandelt hätte, dann würde heutzutage auf runden Plätzen mit würfelförmigen »Bällen« gespielt...

Es lässt sich natürlich trotzdem sagen: Gemeinsam mit Männern wie Tazio Nuvolari, Stirling Moss, Jim Clark, Nelson Piquet oder Ayrton Senna zählt Michael Schumacher zur unumstrittenen Top-Garnitur, der maximal zehn bis zwölf Namen zugerechnet werden dürfen. Aber selbst diese Übersicht wäre kein Abbild der Realität, weil es einige extrem vielversprechende Talente – wie Guy Moll, Chris Bristow oder Stefan Bellof – gab, die ihr Können letztlich nur andeuten konnten, weil die Karrieren durch tödliche Unfälle frühzeitig beendet wurden.

Seit der Rücktrittserklärung Michael Schumachers geht in Deutschland die Angst um, das Ende der Formel 1 sei nahe – ohne die Kerpener »PS-Lichtgestalt« sei der Grand Prix-Sport entschieden weniger attraktiv. Die Bedenkenträger werden ab Saisonbeginn eines Besseren belehrt werden. 100 Jahre GP-Sport und bald 60 Jahre Fahrer-Championat beweisen, dass die Rennen nicht auf die Teilnahme einzelner Persönlichkeiten angewiesen sind. Richtig ist allerdings: Es wird lange Zeit dauern, bis in der Szene ein Pilot auftaucht, der sich den von Michael Schumacher aufgestellten Bestleistungen annähern kann. Zur Zeit scheint es, als seien die Rekorde des Rheinländers Rekorde für die Ewigkeit. Doch als solche wurden bis vor wenigen Jahren auch die fünf WM-Titel des Argentiniers Juan Manuel Fangio angesehen. Als Spitzenwert überdauerten diese fünf Erfolge letztlich allerdings »nur« 46 Jahre. Weil die Latte mit sieben Titeln jetzt noch höher liegt, dürfte Michael Schumacher frühestens in 50 bis 60 Jahren entthront werden...

tic tac
FRESH MINTS

Die Saison 1991

Die Formel 1-Saison 1991 verlief völlig überraschend, abwechslungsreich und spannend. Überraschend, weil Ferrari dem Vorschuss-Lorbeer in keiner Weise gerecht wurde. 1990 noch mit sechs Siegen absolut konkurrenzfähig – und McLaren zeitweise sogar deutlich überlegen – erlebten die Italiener nun eines der dunkelsten Jahre der Firmengeschichte. Alain Prost und Jean Alesi spielten nur Nebenrollen, weil ihre Autos weder schnell waren noch die Zuverlässigkeit besaßen, die im Titelkampf notwendig ist.

Wenn das Rennjahr nach vier Senna-Siegen in Folge zunächst (faszinierend!) eintönig verlief, brachte dann die Williams-Sommer-Offensive und mit ihr Nigel Mansell wieder unerwartet Spannung in das Championat: Der Titel wurde erst in Japan vergeben – an Ayrton Senna.

Aus deutscher Sicht begann die Saison wenig erfreulich: Die – hinter Japan und den USA – größte Automobilnation stellte zunächst keinen einzigen Piloten und keinen Rennstall. Nur Porsche hielt die bundesdeutsche Fahne im Grand Prix-Sport hoch, allerdings ohne auch nur im Ansatz an die großartigen Erfolge der Turbo-Ära anknüpfen zu können. Michael Bartels konnte die nationale Komponente nicht verstärken. Der Sauerländer wurde verheizt, ohne eine Chance zu haben, sein wahres Talent zu zeigen.

Dann änderte sich die Situation schlagartig durch das Debüt von Michael Schumacher in Spa-Francorchamps. Der Kerpener trumpfte von den ersten Minuten an derart überzeugend auf, dass er sich bereits nach der ersten freien Trainings-Sitzung keine Sorgen mehr um einen Vertrag für 1992 zu machen brauchte! Aufgewachsen unweit der Wasserburg des Reichsgrafen Wolfgang Graf Berghe von Trips, der 1961 nach dem WM-Titel griff, erwies sich der Rheinländer als Ausnahme-Talent, das den ganz Großen der Szene bereits bei seinen ersten Formel 1-Gehversuchen erfolgreich die Stirn bot. Sogar Ayrton Senna zeigte sich auf Anhieb tief beeindruckt.

Sein erstes Team
Team Jordan Formula One Ltd.

Ohne Zweifel war das Team des Iren Eddie Jordan der Aufsteiger des Jahres 1991. Man musste in der GP-Geschichte weit zurückgehen, um einen ähnlich erfolgreichen Neuling zu finden. Schon während der Tests im Februar – zu diesem Zeitpunkt war auch der Deutsche Bernd Schneider noch als Pilot im Gespräch – sorgte Jordan für Schlagzeilen. Die guten Rundenzeiten wurden von vielen Beobachtern jedoch nicht ernst genommen. Sie glaubten an ein untergewichtiges Auto, das auf Sponsoren-Fang geschickt wurde. In Wahrheit aber hatte Gary Anderson ein tadelloses Chassis abgeliefert. Das erkannte auch der damalige Benetton-Konstrukteur John Barnard sehr früh. Er sträubte sich vergeblich dagegen, dass Jordan den bis dahin exklusiv Benetton zur Verfügung stehenden Ford HB-Motor erhält. Barnard scheute den Vergleich beider Konstruktionen mit gleichen Motoren. Seinen ersten Einsatz absolvierte Michael Schumacher dann im Jordan-Ford 191. Der Rennstall von Eddie Jordan spielte daher aus deutscher Sicht eine besonders wichtige Rolle. Er gab nämlich Michael Schumacher eine Chance in Spa, als Stamm-Pilot Bertrand Gachot nach einem äußerst umstrittenen Urteil im Knast schmoren musste. Mit allen Mitteln wehrte sich der Ire anschließend gegen die Abwanderung des Rheinländers zu Benetton, konnte sie jedoch nicht verhindern.

Das Team Benetton Formula Ltd. gehörte zu den besten Adressen im Formel 1-Sport der frühen Neunziger. Die großen Erwartungen, die allgemein laut wurden, erfüllten sich in Schumachers erstem Jahr indes nicht. Viel mehr als den »Abstauber-Sieg« Nelson Piquets in Montreal gab es nicht zu vermeiden. Trotzdem aber stand Benetton immer wieder im Blickpunkt des Interesses, und die Saison 1991 ging aus den verschiedensten Gründen in die Team-Geschichte ein.

Sicherlich lag es am Wechsel des Reifen-Partners – Benetton stieg von Goodyear- auf Pirelli-Pneus um –, wenn nicht ganz vorn mitgefahren wurde, und sicherlich lag es auch am plötzlichen Ausstieg von John Barnard im Juni, mitten während der Saison. Nur einen Monat später sorgte Benetton erneut für Gesprächsstoff, weil Tom Walkinshaw – erfolgreicher Dirigent der Jaguar Gruppe C-Autos – einen 35-prozentigen Anteil des Rennstalls aufkaufte.

Sofort machte Walkinshaw seinen Einfluss geltend, indem er die Stammpiloten Nelson Piquet und Roberto Moreno (beziehungsweise deren Leistungen) in Frage stellte. Kaum blitzte in Spa das Talent Michael Schumachers auf, da griff Benetton zu. Um dem Deutschen ein Cockpit anbieten zu können, trennte sich Benetton auf sehr rüde Art von Moreno, auch wenn die Kündigung mit einem »Schmerzensgeld« verziert wurde.

Großer Preis von Belgien
Spa-Francorchamps, 25. August 1991

Aus deutschen Landen frisch auf die Piste

Wenige Tage nach dem ungarischen Grand Prix schlägt die Nachricht von der Verurteilung des Belgiers Bertrand Gachot in der Grand Prix-Familie wie eine Bombe ein. Der Jordan-Pilot verschwindet hinter den Gittern des Brixton-Gefängnisses in London, weil er sich im Dezember 1990 beim Streit mit dem Taxi-Fahrer Eric Court illegal zur Wehr setzte: Gachot besprühte den Chauffeur mit CS-Gas.

Ein Bußgeld wollte er nicht zahlen, weil er das Recht auf seiner Seite wähnte. Doch Richter Gerald Butler sah das anders und verdonnerte den Jordan-Piloten zu einer 18-monatigen Haftstrafe. Gachot muss sich allerdings einen Vorwurf gefallen lassen: Er trat vor Gericht nicht gerade diplomatisch auf. So mahnte er den Richter immer wieder zur Eile. Er wollte ein Flugzeug nach Italien erreichen, weil in Monza Testfahrten auf dem Programm standen. Da platzte dem Robenträger, der sich wohl ohnehin auf Kosten des prominenten Angeklagten profilieren wollte, offenbar der Rüschenkragen.

Als alle Versuche Eddie Jordans scheitern, den Sträfling auszulösen, muss er sich nach einem Ersatz-Piloten umsehen. Der Ire hat dabei die Qual der Wahl, denn das verwaiste Cockpit lockt gleich 22 (!) Fahrer an. Jordan »mistet aus«, und drei Kandidaten kommen in die engere Auswahl: Ex-Weltmeister Keke Rosberg – der allen einmal zeigen will, wie schnell er noch ist –, Stefan Johansson, den eine enge Freundschaft mit Eddie Jordan verbindet, und der Deutsche Michael Schumacher. Die beiden Skandinavier erhalten schließlich Absagen.

Umgerechnet circa 450.000 Mark muss Schumacher für den Einsatz in Spa mitbringen. Für die Summe bürgt sein Arbeitgeber Mercedes, denn in Untertürkheim sind die eigenen Formel 1-Pläne inzwischen so weit gereift, dass die Schwaben Interesse an der Grand Prix-Lehre des Kerpeners haben. Für den 22-jährigen, der sich fühlt, als fielen »Weihnachten, Ostern und ein Sechser im Lotto« zusammen, geht ein Traum in Erfüllung.

Schon als vierjähriger Knirps drehte er auf der elterlichen Gokart-Bahn erste Runden – Parallelen zu Ayrton Senna sind unübersehbar.

Um dem Rookie eine faire Chance zu geben, wird er vier Tage vor Trainingsbeginn zu Tests nach Silverstone geladen. Dort besteigt er zum ersten Mal in seinem Leben ein Formel-1-Cockpit und wundert sich: »Hoppla, das geht ja ganz schön ab.« Nach nur drei Runden auf dem kurzen South-Circuit ist er bereits mit der F1-Rakete vertraut.

Nach weiteren drei Umläufen erhält er das Signal, die Boxen anzusteuern. Die Team-Mitglieder sorgen sich um Fahrer und Auto.
Sie ermahnen ihn, sich behutsam an den unbekannten Boliden zu gewöhnen. Bevor die Sonne untergeht, ist Schumacher bis auf 0,4 Sekunden an die von Andrea de Cesaris aufgestellte Jordan-Bestzeit herangekommen, ohne an seine Grenzen zu stoßen! Der Einstand hat eine geradezu unheimliche Qualität.
Auch in Belgien sorgt der »neue Deutsche« für Schlagzeilen. Obwohl er die Piste – der Ardennen-Kurs zählt neben Suzuka erklärtermaßen zum Anspruchsvollsten des GP-Terminkalenders – abgesehen von einer Inspektions-Runde per Fahrrad am Donnerstag nicht kennt, ist er auf Anhieb schnell. Nach dem ersten Qualifying steht er auf Platz acht, und dieses Ergebnis erzielt er wie ein ausgebuffter Routinier: Weil er seinen ersten Reifensatz wegen roter Flaggen nicht nutzen kann – Eric van de Poele landet bei Blanchimont mit 240 km/h in den Planken –, steht der Rheinländer fünf Minuten vor Trainingsende noch ohne Zeit da. Trotz dieses Drucks lässt er sich nicht aus der Ruhe bringen und dreht eine fehlerfreie Runde!
Jetzt ist der Name Schumacher in aller Munde. »Er muss etwas Außergewöhnliches haben«, lobt Ayrton Senna. Auch Gerhard Berger ist beeindruckt und muss sich damit korrigieren. Noch im Mai hatte der Österreicher prophezeit: »Der wird's nicht schaffen.« Ex-Champion Jackie Stewart zeigt sich um Schumachers Gesundheit besorgt, falls er »so weitermacht«. »Seine Formkurve wird bald einen Knick bekommen«, verkündet der Schotte, »dann aber kontinuierlich steigen.
Bei allen großen Fahrern ist das zu beobachten – im Augenblick bei Jean Alesi. Falls er wirklich so gut ist, wie man jetzt annehmen darf, könnte er um das Jahr 1996 Weltmeister werden. So lange brauchen auch die Asse zur Reife. Das war bei Niki Lauda so, bei Alain Prost, Ayrton Senna und auch bei Jackie Stewart.« Wie bekannt, irrt sich der Schotte gewaltig ...
Dass Schumacher seinen Auftritt dem Pech seines Kollegen Gachot verdankt, ist nicht zu übersehen. Zahlreiche Zuschauer, aber auch viele Rennfahrer tragen T-Shirts mit dem Aufdruck »Gachot why – God save the British and Gachot«. Nach van de Poeles Ausritt meint ein einheimischer Journalist zynisch: »Wir haben kein Glück mit unseren Piloten. Einer liegt im Krankenhaus, einer sitzt im Gefängnis und der dritte fährt einen Ligier ...«
Vorn bestimmen Senna und Berger in den McLaren das Tempo; der Tiroler rutscht dann allerdings auf Platz vier ab. Michael Schumacher steht auf Platz acht, macht aber durch die Strafversetzung von Patrese eine Startrang nach vorne. Einen kleinen Wermuttropfen muss er allerdings schlucken: Freitags zitierte ihn die Rennleitung zu sich, weil er den Notausgang der Bus-Stop-Schikane ohne Marshal-Weisung verlassen hatte. Nach dem Abschlusstraining muss er erneut Rede und Antwort stehen: Diesmal wird ihm rücksichtslose und gefährliche Fahrweise vorgeworfen. Es bleibt bei einer Verwarnung, und so gelingt es dem »Schumacher-Clan« mit den Zentralfiguren Willi Weber und Jochen Neerpasch beinahe perfekt, den Vorfall zu verheimlichen.
Das Warm-up am Morgen des Renntages zeigt deutlich, dass die Williams-Renault in Rennabstimmung kaum zu schlagen sein werden. Damit ist Nigel Mansell der große Favorit, während allerdings kaum jemand Riccardo Patrese den »langen Marsch« von Platz 17 an die Spitze zutraut. Das halbstündige Einschießen unterstreicht aber auch die unverändert gute Form Schumachers. Von Senna knapp geschlagen, fährt

der Gachot-Ersatz die viertbeste Zeit! Als die Autos die Startplätze einnehmen, liegt eine Sensation in der Luft.
Nach Aufleuchten des Grünlichts hat vorn Ayrton Senna mit Alain Prost keine Probleme. Aus der vierten Reihe beschleunigt Schumacher so vehement, dass sich Nelson Piquet wundert: »Ich war noch nicht im zweiten Gang, da flog er bereits vorbei – das war ein klarer Frühstart!« Die Funktionäre müssen dem Vorfall nicht nachgehen, denn ein Kupplungsschaden beendet den ersten Grand Prix des Deutschen bereits nach wenigen Sekunden. »Ich habe bewiesen, ein solches Auto gut bewegen zu können«, kommentiert Schumacher sein erstes GP-Wochenende und unterdrückt dabei die tiefsitzende Enttäuschung. Seine Hoffnungen richten sich nun auf Monza, wo er allerdings überraschend nicht mehr im grünen Overall des Jordan-Teams antreten wird.

Großer Preis von Italien
Monza, 8. September 1991

Erste WM-Punkte für Michael Schumacher

Die Tage nach dem belgischen WM-Lauf verlaufen zunächst im Routine-Trott. Die Tatsache, dass Roberto Moreno einen Brief erhält, mit dem ihm Benetton für die geleisteten Dienste dankt, gleichzeitig aber die Kündigung zum Jahresende ausspricht, kommt nicht unbedingt überraschend. Kein Sponsor sieht gerne zwei Piloten aus einem Land unter Vertrag, wird dadurch werbemäßig doch nur ein Markt abgedeckt... Michael Schumacher fliegt nach England, um den Jordan-Ford weiteren Testfahrten zu unterziehen. Wieder glänzt der Kerpener: Schumacher unterbietet Andrea de Cesaris' Bestzeit auf dem kleinen Kurs von Silverstone. Eine Einigung zwischen den Betreuern des Senkrechtstarters und Eddie Jordan scheint reine Formsache zu sein. Doch dann nehmen die Verhandlungen einen unerwarteten Verlauf.

Am Montag den 2. September werfen sich Jordan und Jochen Neerpasch, der Schumachers Interessen maßgeblich wahrnimmt, gegenseitig vor, unannehmbare Forderungen zu stellen. Der Kontakt zwischen den zwei uneinigen Parteien droht vier Tage vor Trainingsbeginn für den Grand Prix von Italien abzureißen. Dienstags tritt zwischen Jordan und der Schumacher-Gruppe Funkstille ein. Zeitgleich wird Moreno die fristlose Kündigung zugestellt. Begründung: Der Brasilianer sei mental und körperlich nicht fit! Moreno muss dieses Argument als Hohn empfinden, fuhr er doch gerade erst in Spa die schnellste Runde des Rennens.
Tatsächlich nimmt Neerpasch an diesem Tag Verhandlungen mit Benetton auf, auch wenn er noch in derselben Woche »vergessen« wird, ob er zum Telefon griff oder einer der Benetton-Köpfe. Schon mittwochs dreht Schumacher erste Runden am Steuer des Benetton, aber nur einen Tag später steht der Transfer wieder in Frage. Jordan und Benetton melden Michael Schumacher als Piloten für das Rennen in Monza. Sofort beginnen hektische juristische Aktivitäten: Vor einem Mailänder Gericht versucht Moreno, seinen Platz bei Benetton zu retten, und in London kämpfen Eddie Jordans Anwälte um eine einstweilige Verfügung, die Schumachers Abwanderung verhindern soll!
Die Funktionäre in Monza nehmen Rücksicht auf die Affäre und verlängern die Meldefrist für den WM-Lauf von Donnerstag 18 Uhr bis zum »Beginn der Veranstaltung« – sprich Freitag in der Frühe um acht. Die Situation spitzt sich zu, als Jordan für den Fall einer gerichtlichen Niederlage Damon Hill und Alessandro Zanardi nominiert. »Hill geht okay«, meint daraufhin Benetton-Rennboss Flavio Briatore, »Zanardi nicht, den

haben wir bereits gemeldet!« Das Chaos ist perfekt, denn Benetton sieht Zanardi nicht als Ersatz für Moreno oder Schumacher, sondern für Nelson Piquet vor. Der Ex-Weltmeister hat sich auf die Seite seines Freundes Moreno gestellt und taucht donnerstags noch nicht im Fahrerlager auf.
Nachts durchtrennen die Rechtsgelehrten den Monza'schen Knoten. Die Lösung besteht aus einem Kuhhandel: Moreno fährt für Jordan, Schumacher für Benetton.
Moreno erhält das irisch-grüne Cockpit vorerst nur für einen Grand Prix, und als Trostpflaster steckt ihm Benetton eine halbe Million Dollar in die Tasche. Schumacher bindet sich hingegen langfristig an Benetton – bis Ende 1995 wird gemunkelt. Sollte Mercedes allerdings vorher mit einem eigenen Formel 1-Auto erscheinen, haben die Schwaben sofortigen Zugriff auf den »ausgeliehenen« Mercedes-Werkspiloten. Die Affäre Schumacher ist beendet.
Mercedes-Mann Jochen Neerpasch sieht seinen Schützling auf Dauer bei Benetton besser aufgehoben als bei Jordan. Außerdem hat Neerpasch dem italienisch-britischen Rennstall keinen Pfennig dazubezahlt. Im Gegenteil: Schumacher erhält eine Gage, die Rede ist von zunächst einer Million Dollar für 1992 und 1,3 Millionen für 1993. Auch Benetton und Ford sind mit dem Ergebnis zufrieden. Tom Walkinshaw, Miteigner des Teams, verrät ein Geheimnis: »Piquet und Moreno taten sich gegenseitig doch nicht weh. Die Telemetrie bewies uns, dass beide das Material nicht voll ausnutzten. Jetzt, wo mit Schumacher eine neue Herausforderung da ist, wird sich Piquet das nicht mehr leisten können. Ich habe Nelson bereits gesagt, dass ich mir drei Rennen lang ansehen werde, wie er sich gegen den Deutschen schlägt, dann kann ich absehen, ob er bei uns eine Zukunft hat!«

Der große Verlierer des Gezänks ist Eddie Jordan, der allerdings unverändert behauptet, einen gültigen Vertrag mit Schumacher in der Tasche zu haben. Ihm ist es ein schwacher Trost, dass McLaren-Boss Ron Dennis ihn freitags mit den Worten »Willkommen im Piranha-Club« begrüßt – haben sie heute schon jemand gefressen, oder sind sie selbst bereits gefressen worden? Dennis, ebenso siegverwöhnt wie – zumindest äußerlich – gefühlskalt, gibt sich plötzlich von einer unbekannten Seite. Er beweist Humor. So verkündet er noch am selben Tag schriftlich: McLaren-Honda ist erfreut bekannt zu geben, dass in Monza dieselben Fahrer wie in Spa antreten werden – Herr Senna aus Brasilien und Herr Berger aus Österreich!
Im ersten Qualifikationstraining fährt Ayrton Senna Bestzeit. Nigel Mansell rennt vergeblich gegen den vorgelegten Wert an. Das Glück steht wieder einmal nicht auf seiner Seite. Der Engländer fährt den Reserve-Williams, und der ist nicht mit Renaults neuester Wunderwaffe, dem RS3B bestückt. Auch im Abschlusstraining wird Sennas Freitagszeit nicht unterboten. Nur 18 Fahrer können sich steigern.
Trotzdem ist es im königlichen Park von Monza spannend. Schon Nigel Mansells Auftritt rechtfertigt die Eintrittspreise. Obwohl er in dichten Verkehr gerät, steigert sich der Haudegen auf 1.21,247 Minuten. Die Runde mit ihren spektakulären Überholmanövern ist jenseits von Gut und Böse. Spätestens jetzt ist der Brite Favorit Nummer eins.
Nur 0,776 Sekunden trennen Senna von Jean Alesi, der Platz sechs belegt. Trotz dieses Gedränges auf den vorderen Rängen bleibt Alain Prost pessimistisch: »Nur wenn den McLaren- und Williams-Fahrern die Motoren explodieren, hat Ferrari eine Chance.«
Trotz des nervenraubenden Wirbels, der vor Trainingsbeginn um Schumacher gemacht wurde, steht er auf dem siebten Startplatz – unmittelbar hinter den großen Sechs von McLaren, Williams und Ferrari. Nelson Piquet, der im Bemühen, mit dem Rheinländer Schritt zu halten, bereits freitags in den Leitplanken landete, steht hinter ihm auf dem achten Rang. Für Michael Bartels gibt es hingegen die dritte Formel 1-Enttäuschung. Mäßiges Material, ein verkorkster Magen und die rüde Fahrweise von Eric van de Poele machen dem Sauerländer einen Strich durch die ohnehin knapp kalkulierte Rechnung – als 28. scheidet Bartels aus.
Der Tradition entsprechend, wird der Renntag zur Geduldsprobe. Erst um 15 Uhr schickt Roland Bruynseraede die 26 Piloten auf die Reise. Im Reifenpoker haben sich fast alle Asse für die harten B-Gummis entschieden. Nur Jean Alesi fährt auf der strapazierten Außenseite, links also, die noch härteren Pneus mit Typenbezeichnung A.
Senna führt das Feld zum 59. Mal in seiner Karriere in die Einführungsrunde. Weit hinten, in der letzten Startreihe, springt Mika Häkkinens Lotus zu spät an. Der Finne kann die Folgen verschmerzen: Er fällt vom vorletzten auf den letzten Platz zurück. Während die Spannung dem Siedepunkt entgegensteigt, versucht ein Streckenposten vergeblich, Häkkinen an Grouillard vorbei auf seinen »Original-Startplatz« zu dirigieren. Doch der Finne hat die Regeln besser im Kopf als der Helfer und wehrt sich gegen das illegale Geschenk. Die Startampel beendet die Diskussionen.
Das Einfädeln in das Goodyear-Nadelöhr verläuft ohne größere Zwischenfälle. Offenbar teilt jeder Sennas Meinung, die Reihenfolge auf den ersten Kilometern sei nicht überzubewerten. Senna hat die Lage vorerst im Griff, doch Mansell, Berger und Patrese gehen das Tempo des Brasilianers locker mit.

Zunächst zeigen sich zwei Piloten besonders angriffslustig: Alesi und Patrese. Der Franzose bezahlt seine Aggressivität jedoch schon in der zweiten Runde mit einem Ausflug ins Kiesbett, der ihn wegen eines anschließenden Boxenstopps ans Feldende zurückwirft. Patrese attackiert hingegen kontrolliert und überholt in der siebten Runde Berger. Der Österreicher klagt bereits zu diesem Zeitpunkt über schlechtes Handling. Der Wagen fühlt sich an, »als sei hinten irgendetwas gebrochen«.
Eine halbe Sekunde beträgt Mansells durchschnittlicher Rückstand auf den Spitzenreiter während der ersten 18 Runden. Dann tauschen die beiden Williams-Piloten überraschend die Plätze. Der Brite gibt den zweiten Rang ab, da sein Auto in dieser Phase rutscht und die Reifen entsprechend strapaziert.
Sieben Runden lang studiert Patrese den Champion, dann bremst er ihn vor der Ascari-Schikane aus. Die Freude der Tifosi wird jedoch schnell getrübt. Nur einen Umlauf später blockieren die Hinterräder des Williams an der Stelle des Triumphs – Patrese dreht sich. Sofort ist Senna mit Mansell im Windschatten wieder in Front. Der Italiener kommt nur noch wenige Kilometer weit, da stoppt ihn ein Getriebedefekt – die Entscheidung muss nun zwischen Senna und Mansell, den beiden Titelanwärtern, fallen.
Nur noch ein Defekt kann verhindern, daß der Engländer seinen vierten Saisonsieg heimfährt. Um nicht »völlig unterzugehen«, steuert Senna sofort seine Boxen an und tauscht die viereckigen Reifen gegen frische. Neu besohlt, holt er anschließend das für ihn »unter diesen Umständen optimale Ergebnis« Platz zwei, denn mühelos kann er sich wieder an Schumacher, Berger und, Prost vorbeikämpfen, die ihn während des Boxenhalts passierten.
Mansell verkürzt durch seinen Sieg den Rückstand auf Senna in der WM-Wertung von 22 auf 18 Punkte. Beide Piloten hoffen noch auf den Titel. Und Schumacher? Der wollte eigentlich nur Erfahrung sammeln und das Rennen beenden. »Niemals hätte ich geglaubt, dass es so leicht ist, ins Ziel zu kommen und Punkte zu holen«, strahlt der Fünftplatzierte. Routinier Piquet, der in Monza seinen 200. Grand Prix bestritt, musste sich dem Deutschen geschlagen geben. Der stimmte sein Auto besser ab als der alte Hase und kam ohne Reifenwechsel durch – Piquet hingegen blamierte sich, fuhr mit deutlich weniger Abtrieb und musste stoppen ...
»Vielleicht kann ich es noch nicht richtig beurteilen«, teilt Schumacher seinem Vater telefonisch mit, »aber die anderen sind alle nicht besser als ich – außer Senna, vor dem habe ich Respekt.«

Benetton
Formula 1

Die Saison 1992

Der Ausgang der Saison 1992 könnte Zweiflern den Glauben an Gerechtigkeit zurückgeben. Mit Nigel Mansell wurde ein Fahrer Weltmeister, der den Titel wirklich verdient hat. Jahrelang als ewiger GP-Pechvogel abgestempelt, erreichte der Engländer endlich sein Ziel. Sogar der nicht gerade für seine Herzenswärme bekannte Bernie Ecclestone verkündete bereits vor dem ersten WM-Lauf, Mansell sei 1992 an der Reihe.

Der Stil, in dem er sich durchsetzte, beeindruckte Freunde und Gegner. Gleich vier Rekorde stellte Magic Mansell auf: Neun Siege und 14 Pole-Positions in nur einer Saison, das hatte es bisher ebensowenig gegeben, wie einen Champion mit sage und schreibe 108 WM-Punkten und einem Vorsprung von stolzen 52 Zählern auf den Vizemeister!
Natürlich verdankte er seine Gala maßgeblich dem Williams-Renault FW14 B, aber es darf keinesfalls übersehen werden, dass auch die fahrerische Leistung weltmeisterlich war. McLaren und Ayrton Senna, das Erfolgsgespann der vergangenen Jahre, konnten diesmal nicht mithalten. Der vermutlich immer noch stärkste Pilot im GP-Sport biss sich an der überlegenen Technik des Gegners die Zähne aus.
Für die Formel 1 bedeutete die Saison 1992 das zehnte Rennjahr in ununterbrochener Reihenfolge ohne tödlichen Unfall während eines Grand Prix-Wochenendes. Die erfreuliche Bilanz stand allerdings am 27. September auf der Kippe, als Riccardo Patrese in Estoril einen Horror-Unfall überstehen musste. Aber wieder einmal hielt das Kohlefaser-Material allen Belastungen stand. Der Vizemeister kam ohne jeden Kratzer davon, und zwei Tage nach der Beinahe-Katastrophe war das Auto des Italieners wieder einsatzbereit. Aus deutscher Sicht verlief die Saison erfolgreicher als alle anderen Rennjahre der Championats-Geschichte. Michael Schumacher übertraf selbst die optimistischsten Erwartungen und belegte Rang drei im WM-Schluss-Klassement. Im Verlauf der ersten kompletten Saison gelang das einem gewissen Jackie Stewart im Jahr 1965. Dieser Stewart war es auch, der den Rheinländer als stärksten Piloten der kommenden Fahrer-Generation bezeichnete. Schumacher selbst war von den Ergebnissen überrascht. Als er in Adelaide sogar den Gewinn der Vizemeisterschaft vor Augen hatte, kam ihm in den Sinn: »Das ist fürs erste Jahr möglicherweise zuviel des Guten. Platz drei ist doch auch ganz toll.« Dieser Mann hatte das Zeug, eines Tages Weltmeister zu werden. Daran gab es keinen Zweifel. Garantien, dieses Ziel zu erreichen, kennt die Formel 1 zwar nicht. Nigel Mansell brauchte elf Jahre Anlauf.

Das Team Benetton Formula Ltd.

Mit Recht wurden die Rennwagen des italienisch-englischen Teams als die besten konventionellen Boliden eingestuft. Ohne aktive Radaufhängung und ohne Automatik-Getriebe mischten Michael Schumacher und Martin Brundle regelmäßig ganz vorn mit – sieht man von Williams, den Überfliegern, ab.
Bereits der anfangs eingesetzte Typ B191 B erwies sich als wettbewerbsfähig. Mit dem Auftakt des europäischen Saisonteils erfüllte dann der B192 die aufgrund der

Computer-Berechnungen gesetzten Hoffnungen. Weder Rang drei recht knapp hinter McLaren – im Konstrukteurs-Championat, noch Michael Schumachers blendendes Abschneiden im Endklassement der Fahrer-WM durften vor dem Start in das Rennjahr 1992 erwartet werden.

Natürlich profitierte Benetton vom Fahrkönnen des Ausnahme-Talents Michael Schumacher. Der Rheinländer übertraf im Verlauf seiner ersten kompletten Formel-1-Saison alle Erwartungen. Dem Kerpener gelang es, das Potential seines Boliden völlig auszuschöpfen. Mit Feingefühl ging er an die absoluten Grenzen der technischen Belastbarkeit und überschritt diese im Rennen nur ein einziges Mal. Wenn Schumacher vier Mal nicht ins Ziel kam, so lag das an zwei Fehlern, einer »passiven« Feindberührung und einem Getriebeschaden. Auch Martin Brundle wurde praktisch nicht Material im Stich gelassen. Die Bestandsaufnahme nach Rennen zeigten den Ingenieuren und Mechanikern allerdings eindeutig, wie stark Schumachers Superfahrten das Material schinden: Speziell Getriebe und Radlager zeigten überdurchschnittliche Verschleißspuren.

Eine kleine personelle Krise erlebte das Team, als Brundle zu Saisonbeginn moralisch an Schumacher zu zerbrechen drohte. Nelson Piquet sollte den Briten ablösen, doch der Fahrerwechsel ging dann nicht über die Bühne, weil sich der Brasilianer in Indianapolis schwer verletzte. Ein steiler Anstieg der Formkurve Brundles setzte der Personal-Diskussion ein Ende. Die letzten neun Grand Prix beendete der Routinier in den Punkten.

1. Sieg

Großer Preis von Belgien
Spa-Francorchamps, 30. August 1992

Michael Schumacher!

Schon vor dem Start glaubt Michael Schumacher an einen Sieg. Dann kommen ihm selbst Zweifel, denn erneut sieht Nigel Mansell wie der sichere Gewinner aus. Doch dann gelingt dem Deutschen in der Not eine taktische Meisterleistung. Am Ende ist er es, der im Reifen-Lotto von Spa-Francorchamps sechs Richtige hat.

In Spa ist der Geist der »guten, alten Zeit« noch zu spüren. Auch wenn der ursprüngliche 14,1-Kilometer-Kurs nur noch partiell erhalten ist: Spa ist eine unverwechselbare Herausforderung im herkömmlichen Sinn an Piloten und Material. Da ist nicht die Spur einer »Mickey-Mouse-Passage«, wie sie die modernen Retorten-Pisten aufweisen. Kaum einer der Formel 1-Piloten bezeichnet den Ardennen-Kurs nicht als den größten Anreiz des Jahres – voller Respekt und nicht ganz frei von Angstgefühlen.
Eau Rouge, die Senke unterhalb der alten Boxenanlage, und der ultraschnelle Linkshänder Blanchimont zählen zu den Schlüsselstellen: Perfekte Fahrzeugbeherrschung und ein »großes Herz« sind hier gefragt. Denis Hulme, Champion des Jahres 1967 brachte das Problem einst auf den einprägsamen Nenner, dieser Kurs scheide die Männer von den Knaben ...
Schon vor Trainingsbeginn muss der 23jährige Kerpener Michael Schumacher trotz seiner Jugend zweifelsfrei dem Kreis der Männer zugeordnet werden. Nicht weil er hier im Vorjahr bei seinem Formel 1-Debut für Schlagzeilen sorgte, sondern weil er kein Geheimnis aus seiner gespannten Erwartung auf dieses Rennen macht: »Ganz besonders freue ich mich auf Eau Rouge und Blanchimont!«
Weshalb einige seiner Kollegen nicht ganz so unbekümmert an die Aufgabe herangehen, wird nach einer Dreiviertelstunde des ersten freien Trainings deutlich. Die Abbruchflaggen werden geschwenkt, der Motorenlärm verstummt und weicht einer unheimlichen Ruhe. Bei Blanchimont soll es Erik Comas erwischt haben. Auch die Optimisten zeigen bei dieser Nachricht Sorgenfalten auf der Stirn.
Senna kommt als erster an den Unfallort und bremst seinen McLaren. »Wir fahren dort«, berichtet er nach seiner Rückkehr an die Boxen, »mit gut 300 km/h, und ich sah gleich, dass es kein harmloser Ausrutscher war. Ich rannte sofort zu den Resten des Ligier. Erik hing bewusstlos im Cockpit, sein rechter Fuß trat voll das Gaspedal, der Motor lief bei sehr hoher Drehzahl. Ich nahm ihm den Helm ab, dann kamen auch schon Ärzte, die sich weiter um ihn kümmerten.« Vom kleinen Strecken-Hospital wird Comas per Hubschrauber nach Liège transportiert, wo ihn Spezialisten genau unter die Lupe nehmen sollen. Währenddessen betritt Rennarzt Prof Watkins mit ernster Miene die Ligier-Box, verkündet dort aber glücklicherweise eine gute Nachricht: »Der Junge ist okay, die Untersuchung in Liège ist eine reine Vorsichtsmaßnahme.« Wat-

kins behält recht. Grünes Licht für die Fortsetzung des Trainings wird Comas an diesem Wochenende jedoch nicht mehr bekommen.
An die Unfallursache kann sich der Franzose später nicht erinnern. Seine Kollegen sind sich allerdings recht sicher, den Anlass für den gewaltigen Abflug zu kennen. Innen sind bei Blanchimont die kerbs entfernt worden. So kommt es, dass bei »Abkürzungen« immer wieder Schmutz auf den Asphalt geworfen wird ... Das Problem wird durch das Aufstellen von Pylonen beseitigt.
Vor dem Hintergrund des Zwischenfalls geht nahezu unter, dass Nigel Mansell seine in Ungarn angemeldeten Ansprüche untermauert: Der Brite ist es, der das Sagen hat. Daran ändert sich auch im ersten Zeittraining nichts: Mit 2,2 Sekunden Vorsprung auf Ayrton Senna, der 1985 und dann von 1988 bis 1991 in Spa siegte, stellt Magic Mansell seinen Williams auf die provisorische Pole-Position! Dahinter folgt, trotz eines Drehers bei La Source mit anschließender Leitplankenberührung, ein überglücklicher Michael Schumacher, der allerdings warnt: »Morgen werden mich wohl Berger und Patrese aus der zweiten Startreihe verdrängen.«
Am Feldende droht – wegen Comas Zwangspause – nur drei Piloten die Nichtqualifikation. Fittipaldi sowie die zwei AMF-Piloten belegen vorläufig diese undankbaren Ränge. Der Weltmeister-Neffe spulte nach einem Dreher und anschließendem Rückmarsch an die Boxen nur zwei Runden im Ersatz-Minardi ab. Moreno übernahm nach einem Getriebedefekt McCarthys Auto, dessen Motor hochging! Einen Ersatz-Motor gab es nicht... McCarthy schließlich bekam im Gegenzug Morenos Wagen aufs Auge gedrückt, dessen Getriebe sich praktisch nicht schalten ließ. Niemand kann ahnen, daß diese traurige Vorstellung von Andrea Moda Formula den Abschied von der Piste bedeutet. Der AMF-Höhepunkt des Wochenendes steht allerdings noch aus: Samstagabend wird Teamchef Sassetti wegen Verdachts auf Scheckbetrug und Urkundenfälschung in Haft genommen.
In der folgenden Nacht setzt starker Regen ein und Nebelschwaden hängen an den Bergen. Jetzt erfordert die Strecke noch mehr Mut. Aber die Pflicht ruft: Vielleicht verregnet auch das Rennen, und deshalb begibt sich jeder auf die Suche nach einer optimalen wetrace-Abstimmung. Erste Dreher im freien Training beweisen die Tücken des Geschäfts. Auch ein Nigel Mansell rutscht aus, dann erwischt es den Italiener Gianni Morbidelli.
Eine halbe Stunde ist noch zu fahren, da droht zum zweiten Mal an diesem Wochenende eine Katastrophe. Im Gefälle hinter La Source, knapp unterhalb der Haupttribüne, quert Gerhard Berger ein kleines »Flüsschen« und verfehlt die Furt. Sofort bricht sein McLaren aus, knallt links in die Leitplanken, dreht sich und saust rückwärts mit kaum gedrosseltem Tempo zu Tal. Den fälligen zweiten Aufprall in die Planken nehmen Gottlob Motor und linkes Hinterrad auf. Kurz lodert ein Feuer auf. Der Tiroler springt aus dem ramponierten Rennwagen, läuft ein paar Schritte, dann muss er sich für einige Minuten auf seine vier Buchstaben setzen und verschnaufen. »Du merkst erst, wie schnell du unterwegs bist«, scherzt er kurz darauf in den Boxen, »wenn du irgendwo anstößt.«
Nach 18minütiger Arbeit ist »aufgeräumt«. Einige Tapfere wagen sich wieder in die Fluten, darunter auch Pierluigi Martini, das 165-Zentimeter-Männchen in Dallaras Diensten. Er wählt die »Berger-Linie« und erleidet prompt dessen Schicksal. Jetzt hat die Rennleitung ein Einsehen: Das Training gilt vorzeitig als beendet.
Am Renntag feiert Schumacher nach dem Warm-up – das ihn hinter Mansell in Top-Form als Zweitschnellsten sieht – sein einjähriges Jubiläum als Ford-Formel-1-Pilot. Der Rheinländer ist blendend gelaunt und gibt sich zudem außerordentlich zuver-

sichtlich: »Ich weiß nicht weshalb, aber ich habe das Gefühl, heute zu siegen.« Derart optimistisch sind nicht einmal die beiden McLaren-Fahrer. »Wenn es trocken bleibt«, so Senna, »haben wir gegen die Williams nicht die Spur einer Chance.« Die hat Berger tatsächlich nicht. Einschließlich der Einführungsrunde läuft sein Auto ohne Probleme, als jedoch das Grünlicht freie Fahrt signalisiert, lässt sich kein Gang einlegen. Beim Anbremsen der Haarnadelkurve La Source entscheidet sich die vorerst gültige Reihenfolge. Senna sticht überraschend als erster vor Mansell, Patrese, Alesi und Schumacher in den Rechtshänder. Obwohl zehn Minuten vor dem Start erste Regentropfen fielen, sind alle Fahrer auf Slicks unterwegs. Die erste Runde scheint ihnen recht zu geben. Als aber Senna mit 0,4 Sekunden Vorsprung auf den unaufhörlich attackierenden Weltmeister den zweiten Umlauf unter die Räder nimmt, setzt Regen ein – recht stark bei Start-und-Ziel, weniger bis gar nicht an anderen Streckenabschnitten. Der Routinier Michele Alboreto holt sich bereits Regengummis. Weitere Reifenwechsel-Stopps zeichnen sich ab, während vorn die Reihenfolge Senna, Mansell, Patrese, Schumacher und Alesi lautet, der sich dem Deutschen schon bei der ersten Passage des Ecks Les Combes beugen musste. Sekunden später verdrängt das Williams-Duo Senna auf Rang drei.
Dann werden all diejenigen auf eine harte Probe ihres Könnens gestellt, die eine Rundentabelle führen. Vom Ende des dritten bis zum Ende des siebten Umlaufs wird das Feld gewaltig durcheinander gewirbelt: 20 Piloten holen sich profilierte Pneus. Bis zu sieben Boliden werden parallel an den Boxen abgefertigt! Nur Ayrton Senna, den es zunächst prompt auf Rang eins vorspült, und Gianni Morbidelli, der allerdings aussichtslos hinterherfährt, hoffen auf baldige Wetterbesserung und pokern auf glatten Gummis.
Nach sieben Runden führt Senna vor Alesi und Mansell. Der Brasilianer liegt mit 11,4 Sekunden in Front. Schumacher folgt auf Platz sechs. Später wird er eingestehen, dass er in dieser Phase davon überzeugt war, seine Siegesahnung sei wohl eine Täuschung gewesen.
Unmittelbar darauf kommt das Aus für Jean Alesi, der so erfolgversprechend fährt. In der Bremszone vor La Source wird sein Ferrari von Mansell gerempelt und entschei-

dend beschädigt. Gleichzeitig beginnt Sennas Vorsprung zu schmelzen. Auf den untauglichen Reifen leistet er zwar bewundernswerten Widerstand, doch bis zum Ende der 14. Runde kämpfen sich Mansell, Patrese, Schumacher, Brundle, Häkkinen und Capelli an ihm vorbei. Nun sieht der Südamerikaner seinen Fehler ein, auch er holt Regenreifen. Kurze Zeit später hört es auf zu regnen. Ist Senna zum falschen Zeitpunkt der Geduldsfaden gerissen? Nein. Bevor sich das Wetter länger anhaltend bessert, geht von der 19. bis zur 24. Runde ein weiterer Schauer nieder.
Kurz vor Halbzeit muss Alboreto seinen Footwork vorzeitig abstellen – zum ersten Mal im laufenden Rennjahr. Trotzdem bleibt der Mailänder »Mister Zuverlässig« des Jahres. Mit 738 gefahrenen Rennrunden führt Alboreto nach dem GP von Belgien die inoffizielle Leistungstabelle weiter an.
An der Spitze spricht alles dafür, dass Mansell sein Versprechen vom GP in Ungarn einlösen kann, als sich die Ideallinie heil abzuzeichnen beginnt – die Bahn trocknet langsam aber sicher ab. Jetzt gilt es erneut, den richtigen Zeitpunkt des Umstiegs, diesmal auf Slicks, zu finden. Der auf Platz neun zirkulierende Lokalmatador Thierry Boutsen riskiert es als erster. Zu früh, der Ligier-Pilot dreht sich! Dann wagt es Naspetti und als dritter Senna. In der sensationell kurzen Zeit von 5,15 Sekunden wird der McLaren-Pilot abgefertigt!
Michael Schumacher kommt in der 30. Runde kurzfristig von der Bahn ab. Sein Visier ist beschlagen, die Sicht nicht optimal. Mit viel Glück und Gefühl meistert er die kritischen Sekunden und findet den Weg zurück auf den Asphalt. Sein Hintermann Brun-dle nutzt allerdings den Augenblick der Wehrlosigkeit und zieht auf Rang drei vor. Hinter dem Team-Kollegen liegend, erkennt der Deutsche, dass dessen Hinterreifen bereits Blasen bilden. Nur deshalb entschließt er sich spontan zum Reifenwechsel, und Fortuna steht ihm weiterhin zur Seite. Mansell und Patrese bleiben auf immer untauglicher werdenden Regenpneus auf der Bahn – jeder glaubt die Boxen durch den anderen besetzt. Beide verlieren entscheidende Zeit auf Schumacher, der so nacheinander an Brundle, Patrese und Mansell vorbeikommt, während diese gerade ihren Stopp einlegen!
Schumacher liegt elf Runden vor Schluss mit 5,7 Sekunden Vorsprung auf Mansell in

Front. Vier Umläufe später trennen den Briten nur noch drei Sekunden von dem Benetton-Star. Ein dramatisches Finale bahnt sich an. Dann aber muss Mansell zurückstecken – auf der linken Motorseite bricht der Auspuff. Michael Schumacher zieht unaufhaltsam auf und davon. Erstmals seit 1975, als Jochen Mass das Unglücksrennen am Montjuich gewann, siegt ein Deutscher bei einem Formel 1-WM-Lauf. Auf dem Siegerpodest kann er seine Freudentränen nicht zurückhalten. Auch eine Stunde nach dem Triumph hat er noch Mühe zu verstehen, was geschehen ist. Sicher ist er sich nur in einem Punkt: »Ich hätte jeden für verrückt erklärt, der mir diesen Erfolg vor einem Jahr beim Einstieg in die Formel 1 prophezeit hätte.«
Auch wenn der Rest der Saison keine weiteren Sieg mehr parat hat, ist diese Saison eine klare Kampfansage an die Konkurrenz. Michael Schumacher belegt mit einem Sieg, drei 2., vier 3. und drei 4. Plätzen mit 53 Punkten in der Endabrechnung der Fahrer-Weltmeisterschaft 1992 den dritten Platz – vor Superstar Ayrton Senna ...

ERGEBNISSE UND AUSFÄLLE

1. Michael Schumacher	Benetton-Ford B192-05	1:36.10,721=191,429 km/h
2. Nigel Mansell	Williams-Renault FW14B-11	36,595 Sekunden zurück
3. Riccardo Patrese	Williams-Renault FW14B-8	43,897 Sekunden zurück
4. Martin Brundle	Benetton-Ford B192-02	46,059 Sekunden zurück
5. Ayrton Senna	McLaren-Honda MP4/7 A-6	1.06.369 Minuten zurück
6. Mika Häkkinen	Lotus-Ford 107/2	1.10,030 Minuten zurück
7. JJ Lehto	Dallara-Ferrari BMS 192-25	1.38,237 Minuten zurück
8. Andrea de Cesaris	Tyrrell-Ilmor 020B-05	1 Runde zurück
9. Aguri Suzuki	Footwork-Mugen FA13-03	1 Runde zurück
10. Eric van de Poele	Fondmetal-Ford GR02-03	1 Runde zurück
11. Karl Wendlinger	March-Ilmor CG 911-02	1 Runde zurück
12. Emanuele Naspetti	March-Ilmor CG 911-03	1 Runde zurück
13. Johnny Herbert*	Lotus-Ford 107/1	2 Runden zurück
14. Mauricio Gugelmin	Jordan-Yamaha 192/004	2 Runden zurück
Thierry Boutsen	Ligier-Renault JS 37-05	28. Runde, Unfall
Ivan Capelli	Ferrari F92A-133	26. Runde, Motor
Gabriele Tarquini	Fondmetal-Ford GR02-01	26. Runde, Motor
Michele Alboreto	Footwork-Mugen FA13-06	21. Runde, Getriebe
Jean Alesi	Ferrari F92AT-137	8. Runde, Unfall
Olivier Grouillard	Tyrrell-Ilmor 020B-07	2. Runde, Unfall
Pierluigi Martini	Dallara-Ferrari BMS 192-28	1. Runde, Dreher
Gerhard Berger	McLaren-Honda MP4/7A-3	1. Runde, Kupplung

* Nicht im Ziel, aber aufgrund der zurückgelegten Distanz gewertet

SCHNELLSTE RUNDE: (39. Runde) – Michael Schumacher, Benetton-Ford B192, 1.53,791 220,636 km/h
Neuer Rundenrekord

CAMEL
Ford
Sulá
SUGARFREE
Ford
TECHNOGYM

Die Saison 1993

Alain Prost war mehr als der große Favorit der Saison 1993 – er war geradezu zum Titelgewinn »verurteilt«. Am Steuer des besten Rennwagens im Feld musste der Franzose siegen. Gewann er nicht, wurde er sofort als der große Verlierer abgestempelt, auch wenn er auf den Rängen zwei oder drei landete. Entsprechend großer Druck lastete auf Prost. Trotz aller Patzer konnte sich die Prost'sche Vorstellung sehen lassen: Der Routinier holte sich 13 Pole-Positions, schraubte die Anzahl seiner GP-Siege auf stolze 51 und sicherte sich letztlich vorzeitig WM-Titel Nummer vier. Nur Juan-Manuel Fangio ließ sich häufiger – fünfmal – zum Champion krönen. Es fehlte allerdings nicht viel und die erfolgreiche Abschieds-Gala des vorprogrammierten Champions wäre abgesagt worden: Als Prost im März mit einer möglichen Sperre wegen ungebührlicher Kritik an der Sporthoheit gedroht wurde, drohte er seinerseits mit dem Ausstieg aus dem bereits angelaufenen Championat. Sportstrafen in Monaco und Hockenheim sowie herbe Kritik der französischen Presse im Anschluss an die Rennen in Sao Paulo und Monaco legten anschließend die Nerven des designierten Titelträgers frei. Auf die Möglichkeit, 1994 eventuell mit dem großen Fangio gleichziehen zu können, verzichtete Prost aber endgültig, als Ayrton Senna im Herbst einen Zwei-Jahres-Vertrag bei Williams unterzeichnete – Prost dankte ab.

Selten erlebte die Formel 1 im Verlauf der letzten Jahre eine solche Häufung spektakulärer Unfälle wie 1993. Der Startrundenunfall in Sao Paulo, Derek Warwicks Regen-Crash in Hockenheim, Alessandro Zanardis Leitplanken-Einschlag in Spa, die Flugeinlage Christian Fittipaldis während der Schlussminuten in Monza, Gerhard Bergers Trainingsunfall am selben Wochenende und seine Zugabe in Estoril, als er Warwicks Weg kreuzte, waren die Höhepunkte einer Horror-Szenerie. Mit Blick auf die Geduld des Schicksals fragte sich der Österreicher, der seit dem GP-Wochenende in Brasilien auf insgesamt fünf schwere Unfälle zurückblickte, wie viele Schecks er nun bei höheren Instanzen jetzt noch einlösen könne... Dabei kam keiner der Beteiligten ernsthaft zu Schaden. Der hohe Sicherheitsstandard der Formel 1 wurde nachdrücklich unter Beweis gestellt. Die Funktionäre der FIA – die FISA wurde 1993 zu Grabe getragen – erhielten durch die Unfälle jedoch Argumentationshilfen für den vom Frühjahr bis in den Herbst andauernden Kampf gegen die aktiven Fahrwerke. Einige der Zwischenfälle ereigneten sich aufgrund versagender oder fehlerhaft programmierter Computer. Auch wenn er im WM-Endklassement letztlich um einen Rang abrutschte, überzeugte Michael Schumacher erneut durch glänzende Vorstellungen: Wenn der Rheinländer ins Ziel kam, durfte er auch an der Siegerehrung teilnehmen! Der Benetton-Pilot mauserte sich damit endgültig zum deutschen Spitzensportler, der die TV-Einschaltquoten während der Grand Prix-Übertragungen aufgrund seiner unaufhaltsam wachsenden Popularität bis auf Werte von mehr als fünf Millionen Zuschauer steigerte!

Das Team Benetton Formula Ltd.

Benetton rüstete 1993 auf modernste Technik – wie halbautomatisches Getriebe, Traktions-Kontrolle und aktive Radaufhängung – um und zahlte für diesen Schritt kaum Lehrgeld in Gestalt von Kinderkrankheiten und einer entsprechend hohen Ausfallrate. Der Zuverlässigkeitsgrad des Vorjahrs konnte zwar nicht ganz gehalten werden, doch die Defektanzahl hielt sich unverändert in sehr engen Grenzen: Michael Schumacher, unumstrittene Nummer Eins des Rennstalls, sah nur vier Mal wegen technischer Mängel nicht die Zielflagge, wobei sein Ausfall in Ungarn eigentlich gar nicht mitgezählt werden darf, weil mechanische Fremdeinwirkung den Kollaps der Benzinpumpe verursachte.
Während der beiden ersten Rennen der Saison wurde noch auf modifiziertes Vorjahrs-Material zurückgegriffen, erst in Donington kam das Nachfolgemodell B193B. Schrittweise wurde der Bolide nachgerüstet, wobei die Antischlupf-Regelung die größten Sorgen bereitete. Da sie zunächst nicht progressiv arbeitete, musste eine Kompromiss-Abstimmung gefunden werden, die auf den Werten basierte, die in der jeweiligen Schlüsselkurve verlangt wurden. Das ursprünglich geplante ABS-System kam nicht mehr zum Einsatz, dafür wurde zu Saisonende mit Vierradlenkung gefahren.
Die Ankündigung von Teamchef Flavio Briatore, Benetton werde 1993 mit um den Titel fahren, erfüllte sich nicht. Der Boss hatte sich von den Ergebnissen der Wintertests blend lassen. Michael Schumacher hatte Optimisten allerdings auch bereits vor dem ersten Rennen gewarnt und gesagt, Briatore möge sich bitte selbst ans Steuer setzen, wenn dieses Ziel erreichen will. Dem Williams-Team in puncto Motorleistung deutlich unterlegen, reichte es aber wie zum Gewinn eines Grand Prix und des dritten Platzes in der Konstrukteurs-WM.
Vorwürfe musste sich der Rennstall nur im Bereich der Personalführung gefallen lassen. Den Mechanikern wurden Geldprämien für gewonnene Meisterschaftspunkte nicht mehr gewährt, was vorübergehend zu einem »Streik« führte: Ins Ziel kommende Benetton wurden nicht mehr von der Boxenmauer aus bejubelt. Das änderte sich erst, als Michael Schumacher versprach, selbst in die Tasche zu greifen und seinem Arbeitgeber damit vormachte, wie man die Truppe motivieren kann.
Auch Riccardo Patrese wurde nicht gerade entgegenkommend behandelt. Bereits nach zwei Grand Prix wollte Briatore den Rekordstarter vor die Tür setzen! Auch wenn der angekündigte Rausschmiss nicht erfolgte, fühlte sich Patrese nicht mehr hundertprozentig wohl. Um sein Gesicht nicht zu verlieren, fuhr er nach eigenen Worten ab April für das Team und nicht für das Management – eine Trennung auf die der Wunsch-Partner Schumachers größten Wert legte.

2. Sieg

Großer Preis von Portugal
Estoril, 26. September 1993

Wachablösung

Durch einen zweiten Platz sichert sich Alain Prost seinen vierten WM-Titel. Der Rücktritt des alternden Superstars ist Teil eines Generationswechsels, der auch durch Schumachers Sieg dokumentiert wird.

Auch die Rennstrecke von Estoril profitierte von der Tatsache, dass Portugal zu der Zeit das EG-Land mit dem größten Wirtschaftswachstum ist: Als sich der Formel 1-Tross versammelt, um das Ende des europäischen Saisonteils zu feiern, findet er 70 Prozent der Pistenoberfläche neu asphaltiert. Außerdem hat die alte Boxenanlage einem modernen und größeren Komplex Platz gemacht.

Auf der Piste gibt, wie erwartet, der dreimalige Estoril-Sieger Alain Prost den Ton an, doch hinter dem Franzosen gibt es faustdicke Überraschungen. Ein Ölleck hindert Hill daran, das Potential seines Williams zu entfalten, und der Brite muss sich mit dem vierten Platz begnügen. Die Ränge zwei und drei gehen an McLaren. Die Autos aus Woking sind deutlich verbessert, wobei unter den Modifikationen die Power-Bremsen besonders hervorstechen. Hinter Prost rangiert allerdings nicht Ayrton Senna, sondern McLarens »Neuer«, der Finne Mika Häkkinen! Dennis hat Michael Andretti nach dem italienischen Grand Prix sang- und klanglos fallengelassen und durch den skandinavischen Testfahrer ersetzt. Alle Überlegungen, Senna fahre wegen des Zoffs mit seinem Chef nicht mit letztem Einsatz, sind fehl am Platze, wie der Augenschein am Pistenrand beweist.

Und Benetton? Schumacher ist »nur« Fünfter, Patrese Sechster. Kein Grip, schlechtes Handling und schlimmer: Die Techniker wissen nicht, woran es liegt. Aber dagegen ist es ein offenes Geheimnis, dass der Unfall Aguri Suzukis und die folgende Trainingsunterbrechung absolut unnötig sind. Luca Badoer kommt in der langgezogenen Rechtskurve vor Start-und-Ziel von der Piste ab und wirbelt dabei jede Menge Kies mit beachtlicher Körnungsgröße auf den Asphalt. Doch die Marshals reagieren nicht. Es wird nicht gekehrt es werden keine Warnflaggen geschwenkt. 20 Minuten lang geht das Spiel gut, dann kommt der japanische Footwork-Pilot an jenem kritischen Streckenabschnitt von der Piste ab, landet prompt auf den Steinen und fliegt in die Leitplanken ...

Der zweite Fehler des Morgens unterläuft der Lotus-Crew: Pedro Lamy fährt einen Umlauf mehr als erlaubt und darf deshalb – dem Reglement entsprechend – im ersten Qualifying nur elf statt zwölf Runden drehen.

Nach dem turbulenten freien Training verläuft die Mittagssitzung ohne besondere Höhepunkte. Vorn einigt man sich auf die Reihenfolge Prost vor Hill, Senna, Häkkinen und Schumacher. Um im Team-internen Duell die Oberhand zu behalten, muss Senna alle Register ziehen – nicht mehr als zwei Tausendstel sind es letztlich, die er dem Finnen abnehmen kann!

Nachmittags um 15.29 Uhr läßt Prost dann tatsächlich die Bombe platzen. »Nach dem GP von Australien werde ich meine Karriere beenden«, erklärt er auf einer improvisierten Pressekonferenz. Auch wenn er es nicht ausspricht, will Prost offensichtlich nicht mit Senna – der am 11. Oktober tatsächlich einen mit 30 Millionen Dollar dotierten Zweijahresvertrag unterschreiben wird – in einem Team fahren. Aber Verbitterung ist unüberhörbar, als er mit seiner bekannten Flüsterstimme sagt: »Vorfälle, wie die Androhung einer Sperre zu Saisonbeginn, oder die Zeitstrafen in Monaco und auf dem Hockenheimring beweisen, dass nicht alle Fahrer gleichbehandelt werden.« Prost wirkt müde und zugleich erleichtert.
Im Abschlusstraining am Samstag beweist JJ Lehto nach neun Minuten als erster Fahrer, dass Zeitverbesserungen möglich sind. Nur 120 Sekunden später verdrängt Damon Hill mit einer Zeit von 1.11,586 Minuten Prost von Platz eins. Natürlich geht der »Professor« kurz darauf auf die Bahn, um die alte Hackordnung wieder herzustellen. Zwei Runden nimmt er Anlauf, dann macht er ernst und ... fliegt – 20 Minuten alt ist die Sitzung jetzt – in die Leitplanken. Es ist genau jene Kurve, in der sich an diesem Wochenende schon zahllose Dreher ereignet haben. Prost wundert sich: »Ich konnte überhaupt nicht verstehen, weshalb hier so viele rausflogen, aber urplötzlich übersteuerte mein Williams unglaublich stark, und ich konnte ihn nicht mehr halten.« Volle vier Minuten brauchen die Funktionäre, um sich für einen Abbruch der Sitzung zu entscheiden.
Nach zwölf Minuten Aufräumungsarbeiten geht es weiter. Hill wird aufgefordert, sein Rundenkontingent möglichst schnell abzuspulen, damit sein Wagen von Prost übernommen werden kann. Doch bevor der Brite den Bestwert bei »Halbzeit« auf 1.11,496 Minuten schraubt, verdrängt Mika Häkkinen seinen südamerikanischen Team-Kolle-

gen von Platz drei. Sennas Konter verpufft – fünf Hundertstel ist er zu langsam! Während des Debriefing wird diese Sensation ein Nachspiel haben. Senna sieht anhand der Telemetrie-Werte exakt, wo er die Zeit auf den Finnen verlor und will's trotzdem nicht glauben. »Wie ist das möglich, dass du dort schneller bist?«, fragt er den Skandinavier. Häkkinen erhebt sich, greift sich mit einem Macho-Griff zwischen die Beine und antwortet grinsend: »Balls, Ayrton – balls.« »Mit Bande« übersetzt, bedeutet das, man braucht Mut.
Fünf Minuten bevor die schwarzweißkarierte Flagge gezeigt wird, rollt Prost in Hills Auto aus der Boxengasse. Mit beachtlichen 315 km/h fliegt er wenig später über die Linie, doch er kommt nur auf magere 1.12,762 Minuten und muss sich – zum zweiten Mal 1993 – Hill im Kampf um den besten Startplatz geschlagen geben.
Michael Schumacher rutscht sogar noch hinter Jean Alesi auf Rang sechs ab. »In diesem Auto steckt der Wurm«, meint er resignierend, »wir sind kaum schneller als bei den Tests vor Saisonbeginn.« Seit Freitag hat er sich bereits fünfmal gedreht, weil er die Grenzen des Autos überschreitet, um die gewohnte Platzierung zu erzwingen. An diesem Abend wird er bis 23 Uhr in der Benetton-Box bleiben, um mitzuhelfen, den Problemen auf die Spur zu kommen. Aber der Benetton-Ford B193B mit Chassis-Nummer 05 gibt sein Geheimnis nicht preis.
Während des Warm-up machen die Favoriten mit ihren Autos recht unterschiedliche Erfahrungen. Als Schnellster ist Hill rundherum begeistert, weil sein Williams endlich »perfekt« ist. Prost, der sich durch seine Rücktrittserklärung – ohne den Titel in der Tasche zu haben – zusätzlich unter psychischen Druck gesetzt hat, ist bei weitem nicht so zufrieden. Sein Chassis sei nicht schlecht, kritisiert er, aber auch nicht so gut wie erwartet. Senna kommt in der scheinbar endlos langen Rechtskurve vor Start-und-Ziel vom rechten Weg ab und zertrümmert den Unterboden seines Boliden. Doch der Brasilianer hat Glück: Das Missgeschick passiert ihm, als er sein Reserve-Auto bewegt. Nur eine halbe Sekunde kann Prost dem Südamerikaner abnehmen Williams wird nicht mehr als 100-prozentiger Favorit gehandelt... Senna-Bezwinger Häkkinen rangiert nach dem 30-minütigen Aufgalopp auf Rang fünf hinter seinem Landsmann JJ Lehto, der schwört: »Ich fuhr mit praktisch vollen Tanks – alles andere wäre ja auch Augenwischerei.« Weder von Jean Alesi, noch von Michael Schumacher, die an diesem Tag noch gewaltig für Furore sorgen werden, ist während des Warmup viel zu sehen. Der Ferrari des Franzosen untersteuert so stark, dass nicht mehr als Rang 13 herausspringt. Einen Platz davor rangiert Schumacher, dessen fröhliche Miene nicht zu diesem Abschneiden passen will. »Ich fuhr das T-car«, erklärt er, »und das ist wesentlich besser als mein eigentlicher Einsatzwagen.« Aber trotzdem – Platz zwölf ist enttäuschend. Schumacher winkt ab: »Zuviel Verkehr – ich fand keine freie Runde. Verlass dich drauf, das Auto ist schnell. Schade, dass ich am Start so weit hinten stehe ... «
Vor dem Start wird ein letztes Mal die Reifenfrage diskutiert. Laut Goodyear muss mindestens einmal gewechselt werden. Dann signalisiert die grüne Flagge die Freigabe des Vorstarts. Gleichzeitig fallen Hills Aktien in den Keller: Der Renault-V10 des Briten springt zunächst nicht an. »Der Starter rutschte ab«, berichtet Prosts »Leutnant« später, »und das nicht nur einmal ... Nacheinander fuhren die anderen bereits an mir vorbei, als der Motor endlich ansprang – aber ich würgte ihn sofort wieder ab!« Als sich der Trainingsschnellste endlich in Bewegung setzt, haben seine 25 Kollegen die Formationsrunde bereits zur Hälfte abgespult. Nur durch ein Wunder kann Hill seine

in Ungarn begonnene Siegesserie jetzt noch fortsetzen – der Engländer muss aus der letzten Reihe starten.
Während sich das Feld formiert, summt es in den Köpfen der vorn platzierten Piloten. Prost steht ganz vorn, aber auch Häkkinen hat jetzt freien Blick auf die erste Kurve. Der angehende Weltmeister kommt recht gut von der Linie weg – »Vielleicht drehten die Räder etwas zu stark durch« – und ist selbst schon davon überzeugt, dass er den Sprint in die schnelle Rechtskurve gewinnt, als die Dinge eine unvorhersehbare Wende nehmen: Der Finne drängt Prost so sehr nach rechts ab, dass dieser weit vor dem angepeilten Bremspunkt in die Eisen muss. Häkkinen wiederum sieht sich von Senna bedrängt. Die Oberhand gewinnt schließlich aber völlig überraschend Jean Alesi, der sich nach einem recht frühen Start fast unbemerkt auf der linken Pistenseite »heranschleicht« und das Kommando vor Häkkinen, Senna, Prost und Schumacher übernimmt.
Wie Alesi später gesteht, glaubt er in diesen Sekunden selbst nicht, was da geschieht: »Ich führte, war Erster und fuhr ein Auto, das auf den ersten Metern besser als alle anderen war. Ehrlich gesagt, fühlte ich mich wie im Traum.« Der Ferrari-Fahrer hat in der Folge Zeit, sich an die unwirklichen Gefühle zu gewöhnen. Senna, der noch im Verlauf der Startrunde Häkkinen niedermacht, setzt den Franzosen zwar unter Druck, findet aber keinen Weg an dem roten Spitzenreiter vorbei.
Der brasilianische Jäger wird nach seinem Ausfall in der 20. Runde zu Protokoll geben: »Es war frustrierend, mein Wagen war in den Kurven besser, seins auf den Geraden. Also entschloss ich mich abzuwarten, ob die Reifenwechsel etwas bewegen. Aber dann ging mein Motor ohne Vorwarnung ein.« Bis zu Sennas Abgang werden in der Spitzengruppe keine Positionsverschiebungen registriert. Wohl aber dahinter: Bereits im Verlauf der ersten Runde hat Damon Hill – »Irgendwie machte es Spaß, von hinten zu starten, denn ich hatte nichts zu verlieren und gab entsprechend unbekümmert Vollgas« – sieben Konkurrenten überholt. Dank Sennas Pech erbt er im 20. Umlauf Rang fünf!
Innerhalb der folgenden knapp 13 Minuten gerät die scheinbar so stabile Reihenfolge an der Spitze völlig durcheinander: Nach 20 Runden holen sich Alesi und Häkkinen als erste der Frontrunner neue Reifen. Schumacher – »Ich hing hinter Prost fest, obwohl ich in einigen Streckenabschnitten schneller als er fahren konnte. Also machten wir einen frühen Stopp, um gegebenenfalls einen weiteren Halt einlegen zu können« – zirkuliert nur einmal öfter auf den abbauenden Gummis. Acht Umläufe später kommt Prost als vorletzter der Elite-Fahrer zum Pneu-Wechsel, unmittelbar darauf Hill. Nun komplett frisch bereift, heißt die Hackordnung vorn: Schumacher, Prost, Alesi, Häkkinen und Hill. Unerwartet in Führung, denkt der Rheinländer natürlich nicht mehr an einen erneuten Reifenwechsel: »Jetzt ging es darum, diesen Platz mit aller Kraft zu verteidigen.«
3,7 Sekunden trennen ihn von Prost, als er zum Ende der 30. Runde erstmals als Leader die Boxen passiert. Zehn Runden später sind es sogar 7,4 Sekunden, aber wechselndes Glück beim Überrunden verzerrt das Bild. Häkkinen ist zu diesem Zeitpunkt bereits nicht mehr mit von der Partie. Das gute Wochenende des Andretti-Nachfolgers findet ein böses Ende, als der Finne im Windschatten von Alesis Ferrari Abtrieb verliert und gewaltig abfliegt. Wenig später verabschiedet sich Berger auf bisher einzigartige Weise: Nach einem Reifenwechsel schießt er ausgangs der Boxengasse in

rechtem Winkel über die Bahn und schlägt auf der gegenüberliegenden Seite ein! Nur knapp verpassen Warwick und JJ Lehto den Querverkehr. Der Brite fragt sich im Cockpit ernsthaft, ob das wirklich ein Rennwagen ist, der ihn da bei Tempo 300 km/h schockt ...

Dann wird es für Schumacher ungemütlich: JJ Lehto steht ab der 45. Runde zur Überrundung an, lässt den Deutschen aber nicht vorbei. Er glaubt, Patrese übe den Druck aus und wehrt sich mit Händen und Füßen. In der 50. Runde lässt der Rheinländer den Irrgläubigen endlich hinter sich, doch sein Vorsprung ist aufgezehrt: Formatfüllend sieht er Prosts Williams in den Rückspiegeln.

Immer noch sind 21 Runden zu fahren, und Schumacher ist verwundbar: Auf der Gegengeraden – wo der PS-Nachteil durch Gegenwind verstärkt wird – kann der Franzose die Falle zumachen. Aber Prost, dem Platz zwei zum Titelgewinn ausreicht, zieht nicht alle Register. Das eine Mal, da er ernsthaft attackiert, entscheidet sich Schumacher zu einer »1,2-Promille-Linie« und Prost muss zurückstecken.

Während Schumacher den zweiten Grand Prix-Sieg seiner Karriere ins Ziel zaubert, schrumpft das Feld weiter: Pedro Lamy, seines Zeichens Liebling der Massen, verliert seinen übersteuernden Lotus aus der Kontrolle, und Riccardo Patrese »überrollt« im Kampf um Platz sechs Derek Warwicks Footwork. Der Brite will in seiner Wut den Rekordstarter nach allen Regeln der Kunst zusammenstauchen, hält sich dann aber zurück, als er sieht, dass sich Patrese mit Tränen in den Augen für seine Tat entschuldigt.

Stunden nach dem Rennen kann Schumacher immer noch nicht so recht glauben, was passiert ist. Im Camel-Motorhome trinkt er sich gemeinsam mit Freundin Corinna bei einem Glas Wein für die Party im Coconut Club in Estoril ein und resümiert kopfschüttelnd: »Hier hätte ich am allerwenigsten damit gerechnet.« Auch wenn in dieser Saison kein weiterer Sieg mehr dazu kommt: Keiner zweifelt, dass Schumacher ein kommender Weltmeister ist. Bei den 16 Läufen der Saison ist »Shuey« neun Mal in die Punkte gekommen, und stets auf dem Podest gelandet – oder ausgefallen.

ERGEBNISSE UND AUSFÄLLE

1. Michael Schumacher	Benetton-Ford B193B-01	1:32.46,309 = 199,748 km/h
2. Alain Prost	Williams-Renault FW15C-5	0,982 Sekunden zurück
3. Damon Hill	Williams-Renault FW15C-1	8,206 Sekunden zurück
4. Jean Alesi	Ferrari F93A-143	1.07,605 Minuten zurück
5. Karl Wendlinger	Sauber C 12- 07	1 Runde zurück
6. Martin Brundle	Ligier-Renault JS39-04	1 Runde zurück
7. JJ Lehto	Sauber C12-08	2 Runden zurück
8. Pierluigi Martini	Minardi-Ford M193-04	2 Runden zurück
9. Christian Fittipaldi	Minardi-Ford M193-01	2 Runden zurück
10. Philippe Alliot	Larrousse-Lamborghini LH93 05	2 Runden zurück
11. Erik Comas	Larrousse-Lamborghini LH 93 03	3 Runden zurück
12. Andrea de Cesaris	Tyrrell-Yamaha 021-01	3 Runden zurück
13. Rubens Barricheilo	Jordan-Hart 193/001	3 Runden zurück
14. Luca Badoer	Lola-Ferrari T9330-03	3 Runden zurück
15. Derek Warwick*	Footwork-Mugen FA14-05	8 Runden zurück
16. Riccardo Patrese*	Bennetton-Ford B193B-02	8 Runden zurück
Pedro Lamy	Lotus-Ford 10713/1	62. Runde, Unfall
Johnny Herbert	Lotus-Ford 10713/6	61. Runde, Unfall
Mark Blundell	Ligier-Renault JS39-05	52. Runde, Unfall
Michele Alboreto	Lola-Ferrari T9330-01	39. Runde, Getriebe
Gerhard Berger	Ferrari F93A-139	36. Runde, Unfall
Mika Häkkinen	McLaren-Ford MP4/8-7	33. Runde, Unfall
Aguri Suzuki	Footwork-Mugen FA14-04	28. Runde, Getriebe
Ayrton Senna	McLaren-Ford MP4/8-8	20. Runde, Motor
Ukyo Katayama	Tyrrell-Yamaha 021-02	13. Runde, Dreher
Emanuele Naspetti	Jordan-Hart 193/005	9. Runde, Motor

* Nicht im Ziel, aber aufgrund der zurückgelegten Distanz gewertet

SCHNELLSTE RUNDE: (68. Runde) – Damon Hill, Williams-Renault FW15C,
1.14,859 = 209,193 km/h
Neuer Rundenrekord

DEKRA
ENERVIT
Ford
elf
MINOL
MILD SEVEN
TECHNOGYM
UNITED COLORS OF BENETTON
sparco
CHAMPION

Die Saison 1994

Aus einer Reihe von Gründen nimmt die Saison 1994 einen ganz besonderen Stellenwert ein. Die tödlichen Unfälle von Imola, die anhaltenden Vorwürfe gegen das Spitzen-Team Benetton und das dramatisch spannende Finale drückten dem Rennjahr ihren Stempel auf.

Knapp zwölf Jahre nach dem Tod des Italieners Ricardo Paletti mussten während eines Grand Prix-Wochenendes erstmals wieder Opfer beklagt werden. Während des Abschlusstrainings für den GP von San Marino stürzte Roland Ratzenberger und starb an schweren inneren Verletzungen. Während des Rennens schlug das Schicksal ein zweites Mal zu, als sich Ayrton Senna ein todbringendes Schädel- und Hirntrauma zuzog. Trümmer der rechten Vorderradaufhängung drangen unmittelbar nach dem Aufprall gegen die Begrenzungsmauer durch den Helm des Brasilianers. Hätten sie die Aufprallstelle nur um wenige Millimeter verfehlt, wären die Metallteile an der Rundung des Helms abgeglitten... Bei Tempo 220 km/h und einem Einschlagwinkel von 20 Grad bot das Monocoque dem Körper des Champion optimalen Schutz – Rumpf und Gliedmaßen des Südamerikaners blieben unverletzt. Ohne das unglaubliche Pech, millimetergenau von den Aufhängungsteilen getroffen zu werden, hätte Senna das Krankenhaus nach dem obligatorischen Röntgen-Check wieder verlassen können.
Im Cockpit des Williams wurde eine österreichische Flagge gefunden. Offenbar plante Senna, nach der Zieldurchfahrt das rotweiße Tuch aus dem Cockpit zu halten, um Roland Ratzenberger zu ehren. Der Salzburger war am Vortag vom linken Vorderrad seines Simtek erschlagen worden, das durch die Cockpitwand in das Innere des Boliden eindrang.
Sportlich schien sich das Championat anschließend zu einem Alleingang des Kerpeners Michael Schumacher zu entwickeln. Reglementverstöße des Deutschen und des Teams Benetton stoppten den Rheinländer jedoch im Sommer. Parallel brachten Verdächtigungen, der Deutsche würde unerlaubte elektronische Hilfsmittel verwenden, Unruhe in den Rennstall. Wegen Disqualifikationen und Sperren wurde sein WM-Programm auf zwölf gewertete Grand Prix reduziert. Damon Hill, der sich als Schumachers stärkster Gegner erwies, nutzte die Phase der Wehrlosigkeit seines Rivalen durch den Gewinn von 40 WM-Punkten. Als dem Deutschen dann in Suzuka aufgrund eines Missverständnisses der einzige Fehler der Saison unterlief, mit dem er sich um den scheinbar sicheren Sieg brachte, trennte vor dem Finale in Adelaide nur noch ein einziger WM-Punkt die beiden Titelanwärter.
Die Entscheidung fiel schließlich durch ein umstrittenes Manöver Schumachers, das ihn und Hill aus dem Rennen warf. Aufgrund seiner »Teilschuld« reagierte der Brite nach anfänglicher Wut jedoch verständnisvoll und ohne Groll. Auch wenn der neue Weltmeister seinen Titel in der Stunde des Triumphs dem verstorbenen Ayrton Senna widmete, darf nüchtern festgestellt werden, dass mit Michael Schumacher ein Pilot der Extraklasse Meister wurde. Sennas Tod hatte nicht zur Folge, dass sich Vertreter der »zweiten Garnitur« um den Titel stritten.

Senkrechtstarter Schumacher – ohne Disqualifikationen und Sperren hätte er sich den Titel sicherlich vorzeitig sichern können, was ihn zum jüngsten Formel-1-Champion aller Zeiten gemacht hätte – ist fahrerisch ohnehin über jeden Zweifel erhaben, und Damon Hill, der »gelernte Testfahrer«, wuchs in der zweiten Saisonhälfte über sich selbst hinaus.
Neben Schumacher und Hill – das Duo holte sich 14 der insgesamt 16 Grand Prix – durften sich 1994 nur Gerhard Berger und Nigel Mansell in die Siegerlisten eintragen. Der Tiroler gewann in Hockenheim. Damit beendete er die längste sieglose Zeit der Geschichte Ferraris und hievte die Scuderia in der ewigen Bestenliste wieder auf Platz Eins: Die seit 1950 dokumentierte Bilanz führen nun Ferrari und McLaren mit je 104 Siegen an. Nigel Mansell triumphierte in Adelaide. Anders als Berger in Hockenheim, staubte der Brite seinen Erfolg ab. Es bedurfte der Kollision der beiden Titelaspiranten und Bergers Pech, bevor Mansell die Linie siegreich kreuzte.

Das Team Benetton

Als Michael Schumacher 1993 einen Dreijahres-Vertrag bei Benetton unterschrieb, war die Marschrichtung klar abgesteckt: Einem weiteren »Lehrjahr« sollte 1995 der Titelgewinn folgen. Wenn der Fahrplan abgekürzt werden konnte, lag das wesentlich am tragischen Schicksal Ayrton Sennas. Schumacher sagte jedenfalls Anfang Oktober: »Wenn Ayrton noch leben würde, wäre er jetzt vermutlich bereits Champion. Der wäre Kreise um mich gefahren.«
Dafür dass der Deutsche der Saison eindeutig seinen Stempel aufdrückte, kann er sich die Federn besten Gewissens an den eigenen Hut stecken: 1994 war ein Schumacher-Jahr, kein Benetton-Jahr. Der Rennstall aus Enstone war ein Ein-Fahrer-Team, das seine Erfolge fast ausschließlich seinem Star-Piloten verdankte. 92 der 103 der für die Konstrukteurs-WM gesammelten Punkte gingen auf die Kappe des Deutschen! Die übrigen elf teilten sich Jos Verstappen und JJ Lehto.
Auf der vormals weißen Weste der Kombination Benetton/Schumacher blieben allerdings einige schwarze Flecken zurück. Gleich mehrfach wurden Befürchtungen laut, Flavio Briatores Team habe gegen bestehende Regeln verstoßen. Am Grünen Tisch konnte allerdings außer dem Flaggen-Intermezzo von Silverstone nichts bewiesen werden. Damit siegte der Sport. Denn erstens wurden auch bei konkurrierenden Rennställen im Umgang mit den Paragraphen Unregelmäßigkeiten registriert, und zweitens wäre im Fall eines WM-Ausschlusses Benettons der »falsche Mann« Weltmeister geworden.

3. Sieg

Großer Preis von Brasilien
Interlagos, 27. März 1994

Schumachers Überraschungssieg

Mit Spannung erwartet wird der Saisonauftakt 1994, wo alles auf einen Zweikampf zwischen Ayrton Senna und dem »jungen Wilden« Michael Schumacher hindeutet. Und mit einem Paukenschlag unterstreicht der Benetton-Pilot seine Ambitionen: Ausgerechnet in der Höhle des Löwen entführt er zehn wichtige Punkte auf dem Weg zum Titel.

Zum ersten Mal seit 1989 beginnt die Saison wieder einmal in Brasilien. Diesmal natürlich nicht in Rio de Janeiro, sondern auf der aktuellen Standardpiste am Rand der 16-Millionen-Gemeinde Sao Paulo. Der Kurs in Interlagos, das wird während dieses Wochenendes klargemacht werden, bleibt bis ins Jahr 2001 Schauplatz des brasilianischen WM-Laufs. Bürgermeister Paulo Maluf ist derart happy über den Langzeit-Deal, dass er Bernie Ecclestone den Schlüssel der Stadt überreicht – jahrhundertelang symbolische Geste für die Kapitulation...

Bereits mittwochs herrschen im Fahrerlager rege Aktivitäten. Die Stimmung ist angespannt, denn man erwartet in Sao Paulo Probleme – große Probleme. Gegenseitig beschuldigten sich die Top-Teams schon während der Vorbereitungsphase, illegale Autos einsetzen zu wollen. Dabei stehen die hinteren Aufhängungen des Williams und des Ferrari im Brennpunkt des Interesses.

Die Piloten lässt das kalt, auch wenn es Michael Schumacher zu heiß ist – der Deutsche hat Fieber. Harry Hawelka, sein österreichischer Physiotherapeut, zieht im Hotel Transamerika alle Register, um den Benetton-Piloten fitzumachen.

Während der technischen Abnahme, dem Scrutineering, bleibt dann donnerstags überraschend alles ruhig. Charly Whiting, der FIA-Verantwortliche, spielt dabei die Rolle des Naiven. Die Frage, ob es irgendwelche Beanstandungen gibt, beantwortet er stereotyp mit lächelnder Unschuldsmiene: »Nein weshalb?« Trotzdem wird das Thema »faule Autos« die Formel 1 noch monatelang beschäftigen ...

Auch in der Goodyear-Box herrscht größte Aufregung. Eigentlich müssten jetzt die Reifen für 28 Autos auf die Felgen montiert und ausgewuchtet werden, doch nichts tut sich. Der Pneu-Monopolist ist unzufrieden mit seinem Kontingent an Gast-Pässen, die FIA-Vize Bernie Ecclestone den Amerikanern zugestand: Goodyear streikt. Ohne Reifen kein Grand Prix, so einfach ist die Formel des Druckmittels. Erst um 22.30 Uhr wird der Zwist beigelegt. Ecclestone und Goodyears Leo Mehl einigen sich. Die Reifen-Monteure haben an dieser Nacht wenig Freude: In den folgenden fünf Stunden machen sie 450 Gummiwalzen einsatzbereit!

Lokal-Matador Ayrton Senna, der große Favorit und Titelanwärter, erfüllt freitags die Erwartungen seiner vielen Fans, die die teuren Eintrittspreise nicht davon abhalten konnten, ihr Idol live zu erleben. Um 0,2 Sekunden distanziert Senna seinen jungen Herausforderer Michael Schumacher. Doch der – inzwischen wieder fit – gibt sich im Kampf um den besten Startplatz noch nicht geschlagen. »Morgen packe ich Ayrton vielleicht«, verkündet er vor der Rückfahrt zum Hotel optimistisch. Sein relativ konservativ konstruierter Benetton ist sieben Wochen älter als der recht revolutionäre Williams. Die sieben Wochen Testvorsprung machen sich jetzt bezahlt. Der Rennwagen des Deutschen liegt – speziell in den Streckenpassagen mit unebenem Asphalt – deutlich besser auf der Piste als das enorm PS-starke Auto des Südamerikaners, der im Cockpit extrem fighten muss, um Schumacher auf Distanz zu halten.

Auch im Duell der »Leutnants« der Stars, Damon Hill contra Jos Verstappen, hat Williams die Nase vorn: Hill belegt am ersten Tag Rang Sieben, der Niederländer erkämpft sich Platz Elf.

Samstags verbessert sich Verstappen um zwei Positionen, ist aber auch als Mitglied der Top-Ten-Gruppe nicht glücklich – der Ehrgeiz des Neulings ist unglaublich groß. Das Abschlusstraining dauert praktisch nur 30 Minuten, denn dann geht aus den dunklen Wolken ein Regenguss jener Qualität nieder, der 1993 sogar einen Alain Prost von der Piste wusch. Bevor die Wassermassen fast alle Aktivitäten lähmen, verbessert sich Ayrton Senna als einziger unter die 1,16-Minuten-Barriere: Pole-Position Nummer 63 für den Brasilianer. Schumachers Traum von der besten Startposition ist geplatzt. Der Kerpener wird sich noch bis Monte Carlo gedulden müssen ...

Rang Drei hinter Senna und Schumacher geht an Jean Alesi. Für Ferrari-Berater Niki Lauda ist das kein Grund zur Freude. »Der Platz ist gut – die Rundenzeit ist schlecht«, analysiert der Wiener kurz und bündig. Tatsächlich fehlen Alesi fast 1,1 Sekunden auf Schumacher, und Gerhard Berger ist nur 17.! Mit mechanischen Problemen – wegen Getriebeschwierigkeiten blieb Berger gleich am ersten Tag im Leerlauf stehen – und starkem Untersteuern blieb die Barnard-Konstruktion einiges schuldig. Nur eine gu-

te Nachricht gibt es für die Roten aus Maranello: Die FIA erklärt den umstrittenen Agip-Sprit vom Typ FIO für regelkonform, nachdem Straßenautos der Hersteller Lancia und BMW die Powerbrühe klaglos schluckten.
Ferrari wird auch im Rennen mit einem blauen Auge davonkommen, McLaren dagegen steht mitten in einem »Wochenende zum Vergessen«. Während der Rennstall aus Woking in der Vergangenheit mit dem recht komplizierten Fly-by-wire-system keine Probleme hatte, stolpert er jetzt über den – offiziell vorgeschriebenen – herkömmlichen Gaszug. Erst klemmen die Züge aufgrund der hohen Fliehkräfte in schnellen Kurven, dann lassen sich die Gasschieber nur zu 92 Prozent öffnen. Die Peugeot-Zehnzylinder verlieren deshalb 60 bis 70 PS. Martin Brundle hat außerdem Schwierigkeiten mit dem Zwei-Pedal-Auto. Anders als Mika Häkkinen, kann der Brite nicht voll mit dem linken Fuß bremsen. Der McLaren-Neuling: »Ich habe die Kraft nicht, das sind Folgen meines Unfalls vor zehn Jahren in Dallas, als ich mir den linken Knöchel brach.«
Im Fahrerlager wird immer noch das Abschneiden von Heinz-Harald Frentzen diskutiert. Seit Carlos Reutemann 1972 in Argentinien bei seinem F1-Debüt auf dem ersten Startplatz stand, hat kein Neuling so gut abgeschnitten wie der Mönchengladbacher, der die fünftschnellste Trainingszeit fuhr. Jeder staunt begeistert, und auch Schumacher wundert sich – allerdings aus überraschendem Grund. »Welches Problem«, fragt er neugierig, »hatte denn Heinz-Harald? Der kann doch mehr! Sicherlich wollte er um keinen Preis das Auto rauswerfen.«
Kurz vor dem Start bricht bei Ferrari das übliche Chaos aus: Der frische Motor in Bergers Auto gibt seinen Geist auf. Daraufhin erhält Jean Alesi das T-car, und der Tiroler übernimmt den Boliden des Franzosen. Warum einfach, wenn's auch kompliziert geht?
Als die Ampel Grünlicht zeigt, unterläuft Michael Schumacher der einzige kleine Fehler des Wochenendes. Der Deutsche erzählt später, sein Start sei wegen eines Kupplungsproblems recht schlecht gewesen. Nicht am Heck des Williams mit Startnummer 2, sondern erst hinter Blitzstarter Alesi – »Als Grün kam, fuhr ich los« – bremst Schumacher die Startkurve an. Senna nutzt die Gunst der Stunde zur Flucht nach vorn, während der Benetton-Fahrer die »Festung Alesi« zunächst vergeblich anrennt. Unter dem Jubel der Fans kommt der Spitzenreiter mit glatten zwei (!) Sekunden Vorsprung aus der ersten Runde zurück. Heimlicher Gewinner des ersten Umlaufs ist allerdings Gerhard Berger, der sich vom 17. auf den achten Rang vorfährt. Sein Erfolgsrezept ist simpel. Mit den Worten »Augen zu und durch«, beschreibt der Österreicher seine Methode, nachdem er kurz darauf wegen eines Motorschadens aufgeben musste.
Schumacher kommt in Runde zwei endlich an Alesi vorbei und nimmt die Verfolgung Sennas auf. Der dritte Umlauf bringt den ersten Rennunfall der Saison: In »Senna's S« dreht sich Eric Bernard. Olivier Beretta bremst hart, und Bertrand Gachot kann nicht ausweichen.
Die 16. Runde bedeutet das Aus für Frentzen, der zunächst lange als Sechster, dann als Fünfter zirkulierte. Er ärgert sich: »Der Dreher war völlig unnötig. Zunächst hatte ich Öl von Hills Williams auf dem Visier, dann floss mir der Inhalt meiner Trinkflasche in den Helm. Ich öffnete das Visier, weil es beschlug, und prompt tränten meine Augen. Als ich keine Probleme mehr hatte, flog ich raus – unmittelbar zuvor dachte ich, jetzt könne ich es endlich etwas ruhiger angehen lassen ... «

1994 – Interlagos, 27. März 1994

Vorn fahren Senna und Schumacher ihr Privatrennen. Nach 17 Umläufen folgt der Rheinländer mit weniger als einer Sekunde Abstand auf den Williams. Alesi, der vor Hill, Wendlinger und Verstappen liegt, hat bereits fast 30 Sekunden Rückstand auf die zwei vom anderen Stern.
Nach 21 Runden wechselt die Führung. Senna und Schumacher bremsen sich fast zeitgleich vor ihren Boxen ein, und der Deutsche wird von seiner Crew schneller abgefertigt als sein Gegner: Knapp vor dem Brasilianer geht er zurück auf die Piste. Noch sind die Zuschauer hoffnungsvoll, doch ihr Liebling wird sich nicht noch einmal nach vorn kämpfen können. Bei der Jagd auf den Benetton-Star – »So richtig unter Druck konnte mich Ayrton nicht setzen. Ich kontrollierte den Abstand und fuhr schneller, wenn er mir zu nahe kam« – dreht sich der WM-Favorit und muss aufgeben. »Mein Fehler«, gesteht er, »mein Auto war okay, aber ich fuhr zu schnell.«
Vorn fährt Schumacher Saisonsieg Nummer Eins sicher nach Hause. Hill, bereits nach 18 Runden an Alesi vorbeigestürmt, fliegt vor dem Franzosen als Zweiter über den Zielstrich. Barrichello weint vor Freude über Rang Vier, und Ukyo Katayama hat in der Schlussphase leichtes Spiel mit Karl Wendlinger, dessen Mercedes-V10 wegen verschmorter Elektrikkabel unsauber tönt und kaum noch Leistung hat.
»Die Zuschauer tun mir leid«, sagt Schumacher nach dem Rennen mit Blick auf die nach Sennas Ausfall zahlreich abgewanderten Fans, »sie kamen, um Ayrton siegen zu sehen. Ich hoffe, sie haben Verständnis dafür, daß ich andere Interessen hatte.« Senna, so betont er, sei unverändert Titelanwärter Nummer Eins.

ERGEBNISSE UND AUSFÄLLE

1. Michael Schumacher	Benetton-Ford B 194-02	1:35.38,759 = 192,632 km/h
2. Damon Hill	Williams Renault FW16-3	1 Runde zurück
3. Jean Alesi	Ferrari 412T1–149	1 Runde zurück
4. Rubens Barrichello	Jordan-Hart 194/004	1 Runde zurück
5. Ukyo Katayama	Tyrrell-Yamaha 022-02	2 Runden zurück
6. Karl Wendlinger	Sauber-Mercedes CI3-04	2 Runden zurück
7. Johnny Herbert	Lotus-Mugen 107C/3	2 Runden zurück
8. Pierluigi Martini	Minardi-Ford M193B-04	2 Runden zurück
9. Erik Comas	Larrousse-Ford LH94-01	3 Runden zurück
10. Pedro Lamy	Lotus-Mugen 107C/2	3 Runden zurück
11. Olivier Panis	Ligier-Renault JS39B-02	3 Runden zurück
12. David Brabham	Simtek-Ford S941-02	4 Runden zurück
Ayrton Senna	Williams Renault FW16-2	56. Runde, Dreher
Martin Brundle	McLaren-Peugeot MP4/9-2	35. Runde, Unfall
Eddie Irvine	Jordan-Hart 194/003	35. Runde, Unfall
Jos Verstappen	Benetton-Ford B 194-01	35. Runde, Unfall
Eric Bernard	Ligier-Renault JS39B-06	34. Runde, Unfall
Mark Blundell	Tyrrell-Yamaha 022-01	22. Runde, Unfall
Christian Fittipaldi	Footwork-Ford FA1 5-01	22. Runde, Getriebe
Heinz-Harald Frentzen	Sauber-Mercedes C13-03	16. Runde, Dreher
Mika Häkkinen	McLaren-Peugeot MP4/9-3	14. Runde, Elektrik
Michele Alboreto	Minardi-Ford M193B-01	8. Runde, Motor
Gianni Morbidelli	Footwork-Ford FA15-02	6. Runde, Getriebe
Gerhard Berger	Ferrari 412T1–150	6. Runde, Motor
Olivier Beretta	Larrousse-Ford LH94-02	3. Runde, Unfall
Bertrand Gachot	Pacific-Ilmor PRO1/001	2. Runde, Unfall

SCHNELLSTE RUNDE: (7. Runde) – Michael Schumacher, Benetton-Ford B194,
1.18,455 = 198,437 km/h
Neuer Rundenrekord

Erstmals seit 1983 werden während der Routine-Boxenstopps nicht nur Reifen gewechselt, sondern auch Sprit nachgefüllt

4. Sieg

Pacific Grand Prix
Aida, 17. April 1994

Der Ruf des Geldes

Zu seiner nicht geringen Überraschung geht auch die zweite Runde dieser WM an den jungen Deutschen, der das Rennen klar dominiert. Altmeister Senna gerät nach der zweiten Nullrunde unter Druck. Schumacher aber glaubt trotz des Sieges an die Stärke von Williams und weist die Favoritenrolle weit von sich. Für ihn ist klar, dass Senna seinen vierten WM-Titel holen wird.

Kopfschüttelnd folgt der Grand Prix-Tross der FIA-Weisung, nach Tsuyama zu reisen. Das Rennen in Japan sieht niemand als Bereicherung des Terminkalenders an.
Obwohl Streckenbesitzer Hajime Tanaka das Wochenende bestens organisierte, sind die Europäer nicht gerade begeistert: Volle 48 Stunden der Sechs-Tage-Reise verbringen sie in Flugzeugen, Zügen und Bussen. Aber die Yen-Millionen, die Tanaka-san mit Sicherheit an Bernie Ecclestone überwies, machten den Circuit von Aida für die FIA interessanter als jede andere Piste der Weit...
Nicht mit von der Partie sind zwei der Stammpiloten. Eddie Irvine fehlt, weil er bei der Berufungsverhandlung gegen die Sao-Paulo-Strafe keinen Erfolg hatte. In Japan nimmt Aguri Suzuki seinen Platz ein. Lachend kommentiert der Ex-Footwork-Pilot: »Die Formel 1 ist ein merkwürdiges Spiel. Urplötzlich war ich aus dem Geschäft, und urplötzlich bin ich wieder drin.« Nicht für lange. Dem Jordan-Boss passt die Sperre Irvines klammheimlich recht gut – die Leihgebühren, die der meistbietende F1-Arbeitslose für das vorübergehend freie Cockpit zahlen muss, stellen einen warmen Regen für die Teamkasse dar.
Auch Jean Alesi ist im fernen Osten nicht mit dabei. Auf der Rennstrecke von Mugello knallte der Ferrari-Fahrer bei Tests – das Heck voran – mit Tempo 200 km/h in die Leitplanken. Als Ersatzfahrer rückt Nicola Larini nach, der an diesem Wochenende gleich zweimal im Rampenlicht stehen wird.
Donnerstags dürfen die Piloten das unbekannte Terrain beschnuppern. Nach zwei 45-minütigen Sitzungen liegt Michael Schumacher mit einer Sekunde vor Ayrton Senna. Die Laune des Brasilianers ist entsprechend. Dennoch kann Senna den Spieß schon im ersten Zeittraining umdrehen.
Obwohl er sich für seinen »Stammplatz«, die Pole-Position, qualifizieren konnte, gilt Ayrton Senna vor dem frühen Start um 12.30 Uhr nicht als der große Favorit des Rennens. Schumacher ist optimistisch, den Williams-Star in Rennabstimmung schlagen zu können. Daran ändert es gar nichts, dass er im Warm-up nur die fünftschnellste Runde drehte. Wie auch sein Team-Kollege Jos Verstappen, konzentrierte sich der Deutsche während des halbstündigen Aufgalopps darauf, die rechte Seite der Startgeraden »sauberzufahren«.

Bevor die Rennwagen auf die Piste gehen, um die Plätze für den Vorstart einzunehmen, liegt Senna lange bewegungslos auf dem Boden des Williams-Containers im Fahrerlager. Er weiß, dass er eine fehlerfreie Vorstellung geben muss, um die angepeilten zehn WM-Punkte zu ergattern. Auf einer Piste wie dieser, die das Überholen so schwierig macht, kann ihn niemand schlagen, wenn er selbst nicht – und sei es durch die kleinste Unaufmerksamkeit – zum Überholen einlädt.

Auf den ersten Metern des Rennens treten die Favoriten mit vertauschten Rollen an: Diesmal kommt Schumacher blendend von der Linie weg und Senna verliert mit durchdrehenden Antriebsrädern entscheidende Meter. Wenig später berichtet der Brasilianer, als Fußgänger zurück in den Boxen: »Ich hätte den Fehler in der ersten Kurve durch einen Angriff auf der Innenseite wettmachen können.« Aber Senna wollte kein unnötiges Risiko eingehen und hielt sich zurück: »83 Runden mit zwei, drei Boxenstopps lagen vor uns. Nichts sprach dafür, etwas übers Knie zu brechen.«

Aber obwohl – oder ironischerweise weil – sich der Südamerikaner klug zurückhält, kracht es: Die Nase am Kurveneingang vorn, lässt es Schumacher aus taktischen Gründen gemütlicher angehen. Der Deutsche will seinem Jäger den Schwung rauben, der ihm ausgangs des Knicks eine Angriffsmöglichkeit erlauben könnte. Mika Häkkinen, als Dritter knapp hinter Senna, wird durch die unerwartet langsame Fahrt überrascht Der Bug des McLaren berührt das Heck des Williams, der sich sofort querstellt und unmittelbar darauf von Larinis Ferrari seitlich torpediert wird. »Ich konnte nichts tun«, entschuldigt sich der Italiener, der von einem schöneren F1-Comeback geträumt hatte, »plötzlich stand Sennas Auto wie eine Mauer vor mir.« Tatsächlich blieb dem Alfa-Tourenwagen-Piloten kein Raum für Ausweichmanöver. Die Alternative – den auf Parallelkurs fahrenden Berger-Ferrari zu rempeln – berücksichtigte er aus verständlichen Gründen gar nicht erst...

Wütend macht sich Senna bei den Funktionären Luft. Er fordert keine Bestrafung des Finnen, wohl aber eine allgemein bessere Aufsicht über die »jungen Wilden«. Die Arbeit von vier Tagen sei zunichte gemacht, wettert Senna, und er um mögliche zehn WM-Punkte gebracht. Das sei unangenehm genug, aber die Funktionäre sollten handeln, bevor etwas wirklich Schlimmes passiert. Aus dem Munde des Mannes, der 1990 in Suzuka in voller Absicht einen Konkurrenten bei einer Geschwindigkeit von deutlich mehr als 200 km/h abschoss, klingen die Vorwürfe seltsam.

Mika Häkkinen reicht Senna später entschuldigend die Rechte, doch der schlägt sie aus. Der Finne geht. »Die Atmosphäre sprach nicht für eine Fortsetzung des Gesprächs«, erklärt er achselzuckend.

Michael Schumacher verfolgt Ayrton Sennas Abgang in den Rückspiegeln. Ein Schreck fährt ihm durch die Glieder, er befürchtet einen Abbruch des Rennens. Dass sich weiter hinten Erik Comas die Nase seines Larrousse am Heck des Blundell'schen Tyrrell – der dadurch eliminiert wird – abfährt, bekommt der Deutsche nicht mit.

Sofort kann sich der Benetton von Häkkinen lösen, und, die potentielle Gefahr durch die stärksten Konkurrenten wird zusätzlich kleiner, als Häkkinen den zweiten Williams ausschaltet. Hill, zunächst an dritter Stelle zirkulierend, will sich den Finnen schnappen, doch der wirft ihm die Tür vor der Nase zu. Der Brite gerät auf einen Kerb, dreht sich und reiht sich als Neunter, hinter Schumacher, Häkkinen, Berger, Barrichello, Brundle, Fittipaldi, Frentzen und Verstappen, wieder ins Geschehen ein.

In der 31. Runde erobert Hill nach einer sehenswerten Aufholjagd Platz Zwei. Offen-

sichtlich hatte es die Team-Führung verpasst, ihn davon zu unterrichten, dass man auf diesem Kurs nicht überholen kann... Doch 41,9 Sekunden trennen ihn nun von dem führenden Benetton. Häkkinen ist zu diesem Zeitpunkt bereits nicht mehr mit von der Partie. Sinkender Hydraulik-Druck im Inneren des MP4/9 ließ ihn während des 20. Umlaufs stranden. Das Getriebe lässt sich nicht mehr schalten.
Nur ein Defekt oder ein unaufmerksamer Gegner kann Schumacher jetzt noch am Sieg hindern. Tatsächlich verwechselt Christian Fittipaldi den Niederländer Verstappen in der 36. Runde mit dem Spitzenreiter, der hart, mit rauchenden Reifen, bremsen muss, um den Brasilianer nicht abzuschießen. Laut wird Schumacher nach dem Rennen darüber nachdenken, wie er seinen Benetton künftig optisch vom Schwester-Auto absetzen kann.
Auch die beiden Stopps zum Tanken und Reifenwechseln – dem Halt nach 23 Umläufen folgt ein zweiter zum Ende des 51. – verdrängen Schumacher nicht von der Spitze. Berger erbt Platz Zwei, als Hills Rennwagen streikt. Doch für die sechs WM-Punkte interessiert sich auch Barrichello. Als der Tiroler ein letztes Mal an den Boxen stoppt, rückt der Brasilianer tatsächlich vor, doch auch er muß noch einmal halten, und damit wird die alte Reihenfolge wieder hergestellt. Schumacher ist jetzt so überlegen, dass er auf eine Überrundung Bergers nur deshalb verzichtet, weil er kein unnötiges Risiko eingehen will.
Auf »Ankommen fahrend«, liegt hinter Fittipaldi auch Frentzen in den Punkten.
Im Ziel bezeichnet Berger Platz Zwei als Seelen-Balsam für Ferrari und ihn selbst. Barrichello vergießt – anders als in Sao Paulo – keine Freudentränen, denn »diesmal stand ich auf dem Podest, und Millionen Leute schauten zu«. Weder auf dem Podium,

noch unter den ersten Sechs finden sich Namen der Piloten von Williams und McLaren. Seit dem italienischen Grand Prix vor sechs Jahren hat es das nicht gegeben. Bevor sich Schumacher in einen bereitstehenden Helikopter schwingt, um sein Flugzeug Richtung Europa rechtzeitig zu erwischen, dämpft er den Optimismus derjenigen, die ihn zum neuen Titelfavoriten machen wollen: »Die 20 Punkte kann mir niemand nehmen, die Freude über die zwei Siege auch nicht. Aber Williams hat das beste Potential, die Meisterschaft zu gewinnen. In Imola wird Williams das beweisen.« Was in Imola tatsächlich geschieht, liegt außerhalb jeglichen Vorstellungsvermögens.

ERGEBNISSE UND AUSFÄLLE

1. Michael Schumacher	Benetton Ford B194-03	1:46.01,693 = 173,925 km/h
2 Gerhard Berger	Ferrari 412T1-151	1.15,300 Minuten zurück
3. Rubens Barrichello	Jordan-Hart 194/004	1 Runde zurück
4. Christian Fittipaldi	Footwork-Ford FA15-01	1 Runde zurück
5. Heinz-Harald-Frentzen	Sauber-Mercedes Cl3-03	1 Runde zurück
6. Erik Comas	Larrousse-Ford LH94-01	3 Runden zurück
7. Johnny Herbert	Lotus-Mugen 107C/3	3 Runden zurück
8. Pedro Lamy	Lotus-Mugen 107C/2	4 Runden zurück
9. Oliver Panis	Ligier-Renault JS39B-04	5 Runden zurück
10. Eric Bernard	Ligier-Renault JS39B-06	5 Runden zurück
11. Roland Ratzenberger	Simtek-Ford S941 -01	5 Runden zurück
Gianni Morbidelli	Footwork-Ford FA15-02	70. Runde, Dreher
Karl Wendlinger	Sauber-Mercedes C13-01	70. Runde, Unfall
Michele Alboreto	Minardi-Ford M193B-01	70. Runde, Unfall
Martin Brundle	McLaren-Peugeot MP4/9-4	68. Runde, Motor
Pierluigi Martini	Minardi-Ford M193B-04	64.Runde, Dreher
Jos Verstappen	Benetton-Ford B194-04	55. Runde, Dreher
Damon Hill	Williams-Renault FW16-3	50. Runde, Kraftübertragung
Aguri Suzuki	Jordan-Hart 194/003	45. Runde, Aufhängung vorn
Ukyo Katayama	Tyrrell-Yamaha 022-02	43. Runde, Motor
Mika Häkkinen	McLaren-Peugeot MP4/9-3	20. Runde, Getriebe
Olivier Beretta	Larrousse-Ford LH94-02	15. Runde, Elektronik
David Brabham	Simtek-Ford S941-02	3. Runde, Motor
Ayrton Senna	Williams-Renault FW16-2	1. Runde, Unfall
Mark Blundell	Tyrrell-Yamaha 022-05	1. Runde, Unfall
Nicola Larini	Ferrari 412T1-150	1. Runde, Unfall

SCHNELLSTE RUNDE: (10. Runde) – Michael Schumacher, Benetton-Ford 194, 1.14,023 = 180,053 km/h
Neuer Rundenrekord

5. Sieg

Großer Preis von San Marino
Imola, 1. Mai 1994

Blut und Tränen

Das Wochenende von Imola geht als die schwärzeste Stunde des Rennsports in die Formel 1-Geschichte ein. Zwei tote Fahrer, ein halbes Dutzend verletzte Mechaniker – Michael Schumacher auf dem Siegerpodest hat keinen Grund, sich über seine zehn Punkt zu freuen. Die Formel 1 versinkt in Trauer.

Traditionsgemäß reisen die Mitglieder des Grand Prix-Zirkus bei WM-Läufen auf europäischem Boden donnerstags an. Imola 1994 macht in diesem Punkt keine Ausnahme. Die Stimmung ist ausgezeichnet. Nur bei Williams hat man sich immer noch nicht mit dem überraschenden Zwischenstand der Tabelle anfreunden können. Michael Schumacher liegt 20 Punkte vor dem haushohen Meisterschaftsfavoriten – an Spannung wird es vorläufig nicht mangeln. Niemand kann ahnen, dass nach dem Grand Prix von San Marino nichts mehr so sein wird wie zuvor.

Nichts verrät die Dramatik der nächsten Tage. In den Notizbüchern des Chronisten finden sich vor Trainingsbeginn Eintragungen über eine erneute Erkältung Heinz-Harald Frentzens, die verbesserte hintere Radaufhängung der Williams und Aussagen von FIA-Funktionären, die plötzlich sehr bezweifeln, dass die Formel 1 im Oktober in Buenos Aires antreten wird.

Auch der spektakuläre Unfall des Jordan-Piloten Rubens Barrichello stört die Atmosphäre nur für Sekunden. Während des ersten Qualifying unterläuft dem Brasilianer im Rechts-Links-Knick eingangs der Variante Basso ein Fahrfehler. Auf den Kerbs steigt der Bolide auf und fliegt raketengleich in Richtung Drahtzaun und Reifenstapel. Das System funktioniert. Barrichellos Bolide wird zurückgeworfen und bleibt nach turbulentem Flug umgestürzt liegen. Recht unsanft werfen einige Marshals den Wagen zurück auf die Räder. Barrichello ist kurz bewusstlos und erhält innerhalb kürzester Zeit ärztliche Hilfe. Die braucht er dringend, denn ohnmächtig droht er, am eigenen Blut zu ersticken.

Am nächsten Morgen ist er zurück an der Piste. Mit Prellungen des rechten Arms und der Nase sowie einer kleinen Risswunde im Mund ist er glimpflich davongekommen. Während Barrichello sein Comeback für den GP von Monaco ankündigt, wendet sich das Interesse wieder dem Geschehen auf der Piste zu.

Um 13.18 Uhr trifft es Ratzenberger. Der Salzburger – das zeigt die Telemetrie – unterbricht zunächst eine schnelle Runde. Weil er offensichtlich von der Piste abgekommen ist, fährt er zickzack, um Lenkung und Aufhängung durchzuchecken. Dann gibt er wieder Gas, nimmt Anlauf für eine neue schnelle Runde... Sie endet ausgangs der Tamburello im Streckenabschnitt Villeneuve. Weil vorn links ein Teil des Frontflügels wegbricht, kann der Salzburger seinen Simtek nicht auf der Bahn halten. Mit

314,9 km/h durchfliegt er eine Lichtschranke. Zwei Meter dahinter kommt er links aufs Gras und prallt keine 50 Meter weiter gegen eine Mauer. Bis in die Tosa-Kurve rutscht das völlig zerstörte Auto. Als Rennarzt Sid Watkins sich nach kurzer Zeit von dem Unfallopfer abwendet, besteht für Roland Ratzenberger keine Überlebenschance mehr. »Er blickte ihm in die Augen«, sagt ein Mitglied des Rettungsteams, »und wusste, dass es aus ist.«

Im Fahrerlager herrscht Bestürzung und Trauer. Weil keine Zeit zu verlieren ist, beginnt parallel eine Diskussion über die Sicherheit in der Formel 1, die Anfang Juni zu brauchbaren Ergebnissen führen wird. Gestritten wird auch. Als einige der Ferrari-Mitarbeiter die unsinnige Theorie vertreten, der Unfall sei auf die Finanzschwäche Simteks und minderwertiges Material zurückzuführen, schimpft Gerhard Berger: »Jetzt haltet den Mund. Ich flog hier 1989 auch wegen eines Flügeldefekts ab – auf Ferrari.« Der Tiroler kann auch nicht verstehen, dass Flavio Briatore seine Fahrer von einer möglichen Fortsetzung des Trainings abhält: »Es ist schändlich, wenn eine solche Tragödie dazu benutzt wird, Politik zu machen.« Jeder Fahrer, so Berger, müsse selbst wissen, ob und wann er sich wieder ins Cockpit setzt.

Ohne dass er sich im letzten Qualifying überhaupt auf die Piste begibt, sichert sich Ayrton Senna die 65. Pole-Position seiner F1-Karriere. Aber das interessiert nur ganz am Rande. Die historische Bedeutung dieses Resultats wird erst einen Tag später deutlich.

Sonntags erscheinen die Mitglieder des Teams Simtek mit Trauerflor. Spät am Abend des Vortags wurde der Entschluss gefaßt, zu starten, vorausgesetzt, David Brabham ist im Warm-up mit seinem S941 zufrieden. »Nick überließ mir die Entscheidung«, erklärt der Australier, »ich kann Roland ohnehin nicht zurückbringen, und ich bin sicher, er hätte gewollt, dass wir an den Start gehen.« Auch der Teamchef glaubt, im Sinne des verstorbenen Rennfahrers zu handeln: »Was wir tun, tun wir aus Respekt vor Roland und zu seinem Gedenken.« Leere Worte sind das nicht, das weiß jeder, der je mit Roland Ratzenberger über den Grand Prix-Sport sprach.
Als der Österreicher am folgenden Freitag in Salzburg beigesetzt wird, bittet Ratzenberger Senior nach den Beerdigungsfeierlichkeiten die Team-Eigner Nick Wirth und Konrad Schmidt an seinen Tisch. »Ich danke ihnen«, sagt er, »dass Sie meinem Sohn den großen Wunsch, Formel 1 zu fahren, erfüllt haben.«
Während des obligatorischen Briefing im Anschluss an das Warm-up, gedenken die Piloten Roland Ratzenberger durch eine Schweigeminute. Später beschließen Senna, Schumacher und Alboreto, in Monaco alle Kollegen zusammenzutrommeln, um die »Fahrergewerkschaft« GPDA wieder ins Leben zu rufen. Ziel soll es sein, ein Mitspracherecht – speziell in sicherheitsrelevanten Angelegenheiten – zu erwirken. Notfalls zu erzwingen. Das Meeting wird tatsächlich stattfinden – unter noch schlimmeren Vorzeichen ...
Die Atmosphäre ist unverändert bedrückt, als das Rennen gestartet wird. JJ Lehto, der im Training an seine gewohnt guten Leistungen anknüpfen konnte, würgt den Achtzylinder seines Benetton ab, als die Ampel die Fahrt freigibt. Die hinter dem Benetton des Finnen aufgereihten Piloten scheinen alle dem Hindernis ausweichen zu können. Dann fliegt Pedro Lamys Lotus 107C heran. Vor ihm schlägt ein Bolide einen Haken nach rechts, um die blaue Straßensperre zu umgehen. Das Manöver wird Lamy zur Falle. »Links tat sich eine Lücke auf«, erinnert er sich später, »also stieß ich hinein ... « Voll kracht der Lotus gegen den Benetton und von dort zunächst links, dann rechts gegen Mauern. Gleich zwei Räder fliegen über den Schutzzaun, der die Piste von den Zuschauern trennt, »einer sogar über das Tribünendach. Die Piloten bleiben unverletzt, aber neun Zuschauer werden ins Krankenhaus transportiert.
Um das Chaos bei Start-und-Ziel in Ruhe beseitigen zu können, geht sofort das Safety-Car auf die Piste, dem Senna, Schumacher, Berger, Hill, Frentzen und die anderen mit Beginn der zweiten Runde folgen. Alle – Senna allerdings erst ungewöhnlich spät – fahren Schlangenlinien, um die Reifen vor drohender Abkühlung zu bewahren. Während der fünften Runde fragt der führende Brasilianer über Funk, ob die Freigabe des Rennens tatsächlich unmittelbar bevorstehe. Die Williams-Crew bestätigt seine Vermutung. Anschließend werden keine Worte mehr zwischen den Boxen und dem Fahrer des Rennwagens mit Startnummer zwei gewechselt.
Sofort nach dem Neustart setzen sich Senna und Schumacher von den Verfolgern ab. Sennas Flucht nach vorn verläuft nicht nach Maß. Imola, das ist ein Williams-Kurs – hier muss nach dem verpatzten Saisonstart ein klarer Sieg heimgefahren werden. Aber nach sechs Runden trennen ihn gerade 0,6 Sekunden von dem Rheinländer. Schumacher beobachtet in der Tamburello-Kurve, dass der Rennwagen des Spitzenreiters »nervös ist und immer wieder aufsetzt«. Beinahe, so der Deutsche, wäre er rausgeflogen.
Die Szene wiederholt sich in der folgenden Runde, und diesmal verliert Senna seinen Williams tatsächlich aus der Kontrolle. Schumacher: »Wieder setzte er auf, dann stell-

te er sich ganz leicht quer und schoss von der Bahn. Der Aufprall sah gefährlich aus, aber ich dachte nicht ansatzweise daran, er könne ähnliche Folgen haben wie Rolands Unfall.«

So empfindet es auch Ex-Formel 1-Fahrer John Watson. Als Sennas Auto ramponiert, aber mit intaktem Monocoque, um 14.12 Uhr zum Stillstand kommt, schwant dem Briten nichts Böses. »Vielleicht«, so vermutet er, »tut ihm irgendetwas weh, und er wartet auf Sid Watkins.« Tatsächlich bewegt Senna kurz den Kopf, doch dann regt sich nichts mehr im Cockpit. Von über 300 auf knapp 200 km/h konnte der Champion seinen Boliden noch abbremsen, leicht lenkte er sein Auto nach links. Williams-Konstrukteur Patrick Head: »Zeit und Raum reichten nicht aus.« Beim Aufprall stieß ein Aufhängungsteil wie ein Speer durch den Helm. Die Ärzte erkennen sofort schwerste Kopfverletzungen. Die Stirn des Champion ist völlig zertrümmert. Die Helfer haben größte Mühe, die starken Blutungen zu stillen. »It's his head« – es ist sein Kopf, wird Bernie Ecclestone per Funk mitgeteilt. Der alternde F1-Zampano versteht »He's dead« – er ist tot.

Auf dem Weg zum Rettungshubschrauber, der auf der Piste gelandet ist, muss die Tragbahre noch einmal abgesetzt werden. Die Hektik der Ärzte lässt das Schlimmste befürchten. Dann entschwebt der Helikopter – gut 20 Minuten nach dem Unfall – in Richtung Maggiore Hospital. An der Unfallstelle bleiben die Trümmer des Autos, Aufprallspuren an der Betonmauer, eine Blutlache sowie Verpackungsmaterial medizinischer Hilfsmittel aller Art als stumme Zeugen zurück.

In der Schlussphase des Rennens, das nach fast 45-minütiger Unterbrechung neu gestartet wird, ereignet sich ein weiterer Unfall: Im Anschluss an seinen Boxenstopp verliert Alboretos Minardi beim Beschleunigen das rechte Hinterrad! Rad und Zentralverschluss werden in die einsatzbereit wartenden Mechaniker anderer Teams geschleudert. Fünf Mitarbeiter der Rennställe Ferrari, Lotus und Benetton werden verletzt.

Zu diesem Zeitpunkt fährt Michael Schumacher bereits einem klaren Sieg entgegen, nachdem in der Anfangsphase Gerhard Berger den Ton angegeben hatte. Aber der Ferrari des Tirolers lag schlecht auf der Piste. Die Unfälle Ratzenbergers und Sennas vor Augen, gab Berger auf. Die Entscheidung bewahrte ihn möglicherweise vor einem schweren Unfall, denn seine Techniker finden ein großes Loch im Unterboden.

Während des Rennens, das an diesem Tag aufgrund der schrecklichen Ereignisse nur als störender Lärm im Hintergrund empfunden wird, treffen ermutigende Nachrichten aus Bologna ein: Sennas Kreislauf stabilisiert sich vorübergehend. Ron Dennis lässt den McLaren-Jet startklar machen, um einen Gehirn-Spezialisten aus Paris zu Hilfe zu holen. Weil aber dann doch keine Aussicht auf Hilfe mehr besteht, wird die Aktion gestoppt. Die Ärzte können nichts mehr tun. Aus Mailand wird ein Geistlicher eingeflogen, um Senna den Segen der katholischen Kirche zu geben. Nach verzweifelten Bemühungen gibt die leitende Ärztin, Dr. Maria Teresa Fiandri, den Kampf um Sennas Leben auf. Sie lässt die medizinischen Apparate abstellen und verkündet: »Sennas Herz hörte um 18.40 Uhr auf zu schlagen. Wir haben alles getan, was in unserer Macht lag.« Senna ist tot.

In Brasilien wird eine dreitägige Staatstrauer ausgerufen. Senna wird der höchste Orden seines Landes verliehen. Eine Boeing 747 der VARIG – im brasilianischen Luftraum von Militärflugzeugen begleitet – bringt den Leichnam des dreifachen Weltmeisters und Nationalhelden zurück nach Sao Paulo, wo er am 5. Mai im Stadtteil

Morumbi beigesetzt wird. Millionen säumen die Straßen, um Ayrton Senna die letzte Ehre zu erweisen. Als der Feuerwehrwagen, der den Sarg während des Trauerzuges transportiert, auf das Friedhofsgelände einbiegt, schwenken die Marshals des brasilianischen Grand Prix stumm ihre Signalflaggen.
Alain Prost, mit dem Senna am Morgen seines Todestages gemeinsam frühstückte, Gerhard Berger, Emerson Fittipaldi, Rubens Barrichello, Thierry Boutsen und Damon Hill geleiten den Sarg.

ERGEBNISSE UND AUSFÄLLE

1. Michael Schumacher	Benetton-Ford B194-05	1:28.28,642 = 189,234 km/h
2. Nicola Larini	Ferrari 412T1-150	54,942 Sekunden zurück
3. Mika Häkkinen	McLaren-Peugeot MP4/9-3	1.10,679 Minuten zurück
4. Karl Wendlinger	Sauber-Mercedes C13-06	1.13,658 Minuten zurück
5. Ukyo Katayama	Tyrrell-Yamaha 022-02	1 Runde zurück
6. Damon Hill	Williams-Renault FW16-3	1 Runde zurück
7. Heinz-Harald-Frentzen	Sauber-Mercedes C13-03	1 Runde zurück
8. Martin Brundle	McLaren-Peugeot MP4/9-4	1 Runde zurück
9. Mark Blundell	Tyrrell-Yamaha 022-01	2 Runden zurück
10. Johnny Herbert	Lotus-Mugen 107C/3	2 Runden zurück
11. Olivier Panis	Ligier-Renault JS39B-04	2 Runden zurück
12. Eric Bernard	Ligier-Renault JS39B-06	3 Runden zurück
13. Christian Fittipaldi*	Footwork-Ford FA15-01	4 Runden zurück
Andrea de Cesaris	Jordan-Hart 194/005	50. Runde, Unfall
Michele Alboreto	Minardi-Ford M193B-03	46.Runde, Radverlust re./hi.
Gianni Morbidelli	Footwork-Ford FAI 5-02	41. Runde, Motor
Pierluigi Martini	Minardi-Ford M193B-04	38. Runde, Dreher
David Brabham	Simtelk-Ford S941-02	28. Runde, Dreher
Bertrand Gachot	Pacific-Ilmor PRO1/001	24. Runde, Motor
Olivier Beretta	Larrousse-Ford LH 94-02	18. Runde, Motor
Gerhard Berger	Ferrari 412T1-151	17. Runde, Aufgabe
Ayrton Senna	Williams-Renault FW16-2	6. Runde, Unfall
Eric Comas	Larrousse-Ford LH 94-01	6. Runde, Handling
JJ Lehto	Benetton-Ford B194-04	1. Runde, Unfall
Pedro Lamy	Lotus-Mugen 107C/2	1. Runde, Unfall

*Nicht im Ziel, aber aufgrund der zurückgelegten Distanz gewertet.

SCHNELLSTE RUNDE: (10. Runde) – Damon Hill, Williams-Renault FW16,
1.24,335 = 215,132 km/h
Neuer Rundenrekord

6. Sieg

Großer Preis von Monaco
Monte Carlo, 15. Mai 1994

Klassiker ohne Glanz

Gewöhnlich zelebriert der Grand Prix-Zirkus das Monaco-Weekend als eine gigantische viertägige Party. Jetzt ist alles anders. Die Stimmung ist bedrückt. 1994 ist die Perle des F1-Kalenders kaum mehr als eine Pflichtübung. Bestünde da nicht die Gewissheit, dass sich auch Roland Ratzenberger und Ayrton Senna entschieden für eine Fortsetzung der Meisterschaft ohne jede Verzögerung ausgesprochen hätten – alles wäre noch schwerer.

Über der Williams-Box weht die brasilianische Flagge auf Halbmast. Während der großen Party des Supersponsors Marlboro im Loews Hotel wird auf die traditionelle Cabaret-Vorführung verzichtet. Stattdessen wird ein Fünf-Minuten-Film über Ayrton Senna gezeigt, der ans Herz geht. Offen und verstohlen werden Tränen weggewischt. Weder Williams noch Simtek besetzen in Monte Carlo die freigewordenen Cockpits. Simtek könnte das auch gar nicht, denn das Team besitzt nur noch ein Chassis. Williams lässt den Sitz zu Ehren Sennas frei, denkt aber bereits über eine Neuverpflichtung nach. Riccardo Patrese und Rubens Barrichello werden hoch gehandelt. Auch der Name Nigel Mansell, den Sponsor Rothmans gern sähe, taucht plötzlich auf... Aber heimlich trifft sich Chef Frank Williams auch mit seinem persönlichen Wunschkandidaten – dem Deutschen Heinz-Harald Frentzen.
Frentzen lehnt bedauernd ab: »Herr Sauber holte mich – gegen Widerstände im eigenen Lager – aus Japan und gab mir die Formel 1-Chance. Deshalb kann ich Sauber nur dann verlassen, wenn mich der Rennstall nicht mehr haben will.« In Barcelona wird Frank Williams den Schweizer direkt auf Transfermöglichkeiten Frentzens ansprechen.
Als Folge des Boxengassen-Unfalls in Imola dürfen in Monte Carlo die Mechaniker erstmals nur dann die Boxen verlassen, wenn sie an einem Auto arbeiten müssen. Außerdem drosseln Schikanen An- und Abfahrt zu den Boxen, die nur noch mit maximal 50 km/h im Training und 80 km/h während des Rennens passiert werden dürfen. Pedro Lamy, der nicht ahnen kann, dass er seinen vorläufig letzten Grand Prix bestreiten wird, rollt samstags mit 115 km/h durch die Boxengasse und bekommt ein Bußgeld in Höhe von 5000 Dollar aufgebrummt.
Aber beim Boxengassen-Speedlimit soll es nicht bleiben. Freitags verkündet FIA-Präsident Max Mosley einen ganzen Katalog von Regeländerungen für die nähere und mittlere Zukunft. »Imola zwingt zum Handeln«, verkündet der Brite, »für demokratische Einigungen fehlt es an Zeit.«
Vieles von dem, was er von sich gibt, ist unausgegoren, überhastet und unrealistisch. Außerdem argumentiert Mosley. Er fordert eine Leistungsreduzierung der Motoren,

stellt aber gleichzeitig fest: »Auf die PS-Zahl sind die Unfälle von Imola nicht zurückzuführen. Senna starb und auch Ratzenberger, dessen Auto sicherlich um 100 PS schwächer war, als der Wagen des Brasilianers.«
Aber Mosley steht unter Druck und muss der Öffentlichkeit ein Signal geben, denn seit dem Vortag liegt der Tiroler Karl Wendlinger im Koma. Während der Schlussminuten des ersten freien Trainings überfuhr »Karli« den Bremspunkt der Hafenschikane und prallte seitlich gegen das Plastik, das die Piste vom Notausgang trennte.
Sogar Teamchef Peter Sauber wurde zunächst der kritische Gesundheitszustand Wendlingers verschwiegen, der per Helikopter vom Princess Grace-Krankenhaus in Monte Carlo ins Saint Roch Hospital der Nachbarstadt Nizza geflogen wird. Dort erlangt der Österreicher nach zwölf Tagen wieder das Bewusstsein. Am 6. Juni – längst zeichnet sich ab, dass keine dauerhaften Schäden zurückbleiben – wird er nach Innsbruck verlegt.
Aber der Freitag bringt noch mehr als die von Verzweiflung gekennzeichnete Pressekonferenz Max Mosleys. In den Räumen des ehrwürdigen Automobilclubs von Monaco rufen die F1-Piloten die Fahrer-Gewerkschaft GPDA wieder ins Leben und folgen damit Ayrton Sennas Rat, den er wenige Stunden vor seinem Tod gab. Neben den Aktiven – Michael Schumacher, Christian Fittipaldi und Gerhard Berger – wird »Oldie« Niki Lauda zu einem der vier GPDA-Sprecher gewählt. Die Arbeit der Vereinigung beschränkt sich in Monaco auf eine kurzfristig angesetzte Streckenbegehung, in deren Anschluss in einigen kritischen Streckenabschnitten die Montage zusätzlicher Plastik-Tanks anstelle der herkömmlichen Reifenstapel gefordert wird.
Parallel zu den Aktivitäten im Sicherheitsbereich zeichnet sich in Monaco auch zaghaft eine Rückkehr zur Normalität ab. Freitags kauft Flavio Briatore nach monatelangen Verhandlungen das Team Ligier und verspricht: »Wunder können wir nicht bewirken, aber Ligier wird in relativ kurzer Zeit wieder wettbewerbsfähig sein. Eventuell 1995, vielleicht schon 1994.« Erst im Juli setzt der Italiener einen neuen Mann an die Spitze der blauen Equipe: Seinen Landsmann Cesare Fiorio, der einst die Geschicke bei Ferrari lenkte.
Auf der Rennstrecke gibt Michael Schumacher den Ton an. Im ersten Qualifying behauptet er sich vor Brundle und Häkkinen. Samstags erkämpfen sich Häkkinen und Berger die Plätze Zwei und Drei. Schumacher bleibt vorn. Damit hat erstmals seit dem italienischen Grand Prix im Jahr 1961 – als Wolfgang Graf Berghe von Trips die Pole-Position errang – ein deutscher Pilot den besten Startplatz erobert. Martin Brundles Hoffnung, zum ersten Mal einen Grand Prix aus der ersten Startreihe anzugehen, ist geplatzt: Schon auf dem ersten Reifensatz kommt er vom rechten Weg ab und beschädigt die hintere Radaufhängung seines McLaren.
Sonntags bleibt die erste Startreihe unbesetzt. Auf den Asphalt gemalte Flaggen der Länder Brasilien und Österreich erinnern an die beiden Piloten, die nicht mehr dabei sein können. Für eine Schweigeminute versammeln sich die Rennfahrer an der Startlinie. Die Aktion ist umstritten. Natürlich spricht sich niemand dagegen aus, die Imola-Opfer in Erinnerung zu behalten. Aber äußerste Konzentration ist eine der Voraussetzungen, um im GP-Sport unfallfrei über die Runden zu kommen. Die gefühlsaufwallende Zeremonie aber unterbricht die Phase der Startvorbereitung in gefährlicher Weise.
Niemand zweifelt an Michael Schumachers Favoritenrolle. Aber mit Mika Häkkinen und Damon Hill – dessen Vater den Klassiker am Mittelmeer gleich fünfmal für sich

entscheiden konnte – sind zwei Mitfavoriten am Start, die keinesfalls übersehen werden dürfen.
Der Trainingsschnellste kommt im Augenblick des Farbwechsels der Ampel sehr gut von der Linie weg. Auch Damon Hills Start ist nicht von schlechten Eltern. Dann bereits die Vorentscheidung: Im gefürchteten Nadelöhr der Ste.-Devote-Schikane berühren sich die Autos von Hill und Häkkinen. Der McLaren dreht sich gegen den Uhrzeigersinn, schlägt mit seiner empfindlichen »Nase« gegen die Leitplanken und rutscht in den Notausgang – Feierabend. Der britische Williams-Pilot scheint mit einem blauen Auge davonzukommen: Als Vierter – hinter Schumacher und den beiden Ferrari-Fahrern – geht er in die Casino-Steigung. Aber weit kommt er nicht. Im Gefälle zwischen Casino-Platz und dem Hotel Mirabeau stellt er seinen blauweißen Boliden am Pistenrand mit defekter Lenkung ab.
Frustriert gibt Häkkinen nur wenige Worte zu Protokoll: »Mein Start war ganz gut, aber bei weitem nicht perfekt. Hinter Schumacher bremste ich die Schikane an, dann spürte ich einen Schlag im Heck.« Wie nicht anders zu erwarten, macht Hill abweichende Aussagen: »Es war bisher mein bester Start des Jahres. Ich kam an Berger vorbei und lief auf Häkkinen auf, den ich mir ebenfalls schnappen wollte. Links wollte ich vorbei, aber er machte zu. Ich wusste nicht wohin und schlug zuerst gegen die Armcos, dann gegen sein Auto – das war's.«
Abseits des Brennpunkts scheitern am selben Eck zwei weitere Piloten: Pierluigi Martini schießt Gianni Morbidelli ab, und damit sind bereits vier Piloten aus dem Rennen, das noch keine 20 Sekunden alt ist.

Hauptnutznießer der Wirren auf den ersten Metern ist Michael Schumacher: Mit satten 3,7 Sekunden Vorsprung kommt er aus der ersten Runde zurück – eindeutiger kann in der Startrunde der Anspruch auf den Sieg nicht angemeldet werden.
Schnell wird deutlich, dass all diejenigen, die auf Überholmanöver warten, fehl am Platz sind. Zwar kann der blendend aufgelegte Christian Fittipaldi für viele Runden den auf Rang vier zirkulierenden Jean Alesi unter Druck setzen – vorbei an dem Franzosen kommt der Brasilianer aber nicht. Boxenstopps allerdings ermöglichen Platzverschiebungen. In diesem Punkt fehlt es in Monaco jedoch an taktischem Spielraum: Aus Sicherheitsgründen einigten sich die Teams darauf, wer in welcher Runde zum Service anhält. Die von der FIA angebotene Alternative – die Reihenfolge der Reifenwechsel und Tankstopps per Los zu entscheiden – wurde von allen Rennställen abgelehnt.
Während Schumacher seiner Favoritenrolle unverändert gerecht wird, zeichnet sich ein Duell um Platz Zwei zwischen Gerhard Berger und Martin Brundle ab. Kurz vor »Halbzeit« trennen 13,2 Sekunden das Pärchen. Meter um Meter kämpft sich der Brite an den Ferrari heran: Innerhalb von sechs Umläufen schmilzt Bergers Vorsprung auf knapp neun Sekunden.
Völlig unerwartet wird nun Mark Blundell zu einer Schlüsselfigur des Rennens. Der Tyrrell-Pilot liegt bereits auf dem sechsten Rang und hofft auf weitere Verbesserungen, da blockieren die Antriebsräder seines Rennwagens, weil der Yamaha-Zehnzylinder schlagartig den Geist aufgibt. Blundell rutscht bei Ste. Devote ins Aus.
Auf dem Öl des verendeten asiatischen Zehnzylinders gerät zunächst der Spitzenreiter in Schwierigkeiten. Sein Benetton kommt von der Linie ab und droht, in den Leitplanken zu landen ... Doch Schumacher meistert die kritische Situation. »Beinahe«, sagt er später, »wäre ich rausgeflogen. Es war verdammt knapp.« Es soll bis ins Ziel die einzige wahre Herausforderung für den Deutschen bleiben. Gerhard Berger aber kommt auf dem schmierigen Streckenabschnitt nicht ungeschoren davon. Er landet im Notausgang. Der Tiroler: »Ich sah gelbe Warnflaggen, aber keinen Hinweis auf Öl. Dass es glatt war, merkte ich erst, als ich auf der Bremse stand... «
Auch das Mittelfeld passiert das Nadelöhr Ste. Devote nicht problemlos...
Unmittelbar vor seinem Jäger ordnet sich der Alpensohn wieder in den Verkehr ein, aber im Verteidigungsgefecht sind ihm mit den angeschmutzten Reifen die Hände gebunden: Auf dem Casino-Platz attackiert Brundle, und die Rechtskurve am Hotel Mirabeau bremst er bereits als Zweiter an. Sein Boxenstopp wirft ihn noch einmal hinter den Österreicher zurück, doch als auch Berger Gummi und Sprit holt, ist die erkämpfte Reihenfolge wieder hergestellt.
Brundle ist in Top-Form und greift nach den Sternen. Nach 57 Runden liegt er 37 Sekunden hinter dem führenden Benetton – nur 25,2 nach dem 66. Umlauf. Während Schumacher mit gemütlichen 26er-Zeiten um den Kurs bummelt, dreht der McLaren-Pilot 22er Runden. Dann aber lässt der Spitzenreiter seine Muskeln spielen: Bei 1.22,7 Minuten bleiben die Uhren zunächst stehen. Dann knallt er demonstrativ 1.21,2 auf den Asphalt, um zu zeigen, wer Herr im Haus ist. Brundle, dem seitens Berger keine Gefahr droht, weil dessen V12 überhitzt, versteht den Wink mit dem Zaunpfahl und konzentriert sich zunehmend darauf, den McLaren sicher ins Ziel zu bringen.
Hinter der stabilen Dreierformation kreuzt ein überglücklicher Andrea de Cesaris die Linie und legt damit den Grundstein für einen Vertrag mit Peter Sauber. »Wenn du

dich in nur zwei Rennen für einen Anschluss-Vertrag empfehlen musst, stehst du unter brutalem Druck«, erklärt der routinierteste aller aktiven Piloten im Ziel.
»Das war«, sagt der Gewinner nach dem Etappensieg in seiner Wahlheimat stolz, »kein gewöhnlicher Sieg. Es war knapper als in Sao Paulo, Aida oder Imola. Außerdem erlaubt die Piste nicht die kleinste Verschnaufpause.« Vom möglichen Titelgewinn will er allerdings immer noch nichts wissen: »Darüber denke ich nicht nach – der Weg bis Adelaide ist noch weit.« Und es stehen mehr Hindernisse bereit als der Deutsche ahnen kann!

ERGEBNISSE UND AUSFÄLLE

1. Michael Schumacher	Benetton-Ford B194-05	1:49.55,372 = 141,690 km/h
2. Martin Brundle	McLaren-Peugeot MP4/9-4	37,278 Sekunden zurück
3. Gerhard Berger	Ferrari 412T1-149	1.16,824 Minuten zurück
4. Andrea de Cesaris	Jordan-Hart 194/005	1 Runde zurück
5. Jean Alesi	Ferrari 412T1-150	1 Runde zurück
6. Michele Alboreto	Minardi-Ford M193B-03	1 Runde zurück
7. JJ Lehto	Benetton-Ford B194-06	1 Runde zurückk
8. Olivier Beretta	Larrousse-Ford LH94-02	2 Runden zurück
9. Olivier Panis	Ligier-Renault JS39B-04	2 Runden zurück
10. Erik Comas	Larrousse-Ford LH94-01	3 Runden zurück
11. Pedro Lamy	Lotus-Mugen 107C/1	5 Runden zurück
Johnny Herbert	Lotus-Mugen 107C/3	69. Runde, Getriebe
Paul Belmondo	Pacific-Ilmor PRO1/001	54. Runde, Aufgabe
Bertrand Gachot	Pacific-Ilmor PRO1/002	50. Runde, Getriebe
Christian Fittipaldi	Footwork-Ford FA15-01	48. Runde, Getriebe
David Brabham	Simtek-Ford S941-02	46. Runde, Unfall
Mark Blundell	Tyrrell-Yamaha 022-01	41. Runde, Motor
Ukyo Katayama	Tyrrell-Yamaha 022-02	39. Runde, Getriebe
Eric Bernard	Ligier-Renault JS39B-06	35. Runde, Dreher
Rubens Barrichello	Jordan-Hart 194/002	28. Runde, Elektrik
Damon Hill	Williams-Renault FW16-3	1. Runde, Unfall
Mika Häkkinen	McLaren-Peugeot MP4/9-3	1. Runde, Unfall
Gianni Morbidelli	Footwork-Ford FA1 5-02	1. Runde, Unfall
Pierluigi Martini	Minardi-Ford M193B-04	1 . Runde, Unfall

SCHNELLSTE RUNDE: (35. Runde) – Michael Schumacher, Benetton-Ford 13194, 1.21,076 = 147,772 km/h
Neuer Rundenrekord

7. Sieg

Grand Prix von Kanada
Montreal, 12. Juni 1994

Schumacher nicht zu stoppen

14 Tage nach dem bis dahin besten Grand Prix seiner Karriere – dem in Spanien – reist Schumacher als klarer Favorit nach Kanada. Und der WM-Leader beweist auch auf dem Circuit Gilles Villeneuve seine Klasse.

Rückblende: Beim großen Preis von Spanien sieht zunächst alles nach einem klaren Sieg Schumachers aus. Es kommt aber ganz anders. Nach nur einer Runde – in der sich das komplette Feld gegen alle Spekulationen fehlerfrei durch die Beirut-Schikane schlängelt – führt der Deutsche bereits mit 2,5 Sekunden! Hill und die anderen können dem Benetton mit Startnummer fünf nicht folgen. Schumachers Vorsprung wächst, als säße die Konkurrenz in F3000-Autos: 4,0 5,2 – 6,5 – 7,7 Sekunden. Der Spitzenreiter später: »Es war recht leicht, Hill davonzufahren. Mein Wagen war in dieser Phase perfekt.«
Die zehn Punkte für den Sieger scheinen bereits vorzeitig vergeben. Hinter dem Deutschen liefern sich die frustrierten Kollegen allerdings spannende Kämpfe. Hill und Häkkinen fighten um Platz Zwei. Dahinter rangelt das Trio Alesi, JJ Lehto und Coulthard um den vierten Rang.
Schumachers Benetton indes bereitet mit zunehmendem Rennverlauf Ärger. Eine Runde früher als geplant stoppt er. Getriebeprobleme alarmieren den Spitzenreiter, doch seine Crew kann ihm nicht helfen. Bis ins Ziel wird ihm nur noch ein einziger Gang – der fünfte – zur Verfügung stehen. Schnell macht Häkkinen den waidwunden Benetton nieder und auch gegen Hill kann sich Schumacher zunächst nicht wehren.
Erst nach dem Rennen werden die Ingenieure des Kerpeners herausfinden, dass die Getriebehydraulik nicht korrekt arbeitet. Die technische Panne zwingt Schumacher, ein Rennen zu fahren, dass Briatore als das »beste seiner Karriere« bezeichnen wird. »Zunächst«, so der Deutsche, »war es sehr schwierig, alle Kurven im Fünften zu fahren. Dann aber gewöhnte ich mich daran und fand eine Linie, die brauchbare Zeiten zuließ. Dabei half mir die Gruppe C-Erfahrung sehr viel. Um Sprit zu sparen, musste man die Sportwagen in ähnlichem Fahrstil bewegen.« Mit intaktem Getriebe fuhr Schumacher seine beste Runde in 1.25,1 Minuten. Der tückische Defekt, der das Losfahren nach den beiden Stopps zur nahezu unlösbaren Aufgabe machte, drosselte ihn – nur vorübergehend um knapp drei Sekunden! Einige Konkurrenten schwören allerdings, Gangwechsel des Deutschen akustisch wahrgenommen zu haben ...
Die Jahrhundertfahrt des Titelanwärters wird mit dem zweiten Platz belohnt, weil sich Häkkinens Hoffnungen zunächst durch Leistungsverlust, dann durch einen spektakulären Motorschaden zerschlagen. Die Rauchwolke seines Peugeot-V10 kann aller-

dings nicht mit dem Feuerball konkurrieren, mit dem sich später der zweite McLaren-Peugeot verabschiedet. Hill siegt vor Schumacher und Blundell. Schumacher sieht sich selbst als den moralischen Sieger, und niemand zweifelt seine Worte an, als er sagt: »Ohne die Probleme hätte ich wohl gewonnen.«
Beste Voraussetzungen also für den nächsten Grand Prix...
Wie schon in Barcelona, werden aus Sicherheitsgründen auch in Kanada technische Modifikationen verlangt. Das Mindestgewicht der Rennwagen ist um zehn Kilogramm erhöht, nur noch Tankstellensprit darf verwendet werden. Außerdem verhindern Löcher in der Airbox, dass die Motoren mit hochwertiger »Stauluft« gespeist werden. Magersprit und durchbrochene Lufthutzen reduzieren die Motorleistung um circa 50 bis 70 PS.
Die beiden ersten Trainingssitzungen gehen an Jean Alesi, und auch das freie Samstagstraining kann der Franzose, der seinen 30. Geburtstag feiert, für sich entscheiden. Michael Schumacher kommt zunächst nicht so recht in Fahrt. Der neue Heckflügel à la Williams – vor Wochenfrist in Le Castellet erstmals getestet – bringt nicht den gewünschten Erfolg. Schumacher: »Theorie und Praxis stimmen nicht überein. Der gebogene Heckflügel passt unerwartet nicht zu dieser Piste.« Das Urteil des Deutschen erweist sich später als voreilig. Sonntags wird er siegen – mit dem neuen Flügel.
Mit der Fauna des zweitgrößten Flächenstaates der Erde macht Mika Häkkinen freitags Bekanntschaft. Seit dem ersten Grand Prix auf der Isle de Notre Dame im Jahr 1978 gehören die Marmods oder Groundhogs – ein Familienmitglied der Murmeltiere – zu den Besuchern des kanadischen WM-Laufs. Auch jetzt fehlen die pelzigen Nager, deren Freude über die Ruhestörung sich in engsten Grenzen hält, nicht. Auf der Rückseite des Kurses will einer der Marmods just in dem Moment die Piste kreuzen, als Häkkinens McLaren naht. Die Kreatur unterschätzt das Tempo des Boliden. Obwohl der Pilot bremst und eine Kurskorrektur vornimmt, kommt es zur tödlichen Kollision. Dem Finnen fehlt es nicht an Mitleid: »Das Tier tut mir leid – es kann ja wirklich nichts dafür, dass wir auf seinem Gelände fahren.«
Drei Sitzungen sahen Jean Alesi vorn, aber die vierte – alles entscheidende – nicht: Schumacher zieht alle Register und unterbietet die Zeit des Franzosen um eine Zehntelsekunde. »Das ist meine dritte Pole-Position«, sagt der Benetton-Pilot nicht ohne berechtigten Stolz, »und sie herauszufahren, hat weitaus mehr Spaß gemacht als in Monaco und Barcelona, weil ich hart kämpfen musste.« Trotz des Widerstandes, den Alesi leistete, kann in diesem Moment allerdings niemand ahnen, dass Michael Schumacher in Montreal vorläufig zum letzten Mal den besten Startplatz erobern konnte. Erst neun Wochen später, in Ungarn, wird er sich im Qualifying wieder durchsetzen können.
Ungeachtet des nur knappen Vorsprungs im Training wird Schumacher sonntags als der große Favorit gehandelt. Und er wird dieser Rolle bereits auf den ersten Metern gerecht. Dank eines gelungenen Starts – auf diesem Sektor wird er sich in Magny-Cours sogar noch steigern – führt er das Feld in die erste Kurve. Dahinter folgen Jean Alesi, Gerhard Berger und David Coulthard, der seinen Team-Kollegen Damon Hill ausbeschleunigen kann, weil der seine PS in blauen Reifenqualm statt Vortrieb umsetzt. Die Team-interne Reihenfolge der beiden Williams-Piloten wird Folgen haben ...
Alessandro Zanardi wird die erste Runde so schnell nicht vergessen. Der Italiener lässt sich – der Ideallinie folgend – ausgangs der Haarnadelkurve an den linken Pisten-

rand tragen. Vor der Zusatzschikane, in deren Bremszone während des ersten Umlaufs Überholverbot herrscht, kommt ihm JJ Lehto bedrohlich nahe. Um seine Position in jedem Fall zu verteidigen, zieht der Lotus-Pilot nach rechts – Raumdeckung. Unsinnigerweise interpretieren die Marshals das Manöver als Überholvorgang, und Zanardi wird mit einer Zehn-Sekunden-Strafe belegt. Später wettert er: »In Barcelona musste ich 5000 Dollar Strafe zahlen, weil ich in der Boxengasse zu schnell fuhr. Die möchte ich jetzt zurück, denn weshalb sollen die Marshals ungeschoren davonkommen, wenn sie einen Fehler machen?«
An der Spitze wird schnell deutlich, dass Michael Schumacher seinem fünften Saisonsieg entgegenfährt. Von Jean Alesi geht keine Gefahr aus, und auch der Franzose spürt zunächst keinen Druck. Gerhard Berger kann als Drittplazierter das Tempo seines Teamkollegen nicht mitgehen. Aber hinter dem Tiroler werden die Verfolger langsam ungeduldig. David Coulthard kann die »Alpenfestung« nicht knacken. Der Schotte wird Opfer seines Routinemangels. Zu früh, zu ungestüm verschleißt er den Grip seiner Pneus in den Turbulenzen des roten Boliden. Damon Hill, Rubens Barrichello und Mika Häkkinen folgen im Stau hinter dem Duo Berger/Coulthard. Hills verzweifelte Attacken – einmal schiebt er sich sogar längsseits – schmettert Coulthard ab, bis die Boxen-Crew eingreift: Über Funk wird der Nachwuchsfahrer aufgefordert, Hill den Vortritt zu lassen. Coulthard gehorcht.
Schnell schließt der Spanien-Sieger die kleine Lücke zu Berger, kommt aber erst in der 15. Runde an ihm vorbei, als dem Österreicher vor der Schikane ein kleiner Fehler unterläuft, den Hill eiskalt nutzt. Nach dem Rennen auf das Duell mit Coulthard angesprochen, reagiert Hill recht diplomatisch: »Ich werde mit ihm darüber reden müssen, als ich hinter ihm festhing, verstand ich die Welt nicht mehr! Auf meine Hilfe darf er nicht mehr zählen.«
Über diese Äußerung ärgert sich der Schotte: »Ich sagte Damon, dass es falsch war, in der Öffentlichkeit zu sprechen, ohne vorher meine Meinung zu hören. Ich habe ihn für reifer gehalten.« Den Befehl, Hill vorzulassen, habe er innerhalb einer Runde befolgt, deshalb habe er kein Verständnis dafür, dass ihm Hill für die Zukunft jede Form von Unterstützung verweigern wolle. In Silverstone wird Hill seinen Worten Taten folgen lassen.
Zunächst aber versucht der Weltmeistersohn, den hinter Coulthard verlorengegangenen Boden wieder gutzumachen. Nach 25 Runden führt Schumacher mit zehn Sekunden Vorsprung auf Alesi, dem Hill kontinuierlich näherrückt. Nur drei Umläufe später konzentriert sich das Interesse zunächst auf das Wetter. Regenfälle wurden für den Nachmittag bereits 24 Stunden zuvor angekündigt, und nun färbt sich der Himmel über der nahen Skyline von Montreal tatsächlich tiefschwarz. Grelle Blitze leuchten downtown auf. Aber das Gewitter und der damit verbundene sintflutartige Regen streiften knapp am Rennkurs vorbei. Nur auf der Rückseite wird die Bahn leicht feucht. Bei Start-und-Ziel platzen nur wenige dicke Tropfen auf dem Asphalt. Michael Schumacher wartet während der Feuchtphase klug ab, wie sich seine Verfolger verhalten. Die Benetton-Strategie erlaubt jetzt einen Boxenstopp, macht ihn aber nicht zwingend notwendig. Nach 31 Runden bremst sich Alesi zum Service ein, zwei Umläufe später Hill. In den entscheidenden Minuten dreht der Brite dank günstigerer Verkehrslage schnellere Runden, und als beide wieder ihren Rhythmus gefunden haben, liegt er vor dem Ferrari auf Rang zwei. Schumacher aber fährt unbeirrt weiter.

Nun ist klar, dass ihn nur noch ein Fahrfehler oder ein technischer Defekt daran hindern kann, seinen ersten Montreal-Sieg heimzufahren. Ohne die Spitzenposition zu gefährden, holt sich der Deutsche erst in der 40. Runde frische Reifen und eine Ladung Sprit.

Die Podiums-Ränge sind damit praktisch vergeben, aber der Kampf um den vierten Platz ist noch lange nicht entschieden. Nur knapp behauptet sich Gerhard Berger vor Mika Häkkinen. In der 62. Runde kann Berger endgültig durchatmen: Häkkinens McLaren bleibt auf der Boxengeraden stehen, weil das System der pneumatischen Ventilfedern ein Leck bekommt. David Coulthard erbt den Rang des Skandinaviers, der ihm die ersten WM-Punkte seiner jungen F1-Karriere beschert. Der letzte WM-Punkt wird erst nach dem Rennen vergeben. Zunächst scheint er Christian Fittipaldi sicher. Beim Check im parc fermé stellt sich dann jedoch heraus, dass der Footwork-Ford des Brasilianers 2,5 Kilogramm zu wenig auf die Waage bringt. Der Fahrer des Wagens mit Startnummer neun wird disqualifiziert. »Pech«, murmelt ein frustrierter Chef-Konstrukteur Alan Jenkins, »etwas zuviel Öl, Benzin und Reifen verbraucht, und schon addieren sich die Verluste entscheidend.« Nutznießer des Ausschlusses von Fittipaldi ist JJ Lehto, Schumachers Teamkollege.

Während das Gros der Piloten abends in Montreal noch einmal die Puppen tanzen lässt und erst am Montag nach Europa zurückfliegt, steigt Sieger Michael Schumacher schon kurz nach der Siegerehrung in einen bereitstehenden Helikopter, der ihn zum Flughafen Mirabel transportiert. Eine Großmutter des Titelanwärters ist erkrankt, und der Enkel möchte sie möglichst schnell im Krankenhaus besuchen.

ERGEBNISSE UND AUSFÄLLE

1. Michael Schumacher	Benetton Ford B194-05	1:44.31,887 = 176,243 km/h
2. Damon Hill	Williams-Renault FW16-3	39,660 Sekunden zurück
3. Jean Alesi	Ferrari 412T1-154	1.13,388 Minuten zurück
4. Gerhard Berger	Ferrari 412T1-153	1.15,609 Minuten zurück
5. David Coulthard	Williams Renault FW16-1	1 Runde zurück
Christian Fittipaldi**	Footwork-Ford FA15-04	1 Runde zurück
6. JJ Lehto	Benetton-Ford B194-04	1 Runde zurück
7. Rubens Barrichello	Jordan-Hart 194/002	1 Runde zurück
8. Johnny Herbert	Lotus-Mugen 109/1	1 Runde zurück
9. Pierluigi Martini	Minardi-Ford M193B-05	1 Runde zurück
10. Mark Blundell	Tyrrell-Yamaha 022-01	2 Runden zurück
11. Michele Alboreto	Minardi-Ford M193B-01	2 Runden zurück
12. Oliver Panis	Ligier-Renault JS39B-04	2 Runden zurück
13. Eric Bernard	Ligier-Renault JS39B-06	3 Runden zurück
14. David Brabham	Simtek-Ford S941-02	4 Runden zurück
15. Alessandro Zanardi*	Lotus-Mugen 107C/3	7 Runden zurück

Mika Häkkinen	McLaren-Peugeot MP4/9-6	62. Runde, Motor
Olivier Beretta	Larrousse-Ford LH94-02	58. Runde, Motor
Gianni Morbidelli	Footwork-Ford FA15-05	51. Runde, Getriebe
Bertrand Gachot	Pacific-Ilmor PRO1/002	48. Runde, Öldruck
Erik Comas	Larrousse-Ford LH94-01	46. Runde, Kupplung
Ukyo Katayama	Tyrrell-Yamaha 022-02	45. Runde, Dreher
Eddie Irvine	Jordan-Hart 194/005	41. Runde, Unfall
Andrea de Cesaris	Sauber-Mercedes C13-04	25. Runde, Öldruck
Heinz-Harald-Frentzen	Sauber-Mercedes C13-03	6. Runde, Unfall
Martin Brundle	McLaren-Peugeot MP4/9-4	4. Runde, Elektrik

* Nicht im Ziel, aber aufgrund der zurückgelegten Distanz gewertet
** Nachträglich disqualifiziert

SCHNELLSTE RUNDE: (31. Runde) – Michael Schumacher, Benetton-Ford B194, 1.28,927 = 180,147 km/h
Rundenrekord

Strecke in dieser Form erstmals Schauplatz eines Grand Prix

8. Sieg

Großer Preis von Frankreich
Magny-Cours, 3. Juli 1994

Comeback des Löwen

Das Vorspiel des siebten WM-Laufs der Saison beginnt bereits am 27. Juni – vier Tage vor Beginn des Trainings. Mittags um zwölf Uhr trifft Nigel Mansell gemeinsam mit Ehefrau Roseanne aus den USA kommend auf dem Flughafen London Heathrow ein. Sofort führt sein Weg nach Didcot zu Williams, wo ein Sitz für den Weltmeister des Jahres 1992 gegossen wird. Abends um 21.15 Uhr steigt das Ehepaar Mansell in Brands Hatch im Thistle Hotel – unmittelbar an der ehemaligen Grand Prix-Piste gelegen – ab.

Am nächsten Morgen versammeln sich nahezu 10 000 Fans, um ihrem Idol bei Testfahrten auf dem kurzen Club-Circuit der traditionsreichen Piste zuzuschauen. Bevor Mansell in den Wagen klettert, stellt er sich den Fragen der Presse.
Dann dreht Nigel Mansell seine ersten Comeback-Runden – donnerstags wird man sich wiedersehen.
Erster Nutznießer des Mansell-Gastspiels ist Michael Schumacher. Der stets umlagerte Titelanwärter Nummer eins erlebt nach seiner Ankunft in Magny-Cours zunächst ungewohnt ruhige Stunden: Die Aufmerksamkeit der Chronisten konzentriert sich auf den F1-Heimkehrer. Wer den Briten nicht erwischt, der recherchiert bei Sauber-Mercedes. Bei der Truppe aus Hinwil hängt der Haussegen schief. Alle Embleme von Hauptsponsor Broker sind von den Rennwagen, Transportern und Team-Uniformen verschwunden: Broker hat nicht gezahlt. Für Tage stand die Zukunft des Rennstalls auf der Kippe – es ging um Sein oder Nichtsein. Dann wurden mit Mercedes-Hilfe neue Geldgeber gefunden. Jetzt sind die Stuttgarter sauer. Sauber heißt der Sündenbock, obwohl die Broker-Posse im Zeichen des Sterns ausgebrütet wurde.
Dann sprechen endlich die Motoren. Nigel Mansell beendet den ersten Trainingstag bei brütender Hitze als Siebtschnellster. Ein Landsmann des Briten, der als Beobachter der Szene mehr als 300 Grand Prix »auf dem Buckel« hat, kommt von der Piste zurück ins Fahrerlager und sagt nachdenklich: »Nigels Fahrweise erinnert mich an die letzten F1-Jahre Riccardo Patreses.« Als Kompliment sind diese Worte nicht zu verstehen. Mansell selbst ist gelöst.
Ein Gewitter in der Nacht auf Samstag bringt für den zweiten Trainingstag etwas gemäßigtere Temperaturen. Das Abschlusstraining entwickelt sich zum Krimi. Michael Schumacher findet keinen Tritt. Morgens flog er zweimal ab. Zuerst aus unbekannten Gründen. Schon vor dem Einlenken stellte sich sein Benetton in der Bremszone quer. Bereits während er durch den Kies rodelt, gibt er per Sprechfunk an die Boxen durch: »Ich weiß nicht, was passiert ist.« Die komplette Bremsanlage wird ausgewechselt. Beim zweiten Mal kennt der Pilot die Ursache: »Ich war zu schnell.«

Im zweiten Qualifying ist es dann Jean Alesi, der den ersten Stein wirft. Bei 1.17,205 Minuten bleiben die Uhren stehen. Schumacher ist schneller. Er unterbietet die Zeit des Franzosen deutlich und lässt sich 1.17,063 gutschreiben. Aber auch der Benetton-Pilot findet seinen Meister. Auf der jetzt deutlich schnelleren Strecke gelingt Nigel Mansell in 1.16,987 ein neuer Bestwert! Dann hat Jos Verstappen das Wort: Der Holländer schmettert übersteuernd in Höhe der Williams-Crew gegen die Boxenmauer! Das linke Vorderrad reißt bei McLaren die rückwärtige Verkleidung der Monitore ab. Gegenüber von Eddie Jordans »Feldherrnhügel« kommt der Benetton zum Stand. Die Sitzung wird zehn Minuten lang unterbrochen, um den Schrott wegzuräumen.
Kurz nach der Zwangspause verdrängt Damon Hill seinen Teamkollegen von Platz Eins. Jetzt gilt es, 1.16,609 zu unterbieten, und das gelingt Mansell, dem mit 81 Kilogramm Kampfgewicht schwersten aller Piloten – nur sieben Minuten später. Seine Zeit von 1.16,359 scheint unschlagbar, doch sechs Minuten, bevor die schwarzweißkarierte Flagge geschwenkt wird, steigert sich Hill auf 1.16,252 und holt sich damit seine dritte Pole-Position. Seit dem Pacific GP sah die Formel 1 kein so spannendes Qualifying, und erstmals seit 1977 stehen zwei Briten in der ersten Startreihe eines Grand Prix. Mansell ist einer der ersten, die Hill gratulieren. »Gestern dachte ich, ich müsste über einen Platz unter den ersten Sechs glücklich sein«, sagt er stolz und zufrieden, »jetzt bin ich Zweiter und entsprechend überglücklich.«
Nach der leichten Abkühlung am Vortag ist es sonntags wieder tropisch heiß. Alles scheint nach dem aufregenden Abschlusstraining möglich – auch wenn Renault auf den Einsatz der B-Versionen des RS6 verzichtet. Seit dem Pacific-GP lag während der Einführungsrunde nicht mehr so viel Spannung in der Luft wie jetzt.
Aber es kommt völlig anders als erwartet: Damon Hill beschleunigt fehlerfrei von der Linie weg, während Mansells Sprintbemühungen keine Bestnoten verdienen. Was allerdings Michael Schumacher auf den Asphalt zaubert, schlägt alles, was bisher unter dem Namen Start verkauft wurde: Der Benetton mit Startnummer fünf – mit Rücksicht auf »Nigel – the red five« diesmal nicht in Rot lackiert – schießt in Front, als setzte er sich mit Formel 3-Autos auseinander und biegt als Spitzenreiter in die langgezogene erste Kurve ein. Nur ein Wort murmelt Beobachter Bernie Ecclestone entgeistert: »Traction-control!«. Damon Hill äußert einen solchen Verdacht nicht, als er nach dem Rennen zu Protokoll gibt: »Mein Start war gut. 1994 kam ich bisher nur in Monaco noch besser weg. Ich freute mich richtig, aber dann kam Michael mit einem Höllentempo vorbeigeflogen.« Der Deutsche selbst spricht von einer perfekten Leistung: »Besser geht's nicht. Ich fuhr exakt in dem Augenblick los, als das Rotlicht erlosch. Etwas Glück gehörte dazu.« In der Reihenfolge Schumacher, Hill, Mansell, Alesi, Berger und Irvine werden die Positionen bezogen. Neben dem Kerpener zählt auch Heinz-Harald Frentzen zu den großen Gewinnern der Startrunde: Der Sauber-Pilot erobert sich von Platz Zehn aus die siebte Position.
Nach der Raketeneinlage auf den ersten Metern kann sich Schumacher nicht von Hill absetzen. Wie ein Schatten folgt der Williams dem grünblauen Benetton. Der Deutsche: »Es war anders als sonst. Gewöhnlich zählte ich während der letzten Rennen von Beginn an die Restrunden bis zum Ziel, beobachtete die Instrumente und lauschte auf den Klang des Motors. Diesmal hing mir Damon im Getriebe. Es war ein unglaublicher Fight – für mich zwar nicht gemütlich, aber für die Fans interessant und spannend.« Mansell kann dem Duo nicht folgen. Kontinuierlich wächst sein Rück-

stand. Platz drei verteidigt er allerdings mit Zähnen und Klauen gegen Jean Alesi, der keinen Weg vorbei an dem Löwen findet.
Runde elf bringt das erste »besondere Vorkommnis« Jos Verstappen, anstelle des formschwachen JJ Lehto im zweiten Benetton unterwegs, glaubt, im Gefälle vor Start-und-Ziel endlich einen Weg vorbei an Martin Brundle gefunden zu haben. Glaubt, denn der Holländer landet im Kies der Auslaufzone, der die Nase seines Boliden abreißt. »Als sich Martin vor der Schikane verbremste«, berichtet Verstappen später, »und einen weiten Bogen fuhr, sah ich meine Gelegenheit – doch dann machte er zu.« Geistesgegenwärtig biegt der blonde Wunderknabe sofort in die Boxengasse ab. Der Reparaturstopp wirft ihn vom elften Rang auf den allerletzten Platz zurück. Nur vier Runden später läuft die Spitze auf Verstappen auf, um ihn zu überrunden. Wie wird er sich verhalten? Schumacher zieht vorbei und dann auch Hill. In der Bremszone vor »Adelaide« spielt der Niederländer fair mit, und versucht erst gar keine Tricks, um dem Teamkollegen Schützenhilfe zu leisten. 0,6 Sekunden trennen Hill von Schumacher – das Rennen scheint offen.
In der 18. Runde holt sich Nigel Mansell als erster Sprit und Reifen. Der 9,7 Sekunden-Stopp wirft ihn zunächst auf Platz sechs zurück. Nur einen Umlauf später wird Alesi in weniger als acht Sekunden abgefertigt und kommt so an Mansell vorbei.
Unvermutet konzentriert sich das Interesse auf Alessandro Zanardi, dessen Lotus lichterloh in Flammen steht! Eine Schraube der Notölpumpe hat sich gelöst – das Feuer findet reiche Nahrung. Nachdem er fluchtartig stolpernd das Cockpit verlassen hat, schildert der Italiener den Vorgang cool: »Nach Imola und Barcelona im Vorjahr, erlebe ich sowas ja nicht zum ersten Mal ... «
In der 21. Runde kommen die beiden Spitzenreiter – keine zwei Sekunden voneinander getrennt – zum Service-Stopp an die Boxen. Anschließend zieht der Deutsche seinem Verfolger unaufhaltsam davon. Der Vorsprung wächst von Runde zu Runde: 3,5 – 4,7 – 5,8 – 7,1 Sekunden. Hill wird sofort klar, dass es für ihn keine Siegchance mehr gibt. Schumacher setzt auf insgesamt drei Boxenstopps, der Brite nur auf zwei. Der entsprechend leichte Benetton ist nicht zu halten. Aber noch hat der Rheinländer nicht gewonnen, und im Verlauf der 28. Runde droht die Rechnung trotz der guten Taktik wegen »einer Unbekannten« nicht aufzugehen: Ukyo Katayama, Gianni Morbidelli und Olivier Panis fliegen die lange Gerade zur Haarnadelkurve »Adelaide« hinunter. Für Schumacher braut sich ein Gefahrenherd zusammen. Der Footwork-Pilot arrangiert sich zwar mit dem Japaner, lenkt seinen Boliden dann aber zu ungestüm und dreht sich. Panis, der bereits auf mögliche erste WM-Punkte spekuliert, kann eine Kollision nicht verhindern. Nur mit Mühe kann der dichtauf folgende Schumacher den beiden Havaristen ausweichen.
Als Schumacher in der 37. Runde seinen zweiten Halt absolviert, übernimmt Hill mit gut sieben Sekunden Vorsprung die Führung. Das Rennen ist in seiner entscheidenden Phase. Flavio Briatore drückt die Mikro-Taste, und auch jetzt funktioniert der »Lauschangriff« des Chronisten: »Push hard push hard«, ruft der Teamchef, Schumacher soll Tempo machen. Immer wieder ist Briatores Ruf zu hören. Gleichzeitig wird der Benetton tatsächlich in den Rückspiegeln des führenden Williams immer größer...
Noch bevor die Würfel endgültig fallen, verabschieden sich Jean Alesi und Rubens Barrichello zeitgleich in der Schikane vor dem Rechtseck Lycée. Der Ferrari fliegt zunächst in den Kies, rollt dann auf die Piste, wo Alesi eine Schleuderwende auf den As-

phalt zaubert. Eingehüllt in den Qualm verbrannten Gummis beschleunigt er Sekunden später und wird vom völlig unschuldigen Rubens Barrichello gerammt.
Als sich Hill in der 45. Runde vor seinen Boxen einbremst, liegt ihm Schumacher nur noch mit 0,4 Sekunden Rückstand im Nacken. Die Benetton-Taktik geht auf. Mit 21,9 Sekunden »Luft« auf Hill übernimmt der Deutsche wieder das Kommando, während Frank Williams plötzlich ganz andere Sorgen hat: Nigel Mansell hat seinen Rennwagen am Pistenrand geparkt die Getriebehydraulik streikt.
Als Schumacher in der 55. Runde seinen letzten Stopp einlegt, schmilzt sein Vorsprung auf Hill zwar von 27,5 auf 14,1 Sekunden, doch das bringt ihn nicht mehr in Gefahr. »Well done«, quäkt Briatores Stimme wenig später bei der Zieldurchfahrt in Schumachers Helm. Als Antwort sind aus dem Benetton-Cockpit unartikulierte Laute zu hören, die an einen gutgelaunten Krieger der Schwarzfuß-Indianer erinnern. Dahinter kreuzen Hill, Berger und Frentzen die Linie. Per Telefon freuen sich Peter Sauber und Karl Wendlinger gemeinsam über Platz vier. Der Chef hat nach den schweren Wochen Freudentränen in den Augen, und auch Frentzen strahlt. Gemütlich war seine Fahrt keineswegs. Weil die Trinkflasche nicht funktionierte, drohte er zu verdursten. Dann war da noch der Sauber'sche Doppelstopp, als Frentzen und de Cesaris gemeinsam vor der Box standen...
Nach der Siegerehrung gesteht Hill offen: »Benetton schlug uns dank der besseren Taktik.« Glücklich – »Endlich macht es wieder Spaß, Ferrari zu fahren« –, aber nassgeschwitzt freut sich Gerhard Berger über vier WM-Punkte. Auch Hill transpiriert aus verständlichen Gründen. Nur die Stirn des Siegers ist pulvertrocken. Hill überzeugt sich mit prüfendem Finger und raunt dem Sieger zu: »Unglaublich – du bist kein nor-

maler Sterblicher.« In gelöster Stimmung macht Schumacher dann ein Angebot: »Damon, ich lasse dich in Silverstone gewinnen – du mich in Hockenheim.« Der Brite willigt lachend ein, aber da protestiert Berger. »Vergesst mich nicht!«, ruft er den beiden zu. Schumacher weiß nicht, dass er Hill in Silverstone tatsächlich gewinnen lassen wird – allerdings keineswegs freiwillig... Berger wird sich in Hockenheim an die kleine Episode erinnern.

ERGEBNISSE UND AUSFÄLLE

1. Michael Schumacher	Benetton-Ford B194-05	1:38.35,704 = 186,216 km/h
2. Damon Hill	Williams-Renault FW16-3	12,642 Sekunden zurück
3. Gerhard Berger	Ferrari 412T1B-153	52,765 Sekunden zurück
4. Heinz-Harald Frentzen	Sauber-Mercedes C13-03	1 Runde zurück
5. Pierluigi Martini	Minardi-Ford M194-05	2 Runden zurück
6. Andrea de Cesaris	Sauber-Mercedes C13-04	2 Runden zurück
7. Johnny Herbert	Lotus-Mugen 109/1	2 Runden zurück
8. Christian Fittipaldi	Footwork-Ford FA15-03	2 Runden zurück
9. Jean-Marc Gounon	Simtek-Ford S941-04	4 Runden zurück
10. Mark Blundell	Tyrrell-Yamaha 022-04	5 Runden zurück
11. Eric Comas*	Larrousse-Ford LH94-04	6 Runden zurück
Ukyo Katayama	Tyrrell-Yamaha 022-02	54. Runde, Dreher
Mika Häkkinen	McLaren-Peugeot MP4/9-6	49. Runde, Motor
Nigel Mansell	Williams-Renault FW16-1	46. Runde, Getriebe-Hydraulik
Jean Alesi	Ferrari 412T1B-154	42. Runde, Unfall
Rubens Barrichello	Jordan-Hart 194/002	42. Runde, Unfall
Eric Bernard	Ligier-Renault JS39B-06	41. Runde, Getriebe
Olivier Beretta	Larrousse-Ford LH94-02	37. Runde, Motor
Martin Brundle	McLaren-Peugeot MP4/9-5	30. Runde, Motor
Gianni Morbidelli	Footwork-Ford FA15-04	29. Runde, Unfall
Olivier Panis	Ligier-Renault JS39B-07	29. Runde, Unfall
David Brabham	Simtek-Ford S941-02	29. Runde, Getriebe
Jos Verstappen	Benetton-Ford B194-07	26. Runde, Unfall
Eddie Irvine	Jordan-Hart 194/006	25. Runde, Getriebe
Michele Alboreto	Minardi-Ford M194-06	22. Runde, Motor
Alessartdro Zanardi	Lotus-Mugen 109/2	21. Runde, Motor

* Nicht im Ziel, aber aufgrund der zurückgelegten Distanz gewertet

SCHNELLSTE RUNDE: (4. Runde) – Damon Hill, Williams-Renault FW16, 1.19,678 = 192,022 km/h

9. Sieg

Großer Preis von Ungarn
Mogyoród, 14. August 1994

Schumacher meldet sich zurück

Nachdem beim »Heimrennen« in Hockenheim statt des erhofften Sieges nur eine »Nullnummer« für den WM-Leader blieb (Ausfall in Runde 21 mit Motorschaden), brennt der Kerpener auf Revanche. Und auch sonst brennt die Luft, als die Motoren für das Training zum zehnten WM-Lauf der Saison gezündet werden. Das Benetton-Team steht mit dem Rücken an der Wand.

Auf dem engen Kurs mit seinen tückischen Bodenwellen sind die seit 14 Tagen auf stark reduzierten Abtrieb getrimmten Boliden extrem schwierig zu fahren. Für die Piloten ist es die Hölle, für die Zuschauer ein Vergnügen: Die Tage, da die Formel 1-Rennwagen scheinbar wie auf Schienen durch die Kurven fuhren, sind vorerst gezählt. Das Geschick der Superlizenz-Inhaber und ihr Spürsinn im Grenzbereich stehen wieder stärker im Vordergrund.
Freitags sieht es noch nach einem Duell zwischen Damon Hill und Michael Schumacher um den besten Startplatz aus. Nur gut zwei Zehntelsekunden kann der Deutsche seinem stärksten Widersacher abnehmen. Wie vorhersehbar, kann Ferrari nicht in den Kampf um die Pole-Position eingreifen. Rennleiter Jean Todt erklärt: »Dieser Kurs liegt unseren Autos wie erwartet nicht. Wegen intensiver Arbeiten am Chassis und am Motor sollten wir aber unterm Strich halbwegs mit den Benetton und Williams konkurrieren können.«
24 Stunden später sorgt Schumacher dann allerdings mit einer Fabelrunde in 1.18,258 Minuten für klare Verhältnisse. Während der Rheinländer die neue Bestzeit auf den Asphalt schmettert, kommt ein ratloser Hill nicht unter 1.19,892... Letztlich steigert sich dann aber auch der Brite – ein Polster von knapp sechs Zehntel kann er dem Benetton-Piloten jedoch nicht nehmen.
Schumacher ist rundherum zufrieden, nicht nur, weil ihm die Superrunde etwas Luft in der Diskussion über mögliche Regelverstöße seines Teams verschafft. »Im Qualifying Bestzeit zu fahren«, sagt er zunächst erleichtert, »ist immer etwas Tolles – unter den aktuellen Umständen ist es aber noch mehr.« Auch in bezug auf die sportliche Seite seiner Vorstellung sieht der Rheinländer Unterschiede im Vergleich zu vergangenen Leistungen: »Natürlich gab ich im Qualifying immer alles. Auf der Suche nach meiner Grenze fand ich stets hier und da ein paar Zehntel. In diesem Jahr ist das anders. Ich habe nicht mehr das Gefühl, am Limit gefahren zu sein, ich weiß es ganz genau. Ich kann mein Potential jetzt absolut voll ausschöpfen – vermutlich ist das ein Teil des Reifeprozesses, den jeder Pilot durchläuft.«
Hinter den beiden Platzhirschen landet David Coulthard auf Rang drei, dem besten Startplatz seiner jungen Formel 1 -Karriere. Der Schotte, der davon träumt, eines Ta-

ges das sportliche Erbe seiner Landsleute Jim Clark und Jackie Stewart antreten zu können, bezahlt allerdings den Versuch, sich zu steigern, mit einem kapitalen Abflug. Bevor er das Land der Magyaren verlässt, wird er ein weiteres Mal unsanft in die Streckenbegrenzung einschlagen.
Gerhard Bergers Platz in der zweiten Startreihe beweist, dass Jean Todt den Mund nicht zu voll genommen hat. »Die Balance des Autos«, so der Österreicher, »ist nicht schlecht, aber sie könnte besser sein.« Team-Kollege Jean Alesi kann nicht mithalten.
Beim Start konzentrieren sich die Blicke der Beobachter auf die erste Startreihe. Sensibilisiert durch die nicht enden wollenden Gerüchte um den Einsatz von Launch- und Traction-control wird nach Indizien gesucht. Besondere Vorkommnisse« werden vorn nicht registriert – wohl aber weiter hinten: Jean Alesi und Olivier Panis wollen bereits auf den ersten Metern das ausbügeln, was sie im Qualifying verpassten. Der Ligier-Pilot setzt sich sogar bereits in Bewegung, während die Startampel noch Rotlicht zeigt. Doch die Funktionäre lassen Gnade vor Recht ergehen und sprechen keine Strafe aus.
An der Spitze lässt sich der Trainingsschnellste von Damon Hill ausbeschleunigen. Auf dem langgezogenen Sprint zur ersten Kurve übernimmt der Engländer das Kommando, und auch sein Team-Kollege scheint Schumacher niederringen zu können. Scheint, denn das Williams-Duo hat die Rechnung ohne den Benetton-Piloten gemacht. Er weist nämlich zunächst Hill durch einen Rechtsschlenker die Innenbahn zu, und der lässt sich tatsächlich einschüchtern, obwohl er kurz darauf – klar vorn – freie »Seitenwahl« hat...
Schumacher: »Ernste Sorgen um die Führung machte ich mir nicht. Auf der rechten Seite musste Hill früher als ich bremsen. Erstens wegen des engeren, Kurvenradius,

zweitens weil er neben der Linie weniger grip hatte.« Die Rechnung geht auf. Vor Hill und Coulthard biegt der Deutsche in die Gefäll-Passage ein, die für gleich drei Piloten – Katayama, Barrichello und Irvine – die Endstation bedeutet.
Während sich das Crash-Trio aus den flammabweisenden Klamotten schält, versucht Schumacher die Flucht nach vorn zunächst vergebens. Hill lässt sich nicht abschütteln. Innerhalb von fünf Runden nimmt er dem Briten nur zwei Sekunden ab – der Ausgang des Rennens scheint offen. Die Jäger des Duos, zunächst in der Reihenfolge Coulthard, Berger, Brundle, Panis und Alesi zirkulierend, können das Tempo der Spitze allerdings nicht mithalten. Heinz-Harald Frentzen, der theoretisch auf Rang Sechs liegen müsste, folgt hinter Alesi auf Position acht. Die Erklärung, die er später abgeben wird, leuchtet ein: »Panis drängte mich am Start in Richtung Boxenmauer. Ich musste vom Gas, um nicht an die Wand zu knallen.« Es wird ohnehin nicht der Tag des Mönchengladbachers.
Nach nur fünf Umläufen lenkt Zanardi seinen übel tönenden Lotus-Mugen an die Boxen. Nur noch neun der zehn Zylinder versehen ihren Dienst. Der Italiener verliert drei Runden, bevor er sich wieder ins Kampfgetümmel stürzt und letztlich Platz 13 holt. »Es ist eine Schande«, wird er im Ziel sagen, »während der gesamten Saison lag mein Auto nicht so gut wie heute ... «
In der 16. Runde, Hill hat nach den anfänglichen Bemühungen den Anschluss verloren und liegt mehr als neun Sekunden zurück, läuft Schumacher auf das Ende des Feldes auf – die Überrundungsmanöver beginnen. Sofort fragt er per Sprechfunk nach, ob er zum Tanken und Reifenwechseln an die Boxen kommen kann. Die Nachzügler kämpfen dichtgedrängt, Schumacher befürchtet, zuviel Zeit zu verlieren. Die Crew beantwortet die Anfrage negativ, und der Rheinländer verliert 3,1 Sekunden.
Der Service-Stopp des Spitzenreiters bringt Damon Hill für neun Runden in Front, dann gibt er die Führung ab, weil sich Sprit- und Gummi-Vorräte dem Ende zuneigen. Hills Halt zum Ende der 25. Runde verrät die Williams-Taktik. Während Schumacher – wie in Magny-Cours – insgesamt drei Stopps eingeplant hat, begnügt sich sein Kontrahent mit zweien. Vielleicht hätte der Weltmeistersohn trotzdem eine Chance gehabt, aber die raubt ihm ein Fünferpack, durch den er sich zwischen Runde 25 und 31 kämpfen muss. Johnny Herbert, Christian Fittipaldi, Erik Comas, Andrea de Cesaris und Gianni Morbidelli kosten Hill fast 20 Sekunden.
Frentzen ist längst Opfer eines defekten Drehzahlsensors geworden, der das Getriebe seines C13 verrückt spielen ließ, als sich das Feld im Anschluss an den letzten Boxenstopp – Schumacher, der Dreifachtäter, nach der 58. Runde – für den Zieleinlauf formiert. Eine halbe Minute trennt den zweitplatzierten Hill von Schumacher. Dahinter hat sich die Hackordnung Brundle, Verstappen, Berger, Blundell stabilisiert. Das Quartett hat sich allerdings bereits eine komplette Runde Rückstand eingehandelt.
In Runde 71 legt Schumacher den Schongang ein. Die Hauptarbeit ist getan, jetzt gilt es nur noch, den Benetton heil ins Ziel zu bringen. Brundle profitiert sofort davon, dass der Spitzenreiter die Gänge nicht mehr voll ausdreht und seine Bremspunkte vorlegt – der McLaren-Pilot rundet sich zurück. Als das rotweiße Auto an ihm vorbeizieht, kommt Schumacher der eigene Teamkollege in den Sinn. »Wo liegt Jos?«, fragt er über Funk. »Ungefähr acht Sekunden hinter dir. Aber kümmere dich nicht um ihn, konzentriere dich auf dein eigenes Rennen!« tönt es aus dem Helmlautsprecher zurück. Aber der Titelaspirant lässt sich nicht beirren. In der 75. Runde winkt er den Niederländer vorbei. Schuma-

cher: »So durfte er eine Runde mehr fahren, und man weiß ja nie, was sich am Ende alles noch tut.« Und in derTat: Schumacher hat bereits jubelnd die Linie gekreuzt, als stinksauer ein tief enttäuschter Martin Brundle seinen McLaren parkt und Jos Verstappen Platz drei erbt. Hill spricht fair von einer »klaren Niederlage, an der es nichts zu deuteln« gäbe. Die Lachen der Champagner-Orgie sind bereits verdunstet, als eine Panne für weitere Lacher sorgt: Bernie Ecclestone. Dem F1-Oberguru entgleitet beim Verlassen des FOCA-Busses sein Kohlefaser-Aktenkoffer, der auf den Asphalt des Fahrerlagers prallt und aufspringt. Mister Ecclestone ist es gar nicht recht, dass die Umstehenden den Inhalt sehen: Gebündelte Dollar-Noten ...

ERGEBNISSE UND AUSFÄLLE

1. Michael Schumacher	Benetton-Ford B194-08	1:48.00,185 = 169,737 km/h
2. Damon Hill	Williams-Renault FW16B-5	20,827 Sekunden zurück
3. Jos Verstappen	Benetton-Ford B194-04	1.10,329 Minuten zurück
4. Martin Brundle*	McLaren-Peugeot MP4/9-6	1 Runde zurück
5. Mark Blundell	Tyrrell-Yamaha 022-04	1 Runde zurück
6. Olivier Panis	Ligier-Renault JS39B-07	1 Runde zurück
7. Michele Alboreto	Minardi-Ford M194-06	2 Runden zurück
8. Erik Comas	Larrousse-Ford LH94-04	2 Runden zurück
9. Olivier Beretta	Larrousse-Ford LH94-01	2 Runden zurück
10. Eric Bernard	Ligier-Renault JS39B-06	2 Runden zurück
11. David Brabham	Simtek-Ford S941-02	3 Runden zurück
12. Gerhard Berger*	Ferrari 412T1B-153	5 Runden zurück
13. Alessandro Zanardi	Lotus-Mugen 109/2	5 Runden zurück
14. Christian Fittipaldi*	Footwork-Ford FA15-03	8 Runden zurück
David Coulthard	Williams Renault FW16B-6	60. Runde, Unfall
Jean Alesi	Ferrari 412T1B-154	59. Runde, Getriebe
Pierluigi Martini	Minardi-Ford M194-05	59. Runde, Dreher
Heinz-Harald Frentzen	Sauber-Mercedes C13-07	40. Runde, Drehzahlsensor
Johnny Herbert	Lotus-Mugen 109/1	35. Runde, Elektrik
Andrea de Cesaris	Sauber-Mercedes C13-05	31. Runde, Unfall
Gianni Morbidelli	Footwork-Ford FA15-04	31. Runde, Unfall
Philippe Alliot	McLaren-Peugeot MP4/9-4	22. Runde, Kühler
Jean-Marc Gounon	Simtek-Ford S941-04	10. Runde, Aufgabe
Ukyo Katayama	Tyrrell-Yamaha 022-02	1. Runde, Unfall
Rubens Barrichello	Jordan-Hart 194/002	1. Runde, Unfall
Eddie Irvine	Jordan-Hart 194/006	1. Runde, Unfall

*Nicht im Ziel, aber aufgrund der zurückgelegten Distanz gewertet

SCHNELLSTE RUNDE: (5. Runde) – Michael Schumacher, Benetton-Ford B194, 1.20,881 = 176,615 km/h

10. Sieg

Großer Preis von Europa
Jerez, 16. Oktober 1994

Den Worten folgten Taten

Erstmals seit der Saison 1990 gastiert die Formel 1 wieder in der kargen Landschaft Südspaniens. Wenn sich auch die beiden Titelaspiranten abseits der Piste einen heftigen Krieg der Worte liefern, geht es auf dem Asphalt fair zu. Dort liefert der Benetton-Star einmal mehr eine beeindruckende Vorstellung ab. Doch Damon Hill gibt sich noch nicht geschlagen.

Im ersten freien Training setzt Michael Schumacher ein deutliches Zeichen, indem er Bestzeit fährt. Jetzt weiß Hill Bescheid: Die Zwangspause, die der Benetton-Pilot zu einem Höhentraining in der Schweiz nutzte, hat ihm nicht geschadet. Mittags läuft dann jedoch alles für Hill. Vor Heinz-Harald Frentzen und Schumacher diktiert er das Geschehen. Der Brite atmet erleichtert auf.

Neben dem deutsch-englischen Duell hat die Formel 1 dank Frentzens sensationeller Leistung ein weiteres Thema. Der Erfolg des Mönchengladbachers wird um so höher bewertet, weil der Sauber-Fahrer gesundheitlich nicht fit ist.

Hinter den Boxen indes jagt ein Gerücht das nächste. McLaren wird Peugeot nach nur einer Saison den Laufpass geben und sich mit Mercedes zusammentun. Keiner bestätigt diese Vermutung. McLaren-Chef Ron Dennis betont zum wiederholten Mal, er werde keine Verträge brechen und poltert dann los: »Wir machen Geschichte – ihr dürft Geschichten schreiben!« Peugeot-Sportchef Jean-Pierre Jabouille weiß natürlich längst Bescheid und streift mit versteinertem Gesicht durchs Fahrerlager. Erst am 25. Oktober wird der Deal zwischen McLaren und Mercedes offiziell.

Am Abend des ersten Trainingstags gibt Michael Schumacher seinem Widersacher Hill ein deutliches Signal zum Thema Psycho-Krieg. Im Stadion von Jerez spielt der Sympathisant des Bundesliga-Clubs 1. FC Köln vor 7000 Zuschauern im Spiel »Mild Seven United« gegen »Inter Benetton«, als gäbe es den Titelstress überhaupt nicht. Eigentlich will er nur den Anstoß ausführen. Dem Verletzungsrisiko zum Trotz kickt er dann während der kompletten ersten Halbzeit. Er erzielt ein Tor und verschießt einen Elfer, dann verabschiedet er sich. Auch Jos Verstappen jagt dem Leder nach, obwohl ihn große Sorgen plagen. Nach einem Ausrutscher ist er als 28. und Letzter zur Zeit nicht qualifiziert.

Das Abschlusstraining entwickelt sich zum Krimi: In der fünften Minute setzt sich zunächst Rubens Barrichello in Front. Zwei Minuten lang darf er sich freuen, dann schlägt Johnny Herbert – frischgebackener Ligier-Pilot – zu. Auch der hält sich nicht lange vorn. Nigel Mansell geht aufs Ganze und unterbietet seinen Landsmann um zwölf Hundertstelsekunden. In der elften Minute, Mansells Rundenzeit flimmert erst seit 60 Sekunden auf den Zeitnahme-Monitoren, pulverisiert Gerhard Berger die ak-

tuelle Bestzeit. Fast vier Zehntel nimmt der Tiroler dem rundlich gewordenen Schnauzbart ab. Für die Pole-Position ist das nicht schnell genug. Die elfte Minute ist noch nicht vorüber, da findet Michael Schumacher sechs weitere Zehntel. Jetzt wird die Luft langsam dünn.
Die Zeit des Deutschen steht 13 lange Minuten, dann nimmt Hill sein Herz in beide Hände und nimmt dem Benetton-Star 66 Tausendstel ab. Vergeblich rennt Heinz-Harald Frentzen gegen diesen Wert an. Seine Zeit reicht zunächst für Platz drei, den ihm kurz darauf Mansell streitig macht. In der 34. Minute ist dann wieder Schumacher an der Reihe: Seine Zeit von 1.22,762 ist der Schlusspunkt.
Zu den großen Verlierern des Trainings zählt Jean Alesi, der mit hohen Erwartungen in das zweite Qualifying ging. Nun rangiert er auf Platz 16. Schon seine erste schnelle Runde endete im Kies... Große Hoffnungen auf WM-Punkte darf er sich nun nicht mehr machen. Am Ende des Feldes rangieren, trotz modifizierter Frontpartie ihrer Pacific-Ilmor, Bertrand Gachot und Paul Belmondo, die sich erneut nicht qualifizieren können. Simtek – mit Neuling »Mimmo« Schiattarella und Stamm-Pilot David Brabham – »erobert« die letzte Startreihe. Der Australier ärgert sich. Eine Runde in 1.26,065 Minuten wurde ihm gestrichen, weil er der Aufforderung zum Wiegen nicht nachkam. Die Zeit hätte für einen Platz in der zwölften Reihe ausgereicht. Neben Formel-3-Emporkömmling Schiattarella qualifiziert sich auch der zweite Rookie: Hideki Noda, der aus der F3000 aufgerückt ist. Die beiden Neulinge sind in Jerez nicht die einzigen Umbesetzungen. Insgesamt sind sieben Piloten mit von der Partie, die in Estoril fehlten oder in Cockpits anderer Teams saßen. Damit sind 25 Prozent der Boliden neu besetzt!
Das Rennen beginnt mit einer Überraschung: Damon Hill führt vor Schumacher. Auch in der zweiten Startreihe hat sich der langsamere Fahrer gegen den Nachbarn durchsetzen können – vor Barrichello, Berger und Mansell umrundet Frentzen den Sherry-Kurs als Dritter.
Die beiden verfeindeten Titelanwärter (seit dem Dauerzoff zwischen Prost und Senna scheint offene Antipathie unter den Favoriten zum guten Ton zu gehören) setzen sich schnell von der Verfolgergruppe ab. Schumachers Benetton liegt nicht optimal auf der Piste. Er übersteuert deutlich sichtbar. Auch wenn zunächst nie mehr als 1,3 Sekunden die beiden Spitzenfahrer trennen, besitzt Hill vorerst offenbar die besseren Karten.
Fittipaldi verliert durch einen frühen Boxenstopp nach nur einem Umlauf eine komplette Runde. Sein Footwork brauchte eine neue Nase, die er sich im Gedränge auf den ersten Kilometern am Heck eines Minardi verbog. Konstrukteur Alan Jenkins murmelt schlecht gelaunt die Worte »kalte Bremsen«.
Während ganz weit hinten Ukyo Katayama mit Wut im Bauch entfesselt fährt, zeigt sich vorn Nigel Mansell bemerkenswert aktiv: Nacheinander »reißt« der Löwe Gerhard Berger und Rubens Barrichello. An Frentzen beißt er sich dann allerdings die Zähne aus. Aber der Brite steckt nicht auf, das alte Feuer, es lodert wieder auf – bis er beim frühen Überrunden den Frontflügel seines Williams am Larrousse des Neulings Noda anknackst. Mansell fädelt sich nach einem langwierigen Reparaturstopp als 22. wieder ins Geschehen ein. Er wird sich vorübergehend auf Rang 14 vorfahren und dann von der Piste segeln. »Das Heck kam herum, und ich verlor die Kontrolle.«
Nach 15 Runden hält Schumacher zum Tanken und Reifenwechseln. 6,8 Sekunden

lang steht sein Benetton still. Bevor Frentzen die Boxen passiert, ist Schumacher wieder auf der Piste. Drei Umläufe später hält auch Hill zum Service. Ihn fertigt die Crew in 8,7 Sekunden ab, und damit ist eine Vorentscheidung gefallen. Der Benetton-Pilot führt das Feld jetzt an. Auf den neuen Pneus sind die Übersteuerungs-Probleme wie weggeblasen. Noch zweimal wird er Service-Stopps einlegen, Hill kommt nur noch einmal an die Boxen, und wieder einmal ist die Benetton-Taktik die bessere.

Rang Drei geht an Mika Häkkinen, der diese Position seit Spa regelmäßig belegt, dann folgen Irvine und Berger. Der Ire versteht die Welt nicht mehr: »Es ist doch verdächtig, dass ich fünf Sekunden vor Mika lag und nach einem sehr guten Boxenstopp plötzlich hinter ihm bin. So viel schneller als ich kann er nicht abgefertigt worden sein ... « Irvine ist sich sicher, der Finne habe das 80 km/h-Speed-Limit in den Boxen missachtet. Offiziell wird jedoch kein Verstoß gegen die Bummel-Regel registriert.

Schumacher ist dank der zehn gewonnenen Punkte dem angepeilten Titel ein großes Stück nähergekommen. Benetton hat Platz eins im Zwischenklassement des Konstrukteurs-Championats zurückerobert. Aber entschieden ist noch gar nichts. »Ich bin sehr, sehr zufrieden«, sagt der Sieger stolz, »ich bin so in die Formel 1 zurückgekommen, wie ich sie verlassen habe – als Schnellster.« Hill äußert sich hingegen diplomatisch: »Natürlich erhoffte ich mehr. Aber dank des zweiten Platzes ist die WM noch offen. Nichts ist verloren, und auf der Piste von Suzuka werde ich meinen PS-Vorteil besser ausspielen können.«

Andrea de Cesaris hat ganz andere Sorgen. Auf dem Rückflug vom Schauplatz seines 208 (!) Grand Prix prophezeit er in Barcelona mit traurigem Blick: »Ich glaube, es ist

vorbei. Nächste Woche testet Karl, und dann werde ich bei Sauber wohl nicht mehr gebraucht. An einem Vertrag mit einem kleinen Team bin ich nicht interessiert – also werde ich der Formel 1 wohl ade sagen.«
Zwei Tage später dreht Wendlinger in Le Castellet seine Runden, und Peter Sauber gibt grünes Licht für einen Start in Japan. De Cesaris, der 1980 in Kanada seinen ersten Grand Prix bestritt, gibt daraufhin tatsächlich seinen Rücktritt aus der Formel 1 bekannt. Für die anderen Akteure ist die Saison noch nicht beendet: Der große Preis von Japan in Suzuka und der von Australien stehen noch auf dem Programm. Doch keinen dieser beiden Läufe kann Schumacher für sich entscheiden.

ERGEBNISSE UND AUSFÄLLE

1. Michael Schumacher	Benetton-Ford B194-08	1:40.26,689 = 182,507 km/h
2. Damon Hill	Williams-Renault FW16B-5	24,689 Sekunden zurück
3. Mika Häkkinen	McLaren-Peugeot MP4/9-4	1,09,648 Minuten zurück
4. Eddie Irvine	Jordan-Hart 194/006	1.18,446 Minuten zurück
5. Gerhard Berger	Ferrari 412T1B-154	1 Runde zurück
6. Heinz-Harald Frentzen	Sauber-Mercedes C13-07	1 Runde zurück
7. Ukyo Katayama	Tyrrell-Yamaha 022-05	1 Runde zurück
8. Johnny Herbert	Ligier-Renault JS39B-06	1 Runde zurück
9. Olivier Panis	Ligier-Renault JS39B-07	1 Runde zurück
10. Jean Alesi	Ferrari 412T1B-155	1 Runde zurück
11. Gianni Morbidelli	Footwork-Ford FA15-04	1 Runde zurück
12. Rubens Barrichello	Jordan-Hart 194/003	1 Runde zurück
13. Mark Blundell	Tyrrell-Yamaha 022-04	1 Runde zurück
14. Michele Alboreto	Minardi-Ford M194-06	2 Runden zurück
15. Pierluigi Martini	Minardi-Ford M194-05	2 Runden zurück
16. Alessandro Zanardi	Lotus-Mugen 109/2	2 Runden zurück
17. Christian Fittipaldi	Footwork-Ford FA15-03	3 Runden zurück
18. Eric Bernard	Lotus-Mugen 109/3	3 Runden zurück
19. D. Schiattarella	Simtek-Ford S941-04	5 Runden zurück
Nigel Mansell	Williams-Renault FW16B-6	48. Runde, Dreher
David Brabham	Simtek-Ford S941-05	43. Runde, Motor
Andrea de Cesaris	Sauber-Mercedes C13-05	38. Runde, Gaszug
Erik Comas	Larrousse-Ford LH94-04	38. Runde, Getriebe
Jos Verstappen	Benetton-Ford B194-04	16. Runde, Dreher
Hideki Noda	Larrousse-Ford LH94-02	11. Runde, Lichtmaschine
Martin Brundle	McLaren-Peugeot MP4/9-8	9. Runde, Motor

SCHNELLSTE RUNDE: (17. Runde) – Michael Schumacher, Benetton-Ford B194, 1.25,040 = 187,450 km/h

Rundenrekord – Strecke in dieser Form erstmals Schauplatz eines Grand Prix

RENAULT
MILD
SEVEN
sparco
Kickers
TTON
SYSTEM

Die Saison 1995

Die Saison 1995 stand vollständig im Zeichen des Champions. Gleich neun Siege fuhr Michael Schumacher im Rennjahr heim. Damit stellte er die Rekordleistung des Briten Nigel Mansell von 1992 ein. Damals standen allerdings nur 16 WM-Läufe auf dem Programm. Trotzdem sind die Leistungen der beiden Stars vergleichbar, denn bevor am 12. November in Adelaide gestartet wurde, hatte »Schumi« alle Neune bereits seit 14 Tagen in der Tasche!

1994 war der Titelkampf zwischen Damon Hill und dem deutschen Benetton-Piloten bis zum dramatischen Finale in Australien offen geblieben. In diesem Jahr aber hatte der Brite kein Chance. Symptomatisch waren die Ereignisse in Spa und am Nürburgring: Der Brite konnte den Titelverteidiger jeweils überholen, patzte aber in beiden Fällen bereits wenige hundert Meter später, so dass Schumacher die alte Reihenfolge wieder herstellen konnte. Weder mental, noch vom reinen Fahrkönnen her, war Hill in der Lage, dem Titelverteidiger das Wasser zu reichen.
Die 46. Saison der Fahrer-WM wird aber nicht nur wegen Schumachers tonangebender Auftritte in Erinnerung bleiben, denn neben dem Alleingang des Kerpeners gab es weitere denkwürdige Ereignisse. So brachte 1995 den Untergang des Ex-Löwen Nigel Mansell. Nach nur zwei Einsätzen – am Steuer des bedingt tauglichen McLaren MP4/10 – verschwand der Schnauzbart sang- und klanglos. Mansell hatte sich durch seinen glücklichen Sieg in Adelaide 1994 täuschen lassen und erkannte zu spät, dass seine F1-Glanzzeit längst der Vergangenheit angehört.
Dem Absturz des Ex-Champion stand der Aufstieg neuer Talente gegenüber. Speziell Heinz-Harald Frentzen erfüllte die in ihn gesetzten Erwartungen eindrucksvoll, selbst wenn er in Suzuka mögliche weitere WM-Punkte im Übereifer beidhändig aus dem Fenster warf. Nach einer – gesundheitsbedingt – mäßigen ersten Saisonhälfte, bewies auch David Coulthard, dass er dem kleinen Kreis der Elite-Piloten zugerechnet werden musste.
Mit Schumacher, Hill, Herbert, Alesi und Coulthard sah das Rennjahr 1995 gleich fünf verschiedene Piloten als Gewinner einzelner Läufe. So viele verschiedene Piloten auf der obersten Stufe des Siegerpodests gab es zuletzt 1992, als sich Mansell, Senna, Berger, Schumacher und Patrese je mindestens einmal den größten Pokal sichern konnten.
Anders als ein Jahr zuvor produzierte der GP-Sport keine Schlagzeilen wegen diverser Skandale. Ein »Aufreger« indes war das Sprit-Urteil aus dem Frühjahr. Die Verwendung des in seiner Sao Paulo-Komposition formell »illegalen« elf-Benzins hätte mit einer Bestrafung von Fahrern und Teams, oder einem Freispruch für alle Betroffenen enden müssen. Das Splitting-Urteil hingegen war unlogisch, nicht nachvollziehbar und deshalb verwirrend.
Zu den Höhepunkten des Jahres zählten sicherlich die GP von Belgien, Europa und Australien – das Rennen von Spa nicht zuletzt deswegen, weil Michael Schumacher das Kunststück fertig brachte, vom 16. Startplatz aus zu gewinnen. So etwas geschieht im F1-Sport nun wirklich nicht jeden Tag.

Von größeren Unfällen blieb der GP-Sport ebenfalls verschont – vielleicht abgesehen vom ersten Zeittraining für den GP von Australien, als Mika Häkkinen aufgrund eines Reifendefekts schwer stürzte. Exzellente Sofortmaßnahmen der Helfer – die keine einzige Sekunde verschenkten – waren die Grundlage dafür, dass der Finne das australische Krankenhaus bereits nach unerwartet kurzem Aufenthalt verlassen konnte.

Das Team Benetton

Das Team des Weltmeisters überzeugte erneut auf ganzer Linie. Was dem Benetton-Renault B195 in bezug auf die Chassis-Qualität fehlte, das machten Schumachers Fahrkunst und die taktischen Überlegungen der Männer um Ross Brawn scheinbar spielerisch wett. Außerdem, das wurde längst zur Gewohnheit, baute Benetton erneut unglaublich zuverlässige Boliden.

Noch im Vorjahr stand der Rennstall immer wieder im Mittelpunkt diverser Skandale. Das änderte sich radikal. Im September sorgte dann allerdings kurzfristig ein anonymer Brief, den die FIA erhielt, für Furore. Inhalt des Schreibens waren zahlreiche Vorwürfe gegen das Briatore-Team. 1994, so stand geschrieben, habe Flavio Briatore in Adelaide persönlich per Funk den »Abschussbefehl« an Schumacher gegeben. Der Deutsche solle Hill von der Piste rempeln. Außerdem werde nach wie vor mit der längst verbotenen Traktions-Kontrolle gefahren. Unterschrieben war der Brief mit den Worten »ein besorgter Benetton-Mechaniker«.

Nachforschungen der FIA ergaben, dass es sich zweifelsfrei um den schlechten Scherz eines Außenstehenden handelte. Tatsache ist aber, dass unverändert auf die Vorteile der Traction-Control gesetzt wurde. Gegen die Paragraphen wurde dabei nicht verstoßen! Es war lediglich erforderlich, mittels eines elektronischen Memory während des Trainings die kritischen wheel-spin-Phasen aufzuzeichnen. Die Beschleunigung des Motors in diesen Bereichen entsprechend anzupassen, ist nicht verboten... Nicht nur Benetton unterlief mit diesem legalen Trick den Geist der FIA-Statuten.

Das Duell, das sich Benetton 1995 auf Konstrukteurs-Ebene mit Williams lieferte, zählt auf diesem Sektor zu den erbittertsten Auseinandersetzungen im F1 -Sport der letzten Jahre. Autos, die der Konkurrenz ohnehin längst überlegen waren, wurden immer wieder modifiziert. Selbst als Michael Schumacher den Titel bereits in der Tasche hatte, trat an der Design-Front noch keine Ruhe ein.

In der Vor-Schumacher-Ära gelangen dem Team Benetton, das 1986 aus dem Rennstall Toleman hervorging, nur fünf Siege.

11. Sieg

Großer Preis von Brasilien
Interlagos, 26. März 1995

Fehlstart

Das erste Rennen der Saison 1995 führt den F1-Tross nach Interlagos. Dort ist Ayrton Senna unvergessen, und sein Grab auf dem Friedhof des Stadtteils Morumbi ist so etwas wie ein Nationalheiligtum. Auf der Strecke dagegen scheint die Zeit stehen geblieben zu sein: Das Duell Schumacher gegen Hill, Weltmeister gegen Vizeweltmeister, prägt auch die Rennen dieses Jahres. Und Interlagos gibt einen ersten Vorgeschmack darauf.

Die Tage vor dem Start in die neue Saison stehen ganz im Zeichen von Ayrton Senna, der am 21. März 35 Jahre alt geworden wäre. Kein Jahr ist es her, dass die Brasilianer ihren National-Helden verloren, der auf dem Friedhof des Stadtteils Morumbi – auf halbem Weg zwischen Downtown Sao Paulo und der Piste in Interlagos – seine letzte Ruhe gefunden hat.
Im fernen Europa werden Meldungen über Todesdrohungen gegen Frank Williams und Michael Schumacher aufgebauscht. Tatsächlich erhält der Williams-Boss Applaus von Senna-Fans, als er das Grab des Ex-Champion besucht, und auch Schumacher macht nur positive Erfahrungen. »Ich kann nur Gutes sagen«, erklärt er im Fahrerlager, »die Brasilianer lieben den Sport und freuen sich, wenn sie einem F1-Piloten begegnen – mich eingeschlossen.« Parallel erfahren deutsche Zeitungsleser, dass hunderte Polizisten das Leben des Weltmeisters bewachen. In Wahrheit gibt es nicht einmal Posten im Hotel oder auf der »Schumacher-Etage« des Transamerica. Manager Willi Weber sagte überzeugend: »Wir passen nicht mehr auf als in jeder anderen Großstadt auch. Wer hier in Sao Paulo glaubt, es gäbe keinerlei Gefahren, der ist weltfremd. Verbrecher und Verrückte gibt es überall aber spezielle Schutzmaßnahmen treffen wir nicht.«
Nach der Saison der Unfälle und Skandale 1994 soll die neue Saison ein Rennjahr werden, in dem der Sport – nichts als der Sport – im Mittelpunkt steht. Der GP von Brasilien wird diesem Anspruch nicht gerecht. Der erste Grand Prix der Saison wird am 28. März ausgetragen, aber der Sieger steht erst am 13. April fest...
Die erste Hürde auf dem Parkett der Querelen wird zu Wochenbeginn gemeistert. Ober Monate hinweg hatten sich einige Spitzenfahrer geweigert, die Bedingungen zur Ausstellung der Superlizenz zu akzeptieren. Streitpunkte waren der verlangte Verzicht auf juristische Schritte – wie Schadensersatzansprüche – nach Unfällen und die Forderung nach Präsenz bei Pressekonferenzen der FIA. Zwischen dem 27. Februar und dem 22. März rauchten die Köpfe von Fahrern, Funktionären, den Mitarbeitern großer Versicherungsgesellschaften und Anwälten. 30 Faxe wurden versandt, die Telefonleitungen glühten für Stunden, dann hatten sich die Parteien zusammengerauft

und keine Seite wollte je ein Problem gesehen haben ... Erst Wochen später in Imola wird FIA-Präsident Max Mosley das Verhalten einiger F1-Stars als »kindisch« bezeichnen.
Donnerstags gibt es die ersten ernsten Ungereimtheiten: Beim obligatorischen Wiegen wird deutlich, dass sich viele Piloten überraschend »Winterspeck angefressen« haben. Ganz besonders sticht Michael Schumachers Gewichtszunahme ins Auge: Stolze sieben Kilogramm hat der Kerpener seit der letzten Kontrolle im Sommer 1994 zugenommen. Sofort wird spekuliert: Gingen einige Fahrer mit Ballast auf die Waage? Das protokollierte Piloten-Gewicht wird nach dem Rennen zum tatsächlichen Gewicht des Autos addiert, 595 Kilogramm müssen erreicht werden. Ist der Pilot nicht so schwer, wie es in den Papieren steht, kann er theoretisch mit einem untergewichtigen Boliden fahren... Den Siebenkilo-Vorteil des deutschen Benetton-Stars rechnet Williams-Konstrukteur Patrick Head hoch: »Umgelegt auf die hiesige Distanz dürfte das einen Vorteil von ungefähr 14 Sekunden bringen.«
Die Superlizenz-Inhaber spielen die Unschuldigen. Schumacher erklärt: »Während der letzten Monate trainierte ich hart, wegen des Muskelzuwachses bin ich schwerer.« Fachleute behaupten, ohne die Einnahme von Anabolika sei es in derart kurzer Zeit unmöglich, 14 Pfund Muskelmasse aufzubauen. Tatsächlich normalisierte sich Schumachers Gewicht innerhalb der nächsten 72 Stunden, wie ein überraschendes Nachwiegen nach dem Rennen beweisen wird... Schon das erste freie Training am Freitag deckt die Schwächen des neuen Pistenbelags auf. Der Asphalt ist unglaublich »bumpy«. F1-Heimkehrer Karl Wendlinger klagt – wie fast jeder andere Fahrer auch – über Schmerzen am ganzen Körper. Heinz-Harald Frentzen spricht von »Rodeo« und fügt hinzu: »Hier über die volle Distanz zu gehen, ist unmöglich. Ich jedenfalls kann mir 71 Runden am Stück nicht vorstellen.« Eddie Irvine möchte am liebsten seine Koffer packen und abreisen, weil »man keine schnellen Runden drehen kann, wenn das Auto ständig unberechenbar seine Richtung wechselt«. Am eindrucksvollsten beschreibt Vize-Meister Damon Hill die Situation: »Es ist, als ob dir jemand das Lenkrad aus der Hand reißen will und dir gleichzeitig mit einem Hammer auf den Kopf schlägt.« Im ersten Qualifying kreist tatsächlich der Hammer. Im Streckenabschnitt »Ferra Dura« kommt Michael Schumacher im Verlauf seiner zweiten schnellen Runde mit gut 200 km/h von der Piste ab. Rückwärts schlägt sein Benetton gegen die Streckenbegrenzung. Der Rheinländer erwähnt Sennas Namen nicht, aber jeder Zuhörer weiß, wovon er spricht, als er wenig später sagt: »Es war mein bisher schlimmstes Erlebnis. In der Kurve vorher hatte ich für Sekundenbruchteile ein komisches Gefühl in der Lenkung, die dann urplötzlich versagte.« Jetzt weiß er, was Ayrton Senna am 1. Mai 1994 in Imola fühlte. Schumacher erinnert sich an den inneren Befehl, rückwärts in die Leitplanken einschlagen zu müssen. »Wie ich das tatsächlich schaffte, weiß ich nicht«. Wohl aber seine Mechaniker: Schumacher zwang den Benetton durch blitzschnelles Einlegen eines unteren Gangs, oder gar des Rückwärtsgangs in einen Dreher.
Während Damon Hill Bestzeit fährt, dreht sich bei Benetton kein Rad mehr. Der Bruch eines Kreuzgelenks zwischen Lenksäule und -gestänge wird vermutet. Flavio Briatore: »Solange wir nicht genau wissen, was passierte, fahren aus Sicherheitsgründen weder Michael noch Johnny. Das gilt gegebenenfalls auch für den Sonntag.«
Abends werden die Benetton-Techniker fündig: Ein Bolzen im Kreuzgelenk brach auf-

grund der Belastung auf der unebenen Piste. In guter Absicht hatten die Verantwortlichen zu hartes Material gewählt.
Rund um den Kurs gibt es zahlreiche kleine Race-Shops, die Rennwagen für nationale Veranstaltungen bauen und warten. Äußerlich sehen die meisten so aus, als sei dort nicht einmal ein anständiger Ölwechsel möglich. Im Innern aber gibt es fast alles, was die Herzen von Ingenieuren und Mechanikern begeistert. Einer dieser Läden, Techspeed, gewährt Benetton »Amtshilfe«: Ersatzbolzen aus einer widerstandsfähigen Speziallegierung, der die notwendige Elastizität nicht fehlt, werden gefertigt. Es wird eine lange Nacht, da auch die Radaufhängungen umgebaut werden. Das Gros der Benetton-Truppe sieht das Hotel nur zum Duschen und Umziehen...
Viel besser haben es die Männer bei Ferrari und McLaren auch nicht. Aus Angst vor einem Tankunfall üben sie bis nach Mitternacht Boxenstopps.
Im Abschlusstraining mischt Schumacher wieder mit: Platz zwei. »Ich bin froh« sagt er nicht ohne Stolz, »dass Benetton die Krise meistern konnte. Mit meinem Rang bin ich zufrieden. Bei den ersten Rennen rechne ich ohnehin nicht mit Siegen. Die erwarte ich erst ab Mai, wenn wir den B195 richtig kennen und verstehen.« Punktesammeln heißt also die Devise bei Benetton für die erste Phase der Saison.
Optimismus hingegen bei Damon Hill, der sich im Abschlusstraining zwar nicht steigern konnte, aber trotzdem von der Pole-Position aus starten wird, weil niemand die

Freitagszeit des Briten unterbieten konnte. Der Vizemeister: »Ich sah auf dem Monitor, wie Michael kämpfen musste, um seine Zeit zu fahren. Er kam mir nahe, aber nicht nahe genug. Er musste alles geben, weil das Handling seines Benetton nicht optimal ist. Er zauberte und war trotzdem langsamer als ich, das beruhigt mich.« Von solcher Gelassenheit kann man am späten Samstagnachmittag bei Sauber nur träumen. Das katastrophale Abschneiden erzeugte rote Köpfe. Hinter vorgehaltener Hand fordert Frentzen sogar eine Neukonstruktion! Wer die zeichnen soll, weiß niemand. Fast hätten sich die Schweizer sogar Pacific geschlagen geben müssen, die ihr Material nach insgesamt nur acht (!) Testrunden in den »FOCA-Bomber« verladen mussten, der das F1-Equipment von London nach Südamerika transportierte.
Moll-Stimmung auch bei McLaren-Mercedes. Nigel Mansell ist nicht mit von der Partie. Weil er seine Leibesfülle nicht im engen Cockpit des MP4/10 unterbringen konnte, einigte man sich darauf, dass der Ex-Champion erst zu einem späteren Zeitpunkt ins Geschehen eingreifen wird. In Woking ist die »Operation Dicker Mann« angelaufen, der Bau breiterer Cockpits. Obwohl Boss Ron Dennis gute Miene zum bösen Spiel macht und offiziell Verständnis für Mansells Entscheidung zeigt, geht ihm die englische »Diva« bereits auf die Nerven. »Als er mich vor wenigen Tagen anrief«, sagt er kopfschüttelnd, »und sagte, er wolle nun doch hier in Sao Paulo fahren, wäre ich beinahe von meinem Stuhl gefallen.«
Sonntags bilden sich vor dem Haupteingang der Rennstrecke die für Interlagos typischen endlosen Menschenschlangen. Wie erwartet, füllen sich die Ränge, und das vor dem Hintergrund überdurchschnittlicher wirtschaftlicher Belastungen. Seit der jüngsten Währungsreform, der Umstellung auf den Real, ist Brasilien ein sündhaft teures Land. Wer nicht mehr als den gesetzlich festgelegten Mindestlohn verdient, muss deutlich länger als eine Stunde arbeiten, um sich einen Cheeseburger leisten zu können, wie er von einem weltweit operierenden Fastfood-Giganten angeboten wird.
Zwei Stunden nach dem Warm-up, das anfangs unter schwierigen Bedingungen auf regennasser Piste gefahren wird, gibt es Anzeichen für Probleme. Patrick Head, Flavio Briatore und Bernie Ecclestone diskutieren erregt. Natürlich lässt das Trio keinen potentiellen »Ohrenzeugen« zu nahe treten. Irgendetwas liegt in der Luft. Offensichtlich sind die Meinungsverschiedenheiten von größter aktueller Bedeutung. Wenig später platzt die Bombe. Offiziell meldet die FIA, dass David Coulthard und Michael Schumacher während des Trainings mit illegalem Sprit fuhren. Der Schotte wurde bereits freitags ertappt, der Weltmeister 24 Stunden später. Prinzipiell entspricht der Treibstoff – beide Teams werden von elf beliefert – zwar den Paragraphen, er ist aber nicht mit der zu vor hinterlegten Probe identisch. Uni die Regeln sagen klipp und klar: Der »chemische Fingerabdruck« des eingesetzten Sprits muss exakt mit der deponierten Probe übereinstimmen.
Unerklärlicherweise drücken die Funktionäre beide Augen zu. Williams und Benetton erhalten Geldstrafen in Höhe von je 30.000 US-Dollar und dürfen starten. Natürlich gluckert unverändert der beanstandete Sprit in den Tank der Benetton und Williams... Um Ersatzbenzin herbeizuschaffen, ist es nun viel zu spät.
So sind Disqualifikationen vorprogrammiert, als die Startampel auf Grünlicht springt und die Jagd auf erste WM-Punkte der neuen Saison beginnt. Obwohl er nach eigener Aussage kein spezielles Beschleunigungstraining absolvierte, katapultiert sich

der Titelverteidiger optimal von der Linie und gibt Damon Hill das Nachsehen. Der Brite erklärt später: »Meine Antriebsräder drehten etwas zuviel durch. Michael wirkte recht aggressiv, und deshalb versuchte ich erst gar nicht, in der ersten Kurve zu kontern.«

Als der Spitzenreiter wenig später in einer Kurve weit nach außen getragen wird, sieht Hill seine Chance. Doch dann steckt er zurück, weil er das Gefühl hat, der Benetton-Pilot wolle ihm die Tür vor der Nase zuschlagen.

Auf den besten Start des Tages blickt zu diesem Zeitpunkt Mika Häkkinen zurück, der sich auf den ersten Metern vom siebten auf den vierten Platz vorkämpft. Das simple Rezept des Finnen: »Beide Ferrari waren mit ihrer Drehzahl am Anschlag, Herberts Benetton qualmte vor sich hin. Da dachte ich 'nichts wie weg hier', trat den rechten Fuß nieder und beschleunigte wie verrückt.«

Vorn verteidigt Schumacher die Führung gegen Hill, der das Tempo des Deutschen recht locker mitgehen kann. Der Williams rückt auf Platz eins vor, als sich Schumacher zum ersten von insgesamt drei Stopps an den Boxen einbremst. Drei Runden später legt der neue Spitzenreiter Hill seinen Service-Halt ein, und der Brite bleibt vorn. Ohne die störenden Turbulenzen des Vordermanns lässt sich der Williams FW17 noch angenehmer fahren. Hill: »Es war zu schön, um wahr zu sein.« Bis zu 3,4 Sekunden kann er zwischen sich und Schumacher legen, dann endet die Fahrt des Vizemeisters. »Der zweite Gang machte plötzlich Probleme. Also beschloss ich, maximal bis zum Dritten 'runterzuschalten. In diesem Gang beschleunigte durch das Gefälle »Senna's S«, als mein Auto unerwartet ausbrach. Ich glaube, das Getriebe blockierte.« Die Wahrheit kommt erst Tage später ans Licht. Die Getriebeprobleme entpuppen sich als Irrtum der Halbautomatik, die sich »verschaltete«, als die Antriebsräder nach einer Bodenwelle einige Zentimeter über der Piste in der Luft durchdrehten. »Den Abflug«, so Patrick Head, »verursachte ein gebrochener Querlenker der hinteren Aufhängung.«

Anschließend hat Schumacher keine Gegner mehr. Coulthard kann ihn nicht gefährden. Berger liegt als Dritter im Ziel bereits ebenso eine volle Runde zurück, wie Mika Häkkinen, der auf eine unheimliche Begegnung der dritten Art zurückblickt: »Ich fuhr die Bergauf-Passage, als ein dicker Vogel knapp an meinem Kopf vorbeisauste und hinter mir einen Teil des Heckflügels wegriss.« Sofort hatte die McLaren-Crew ihre Taschenrechner aktiviert und registriert, dass der Zeitverlust wegen des aerodynamischen Nachteils zu gering war, um einen Reparatur-Stopp zu rechtfertigen.

Während das Benzin der drei erstplazierten Piloten untersucht wird, erfahren sie von der tickenden Zeitbombe. Schumacher und Coulthard reagieren nachdenklich, Berger freut sich: »Die fuhren illegalen Sprit? Prima, dann bin ich ja der Sieger.«

Um 18.18 Uhr liegt die Benzin-Analyse vor. Eine Stunde und 27 Minuten lang wird hinter verschlossenen Türen diskutiert. Dann fällen die Funktionäre das Urteil. Um 20.04 Uhr wird verkündet: Der Sieger heißt Gerhard Berger! Schumacher und Coulthard sind disqualifiziert. Bei Ferrari knallen die Sektkorken. Benetton und Williams legen Berufung ein. Das letzte Kapitel des GP von Brasilien wird deshalb erst am 13. April in Paris geschrieben. Die dort ausgesprochene Bestätigung des Rennergebnisses empört die Formel 1-Gemeinde. Die Fahrer dürfen ihre Punkte behalten, die Punkte für das Team werden aber gestrichen. Und jedes Team muss 200.000 Dollar Strafe zahlen. Und merkwürdigerweise wird dann auch Spritlieferant elf bestätigen, einen Kraftstoff geliefert zu haben, der nicht der Probe entsprach.

1995 – Interlagos, 26. März 1995

Doch vielleicht hat das ganze Hickhack Spuren hinterlassen: In den nächsten beiden Rennen – Argentinien und San Marino – wird der Weltmeister Fehler machen und Punkte verlieren: In Buenos Aires beendet er das Rennen auf einem dritten Rang, da nur sein dritter (und letzter) Reifensatz wie gewohnt funktioniert und konkurrenzfähige Rundenzeiten ermöglicht. In Imola dagegen sieht der Weltmeister als Pole-Setter noch nicht einmal die Zielflagge, er fliegt mit 270 km/h im Piratella-Eck ab. Sieg Nr. 12, er lässt noch auf sich warten.

ERGEBNISSE UND AUSFÄLLE

1.	Michael Schumacher	Benetton-Renault B195-04	1:38.34,154 = 186,919 km/h
2.	David Coulthard	Williams-Renault FW17-2	8,060 Sekunden zurück
3.	Gerhard Berger	Ferrari 412T2 159	1 Runde zurück
4.	Mika Häkkinen	McLaren-Mercedes MP4/10-2	1 Runde zurück
5.	Jean Alesi	Ferrari 412T2 157	1 Runde zurück
6.	Mark Blundell	McLaren-Mercedes MP4/10-3	1 Runde zurück
7.	Mika Salo	Tyrrell-Yamaha 023-02	2 Runden zurück
8.	Aguri Suzuki	Ligier-Mugen JS41-02	2 Runden zurück
9.	Andrea Montermini	Pacific-Ford PR02/2	6 Runden zurück
10.	Pedro Diniz	Forti-Ford FG01-01	7 Runden zurück
	Gianni Morbidelli	Footwork-Hart FA16-02	63. Runde, Benzindruck
	Taki Inoue	Footwork-Hart FA16-01	49. Runde, Motorbrand
	Luca Badoer	Minardi-Ford M195-02	48. Runde, Getriebe
	Roberto Moreno	Forti-Ford FG01 -02	48. Runde, Dreher
	Karl Wendlinger	Sauber-Ford C14-02	42. Runde, Kabelbrand
	Damon Hill	Williams-Renault FW17-1	31. Runde, Aufhängung hinten
	Johnny Herbert	Benetton-Renault B195-01	31. Runde, Unfall
	Bertrand Gachot	Pacific-Ford PR02/1	24. Runde, Getriebe
	Rubens Barrichello	Jordan-Peugeot 195/001	17. Runde, Hydraulik
	Jos Verstappen	Simtek-Ford S951-02	17. Runde, Kupplung
	Ukyo Katayama	Tyrrell-Yamaha 023-03	16. Runde, Dreher
	Eddie Irvine	Jordan-Peugeot 195/003	16. Runde, Hydraulik
	D. Schiattarella	Simtek-Ford S951-01	13. Runde,Lenkung
	H.-H. Frentzen	Sauber-Ford C14-03	11. Runde, Elektrik
	Olivier Panis	Ligier-Mugen JS41-01	1. Runde, Unfall
	Pierluigi Martini	Minardi-Ford M195-01	1. Runde, Getriebe

SCHNELLSTE RUNDE: (51. Runde) – Michael Schumacher, Benetton-Renault Bl 95, 1.20,921 = 192,409 km/h

12. Sieg

Großer Preis von Spanien
Granollers, 14. Mai 1995

Schumacher schlägt zurück

Der Weltmeister meldet sich in Spanien eindrucksvoll zurück und jagt dem bisherigen WM-Leader Hill wichtige Punkte ab. Sein Teamkollege Herbert bringt den Benetton auf dem zweiten Platz ins Ziel – ein perfekter Tag für die Crew um Designer Ross Brawn und Teamchef Flavio Briatore.

Die Unken-Fraktion, die das Erfolgsgespann Schumacher/Benetton bereits am Boden sieht, hat freitags Oberwasser: Im ersten Qualifying landet der Rheinländer hinter Jean Alesi, Gerhard Berger und David Coulthard »abgeschlagen« auf Platz vier. Vier Zehntel trennen das Quartett. Alle vier Piloten träumen von der Pole-Position. Während des Abschlusstrainings zerschmettert Schumacher die Hoffnungen seiner drei Konkurrenten, als er eine Zeit von 1.21,4 Minuten vorlegt. Die Gegner sind demoralisiert. Coulthard: »Der war im richtigen Augenblick mit dem richtigen Set-up draußen und fuhr phantastisch – seine Zeit war für uns eine Nummer zu groß.« Jean Alesi, um mehr als eine halbe Sekunde abgehängt auf Rang zwei: »Ich dachte, ich könnte es heute packen. Aber dann sah ich Michaels Zeit und wusste, das schaffst du niemals.« Wie der drittplatzierte Berger tröstet sich Alesi damit, vor den Williams zu stehen.
Auf die Frage nach dem Geheimnis, das ihn vom vierten auf den ersten Rang nach vorn brachte, antwortet Schumacher locker: »Da war halt noch viel Luft drin, denn einen so schlechten Benetton wie gestern fuhr ich niemals zuvor.« Tatsächlich hatten er und seine Techniker freitags die falsche von zwei Grundabstimmungsvarianten gewählt. In der Nacht auf Samstag schraubten die Benetton-Mechaniker bis drei Uhr morgens, um den Patzer auszubügeln. Damon Hill blickt hingegen auf einen kontinuierlichen Abstieg zurück. Donnerstags meldete er sich noch optimistisch zu Wort. 24 Stunden später sprach er von blockierenden Rädern und Übersteuern – alle seine Runden hätten nichts getaugt. Nach dem zweiten Qualifying ist er für die dritte Startreihe qualifiziert.
Wesentlich schlechter als dem vorübergehend desillusionierten Vizemeister geht es Karl Wendlinger. Niedergeschlagen hockt er im Sauber-Motorhome. Dunkle Wolken brauen sich über dem Tiroler zusammen. Wie lange noch – so lautet die große Frage – gesteht Peter Sauber seinem Schützling Schonfrist zu? Seit Saisonbeginn läuft Wendlinger seiner Form hinterher. Glaubt man Fachärzten, so ist der Österreicher immer noch nicht im Vollbesitz seiner Kräfte. Das lange Koma im Anschluss an den Trainingsunfall in Monaco 1994 hinterlässt Spuren: Motorik und Reflexe sind noch nicht auf dem alten Qualitäts-Niveau. Seit Wochen schon steht F3000-Meister Jean-Christophe Boullion in Lauerstellung, um Wendlinger zu ersetzen ... was dann beim GP in Monaco der Fall sein wird.

Auch die Geduld von Ron Dennis, der längst weiß, dass er sich mit dem Oldie Nigel Mansell ein Kuckucksei ins Nest holte, wird stark strapaziert. Als PR-Gag hat sich der Ex-Weltmeister längst totgelaufen. Kaum noch jemand interessiert sich für sein Abschneiden – er selbst auch nicht.

Einen erneuten Achtungserfolg verbucht hingegen der Niederländer Jos Verstappen: Er stellt seinen Simtek auf Startplatz 16. Hätte Boss Nick Wirth das notwendige Kleingeld, um Testfahrten durchzuführen, der S951 wäre wohl die große Sensation des Jahres. Aber die Teamkasse ist leer – der Pleitegeier befindet sich bereits im Landeanflug. Am Ende des – noch – 26 Wagen starken Feldes stehen wieder einmal die beiden Forti-Ford.

Im Fahrerlager werden jedoch nicht nur die Trainingszeiten diskutiert. Der Name Villeneuve macht wieder einmal die Runde. Jacques Villeneuve, Sohn des 1982 tödlich verunglückten Ferrari-Stars Gilles Villeneuve, wird hartnäckig mit der Formel 1 in Verbindung gebracht. Auf telefonische Anfrage hin dämpft Craig Pollock, Manager des Kanadiers, aus dem fernen Indianapolis vorschnelle Erwartungen: »Es gibt weder aktuelle Pläne noch Kontakte mit Formel 1-Teams.« Im Sommer wird Villeneuve dann allerdings doch einen Williams testen und am 15. August einen Vertrag für 1996 mit diesem Team abschließen.

Beim Start wird – wie zuletzt an selber Stelle 1993 – deutlich, dass es den Spaniern wesentlich leichter fällt, vor begeisterten Zeugen Stiere zu Tode zu quälen, als eine funktionierende Startampel zu installieren. Schumacher und Alesi ergreifen beim Erlöschen des Rotlichts glücklicherweise die Initiative. Das eigentliche Startsignal, Grünlicht, wird bis in die späten Abendstunden nicht erblickt.

Eddie Irvine zählt zu denen, die nicht unter dem landestypischen Startprozedere leiden: »Ich achte ohnehin nur immer auf Rot«. Ganz anders seine offensichtlich konservativeren Landsleute Coulthard und Mansell, die überrumpelt werden.

Schon der Verlauf der ersten Runde macht deutlich, dass Michael Schumacher seine Überlegenheit aus dem Qualifying auf das Rennen übertragen kann. Eine volle Sekunde trennt ihn bei der ersten Boxen-Passage von Alesi, dem Hill, Berger, Irvine, Häkkinen, Coulthard und Herbert auf den Plätzen drei bis acht folgen. Und Schumacher macht weiter Dampf: Während der fünf folgenden Runden wächst sein Vorsprung auf Alesi kontinuierlich von 1,6 über 2,8, 4,2 und 5,1 auf 6,1 Sekunden. Keine Frage, die Kombination Schumacher/Benetton ist hier in Katalanien eine Klasse für sich. Erst als er ein Polster von acht Sekunden aufgebaut hat, lässt es der Champion etwas ruhiger angehen.

Hinter Hill, dessen Williams in Alesis Rückspiegeln immer größer wird, und Berger taucht nach sieben Umläufen David Coulthard auf, der sich redlich abstrampelt, um den unfreiwilligen Fehler beim Start wieder auszubügeln. Bereits in Runde drei hatte er sich Mika Häkkinen schnappen können und jetzt hat er Irvine verdrängt.

Kaum beachtet geht währenddessen im Mittelfeld eine der großartigsten F1 Karrieren der letzten Jahre ihrem Ende entgegen: Nigel Mansell, vorübergehend durch Olivier Panis auf Rang 15 geboxt, fährt eine erfolgreiche Konter-Attacke gegen den Franzosen und kämpft in Runde acht auch Ukyo Katayama nieder. Es ist das letzte F1-Überholmanöver des Schnauzbarts. Die 13. Runde bringt bereits die Eröffnung der ersten Boxenstopp-Serie. Hill wird in 13,3 Sekunden abgefertigt einen Umlauf später scheinen sich die Williams-Mechaniker »warmgearbeitet« zu haben: Coulthard kann schon nach 7,6 Sekunden

Gas geben. Und Michael Schumacher? Der zieht weiter munter seine Kreise und bremst sich erst nach 21 Runden zwischen seinen zentimetergenau postierten Mechanikern zum Service-Halt ein. Damit steht fest: Der Deutsche verzichtet heute auf seine schon traditionelle Drei-Stopp-Taktik. Sein Plan sieht offensichtlich nur zwei Unterbrechungen vor. Trotz seines deshalb schwereren Autos spielt er mit den Gegnern Katz und Maus. Natürlich spielt auch die aerodynamische Abstimmung eine Rolle: Schumacher fährt mit deutlich flacher gestellten Flügeln als die Williams-Piloten.

Hill wird nach dem Rennen erklären: »Uns blieb gar keine andere Wahl, als dreimal zu stoppen. Wir mussten in Top-Speed-Form, also mit leichtem Wagen, fahren, sonst hätten wir noch schlechter ausgesehen.«

Runde 26 bringt ein Novum der Saison 1995: Erstmals bleibt ein Ferrari während eines GP mit technischem Defekt stehen. Bei Start-und-Ziel erwischt es Jean Alesi. Der Franzose parkt mit Motorschaden am Pistenrand. Der Frust treibt ihm Tränen in die Augen.

Während sich der Kloß in Alesis Hals nur langsam auflöst, ist ein Fahrer bereits auf dem Heimweg: Nigel Mansell. Drei Runden nach seinem ersten Boxenstopp im Anschluss an Umlauf Nummer 15 rodelte der Brite von der Bahn. Nach dem Ausflug durch das Kiesbett brachte er seinen McLaren an die Boxen, wo er ihn als »unfahrbar« bezeichnete und aus dem Cockpit kletterte. Gesprächig zeigte er sich nicht, aber einem BBC-Mitarbeiter raunte er zu, der MP4/10B sei eine »Shitbox«. Teamchef Ron Dennis kommentiert das Engagement seines Piloten dünnlippig: »Nigel zog es vor, das Rennen nicht zu beenden.« Die Ehe McLaren-Mansell hat einen Knacks, von dem sie sich nicht erholen wird.

Alesis Ausfall bringt Hill auf Rang zwei – zwölf Sekunden Rückstand auf Spitzenreiter Schumacher scheinen kein unlösbares Problem, wäre da nicht der eine Zusatzstopp, den der Brite absolvieren muss. Knapp zehn Minuten lang macht er Boden auf den Deutschen gut, dann wirft ihn der Halt hoffnungslos zurück. Aber Platz zwei hinter Schumacher würde nicht den Verlust der Führung im WM-Zwischenklassement bedeuten – in der Williams-Box bleiben die Verantwortlichen ruhig. Nach 40 Runden dann der spektakulärste Boxenstopp des Rennens: Johnny Herbert gibt zu früh Gas – am Heck hängt der Wagenheber, den der Mechaniker nicht mehr wegreißen kann. Weiter unterhalb springen die Helfer anderer Teams einige Schritte zurück, als sich das Geschoss nähert. In jeder Sekunde kann sich das Metallgestänge lösen ... Zuletzt hatte sich ein solcher Zwischenfall 1989 bei Testfahrten in Rio ereignet, als Gerhard Berger einen »Ferrari mit Anhänger« fuhr!

Das Malheur aus Herberts Perspektive: »Über Funk hörte ich, wie sie riefen stop – stop – stop! Ich fragte zurück: Weshalb? Als Antwort hörte ich go – go – go. Ich wusste überhaupt nicht, was da gespielt wird ... « Der Wagenheber hatte sich gelöst und war am Ende der Boxengasse liegengeblieben, ohne Schaden unter den Mechanikern oder auf der Piste anrichten zu können.

Schumachers zweiter Stopp bringt Hill fahrplanmäßig noch einmal gefährlich nah heran. Sieben Sekunden Vorsprung erlauben keine Patzer des Führenden. Aber wieder trügt der Schein: Als der Brite ein drittes Mal hält, wächst der Abstand wieder auf mehr als 25 Sekunden an. Die Reihenfolge für den Zieleinlauf scheint gefunden. Hinter den beiden Stars folgen Coulthard, Herbert, Berger, Irvine und Häkkinen. Aber zwei dieser sieben werden die Schachbrett-Flagge an diesem Tag nicht sehen.

Zunächst ist für Mika Häkkinen Feierabend – der zweite McLaren steht still. Als »frustrierend« bezeichnet der Finne seine Fahrt: »Auf den Geraden war ich viel zu langsam.« Dann zeigt sich auch der erste Williams verwundbar. Coulthard, wie in Sao Paulo wegen einer Mandelentzündung nicht wohlauf, muss aufgeben, weil die Hydraulik seines FW17 das Getriebe lahmlegt.
Die beiden Ausfälle ordnen die Spitze neu: Schumacher, Hill, Herbert, Berger, Irvine, Barrichello und Panis liegen nun vorn. Obwohl nur noch zehn Runden abzuspulen sind, ist diese Hackordnung immer noch nicht mit dem Endergebnis identisch. Schumacher ist bereits als Sieger abgewinkt, da überschlagen sich die Ereignisse: Hills Williams rutscht in langsamer Schleichfahrt vom zweiten auf den vierten Platz ab. 3.09,2 Minuten braucht er für die letzte Runde. Die drei Punkte, die er kassiert, reichen nicht aus, um die Führung in der WM-Wertung zu verteidigen.
Nach dem Qualifying hatte Hill keine großen Erwartungen, aber dann fuhr er scheinbar sechs Punkten entgegen ... Jetzt ist er sauer: »Es war die Hydraulik. Ich blieb im fünften Gang stecken, das war nicht weiter tragisch, aber dann versagte auch das Fly-by-wire-System. Ich schaffte es ausgekuppelt mit dem letzten Schwung.« Auch Barrichello hat in der Schlussrunde »kein Gaspedal« mehr und verliert Platz sechs an Olivier Panis, der den ersten Punkt des Jahres für Ligier holt.
Michael Schumacher kann erstmals seit Sao Paulo wieder richtig lachen. Herbert – »Bei Lotus lief es letztes Jahr so schlecht, dass ich schon den ganzen Krempel hinschmeißen wollte – und jetzt Platz zwei« – steht ihm nicht nach. Berger grummelt, er habe ja schon vorher gesagt, Ferrari könne im Rennen nicht mithalten. Eddie Irvine macht ohnehin immer seine Späßchen und bei Ligier ist die Stimmung der Fahrer

konträr: Hier der glückliche Panis, dort der neuntplatzierte Brundle, der »seinen Punkt« in den Händen des Franzosen sah: »Wenn es beim Tanken nicht die Probleme mit dem Einfüllstutzen gegeben hätte ...«
Aus Sicht von Heinz-Harald Frentzen hatten »die anderen« viel zu wenig Probleme. »Ohne ein bisschen Glück«, sagt er nüchtern bilanzierend, »sind Punkte für mich außer Reichweite.«

ERGEBNISSE UND AUSFÄLLE

1 . Michael Schumacher	Benetton-Renault B195-01	1:34.20,507 = 195,320 km/h
2. Johnny Herbert	Benetton-Renault B195-05	51,988 Sekunden zurück
3. Gerhard Berger	Ferrari 412T2-159	1.05,237 Minuten zurück
4. Damon Hill	Williams-Renault FW17-4	2.01,749 Minuten zurück
5. Eddie Irvine	Jordan-Peugeot 195/003	1 Runde zurück
6. Olivier Panis	Ligier-Mugen JS41-04	1 Runde zurück
7. Rubens Barrichello	Jordan-Peugeot 195/004	1 Runde zurück
8. Heinz-Harald Frentzen	Sauber-Ford C14-03	1 Runde zurück
9. Martin Brundle	Ligier-Mugen JS41-01	1 Runde zurück
10. Mika Salo	Tyrrell-Yamaha 023-03	1 Runde zurück
11. Gianni Morbidelli	Footwork-Hart FA16-02	2 Runden zurück
12. Jos Verstappen	Simtek-Ford S951-02	2 Runden zurück
13. Karl Wendlinger	Sauber-Ford Cl4-04	2 Runden zurück
14. Pierluigi Martini	Minardi-Ford M195-03	3 Runden zurück
15. D. Schiattarella	Simtek-Ford S951 -01	4 Runden zurück

Ukyo Katayama	Tyrrell-Yamaha 023-04	57. Runde, Motor
David Couithard	Williams-Renault FW17-2	55. Runde, Getriebe
Mika Häkkinen	McLaren-Mercedes M P4/1 OB-3	54. Runde, Benzindruck
Taki Inoue	Footwork-Hart FA16-01	44. Runde, Motor
Bertrand Gachot	Pacific-Ford PR02/1	44. Runde, Brand
Roberto Moreno	Forti-Ford FG01-02	40. Runde, Aufgabe
Jean Alesi	Ferrari 412T2-161	26. Runde, Motor
Luca Badoer	Minardi-Ford M195-02	22. Runde, Getriebehydraulik
Nigel Mansell	McLaren-Mercedes MP4/10B-1	19. Runde, Aufgabe
Pedro Diniz	Forti-Ford FG01-01	18. Runde, Getriebe

SCHNELLSTE RUNDE: (46. Runde) – Damon Hill, Williams-Renault FW17,
1.24,531 = 201,313 km/h
Rundenrekord
Strecke in dieser Form erstmals Schauplatz eines Grand Prix)

13. Sieg

Großer Preis von Monaco
Monte Carlo, 28. Mai 1995

Schumachers Gala

Während Mansell und Wendlinger ausgebootet werden, liefert Michael Schumacher einmal mehr den Beweis für seine fahrerische Extraklasse. Er ist einfach nicht zu schlagen, auch nicht für seinen großen Rivalen Damon Hill, der hier die Pole holt.

Zwei Tage vor Trainingsbeginn platzt die Bombe, deren Zeitzünder seit dem Barcelona-Wochenende tickte: McLaren gibt die Trennung von Nigel Mansell bekannt.
Mansell und Dennis lassen die Zukunft offen, schließen eine weitere Zusammenarbeit zu einem späteren Zeitpunkt nicht aus, aber daran glaubt niemand. Den Veranstaltern des britischen GP in Silverstone fällt beim Blick auf den Vorverkauf ein Stein vom Herzen: Die von der Mansell-Mania gefolterten Fans haben bereits für reinen Tisch gesorgt – alle Tickets sind verkauft.
Und ein zweiter Stammpilot fehlt: Karl Wendlinger. Peter Sauber rief seinen Piloten in der Nacht auf Mittwoch an und teilte ihm mit, er sei bei vollem Gehalt zum Testfahrer degradiert. Der Österreicher verließ daraufhin seine monegassische Wohnung – er wollte während der Grand Prix-Tage nicht ständig daran erinnert werden, nicht mehr mit dazuzugehören. F3000-Meister Jean-Christophe Boullion erhält Wendlingers Auto, und daran ändern auch Spruchbänder der Wendlinger-Fans nichts: Bringt den Karli wieder her, sonst trinken wir kein Red Bull mehr...
Alljährlich ist die Piste von Monaco für Piloten und Beobachter ein Gesprächsthema. Die dicht stehenden Leitplanken, der Mangel an Sturzräumen – insgesamt gibt es nur drei Auslaufzonen – und die winklige Streckenführung beschäftigen die Szene. Damon Hill bringt die Problematik treffend auf den Punkt: »Meine Gefühle sind eine Mischung aus Angst, Faszination und Hysterie, denn eigentlich ist es verrückt, hier mit einem Formel-1-Auto zu fahren.« Alle seine Kollegen äußern sich ähnlich, sind sich aber auch in einer anderen Sache einig: Sie möchten diese Herausforderung nicht missen.
Donnerstags gibt Jean Alesi, der sich zur tragischen Figur des Wochenendes entwickeln wird, den Ton an. Auf den Plätzen folgen Schumacher, Berger und Hill.
Dass er sich Alesi geschlagen geben musste, bringt den haushohen Favoriten Schumacher nicht aus der Fassung. »Prinzipiell stimmt alles«, meint er ruhig und selbstbewusst, »hinten hatten wir Probleme mit einer Feder, deshalb fuhr ich morgens eigentlich zu wenig Runden. Wenn das Wetter mitspielt, stelle ich meinen Benetton am Samstag auf die Pole-Position.«
Regnet es auch morgen, bewegt sich im Abschlusstraining nichts mehr. Auf dem Kurs, der das Überholen praktisch unmöglich macht, hätte Alesi am Sonntag Siegchancen. Entsprechend spekuliert der Franzose nicht gerade auf Sonnenschein. Auch

Frentzen liest die Wettervorhersage, die weitere Niederschläge ankündigt, mit Vergnügen. Ganz anders das Williams-Duo: Hill, der den Titel anstrebt, will unbedingt in die erste Startreihe vorrücken. David Coulthard, vorläufig nur Elfter, ist am Boden zerstört. Seine Monaco-spezifische Unerfahrenheit macht er ebenso für die Pleite verantwortlich wie den Verkehr.

Am zweiten Trainingstag ist das Wetter auf der Seite derjenigen, die von Platzverbesserungen träumen. Der Tag beginnt mit dem freien Training – 90 mit spektakulären Höhepunkten gespickten Minuten. Zunächst streift Frentzens Sauber mit dem linken Hinterrad das vordere rechte des Benetton seines Landsmanns. Der Mönchengladbacher glaubt zunächst an ein gelungenes Ausweichmanöver im Bereich der Abfahrt zum Hotel Mirabeau, doch wenig später belehrt ihn ein zorniger Champion in der Boxengasse eines Besseren. Schumacher registrierte einen Leitplankenkontakt mit dem linken Vorderrad – hinten links schlägt er auch an, aber das entdecken die Mechaniker erst beim Kontrollcheck. Frentzen entschuldigt sich. Für die Piloten ist der Fall abgehakt. Nicht aber für die Benetton-Mechaniker. Die Folgen des »Streifschusses« müssen ebenso gerichtet werden, wie die des anschließenden Leitplankenkontakts.

Nach 45 Minuten wird die Sitzung planmäßig für eine Viertelstunde unterbrochen. Den Teams soll Gelegenheit gegeben werden, gestrandete Fahrzeuge an die Boxen zurückzuholen. Taki Inoue hatte sich vor dem Mirabeau gedreht und den Motor abgewürgt. Jetzt hängt der Footwork des Japaners am Haken und wird zurückgeschleppt. Der Routine-Akt eskaliert zur Beinahe-Katastrophe, als ausgerechnet das Safety-Car den Havaristen rammt. Rallye-Fahrer Jean Ragnotti, von FIA-PR-Chef Francesco Longanesi angefeuert, fährt, als gelte es, einen neuen Rundenrekord aufzustellen. Im Bereich des Schwimmbades knallt der Clio gegen den F1-Boliden und rumpelt über ihn hinweg. Dabei verhakt sich ein Hinterrad am Überrollbügel des Footwork und hebelt den Rennwagen auf den Rücken. Inoue ist nicht angeschnallt und fällt aus dem Cockpit – glücklicherweise trägt er seinen Sturzhelm. Fünf Minuten lang ist er bewusstlos, dann kommt er wieder zu sich. Verletzungen werden nicht diagnostiziert, aber für den Rest des Tages erhält er ärztliches Startverbot.

Am nächsten Unfall ist das Safety-Car nicht beteiligt: Frentzen verliert seinen Sauber oben vor dem Casino in der schnellen Linkskurve Massenet aus der Kontrolle. Es ist ein gewaltiger Abflug bei deutlich mehr als 200 km/h. Der Deutsche ist geschockt. »Ich bin mir nicht sicher«, sagt er wenig später, »aber ich glaube, ein Defekt verursachte den Unfall.« Boss Peter Sauber ist ungehalten. »Das war nicht gut«, zischt er Frentzens Manager Ortwin Podlech zu. Der Zwischenfall wird Folgen haben.

Das Qualifying entwickelt sich zum Duell zwischen Damon Hill und Michael Schumacher. Der Deutsche legt eine Zeit von 1.23,6 Minuten vor – Hill kontert: 1.23,2! Aber noch hat der Champion sein Pulver nicht verschossen. Als erster Fahrer bricht er in die 22er-Sekunde ein. Hill antwortet mit erstaunlichen 1.22,1. Ist das die Entscheidung? Noch einmal geht Schumacher auf »Feindflug«, kann sich jedoch nicht steigern. Der Brite aber setzt zum Abschluss noch eins drauf und erreicht phantastische 1.21,9.

»Ich weiß nicht«, gibt Hill völlig relaxed zu Protokoll, »wie viele Piloten hier schon Runden nahe am Optimum drehten. Aber ich weiß, dass meine letzte verdammt nah dran war.« Entscheidend sei es gewesen, dass sein Williams exakt nach seinen Bedürfnissen abgestimmt war. »Wahrscheinlich«, überlegt er, »war es heute für mich so, wie es für Michael samstags in Barcelona war...« Jetzt wird Hill als klarer Favorit gehandelt. Auch Niki Lauda prophezeit: »Der gewinnt morgen mit einer Hand.«

»Schumi« nimmt's gelassen. Wegen der Frentzen-Karambolage sei er morgens nur elf statt der erlaubten 23 Runden gefahren. Das mache sich halt bemerkbar. Die Hauptsache sei aber, in der ersten Startreihe zu stehen. »Das Rennen«, kündigt er selbstsicher an, »ist noch lange nicht verloren.«

Die großen Verlierer des Abschlusstrainings heißen Jean Alesi und Heinz-Harald Frentzen. Der Franzose blieb gleich auf seiner ersten Runde in der Rascasse wegen eines Hydraulik-Problems stehen. Weil sein Ferrari anschließend in den nahen Boxeneingang geschoben wurde, sprachen die Funktionäre das einzig mögliche Urteil: Seinen Ferrari durfte Alesi jetzt nicht mehr fahren. Ferrari-Sportchef Jean Todt entschied, dass Berger sein Auto mit Alesi teilen muss. Dem Tiroler fiel es schwer, sich unterzuordnen. Überhastet musste er sein Runden-Kontingent abspulen. Die Schlussphase, die günstigste, um schnelle Zeiten zu erzielen, konnte er nicht nutzen. Scheinbar endlos lange dauerte der Umbau des Autos, um auch Alesi eine Chance zu geben. Sitz und Pedalerie mussten angepasst werden. 14 Sekunden bevor die Schachbrett-Flagge fiel, rettete er sich in seine einzige fliegende Runde. Natürlich konnte er sich nicht steigern. Jetzt ist Alesi verzweifelt. Für ihn, der von der Pole träumte, ist wieder einmal eine Welt zusammengebrochen.

Ein paar Motorhomes weiter hockt Frentzen in ähnlicher Verfassung. Die Teamführung hatte Neuling Boullion zuerst auf die Piste geschickt – der verbliebene Sauber sollte nicht gleich zweimal umgebaut werden müssen. Im Verlauf der letzten schnellen Runde des Franzosen dann das Malheur: Er drehte sich ausgangs Massenet und

würgte den Motor ab. Frentzen konnte sich umziehen... Der Mönchengladbacher spricht es nicht aus, aber er signalisiert überdeutlich, dass er in seinem Nummer-Eins-Status übergangen wurde. Er hatte die Chance, sich für die dritte Startreihe zu qualifizieren. Welche Rolle spielte es vor dem Hintergrund dieser großen Gelegenheit, ob Boullion von Platz 20 oder 22 ins Rennen gehen würde?

Wie Yachten, Roulette, Champagner und überhöhte Übernachtungspreise, zählen auch Startunfälle anscheinend unverzichtbar zu Monaco. Wie im Vorjahr, geraten sich bei Ste. Devote Marlboro und Rothmans in die Haare. Diesmal scheppert es allerdings derart, dass abgebrochen werden muss, weil der aus den beiden Ferrari-Piloten und David Coulthard bestehende Dreierpack auf spektakuläre Art die Piste blockiert. Nichts geht mehr – das Ende der Start-und-Ziel-Geraden wird zum großen F1-Parkplatz. Keiner der Fahrer, will die Schuld auf sich nehmen. Berger: »Das war meine Kurve«. Alesi: »David löste den Crash aus. Der konzentrierte sich wohl auf Gerhard und sah mich deshalb nicht.« Coulthard: »Gerhard fuhr links von mir, Jean auf der rechten Seite. Gerhard hatte den geringeren Rückstand, also nahm ich auf ihn die größere Rücksicht. Weil ich die Nase vorn hatte, gehörte die Kurve ohnehin mir.«

Beim Neustart sitzt Mika Salo im Tyrrell-T-Car, das für Katayama abgestimmt ist. Auch beide Ferrari-Piloten klettern in die Ersatz-Autos – die Roten brachten glücklicherweise gleich zwei Stück mit nach Monaco. Frentzen hockt ohnehin im Reserve-Sauber. Sein Einsatzwagen strandete bereits während der ersten Formationsrunde. Der anschließende Sprint zu den Boxen hätte für den Deutschen beinahe den vorzeitigen Feierabend bedeutet: Er trat sich einen Kohlefaser-Splitter in den rechten Fuß. Der Chef persönlich zeigte chirurgische Qualitäten und entfernte den Kunststoff-Dorn im Verlauf einer Notoperation auf dem Startplatz. Schiattarella ist beim zweiten Anlauf nicht mehr mit von der Partie, weil die Getriebe-Software seines Simtek spinnt.

Als das Feld ein zweites Mal auf die Reise geschickt wird, geht alles relativ glatt über die Bühne, sieht man davon ab, dass 25 Prozent der Starter vorzeitig Gas geben: Beide Ligier-Piloten, Barrichello, Frentzen, Montermini und Morbidelli werden bei Frühstarts ertappt.

23 Runden lang träumt Damon Hill – nach der Trainingsleistung bereits voreilig als Gewinner gehandelt – vom Sieg in Monaco. Dann biegt er in die Boxengasse ab, und als der neue Spitzenreiter Schumacher keine Anstalten macht, es ihm gleichzutun, schwant Hill Böses. »Eigentlich wollte ich nur einen Stopp einlegen«, erklärt er später, »aber nach dem Warm-up entschieden wir uns, zwei Mal zu halten. Ich war davon überzeugt, Schumacher hätte sich ebenfalls zu dieser Taktik entschlossen. Als ich hielt und er weiterfuhr, war klar, der stoppt nur einmal. Um ihn unter diesen Bedingungen schlagen zu können, hätte ich bis zum ersten Halt mindestens zwölf Sekunden Vorsprung auf ihn herausfahren müssen. Es ist schon frustrierend, wenn einem jemand mit mindestens 25 Litern Sprit mehr an Bord wie ein Schatten folgt.«

Damit ist die Entscheidung gefallen. Hill ist geschlagen – Schumacher ist auf Sieg-Kurs. Tage später wird der Brite von einem schadhaften Differential sprechen. Konstrukteur Patrick Head zu diesem Argument: »Das bildet er sich ein!«

Nur Jean Alesi kann Schumacher theoretisch noch gefährlich werden. Nach 41 Runden liegt der Franzose, wie der Führende mit Ein-Stopp-Taktik unterwegs, nur 14,2 Sekunden zurück. Doch es ist nicht das Wochenende des Mannes aus Avignon. Zunächst verliert er hinter Coulthard, der im ungewohnten T-Car sitzt, mehr als zwölf Se-

kunden, dann schickt ihn Brundle in die Leitplanken: Der Brite stellt sich in derTabakkurve quer, und Alesi bleibt nur der Ausweg in die Absperrung.
Im Ziel jubelt Schumacher, Hill ist frustriert und der sechstplatzierte Frentzen versteht die Welt nicht mehr: »Merkwürdig, dass man heutzutage für perfekte Starts bestraft wird ... «
Alesis Stunde schlägt dann in Kanada: Dort steht zwar Schumacher auf der Pole, muss aber länger an die Box und kommt dann nur als Fünfter ins Ziel. Der Italiener fährt seinen ersten Sieg nach Hause. Der Champion: »Ich freue mich für Jean. Am Geburtstag den ersten Sieg feiern zu dürfen. ist toll ... Ein schöneres Geschenk hätte ich ihm wohl kaum machen können.«

ERGEBNISSE UND AUSFÄLLE

1. Michael Schumacher	Benetton-Renault B195-06	1:53.11,258 = 137,603 km/h
2. Damon Hill	Williams-Renauft FW17-4	34,817 Sekunden zurück
3. Gerhard Berger	Ferrari 412T2-156	1.11,447 Minuten zurück
4. Johnny Herbert	Benetton-Renault B195-03	1 Runde zurück
5. Mark Blundell	McLaren-Merc. MP4/10B-1	1 Runde zurück
6. Heinz-Harald Frentzen	Sauber-Ford C14-01	2 Runden zurück
7. Pierluigi Martini	Minardi-Ford M195-03	2 Runden zurück
8. Jean-Christophe Boullion*	Sauber-Ford C14-04	4 Runden zurück/Dreher
9. Gianni Morbidelli	Footwork-Hart FA16-02	4 Runden zurück
10. Pedro Diniz	Forti-Ford FG01-01	6 Runden zurück
Luca Badoer	Minardi-Ford M195-02	69. Runde, Aufhängung hi.
Olivier Panis	Ligier-Mugen JS41-04	66. Runde, Unfall
Mika Salo	Tyrrell-Yamaha 023-03	64. Runde, Gaszug
Rubens Barrichello	Jordan-Peugeot 195/004	61. Runde, Gaszug
Bertrand Gachot	Pacific-Ford PR02/1	43. Runde, Getriebe
Jean Alesi	Ferrari 412T2-160	42. Runde, Unfall
Martin Brundle	Ligier-Mugen JS41-05	41. Runde, Unfall
Taki Inoue	Footwork-Hart FA16-03	28. Runde, Getriebe
Ukyo Katayama	Tyrrell-Yamaha 023-04	27. Runde, Unfall
Andrea Montermini	Pacific-Ford PR02/2	24. Runde, Disqualifikation
Eddie Irvine	Jordan-Peugeot 195/003	23. Runde, Unfall
David Coulthard	Williams-Renault FW17-3	17. Runde, Getriebe
Roberto Moreno	Forti-Ford FG01-02	10. Runde, Bremsen
Mika Hälkkinen	McLaren-Merc. MP4/10B-3	9. Runde, Motor
Jos Verstappen	Simtek-Ford S951-02	1. Runde, Getriebe

* Nicht im Ziel, aber aufgrund der zurückgelegten Distanz gewertet

SCHNELLSTE RUNDE: (36. Runde) – Jean Alesi, Ferrari 412T2, 1.24,621 = 141,581 km/h

14. Sieg

Großer Preis von Frankreich
Magny-Cours, 2. Juli 1995

Schumacher gräbt das Kriegsbeil aus

Trotz des enttäuschenden Abschneidens in Kanada, als Schumacher nur auf Platz 5 ins Ziel kam, reist der Kerpener mit 36 Punkten als WM-Leader in die französische Provinz. Auch wenn Hill als härtester Verfolger ausfiel: Kanada hat ihn Nerven gekostete. Ungefährdet an der Spitze, dann durch einen Defekt zwölf Runden vor Schluss gebremst und nach einer grandiosen Aufholjagd noch in den Punkten, will der Weltmeister hier seine Führung weiter ausbauen.

Donnerstags beginnt sich in den frühen Nachmittagsstunden bei Minardi Skandalöses abzuzeichnen. Auf Weisung eines Gerichts in Nevers werden nacheinander Motorhome, Transporter und Boxen des Teams versiegelt. Die behördlichen Schritte gehen auf Aktivitäten von Benetton-Chef Flavio Briatore zurück. Der hatte 1993 Uralt-Cossies aus Tom Walkinshaws Besitz an die Italiener verleased. Geld für die müden Achtzylinder vom Typ ED floss nie, und hinter verschlossenen Türen hatten sich die Parteien längst geeinigt, den »Fall« zu vergessen. Die schwachen Gruppe C-Aggregate hatten den Kunden aus Faenza ohnehin nur enttäuscht.
Jetzt aber, da Minardi gegen Ligier – Teamchef ist inzwischen jener Walkinshaw, Besitzer Flavio Briatore – und Mugen klagte, erinnerten sich die zuvor so großzügigen Herren. Giancarlo Minardi ging deshalb vor Gericht, weil Mugen im Winter 1994/95 eigentlich ihm die japanischen Motoren versprochen hatte...
FIA-Vizepräsident Bernie Ecclestone ist erbost. Der nun in aller Öffentlichkeit ausgetragene Streit passt ihm nicht, weil er das Image der Formel 1 beschädigt. Jurist Max Mosley sieht den Fall mit anderen Augen. »Das ist doch ein ganz normaler Vorgang«, meint er lächelnd, »da schuldet jemand Geld, und der Gläubiger geht den Rechtsweg – das kommt doch weltweit täglich tausendmal vor ...«
Freitags ist die Minardi-Truppe immer noch ausgesperrt. Hill schnappt Coulthard die provisorische Pole-Position vor der Nase weg, und Schumacher klagt als Dritter: »In der langen Rechtskurve ließ sich mein Auto nicht einlenken. Wir haben noch viel zu tun, aber die Zeiten sind morgen ohnehin Geschichte. Die Bahn wird im Abschlusstraining wesentlich schneller sein.«
Abends um 19.17 Uhr werden die Siegel bei Minardi entfernt. Von Einigung keine Spur, aber die Italiener fanden einen Richter, der die Aktion des Vortags für illegal erklärte! Der weise Spruch des Mannes: Minardi darf mitfahren, aber nach dem Rennen wird wieder zugesperrt! Während die Mechaniker ihre Arbeit aufnehmen und die

Mundwinkel Giancarlo Minardis einen deutlichen Aufwärtstrend zeigen, rollt einer der McLaren-Trucks aus dem Fahrerlager. Elektronik-Probleme zwingen die Dennis-Truppe zum »Nachsitzen« auf der nahegelegenen Piste von Lurcy Levis – Häkkinen macht Überstunden.

Der zweite Trainingstag beginnt für Michael Schumacher mit einem Schock: Gleich zwei Satz Reifen haben über Nacht Druck verloren. Der Grund für den Luftschwund wird schnell gefunden: Beim Messen der Oberflächen-Temperatur wurden die Pneus zerstochen. Goodyears Tony Shakespeare: »Es passierte, weil die Nadel des Thermometers falsch justiert war – sorry.« Benetton will Ersatz-Pneus. Insgesamt dürfen pro Wochenende und Fahrer sieben Satz Slicks eingesetzt werden. Benetton gehen für Schumachers Rennwagen die Gummis aus. Zunächst bleiben die Funktionäre stur. Sie befürchten »Nachahmer«. Sprich: Wer neue haben will, müsste künftig nur linkisch mit dem Thermometer umgehen... Abends erhält Schumacher dann immerhin je einen Vorder- und einen Hinterreifen.

Im Kampf um die Pole-Position wirft Michael Schumacher den ersten Stein. Auf Anhieb unterbietet er die Williams-Zeiten des Vortags. Doch keine zehn Minuten später kontert Hill und durchbricht als erster Pilot des Wochenendes die 78-Sekunden-Grenze. Das kann auch der Rheinländer: Der schlägt umgehend zurück und markiert mit 1.17,5 Minuten eine neue Bestzeit. Dieser Wert bringt Hill nicht aus der Ruhe. 1993 machte der Brite hier in Magny-Cours den großen Alain Prost nieder, und im Vorjahr distanzierte er Nigel Mansell. Vor Selbstbewusstsein strotzend, geht er ein letztes Mal auf Zehntelsuche. Die Uhren bleiben bei 1.17,2 Minuten stehen, damit steht Schumacher »nur« auf Rang zwei. »Hauptsache, ich stehe in der ersten Reihe«, sagt dieser sichtlich genervt, die Reifen bereiten ihm unverändert große Sorgen. »Die zwei einzelnen Reifen nützen mir nichts. Wenn ich Pech habe, stehe ich im Rennen plötzlich ohne Pneus da.«

In der Nacht auf Sonntag beginnt es zu regnen, und die Niederschläge waschen Schumachers Bedenken fort. Während des Warm-up ist es immer noch nass. Alle fahren auf Regenreifen, damit schont der Deutsche unerwartet seine bescheidenen Slick-Bestände und ist aus dem Schneider.

Wie schon in Monaco, gibt sich Damon Hill vor dem Start optimistisch. Der Brite wirkt ungewöhnlich konzentriert, bevor er ins Cockpit seines Williams klettert. Zum dritten Mal steht er hier auf der Pole-Position, und er scheint wild entschlossen, sich das Ergebnis zweitägiger Arbeit nicht auf den ersten Metern entreißen zu lassen. Tatsächlich kann ihm Michael Schumacher diesmal auf dem Sprint zur ersten Kurve nicht die Butter vom Brot nehmen. Hill vor Schumacher heißt es vorn. Dahinter folgen überraschend Barrichello, Panis und Herbert – das komplette Trio hat allerdings einen Frühstart hingelegt.

Bereits bei der ersten Passage der ultralangen Rechtskurve, die auf die Gegengerade führt, spürt Hill, dass er verwachst hat. »Mein Auto«, wird er sich später erinnern, »rutschte in dieser Kurve gewaltig. Sofort klebte Michael an meinem Heck. Er kam mir so nah, dass er am Ende der folgenden Geraden sogar einen ersten Angriff wagen konnte.« Andere haben in der Startrunde noch weitaus größere Probleme. Die beiden Japaner Katayama und Inoue eliminieren sich gegenseitig. Damit nicht genug: Im Bemühen, dem Crash der Söhne Nippons auszuweichen, dreht sich Martini, und dessen kreiselnder Minardi wiederum bringt Diniz und Montermini aus dem Konzept und auf Abwege. Diniz ist damit aus dem Rennen. Der Italiener aber schleppt seinen waidwunden Pacific an die Boxen, die Reparatur dauert sieben endlos lange Runden. Nur

scheinbar entkommt Verursacher Martini, den in Runde 24 ein Schaden im Antriebsbereich zur Aufgabe zwingen wird.
Runde drei, Hill führt unverändert mit 0,4 Sekunden Vorsprung auf Schumacher, bringt den nächsten Zwischenfall: Wie schon in Montreal, wird Herbert in einer Haarnadelkurve abgeschossen. Jetzt erwischt Jean Alesi den Benetton-Fahrer, der sich bitter beklagt: »Ich sah ihn gar nicht kommen, hatte schon eingelenkt, da rempelte er mich an.« Augenzeuge Martin Brundle, der allerdings nicht gerade zu Alesis engerem Freundeskreis gezählt wird, sagte später aus: »Jean ließ Johnny die Wahl, entweder gerammt zu werden, oder in den Acker zu flüchten ...«
An der Spitze folgt Schumacher dem Trainingsschnellsten nach wie vor schattengleich, als das Duo auf den gelben Forti des Brasilianers Moreno aufläuft, der zur Überrundung ansteht. Hill wird kurzfristig durch den Südamerikaner aufgehalten und fährt deshalb nicht mit dem gewohnten Tempo, als er seinen Williams mit Verspätung auf Überholkurs zieht. Es fehlt nicht viel, und Schumacher wäre in das Heck des Spitzenreiters geknallt. Der Deutsche spricht anschließend von unfairem Verhalten. Selbstverständlich sieht Hill alles ganz anders: »Natürlich war ich in dieser Phase darauf bedacht, keinesfalls unter Druck einen Fehler zu machen. Als ich sah, wie Schumacher heranflog, fuhr ich nach rechts. Wegen dieser Aktion wollte ich die Führung nicht verlieren – kein Spitzenfahrer hätte sich geschlagen gegeben. Das ist Schumacher doch wohl auch klar.« Wie auch immer: Zum Wachsen gegenseitiger Sympathie trug dieser Zwischenfall nicht bei ...
Die ersten Boxenstopps beenden den Krimi von Magny-Cours. Taktisch klug, biegt Schumacher in die Boxengasse ab, als die Spitze auf eine Gruppe Nachzügler auf-

läuft. Betankt und frisch bereift, macht er anschließend sofort gewaltig Druck. Bis zu diesem Zeitpunkt hatte Hill die schnellste Runde des Rennens – in 1.20,6 Minuten – gedreht. Jetzt drückt der Kerpener den Bestwert auf 1.20,2 und lässt eine Runde in 1.20,5 folgen. All das, während Hill im Verkehr steckt. Als auch er auf seinen ersten Stopp zurückblickt, hat sich das Bild komplett gewandelt: Aus der knappen Führung ist ein Acht-Sekunden-Rückstand geworden,

Das Rennen ist entschieden! So sieht es jedenfalls Schumacher, der später zu Protokoll gibt: »Ich wusste, dass ich schneller als er fahren konnte, sobald ich freie Bahn hatte.« Hill beurteilt die Lage vergleichbar: »Keine Frage – ich konnte sein Tempo nicht mitgehen.«

In der Not muss sich Damon Hill vor dem zweiten Halt verbal mit seiner Boxen-Crew auseinandersetzen. Inzwischen hat sich der Himmel zugezogen. Vereinzelte dicke Regentropfen fallen. Ein Wolkenbruch würde niemand überraschen, entsprechend wollen die Williams-Verantwortlichen der Startnummer fünf Regenreifen montieren. Der sträubt sich über Sprechfunk. Hill: »Wir stritten lange und einigten uns erst, als ich bereits im Gefälle vor der Boxeneinfahrt war.«

Als auch Schumacher Service machen lässt, bleibt er mit 14 Sekunden Vorsprung in Front. Später zieht er seinem Gegner noch weiter davon, denn noch einmal türmen sich dunkle Wolken auf, und der Deutsche will sich ein Zeitpolster aufbauen, um gegebenenfalls auf Regenreifen umrüsten zu können, ohne die Führung zu riskieren.

Anders als der Kampf um den Sieg bleibt der Fight um den dritten Podiumsplatz bis ins Ziel offen. Hart bedrängt Martin Brundle, als einziger mit einer Drei-Stopp-Taktik unterwegs, in der Schlussphase David Coulthard. Der hat nur einen Gedanken im Kopf: Nach der Pleite von Montreal darf er sich keinen weiteren Abflug erlauben. In der Nacht vor dem Rennen träumte der Schotte, er würde sich in der Zielkurve drehen und dabei den Motor abwürgen. Der Williams-Fahrer: »Mir war klar, daß Martin in der Schlussrunde ausgerechnet in diesem Eck versuchen würde, eine Entscheidung zu erzwingen.« Tatsächlich setzt der Ligier-Pilot alles auf eine Karte, bremst extrem spät. Coulthard tut es ihm gleich, verliert seinen Boliden beinahe aus der Kontrolle, doch die Realität weicht vom Traum ab – er meistert die kritische Situation und wird Dritter abgewinkt.

Montreal-Sieger Jean Alesi fehlt als Fünftem im Ziel beinahe eine komplette Runde. Kein Grip, falsche Motorabstimmung – es ist nicht der Tag von Ferrari. Berger verlor wieder einmal ein Rennen an den Boxen: Sein erster Stopp verlief als Desaster, weil der Tank-Einfüllstutzen klemmte! Das Pech des Tirolers und Herberts Ausfall sind die einzigen Ereignisse, von denen Heinz-Harald Frentzen – am Steuer des langsamen Sauber-Ford ohne Chance auf Punkte – profitierte.

Michael Schumacher schießt sich derweil auf Hill ein. Während der offiziellen Pressekonferenz schwieg der Kerpener den »Moreno-Zwischenfall« aus Runde 13 tot. Jetzt aber redet er sich in kleinem Kreis den Zorn von der Seele: »Das war unsportlich und gefährlich von Hill. Knapp vor mir ging er vom Gas – möglicherweise bremste er sogar! Heute lernte ich sehr viel über seinen Charakter. Wenn er das noch einmal macht, weiß ich, was ich zu tun habe ...« Die Frage, ob er denn bereits mit dem Briten über den Vorfall gesprochen habe, beantwortet er mit nur einem Satz: »Ich bin viel zu verärgert, dafür muss ich einen ruhigeren Moment abwarten.«

Die aufgestauten Emotionen entladen sich 14 Tage später in Silverstone: Hill steht auf Pole, »Shuey« auf 2. Ein extrem spannendes Duelle entwickelt sich, Schumacher im Benetton ist mit einer Ein-Stopp-Taktik unterwegs, Hill plant mit zwei Stopps. Die Führung wird an der Box entschieden, 19 Runden vor Schluss kann nur noch ein Wunder Hill an dem mittlerweile führenden Deutschen vorbeibringen. Hill will seinem Heim-GP unbedingt gewinnen und packt die Brechstange aus. Er versucht, sich in der Priory Corner an Schumacher vorbeizudrücken und rammt den Weltmeister. Beide, der Williams wie auch der Benetton, landen im Kies – aus in der 46. Runde für die beiden Kampfhähne! Pikant am Rande: Hills Chef Frank Williams entschuldigt sich persönlich bei Schumacher für die Fahrweise seines Piloten. Nach dem Rennen brummen die Funktionäre offiziell 50 Prozent der Schuld am Crash Hill auf. Beide werden verwarnt. Das Klima zwischen Hill und Schumacher wird dadurch nicht besser.

ERGEBNISSE UND AUSFÄLLE

1.	Michael Schumacher	Benetton-Renault B195-06	1:38.28,429 = 186,332 km/h
2.	Damon Hill	Williams-Renault FW17-5	31,309 Sekunden zurück
3.	David Coulthard	Williams-Renault FW17-4	1.02,826 Minuten zurück
4.	Martin Brundle	Ligier-Mugen JS41-05	1.03,293 Minuten zurück
5.	Jean Alesi	Ferrari 412T2 161	1.17,869 Minuten zurück
6.	Rubens Barrichello	Jordan-Peugeot 195/004	1 Runde zurück
7.	Mika Häikkinen	McLaren-Merc. MP4/10B-3	1 Runde zurück
8.	Oliver Panis	Ligier-Mugen JS41-03	1 Runde zurück
9.	Eddie Irvine	Jordan-Peugeot 195/003	1 Runde zurück
10.	Heinz-Harald Frentzen	Sauber-Ford C14-05	1 Runde zurück
11.	Mark Blundell	McLaren-Merc. MP4/10B-1	2 Runden zurück
12.	Gerhard Berger	Ferrari 412T2 157	2 Runden zurück
13.	Luca Badoer	Minardi-Ford M195-02	3 Runden zurück
14.	Gianni Morbidelli	Footwork-Hart FA16-03	3 Runden zurück
15.	Mika Salo	Tyrrell-Yamaha 023-03	3 Runden zurück
16.	Roberto Moreno	Forti-Ford FG01-03	6 Runden zurück
	Andrea Montermini*	Pacific-Ford PR02/2	10 Runden zurück
	Jean-Chr. Boullion	Sauber-Ford C14-04	49. Runde, Antriebswelle
	Bertrand Gachot	Pacific-Ford PR02/1	25. Runde, Dreher
	Pierluigi Martini	Minardi-Ford M195-03	24. Runde, Antriebswelle
	Johnny Herbert	Benetton-Renault B195-03	3. Runde, Unfall
	Ukyo Katayama	Tyrrell-Yamaha 023-04	1. Runde, Unfall
	Taki Inoue	Footwork-Hart FA16-04	1. Runde, Unfall
	Pedro Diniz	Forti-Ford FG01-04	1. Runde, Unfall

* Im Ziel, aber aufgrund der zurückgelegten Distanz nicht gewertet

SCHNELLSTE RUNDE: (51. Runde) – Michael Schumacher, Benetton-Renault BI95, 1.20,218 = 190,730 km/h

15. Sieg

Großer Preis von Deutschland
Hockenheim, 30. Juli 1995

Schumachers Traum wird wahr

Vor 14 Tagen hatte Hill sein Heimspiel, jetzt trifft man sich im »Schumacher«-Land: Eine kaum für möglich gehaltene Welle der Begeisterung überrollt das Motodrom im Badischen. Und Schumacher tut alles, um die Fans nicht zu enttäuschen: Als erster Deutscher seit Jochen Rindt im Jahr 1970 wird er den Großen Preis von Deutschland gewinnen.

Hinter den Kulissen brodelt es gewaltig, während die ersten Fans bereits Tage vor Trainingsbeginn Wohnmobile parken und Zelte am Hockenheimring aufstellen. Die britische Presse ging im Anschluss an das Silverstone-Wochenende nicht gerade zimperlich mit Damon Hill um, und der spürt deshalb unerwartet das Wasser am Hals stehen... In seiner Not ruft er Bernie Ecclestone an und bittet ihn um Rat. Der F1-Drahtzieher, der rund um die Uhr pro Sekunde umgerechnet um zwei Mark reicher wird, hilft gern. Hill solle, so der Geld-Magnet, die Schuld für die Karambolage auf seine Kappe nehmen und sich bei Michael Schumacher entschuldigen. Der Williams-Pilot bedankt sich für die gebührenfreie Auskunft und legt den Hörer auf.
In die Tat setzt er die Ecclestone'sche Empfehlung anschließend nicht um. Stattdessen bietet er Schumacher ein Versöhnungsgespräch an. Während der Präsentationsrunde vor dem Start in Hockenheim, so lässt er den Deutschen auf dem Umweg über ein Zeitungsinterview wissen, solle man einen der Oldtimer teilen, um sich aussprechen zu können. Schumacher signalisiert donnerstags im Fahrerlager seine Zustimmung – nicht ohne hinzuzufügen: »Das Angebot zeigt, dass er sich schuldig fühlt.« Natürlich dauert es keine fünf Minuten, und der Kommentar des Kerpeners wird Hill übermittelt. Trotz des hochsommerlichen Wetters sinken daraufhin die Temperaturen im Williams-Motorhome. »Wenn er das so sieht«, erklärt Hill mit Frostkristallen an den Stimmbändern, »vergeht mir schon wieder die Lust, mit ihm zu sprechen.« Wenig später wird das Thema zu den Akten gelegt: Bernie Ecclestone untersagt das Meeting an Bord des Oldtimers. Damit nicht genug. Der FIA-Vizepräsident geht zum Angriff gegen Hill über. Dumm und feige sei der Williams-Pilot. Er solle sich vor einer Wiederholung des Silverstone-Crashs hüten, sonst würde er gesperrt. Die Verbal-Attacke ist seine Retour-Kutsche wegen Nichtbefolgens des telefonischen Ratschlags. Ecclestone: »Er hätte mir sagen sollen, dass ihm mein Vorschlag nicht gefällt! Aber sich zu bedanken und dann nichts zu unternehmen...«
Der Vizemeister reagiert trotzig auf die Schelte: »Ich habe mir das Regelbuch noch einmal vorgenommen und fand keinen Hinweis, der Mister Ecclestones Drohung rechtfertigt.« Nicht nur Hill ist gereizt. Bei Ferrari tritt sich Jean Alesi auf die Unterlippe. Vor 24 Stunden teilte ihm die Teamführung mit, dass die Scuderia 1996 keine Verwendung mehr für ihn habe...

Der Kanada-Sieger ist beleidigt und auf seinen Noch-Arbeitgeber gar nicht gut zu sprechen.
Schon freitags wird deutlich, dass Ferrari nicht an eine Wiederholung des Vorjahrssieges denken darf. Der einst auf den langen Waldgeraden gefürchtete italienische Zwölfzylinder ist in puncto Power nicht mehr der Maßstab aller Dinge. Bernard Dudots jüngstes Kind – der seit Frankreich eingesetzte RS7B – macht Williams und Benetton auch auf der Hochgeschwindigkeits-Piste zu Favoriten. Als potent erweisen sich ebenfalls die erneut modifizierten Peugeot-V10 und die letzte Entwicklungsstufe – Häkkinens Silverstone-Motor – aus dem Haus Mercedes respektive Ilmor. Sogar Ford, an der Seite des enttäuschenden Partners Sauber bisher träge auf dem Modifikations-Sektor, ließ sich etwas einfallen: Die Zetec-R von Frentzen und Boullion leisten pro Minute 500 Umdrehungen mehr als bisher. Da hinter der Lebensdauer dieser Achtzylinder allerdings noch ein Fragezeichen steht, werden sie lediglich für die beiden Qualifying-Sitzungen eingebaut.
Im ersten freien Training fliegt Damon Hill im Motodrom von der Piste. Ein gellendes Pfeifkonzert macht ihm anschließend seinen bescheidenen Beliebtheitsgrad deutlich. Der Brite bedankt sich auf seine Art und wirft Kusshändchen ins Publikum. Ganz nach dem Motto »Wer zuletzt lacht ... « hält er sich mittags während des ersten Qualifying schadlos und stellt seinen Williams auf die provisorische Pole-Position. Michael Schumacher folgt hinter Coulthard als Dritter.
David Coulthard, der als Zweiter allen Grund zur Freude hätte, wirkt nachdenklich. »Hoffentlich«, sagt er mit Sorgenfalten auf der Stirn, »regnet es während des Rennens nicht. Heute morgen war's grausam. Auf den Geraden im Wald, dort wo sich die Gischt-Tropfen lange über dem Asphalt halten und die Sicht rauben, kommt man leicht in die Versuchung, Gas wegzunehmen. Dann aber erinnert eine innere Stimme daran, dass man ja schließlich Rennfahrer ist... Während ich anschließend über beide Meinungen nachdachte, überfuhr ich den Bremspunkt der nächsten Schikane.«
Samstags muss die Entscheidung fallen, welcher Pilot des schnellen Renault-Triumvirats – Johnny Herbert ist zu langsam, um ganz vorn mitmischen zu können – den besten Startplatz für sich erobern kann. Morgens zirkulieren nur 23 Autos. Aguri Suzuki, erstmals seit dem GP von San Marino wieder im Einsatz, fehlt. Als Folge eines Unfalls am Vortag litt der Japaner vorübergehend an »Doppelt-Sehen«, was bei Tempo 300 km/h nicht nur aus medizinischer Sicht als hinderlich gilt. Missverständnisse mit den behandelnden Doktores verzögern Suzukis »Comeback«. Mittags ist die japanische Fraktion mit drei Piloten allerdings wieder komplett.
Mit besserem Set-up im Bereich der Federn und Dämpfer sowie kleineren Modifikationen der Bremsanlage scheint Michael Schumachers Traum von der Pole-Position plötzlich realistische Formen anzunehmen. Der Kerpener dreht eine schnelle Runde, die ihn auf Platz eins katapultiert. 34 Minuten sind noch zu fahren, da schüttelt Hill eine Zeit von 1.44,3 Minuten aus dem Ärmel – damit steht er stolze vier Zehntel vor dem Deutschen. 17 Minuten später schiebt sich auch Coulthard an Schumacher vorbei.
Unmittelbar darauf zeigt Jubel im Motodrom an, dass »Schumi« von einer schnellen Runde aus dem Wald zurückkehrt. Vorn links brennt der Reifen, als er die leicht überhöhte Sachskurve anbremst. Für die Pole reicht's nicht, aber immerhin für einen Platz in der ersten Startreihe. »Es ging besser als erwartet«, sagt der Rheinländer. Mit auf-

gesetztem Pokerface versucht er, die Enttäuschung zu verbergen und erklärt: »Der Abstimmungs-Kompromiss, der den schnellen Passagen und den Motodrom-Kurven gerecht werden soll, liegt meinem Benetton nicht.«
Damon Hill gesteht einen kleinen Fahrfehler in der Ostkurve ein, der ihm vorübergehend alle Hoffnungen auf den besten Startplatz geraubt hatte. Der Brite: »Im Stadion merkte ich dann, so schlecht ist die Runde gar nicht und legte mich noch einmal mächtig ins Zeug.« Deprimiert hockt David Coulthard in der gegenüberliegenden Ecke der Williams-Box. Kopfschüttelnd gibt er zu Protokoll: »Ich fühlte die Reserven meines Autos und auch die eigenen – leider gelang es mir nicht, diese Potentiale innerhalb einer Runde auszuschöpfen ... «
Gerhard Berger, der dienstälteste F1-Pilot, qualifiziert seinen roten Boliden für den Platz neben Coulthards Williams. Reihe drei geht geschlossen an das Team Jordan – Barrichello und Irvine schwärmen von der Power der jüngsten Spezifikation des Peugeot V10. Dahinter eine weitere Team-Phalanx: Die McLaren-Truppe erobert die Startplätze sieben und acht. Für Furore sorgen Blundell und Häkkinen speziell auf den Geraden – niemand fährt schneller durch die Lichtschranke am Bremspunkt der ersten Schikane als das rotweiße Duo aus Woking.
Am Feldende schließlich steht Giovanni Lavaggi. Der Branchen-Neuling macht seinen Job allerdings besser als erwartet. Im Abschlusstraining ist er mit einem der alten Unterböden von Pacific unterwegs. Lavaggi: »Die Dinger taugen nichts – auf der Piste von Silverstone stellten wir fest, dass die neuen Böden dort Zeitverbesserungen von ungefähr zwei Sekunden pro Runde bringen.«
Sonntags kommt es Minuten vor dem Start zum Händedruck zwischen Damon Hill und Michael Schumacher! Die beiden wünschen sich gegenseitig viel Glück – in einem Fall wird's helfen...
Alle Hoffnungen Michael Schumachers, er könne den Briten auf den ersten Metern überrumpeln, macht Hill durch einen fehlerfreien Start zunichte. Alles spricht dafür, dass es der Rheinländer sehr schwer haben wird, erstmals seinen Heimat-GP zu gewinnen, denn als die Spitze an den Boxen vorbei in Runde zwei fliegt, registrieren die Stoppuhren bereits einen Vorsprung von 1,2 Sekunden für Hill. Dann aber bricht der Spannungsbogen schlagartig in sich zusammen: Eingangs der Nordkurve stellt sich der Williams des Spitzenreiters quer, schießt über den Kies der Auslaufzone und schlägt hart in die Reifenstapel ein!
Michael Schumacher, der den Abflug seines Gegners »erste Reihe Mitte« miterlebt, hat nur einen Gedanken im Kopf: »So, das war's!«
Während er das Feld unter dem Jubel der Fans in Richtung Ostkurve führt, schleicht Hill zurück an die Boxen. »Ich kann nicht glauben«, sagt er schockiert, »was passiert ist. Es sah alles so gut aus... Während der letzten Tage fuhr ich die Kurve so oft, dass ich einen Fahrfehler als Ursache ausschließen kann. Ich bewegte mich sicher innerhalb des Limits, als plötzlich die Hinterräder blockierten – vielleicht lag's an der Bremsbalance.«
Schumacher verrät später seine Theorie: »Alle Motoren verlieren im Gedränge nach dem Start in dieser Kurve viel Öl. Bei der nächsten Passage ist speziell dieser Streckenabschnitt sehr tückisch – ich bremse dort eingangs der zweiten Runde immer früher als üblich.« Nachdem es aus der Williams-Box zuerst heißt, der Ausritt sei nicht auf einen Defekt zurückzuführen, erklärt Designer Patrick Head wenige Tage später: »Die linke Halbwelle weist merkwürdige Spuren auf – möglicherweise verursachte sie den Unfall.«

Mit dem frühen Hill-Intermezzo ist die Entscheidung bereits gefallen. Zwar folgt David Coulthard dem Weltmeister mit nur geringem Abstand – eine »Kaffeefahrt« ist es deshalb für Schumacher nicht – aber echte Gefahr geht von dem Schotten nicht aus. Nach dem Rennen gesteht er: »Um Michael anzugreifen, hätte ich über meine Verhältnisse fahren müssen. Aber mit Blick auf mein mageres Punktekonto wollte ich die sechs Zähler für Platz zwei keinesfalls riskieren.«
Absolut ans Limit muss hingegen Gerhard Berger gehen, um seinen Ferrari nach drei Nullrunden wieder auf den »persönlichen Stammplatz« zu pilotieren. Für den Tiroler scheint alles verloren, als er wegen Frühstarts zehn Sekunden an den Boxen »nachsitzen« muss. Dann aber pflügt sich der Vorjahrssieger bis auf den Podiumsplatz durchs Feld!
Im Schatten des Triumph-Zugs Michael Schumachers liefert sich Heinz-Harald Frentzen einen sehenswerten Zweikampf mit Silverstone-Sieger Johnny Herbert. Obwohl der Mönchengladbacher einen 70 PS-Nachteil kompensieren muss, hält er sich lange vor dem Benetton-Piloten. In den Kurven muss er alle Register seines Könnens ziehen, und beim Versuch, das Unmögliche möglich zu machen, wird er in Runde 27 im Bereich der Ostkurve zu weit nach außen getragen. Reflexschnell nutzt der Jäger die Chance und zieht an Frentzens Sauber vorbei auf Rang fünf! Aber der Deutsche – »Ich hoffte, den Spieß wieder umdrehen zu können« – lässt sich zunächst nicht abschütteln. In Runde 33 ist das Spiel jedoch aus: Ohne Vorwarnung krepiert der Achtzylinder im Heck des C14.
Aber zwei WM-Punkte gibt es trotzdem für Sauber. Jean-Christophe Boullion, den sie Jules nennen, »erbt« zunächst Frentzens Position. Dann rückt der Mann mit der

Jockey-Figur und dem Äußeren, das gleichermaßen an Alain Prost wie an Ayrton Senna erinnert, einen weiteren Platz vor. Mika Häkkinen kommt nur eine Runde weiter als Frentzen. Dann entweicht Luft aus dem pneumatischen Ventilsystem, und der Finne muss aufgeben.

Nach der Zieldurchfahrt wird Schumacher mit geradezu südländischer Begeisterung gefeiert. Dem Sieger – »Ich fühle mich wie im siebten Himmel« – stehen Freudentränen in den Augen. Natürlich ist das Ergebnis nach dem Geschmack des Publikums, das die 96er Auflage des Rennens nun kaum erwarten kann: 24 Stunden später sind bereits 40.000 Tickets für den kommenden Hockenheim-GP abgesetzt, und knapp vier Wochen später melden die Veranstalter: Ausverkauft!

ERGEBNISSE UND AUSFÄLLE

1. Michael Schumacher	Benetton-Renault B195-06	1:22.56,043 = 222,120 km/h
2. David Coulthard	Williams-Renault FW17-5	5,988 Sekunden zurück
3. Gerhard Berger	Ferrari 412T2 162	1.08,097 Minuten zurück
4. Johnny Herbert	Benetton-Renault B195-05	1.23,436 Minuten zurück
5. Jean-Chr. Boullion	Sauber-Ford C14-05	1 Runde zurück
6. Aguri Suzuki	Ligier-Mugen JS41-05	1 Runde zurück
7. Ukyo Katayanna	Tyrrell-Yamaha 023-06	1 Runde zurück
8. Andrea Montermini	Pacific-Ford PR02/2	3 Runden zurück
9. Eddie Irvine*	Jordan-Peugeot 195/005	4 Runden zurück/Motor
Mika Häkkinen	McLaren-Mercedes MP4/10B-5	34. Runde, Motor
Heinz-Harald Frentzen	Sauber-Ford C14-06	33. Runde, Motor
Luca Badoer	Minardi-Ford M195-02	29. Runde, Getriebe
Giovanni Lavaggi	Pacific-Ford PR02/1	28. Runde, Getriebe
Roberto Moreno	Forti-Ford FG01-03	28. Runde, Antriebswelle
Rubens Barrichello	Jordan-Peugeot 195/004	21. Runde, Motor
Mark Blundell	McLaren-Mercedes MP4/10B-6	18. Runde, Motor
Olivier Panis	Ligier-Mugen JS41-03	14. Runde, Kühlerleck
Jean Alesi	Ferrari 412T2 161	13. Runde, Motor
Pierluigi Martini	Minardi-Ford M195-03	12. Runde, Motor
Taki Inoue	Footwork-Hart FA16-04	10. Runde, Getriebe
Pedro Diniz	Forti-Ford FG01-02	9. Runde, Bremsen
Damon Hill	Williams-Renault FW17-4	2. Runde, Unfall
Mika Salo	Tyrrell-Yamaha 023-05	1. Runde, Kupplung
Max Papis	Footwork- Hart FA16-03	1. Runde, Getriebe

* Nicht im Ziel, aber aufgrund der zurückgelegten Distanz gewertet

SCHNELLSTE RUNDE: (22. Runde) – Michael Schumacher, Benetton-Renault B195, 1.48,824 = 225,711 km/h

16. Sieg

Großer Preis von Belgien
Spa-Francorchamps, 27. August 1995

Schumacher weltmeisterlich

Nach der Nullnummer von Ungarn, als Schumacher ausfiel und Hill volle zehn Punkte gutmachte, ist der Deutsche fest entschlossen, zu zeigen, wer Herr im Hause Spa ist. Und das gelingt auf weltmeisterliche Weise. Dass er nach Rennschluss von den Funktionären wegen gefährlicher Fahrweise gesperrt wird, bringt den Benetton-Star in Rage.

Das Transfer-Karussell dreht sich seit Ungarn: Sechs Tage nach dem GP in Mogyoród hat der Benetton-Star bekannt gegeben, 1996 für ein fürstliches Salär für Ferrari zu fahren. Viele Fans reagieren verständnislos: Ferrari ist doch nur noch ein Mythos, ein Schatten früherer Tage. Hat sich nicht die Kombination Schumacher-Benetton/Renault als Erfolgsgarant erwiesen? Warum dann der Wechsel zu einem nicht mehr siegfähigen Team? Der Rheinländer begründet seinen Wechsel mit der großen Herausforderung dieser neuen Aufgabe.
Mit Schumachers Weggang setzt ein reger Wechsel in den Cockpits ein, der auch in Spa unverändert andauert. Donnerstags hält Gerhard Berger einen Monolog. Inhalt: Die künftige Zusammenarbeit mit Ferrari-Neuzugang Michael Schumacher. Jetzt glauben auch die letzten Zweifler, dass der Tiroler bei Ferrari bleiben wird. Damit liegen sie falsch. Am ersten September wird Berger in Monaco seine langjährige Lebensgefährtin Ana heiraten und sich am selben Tag mit Benetton auf einen Zwei-Jahres-Vertrag einigen.
»Wunderbar«, sagt er dann, »zwei schöne Ereignisse innerhalb von nur 24 Stunden.« Zwölf Millionen Dollar kassiert der Österreicher bei Benetton pro Saison. Alesi – »Werde ich diesen Berger denn niemals los?« – unterschrieb im August für die Hälfte dieser Gage...
Was die sportliche Seite des Weekend betrifft, steht zunächst die »Wiedergeburt« des Streckenabschnitts Eau Rouge im Mittelpunkt. Piloten und Zuschauer freuen sich gleichermaßen, dass die 1994 gefahrene Schikane spurlos verschwunden ist. Die Führung der Piste erlaubt in der berüchtigten Kurve wieder – Mut des Fahrers und ein perfektes Chassis vorausgesetzt – Geschwindigkeiten von circa 270 km/h. Am Pistenrand erinnert Blumenschmuck an das deutsche Rennfahrer-As Stefan Bellof, das hier vor zehn Jahren in den Trümmern eines Porsche-Sportwagens starb. Die Wiederholung eines solchen Dramas muss niemand fürchten: Jetzt sind erstmals jene Auslaufzonen vorhanden, die der Gießener am 1. September 1985 so dringend gebraucht hätte...
Freitags stellt Berger seinen Ferrari auf die provisorische Pole-Position. Auf nasser Piste belegt Michael Schumacher Platz zwei. Insgesamt zirkulieren nur 23 Rennwa-

gen: Johnny Herbert ist nicht mit von der Partie. Morgens verlor er seinen Benetton ausgangs La Source aus der Kontrolle und knallte innen gegen die Betonmauer. »Beim Aufprall«, erklärt er später, »war ich zwölf g ausgesetzt – bei acht g verliert man das Bewusstsein... «

Der heimliche Gewinner des ersten Trainingstags feiert bescheiden. Noch 24 Stunden zuvor stand Pacific das Wasser am Hals: Motor-Tuner Heini Mader, der im Vorjahr die Ilmor-V10 des Teams in Schuss hielt, wartet immer noch auf seine Bezahlung. Jetzt marschierte der Schweizer mit Rechtsvertretern und Polizei auf. Zur angedrohten Beschlagnahmung des Materials kam es allerdings nicht: Sponsor Catamaran verspricht, die Rechnung zu begleichen. Wie knapp das Team, das noch einmal den Kopf aus der Schlinge zog, bei Kasse ist, macht ein Pacific-Sprecher deutlich: »Wir haben nicht einmal das Geld, um einen Skoda kaufen zu können.«

Am Morgen des zweiten Trainingstages erlebt Michael Schumacher ein böses Intermezzo. In den Schlussminuten des freien Trainings kracht er knapp unterhalb von Les Combes gegen die Leitplanken. Die Telemetrie verrät ein Einschlagtempo von 150 km/h! Der Kerpener hat Glück im Unglück – einen Meter neben der Unfallstelle enden die Altreifenstapel, die die Leitplanke polstern. Trotz der »weichen Landung« reicht die Aufprallenergie, um Schumachers Sturzhelm einen Knacks zu verpassen... Der Deutsche nimmt den Zwischenfall voll auf seine Kappe. Er verlor den Benetton aus der Kontrolle, weil er ihn zuvor versehentlich auf die Kerbs lenkte. Der Zwischenfall hat Folgen.

Während die Vorbereitungen für das Abschlusstraining auf vollen Touren laufen, wandern die Blicke der Piloten und Teamchefs immer wieder zum Himmel. Die Bahn ist trocken, aber über Stavelot türmen sich dunkle, regenschwangere Wolken auf, die von Minute zu Minute bedrohlicher wirken. Bei Ferrari reagiert das Management am schnellsten: Bereits fünf Minuten, bevor Chef-Starter Roland Bruynseraede den Ausgang der Boxengasse freigibt, postieren sich Jean Alesi und Gerhard Berger vor der roten Ampel.

Jetzt oder nie heißt die Devise, denn auf trockenem Asphalt lassen sich die Vortagszeiten mühelos unterbieten. Immer länger wird die »Autoschlange« hinter den zwei Ferrari, und als Bruynseraede die Piste freigibt, rollen in Sekundenabständen nacheinander fast alle Boliden hinaus auf die Bahn. Vermisst werden die beiden Benetton und auch die zwei Sauber. Schumacher macht seiner Crew keine Vorwürfe: »Die reparieren noch mein Auto, und ich war ja schließlich der Idiot, der es heute morgen rauswarf.« Herbert fehlt, weil sich das komplette Team schraubend auf den Wagen des Deutschen stürzt. Auch die Sauber-Truppe ist aus technischen Gründen verhindert. An Frentzens Boliden muss ein Kühlerleck und ein Getriebedefekt behoben werden. Boullions Rennwagen wird nach einem morgendlichen Ausflug in ein Kiesbett gerichtet. Boss Peter Sauber: »Sein C14 sah anschließend aus wie eine Baustelle.«

Nicht zu den Männern der ersten Minuten zu zählen, wird böse bestraft: Innerhalb von nur sechs Minuten wird Schumacher vom zweiten auf den 17. Startplatz nach hinten durchgereicht! Inzwischen hat der Regen eingesetzt ...

Eine halbe Stunde später beginnt die Piste abzutrocknen – bis auf Platz neun kämpft sich der Weltmeister wieder vor. Alles scheint sich für ihn zum Guten zu wenden, doch jetzt spielt sein Getriebe verrückt: Legt Schumacher den sechsten Gang ein, schaltet der Bordcomputer eigenmächtig in den fünften zurück! Der Renault-V10 im

Benetton mit Startnummer eins betritt mit 19.000 U/min Neuland... Die zuvor zurückeroberten Ränge gehen wieder verloren. Erst bei Platz 16 wird der freie Fall gestoppt. Dem Schumacher-Rivalen Damon Hill ergeht es nicht viel besser. Bevor es erneut zu regnen beginnt, will er sich von Rang acht aus ganz nach vorn fahren und landet – bei einem letzten Versuch – im Kies. Ferrari sichert sich die komplette erste Startreihe.
Der Ardennen-Kurs war schon oft Schauplatz kurioser und dramatischer Grand Prix. Die schwierige Streckenführung, das Hochgeschwindigkeits-Layout und das unberechenbare Wetter der Region machten das möglich.
Auch der 95er-GP wird in die F1-Geschichte eingehen. Bereits die ersten Kilometer verlaufen völlig überraschend. Gerhard Berger kann den Vorteil der Pole-Position nicht nutzen. Der rote Bolide des Tirolers stellt sich beim Beschleunigen leicht quer, und Berger, der heute Geburtstag feiert, fällt hinter Jean Alesi und Johnny Herbert zurück. Im Kampfgetümmel beim Anbremsen der Haarnadelkurve La Source fällt unbemerkt eine Vorentscheidung. Die Nase des Irvine'schen Jordan berührt David Coulthards Williams am Heck und beschädigt eine Ölleitung...
Herbert will mehr als Platz zwei. Sofort versucht der Brite, sich auch noch den zweiten Ferrari zu schnappen. In der Abfahrt in die Senke Eau Rouge zieht er seinen Benetton neben den französischen Spitzenreiter. Er denkt, wie er später sagt, an seine F3-Duelle mit Bertrand Gachot. Mit den kleinen Wägelchen sind Manöver dieser Art im kritischsten Abschnitt der Piste möglich – für zwei F1-Autos-wird's hier zu eng. Aus Angst vor einer möglichen Karambolage steckt Herbert zurück.
Aber sein Plan zur Attacke ist damit nur aufgeschoben. Am Ende der langen Geraden in Richtung Les Combes schlüpft der Benetton-Fahrer an Alesi vorbei in Front. Genau eine Runde lang führt er das Feld an, dann dreht Alesi den Spieß an exakt derselben Stelle wieder um. Der Beginn der zweiten Runde bringt das Aus für Mika Häkkinen. Im Bemühen, den Anschluss an Alesi, Herbert und Berger nicht zu verlieren, tritt der Finne ausgangs La Source das Gaspedal zu früh nieder während sich der McLaren dreht, stirbt der Motor ab.
Runde vier bringt den nächsten Führungswechsel. Kampflos erhält Herbert das Kommando zurück, als Alesi in die Boxengasse abbiegt. Der Franzose glaubt zunächst an einen schleichenden Luftverlust im Reifen, doch die frischen Gummis verändern das Fahrverhalten seines Ferrari nicht. Er muss mit maroder Aufhängung aufgeben. Hill liegt nun auf Platz drei, Schumacher ist im Begriff, in die Punkteränge einzudringen.
Nur zwei Umläufe nach Alesis Ausscheiden erlebt Herbert sein Waterloo: Bei Les Combes macht Coulthard ernst, und unter dem massiven Druck des Schotten dreht sich der Spitzenreiter. Doch es kommt noch schlimmer für ihn: Eingangs der Bus-Stop-Schikane legt Herbert die nächste Pirouette auf den Asphalt. Auf Rang sechs fädelt er sich wieder in den fließenden Verkehr ein. In Führung liegt das Williams-Duo. Coulthard ist in Top-Form: Bis zur 13. Runde kann er seinen Vorsprung vor Hill von 1,4 auf 6,6 Sekunden ausbauen. Seit Ex-Champion Jackie Stewart seinem Landsmann riet, nicht mehr so extrem spät und hart zu bremsen, sondern stattdessen früh und gefühlvoll das Pedal zu treten, fährt Coulthard effektiver. Außerdem gewinnt er das Selbstvertrauen zurück, das er während seiner chronischen Mandelentzündung verloren hatte.
Lohn erhält Hills Leutnant für den Formanstieg nicht: In Runde 14 unterschreitet der Ölstand im Getriebe des führenden Williams das Minimum – nichts geht mehr. Füh-

rungswechsel Nummer fünf bringt Hill an die Spitze. Der Vizemeister scheint auf der Siegerstraße, denn 18,4 Sekunden Vorsprung auf Berger, dem Schumacher mit nur zwei Zehntelsekunden Rückstand im Nacken sitzt, sind ein komfortables Polster.
Es kommt anders. Die Serie der Service-Stopps beginnt, und weil Schumacher länger draußen bleibt als seine beiden Vorderleute, übernimmt er nach 16 Runden erstmals an diesem Tag die Führung. Startplatz 16, die Spitze nach 16 Umläufen erobert – damit hat er im Durchschnitt bisher einen Gegner pro Runde hinter sich gelassen. Tatsächlich profitierte er natürlich auch von Ausfällen, aber das schmälert die gigantische Leistung des Kerpeners nicht. »Ich fühlte mürbe«, sagt er später, »ans Go-Kart-Fahren erinnert. Da startete ich auch manchmal von ganz hinten und musste mich durchs Feld kämpfen.«
Als auch der Deutsche Sprit und Gummi holt, fällt er auf Platz zwei hinter Hill zurück. Berger spielt keine Rolle mehr. Der Motor des Österreichers gibt nicht mehr die volle Leistung ab, weil der Kurbelwellen-Sensor abriss. Zum ersten Mal in der laufenden Saison bringt Ferrari kein Auto ins Ziel. Jetzt hofft Jean Todt auf Monza, aber dort muss die Scuderia erneut vorzeitig packen.
Erste Regentropfen fallen. Mit den Niederschlägen ist plötzlich ein neuer, unberechenbarer Gegner mit im Spiel. Hill reagiert vorschnell, als er seinen Williams zum Ende der 21. Runde auf profilierte Pneus umrüsten lässt. Jetzt ist Schumacher wieder in Front. Er erinnert sich an einen Auftritt Ayrton Sennas in den Ardennen, bei dem der Brasilianer lange auf Slicks zirkulierte, während seine Gegner Regenreifen fuhren. Nun will der Rheinländer die Nummer des Südamerikaners wiederholen.
Unterschiedlich bereift, liefern sich Schumacher und Hill ein wildes Duell. Um den Briten hinter sich zu lassen, wählt der Spitzenreiter eine ungewöhnlich »breite« Linie – das wird ihm Ärger einbringen. Trotz der Gegenwehr mit beiden Ellenbogen findet Hill in Runde 24 einen Weg am Benetton vorbei. Kurz darauf hat der Engländer auf ei-

nem trockenen Streckenabschnitt allerdings derartige Probleme, dass die Regenreifen ihre Bodenhaftung verlieren – Schumacher nutzt die Gunst der Sekunde und zieht an dem rutschenden Williams vorbei: Führungswechsel Nummer zehn!
Hill kann den Anschluss nicht halten und lässt zwei Runden später erneut Slicks montieren. Der Halt wirft ihn scheinbar entscheidend zurück, denn nun trennt eine halbe Minute die beiden Titelanwärter.
In Runde 29 rollt das Safety-Car auf die Piste! Nahezu alle Piloten halten diesen Einsatz für völlig unnötig. FIA-Sicherheits-Chef Roland Bruynseraede spricht von »starkem Regen und schlechten Sichtverhältnissen«, und es ist merkwürdig, dass nur der Belgier diese Handicaps wahrnimmt. Mark Blundell verteidigt zwar später die FIA-Maßnahme, und Heinz-Harald Frentzen meint, aus Gründen der Spannung sollte das Safety-Car ohnehin viel öfter ausrücken, aber zurück bleibt ein fader Beigeschmack: Der Verdacht, Hill solle die Gelegenheit zum Wettmachen seines Rückstands gegeben werden ....
Schumacher und Hill nutzen die neutrale Phase reaktionsschnell, um Regenreifen zu holen. Dabei unterläuft dem Briten ein grober Fehler: Er überschreitet das Speedlimit von 80 km/h in der Boxengasse um mehr als 30 km/h. Endlich, in Runde 31 findet der Fahrer des umherirrenden Safety-Car den Spitzenreiter und setzt sich vor Schumacher, den überrundeten Moreno und Hill. Weiter hinten klafft eine Lücke von 31 Sekunden: Taki Inoue schließt nicht nach vorn auf. Unter den dahinter hängenden Opfern des Japaners sind auch Blundell und Frentzen.
Die letzten zwölf Umläufe dürfen ungebremst abgespult werden. Aus dem erhofften Duell Schumacher contra Hill wird allerdings nichts, denn der Williams-Pilot muss eine Zehn-Sekunden-Strafe wegen »Speedings« absitzen. Er, der nach einem guten Viertel der Distanz bereits wie der Sieger aussah, liegt nun hinter Schumacher und Martin Brundle auf Platz drei!
Bis ins Ziel kann er sich zwar wieder an Brundle vorbeikämpfen, doch das ist nur ein schwacher Trost für ihn. Boden macht im Finale auch Frentzen gut, der wie entfesselt fährt. Das Podest verpasst er nur um 1,9 Sekunden! Der Mönchengladbacher: »Eine Runde mehr, und ich hätte mir Brundle geschnappt. Hätte ich nicht unmittelbar vor dem Regen Slicks geholt und ohne Inoues dummes Verhalten wäre ich heute Zweiter geworden.«
So stehen Schumacher, Hill und – erstmals 1995 – Brundle auf dem Podest. Hill ist ärgerlich: »Sofort nach dem Rennen sagte ich Michael, dass ich mit seiner Fahrweise nicht einverstanden bin. Im Infight berührten wir uns mit den Rädern. Er machte das mit Absicht!« Der Rheinländer sieht das gelassen: »Solange das bei langsamem Tempo passiert, ist es doch nicht schlimm. Im Go-Kart-Sport geschieht das oft.« Dieses Argument lässt Hill nicht gelten. »Hier sind wir in der F1, nicht bei den Go-Karts«, knurrt er.
Auch andere sind zornig. Ron Dennis fällt über Johnny Herbert her: »Weil du die Lücke zum Safety-Car nicht zugemacht hast, stand Mark Blundell nicht auf dem Siegerpodest.« Herbert lassen die Vorwürfe kalt. »Bist du blind?«, fragt er den McLaren-Chef. »Inoue ließ die Lücke ... « Dennis zieht wie ein begossener Pudel ab, und der Benetton-Pilot schimpft: »Der soll mich in Ruhe lassen, ich bin ohnehin schlecht gelaunt. Nach der Zieldurchfahrt hatte ich noch 42 Liter Sprit im Tank... Ohne diesen Fehler meiner Crew wären heute für mich ein paar Punkte drin gewesen.«
Michael Schumacher, der in der ewigen Siegerliste mit seinem 16. GP-Erfolg den großen Stirling Moss eingeholt hat und nun Rang neun mit ihm teilt, wird am frühen

Abend wegen gefährlicher Fahrweise für einen Grand Prix gesperrt. Die Strafe wird für vier WM-Läufe zur Bewährung ausgesetzt. »Ich habe kein Verständnis für das Urteil«, wettert er vor der Abreise, »natürlich gehen wir in Berufung.« Wenige Tage später zieht Benetton den Berufungsantrag zurück. Zu groß ist das Risiko, bei der Verhandlung noch härter bestraft zu werden.
Was Schumacher nicht wissen kann: Beim nächsten GP in Monza nicht starten zu dürfen, wäre kein Nachteil gewesen: Damon Hill schickt den Weltmeister in der 24. Runde ins Kiesbett – ein Pyrrhus-Sieg, denn auch Hill ist damit draußen. Beim nächsten GP, dem von Portugal, gehen Hill vom zweiten und Schumacher vom dritten Startplatz aus ins Rennen. Im Zieleinlauf ist die Reihenfolge dann genau umgekehrt.

ERGEBNISSE UND AUSFÄLLE

1. Michael Schumacher	Benetton-Renault B195-06	1:36.47,875 = 190,204 km/h
2. Damon Hill	Williams-Renault FW17-6	19,493 Sekunden zurück
3. Martin Brundle	Ligier-Mugen JS41-05	24,998 Sekunden zurück
4. Heinz-Harald Frentzen	Sauber-Ford C14-06	26,972 Sekunden zurück
5. Mark Blundell	McLaren-Mercedes MP4/10B-6	33,772 Sekunden zurück
6. Rubens Barrichello	Jordan-Peugeot 195/004	39,674 Sekunden zurück
7. Johnny Herbert	Benetton-Renault B195-04	54,048 Sekunden zurück
8. Mika Salo	Tyrrell-Yamaha 023-06	54,548 Sekunden zurück
9. Olivier Panis	Ligier-Mugen JS41-03	1.06,170 Minuten zurück
10. Pedro Lamy	Minardi-Ford M195-03	1.19,789 Minuten zurück
11. Jean-Chr. Bouillon	Sauber Ford C14-05	1 Runde zurück
12. Taki Inoue	Footwork-Hart FA16-04	1 Runde zurück
13. Pedro Diniz	Forti-Ford FG01-04	2 Runden zurück
14. Roberto Moreno	Forti-Ford G01-03	2 Runden zurück
Ukyo Katayama	Tyrrell-Yamaha 023-05	29. Runde, Unfall
Giovanni Lavaggi	Pacific-Ford PR02/1	28. Runde, Getriebe
Luca Badoer	Minardi Ford M 195-02	24. Runde, Unfall
Gerhard Berger	Ferrari 412T2 162	23. Runde, Elektronik
Eddie Irvine	Jordan-Peugeot 195/005	22. Runde, Brand
Max Papis	Footwork-Hart FA16-03	21. Runde, Dreher
Andrea Montermini	Pacific-Ford PR02/2	19. Runde, Benzinmangel
David Coulthard	Williams-Renault FW17-5	14. Runde, Getriebe
Jean Alesi	Ferrari 412T2 163	5. Runde, Aufhängung hinten
Mika Häkkinen	McLaren-Mercedes MP4/10B-5	2. Runde, Dreher

SCHNELLSTE RUNDE: (11. Runde) – David Coulthard, Williams-Renault FW17,
1.53,412 = 221,373 km/h
Rundenrekord
Strecke in dieser Form erstmals Schauplatz eines Grand Prix

17. Sieg

Großer Preis von Europa
Nürburg, 1. Oktober 1995

Die Vorentscheidung

Dem zweiten Platz in Portugal folgte der Sieg auf dem »Ring«. Michael Schumacher, von Platz 3 gestartet, hat im Verlauf des dramatischen Rennens den lange führenden Ferrari-Piloten Jean Alesi niedergekämpft: Erstmals seit 1939 gewinnt ein deutscher Rennfahrer einen Grand Prix im Zeichen der Nürburg.

Erstmals seit 1985 gastiert die Formel 1 im Schatten der Nürburg. Dieses Ereignis wird von den Medien bereits im Vorfeld bundesweit gefeiert. Dabei wird meist vergessen, dass natürlich nicht auf der legendären Nordschleife – 20,8 Kilometer dieser Berg-und-Tal-Bahn sind glücklicherweise immer noch erhalten – gefahren wird. Der Schauplatz des GP von Europa hat mit dem historischen Kurs lediglich den Namen gemein.
Michael Schumacher lobt die lange Piste mit ihren 300 (!) Metern Höhenunterschied, verzichtet aber auf eine Sightseeing-Tour. Der Kerpener hat andere Sorgen. Mittwochs fuhr er im Bereich des Autobahnkreuzes Köln-Ost auf einen Lkw auf. Es habe gekracht, erklärt der Champion, weil er am Radio einen anderen Sender einstellen wollte und deshalb nach unten blickte.
»Unfug«, sagt David Coulthard, »ich fahre den gleichen Dienstwagen von Renault – die Radioknöpfe sind oben am Lenkrad ... « Und Schumacher-Rivale Hill meint: »Ich bat den Lkw-Fahrer, früher als normal zu bremsen.«
Freitags ist der Spaß vorüber: Fünf Tage nach dem Rennen in Estoril dröhnen die Motoren erneut. Williams setzt wieder auf die B-Version, die in Portugal im Training überzeugte. McLaren-Mercedes gibt dem C-Modell eine neue Chance. Das Dennis-Team blieb zwei Tage länger in Estoril, um die jüngste Modifikation ausgiebig zu testen. Beim zweiten »Heimspiel« des Jahres will man gut abschneiden. Rechtzeitig für den GP von Europa wurde die Mercedes-Tribüne errichtet – 8000 Gäste der Untertürkheimer sind geladen.
Im ersten Qualifying gibt das Williams-Duo den Ton an. David Coulthard fährt vor seinem Team-Kollegen Bestzeit. Michael Schumacher muss sich mit Rang drei begnügen. »Ich fuhr auf der letzten Rille«, sagt er, »mehr ist nicht drin. Es wird sehr schwierig, an diesem Wochenende vor den Williams ins Ziel zu kommen.« McLaren-Mercedes spielt nicht einmal eine Nebenrolle.
Erst nach dem ersten Zeittraining taucht Bertrand Gachot im Fahrerlager auf. Der Belgier informiert sich über die Ereignisse des Tages und hört so, was Schumacher erklärte. »Michael macht sich doch wegen Damon keine ernsthaften Sorgen«, winkt Gachot grinsend ab, »der weiß doch genau, dass er den Deppen schlagen wird – das ist doch viel zu einfach.«

Als das Abschlusstraining beginnt, ist die Bahn nass. Bei niedrigen Temperaturen verdunstet das Regenwasser nur sehr, sehr langsam. Lange Zeit tut sich nichts: Niemand ist bereit, die Piste für die Gegner trockenzufahren. Als erster der Stars geht Damon Hill drei Minuten vor Halbzeit auf eine Schnupper-Runde. Unterm Strich verbessern nur sieben Fahrer ihre Vortagszeiten, denn bis in die Schlussminuten – jetzt versuchen 16 Piloten gleichzeitig ihr Glück bleibt es im Castrol-S und in der Zieleingangskurve feucht. Höhepunkt der undramatischen Sitzung ist Andrea Monterminis Fahrt auf drei Rädern. Die Pacific-Mechaniker hatten, wie schon bei Gachot in Monaco, den Zentralverschluss nur lieblos festgeschraubt.

Jetzt steht Schumachers Taktik für das Rennen fest. Die Devise heißt: Schadensbegrenzung. Er hofft wie in Estoril, dass Coulthard vor Hill ins Ziel kommt. Bei Williams ist von einer Stallregie keine Rede. Auf die Frage, ob er Hill helfen wird, antwortet Coulthard: »Ich bin kein Arzt – weshalb soll ich helfen?« Rennfahrer sei er, und Rennfahrer wollen siegen. Hill spielt mit, obwohl ihn ein kooperativer Team-Kollege jetzt ruhiger schlafen lassen würde: »Ich will den Titel aus eigener Kraft holen. Geschenke von David möchte ich nicht.« Nachdem er in Estoril bereits resigniert hatte, zeigt der Engländer plötzlich wieder die Zähne: »Am Sonntag werden sich einige Leute wundern. Knapp 25 Prozent der Meisterschaft liegen noch vor mir, das reicht aus, um Schumacher noch abfangen zu können.«

Erst spät am Abend fällt bei Williams die Entscheidung, die B-Typen auch im Rennen einzusetzen. Diesmal gab es keine verdächtigen Lager im Getriebe – die Wunderwaffe soll für einen Doppelsieg sorgen.

Am Morgen des Renntags zeigt sich die Region erneut von ihrer unfreundlichsten Seite: 7,1 Grad Lufttemperatur, der Asphalt ist kein Zehntelgrad wärmer. Das Barometer zeigt 939,5 hpa bei fallender Tendenz. Der Wind weht – vorläufig mit müden 5,2 km/h aus süd-, südwestlicher Richtung. An die gute alte Zeit mit ihren Hitzeschlachten in Rio de Janeiro erinnert lediglich der Luftfeuchtigkeitswert: 92 Prozent!

Weil tiefhängende Wolken die Sicht rauben, weigern sich die Piloten, pünktlich ins Warm-up zu starten. Das große Zittern beginnt. Bei Ligier und Sauber montieren die Mechaniker aus Jux Scheinwerfer auf die Frontspoiler der Autos... Was passiert, wenn sich die Nebelschwaden nicht verflüchtigen? Zuletzt stand 1991 ein WM-Lauf wegen schlechten Wetters vor der Absage – das Gruppe C-Rennen im japanischen Autopolis. Damals wurde mit mehrstündiger Verspätung gestartet, Gewinner waren die beiden Sauber-Piloten Schumacher und Wendlinger.

Jetzt gerät der Zeitplan weit weniger durcheinander: Mit nur 35 Minuten Verspätung werden die letzten Trainingsrunden gedreht. Eigentlich müsste nun die Startzeit entsprechend von 14 auf 14.35 Uhr verlegt werden, aber mit Blick auf die weltweite TV-Berichterstattung wird die vorgeschriebene Mittagspause kurzerhand verkürzt. Der erste Höhepunkt ist bereits während der letzten Check-Runden zu verzeichnen, bevor die Boliden auf ihren Startplätzen »geparkt« werden: David Coulthard dreht sich von der Piste. Damit sinken die Chancen des Schotten, der nun in den Reserve-Williams umsteigen muss, der auf Hills Bedürfnisse abgestimmt ist.

Die Bahn ist nass, aber es regnet nicht mehr. Damit wird die Reifenwahl zum Poker. Schumachers und Hills Helfer belauern sich gegenseitig. Aber kein Team nimmt die Heizdecken so früh von den Pneus, dass der Gegner anschließend noch reagieren könnte. Endlich werden die Geheimnisse gelüftet und es steht fest: Abgesehen von

Jean Alesi und den beiden McLaren-Fahrern gehen alle Piloten auf Nummer Sicher – Reifen mit Drainage-Rillen.
Als die 24 Piloten auf die Reise geschickt werden sollen, signalisiert Max Papis Probleme – die Prozedur wird abgebrochen. Anstatt den Footwork-F1 zügig wegzubugsieren, schieben ihn die Marshals von hinten nach vorn durchs Startfeld. Eine zweite Einführungsrunde wird notwendig. Jetzt gerät Roberto Moreno in Not, der das Rennen mit Verspätung aus der Boxengasse aufnehmen wird. Erneut schwenkt ein Footwork-Fahrer alarmierend seine Arme: Jetzt ist es der Japaner Taki Inoue. Weil er – dank Morenos Abwesenheit – in der linken Reihe ganz hinten steht, nimmt Starter Roland Bruynseraede keine Rücksicht auf den Asiaten und gibt endlich das erlösende Grünlicht!
Erinnerungen an Gachots spöttische Worte werden wach, als sich Schumacher schon auf den ersten Metern an Hill vorbeischieben kann. Coulthard, Schumacher, Hill, Irvine, Herbert und Alesi heißt die Reihenfolge auf den ersten sechs Plätzen. Alesi kommt trotz des schmierig glatten Belags blendend zurecht. Ganz anders die beiden McLaren-Piloten, die nach mäßigen Trainingsleistungen mit »Zwittern« unterwegs sind, die aus den Spezifikationen B und C aufgebaut wurden. Häkkinen und Blundell rutschen auf Slicks hilflos auf der Piste herum und balgen sich auf den hintersten Rängen mit Forti-Pilot Pedro Diniz.
Als Schumacher und Hill nach elf und Coulthard im Anschluss an die zwölfte Runde ihre ersten Boxenstopps einlegen, hat das Rennen mit Alesi einen neuen, überraschenden Spitzenreiter. Und der Franzose bleibt vorn, denn er lässt zunächst keinen Service machen. Alesi ist mit Ein-Stopp-Taktik unterwegs.

Hinter dem Slick-Ferrari, der zeitweise einen Vorsprung von mehr als 40 Sekunden halten wird, fighten die zwei Williams-Fahrer und Schumacher. Am Steuer des T-car fällt der Schotte recht schnell hinter die beiden Titelanwärter zurück, die sich einen offenen Schlagabtausch liefern. Den Höhepunkt erlebt das hochklassige Duell in Runde 16 mit gleich zwei Überholmanövern. Zunächst kämpft Hill den Rheinländer nieder, doch dann wird er in der Zielkurve zu weit nach außen getragen, dreht sich beinahe, und innen schlüpft Schumacher wieder vorbei. Entschieden ist dieser Kampf allerdings nicht vor der 40. Runde. Jetzt ist auch Alesi endlich auf neuen Reifen unterwegs. Knapp vor Hill, der aufgrund des Boxenstopp-Rhythmus vor Schumacher liegt, kam Alesi zurück auf die Piste. Immer näher kämpft sich Hill an den Franzosen heran... Zu nahe, denn in der neuen engen Schikane zerbricht der Frontflügel des Williams am Heck des Ferrari.
Ohnehin muss der Engländer an die Boxen, aber ein Halt von »endlosen« 32,2 Sekunden – aufgrund der Spoiler-Reparatur – war natürlich nicht Bestandteil des Hill'schen Schlachtplans. Vierter ist er nun hinter Alesi, Schumacher und Coulthard. Aus eigener Kraft kann er jetzt bestenfalls noch dritter werden. Das ist der Rang, auf den insgeheim Heinz-Harald Frentzen gehofft hatte. Doch der Mönchengladbacher ist längst nicht mehr mit von der Partie. Als er Pedro Diniz überrunden wollte, schlug ihm der Brasilianer die Tür vor der Nase zu. Frentzen nimmt's relativ gelassen: »Der hat mich nicht gesehen – böse Absicht war das nicht.«
Während Hill verzweifelt bemüht ist, Anschluss an Coulthard zu finden, denkt Schumacher erstmals über den möglichen Sieg nach. »45 Sekunden Rückstand auf Jean«, wird er später zu Protokoll geben, »das schien bei mehr als 20 Runden Restdistanz keine unlösbare Aufgabe zu sein. Dann gab man mir per Funk die Nachricht, ich müsse noch einmal an die Boxen ... «
Als der Weltmeister diesen Stopp nach 52 Runden einlegt, folgt er dem Ferrari bereits mit weniger als einer Sekunde Rückstand. Der Halt macht aus 0,8 satte 22,3 Sekunden Abstand.
In Runde 59 – vorn fehlen Schumacher jetzt noch 10,9 Sekunden auf Alesi fliegt – Hill in die Reifenstapel. »Seit der Kollision mit Alesi«, entschuldigt er sich, »war meine Lenkung schwergängig.« Schumacher sieht den Williams des Gegners im Abseits und überlegt: Hill kann keinen Punkt mehr holen. Mir aber ist Platz zwei sicher. Im Heim-Lautsprecher hört er: »Take it easy!« Offensichtlich hat die Boxen-Crew die gleichen Überlegungen angestellt. Aber der Rheinländer »überhört« die Regie-Anweisung und geht aufs Ganze. Er bläst zur zweiten Attacke gegen Alesi. Sollte er bei der Jagd abfliegen, bleibt ihm immer noch sein 17-Punkte-Polster.
Immer näher kommt der Benetton dem roten Spitzenreiter. Der wird ständig durch Nachzügler aufgehalten. Allein in Runde 61 verliert er 5,4 Sekunden, weil er über die Wiese muss... Später schimpft er: »Es müssen blaue Flaggen geschwenkt werden, wenn einer überrunden will – aber ich sah nichts Blaues.« Zum Ende der drittletzten Runde schiebt sich Schumacher in der engen Schikane – es kommt zum »Körperkontakt« der Boliden – spektakulär an Alesi vorbei. Wie am Vorsonntag in Estoril, hat der Kerpener zum rechten Zeitpunkt noch brauchbare Reifen. Alesis Pneus tun hingegen seit der 35. Runde ihren Dienst.
Als Schumacher in der Auslaufrunde die RTL-Kurve passiert, steht Hill applaudierend am Streckenrand. Der Deutsche will anhalten, um einen Lift zu geben, aber während

seiner privaten Jubelfeier im Cockpit zerschlug er zuvor mit der geballten Rechten den Kupplungsknopf auf dem Lenkrad. Der Deutsche: »Vielleicht war's gut so, bei der Kälte hätte er sich wahrscheinlich eine Grippe geholt.« Weltmeister dürfe er sich jetzt noch nicht nennen, sagt er anschließend, aber die drei fehlenden Punkte werde er auch noch holen. Als er Hill für den fairen Beifall danken will, findet er den Briten nicht. Hill lässt durch »Prof« Watkins seine Knie checken, die er sich beim Crash anschlug. Vor der Untersuchung lobte er den Gegner: »Michael fuhr ausgezeichnet – Hut ab vor seiner Leistung. Den Titelkampf habe ich heute endgültig verloren, aber Achtung: 1996 schlage ich zurück, dann werde ich Champion!«

ERGEBNISSE UND AUSFÄLLE

1. Michael Schumacher	Benetton-Renault B195-06	1:39.59,044 = 183,180 km/h
2. Jean Alesi	Ferrari 412T2 161	2,684 Sekunden zurück
3. David Coulthard	Williams-Renault FW17 B-2	35,382 Sekunden zurück
4. Rubens Barrichello	Jordan-Peugeot 195/004	1 Runde zurück
5. Johnny Herbert	Benetton-Renault B195-05	1 Runde zurück
6. Eddie Irvine	Jordan-Peugeot 195/005	1 Runde zurück
7. Martin Brundle	Ligier-Mugen JS41-05	1 Runde zurück
8. Mika Häkkinen	McLaren-Mercedes MP4/10BC-1	2 Runden zurück
9. Pedro Larny	Minardi Ford M195-03	3 Runden zurück
10. Mika Salo	Tyrrell-Yamaha 023-05	3 Runden zurück
11. Luca Badoer	Minardi-Ford M195-02	3 Runden zurück
12. Max Papis	Footwork-HartFA 16-01	3 Runden zurück
13. Pedro Diniz	Forti-Ford FG01-04	5 Runden zurück
14. Gabriele Tarquini	Tyrrell-Yamaha 023-03	6 Runden zurück
15. Jean-D. Deletraz	Pacific-Ford PR02/1	7 Runden zurück
Damon Hill	Williams-Renault FW17B-6	59. Runde, Unfall
Andrea Montermini	Pacific-Ford PR02/2	46. Runde, Benzinmangel
Jean-Chr. Boullion	Sauber-Ford C14-05	45. Runde, Unfall
Gerhard Berger	Ferrari 412T2 162	41. Runde, Elektrik
Roberto Moreno	Forti-Ford FG 01-03	23. Runde, Antriebswelle
H.-H. Frentzen	Sauber-Ford C14-06	18. Runde, Unfall
Oliver Panis	Ligier-Mugen JS41-03	15. Runde, Dreher
Mark Blundell	McLaren-Mercedes MP4/10 BC-4	15. Runde, Dreher
Taki Inoue	Footwork Hart FA16-04	1. Runde, Elektronik

SCHNELLSTE RUNDE: (57. Runde) – Michael Schumacher, Benetton-Renault 13195, 1.21,180 = 202,039 km/h
Neuer Rundenrekord

18. Sieg

Pacific Grand Prix
Aida/Japan, 22. Oktober 1995

Die »blaue Nacht« von Aida

Zum Pacific-GP reist Schumacher als klarer Favorit: Dem Ex-Weltmeister fehlen lediglich noch drei Punkte bis zum endgültigen Titelgewinn – und kaum jemand nimmt an, dass Schumacher sich diese Gelegenheit wird entgehen lassen. Am Ende kommt es auch, wie es kommen musste: Zwei Rennen vor Schluss ist der zweite Titel sicher. Und im Tanaka-Building herrscht Land unter.

Drei WM-Punkte fehlen Michael Schumacher zur erfolgreichen Titelverteidigung. Bei drei ausstehenden Rennen zweifelt niemand daran, dass der Rheinländer diese Minihürde meistern wird, zumal Damon Hill das Blatt nur durch drei aufeinander folgende Siege zu seinen Gunsten wenden kann. Und diese Rechnung würde auch nur dann aufgehen, wenn sein deutscher Gegner bis zum Saisonende nur noch maximal zwei Punkte einfahren würde...
Entsprechend ist »Schumi« ausgesprochen gelassen. »Ob ich auf Sieg gehe«, sagt er, »oder taktisch die drei fehlenden Punkte anvisieren werde, mache ich vom Rennverlauf abhängig.« Keinesfalls kommt es für ihn in Frage, die WM durch eine freiwillige »Nullrunde« künstlich spannend zu machen: »Ich muss meine eigenen Interessen in den Vordergrund stellen und werde daher alles tun, um den Titel hier schon unter Dach und Fach zu bringen.«
Donnerstags ist die Saison für den Renault-Elektronikspezialisten Jean Marc Brepson überraschend bereits beendet. Gemeinsam mit einigen Renault-Kollegen und Mechanikern des Teams Williams frönt der Franzose hochprozentigem Alkohol. Im Rausch wird er mutig. Erstmals in seinem Leben wagt er sich auf Roller-Blades. Minutenlang zeigt er trotz bedrohlicher Promille-Werte Talent, aber dann riskiert er zuviel und stürzt. Rechts halten weder Schien- noch Wadenbein dem unfreiwilligen Crashtest stand. Dank der alkoholischen Halbnarkose spürt Brepson den Schmerz nicht: Lachend liegt er auf einer Tragbahre, während ein japanischer Arzt die Augen verdreht. Zwei Monate lang wird der tollkühne Mann Gips tragen müssen, um den komplizierten Bruch auszuheilen. Samstags begegnet er seinem sofort alarmierten Vertreter auf dem Flughafen von Osaka...
Im ersten Qualifying dreht erneut David Coulthard die schnellste Runde. Dahinter folgt Damon Hill, dann der Doppel-Weltmeister in Lauerstellung. Von der 14. bis in die 57. Minute konnte Schumacher Rang eins halten, dann flog das Williams-Duo an ihm vorüber. Der Schotte will den Tag nicht vor dem Abend loben, rechnet sich nun aber große Chancen für die Pole-Position aus. Der Champion hingegen, dessen Benetton mit einer modifizierten Hinterachse ausgerüstet ist, ärgert sich: »Nach meinem ersten Turn dachte ich, ich könnte noch ein bisschen mehr herausholen. Aber

dann wurde klar, dass ich dem Limit bereits wesentlich näher war, als ich vermutet hatte. Morgens lief es gut, zu Beginn des Qualifying auch – und dann Platz drei. Das ist nicht unbedingt zufriedenstellend.«
Corinna, die erst in Adelaide zu ihrem Mann stoßen wird, weiß noch nichts vom Ausgang des ersten Zeittrainings. Bei acht Stunden Zeitverschiebung zu Monaco ist es für einen Anruf noch zu früh. »Ich werde sie später anrufen«, kündigt Schumacher an. Den Hinweis, da werde sich die japanische Telefongesellschaft KDD wegen der vermutlich langen Gesprächsdauer sicherlich freuen, beantwortet der Kerpener ironisch: »Nein, Benetton wird sich freuen ... «
Samstags ändert sich vorn nichts mehr. Nur mühsam können die Zeiten verbessert werden. Michael Schumacher zirkuliert lange auf alten Pneus. Zum einen sucht er nach der optimalen Rennabstimmung, zum anderen will er Reifen schonen. Auf dem Gummi-mordenden Kurs geht der Deutsche mit Blick auf den Renntag sparsam ans Werk. Erst in den Schlussminuten macht er Ernst. Auch Coulthard geht noch einmal aufs Ganze, während Hill bereits resignierend seine Handschuhe ins Cockpit geworfen hat. Tatsächlich werden noch Sekundenbruchteile gefunden. Hill fällt ein Stein vom Herzen, denn trotz Schumachers Steigerung behält er Rang zwei. Der Deutsche ist darüber gar nicht so unglücklich: »Vielleicht ist es besser, auf der linken Pistenseite zu stehen. Dort hat der Asphalt grip. Hill steht als Trainingszweiter beim Start neben der Ideallinie.«
Trotz aufwendigem aerodynamischen Set-up – die McLaren sehen mit ihren unzähligen Zusatzflügeln aus wie japanische Tempel – läuft bei der Dennis-Truppe nicht viel. Den erforderlichen Abtrieb erzielen die Ingenieure von Williams und Benetton mit weitaus schlichteren Mitteln. Debütant Jan Magnussen unterläuft zwar nur ein Fehler er fährt in der Boxengasse zu schnell und muss deshalb 7500 US-Dollar zahlen, landet aber nur auf Platz zwölf. Das ist für einen Rookie nicht schlecht, wohl aber für McLaren. Mark Blundell ist als Zehnter nicht viel erfolgreicher. Die erfreulichste Nachricht des Tages erhält der Teamchef per Fax. »Mika schrieb uns«, berichtet Ron Dennis, »dass er bereits mit leichtem Training begonnen hat. In Suzuka will er schon wieder starten.« Der Finne wird Wort halten und sich mit einer sensationellen Leistung zurückmelden.
Als Japanerin lässt sich Jean Alesis Freundin Kumiko Goto das Rennwochenende natürlich nicht entgehen. Unerwartet gerät sie in Schwierigkeiten: Um die Toilette aufsuchen zu können, leiht sie sich Alesis FIA-Ausweis. Prompt wird sie von einer Kontrolleurin – die zu größter Aufmerksamkeit vergattert wurde – erwischt. Alesis Plastikkarte wird konfisziert – Kumiko tobt. Nun muss sie ein anderes stilles Örtchen suchen. Sie schimpft über die nicht standesgemäße Behandlung und fordert eine Entschuldigung. Darauf lässt sich der weibliche Posten nicht ein. Das Mädchen besteht darauf, richtig gehandelt zu haben. Als die Situation zu eskalieren droht, zwingt ein FIA-Funktionär die Kontrolleurin mit sanfter Gewalt zu einer entschuldigenden Verbeugung! Anschließend wird sie weitab des Toilettenzugangs postiert...
Zum ersten Mal seit dem Grand Prix von Belgien gibt es beim Start keine Probleme: Im ersten Anlauf klappt die Beschleunigungs-Orgie. Vorn lässt sich Coulthard nicht die Butter vom Brot nehmen. Dahinter wird es eng. Im direkten Duell mit Schumacher lässt sich Hill in der ersten Kurve weit nach außen tragen. Beide verlieren an Fahrt. Innen schlüpft Alesi an dem Duo vorbei. Berger will es seinem Teamkollegen gleichtun, aber der Tiroler schafft nur den Deutschen. Coulthard, Alesi, Hill, Berger, Schumacher

und Herbert heißt damit die Reihenfolge. Mit Alesi im Rücken ist die Ausgangslage für den Schotten optimal. Schumacher glaubt in dieser Situation nicht mehr an den Sieg. Mit 2,7 Sekunden Vorsprung kommt Coulthard aus der ersten Runde zurück. Hinter ihm zieht – aufgrund der geringen Überholmöglichkeiten – zunächst eine stabile Prozession, angeführt von Alesi, ihre Kreise. Im Verlauf der fünften Runde zeigt sich dann Berger von seiner mildtätigen Seite. Ohne große Gegenwehr gibt er dem Champion den Vortritt. »Warum sollte ich meine Position verteidigen?«, sagt er später, »Schumacher konnte pro Runde eine Sekunde schneller fahren als ich ... «

Umlauf Nummer 18 sieht Coulthard mit 14,7 Sekunden in Front. In Absprache mit seinen Ingenieuren entschließt sich der siegessichere Spitzenreiter, wegen des großen Vorsprungs nur zwei statt der ursprünglich geplanten drei Boxenstopps zu machen. Später wird er diesen Schritt bereuen.

Eine Vorentscheidung fällt nach 19 Runden. Immer noch liegt der Dreierpack Alesi-Hill-Schumacher eng zusammen, nachdem der Brite im Verlauf der elften Runde einen Angriff des Rheinländers auf der Gegengeraden durch einen »Schlenker« abgewehrt hatte. Jetzt fährt das Trio in seltsamer Eintracht geschlossen an die Boxen. Die Benetton-Mechaniker fertigen ihren Piloten in nur 6,3 Sekunden ab – bei Hill stehen die Räder scheinbar endlose 12,2 Sekunden lang still ...

Nun wittert Schumacher Morgenluft. Er, der drei Mal hält, nutzt damit vier Mal neue Pneus. Coulthard, der auf diesen Vorteil verzichtete, kann da nicht mithalten. Alesi ist im Anschluss an den Boxenstopp zurückgefallen. Der 50. Umlauf sieht Schumacher erstmals in Front, und er gibt die Spitze bis ins Ziel nicht mehr ab. Coulthard erklärt: »Auf dem zweiten Satz Reifen verlor ich im Verkehr zuviel Zeit. Acht Runden lang fuhr ich hinter einem Solisten, der mich bequem hätte vorbeilassen können.«

Nach dem Rennen entbrennt der alte Zwist zwischen Schumacher, der nun als erfolgreicher Titelverteidiger feststeht, und Hill neu auf. Bereits im Parc fermé macht der alte und neue Champion seinem Gegner Vorwürfe: »In der ersten Kurve hast du dich mehr darauf konzentriert, mich abzudrängen, als auf dein eigenes Rennen. Aber viel gefährlicher war es, mir auf der Geraden vor das Auto zu fahren!« Nach der Siegerehrung wiederholt Schumacher seine Vorwürfe erstmals öffentlich. Dann, auf dem Weg zum Pressekonferenz-Raum, kommt es zum Eklat. Hill beschimpft Schumacher: »Dein Kopf ist voll von Sch... – total voll von Sch ... !«

Der Weltmeister bleibt cool und lässt sich nicht zu einem Konter hinreißen. Vor der Presse erklärt sein Widersacher: »Schumacher ist sehr schnell, als Rennfahrer respektiere ich ihn.« Diese Formulierung ist eindeutig. Unten im Fahrerlager wettert Hill weiter: »Natürlich machte ich ihm auf der Geraden zu. Die Regeln erlauben einen Richtungswechsel auf der Geraden. Schumacher glaubt wohl, es gäbe Paragraphen für ihn und andere Paragraphen für die übrigen Piloten.«

Auch Heinz-Harald Frentzen und Gerhard Berger sind unzufrieden. Der Deutsche, weil ihm als siebtem lächerliche 4,7 Sekunden zu Platz fünf fehlten. »Ich fragte mich die ganze Zeit«, sagt er offen, »fällt denn keiner von diesen Saukerlen mehr aus?« Chef Peter Sauber kreuzte nicht die Finger für einen Ausfall. Seine Erklärung: »Es hätte dann ja auch unseren Fahrer treffen können ...« Wichtiger als mögliche Punkte, erklärt der Schweizer, sei die Tatsache, Ligier, Jordan und McLaren klar geschlagen zu haben.

Berger hingegen fuhr drei WM-Punkte heim, ist aber trotzdem frustriert: »Wenn du dir 83 Runden lang die Ei... abfährst, dann willst du mehr als Platz vier mit einer Run-

de Rückstand.« War es beim Anblick des überrundenden Benetton Schumachers kein Trost zu wissen, das ist mein Auto für 1996? »Nein«, antwortet Berger lachend, »daran dachte ich nicht. Mir kam nur in den Sinn, dass mein Ferrari im nächsten Jahr Schumachers Wagen ist!« Immerhin ist der Österreicher stolz auf sein Überholmanöver gegen Alesi: »Jean bremste im letzten Augenblick – ich im allerletzten.«
Dann feiert Schumacher – »Jetzt lasse ich mich vollaufen« – den Titelgewinn. Gemeinsam mit den Crews von Benetton und Renault überschwemmt er bis drei Uhr morgens Restaurant und Foyer des Tanaka-Building bei Start-und-Ziel. Michael Schumacher mit nacktem Oberkörper und einer Zigarette im Mundwinkel, das ist ein seltener Anblick – der Alkohol macht's möglich. Dem japanischen Personal stehen die Haare zu Berge, während der Teppichboden literweise Bier, Wein und Champagner aufsaugt. Keiner der Gäste trägt mehr trockene Kleidung. Nur Ron Dennis kommt ungeschoren davon, aber der flüchtet auch bereits frühzeitig durch die Küche und einen Hinterausgang. Mercedes-Sportchef Norbert Haug hingegen erwischt es voll: Schumacher gießt ihm zur Begrüßung eine Flasche Rotwein in den Kragen seiner Lederjacke. Der Champion am nächsten Mittag: »Es war wohl ein Fehler, Bier und Wein durcheinander zu trinken. Das spezielle Weltmeistergefühl, das ich 1994 in Adelaide spürte, fehlte gestern – ich war zu besoffen. Aber das macht nichts, ich hatte es diesmal schon am Nürburgring, auch wenn noch ein paar Pünktchen fehlten.«

ERGEBNISSE UND AUSFÄLLE

1. Michael Schumacher	Benetton-Renault B195-06	1:48.49,972 = 169,442 km/h
2. David Coulthard	Williams-Renault FW17B-5	14.920 Sekunden zurück
3. Damon Hill	Williams-Renault FW17B-4	48,333 Sekunden zurück
4. Gerhard Berger	Ferrari 412T2 162	1 Runde zurück
5. Jean Alesi	Ferrari 412T2 161	1 Runde zurück
6. Johnny Herbert	Benetton-Renault B195-05	1 Runde zurück
7. Heinz-Harald Frentzen	Sauber-Ford C14-07	1 Runde zurück
8. Olivier Panis	Ligier-Mugen JS41-06	2 Runden zurück
9. Mark Blundell	McLaren-Mercedes MP4/10B-4	2 Runden zurück
10. Jan Magnussen	McLaren-Mercedes MP4/10B-5	2 Runden zurück
11. Eddie Irvine	Jordan-Peugeot 195/005	2 Runden zurück
12. Mika Salo	Tyrrell-Yamaha 023-05	3 Runden zurück
13. Pedro Lamy	Minardi-Ford M195-03	3 Runden zurück
14. Ukyo Katayama	Tyrrell-Yamaha 023-06	3 Runden zurück
15. Luca Badoer	Minardi-Ford M195-02	3 Runden zurück
16. Roberto Moreno	Forti-Ford FG01-03	6 Runden zurück
17. Pedro Diniz	Forti-Ford FG01 -04	6 Runden zurück
Rubens Barrichello	Jordan-Peugeot 195/004	68. Runde, Elektrik
Gianni Morbidelli	Footwork-Hart FA16-03	54. Runde, Motor
Taki Inoue	Footwork-Hart FA16-04	39. Runde, Motor
Andrea Montermini	Pacific-Ford PR02/2	15. Runde, Kraftübertragung
Aguri Suzuki	Ligier-Mugen JS41-05	11 . Runde, Dreher
Jean-Chr. Boullion	Sauber-Ford C14-05	8. Runde, Dreher
Bertrand Gachot	Pacific-Ford PR02/1	3. Runde, Getriebe

SCHNELLSTE RUNDE: (40. Runde) – Michael Schumacher, Benetton-Renault B195, 1.16,374 = 174,546 km/h

19. Sieg

Großer Preis von Japan
Suzuka, 29. Oktober 1995

Austerlitz für Benetton, Waterloo für Williams

Nachdem der Fahrer-Titel gesichert ist, soll in Japan auch der Konstrukteurs-Titel geholt werden. »Schumi«, von der Pole aus gestartet (es ist die vierte in diesem Jahr) erledigt auch diese Aufgabe mit Bravour – sein neunter Saisonsieg.

Michael Schumachers Motivation ist trotz des vorzeitigen Titelgewinns ungebrochen. Aber er wirkt auch entspannt. »Ich freue mich auf das Rennen, denn ich kann es relativ locker angehen. Trotzdem habe ich noch ein Ziel vor Augen: Den Konstrukteurs-Titel, den ich Flavio vor Saisonbeginn versprach.« Den will auch Williams, und Damon Hill ist zuversichtlich, diesen »Trostpreis« für sein Team zu holen. Innerhalb der eigenen Mauern muss der Brite etwas für sein Image tun. Längst ist durchgesickert, dass es Frank Williams bereut, ihm einen Vertrag für 1996 gegeben zu haben. Hinter den Kulissen macht der Teamchef Jagd auf Gerhard Berger und Heinz-Harald Frentzen. Der Tiroler winkt ab: »Ich will für 1996 ein Auto, auf dem ich gewinnen kann. Das bekomme ich von Benetton.« Insgeheim aber wird er sich über den verspäteten Antrag ärgern, denn noch im August war Williams seine erste Wahl. »HHF« äußert sich offiziell gar nicht. Aber er versteht die Welt nicht mehr. Im Sommer hätte Williams ihn haben können – jetzt sei es wohl zu spät, denn alle Verträge für 1996 seien ja längst unterzeichnet.
Wie angekündigt, nimmt Mika Häkkinen wieder seinen Stammplatz bei McLaren ein. Rennarzt Professor Watkins hat keine Bedenken, dass die Operationswunde unter Einwirkung von bumps und g-forces wieder aufreißt. Und Jo Leberer tut ein übriges: Der McLaren-Physiotherapeut legt dem Finnen einen Spezialverband an, der vor den Fliehkräften schützen soll. Überraschend blickt Häkkinen sehr positiv auf seine Blinddarm-Entzündung zurück: »Die zehn Tage Ruhe taten mir wirklich gut.
Im Training lässt Häkkinen den Worten Taten folgen. McLaren ist gegenüber dem Vorsonntag nicht wiederzuerkennen. Unerwartet ist das Team aus Woking konkurrenzfähig, und das liegt nicht an dem Plüsch-Maskottchen, das treu auf dem Zeiten-Monitor des Skandinaviers hockt. Häkkinen mit Blick auf die jüngste Entwicklungsarbeit: »Ein alter Spruch von Ron Dennis bewahrheitete sich – manchmal muss man zwei Schritte zurückgehen, um einen nach vorn machen zu können.« Der Motor bekam seit dem Pacific GP weitere PS eingehaucht, und der recht schnelle Kurs liegt dem MP4/10 weitaus mehr als der winklige Tanaka Circuit. Mark Blundell kann den Formanstieg nicht nutzen. Freitags landet er während des Qualifying im Verlauf seiner ersten schnellen Runde im Abseits. Dann fliegt er im freien Samstags-Training erneut ab.

Diesmal verliert er seinen Boliden bei knapp 300 km/h aus der Kontrolle, weil er mit den rechten Rädern aufs Gras gerät. Mit 250 km/h knallt er in die Planken – Kräfte von sieben g müssen verdaut werden... Am Abschlusstraining kann der Brite nicht teilnehmen. Ungezeitet, muss er nun aus der letzten Reihe starten. Offiziell steht er mit einer Qualifying-Leistung von 16.42,6 Minuten in den Listen – das entspricht einem Stundenmittel von 21,0 km/h...
Aguri Suzuki erwischt es noch schlimmer. Am Samstagnachmittag will der Japaner seinen Rücktritt vom F1-Sport bekanntgeben. Dazu kommt er nicht mehr: Am Fuße der ersten Bergauf-Passage verliert er im zweiten Qualifying die Kontrolle über seinen Ligier und schlägt sehr unsanft gegen die Streckenbegrenzung. Mit einem Rippenbruch und einer Lungenprellung kommt er glimpflich davon. An eine Teilnahme am Rennen ist natürlich nicht zu denken, Suzuki liegt im Chuo Sogo-Hospital von Suzuka.
Der Weltmeister tritt hingegen wieder einmal fehlerfrei auf, und erstmals seit Juni ist er im Qualifying auch wieder schnell. Freitags stellt er seinen B195 auf die provisorische Pole, die er 24 Stunden später souverän verteidigt. Satte 0,8 Sekunden ist er schneller als Jean Alesi, der wieder einmal beweist, dass Suzuka eine Piste ist, die Ferrari liegt. Beide Williams-Piloten finden nicht die richtige Abstimmung für den anspruchsvollen Kurs, der zudem für David Coulthard – zuletzt vier Mal in Folge auf dem besten Startplatz – Neuland bedeutet. Es ist wohl kaum mehr als das berühmte »Pfeifen im dunklen Wald«, als Hill nach dem Abschlusstraining verkündet: »Wenn Schumacher glaubt, er könne mich durch eine schnelle Qualifying-Runde einschüchtern, dann täuscht er sich!«
Heinz-Harald Frentzen – freitags noch Sechster – rutscht am folgenden Tag um zwei Plätze ab. »Zuviel Untersteuern«, erklärt er, »ein, zwei Zehntel wären eventuell noch möglich gewesen, aber die hätten mich auch nicht weiter nach vorn gebracht.« Wendlinger fehlen 2,9 Sekunden auf den Teamkollegen. »Das ist zuviel«, meint der Tiroler selbstkritisch, »aber vielleicht klappt's ja im Rennen besser.« An seine überzeugenden Mugello-Runden erinnert, geht er offen: »Testfahrten und Rennen – das sind eben ganz unterschiedliche Herausforderungen.«
Nach dem Qualifying beginnt es zu regnen, zum ersten Mal seit Dienstag. Bis zum folgenden Mittag gehen immer wieder Regenschauer nieder. Im nassen Warm-up rutscht Frentzen während der Schlussminuten in die Reifenstapel. Es zeichnet sich ab, dass dies nicht sein Tag ist...
Weil der Asphalt unverändert nass ist, stehen alle Boliden auf Regenreifen, als das Grünlicht aufleuchtet. Schumacher nutzt den Vorteil des besten Startplatzes fehlerfrei: Als Spitzenreiter führt der Champion seine 21 Verfolger durch die erste Rechtskurve. Roberto Moreno ist noch nicht unterwegs. Verzweifelt bemühen sich die Forti-Mechaniker in den Boxen, das im sechsten Gang feststeckende Getriebe zu reparieren.
Bereits nach wenigen hundert Metern ist Gianni Morbidelli out. Wendlingers Sauber berührt den Footwork, der dreht sich und dabei stirbt der Hart-V8 ab. Der Tiroler hat Glück – nach einem Abstecher durchs Gelände findet er den Weg zurück auf die Piste. Vorn kann Schumacher Jean Alesi nicht abschütteln. Der Ferrari liegt gut auf der schmierigen Bahn, und der Franzose lässt sich durch tückische Bedingungen bekanntlich ohnehin nicht abschrecken.
Nach drei Runden greift endlich auch Moreno ins Geschehen ein. Nur einen Umlauf später verabschiedet er sich wieder – jetzt steckt der vierte Gang fest...

2,7 Sekunden Vorsprung hat der Champion inzwischen auf Alesi herausfahren können, als ihm seine Crew Entwarnung signalisiert: Sein Verfolger bekommt von der Rennleitung – ebenso wie dessen Teamkollege Berger – wegen Frühstarts ein Zehn-Sekunden-Penalty verpasst. Damit rückt der bis dahin drittplazierte Häkkinen in die Verfolger-Position auf. Aber der Finne hat bereits 11,3 Sekunden gegenüber dem deutschen Spitzenreiter verloren, der nun scheinbar keinen Gegner mehr zu fürchten braucht.
Aber Schumacher hat die Rechnung ohne Alesi gemacht. Der Ferrari-Pilot lässt sich durch die Zeitstrafe nicht demoralisieren: Nach sieben Runden hält er den Zeitpunkt für einen Wechsel auf Slicks für gekommen. Die Entscheidung ist richtig, wie ein Vergleich der Zeiten zeigt: 1.54,4 Minuten braucht der Franzose für den neunten Umlauf Schumacher benötigt 2.01,1. Eine Runde später heißt es 1.54,4 : 2.02,4 zugunsten Alesis. Dann holt auch der Deutsche profillose Gummis. Später sagt der Kerpener über diese Phase des Rennens: »Ich bat meine Crew per Funk aufzupassen, wer zuerst auf Slicks wechselt. Dann sollten sie die Rundenzeiten vergleichen, damit wir uns ein Urteil bilden können.« Das fällt dann sehr eindeutig aus.
Dank seines Pneu-Pokers kommt Alesi – obwohl ihn Pedro Lamy kurzfristig ins Kiesbett schickt – noch einmal bis auf eine Sekunde heran. Wie auf dem Nürburgring passen die Slick-bereiften Ferrari und der immer noch leicht feuchte Asphalt ideal zusammen. In der 25. Runde findet das blau-rote Duell ein Ende: Rauch am Heck des Ferrari kündigt den Ausfall des Jägers an. Damit hat der Weltmeister freie Fahrt in Richtung Saisonsieg Nummer neun!
Noch sieht es so aus, als könnte einer der beiden Williams-Piloten Mika Häkkinen Platz zwei streitig machen. Aber die Blau-Weißen aus Didcot erleben in Suzuka ein Waterloo: Gegen Ende der 30er-Runden fallen vereinzelte Regentropfen – bei Start-

und-Ziel weniger, hinten in der Spoon-Curve, wo eine Ölspur für zusätzliche Schwierigkeiten sorgt, mehr. Zunächst erwischt es David Coulthard. Der Schotte kann sich zwar aus dem Kies befreien, kommt aber nicht weit. Als er die folgende Kurve anbremst, fliegen Kies und beste japanische Muttererde aus den Sidepots vor die Räder. Coulthard rutscht darauf aus und landet in den Leitplanken. Hills Abgang vollzieht sich ebenfalls in zwei Akten. Auch er verliert in der »Löffel-Kurve« die Gewalt über seinen Boliden. Im Kiesbett ruiniert er sich den Frontflügel, und der fällige Boxenstopp wird zur Lachnummer. Chaotisch wirbeln die Williams-Mechaniker um das Auto. Gegenseitig stehen sie sich im Weg.

Endlich gibt Hill mit neuer Nase wieder Gas. Beim Beschleunigen hält sich der frustrierte Pilot nicht an das vorgeschriebene Speedlimit von 120 km/h, das er um 19,6 km/h überschreitet. Zum Absitzen der prompt fälligen Zehn-Sekunden-Strafe kommt er nicht mehr: Wieder rutscht er in der Spoon-Curve von der Strecke – diesmal endgültig. Die nicht verbüßte Zeitstrafe wird in ein 40.000-$-Knöllchen umgewandelt...

Als Schumacher den gestrandeten Williams am Pistenrand entdeckt, gratuliert er seinem Team über Funk zum Gewinn des Konstrukteurs-Championats. An den Boxen wird der Enthusiasmus des Deutschen vorläufig noch nicht geteilt. Die Antwort fällt recht knapp aus: »Mach' jetzt keinen Quatsch – konzentriere dich auf dein Rennen!«

Das muss der Rheinländer tatsächlich: Mika Häkkinen hindert den Spitzenreiter am Einschlafen. Schumacher nach dem Rennen: »Der ließ mir keine Ruhe und machte weitaus mehr Druck, als ich erwartet hatte.« Keinerlei Druck geht hingegen von Heinz-Harald Frentzen aus. Der Mönchengladbacher erwischt einen rabenschwarzen Tag. »Weil der dort immer so früh bremste«, so der Sauber-Fahrer, griff er Eddie Irvine ungeduldig vor der Haarnadelkurve an und verlor dabei den Frontflügel seines C14. Eine weitere Nase wurde fällig, als er – natürlich in der Spoon-Curve – durch den Kies pflügte. Diesmal verzögerte sich die Reparatur: Karl Wendlinger stand bereits an den Boxen. Dem Tiroler wurden einen Umlauf zuvor versehentlich – seine Funkmeldung »es regnet« war missverstanden worden – Regenreifen aufgezogen. Dieser Patzer wurde jetzt rückgängig gemacht. Schließlich drehte sich Frentzen vor der Schikane. Nach den Ausfällen beider Ferrari und beider Williams hätte der Mönchengladbacher auf dem Podest landen können – Herbert hatte er bereits abgehängt, bevor die Schnitzer-Serie begann. Nun wird er als Achter abgewinkt. Während sich Frentzen in depressives Schweigen hüllt, fragt sein Chef: »Soll ich deswegen heulen?« Dann fährt er fort: »Es ist zum Heulen.« Auch mit Wendlingers Leistung ist der Hinwiler nicht zufrieden, obwohl sich »Karli« während des GP kontinuierlich steigerte. »Er fuhr«, so Sauber, »ein braves Rennen. Das Wort ›gut‹ möchte ich nicht gebrauchen ...«

Auf dem Siegerpodest treffen sich Schumacher, Häkkinen und Herbert. Die Stimmung ist ausgelassen. Johnny Herbert geht mit seinem Champagner relativ sparsam um. Gut 60 Prozent des Flascheninhalts hält er zurück. »That's for the boys«, erklärt er – das ist für die Mechaniker. Häkkinen teilt hingegen bereits auf dem Podest. Jo Leberer schleudert das Plüsch-Maskottchen des Skandinaviers hoch auf die Jubel-Plattform, wo der McLaren-Pilot das bunte Tier wie ein Baby in den Arm nimmt – dann gibt er ihm das Schampus-Fläschchen.

»Erst der Fahrer-Titel«, schwärmt Michael Schumacher anschließend, »jetzt die Konstrukteurs-Meisterschaft. Schließlich Saisonsieg Nummer neun. Das schaffte bisher nur Nigel Mansell im Jahr 1992. Ich bin wahnsinnig glücklich – es ist wie im Traum.«

»Aus dem wirst du 1996 aufwachen«, ruft ihm ein italienischer Journalist mit Blick auf Schumachers Zukunft bei Ferrari lachend zu. Der Kerpener lässt sich die Stimmung durch die düstere Prophezeiung nicht verderben. »Ich werde feiern wie in Aida«, kündigt er an, »aber diesmal mache ich nicht den Fehler, dass ich schon besoffen bin, bevor es richtig anfängt.« Stunden später nimmt Mercedes-Sportchef Norbert Haug – der nun ebenso blau wie der Champion ist – den Deutschen in der Karaoke-Bar des Circuit Hotels auf den Schoß. »Du bist«, sagt er mit Blick auf Schumachers Vergangenheit als Mercedes-Junior, »unser Produkt!«
Mit diesem Besäufnis endet für den Weltmeister die F1-Saison, denn beim Saisonabschluss in Australien am 12. November hat der Champion nichts mehr zu melden. Vom dritten Startplatz aus ins Rennen gegangen, scheidet er nach einer Kollision mit Alesis Ferrari aus. In Runde 29 beendet der Rheinländer seine Karriere als Benetton-Fahrer.

ERGEBNISSE UND AUSFÄLLE

1. Michael Schumacher	Benetton-Renault B195-06	1:36.52,930 = 192,349 km/h
2. Mika Häkkinen	McLaren-Merc. MP4/10B-5	19,337 Sekunden zurück
3. Johnny Herbert	Benetton-Renault B195-05	1.23,804 Minuten zurück
4. Eddie Irvine	Jordan-Peugeot 195/005	1.42,136 Minuten zurück
5. Olivier Panis	Ligier-Mugcn JS41-06	1 Runde zurück
6. Mika Salo	Tyrrell-Yamaha 023-05	1 Runde zurück
7. Mark Blundell	McLaren-Merc. MP4/10B-6	1 Runde zurück
8. Heinz-Harald Frentzen	Sauber-Ford C14-07	1 Runde zurück
9. Luca Badoer	Minardi-Ford M195-02	2 Runden zurück
10. Karl Wendlinger	Sauber-Ford C14-05	2 Runden zurück
11. Pedro Lamy	Minardi-Ford M195-03	2 Runden zurück
12. Taki Inoue	Footwork-Hart FA16-04	2 Runden zurück
Damon Hill	Williams-Renault FW17 B-4	41. Runde, Unfall
David Coulthard	Williams-Renault FW17 B-5	40. Runde, Unfall
Pedro Diniz	Forti-Ford FG01 -04	33. Runde, Dreher
Jean Alesi	Ferrari 412T2 161	25. Runde, Differential
Andrea Montermini	Pacific-Ford PR02/2	24. Runde, Dreher
Gerhard Berger	Ferrari 412T2 163	17. Runde, Elektronik
Rubens Barrichello	Jordan-Peugeot 195/004	16. Runde, U nfall
Ukyo Katayama	Tyrrell-Yamaha 023-06	13. Runde, Unfall
Bertrand Gachot	Pacific-Ford PR02/1	7. Runde, Antriebswelle
Roberto Moreno	Forti-Ford FG01 -03	2. Runde, Getriebe
Gianni Morbidelli	Footwork-Hart FA1 6-01	1. Runde, Dreher
SCHNELLSTE RUNDE:	(33. Runde) – Michael Schumacher, Benetton-Renault 13195, 1.42,976 = 205,003 km/h	

Ferrari
Marlboro

Die Saison 1996

Scheinbar war die 47. Saison der Fahrer-Weltmeisterschaft auf den Kopf gestellt. Entgegen der – in den letzten Jahren lieb gewordenen – Gewohnheit, die Saison auf dem fünften Kontinent ausklingen zu lassen, begann sie diesmal im Kangaroo-Country. Und noch etwas war völlig anders als in der jüngeren Vergangenheit: Damon Hill, der 1994 und 1995 scheinbar auf den Vizetitel spezialisierte Brite, wurde Champion! Trotz acht Siegen nennt kaum jemand den ersten Sohn eines Weltmeisters, der in der Geschichte des GP-Sports die Leistung seines Vaters kopierte, in einem Atemzug mit F1-Superstars vom Schlage eines Fangio, Moss, Clark, Prost oder Senna. Bei Licht betrachtet, war dem neuen Meister allerdings kaum etwas vorzuwerfen. Fehlerfrei fuhr er nicht – aber das ist ohnehin noch nie jemand gelungen. Wenn Damon Hill 1996 überhaupt irgendetwas fehlte, dann waren es Gegner... Anlasten kann ihm das niemand. Keiner wird aber auch jemals die Frage beantworten können, ob er sich gegen einen starken Widersacher hätte behaupten können. Kritiker werfen ihm vor, er habe sich zu schwer getan, den Neuling Jacques Villeneuve niederzukämpfen. Dessen Überholmanöver im Williams-Renault gegen Michael Schumacher, den aktuellen fahrerischen Maßstab in der F1, in Estoril gehörte zu den Highlights der Saison.

Im Schatten des Duells um die Weltmeister-Krone erlebte die Formel 1 die zaghafte Auferstehung der Scuderia Ferrari. Das italienische Team begann wieder Fuß zu fassen. Auf drei sieglose Jahre von 1991 bis 1993 folgten die »Eintagsfliegen-Erfolge« von Gerhard Berger auf dem Hockenheimring (1994) und Jean Alesi in Montreal (1995). In beiden Rennen hielt die Glücksgöttin Fortuna die Steigbügel... In der abgelaufenen Saison siegte Ferrari drei Mal. Auch wenn jeweils günstige Voraussetzungen notwendig waren, wurde durchaus Ferraris Absicht erkennbar, gezielt auf Sieg zu fahren. Oder, andersherum ausgedrückt: Das war kein Zufall mehr!
In dem Maße, in dem das Ferrari-Pferd sein Haupt aus den staubigen Niederungen des GP-Sports zu heben begann, verlor das Team Benetton den Boden unter den Füßen. Der erstmals mit italienischer Lizenz antretende Rennstall rangierte wieder dort, wo er in den Jahren vor der Verpflichtung Michael Schumachers dümpelte.
Zu den sportlichen Höhepunkten Jahrgang 1996 zählte mit Sicherheit Michael Schumachers Balance-Akt auf der überschwemmten Piste von Barcelona. Weniger spektakulär, aber ebenfalls erstklassig, war der Auftritt des neuen Champion Hill in Interlagos, wo es ihm heimliche Genugtuung verschaffte, den deutschen Erzrivalen überrunden zu können. Aber Hill war Sportsmann genug, diesen kleinen »Racheakt« für 1994 und 1995 erlittene Demütigungen nicht an die große Glocke zu hängen.
Was die technische Seite des Grand Prix-Sports betrifft, zählte die Saison eher zu den Jahren, die für wenige Schlagzeilen sorgten. Auffällig waren die – in Spanien von Tyrrell kreierten – aerodynamisch verkleideten Querlenker der Radaufhängungen. Und die ab 1996 für die F1-Boliden so charakteristischen breiten und dickwülstigen Cockpits – von den Mechanikern scherzhaft »Elefanten-Klos« genannt – erwiesen sich als Verbesserung. Übereinstimmend erklärten diejenigen Piloten, die unsanft von der Piste segelten, dass sie durch die seitlichen Polster im Cockpit-Bereich vor möglichen Verletzungen bewahrt wurden.

Das Team Ferrari

Die Italiener leisteten 1996 wertvolle Aufbauarbeit, die möglicherweise der Grundstein für den ganz großen Erfolg, den Titelgewinn, in der kommenden Saison ist. Erstmals seit 1990 wurde mehr als nur ein Sieg errungen und damit das selbst gesteckte Ziel erreicht. Sportdirektor Jean Todt brachte die Situation im Herbst auf einen kurzen Nenner: »Im März befanden wir uns am Eingang eines zehn Kilometer langen Tunnels – sieben Kilometer sind jetzt zurückgelegt ... «

Besonders dunkel war es ausgerechnet in den Sommermonaten. Eddie Irvine erreichte neun Mal (!) hintereinander nicht das Ziel. Allerdings gingen nicht alle Ausfälle auf das Konto der Technik. Der Ire war Team-intern der große Verlierer des Jahres. Weil Ferrari das Wasser am Hals stand, wurde er zwangsläufig vernachlässigt: Aus reinen Kapazitätsgründen durfte er nicht ausreichend testen, und während der Rennwochenenden spielte er auch nur eine Nebenrolle. Mit dem Job, die eindeutige Nummer zwei zu sein, hatte sich Irvine beim Abschluss des Vertrages einverstanden erklärt. Jean Todt: »Eddie können wir noch gar nicht richtig beurteilen. Deshalb erhielt er auch schon im Juli die verbindliche Zusage, auch 1997 für Ferrari starten zu dürfen.«

Ganz anders natürlich der »Fall Schumacher«. Der zweifache Weltmeister war für sündhaft viel Geld ins Team gehievt worden, um fahrerisch optimal besetzt zu sein. Entsprechend wurde dem Rheinländer jeder Wunsch von den Augen abgelesen, allerdings nicht immer erfüllt. Michael Schumacher zog zum Ende seines Ferrari-Jahres eine positive Bilanz: »Es kam eigentlich genau so, wie wir es erwartet hatten. Es geht eindeutig aufwärts. Wer an Wunder glaubt, ist in der Formel 1 falsch aufgehoben.« Überraschend, auch für den Deutschen, war allerdings die Ausfallserie, die ihn in Montreal, Magny-Cours und Silverstone wie eine Seuche überkam: »Zu Beginn des Jahres hätte ich mich über Zuverlässigkeitsprobleme nicht gewundert. Sie trafen uns dann aber zu einem Zeitpunkt, zu dem wir in dieser Beziehung bereits aus dem Gröbsten heraus sein wollten.«

Aber Ferrari funktionierte auch im Verlauf dieser kritischen Wochen. Zwar forderte die italienische Presse umgehend den Kopf von Jean Todt, aber Präsident Luca di Montezemolo ließ sich nicht von der Hektik anstecken und blieb dem eingeschlagenen Kurs treu. Statt eines Neubeginns setzte er auf Kontinuität und wurde belohnt. Dem sommerlichen Tief folgten zwei Siege innerhalb von 14 Tagen und in der Endabrechnung erwies sich lediglich ein Team als stärker!

20. Sieg

Großer Preis von Spanien
Granollers, 2. Juni 1996

Zähneklappern auf dem Podest

Schumachers Wechsel zum Traditionsrennstall war die große Sensation gewesen, vielerorts mit Unverständnis quittiert: Die Scuderia war letztmals 1990 eine Macht im GP-Sport gewesen. Die erste Saison mit Ferrari beginnt mit einem heftigen Auf und Ab. Melbourne – Ausfall, Brasilien – Platz 3, Argentinien – Ausfall, Nürburgring – Platz 2, Imola – Platz 2, Monaco – Ausfall. In Spanien dann gibt es den erhofften ersten Ferrari-Sieg für den überragend fahrenden Schumacher.

Ohne große Erwartungen reist Michael Schumacher an. »Das ist kein Kurs für unsere Autos«, erklärt der Kerpener, »erst in Montreal werden wir wieder besser aussehen.« Ausdrücklich betont er, mit dieser Äußerung wolle er keinerlei Zweckpessimismus verbreiten.

Im Qualifying kommt alles so, wie es der Weltmeister vorhergesagt hatte: Hill und Villeneuve geben klar den Ton an. Schumacher fehlt zur Pole, die sich der Brite locker sichert, fast eine volle Sekunde. »Im Rennen wird's vielleicht noch schlimmer«, stöhnt der Deutsche.

Das Wetter bringt die Wende. In der Nacht auf Sonntag beginnt es zu regnen. Williams-Ingenieur James Robinson sagt später: »Um 4.30 Uhr sah ich aus dem Fenster meines Hotelzimmers und es goss in Strömen.« Er hätte besser weitergeschlafen, denn später wird er die falschen Schlüsse aus seiner Beobachtung ziehen. Im nassen Warm-up verliert Heinz-Harald Frentzen seinen Sauber zu Beginn der Zielgeraden aus der Kontrolle. Voll schlägt er gegen die Boxenmauer, und der Aufprall ist so heftig, dass sich ein verriegeltes Stahltor öffnet. Bis zum Start stellen die Sauber-Mechaniker den völlig ramponierten Boliden wieder auf die Räder, doch sicherheitshalber klettert der Mönchengladbacher ins T-car.

Längst haben Schumacher und seine Techniker die Chance zum Poker-Spiel erkannt: Konsequent wird der F310 des Deutschen auf Regenwetter abgestimmt. Bei Williams erinnert sich hingegen Robinson an seine Beobachtung. Weil es ja unmöglich »so lange ununterbrochen regnen kann«, wählt man bei Williams trotz der düsteren Prognosen ein Misch-Set-up, das ein Abtrocknen der Piste im Verlauf der zweiten Rennhälfte einkalkuliert. Damit liegt Williams falsch.

Zu den eindrucksvollsten F1-Vorstellungen, die je bei Regenwetter stattfanden, zählen mit Sicherheit die beiden Auftritte, die der unvergessene Brasilianer Ayrton Senna 1985 in Estoril und acht Jahre später in Donington gab. Das ist der Stand der Historiker, als der spanische Grand Prix gestartet wird. Knapp zwei Stunden später wird ein weiteres Regen-Highlight beendet sein, das noch in vielen Jahren der Kategorie erstklassiger Wasserschlachten zugeordnet werden wird.

Der Start bringt die ersten Überraschungen. Villeneuve beschleunigt perfekt, als die Lichter der Ampel erlöschen. Hill hingegen scheint kurz zu zögern, bevor er gefühlvoll Gas gibt. Dass Hill zwei Plätze – an Villeneuve und Alesi – verliert, ist für ihn nicht tragisch. Aber der WM-Favorit verliert noch mehr: Den wertvollen Vorteil, freie Sicht zu haben. In den Wolken hochgewirbelter Wassertropf en ist die Sichtweite auf wenige Meter beschränkt. Schlimmer noch als Hill erwischt es Titelverteidiger Michael Schumacher. Beinahe würgt der Deutsche den V10 seines Ferrari ab. »Mein Start war ein Desaster«, wird er nach dem Rennen sagen, »ich hatte Probleme mit der Kupplung und kam zunächst nicht vom Fleck. Ich weiß nicht, wieviele der anderen mich überholten. Sogar Diniz und solche Leute flogen vorbei. Aber ich hatte Glück im Unglück – niemand knallte mir ins Heck.«
Während sich Schumacher darüber wundert, »wie wenig man sieht, wenn man bei Regen hinten im Feld liegt«, fordert die Blindflug-Orgie ihre ersten Opfer. Gleich fünf Piloten stranden im Verlauf der ersten Runde. Ein weiterer schleppt seinen ramponierten Boliden gerade einmal über den Zielstrich, bevor er ihn in den Boxen abstellen muss. Zu denen, die sofort Feierabend machen müssen, zählen – das Schicksal bittet schon nach nur 14 Tagen zur Kasse – die beiden erstplatzierten Fahrer des GP von Monaco, Olivier Panis und David Coulthard.
Schumacher kommt auf Position sechs aus der ersten Runde zurück. 6,2 Sekunden trennen ihn von Spitzenreiter Jacques Villeneuve. Einen Umlauf später fehlt Schumachers direkter Vordermann, Eddie Irvine. »Aufgebockt« im unebenen Terrain neben der Piste, drehen die Antriebsräder des Irvine'schen F310 ins Leere. So macht der Weltmeister – auf Kosten seines Team-Kollegen – einen Platz gut, aber sein Rückstand wächst: Jetzt fehlen ihm bereits 7,3 Sekunden auf den Kanadier.
Auch die dritte Runde geht an die Startnummer sechs. Schumacher kann keinen Platz gutmachen und verliert gleichzeitig weitere 1,2 Sekunden. Bestenfalls kann er einen Rang auf dem Podium erreichen, wenn sich dieser Trend fortsetzen sollte. Runde vier bringt unerwartet die Wende. Damon Hill, zuvor unverändert dritter hinter Villeneuve und Alesi, unterläuft der erste von drei Patzern. Erst hinter dem roten Ferrari des Champion kann der Engländer sein Auto wieder auf den korrekten Kurs steuern. Schumacher »erbt« Platz vier und macht gleichzeitig erstmals Boden auf Villeneuve gut: Eine Zehntelsekunde nimmt er dem Kanadier ab.
Im Verlauf der nächsten Runde passiert die »Rote Eins« Gerhard Berger, als handele es sich um einen lästigen Hinterbänkler. 6,4 Sekunden fehlen ihm nun zur Spitze. Den sechsten Umlauf legt Villeneuve, aufgrund seines Erfahrungsmangels im Nassen natürlich im Nachteil, in 1.52,7 Minuten zurück. Schumacher braucht nur 1.49,0. Sein Rückstand beträgt nur noch 2,7 Sekunden, und nun scheint es nur noch eine Frage der Zeit zu sein, bis er zum großen Schlag ausholt. Aber der Rheinländer überstürzt auf dem seifenglatten Asphalt nichts. Runde sieben bringt ihn bis auf 1,5 Sekunden an Villeneuve heran, der unverändert durch Alesi abgeschirmt wird. Der Deutsche lauert und beobachtet seine beiden Vorderleute. Während des nächsten Umlaufs verliert er erstmals wieder vier Zehntel auf den Spitzenreiter, aber das bedeutet gar nichts. Schumacher atmet noch einmal durch, bevor er zuschlägt. Seine Gala lenkt von den schwierigen Bedingungen ab. Die werden erst wieder deutlich, als Hill sich im Verlauf derselben Runde dreht und vom fünften auf den achten Rang zurückfällt.
In Runde neun schnappt sich Schumacher Alesi, der bei Nässe eigentlich keinen Gegner zu scheuen braucht. Sofort nimmt der Rheinländer Villeneuve ins Visier, aber er-

neut lässt er sich Zeit. Voll im Spray des Spitzenreiters, wartet er zwei Runden lang. Dann, inzwischen läuft Runde zwölf, macht er den Sack zu. Mit 2,9 Sekunden Vorsprung vor Villeneuve taucht er erstmals als Leader bei Start-und-Ziel auf.
Der Kanadier sagt später: »Als Michael mir näher kam, wusste ich, dass er mich überholen würde. Mein Plan sah vor, mich dann sofort an ihn zu hängen und ihm zu folgen. Aber das ging nicht. Er ließ mich exakt an jener Stelle stehen, wo er mich vernascht hatte!« Tatsächlich wächst Schumachers Vorsprung von Runde zu Runde dramatisch an: Den 2,9 Sekunden folgen 6,6 – 10,5 – 14,9... Die Show des Weltmeisters ist gigantisch.
Hill ist zu diesem Zeitpunkt längst ausgeschieden. Sein dritter Fehler war auch der letzte. Ausgangs der Zieleingangskurve, dort wo Heinz-Harald Frentzen für eine Schrecksekunde sorgte, flog der Brite ab und suchte anschließend nicht nach Ausreden: »Alles meine Schuld. Ich entschied mich eindeutig für das falsche Set-up. Was mich betrifft, ist das kein guter Tag für die WM.«
Vorn setzt Schumacher seine One-Man-Show perfekt fort. Dahinter folgen in wachsendem Abstand Villeneuve, Alesi und Berger. Auch Barrichello mischt in dieser Gruppe mit. Alle vier braucht der führende Ferrari-Pilot nicht zu fürchten – wohl aber die Technik. Zu Beginn der 33. Runde spitzen die Beobachter bei Start-und-Ziel ihre Ohren: Der rote Bolide tönt unsauber! Eindringende Nässe hat zwei Zylinder lahmgelegt. Schumacher: »Natürlich verlor ich deshalb an Leistung, aber bei dem Regen war das kein Problem. Schlimm war, dass ich befürchtete auszufallen.« Aber der Ferrari hält durch – vorläufig ein letztes Mal, denn vor dem 28. Juli wird der Deutsche die

Zielflagge nicht mehr zu Gesicht bekommen: Montreal, 16. Juni: Ausfall wegen defekter Antriebswelle. Frankreich, 30. Juni: Motorschaden beim Start. Silverstone, 14. Juli: Ausfall, Getriebehydraulik...

Aufgrund der unterschiedlichen Qualität der Boxenstopps tauschen Alesi und Villeneuve die Plätze. Weshalb er, der erfahrene Regenpilot, den Kanadier nicht schon im Verlauf der Anfangsphase niedergemacht hat, erklärt Alesi erst später: »Es ging nicht. Ich fuhr am Limit. Aus zwei Gründen waren mir Grenzen gesetzt. Zum einen war die Bodenfreiheit meines Benetton zu niedrig. Dauernd hatte ich Aquaplaning. Man muss wissen, dass die Rennwagen nicht nur mit den Reifen aufschwimmen, sondern – wenn die Bodenfreiheit nicht stimmt – auch mit dem Unterboden... Zweitens fehlte es mir an Power. Die Gischt des Williams drang in die Airbox ein. In Villeneuves Windschatten drehte mein Motor nicht über 14000 U/min.«

Platz vier geht an Heinz-Harald Frentzen, der entsprechend der Regie seiner Boxen jedes Risiko vermeidet. Entgegen der alten Piloten-Weisheit »No risk, no fun – ohne Risiko kein Vergnügen« fährt der Mönchengladbacher ein Rennen à la Blumenkorso, wie er sich auszudrücken pflegt... Mika Häkkinen wird Fünfter, aber die zwei Punkte hat das Team lediglich den vielen Ausfällen zu verdanken: McLaren-Mercedes fand in Barcelona weder im Training noch während des Rennens statt. Auch Diniz' sechster Platz ist ein Geschenk des Himmels. Ein wohlverdientes allerdings, denn wer der spanischen Sintflut widerstand, dem steht auch ein Resultat innerhalb der Punkteränge zu.

Und Gerhard Berger? Dem klebt beim Boxenstopp wieder einmal das Pech an den Füßen. Das linke Hinterrad ist derart fest montiert, dass es den Mechanikern nicht gelingt, es zu lösen. Also geht der Tiroler mit nur drei frischen Pneus auf die Weiterreise. Nach wenigen Runden ist seine Fahrt beendet. Pedro Diniz übersieht den Österreicher beim Überrunden. Berger überfährt wegen des unaufmerksamen Brasilianers seinen Bremspunkt und dreht sich. Anschließend taucht die Nummer vier in den Rundentabellen nicht mehr auf. Der alte Haudegen ist voller Ärger: »Mein Auto war prima, und dann passiert so ein Mist!«

Michael Schumacher wird nach dem Rennen gefeiert wie ein Supermann von einem anderen Stern. Nur eines hat der Sieger an seinem Ferrari zu bemängeln: »Ich werde mir eine Heizung einbauen lassen. Ich fror wie ein Schneider, und auf dem Podest konnte ich die Hymnen nicht hören, so sehr klapperten meine Zähne.« Ferrari glaubt sich jetzt ganz nahe an dem Ziel, Williams auch unter normalen Bedingungen aus eigener Kraft besiegen zu können. Die Roten wähnen sich bereits in Schlagweite. Tatsächlich steht die Scuderia aber vor einer sommerlichen Dürre, die bis Mitte Juli andauern wird. In Kanada fällt Schumacher in Runde 42 mit defekter Antriebswelle aus, in Frankreich scheidet der Champion (der die Pole hatte) in der Einführungsrunde aus. In Silverstone schafft Schumacher immerhin vier Runden, bevor sich die Getriebehydraulik verabschiedet. In Hockenheim sieht der Ferrari F310 immerhin die Zielflagge (Platz vier), in Ungarn ist das Rennen sieben Runden vor der Zielflagge zu Ende. diesmal war es der Gaszug, der zum Ausfall des Pole-Setters führte. Es kann eigentlich nur besser werden.

ERGEBNISSE UND AUSFÄLLE

1. Michael Schumacher	Ferrari F310171	1:59.49,307 =153,785 km/h
2. Jean Alesi	Benetton-Renault B196-02	45,302 Sekunden zurück
3. Jacques Villeneuve	Williams-Renault FW18-5	48,388 Sekunden zurück
4. Heinz-Harald Frentzen	Sauber-Ford C15-OI	1 Runde zurück
5. Mika Häkkinen	McLaren-Mercedes MP4/11-6	1 Runde zurück
6. Pedro Diniz	Ligier-Mugen JS43-05	2 Runden zurück
Jos Verstappen	Footwork-Hart FA 17/01	48. Runde, Dreher
Rubens Barrichello	Jordan-Peugeot 196/005	46. Runde, Kraftübertragung
Gerhard Berger	Benetton-Renault B196-04	45. Runde, Dreher
Johnny Herbert	Sauber-Ford C15-03	21. Runde, Dreher
Martin Brundle	Jordan-Peugeot 196/003	18. Runde, Kraftübertragung
Damon Hill	Williams-Renault FW18-4	11. Runde, Dreher
Ukyo Katayama	Tyrrell Yamaha 024-01	9. Runde, Elektrik
Eddie Irvine	Ferrari F310170	2. Runde, Dreher
Olivier Panis	Ligier-Mugen JS43-03	2. Runde, Unfall
Giancarlo Fisichella	Minardi-Ford M195B-02	2. Runde, Unfall
David Coulthard	McLaren-Mercedes MP4/11-4	1. Runde, Unfall
Ricardo Rosset	Footwork-Hart FA17-03	1. Runde, Unfall
Pedro Lamy	Minardi-Ford M195B-03	1. Runde, Unfall

SCHNELLSTE RUNDE: (14. Runde) – Michael Schumacher, Ferrari F310 1.45,517 =161,274 km/h

21. Sieg

Großer Preis von Belgien
Spa-Francorchamps, 28. Juli 1996

Der kleine König von Spa

Spa, das ist für Schumacher immer eine ganz besondere Herausforderung – um so mehr jetzt im Ferrari. Schumacher gewinnt vor dem in der WM führenden Kanadier Jacques Villeneuve.

Was den Schwierigkeitsgrad der Pisten betrifft, ist der Ardennen-Kurs von Spa-Francorchamps die größte Herausforderung des Jahres. Die vielen schnellen Kurven, der Höhenunterschied und natürlich die Kurve aller Kurven – Eau Rouge – machen den Circuit bei Fahrern und Zuschauern gleichermaßen beliebt.

Dass sich hier nur Spitzenpiloten durchsetzen können, liegt auf der Hand. Der aktuelle »Platzhirsch« heißt Michael Schumacher. Jetzt aber macht er sich wenig Hoffnung, zehn WM-Punkte kassieren zu können: »Williams ist zu stark, wenn ich als zweiter oder dritter auf dem Siegerpodest lande, bin ich zufrieden.« Die Prognose klingt glaubhaft, und auch der Blick des Ferrari-Fahrers verrät, dass es sich nicht um Zweckpessimismus handelt, wenn er sich zurückhaltend äußert.

Wesentlich zuversichtlicher blickt Jacques Villeneuve auf den Sonntag: »Wenn ich mich hier so umschaue, dann scheint mir diese Piste zu liegen, Ich liebe schnelle Kurven.« Auf die ihm bisher unbekannte Strecke hat er sich auf sehr originelle Art und Weise vorbereitet. »Es hört sich bestimmt etwas kindisch an«, verrät er, »aber ich fuhr hier viele, viele Übungsrunden – an einem Videospiel... jetzt weiß ich genau, wo's lang geht, die graphische Darstellung des Streckenverlaufs war ziemlich realistisch.«

Ab Freitag stehen endlich wieder Rundenzeiten und Set-up-Diskussionen im Vordergrund. Das Gemauschel um Verträge wird vorübergehend zurückgedrängt. Noch im Verlauf der ersten Stunde des freien Trainings gerät es sogar zeitweilig völlig in Vergessenheit: In der schnellen Linkskurve Fagnes bricht Schumachers Ferrari aus und knallt gegen die Gummi-Polster der Leitplanken. Der Aufprallwinkel ist günstig, das Heck des Boliden verzehrt den größten Prozentsatz der kinetischen Energie. Erinnerungen an Suzuka 1991 werden wach, doch Schumacher will von einem Vergleich nichts wissen: »Damals war ich wirklich schnell unterwegs, jetzt schlug ich mit ungefähr 120 km/h ein.«

Augenzeugen wollen beobachtet haben, dass ein technischer Defekt den Unfall auslöste. Tatsächlich gilt der F310 ja nicht gerade als zuverlässige Konstruktion... Aber der Rheinländer winkt ab: »Das geht auf meine Kappe, ich wollte die Mängel des Autos durch fahrerischen Einsatz kompensieren und tat zuviel des Guten.« Der Crash hat Folgen. Beim Aufprall zertrümmerte »Schumis« rechter Oberschenkel das Lenkrad des Ferrari! Knapp oberhalb des Knies ist das Muskelgewebe dramatisch angeschwollen. Jetzt schlägt die Stunde des Balbir Singh, des Mannes, der den Kerpener fit hält, seit sich Schumacher von Harry Hawelka getrennt hat. Während seine Kolle-

gen für weitere 60 Minuten auf die Piste dürfen, macht Schumacher Pause. Samstags ist der Deutsche wieder einsatzfähig, auch wenn ihn die Verletzung noch behindert. Das geschwollene Gewebe schmerzt, wenn die Fliehkräfte von mehr als vier g den Körper des Piloten hin- und herzerren.
In den Schlussminuten des freien Trainings schockt Jacques Villeneuve seine Gegner. Der Video-Spieler knallt eine Zeit auf den Asphalt, die ihn 1,7 (!) Sekunden von seinem ärgsten Verfolger, David Coulthard, trennt. Seine Freude dauert allerdings nur für Minuten an, dann wird er nachdenklich und sagt: »Es wäre besser gewesen, die Karten nicht so früh aufzudecken. Jetzt weiß Damon, was am Steuer des FW18 überhaupt möglich ist ... «
Hill kann diese Möglichkeiten nicht entdecken. Im Qualifying gibt Villeneuve erneut den Ton an, der Team-Kollege muss sich mit Rang zwei begnügen. Schumacher – »Hab' ich's nicht gleich gesagt?« – landet auf Platz drei und darf damit immerhin beim Start auf der Ideallinie stehen. Der Deutsche ist den Umständen entsprechend zufrieden, und auch Hill lässt sich durch Villeneuves Pole nicht die Laune verderben:
Als sich das Feld auf den Start vorbereitet, ist die Rennstrecke nach morgendlichem Regen bereits wieder weitgehend abgetrocknet. Schlechtwetter-Spezialist Michael Schumacher darf also nicht auf ein »zweites Barcelona« hoffen. Dass er den GP von Belgien zum »deutschen Wochenende« machen kann, ist jetzt sehr unwahrscheinlich. Gestern siegte Jörg Müller in der Formel 3000, vor wenigen Stunden gewann Jürgen von Gartzen den vorletzten Lauf des Porsche Supercup – an ein GP-Weekend mit drei deutschen Siegern können sich auch die ältesten Experten nicht erinnern... Eine Stunde vor dem Start verrät ein Informant aus dem Team Williams: »Damon bekam eben einen Vertrag für 1997 vorgelegt – er unterschrieb nicht.«
Als Gas gegeben werden darf, lässt sich Villeneuve nicht die Butter vom Brot nehmen. Selbstbewusst übernimmt er das Kommando vor Schumacher und Hill, der auf den ersten Metern wieder einmal nicht so recht in Fahrt kam. Aber es kommt noch schlimmer für den Briten: Auf dem Weg nach Les Combes verdrängt ihn David Coulthard auf Rang vier. Hill: »Unglaublich, der zog vorbei wie ein Hochgeschwindigkeitszug! Ich traute meinen Augen nicht.«
Wenn Hill so erstaunt reagierte, lag das speziell an der abweichenden McLaren-Taktik, die nur einen Stopp vorsah. Coulthard war also schneller, obwohl er mehr Sprit mitschleppte und ein entsprechend schwereres Auto fuhr!
Hinter Hill drängelt Mika Häkkinen, der allerdings keinen Weg an dem Williams vorbei findet. So stark trumpfte McLaren-Mercedes seit Imola nicht mehr auf.
Zu diesem Zeitpunkt ist der Arbeitstag für drei Piloten bereits beendet. Bei der ersten Passage des spitzwinkligen Rechtshänders La Source rasselten die beiden Sauber-Piloten aneinander. Den Zwischenfall, in den auch Olivier Panis und Rubens Barrichello verwickelt werden, hat Johnny Herbert zu verantworten, doch der tief enttäuschte Peter Sauber macht dem Engländer keine Vorwürfe. Während drei Fahrer stranden, kann »Rubinho« zunächst weiterfahren. An den Boxen lässt er eine verbogene Spurstange richten, doch mit dem Handling seines Jordan ist er anschließend nicht zufrieden. Nach 29 Runden wird er wegen Unfahrbarkeit seines Rennwagens aufgeben.
Die Spitze hat sich in der Reihenfolge Villeneuve vor Schumacher – 1,1 Sekunden liegen zwischen den beiden – und Coulthard, der weitere sechs Sekunden zurückliegt und unverändert das Tandem Hill/Häkkinen im Nacken hat, stabilisiert, als der Niederländer Jos Verstappen nach elf Runden an der Arrows-Box vorspricht.

Der Footwork-Fahrer reklamiert einen klemmenden Gaszug. Seine Crew kann keinerlei Fehlfunktion feststellen und schickt Verstappen wieder ins Rennen. Aus der folgenden Runde kehrt er nicht mehr zurück. Unten, im Streckenabschnitt Stavelot, wo die Boliden gut 250 km/h schnell sind, fliegt der Footwork mit Startnummer 17 ab und landet völlig zerstört in den Absperrungen. Der Pilot hat Glück, dem Trümmerhaufen praktisch unverletzt zu entkommen. Per Helikopter wird er zwar nach Lüttich zum medizinischen Check geflogen, doch schon am Montag kann er die Klinik wieder verlassen. Sein Genick wird allerdings noch wochenlang schmerzen. Als Unfallursache wird ein gebrochener Radträger vorn links ermittelt... Bereits für den GP von Italien wird Arrows diese Bauteile nicht mehr aus Titan, sondern aus Stahl anfertigen.
Um die Footwork-Reste ungefährdet von der Piste , fegen zu können, setzt die Rennleitung das Safety-Car ein. Während des 15. Umlaufs reihen sich die 16 verbliebenen Boliden hinter dem Warnlicht-Mercedes auf.
Bereits im Verlauf der »Sammelphase« reagiert Michael Schumacher. Im Stil eines gelernten IndyCar-Piloten nutzt er »full course yellow« sofort zum Boxenstopp! Später lehnt er die fälligen Lorbeeren für diesen Schachzug allerdings ab: »Der Tank diktierte den Zeitpunkt, denn der Tank war leer.«
Villeneuve verpasst diese Chance. Über Radio hört er die Stimme von Jock Clair, aber er versteht kein Wort. Die Interpretation des Kanadiers: Wenn die etwas sagen wollen, dann kann es sich nur um die Aufforderung handeln, draußen zu bleiben, weil es ein Problem in den Boxen gibt. Villeneuve donnert vorbei...
Adrian Newey handelt schnell und gibt Hill die Funkanweisung zum Service-Halt. Der Engländer befindet sich bereits in der Anfahrt an die Pits, da hört er erneut die Stimme im Helmlautsprecher: »Nicht an die Boxen – fahr weiter!« Hill verbremst sich zwischen den großen Styropor-Blöcken im Bereich der Boxeneinfahrt und verliert beim fälligen Rangiermanöver viel Zeit: Mehr als sieben Sekunden. Der Grund für den Hickhack: In den Boxen lagen ja Villeneuves Reifen bereit. Diese Pneus wegzuräumen, Hills Gummis zu holen – all das erschien Newey zu langwierig. Nach dem GP wird er sich jedoch entschuldigen: »Ich reagierte falsch. Damon hätte zwar einen langen Stopp einlegen müssen, aber er verlor noch mehr Zeit durch den späten Service-Zeitpunkt.«
Während des Safety-Car-Einsatzes ergibt sich ein Bild nach Geschmack von Mercedes: Das Rennleitungsauto mitgerechnet, liegen drei Mercedes in Front! Die Ein-Stopp-McLaren-Mercedes geben auch dann noch den Ton an, als das Warnlichtauto wieder ausschert: Coulthard führt vor Häkkinen, dann folgen Schumacher und Villeneuve. Hill liegt abgeschlagen auf Rang acht. Gerhard Berger, der Hills Schicksal teilte – er konnte nicht an die Boxen, weil dort Jean Alesis Reifensatz parat lag –, zirkuliert sogar nur auf dem vorletzten Platz.
Im Bemühen, Anschluss an Mika Häkkinen zu halten, räubert Schumacher derart über die Kerbs, dass die Lenkung seines Ferrari einen Schlag bekommt. Sie hat derart viel Spiel, dass sich der Kerpener ernsthafte Sorgen um seine Sicherheit macht und aufgeben will. Per Sprechfunk erkundigt er sich an den Boxen. Seine Crew teilt ihm mit, er solle sich von den Flachbordsteinen fernhalten, dann sei alles okay. Schumacher: »Die können einem ja viel erzählen... Ich fuhr kurzfristig etwas langsamer, dann fasste ich wieder Vertrauen.«
Zum Ende des 22. Umlaufs geht Coulthard an die Boxen, zwei Runden später auch Häkkinen. Jetzt liegt Michael Schumacher in Führung. Aber das Rennen ist für ihn

noch lange nicht gewonnen. Villeneuve lässt sich nicht abschütteln. Formatfüllend bleibt der Kanadier in den Rückspiegel des führenden Ferrari. Der zweite und letzte Boxenstopp muss die Entscheidung bringen.

Nach 30 Runden biegt Schumacher in die Boxengasse ab. Seine Mechaniker wirbeln. Innerhalb von 7,8 Sekunden wird der Rheinländer abgefertigt. Villeneuve fährt eine 1.54er-Runde und kommt nach 32 Umläufen zum Auftanken und Reifenwechseln. Auch die Williams-Crew funktioniert. Nach 7,6 Sekunden wird der »Lollipop« vor der Williams-Nase hochgerissen und der Franco-Kanadier gibt wieder Gas.

Dann die Schlüsselszene: Ausgangs der Haarnadelkurve La Source sieht Schumacher, dass Villeneuve aus der Boxengasse kommt und sich sofort – »das hatte ich vorher genauso gemacht« – weit auf die linke Pistenseite hinaustragen lässt. Der Kerpener reagiert blitzschnell und zieht seinen Boliden rechts an dem unverändert beschleunigenden Williams vorbei! »Hätte Jacques nach rechts gelenkt«, sagt Schumacher später, »um mich abzublocken, dann wären wir natürlich beide an der Mauer gelandet. Aber er fuhr fair und sauber.«

Den entscheidenden Vorteil, so ergibt die Analyse am Abend, holte sich Schumacher in der Anfahrt zu den Boxen. jetzt liegt er vorn, aber noch gibt Villeneuve nicht auf. Er hat das Gefühl, schneller als sein deutscher Vordermann fahren zu können, kann aber nicht überholen. »Wie ein Schwein« – so seine eigenen Worte – gibt der Kanadier Gas. Der Spitzenreiter erwartet immer noch die große Schlussattacke seines Jägers,

doch die bleibt aus. Villeneuve hört merkwürdige Auspuffgeräusche und lässt sich zurückfallen. Das Rennen ist entschieden. Schumacher fühlt sich wie »der kleine König von Spa«, und Villeneuve sieht die Tür zum Titel wieder etwas weiter offen stehen.
Aber der Tag kennt auch zwei große Verlierer. Sowohl Damon Hill als auch Gerhard Berger – im Ziel im Kampf um Platz fünf nur um 1,7 Sekunden voneinander getrennt – sind davon überzeugt, sie hätten siegen können, wenn sich ihre Crews beim ersten Stopp nicht jeweils auf den Team-Kollegen vorbereitet hätten.
Am Abend meldet sich wieder der Williams-Informant zu Wort: »Damon machte wohl einen Fehler, als er heute morgen nicht unterschrieb ...«

ERGEBNISSE UND AUSFÄLLE

1. Michael Schumacher	Ferrari F310169	1:28.15,125 = 208,442 km/h
2. Jacques Villeneuve	Williams-Renault FW18-3	5,602 Sekunden zurück
3. Mika Häkkinen	McLaren-Mercedes MP4/11-6	15,710 Sekunden zurück
4. Jean Alesi	Benetton-Renault B196-04	19,125 Sekunden zurück
5. Damon Hill	Williams-Renault FW18-4	29,179 Sekunden zurück
6. Gerhard Berger	Benetton-Renault B196-07	29,896 Sekunden zurück
7. Mika Salo	Tyrrell-Yamaha 024-02	1.00,754 Minuten zurück
8. Ukyo Katayama	Tyrrell-Yamaha 024-05	1.40,227 Minuten zurück
9. Ricardo Rosset	Footwork-Hart FA17-03	1 Runde zurück
10. Pedro Lamy	Minardi-Ford M195B-04	1 Runde zurück
David Coulthard	McLaren-Mercedes MP4/11-7	38. Runde, Unfall
Martin Brundle	Jordan-Peugeot 196/006	35. Runde, Öldruck
Eddie Irvine	Ferrari F310170	30. Runde, Getriebe
Rubens Barrichello	Jordan-Peugeot 196/005	30. Runde, Aufhängung vorn
Pedro Diniz	Ligier-Mugen JS43-05	23. Runde, Fehlzündungen
Jos Verstappen	Footwork-Hart FA17-01	12. Runde, Unfall
Olivier Panis	Ligier-Mugen JS43-04	1. Runde, Unfall
Johnny Herbert	Sauber-Ford C15-05	1. Runde, Unfall
Heinz-Harald Frentzen	Sauber-Ford C15-06	1. Runde, Unfall

SCHNELLSTE RUNDE: (42. Runde) Gerhard Berger, Benetton Renault B196 -1.53,067 = 221,857 km/h
Rundenrekord
Strecke in dieser Form erstmals gefahren

22. Sieg

Großer Preis von Italien
Monza, 8. September 1996

Reifen-Oper

Brachte Spa die Wende? Der zweite Grand Prix auf italienischem Boden stürzt die Tifosi in einen wahren Freudentaumel. Nach der Pleitenserie im Sommer siegt Michael Schumacher völlig überraschend, nachdem Damon Hill früh ausgefallen war. Doch auch Villeneuve fällt aus den Punkten.

Das Training für den zweiten WM-Lauf des Jahres auf italienischem Boden verläuft turbulent. Im Vordergrund steht dabei keineswegs die Reihenfolge der besten Startplätze. Die werden von Hill, Villeneuve, Schumacher, Häkkinen und Coulthard eingenommen. Das entspricht ganz vorn komplett den Erwartungen und ist unmittelbar hinter dem »Standard-Trio« keinesfalls eine Riesenüberraschung. Der Mercedes-Motor bewies bereits auf dem Hockenheimring, dass auf schnellen Pisten mit ihm zu rechnen ist.
Wenn es im königlichen Park von Monza so hoch hergeht, dann wegen des Wetters und wegen der neuen Flachbordsteine. Samstags fegte der Wind derart über die altehrwürdige Anlage, dass zahlreiche Blätter und kleine Zweige auf den Asphalt wehten. Die Szenerie erinnerte – speziell in den Bereichen Curva Grande sowie Lesmo 1 und 2 – an eine Oster-Prozession in Jerusalem. Zunächst wollte niemand auf die Bahn, um für die Kollegen den Laubsammler zu spielen.
Das Problem Nummer zwei sollte von Freitag bis Sonntag eine wichtige Rolle spielen. Bis ins Vorjahr waren die Kerbs in Monza den Fahrern, Ingenieuren und Mechanikern ein Dorn im Auge: Sie waren zu steil, und außerdem verfügten sie über eine scharfkantige Zähnung, der so mancher Unterboden zum Opfer fiel.
Jetzt sind die Flachbordsteine tatsächlich flach, und der Bereich jenseits der Trennungssteine ist durch Verbundpflaster so präpariert, dass er eine bequem zugängliche Abkürzungsfläche bildet... Die hohen »Gummisäulen«, die zunächst die Fahrrinne markieren, sind kein Hindernis. Als sich dann auch noch einige Stücke Verbundpflaster lösen – Villeneuves Williams wird durch einen solchen Brocken beschädigt –, handeln die Funktionäre. Im Bereich der Kurvenscheitelpunkte werden Altreifen-Stapel errichtet.
Diese sind den Fahrern wiederum zu hoch. David Coulthard für alle: »Werden die hohen Stapel fest miteinander verbundener Reifen hart getroffen, kann es gefährlich für den Fahrer werden. Trifft er sie nur leicht, werden sie möglicherweise verschoben. Das heißt, du kommst ums Eck geflogen, und plötzlich ist der Scheitelpunkt nicht mehr dort, wo er noch eine Runde zuvor war ... «
Während Damon Hill seine Pole-Position als Beweis dafür verkauft, dass er zu Unrecht gefeuert wurde, trauert Villeneuve einer verpatzten Chance nach: »Ich hätte

Bestzeit fahren können. Wenn ich es nicht schaffte, liegt das an Pedro Diniz. Nur weil er einen groben Fehler machte, konnte ich heute morgen im freien Training mein Auto nicht richtig abstimmen.« Was war passiert? Vor der Variante Ascari war der Kanadier auf den Ligier des Brasilianers aufgelaufen. Auf der langen Geraden, die zur Parabolica führt, saugte sich Villeneuve endgültig an seinen Vordermann und quetschte sich links neben ihn. Als beide Boliden auf Parallelkurs lagen, zog Diniz sein Auto nach links und drängte den Gegner mit zwei Rädern aufs Gras! Mit einem relativ harmlosen Dreher mit anschließendem leichten Leitplankenkontakt kam der Williams-Fahrer glimpflich davon, aber die Trainingssitzung war für ihn beendet.
»Bei Tempo 327 km/h, so zeigten es die Telemetrie-Daten«, schimpft Villeneuve, »von der Straße gedrängt zu werden, ist kein Vergnügen. Pedro Diniz ist auch einer dieser Idioten, die eigentlich gar keine Superlizenz haben dürften! Der ist doch nur in der Formel 1, weil er zufällig zehn Millionen Dollar als Eintrittsgeld besaß – das ist doch lächerlich.«
Michael Schumacher weiß inzwischen, wie glücklich sein Sieg in Spa war: »Der Antrieb der Getriebeölpumpe hätte keine zusätzliche Runde geschafft.« Jetzt erwartet er kein weiteres Wunder. Sechs Jahre ist es schließlich her, dass Ferrari in zwei aufeinanderfolgenden Grand Prix siegen konnte. Den letzten Monza-Erfolg durfte die Scuderia 1988 feiern, nachdem Ayrton Senna den Sieg leichtfertig bei einem überhasteten Überrundungsmanöver verspielt hatte.
Minuten vor dem Start lüftet Michael Schumacher ein Geheimnis, das sich als gefundenes Fressen für die Regenbogen-Presse erweisen wird: Die Schumachers erwarten Nachwuchs. Schumacher, der es nicht erwarten kann, »sie oder ihn auf dem Arm zu halten«, drückt seine Beteiligung an dem Vervielfältigungsprozess mit rührenden Worten aus: »Wir sind in der 14 Woche.« Kalender werden gezückt – aha, nach dem Regenrennen in Barcelona, wo »Schumi« so elendiglich fror, ist's passiert.
Für diejenigen, die Augenzeugen sind, rechtfertigt Jean Alesis Bilderbuchstart die Anreise nach Monza: Von Platz sechs (!) aus katapultiert sich der Draufgänger an die Spitze. Coulthard schnappt er sich sofort. Dann findet er – allerdings am Rande der Legalität, weil er die seit Ronnie Petersons Tod 1978 so bedeutende durchgezogene Linie überfährt – rechts an Häkkinen und Schumacher, dem die Frage »wo kommt der denn her?« durch den Kopf schießt, vorbei. Jetzt kommt ihm Hills Fahrweise zugute. Der Brite drängt Villeneuve während des Sprints zur Doppelschikane nach rechts, um ihm den Schneid abzukaufen. Alesi erkennt die Situation, zieht seinen Benetton diagonal nach links, wo er allen Platz der Welt hat, sich das Williams-Duo zu schnappen und als erster in die Variante Goodyear einzulenken. Nach dem Rennen, auf die Frage nach dem Geheimnis des Jahrhundertstarts: »Keine Ahnung, ich weiß auch nicht, wie ich's gemacht habe.« Dieser Mann hat einen unglaublichen Unterhaltungswert – als Rennfahrer und als Mensch.
Hill gibt sich nicht geschlagen. Ausgangs Lesmo kommt Alesi zu weit nach außen, und der Engländer übernimmt die Führung. Diese Reihenfolge will wiederum Alesi nicht akzeptieren. Vor der Ascari-Schikane geht er längsseits mit dem Spitzenreiter. »ja, was ich tat, war riskant«, gesteht Alesi nach dem Rennen, »aber Damon ging ein noch größeres Wagnis ein und gewann das Duell. Er war absolut fair, aber für ihn geht es um den Titel, und er fuhr in der Startrunde, als sei es bereits die letzte des Rennens ... « Ausgangs Ascari hat Hill ebenfalls die Nase vorn.

Eine halbe Sekunde pro Runde ist Hill schneller als Alesi. Hinter den beiden entbrennt ein Reifenkrieg der besonderen Art. In Runde zwei rammt Villeneuve einen der Reifenstapel im Bereich der zweiten Schikane. Coulthard kann den Pneus nicht ausweichen, die Lenkung seines McLaren bricht. In Runde drei wirbelt Alesi, dessen Benetton unbeschädigt bleibt, Pneus auf, und Häkkinen tappt in die Falle. Der Frontflügel seines MP4/11 knickt nach unten. »Aus der Fahrerperspektive kann man das nicht sehen«, erklärt Häkkinen nach dem Rennen. Erst nach der vierten Runde geht er wegen extremen Untersteuerns an die Boxen. 13,8 Sekunden für Reifen- und Nasenwechsel können sich sehen lassen – die McLaren-Boys sind auf Zack.
Runde fünf bringt den Ausfall von Gerhard Berger, der das komplette Benetton-Pech im Abonnement zu haben scheint. Seit dem zweiten Umlauf leuchten die Warnlampen im Cockpit, ohne dass sich der Wagen auffällig verhält, schließlich versagt sang- und klanglos das Getriebe.
Dann die Sensation: Damon Hill nimmt in der Variante Goodyear falsch Maß, streift den Reifenstapel, dreht sich und ist aus dem Rennen. »Das war allein meine Schuld«, gibt er in den Boxen zu Protokoll, »solche Dinge können halt passieren.« Alesi vor Schumacher, Irvine und Villeneuve – so lautet die neue Reihenfolge an der Spitze. Der Kanadier ist mit Blick auf den Titelkampf jetzt in der Situation eines Fußballspielers, der den Ball nur noch ins leere Tor zu schieben braucht – aber Villeneuve hat keinen Ball! Seit der Kollision mit den Pneus ist die Lenkung seines Williams verbogen. Die Vorderreifen werfen permanent Blasen. Dreimal muss er wechseln lassen, ein Stopp ist normal...
Zur Begeisterung der Tifosi klebt Schumachers Ferrari am Heck des führenden Benetton. Der Service-Stopp kann die Wende bringen, denn zum Überholen auf der Piste ist der Ferrari zu langsam. Nach 31 Runden bremst sich Alesi zwischen seinen Mechanikern ein. Jetzt hat »Schumi« freie Fahrt. Er schüttelt eine 1.26erZeit aus dem Ärmel und bleibt weiter auf dem Gas. Er weiß: jetzt muss er den entscheidenden Vorsprung gegen Alesi herausfahren. Wie es seit vergangenen Benetton-Tagen bekannt ist, quetscht Schumacher – scheinbar auf Knopfdruck – das Maximum aus sich und seinem Auto, wenn es die Situation erfordert. Die Rechnung geht auf. Nach 33 Umläufen lässt auch Schumacher Service machen, und er geht wieder auf die Piste, bevor Alesi vorbeigeflogen ist.

Der Franzose erklärt später: »Ich zögerte den Boxenstopp hinaus und wunderte mich, dass Michael weiterfuhr. Ich dachte, der dreht jetzt maximal noch eine Runde, aber er fuhr sogar noch zwei!« Nicht nur Alesi wunderte sich, sondern auch die Ferrari-Crew. Um, befreit vom Vordermann, schnelle Runden fahren zu können, blieb Schumacher länger draußen als geplant. Einer seiner Ingenieure nach dem Rennen: »Er hatte unglaubliches Glück. Wir dachten alle, dass er mit leerem Tank stehenbleiben würde ... «
In der Dramatik geht es beinahe unter, dass auch Frentzen ein Opfer der Reifenstapel wurde, dass die beiden Jordan-Piloten ein sensationelles Rennen fahren und auch, dass Mika Häkkinen den zu Beginn verlorenen Boden unaufhaltsam gutmacht. Der Finne wird sich bis ins Ziel auf Platz drei vorfahren. Dann wird Frentzen immer noch nicht wissen, ob es der Kerb oder der Reifenstapel war, der die vordere Aufhängung seines Sauber einknicken ließ. Die zwei Jordan-Bs – Brundle und Barrichello – verpassen als vierter und fünfter unterm Strich das Podest nur knapp. Mit Champagner wird der Achtungserfolg des Teams aber keineswegs gefeiert: Im Dunkel der Box gerät sich das Duo im Anschluss an den Grand Prix beinahe in die Haare: Der Brasilianer fühlte sich durch Martin Brundle, den »Alters-Präsidenten« der Formel 1-Fahrer, behindert. Der Engländer hingegen verweist diese Behauptung in die Märchenwelt.
Runde 40 bringt beinahe einen weiteren Führungswechsel: Schumacher »kopiert« den Hill-Fehler aus der Anfangsphase und streift die Altreifen. Eine Hand gleitet beim Aufprall vom Lenkrad. Der Ferrari droht aus dem Ruder zu laufen, aber der Rheinländer meistert die Situation mit Können und Glück. Von der Box hatte er das Signal bekommen, es bei inzwischen knapp zehn Sekunden Vorsprung auf Alesi etwas ruhiger angehen zu lassen. »Typisch für solche Situationen«, erklärt der Deutsche abends im Fahrerlager, »du nimmst Tempo weg, dann stimmt's mit der Konzentration nicht mehr. Ich fuhr ja langsam wie mit einem Gruppe C.«
Während des letzten Renndrittels habe er aufgrund der betulichen Gangart viel Zeit zum Nachdenken gehabt, berichtet er später. Dabei sei ihm auch wieder sein Baby in den Sinn gekommen: »Wenn du jetzt rausfliegst, schoss es mir durch den Kopf, dann kann ich ihm später erzählen, dass ich in Monza von der Piste gesegelt bin, weil ich an es dachte.«
Nach knapp 80 Minuten ist die Sensation perfekt: Michael Schumacher gewinnt den Gran Premio d'Italia! Die Tifosi stürmen die Piste und bereiten dem Deutschen eine Sie-

gerehrung, die er so schnell nicht vergessen wird. Noch in Spa hatte er gesagt: »Selbst wenn ich auch in Monza gewinnen sollte, noch toller als hier kann's nicht werden.« Jetzt ist er zunächst sprachlos, dann spricht er von »Gänsehaut« am ganzen Körper.
Im von Fans belagerten Fahrerlager feiert der Überraschungssieger bis nach 20 Uhr. Immer wieder schießt er Böllerschüsse vom Dach der Rothmans Hospitality. Während Villeneuve der verpassten Chance nachtrauert, relativiert Schumacher den eigenen Triumph: »Wenn Damon sein Auto nicht rausgesetzt hätte, wär's ganz anders ausgegangen.« Recht hat er, aber wenn er nicht so meisterlich gefahren wäre, ebenfalls.
Es ist der letzte Saisonsieg für Schumacher. In Portugal reicht es »nur« für Rang 3, in Suzuka kommt er auf Rang 2. Mit 59 Punkten ist Schumacher nach seiner ersten Ferrari-Saison hinter Hill (97 Punkte) und Villeneuve (78 Punkte) WM-Dritter – und das ist mehr, als zum Saisonbeginn zu erwarten gewesen war.

ERGEBNISSE UND AUSFÄLLE

1.	Michael Schumacher	Ferrari F310171	1:17.43,632 = 236,034 km/h
2.	Jean Alesi	Benetton-Renault B196-05	18,265 Sekunden zurück
3.	Mika Häkkinen	McLaren-Mercedes MP4/11-6	1.06,635 Minuten zurück
4.	Martin Brundle	Jordan-Peugeot 196/006	1.25,217 Minuten zurück
5.	Rubens Barrichello	Jordan-Peugeot 196/005	1.25,475 Minuten zurück
6.	Pedro Diniz	Ligier-Mugen JS43-05	1 Runde zurück
7.	Jacques Villeneuve	Williams-Renault FW18-3	1 Runde zurück
8.	Jos Verstappen	Footwork-Hart FA17-01	1 Runde zurück
9.	Johnny Herbert*	Sauber-Ford C15-03	2 Runden zurück/Motor
10.	Ukyo Katayama	Tyrrell-Yamaha 024-05	2 Runden zurück
	Ricardo Rosset	Footwork-Hart FA17-03	37. Runde, Lenkung
	Eddie Irvine	Ferrari F310170	24. Runde, Unfall
	Pedro Lamy	Minardi-Ford M195B-01	13. Runde, Motor
	Mika Salo	Tyrrell-Yamaha 024-02	10. Runde, Motor
	H.-H. Frentzen	Sauber-Ford C15-06	8. Runde, Aufhängung vorn
	Damon Hill	Williams-Renault FW18-6	6. Runde, Dreher
	Giovanni Lavaggi	Minardi-Ford M195B-04	6. Runde, Motor
	Gerhard Berger	Benetton-Renault B196-04	5. Runde, Getriebe-Hydraulik
	Olivier Panis	Ligier-Mugen JS43-04	3. Runde, Unfall
	David Coulthard	McLaren-Mercedes MP4/11-8	2. Runde, Unfall

*Nicht im Ziel, aber aufgrund der zurückgelegten Distanz gewertet

SCHNELLSTE RUNDE: (50. Runde) Michael Schumacher, Ferrari F310
1.26,110 = 241,226 km/h

Shell
GOODYEAR

Die Saison 1997

Den Vater des neuen F1-Champion nannte Niki Lauda respektvoll den »Giganten«, obwohl er es nie schaffte, Weltmeister zu werden. Aber Gilles Villeneuve, der am 8. Mai 1982 im belgischen Zolder tödlich verunglückte, ist bis heute unvergessen. Neben einer virtuosen Fahrzeugbeherrschung zeichnete ihn ein schier unglaublicher Mut aus. Jacques, das männliche seiner beiden Kinder, war damals gerade elf Jahre alt. 15 Saisons nach der Tragödie stellte dieser Jacques einen neuen F1-Rekord auf: Er holte den WM-Titel bereits im zweiten Anlauf! Das schaffte kein Clark, kein Stewart, kein Lauda, kein Prost – schon gar kein Mansell –, kein Senna und kein Schumacher. Streng statistisch rangieren als Blitzstarter nur Dr. »Nino« Farina und Juan-Manuel Fangio auf diesem Level. Die sammelten aber vor ihren Erfolgen bei zahlreichen Grand Prix, die nicht zur WM zählten, so viel Erfahrung, dass ein Vergleich nicht möglich ist. Besser als Villeneuve junior ist gerechnet nach der Länge des »Anlaufs« zum ersten Titelgewinn lediglich Emerson Fittipaldi. Der Brasilianer stand nach nur 25 Rennen als Champion fest, Jacques Villeneuve »erst« nach seinem 33.

Mit Jacques Villeneuve, Michael Schumacher, David Coulthard, Heinz-Harald Frentzen, Gerhard Berger und Mika Häkkinen trugen sich in der 48. WM-Saison des GP-Sports insgesamt sechs Piloten in die Siegerlisten ein. 20 der 26 eingesetzten Superlizenz-Inhaber eroberten mindestens einen WM-Punkt.
In Erinnerung wird die Saison 1997 aus den unterschiedlichsten Gründen bleiben. Michael Schumacher, der Weltmeister der Jahre 1994 und 1995, hatte für seine Niederlage im Titelkampf gegen Damon Hill vor Jahresfrist schöne Worte gefunden: »Ich habe den Titel nur an Damon ausgeliehen.« Um im Bild zu bleiben: Hill verlieh die Champion-Ehre jetzt frech an Villeneuve weiter ...
Der Zweikampf des Rheinländers gegen den Mann aus Quebec verlief über weite Strecken als indirektes Duell. Bis zuletzt begegneten sich die beiden nicht auf dem Siegerpodest. Und zum klassischen »Shoot-out« kam es erst beim Finale in Jerez de la Frontera, wo sich der Deutsche bei der Jagd nach dem Titel nicht unbedingt waidmännisch verhielt.
Nach den Scheckters, Fabis, Rodriguez' und Brambillas gab es mit den Schumachers endlich wieder einmal ein Brüderpaar, das es bis in die Formel 1 gebracht hat. Ralf, der Neuzugang, zählte zu der überdurchschnittlich guten Rookie-Truppe Jahrgang 1997: Der Kerpener, Jarno Trulli und Alexander Wurz erweisen sich als vielversprechende Talente mit Sieger-Qualitäten. Derart hochklassig wurde die Formel 1 wohl zuletzt 1984 aufgestockt, als Ayrton Senna, Stefan Bellof und Martin Brundle die Szene betraten.
Neuzugänge gab es auch auf dem technischen Sektor: Stewart GP und Prost GP bereicherten den GP-Sport. Wenn von den beiden Ex-F1-Weltmeistern Alain Prost nach den ersten 17 Rennen die Nase deutlich vor Stewart hat, gibt es dafür einen guten Grund: Der kluge »Professor« erwarb ein Second-Hand-Team und mußte deshalb – anders als der Schotte – de facto nicht bei Null anfangen. Einsteiger Bridgestone konnte im Debüt-Jahr den Platzhirsch Goodyear nur ärgern, nicht ernsthaft gefährden.

Da war es schon weitaus erfreulicher, wie widerstandsfähig sich das Ferrari-Chassis 178 zeigte. Von Michael Schumacher in Mogyoród äußerst unsanft auf die Kerbs geworfen, glaubten Ross Brawn und Co. vor Ort, die Leichtgewichts-Kohlefaserröhre in der Heimat entsorgen zu müssen. Bei genauerem Hinsehen im Werk stellte sich der Schaden dann jedoch als reparabel heraus. Die Nummer 178 wurde anschließend noch mehrmals eingesetzt und stand zuletzt im Kies der Dry-Sack-Kurve in Jerez im Rampenlicht...

Das Team Ferrari

Die Zielsetzung war eindeutig. Die 1996 – trotz der sommerlichen Zuverlässigkeitsprobleme – ansteigende Form sollte weiterhin stabilisiert werden, um 1998 zum ganz großen Schlag ausholen zu können. Um den Rückstand auf Williams zu verringern, wurden rechtzeitig die Weichen gestellt. Zum einen wurde mit Rory Byrne ein weiterer Ex-Benetton-Ingenieur verpflichtet. Der Südafrikaner, der eigentlich bereits einen Schlussstrich unter seine Formel 1-Karriere gezogen hatte, wurde von asiatischen Stränden weggeködert, wo er eine Tauchschule eröffnen wollte. Entsprechend verabschiedete Luca di Montezemolo John Barnard, der daraufhin zu Arrows wechselte. Punkt zwei im Rahmen der Vorbereitung betraf den Fahrplan. 1996 wurde die Neukonstruktion 18 Tage vor Beginn der Saison präsentiert. Zeit für die notwendigen Vorbereitungstests blieb damals nicht. Das Nachfolgemodell wurde 58 Tage vor dem Start in das neue Rennjahr vorgestellt.
Unerwartet entwickelte sich das Rennjahr dann zu einer echten Chance, erstmals seit der Leistung des Südafrikaners Jody Scheckter 1979 den Champion stellen zu können. Die Fahrkunst des deutschen Spitzenpiloten, das notwendige Glück und eine technische Finesse machten den Erfolg dann tatsächlich beinahe möglich, obwohl der Ferrari mit Sicherheit nicht die beste Konstruktion des Startfeldes war. Technische Überlegenheit gab es nur auf nasser Piste: Ein extrem gut funktionierendes Differential, erstmals auf der künstlich bewässerten hauseigenen Teststrecke in Fiorano ausprobiert, ließ Michael Schumacher bei entsprechender Witterung auf und davon fliegen. In Spa-Francorchamps war der Rheinländer jedenfalls dank spannungsvernichtender Überlegenheit unschlagbar und fuhr, wie der oft zitierte »Pilot vom anderen Stern«. Bis zu dem legendären Finale in Jerez konnte der Kerpener die Tür zum Titelgewinn offen halten. Dann der Schock und das Gefühl einer bitteren Niederlage.
Gemessen an den ursprünglichen Erwartungen konnte die Scuderia die Saison 1997 aber als Triumph abbuchen. Und das Team zeigte Qualitäten, die alte Untugenden vergessen ließen: Da war keine Spur vom berühmten »Grande Casino« – jenes hektische Chaos brach selbst dann nicht aus, als Villeneuve nach dem GP von Luxemburg plötzlich wieder Oberwasser hatte. Wenn der Haussegen zwischenzeitlich aus dem Lot geriet, dann nur wegen der Besetzung des zweiten Cockpits. Nicht nur einmal forderte die heimische »Stampa« die Ablösung des Nordiren Eddie Irvine. Aber Jean Todt behielt die Nerven und ließ den flippigen Briten nicht fallen. Tatsächlich hatte Michael Schumacher im Verlauf seiner F1-Karriere keinen Teamkollegen, der im Vergleich so gut abschnitt wie Irvine. Außerdem ordnete er sich bedingungslos unter. Der Stil, in dem er Schumacher in Suzuka assistierte, war vorbildlich, und er erforderte außerdem ein beachtliches Maß an Fahrkunst.

23. Sieg

Großer Preis von Monaco
Monte Carlo, 11. Mai 1997

»Schumi« ohne Gegner

In der Saison 1997 ist bislang nicht all zuviel zusammengelaufen für Michael Schumacher. Australien bringt mit einem zweiten Platz noch ein achtbares Ergebnis, in Interlagos rutscht er auf einen fünften Rang ab, und in Argentinien unterläuft dem Kerpener einer der seltenen Fahrfehler: Schon beim Start katapultiert er sich nach draußen und nimmt Coulthard mit. In Imola weist die Formkurve endlich wieder nach oben, er wird Zweiter hinter Heinz-Harald Frentzen. Und in Monaco, endlich, steht der Weltmeister wieder dort, wo er auch hingehört: Ganz oben.

Das alljährliche F1-Gastspiel in Monte Carlo ist eine Gratwanderung zwischen Autorennen und Party. Nirgendwo werden die Dollar-Millionen so gut sichtbar, wie im »Operetten-Staat« des greisen Landesvaters Rainier III. Hier wird der Reichtum nicht versteckt, hier wird er offen zur Schau getragen. Die Top-Verdiener lassen ihre Yachten im Hafen dümpeln – natürlich auf den sündhaft teuren Liegeplätzen in der »Schwimmbadbucht« und nicht im Dienstbotenbereich jenseits des Schlossfelsens.
Die Clique der Bootseigner begrüßt ein neues Mitglied: Ralf Schumacher, seines Zeichens Wahlmonegasse, hat seinem Boss Eddie Jordan das Powerboat »Snapper« abgekauft und zählt damit zum Kreis der Freizeitkapitäne. Und ein weiteres neues Fahrzeug ziert den Fuhrpark des Jordan-Piloten: Eine Harley Davidson. Ian Phillips, Commercial Director des Teams Jordan wundert sich: »Ralf kam zu mir und fragte, ob wir etwas dagegen hätten, wenn er das Bike in Teamfarben lackieren lässt – in Gold mit allem drum und dran. Ich sagte ihm, hmmm – das geht in Ordnung, keine Einwände.« Diese Episode, so Phillips, mache den Unterschied zwischen den Schumacher-Brüdern deutlich: »Michael hätte vermutlich gefragt, was wir ihm zahlen, wenn er in seiner Freizeit für uns Werbung macht ... «
Die winklige Piste – die Schwimmbad-Eingangskurve präsentiert sich allerdings erstmals in gut einsehbarer Linienführung – in den Häuserschluchten ist traditionell für jede Überraschung gut. Deshalb wundert sich niemand, dass Johnny Herbert donnerstags die Trainingsliste anführt. Mit einer Zeit von 1.21,188 Minuten distanziert der Sauber-Brite die Konkurrenz eindeutig. Boss Peter Sauber – »Man sollte nicht gleich von einem möglichen Sieg reden, nur weil man einmal im Training die Nase vorn hat« – philosophiert über den vermutlich sprunghaft ansteigenden Bierkonsum in Hinwil, und Clay Regazzoni, der alte Haudegen, ist »wieder einmal stolz, Schweizer zu sein«.
Jacques Villeneuve, der im Vorjahr hier so kläglich scheiterte, ist dritter hinter Herbert und Michael Schumacher. »Der Williams und ich«, erklärt er, »verstehen uns jetzt auch auf diesem Kurs glänzend.« Seine Gedanken gehen allerdings vermutlich auf

den Tag genau 15 Jahre zurück in die Vergangenheit. Damals starb sein Vater im belgischen Zolder den Rennfahrertod.
Freitags, die F1-Motoren bleiben traditionell stumm, tut sich etwas für Waisenkinder in der Dritten Welt. Zugunsten der Benachteiligten werden Einzelteile der Boliden und Piloten-Bekleidung versteigert. Umgerechnet fließt mehr als eine Viertelmillion Mark in den Wohltätigkeitstopf. Die Hauptattraktion ist ein Fragezeichen: 26.000 Mark werden für den Helm des Schnellsten im Qualifying hingeblättert. Morgen wird das Rätsel gelüftet werden, um wessen Kopfschutz es sich denn handelt.
Während sich die 22 Akteure für den Kampf um die Startplätze einschießen, wird bei Williams eine Story weitergesponnen, die bereits donnerstags nach dem klassischen Stammtisch-Motto »Weißt du noch ... « aufgegriffen wurde. Der letzte Williams-Sieg in Monaco geht auf das Jahr 1983 zurück. Damals gewann Keke Rosberg, der seinen Triumph einem gewagten Poker verdankte: Der Finne war trotz nassem Asphalt auf Slicks ins Rennen gegangen, und weil die Piste schnell abtrocknete, fuhr er einem sicheren Sieg entgegen. Einen solchen Coup zu wiederholen, da ist man sich bei Williams einig, wäre das Größte...
Im Qualifying legt Michael Schumacher die Latte mit einer Zeit von 1.18,235 Minuten bereits frühzeitig recht hoch. An dieser Leistung scheinen sich die Konkurrenten die Zähne auszubeißen. Nacheinander rennen sie vergeblich gegen diesen Wert an, der letztlich doch nur »zweite Wahl« sein wird. Heinz-Harald Frentzen, dessen Moral-Konto seit Imola keine roten Zahlen mehr aufweist, entreißt »Schumi« den besten Startplatz. Noch einmal geht der Ferrari-Star auf »Feindflug«, kann sich aber nicht steigern

– rien ne va plus, die Kugel bleibt endgültig auf »vier, gerade, kleinere Hälfte« liegen. Frentzen hat seine erste F1-Pole in der Tasche, obwohl ihn ein Handicap plagt. Bereits vor Tagen verletzte er sich den dicken Zeh des rechten Fußes auf seiner »Tanja«. Der Nagel schimmert stilecht in Mittelmeerblau, Aber Frentzen kennt keinen Schmerz. »Ich bat einen Mechaniker«, albert er gut gelaunt, »den Nagel zu durchbohren und mit einer kleinen Schraube zu sichern.« Und seine Chefs träumen unverändert von Rosberg und Monaco Jahrgang '83...

Regen macht vor dem Start die Reifenwahl zum Kinderspiel. Aber es ist nicht verboten, Fehler zu machen. McLaren-Mercedes, der komplette Vorstand aus Stuttgart zählt zu den Augenzeugen, stellt Mika Häkkinens Boliden trotz der Nässe auf Slicks. Über diesen Schachzug lässt sich durchaus diskutieren. Für den Fall der Fälle aber weshalb sollte sich die massive Schlechtwetterfront eigentlich in Nichts auflösen? – hätte man einen Joker. Immerhin steht Coulthard korrekt bereift auf seinem Startplatz.

Wie schon so oft, beziehen die beiden Williams-Renault sehr früh Stellung zwischen den weißen Markierungen. Das Team ist siegessicher. Der blauweiße Wetterspezialist hat die Regentropfen auf die Minute genau vorhergesagt, und der gute Mann weiß noch mehr: In 20 Minuten wird der Asphalt wieder abtrocknen. Der »Rosberg-Nummer« steht nichts mehr im Weg, zumal zwei Faktoren die Fehlentscheidung begünstigen: Schützende Bäume lassen die Niederschläge bei Start-und-Ziel geringer erscheinen, als sie tatsächlich sind. Außerdem fallen die Tropfen hinten beim Hotel Loews bereits dichter, aber davon ahnt diesseits des Casino-Hügels kaum jemand etwas. Einer weiß es jedenfalls ganz genau: Michael Schumacher. Der Kerpener nutzt die 15 Minuten zwischen Öffnung und Schließung der Boxenausfahrt intensiv. Beinahe verpasst er es sogar, rechtzeitig den Startplatz einzunehmen. Jetzt sitzt er am Steuer des T-car, das in fast allen Bereichen auf eine »Tauchfahrt« à la Barcelona 1996 abgestimmt ist. Nur die Pneus der Startnummer fünf signalisieren einen Kompromiss: Der Ferrari steht auf Intermediates.

Schon auf den ersten Metern macht Michael Schumacher deutlich, wer heute Herr im Haus ist. An Frentzen vorbei sticht er in die Ste. Devote-Schikane und katapultiert sich die lange Casino-Steigung hinauf. Das Bonmot seines Pressesprechers wird Wirklichkeit. »Bei Regen«, hatte Heiner Buchinger lächelnd orakelt, »kann Schumi keiner das Wasser reichen.«

Während Michael Schumacher souverän dem Sieg entgegenfährt, fordern die rutschigen Pistenverhältnisse erste Opfer: Pedro Diniz trifft es bereits in der Eröffnungsrunde. Der nächste Umlauf sieht Weltmeister Hill und das McLaren-Duo im Aus. Die Silberpfeile erwischt es eingangs der Schikane. Coulthard dreht sich; und für Häkkinen wird es beim fälligen Rückstau zu eng. Mercedes-Sportchef Norbert Haug spricht offen von einem »Alptraum«. Dr. h.c. Ron Dennis versteckt die Panne später hinter gestelzten Worten: »Einige Autos kamen ins Ziel und einige nicht – darunter unsere.« Bei Williams blickt der Wetterfrosch skeptisch nach oben. Selbst wenn die Bahn jetzt abtrocknen sollte – und danach sieht es nun wirklich nicht aus –, geht seine Rechnung nicht mehr auf. Nach drei beziehungsweise fünf Runden verlangen Villeneuve und Frentzen an den Boxen profilierte Gummis, die allerdings nicht mit der Trocken-Abstimmung ihrer Rennwagen harmonieren. Noch bleibt dem Williams-Meteorologen Zeit zu kündigen, um einer fristlosen Entlassung zuvorzukommen.

Nach nur zehn Runden führt Schumacher mit knapp einer halben Minute (!) Vorsprung vor Rubens Barrichello, dessen Teamkollegen Fisichella, Vorjahressieger Panis, Irvine und Salo. Der Spitzenreiter ist im Begriff, seine Schlappe aus dem Jahr 1996 – als er in der Startrunde bei der Anfahrt zur Virage du Portier ausrutschte – eindrucksvoll auszubügeln. Wie schwierig es ist, sich unter den gegebenen Witterungsbedingungen durchzuschlagen, zeigt ein Blick auf das Durchschnittstempo: Selbst auf seinen schnellsten Runden bleibt »Schumi« deutlich unterhalb von 110 km/h – für einen Monoposto geradezu lächerlich.

Aber gerade die PS stehen den Piloten hier im Weg. Wer mit ihnen im Grenzbereich nicht extrem sensibel haushaltet, der geht baden. Und der Grenzbereich ist überall. Da ist kein Streckenabschnitt, auf dem die Antriebsräder nicht durchdrehen, wenn sich der Gasfuß auch nur einen Millimeter zu weit absenkt.

Der erste Ferrari-Sieg in Monaco seit 1981, damals gewann Gilles Villeneuve für die Roten, wird immer wahrscheinlicher, zumal sich die Verfolger dezimieren: Runde zehn bringt das Aus für den Donnerstagshelden Johnny Herbert. Wieder wird in Hinwil der Bierkonsum hochschnellen, jetzt um den Frust wegzuspülen. Nur einen Umlauf später ist der Bruder des Führenden fällig. »Am Casino war ich zu schnell«, gibt er offen zu: Der Kontakt mit der Leitplanke hat ihn einen Podestplatz gekostet. »Ein Jammer! Es lief so gut, und dann war ich etwas zu unvorsichtig.« Niemand allerdings bezweifelt, dass der junge Heißsporn noch lernt, was alle F1-Fahrer lernen mussten: Rennen werden nicht nur mit dem Gasfuß gewonnen.

Wenig später gerät auch Villeneuve auf Abwege und muss an den Boxen mit verbogener Aufhängung kapitulieren. Mutter Joanne braucht die Daumen nicht mehr zu drücken. Nun ist es das Duell Panis contra Fisichella um Platz drei, das die durchweichten Fans auf den Tribünen jetzt in Atem hält.

Ein Zwischenfall in Runde 25 interessiert hingegen die Sauber-Truppe sehr: Nicola Larini unterläuft der fünfte und letzte Fahrfehler des Tages. Wieder einmal hat die Ferrari-Beigabe die Erwartungen nicht erfüllt. Team-Miteigner Fritz Kaiser: »Ich sage lieber gar nichts.« Aus der Diplomatensprache übersetzt, heißt das: Larini ist nicht länger tragbar.

Bereits jetzt zeichnet sich ab, dass die geplante Distanz von 78 Runden innerhalb von zwei Stunden keinesfalls abgespult werden kann. Nach 32 Umläufen lässt Schumacher seinen Ferrari betanken und frisch bereifen. Wenig später ist die endgültige Reihenfolge für den Zieleinlauf schon gefunden. Schumacher, der nach 40 Umrundungen des Casino mit einer Minute vorn liegt, folgen Barrichello, Irvine, Panis, Salo – der sich nicht ein einziges Mal an seiner Box sehen lässt (!) – und Fisichella. Der Jordan-Italiener, um den schon bald ein intensives Tauziehen zwischen Benetton und dem aktuellen Arbeitgeber beginnen wird, kämpft mit einem zusehends widerspenstigen Boliden, den er nach eigener Aussage nur dank äußerst defensiver Fahrweise auf der Piste halten kann.

Bevor die erlösende schwarzweiß-karierte Flagge nach Ablauf der 120-Minuten-Frist geschwenkt wird, erleben Michael Schumacher und seine Crew eine unerwartete Schrecksekunde: Zu Beginn der 53. Runde geht der Rheinländer ohne jede Not mit zuviel Dampf in die Schikane am Ende der Boxengeraden. Der Star hat Glück: An dieser Stelle befindet sich einer der insgesamt drei Notausgänge. Sekunden später liegt wieder der richtige Kurs an.

Ferrari-Rennleiter Jean Todt, der seine beiden Piloten auf dem Siegerpodest weiß, führt ausgelassen einen seiner bekannten Freudentänze auf – dieser Mann ist gleichermaßen aus Emotionen und Verstand zusammengesetzt. Schumacher-Manager Willi Weber lobt: »Michael ist eben unglaublich gut. Der hat im Hintern mehr Gefühl, als die anderen in den Fingerspitzen.« Dank seines Sieges übernimmt der Deutsche jetzt die Führung im Zwischenklassement der Fahrer-WM, und Irvines »Zusatz-Punkte« bringen die Scuderia auch in der Konstrukteurswertung auf Platz eins. Vom möglichen Titelgewinn will der große Held der monegassischen Wasserschlacht allerdings (noch) nichts wissen.
Abseits tröstet sich Frank Williams mit der Überlegung, dass seine Piloten wohl ganz vorn gelandet wären, wenn er sie auf Regenreifen ins Rennen geschickt hätte. Da kann Jackie Stewart auf Handfesteres zurückblicken. Der 57-jährige feiert nicht nur die allererste Zielankunft einer seiner Wagen, sondern auch einen zweiten Rang und damit sechs wertvolle Punkte. »Noch nie war ich nach einem GP glücklicher«, ruft er in absoluter Weihnachtslaune, »nicht nach einem meiner 27 Siege, nicht nach einem meiner drei WM-Titel.« Der Schotte geizt nicht mit lobenden Worten für seinen Piloten, und »Rubinho« widmet die unerwartete Platzierung seiner Mutter, was die gute Frau dem Muttertag verdankt. Drei Tage später gibt's ein Nachspiel. In der italienischen Zeitung »Tuttosport« wettert Nicola Larini: »So macht alles keinen Sinn mehr. Ich bin bei Sauber nur eine Nummer, damit die Formel 1 auf 22 Autos kommt. Hätte ich das gewusst, ich hätte nicht unterschrieben. Bei Sauber hat man nur für Herbert Augen.« Auch wenn aus Hinwil zunächst mit Funkstille auf die herbe Kritik reagiert wird, steht damit fest: Nicola Larini wird für Sauber keine einzige Runde mehr drehen. Mit der öf-

fentlichen Anklage hat sich der Italiener selbst vor die Tür gesetzt. Der Name des Nachfolgers wird bereits an der Gerüchte-Börse gehandelt: Gianni Morbidelli.
Für Schlagzeilen zwischen zwei Grand Prix sorgte auch Michael Schumacher: Am 17. März erhält der Ferrari-Star einen Spielerpass und ist damit für den schweizer Kicker-Club FC Aubonne spielberechtigt. Bereits am Pfingstsonntag spielt er für eine Halbzeit, was Bruder Ralf spotten lässt: »Ich dachte immer, der sei am Ball gut. Aber jetzt setzt ihn sogar der Trainer eines Klecker-Vereins auf die Bank ...«. Beim Spanien-GP ist Schumacher nicht in der Lage, wie gewohnt zu brillieren, seine Goodyears werfen Blasen, so dass er am Ende froh sein muss, auf einem vierten Platz einlaufen zu können. So reist Villeneuve mit drei Punkten Vorsprung zum Kanada-GP.

ERGEBNISSE UND AUSFÄLLE

1. Michael Schumacher	Ferrari F310B	2:00.05,654 = 104,264 km/h
2. Rubens Barrichello	Stewart-Ford SF-1	53,306 Sekunden zurück
3. Eddie Irvine	Ferrari F310B	1.22,108 Minuten zurück
4. Olivier Panis	Prost-Mugen JS45	1.44,402 Minuten zurück
5. Mika Salo	Tyrrell-Ford 025	1 Runde zurück
6. Giancarlo Fisichella	Jordan-Peugeot 197	1 Runde zurück
7. Jan Magnussen	Stewart-Ford SF-1	1 Runde zurück
8. Jos Verstappen	Tyrrell-Ford 025	2 Runden zurück
9. Gerhard Berger	Benetton-Renault B197	2 Runden zurück
10. Ukyo Katayama	Minardi-Hart M197	2 Runden zurück
Heinz-Harald Frentzen	Williams-Renault FW19	40. Runde, Unfall
Shinji Nakano	Prost-Mugen JS45	37. Runde, Unfall
Nicola Larini	Sauber-Petronas C16	25. Runde, Unfall
Jean Alesi	Benetton-Renault B197	17. Runde, Dreher
Jacques Villeneuve	Williams-Renault FW19	17. Runde Unfall
Ralf Schumacher	Jordan-Peugeot 197	11, Runde, Unfall
Johnny Herbert	Sauber-Petronas C16	10. Runde, Unfall
Jarno Trulli	Minardi-Hart M197	8. Runde, Unfall
David Coulthard	McLaren-Mercedes MP4/12A	2. Runde, Dreher
Mika Häkkinen	McLaren-Mercedes MP4/12A	2. Runde, Unfall
Damon Hill	Arrows-Yamaha A18	2. Runde, Unfall
Pedro Diniz	Arrows-Yamaha A18	1. Runde, Unfall

SCHNELLSTE RUNDE: (26. Runde) – Michael Schumacher Ferrari F310B;
153 315 = 106,937 km/h
Rundenrekord
Strecke in dieser Form erstmals gefahren

24. Sieg

Großer Preis von Kanada
Montreal, 15. Juni 1997

Auswärtssieg

Ausgerechnet beim Heimspiel des Francokanadiers Villeneuve punktet sein Erzrivale. Der Sieg beim Unfall-Festival in Kanada ist ein wichtiger Schritt hin zum dritten Titelgewinn. Von den eigentlich 69 Runden werden allerdings nur 54 gefahren, dann brechen die Verantwortlichen den Grand Prix ab. Entsprechend gedämpft ist auch die Freude auf dem Podium: Zu viel war passiert während des Rennens.

Gerhard Berger hat es auf der Anreise nur bis New York, wo er Werbeverpflichtungen nachgehen wollte, geschafft und entschließt sich mittwochs in der Wolkenkratzer-Gemeinde zur Rückkehr nach Europa. Trotz zweier Operationen hat er seine Kieferhöhlenentzündung nicht in den Griff bekommen. Die verordneten Antibiotika-Therapien kann der Tiroler nicht korrekt anwenden, weil er die medizinischen Mittel während der GP-Wochenenden immer wieder absetzen musste. jetzt will er sich gründlich auskurieren. Ersetzt wird der Bettlägrige durch seinen Landsmann Alexander Wurz.
Freitags wird Heinz-Harald Frentzen Tagessieger. Auf den Plätzen folgen Giancarlo Fisichella, Jacques Villeneuve, Jean Alesi und – als Spitzenmann der Bridgestone-Brigade – Olivier Panis. Johnny Herbert ist siebter, was bei dem Sauber-Briten sofort Erinnerungen wachruft: »In Melbourne, Imola und Monaco ging ich von dieser Position aus ins Rennen und schied jedes Mal aus ... «
Die in Barcelona grassierende Blasenkrankheit der Goodyear-Pneus ist nicht vergessen. Extrem sorgfältig werden die Gebrauchsspuren der Pneus unter die Lupe genommen. Niemand will erneut von seinen eigenen Reifen geschlagen werden.
Anders als in Spanien, wo »Schumi« von vorn herein in Pessimismus machte, spricht der Rheinländer jetzt offen von guten Chancen. Ein Ferrari-Ingenieur verrät: »Unser neuer Frontflügel ist der große Wurf. Schon nach wenigen Testrunden in Maranello stieg Schumacher aus und sagte, er sei begeistert.« Parallel holte sich Ferrari den FIA-Segen, die Drosselklappen des Motors unabhängig von der Gaspedalstellung steuern zu können. Ein Vorteil beim Start und dem Beschleunigen aus langsamen Kurven. In wenigen Tagen wird die Konkurrenz von einer »verkappten Traktionskontrolle« sprechen.
Im Qualifying ist Michael Schumacher mit einer Zeit von 1.18,661 Minuten auf Anhieb unglaublich schnell. Dann kann David Coulthard den Wert unterbieten – der Schotte scheint bei der Vergabe der Pole ein sehr ernstes Wörtchen mitsprechen zu können. Aber dann verabschiedet sich der neue F-Motor im Rücken des Kilt-Trägers, und mit dem Handling des Reserve-McLaren kommt Coulthard nicht gut zurecht. Der Kampf um den besten Startplatz wird zum Duell zwischen Schumacher und Villeneuve.
Der Lokalmatador verpasst die Zeit seines Gegners um eine Zehntel. 18 Minuten vor dem geplanten Ende der Sitzung legt der Deutsche die Latte noch höher: 1.18,159!

Acht Minuten vergehen bis zum nächsten Schuss. Den feuert Villeneuve ab. Auf den Tribünen bricht Jubel aus – 1.18,108. Dann knallt Wurz ausgangs der Schikane vor Start-und-Ziel gegen die äußere Betonmauer. TV-Zuschauer Gerhard Berger wird deswegen nicht gerade traurig sein...
Der Pole-Setter strahlt Überlegenheit aus: »Ich hätte noch schneller fahren können, aber in der Haarnadel war ich während der letzten Runde zu konservativ und verschenkte eine Zehntel.« Frentzen lobt die Leistung seines alten Widersachers aus vergangenen F3-Tagen und entschuldigt sich für Platz vier: »Verkehr beim letzten Versuch. Eigentlich war Rang drei mein Minimalziel, aber ich wurde aufgehalten und da ging nichts mehr.«
Der Mann, der sich zwischen das Super-Duo und den Mönchengladbacher schieben konnte, heißt Rubens Barrichello, und die Leistung des Brasilianers erinnert an biblische Wunder. Niemand hatte den untermotorisierten Stewart so weit vorn erwartet. »Psssst – das war unser neuer 3,5-Liter-V10«, sagt Jackie Stewart im Vorübergehen und legt den Zeigefinger der Rechten vor die Lippen.
Dank Miniflügeln à la Tiefkühlhähnchen, die sogar auf dem klassischen Low-Downforce-Kurs von Hockenheim überrascht hätten, sind Magnussen und Barrichello trotz eines PS-Handicaps von circa 80 PS die schnellsten auf der langen Geraden im Anschluss an die Haarnadelkurve. In den Schikanen und Kurven kann der Däne allerdings nicht mit seinem Teamkollegen mithalten und verliert 2,1 Sekunden auf ihn. Rubinho versucht eine Erklärung: »Wir spielten viel mit der Bodenfreiheit – das half. Außerdem ist der SF-1 aerodynamisch gelungen. Furchtbar viel Flügel braucht der gar nicht.« Eventuell wäre der Südamerikaner noch weiter vorn gelandet, aber zweimal stand ihm Damon Hill bummelnd im Weg und war nicht bereit, seinen Hintermann vorbeizulassen. »Unglaublich«, wettert Barrichello, »der steht zwar unter Druck, aber das war eine Frechheit wir spielen doch schließlich alle dasselbe Spiel.«
Zu den Verlierern des Qualifying zählt Olivier Panis, der Barcelona-Zweite. Große Hoffnungen hatte er auf den WM-Lauf in Kanada gesetzt. Jetzt fand er sich in der Startaufstellung nur als Zehnter wieder.
Kurz nach dem Start erhält der Prost-Pilot allerdings wieder eine kalte Dusche. Vorn gelingt Michael Schumacher ein Superstart. Vor Villeneuve, Alesi und Fisichella sticht der Rheinländer in die erste Kurve. Damit kann er zunächst einmal durchatmen. Weiter hinten wird hingegen reichlich Adrenalin freigesetzt: Panis »schubst« Häkkinens Silberpfeil an. Nakano räumt Magnussen von der Piste. Und schließlich rumpelt Irvine über Trümmerteile, was sein Ferrari mit einem irreparablen Schaden quittiert. Damit sind der Finne, der allerdings noch bis an seine Box rollt, der Däne und Schumachers »Leutnant« bereits out. Panis findet sich nach einem kurzen Reparaturstopp als letzter wieder.
Und weiter geht es nach dem Zehn-kleine-Negerlein-Prinzip. Als nächsten erwischt es einen der ganz dicken Fische: Jacques Villeneuve! Der Lokalmatador verbremst sich zum Ende des zweiten Umlaufs und landet an der Mauer. Für einige der 120.000 Fans gibt es jetzt keinen Grund mehr, das Spektakel live zu verfolgen. Während diese Extremisten dem Ausgang zustreben, gibt Villeneuves Körpersprache die Antwort auf die Schuldfrage... In der Box dann die verbale Erklärung des Kanadiers: »Meine Schuld! Das war ein Anfängerfehler.« Relativ relaxed sei er Schumacher gefolgt und habe zugeschaut, wie der die Reifen seines Ferrari strapazierte. Er selbst habe die

Pneus geschont und kam sich keineswegs zu schnell vor, als er die Schikane anging. »Aber«, räumt er entschuldigend ein, »verdammt glatt war's schon.«
An der Spitze wird Schumacher der Ältere wegen des Patzers seines prominenten Verfolgers keineswegs arbeitslos. Jetzt macht Giancarlo Fisichella Druck. Der Italiener sucht und findet Zehntel, Hundertstel und Tausendstel. Nur ganz weit hinten fliegt jemand noch schneller um den Kurs: Olivier Panis, der sich trotz seiner misslichen Lage noch lange nicht geschlagen gibt.
Runde sechs bringt den nächsten Crash. Ukyo Katayama, der seine Fühler bereits vorsichtig in Richtung CART-Serie ausstreckt, fliegt ab. Um den Minardi des Asiaten in Ruhe aus der Schusslinie bringen zu können, entschließen sich die Verantwortlichen im Control-Tower, Michael Schumacher einen Mercedes C36 vor die Nase zu setzen: Das Safety-Car übernimmt das Kommando. Alles schließt auf und fällt ins Bummeltempo. Die Goodyear-Piloten danken dem Himmel. Die Schleichfahrt ist Balsam für die blasengefährdeten Gummis. Und auch einer der Bridgestone-Piloten ist happy: Panis, der nun immerhin den Anschluss findet.
Weltmeister Damon Hill nutzt die »Full-Course-Yellow-Situation« zu einem klugen Boxenstopp. Die Lenkung des Arrows vibriert fürchterlich. Weshalb sich Heinz-Harald Frentzen erst dann zwischen seiner Crew einbremst als das Rennen wieder freigegeben ist, wird eins der großen Geheimnisse des Teams bleiben... »HHF« lässt seinen ersten Satz Gummis entsorgen, weil der linke Hinterreifen aufgrund zahlreicher Pusteln keinen Grip mehr aufbaut.
Fünf Unfälle sind bereits registriert der erste technisch bedingte Ausfall lässt weiterhin auf sich warten. Vorn unverändert der rote Ferrari, dahinter Fisichella, Alesi und Coulthard. Dann folgt der Bruder des Spitzenreiters und hinter ihm ein nassforscher Alexander Wurz, dessen Auftritt so gar nichts von einer Jungfernfahrt hat. Qualifying-

Shocker Barrichello quält sich am Steuer des Stewart-Muletto, dessen Motor etwas schwach auf der Brust ist, auf Platz neun.
Dann ereignet sich Unfall Nummer sechs, der leider immer noch nicht den Höhepunkt der Crashserie darstellt. Aber es ist der bis dahin weitaus böseste Abgang des Tages: Am Ende der Boxengeraden kommt der Jordan-Peugeot von Ralf Schumacher zu Beginn der 15. Runde extrem spitzwinklig vom rechten Weg ab. Der Pilot steckt den dramatischen Zwischenfall als Bagatelle weg. Natürlich ärgert er sich über den Ausfall, aber der Unfall löst weder einen Schock noch Schuldgefühle aus: »Mit solchen Dingen muss man rechnen, das gehört zum Geschäft. Vermutlich platzte der linke Hinterreifen – ich konnte das Auto jedenfalls nicht mehr kontrollieren.« Nach einem Blick auf die Telemetriedaten revidiert »Schumi II« seine Aussage: »Der Reifen war's nicht, aber die wahre Ursache ist unbekannt.« Eine spätere Analyse ergibt, dass vorn rechts der untere Dreiecksquerlenker brach.
An der Spitze kann »Fisico« nicht mehr mit Michael Schumachers Tempo mithalten. Von der 16. bis zur 24. Runde fällt der Italiener von 1,7 auf 8,2 Sekunden zurück. Dann steuert das Duo Fisichella/Alesi die Boxen an. Nach dem Service geht es in umgekehrter Reihenfolge weiter, nachdem der Franzose von seiner Crew perfekt bedient wurde. Schumacher führt jetzt vor David Coulthard, der auf nur einen Boxenhalt setzt. Nach 28 Umläufen liegt der Schotte vorn. Trotz eines Quickstop von nur 7,6 Sekunden Dauer rutschte Schumacher hinter den Silberpfeil auf Rang zwei. Wenn plötzlich Dramatik in der Luft liegt, dann weniger wegen der neuen Reihenfolge, als wegen der schnellen Runden Coulthards: Der Pechvo-

gel des Trainings kontrolliert das Geschehen, der Jäger hat wenig Freude an seinen Reifen und kann entsprechend keinerlei Druck auf den Leader ausüben.
Runde 32 bringt eine kleine Sensation. Das Feld wird um einen weiteren Piloten reduziert, und erstmals lautet die Ausfallursache nicht »Unfall«. Ein Motorschaden stoppt die Fahrt von Jarno Trulli, der noch in den Niederungen der F1-Hierarchie herumdümpelt und nichts von seinem raschen Aufstieg innerhalb von nur zwei Wochen ahnen kann.
Sieben Umläufe später biegt Coulthard in die Boxengasse ab. Lange 10,5 Sekunden dauert der Stopp des Schotten, aber er nimmt ja schließlich den kompletten Sprit für die Restdistanz an Bord. jetzt liegt der McLaren-Mercedes auf der Siegerstraße. »Schumi« führt zwar wieder, aber der Kerpener braucht noch einmal Gummis und Sprit: Führungswechsel Nummer drei ist damit nur eine Frage der Zeit und geht nach 39 Runden tatsächlich über die Bühne. Auch Johnny Herbert scheint nun von seiner Ein-Stopp-Strategie zu profitieren. Scheint, denn beim Verlassen der Boxen versagt der Speedlimiter, und der Sauber-Fahrer wird jenseits der erlaubten 120-km/h-Grenze gemessen. Prompt muss er zehn Sekunden »Nachsitzen«, was ihn einen Podestplatz kostet.
Nach 50 Runden beginnt das furiose Finale: Zunächst taucht Schumacher überraschend erneut an den Boxen auf, um einen total maroden Reifensatz auswechseln zu lassen. Bei Williams lässt Frentzen, inzwischen auf Platz drei vorgespült, seinen letzten Routine-Service machen. Jetzt kann Coulthard ungefährdet seinem zweiten Saisonsieg entgegenbummeln. Als auch er, nach 51 Runden, seine Mechaniker fordert, handelt es sich um einen reinen Sicherheitsstopp. Die leichte Blasenbildung auf den Pneus zwingt ihn keineswegs zum Halt.
Der Stopp wird zum Desaster: Gleich zweimal würgt der Spitzenreiter bei Anfahrversuchen den Motor ab, scheinbar arbeitet die Kupplung nicht. Die aber wurde erst vor wenigen Minuten vorsorglich per Telemetrie ebenso wie das Getriebe durchgecheckt. Tatsächlich versagt lediglich der Bedienungsknopf, und Coulthard kommt nicht auf die rettende Idee, den zweiten Kupplungshebel zu bedienen... Michael Schumacher und fünf weitere Kollegen fliegen vorbei, bevor sich der Silberpfeil endlich wieder in Bewegung setzt.
Unmittelbar darauf knallt Olivier Panis mit knapp 250 km/h in die Begrenzung des schnellen Rechtshänders mit Namen »Nr. 5« auf der Rückseite des Kurses. Sofort wird deutlich, dass der Pilot verletzt ist. Ein zweites Mal an diesem Tag geht das Safety-Car auf Streife. Während Panis mit doppelten Brüchen beider Beine geborgen und versorgt wird, entscheidet die Rennleitung, den GP abzubrechen.
Michael Schumacher ist froh über den geschenkten Sieg, David Coulthard ärgert sich über den verschenkten. Das deutsch-französisch-italienisch besetzte Podium erlebt diesmal keine Champagner-Orgie. Nicht einmal Fisichella, der erstmals auf dem F1-Treppchen steht, wagt es, sich öffentlich zu freuen! Niemand kennt die genaue Diagnose, die von Spezialisten der Sacre Coeur Klinik in Montreal erstellt wird. Teamchef Alain Prost schließt einen Fehler von Panis als Unfallursache aus. Möglicherweise bekam die Aufhängung des JS45 einen Knacks, als er die Leitplanken berührte. Vor seinem letzten Pit-Stop meldete der Franzose diesen Zwischenfall per Sprechfunk. Erst Ende September wird Olivier Panis, der als Dritter des Zwischenklassements nach Montreal gereist war, wieder mit um Punkte kämpfen. Schumacher liegt nun mit sieben Punkten vor Villeneuve, der 30 Punkte hat. Die Saison bleibt spannend.

ERGEBNISSE UND AUSFÄLLE

1. Michael Schumacher	Ferrari F310B	1:17.40,646 = 184,404 km/h
2. Jean Alesi	Benetton-Renault B197	2,565 Sekunden zurück
3. Giancarlo Fisichella	Jordan-Peugeot 197	3,219 Sekunden zurück
4. Heinz-Harald Frentzen	Williams-Renault FW19	3,768 Sekunden zurück
5. johnny Herbert	Sauber-Petronas C16	4,716 Sekunden zurück
6. Shinji Nakano	Prost-Mugen JS45	36,701 Sekunden zurück
7. David Coulthard	McLaren-Mercedes MP4/12A	37,753 Sekunden zurück
8. Pedro Diniz	Arrows-Yamaha A18	1 Runde zurück
9. Damon Hill	Arrows-Yamaha A18	1 Runde zurück
10. Gianni Morbidelli	Sauber-Petronas C16	1 Runde zurück
11. Olivier Panis*	Prost-Mugen JS45	3 Runden zurück/Unfall
Mika Salo	Tyrrell-Ford 025	47. Runde, Motor
Jos Verstappen	Tyrrell-Ford 025	43. Runde, Hydraulik
Alexander Wurz	Benetton-Renault B197	36. Runde, Getriebe
Rubens Barrichello	Stewart-Ford SF-1	34. Runde, Getriebe
Jarno Trulli	Minardi-Hart M197	33. Runde, Motor
Ralf Schumacher	Jordan-Peugeot 197	15. Runde, Unfall
Ukyo Katayama	Minardi-Hart M197	6. Runde, Gaspedal
Jacques Villeneuve	Williams-Renault FW19	2. Runde, Unfall
Eddie Irvine	Ferrari F310B	1. Runde, Unfall
Mika Häkkinen	McLaren-Mercedes MP4/12A	1. Runde, Unfall
Jan Magnussen	Stewart-Ford SF-1	1. Runde, Unfall

*Nicht im Ziel, aber aufgrund der zurückgelegten Distanz gewertet

SCHNELLSTE RUNDE: (37. Runde) – David Coulthard,
McLaren-Mercedes W4/12A;
1.19,635 = 199,856 km/h;
Neuer Rundenrekord

25. Sieg

Großer Preis von Frankreich
Magny-Cours, 29. Juni 1997

Furioses Finale

In Frankreich ist es zunächst Villeneueve, der für Schlagzeilen sorgt. Immerhin zeigt er sich lange nicht so besorgt um seinen Kollegen wie andere. Sind das etwa alles nur Heuchler? Wie gut, dass wenigstens auf der Piste klare Verhältnisse herrschen: Michael Schumacher dominiert.

Jacques Villeneuve klagt über die Reaktionen vieler seiner Kollegen auf den Panis-Unfall vor elf Tagen. »Jeder sollte in Ruhe darüber nachdenken«, mahnt der 26-jährige, »was wirklich passiert ist. Olivier brach sich beide Beine. Das ist doch keine Katastrophe! Das passiert doch jedem im Leben. Wieviele Skifahrer brechen sich jeden Winter die Beine? Jeder, der immer noch jammert, sollte zurück auf den Teppich kommen.«
Mit dieser Aussage verstößt Villeneuve gegen die political correctness der Szene. Oder: Er hat absolut recht, aber diese Wahrheit sagt man doch nicht laut... Es hagelt Kritik, obwohl sich der Williams-Pilot bemüht, Missverständnissen vorzubeugen: »Oliviers Saison war bis zum Unfall großartig, deshalb ist es für ihn schrecklich, was passierte. Ich habe auch Verständnis dafür, dass die Stimmung auf dem Podium in Montreal gedämpft war – niemand wusste genau, wie schwer die Verletzungen waren. Aber jetzt ist es doch nur gespielte Bestürzung.«
Vor zehn Jahren, so fährt er fort, seien die Gefahren zehn Mal größer gewesen, die Pilotengagen hingegen zehn Mal geringer. »Wir kennen die Restrisiken«, mahnt er, »und haben keinerlei Grund zur Beschwerde. Sollte ich während eines Grand Prix tödlich verunglücken, möchte ich nicht, dass das Rennen deshalb abgebrochen wird!«
Weniger hohe Wellen schlagen Gerüchte um das Team Jordan. Der Boss scheint kurz vor einer Einigung mit Honda-Mugen für die Saison 1998 zu stehen. Tatsächlich wird dieser Deal bereits in Silverstone offiziell verkündet, aber noch ist es nicht so weit. Nach intensiven Verhandlungen mit einer Mugen-Delegation sieht man nur versteinerte Gesichter und einen extrem nervösen Eddie Jordan, der allerdings kein Wort über die Hintergründe verraten will. Offen äußert er sich hingegen zu Vermutungen, Damon Hill werde für die kommende Saison engagiert: »Nein! Auf gar keinen Fall. Der hatte seine Chance und nutzte sie nicht. Niemals mehr wird er ein Angebot erhalten.«
Der Österreicher Gerhard Berger fehlt wie bereits in Kanada aus gesundheitlichen Gründen. Erneut wird er durch Alexander Wurz ersetzt. Der Benetton-Testpilot ist der einzige aktive F1-Fahrer, der auf Entfernung an seinen Füßen erkannt wird: Rechts trägt er einen blauen Rennfahrerschuh, links einen roten.

1997 – Magny-Cours, 29. Juli 1997

Der Unfall des Franzosen Olivier Panis macht erneut Personalveränderungen notwendig. Im Cockpit des JS45 sitzt entgegen den ursprünglichen Erwartungen nicht Emmanuel Collard, sondern Jarno Trulli. Der junge Mann, der erstmals als Champion der deutschen Formel 3-Meisterschaft auf sich aufmerksam gemacht hatte, wurde von Minardi ausgeliehen. Damit steht Giancarlo Minardi vor der Aufgabe, ein frei gewordenes Cockpit zu besetzen. Das Team aus Faenza entschied sich für den hauseigenen Testpiloten Tarso Marques, der es bereits als Teenager bis in die Formel 3000 gebracht hatte. Und noch eine weitere Neubesetzung wird registriert: Nachdem sich Gianni Morbidelli bei Tests in Magny-Cours den linken Unterarm gebrochen hatte – »Nie mehr lasse ich beim Aufprall die Hände am Lenkrad« –, muss auch Peter Sauber für Ersatz sorgen.
Die Wahl fällt auf Norberto Fontana, der aus Japan – wo er an der Formula Nippon-Meisterschaft teilnimmt – eingeflogen wird. Obwohl Fontana offiziell die Planstelle des Sauber-Testpiloten bekleidet, kennt er den aktuellen C16 nicht. Peter Sauber warnt den Südamerikaner: »Wenn du willst, kannst du fahren. Aber wenn du mich fragst, dann sage ich dir, tu's nicht!« Der Argentinier will nicht hören. Zum Ende des Jahres wird die Formel 1-Karriere des 22-jährigen beendet sein, bevor sie erst richtig begonnen hat...
Eine Vorentscheidung im Kampf um die Pole-Position fällt bereits im freien Samstags-Training. Jacques Villeneuve baut in der ersten Schikane einen spektakulären Unfall. Rückblickend wird Williams-Konstrukteur Patrick Head 36 Stunden später sagen: »Dieser Crash kostete jacques den besten Startplatz und den Sieg.«

Diese Theorie wird sich niemals beweisen lassen. Aber es ist eine Tatsache, dass der Kanadier die Zeitenjagd am Steuer des Reserve-Williams beginnen muss und zunächst am unteren Ende der Top-Ten dahindümpelt. Den Ton gibt Michael Schumacher an, der bereits im Vorjahr Bestzeit fuhr, dann aber gar nicht am Rennen teilnahm!

Während sich vorn ein Duell Michael Schumacher gegen Imola-Sieger Heinz-Harald Frentzen abzeichnet, »vergattert« Alain Prost seinen Neuzugang Trulli: »Du brauchst uns nicht zu beweisen, dass du ein ausgezeichneter Rennfahrer bist. Wenn du unbedingt mit dem Kopf durch die Wand willst, dann versuche das bitte erst in der allerletzten Runde.« Der Italiener signalisiert nickend Zustimmung – klar Chef, das Auto wird frühestens in die Leitplanken gesetzt, wenn eine brauchbare »Sicherheitsrunde« in den Büchern steht.

Die ersten drei (!) Ränge sind fest in deutscher Hand, als Trulli in der Schlussminute alles auf eine Karte setzt. Eine Sensation liegt in der Luft, als der Italiener bei der ersten Zwischenzeit mit absoluter Bestzeit gestoppt wird. Aber bis ins Ziel kann er das infernalische Tempo nicht durchhalten. Zehntel um Zehntel fällt er zurück, doch seine Leistung reicht zum sechstbesten Startplatz hinter dem schwarz-rot-goldenen Trio, Villeneuve – der sich in seinem reparierten Rennwagen mächtig steigern konnte – und Eddie Irvine.

Während der obligatorischen Pressekonferenz der drei Schnellsten des Zeittrainings drängeln sich ausnahmsweise auch die Fotografen: Die einzigartige nationale Zusammenstellung und die verwandtschaftliche Verflechtung will jeder im Foto festhalten.

Fontana qualifiziert sich für die vorletzte Startreihe, verliert aber auf seinen Team-Kollegen Johnny Herbert 1,5 Sekunden! Ohne vorherige Tests ist der Argentinier der Aufgabe nicht gewachsen, zumal er unter unglaublich großem Druck steht. Aus Buenos Aires sind gut zehn Journalisten angereist, um vom F1-Debut des Wunderknaben zu berichten. Carlos Reutemann, Vizeweltmeister der Saison 1981, hat ein handschriftliches Fax geschickt – in der Heimat hofft man auf einen neuen Fangio.

Regnet es erneut, oder bleiben die dunklen Wolken auf Distanz? Das war die große Frage, als sich die 22 Piloten auf den Start vorbereiteten. Villeneuve entschloss sich nach dem verregneten Warmup für ein Nässe-Set-up – viel Flügel, weiche Abstimmung mit relativ großer Bodenfreiheit. Damit, aber das weiß noch niemand, hat er vorläufig total verwachst.

Beim Start nutzt Michael Schumacher, der seine Chancen zuvor recht pessimistisch beurteilt hatte, den Vorteil der besten Ausgangsposition und führt das Feld an. Dahinter liegen Frentzen, Irvine und Villeneuve. Der kleine »Schumi« folgt erst hinter dem Kanadier, nachdem er auf den ersten Metern zwei Plätze verschenkte. Irvine, der große Gewinner des Sprints zur ersten Kurve, wundert sich: »Mein Start war schlecht. Die Räder drehten zu sehr durch – aber andere machten es offenbar noch schlechter als ich.«

An der Spitze baut sich Michael Schumacher – wie sein Teamkollege erstmals mit dem V10 Jahrgang 1997 im Rücken – kontinuierlich einen Vorsprung auf. Mindestens 0,5 Sekunden nimmt er »HHF« pro Runde ab. Der staunt nicht schlecht: »Ich machte Druck, und trotzdem fuhr er mir weg! Es gab nur eine Erklärung, Michael wird drei Stopps einlegen.«

Aber der Ferrari-Pilot ist in Wahrheit mit einer Zwei-Stopp-Taktik unterwegs, und trotzdem »fliegt« er davon. Nach zehn Umläufen hat er sieben Sekunden zwischen sich und Frentzen gelegt. Und der Mönchengladbacher wiederum ist außer Reichweite von Eddie Irvine, der Jacques Villeneuve kontrolliert. Hinter dem Francokanadier folgen Ralf Schumacher, das McLaren-Duo mit dem Schotten in der besseren Position, Trulli und die beiden Benetton in der Reihenfolge Alesi vor Wurz, der den Franzosen mächtig bedrängt.
Das Schlusslicht ist zu jenem Zeitpunkt der Vorjahressieger und amtierende Weltmeister Damon Hill, der seinem Arrows nach einem Startkurven-Gemenge eine neue Nase verpassen lassen musste. Marques (Minardi-Hart) und Nakano (Prost-Mugen) erging es zum Auftakt noch schlechter: Beide bezahlten das Start-Scharmützel mit Ausfällen.
Nach 22 Runden holt der Spitzenreiter Sprit und Gummis. Glatte acht Sekunden braucht die wuselnde Crew, dann gibt er wieder Gas. Einen Umlauf später wird Frentzen in 8,3 Sekunden abgefertigt, muss sich dann allerdings gedulden, weil Irvine – auf die Zehntelsekunde genau zum falschen Zeitpunkt – zum Service rollt. Für den deutschen Williams-Fahrer ist das kein Grund, mit dem Schicksal zu hadern, denn Michael Schumacher ist an diesem Tag eine Klasse für sich. Offenbar ist der Ferrari F310B weitaus besser als der Kerpener Chauffeur zugibt...
Während sich dunkle Regenwolken immer beunruhigender auftürmen, liegt der Ferrari nach 26 Runden mit 15 Sekunden Vorsprung auf Frentzen in Front. Dann ein Acht-Sekunden-Loch, bevor Irvine auftaucht und ein weiteres von elf Sekunden Dauer zu Villeneuve, der seit seinem Halt mit flacherem Heckflügel unterwegs ist. Dahinter folgt Qualifying-Star Trulli, der noch nicht an den Boxen war und sich deshalb an Schumacher dem Jüngeren vorbeischieben konnte. Das Rennen hat zu diesem Zeitpunkt kaum das Prädikat »extra prickelnd« verdient. Etwas mehr als 20 Runden sind noch zu fahren, da fallen tatsächlich die lange erwarteten Tropfen. Von »Regen« zu sprechen wäre übertrieben, dennoch pflanzen auf den Tribünen die Fans bunte Regenschirme. Die Superlizenz-Inhaber indes bleiben bei ihren Boxenstopps den Slicks treu. Mit einer Ausnahme: Jarno Trulli bekommt nach 52 Runden Intermediates verpasst. Boss Prost geht ins Risiko, denn die feuchten Flecken auf dem Asphalt rechtfertigen den Einsatz profilierter Pneus zunächst nicht. Trulli fällt zurück.
Als es ab Runde 62 wirklich stark zu regnen beginnt, sind Trullis Reifen schon derart abgescheuert, dass sie jetzt keinen Vorteil mehr bringen können. Die tückischen Bedingungen überfordern kurzfristig sogar einen Michael Schumacher, der bekanntlich kein bisschen wasserscheu ist: Zu Beginn des 63. Umlaufs pflügt er in Kurve eins durch den Kies. Behutsam lenkt er den roten Boliden zurück auf den Asphalt. Sein Erster und einziger Fehler des Nachmittags kostet ihn unterm Strich fünf Sekunden. Da das Guthaben-Konto des Rheinländers inzwischen eine halbe Minute aufweist, hat dieser Ausrutscher keine Folgen.
An der Spitze lassen sich die beiden Deutschen durch ihre Crews gegenseitig belauern. Einem möglichen Pneu-Wechsel des anderen will man sofort ebenfalls mit Regenreifen begegnen. Aber keiner tut den ersten Schritt, also braucht niemand zu kontern.
Andere legen keinen Wert darauf, ihre Autos auf Slicks ins Ziel zu balancieren. Ralf Schumacher holt sich ebenso wie Irvine, Villeneuve und Alesi Intermediates. Wurz nicht, und prompt fliegt der Österreicher ab. Villeneuve passt der Boxenstopp zum

Zeitpunkt der 67. Runde nicht. Er verliert zwei Plätze an Coulthard und Schumacher jr., was ihn später zu Kritik veranlasst: »Wir hätten früher halten sollen oder gar nicht!«
Die beiden letzten Runden werden zum Krimi, der für das vorausgegangene Spannungstief entschädigt: Zunächst fliegt Villeneuve an Ralf Schumacher und Coulthard vorbei. Dann macht der Schumacher-Jordan Team – Kollege Fisichella am Steuer des Ersatz-Autos spielt überhaupt keine Rolle – einen Abstecher durch den Kies. Wie zuvor sein Bruder kommt er wieder frei. Damit nicht genug: Jetzt greift Alesi den Schotten Coulthard an und rempelt ihn von der Piste. Der McLaren-Pilot: »Normalerweise versucht der Hintermann, rechts oder links anzugreifen – Jean probierte es in der Mitte! «
Den Zielstrich vor Augen, winkt Michael Schumacher seinen kleinen Bruder vorbei. Dank dieses umsichtigen Manövers darf der Jordan-Pilot eine weitere Runde drehen, die ihm einen WM-Punkt bringt. In Ungarn wird Ralf den Zähler artig zurückgeben...
Frentzen wird abgewinkt, und dann ein letzter Paukenschlag: In der Bergab-Passage vor der Virage du Lycée greift Villeneuve seinen Vordermann Irvine an. Viel zu spät ist der Kanadier auf der Bremse und fliegt ab. Irvine: »Ich weiß nicht, was Jacques machte. Plötzlich war er aus meinen Rückspiegeln verschwunden.« Verzweifelt gibt Villeneuve dem ramponierten Williams die Sporen und rettet sich knapp vor Alesi über die Linie!
Schumachers Überlegenheit lässt Villeneuve nachdenklich werden. »Ich beginne, mir Sorgen um den Titel zu machen«, erklärt er, »aber noch ist alles offen. Das Rezept ist ja eigentlich ganz einfach – ich brauche ihn nur zu besiegen.«

Beim nächsten Großen Preis, dem in Silverstone, sieht es nicht so aus, als ob ihm dies gelingen könnte: Schumacher liegt klar in Führung, als sich in der 39. Runde mit bläulichem Rauch das linke hinetere Radlager des führenden Ferrari verabschiedet.
Beim darauf folgenden Großen Preis von Deutschland hält der Ferrari wieder durch, der Rheinländer belegt hinter dem Benetton-Fahrer Gerhard Berger den zweiten Rang.
Bei der nächsten Station des F1-Zirkus, am 10. August in Ungarn, muss Schumacher nach einem Trainingscrash mit dem T-car ins Rennen. Dennoch führt der Trainingsschnellste auch hier, allerdings werfen die Reifen Blasen. Ross Brawn: »Die Niederlage geht auf unsere Kappe. Michael fuhr in der Eröffnungsphase des Rennens zu schnell. So ruinierte er die Pneus.« Villeneuve gewinnt...

ERGEBNISSE UND AUSFÄLLE

1. Michael Schumacher	Ferrari F310B	1:38.50,492 = 185,639 km/h
2. Heinz-Harald Frentzen	Williams-Renault FW19	23,537 Sekunden zurück
3. Eddie Irvine	Ferrari F310B	1.14,801 Minuten zurück
4. Jacques Villeneuve	Williams-Renault FW19	1.21,784 Minuten zurück
5. Jean Alesi	Benetton-Renault B197	1.22,735 Minuten zurück
6. Ralf Schumacher	Jordan-Peugeot 197	1.29,871 Minuten zurück
7. David Coulthard	McLaren-Mercedes MP4/12A	1 Runde zurück/Unfall
8. Johnny Herbert	Sauber-Petronas C16	1 Runde zurück
9. Giancarlo Fisichella	Jordan-Peugeot 197	1 Runde zurück
10. Jarno Trulli	Prost-Mugen JS45	2 Runden zurück
11. Ukyo Katayama	Minardi-Hart M197	2 Runden zurück
12. Damon Hill	Arrows-Yamaha A18	3 Runden zurück
Mika Salo	Tyrrell-Ford 025	62. Runde, Elektrik
Alexander Wurz	Benetton-Renault B197	61. Runde, Dreher
Pedro Diniz	Arrows-Yamaha A18	59. Runde, Dreher
Norberto Fontana	Sauber-Petronas C16	41. Runde, Dreher
Rubens Barrichello	Stewart-Ford SF-1	37. Runde, Motor
Jan Magnussen	Stewart-Ford SF-1	34. Runde, Bremsen
Mika Häkkinen	McLaren-Mercedes MP4/12A	19. Runde, Motor
Jos Verstappen	Tyrrell-Ford 025	16. Runde, Elektrik
Shinji Nakano	Prost-Mugen JS45	8. Runde, Dreher
Tarso Marques	Minardi-Hart M197	6. Runde, Motor

* Nicht im Ziel, aber aufgrund der zurückgelegten Distanz gewertet

SCHNELLSTE RUNDE: (37. Runde) – Michael Schumacher, Ferrari F310B; 1.17,910 = 196,380 km/h

26. Sieg

Großer Preis von Belgien
Spa-Francorchamps, 24. August 1997

Der unsichtbare Dritte

Regenkönig Michael 1. von Spa. Dank Sieg Nummer vier zieht der Deutsche mit Jim Clark gleich. Nur der unvergessene Ayrion Senna gewann in den Ardennen noch öfter. Im schwül-regnerischen Wetter liefert der Kerperner eine souveräne Vorstellung ganz im Stile eines Champions.

Die Ardennen empfangen die Formel 1 donnerstags bei hochsommerlichen Temperaturen. Jeder ist begeistert und irritiert zugleich: Spa ist in der Branche geradezu als Synonym für Regenwetter bekannt. Freitags regnet es. Na also, die Traditionspiste hält auf Etikette... Auf dem nassen Asphalt geben die beiden Benetton-Piloten den Ton an dabei hat der Tiroler die Nase vorn. Damon Hill fährt hinter Rubens Barrichello die viertbeste Zeit, will aber nichts von einem »zweiten Budapest« wissen: »Nur bei Regen sind wir konkurrenzfähig.«
Das Wetter des kommenden Tages war Gesprachsthema Nummer eins im Lager, als plötzlich eine Bombe platzt: Damon Hill verkündet, er habe ein McLaren-Angebot für die Saison 1998 ausgeschlagen! Man habe miteinander verhandelt, erklärt der Brite, und dann sei ihm überraschend eine unseriöse Offerte unterbreitet worden. »Es war unmöglich«, grollt er, »diesen Vertrag zu unterschreiben.« Tatsächlich wurde ihm ein Jahressalär von umgerechnet 3,6 Millionen Mark geboten – plus 1,8 Millionen Mark pro Sieg. Eine Fußnote garantierte die Siegprämie allerdings »nur« für maximal zehn Erfolge. Hills Reaktion ist verständlich, liegt ihm doch ein 20-Millionen-Dollar-Angebot für zwei Jahre von Sauber vor. Nicht die Schweizer, sondern Partner Petronas will derart tief in die Tasche greifen.
Die McLaren-Antwort auf Hills Erklärung lässt nicht lange auf sich warten. Ron Dennis verkündet: »Ich bin froh, bekanntgeben zu können, dass wir auch 1998 mit David Coulthard und Mika Häkkinen antreten werden.« Damit sind für Gerhard Berger die Türen bei McLaren zu. Der Österreicher hatte bereits erste Gespräche mit Ron Dennis geführt und sich gute Chancen ausgerechnet. Paul Stewart erkennt die neue Lage des Hockenheim-Siegers sofort. Der Schotte heftet sich augenblicklich an Bergers Fersen, das Sieger-Team, das sich der Tiroler für 1998 wünscht, kann Stewart jr. allerdings nicht versprechen.
Im freien Samstagstraining regnet es zunächst, dann wird der Asphalt kontinuierlich abtrocknen. Aber das Wetter spielt plötzlich nur noch eine nicht beachtete Nebenrolle, als Mika Häkkinen in der fünften Minute einen bösen Abflug erlebt. Ausgerechnet oben vor Les Combes, wo im sechsten Gang der Gasfuß durchgetreten wird, bricht der untere Dreiecks-Querlenker hinten links. Das Rad des McLaren macht sich selbständig. Recht knapp verpasst es einen TV-Kameramann. Das Dreirad des Finnen

wird durch eine jener modernen »Plastikwände« zum Stand gebracht, welche die Leitplanken mit Altreifenpolster immer mehr ablösen. Der Finne bleibt unverletzt, muss sich zum Stabilisieren des Kreislaufes allerdings zunächst auf dem Asphalt ausstrecken – der Schock sitzt tief. Auch ein Streckenposten wird noch lange von dem Zwischenfall erzählen. Mit Blick auf die wundervolle Landschaft saß der gute Mann an der Rückseite der Streckenbegrenzung. Nach dem – gottlob nicht gerade gewaltigen – Aufprall fand er sich einige Meter von seinem Vesperkorb entfernt wieder...
Für das Qualifying ersetzt McLaren die Karbon-Aufhängung durch Stahlteile. Sicher ist sicher. Michael Schumacher bringt den Zwischenfall auf den Punkt: »Wenn so etwas in Eau Rouge passiert, dann macht man sich schon Gedanken.« Oder bei Stavelot, oder... es gibt hier einige Streckenabschnitte, wo der Aufhängungsbruch schlimme Folgen hätte haben können.
Ohne die zwei Slick-Varianten ausreichend geprüft zu haben, müssen sich die Piloten vor dem Qualifying für einen der beiden Typen entscheiden. Die Wahl fällt allgemein auf die harten Gummis. Goodyear-Pilot Michael Schumacher: »Die weiche Mischung war wohl etwas zu optimistisch ... «
Nacheinander führen Diniz, Herbert, Alesi, Frefitzen, Fisichella und Michael Schumacher die Zeitenliste an, bevor in der 16. Minute die erste 50er-Runde registriert wird, die sich Jacques Villeneuve mit 1.50,171 Minuten gutschreiben lässt. Nur eine Minute später bleiben die Uhren für Ralf Schumacher bei 1.50,850 Minuten stehen – Platz zwei für »Little Shuey«. Gut eine halbe Stunde ist die Qualifying-Sitzung alt, da markiert Jean Alesi mit 1.49,973 einen neuen Bestwert. Aber auch der bedeutet noch nicht die Pole-Position. Nur 120 Sekunden später schraubt Villeneuve die Bestzeit auf 1.49,4571 Im Bemühen, es dem Teamkollegen gleichzutun, überschreitet Heinz-Harald Frentzen in der 47. Minute die Haftgrenze und fliegt ab. Der Mönchengladbacher muss sich mit Rang sieben begnügen. Die letzten Minuten erleben einen weiteren Anlauf von Michael Schumacher, der sich den drittbesten Startplatz sichert, Jean Alesi, der Platz zwei zementiert und – inzwischen läuft die 53. Minute – einen entfesselten Villeneuve, der sich um weitere sieben Tausendstel steigern kann. Kurz bevor die schwarzweiß-karierte Flagge geschwenkt wird, erobert sich Pedro Diniz Rang acht. Die Leistung des Brasilianers findet allein schon deshalb Beachtung, weil er sich damit an seinem prominenten Teamkollegen Damon Hill vorbeischiebt.
Der Check der Boliden endet mit einer bösen Nachricht für Mika Häkkinen. Die Zeit von 1.50,503 wird dem Finnen aberkannt, weil die Funktionäre den Sprit im Tank des McLaren mit Startnummer neun beanstanden. Oben drauf gibt es eine Geldstrafe in Höhe von satten 25.000 Dollar! Die Tücke des Reglements: Der verwendete Sprit ist prinzipiell legal, aber er weicht in seiner Zusammensetzung vom offiziell angemeldeten Benzin ab – die chemischen Fingerabdrücke der hinterlegten Probe und des eingesetzten Kraftstoffs stimmen nicht überein. Ron Dennis erklärt: »Die Mxtur besteht aus ungefähr 200 Kohlenwasserstoffen. Einer davon ist mit einem Prozent im Sprit enthalten 0,8 % wären korrekt ... « McLaren legt Protest ein. Unter Vorbehalt darf Häkkinen seinen Startplatz behalten. Das Problem soll zu einem späteren Zeitpunkt gelöst werden.
Bei erneut strahlendem Sonnenschein unterstreicht Jacques Villeneuve im Warm-up mit der Bestzeit seine gute Form. Jetzt läuft es auch bei Ralf Schumacher, der den Aufgalopp als Zweiter beendet. Dann schon folgt Johnny Herbert. Die Sauber-Truppe

ist seit dem Vortag wieder komplett. Fitnessspezialist Jo Leberer hat Team-Manager Beat Zehnder halbwegs »gesund gespritzt«. Zehnder, einer von der Sorte, die auch mit dem Kopf unterm Arm zur Arbeit erscheint, leidet an einer Nervenentzündung im Nackenbereich. Den kompletten Freitag hatte er im Hotel verbracht. Seit gestern legt er wieder mit Hand an, bewegt sich aber vorsichtshalber mit dem Tempo einer Landschildkröte. Eigentlich gehört dieser Mann ins Krankenhaus, aber er denkt nicht daran.
Die Fans dürfen sich aufgrund des Trainings auf einen ultraspannenden Grand Prix freuen. Die Startvorbereitungen sind bereits in vollem Gang, als dicke Regentropfen fallen. Noch halten sich die Niederschläge bei Start-und-Ziel in Grenzen. Ralf Schumacher geht deshalb auf Slicks in seine letzte Checkrunde. Per Sprechfunk wird er vor starkem Regen gewarnt, der im hinteren Streckenteil niedergeht. Aber der Rheinländer hat eigenständig längst abgebremst. Doch selbst in Schleichfahrt erwischt es ihn bei Blanchimont: Aquaplaning!
Nur mit Glück kann auch Michael Schumacher einen Ausrutscher vermeiden. Wenig später sieht er seinen Bruder, der in voller Montur in Richtung Boxen joggt. Kurz überlegt er, ob er ihm einen Lift geben soll, dann fällt ihm der Rüffel ein, den er sich als Fisichellas Taxi-Chauffeur in Hockenheim holte, und gibt wieder Gas. Ralf Schumacher kommt nach seinem unfreiwilligen 1500-Meter-Lauf durchweicht an den Boxen an und lässt sich im Reserve-Jordan anschnallen. Um den Startplatz einzunehmen, ist es nun zu spät. Startnummer elf muss aus der Boxengasse ins Rennen gehen.
Wegen der Nässe entscheidet sich die Rennleitung, erstmals in der WM-Geschichte hinter diem Safety-car zu starten. Wichtig ist: Alle Teams werden zeitgleich über den Einsatz des Sicherheits-Autos informiert. Bei Williams glaubt man allerdings an nur eine gedrosselte Runde. Tatsächlich findet die merkwürdige Prozession, die sich Ge-

nerationen von F1-Piloten verbeten hätten, dann für die Dauer von drei Umläufen statt. Rundenzeiten von deutlich mehr als drei Minuten lassen jedenfalls keine Rückschlüsse auf die wahren Gehälter der Aktiven zu. Villeneuve wird nach dem Rennen fragen: »Weshalb mussten wir eigentlich hinter diesem Auto herfahren? Wir sind schon bei stärkerem Regen ganz normal gestartet.«
Trotz des unwürdigen Bummeltempos kommt es bereits in Runde eins zu einem Zwischenfall: Häkkinen rutscht von der Bahn und kann sich erst hinter Frentzen und Diniz wieder einordnen. Entgegen den Regeln überholt der Finne anschließend das Duo, um seinen Platz wieder einzunehmen. Die Funktionäre drücken beide Augen zu.
Nach Runde vier, der ersten »richtigen«, passiert das Feld die Boxen in der Reihenfolge Villeneuve vor Alesi, Michael Schumacher, Fisichella, Häkkinen und Frentzen. Dann greift der deutsche Ferrari-Fahrer an: Bei »La Source« schnappt er sich auf der Innenbahn Jean Alesi. Obwohl der Ferrari den engen Bogen nimmt, beschleunigt er deutlich besser aus der Haarnadelkurve heraus als der Benetton. Der nächste Überholvorgang ist noch spektakulärer. Im Bereich der Abfahrt nach Stavelot, wo man sogar beim Überrunden nur dann an seinem Vordermann vorbeikommt, wenn der brav mitspielt, greift sich »Schumi« Villeneuve, als sei der ein verirrter F3000-Pilot.
5,8 Sekunden Vorsprung auf Villeneuve bringt der neue Spitzenreiter aus dieser denkwürdigen Runde mit, und er hat längst noch nicht alle Register gezogen: Bis zu zehn Sekunden nimmt er seinen Verfolgern in der Anfangsphase pro Runde ab! Zum Ende der sechsten Runde verschätzt sich Villeneuve eingangs der Bus-Stop-Schikane und fährt in die Boxengasse. Da noch keine Slicks bereitliegen, werden Intermediates montiert – ein Fehler, denn fünf Umläufe später muss er nun erneut anhalten, da die Piste inzwischen Slicks erlaubt. Heinz-Harald Frentzen macht seine Sache besser: Er geht ohne den Intermediate-Umweg auf die profillosen Pneus. Vorn hat inzwischen Giancarlo Fisichella Rang zwei erobern können. Jean Alesi kann sich gegen den Italiener nicht wehren: Der Skidblock am Unterboden des Benetton hat sich im Heckbereich gelöst und die Holzplanke stört die Aerodynamik im Bereich des Diffusors. Der Franzose wird hoffnungslos zurückfallen. Auch Berger hat kein Glück. Er fährt schnell und fehlerfrei. Aber wegen seines schlechten Startplatzes, den er einem Defekt verdankte, glänzt der Tiroler im Abseits: »Ich war von Anfang an viel zu weit weg von den Punkten.«
Das Rennen ist früh entschieden. Umkämpft bleiben lediglich Platz drei – um den sich das Duo Häkkinen/Frentzen streitet – und Rang fünf, auf den Herbert und Villeneuve Ansprüche anmelden. Zum Überholen reicht es allerdings für keinen der beiden Jäger. Peter Sauber ist überglücklich, weil sein Fahrer den großen Villeneuve kontrolliert: »Johnny ist ein nervenstarker Typ.«
Nach der Zieldurchfahrt ist Michael Schumacher außer sich vor Freude: »Mein Kopf ist ganz leer – ich kann noch gar nicht fassen, was passiert ist.« Ein Blick zum Himmel hatte ihm, dem Spa-Intim-Kenner, vor dem Start gereicht, um zu sehen, dass es sich nur um eine Schauer handelt. Deshalb die kluge Reifenwahl. Mit vier Siegen hat der Kerpener jetzt das Saisonziel erreicht, das in Fiorano bei der Präsentation des Ferrari F310B offiziell verkündet wurde. Daran erinnert, korrigiert Schumacher: »Für einige andere mag das das Ziel gewesen sein. Meins ist es nicht. Ich hoffe, noch ein paar Siege hinzufügen zu können.« Zwölf Punkte Vorsprung hat er jetzt im Titelkampf auf Villeneuve, aber dieser Vorsprung wird noch vor dem Start in Monza schmelzen:

Mika Häkkinen wird nachträglich disqualifiziert, also rutschen die Nächstplatzierten einen Rang nach oben. auch Villeneuve ist nun in den Punkten, liegt elf Zähler hinter dem Leader. In Monza macht der Kanadier – Rang 5 – ein weiteres Pünktchen auf Schumacher (Rang 6). Und auf dem A1-Ring rückt er dem Spitzenreiter ganz nahe auf die Pelle: Er gewinnt, während Schumacher eine umstrittene 10-Sekunden-Strafe absitzen muss. Was war passiert? Der Rheinländer überholt unter gelber Flagge. Sehen konnte er die Streckenposten kaum, und um nicht den vor ihm fahrenden Frentzen zu rammen, muss er diesen überholen... Vollends aufgezehrt ist sein Vorsprung, als es beim nächsten Lauf, dem GP von Luxemburg auf dem Nürburgring, bereits in der dritten Runde ausscheidet – abgeschossen von dem über die Piste kreiselnde Jordan seines Bruders Ralf.

ERGEBNISSE UND AUSFÄLLE

1.	Michael Schumacher	Ferrari F310B	1:33.46,717 = 196,149 km/h
2.	Giancarlo Fisichella	Jordan-Peugeot 197	26,753 Sekunden zurück
	Mika Häkkinen	McLaren-Mercedes MP4/12A	30,856 Sekunden zurück (disqualifiziert)
3.	Heinz-Harald Frentzen	Williams-Renault FW19	32,147 Sekunden zurück
4.	Johnny Herbert	Sauber-Petronas C16	39,025 Sekunden zurück
5.	Jacques Villeneuve	Williams-Renault FW19	42,103 Sekunden zurück
6.	Gerhard Berger	Benetton-Renault B197	1.03,741 Minuten zurück
7.	Pedro Diniz	Arrows-Yamaha A18	1.25,931 Minuten zurück
8.	Jean Alesi	Benetton-Renault B197	1.42,008 Minuten zurück
9.	Gianni Morbidelli	Sauber-Petronas C16	1.42,582 Minuten zurück
10.	Eddie Irvine	Ferrari F310B	1 Runde zurück/Unfall
11.	Mika Salo	Tyrrell-Ford 025	1 Runde zurück
12.	Jan Magnussen	Stewart-Ford SF-1	1 Runde zurück
13.	Damon Hill *	Arrows-Yamaha A18	2 Runden zurück/loses Rad
14.	Ukyo Katayama	Minardi-Hart M197	2 Runden zurück/Elektronik
15.	Jarno Trulli	Prost-Mugen JS45	2 Runden zurück
	Jos Verstappen	Tyrrell-Ford 025	26. Runde, Dreher
	Ralf Schumacher	Jordan-Peugeot 197	22. Runde, Dreher
	David Coulthard	McLaren-Mercedes MP4/12A	20. Runde, Dreher
	Tarso Marques	Minardi-Hart M197	19. Runde, Dreher
	Rubens Barrichello	Stewart-Ford SF-1	9. Runde, Unfall
	Shinji Nakano	Prost-Mugen JS45	6. Runde, Elektronik

* Nicht im Ziel, aber aufgrund der zurückgelegten Distanz gewertet

SCHNELLSTE RUNDE: (43. Runde) – Jacques Villeneuve, Williams-Renault FW19; 1.52,692 = 222,596 km/h
Neuer Rundenrekord

27. Sieg

Großer Preis von Japan
Suzuka, 12. Oktober 1997

Zehn hin, zwei im Sinn ...

Villeneuve reist als Favorit nach Japan, doch ausgerechnet Damon Hill spielt Schumacher beim vorletzten Rennen der Saison alle Trümpfe in die Hand: Nach dem Rennen ist die WM wieder völlig offen. Die Entscheidung fällt in Jerez – und hinterlässt einen bitteren Nachgeschmack nicht nur bei den Formel 1-Fans.

Bei neun Punkten Vorsprung vor Michael Schumacher ist die Ausgangslage für Jacques Villeneuve ideal. Kassiert der Kanadier in Suzuka – auf seiner erklärten Lieblingspiste – nur einen Zähler mehr als der Deutsche, dann ist er Champion. Kaum einer der Beobachter traut diese lösbare Aufgabe dem Williams-Fahrer nicht zu. Der Gegner hat zwar noch nicht aufgesteckt – »So lange eine theoretische Chance für mich besteht, kämpfe ich« –, scheint sich aber insgeheim mit seinem Schicksal abgefunden zu haben. Ferrari hat noch einmal aufgerüstet, um die winzige Chance nutzen zu können. Neue Frontflügel werden im Gepäck mitgeführt. Sie sind extrem elastisch. Der Fahrtwind soll die Enden mit ihren seitlichen »Dichtleisten« auf den Asphalt absenken, um auf diese Weise die Aerodynamik zu verbessern. Neu ist die Idee nicht- McLaren fuhr schon 1996 in Suzuka mit den Flatter-Flügeln. Beim Anblick der Softies scherzt Williams-Konstrukteur Patrick Head: »So kann man sie in Ruhe anschauen, auf der Piste sind sie wegen der starken Vibrationen unsichtbar.«
Sofort beginnt eine Diskussion darüber, ob diese Flügel dem Reglement entsprechen. Sie tun es, denn der betreffende Paragraph ist noch weicher als die Spoiler. »Fest« müssen sie sein, wie fest ist nicht definiert...
Sollten die Prognosen sich als korrekt erweisen, dann kommt ohnehin weder Jacques Villeneuve noch Michael Schumacher als Sieger in Betracht. Die Frage nach dem möglichen Gewinner beantwortet Johnny Herbert – und damit liegt er trotz aller Übertreibung im Trend – wie aus der Pistole geschossen: »Olivier Panis – mit einer Runde Vorsprung.« Der Hintergrund dieser Prognose: jeder erwartet, dass Bridgestone einen Wunderreifen anrollen wird. Suzuka ist die Hauspiste der japanischen Gummi-Köche. Hier bereiteten sie sich jahrelang auf den GP-Einsatz vor. Aber der Kautschuk-Schuss wird nach hinten losgehen. Die Japaner wollten es ganz besonders gut machen. Sie fertigten völlig neue Suzuka-Reifen an, deren Konstruktion die spezifische Beanspruchung berücksichtigte. Auf der GP-Piste des Nürburgrings wurden die Suzuka-Karkassen ausprobiert, in Monza die passenden Gummimischungen. Nun wird sich herausstellen, dass man die Streckenkenntnis überschätzte. Die Pneus durften auf dem Achterbahn-Kurs von Suzuka nicht mehr getestet werden. Jetzt werden sie versagen. Die Bridgestone-Piloten spielen an diesem Wochenende nur kümmerliche Nebenrollen.

Noch vor der ersten Trainings-Sitzung versprechen sich die beiden Hauptakteure gegenseitig einen fairen Zweikampf. Es kommt zum Handschlag. Niemand wünscht sich, dass sich die zwei gegenseitig an die Gurgel springen, aber diese Idylle hat so gar nichts von einem Wochenende, an dem es möglicherweise um den Lohn für die Arbeit einer fast kompletten Saison geht. Beide wundern sich einträchtig, dass sie sich im Verlauf der ersten 15 WM-Läufe des Jahres so geschickt aus dem Weg gingen. Nicht ein einziges Mal begegneten sie sich auf dem Siegerpodest, und auf dem Asphalt fuhren die zwei – von ganz wenigen Ausnahmen abgesehen – stets außerhalb der Sichtweite des Kontrahenten.
Während des freien Trainings halten sich der Titelaspirant und sein scheinbar bereits geschlagener Gegner zurück. Trotzdem fällt am Samstagmorgen eine Vorentscheidung: Jos Verstappens Tyrrell rollt bei Posten 22 mit leerem Tank am Pistenrand aus. Marshals bemühen sich, den Rennwagen an den äußersten Pistenrand zu rangieren. Entsprechend werden gelbe Warnflaggen geschwenkt. Die Piloten sind verpflichtet, Gas wegzunehmen. Aber Jacques Villeneuve, Michael Schumacher, Heinz-Harald Frentzen, Ukyo Katayama, Johnny Herbert und Rubens Barrichello tun das nicht. Als Patrick Head die Szene auf dem Monitor beobachtet, schlägt er wütend mit der Faust auf die Boxenmauer. Der Brite denkt an die Strafe von Monza und die nun zwangsläufigen Folgen für Villeneuve.
Villeneuve macht keinen Hehl daraus, dass er die gelben Tücher rechtzeitig sah: »Aber es gab keinen Grund, das Tempo zu drosseln. Der Tyrrell stand am Rand einer Geraden – das war doch nicht gefährlich! Vor der nächsten Kurve war auch Gelb zu sehen. Aber diese Flagge wurde nicht geschwenkt.« Während sich die Akteure auf das Qualifying vorbereiten, beginnen die Mühlen der Sportjustiz zu mahlen...
20 Minuten vor dem Zeittraining beginnt es zu regnen. Die Piste trocknet zwar rechtzeitig wieder ab, aber dunkle Wolken hängen am Himmel jede Minute kann es wieder anfangen zu tröpfeln. Entsprechend groß ist die Angst der Piloten, die sich ausnahmsweise nicht vornehm zurückhalten, bis sich irgendwann ein Tyrrell- oder Minardi-Fahrer erbarmt, zusätzliches Gummi auf die Ideallinie zu legen: Im ersten Ansturm rollen 18 Piloten aus der Boxengasse hinaus auf die Bahn!
Während der folgenden 60 Minuten kommt es zu einem offenen Schlagabtausch zwischen Villeneuve und Schumacher, den der Kanadier mit knappen 0,062 Sekunden Vorsprung für sich entscheidet. »Ich war mir vor der Sitzung ziemlich sicher«, sagt der Williams-Pilot voller Respekt, »die Pole holen zu können. Ich fühlte mich richtig stark. Ferrari nur so knapp hinter mir zu sehen, ist eine riesige Überraschung.« Tatsächlich trumpften beide Ferrari gewaltig auf. Als drittem fehlten Eddie Irvine nur 0,333 Sekunden auf den Team-Kollegen. Schumacher erklärt die gute Form der roten Renner mit einer neuen Abstimmungs-Philosophie, die sich überraschend positiv bemerkbar machte. Ganz sicherlich spielten auch die neuen Flügel eine Rolle und auch das verbesserte elektronisch geregelte Gaspedal. Laut Schumacher kommt das hier in Japan zwar gar nicht zum Einsatz, aber das glaubt ihm nach den sehr erfolgreichen Tests in der Vorwoche niemand.
Im Fall Irvine macht sich natürlich bemerkbar, dass der Nordire vier Jahre lang in Japan Rennen fuhr und deshalb in Suzuka jedes Asphaltkorn mit Vornamen kennt.
Auch Ralf Schumacher und Heinz-Harald Frentzen sind aufgrund ihrer »Japan-Zeiten« ausgezeichnete Suzuka-Experten. Beide können diesen Vorteil nicht ausnutzen.

Der Bruder von Michael Schumacher will zuviel und überfährt immer wieder seinen Bremspunkt. Einmal verliert er deshalb 0,6 Sekunden. »Ich bin über den 13. Startplatz sehr enttäuscht«, gesteht er, der morgens noch Schnellster war. »Der wusste, er kann die Pole schaffen«, erklärt Trevor Foster, einer der Jordan-Direktoren, »und hielt den Stress nicht aus.« Frentzen erwischt einen müden Motor. Außerdem stimmt er sein Rennauto vorn etwas zu weich ab: Rang sechs. Bei McLaren, seit Monza regelmäßig mehr als nur ein Geheimfavorit, freut man sich über Mika Häkkinens Zeit, die für einen Platz in der zweiten Startreihe gut ist. Kollege Coulthard sorgt hingegen als elfter für lange Gesichter in der Silberpfeil-Truppe.
Der ganz große Verlierer des Qualifying heißt allerdings Gianni Morbidelli. Der Italiener – »Ich weiß nicht, weshalb ich abflog« – krachte in der Dunlop-Kurve gegen die Pistenbegrenzung. Obwohl er, der Unfall von Magny-Cours ist nicht vergessen, beim Aufprall beide Hände vom Lenkrad nahm, stauchte er sich das linke Handgelenk. Ein Einsatz des Sauber-Piloten ist im Rennen nicht möglich. Am 21. Oktober wird sogar endgültig feststehen, dass Morbidelli auch für das Finale in Jerez nicht fit sein wird. Fontana wird den Drive bekommen. Ironie des Schicksals: 1996 musste das Qualifying in Suzuka wegen eines Crashs von Johnny Herbert für 15 Minuten unterbrochen werden. Jetzt dauerte die Pause erneut eine gute Viertelstunde.
Dann beginnt das lange Warten – wie werden die Stewards unter Vorsitz des Schweizers Paul Gutjahr entscheiden? Der Zwischenfall vom Vormittag muss geklärt werden. Damon Hill, selbst keiner der Gelbsünder: »Da war keinerlei Gefahr, ich wäre auch nicht vom Gas gegangen.« Villeneuve kündigt an, er werde die F1 sofort verlassen, falls man ihn vom Start ausschließen sollte. Bis 18 Uhr werden die Nerven auf die Folter gespannt, dann wird das Urteil der Funktionäre verkündet: Jacques Villeneuve wird disqualifiziert und vom japanischen GP ausgeschlossen! Auch die anderen Übeltäter werden bestraft. Jeder wird für ein Rennen gesperrt auf Bewährung. Ukyo Katayania, der an diesem Wochenende seinen Ausstieg aus der F1 zum Saisonende verkündet, Michael Schumacher, Johnny Herbert und Rubens Barrichello dürfen sich in Jerez nichts zuschulden kommen lassen, über Heinz-Harald Frentzen droht das Schwert des Damokles auch noch während der ersten vier GP der Saison 1998.
Dem Team Williams werden 50 Minuten Zeit eingeräumt, einen Berufungsantrag zu stellen. Frank Williams zögert nicht und macht von dem Angebot Gebrauch. Um 19.05 Uhr lässt Gutjahr verkünden: Villeneuve darf morgen starten. Endgültig werde der Fall am 21. Oktober in Paris geklärt...
Enttäuscht stellt sich Villeneuve der Presse: »Dieses Urteil ist schwer zu akzeptieren. Die anderen haben doch das gleiche gemacht... Seitdem ich Motorsport betreibe, ist diese Saison die schwierigste – dass ausgerechnet so etwas gerade jetzt passieren muss.«
Im Warm-up fährt Mika Häkkinen Bestzeit vor Ralf Schumacher, aber das lenkt kaum vom großen Zweikampf des Ferrari-Stars mit Geisterfahrer Jacques Villeneuve ab. Natürlich wird von den Beobachtern nicht ausgeschlossen, der Ex-CART-Champion könne »Shuey« abschießen. Suzuka ist für solche Zwischenfälle ein bewährtes Pflaster... Aber der Rheinländer winkt ab: »So was macht der nicht.«
Aber fast. Auf den ersten Metern nach dem Start verteidigt der Kanadier die Spitze ungewöhnlich aggressiv. Um Schumacher in Schach zu halten, zuckt der blauweiße Spitzenreiter reflexartig nach rechts, dann nach links. Fußball-Trainer hätten es jetzt schwer, Villeneuve einzuordnen – ist er ein Raum- oder ein Manndecker?

Anschließend überrascht Villeneuve durch eine unerwartete taktische Variante. Er entschließt sich nicht zur Flucht nach vorn. Da die Disqualifikation droht, würden ihm zehn Siegerpunkte ohnehin nichts nutzen. Also bummelt er in der Hoffnung, Michael Schumacher werde sich zu einer Kurzschlusshandlung hinreißen lassen, oder im Gedränge von einem Gegner auf die Hörner genommen.
Villeneuve hat die Rechnung ohne das Ferrari-Duo gemacht. Schumacher und Irvine haben den Plan des Konkurrenten prinzipiell erwartet, und auch sie machten ihre Sandkastenübungen...
Zunächst lautet die Reihenfolge der Verfolger Schumacher vor Häkkinen und Irvine. Schon in Runde zwei überrennt der Nordire den McLaren-Piloten und anschließend den deutschen Team-Kollegen. Irvine: »Das war mit Michael abgesprochen. Wir hatten sogar vereinbart, wo wir die Plätze tauschen könnten.« Das Manöver erfordert Präzision, da Häkkinen keinesfalls mit durch die kurzfristig geöffnete Tür schlüpfen darf. Gegen Ende der dritten Runde übernimmt Irvine die Spitze, als er sich beim Anbremsen der Schikane gegen Villeneuve durchsetzt. Zunächst will der Leader innen blocken, doch der Ferrari-Pilot wählt nassforsch die Außenbahn. Da der Francokanadier weiterhin nicht richtig Gas gibt, enteilt der neue Spitzenreiter mühelos: Aus der vierten Runde kommt er mit einem Vorsprung von 5,4 Sekunden zurück. Nach dem fünften Umlauf sind es bereits 8,9 Sekunden, nach dem sechsten 12,1!
Hinter Michael Schumacher folgen zu diesem Zeitpunkt Häkkinen, Frentzen, Alesi, Berger, Herbert und der Rest. Villeneuves langsame Fahrweise lässt die Kolonne nicht auseinanderreißen. Überholt wird nicht, ja das wird nicht einmal versucht. Je dichter alle beieinander liegen – so muss Villeneuve überlegen – desto größer ist die Wahrscheinlichkeit, dass Michael Schumacher Plätze und damit WM-Punkte beim Boxenstopp verliert. Nur eine kleine Verzögerung beim Service, und schon könnten mehrere Konkurrenten den Ferrari passieren.
Die Rechnung geht nicht auf. Zunächst beendet der Kanadier seine Blockade-Taktik und macht Dampf auf. Die Serie der ersten Boxenstopps bringt Schumacher vor Villeneuve: Nach 18 Runden hält der Deutsche an seiner Box und wird in 8,1 Sekunden abgefertigt. Zwei Umläufe später macht die Williams-Crew Villeneuve in 7,3 Sekunden frisch. Als der Kanadier wieder auf die Piste geht, fliegt »Schumi« heran. Nach Aussage des Rheinländers ist Villeneuves Versuch, ihm die Tür vor der Nase zuzumachen, »gefährlich« und kein bisschen nobel. Der Kerpener behält im Infight die Oberhand.
Als nach 21 Runden endlich auch Frentzen Sprit und Pneus geholt hat, lautet die Reihenfolge: Irvine vor Schumacher, Villeneuve und Frentzen. Sofort setzt reger Funkverkehr ein.
Der deutsche Ferrari-Pilot lässt Irvine zurückpfeifen, um selbst das Kommando zu übernehmen. Der Nordire kommt der Anweisung sofort nach und lässt den Team-Gefährten am vereinbarten Ort durchschlüpfen – Villeneuve »klemmt« ab. Jetzt zeigt auch Schumachers »Leutnant«, dass er langsam fahren kann. Er hält Ferraris Nummer Eins den Rücken frei und stellt damit die Weichen für Schumachers 27. GP-Sieg.
Nach 30 Umläufen verliert Villeneuve wegen eines 13,4-Sekunden-Boxenstopps – ein Radverschluss macht Ärger – entscheidend an Boden. Aber auch bei Ferrari läuft nicht alles nach Wunsch: Während der zweiten Service-Serie fällt Irvine hinter Frentzen auf Rang drei zurück. Jetzt wird es noch einmal eng für Michael Schumacher. Bei 15 ausstehenden Runden trennen 8,5 Sekunden die beiden Deutschen. Immer näher

rückt Frentzen, und als Hill sich gegen die Überrundung durch Schumacher zur Wehr setzt, schließt der Jäger aus Mönchengladbach auf. Der Ferrari-Pilot droht Hill mit der Faust, als der ihm erneut die Tür zumacht. Erst später registriert Schumacher, dass der Arrows-Brite ihn rettete. Am »Tatort« wurden gelbe Flaggen geschwenkt – hätte der Kerpener überholt, wäre er sofort zu einer Zeitstrafe verdonnert worden!
Der Krimi ist gelaufen, da Frentzen den Landsmann nicht ernsthaft attackiert, obwohl er genau weiß, dass der sich, mit Rücksicht auf seine Punkte, keinesfalls auf einen beinharten Fight einlassen darf und notfalls zurückstecken würde. Aber auch »HHF« braucht Zähler fürs Endklassement. Als abgewinkt wird, zeigt die Sauber-Crew dem siebtplazierten Herbert an, er sei auf Rang sechs. Sauber kalkuliert die Disqualifikation Villeneuves bereits ein...
Auf dem Siegerpodest geraten sich Frentzen und Irvine in die Haare – der Sieger schlichtet den Streit. Ein Punkt fehlt ihm jetzt noch auf Villeneuve. Falls Sauber recht behält, liegt er sogar einen Zähler vor dem Widersacher. Der Kampf um den Titel ist wieder völlig offen und wird erst beim Abschluss in Jerez entschieden – und das auf denkbar unwürdigste Weise!
Michael Schumacher geht aus Startplatz zwei heraus ins Rennen, die Pole hat sein Widersacher. Wie ein Pfeil schießt Schumachers Ferrari in Front. Für Villeneuve wird der langgezogene Sprint zur Dry-Sack-Kurve zum Alptraum: Wie auf Glatteis rutscht der Williams umher. Als die Spitze in den Rechtsknick einlenkt, muß sich Villeneuve mit Platz drei zufriedengeben, denn innen quetscht sich Frentzen vorbei.
Die Reihenfolge Schumacher vor Frentzen, Villeneuve, Häkkinen, Coulthard, Hill, Irvine, Magnussen und Berger hat an der Spitze sieben Runden lang Bestand. Dann erhält »HHF« den Sprechfunkbefehl, dem Teamkollegen den Vortritt zu lassen, und er befolgt die Regie-Anweisung sofort. Das Manöver kostet Zeit. Lag Schumacher zuvor maximal zwei Sekunden vor seinem schnellsten Verfolger, sind es von nun an vorläufig mindestens vier Sekunden, die ihn von seinem Jäger trennen. Nach 22 Runden lenkt der Spitzenreiter seinen Ferrari an die Boxen, und nur einen Umlauf später besucht auch Villeneuve zum Auffrischen der Sprit- und Gummi-Vorräte seine Crew.
Die Umläufe 43 und 44 erleben die beiden letzten Boxenstopps des Führungsduos. Die Reihenfolge ändert sich dadurch nicht. Gut 20 Runden sind noch zu fahren, und der Krimi ist unverändert spannend. 2,5 Sekunden liegt Villeneuve hinter dem Rheinländer. Jetzt glaubt ein Goodyear-Ingenieur zu hören, dass der Motor des führenden Ferrari »merkwürdig« tönt. Die Scuderia wird allerdings später den möglichen Defekt nicht bestätigen. Innerhalb von nur zwei Umläufen – sei es aufgrund der neuen Reifen Villeneuves, sei es, weil »Schumis« Motor tatsächlich nicht mehr die volle Leistung abgibt – kämpft sich der Kanadier bis auf 0,3 Sekunden an den Kerpener heran. Dann greift er an!
Schumacher hat mit dieser tollkühnen Attacke nicht gerechnet und ist entsprechend überrascht, als er den blauweißen Gegner neben sich sieht. Reflexartig bricht er das Einlenken in die Rechtskurve ab. Dann brennen ihm alle Sicherungen durch, und er schießt auf den Kontrahenten zu. Schumacher aber landet im Kies, während Villeneuve mit leicht ramponiertem Boliden in Richtung Titelgewinn enteilt.
Hinter Villeneuve räumt Coulthard auf Befehl von Ron Dennis Platz zwei zugunsten von Mika Häkkinen. Und der Finne siegt sogar, als Villeneuve in der Schlussrunde das McLare-Duo passieren lässt – vier WM-Punkte sind für den Gewinn des Titels

mehr als genug.
Häkkinen weint vor Glück über seinen ersten GP-Sieg im 96. Anlauf. Der neue Weltmeister kommentiert Schumis Rempler: »Ich wusste, dass er versuchen wird, mich abzuschießen. Aber ich musste das Risiko eingehen.« Und Vizemeister Schumacher? Der versteckt sich zunächst, dann spricht er sich in der Rothmans Hospitality 40 Minuten lang mit Villeneuve aus. Auch sonst hat kaum einer Verständnis für den Kurzschluss. Bernie Ecclestone: »Lieber mit Anstand zweiter werden als so eine Aktion!« Die Aktion hat – neben des Image-Verlusts – noch ein weiteres Nachspiel: Die FIA schließt Schumacher nachträglich aus und erkennt ihm alle Punkte ab.

ERGEBNISSE UND AUSFÄLLE

1. Michael Schumacher	Ferrari F310B	1:29.48,446 = 207,508 km/h
2. Heinz-Harald Frentzen	Williams-Renault FW19	1,378 Sekunden zurück
3. Eddie Irvine	Ferrari F310B	26,384 Sekunden zurück
4. Mika Häkkinen	McLaren-Mercedes MP4/12A	27,129 Sekunden zurück
Jacques Villeneuve	Williams-Renault FW19	39,776 Sekunden zurück (disqualifiziert)
5. Jean Alesi	Benetton-Renault B197	40,403 Sekunden zurück
6. Johnny Herbert	Sauber-Petronas C16	41,630 Sekunden zurück
7. Giancarlo Fisichella	Jordan-Peugeot 197	56,825 Sekunden zurück
8. Gerhard Berger	Benetton-Renault B197	1.00,429 Minuten zurück
9. Ralf Schumacher	Jordan-Peugeot 197	1.22,036 Minuten zurück
10. David Coulthard	McLaren-Mercedes MP4/12A	1 Runde zurück[Motor
11. Damon Hill	Arrows-Yamaha A18	1 Runde zurück
12. Pedro Diniz	Arrows-Yamaha A18	1 Runde zurück
13. Jos Verstappen	Tyrrell-Ford 025	1 Runde zurück
Tarso Marques	Minardi-Hart M197	47. Runde, Getriebe
Mika Salo	Tyrrell-Ford 025	47. Runde, Motopr
Olivier Panis	Prost-Mugen JS45	37. Runde, Getriebe
Shinji Nakano	Prost-Mugen JS45	23. Runde, Radlager
Ukyo Katayama	Minardi-Hart M197	9. Runde, Motor
Rubens Barrichello	Stewart-Ford SF-1	7. Runde, Dreher
Jan Magnussen	Stewart-Ford SF-1	4. Runde, Dreher

*Nicht im Ziel, aber aufgrund der zurückgelegten Distanz gewertet

SCHNELLSTE RUNDE: (48. Runde) – Heinz-Harald Frentzen, Williams-Renault FW19; 1.38,942 = 213,361 km/h; Neuer Rundenrekord

erima
WIR HELFEN KINDERN
UNESCO
UNESCO - „Kinder in Not"

Die Saison 1998

Die Saison 1998 stand ganz im Zeichen der Zweikämpfe Mika Häkkinen contra Michael Schumacher und McLaren-Mercedes contra Ferrari. Während die Aktiven – trotz aller gegenteiligen Beteuerungen – unter schlaflosen Nächten litten, durften sich die Zuschauer genüsslich zurücklehnen: Ihnen wurde hervorragender und spannender Sport geboten – bis hin zum letzten WM-Lauf des Jahres.

Prompt tauchte das Gespenst mit Namen Manipulation auf. Die FIA, munkelten Kritiker, habe dem Championat durch die Bevorzugung von Ferrari künstlich Spannung verliehen, um den Italienern nicht die Freude an der Formel 1 zu nehmen. Nichts, aber auch gar nichts sprach für diese Theorie. Dem Verbot der »Wunderbremse« der Silberpfeile ist zwar ein fader Beigeschmack nicht abzusprechen, die Manipulations-Überlegungen untermauert es jedoch nicht. Es gab sogar klare Zeichen für das Fair-Play der Obrigkeit: Konsequent bekam Michael Schumacher Stop-and-Go-Strafen aufgebrummt, wenn die Statuten dies vorsahen. Auch wenn die Umsetzung des 10-Sekunden-Penaltys in Silverstone am eingeschränkten Handlungsvermögen der Blazer-Träger scheiterte: Als FIA-Schützling war Michael Schumacher auch 1998 ganz bestimmt nicht zu erkennen.

Mit Mika Häkkinen sicherte sich ein Pilot den Titel, der ihn sich redlich verdient hat. Seit seinem Formel 1-Debüt im Jahr 1991 unterlief dem Skandinavier nur ein gravierender Irrtum. Und das gleich zu Beginn seiner GP-Karriere: Er unterschätzte den Schwierigkeitsgrad des Weges, der zum Titel führt. Anstelle der von ihm kalkulierten zwei, drei Jahre Anlaufzeit benötigte Häkkinen unterm Strich sieben Saisons. Fahrerisch erreichte er – zumindest damals – nicht ganz das Niveau eines Michael Schumacher oder eines Jacques Villeneuve. Mika Häkkinen gehörte dennoch zur ersten Garnitur der Branche, und das reichte zum Gewinn des Championats aus – falls das Gesamtpaket dies erlaubt.

Aus deutscher Perspektive standen neben Michael Schumacher und Mercedes auch Ralf Schumacher und Heinz-Harald Frentzen im Blickpunkt der Saison. Der jüngere Bruder des Originals verkaufte sich in seiner zweiten F1-Saison überzeugend. Die materielle Unterlegenheit während der ersten Saisonhälfte verleitete ihn jedoch zu einigen Schnitzern.

In Sao Paulo hatte sein früher Abflug allerdings möglicherweise auch Vorteile. Teamkollege Hill wurde nach dem Rennen disqualifiziert, weil sein Jordan nicht das Mindestgewicht auf die Waage brachte. Da liegt die Vermutung nahe, dass auch der zweite 198 als Light-Version am Start war. jedenfalls bewies »Schumi II« 1998 Moral: Er zog sich mit Beginn der zweiten Saisonhälfte an den eigenen Haaren aus dem Sumpf. In Belgien trennte ihn lediglich die – absolut verständliche – Stallregie von seinem ersten F1-Sieg. Auch »HHF« durfte mit Stolz zurückblicken. Der bedingt taugliche Williams FW20 eignete sich nicht für große Sprünge. Frentzen fuhr 17 WM-Punkte nach Hause. Titelverteidiger Villeneuve brachte es auf 21. Einen Klassenunterschied machen die vier Zähler nicht deutlich. Trotzdem: Villeneuves Image litt nicht, der Mönchengladbacher hingegen wurde mitleidig belächelt.

Das Team Ferrari

Erstmals trat der italienische Rennstall nicht nur mit der guten Absicht an, die beiden WM-Titel der Formel 1 zu gewinnen, sondern mit dem Versprechen, dieses Ziel zu erreichen. Das Motiv für den kühnen Schritt lag auf der Hand: Im dritten gemeinsamen Jahr mit Michael Schumacher konnte nur dieses eine Saisonziel formuliert werden.

Noch vor dem Auftakt-Grand Prix in Melbourne ebnete Ferrari-Präsident Luca di Montezemolo verbal den Weg für den Rückzug. Der Grund hierfür war der Abschied des Ingenieurs Gustav Brunner. Während der winterlichen Testphase hatte lediglich die Elektronik und die Anordnung des Auspuffs für Probleme gesorgt. Die heißen Abgase zerstörten die hintere Radaufhängung. Eine bis inklusive Imola eingesetzte Interimslösung wirkte sich negativ auf die Aerodynamik aus. Erst in Barcelona kam die endgültige Modifikation à la Lkw.

Die drückende McLaren-Überlegenheit in Australien öffnete dem zuvor optimistischen Michael Schumacher die Augen. »Es wird noch einige Wochen dauern«, kündigte er an, »bevor wir aus eigener Kraft Rennen gewinnen können.« Als Ferrari-Sportchef Jean Todt in Monaco tönte, die Scuderia sei noch lange nicht geschlagen, glaubte kaum noch jemand daran, dass die technische Lücke zu McLaren wirklich geschlossen werden könnte. Zu diesem Zeitpunkt blickte McLaren bereits auf vier Siege zurück, die Italiener auf den einen, vom Wetter begünstigten, in Buenos Aires...

Aber der von Todt prophezeite Aufwärtstrend setzte dann tatsächlich ein. Flankiert von den unermüdlichen Bemühungen des Reifenpartners, wurde der Rückstand auf die Silberpfeile aufgeholt. »Ab Ungarn«, urteilte der Vize-Weltmeister bei Saisonschluss, »war der F300 in etwa auf McLaren-Niveau. In Spa und auf dem Nürburgring gab es allerdings noch einmal empfindliche Einbrüche.«

Es beeindruckte während der erfolgreichen sommerlichen Aufholjagd ganz besonders, dass trotz des gewaltigen Modifikationsdrucks die Zuverlässigkeit nicht litt. Ungeachtet des immensen Arbeitsprogramms kamen, absolut untypisch für die Branche, keine unausgereiften Bauteile zum Einsatz. Die mehr als 40.000 Testkilometer verhinderten »Kinderkrankheiten«.

Einen Tag nach den dem Rennen in Suzuka flogen Montezemolo und Todt gemeinsam zurück nach Europa. Im Rapid-Schnellzug, der zwischen dem Osaka-Bahnhof Namba und der künstlichen Flughafen-Insel Kansai verkehrt, seufzte der Franzose wiederholt: »Wir haben alles getan.« Die Enttäuschung der Ferrari-Fans war nach der endgültigen Niederlage groß, die der Teamführung aber gewaltig.

28. Sieg

Großer Preis von Argentinien
Buenos Aires, 12. April 1998

Schumacher schlägt zurück

Die neue Saison beginnt, wie die alte endete – nicht erfreulich. Schumacher, von Platz drei gestartet, fällt in Australien bereits in Runde sechs (Motordefekt) aus, und in Interlagos sind es die schier übermächtigen McLaren-Mercedes, die ihm nur den dritten Platz übrig lassen.

Kaum jemand kann sich vorstellen, dass der Blitzkrieg der Silberpfeile in Buenos Aires gestoppt werden könnte. Aber Ferrari – und das scheint vergessen – war auf der Piste in der Nähe des internationalen Flughafens der argentinischen Hauptstadt immer schon recht konkurrenzfähig. 1996 hielt Michael Schumacher hier sehr gut mit, bevor sich der Heckflügel seines Boliden partiell auflöste, und im Folgejahr konnte Eddie Irvine Sieger Jacques Villeneuve bis ins Ziel dramatisch unter Druck setzen.
Donnerstags, zum Auftakt, gibt es eine Kostprobe verbaler Kriegsführung. Dabei äußert sich Mika Häkkinen mit hörenswert deutlichen Worten. Auf die Frage, ob die Konkurrenten McLaren noch vor Saisonende einholen können, antwortet der Finne kurz und unmissverständlich: »No way!« Der McLaren-Mercedes MP4/13 muss, anders kann diese Aussage nicht verstanden werden, über ein revolutionäres technisches Geheimnis verfügen, das innerhalb der verbleibenden Monate unmöglich entdeckt und kopiert werden kann. Ironie des Schicksals: Diese Aussage erfolgt 72 Stunden vor der ersten Saisonniederlage der Silbernen.
Freitags wird abgetastet, und zwar das Auto, die Piste, die Gegner und die eigene Wochenendform. Unter den Zuschauern kommen diejenigen hundertprozentig auf ihre Kosten, die Pirouetten und Ausrutscher jeder schnellen und fehlerfreien Runde vorziehen. Für diejenigen mit einem funktionierenden Erinnerungsvermögen kommt es nicht überraschend, dass Michael Schumacher im Verlauf der ersten 60 Trainingsminuten Bestzeit fährt. Das wechselhafte April-Wetter, die jüngsten Modifikationen am F300 und dessen Motor, natürlich die neuen Goodyear-Vorderreifen und der Kartpisten-Charakter der Rennstrecke im Park Almirante Brown geben eine gute aktuelle Erklärung für das Comeback des Kerpeners.
Samstags bieten die 22 Akteure im Qualifying ein Kontrastprogramm zu den 14 Tage zurückliegenden Ereignissen von Sao Paulo. Während in Brasilien im Kampf um die vorderen Startplätze zu keinem Zeitpunkt Spannung aufkommen wollte, wird jetzt in bestem Krimistil gefightet. Morgens hatte sich der feuchte Asphalt noch als Falle erwiesen, in die auch die Besten tappten: Mit Namen wie Michael Schumacher, Jacques Villeneuve, David Coulthard und Mika Häkkinen konnte sich die Ausrutscher-Liste absolut sehen lassen. Wieder gab der Champion der Jahre 1994 und 1995 den Ton an, aber noch hätten die Rundenzeiten lediglich statistischen Wert.

Dann geht es um die Wurst. Nach der ersten Serie schneller Runden hält Michael Schumacher mit einer Zeit von 1.26,919 Minuten vor Coulthard und Häkkinen Platz eins. Plötzlich katapultiert sich Villeneuve auf Rang zwei. Wann sprachen zuletzt so viele Piloten bei der Vergabe der Pole-Position ein Wörtchen mit? Eddie Irvine und Ralf Schumacher signalisieren parallel, dass sie sich zumindest für die zweite Startreihe interessieren. Natürlich ist die 1.26,9-Zeit von »Schumi« noch nicht das letzte Wort. Aber dass der Rheinländer selbst im zweiten Anlauf die Latte auf 1.26,251 legt, kommt unerwartet. David Coulthard, der sich hier 1995 die erste F1-Pole seiner Karriere gesichert hatte, rollt nun tatendurstig hinaus auf die »MickeyMouse-Piste«, um den Roten von der Spitze zu verdrängen. Aber die Antwort des Schotten lässt zu wünschen übrig: 1.26,298 sind gut, aber nicht gut genug, um Michael Schumacher zu verdrängen.
20 Minuten sind noch zu fahren, da riskiert Coulthard den nächsten Schuss. Mit 1.25,852 trifft der Schotte die Zwölf, jetzt liegt er vorn. Michael Schumacher fährt nahezu zeitgleich einen Fehlversuch, der ihm keine Steigerung bringt, während sich »No-way-Häkkinen« auf Platz drei vorarbeitet. Dann die dramatischen Schlussminuten: Häkkinen unterläuft ein Fahrfehler, Coulthard und Schumacher liefern sich ein Duell – aber die Reihenfolge ändert sich nicht mehr. Damon Hill dreht sich, Eddie Irvine ist schnell genug für die zweite Startreihe... Während in Sao Paulo zum Ende des Qualifying erleichtert aufgeatmet wurde, herrscht nun allgemeines Bedauern, als die schwarzweiß-karierte Flagge geschwenkt wird.
Michael Schumachers Leistung löst allgemeine Freude und Erleichterung aus. Der Ferrari-Star wird als potentieller Retter der Saison gefeiert, die zum silbernen Langweiler zu verkommen drohte. Mit einem Schlag erobert er sich einen großenTeil seiner 1997 in Jerez verlorengegangenen Reputation zurück! »Das Wunder ist eingetreten«, sagt der rote Held des Tages wie befreit, »und jetzt sieht die Welt schon ganz anders aus als vor zwei Wochen. Und ich werde das Gefühl nicht los, ich könnte morgen exakt dahin kommen, wo ich hin will ... « Der Mann hat Blut geleckt und ist bis in die Haarspitzen motiviert.
In der McLaren-Box lässt sich Coulthard, für den eine Pole-Position noch nicht den Reiz des Besonderen verloren hat, feiern. Offen gibt der Schotte zu: »So oft habe ich das ja noch nicht geschafft. Irgendwie fühle ich mich, als hätte ich bereits das Rennen gewonnen. In Wirklichkeit habe ich nur das Recht, mit acht Metern Vorsprung zu starten ... « Zuviel habe er im letzten Versuch gewollt, fügt er noch hinzu, und deshalb die mögliche Steigerung verpatzt.
Mika Häkkinen fällt es überraschend leicht, nach dem vollmundigen Donnerstag kleine Brötchen backen zu müssen: »Ausgangs der Kurven hatte ich Probleme mit dem Heck. Im zweiten und dritten Versuch unterliefen mir dann auch noch Fahrfehler – unterm Strich bekam ich keine vernünftige Runde zusammen.« Ein »Desaster« sei das Qualifying für ihn gewesen, aber noch glaubt er an eine Wende zum Guten am Sonntag.
»Joker« Alexander Wurz, seit seinem Debüt in Montreal 1997 immer für eine Überraschung gut, blickt zu diesem Zeitpunkt auf ein eher bescheidenes Wochenende zurück. Zwar liegt er deutlich vor seinem Benetton-Teamkollegen Giancarlo Fisichella – der sich im Set-up-Labyrinth verirrte –, doch Platz acht entspricht natürlich nicht seinen Wünschen. Aber den Umständen entsprechend, das Zeittraining begann er mit einem Dreher, ist er zufrieden.
Auf zunächst nasser, dann abtrocknender Piste fährt Jean Alesi im Warm-up die beste Zeit. Aber für diese Leistung kann er sich nicht viel kaufen, Vor dem sonntäglichen

»Einlaufen« hatten die Ferrari-Verantwortlichen ein letztes Mal überlegt, den großen Überraschungs-Coup des Wochenendes zu landen: In den Boxen des befreundeten Sauber-Teams liegen X-wings, jene vor Jahresfrist von Tyrrell kreierten wirkungsvollen Abtriebshilfen, für die Boliden der Scuderia bereit. Aber die roten Strategen sind davon überzeugt, dass die neuen Goodyear-Frontreifen breiter und größer im Durchmesser als der vorherige Typ – ausreichen, um McLaren zu schocken. Voller Optimismus tönt Eddie Irvine: »Michael mischt die Silver-Arrows heute auf.« Nach den eindrucksvollen Diktaten von Melbourne und Sao Paulo will das immer noch niemand so recht glauben. Beim Start nutzt David Coulthard die günstige Ausgangsposition optimal. Und sofort versucht der Schotte, klare Verhältnisse zu schaffen. Bitter nötig hat er den Sieg, um Team-intern nicht völlig von Mika Häkkinen abgehängt zu werden. »Schumi« kommt hingegen nur mäßig von der Linie und landet zunächst hinter den beiden MP4/13 auf Rang drei. Bereits im Verlauf der zweiten Runde findet der Kerpener den Weg vorbei an dem Finnen, doch Coulthard hat sich zu diesem Zeitpunkt bereits ein Zeitpolster von 2,7 Sekunden aufgebaut.
Aber damit ist Coulthards Flucht nach vorn auch schon beendet. Das Material der britisch-deutschen Fabeltruppe zeigt erstmals in der neuen Saison Schwächen. Coulthard wird später berichten: »Mein Getriebe funktionierte nicht einwandfrei – das Runterschalten klappte nicht.« Die Kombination aus dem schwächelnden Getriebe auf der einen Seite und Michael Schumachers nassforschem Angriffswillen auf der anderen trägt schnell Früchte zugunsten des Verfolgers: Runde fünf bringt den Führungswechsel. Im Bereich einer engen Rechtskurve wird Coulthard – »Für Sekunden-

bruchteile fuhr ich unfreiwillig im Leerlauf« – weit nach außen getragen, und »Schumi« sticht reflexartig in die sich auftuende enge Lücke. Der McLaren-Pilot wird sich zwar später nicht daran erinnern können, doch er versucht verzweifelt, dem Rheinländer die Tür vor der Nase zuzuschlagen. Zu spät. Schumacher quetscht sich durch den immer enger werdenden Spalt, und die Boliden kollidieren. Der Ferrari-Pilot bleibt Sieger der Rangelei, der Gegner dreht sich. Für den Schotten wird es ein Tag werden, den er rückblickend sinnvoller im Bett verbracht hätte...
Erstmals seit jenem unvergessenen 26. Oktober 1997, der Jacques Villeneuve den Titel brachte, führt Michael Schumacher wieder einen Grand Prix an. Sein Bruder Ralf zählt in diesem Stadium bereits längst zu den großen Verlierern. Ein katastrophaler Start warf den jungen Jordan-Fahrer vom viel beachteten fünften Startplatz auf Rang 13 zurück, Glück wird ihm diese Position nicht bringen.
Als frischgebackener Spitzenreiter hat es der Ferrari-Star ausgesprochen eilig. Seine Taktik ist auf zwei Boxenstopps ausgelegt. Jetzt gilt es, jene Sekunden herauszufahren, die ihn nach dem zweiten Service-Halt vor Mika Häkkinen, der nur einmal stoppen will, sehen sollen. Nach 28 Umläufen holt sich der Rheinländer Sprit und Gummis – »planmäßig« übernimmt Häkkinen das Kommando. Der Finne will die Dienste seiner Mechaniker erst zu einem späteren Zeitpunkt in Anspruch nehmen. Nach 42 Runden ist es soweit: jetzt stoppt auch der Finne, und »Schumi« übernimmt wieder die Führungsarbeit.
Damit kommt der Kampf um die volle Punktzahl in sein kritisches Stadium. McLaren-Designer Adrian Newey wird diese Phase rückblickend als entscheidend für die Niederlage seines Schützlings bezeichnen: »Mika verlor hinter Heinz (Frentzen), der eine Runde Rückstand hatte, sechs Sekunden. Ohne diesen Zeitverlust wäre Mika nach Shuey's zweitem Stopp vorn gewesen dann wäre unsere Rechnung aufgegangen.« Häkkinen wird diese Meinung nicht teilen: »Der hätte mich doch sofort wieder überholt. Hier lief es für mich ganz einfach nicht hundertprozentig. Extreme Risiken wollte ich nicht eingehen, dann wäre ich im Kies gelandet.«
Nach 53 Runden hält Schumacher zum zweiten Mal. Die Uhren signalisieren einen Vorsprung von 21 Sekunden für den Deutschen. Als er sich wieder in den Verkehr einfädelt, liegt er 2,7 Sekunden vor Häkkinen – die Entscheidung ist gefallen. Aber es wird noch einmal kritisch für den Rheinländer. Als es in der 67. Runde zu regnen beginnt, rodelt »Schumi« in der letzten Kurve in den Kies. Aber er meistert den Zwischenfall mit Bravour. Der Deutsche: »An dieser Stelle war Johnny Herbert morgens ausgerutscht und im Kies steckengeblieben. Während der Fahrerparade checkte ich genau, wo die Escape-Piste war. Deshalb trat ich nicht die Bremse, sondern ließ das Auto rollen, bis es wieder Asphalt unter den Reifen hatte.«
Michael Schumacher gewinnt locker und wird als der Mann gefeiert, der die Saison wieder neu belebt hat. Dahinter kreuzt Häkkinen vor dem zweiten Ferrari die Linie. Eddie Irvine erreicht den Podestplatz mit viel Glück. Ein entfesselter Alexander Wurz hatte dem Iren bereits die vier WM-Punkte abgejagt, als sich der Österreicher auf der feuchten Piste in Runde 66 drehte und deshalb wieder hinter den Vorjahreszweiten zurückfiel. Als fünfter wird Jean Alesi abgewinkt, der nur einen der zwei X-wings mit ins Ziel bringt – der andere verhakte sich beim zweiten Pitstopp im Pressluftschlauch eines Schlagschraubers und wurde abgerissen. David Coulthard bekommt das letzte zu vergebende WM-Pünktchen. Nach dem Bodycheck von Schumacher erlebte Coult-

hard eine weitere Feindberührung mit Jacques Villeneuve, die der Williams des Kanadiers nicht überstand. Bevor die Sonntagsarbeit für »DC« endlich vorüber war, musste er einen weiteren Patzer überstehen.
Das Blatt wendet sich beim ersten Saisonlauf auf europäischem Boden: In Imola triumphiert der Schotte, auf dem Podest flankiert von Schumacher (»Ich habe nur deshalb sechs Punkte, weil wir Glück hatten. Das Glück, einen Mercedes ausfallen zusehen.«). In Spanien tun ihm die Silberpfeile nicht den Gefallen, der Karpener kommt, trotz einer Zehn-Sekunden-Strafe wegen Überschreitens des Speedlimits in der Boxengasse, auf Rang drei. In Monaco schließlich geht Schumacher dann leer aus, die Reparatur des Ferrari, der bei dem Überholmanövern in Runde 38 schwer gelitten hat, sorgt für drei Runden Rückstand auf Häkkinen.

ERGEBNISSE UND AUSFÄLLE

1. Michael Schumacher	Ferrari F300	1:48.36,175 = 169,304 km/h
2. Mika Häkkinen	McLaren-Mercedes MP4/13	22,899 Sekunden zurück
3. Eddie Irvine	Ferrari F300	57,745 Sekunden zurück
4. Alexander Wurz	Benetton-Playlife B198	1.08,134 Minuten zurück
5. Jean Alesi	Sauber-Petronas C17	1.18,286 Minuten zurück
6 . David Coulthard	McLaren-Mercedes MP4/13	1.19,751 Minuten zurück
7. Giancarlo Fisichella	Benetton-Playlife B198	1.28,438 Minuten zurück
8. Damon Hill	Jordan-Mugen 198	1 Runde zurück
9. Heinz-Harald Frentzen	Williams-Mécachrome FW20	1 Runde zurück
10. Rubens Barrichello	Stewart-Ford SF-2	2 Runden zurück
11. Jarno Trulli	Prost-Peugeot AP01	2 Runden zurück
12. Toranosuke Takagi	Tyrrell-Ford 026	2 Runden zurück
13. Shinji Nakano	Minardi-Ford M198	3 Runden zurück
14. Ricardo Rosset	Tyrrell-Ford 026	4 Runden zurück
15. Olivier Panis *	Prost-Peugeot AP01	7 Runden zurück/Motor
Esteban Tuero	Minardi-Ford M198	64. Runde, Unfall
Jacques Villeneuve	Williams-Mécachrome FW20	53. Runde, Unfall
Johnny Herbert	Sauber-Petronas C17	47. Runde, Unfall
Ralf Schumacher	Jordan-Mugen 198	23. Runde, Aufhängung hinten
Mika Salo	Arrows A19	19. Runde, Getriebe
Jan Magnussen	Stewart-Ford SF-2	18. Runde, Kraftübertragung
Pedro Diniz	Arrows A19	14. Runde, Getriebe

* Nicht im Ziel, aber aufgrund der zurückgelegten Distanz gewertet

SCHNELLSTE RUNDE: (39. Runde) – Alexander Wurz, Benetton-Playlife B198; 1.28,179 = 173,878 km/h

29. Sieg

Großer Preis von Kanada
Montreal, 7. Juni 1998

Die Aufholjagd beginnt

Der Große Preis von Kanada beendet für Ferrari und Schumacher eine lange Durststrecke. Und dass die McLaren-Mercedes ein schwarzes Wochenende erleben, macht den Triumph um so schöner. Trotz einer Zehn-Sekunden-Strafe kann »Schumi« sich den Sieg sichern. Ein fader Nachgeschmack aber bleibt, die Beinahe-Kollision mit Frentzen hat ihn Sympathien gekostet.

Während sich die Sauber-Crew unverändert darüber ärgert, die mieseste aller Boxen zugewiesen bekommen zu haben – durch Toilettenanlagen voneinander getrennte Garagen –, beginnt der Ernst auf der Piste. Überraschend zeigt McLaren-Mercedes am ersten Trainingstag Schwächen. Wiederholt drehen sich die Silberpfeile oder rutschen sogar ins Aus! Doch trotzdem reicht es für Mika Häkkinen wieder einmal zum Tagessieg. Aber dem Finnen sitzt mit lediglich knapp vier Zehntelsekunden Rückstand Michael Schumacher im Genick. Der Rheinländer hat plötzlich Oberwasser: »Gar nicht so schlecht, wenn die Herren von McLaren etwas nervös werden. Dank der guten Arbeit von Goodyear und unseres neuen Frontflügels habe ich vielleicht doch noch eine Titelchance.« Tatsächlich haben die Amerikaner in Acron einen neuen Reifen gebacken, der auch bei Sauber gut gefällt. »Die neuen Gummis«, sagt der gut gelaunte Teamchef, »passen sehr gut zu unserem Auto.« Peter Sauber hat allen Grund zur Freude, denn Jean Alesi rangiert freitags auf Platz drei! Aber der Chef warnt: »Das Wochenende besteht aus drei Tagen, und der Freitag ist davon der unwichtigste.«
Das Qualifying ist da schon bedeutend wichtiger, auch wenn die WM-Punkte immer noch unter Verschluss bleiben. Gleich drei Piloten haben extreme Interessen, sich den besten Startplatz zu sichern: Mika Häkkinen, um den Grundstein für den Ausbau seiner Führung im Zwischenklassement zu setzen, David Coulthard, der den Beweis antreten will, seinen Teamkollegen schlagen zu können und Michael Schumacher, der weiß, dass er das Blatt jetzt bald wenden muss, wenn er wenigstens den Hauch einer Titelchance haben will.
Noch vor Jahresfrist hätte sich Coulthard auch gelassen mit Platz zwei im Qualifying zufriedengegeben. Der schottische Blitzstarter verstand es damals noch, den finnischen Stallgefährten auf den ersten Metern auszubeschleunigen. Die Zeiten haben sich geändert. Der Brite hat zwar nichts von seinem Können verlernt, aber Häkkinen lässt sich beim Start nicht mehr so leicht über den Löffel barbieren. Coulthard, halb im Ernst und halb im Scherz: »Mika brütete sehr lange über den Computer-Daten und hat einiges dazugelernt.«
Nach zwei Versuchen hat Coulthard den Skandinavier überraschend klar im Griff: Er liegt auf Rang eins, während Häkkinen jenseits der 107 % Grenze rangiert und damit

vorläufig nicht einmal für den letzten Startplatz qualifiziert ist. Flüchtigkeitsfehler und Verkehr haben dem frischgebackenen Ehemann zwei Fehlversuche eingebracht. Aber der Titelfavorit lässt sich nicht aus der Ruhe bringen, Dunkle Wolken hängen über der Insel Notre Dame, doch Häkkinen bleibt cool. Auf nasser Piste hätte er keine Chance, die Qualifikationshürde zu überspringen... Erst kurz nach 13.30 Uhr Eastern Time geht er erneut auf »Feindflug«, und jetzt schlägt er gnadenlos zu: Die Monitore der Zeitnahme zeigen den Minutenwert 1.18,282 – damit liegt er 62 Tausendstel vor dem Team-Gefährten. Kaum jemand zweifelt daran, dass er sich noch steigern kann. Während sich Coulthard an der neuen Bestzeit die Zähne ausbeißt, lässt Rosberg-Schützling Häkkinen einige Set-up-Änderungen an seinem MP4/13 vornehmen. Doch Theorie und Praxis stimmen nicht überein: Beim letzten Versuch schießt der Finne eine »Fahrkarte«. Jetzt hat der zweite McLaren-Pilot die Chance. Im ersten Drittel fährt er drei Zehntel schneller als Häkkinen. Eine Fabelzeit liegt in der Luft. Die Zwischenbilanz nach zwei Dritteln sieht ihn dann aber überraschend nicht mehr vorn. Knapp muss es ausgehen und es wird knapp: Unterm Strich findet der Schotte 69 Tausendstel, die ihm Pole Nummer acht seiner F1-Karriere bringen.

Dass Michael Schumacher, der sich Platz drei sichern kann, nur 0,284 Sekunden auf die Bestzeit fehlen, irritiert Coulthard nicht: »Es ist zu kühl für die Bridgestones, das ist das ganze Geheinmis.« Davon will der Ferrari-Star nichts wissen: »Unfug. Die neuen Hinterreifen von Goodyear sind klasse. Wenn es wärmer wäre, könnten auch wir noch schneller fahren.« Ein Blick auf die Startaufstellung gibt dem Wahl-Schweizer recht: Ralf Schumacher stellt seinen Goodyear-bereiften Jordan auf Platz fünf ab und von den zehn Schnellsten waren gleich sieben mit den amerikanischen Gummis unterwegs.

Sonntags ist es kalt, windig und zunächst auch nass. Michael Schumacher hofft auf Regen. Nur auf nassem Asphalt, davon ist er überzeugt, kann er sich zehn WM-Punkte holen. Sein Wunsch bleibt unerfüllt, aber die maximale Punkt-Ausbeute wird er sich trotzdem sichern.

Der Circuit Gilles Villeneuve, benannt nach dem Vater des amtierenden Weltmeisters, fordert von den Piloten schon auf den ersten Metern nach dem Start ein Höchstmaß an Konzentration und Disziplin. Der Katapultstart führt in eine Links-Rechts-Kombination, die als Einladung für Startcrashs empfunden werden darf...

Den architektonisch programmierten Zwischenfall löst Alexander Wurz aus. Der österreichische Benetton-Pilot sucht sich im Kurveneingang seine eigene Ideallinie, die allerdings abseits des Asphaltbandes liegt. Beim anschließenden Einfädeln in den fließenden Verkehr scheppert es gewaltig. Wurz überschlägt sich spektakulär ins Kiesbett – Jean Alesi, Johnny Herbert und Jarno Trulli werden unschuldige Opfer des ungestümen Alpensohns und landen ebenfalls im Abseits. Die Chaos-Szene veranlasst die Rennleitung zum Abbruch des Rennens. Diese Reaktion ist ebenso unverständlich wie unprofessionell. Richtig wäre es gewesen, das Safety-car einzusetzen.

Wurz, der ein paar Kiesel spuckt und sicherheitshalber einen neuen Sturzhelm aufsetzt, Alesi und Trulli freuen sich natürlich über die neue Chance. Am Steuer ihrer Reserveautos sind sie wieder mit von der Partie, als die kanadischen Fans eine weitere Beschleunigungs-Orgie der F1-Boliden erleben. Johnny Herbert muss aus der Boxengasse starten, weil sein Sauber nicht fristgerecht repariert werden kann, um seinen Startplatz einzunehmen. Mit der Vergabe einer zweiten Chance unterschätzen die Ver-

antwortlichen allerdings das Lerntempo der GP-Piloten. Ralf Schumacher, Opfer seiner ungeliebten AP-Kupplung, hatte beim ersten Anlauf seinen Mugen-V10 abgewürgt. Das hätte er besser auch beim zweiten Versuch getan... Aber jetzt kommt er gut von der Linie weg und kopiert die Wurz-Nummer, überschlägt sich aber nicht, sondern kreiselt durchs Feld. Das reicht aus, um Verwirrung zu stiften. Als der Staub sich legt, steht Trullis Prost »geparkt« auf dem Sauber von Jean Alesi.
Alesis Begeisterung hält sich in äußerst überschaubaren Grenzen: »Manche kriegen beim Start den Hals nicht voll. Der Trick eines guten Starts ist es, genau zu wissen, wann man sich zurückhalten muss. Aber die jungen Fahrer scheinen in einen Rausch zu verfallen. Die sind zu gierig und tun so, als gäbe es die erste Kurve gar nicht. Erst segelt der Wurz über mich, und dann setzt sich Trulli auf mich drauf, nachdem mir Irvine den Frontflügel abgefahren hatte.«
Der Ire bezahlt den Rempler mit einem Plattfuß hinten links. Aber er hat Glück im Unglück. Zwar muss er nach nur einer Runde zum Reifenwechsel an die Boxen. Inzwischen diktiert das Safety-car das Tempo, denn auf einen dritten stehenden Start will sich die Rennleitung nicht einlassen. Offenbar will man die Veranstaltung bis zum Sonnenuntergang über die Bühne bringen... So findet Irvine zumindest schnell Anschluss an das Ende des Feldes. Seine Situation ist übel, aber im Vergleich zu den Crash-Opfern Trulli, Alesi und Schumachers Ralf sowie zwei weiteren Piloten ist sie geradezu rosig. Takagi-San kommt wegen einer defekten Kraftübertragung nicht weit, und Mika Häkkinen ist nach nur einem Umlauf ebenfalls out. Beim Beschleunigen kam er über den ersten Gang nicht hinaus – damit ist der erste Silberpfeil zerbrochen, kaum dass er aus dem Köcher gezogen wurde.
Mit Beginn der sechsten Runde herrscht freie Fahrt. Endlich hat der GP begonnen. Das Safety-car nimmt wieder seine Lauerposition ein, die es während dieses WM-Laufs noch zweimal verlassen wird. Vorn fährt Häkkinens Leutnant Coulthard, dessen Tempo »Schumi« mithalten kann. Trotz des geringen Abstands spricht in diesem Stadium alles für einen McLaren-Sieg, denn der deutsche Ferrari-Pilot plant zwei Stopps, während der Spitzenreiter nur einmal halten will. »Ich hätte schnellere Rundenzeiten fahren können«, wird sich der Kerpener später erinnern, »aber auf den Geraden war David zu schnell. Ich hatte keinerlei Überholchance.«
Star der ersten Runden ist allerdings der Außenseiter Rubens Barrichello. Als wäre es die leichteste Übung der Welt, fliegt der Stewart-Fahrer an »HHF« und dann auch am amtierenden Weltmeister vorbei. Aber Platz vier bedeutet gleichzeitig die Endstation für den Südamerikaner: In Runde elf bremst er die Haarnadelkurve vor der alten Boxenanlage zu spät an, wird weit nach außen getragen und verliert drei Plätze. Bremsprobleme verhindern, dass er sich anschließend spektakulär in Szene setzen kann. Aber das Team Stewart wird trotzdem belohnt werden.
Die 13. Runde bringt der Veranstaltung kein Glück: Pedro Diniz dreht sich ins Gras. Der harmlose Ausflug nimmt groteske Züge an. Der verwendete Rollrasen ist noch nicht mit dem Erdreich verbunden, und der Arrows des Brasilianers räumt die grünen Matten mit seiner »Unterlippe«, der Front des Unterbodens, quadratmeterweise ab. Anschließend tritt Diniz unfreiwillig als Landschaftsarchitekt auf, indem er die Biofracht nach dem Zufallsprinzip auf dem Asphalt verteilt. Oliver Gavin, der Pilot des Safety-car, dreht erneut am Zündschlüssel und sammelt das Feld ein.
Zwei Runden bestimmt Gavin das Marschtempo. Dann ist die Piste abgegrast, und

die Hatz geht weiter. Für Coulthard lohnt sich der Neustart eigentlich nicht. Im Verlauf der 19. Runde verliert der Bolide des Spitzenreiters auf der Rückseite des Kurses unerwartet an Fahrt. Der Schotte erreicht zwar noch seine Boxen, biegt aber sofort in die Garage ein – Feierabend. »Schade«, sagt Coulthard enttäuscht, »ich hatte alles im Griff, dann spielte plötzlich der elektronische Gaszug nicht mehr mit.« Mercedes erlebt ein schwarzes Wochenende: Totalausfall in Montreal, Totalausfall in Le Mans. Da kann der Mercedes-Sieg beim Truck Grand Prix in Österreich Sportchef Norbert Haug auch nicht aufheitern...

Aber nach 20 Runden übernimmt erneut ein silberner Mercedes die Führung – Gavins CLK. Diesmal muss gebummelt werden, weil Mika Salo abgeflogen ist. Der Crash des Finnen verläuft glücklicherweise harmlos – zumindest was die Gesundheit des Fahrers betrifft. Clever nutzt Michael Schumacher die »Full Course Yellow Situation« und lenkt seinen Ferrari sofort in die Boxengasse zum ersten Stopp. Als er sich wieder in das Renngeschehen einfädelt, kommt es zum Eklat: Am rechten Pistenrand kommt Heinz-Harald Frentzen angeflogen. Der Flaggenposten am Ende der Boxengasse, der Schumacher jetzt warnen müsste, gönnt sich irgendwo ein Päuschen. Der beschleunigende Ferrari beansprucht die Ideallinie für sich, und Frentzen hat das Nachsehen. Schumacher später: »Tut mir leid, ich habe ihn nicht gesehen.« Der Williams-Pilot, in den Kies abgedrängt und damit aus dem Rennen: »Die Fernsehbilder sprechen für sich. Wahrscheinlich wird das von der Presse wieder als tolles Fahrmanöver hingestellt.« Eine Stunde lang halten ihn seine Mitarbeiter anschließend im Motorhome zurück. Sie wollen verhindern, dass er nach den ironischen Worten mit einer verbalen Breitseite über den Ferrari-Piloten herfällt.

Mit Beginn der 23. Runde wird das Rennen wieder einmal – den ersten Fehlversuch

mitgezählt – zum fünften Mal gestartet. An der Spitze liegt Giancarlo Fisichella. Dahinter lauert Jacques Villeneuve – seit seinen CART-Tagen ein Spezialist für fliegende Starts... Dann erst, wegen des Boxenstopps, Michael Schumacher.

Sofort stürzt sich Villeneuve auf »Fisico«. Der Kanadier geht tatsächlich in Führung, verliert sie aber zwei, drei Sekunden später wieder. Das Tempo des Williams ist viel zu hoch. Doch er kehrt nach dem Abstecher neben den Asphalt wieder auf die Piste zurück. Dann aber fährt ihm Esteban Tuero ins Heck, und damit ist der zweite Williams so gut wie out. Ein Reparaturstopp wirft ihn hoffnungslos zurück. Später wird Villeneuve zu Protokoll geben: »Okay, meine Reifen waren zu kalt und außerdem bremste ich zu spät. Schade, das Auto war prima. Fisichella hätte ich auf jeden Fall schlagen können, vielleicht sogar Schumacher.«

Kurz nach Halbzeit des Rennens muss Michael Schumacher eine Zehn-Sekunden-Strafe absitzen. Die Fans, die zuvor den Fußgänger Frentzen mit aufmunterndem Applaus bedacht hatten, pfeifen den Deutschen aus. Die Sprechfunk-Frage des Kerpeners nach dem Grund der Strafe, beantwortet ihm die Crew mit den Worten: »Da war irgendetwas mit Frentzen.« Der Zwangsstopp wirft den Rheinländer hinter Damon Hill zurück auf Rang drei. Obwohl sich der Brite durch einen riskanten Zickzack-Kurs bei Topspeed wehrt, kann ihn Schumacher niederkämpfen.

Jetzt beginnt die Jagd auf den führenden Benetton-Italiener. Als der nach 44 Runden einen Service-Halt einlegt, geht Michael Schumacher in Front. Aber auch er muss noch einmal stoppen. Um das notwendige Zeitpolster herauszufahren, dreht der

Deutsche eine schnellste Rennrunde nach der anderen. Er gibt alles. Beinahe rutscht er in die Planken, dann vernascht er Nachzügler ohne Zeitverlust. Die Rechnung geht auf. Knapp 20 Umläufe vor Rennende lässt er nachtanken und neu bereifen. Anschließend geht er unmittelbar vor »Fisico« wieder ins Rennen. Folgen kann der ihm nicht...
Zwei Ferrari, zwei Benetton und zwei Stewart landen auf den Punkterängen. Titelanwärter Mika Häkkinen nimmt die McLaren-Schlappe gelassen: »Das hier ist eh nicht unser Kurs. Es gibt nicht genügend schnelle Kurven. In Magny-Cours und Silverstone wird es ganz anders aussehen.« Die Zukunft wird zeigen: Als Hellseher könnte Häkkinen sein Geld nicht verdienen.

ERGEBNISSE UND AUSFÄLLE

1. Michael Schumacher	Ferrari F300	1:40.57,355 = 181,296 km/h
2. Giancarlo Fisichella	Benetton-Playlife B198	16,662 Sekunden zurück
3. Eddie Irvine	Ferrari F300	1.00,058 Minuten zurück
4. Alexander Wurz	Benetton-Playlife B198	1.00,058 Minuten zurück
5. Rubens Barrichello	Stewart-Ford SF-2	1.03,232 Minuten zurück
6. Jan Magnussen	Stewart-Ford SF-2	1.21,512 Minuten zurück
7. Shinji Nakano	Minardi-Ford M198	1 Runde zurück
8. Ricardo Rosset	Tyrrell-Ford 026	1 Runde zurück
9. Pedro Diniz	Arrows A19	1 Runde zurück
10. Jacques Villeneuve	Williams-Mécachrome FW20	6 Runden zurück
Esteban Tuero	Minardi-Ford M198	54. Runde, Elektrik
Damon Hill	Jordan-Mugen 198	43. Runde, Elektrik
Olivier Panis	Prost-Peugeot AP01	40. Runde, Motor
H.-H. Frentzen	Williams-Mecachrome FW20	21. Runde, Unfall
David Coulthard	McLaren-Mercedes MP4/13	19. Runde, Motor
Johnny Herbert	Sauber-Petronas C17	19. Runde, Dreher
Mika Salo	Arrows A19	19. Runde, Unfall
Mika Häkkinen	McLaren-Mercedes MP4/13	1. Runde, Getriebe
Ralf Schumacher	Jordan-Mugen 198	1. Runde, Dreher
Jean Alesi	Sauber-Petronas C17	1. Runde, Unfall
Jarno Trulli	Prost-Peugeot AP01	1. Runde, Unfall
Toranosuke Takagi	Tyrrell-Ford 026	1. Runde, Antriebswelle

SCHNELLSTE RUNDE: (48. Runde) – Michael Schumacher, Ferrari F300; 1.19,379 = 200,501 km/h
Neuer Rundenrekord

Shell
Marlboro
Asprey

TELECOM
ITALIA

30. Sieg

Großer Preis von Frankreich
Magny-Cours, 28. Juni 1998

Erst Schelte, dann Sieg

Nach den Ereignissen von Montreal geht der F1-Zirkus nicht einfach zur Tagesordnung über. An einen Michael Schumacher werden eben andere Maßstäbe angelegt als an irgendwelche Hinterbänkler. Den Ferrari-Star ficht das anscheinend nicht an, souverän steuert er zusammen mit Eddie Irvine dem ersten Ferrari-Doppelsieg seit acht Jahren entgegen.

Michael Schumacher steht seit dem GP von Kanada im Mittelpunkt des Interesses. Nicht sein Sieg in Montreal wird diskutiert, sondern die Aktion, die Heinz-Harald Frentzen aus dem Rennen warf. Für die Zeitung »Le journal de Montreal« gibt es für das Manöver nur zwei mögliche Erklärungen. Ist Schumacher blind oder ein eleganter Lügner?, fragt das Blatt seine Leser.
Der Kerpener bleibt bei seiner Darstellung, er habe den Williams nicht gesehen. Nur wenige sind bereit, das zu glauben. Seine Boxen-Crew wird doch nicht etwa vergessen haben, ihn per Sprechfunk über die Verkehrssituation auf der Piste zu unterrichten? Ex-F1-Pilot Marc Surer trifft den Nagel wohl auf den Kopf, als er erklärt: »Ich glaube Schumi, dass er Frentzen nicht wahrgenommen hat. Aber trotzdem ist er für den Zwischenfall verantwortlich. Zum Glück ist Frentzen ein netter Mensch, sonst hätte es wohl eine böse Karambolage gegeben.«
Titelverteidiger Jacques Villeneuve aber wettert in seiner Kolumne, die »La Presse« veröffentlicht: »Herr Schumacher glaubt weiter, dass er sich alles erlauben kann und er allein auf Welt ist. Wo glaubt er zu leben, auf dem Planeten Michael?« Und Heinz-Harald Frentzen nennt es »einen Witz«, dass Michael Schumacher einer der drei Sprecher der F1-Piloten-Vereinigung GPDA ist: »Jemand, der so perfekt sein will, muss immer die Übersicht behalten. Schumacher fährt zu brutal – ich werde seinen Rücktritt als GPDA-Sprecher fordern.«
Trotz des riesigen Wirbels wird Michael Schumacher auch an diesem Wochenende wieder beweisen, wie kompromisslos er sich durchsetzen kann. Und langsam beginnen auch seine Kritiker zu begreifen, dass es sich dabei um nichts anderes handelt, als um den Stil eines Ayrton Senna oder Nigel Mansell.
Ein Blick auf die Teilnehmerliste zeigt eine personelle Veränderung. Jan Magnussen, ausgerechnet nachdem ihm in Montreal endlich der erste Punktgewinn für Stewart gelungen ist, wurde vor die Tür gesetzt. Jetzt vertrauen die Schotten auf Jos Verstappen, den schnellsten und routiniertesten aller »Reservisten«.
Michael Schumacher reagiert empört auf das Verhalten deutscher Hooligans, die bei der Fußball-WM für traurige Schlagzeilen sorgen. »Bei einem Tier«, sagt er, »geht man hin und schläfert es ein – vielleicht sollte man das gleiche in diesen Fällen auch

tun.« Vertreter aller großen politischen Parteien Deutschlands werden deshalb 24 Stunden später über Schumacher herfallen.

Freitags zeichnet sich bereits ab, dass Sauber nicht zu den Favoriten des Rennens zählen wird. Häkkinen, Irvine, Coulthard, Frentzen, die zwei Schumachers, in der Reihenfolge Michael vor Ralf, und Fisichella fahren die schnellsten Zeiten. Herbert und Alesi landen auf den Plätzen zehn und zwölf. Peter Sauber weiß nicht weiter: »Das ist eine Enttäuschung. Wir stehen vor einem Rätsel.« Die Boliden mit den roten Bullen wurden technisch seit den Tests nicht verändert. Was anders ist, ist das Wetter: Die Luft ist zehn Grad kälter, der Asphalt sogar 15... Chef-Konstrukteur Leo Ress, der jetzt mit anpacken müsste, liegt im fernen Griechenland am Strand. Sauber zuckt mit den Achseln: »Einmal muss er ja auch Urlaub machen.«

Urlaub hätte auch Heinz-Harald Frentzen verdient. Während der Testtage auf der Piste von Magny-Cours erlebte der Mönchengladbacher einen bösen Abflug. Der abgerissene Frontflügel geriet auf der Geraden im Anschluss an die Haarnadelkurve Adelaide unter die Vorderachse. Die Folge: Die Vorderräder ließen sich jetzt weder abbremsen noch einlenken... Das böse Erwachen gab es anschließend beim Rennarzt in der Pistenklinik. Der stümperhafte Medizinmann sprühte Frentzens Rücken mit Eis-Spray ein, bis die Haut Blasen warf. Der Williams-Pilot: »Ich bin wieder einigermaßen okay. Nur der Nacken ist noch etwas steif. Ich fühle mich, als hätte ich eine Viagra-Pille geschluckt, die mir im Hals steckengeblieben ist.«

Bei Jordan verkündet der Teamchef, man plane die kommende Saison ohne Ralf Schumacher. Prompt wird über das Ende der F1-Karriere des Schumi-Bruders phantasiert. Aber in der Formel 1 gehen die Uhren anders. Scheinbar klare Aussagen müssen interpretiert werden: Eddie Jordan will lediglich die Gage für seinen deutschen Fahrer drücken. Weil der noch keinen WM-Punkt ergattern konnte, ist die Situation günstig. Tatsächlich steht der Luftwaffen-Soldat hoch im Kurs. Hinter den Kulissen wird sein Transfer von Jordan zu Williams eingefädelt. Aller Kritik zum Trotz versprüht Schumi II Optimismus: »Endlich habe ich die Fichtel & Sachs-Kupplung. Weil ich mit der von AP nicht klarkam, drängte ich auf den Wechsel. Notfalls hätte ich sogar die Kosten aus eigener Tasche übernommen.«

Im samstäglichen Qualifying trumpft Michael Schumacher gewaltig auf. Nach 40 Minuten sieht es so aus, als könne sich der Rheinländer die 18. Pole seiner F1-Karriere sichern. Aber fünf Minuten später schlägt Mika Häkkinen zu, und für den Deutschen bleibt »nur« der zweitbeste Startplatz. Enttäuscht ist er anschließend nicht: »Schau dir doch an, welchen Rückstand wir bisher hatten. Jetzt stehe ich in der ersten Reihe. Ich glaube, hier sind wir stark genug, um McLaren aus eigener Kraft schlagen zu können.«

Mika Häkkinen, der sich nach dem Qualifying schon wie der Sieger feiern lässt, schwärmt von dem harten Kampf: »In Monaco war es zwischen David und mir sehr knapp. Das heutige Duell war ähnlich spannend – nur hieß mein Gegner diesmal Michael.«

Sonntags, als das Rennen gestartet wird, spielt Jos Verstappen unerwartet die wichtigste Nebenrolle. Unmittelbar bevor die Hatz beginnen soll, würgt der Stewart-Neuling seinen Motor ab. Das Startprozedere muss nun laut Reglement abgebrochen werden. Doch die Funktionäre werden beim entsprechenden Versuch Opfer der Ampel-Technik: Um das Abbruch-Signal – gelbes Blinklicht – schalten zu können, muss zunächst das Rotlicht gelöscht werden. Und das wiederum bedeutet: Start!

Sofort geben Häkkinen und der Rest des Feldes Vollgas – mit Ausnahme von Jos Verstappen. Dank einer perfekten Beschleunigungsphase sieht es auf den ersten Metern so aus, als könne sich David Coulthard an Michael Schumacher vorbei auf die zweite Position katapultieren. Aber der Rheinländer zieht seinen Ferrari kompromisslos auf die Linie des MP4/13 und verteidigt damit seine im Qualifying erkämpfte Position. Unmittelbar darauf werden die roten Abbruchflaggen geschwenkt, obwohl die Helfer bei Start-und-Ziel nun alle Zeit der Welt haben, den leblosen Stewart-Ford zu entsorgen.
Mika Häkkinen reagiert auf den Abbruch des Rennens stocksauer: »Ich dachte, da habe es irgendwo einen Massencrash gegeben. Wegen eines stehengebliebenen Autos braucht man doch nicht mit derart massiven Mitteln zu reagieren.« McLaren-Chef Ron Dennis wird nach dem Rennen sogar noch größere Verständnisschwierigkeiten haben: »Mika oder David hätten heute gesiegt, wenn die roten Flaggen nicht gezeigt worden wären. Es gab keinerlei Grund für diese Maßnahme, denn Verstappens Auto war längst aus der Schusslinie, als das Feld aus der ersten Runde zurückkam. Vor zwei Wochen parkten in Montreal zwei Rennwagen übereinander an der Leitplanke und es wurde nicht abgebrochen. Es ist deshalb sehr schwierig für mich, die heutige Entscheidung nachzuvollziehen.«
Beim zweiten Start lässt Michael Schumacher seinem finnischen Vordermann keine Chance. Der Deutsche: »Mein erster Start war gut. Ich hatte große Bedenken, diese Leistung wiederholen zu können. Aber dann klappte es noch besser. Mein zweiter Start war phantastisch.« Aber die Silberpfeile müssen auf den ersten Metern einen weiteren dicken Brocken schlucken: Auch Eddie Irvine beschleunigt wie eine Feststoffrakete, und damit liegen gleich zwei Ferrari in Front.
Da auf der französischen GP-Piste der Begriff »Überholmanöver« in den Bereich der Fremdworte fällt, sind sich die beiden McLaren-Piloten von Rennbeginn an über ihre fast aussichtslose Situation im klaren. Häkkinen muss ein nahezu unkalkulierbares Risiko eingehen, wenn er Irvine angreifen will. Mit Blick auf wertvolle WM-Punkte muss er seine Angriffslust deshalb zügeln. Oder: Vier WM-Punkte sind besser als keiner.
Während sich Häkkinen hinter Irvine »anstellt«, zieht Michael Schumacher an der Spitze auf und davon. Nach nur zehn Runden hat der Deutsche bereits einen beruhigenden Elf-Sekunden-Vorsprung. Mit wachsendem Rückstand folgen in seinem Rücken immer noch alle 21 Konkurrenten. Die Statistiker unter den Beobachtern beginnen wieder einmal zu hoffen: Gibt es heute das erste F1-Rennen seit dem GP von Holland 1961, bei dem alle Starter das Ziel sehen? Bisher steht der WM-Lauf in Zandvoort als einzigartig in den Resultatslisten. Und daran ändert sich erneut nichts: Im Verlauf der 17. Runde lässt Rosset seinen Tyrrell mit verendetem Motor ausrollen. Trotz der damit verpassten Nullrunde: Die Ausfallquote wird sich letztlich sehen lassen können.
Zum Ende der 19. Runde ergibt sich unerwartet eine Chance für Mika Häkkinen. Irvine, zuvor durch Nachzügler gebremst, scheint verwundbar und der Skandinavier schlägt sofort zu. In der Virage du Lycée quetscht er sich an dem Ferrari vorbei, riskiert bei diesem Manöver aber tatsächlich zuviel: Häkkinen dreht sich und muss zunächst Irvine, dann auch Coulthard passieren lassen.
Nach der Serie der ersten Boxenstopps – alle Favoriten sind mit einer Zwei-Stopp-Taktik unterwegs – wird vorn die Reihenfolge Michael Schumacher vor Irvine, Häkkinen, Coulthard, Villeneuve, Wurz und Alesi registriert. Dank des schnelleren Service für den Finnen ist damit die alte Hackordnung der McLaren-Piloten wieder hergestellt.

Es gibt spannende Rennen, und es gibt eher unspektakuläre Prozessionen. Bis zur Phase der zweiten Stopps ist der GP von Frankreich '98 eher der zweiten Kategorie zuzuordnen. Jean Alesi wird das später allerdings nicht bestätigen, weil ihm »Fisico« ins Heck fuhr. »Einfach lächerlich«, wird der Franzose Protokoll geben, »aber dort, wo er es versuchte, darf man noch nicht einmal ans Überholen denken!«
Ein Hauch Dramatik kommt auf, nachdem der rote Spitzenreiter nach 45 Runden seinen zweiten Boxenstopp eingelegt hat und auch Irvine zum zweiten Mal anhielt. Häkkinen folgt dem Deutschen jetzt mit nur noch neun Sekunden Rückstand, und der Finne knabbert sich sogar ein paar weitere Zehntel heran. Die Wende liegt deshalb keineswegs in der Luft, denn die Startnummer acht hat ihren zweiten Stopp ja noch vor sich.
Dann erlebt David Coulthard unerwartet Stress: 37 Sekunden lang steht sein McLaren nach 55 Runden an den Boxen still. Dann gibt der Schotte endlich wieder Gas, aber seine Benzin-Reserven wurden lediglich um ein paar Tröpfchen aufgestockt. Der Einfüll-Rüssel hatte nicht funktioniert. Zwei Runden später steht »DC« erneut an seiner Tankstelle. jetzt fließen immerhin wenige Literchen. Ein weiterer Halt ist notwendig. Coulthard ist am Ende froh, dank eines siegreich ausgetragenen Duells gegen Alesi in der Schlussrunde wenigstens einen WM-Punkt zu retten.
Noch einmal greift Häkkinen – aufgrund seines zweiten Stopps wieder auf die dritte Position zurückgeworfen – Irvine an. Diesmal wählt der Jäger die Bremszone vor Adelaide. Aber der Ire bleibt Herr der Situation. Häkkinen: »Auf diesem Kurs wird das Überholen zum Alptraum.« Irvine: »Auf diesem Kurs den Hintermann in Schach zu halten, ist ein Kinderspiel.« Getreu dieser Aussagen endet auch der finale Schlagabtausch in der Zielkurve.

Nach der Siegerehrung feiert Ferrari den ersten Doppelsieg seit dem 30. September 1990. Damals hatte im spanischen Jerez Alain Prost vor Nigel Mansell gewonnen. McLaren ist aufgrund des roten Triumphes gewarnt, zumal Michael Schumacher ankündigt: »In Silverstone sind wir auch wieder ganz vorn mit dabei.« Zu denen, die nicht an einen möglichen Titelgewinn Schumachers glauben wollen, zählt ein überraschend selbstbewusster David Coulthard: »Noch ist gar nichts entschieden. Ich rechne mir immer noch gute Chancen aus, Champion zu werden.«
Der amtierende Weltmeister, Jacques Villeneuve, darf von diesem Ziel nicht mehr träumen. Nur knapp hat der Kanadier seine erste Podiums-Platzierung des Jahres verpasst. »Ein prima Rennen«, sagt er mit leuchtenden Augen, »das Fighten machte Spaß. Aber wenn ich auf die Punkt-Ausbeute schaue – das ist frustrierend.«

ERGEBNISSE UND AUSFÄLLE

1. Michael Schumacher	Ferrari F300	1:34.45,026 = 190,963 km/h
2. Eddie Irvine	Ferrari F300	19,575 Sekunden zurück
3. Mika Häkkinen	McLaren-Mercedes MP4/13	19,747 Sekunden zurück
4. Jacques Villeneuve	Williams-M~cachrome FW20	1.06,965 Minuten zurück
5. Alexander Wurz	Benetton-Playlife B198	1 Runde zurück
6. David Couithard	McLaren-Mercedes MP4/13	1 Runde zurück
7. Jean Alesi	Sauber-Petronas C17	1 Runde zurück
8. Johnny Herbert	Sauber-Petronas C17	1 Runde zurück
9. Giancarlo Fisichella	Benetton-Playlife B198	1 Runde zurück
10. Rubens Barrichello	Stewart-Ford SF-2	2 Runden zurück
11. Olivier Panis	Prost-Peugeot AP01	2 Runden zurück
12. Jos Verstappen	Stewart-Ford SF-2	2 Runden zurück
13. Mika Salo	Arrows A19	2 Runden zurück
14. Pedro Diniz	Arrows A19	2 Runden zurück
15. Heinz-Harald Frentzen	Williams-Mécachrome FW20	3 Runden zurück/ Spurstange
16. Ralf Schumacher	Jordan-Mugen 198	3 Runden zurück
17. Shinji Nakano *	Minardi-Ford M198	6 Runden zurück/Motor
Toranosuke Takagi	Tyrrell-Ford 026	61. Runde, Motor
Jarno Trulli	Prost-Peugeot AP01	56. Runde, Dreher
Esteban Tuero	Minardi-Ford M198	42. Runde, Getriebehydraulik
Damon Hill	Jordan-Mugen 198	20. Runde, Hydraulik
Ricardo Rosset	Tyrrell-Ford 026	17. Runde, Motor

* Nicht im Ziel, aber aufgrund der zurückgelegten Distanz gewertet

SCHNELLSTE RUNDE: (59. Runde) – David Coulthard, McLaren-Mercedes MP4/13 1.17,523 = 197,360 km/h

31. Sieg

Großer Preis von England
Silverstone, 12. Juli 1998

Weißer Fleck weg

Dem Sieg in Frankreich folgt das Rennen in England, einer Piste, auf der Schumacher noch nie gewonnen hatte. Die Witterungsverhältnisse sind typisch englisch, und beim Sturzregen in Silverstone erweist sich der Kerpener einmal mehr als »Regenkönig«: Je mieser das Wetter, desto besser der Fahrer.

Die Piste von Silverstone zählt zu den wenigen »weißen Flecken« auf der Formel 1-Landkarte von Michael Schumacher. Der Wahlschweizer hat dort noch kein einziges Mal siegen können.
Das Vorspiel des neunten Grand Prix der Saison 1998 geht in entspannter Stimmung über die Bühne. kein Vergleich zu den Querelen im Vorfeld des Frankreich-GP.
Das freie Training sieht die beiden McLaren-Mercedes in der Reihenfolge Häkkinen vor Coulthard in Front, und auch im Qualifying sieht es lange nach einem Erfolg von Mika Häkkinen aus. Dann klappt Michael Schumacher ein letztes Mal sein Helmvisier herunter, um das Blatt im vierten Versuch möglicherweise zu seinen Gunsten zu wenden. Für 30 Sekunden, bis zum Einlenken bei Stowe, scheint das tatsächlich zu gelingen. Um 0,076 Sekunden unterbietet »Schumi« bei der Zwischenzeit den Finnen. Startnummer drei fliegt um den Kurs, bis beim Anbremsen der Abbey-Schikane vom blockierenden linken Vorderreifen eine gewaltige Rauchwolke aufsteigt, die einen Fahrfehler signalisiert. Der Ferrari gerät auf die Außenbahn, und Schumacher bricht den Versuch ab.
Gegner Häkkinen hatte sich bereitgemacht, gegebenenfalls zurückzuschlagen, aber er verzichtet auf eine finale schnelle Runde, als Schumacher scheitert. Häkkinen vor Schumacher, als Sensation lässt sich das nicht verkaufen. Da gibt die zweite Startreihe schon wesentlich mehr her: Villeneuve – diesmal mit violett gefärbten Haaren – hat sich den drittbesten Startplatz erobern können, dann erst folgt David Coulthard, der Freitags-Schnellste, dem mehr als eine Sekunde auf den Teamkollegen fehlt.
Während die einen den verpassten Zehntelsekunden nachtrauern, die einen oder zwei Startplätze kosteten, ergeht es Ralf Schumacher und Olivier Panis noch weitaus schlechter. Der kleine Bruder des Ferrari-Stars hatte sich mit einer Zeit von 1.25,461 Minuten einen Startplatz in der fünften Reihe erkämpft. Der französische Prost-Pilot konnte sich ursprünglich dank seiner schnellsten Runde für Rang 16 qualifizieren. Weil beide Piloten beim Kontrollcheck – das Cockpit innerhalb von nur fünf Sekunden verlassen zu können – scheitern, werden ihre Zeiten aberkannt. Als Konsequenz werden sie in die letzte Startreihe verbannt.
Am Renntag ist es – wie versprochen – kalt und nass. Beim Warm-up poliert David Coulthard auf nassem Asphalt sein im Qualifying angekratztes Image wieder auf. Der

Schotte gibt mit einer Zeit von 1.37,910 Minuten den Ton an. Michael Schumacher ist Fünfter mit 1.40,296 Minuten.
Im Verlauf der 240 Minuten, die laut Reglement zwischen dem Ende des Warm-up und dem Start liegen müssen, scheint das schlechte Wetter sein Interesse an der Formel 1 zu verlieren. Die Wolken hängen unverändert tief, aber es regnet nicht mehr. Die Piste ist nicht mehr nass, sondern nur noch feucht. Vereinzelte Pfützen glänzen im Bereich aller Streckenabschnitte. Damit fällt die Reifenwahl unerwartet leicht: Das sind ideale Intermediate-Bedingungen.
Wer jetzt von Michael Schumacher – die Pistenverhältnisse scheinen ihm auf den Leib geschneidert – eine Gala erwartet, wird schnell enttäuscht. Die beiden Ferrari-Piloten haben auf eine weitere Wetterbesserung gesetzt und das Set-up ihrer Boliden für trockenen Asphalt gewählt. Außerdem stellt sich bald heraus: Der Goodyear-Intermediate ist der vergleichbaren Bridgestone-Konstruktion unterlegen.
Nur vier Runden lang kann »Schumi« Rang zwei gegen Coulthard verteidigen. Dann zieht der Schotte an dem Deutschen vorbei und setzt sich in das Kielwasser seines Teamkollegen. Dahinter folgt Blitzstarter Jean Alesi, der sich diese Gala-Nummer besser für den GP von Österreich aufgespart hätte. Nicht viel hätte gefehlt, und der Franzose wäre beim ersten Anbremsen von Copse Corner, von Platz acht aus kommend, auch noch an Coulthard vorbeigegangen!
Dass es auch anders geht, beweist Eddie Irvine: Der Ire verbummelte die ersten Meter, und am Ende der Startrunde fand sich Schumachers Leutnant auf Rang zehn wieder. Von dort startet er jedoch eine sehenswerte Aufholjagd. Nach eigener Aussage liegt sein F300 in dieser Phase »phantastisch«. Regelmäßig schlägt er vor Copse Corner zu, und nach nur acht Umläufen zirkuliert er bereits auf Rang sechs.
Michael Schumacher ist mit seinem Ferrari weitaus weniger zufrieden. Nach zehn Runden bietet sich folgendes Bild: Hinter den beiden McLaren klafft ein Fünf-Sekunden-Loch zu »Schumi«, dann folgen Alesi, Frentzen, Irvine, Villeneuve und Hill. Der wirkliche Star der Auftaktphase rangiert allerdings weiter hinten. Der Mann kommt aus Deutschland und ist ein naher Verwandter des drittplazierten Piloten. Aus der letzten Startreihe ins Rennen gegangen, wurde Ralf Schumacher bereits zum Ende der ersten Runde bei Start-und-Ziel als 14. (!) registriert. Jetzt ist ihm der Einbruch in das erste Dutzend gelungen.
Damon Hill, der Pilot des anderen gelben Renners, kreiselt in Runde 14 von der Piste. Die Hoffnungen des Teams Jordan, endlich die ersten Saison-Punkte heimfahren zu können, lasten nun auf Ralf Schumacher. Trotz der Top-Form von »Schumi II« glaubt niemand so recht daran, dass er sich heute einen der Punkteränge sichern kann.
Aber das kleine Wunder geschieht. Rückblickend wird der Hobby-Soldat der deutschen Luftwaffe vom »besten F1-Rennen meiner Karriere – das war noch besser als Buenos Aires 1997« sprechen. Und Teamchef Eddie Jordan wird noch vor Sonnenuntergang verkünden: »Heute bestiegen wir einen normalen Berg. Jetzt geht's los auf den Mount Everest!« Das Tolle: Er wird den »Mount Everest« tatsächlich am 30. August in den Ardennen finden und gleich mit einer Zweier-Seilschaft besteigen...
15 Runden sind abgespult, da werden außerhalb der überdachten Tribünen die ersten Regenschirme aufgespannt – es nieselt. Wenig später sind die ersten Boxenstopps fällig. Mit Ausnahme von Häkkinen, der den richtigen Riecher hat und Regenreifen wählt, bleiben alle übrigen Spitzenfahrer den Intermediates treu. Häkkinen mit Coult-

hard im Schlepptau, fünf Sekunden später Michael Schumacher, dann Irvine, dem bereits 24 Sekunden auf seinen Teamkollegen fehlen. So präsentiert sich die neu bereifte Spitze, als aus dem Nieselregen ausgewachsene Tropfen werden.
Aber auf das englische Wetter ist kein Verlass. Die Himmelsschleusen schließen sich wieder, und jetzt wittert Coulthard Morgenluft. Dank der Intermediates besser besohlt, rückt er bis auf eine Sekunde an Häkkinen heran. Doch es ist nicht der Tag des Schotten, der noch in Magny-Cours laut über den möglichen Titelgewinn nachgedacht hatte. Erneut setzt Regen ein, und als sich »DC« in Runde 38 Fisichella zum Überrunden vor Abbey schnappen will, schliddert er in den Kies, aus dem er sich nicht mehr befreien kann. Ron Dennis erklärt: »Tut uns leid. Als David an den Boxen war, sprach alles für eine Wetterbesserung. Deshalb bekam er Intermediates. Als Mika anhielt, galten Bedingungen, die für die Montage von Regenreifen sprachen.«
Coulthards Pech lässt Michael Schumacher auf Rang zwei aufrücken. Aber damit scheint für den Kerpener die Endstation erreicht zu sein. Falsch bereift, hat er gegen den finnischen Spitzenreiter nicht den Hauch einer Chance – Häkkinen baut seinen Vorsprung auf 30 Sekunden aus. Die Entscheidung scheint gefallen, doch rückblickend hat die Show noch gar nicht richtig angefangen...
Die Serie der zweiten Stopps stellt die Teamchefs nicht vor große Rätsel. Keine Frage: Jetzt müssen »full wets« montiert werden. Allein Jacques Villeneuve zockt und wählt noch einmal Intermediates. Nur zwei Runden später lässt auch er sich reumütig Regenreifen verpassen.
Nur zehn Boliden sind noch auf der tückischen Piste, als sich die Rennleitung nach 43 Umläufen entschließt, das Safety-car einzusetzen. Es regnet jetzt derart stark, dass die Verantwortlichen keine Alternative sehen. Die Tage, da den Piloten das Anpassen

des Tempos an die Wetterbedingungen zugetraut wurde, gehören längst der Vergangenheit an. Die Entscheidung raubt Mika Häkkinen den wohlverdienten Vorsprung, da alle Verfolger bis auf Schlagdistanz aufrücken dürfen.
Kurz bevor der silberne CLK mit Oliver Gavin am Lenkrad das Feld als Leithammel einsammelt, hat Michael Schumacher Alexander Wurz überrundet. Scheinbar ist es ein harmloses Routine-Manöver, aber dieser Überholvorgang wird schon bald für gewaltige Dramatik sorgen: »Schumi« schnappte sich den Österreicher trotz einer stillgehaltenen gelben Flagge. Das Kuriose: Weder Wurz noch Schumacher werden sich später an den Mann mit dem gelben Tuch erinnern können.
Sechs Runden lang spielt Gavin den Spitzenreiter. Hinter ihm folgen Häkkinen, der überrundete »Fisico«, Michael Schumacher und der ebenfalls eine Runde zurückliegende Wurz, dann die übrigen sechs Piloten.
Als das Safety-car ausschert, greift Häkkinen tief in die Trickkiste: Der Finne drosselt seine Geschwindigkeit zunächst gewaltig und steigt dann – ausgangs Woodcote – kräftig aufs Gas. Michael Schumacher scheint der Dumme zu sein, zumal Fisichella die Situation nicht ansatzweise begreift: Zwischen Silber und Himmelblau klafft beim Restart eine ungewöhnlich große Lücke!
Aber der Ferrari-Fahrer macht mit dem italienischen Sonnenbrillen-Fetischisten kurzen Prozess und kämpft ihn noch vor Copse nieder. Die erste »freie« Runde beendet der McLaren-Pilot mit 0,8 Sekunden vor Michael Schumacher. Jetzt macht der Rheinländer Druck – Nässegrad und Pneus harmonieren perfekt. Auf der anderen Seite hat Häkkinen ernsthafte Probleme: Seit einem Ausrutscher bei Bridge ist der Frontflügel beschädigt... Bei der nächsten Passage von Becketts untersteuert der Bolide des Spitzenreiters und rodelt von der Bahn. »Schumi« lässt sich nicht zweimal bitten, nutzt die Chance und geht in Front, während hinter ihm Häkkinen den Weg zurück auf die Piste findet. Der Finne: »Mein Auto lenkte nicht ein – es lenkte einfach nicht ein ... «
Während der neue Leader seinen Vorsprung kontinuierlich ausbaut, gerät Häkkinen plötzlich in Gefahr, Rang zwei an Irvine zu verlieren. Schnell schließt der Ire zu dem McLaren auf, doch als er – die Ferrari-Nase unter dem McLaren-Getriebe – beim Aquaplaning aufschwimmt, riskiert er nichts mehr und steckt zurück.
Runde 54 bringt das Aus für den viertplazierten Jean Alesi, den ein Getriebe-Defekt stoppt. Er und das Team Sauber werden aufgrund dieses Pechs kurz vor Ende des Rennens aus den Punkterängen geworfen. Der schweizer Rennstall erlebt sein »zweites Monaco«, und Ralf Schumacher rückt auf Platz sechs vor.
Nahezu zeitgleich mit Alesis Ausfall sickert die Nachricht durch, Michael Schumacher habe als Gelbsünder eine nicht näher definierte Zeitstrafe bekommen. Damit reagieren die Stewards viel zu spät. Parallel wird Tyrrell mitgeteilt, Toranosuke Takagi habe die rote Ampel an der Boxenausfahrt übersehen, weshalb ihm im Anschluss an die Zieldurchfahrt 25 Sekunden zur Gesamtfahrtzeit addiert werden...
Ferrari nimmt das Urteil zur Kenntnis. Es bleibt letztlich im dunkeln, ob es sich dabei um einen Stop-and-Go-Penalty oder um eine Additionsstrafe à la Takagi handelt. Zum Ende der letzten Runde biegt der Sieger in die Boxengasse ab, wo er die Verlängerung des Zielstrichs korrekt überquert. Dann bleibt er stehen und verbüßt die zehn Strafsekunden. Gegen diesen »Trick« legt McLaren einen Protest ein, der 16 Tage später abgewiesen wird, weil die Schuld an dem Desaster allein bei den Funktionären liegt. Die machen an jenem denkwürdigen 12. Juli alles falsch, was man falsch machen kann.

Bis auf zwei Punkte hat sich Schumacher im Zwischenklassement an Mika Häkkinen herangekämpft. Doch beim Rennen am A1-Ring, das 14 Tage nach Silverstone stattfindet, wird der wie entfesselt fahrende Schumacher in Runde 17 aus der Zieleingangskurve getragen. Spektakulär rumpelt der Bolide durch das Kiesbett, büßt dabei Frontflügel und die vorderen Deflektoren ein. Die fällige Reparatur wirft ihn vom zweiten auf den 19 und letzten Platz zurück. Im Verlauf des Rennens kämpft sich Schumacher bis auf den vierten Platz vor, unmittelbar hinter seinem Leutnant Irvine. Die Umläufe 56, 57 und 58 sind die schnellsten, die der Ire fährt, Michael Schumacher kann nicht entscheidend Boden gutmachen. Dann aber wird er langsamer – angeblich hat er Bremsprobleme. In der Runde 69 tauschen die Piloten dann die Plätze, und prompt haben sich Irvines Bremsprobleme in Luft aufgelöst. Häkkinen und Coulthard gewinnen, dahinter sind die beiden Ferrari. Häkkinen liegt nun mit 66 Punkten acht Punkte in Front, und sein Vorsprung vergrößert sich bei Schumachers Heimspiel weiter: Beim GP von Deutschland ist der Ferrari chancenlos. Im Qualifying passt nichts zusammen. Mehr als ein fünfter Rang ist auf dem Hockenheimring nicht möglich, sogar Damon Hill ist vor dem Rheinländer ins Ziel gekommen.

ERGEBNISSE UND AUSFÄLLE

1. Michael Schumacher	Ferrari F300	1:47.02,450 = 172,810 km/h
2. Mika Häkkinen	McLaren-Mercedes MP4/13	22,465 Sekunden zurück
3. Eddie Irvine	Ferrari F300	29,199 Sekunden zurück
4. Alexander Wurz	Benetton-Playlife B198	1 Runde zurück
5. Giancarlo Fisichella	Benetton-Playlife B198	1 Runde zurück
6. Ralf Schumacher	Jordan-Mugen 198	1 Runde zurück
7. Jacques Villeneuve	Williams-Mécachrome FW20	1 Runde zurück
8. Shinji Nakann	Minardi-Ford M198	2 Runden zurück
9. Toranosuke Takagi	Tyrrell-Ford 026	4 Runden zurück
Jean Alesi	Sauber-Petronas C17	54. Runde, Elektrik
Pedro Diniz	Arrows A19	46. Runde, Dreher
Olivier Panis	Prost-Peugeot AP01	41. Runde, Dreher
Rubens Barrichello	Stewart-Ford SF-2	40. Runde, Dreher
Jos Verstappen	Stewart-Ford SF-2	39. Runde, Motor
David Coulthard	McLaren-Mercedes MP4/13	38. Runde, Dreher
Jarno Trulli	Prost-Peugeot AP01	38. Runde, Dreher
Ricardo Rosset	Tyrrell-Ford 026	30. Runde, Dreher
Esteban Tuero	Minardi-Ford M198	30. Runde, Dreher
Johnny Herbert	Sauber-Petronas C17	28. Runde, Dreher
Mika Salo	Arrows A19	28. Runde, Dreher
H.-H. Frentzen	Williams-Mécachrome FW20	16. Runde, Dreher
Damon Hill	Jordan-Mugen 198	14. Runde, Dreher

SCHNELLSTE RUNDE: (12. Runde) – Michael Schumacher, Ferrari F300; 1.35,704 = 193,346 km/h

32. Sieg

Großer Preis von Ungarn
Mogyoród, 16. August 1998

Vorsprung durch Taktik

Eine taktische Meisterleistung und ein perfekt laufender Ferrari bringen Schumacher zurück ins Titelrennen: Schumacher gewinnt die volle Punktzahl, während sich der Finne gerade mal als Sechstplatzierter ins Ziel retten kann: McLaren hatte sich den Ausflug zum Hungaroring ganz anders vorgestellt.

Donnerstags kommt es während einer offiziellen Pressekonferenz zu einer Begegnung zwischen »Shuey« und Häkkinen. Artig reichen sich die beiden sogar lächelnd die Hände. »Die WM ist noch offen«, verkündet der Ferrari-Pilot selbstbewusst, »hier fällt weder die Entscheidung noch eine Vorentscheidung!« Auch der Finne, seit den vorausgegangenen Hitze-Tests in Jerez ausnahmsweise mit erkennbarer Gesichtsbräune angereist, bleibt trotz Außentemperaturen von deutlich über 30 Grad cool: »Dank der beiden Siege innerhalb von nur acht Tagen ist unser Team unglaublich beflügelt.« Seit Melbourne steht Häkkinen allem Anschein nach als neuer Champion fest. Kaum jemand, er selbst sicher auch nicht, kann sich vorstellen, dass die silberne Supertruppe ernsthaft in Gefahr geraten könnte, immerhin liegt Häkkinen 16 WM-Punkte vor seinem optimistischen roten Jägern.
Freitags stellen die Gastgeber die Bandbreite des Sommerwetters der Region unter Beweis: Es regnet. Auf der schmierig glatten Piste tanzen die Boliden Walzer, auch Champion Jacques Villeneuve leistet sich einen Ausrutscher. Seine Erklärung ist wieder einmal herzerfrischend: »Ich hatte vergessen, wo die Kurve ist ... « Die schönste Pirouette zaubert »natürlich« ein Österreicher auf den Asphalt – Alexander Wurz. Aber der Benetton-Chauffeur ist trotzdem nicht unzufrieden: »Wir fahren hier mit verlängertem Radstand. Das Auto ist jetzt nicht mehr so nervös wie zuvor.«
Jean Alesi, hinter seinem Teamkollegen Johnny Herbert dienstältester aller F1-Piloten, hat dagegen die Ruhe weg und findet sogar noch Zeit für ein dickes Lob für Michael Schumacher: »Keine Frage, der ist jetzt noch stärker als Ayrton Senna.«
Vor dem Qualifying gelten die beiden McLaren-Fahrer als Favoriten für die Pole-Position. Da zwei Boxenstopps einkalkuliert werden, ist der beste Startplatz allerdings trotz der eingeschränkten Überholmöglichkeiten von untergeordneter Bedeutung. Heinz-Harald Frentzen hat vorläufig jedoch andere Kümmernisse. Die neue Vorderradaufhängung, die er in Jerez erfolgreich getestet hat, bekommt der Mönchengladbacher erst eingebaut, nachdem er – ganz gegen seinen Charakter – mit der Faust auf den Tisch schlug. Samstags werden ihm die neuen Teile zur Verfügung gestellt. Ob »HHF« den Vorteil nutzen kann, steht allerdings noch in den Sternen. Magen und Darm des Deutschen sind aus dem Lot. Frentzen leidet an einer Lebensmittelvergiftung. Trotzdem kann er noch scherzen: »An den Briefings nehme ich per Handy von der Toilette aus teil.« Nachmittags wird sein Fieber auf 39,2 steigen...

Häkkinen und Coulthard enttäuschen ihren Arbeitgeber Ron Dennis im Qualifying nicht: Der Finne fährt Bestzeit, sein Leutnant übernimmt den zweiten Platz in der ersten Startreihe. Der rote Hockenheim-Verlierer ist bester Nicht-McLaren-Pilot. Sich am Renntag hinter den Boliden aus Woking anstellen zu müssen, scheint den Kerpener kalt zu lassen. Heiter gelaunt sagt er: »Okay, heute waren die schneller, aber das Rennen ist doch eine völlig andere Story ... «

Gespielte Zuversicht – das berühmte Pfeifen im dunklen Wald – ist das nicht. »Ich nahm die härteren Goodyears«, erklärt Schumacher, »weil hier kein großer Unterschied zu den weichen besteht. Natürlich war das im Qualifying ein Nachteil, morgen aber wird es ein Vorteil sein. Mit der richtigen Strategie haben wir eine echte Siegchance.« McLaren wählte hingegen die weichen Pneus, um die erste Startreihe erobern zu können. Coulthard: »Auch bei Bridgestone sind hier die Unterschiede zwischen weich und hart nur gering. Aber ich glaube, auf den Harten hätte es hier nicht gereicht, schneller als Shuey zu fahren.«

Am Morgen des Renntages ist auch Frentzens Gesundheitszustand bedenklich. Sein Start ist fraglich. »Mal abwarten«, sagt er, »wie's im Warm-up klappt.« Es klappt: »HHF« fährt hinter den beiden McLaren-Piloten die drittschnellste Zeit und rangiert damit vor den Gebrüdern Schumacher, die sich ihrer Geburtsreihenfolge entsprechend platzieren. Frentzen signalisiert mit dem Daumen der Rechten, dass er nicht auf den Start verzichten will. Ohne Zukunft bei Williams muss der Mönchengladbacher natürlich gerade in dieser Phase, wo um die letzten freien Cockpits gerungen wird, Leistung zeigen. Während der Pause bis Rennbeginn erhält er Infusionen, um den Flüssigkeitsverlust auszugleichen. Trotzdem winkt Physiotherapeut Erwin Göllner ab: »Keine Chance – 77 Runden kann er in diesem Zustand unmöglich durchstehen.«

Pünktlich laufen die Startvorbereitungen an. Michael Schumacher ist unverändert zuversichtlich, als er sich vor der 105-Minuten-Schlacht ein letztes Mal die Beine vertritt: »Der dritte Startplatz ist besser als der zweite, hier stehe ich auf der Ideallinie. Coulthard hat weniger Grip.« Tatsächlich katapultierte sich Nick Heidfeld am Vortag von Position drei aus auf den ersten Metern an die Spitze des Formel 3000-Feldes und gewann.

Als aber die fünf roten Ampellichter erlöschen, kann »Schumi« die Heidfeld-Nummer nicht nachmachen: Silber behält auf breiter Front die Oberhand vor Michael Schumacher, dem Eddie Irvine folgt. Der Ire konnte Damon Hill, der hier 1997 für eine riesige Überraschung sorgte, beim Beschleunigen austricksen.

Die Positionen sind damit zunächst bezogen. Überholvorgänge gibt es erwartungsgemäß keine. Im Verlauf der sechsten Runde verliert Esteban Tuero zwei Plätze, als die beiden Japaner einen Fahrfehler des Argentiniers nutzen und vorbeischlüpfen. Im übrigen gilt die Parole: Abwarten, Lauern, die Nerven behalten. Eine Garantie fürs Ankommen gibt es allerdings auch beim Einhalten dieser Spielregeln nicht. Nach 13 Runden schrillen bei Ferrari die Alarmglocken. Eddie Irvine kommt außerplanmäßig an die Boxen und gibt auf. Das Getriebe will nicht mehr. Aber Schumachers F300 läuft wie ein Uhrwerk.

24 Runden sind abgespult, da bietet sich folgendes Bild: Häkkinen führt mit einem Vorsprung von 3,2 Sekunden vor seinem Teamkollegen. Michael Schumacher hält Anschluss an das Führungs-Duo. Sein Abstand zu Häkkinen beträgt 4,4 Sekunden. Dem

viertplazierten Villeneuve – Hill steht gerade wegen des ersten Service an den Boxen – fehlt f ast schon eine halbe Minute.
Nur einen Umlauf später stoppt auch Michael Schumacher an den Boxen. Kurz darauf auch die Silberpfeile – die Reihenfolge bleibt unverändert. Aber jetzt kommt Bewegung ins Spiel. Das Rennen entwickelt sich zum Krimi. »Shuey« hängt jetzt hinter dem amtierenden Champion mit 1,2 Sekunden Rückstand auf Platz vier. An der Boxenmauer hat sich der geniale Stratege Ross Brawn inzwischen für drei Stopps entschieden. Am Ende des 31. Umlaufs steuert Villeneuve seine Boxen an. Jetzt hat Schumacher freie Bahn. Sofort knallt er eine Serie schneller Runden auf den Asphalt und findet so Anschluss an das Heck des Coulthard'schen McLaren. Nach 43 Runden holt sich Schumacher erneut Gummi und Treibstoff. Nur 6,8 Sekunden lang dauert der Stopp. Die kurze Standzeit verrät endgültig: Startnummer drei wird seine Crew noch ein weiteres Mal beschäftigen.
Nach 44 Umläufen rattern die Schlagschrauber, um Coulthard für die Restdistanz zu rüsten. Michael Schumacher rückt auf Rang zwei vor. Zwei Runden später übernimmt er die Spitze, als Häkkinen seinen zweiten und damit letzten Stopp einlegt. Aber der Deutsche muss noch einmal tanken und Reifen wechseln lassen. Per Sprechfunk bekommt er den Auftrag, im Verlauf der nächsten 19 Runden einen Vorsprung von 25 Sekunden herauszufahren! Das sagt sich leicht...
In der Hitze des Gefechts hat »Schumi« die Übersicht verloren. Er registriert, dass der Abstand zwischen ihm und Häkkinen wächst. Und das beunruhigt ihn, da er glaubt, hinter dem Finnen zu liegen. »Was ist los?«, fragt er seine Box während der 52. Runde, »er fährt mir weg, obwohl ich Boden gutmachen muss!« Ross Brawn funkt zurück: »Keine Panik, das erkläre ich dir, wenn du auf der Geraden bist.« Fast zeitgleich entgleist Schumachers Ferrari in der Zieleingangskurve und pflügt durchs Gelände! Der Pilot: »Ich war gestresst, vielleicht lenkte auch der Sprechfunk ab.« Unterm Strich bezahlt der Rheinländer den Ausflug neben die Piste mit fünf Sekunden.
Parallel verraten die Uhren seit Runde 48, dass Häkkinens Bolide kränkelt. Der Finne fährt 22er-Zeiten. Coulthard beweist im Windschatten Nibelungentreue und greift den Titelaspiranten nicht an. Viel zu spät, in Runde 52, erlaubt Dennis dem Schotten, auf Platz zwei vorzustoßen. Ab Runde 58 nimmt Michael Schumacher das Messer zwischen die Zähne. Bis zu seinem letzten Stopp nach 62 Umläufen dreht er kontinuierlich 19er-Zeiten. Als er nach dem Halt wieder mitmischt, liegt er glatte fünf Sekunden vor Coulthard. Die Schlacht ist geschlagen – vorausgesetzt, das Material macht nicht schlapp und Schumacher bleibt auf dem Asphalt.
Auch Coulthards Position ist bei normalem Rennverlauf nicht mehr gefährdet. Wohl aber der dritte Platz des Finnen. Wegen eines Stabilisator-Defekts wird Häkkinen immer langsamer. Nacheinander fangen Villeneuve, Hill und der dehydrierte Frentzen den WM-Favoriten ab, bevor das erlösende schwarzweiß-karierte Tuch geschwenkt wird.
Überglücklich spricht Michael Schumacher anschließend von einem seiner schönsten Formel 1-Erfolge: »Heute ging für mich ein Traum in Erfüllung. jetzt ist der Titelkampf wieder offen, und das nächste Rennen ist in Spa, auf meinem Lieblingskurs.« Bei McLaren lässt Ron Dennis den Kopf hängen. »Also für dieses Ergebnis haben wir nicht seit Freitag geschuftet. Aber wenn man die kleinste Schwäche zeigt, dann schlägt Shuey gnadenlos zu.« Mercedes-Haug gesteht offen, nicht alle Chancen genutzt zu haben. Tatsächlich unterliefen McLaren drei entscheidende Fehler: Bei der

Serie der zweiten Stopps hätte das Team zunächst Häkkinen hereinholen müssen. Als sich die Probleme des Finnen bemerkbar machten, hätte Coulthard sofort »freie Fahrt« bekommen müssen. Und drittens verschliss der letzte Reifensatz des Drittplazierten überdurchschnittlich, weil der Luftdruck der Pneus nicht stimmte. Dennis zu der Patzer-Liste: »Wenn man zurückblickt, ist man immer schlauer.«
Auf das nächste Rennen – den 13. Lauf der Saison – in Belgien freut »Shuey« sich ganz besonders, in Spa kennt er jeden Zentimeter Asphalt. Auch der Platzhirsch hat aber mit dem dann herrschenden nasskalten Wetter zunächst seine Schwierigkeiten. Er muss aus der zweiten Startreihe ins Rennen gehen, Häkkinen steht auf der Pole. Gleich nach dem Start, bei der Anfahrt zur Haarnadelkurve La Source, kommt es aber zu einem Startunfall, dem insgesamt zwölf Wagen zum Opfer fallen. Die WM-Führenden sind zwar nicht betroffen, doch wird die Abbruch-Flagge geschwenkt. 55 Minuten später der Neustart. Hill führt, dann Schumacher und Häkkinen gleichauf. Der Finne hält die Innenbahn. Ausgangs der Kurve trägt es den McLaren weit nach links, die beiden WM-Leader kollidieren. Der McLaren dreht sich und wird von einem Sauber mittschiffs torpediert. Damit ist der Finne out. Inzwischen regnet es, ein echter Landregen – Schumacher-Wetter. Der Kerpener hat in der siebten Runde in der schnellen Blanchimont-Kurve seinen Ferrari neben den Jordan gesetzt und Hill dann vor der Bus-Stop-Schikane ausgebremst. Jetzt ist der Regenspezialist nicht mehr zu halten, nimmt Hill fünf Sekunden pro Runde ab. Der Sieg für Schumacher scheint sicher – bis er in der 24. Runde auf Coulthard aufläuft, der zur Überrundung ansteht. Trotz geschwenkter blauer Flaggen lässt der McLaren-Pilot den Ferrari nicht passieren. Jean Todt interveniert mündlich im McLaren-Kampfstand an der Boxenmauer. Schumacher gibt unmissverständlich Handzeichen, übt sich aber in Ge-

duld und attackiert nicht. Auf der Anfahrt zur Pouhon-Kurve nimmt der Schotte – wir sind in Runde 26 –, auf der Ideallinie fahrend, Gas weg und drosselt damit sein Tempo ruckartig auf 170 km/h, Schumacher bewegt seinen Ferrari mit gut 220 km/h. Als die silberne Straßensperre vor ihm auftaucht, reißt er seinen Wagen nach links. Zu spät, das rechte Vorderrad bricht bei der unvermeidbaren Kollision ab. Natürlich bestreitet McLaren jede Absicht an dem Zwischenfall, der Schumacher um die Führung im WM-Zwischenklassement bringt ...

ERGEBNISSE UND AUSFÄLLE

1. Michael Schumacher	Ferrari F300	1:45.25,550 = 174,062 km/h
2. David Coulthard	McLaren-Mercedes MP4/13	9,433 Sekunden zurück
3. Jacques Villeneuve	Williams-Mécachrome FW20	44,444 Sekunden zurück
4. Damon Hill	Jordan-Mugen 198	55,075 Sekunden zurück
5. Heinz-Harald Frentzen	Williams-Mécachrome FW20	56,510 Sekunden zurück
6. Mika Häkkinen	McLaren-Mercedes MP4/13	1 Runde zurück
7. Jean Alesi	Sauber-Petronas C17	1 Runde zurück
8. Giancarlo Fisichella	Benetton-Playlife B198	1 Runde zurück
9. Ralf Schumacher	Jordan-Mugen 198	1 Runde zurück
10. Johnny Herbert	Sauber-Petronas C17	1 Runde zurück
11. Pedro Diniz	Arrows A19	3 Runden zurück
12. Olivier Panis	Prost-Peugeot AP01	3 Runden zurück
13. Jos Verstappen	Stewart-Ford SF-2	3 Runden zurück
14. Toranosuke Takagi	Tyrrell-Ford 026	3 Runden zurück
15. Shinji Nakano	Minardi-Ford M198	3 Runden zurück
16. Alexander Wurz	Benetton-Playlife B198	8 Runden zurück/ Getriebe
Rubens Barrichello	Stewart-Ford SF-2	55. Runde, Getriebe
Jarno Truili	Prost-Peugeot AP01	29. Runde, Motor
Mika Salo	Arrows A19	19. Runde, Getriebe
Eddie Irvine	Ferrari F300	14. Runde, Getriebe
Esteban Tuero	Minardi-Ford M198	14. Runde, Motor

* Nicht im Ziel, aber aufgrund der zurückgelegten Distanz gewertet

SCHNELLSTE RUNDE: (60. Runde) – Michael Schumacher, Ferrari F300; 1.19,286 = 180,349 km/h

33. Sieg

Großer Preis von Italien
Monza, 13. September 1998

Jubiläums-Überraschung

Schumachers letzter Saisonsieg kommt völlig unerwartet, ist aber hoch willkommen: Ferrari feiert hier seinen 600. Grand Prix, auch wenn dieser, genau genommen, bereits in Belgien stattgefunden hat. In der WM herrscht nun Gleichstand, jeder der beiden Titelanwärter hat 80 Punkte auf dem Konto.

Die Diskussionen über den Skandal von Spa reißen nicht ab. Zwischen den beteiligten Teams herrscht eine eisige Atmosphäre.
Elf Tage nach dem Zwischenfall kommt es zu einer Aussprache zwischen den beiden Akteuren. Keiner der beiden will den Meinungsaustausch, aber sie müssen dem Druck der Moralisten nachgeben. Einen Tag vor Trainingsbeginn in Monza begeben sich Coulthard und Schumacher im Fahrerlager in Klausur. Ort der Vier-Augen-Begegnung ist das »neutrale« Williams-Motorhome. Um 15.37 Uhr ist das 81-Minuten-Meeting beendet. Prompt kommt es zu handgreiflichen Auseinandersetzungen – aber nur zwischen Fotografen und Kameraleuten... Die beiden Superlizenz-Inhaber machen, politisch korrekt, auf Friede, Freude, Eierkuchen.
Freitags steht das Training ganz im Zeichen von Ferrari. Irvine fährt vor Schumacher Bestzeit. Dieses Resultat ist für die Scuderia doppelt wichtig. Aus sportlichen Gründen, weil es beweist, dass die F300 auf der schnellen Piste durchaus konkurrenzfähig sind. Die intensive Testarbeit scheint sich auszuzahlen. Insgesamt bereiteten sich die Roten 18 Tage lang in Monza auf dieses Rennen vor. Außerdem finden hier die Feierlichkeiten anlässlich des 600. Grand Prix für Ferrari statt, obwohl das Jubiläums-Rennen schon in Belgien über die Bühne ging.
Zusätzliche Spannung kommt auf, weil es um 13 Uhr zu regnen beginnt. Das Wetter scheint sich ganz nach dem Geschmack von »Schumi Nazionale« zu entwickeln, zumal keine Wetterbesserung in Sicht ist.
Auch der Samstagmorgen verregnet. »Jetzt steht es fest«, heißt es im Fahrerlager, »Gott ist ein Italiener.« Mittags klart es auf. Aber das Asphaltband, das durch den königlichen Park von Monza führt, trocknet bis zum Beginn des Qualifying nicht komplett ab. Als die 60 Minuten beginnen, gibt es noch zahlreiche dunkle Flecken und einige Pfützen auf der Bahn – speziell im Bereich der schattigen Waldpassagen zwischen der ersten Schikane und dem Beginn der Anfahrt zur Parabolica. 34 Minuten lang tut sich gar nichts. Noch nie zuvor dauerte die Phase absoluter Passivität so lange. Jeder belauert jeden – niemand will den »Fön« spielen. Dann geht es Schlag auf Schlag, und nach dem kürzesten »Netto-Qualifying« aller Zeiten gehört die erste Startreihe den Teams Ferrari und Williams in der Reihenfolge Schumacher vor Villeneuve. Erstmals 1998 stehen damit der Kerpener Ex-Champion und Goodyear ganz vorn. Der Pole-

Setter gesteht: »Die Bedingungen haben uns geholfen. Weil die Bahn bis zum Schluss nicht völlig abtrocknete, hatte das Zeittraining ein kleines bisschen Glücksspiel-Charakter.« Tatsächlich profitierte der Deutsche vom Pech Mika Häkkinens. Der McLaren-Star war pfeilschnell auf Pole-Kurs unterwegs, als er auf den Stewart-Ford des Brasilianers Rubens Barrichello auflief und die entscheidenden Zehntel verlor.
Die Tifosi feiern »Michele«, der hier im Herbst 1995 – nach Bekanntgabe seines Wechsels von Benetton zu Ferrari – noch gnadenlos ausgepfiffen und beschimpft worden war. Aber die wahre Sensation des Zeittrainings ist der zweite Platz, den sich Jacques Villeneuve trotz starken Untersteuerns seines FW20 erkämpfte.
Für McLaren-Mercedes ist das Qualifying-Ergebnis eine herbe Enttäuschung. Aber Ross Brawn spendet Trost: »Geschlagen sind die noch lange nicht. Der Bridgestone scheint im Rennen der bessere Reifen zu sein.« Auf die Chancen seines Teams angesprochen, winkt Ron Dennis ab: »Keine Panik, im Rennen werden wir sehr gut aussehen.«
Tatsächlich hat der Stuttgarter Schwergewichtler bereits am nächsten Tag allen Grund zur Freude: Im Warmup geben David Coulthard und Mika Häkkinen klar den Ton an. Den beiden gelingen als einzigen 25er-Zeiten. Die Hackordnung für den mittäglichen 77-Minuten-Sprint scheint damit festzustehen, zumal alle Regenwolken die Region Milano weiträumig meiden. Die Diskussion über die Staatsangehörigkeit Gottes kann damit neu beginnen.
1997 erlebte Monza eine PS-Prozession, die wegen fehlender Überholmanöver jegliche Würze vermissen ließ. Aufgrund dieser Erfahrung kommt dem Start theoretisch eine beinahe vorentscheidende Bedeutung zu. Und tatsächlich kann sich dieser Start sehen lassen. Die ersten Sekunden des Rennens sind nicht die angenehmsten für die Piloten der ersten Startreihe: Michael Schumacher macht den Raum eng, indem er seinen roten Renner nach rechts zieht. Aber Häkkinen schert zeitgleich aus dem Kielwasser des Deutschen aus und quetscht sich durch den Spalt zwischen Schumachers Ferrari und Villeneuves Williams in Front. Der Kanadier muss sein Auto reflexartig aus Häkkinens Schusslinie ziehen, um einen drohenden Crash zu verhindern. Der Rechtsdrang der drei Trainingsschnellsten eröffnet Coulthard auf der Linken ungeahnte Möglichkeiten. Der Schotte katapultiert sich mit Irvine im Schlepptau hinter seinen Teamkollegen in die zweite Position. Von beiden McLaren geschlagen, bremsen sich die Verfolger in der Reihenfolge Irvine, Villeneuve und dem deutschen Publikums-Liebling in den Eingang der Doppelschikane, die seit Jahren die Curva Grande kastriert. Über seinen Start fällt Michael Schumacher nach dem Rennen ein vernichtendes Urteil: »Ich habe wohl alles falsch gemacht, was man nur falsch machen kann.« Noch vor der Ascari-Schikane – in diesem Streckenabschnitt verunglückte der Champion der Jahre 1952 und 1953 bei Testfahrten tödlich – beginnt »Schumi«, die Folgen seines Patzers zu korrigieren. Klassisch bremst er Villeneuve aus und rückt auf Rang vier vor.
Als das Feld mit seiner silbernen Spitze aus der ersten Runde zurückkehrt, reagiert das dichtgedrängte Publikum auf den Tribünen mit starrem Entsetzen. So hatten sich die Ferrari-Fans den Auftakt des Gran Premio nach dem glänzenden Qualifying-Ergebnis nicht vorgestellt... Nur fünf Zehntel trennen die beiden Führenden, während Irvine schon zwei Sekunden auf das schnelle Duo verloren hat. Das Rennen scheint bereits zugunsten der beiden McLaren-Piloten entschieden.

Dieser Eindruck ändert sich auch dann nicht, als die zwei roten Verfolger im Verlauf der dritten Runde kollegial die Plätze tauschen – Irvine möchte schließlich bei Sonnenuntergang immer noch auf der Ferrari-Lohnliste stehen...
Schumacher scheint die vor ihm klaffende Lücke nicht schließen zu können. Doch das Blatt wendet sich schnell. Zehntel um Zehntel schiebt sich der F300 näher an die flüchtenden Silberpfeile heran. Nach sieben Runden fehlen ihm nur noch 3,7 Sekunden auf den Spitzenreiter, der offenbar Probleme hat. Anders als in Mogyoród reagiert der McLaren-Kampfstand umgehend auf die neue Situation: »DC« bekommt freie Fahrt signalisiert, und der schottische Vorjahressieger lässt sich nicht lange bitten. Der achte Umlauf bringt den Führungswechsel. Wenn schon Häkkinen die volle Punktzahl nicht kassieren kann, dann ist sie – aus McLaren-Perspektive – bei Coulthard wesentlich besser aufgehoben als bei »Shuey«.
In der Folge nimmt der neue Leader seinem finnischen Teamkollegen, der wegen starken Übersteuerns nicht mithalten kann, pro Runde eine halbe Sekunde ab. Um Michael Schumacher in Schach halten zu können, ist der übersteuernde MP4/13 allerdings immer noch schnell genug. Im Rücken der drei Hauptdarsteller hält Irvine locker Platz vier vor der kanadischen Qualifying-Überraschung am Steuer des Williams mit Startnummer eins.
Der wirkliche Star der Eröffnungsphase rangiert allerdings weiter hinten: Damon Hill. Als 14. des Qualifying sieht der Brite seine einzige Chance in einer Zwei-Stopp-Taktik. Entsprechend leicht ist sein nur geringfügig betankter Jordan. Nach der elften Runde liegt der Ex-Champion bereits auf der sechsten (!) Position. Abends wird er amüsiert zurückblicken: »Zu Beginn des Rennens überholte ich mehr Autos als im Verlauf der

zwei letzten Jahre zusammen.« Nach 14 Runden muss er Treibstoff bunkern. Der frühe Stopp wirft ihn auf den 13. Platz zurück.
Zu diesem Zeitpunkt ist das Feld bereits auf 19 Piloten geschrumpft. Diniz und Herbert haben sich ins Aus gedreht. Nakano verabschiedete sich mit einem kapitalen Motorschaden inklusive sehenswerter Waberlohe. Die Flammen werden erstickt, bevor der Minardi zusätzlichen Schaden leidet. Als sich sein Prost-Peugeot wegen starker Vibrationen nicht mehr mit Renntempo fahren lässt, wird schließlich auch Panis wenig später vom Piloten zum Zuschauer.
Dann, unter dem Jubel der Tifosi, ändert sich das Bild an der Spitze komplett. Coulthard, inzwischen zehn Sekunden vor dem von Schumacher bedrängten Häkkinen, scheidet in Runde 17 im Dunst einer gewaltigen Rauchwolke aus. Für Sekunden ist die Curva Grande eingenebelt. Irritiert kommt Häkkinen von der Ideallinie ab, und der Ferrari des Deutschen liegt schon ausgangs der Seconda Variante rechts neben dem McLaren. Anschließend entscheidet Schumacher den kurzen Sprint zur ersten Lesmo-Kurve für sich. Monza verwandelt sich in einen Hexenkessel der Begeisterung!
An den Boxen zieht Pechvogel Coulthard eine traurige Bilanz: »Diesen Sieg hätte mir niemand nehmen können. Mein Auto lief großartig. Aber dann ging alles ganz schnell – plötzlich war die Power weg und der Motor krepierte. Es ist zum Heulen.« Auch den Zuschauern ist zum Weinen zumute – aber aus Freude. Schumacher führt, und Coulthard – seit den Ereignissen von Spa in Italien kaum beliebter als der Leibhaftige – ist per pedes unterwegs.
Das entscheidende Überholmanöver wird Michael Schumacher nach der Siegerehrung ausführlich beschreiben: »Es war recht gefährlich, als wir in die Rauchwolke fuhren. Ich konnte nichts sehen. War der defekte Wagen noch auf der Piste? Hatte er die Linie freigemacht? Ich lag knapp hinter Mika. Wir beide bremsten stark, und er wich aufs Gras aus – wohl aus Angst vor dem rauchenden Hindernis. Den Eingang der folgenden Schikane nahm er dann ganz innen, um seine Position gegen mich zu verteidigen. Ich saß ihm ja jetzt denkbar knapp im Nacken. Prompt kam Mika zu weit nach außen, weshalb er ausgangs der Schikane so langsam war, dass ich ihn mir schnappen konnte.«
Erneut scheint das Rennen entschieden. Aber wieder täuscht der Eindruck. Zunächst kann Michael Schumacher bis zur 30. Runde einen Sieben-Sekunden-Vorsprung herausfahren. Dann lässt er innerhalb von 9,3 Sekunden Service machen. Häkkinen liegt wieder vorn, aber auch er braucht bald neue Pneus und Sprit für die Restdistanz. Sein Zeitpolster von nur 15 Sekunden wird natürlich nicht ausreichen, um die Spitze beim Halt verteidigen zu können. Drei Runden nach seinem Rivalen bemüht auch Häkkinen seine Mechaniker, die ihn in 9,7 Sekunden abfertigen. Per Funk hatte er seine Crew längst über die Handling-Probleme unterrichtet. Und Adrian Newey ließ deshalb beim Boxenstopp eine Änderung des Set-up vornehmen. Häkkinen: »Anschließend lief mein Auto wesentlich besser. Ich spürte sofort, dass ich jetzt angreifen konnte.« Sechs Sekunden fehlen ihm auf den Vordermann, und zum Entsetzen der Tifosi hat dieser Abstand abnehmende Tendenz. Von Runde zu Runde kämpft sich der Jäger um drei, vier Zehntel heran.
In Runde 38 gelingt es Jacques Villeneuve unfreiwillig, das Interesse von der Spitze weg auf sich zu lenken. Auf der Jagd nach Irvine tut der Kanadier zuviel des Guten. Der Titelverteidiger verbremst sich eingangs der ersten Lesmo und landet im Abseits.

Der weitere Rennverlauf wird zeigen, dass dieser Ausfall bedeutende Auswirkungen hat: Erstens verschenkt der Williams-Pilot einen Platz auf dem Podium, zweitens wird Häkkinen drei anstatt nur zwei WM-Punkte kassieren.

Zum Ende des 45. Umlaufs scheint es für den Spitzenreiter eng zu werden. Seinem finnischen Hintermann fehlen nun nur noch 2,5 Sekunden. Doch Schumacher macht sich keine Sorgen, wie er rückblickend aussagen wird: »Hier kommt man nur vorbei, wenn man wesentlich schneller als der Gegner ist. Ich musste zwei Mal Tuero überrunden und hatte sogar mit dem Minardi Mühe. Häkkinen war nicht schnell genug, um mich packen zu können. Heranfahren ist eine Sache – Überholen eine völlig andere.«

Die Lage entspannt sich dann allerdings ohne Schumachers Zutun ohnehin in Runde 46 völlig: Wegen nachlassender Bremsen gerät Häkkinens McLaren auf Abwege. »Ich dachte«, sagt Häkkinen, »das war's wohl, heute bekommst du keine Punkte.« Aber er hat doppeltes Glück. Er segelt rückwärts durch den Kies und sammelt deshalb nicht kiloweise Steinchen in den Sidepods. Außerdem stirbt der Mercedes-V10 nicht ab. Häkkinen setzt das Rennen fort. Aber wegen der maroden Bremsen – zu früh wurde ein offenbar unausgereiftes neues System eingebaut – verliert er fünf Sekunden pro Runde. Nacheinander fangen Irvine und der Bruder des Spitzenreiters den Skandinavier ab. Nur eine Runde fehlt Jean Alesi, um den kränkelnden Silberpfeil auch noch von Platz vier zu verdrängen.
Mit einer Ausbeute von nur vier Punkten aus den letzten drei Rennen hat Häkkinen nur magere Beute gemacht. Sein Vorsprung im Zwischenklassement, das er seit Melbourne anführt, ist aufgezehrt. 80 zu 80 steht es nach Punkten zwischen den zwei Titelaspiranten. Keine 20 Stunden nach dem Ferrari-Doppelsieg wird in der Eifel der Ansturm auf die letzten Eintrittskarten für den GP von Luxemburg beginnen...
Wer allerdings auf ein Happy-End hofft, wird enttäuscht: Der Große Preis von Luxemburg in der Eifel sieht zwar Schumacher auf der Pole, doch dem Silberpfeil-Piloten gelingt es nach seinem Boxenstopp in der Runde 28, sich wenige Meter vor »Schumi« wieder in den Verkehr einzufädeln. Daran ändert auch der zweite Stopp nichts, zumal Schumacher nach dem Rennen erklären wird: »Der zweite Reifensatz baute zu früh ab, weil ich eine Chance witterte und auf der letzten Rille fuhr.«

Häkkinen liegt damit um zwei Punkte vor Schumacher, als es zum Saisonabschluss nach Suzuka geht. Und dort fallen die Würfel gegen den Ferrari-Piloten, der seinen F300 auf Pole-Position abstellt. Doch dann macht die Hydraulik nicht mit, die Kupplung des Ferrari schließt ohne Einwirkung des Deutschen. Der Motor stirbt ab – gelbe Flagge, Rennabbruch und Neustart (übrigens der zweite). Schumacher wird strafversetzt auf die letzte Position, den 21. Startplatz. Obwohl die WM damit futsch ist, brennt Schumacher zum Saisonfinale ein sensationelles Feuerwerk ab. Bereits in der ersten Runde macht er neun Plätze gut, in Runde fünf findet er sich auf Platz sieben wieder. Damon Hill aber lässt ihn nicht vorbei, trotz klarer Anweisungen seines Teamchefs Eddie Jordan. Das kostete Zeit, dennoch ist in der 22. Runde Schumacher auf Platz drei, 28,2 Sekunden hinter dem Finnen. Die endgültige Entscheidung fällt um 14.15 Uhr: Auf der Zielgeraden platzt zu Beginn der 32. Runde bei Tempo 303 km/h der rechte Hinterreifen: »Das Leben geht weiter«, sagt er, »jetzt muss es halt 1999 klappen.«

ERGEBNISSE UND AUSFÄLLE

1. Michael Schumacher	Ferrari F300	1:17.09,672 = 237,591 km/h
2. Eddie Irvine	Ferrari F300	37,977 Sekunden zurück
3. Ralf Schumacher	Jordan-Mugen 198	41,152 Sekunden zurück
4. Mika Häkkinen	McLaren-Mercedes MP4/13	55,671 Sekunden zurück
5. Jean Alesi	Sauber-Petronas C17	1.01,872 Minuten zurück
6. Damon Hill	Jordan-Mugen 198	1.06,688 Minuten zurück
7. Heinz-Harald Frentzen	Williams-Mécachrome FW20	1 Runde zurück
8. Giancarlo Fisichella	Benetton-Playlife B198	1 Runde zurück
9. Toranosuke Takagi	Tyrrell-Ford 026	1 Runde zurück
10. Rubens Barrichello	Stewart-Ford SF-2	1 Runde zurück
11. Esteban Tuero	Minardi-Ford M198	2 Runden zurück
12. Ricardo Rosset	Tyrrell-Ford 026	2 Runden zurück
13. Jarno Trulli	Prost-Peugeot AP01	3 Runden zurück
Jos Verstappen	Stewart-Ford SF-2	40. Runde, Getriebe
Jacques Villeneuve	Williams-Mécachrome FW20	38. Runde, Dreher
Mika Salo	Arrows A19	33. Runde, Drosselklappe
Alexander Wurz	Benetton-Playlife B198	25. Runde, Getriebe
David Coulthard	McLaren-Mercedes MP4/13	17. Runde, Motor
Oliver Panis	Prost-Peugeot AP01	16. Runde, Aufhängung
Shinji Nakano	Minardi-Ford M198	14. Runde, Motor
Johnny Herbert	Sauber-Petronas C17	13. Runde, Dreher
Pedro Diniz	Arrows A19	11. Runde, Dreher

SCHNELLSTE RUNDE: (45. Runde) – Mika Häkkinen, McLaren-Mercedes MP4/13; 1.25,139 = 243,977 km/h

Marlboro
Shell
BRIDGESTONE
Marlboro
Marlboro
OMP
M. Schumacher

Die Saison 1999

Als sich der Grand Prix-Tross zum Saisonschluss im Vergnügungspark »Suzukaland« versammelte, ging es um mehr als um die Verteilung von 2614 WM-Punkten. Es ging sogar um mehr als um die Entscheidung der FIA-Championate für Piloten und Teams. In Japan stand der Ruf der gesamten Branche auf dem Spiel.

Vorausgegangen war ein phantastisches Rennjahr. Zum »runden« 50. Geburtstag der Fahrer-WM wurde den Fans einiges geboten, auch wenn – keineswegs ausschließlich aus deutscher Perspektive – der Hauptakteur nur an neun der insgesamt 16 Grand Prix teilnahm. Michael Schumacher, laut Umfragen unter internationalen Experten fahrerisch der Maßstab für alle anderen, pausierte verletzungsbedingt drei Monate lang. Trotz der wenigen Einsätze verdiente sich der Rheinländer den Oscar für die beste Nebenrolle.
Schumachers Unfall, den der Kerpener mit einem Bruch des rechten Schien- und Wadenbeins bezahlte, kurbelte umgehend die Diskussionen zum Dauerthema »Sicherheit« an. Kritische Fragen wurden gestellt. Aber tatsächlich bewährten sich die vorgeschriebenen Sicherheitseinrichtungen. Und das nicht nur beim Crash des Ferrari-Stars in der Stowe Corner: gemessen am Ablauf des Unfalls kam der Pilot nämlich glimpflich davon. Während die technischen Ursachen, die zum Unfall führten, heiß diskutiert wurden, blieb die merkwürdige Rolle Eddie Irvines praktisch unbeachtet. Der Ulsterman, vertraglich zur Kooperation mit seinem deutschen Teamkollegen verpflichtet, zog im Duell mit Schumacher alle Register. Während er nach dem Neustart um den Sieg kämpfte, bremste er – das ergaben die Telemetrie-Daten – Stowe nur noch ein einziges (!) Mal so spät an, wie im Zweikampf mit Shuey. Irvines Gedanken, als der rote Kollege vor ihm quer von der Piste sauste: »Hoppla das wird weh tun.«
Neben dem »First-Lap-Shunt« in Silverstone bewiesen weitere spektakuläre Zwischenfälle, speziell die Abflüge des BAR-Duos in Spa, den extrem hohen Sicherheitsstandard. In der größten Gefahr befand sich während des kompletten Rennjahres wohl Pedro Diniz. Gut zehn Sekunden war der GP von Europa alt, als bei einem unverschuldeten Überschlag des Südamerikaners der hintere Überrollbügel seines Boliden brach! Diniz entkam mit ein paar blauen Flecken.
Nicht nur Vollblut-Racer fanden am weiteren Saisonverlauf Gefallen. Da waren die sensationellen Auftritte von Heinz-Harald Frentzen und Ralf Schumacher. Beide verdienten sich größten Respekt – in den jeweils eigenen Lagern und bei den Gegnern. Durch die Bank sind sich die Piloten, Teamchefs, Techniker und Fachjournalisten einig: In der aktuellen Top-Five der Szene sind drei Deutsche. Und wenn auf der GP-Piste des Nürburgrings nicht irgendwo ein kleines Schräubchen geduldig auf den rechten Hinterreifen des Williams mit Startnummer sechs gewartet hätte, dann wäre das Trio auch komplett in den Siegerlisten der Saison 1999 aufgetaucht.
Doch was die berühmten »Wenn« und »Aber« betrifft, gab es zwischen Melbourne und Suzuka zahlreiche Vorkommnisse jeder Couleur. Aus der Sicht des Shuey-Lagers brachte Manager Willi Weber die Situation auf den Punkt: »Nie zuvor lief eine Saison so gut für Michael. Schade, dass er nicht daran teilgenommen hat.«

Tatsächlich stolperten die potentiellen Champions, eine schier unglaubliche Serie von Pleiten, Pech, Pannen und zuletzt auch noch Paragraphen machte die Grands Prix für die Titelaspiranten zur Psychofolter. Die größte schweizer Boulevard-Zeitung erinnerte kurz vor Saisonende scherzhaft an das Reglement: Die FIA schreibt vor, dass ein Fahrer Weltmeister werden muss!

Zwei, die aufgrund ihres fahrerischen Potentials ganz vorn hätten mitfahren können, hatten keinerlei Titelchancen. Der Kanadier Jacques Villeneuve nicht, weil er am Steuer des zerbrechlichen BAR-Supertec nur sporadisch an seine wahren Qualitäten erinnern konnte. Daneben Michael Schumacher, der nach seinem Unfall – trotz intensiver medizinischer Betreuung der Extraklasse – monatelang nicht auf die Beine kam. Ohne eigene Titelchancen (mathematisch schied er zwar erst in der Eifel aus dem Kreis der Anwärter aus) nahm sich der Ex-Weltmeister viel Zeit. Verständlicherweise, denn ein Comeback bedeutete in jedem Fall die Unterordnung unter Irvine. Deshalb fehlte es »Schumi« an der notwendigen Motivation. Ihm konnte nicht an einem Titelgewinn des Teamkollegen gelegen sein. Bestenfalls hätte er dann die Leistung des Nordiren wiederholen können...

Der Spannungsbogen erreichte bei den zwei abschließenden WM-Läufen in Asien seinen Höhepunkt. In Sepang, weil sich Michael Schumacher dort mit einer Weltklasseleistung zurückmeldete, die auch dem Gegner Respekt abzollte. Wider Willen hatte er auf Anhieb alles im Griff und fuhr einen bemerkenswerten Grand Prix – einen der besten seiner bisherigen Karriere. Die WM schien dann trotzdem zu Häkkinens Gunsten entschieden. Denn es stellte sich heraus, dass die beiden siegreichen Ferrari nicht dem Reglement entsprachen. Die Scuderia teilte die Meinung der Funktionäre, legte aber trotzdem Protest gegen die ausgesprochene Disqualifikation ein. Sechs Tage später stellte sich überraschend etwas Unerwartetes heraus: Das Reglement entsprach nicht den F399...

Der Verdacht kam auf, dass bei der Urteilsfindung kommerzielle Interessen im Spiel waren. Der üble Geruch von Manipulation lag in der Luft. Deshalb war es verständlich, wenn in Suzuka – die Motoren waren für 1999 gerade verstummt – das Wort vom »Sieg der Gerechtigkeit« die Runde machte.

Das Team Ferrari

Mit dem »besten Ferrari aller Zeiten« wollte sich die Scuderia aus Maranello erstmals seit 1979 das Fahrer-Championat sichern. Einer Schwäche war sich Konstrukteur Ross Brawn allerdings schon vor Saisonbeginn bewusst: »McLaren arbeitet bereits seit dem Vorjahr mit Bridgestone zusammen. Für uns bedeutet der neue Reifenpartner eine Umstellung in zweifacher Hinsicht. Die Zusammenarbeit mit den japanischen Ingenieuren und deren Material wird erst nach einigen Wochen oder Monaten reibungslos verlaufen.«

Brawn sollte recht behalten. In Melbourne gab es im Qualifying – weil der Umgang mit den asiatischen Gummis noch nicht beherrscht wurde – ein böses Erwachen. Aber die Scuderia kam mit einem blauen Auge davon, weil Irvine das Rennen im Albert Park gewinnen konnte. Doch die Italiener lernten schnell. Die technische Lücke zu McLaren konnte innerhalb weniger Wochen annähernd geschlossen werden. Selbst Ron Dennis lobte: »Aufgrund der Erfahrungen der letzten Jahre ist Ferrari ein Spezialist, was das Nachrüsten betrifft. Die fighten mit ungebrochener Moral und dürfen keinesfalls unterschätzt werden, bevor sie tatsächlich geschlagen sind.«

Dass es für McLaren ausgesprochen eng werden könnte, zeichnete sich in Barcelona ab, auch wenn den Silberpfeilen vor den Toren der katalanischen Hauptstadt ein Doppelsieg gelang. Aber auf der klassischen »McLaren-Piste« gab es keineswegs den erwarteten Spaziergang von Häkkinen und Coulthard. Obwohl Michael Schumacher in der Anfangsphase viel Zeit hinter Jacques Villeneuve verlor, gelang es dem Kerpener beinahe, DC im weiteren Rennverlauf abzufangen. In Spanien – und das blieb auch Dennis nicht verborgen – lag eine Sensation in der Luft... Und als Michael Schumacher dann am 13. Juni in Kanada vor Mika Häkkinen führte, sahen viele den Kerpener bereits als Champion der Saison 1999. Es kam anders. Die Ereignisse der Startrunde von Silverstone, niemand zweifelte daran, setzten einen Schlusspunkt zu Häkkinens Gunsten unter die Saison. Und dann ereigneten sich wundersame Dinge. Im Würgegriff der Silberpfeile stemmte sich Ferrari erfolgreich gegen die Übermacht. Aus eigener Kraft wäre das nicht gelungen. Irvine galt bis zum Finale in Suzuka als möglicher neuer Weltmeister, weil der Gegner wiederholt patzte.

Als es dann in Japan um die Wurst ging, war Eddie Irvine dem psychischen Stress nicht annähernd gewachsen. Weder im Qualifying noch im Rennen trat der Ulsterman wie ein echter Titelaspirant auf. Zu sehr verließ er sich offenbar auf die Hilfe von Michael Schumacher. Aber der Deutsche erinnerte sich an seine eigenen Interessen. Wein statt Champagner – die Scuderia begnügte sich mit dem »Trostpreis«, dem Konstrukteurs-Titel.

34. Sieg

Großer Preis von San Marino
Imola, 2. Mai 1999

Wie einst Patrick Tambay

Schumachers erster Saionsieg 1999 bringt ihn an die Spitze des Klassements. Dem schwachen Auftakt – Platz 8 in Australien – folgt ein zweiter Rang in Brasilien. Dann, im dritten Rennen, der Sieg in Imola. Die Tifosi sind begeistert: Erstmals seit 1983 hat auf italienischem Boden wieder ein Ferrari gewonnen.

Als sich das Fahrerlager donnerstags vor dem GP von San Marino mit Leben zu füllen beginnt, kündigen die Italiener Regenwetter für das kommende Wochenende an. Sie hoffen auf nassen Asphalt, weil »Schumaker« dann gute Siegchancen haben könnte. Aber die einheimischen Wetterfrösche irren, es wird warm und sonnig bleiben.

Als freitags nach zwei Trainingsstunden Bilanz gemacht wird, stehen die Namen Häkkinen und Coulthard ganz oben auf der Zeitenliste. Hat Irvine recht – ist McLaren zur Zeit wirklich unschlagbar? Michael Schumacher will diese Frage nicht abschließend beurteilen: »Eddie ist Dritter mit knapp 0,6 Sekunden Rückstand auf Häkkinen. Unser Wagen scheint besser zu sein als in Sao Paulo.« Das klingt einleuchtend, aber weshalb liegt er selbst mehr als eine Sekunde hinter der Bestzeit zurück? Er habe sich beim Set-up etwas verzettelt, gesteht Schumacher, noch könne er sich nicht endgültig für eine der beiden angebotenen Frontflügel-Varianten entscheiden. Morgen wird er das tun müssen.

Im freien Samstagstraining setzen sich erneut die beiden McLaren durch. Aber jetzt – »Ich habe mich zu dem neuen Frontflügel entschlossen« – fehlen Michael Schumacher auf Platz eins nur noch 0,325 Sekunden. Bei Ferrari sieht man zufriedene Gesichter. Ganz vorn hat sich David Coulthard platziert, dessen Punktekonto noch völlig leer ist. Mika Häkkinen passt es überhaupt nicht, von dem Schotten geschlagen worden zu sein: »Ich will unbedingt die Pole. Im Vorjahr schnappte David sie mir weg. Diesmal wird das nicht passieren.«

Alexander Wurz rangiert als abgeschlagener 14., und Peter Cramer, der Manager des Österreichers, murrt mit Blick auf den müden Benetton: »Das Instrument ist zur Zeit etwas verstimmt.« Bei Wurz läuft seit dem GP von Monaco 1998 nichts mehr. Er ist vom Pech verfolgt. Und wenn es innerhalb des Teams einmal halbwegs klappt, dann heimst Giancarlo Fisichella die Achtungserfolge ein. Cramer scheint zu ahnen, dass die Luft für seinen Schützling am Saisonende dünn werden könnte.

Qualifying. Zehn Minuten verstreichen ohne die geringsten Aktivitäten auf der 25 Grad warmen Piste. Dann geht Luca Badoer auf Zeitenjagd. Die verletzte Hand ist bandagiert. Sie schmerzt noch. Aber der Italiener ist zäh: »Fahrpraxis ist jetzt die beste Medizin.« Für den Rekonvaleszenten bleiben die Uhren bei 1.33,145 Minuten stehen. In Ermangelung von Gegnern bedeutet das vorläufig Rang eins, aber diese Zeit

ist natürlich keinen Pfifferling wert.
Bis zur 26. Minute landen mit Alesi, Villeneuve, Herbert und Zanardi nacheinander vier weitere Piloten auf der provisorischen Pole-Position. Dann erst, fast 50 Prozent der Sitzung sind bereits vorbei, gehen die wirklichen Asse auf Feindflug: Irvine verdrängt Zanardi und Häkkinen verdrängt Irvine. Anschließend fahren sich innerhalb von sieben Minuten Coulthard auf die zweite, Michael Schumacher auf die dritte und Villeneuve, hinter dem nach hinten durchgereichten Irvine, auf die fünfte Position. Damit ist die Reihenfolge für die fünf besten Startplätze bereits gefunden, auch wenn die Hackordnung zwischenzeitlich noch einmal durcheinandergewirbelt wird.
Häkkinen ist happy. Er hat sich die gewünschte Pole gesichert. »Das war«, berichtet er freudestrahlend, »eine der besten Qualifying-Sitzungen, die ich je fuhr. 1997 holte ich auf dem Nürburgring meine erste Pole-Position. Das war toll. Aber heute war es noch besser. Als David in seine letzte Runde ging, dachte ich, jetzt wird es eng für mich. Doch dann blieb er wohl irgendwo im Verkehr stecken.« Der Teamkollege bestätigt diese Theorie: »Eingangs Rivazza stand mir einer der BAR im Weg. Das kostete mich drei Zehntel... Was soll's, daran ist jetzt nichts mehr zu ändern.«
Der drittplatzierte Michael Schumacher ärgert sich. Er habe seinen Job nicht gut gemacht. Er hätte schneller sein können. Dann die Einschränkungen: »Aber das konnten Mika und David vermutlich auch. Es ist unglaublich schwierig, eine hundertprozentige Runde zu fahren. An vielen Stellen sind die Kerbs Teil der Ideallinie. Wenn du auf den Randsteinen etwas zu schnell bist, fliegst du ab.«
Aber der Kerpener registriert auch den deutlichen Aufwärtstrend seines Teams. In Sao Paulo sei er nach dem Zeittraining zu 60 Prozent zufrieden gewesen. Hier liegt der Prozentsatz immerhin schon bei 80. Natürlich widmet sich die italienische Presse dem Gran Premio intensiv. Nach ausführlichem Zeitungsstudium attackiert Ferrari-Teamchef Jean Todt die Stampa seiner Wahlheimat: »Ich würde sehr gern schreiben können. Aber so, wie ein Schriftsteller, nicht wie ein Journalist ... «
Einer von denen, die mit ihrem Qualifying-Ergebnis unzufrieden sind, ist Jean Alesi. Der Franzose hatte von einem Einbruch in die Top-Ten geträumt. jetzt ist er nur 13. Grummelig behauptet er: »Wer ist denn überhaupt in der Lage, mit dem Sauber eine solche Show abzuziehen, wie ich es in Brasilien machte? Das Auto muss verbessert, werden. McLaren würde meinen C18 innerhalb weniger Tage so weiterentwickeln, dass ich schon in Monaco siegen könnte.« Aber Alesis Zorn verraucht schnell. Als ihm sein ehemaliger Teamkollege Gerhard Berger, der in BMW-Diensten F1-Luft schnuppert, über den Weg läuft, frotzelt der Sauber-Pilot: »Du hast aber gewaltig zugenommen. Mindestens sieben Kilo – was sage ich, mindestens zehn Kilo.«
Alesis »Leutnant« Pedro Diniz, der seit dem GP von Belgien 1998 keine Zielflagge mehr gesehen hat, quälen andere Sorgen: »Hoffentlich passiert mir hier nicht das gleiche wie 1996. Damals war ich in ein Duell mit Häkkinen verwickelt. Überall wurden blauen Flaggen geschwenkt – ich dachte, die gelten uns beiden. Tatsächlich saß uns Michael Schumacher im Nacken, den wir vorbeilassen sollten. Prompt bekamen wir beide Zehn-Sekunden-Strafen aufgebrummt.«
Im Warm-up sind die ersten sieben Piloten nur durch 0,973 Sekunden voneinander getrennt. Das verspricht Spannung. Während der Startvorbereitung werden die letzten Tips für die traditionelle »Schumacher-Wette« abgegeben. Auf welchem Platz landet der Rheinländer? Oder fällt er aus und falls ja, in welcher Runde? Bevor er seine Vor-

hersage wagt, erkundigt sich Bernie Ecclestone, wie viele Mitspieler Shuey auf Sieg gesetzt haben. Achtzehn sind es. »Ich hätte nicht gedacht«, sagt der F1-Zampano mit unbewegtem Gesicht, »dass es so viele Idioten auf dieser Welt gibt. Dann zückt er seine Brieftasche und setzt sein Geld auf... Michael Schumacher. Und dies mit doppeltem Einsatz.

Die Piloten nehmen zu dieser Zeit gerade am obligatorischen Briefing teil. Diese Vergatterung durch die Rennleitung hat im Grand Prix-Sport eine lange Tradition. In den 50er und 60er Jahren versammelten sich die Piloten unmittelbar vor dem Start im Halbrund, um an die Spielregeln und faires Verhalten erinnert zu werden. Später zogen sich die Fahrer dann in einen speziellen Briefing-Room im Gebäude der Rennleitung zurück. Unerwartet gerät der alte Brauch in den Brennpunkt. Seit Jahresbeginn gibt es ein zusätzliches Freitags-Briefing. Die Sonntags-Veranstaltung findet nicht zwingend statt. Eddie Irvine kritisiert: »Natürlich ist das freitags gemütlicher. Aber die meisten Piloten können sich doch noch nicht einmal an das erinnern, was vor vier Stunden besprochen wurde – geschweige denn an das, was man vor zwei Tagen diskutierte. Freitags sollten sich die Team-Manager treffen. Sonntags die Fahrer.« Vor dem Start konzentrieren sich die Blicke vieler Beobachter auf Jacques Villeneuve. Nach zwei glücklosen Auftritten für seinen neuen Arbeitgeber BAR ist der Kanadier voller Hoffnung, endlich die ersten WM-Punkte des Jahres holen zu können. Im Qualifying waren nur die Ferrari und McLaren schneller als der Champion der Saison 1997. Er fuhr eine »der besten Runden meiner Karriere, um dieses kleine Wunder zu schaffen. Jetzt ein guter Start und...«

Villeneuves Wunschtraum wird zum Alptraum, als die roten Lichter der Startampel erlöschen und das Feld in Richtung Tamburello sprintet: Der BAR-Supertec mit Startnummer 22 bleibt wie angewurzelt auf dem Grid stehen – Getriebeschaden! Nur mit viel Glück können die weiter hinten aufgereihten Piloten der bunten Straßensperre ausweichen. Heinz-Harald Frentzen trennen nur Zentimeter vom Crash. Während Häkkinen das Feld souverän durch die erste Runde führt, befreit sich Villeneuve von Sturzhelm und Handschuhen. »So ein Shit. Es gab keine Vorwarnung. Der Motor lief rund, aber das Auto bewegte sich nicht.«

Die großen Gewinner des Starts sind der Japaner Tora Takagi und Jean Alesi. Beide beschleunigen perfekt und machen im Getümmel je vier Plätze gut. Den ganz großen Coup aber landet Spitzenreiter Häkkinen. Der Finne fliegt auf und davon. Nach der Startrunde liegt er 1,7 Sekunden vor seinem Teamkollegen, dem »Schumi«, Irvine, Barrichello, Frentzen, Ralf Schumacher, Hill und der Rest folgen. Häkkinens Vorsprung wächst: 2,2 Sekunden 2,9 – 3,2 – 4,2. Kein Kraut scheint gegen ihn gewachsen. Seine Rundenzeiten pendeln um den Wert von 1.29,3 Minuten. Das schottisch-deutsche Verfolgerpaar zirkuliert mit Durchschnittswerten von 1.30,2. Sofort scheint klar: Der MP4/14 des Leaders ist leichter als die Boliden seiner Jäger. Häkkinen plant einen Boxenstopp mehr.

Nach 15 Umläufen unterbieten Coulthard und Michael Schumacher die 90-Sekunden-Marke. Aber der Vorsprung des Skandinaviers wächst trotzdem weiter an, da auch er sich mit abnehmender Spritlast steigern kann. Sein Zeitpolster beträgt nach 16 Runden bereits 16,9 Sekunden. Erste Berechnungen werden angestellt, ob die Zwei-Stopp-Taktik tatsächlich Erfolg bringen wird. Da passiert das völlig Unerwartete: Zum Ende des 17. Umlaufs kommt der führende McLaren-Mercedes außen auf die Kerbs.

Am Limit passiert das immer wieder – normalerweise ohne böse Folgen. Jetzt aber kann Häkkinen nicht korrigieren. Der Silberpfeil läuft dem Piloten völlig aus dem Ruder und knallt in die äußere Begrenzungsmauer.
Enttäuscht und fassungslos steigt der Finne aus dem Cockpit und versucht, das Erlebte neben seinem Boliden stehend zu verdauen, während die Tifosi jubeln und von einem möglichen Ferrari-Triumph zu träumen beginnen. Keine vier Sekunden liegt »Schumaker« hinter dem neuen Spitzenreiter David Coulthard zurück.
Während im Ferrari-Gefechtsstand an der Boxenmauer mögliche Strategie-Modifikationen durchgerechnet werden, sucht Häkkinen nach Worten der Erklärung für seinen Abflug: »Es war mein Fehler, das ist keine Frage. Natürlich bin ich sauer. Noch nie hatte ich in Imola ein derart gutes Auto. »Mit Blick auf sein stets bescheidenes Abschneiden im Autodromo Enzo & Dino Ferrari äußert der Skandinavier den Verdacht, dass die Piste etwas gegen ihn habe... »Plötzlich«, erklärt er, »war die Kurve sehr rutschig. Es war, als sei Met auf dem Asphalt.«
Ferraris Chefdenker Ross Brawn hat inzwischen eine Entscheidung getroffen. »Schumi« soll statt eines Stopps nun zwei einlegen. Per Sprechfunk erhält der Rheinländer die Anweisung, das Tempo zu forcieren. Schumacher reagiert prompt und liegt nach 30 Umläufen nur noch 1,1 Sekunden hinter »DC«. Dann kommt er zum ersten Service an die Boxen, wo er in 6,9 Sekunden abgefertigt wird. 19,3 Sekunden liegt er hinter Coulthard zurück, als er das Rennen wieder aufnimmt. Schumacher geht durch den Strategiewechsel keinerlei Risiko ein: »Nur durch die neue Taktik hatte ich eine Chance. Andererseits bestand keine Gefahr, Platz zwei zu verlieren.«
Das Duell Silber contra Rot, das nun in seine entscheidende Phase eintritt, degradiert alle anderen Akteure zu Statisten. Eddie Irvine zirkuliert als Dritter mit mehr als 40 Sekunden Rückstand bereits so weit hinten, dass er die zehn Sieger-Punkte aus eigener Kraft nicht mehr holen kann. Barrichello fehlt bereits etwas mehr als eine Minute auf die Spitze. Ford hat aus dem Motorschaden von Sao Paulo gelernt. Um ins Ziel zu kommen, darf »Rubinho« seinen Ford-V10 jetzt nur noch bis maximal 16.500 U/min drehen. In Brasilien begann der »rote Bereich« erst bei 17.250. Die beiden letzten Punkteränge hält das gelbe Jordan-Duo in der Reihenfolge Frentzen vor Hill.
Wer nun glaubt, McLaren reagiere umgehend auf den Ferrari-Schachzug, der irrt. Die Silberpfeil-Crew denkt nicht daran, den Einstopp-Schotten auf zwei Stopps umzupolen. Mit frischen Reifen, aber nur geringer Spritlast an Bord, kann Schumacher Dampf machen. Aber Coulthard, mit alten Reifen und nahezu leerem Tank, ist ebenfalls flott unterwegs. Als sich der Schotte vier Runden nach seinem roten Rivalen zwischen den Mechanikern einbremst, liegt er immer noch 18,8 Sekunden in Front. Sein Halt – er wird getreu des Fahrplans für die Restdistanz betankt – dauert 9,2 Sekunden... »Schumi« fliegt vorbei. Aber anders als sein Verfolger, muss der Kerpener noch einmal zum Tanken an die Boxen.
In dieser Situation profitiert Schumacher von der Verkehrssituation. Während er sich scheinbar mühelos Überrundung anstehende Duo Fisichella/Panis – das in den Kampf um Platz neun verbissen ist – schnappt, hängt Coulthard hinter dem Pärchen fest. Innerhalb von nur vier Runden wächst Coulthards Rückstand von 5,2 auf 15,6 Sekunden an. Wütend stapft Ron Dennis zum »Feldherrnhügel« der Equipe Prost und fordert Kooperation. Jetzt gibt Olivier Panis den Weg frei. Als der Schotte dann eingangs »Rivazza« auch Fisichella ausbremsen will, ist er zu schnell und rutscht in den

Kies. Während er sich zurück auf den Asphalt kämpft, schlüpft Panis innen vorbei. Das Spielchen beginnt von neuem.
»Die Einstopp-Taktik war richtig«, wird David Coulthard nach dem Rennen sagen, »unsere Rechnung wäre aufgegangen. Aber einige Nachzügler machten keinen Platz. So schlimm, wie hier und heute war dieses Problem noch nie. Die Marshals machten einen guten Job, aber die blauen Flaggen wurden von einigen Kollegen einfach ignoriert.«
Als der Spitzenreiter in Runde 31 ein letztes Mal Sprit und Gummi holt, wird er in glatten sechs Sekunden abgefertigt. Sein Vorsprung schmilzt auf 4,7 Sekunden, aber die Weichen zum Sieg sind gestellt – falls der Ferrari über die Runden kommt. Selbstverständlich ist das nicht, wie Runde 47 zeigt: Ohne Vorwarnung verabschiedet sich der V10 in Irvines Ferrari mit einer langen Rauchfahne und ebenso langer Ölspur. Der nun rutschige Belag wird Frentzen zum Verhängnis. Der Jordan des Deutschen schlittert ins Aus. Der Zwischenfall kostet ihn drei, möglicherweise sogar vier WM-Punkte. »So kann passieren«, sagt er gefasst. Erkennbar ärgerlich klingt ein Zusatz: »Aber es ist bedauerlich, dass die Marshals nicht reagierten – niemand schwenkte die rot-gelbe Flagge.« Damit scheint auf den vorderen Plätzen die Reihenfolge für den Einlauf gefunden. Schumacher führt vor Coulthard, Barrichello, Hill, Herbert, Fisichella und Alesi. Dann aber wiederholen sich die Ereignisse: Herberts Motor platzt trotz des neuen Drehzahl-Limits, und wieder wird die unvermeidliche Ölspur zur Falle für einen Konkurrenten: Zanardi gleitet aus. Trotz der völlig falschen Dreistopp-Taktik, auf der Alesi stur bestanden hat, gibt es einen Punkt für die Schweizer.
Vorn geht Michael Schumacher nach der Überrundung von Hill und Barrichello etwas vom Gas. Gefahr droht ihm nicht mehr, denn wieder hat es Coulthard schwer, es dem Rheinländer gleichzutun: Ihm gelingt die Überrundung nicht.
Prompt weht dem zweitplatzierten nach dem Rennen ein eiskalter Wind unter den Schottenrock. Ron Dennis schimpft, »DC« greife Nachzügler nicht energisch genug an. Eine Teaminterne Gleichstellung mit Häkkinen darf sich Coulthard von diesem Tag an abschminken. Und bei Mercedes muss man sich eingestehen, dass Nick Heidfeld heute wohl nichts gegen Schumacher ausgerichtet hätte. Jürgen Hubbert, der Mann

aus der Vorstandsetage, tröstet: »Die Jungs haben immer so gut gearbeitet, da dürfen auch einmal Fehler gemacht werden.«
Michael Schumacher freut sich über zehn WM-Punkte, die ihn an die Spitze des WM-Zwischenklassements bringen. Ferrari ist begeistert über den ersten Sieg in Imola seit Patrick Tambays Erfolg im Jahr 1983. Coulthard – »Dieses Rennen hätte ich gewinnen müssen« – ist der Prügelknabe des Tages. Der drittplazierte Rubens Barrichello ist dagegen um so glücklicher. Zum ersten Mal seit dem Monaco-GP des Jahres 1996 steht er auf dem Siegerpodest. »Dieses Resultat widme ich Ayrton Senna, der hier vor fünf Jahren starb. Sein Tod veränderte mein Leben. Und dieser Podiumsplatz wird es hoffentlich erneut verändern.«

ERGEBNISSE UND AUSFÄLLE

1. Michael Schumacher	Ferrari F399	1:33.44,792 =195,481 km/h
2. David Coulthard	McLaren-Mercedes MP4/14	4,265 Sekunden zurück
3. Rubens Barrichello	Stewart-Ford SF-3	1 Runde zurück
4. Damon Hill	Jordan-Mugen 199	1 Runde zurück
5. Giancarlo Fisichella	Benetton-Playhfe B199	1 Runde zurück
6. Jean Alesi	Sauber-Petronas C18	1 Runde zurück
7. Mika Salo *	BAR-Supertec 01	3 Runden zurück/Motor
B. Luca Badoer	Minardi-Ford MOI	3 Runden zurück
9. Marc Gene	Minardi-Ford M01	3 Runden zurück
10. Johnny Herbert *	Stewart-Ford SF-3	4 Runden zurück/Motor
11.Alessandro Zanardi *	Williams-Supertec FW21	4 Runden zurück/Unfall
Pedro Diniz	Sauber-Petronas C18	50. Runde, Dreher
Olivier Panis	Prost-Peugeot AP02	49. Runde, elektronischer Gaszug
Eddie Irvine	Ferrari F399	47. Runde, Motor
H.-H. Frentzen	Jordan-Mugen 199	47. Runde, Dreher
Toranosuke Takagi	Arrows A20	30. Runde, Benzinpumpe
Ralf Schumacher	Wilhams-Supertec FW21	29. Runde, Motor
Mika Häkkinen	McLaren-Mercedes MP4/14	18. Runde, Unfall
Pedro de la Rosa	Arrows A20	6. Runde, Unfall
Alexander Wurz	Benetton-Playlife B199	6. Runde, Unfall
Jacques Villeneuve	BAR-Supertec 01	1. Runde, Getriebe-Elekronik
Jarno Trulli	Prost-Peugeot AP02	1. Runde, Dreher

* Nicht im Ziel, aber aufgrund der zurückgelegten Distanz gewertet.

SCHNELLSTE RUNDE: (45. Rd.) – Michael Schumacher, Ferrari F399, 1.28,547 = 200,435 km/h

35. Sieg

Großer Preis von Monaco
Monte Carlo, 16. Mai 1999

Modefarbe Rot

Monaco, der vierte Grand Prix der Saison, bringt den zweiten Sieg für Schumacher. Die Scuderia ist im Aufwind und schafft einen Doppelsieg, während McLaren-Mercedes nur einen Wagen ins Ziel bringt. Schumachers Sieg macht ihn zum erfolgreichsten Ferrari-Fahrer aller Zeiten.

Für McLaren beginnen die Aktivitäten auf der Piste enttäuschend. Nach drei Pole-Positions in Folge scheint der beste Startplatz für die Silberpfeile plötzlich in weiter Ferne. Als donnerstags nach den ersten 60 Minuten Bilanz gezogen wird, rangieren die Ferrari-Fahrer – in der Reihenfolge Irvine vor Schumacher – auf den Plätzen eins und zwei. Mika Häkkinen liegt auf Rang elf. David Coulthard ist nur 14.
Beim freien Samstagstraining fährt Michael Schumacher Bestzeit. Der Rheinländer wird spätestens jetzt Favorit für den besten Startplatz handelt, obwohl er in der Schlussphase der Sitzung bei Ste. Devote geradeaus in die Reifenstapel fuhr. Für das Zeittraining wird er in den Muletto einsteigen müssen.
Pünktlich um ein Uhr beginnt die Qualifying-Uhr rückwärts zu ticken. 60 Minuten bleiben den 22 Akteuren, um die Startplätze unter sich aufzuteilen. Die Sitzung läuft nach bewährtem Muster an: Die Stars lehnen sich zunächst bequem zurück. Um zusätzlich Gummi auf die Ideallinie zu radieren, sind sich die Favoriten verständlicherweise viel zu schade. Als erster der Platzhirsche greift Mika Häkkinen ins Geschehen ein. 20 Minuten ist die Sitzung alt. Platz eins hält Jarno Trulli, die Casino-Rundfahrt in genau 1.22,792 Minuten schaffte. Dann markiert HHF – Sekunden vor Häkkinen auf Feindflug gegangen – eine Zeit von 1.22,397. Nur Sekunden hat der neue Bestwert Bestand, dann pulverisiert Häkkinen die provisorische Pole mit 1.21,856. Aber auch der Finne hat nicht lange Freude an seiner Leistung. In der 24. Minute legt Michael Schumacher die Latte auf 1.21,1391. Und als sich Eddie Irvine kurz vor »Halbzeit« auf Rang zwei vorschiebt, gerät McLaren unter Druck. Man braucht keinen Hochschulabschluss, um sich auszumalen, was eine durchgehend rote erste Startreihe für den Ausgang des Rennens bedeutet...
Dann die scheinbare Vorentscheidung. Mit 1.20,611 gelingt Shuey ein neuer Bestwert, der ihm eine halbe Sekunde »Luft« auf seine Verfolger verschafft. Wer soll diese Leistung noch übertreffen? Vorjahressieger Häkkinen bäumt sich auf, aber er ist zu langsam. Immerhin: Der Finne kann Position zwei zurückerobern.
Die letzten zehn Minuten werden zum Krimi. Zunächst kann Irvine den amtierenden Weltmeister wieder aus der ersten Startreihe verdrängen. Durchatmen. Das Schicksal der Silberpfeile hängt nun von den allerletzten Versuchen ab. Und die Zeit läuft McLaren davon. Die Schlacht scheint für Ron Dennis verloren. Noch fünf Minuten. In

der Tabak-Kurve verliert Marc Gene seinen Minardi aus der Kontrolle. Ist das die Entscheidung? Die gelben Warnflaggen machen es jetzt unmöglich, eine wirklich schnelle Runde zu drehen. Und das Chaos steigert sich, als Damon Hill seinen Jordan um 13.57 Uhr auf der Anfahrt zur Tabak-Kurve auf der linken Pistenseite parkt. Erneut gelbe Flaggen – Marshals wuseln auf der Piste herum.
Die Situation lädt nicht dazu ein, erneut zuzuschlagen. Aber niemand will auf seinen letzten Schuss verzichten. Michael Schumacher, siegessicher auf Rang eins, rollt hinaus. Ihm folgt das McLaren-Duo mit dem drittplazierten Finnen und David Coulthard, den die Monitore der Zeitnahme als Sechsten anzeigen.
Häkkinen fliegt um den Kurs und unterbietet Schumachers Zeit um 64 Hundertstelsekunden. Auch »DC« steigert sich und rückt auf Platz drei vor. In der McLaren-Box bricht grenzenloser Jubel aus. Im Freudentaumel brüllt Mercedes-Sportchef Norbert Haug: »Geil! Dieser Konter ist das Größte – eingeschlossen alle Siege.«
Dann wird gezittert. Als Mika Häkkinen seine Pole-Zeit fuhr, wurde Hills gelber Havarist mit Gelb abgeschirmt. Objektiv gesehen, ging von dem gestrandeten, an sicherem Platz geparkten Jordan keine Gefahr aus. Alle Streckenposten befanden sich bereits wieder jenseits der Leitplanke. Michael Schumacher, tief enttäuscht, weil ihm der Widersacher die scheinbar sichere Pole in letzter Sekunde entreißen konnte, geht davon aus, dass »das Qualifying-Ergebnis noch korrigiert« wird. Der Finne findet entschuldigende Worte: »Ich sah die gelben Flaggen und respektierte sie. Das Reglement schreibt vor, Tempo wegzunehmen. Ich nahm eine Hand vom Lenkrad und hob

sie. Das kostete mich sicherlich eine Zehntelsekunde.« Aber er kann sein schlechtes Gewissen nicht verbergen. Gelbe Bestzeiten wurden den Piloten bisher immer gestrichen. Der Skandinavier läßt durchblicken, dass es ihn keinesfalls wundern würde, falls ihm die Funktionäre die Fabelrunde aberkennen. Eine Fabelrunde, die nur möglich war, weil es den McLaren-Ingenieuren nach dem Fehlstart am Donnerstag gelang, das Set-up der MP4/14 konsequent zu optimieren.

Aber nichts geschieht. Und des Rätsels Lösung überrascht selbst alle Insider: Seit Jahresbeginn kennt das Reglement keine stillgehaltenen gelben Flaggen mehr. Juristisch existieren sie nicht mehr. Ebensogut wie die gelben Tücher hätten die Flaggenposten Servietten aus dem Hotel de Paris zeigen können... Das Resultat wird rechtskräftig.

Zwei Faktoren sind es dann, die schon auf den ersten Metern des Grand Prix für eine Vorentscheidung sorgen. Der deutsche Ferrari-Fahrer verfügt aufgrund des Qualifying-Frusts über Extra-Boost. Außerdem ist sein Bolide am Start relativ leicht. Ross Brawn und sein Star setzen zwar ebenso wie Adrian Newey und Häkkinen auf eine Einstopp-Taktik – aber da gibt es einen kleinen Unterschied. Die Roten haben das Pit-Stop-Window früher eingeplant als die McLaren-Truppe. Der Tank des Schumacher-Ferrari ist entsprechend geringer gefüllt. Ferrari ist den Silbernen in puncto Taktik ohnehin meist überlegen. Und jetzt fehlt bei McLaren mit Steve Hallam auch noch einer der klügsten Köpfe. Der Ingenieur lässt sich daheim in England von Nierensteinen befreien.

Der Sprint zur Ste. Devote-Schikane – erstmals um 14 Uhr – wird zum Zeitraffer-Leckerbissen für Krimi-Fans: Ein perfekter Start – freitags trainierte der Rheinländer in Maranello das Beschleunigen aus dem Stand – bringt die Startnummer drei in Front. Aus Michael Schumachers Perspektive spielt sich das atemberaubende Manöver so ab: »Ich sah, daß Mikas Räder zu sehr durchdrehten. Im Nu lag ich neben ihm. Viel Platz ließ er mir nicht. Aber er war clever genug, es nicht zu übertreiben. Andernfalls wären wir in den Leitplanken gelandet. Dann bremste er einen Sekundenbruchteil früher, und ich lag vorn.« Gummirauch steigt auf, als auch der zweifache Ex-Champion in die Eisen steigt. Keinen Meter länger hätte er den rechten Fuß auf dem Gaspedal stehen lassen dürfen...

In den Rückspiegeln des Duos läuft eine Kopie des Duells ab: Irvine quetscht sich an Coulthard vorbei. McLaren hat die guten Ausgangspositionen nicht nutzen können.

Michael Schumacher ist nicht zu halten. Um eine halbe Sekunde pro Runde – oft sogar noch mehr – zieht er dem Weltmeister davon. Häkkinen kann zwar Platz zwei behaupten, tut sich aber schwer damit. »Zu keinem Zeitpunkt«, wird er später sagen, »vertraute ich meinem Auto richtig. Die Lenkung war schwergängig. Zusätzlich machte mir das unberechenbare Handling zu schaffen.«

Runde vier bringt den ersten Zwischenfall mit Folgen: Eingangs der Hafen-Schikane versucht Damon Hill, durch eine Kurzschluss-Attacke Ralf Schumacher von Platz 16 zu verdrängen. Der Brite bezahlt die Untat mit dem sofortigen Ausfall. »Schumi II« verliert zehn Sekunden und wird an das Ende des Feldes zurückgeworfen. Hill nimmt den Crash voll auf seine gelbe Kappe: »Mein Fehler. Ich wollte zuviel. Ralf, das war sein gutes Recht, verteidigte seine Linie – da war's passiert.«

Zwei Umläufe nach Hills Abgang beginnt Spitzenreiter Schumacher – die Brüder aus Kerpen belegen nun den ersten und den letzten Rang –, erste 23er-Zeiten zu fahren.

Das gelingt keinem seiner Verfolger. Unaufhörlich fällt Häkkinen, dem nun bereits glatte vier Sekunden fehlen, zurück. Andererseits spürt der Trainingsschnellste keinerlei Druck von hinten. Irvine verliert Zehntel um Zehntel.

Nach einem Dutzend Runden zeichnet sich bereits ein klares Bild ab: Schumacher führt mit 7,3 Sekunden Vorsprung vor Häkkinen. Dann eine Lücke von fünf Sekunden zu Irvine, dem Coulthard mit drei Sekunden Rückstand folgt. Chancenlos dahinter: Barrichello, Frentzen, Trulli, Fisichella, Villeneuve und Zanardi. Überholen? Geht nicht. Monaco ist ein Geduldsspiel. Abwarten, heißt die Devise. Auf einen Fehler des Vordermanns hoffen. Für Zanardi ist es ein Geduldsspiel mit Tücken. Der italienische Williams-Pilot fährt ein Rennen, das er so schnell nicht vergessen wird. Bereits kurz nach dem Start brach die Verankerung seines Sitzes. Der US-Heimkehrer: »Einerseits war es furchtbar, andererseits war's zum Lachen. Ich schwamm regelrecht im Cockpit. Wegen des wechselnden Abstands zur Pedalerie überfuhr ich immer wieder meine Bremspunkte. Manchmal erreichte ich das Bremspedal gar nicht ... «

Immer geht dieses Glücksspiel mit dem Wackelsitz nicht gut. In Runde 14 fährt Alex Z. am Hafen in den Notausgang. Wurz, Herbert, Salo, Alesi, Diniz und Panis lassen sich nicht zweimal bitten. Das Sextett nutzt die Unpässlichkeit der rollenden Straßensperre und schlüpft vorbei.

Dann verschlechtert sich plötzlich die ohnehin nicht rosige Lage der McLaren-Piloten. Am Heck von Coulthards Silberpfeil bildet sich immer öfter eine Rauchfahne, und Irvine rückt langsam, aber unaufhaltsam dichter an Häkkinen heran. Spätestens jetzt wird allen Beobachtern klar, dass sich der Bolide des Finnen nicht gerade in Bestform präsentiert.
In Runde 35 verliert »DC« acht Sekunden. Der nächste Umlauf sieht den Schotten gleich 13 Sekunden unter Normalform. Dann steht sein Auto still. Coulthard: »Ich bekam die Gänge nicht mehr richtig 'rein. Per Funk sagte mir meine Crew, der Öldruck im Getriebe sei kollabiert, ich solle an die Boxen fahren. Um einen größeren Schaden zu vermeiden, war die Entscheidung richtig.«
Kurz zuvor verabschiedeten sich fast zeitgleich beide BAR-Suptertec. Bei Villeneuve spielte die Hydraulik nicht mehr mit. Salo kämpfte schon lange mit einem weichen Bremspedal und rutschte vor dem Loews, das jetzt Grand Hotel heißt, in die Planken. Unaufhaltsam schmilzt das Feld. Als Nächsten erwischt es den japanischen »Tiger«. ToranosukeTakagi rollt an der Spitze einer gewaltigen Dampfwolke hinunter zum Hotel Mirabeau. Laien mögen sich fragen, wie derart viel Dampf in den kleinen Arrows-V10 passt... Der Motorplatzer hat nicht nur für den Asiaten Folgen: Als Mika Häkkinen vom Casino-Platz hinunterjagt, warnt noch keine Flagge vor der tückisch schmierigen Piste. Der sterbende Arrows-Motor hat den glitschigen Film auf den Asphalt gelegt.

Häkkinen verliert in der Not nicht den Überblick. »Das Heck brach aus«, gibt er nach dem Rennen zu Protokoll, »und mir war klar, dass ich gegen die Leitplanken krache, wenn ich in die Rechtskurve einlenke. Mir blieb nichts anderes übrig, als in den Notausgang zu fahren.« 17 Sekunden verliert er, und schlimmer noch: Jetzt sitzt ihm Eddie Irvine im Nacken. Platz zwei ist in akuter Gefahr, denn der Nordire war bereits einmal an den Boxen, um Service machen zu lassen...
Als Häkkinen neue Reifen und bleifreien Sprit holt, ist sein Schicksal für diesen Tag besiegelt. Irvine fliegt bereits vorbei, während der Skandinavier in die Boxengasse abbiegt. Michael Schumacher, der acht Runden zuvor gestoppt hatte, ist ohnehin schon über alle Berge.
Aber noch gibt es einen Hoffnungsschimmer für McLaren, Rang zwei zurückzuerobern. Irvines Boxenstopp nach 37 Runden hatte kurze 6,7 Sekunden gedauert. Jetzt bezweifeln die Experten, ob während dieses kurzen Halts genügend Sprit für die Restdistanz in den Tank des roten Boliden geflossen sein kann. Die Zweifler behalten recht: Nach 56 Umläufen bemüht Irvine seine Mechaniker erneut. Aber der Tankrüssel braucht nur für einen kurzen »splash« angedockt zu werden. Irvine bleibt vor seinem finnischen Verfolger: Drei Sekunden vor dem Silberpfeil fädelt er sich wieder in den fließenden Verkehr ein. Traditionsgemäß machen sich auf dem winkligen Stadtkurs während des Finales Schwachstellen des Materials und der Piloten bemerkbar. Körperlich ist die Herausforderung für die durchtrainierten Leistungssportler gering. Aber die Konzentration ist gefordert. So verliert Jarno Trulli einen möglichen WM-Punkt, als er sich bei Ste. Devote selbst ausbremst. Während der junge Italiener im Notausgang rangiert, fliegt Alexander Wurz vorbei auf Rang sieben. Und der Österreicher wird kampflos nach vorn gespült, als der Stewart des glücklosen Barrichello in der Schlussphase kollabiert. In Runde 72 bricht die hintere rechte Radaufhängung. Ausgangs Schwimmbad findet die Fahrt des Südamerikaners ihr Ende. Betroffene Gesichter bei Stewart: Zuvor war bereits Johnny Herbert gestrandet, weil... hinten rechts die Aufhängung brach!
Peinlicher verlief höchstens der Auftritt von Williams. Während Stewart dank Barrichello recht weit vorn mitmischte, war von den beiden Williams-Piloten nicht viel zu sehen. Rundenlang zirkulierte das Duo auf den zwei letzten Plätzen. Die einstige Supertruppe kam nicht über eine Statistenrolle hinaus.
Dann wird Michael Schumacher als Sieger abgewinkt. Damit triumphiert der Rheinländer bereits zum vierten Mal in Monte Carlo. Und der Erfolg bedeutet für »Schumi« noch mehr: Sein 16. Ferrari-Sieg macht ihn zum erfolgreichsten F1-Piloten der Scuderia. Abgehängt sind Größen wie Niki Lauda (15 Siege), Alberto Ascari (13), Gilles Villeneuve (6), Gerhard Berger und Alain Prost (je 5).
Ferrari jubelt. Und Mika Häkkinen tröstet sich: »Vier Punkte habe ich heute dazugewonnen. Im Vorjahr habe ich erlebt, wie wichtig jedes einzelne Pünktchen ist. Deshalb bin ich mit meiner Ausbeute eigentlich zufrieden.«
Das ist auch Heinz-Harald Frentzen, the best of the rest. Bevor er auf Rang vier vorrücken konnte, lag der Mönchengladbacher lange hinter Rubens Barrichello. Nur dank der Jordan-Strategie kam er an dem Brasilianer vorbei: Erst nach 57 Runden fuhr HHF zum Tankstopp an die Boxen! Das war nur möglich, weil der Tank des 199 nach dem Saisonauftakt in Melbourne vergrößert wurde. Jede Ritze und Ausbuchtung des Monocoque zwischen Pilot und Motor wird seitdem zum Bunkern von Kraftstoff genutzt. Den Vorteil dieser Reserven wird Frentzen aber erst am 27. Juni in Magny-Cours ganz groß in Szene setzen.

Der Truppe von Ron Dennis revanchierte sich schon 14 Tage später für die Niederlage mit einem Doppelsieg, das letzte freie Plätzchen auf dem Podium ergattert »Schumi«. Dann reißt die Serie: Ausfall nach Unfall in Kanada, in Frankreich nur Rang 5, dann der Crash in Silverstone. Erst in Malaysia sitzt der Kerpener wieder im Cockpit, überlässt dann aber Irvine den Sieg. Bei Saisonfinale in Suzuka geht »Schumi« als Pole-Setter ins Rennen und steht dann erneut als Zweiter auf dem Treppchen. Der alte und neue Weltmeister heißt aber Mika Häkkinen. In der Teamwertung aber haben die Roten den ersehnten WM-Titel schon in der Tasche.

ERGEBNISSE UND AUSFÄLLE

1. Michael Schumacher	Ferrari F399	1:49.31,812 =143,864 km/h
2. Eddie Irvine	Ferrari F399	30,476 Sekunden zurück
3. Mika Häkkinen	McLaren-Mercedes MP4/14	37,483 Sekunden zurück
4. Heinz-Harald Frentzen	Jordan-Mugen 199	54,009 Sekunden zurück
5. Giancarlo Fisichella	Benetton-Playlife B199	1 Runde zurück
6. Alexander Wurz	Benetton-Playlife B199	1 Runde zurück
7. Jarno Trulli	Prost-Peugeot AP02	1 Runde zurück
8. Alessandro Zanardi	Williams-Supertec FW21	2 Runden zurück
9. Rubens Barrichello *	Stewart-Ford SF-3	7 Runden zurück/ Hinterradaufhängung
Ralf Schumacher	Williams-Supertec FW21	55. Runde, Unfall
Jean Alesi	Sauber-Petronas C18	51. Runde, Unfall
Pedro Diniz	Sauber-Petronas C18	50. Runde, Unfall
Olivier Panis	Prost-Peugeot AP02	41. Runde, Motor
David Coulthard	McLaren-Mercedes MP4/14	37. Runde, Getriebe
Mika Salo	BAR-Supertec 01	37. Runde, Bremsen
Toranosuke Takagi	Arrows A20	37. Runde, Motor
Jacques Villeneuve	BAR-Supertec 01	33. Runde, Hydraulik
Johnny Herbert	Stewart-Ford SF-3	33. Runde, Hinterradaufhängung
Pedro de la Rosa	Arrows A20	31. Runde, Getriebe
Marc Gene	Minardi-Ford MO1	25. Runde, Unfall
Luca Badoer	Minardi-Ford MO1	11. Runde, Getriebe
Damon Hill	Jordan-Mugen 199	4. Runde, Unfall

* Nicht im Ziel, aber aufgrund der zurückgelegten Distanz gewertet.

SCHNELLSTE RUNDE: (67. Rd.) – Mika Häkkinen, McLaren-Mercedes MP4/14,1.22,259 =147,354 km/h
Neuer Rundenrekord

BRIDGESTONE
Marlboro
tic tac
TIM

Die Saison 2000

Als sich Jody Scheckter am 9. September 1979 durch einen Sieg in Monza den WM-Titel sicherte, jubelten die Tifosi. Zum neunten Mal in der Championatsgeschichte hatte sich ein Ferrari-Pilot die meisten WM-Punkte geholt. Dank der starken Team-Leistung ging damals auch die Konstrukteurs-WM an die Scuderia aus Maranello.

In Kerpen bei Köln drehte in jenen Tagen ein zehnjähriges Kind fleißig Runden auf jener Gokart-Bahn, die die Region einem gewissen Wolfgang Graf Berghe von Trips zu verdanken hatte, der 1961 – den WM-Titel vor Augen – am Steuer seines Ferrari Tipo 156 tödlich verunglückt war. Der schnelle Knirps hieß Michael Schumacher. Wer 1979 prophezeit hätte, dass er der nächste F1-Champion für Ferrari sein würde, wäre mit Sicherheit ausgelacht worden.
21 Jahre waren seitdem vergangen, und Michael Schumacher hatte den Roten aus Maranello tatsächlich den Seelenfrieden wiedergegeben. Und der Stil, in dem der Rheinländer triumphierte, war des Ereignisses würdig: Neun Siege bedeuten die Einstellung der bisherigen Bestleistung, die von Nigel Mansell (1992) und Michael Schumacher (1994) aufgestellt worden war. 108 WM-Punkte innerhalb nur einer Saison heimzufahren, das hatte bisher nur ein Pilot geschafft – Nigel Mansell. Damit nicht genug der Superlativen, denn vier GP-Siege in unmittelbarer Reihenfolge sind durchaus auch erwähnenswert. Dieses Kunststück gelang zuletzt 1994 – »natürlich« Michael Schumacher, der damals noch auf Benetton startete.
Neben diesen Fakten offenbarte ein Blick auf die Statistik auch durchaus Kurioses. Die neun Ferrari-Titel der Prä-Schumacher-Zeit wurden in den Jahren 1961 (Phil Hill), 1952 und 1953 (jeweils Alberto Ascari), 1964 (John Surtees), 1975 (Niki Lauda), 1956 (Juan Manuel Fangio), 1977 (Niki Lauda), 1958 (Mike Hawthorn) und 1979 (Jody Scheckter) geholt. Auffällig sind die Endziffern der Jahreszahlen – jede taucht nur ein Mal auf. Und von den insgesamt zehn unterschiedlichen Möglichkeiten fehlte bisher lediglich die Null. Jetzt fehlte sie nicht mehr...
Natürlich mangelte es nicht an kritischen Stimmen, die sich offenbar nicht mehr vorstellen konnten, dass jemals ein Ferrari-Pilot Champion werden kann. Der allgemeine Tenor der Opposition: Der Ausgang der WM werde durch F1-Guru Bernie Ecclestone manipuliert, und der – inzwischen 70jährige – habe deshalb auf den »roten Knopf gedrückt«... Der Vorwurf war ebenso massiv wie unhaltbar.
Trotz der überzeugenden Leistung von Michael Schumacher – letztlich beendete er die Saison mit 19 Punkten Vorsprung – konnte Titelverteidiger Mika Häkkinen den Titelkampf bis in den Oktober offen gestalten. Der Finne erwies sich als ausgesprochen harter Gegner. Auch wenn er nach dem Frust zu Saisonbeginn – erst im dritten Grand Prix sah Häkkinen die Zielflagge – vorübergehend ausgebrannt schien, zeigte sich der Skandinavier in bestechender Form. Im Duell mit dem deutschen Rivalen unterlief ihm lediglich ein Schnitzer, als er seinen Silberpfeil in Spa aus der Kontrolle verlor. Und diesen Fehler bügelte er noch vor Ende des Rennens durch ein sehenswertes Überholmanöver wieder aus. Trotz des verpatzten Saisonstarts war McLaren-Mercedes erneut der Maßstab, an dem sich alle anderen orientieren mussten. Und der Finne war 2000 stärker als je zuvor.

Er klagte allerdings auch über den enormen physischen und psychischen Stress des gnadenlosen 14-Tage-Rhythmus und die zusätzliche Belastung durch Testfahrten und weitere Verpflichtungen. Vielleicht hatte Michael Schumacher deshalb weniger Probleme, weil er nach seiner Sturzverletzung, die sich der Kerpener 1999 in Silverstone zugezogen hatte, hatte lange pausieren müssen.
Die übrigen eingesetzten Piloten spielten lediglich Nebenrollen mit unterschiedlichen Erfolgen. Weder Rubens Barrichello, der vor Saisonbeginn selbst von Experten als »Schumi-Schreck« verkauft worden war, noch David Coulthard konnten ernsthaft in den Titelkampf eingreifen. ..

Das Team Ferrari

Im Vorjahr hatte sich die Scuderia mit dem Gewinn des »Trostpreises«, der Konstrukteurs-WM, begnügen müssen. Jetzt triumphierten die Roten auch im Fahrer-Championat – erstmals seit 21 Jahren. Damit hatte laut Ross Brawn nicht nur das lange Warten ein Ende. Der Technische Direktor der Scuderia sah Ferrari am Beginn einer Erfolgs-Ära. Unlogisch klang seine Begründung für die optimistische Behauptung nicht: »Jetzt können wir in Ruhe arbeiten. Den Druck, die lange Durststrecke endlich beenden zu müssen, gibt es nicht mehr. Künftig können wir unser Potenzial besser einsetzen.« Der Rest ist, wie man so schön sagt, Geschichte...
Ferrari präsentierte bereits zu Saisonbeginn ein schnelles und zuverlässiges Rennauto. Den Tipo F1-2000 bezeichnete Michael Schumacher nach den ersten Testfahrten mit Recht als den »besten Formel 1-Ferrari«, den er jemals bewegte. Schwächen zeigte der Bolide nur im Umgang mit den Reifen. Ein Problem, das wohl auf die Tatsache zurückzuführen war, dass Ferrari noch nicht so lange mit dem Pneu-Monopolisten Bridgestone zusammenarbeitete wie die silberne Konkurrenz.
Technisch – was Speed und Zuverlässigkeit betraf – nahm Ferrari allerdings noch nicht Platz eins in der Hierarchie des GP-Sports ein. Aber das »Gesamtpaket«, mit Michael Schumacher als wesentlichem Bestandteil, erwies sich 2000 als absolut konkurrenzfähig, wie die zehn Saisonsiege deutlich belegten. Und Qualitäten bewies die Scuderia auch auf dem Sektor, der bereits im Verlauf der letzten Jahre zu den positiven zählte: Als es darum ging, einen Rückstand aufzuholen, wurden alle Kräfte mobilisiert, um das Blatt noch einmal zu wenden. Dabei fehlte es Jean Todt und seinen Mannen auch nicht am notwendigen Quäntchen Glück, als Häkkinen Indianapolis durch einen Motorschaden gestoppt wurde. Doch Fort zahlte dort lediglich teilweise zurück was zuvor – speziell in Monte Carlo, Zeltweg und Hockenheim – auf recht brutale Art kassiert worden war... Mit Rubens Barrichello wurde ein neuer »Leutnant« für Michael Schumacher verpflichtet, der seine Gage sicherlich verdiente. Der Brasilianer rückte wiederholt ins Rampenlicht. In Silverstone, als er sich die Pole sicherte Dann in Montreal, wo er, wenn auch zähneknirschend, zugunsten des deutschen Teamkollegen auf den möglichen Sieg verzichtete. Und schließlich in Hockenheim durch einen sensationellen Überraschungssieg. Dennoch: Es war die Saison des Michael Schumacher.

36. Sieg

Großer Preis von Australien
Melbourne, 12. März 2000

In aller Munde ...

Scheinbar nahtlos knüpft die neue Saison an die des Vorjahres an. Es ist, als hätte es die – mit Testfahrten gespickte – »Winterpause« gar nicht gegeben, als in der Boxengasse der Piste von Melbourne die Container ausgepackt werden. Am Ende kann die Konkurrenz einpacken, den Roten gelingt ein Doppelsieg.

Freitags werden die ersten Runden gedreht. Noch ticken die Stoppuhren nur zum Spaß, noch haben die Zeiten keine Auswirkungen auf die Qualität des Startplatzes. Trotzdem: Niemand kommt darum herum, die Karten aufzudecken. Einer legt sie etwas zu hektisch auf den Tisch: Michael Schumacher verliert seinen Ferrari aus der Kontrolle und knallt in die Absperrung. Der Aufprall ist heftig und löst sorgenvolle Gesichter in der Ferrari-Box aus. Aber als sich der Staub legt und sich das verbrannte Reifengummi verflüchtigt, gibt es Entwarnung: Schumachers »Silverstone-Bein« hat den Zwischenfall unbeschadet überstan den. Der Rheinländer gesteht: »Kurz schoss mir durch den Kopf – hoffentlich tust du dir nicht wieder weh.« Er ist nicht der einzige, der am ersten Tag der neuen Saison Fehler macht: Mika Häkkinen und David Coulthard drehen sich. Aus dem Spitzen-Quartett bleibt allein Barrichello cool. Die Leistung des Brasilianers beeindruckt, denn er ist eigentlich derjenige, der – als Neuling bei Ferrari – Grund zur Nervosität hätte.
In der Nacht auf Samstag, dem Tag des Qualifying, darf noch einmal geträumt werden. Die Wirklichkeit ist ernüchternd: Die besten Startplätze gehen an Mika Häkkinen, David Coulthard, Michael Schumacher, Rubens Barrichello und Heinz-Harald Frentzen. Die alten Hasen stutzen: In derselben Reihenfolge einigten sich die Asse vor Jahresfrist in den ersten Reihen auf die Rangfolge. Die Herzen von Ordnungsfanatikern schlagen höher. Auf den ersten fünf Plätzen stehen die Startnummern eins bis... fünf! Und noch etwas ist anders als vor zwölf Monaten. Zwar haben die beiden McLaren-Piloten erneut die erste Startreihe erobern können, aber die Silberpfeile sind übers Jahr langsamer geworden und entsprechend liegen sie nicht mehr »Lichtjahre« vor der Konkurrenz.
Ein Formverlust jedoch muss eher Prost bescheinigt werden, dem zweiten Team, das nicht an seine 99er-Zeiten herankommt. »Professor« Prost erklärt kleinlaut: »Uns fehlt die Vorbereitungszeit. Nach den ersten Testfahrten mussten wir derart viele Teile umbauen, dass unser Programm zeitlich aus dem Ruder lief. Wir hängen um Wochen hinter dem Zeitplan zurück.« Um so erstaunlicher ist es, dass sich Nick Heidfeld Startplatz 15 erobern kann. Damit steht der Mönchengladbacher deutlich besser da, als die zwei anderen Debütanten, die sich in der letzten Startreihe wiederfinden...
Jenson Button führt das schlechte Abschneiden auf technische Pannen während der freien Sitzungen zurück. Und auch Mazzacane hätte eine bessere Platzierung ver-

dient. Der Südamerikaner stolperte über seine Unerfahrenheit. Seit Freitag überraschend schnell, hatte er sich vom Qualifying mit Recht einiges versprechen dürfen. Dann aber verirrte sich der Rookie im Set-up-Labyrinth: Als es im Verlauf der 60 Minuten immer wärmer wurde – und die Piste entsprechend immer weniger Grip hatte –, ließ Mazzacane seinen Boliden wiederholt härter abstimmen... Gustav Brunner erklärt: »Seine Entscheidung war natürlich falsch, aber ich griff nicht ein. Er muss das lernen, und jetzt wird er diesen Fehler nicht noch einmal machen.«
Schneller als 1999 sind die neun anderen Teams: Ferrari steigert sich um 0,706 Sekunden, Jaguar – vormals Stewart – um 0,634, Jordan um 0,917, Benetton um 0,548, Williams um 0,471, BAR um 0,920, Sauber um 1,556, Arrows um 1,859 und Minardi sogar um 2,055 Sekunden.
Als moralischer Gewinner des Qualifying wird Arrows gefeiert. Konstrukteur Eghbal Hamidy ist mit dem A21 ein guter Wurf gelungen. Wurden die Zeiten von Pedro de la Rosa während der Wintertests noch als untergewichtige Schummelei belächelt, so wird jetzt Respekt gezollt. Platz zwölf für den schnellen Spanier, unmittelbar dahinter das niederländische »Stehaufmännchen« Jos Verstappen – so weit vorn hatte wohl niemand die schwarz-orange-farbenen »Pfeile« erwartet.
Abends beginnt das Rätselraten um die Pit-Stop-Strategie. Welche Auswirkungen wird die Regeländerung bringen, die das Speedlimit in der Boxengasse von 120 km/h auf jetzt 80 reduziert? Wertvolle Sekunden gehen so bei jedem Service verloren. Überraschend sprechen sich die Piloten nicht gegen das Bummeltempo aus. Sechs Jahre ist es jetzt her, dass zuletzt mit Vollgas – meist deutlich mehr als 200 km/h – zum Depot gejagt wurde. Lammfromm geworden, spricht sich sogar der alte Haudegen Stirling Moss, seines Zeichens viermal Vizeweltmeister und bester Pilot seiner Epoche, für die Speed-Drosselung aus: »Ich bin zwar grundsätzlich gegen jedes Limit, aber aus Sicherheitsgründen sollte man das neue Tempo widerspruchslos akzeptieren.«
Das Rennen beginnt mit einem fehlerfreien Start des Silberpfeil-Duos. Mika Häkkinen beschleunigt, als sei der Weg zum dritten WM-Titel ein Spaziergang ohne Gegner. Teamkollege Coulthard hängt sich in den Windschatten des Finnen. Hinter den beiden halten sich die zwei Ferrari-Fahrer nicht ans Drehbuch. Behäbig lösen sich die roten Boliden von ihren Startplätzen, und nur mit Glück kann Michael Schumacher es verhindern, von seinem Landsmann Heinz-Harald Frentzen überrannt zu werden. Häkkinen, Coulthard, »Schumi I«, Frentzen, Barrichello und Trulli belegen die Punkteränge, als sich das Feld erstmals in die Rechts-Links-Schikane am Ende der Startgeraden einbremst. Schlusslicht ist Jean Alesi, der aus der Boxengasse starten musste.
Nach nur einer Runde ist der Arbeitstag von Johnny Herbert beendet. Die Kupplung seines Jaguar streikt – die Disharmonie zwischen Anreiseweg und Renndauer ist unübersehbar...
Die zweite grüne Katze verschwindet im Verlauf der siebten Runde von der Bildfläche. Ursache für den Abgang ist weder die Technik noch ein Fahrfehler von Eddie Irvine. Die Schuld tragen die Ingenieure des Teams Arrows: Weil die vordere Aufhängung am Auto de la Rosas kollabiert, knallt der Südeuropäer in die Leitplanken. Trümmerteile fliegen umher. Irvine will ausweichen. Das Manöver misslingt und der Vize-Champion kreiselt von der Bahn. Fast zeitgleich lässt »Jos the Boss« die vordere Aufhängung seines Boliden an den Boxen checken. Wenig später wird Verstappen aufgeben und durch diesen klugen Schritt dem Schicksal de la Rosas entgehen.

Nachdem sich McLaren-Chef Ron Dennis noch vor drei Tagen im »Stoke House« optimistisch zu der Standfestigkeit der MP4/15 geäußert hat, muss er jetzt eine bittere Pille schlucken. In Runde elf verliert Coulthards Auto an Tempo – der Motorschaden ist irreparabel. Michael Schumacher und alle anderen rücken um einen Rang auf. 2,6 Sekunden trennen den Ferrari-Star von Mika Häkkinen. Kann er die Lücke zufahren? Nein. Innerhalb von nur drei Umläufen fällt der Deutsche um weitere 0,8 Sekunden zurück.
Die Gründe für die Passivität Schumachers sind zu diesem Zeitpunkt nur der Ferrari-Crew bekannt. Der Pilot hat per Sprechfunk gemeldet, dass die vorderen Räder Vibrationen auslösen. Die Ursache: Die Reifen wandern auf der Felge! Aber trotz dieser »bad vibrations« ist Häkkinens Vorsprung auf 2,7 Sekunden abgeschmolzen, als plötzlich eine Rauchwolke am Heck des Silberpfeils den Ausfall des Finnen ankündigt.
Damit scheint der Grand Prix zu Michael Schumachers sicherer Beute zu werden. 16,5 Sekunden trennen ihn vom zweitplatzierten »HHF« –Tendenz steigend. Wenn der Ferrari F1-2000 den Strapazen standhält, wird der Kerpener den fünften Kontinent mit zehn WM-Punkten im Handgepäck verlassen.
Aber noch ist es ein weiter Weg bis ins Ziel. Als Michael Schumacher seinen Boxenstopp einlegt, fällt er vorübergehend hinter Frentzen und Barrichello auf Rang drei zurück. Ferrari-Chefstratege Ross Brawn konzentriert sich nun voll auf »Rubinho«, den er per Pitstop-Taktik gern an »HHF« vorbei manövrieren möchte. Er greift zum »Imola-Trick«, den er 1999 beim GP von San Marino anwendete, um »Schumi« im Duell gegen Coulthard zu unterstützen: Brawn polt Barrichello auf zwei Stopps um! Aber weil beim Losfahren ein Schaltproblem auftritt, reiht sich der Südamerikaner nicht als Fünfter oder Sechster – wie Brawn hochgerechnet hatte – sondern als Zehnter wieder ins Geschehen ein.
Aber Ferrari steht das Glück zur Seite. Weil der Tankschlauch klemmt, muss Frentzen 20 Sekunden an den Boxen ausharren. Anschließend quälen ihn bis zum Ausfall Getriebeprobleme. Auch Trulli, der Auspuff seines Jordan bricht, kommt nicht mehr weit. Sechs weitere Plätze macht Barrichello aufgrund von gegnerischen Boxenstopps gut – jetzt folgt er dem Teamkollegen und Spitzenreiter. Die Schlacht scheint geschlagen. Vorn die beiden Ferrari, dann als Solist überraschend Ralf Schumacher.
Die Fans auf den Tribünen konzentrieren sich jetzt verstärkt auf den Fight der Verfol-

ger: Villeneuve, Fisichella, Button, Zonta, Salo und Wurz kämpfen Rad an Rad und schenken sich keinen Zentimeter. Der bunte Sechserpack sorgt für Stimmung auf den Rängen. Doch plötzlich wird es auch vorn wieder elektrisierend spannend. Der führende Ferrari wird langsamer. Sollte »Schumi« in Melbourne erneut nicht siegen? Runde 45 bringt den Wechsel an der Spitze – kampflos überlässt Michael Schumacher seinem Stallgefährten den Vortritt.

Doch dann wird auch den Beobachtern klar, dass Barrichello einen weiteren Stopp einlegen muss, der Schumacher ab Runde 46 wieder vorn sieht. In der McLaren-Box schimpft Ron Dennis: »Barrichello ist das Lamm, das Ferrari opfert, um Shuey zehn Punkte zu servieren. Die Zweistopp-Taktik hat den Brasilianer um den Sieg gebracht – sie bringt hier, wo die Reifen nicht verschleißen, nur Nachteile... Wenn Ross Brawn das anders sieht, dann versteht er nichts von Mathematik.«

Runde 47 bringt den Ausfall von Jenson Button. BMW-Motorsportdirektor Dr. Mario Theissen: »Es gab keinerlei Vorwarnung, bevor der Motor hochging.« Aber der Mann aus Monschau in der Eifel kann sich trösten: Ralf Schumacher ist unverändert auf Podestkurs. Drei Umläufe später wird die letzte Positionsveränderung registriert, als Mika Salo das Unmögliche möglich macht und sich an Ricardo Zonta vorbei auf Rang Sechs quetscht. Mit einem Punktgewinn für den Finnen und sein schweizer Team ist die mutige Aktion allerdings nicht verbunden...

Dann hat es Michael Schumacher geschafft! Australien ist kein weißer Fleck mehr auf der Sieges-Landkarte des Rheinländers. Zehn WM-Punkte für ihn selbst, dank »Rubinho« insgesamt 16 für Ferrari. Das i-Tüpfelchen auf dem Triumph ist Schumachers psychologisch geschicktes Fazit: »Das war unser fünfter Versuch, dieses Rennen zu gewinnen und damit erfolgreich in eine neue Saison zu starten. Ich bin hochzufrieden. Als ich im Februar die ersten Testrunden mit dem F1-2000 drehte, wusste ich – mit diesem Auto wirst du es schaffen. Der heutige Tag hat mir Recht gegeben. Als Mika gestern seine Pole feierte, dachte ich, soll´ er sich doch freuen – morgen bin ich an der Reihe. Schade, dass Mika und David ausgefallen sind. Ich hätte mir beide gern auf der Piste geschnappt.«

Abends wird gefeiert, dass sich die Balken biegen. Speziell bei Ferrari und Williams herrscht Sektlaune. Ralf Schumacher, der Überraschungsdritte, konsumiert ausnahmsweise reichlich Alkohol, was er anderntags gar nicht mehr so lustig findet. Auch Jenson Button schaut tief ins Glas. Rücksicht auf die australischen Gesetze braucht er dabei nicht zu nehmen: Um sich einen Leihwagen mieten zu dürfen, ist der Rookie mit seinen 20 Lenzen nicht alt genug.

ERGEBNISSE UND AUSFÄLLE

1. Michael Schumacher	Ferrari F1-2000	1:34.01,987 =196,254 km/h
2. Rubens Barrichello	Ferrari F1-2000	11,415 Sekunden zurück
3. Ralf Schumacher	Williams-BMW FW22	20,009 Sekunden zurück
4. Jacques Villeneuve	BAR-Honda 002	44,447 Sekunden zurück
5. Giancarlo Fisichella	Benetton-Playlife B200	45,165 Sekunden zurück
Mika Salo	Sauber-Petronas C19	45,624 Sekunden zurück/ disqualifiziert
6. Ricardo Zonta	BAR-Honda 002	46,468 Sekunden zurück
7. Alexander Wurz	Benetton-Playlife B200	46,915 Sekunden zurück
8. Marc Gene	Minardi-Fondmetal M02	1 Runde zurück
9. Nick Heidfeld	Prost-Peugeot AP03	2 Runden zurück
Jenson Button	Williams-BMW FW22	47. Runde, Motor
Pedro Diniz	Sauber-Petronas C19	42. Runde, Getriebe
Gastön Mazzacane	Minardi-Fondmetal M02	41. Runde, Getriebe
Heinz-Harald Frentzen	Jordan-Mugen EJ10	40. Runde, Getriebe
Jarno Trulli	Jordan-Mugen EJ10	36. Runde, Auspuff
Jean Alesi	Prost-Peugeot AP03	28. Runde, Hydraulik
Mika Häkkinen	McLaren-Mercedes MP4/15	19. Runde, Motor
Jos Verstappen	Arrows-Supertec A21	17. Runde, Aufgabe
David Coulthard	McLaren-Mercedes MP4/15	12. Runde, Motor
Pedro de la Rosa	Arrows-Supertec A21	7. Runde, Unfall
Eddie Irvine	Jaguar-Cosworth RI	7. Runde, Unfall
Johnny Herbert	Jaguar-Cosworth R1	2. Runde, Kupplung

SCHNELLSTE RUNDE: (41. Rd.) – Rubens Barrichello, Ferrari F1-2000
1.31,481= 208,685 km/h

37. Sieg

Großer Preis von Brasilien
Interlagos, 26. März 2000

Millimeter-Entscheidungen

Auch der GP von Brasilien steht ganz im Zeichen des Duells Mercedes-McLaren gegen Ferrari. In Interlagos haben die Silbernen zunächst das bessere Ende für sich, doch das Rennen wird letztlich am Grünen Tisch entschieden. Und Rot gewinnt...

Die Zeit seit dem GP von Australien wurde nicht ausschließlich für die Weiterentwicklung der Rennwagen genutzt. Während Melbourne-Sieger Michael Schumacher munter das Potential der Neukonstruktion F1-2000 unterstreicht, bleibt Ron Dennis bei seinen »Warte-Freundchen-dir-werden-wir's-noch-zeigen«-Antworten. Den Deutschen lässt das kalt: »Es weiß doch jeder, dass der mit dem Verlieren Probleme hat.« Vorbei sind die Tage, als sich jeder mit der Länge der Saison tröstete und das Übersee-Hors d'Oeuvre nicht überbewertete. Jetzt umfasst das Rennjahr stolze 17 WM-Läufe – diese Rekordzahl wurde zuvor nur 1977, 1995 und 1997 registriert –, und »Schumis« Zehn-Punkte-Vorsprung vor Titelverteidiger Häkkinen wird bereits als uneinholbar dargestellt...
Während auf der Bühne verbale Salven ausgetauscht werden, stellt die FIA hinter den Kulissen die Weichen auf Abrüstung. FIA-Präsident Max Mosley sagt den offenen und verdeckten elektronischen Fahrhilfen den Kampf an. Der britische Kabelfeind, dessen Initiative schnell den Spitznamen »Aktion Marder« erhält, kündigt rasches Handeln an. Tatsächlich wird schon in Silverstone gemäß des neuen Reglements gefahren. Noch aber wird verhandelt, und Ferrari stellt sich demonstrativ auf Mosleys Seite. Benetton-Konstrukteur Pat Symonds lästert: »Die haben gut reden, die haben ja auch Michael Schumacher...«
Aber trotz der vielen Reibungspunkte auf und neben der Strecke hat die Formel 1 auch immer noch eine private Seite, als sei die Zeit seit den Tagen von Rudolf Caracciola stehengeblieben. Corinna Schumacher, Weltmeister-Gattin und zweifache Mutter, berichtet von Geschehnissen aus dem trauten schweizer Heim: »Gina-Maria kam neulich zu mir und fragte, wer ist denn eigentlich Schumi? Ich antwortete ihr, dass viele Leute den Papa so nennen würden. Das gefiel ihr. Daraufhin begann sie zu singen – »Schumi, Schumi, du hast ein Problem – dein Auto ist vorn viel zu breit...« Es ist unglaublich, was die Kleine so aufschnappt – vermutlich war dieser Song eine verspätete Reaktion auf den GP von Malaysia mit dem Disqualifikations-Theater.«
Bei Benetton regiert ein neuer Chef. Renault, der neue Eigentümer des Rennstalls, hat Flavio Briatore an die Spitze des Teams gesetzt. Der stets braungebrannte Italiener verschafft sich zunächst einen Überblick über die Situation. Als er Benetton im September 1997 verließ, war die Truppe bereits auf dem absteigenden Ast. Jetzt befindet sie sich im freien Fall. Das Abschneiden von Giancarlo Fisichella in Melbourne wird

allgemein als jenes Korn angesehen, das zuweilen auch von einem blinden Huhn gefunden wird. »Was ist hier los?«, fragt Briatore den deutschen Manager von Alexander Wurz, »als ich Alex 1997 ins Team holte, war er ein guter Pilot. Und jetzt?« Peter Cramer antwortet mit einer Empfehlung: »Da musst du Alex selbst fragen.« Mit dem Problem konfrontiert, reicht der Österreicher den Staffelstab weiter: »Da musst du dich bei Pat Symonds erkundigen.« Briatore wäre nicht Briatore, wenn er jetzt entnervt das Handtuch werfen würde. Also wird der Technische Direktor herbeizitiert, um das Rätsel zu lösen, und er bemüht sich tatsächlich um eine Erklärung: »Unser Auto ist weit davon entfernt, perfekt zu sein. Es gibt da einige Schwachstellen.« Briatore will wissen, weshalb diese nicht abgestellt werden und erhält die Antwort, das läge an den Kosten – das Budget reiche nicht aus. Ohne auch nur mit einem Gesichtsmuskel zu zucken, kommandiert der neue alte Chef: »Kümmere du dich um die Technik. Mach dir keine Gedanken um das Budget – das ist mein Ressort.« Innerhalb der nächsten Wochen zieht Briatore Bilanz. Das Urteil, am Nürburgring gesprochen, fällt vernichtend aus...

Niemand ist überrascht, als sich während der freien Trainingssitzungen eine Fortsetzung der Dauerfehde Silber contra Rot ankündigt. Aber an den verstaubten Mauern rings um die inzwischen fast 60-jährige Anlage zeichnet sich ein weiteres Menetekel ab: Mika Salo verliert im freien Samstagstraining am Ende der Start-und-Zielgeraden den Heckflügel seines C19. Der Finne hat noch gar nicht begriffen, was passiert ist, da schießt er auch schon von der Piste. Der Zwischenfall löst bei Chef Peter Sauber und dessen Ingenieuren nachdenkliche Gesichter aus. Vermutlich sind es die brutalen Schläge, die den Chassis auf den Bumps der langen Geraden verpasst werden, die den Flügel »weichgeklopft« haben. Im Abstand weniger Meter sind auf dem Asphalt die Schleifspuren der Plastikplanken erkennbar, mit denen die Boliden rhythmisch aufsetzen.

Natürlich ist es unmöglich, in der Kürze der Zeit bis zum Beginn des Qualifying die Defektursache zu ermitteln. Noch glauben die Verantwortlichen an einen einmaligen Vorfall, als die Jagd auf die besten Startplätze beginnt.

Zunächst ist es Ricardo Zonta, der hier im Vorjahr so schwer verunglückte, der mit 1.17,134 Minuten einen Bestwert markiert. Doch lange kann sich der Brasilianer der Top-Platzierung nicht erfreuen: Fisico verdrängt ihn mit einer Zeit von 1.16,066, dann drückt Barrichello den Pole-Wert vorübergehend auf 1.15,710. Zur Erinnerung: 1999 stand Mika Häkkinen mit 1.16,568 Minuten auf dem besten Startplatz... Die Boliden sind deutlich schneller geworden, denn auf den neuen Asphalt ist die Steigerung nicht zurückzuführen.

Und Barrichellos Zeit ist noch nicht das letzte Wort, das während des Qualifying mit dem Gasfuß gesprochen wird. Nun ist »Schumi« an der Reihe. Große Chancen werden ihm nicht eingeräumt, denn morgens verlor er wertvolle Runden. Weil sich der Motor seines Ferrari »so merkwürdig anfühlte«, hatte er sein Rennauto in den Boxen geparkt. Obwohl er sich nicht richtig »einschießen« konnte, markiert er eine Zeit von 1.14,955 Minuten. Erzrivale Häkkinen antwortet mit 1.14,434. Der weitere Verlauf der Sitzung wird zeigen, dass dem Finnen die Pole damit nicht mehr genommen werden kann.

Zu diesem Zeitpunkt hat das Team Sauber bereits sämtliche Aktivitäten eingestellt. Auch Pedro Diniz »wehte« der Heckflügel davon – Peter Sauber will kein weiteres Risiko eingehen und legt seine Autos an die Kette.

Natürlich gibt sich Michael Schumacher so schnell nicht geschlagen. Er greift Häkkinens Zeit an und... landet in Kurve 5 im Gras. Der Rückweg zur Piste wird zum Hindernislauf: Beim Überqueren einer Drainagerinne knackst das Monocoque des roten Renners. Prompt lässt sich der Rheinländer im T-car angurten und wagt einen weiteren Versuch. Schnell ist er unterwegs, doch er bricht die Runde ab. Rückblickend wird er sagen: »Das war ein Fehler. Aber ich dachte, mit einigen kleinen Set-up-Modifikationen kann ich mich ohnehin deutlich steigern.«
Doch daraus wird nichts. Während sich Häkkinen auf 1.14,111 verbessern kann und Coulthard auf Platz zwei vorrückt, findet »Schumi« wegen der Rotlicht-Einlagen keine freie Runde mehr, bevor Regen niedergeht und weitere Steigerungen unmöglich macht. Pole-Setter Häkkinen freut sich: »Ich fand zwar nicht die ideale Balance, aber das Auto ist zuverlässig und schnell. Ich weiß nicht, was uns hier im Rennen am Sieg hindern sollte.« Der zweitplatzierte DC überrascht mit seiner Aussage: »Ich kann mich nicht erinnern, hier jemals ein derart gut ausbalanciertes Auto gefahren zu haben.« Und Michael Schumacher? Der lächelt und sagt: »Meine Ausgangsposition ist ideal – in Melbourne habe ich auch von Startplatz drei aus gewonnen.«
Die eigentliche Sensation des Qualifying hat einen Namen: Jenson Button. Der Grünschnabel hat es geschafft, den Senior-Driver des Teams Williams, Ralf Schumacher, zu schlagen. Button lächelt zufrieden, während sein Vater so auftritt, als sei er seit Jahrzehnten der Besitzer des Fahrerlagers. Einem schmeckt die Show des Youngsters natürlich gar nicht – »Schumi II«. Angefressen erklärt der Melbourne-Dritte: »Auf der Bremse war das Heck meines Autos zu nervös. Mir fehlte das Vertrauen, ans Limit zu gehen.« Bevor eine neue Set-up-Variante wichtige Zehntel bringen konnte, setzte der Regen ein.
Während sich Häkkinen und Coulthard über die Plätze in der ersten Startreihe freuen und die Teamführung von McLaren-Mercedes davon träumt, die Scharte von Melbourne auswetzen zu können, gibt Peter Sauber den Startverzicht seiner beiden Fahrer bekannt: »Wir wollen nicht das Risiko eingehen, dass sich Mika, Pedro oder irgendjemand anderes verletzt. Vor Ort können wir die Ursache für die Schäden nicht ermitteln. Die Entscheidung fiel mir nicht leicht, aber es gibt keine Alternative.« Damit verzichtet erstmals seit 1979 ein Rennstall aus technischen Gründen auf den Start. Damals, in Long Beach, gab Renault auf, weil im Training die Gelenkwellen brachen.
Bevor den 20 Rennwagen auf ihren Startplätzen eine letzte Verschnaufpause gegönnt wird, heizt bei Start-und-Ziel eine Samba-Truppe dem Publikum ein. Seit den frühen Morgenstunden – schon um sieben Uhr in der Frühe hatte sich vor dem Haupteingang eine Menschenschlange von mehr als zwei Kilometern Länge gebildet – wird die Open-Air-PS-Party gefeiert. Die Vollblutmusiker bringen die Fans, die dank Rubens Barrichello erstmals seit den unvergessenen Senna-Tagen realistisch auf den Sieg eines Landsmanns hoffen dürfen, jetzt in Ekstase.
Bereits die ersten Minuten nach dem Start lüften das Geheimnis der Pit-Strategie der beiden Top-Teams. Auf dem kurzen Sprint zum Eingang von »Senna´s S« vernascht Michael Schumacher den Silberpfeil-Schotten. Beinahe kann er auch Häkkinen niederkämpfen, doch der Finne stürzt sich als Spitzenreiter in das Bergab-Geschlängel. Aber der rote Jäger gibt sich deshalb keineswegs geschlagen. Zu Beginn des zweiten Umlaufs fliegt »Schumi« mit nur 0,074 Sekunden Rückstand durch die Lichtschranke bei Start-und-Ziel. Dann schert er nach links aus und sticht am Ende der Geraden in-

nen an Häkkinen vorbei. Damit steht fest: Die Silberpfeile sind schwer unterwegs, das heißt, sie werden nur einen Stopp einlegen. Die leichten Ferrari werden hingegen zweimal tanken. Deshalb ist niemand überrascht, als Lokal-Matador Barrichello in Runde zwei an Coulthard vorbeizieht.

Während der Spitzenreiter unaufhaltsam Boden gutmachen kann und nach zehn Runden bereits einen 10,9-Sekunden-Vorsprung hat, beißt sich Rubinho an Weltmeister Häkkinen zunächst die Zähne aus. Offensichtlich kassiert der Kerpener mit Recht eine höhere Gage als sein Teamkollege.

Erst während des 15. Umlaufs rückt Barrichello auf Rang zwei vor. Sofort beginnt der Brasilianer, sich von Häkkinen abzusetzen. Zu Vordermann Schumacher klafft inzwischen allerdings bereits eine 16,8-Sekunden-Lücke. Noch steht keineswegs fest, welche der beiden unterschiedlichen Strategien die bessere ist. Und die Antwort auf diese Frage wird es auch niemals geben. Nach 20 Runden bremst sich Michael Schumacher erstmals zwischen seinen Mechanikern ein. 17,9 Sekunden trennen ihn von Barrichello, 21,1 von Häkkinen. Der Service der flinken Crew dauert 6,7 Sekunden. Weil auch die An- und Abfahrt im vorschriftsmäßigen FIA-Bummeltempo Zeit kostet, findet sich Michael Schumacher auf Rang drei wieder.

Zwei Umläufe später stoppt der zweite Ferrari. Als auch der sich wieder in das Getümmel auf der Holperpiste einreiht, heißt die neue Reihenfolge an der Spitze: Häkkinen vor »Schumi I«, Coulthard und Barrichello.

Was nun geschieht, weicht vom offiziellen Ferrari-Fahrplan ab: Schumacher kann das Tempo von Häkkinen nicht mitgehen. Aus 6,7 Sekunden Rückstand nach 23 Runden werden 7,1 – 8,6 – 9,2 – 11,1... Später wird der Deutsche sagen: »Langsam wurde es

eng. Wir hatten einkalkuliert, dass Mika mir Zeit wegnimmt – aber nicht soviel! Ich kann nicht beschwören, dass unsere Rechnung heute aufgegangen wäre.« Norbert Haug wird die Meinung vertreten: »Mika hätte gewonnen. Wir hatten heute keine Probleme mit dem Speed, sondern mit dem Motor.«
Inzwischen braucht sich Ferrari-Chefdenker Ross Brawn nur noch wegen eines Piloten den Kopf zerbrechen. Aufgrund eines Hydraulik-Schadens hat Barrichello nur 27 Runden geschafft. Mika Häkkinen kommt nicht viel weiter. Den 30. Umlauf beendet er saft- und kraftlos in Schleichfahrt. An den Boxen kommt das Aus – Öldruckprobleme haben dem Zehnzylinder den Garaus gemacht.
Damit ist der Weg für Michael Schumacher erneut frei. Eddie Irvine, der in Runde 17 crashte, kann sich freuen. Der Nordire hat vor Saisonbeginn 1000 Pfund gewettet, dass der Deutsche Champion wird...
David Coulthard ist kein Gegner für den Ferrari-Star. Schon früh im Rennen verabschiedeten sich die Gänge eins, zwei und drei seines Getriebes. Der Grand Prix wird für den Schotten zur Qual, denn einige der Infield-Kurven verlangen den zweiten und dritten Gang. Aber DC macht einen tollen Job. Gemessen an den Schwierigkeiten, mit denen er kämpfen muss, können sich seine Rundenzeiten durchaus sehen lassen. Mit »Schumi I«, Coulthard, Fisichella, Trulli, Frentzen, »Schumi II«, Verstappen und Button scheint die Reihenfolge auf den ersten acht Plätzen nach knapp 50 Runden gefunden zu sein. Der Spitzenreiter lässt es jetzt ruhig angehen, denn per Funk wurde er davon unterrichtet, dass der Öldruck seines Ferrari in Linkskurven zu kollabieren droht. Dann gibt es doch noch zwei Positionsverschiebungen auf der Piste, bevor weitere durch die Funktionäre ausgesprochen werden: Weil Trulli noch einmal an die Boxen muss, fällt der Italiener hinter seinen Teamkollegen Frentzen zurück. Und Jenson Button kämpft Jos Verstappen im Duell um Platz sieben nieder. Patrick Head nennt das Manöver des Greenhorns »excellent«. Bei Licht betrachtet ist es weniger gigantisch: Jos the Boss ist – nach einer sensationellen ersten Rennhälfte – stehend k.o. Mangelnde Fahrpraxis lässt ihn in den Gurten hängend gegen einen Kollaps ankämpfen.
Die schwarzweiß-karierte Flagge fällt! Das Ergebnis steht allerdings erst spät am Abend fest. Die Endplatten des Frontflügels an DCs Auto enden 43 Millimeter über dem Asphalt. Vorgeschrieben sind 50 mm, dank der Toleranz kommen Sünder auch mit nur 45 mm ungeschoren davon. Dieser rettende Wert wird um zwei Millimeter verfehlt... Coulthard wird disqualifiziert. Weil die Abweichung auf Verschleiß zurückzuführen sei, fordert McLaren eine Berufungsverhandlung. Das Team hofft vergeblich. Die FIA-Richter werden hart bleiben.
Norbert Haug beschließt den Tag mit einem philosophisch anmutenden Satz: »Es ist nicht leicht, Ferrari zu schlagen. Aber sobald wir zuverlässig sind, wird es für die Scuderia nicht leicht, uns zu schlagen.«
Offiziell endet der Grand Prix nicht mit der FIA-Berufungsverhandlung, sondern erst zwei weitere Tage darauf, als bei Aufräumarbeiten auf dem Siegerpodest Michael Schumachers Pokal gefunden wird. Der Sieger hatte den großen Silberteller hinter den Kulissen des Podests abgestellt und dann vergessen. Auf dem Postweg wird die Trophäe nachgesandt.

ERGEBNISSE UND AUSFÄLLE

1.	Michael Schumacher	Ferrari F1-2000	1:31.35,271 = 200,403 km/h
	David Coulthard	McLaren-Mercedes MP4/15	4,302 Sekunden zurück/ disqualifiziert
2.	Giancarlo Fisichella	Benetton-Playlife B200	39,898 Sekunden zurück
3.	Heinz-Harald Frentzen	Jordan-Mugen EJ10	42,268 Sekunden zurück
4.	Jarno Trulli	Jordan-Mugen EJ10	1.12,780 Minuten zurück
5.	Ralf Schumacher	Williams-BMW FW22	1 Runde zurück
6.	Jenson Button	Williams-BMW FW22	1 Runde zurück
7.	Jos Verstappen	Arrows-Supertec A21	1 Runde zurück
8.	Pedro de la Rosa	Arrows-Supertec A21	1 Runde zurück
9.	Ricardo Zonta	BAR-Honda 002	2 Runden zurück
10.	Gastón Mazzacane	Minardi-Fondmetal M02	2 Runden zurück
	Johnny Herbert	Jaguar-Cosworth R1	52. Runde, Getriebe
	Marc Gené	Minardi-Fondmetal M02	32. Runde, Motor
	Mika Häkkinen	McLaren-Mercedes MP4/15	31. Runde, Öldruck
	Rubens Barrichello	Ferrari F1-2000	28. Runde, Hydraulik
	Eddie Irvine	Jaguar-Cosworth R1	21. Runde, Unfall
	Jacques Villeneuve	BAR-Honda 002	17. Runde, Getriebe
	Jean Alesi	Prost-Peugeot AP03	12. Runde, Elektronik
	Nick Heidfeld	Prost-Peugeot AP03	10. Runde, Motor
	Alexander Wurz	Benetton-Playlife B200	7. Runde, Motor

SCHNELLSTE RUNDE: (48. Rd.) – Michael Schumacher, Ferrari F1-2000
1.14,755 = 207,509 km/h
Neuer Rundenrekord

38. Sieg

Großer Preis von San Marino
Imola, 9. April 2000

Hattrick für Schumacher

Aller guten Dinge sind bekanntlich drei – das denkt sich auch Michael Schumacher, der auf der Ferrari-Hausstrecke beide McLaren in Schach halten kann und im dritten Rennen den dritten Sieg einfährt. Dennoch kommt keine Langeweile auf.

Vor der Haustür des Ferrari-Werks gelegen, hatte die Piste von Imola immer schon eine ganz besondere Bedeutung für die Scuderia aus Maranello. Und selbst in den Jahren, in denen es für die Roten nicht gut lief, trumpften sie hier immer wieder auf. Jetzt, mit den beiden Übersee-Siegen im Rücken, wird Ferrari selbstverständlich als erklärtes Favoriten-Team gehandelt. Die letzten Tickets wurden nach dem Triumph in Sao Paulo verkauft, und nun steht einem Volksfest scheinbar nichts mehr im Weg.
Aber zunächst beherrscht die Sportpolitik die Szene. FIA-Präsident Max Mosley – selten genug ist das der Fall – marschiert höchstpersönlich auf und verkündet Skandalöses: »Im Vorjahr hat ein Team gegen die technischen Regeln verstoßen. Was wir im Winter bei Routine-Untersuchungen ermittelten, ist inakzeptabel! Hier geht es nicht um einen Grenzfall, nicht um unterschiedlich interpretierte Paragraphen. Nein, es handelt sich eindeutig um einen Bruch des Reglements. Leider fehlt uns der hundertprozentige Beweis. Aber was wir entdeckten, zwingt uns zum Handeln.« Die Folge: Um zu unterbinden, dass illegale Software in den Bordcomputern zum Einsatz kommt, werden ab Silverstone neue Bestimmungen gelten. Sogar die Speedlimiter, die in der Boxengasse ein Überschreiten der vorgeschriebenen Höchstgeschwindigkeit verhindern, sollen verboten werden. Den elektronischen Hilfsmitteln – speziell der Traktionskontrolle – soll es endgültig an den Kragen gehen. 14 Tage später werden die neuen Vorschriften unspektakulär eingeführt. Nur das Verbot der Speedlimiter werden die Piloten, mit Blick auf das Sicherheitsrisiko, vereiteln. Wer die Sünder des Vorjahres sind, bleibt ein Geheimnis. Es werden sogar Stimmen laut, die behaupten, die Story sei erfunden worden, um die Techniker der Rennställe einzuschüchtern…
Aber es gibt auch heitere Themen. So erinnert sich Jaguar-Star Eddie Irvine daran, dass er hier in Imola während der letzten Jahre für ein »lokales italienisches Team« an den Start ging. Das italienische National-Heiligtum Ferrari wurde vermutlich nur selten mit derart ironischen Worten umschrieben.
Nach 210 freien Trainingsminuten ist der Kampf um die Pole-Position völlig offen. Niemand empfiehlt sich als klarer Favorit für den besten Startplatz. Am Vortag erlebte Mika Häkkinen einen schwarzen Freitag. Weil sein McLaren nicht korrekt ausbalanciert war, rangierte er nur auf Platz sechs. Samstags ist der Bolide des Finnen dann wie verwandelt. Häkkinen vor dem Zeittraining: »Mein Auto funktioniert aufgrund nächtlicher Arbeiten hervorragend. Jetzt kann ich endlich auch auf den Kerbs Dampf machen.«

Und das tut er im Qualifying. Der Titelverteidiger sichert sich seine dritte Pole in Folge, die 24. seiner F1-Karriere. Stolz auf den Erfolg in der Höhle des Löwen, gesteht der Finne: »Ich fuhr absolut am Limit – vielleicht sogar darüber hinaus. Die Kerbs werden hier an vielen Stellen in die Linie integriert. Wenn du zu wild fährst, kann das böse enden. Wenn du es aber gut machst, gewinnst du viel Zeit.«
Michael Schumacher bleibt nur der zweite Platz, was ihn säuerlich stimmt. Der Kerpener macht sich Vorwürfe. Im vorletzten Versuch lag er aufgrund der Zwischenzeiten bereits vier Zehntelsekunden vorn, als ihm in der Rivazza ein Schnitzer unterlief, der die Rundenzeit ruinierte. »Es wäre heute so einfach gewesen, Schnellster zu sein«, grummelt der Rheinländer, »ich ärgere mich über mich selbst. Erst der Patzer im dritten Versuch und dann eine Serie von Flüchtigkeitsfehlern zum Abschluss.« Keine Zehntel fehlt ihm auf Häkkinens Bestzeit. Tatsächlich ist »Mikele« der heimliche Sieger des Qualifying. In allen drei Sektoren fuhr er Tagesbestzeit – allerdings nicht innerhalb einer Runde. Was den Zeitverlust in der Rivazza betrifft, kursieren im Fahrerlager Gerüchte. Angeblich, so heißt es, habe »Schumi« versehentlich den Knopf für das Boxengassen-Speedlimit gedrückt... Jetzt muss er sich mit dem zweiten Platz zufrieden geben. Und das ist in Imola ähnlich bitter wie in Monte Carlo. Überholen? Fehlanzeige! Morgen wird alles von der Boxenstopp-Strategie abhängen und davon, wie flink seine Mechaniker beim Service wirbeln.
Auch David Coulthard »stolpert« in der Rivazza. Offen sagt der Schotte: »Ich habe das heute alles nicht auf die Reihe gekriegt. Die Kerbs sind unberechenbar, und deshalb ist es hier sehr tricky. Wenn man ausgangs der Rivazza zu weit nach rechts getragen wird, macht sich das bis zur folgenden Schikane negativ bemerkbar.«
Rubens Barrichello ist als Vierter enttäuscht. Einen schlecht ausbalancierten Ferrari macht er für das bescheidene Abschneiden verantwortlich. Und er hat sogar noch Glück im Unglück. Obwohl er seine schnellste Zeit unter gelben Flaggen fährt, wird ihm die Runde nicht gestrichen. Ferrari genießt in Imola offenbar eine Sonderstellung mit beneidenswerten Privilegien... Unterm Strich spricht jedenfalls so gar nichts dafür, dass der Südamerikaner Häkkinens Pole-Serie schon in zwei Wochen unterbrechen wird.
Hinter dem silbern-roten Quartett an der Spitze hat sich eine rein deutsche dritte Startreihe formiert. Platz fünf geht an Ralf Schumacher – das Staunen über Williams-BMW hält an. Auch Jenson Button kann als 18. den guten Eindruck des britisch-deutschen Rennstalls nicht schmälern. Rookie Button zeigt unerwartete Schwächen. »Ich habe«, gesteht er freimütig ein, »wahnsinnige Schwierigkeiten mit den Kerbs. Ich kriege das einfach nicht in den Griff.« BMW-Sportdirektor Gerhard Berger zeigt Verständnis: »In Imola hängt alles von den Kerbs und den Bremspunkten ab – die liegen viel näher an den Kurven, als man denkt.«
Schräg rechts hinter »Schumi II« positioniert, wird Heinz-Harald Frentzen ins Rennen gehen. Immerhin, sein Minimalziel ist erreicht: Der Mönchengladbacher hat seinen Teamkollegen Jarno Trulli hinter sich gelassen. Eddie Irvine, der Spezialist für siebte Startplätze, trennt das gelbe Pärchen.
Der Renntag beginnt für Michael Schumacher mit einer Schrecksekunde. Als er während des Warm-up zum Pit-Stop-Training an die Boxen kommt, tippt er das Bremspedal einen Sekundenbruchteil zu spät an. Dem Zwischenfall fehlt es nicht an unfreiwilliger Komik. Die Situation erinnert an Werke der Stummfilm-Mimen Laurel und Har-

dy: Mit der Nase seines Ferrari hebt Schumacher den Mechaniker aus den Angeln, der mit dem vorderen Wagenheber bereitsteht. Einige Augenblicke schwebt der Mann 80 Zentimeter über dem Asphalt waagrecht in der Luft. Dann gehorcht er den Gesetzen der Schwerkraft... Kopfschüttelnd sitzt Schumacher im Cockpit – läuft diesmal für ihn in Imola denn alles schief? Glücklicherweise bleibt der Mechaniker unverletzt. Wer glaubt, nach diesem Malheur wende sich Fortuna beim Start mitleidig Michael Schumacher zu, der irrt. Zu stark drehen die Antriebsräder seines Ferrari durch, als er das Gaspedal niedertritt. Während sich Häkkinen schulbuchmäßig in Richtung Tamburello katapultiert, kann Schumacher nur mit Mühe einen 360-Grad-Dreher verhindern. Damit ist eines bewiesen: Mit einer Traktionskontrolle ist der Ferrari nicht ausgerüstet. Um Schlimmeres abzuwenden, zieht er seinen Boliden anschließend vor die Nase von Coulthard. Der Schotte wird das nicht so schnell vergessen... Und Ron Dennis spricht zurückhaltend von einem »übereifrigen Manöver«.
Für »DC« hat die Blockade – die keinen Verstoß gegen die Spielregeln der FIA darstellt – unangenehme Folgen. Er will das rote Hindernis auf der rechten Seite der Piste austricksen, findet aber den Weg durch Barrichello versperrt. Zwangsläufig muss er kurz lupfen, und das bringt ihn in eine verwundbare Lage. Auf dem Weg zur ersten Schikane scheint Ralf Schumacher den Schotten ausbeschleunigen zu können. Aber im allgemeinen Gerangel wird »Schumi II« aufs Gras abgedrängt und fällt auf Position neun zurück. Hinter Häkkinen fliegen die beiden Ferrari nebeneinander auf den ersten Bremspunkt zu. Keiner der beiden Piloten kann sich einen erkennbaren Vorteil erkämpfen. Erst in letzter Sekunde entschließt sich Barrichello zum Nachgeben. Dahinter fädeln sich Coulthard, Villeneuve ,Trulli, Frentzen, Irvine, »Schumi II« und der Rest des Feldes ein. Als Schlusslicht folgt Pechvogel Nick Heidfeld. Weil beim Vorstart der Peugeot-V10 des Mönchengladbachers abstarb, musste er aus der Boxengasse starten. Schlimmer noch: Die 15-Sekunden-Tafel war bereits gezeigt worden, da bemühten sich seine Mechaniker darum, den Zehnzylinder zu neuem Leben zu erwecken. Weil aber zu diesem Zeitpunkt bereits jede Hilfe von außen aus Sicherheitsgründen verboten ist, wird »Quick Nick« im späteren Rennverlauf zu einer Zehn-Sekunden-Strafe verdonnert werden.
Der große Gewinner der ersten Meter heißt eindeutig Jacques Villeneuve. Vom neunten auf den fünften Rang vorzupreschen, ist eine Meisterleistung. Und der »Schwung« des BAR-Piloten hätte sogar ausgereicht, noch weitere Plätze gutzumachen, wäre die Raketen-Attacke nicht im Verkehr verpufft.
Bereits der Verlauf der Startrunde zeigt, dass Barrichello gut beraten war, seinem Teamkollegen den Vortritt zu lassen. Während Michael Schumacher das Tempo des finnischen Spitzenreiters locker mitgehen kann, verliert der Südamerikaner den Kontakt zur Spitze. 4,3 Sekunden fehlen Rubinho nach nur einem Umlauf auf Häkkinen. Und weil an ein Überholmanöver nicht zu denken ist, wird Coulthard mit abgekoppelt. Nach drei Runden hängt Barrichello bereits 7,1 Sekunden zurück. Für viele Beobachter scheint damit klar: Der Ferrari des Brasilianers hat mehr Sprit an Bord und ist für eine Ein-Stopp-Taktik betankt, während Häkkinen und Schumacher zweimal halten werden. Der Eindruck täuscht – auch Barrichello wird zweimal stoppen. Wenn der Südamerikaner so dramatisch an Boden verliert, hat das andere Ursachen. Mit vollen Tanks fahrend, bereitet ihm das Handling seines Ferrari extreme Probleme. Außerdem ist Rubinho nicht korrekt angeschnallt – er hat keinen festen Halt im Cockpit

und sein rechtes Bein fällt wegen Durchblutungsstörungen von Runde zu Runde in tieferen Schlaf.
Für die meisten Zuschauer geht mit dem einsamen Duell an der Spitze ein Wunsch in Erfüllung: Mika Häkkinen und Michael Schumacher im direkten Zweikampf – der Titelverteidiger und sein Herausforderer bieten sich, mit gleicher Taktik unterwegs, die Stirn. Lediglich die Reifenwahl der zwei Kontrahenten ist nicht identisch. Der Finne hat sich, anders als Schumacher, für die weichere der beiden angebotenen Gummimischungen entschieden.
Der fünfte Umlauf bringt den ersten Ausfall des Rennens. Das Getriebe des Jordan von »HHF« streikt, es steckt wie einzementiert im sechsten Gang fest. Sein Jubiläums-Grand Prix, der 100. des Mönchengladbachers, findet damit ein frustrierendes Ende. Nur eine Runde mehr schaffen Marc Gené und Jenson Button. Ein Motorschaden stoppt das britische Greenhorn und der Spanier gleitet auf dem Öl des Havaristen ins Abseits. Falls sich das Feld weiterhin in diesem Tempo lichten sollte, kommt niemand ins Ziel...
An der Spitze folgt »Schumi« dem Weltmeister zunächst wie ein Schatten. Erst nach 15 Runden wächst der Vorsprung des Finnen auf mehr als zwei Sekunden an. Nach 26 Umläufen hat Häkkinen bereits ein 3,7-Sekunden-Polster. Damit steht er vor einem stresslosen Boxenstopp. Knapp 90 Sekunden später biegt das Führungsduo zum Service ab. Und jetzt fällt eine Vorentscheidung zugunsten des roten Jägers. Die McLaren-Crew betankt die Startnummer eins mit Sprit für 17 weitere Umläufe. Ross Brawn lässt »Schumi« eine volle Sekunde länger parken. Damit reichen die Benzin-Reserven des Deutschen für vier zusätzliche Runden...
Nach 43 Runden, einen Umlauf später wird Häkkinen seinen zweiten Stopp einlegen, führt der Champion mit 2,6 Sekunden Vorsprung vor Michael Schumacher. Als Dritter folgt Barrichello, der Mann mit dem eingeschlafenen Bein. Ihm fehlen schon 41,6 Sekunden. Aber der zweite Ferrari-Pilot setzt sich unverändert erfolgreich gegen Coulthard zur Wehr, der dichtauf folgt und die Nase seines McLaren immer wieder unter das Getriebe des roten Vordermannes schiebt. Dahinter rangieren Villeneuve, Ralf Schumacher, Trulli, Irvine und Salo – die übrigen Piloten sind bereits mindestens einmal überrundet.
Jetzt geschieht etwas Seltsames, das Häkkinens Fahrt beinahe beendet. Später wird er berichten: »Ich fuhr volles Rohr im siebten Gang, als plötzlich der Motor abstarb. Es war, als habe mich jemand aus dem Publikum per Fernbedienung abgeschaltet. Ich dachte – aus und vorbei, aber dann sprang der Motor urplötzlich wieder an.« Schuld ist ein Schluckauf des Bordcomputers. Der Finne stochert im Getriebe, findet einen Gang und setzt seine Fahrt fort. Sein Glück: Michael Schumacher kann keinen Vorteil aus dem zeitraubenden Abenteuer ziehen. Auch der Deutsche verliert ein paar wertvolle Sekunden: »Ich lief vor der Acque Minerali auf Diniz auf. Er wollte es besonders freundlich machen und ging vom Gas – nicht aber von der Linie. Diese Aktion überraschte mich völlig, und ich musste voll in die Eisen steigen. Es fehlten nur Zentimeter, und es hätte es gekracht.«
Am Ende der ereignisreichen Runde biegt der Spitzenreiter in die Boxengasse ab, während Michael Schumacher mit dem Spurt in seine vier »Extrarunden« beginnen kann: Er geht ans Limit, schindet wertvolle Zeit und kommt nach 48 Umläufen selbst zum letzten Stopp an die Pits. Jetzt entscheidet sich der Fight um Sieg und Niederla-

ge. Der Sprit fließt, die schwarzen Walzen werden gewuchtet, der Lollipop wird hochgerissen, und Schumacher gibt Gas. Erleichterung im Ferrari-Gefechtsstand an der Boxenmauer – mehr als drei Sekunden vor Häkkinen nimmt der Rheinländer den Kampf wieder auf.
Das Duell um Platz drei ist zu diesem Zeitpunkt bereits entschieden: Nach 46 Runden hatten Barrichello und sein silberner Schatten zeitgleich den letzten Service machen lassen und die Boxen anschließend in umgekehrter Reihenfolge wieder verlassen.
An der Spitze versucht Häkkinen noch einmal verzweifelt, das Loch zu Michael Schumacher zuzufahren – vergeblich. Auf den Punkterängen ist alles geregelt. Einer von denen, die nach ausgezeichneter Qualifying-Leistung mit WM-Zählern rechnen durften und jetzt doch leer ausgehen, ist Ralf Schumacher. Während der Schlussspurt der Kollegen läuft, ist der Kerpener schon unter der Dusche. Zwei WM-Punkte hatte er vor Augen, als das Aus für ihn kam.
Hinter Villeneuve werden Salo und Irvine abgewinkt. Für Teamchef Peter Sauber ist der WM-Punkt Gold wert. Nach dem Sao Paulo-Desaster gibt das Abschneiden des Finnen den Schweizern neuen Mut. Irvine landet auf dem undankbaren siebten Platz und wartet damit weiterhin auf seinen ersten WM-Punkt der Saison 2000. Nicht nur der wilde Eddie darf stolz auf ein schnelles Auto sein. Ein Blick auf die Top-Ten der schnellsten Runden zeigt einige Überraschungen. Häkkinen vor Michael Schumacher, Coulthard, »Schumi II«, Diniz, Barrichello, Salo, Irvine, Trulli und Zonta lautet die Reihenfolge.
Nach drei Siegen in Folge wird Barrichellos Teamkollege bereits als neuer Champion gefeiert. Aber McLaren hat sich durch die ersten Punktgewinne im noch jungen Rennjahr zurückgemeldet, und Michael Schumacher erkennt die Leistung der silbernen Gegner an: »Bis zu den ersten Boxenstopps war Mika schneller als ich. Er hatte mich im Griff, was den Speed betrifft. In diesem Punkt sprechen wir allerdings von Zehntelsekunden, die er mir einzeln abnehmen konnte. Vielleicht lag es an seinen weicheren Reifen – möglicherweise traf er die richtige Entscheidung, was die Gummis betrifft.«
Und auch Ferrari-Sportchef Jean Todt tritt den Heimweg trotz des Erfolges nicht gerade in euphorischer Laune an. Der alte Fuchs lässt sich durch Schumachers Sieg und dessen 24-Punkte-Vorsprung im Zwischenklassement nicht blenden. »Das Rennen hat gezeigt«, sagt er mit tonloser Stimme, »dass wir einen langen harten Weg vor uns haben.«
Das zeigt bereits beim nächsten Rennen, in Silverstone. Dort, sowohl McLaren als auch Ferrari sind auf einer Ein-Stopp-Strategie unterwegs, läuft es nicht besonders für den WM-Leader. Von Position fünf aus ins Rennen gegangen, muss er bereits beim Start in die Botanik ausweichen und verliert drei weitere Startplätze. Das Rennen wird an den Boxen entschieden, doch für Schumacher bleibt nur ein dritter Podestrang: Ganz oben steht der Schotte David Coulthard, links daneben sein Teamkollegen Mika Häkkinen, der hier nicht gewinnen konnte. Das allerdings holt er beim nächsten Großen Preis in Spanien nach: Dort geht Schumacher von der Pole aus ins Rennen und führt vor dem ihn hart zusetzenden Finnen. In Runde 40 steuern beide gleichzeitig die Boxen an. Die McLaren-Crew leistet saubere Arbeit, bei »Shuey« indes klemmt der Tankrüssel. Er steht endlose 17,5 Sekunden und verliert die Führung. Doch auch den zweiten Rang wird er nicht halten können, der linke Hinterreifen ver-

liert Luft. In der 48. Runde wird sein Ferrari die Beute von David Coulthard, ab der 50. Runde liefert er sich ein erbittertes Duell mit dem Williams-BMW seines Bruders. Beide liefern sich ein beinhartes Rad-an-Rad-Duell, beharken sich über Runden. Als Schumacher in einer Rechtskurve dann nach außen getragen wird, schiebt er auch den »kleinen Bruder« mit ... und Rubinho schlüpft innen vorbei auf Rang drei. Dann endlich kann sich auch Ralf durchsetzen, und Michael steuert die Boxen an, um neue Pneus zu holen. Mehr als zwei Punkte sind für Schumacher nicht mehr zu ergattern, hilflos muss er zusehen, wie vorne die McLaren ihren Doppelsieg nach Hause fahren. Und Häkkinen schnappt die volle Punktzahl.

ERGEBNISSE UND AUSFÄLLE

1. Michael Schumacher	Ferrari F1-2000	1:31.39,776 = 200,043 km/h
2. Mika Häkkinen	McLaren-Mercedes MP4/15	1,168 Sekunden zurück
3. David Coulthard	McLaren-Mercedes MP4/15	51,008 Sekunden zurück
4. Rubens Barrichello	Ferrari F1-2000	1.29,276 Minuten zurück
5. Jacques Villeneuve	BAR-Honda 002	1 Runde zurück
6. Mika Salo	Sauber-Petronas C19	1 Runde zurück
7. Eddie Irvine	Jaguar-Cosworth R1	1 Runde zurück
8. Pedro Diniz	Sauber-Petronas C19	1 Runde zurück
9. Alexander Wurz	Benetton-Playlife B200	1 Runde zurück
10. Johnny Herbert	Jaguar-Cosworth R1	1 Runde zurück
11. Giancarlo Fisichella	Benetton-Playlife B200	1 Runde zurück
12. Ricardo Zonta	BAR-Honda 002	1 Runde zurück
13. Gastón Mazzacane	Minardi-Fondmetal M02	2 Runden zurück
14. Jos Verstappen	Arrows-Supertec A21	3 Runden zurück
15. Jarno Trulli *	Jordan-Mugen EJ10	4 Runden zurück/Getriebe
Pedro de la Rosa	Arrows-Supertec A21	50. Runde, Getriebe
Ralf Schumacher	Williams-BMW FW22	46. Runde, Benzindruck
Jean Alesi	Prost-Peugeot AP03	26. Runde, Hydraulik
Nick Heidfeld	Prost-Peugeot AP03	23. Runde, Hydraulik
Jenson Button	Williams-BMW FW22	6. Runde, Motor
Marc Gené	Minardi-Fondmetal M02	6. Runde, Dreher
Heinz-Harald Frentzen	Jordan-Mugen EJ10	5. Runde, Getriebe

* Nicht im Ziel, aber aufgrund der zurückgelegten Distanz gewertet

SCHNELLSTE RUNDE: (60. Rd.) – Mika Häkkinen, McLaren-Mercedes MP4/15
1.26,523 = 205,249 km/h

39. Sieg

Großer Preis von Europa
Nürburg, 21. Mai 2000

Heimsieg für »Schumi«

Nachdem die Roten zwei Mal das Nachsehen hatten, kommt es auf dem Nürburgring bei typischem Eifelwetter einmal mehr zum Duell mit Häkkinen. Beim Heimspiel des deutschen Superstars stehen zwar beide Piloten der Truppe von Ron Dennis auf dem Treppchen – ganz oben aber steht Michael Schumacher.

Das neue Mai-Datum für den WM-Lauf auf der GP-Piste des Nürburgrings ruft die Wetter-Pessimisten auf den Plan: Von Frost, Schnee und eiskalten Winden ist die Rede. Die gemäßigte Fraktion spricht zumindest von niedrigen Temperaturen und Regen.
Doch überraschend scheint sich alles zum Guten zu wenden: Deutschland erlebt den sonnenreichsten Mai seit 1932. In der Eifel klettert die Quecksilbersäule der Thermometer wiederholt auf Werte von knapp 30 Grad! Jetzt wird plötzlich eine Hitzeschlacht einkalkuliert...
Einer weiß es besser. Luki Scheuer – Journalist, Nürburgring-Spezialist und Cheforganisator der F1-Pressestelle in Personalunion. Tage vor Trainingsbeginn veröffentlicht er eine detaillierte Wettervorhersage, die in der kühnen Behauptung gipfelt, am Renntag werde es ab 14.15 Uhr im Bereich der Müllenbachschleife anfangen zu tröpfeln und anschließend im gesamten Streckenbereich regnen. Der Mann wird Recht behalten. Sein hellseherisches Wissen verdankt er keineswegs meteorologischen Studien, sondern seinem »Wetterknie«, dem Relikt eines Motorradunfalls auf der Nordschleife vor mehr als 35 Jahren...
Bereits mittwochs beginnt das Wetter, sich Scheuers Vorstellungen anzupassen. Schluss mit Sonnenschein. Es ist kalt, nass und windig.
Der Titelverteidiger steht zu Beginn des Wochenendes nicht nur wegen der Frührentner-Gerüchte und dem erwarteten Familiennachwuchs im Blickpunkt des Interesses. Mit für ihn ungewohnter Schärfe urteilt er über seinen Teamkollegen David Coulthard: »Was seinen Speed betrifft, ist David an den Grenzen seiner Möglichkeiten angelangt. An meinen Speed kommt er nicht heran. Ende der Diskussion! Klar, er wird noch einige Rennen gewinnen. Deshalb wird er reifen, aber auf keinen Fall schneller werden.« Tatsächlich spricht die Statistik eindeutig für Häkkinen. Seitdem die beiden gemeinsam für McLaren starten, holte der Finne 264 WM-Punkte, »DC« lediglich 182. Häkkinen siegte 15 Mal, Coulthard war nur sechsmal erfolgreich. Das Pole-Position-Duell endete 24:4 zu Häkkinens Gunsten und im Qualifying war der Nordeuropäer 55 Mal schneller als sein Teamkollege, der lediglich 17 Mal die Nase vorn hatte.
Michael Schumacher schließt sich der Kritik des Champions nicht an: »David hat sich gewaltig steigern können. Ich rechne damit, dass die jeweilige Tagesform darüber entscheiden wird, ob Mika oder David das interne McLaren-Duell gewinnt.«

Nach den freien Trainingssitzungen spricht alles für eine erste Startreihe in der neuen Modefarbe Rot. Hausherr Michael Schumacher markiert mit einer Zeit von 1.18,527 Minuten den vorläufigen Bestwert. Rubens Barrichello liegt auf Rang zwei und unterstreicht damit die gute Form der F1-2000 – dann erst folgen die beiden Silberpfeile in der Reihenfolge Häkkinen vor Coulthard.
Am Samstagmittag schlägt die Stunde der Wahrheit, die sich als ausgesprochen kurz herausstellen wird... Weil kurz zuvor Regen niederging, ist die Piste zu Beginn des Qualifying feucht. Da die Piste schnell abtrocknet – gleichzeitig aber weitere Niederschläge drohen –, beginnt die Zeitenjagd nahezu umgehend. Nach nur neun Minuten rangiert Ralf Schumacher, der hier im Vorjahr knapp seinen ersten GP-Sieg verpasste, mit 1.20,105 Minuten auf Platz eins. Dann gehen die Asse auf »Feindflug«. Mika Häkkinen legt die Latte auf 1.19,041, dann stößt »Schumi« in völlig neue Bereiche vor und erreicht 1.18,091. Aber auch diese Traumzeit hat nur geringe Überlebenschancen.
Jetzt wird den Fans ein Leckerbissen der Extraklasse geboten: Zeitgleich rollen die beiden McLaren und Michael Schumachers Ferrari für die zweiten Versuche auf die Piste. Als erster fliegt der Finne durch die Lichtschranke: 1.17,785 – neue Bestzeit. Sekunden später setzt Coulthard mit 1.17,529 eins drauf. Und »Schumi«, der Publikumsliebling? Mit 1.17,667 verpasst er die Zeit des Schotten, aber es reicht für Platz zwei. Die üblichen weiteren Verbesserungen vorausgesetzt, liegen nun 1.16er-Zeiten im Bereich der Möglichkeiten.
Dann stoppt Regen zunächst alle weiteren ernsthaften Versuche. Sechs Minuten vor Ende der Sitzung präsentiert sich das Asphaltband wieder in ausreichend trockenem Zustand. Doch die Piloten warten mit stoischer Geduld auf noch bessere Bedingungen. Gut zwei Minuten bleiben noch für die Anlaufrunde, als schlagartig Leben in die Boxengasse kommt. Die Verkehrsdichte ist urplötzlich mit derjenigen auf dem Kölner Autobahnring vergleichbar – im Berufsverkehr, versteht sich. In dem Getümmel finden lediglich Trulli, Button, de la Rosa, Verstappen, Wurz und Mazzacane den notwendigen Freiraum für Steigerungen. David Coulthard hat seine erste Pole seit dem GP von Kanada im Jahr 1998 im Trockenen.
Die Leistung des Silverstone-Siegers wird von allen objektiven Beobachtern als richtige Antwort auf Häkkinens Verbal-Attacken gewertet. Überglücklich berichtet der Qualifying-Sieger: »Mein Auto war sensationell ausbalanciert. Natürlich waren die Witterungsbedingungen entscheidend. Alles hing von den Fragen ab – wann ist der Rennwagen einsatzbereit, wann entscheidest du dich zuzuschlagen? Mal macht man das alles richtig, mal nicht. Ich habe heute alles richtig gemacht. Meine Runde war sicherlich nicht das Optimum. Hätte es nicht geregnet, wären die anderen noch schneller gefahren – ich allerdings auch...«
Als Zweiter ist Michael Schumacher enttäuscht: »Natürlich hätte ich es schaffen können, aber zweimal unterliefen mir in der Dunlopkehre kleine Fehler. Ein Drama ist der Ausgang des Qualifying für mich allerdings nicht. Ich habe in diesem Jahr schon drei Rennen gewonnen, ohne von der Pole zu starten.«
Natürlich hat Mika Häkkinen eine Erklärung dafür, dass ihn sein Teamkollege schlagen konnte: »Seit gestern fehlt mir das 100-prozentige Vertrauen ins Auto. Es war nicht so gut abgestimmt wie Davids, und uns fehlte wegen des Wetters die Zeit, das Set-up zu perfektionieren.« Häkkinen tröstet sich damit, dass seine Ausgangsposition keineswegs alarmierend ist.

Nick Heidfeld ist als 13. des Qualifying hingegen absolut happy. Es ist die bisher beste Platzierung des Rookies. Aber lange darf sich »Quick Nick« nicht freuen. Sein Prost-Peugeot lag beim Wiegen zwei Kilogramm unter dem vorgeschriebenen Mindestgewicht von 600 Kilogramm... Jetzt droht ihm eine Disqualifikation, die prompt ausgesprochen wird. Heidfeld darf nicht starten! Die 13 hat ihm kein Glück gebracht. Des Rätsels Lösung: Front- und Heckflügel wurden ebenso modifiziert wie die Deflektoren. Die neuen Teile bringen nicht nur aerodynamische Vorteile, sondern sie sind auch zwei bis drei Kilogramm leichter als die bisherigen Bauteile. Teamchef Alain Prost schimpft: »Es war ein unverzeihlicher Fehler von Nicks Track-Engineer Gilles Alegoet, die Gewichtsreduzierung nicht einzukalkulieren.« Der um die Früchte seiner Arbeit betrogene Pilot nimmt das Urteil einigermaßen gefasst entgegen: »Meine Gefühle sind gemixt, aber das Negative überwiegt. Nicht fahren zu dürfen, ist wahnsinnig frustrierend. Andererseits macht die Qualifying-Leistung Mut.« Rechnerisch brachte der illegale Gewichtsvorteil einen Zeitgewinn von sechs Hundertstelsekunden – ein »Plus«, das die Platzierung nicht beeinflusste... Der enttäuschte Pilot will sofort abreisen, aber seine Verpflichtungen den Sponsoren gegenüber zwingen ihn zu bleiben.
Im Warm-up am Sonntagmorgen beweist Michael Schumacher, dass ihn die Qualifying-Niederlage nicht aus dem Konzept gebracht hat: Vor Häkkinen, Frentzen, Barrichello und Verstappen setzt er sich während der halbstündigen Generalprobe durch. Mit Spannung wird anschließend erwartet, ob »DC« die Pole beim Start nutzen kann, oder ob der Schotte vom zweitplatzierten »Schumi« ausbeschleunigt wird.
Als die roten Ampeln erlöschen, kommt alles ganz anders. Mika Häkkinen, den niemand so recht auf der Liste hat, gelingt ein Meisterstück. Während die rot-silberne Frontreihe die ersten Zehntelsekunden des Rennens verschläft, schießt der Finne in Führung! Um sich zwischen dem Teamkollegen und Schumachers rotem Renner auf Platz eins durchzuquetschen, darf der Titelverteidiger nicht zimperlich sein. Und weil er tatsächlich seine Ellenbogen einsetzt, wird »Schumi« nach dem Rennen ungehalten reagieren: »Als er nach rechts zog, dachte ich, das darf doch nicht wahr sein! Wo sollte ich hin? Sein rechtes Hinterrad berührte mein linkes Vorderrad. Das war eine völlig unnötige und gefährliche Situation. Aber das weiß Mika sicherlich selbst.«Und nun passiert etwas Außergewöhnliches. Mika Häkkinen ist sanft wie ein Lamm. Die Duellanten der Vergangenheit – Mansell und Piquet, Prost und Senna oder Michael Schumacher und Damon Hill – hätten sich in einer vergleichbaren Situation gegenseitig verbal niedergemacht. Mit den Vorwürfen konfrontiert, reagiert der Weltmeister hingegen defensiv: »Es war wirklich ungemütlich. Ich konnte nicht abschätzen, wie nah Michael war. Aber ich musste auf der Innenseite durchbrechen – es gab keine andere Wahl. Schade, dass es passierte, und hoffentlich wird Ähnliches nicht mehr vorkommen. Nach allem, was während der letzten Rennen geschah, habe ich von so etwas die Nase voll.« Mit dem letzten Hinweis erinnert der Skandinavier immerhin dezent an Schumachers »Blockademanöver« in Imola und Barcelona. Aber zusätzliches Öl gießt er nicht ins Feuer.
Wie zuvor während des Grand Prix von San Marino können sich Häkkinen und Schumacher absetzen und weit vor den Gegnern ein »Privatrennen« austragen: Coulthard, Barrichello, Villeneuve (!) und der Rest können nicht folgen.
Jarno Trulli ist bereits nicht mehr mit von der Partie, seit Häkkinen das Feld erstmals durch das Castrol-S führte. Das Layout der Piste »garantiert« an dieser Stelle in der

Startrunde geradezu einen Crash. Diesmal kommt es zu einer rein italienischen Kollision. Im Infight mit seinem Landsmann Giancarlo Fisichella wird die linke hintere Radaufhängung des Jordan durch einen »Bodycheck« ruiniert. Nahezu zeitgleich schickt Pedro de la Rosa Heinz-Harald Frentzen ins Gras, der aber zunächst mit dem Verlust von nur zwei Plätzen glimpflich davonkommt. Teamchef Eddie Jordan wird an diesem Tag nicht viel Freude haben: Runde drei bringt das Aus für den zweiten gelben Renner. Der Mugen im Rücken von »HHF« will nicht mitspielen.
Nach zehn Runden – für Luki Scheuers Wetterknie keineswegs überraschend – beginnt es zu regnen. Selbstverständlich zunächst im Bereich der Müllenbachschleife... Von nun an wird es bis zum Ende des Rennens regnerisch bleiben. Auf der jetzt schmierigen Piste attackiert Michael Schumacher den Spitzenreiter. Der Finne fährt nach eigener Aussage »am Limit«, hat aber gegen den Ferrari-Piloten nicht den Hauch einer Chance. Ab Runde elf übernimmt »Schumi« eingangs der Veedol-Schikane das Kommando, was die Fans auf den Tribünen das ungemütliche Wetter vergessen lässt.
Nach 15 Umläufen ist es bereits so nass, dass sich alle Stopp-Strategien dem Wetter unterordnen müssen. Weil Shuey zuerst abgefertigt wird, dreht dessen Teamkollege Rubens Barrichello zwangsläufig eine zeitraubende Runde auf Trockengummis. Als kleines Bonbon erhält der Südamerikaner nur wenig Sprit – der kurze Halt soll entschädigen. Die Folge ist der Wechsel auf eine Drei-Stopp-Strategie, die für »Rubinho« unterm Strich allerdings nur Nachteile bringen wird.
Noch ist das Duell an der Spitze nicht entschieden, obwohl Schumacher mit den schwierigen Bedingungen bestens klarkommt. Runde 25 spult er beispielsweise locker in 1.29,962 Minuten ab – Häkkinen benötigt 1.32,331...
Über Langeweile braucht sich dennoch niemand zu beklagen. Zu Beginn des 30. Umlaufs geraten sich Eddie Irvine und Jos Verstappen im Castrol-S in die Haare. Der Nordire kreiselt von der Bahn, und Ralf Schumacher kann nicht ausweichen. Pirouetten drehend, berühren sich die beiden Boliden. Der Williams verliert seinen Heckflügel während der Kollision, Irvines Auto macht sich selbstständig, als der Vizemeister wieder Gas gibt und der Fahrtwind seine unsichtbaren Muskeln spielen lässt. Nur scheinbar entkommt Verstappen als lachender Dritter ungeschoren. Doch die Lenkung des Arrows arbeitet nicht mehr korrekt, und der Niederländer fliegt wenige hundert Meter später in die Leitplanken. Die Piste voller Trümmer, die Sicht miserabel – jetzt scheint die Stunde des Safety-Car zu schlagen, aber die Rennleitung hält den silbernen Mercedes von Bernd Mayländer in Lauerstellung bei Start-und-Ziel.
Die Führung wechselt erneut, als der Publikumsliebling bereits nach 35 Runden seinen zweiten Boxenstopp einlegt. Zwölf Sekunden lang grummelt der V10 im Leerlauf. Mit Recht wird vermutet: In dieser Zeit floss genügend Sprit durch den mächtigen Tankschlauch, um Schumacher ohne weiteren Halt die Restdistanz abspulen zu lassen.
Im »Gefechtsstand« von McLaren-Mercedes sieht man plötzlich wieder zufriedene Mienen, denn der jetzt recht leichte Silberpfeil zieht dem frisch betankten – und entsprechend schweren – roten Jäger unaufhaltsam davon. Zwei, drei Sekunden pro Runde ist er schneller. Wird er einen 30-Sekunden-Vorsprung herausfahren können, der ausreicht, um nach dem eigenen Service die Nase vorn zu behalten?
Nein. Bei einem Plus von 25 Sekunden stabilisiert sich der Abstand, und dann gerät der Finne in den Pulk der Nachzügler und verliert in einer einzigen Runde vier Sekun-

den seines kostbaren Zeitpolsters. Gerade 18 Sekunden liegt er noch vorn, als er in die Boxengasse abbiegt. Seitens der Teamführung wird später nicht verraten, weshalb Häkkinen nicht früher zum Tanken und Reifenwechsel an die Boxen geholt wurde, um dem Verkehr auszuweichen.
12,3 Sekunden hinter Michael Schumacher nimmt der Weltmeister das Rennen nach seinem späten Service-Stopp in Runde 45 wieder auf. Immer noch wehrt er sich gegen die drohende Niederlage. Bis auf fünf Sekunden nähert er sich dem führenden Ferrari. Aber der letzte verzweifelte Angriff bleibt im Verkehrsgetümmel stecken – Michael Schumacher gewinnt den Grand Prix von Europa und zehn weitere wichtige Punkte.
Michael Schumachers Erfolg ist sein erster am Steuer eines Ferrari auf heimischem Terrain. Der Sieger spricht von einem »der schönsten Tage meines Lebens« und auch davon, dass »es jetzt nach Monaco geht, wo es normalerweise gut für mich läuft.«
Der geschlagene Champion macht den langsamen Nachzüglern keine Vorwürfe: »Bei derart schlechten Sichtverhältnissen sieht lediglich der erste Fahrer einer Gruppe, dass blaue Flaggen gezeigt werden... Ich hatte durchaus Chancen, Michael einzuholen. Aber zum Überholen hätte es wohl nicht gereicht.«
David Coulthard, der als Pole-Setter zum engsten Favoritenkreis gezählt werden musste, erhält als Dritter bestenfalls den Oscar für die beste Nebenrolle. Der Schotte klagte bereits während der trockenen Eröffnungsrunden über ein nervöses Heck seines MP4/15. Sein Rennwagen war trotz der eindeutigen Wettervorhersage konsequent für trockenen Asphalt abgestimmt. »DC« rollte nach eigener Aussage »sehr defensiv« durch die Eifellandschaft und wunderte sich, trotz dieser Fahrweise Champagner versprühen zu dürfen.
Viele Beobachter bewerten Schumachers Sieg aufgrund des Mix-Wetters anschließend als logisch. Doch der Kerpener beurteilt die Situation anders: »Mein Wunsch war eindeutig. Ich wollte trockenen oder nassen Asphalt – nicht aber wechselnde Bedingungen.« Muss die F1-Geschichte umgeschrieben werden? War es nicht immer genau nach dem Geschmack des Rheinländers, wenn das Wetter während des Rennens wechselte? »Ja«, erklärt der Sieger, »das galt für die Zeit, als mein Auto unterlegen war. In einer solchen Situation greift man nach jedem Strohhalm. Aber jetzt fahre ich einen konkurrenzfähigen Rennwagen.«
Wie konkurrenzfähig, das wird sich dann im weiteren Saisonverlauf zeigen. Der nächste Grand Prix, der von Monaco, ist da die Ausnahme von der Regel: Schumacher, als Pole-Setter ins Rennen gegangen, und ein einsames Rennen an der Spitze fährt – bis in Runde 56 der Ferrari des Deutschen hinten links wegsackt. Langsam rollt er an die Box, doch der Schaden ist nicht zu reparieren: Die Kohlefaser-Aufhängung ist verkokelt – eine glatte Nullnummer für den Kerpener. Für die Scuderia sammelt Barrichello als Zweiter immerhin sechs Punkte ein. Ein kleiner Trost ist nur Tatsache, dass Schumachers härtester Rivale, der Weltmeister 1989 und 1999, auch nur ein Pünktchen erbeuten kann.

ERGEBNISSE UND AUSFÄLLE

1. Michael Schumacher	Ferrari F1-2000	1:42.00,307 = 179,540 km/h
2. Mika Häkkinen	McLaren-Mercedes MP4/15	13,821 Sekunden zurück
3. David Coulthard	McLaren-Mercedes MP4/15	1 Runde zurück
4. Rubens Barrichello	Ferrari F1-2000	1 Runde zurück
5. Giancarlo Fisichella	Benetton-Playlife B200	1 Runde zurück
6. Pedro de la Rosa	Arrows-Supertec A21	1 Runde zurück
7. Pedro Diniz	Sauber-Petronas C19	2 Runden zurück
8. Gastón Mazzacane	Minardi-Fondmetal M02	2 Runden zurück
9. Jean Alesi	Prost-Peugeot AP03	2 Runden zurück
10. Jenson Button *	Williams-BMW FW22	5 Runden zurück/Elektrik
11. Johnny Herbert *	Jaguar -Cosworth R1	6 Runden zurück/Unfall
12. Alexander Wurz *	Benetton-Playlife B200	6 Runden zurück/Unfall
Ricardo Zonta	BAR-Honda 002	52. Runde, Dreher
Marc Gené	Minardi-Fondmetal M02	48. Runde, Bruch des Gaspedals
Jacques Villeneuve	BAR-Honda 002	47. Runde, Motor
Eddie Irvine	Jaguar-Cosworth R1	30. Runde, Unfall
Jos Verstappen	Arrows-Supertec A21	30. Runde, Unfall
Ralf Schumacher	Williams-BMW FW22	30. Runde, Unfall
Mika Salo	Sauber-Petronas C19	28. Runde, Antriebswelle
Heinz-Harald Frentzen	Jordan-Mugen EJ10	3. Runde, Motor
Jarno Trulli	Jordan-Mugen EJ10	1. Runde, Unfall

* Nicht im Ziel, aber aufgrund der zurückgelegten Distanz gewertet

SCHNELLSTE RUNDE: (8. Rd.) – Michael Schumacher, Ferrari F1-2000
1.22,269 = 199,365 km/h

40. Sieg

Großer Preis von Kanada
Montreal, 18. Juni 2000

Zitterpartie für »Schumi«

Bei kühlem und windigen Wetter wird der Sieg von Michael Schumacher keineswegs zum Selbstläufer. Es wird unfreiwillig spannend, und nur eine Stallorder verhindert, dass der »falsche« Ferrari gewinnt.

Die Anreise nach Montreal lädt zu einem Stopp in Indianapolis ein. Der Veranstalter des ersten Grand Prix der USA seit 1991 hat zu einem Tag der offenen Tür gebeten. Berichterstatter aus aller Welt sehen sich um, und seitens der Superlizenzinhaber schaut Heinz-Harald Frentzen vorbei. Die Amerikaner präsentieren die umgebaute Traditionspiste voller Stolz, auch wenn der Mix aus Teilen des altehrwürdigen Ovals und dem Mickey-Maus-Kurs im Infield gewöhnungsbedürftig ist. Jordan-Pilot HHF bezeichnet die Rennstrecke – ebenso höflich wie diplomatisch – als »interessant«.
Der Weg nach Montreal ist nur scheinbar der Abschied vom Land der unbegrenzten Möglichkeiten. Wahrhaft phantastische Bereiche eröffnen sich auch in Montreal – zumindest den Juristen der Provinz Quebec. Die Gesetzgeber der Region sind anscheinend hemmungslos. So patroulliert in der multikulturellen Metropole eine »Sprachen-Polizei«. Peinlich genau achtet sie darauf, dass alle Beschriftungen an Geschäften und öffentlichen Gebäuden in französischer Sprache angebracht sind. Der Besitzer eines Bäckerladens, so berichten es die Tageszeitungen, hat gerade größten Ärger mit der Justiz. An der Tür seines Geschäfts steht in vielen Sprachen »Willkommen«. Das Pech des freundlichen Mannes: Der französische Schriftzug ist nicht größer als der der konkurrierenden Sprachen. Damit verstößt der Bäcker gegen Recht und Ordnung... Und auch der Tierwelt machen es die heimischen Amtsschimmel nicht leicht. Per richterlicher Verfügung wird es den in der Quebecer Gemeinde Dollard des Ormeaux ansässigen Katzen verboten, das Grundstück des jeweiligen Katzenhalters zu verlassen. Maschendrahtzäune mit passenden Knallerbsensträuchern erscheinen im direkten Vergleich geradezu harmlos...
Jacques Villeneuve ficht das nicht an. Auch wenn er nur wenige Jahre seines Lebens in Montreal und Umgebung verbrachte, fühlt er sich hier besonders wohl: »Wenn das Flugzeug in Dorval aufsetzt, habe ich immer dieses Zurück-zu-den-Wurzeln-Gefühl.« Die Kontakte mit der alten Heimat will er künftig intensivieren. Gemeinsam mit seinem Freund Craig Pollock kaufte sich der BAR-Pilot ein Restaurant in der Crescent Street. Was der Rennfahrer nicht an die große Glocke hängt: Die Lokalität mit ihren 200 Plätzen heißt »Mercedes«. Niemand zweifelt daran, dass nach der fälligen Renovierung ein neues Schild über dem Eingang hängen wird.
Ralf Schumacher hat andere Sorgen. Einen Tag vor Trainingsbeginn steht noch nicht fest, ob die böse Schnittverletzung in der linken Wade des Kerpeners bereits so weit

ausgeheilt ist, dass er tatsächlich fahren kann. Nach einer »Trockenübung« im Cockpit gibt er sich zuversichtlich: »Erst wenn ich das Bein wieder vom Pedal nehme, schmerzt es.« Mit dem rechten Fuß zu bremsen, kommt für den Williams-Fahrer nicht in Frage. Aber nicht nur das Bremsen könnte für Probleme sorgen. Auf der Piste von Montreal führt die Ideallinie über zahlreiche Kerbs – die kräftigen Erschütterungen im Inneren des wenig gefederten Autos werden von keinem Arzt der Welt empfohlen... Der aufgeschlitzte Schenkel wird gepolstert und zusätzlich durch eine Hartschalen-Hülle geschützt. Für alle Fälle ist Williams-Testpilot Bruno Junqueira angereist, um notfalls nach dem ersten Trainingstag übernehmen zu können.

Freitags um elf Uhr vormittags ist das Wetter freundlicher. 25 Grad Lufttemperatur und mäßiger Wind lassen sogar Erinnerungen an die Hitze des Vorjahres aufkommen. Optimisten sind allerdings bereits gewarnt: Trocken werden die drei Tage nicht über die Bühne gehen.

Die erste Stunde des freien Trainings sieht das Feld von den Shuey-Brothers umzingelt: Auf Platz eins rangiert der Erstgeborene. »Ohne Zeit« belegt der Williams-Schumacher den letzten Platz. Gerüchte, der »Einbeinige« sei nun doch definitiv nicht einsatzfähig, kursieren. Zu Unrecht, wie alle wissen, die die Williams-Boxen im Auge behielten – der Ölkreislauf des BMW-V10 verursachte die Zwangspause.

Als die Aktivitäten des ersten Trainingstages um 14 Uhr Ortszeit beendet sind, hat David Coulthard Oberwasser. Um neun Tausendstelsekunden hat der Schotte »Schumi« schlagen können. Hinter dem silbern-roten Duo folgt Rubens Barrichello vor Johnny Herbert – dann erst taucht der Name des finnischen Titelverteidigers in den Zeitenlisten auf. Anders als sein Teamkollege, ist Häkkinen mit dem Set-up seines MP4/15 noch nicht zufrieden: »Der Wagen untersteuert am Kurveneingang und übersteuert ausgangs der Ecken...« Unmittelbar nach der zweiten Trainingsstunde fällt eine Entscheidung, die Bruno Junqueira gar nicht gern hört: Ralf Schumacher wird sein Cockpit nicht zugunsten des südamerikanischen Nachwuchs-Piloten räumen.

Samstags, als morgens das zweite freie Training auf dem Programm steht, hat der »Vortagssieger« zunächst Pech. Wegen eines Elektrikschadens muss der Motor seines McLaren gewechselt werden. Coulthard muss während 50 Prozent der Sitzung zuschauen. Trotzdem fährt DC erneut Bestzeit, was ihn zum Favoriten für das Qualifying macht. Michael Schumacher und Rubens Barrichello – in dieser Reihenfolge Zweiter und Dritter – experimentieren mit den Pneus: Neue Reifen auf der Vorderachse, angefahrene hinten. Auf der Suche nach einem ausbalancierten Boliden werden alle Register gezogen. »Schumi« prophezeit: »Der Wind und die Temperaturen werden im Kampf um die Pole-Position den Ausschlag geben.«

Als das Qualifying beginnt, schlägt wieder einmal die Stunde der Poker-Typen: Abwarten, Nerven behalten. Erst die 20. Minute bringt den ersten ernsthaften Griff nach der Pole: Mika Häkkinen markiert eine Rundenzeit von 1.19,579 Minuten. 240 Sekunden überlebt der Wert, dann setzt sich David Coulthard mit 1.19,126 an die Spitze. Der Kampf um den besten Startplatz scheint sich zum Duell der beiden Silberpfeil-Piloten zu entwickeln. Kurz nach »Halbzeit« wiederholt sich das »Mika-David-Spielchen«: Wieder legt der Finne, diesmal mit 1.18,985, vor, und wieder setzt der Schotte eins drauf: 1.18,826. Weniger als 15 Minuten sind noch zu fahren, als Michael Schumacher erstmals zuschlägt. Um knapp drei Zehntelsekunden unterbietet der Kerpener den bisherigen Bestwert. Ein roter Schlusspunkt scheint unter die Qualifying-Partie ge-

setzt, doch noch haben die Asse je einen Schuss frei. Die letzten Minuten werden entscheiden, aber die Latte liegt jetzt bereits so hoch, dass weitere Steigerungen möglich, aber nicht unbedingt wahrscheinlich sind.
Häkkinen verfehlt das Ziel, sich noch einmal nach vorn zu katapultieren. Weil sich Rubens Barrichello verbessern kann, rutscht der Skandinavier sogar auf Platz vier ab. Erst Stunden später werden seine Mechaniker eine Erklärung für das »Versagen« finden. Noch sind DC und »Schumi« auf der Piste, und der Brite gibt alles: Um 0,009 Sekunden – neun Tausendstel – ist er schneller als sein deutscher Rivale. Der – selbst am Limit – wird per Sprechfunk über die veränderte Lage informiert. Man bittet ihn dezent, Gas zu geben, um das Blatt noch einmal zu wenden. Michael Schumacher später rückblickend: »Es gibt sicherlich günstigere Zeitpunkte für Gespräche…« Aber auch jetzt, obwohl »von der Seite angequatscht«, verliert er für keinen Augenblick den hohen Konzentrationslevel. »Ich wusste nicht«, wird er sagen, »wieviel Zeit mir David abgenommen hatte. Vielleicht lag er sogar außerhalb meiner Reichweite.«
Liegt er nicht. Michael Schumacher findet weitere 0,098 Sekunden und sichert sich damit die Pole. Coulthard und Barrichello sind anschließend davon überzeugt, dass sie »mit etwas Glück« ebenfalls ganz vorn stehen könnten. Häkkinen vergräbt sich enttäuscht, bis er Absolution vom Teamchef erhält. Ron Dennis persönlich informiert: »Einer der Stoßdämpfer in Mikas Auto war defekt.«
Heinz-Harald Frentzen ist als Fünfter der Beste vom Rest der Welt unterhalb der Ferrari-McLaren-Ebene. Dahinter folgt Jacques Villeneuve, der heimliche Held des Qualifying, dem aufgrund des sensationell guten Trainingsergebnisses jetzt sogar ein Platz auf dem Podest zugetraut wird. Rekonvaleszent Ralf Schumacher – »Mit den langsamen Kurven haben wir Probleme« – rangiert auf Platz Zwölf. Damit verpasst er Jenson Button, Rang 18, einen bösen Dämpfer. Von dem verletzten Teamkollegen hätte sich der Brite nicht derart deutlich schlagen lassen dürfen.
Nachdem die beiden Ferrari-Piloten Michael Schumacher und Rubens Barrichello im Warm-up die zwei ersten Plätze belegten und damit endgültig Rot zur Farbe der Favoriten gemacht haben, beginnen die Startvorbereitungen.
Alles läuft zunächst nach Plan. Dann aber, als der Start in die Formationsrunde unmittelbar bevorsteht, würgt Coulthard den Motor seines Boliden ab! Der Patzer hat für den Schotten unangenehme Folgen. Als das »15-Sekunden-Signal« gezeigt wird, sind DCs Mechaniker immer noch auf dem Startplatz, um den Zehnzylinder zu neuem Leben zu erwecken. Doch laut Artikel 139 des FIA-Sport-Reglements darf zu diesem Zeitpunkt kein Helfer mehr assistieren. Wer gegen diese Vorschrift verstößt, wird mit einer Zehn-Sekunden-Zeitstrafe belegt. Nick Heidfeld hatte das in Imola erleben müssen.
Beim Start übernimmt Jacques Villeneuve wieder einmal die Rolle einer Feststoff-Rakete. Während sich vorn »Schumi« vor Coulthard – die Rennleitung ist über seinen Regelverstoß längst orientiert – in Kurve 1 einbremst, übernimmt der Lokalmatador Rang drei. Auf der Außenbahn, abseits des Gedränges, hat er seinem BAR-Honda zum Nachteil von Frentzen, Häkkinen und Barrichello die Sporen gegeben.
Die Konstellation an der Spitze – »Schumi« vor Coulthard, Villeneuve, Barrichello, Häkkinen, Frentzen und de la Rosa, dank seiner Zwei-Stopp-Taktik »leicht« unterwegs, – scheint einer Vorentscheidung gleichzukommen. Weil der Kanadier das Tempo des Ferrari-Stars nicht mitgehen kann, bis zur zehnten Runde verliert er 14,1 Se-

kunden auf Schumacher, fährt der Rheinländer scheinbar sicheren zehn WM-Punkten entgegen. Coulthard lässt sich zwar nicht abschütteln, ihm fehlen nach zehn Umläufen gerade einmal 0,9 Sekunden auf den roten Spitzenreiter, aber der McLaren-Fahrer wird ja früher oder später zehn Sekunden »nachsitzen« müssen.
Nach 14 Runden muss der Monaco-Sieger tatsächlich brummen. Der Penalty wirft ihn vom zweiten auf den zehnten Rang zurück. Schumacher darf aufatmen. Jetzt verfügt er über ein weiter anwachsendes Zeitpolster von 17,6 Sekunden, das ihn von Villeneuve trennt. Hinter dem BAR-Honda drängeln sich ungeduldig Barrichello, Häkkinen, de la Rosa und Frentzen, der wegen eines defekten Bremszylinders bereits nicht mehr so kann, wie er gern möchte.
Ein Drittel der Renndistanz ist zurückgelegt, als rund um den Insel-Kurs Regenschirme aufgespannt werden. Es nieselt. Kein Grund zur Panik, aber der Asphalt wird tückisch. Michael Schumacher lässt sich pro Runde zwei Sekunden mehr Zeit als zuvor. Barrichello nutzt die veränderten Bedingungen, um Villeneuve im Verlauf der 25. Runde eingangs der Haarnadelkurve auszutricksen. Für den Spitzenreiter stellt der neue Hintermann keine Gefahr dar – Rubinho gehört schließlich dem eigenen Lager an. Außerdem liegt er 27,1 Sekunden zurück. Der nasse Spuk ist schnell vorüber.
Keine 30 Runden sind gefahren, da wird bei Ferrari Alarm geschlagen. Die Telemetriedaten, die Schumachers F1-2000 absendet, weisen auf Probleme der hinteren Bremsen hin. Der Deutsche: »Ich spürte nichts, aber ich fuhr auch nicht am Limit... Mir kam der Ausfall in Monaco in den Sinn, und deshalb ließ ich es noch vorsichtiger angehen.« Nach 34 Umläufen, früher als ursprünglich geplant, kommt »Schumi« zum Stopp an die Boxen. Während der Sprit fließt und die Schlagschrauber rattern, werden die hinteren Bremsen gecheckt. Alles scheint okay – vielleicht spielt nur der Sensor verrückt?
Schumachers Boxenhalt hat Barrichello an die Spitze gespült. Dank seiner nur noch geringen Spritladung und der unverändert defensiven Fahrweise des Teamkollegen kann der Brasilianer seinen Vorsprung von ursprünglich 2,8 Sekunden nach 35 Runden innerhalb von nur sieben Umläufen auf 9,6 Sekunden ausbauen. Dann lässt auch der Südamerikaner Service machen. Kaum beschleunigt Barrichello, natürlich unverändert auf Trocken-Pneus, beginnt es zu regnen. Diesmal richtig...
Barrichello, Häkkinen, Zonta, Coulthard – lang ist die Liste derjenigen, die mit frischen Trockenreifen hinein in den Regen fahren. Hätte es ein, zwei Minuten früher zu regnen begonnen – vielen wäre der nun notwendige zweite Stopp erspart geblieben. Am schlimmsten erwischt es Villeneuve: Er kommt nach 44 Runden an die Boxen. Prinzipiell hat er Glück – jetzt ist die Wahl der Gummis bereits keine Frage mehr. Aber bei BAR liegen Trockenreifen bereit! Sekundenlang will die Crew keinen Fehler machen. Niemand bewegt sich! Dann werden in der Not die bereitliegenden Pneus montiert. Eine Runde später, jetzt ist auch Kollege Zonta »drinnen«, wird der Schnitzer korrigiert. Villeneuve kocht vor Wut.
Auch bei Ferrari wird nach 45 Runden im Doppelpack abgefertigt. Barrichello: »Über Funk sagte man mir, dass Shuey an die Boxen geht und ich mich deshalb hinten anstellen müsste. Klar, das war Pech. Aber so verlor ich weniger Zeit als auf einer weiteren Runde mit Trockenreifen.« 21 lange Sekunden dauert der Stopp des Brasilianers.
Zu Beginn des 47. Umlaufs haben endlich alle Piloten auf profilierte Gummis umge-

rüstet. An der Spitze ergibt sich jetzt folgendes Bild: Michael Schumacher führt mit 32,4 Sekunden Vorsprung vor seinem Teamkollegen. Fisichella hat als Dritter bereits 34,6 Sekunden verloren, Häkkinen 58,5 und Wurz 59,6 – den übrigen fehlt schon mehr als eine volle Minute.
Neue Aufregung zu Beginn der 48. Runde. Um die gefährdeten hinteren Bremsen zu schonen – ein Check in Maranello wird den befürchteten Defekt bestätigen –, verlagert »Schumi« die Bremsbalance fast komplett auf die Vorderachse. Prompt fährt er in Kurve 1 geradeaus durch den Kies... Aber der Kerpener stellt sich anschließend schnell auf das ungewohnte Verhalten seines Boliden ein. Bäume kann er jedoch nicht mehr ausreißen: Barrichello rückt immer näher! Doch Jean Todt erteilt dem Jäger einen klaren Befehl: Überholen darf er Schumacher nicht.
In der Schlussphase geht es drunter und drüber. Rennwagen rodeln durch den Kies. Pedro de la Rosa, der Star der ersten Runden, wird gnadenlos von Pedro Diniz abgeschossen. Der Brasilianer sieht´s anders... Runde 65, Barrichello liegt nur 6,8 Sekunden hinter dem Spitzenreiter, bringt den letzten Zwischenfall. In der Haarnadelkurve kracht es in der Kampfgruppe, die Trulli, Wurz, »Schumi II«, Coulthard und Villeneuve im Infight um Platz sechs sieht. Augenzeuge Coulthard: »Es war klar, was sich da anbahnte. Ich hörte, wie Jacques heranstürmte und dachte: Schnell aus dem Weg. Innen schoss er an mir vorbei. Er hatte auf dieser Linie mit diesem Speed keinerlei Chance, die Kurve zu meistern. Er wäre in den Leitplanken gelandet, wenn er Ralf nicht torpediert hätte.« Sofort springt der Kanadier aus dem Cockpit, eilt zum havarierten Williams von Ralf Schumacher und entschuldigt sich. Der akzeptiert: »Schwamm drüber.« Später mit der Frage konfrontiert, ob der Rammstoß eine Folge des verständlichen Frusts war, antwortete der bekannt faire Villeneuve nachdenklich: »Ja verdammt – vielleicht sind meine Sicherungen durchgebrannt.«
Vier Runden sind noch zu fahren. Barrichello folgt Schumacher mit einem Abstand von 5,8 Sekunden. »Fahr langsam«, mahnt Ross Brawn per Funk. »Tu ich doch schon lange«, antwortet Rubinho genervt. Er hat den Sieg vor Augen, darf aber nicht aufs Gaspedal treten. Im Ziel liegt der Gehorsame 0,174 Sekunden zurück. Nach der Siegerehrung lobt der Gewinner: »Rubens ist ein anständiger Kerl – eines Tages werde ich mich auch auf der Piste für sein heutiges Verhalten bedanken.«
Allerdings wird es lange dauern, bis Schumacher wieder Punkte zu verschenken hate. In Magny Cours, von der Pole gestartet, verabschiedet sich der Ferarri-V10 in der 59. Runde mit einem kapitalen Motorschaden. Auch auf dem A1-Ring in Österreich läuft es nicht nach Plan: Von Platz vier ins Rennen gegangen, ziehen Häkkinen und Coulthard souverän davon. Dahinter die beiden Silberpfeile. Schumi kommt auf den ersten Metern nur mäßig in die Gänge – und dann knallts. Zonta, Platz sechs, im BAR hebelt in der ersten Kurve auf der Innenbahn Schumacher aus, und nebenan fährt Trulli in das Heck des zweiten Ferrari. Der Kerpener dreht sich; Barichello, Zonta und Villeneuve kurven durch den Kies. Weiter hinten schiebt Diniz im Sauber den Italiener Fisichella im Benetton ins Abseits – Schumacher, Fisico und Trulli sind damit draußen. Der Sieg geht an Häkkinen.
Und auch beim nächsten Rennen, ausgerechnet beim Großen Preis von Deutschland, ist das Rennen für Schumacher nach wenigen Sekunden beendet. Schumacher, hinter Pole-Setter Coulthard liegend, wird von diesem bei einem in dieser Startsituation unerlaubten zweiten Spurwechsels zum Ausweichen gezwungen – direkt in die

Schusslinie des heranfliegenden Fisichella. Der Ferrari kreiselt mit ramponierten Heck in die Reifenstapel, und auch der Benetton des Italieners ist draußen. Glück im Unglück: Barrichello gewinnt nach einer tadellosen Vorstellung im 123. Anlauf seinen ersten Grand Prix.

ERGEBNISSE UND AUSFÄLLE

1. Michael Schumacher	Ferrari F1-2000	1:41.12,313 = 180,849 km/h
2. Rubens Barrichello	Ferrari F1-2000	0,174 Sekunden zurück
3. Giancarlo Fisichella	Benetton-Playlife B200	15,365 Sekunden zurück
4. Mika Häkkinen	McLaren-Mercedes MP4/15	18,561 Sekunden zurück
5. Jos Verstappen	Arrows-Supertec A21	52,208 Sekunden zurück
6. Jarno Trulli	Jordan-Mugen EJ10	1.01,687 Minuten zurück
7. David Coulthard	McLaren-Mercedes MP4/15	1.02,216 Minuten zurück
8. Ricardo Zonta	BAR-Honda 002	1.10,455 Minuten zurück
9. Alexander Wurz	Benetton-Playlife B200	1.19,899 Minuten zurück
10. Pedro Diniz *	Sauber-Petronas C19	2.19,544 Minuten zurück
11. Jenson Button	Williams-BMW FW22	1 Runde zurück
12. Gastón Mazzacane	Minardi-Fondmetal M02	1 Runde zurück
13. Eddie Irvine	Jaguar-Cosworth R1	3 Runden zurück
14. Ralf Schumacher **	Williams-BMW FW22	5 Runden zurück/Unfall
15. Jacques Villeneuve **	BAR-Honda 002	5 Runden zurück/Unfall
16. Marc Gené **	Minardi-Fondmetal M02	5 Runden zurück/Dreher
Pedro de la Rosa	Arrows-Supertec A21	49. Runde, Unfall
Mika Salo	Sauber-Petronas C19	43. Runde, Motor
Jean Alesi	Prost-Peugeot AP03	39. Runde, Hydraulik
Nick Heidfeld	Prost-Peugeot AP03	35. Runde, Motor
Heinz-Harald Frentzen	Jordan-Mugen EJ10	33. Runde, Bremsen
Johnny Herbert	Jaguar-Cosworth R1	15. Runde, Getriebe

* Rückstand inkl. 25 Strafsekunden

** Nicht im Ziel, aber aufgrund der zurückgelegten Distanz gewertet

SCHNELLSTE RUNDE: (37. Rd.) – Mika Häkkinen, McLaren-Mercedes MP4/15
1.19,049 = 201,338 km/h
Neuer Rundenrekord

41. Sieg

Großer Preis von Italien
Monza, 10. September 2000

Tränen in Monza

Mit gemischten Gefühlen sieht die Scuderia dem Heimspiel entgegen: Nachdem man weder in Ungarn noch in Belgien hatte gewinnen können, ist klar, dass jetzt alles zusammenpassen muss, um den Titel nach Modena zu holen. Hellseher und Kaffeesatz-Leser haben Hochkonjunktur.

Die Stimmung innerhalb der Scuderia Ferrari ist seit dem Grand Prix von Belgien gedämpft. Immer wieder weisen die Schlüsselfiguren des Teams – mit Blick auf Adam Riese – darauf hin, dass der Titelkampf keineswegs entschieden sei. »Das Rennen in Monza«, betont Michael Schumacher, »hat noch nicht einmal vorentscheidende Bedeutung, ganz gleich, wie das Resultat lautet. Es ist einer von vier WM-Läufen des Restprogramms – nicht mehr und nicht weniger. Der Titelkampf endet keinesfalls am 10. September.« Sprüche wie diese bezeichnet die internationale Fachpresse als »Schönfärberei«. Tatsächlich befinden sich die »Schumi-Aktien« im freien Fall. Speziell, weil das Autodromo von Monza trotz der beiden Schumacher-Siege in den Jahren 1996 und 1998 nicht als Ferrari-Piste eingestuft wird. Die Papierform spricht vielmehr für McLaren-Mercedes.
Als sich Michael Schumacher donnerstags erstmals im Fahrerlager sehen lässt, ist er ausgesprochen gut gelaunt. Er plaudert, als habe er den Titel bereits in der Tasche, obwohl er während der letzten fünf Grand Prix nur zwölf WM-Punkte sammeln konnte. Mika Häkkinen kassierte im selben Zeitraum deren 42! Doch völlig locker plaudert er darüber, dass die Piste im königlichen Park von Monza keinesfalls zu seinen Lieblingskursen zählt: »Spa mag ich, Monte Carlo, Suzuka und den Hungaroring. Hier gibt's die langen Geraden und ein paar Schikanen – fahrerisch ist das nicht gerade besonders anspruchsvoll.« Dann spricht er von der Extraportion Motivation aufgrund der begeisterten Tifosi und dem enormen Druck, der auf ihm lastet. Wer in Monza für Ferrari die Kastanien aus dem Feuer holt, der wird am Abend des Renntages wie ein Halbgott verehrt, wenn er siegt. Aber wehe, ihm unterläuft ein Patzer... Daran will er gar nicht erst denken. Seine Wünsche bringt der Kerpener auf einen kurzen Nenner: »Ich möchte dort weitermachen, wo ich in Montreal aufgehört habe.« Seit Juni wartet er auf den 41. Sieg seiner Formel 1-Karriere, der ihn in diesem Punkt auf einen Level mit dem unvergessenen Ayrton Senna bringt.
Dass Mika Häkkinen erneut mit der vollen Punktzahl abreisen wird, bezweifelt am Abend des ersten Trainingstages sogar einer seiner Ingenieure. Rubens Barrichello und Michael Schumacher belegen in der Zeitenliste die Ränge eins und zwei. Mika Häkkinens Name taucht erst – hinter dem des Italieners Jarno Trulli – auf Platz vier auf. Nachdenklich meint der Techniker, der aus Furcht vor dem Vorwurf der »Nestbeschmutzung« darum bittet, ihn nicht namentlich zu erwähnen: »Ich habe das dumpfe

Gefühl, dies wird nicht unser Wochenende.« Mangelnden Sachverstand, das wird der Sonntag zeigen, kann man diesem Mann nicht vorwerfen.
Ferrari dominiert auch im zweiten freien Training. Diesmal rangiert Michael Schumacher vor Mika Häkkinen. Damit geht der Deutsche als Favorit ins Qualifying, und was nach der Niederlage von Spa nur wenige für möglich gehalten hatten, wird wahr: Ferrari feiert in Monza Auferstehung. »Mikele« sichert sich die Pole und Rubens Barrichello rundet die rote Renaissance als Zweiter ab. Unerwartet steckt McLaren in einer Krise. Häkkinen muss sich mit Rang drei begnügen und DC landet hinter Jacques Villeneuve nur auf Platz fünf.
Am Vorabend des 71. Gran Premio d'Italia lädt Ferrari-Präsident Luca di Montezemolo zum – inzwischen bereits traditionellen – GP-Dinner. Der Gastgeber ist aufgrund des Qualifying-Resultats blendender Laune. Überschwenglich bedankt er sich bei Sportchef Jean Todt, Michael Schumacher, Rubens Barrichello und Testpilot Luca Badoer. Dann gestattet er einen Blick in sein Herz: »Unsere beiden Autos stehen auf den Plätzen eins und zwei – ich wünschte, es wäre nicht Samstagabend sondern Sonntagabend…«
Während der letzten Stunde vor dem Start dreht sich alles um zwei Fragen. Wie weit wird der gefürchtete »Raketenstarter« Jacques Villeneuve auf den ersten Metern vorstoßen? Seine Vorderleute in der Startaufstellung warnte der Kanadier bereits am Vortag. Pole-Setter »Schumi« macht sich wegen des BAR-Stars keine Sorgen. »Hunde, die bellen«, meint er lächelnd, »beißen nicht.« Frage Nummer zwei betrifft die erste Kurve. Das langsame Eck erscheint wie die Garantie für eine Karambolage. Andererseits gilt: Eine erkannte Gefahr ist gebannt. Erinnerungen an 1986 werden wach, als den Piloten in Le Castellet aufgrund der »Halbierung« der Piste ebenfalls eine unzumutbare erste Kurve serviert wurde. Die enge Rechtskurve war das Gespächsthema Nummer eins. Und prompt verhielt sich der Pulk beim Anbremsen ausgesprochen diszipliniert. Der Respekt verschwand in den folgenden Jahren, und dann – als jeder davon überzeugt war, dass die Ecke in Wahrheit völlig harmlos ist – krachte es ganz fürchterlich.
Entsprechende Überlegungen werden jetzt unter Experten angestellt. Man kommt zu dem Resultat: In der ersten Schikane wird nichts passieren. Dann aber, im trügerischen Bewusstsein, die gefährlichste Klippe gemeistert zu haben, kann es dramatisch werden. Die zweite Schikane wird die kritische Stelle der Startrunde sein…
Auf den ersten Metern beschleunigt Michael Schumacher nicht perfekt, aber durchaus flott. Einen Angriff von Häkkinen, der Barrichello scheinbar mühelos übersprintet, kann der Kerpener erfolgreich abwehren, dann lenkt er seinen F1-2000 als Spitzenreiter durch die »Stromschnelle« mit Namen erste Schikane. Die Fans halten den Atem an, aber problemlos fädelt sich der Knäuel bunter Boliden ein, bis… Pedro Diniz den Bremspunkt überfährt und Eddie Irvine auf Mika Salo schiebt. Die grüne Katze ist mit defekter Vorderradaufhängung aus dem Rennen, während sich Salo mit luftleerem linken Hinterreifen auf den langen Weg an die Boxen begibt. Zunächst ist das Sauber-Duo wegen des Remplers verärgert. Nach dem Rennen werden Diniz und Salo unisono sagen: Ein Glück, dass uns dieses Missgeschick passierte, sonst wären wir in der zweiten Schikane mitten im Schlamassel gewesen.
Die Spitze fliegt inzwischen bereits mit einem Tempo von deutlich mehr als 300 km/h durch die Curva Grande auf diese zweite Schikane zu. Und jetzt nimmt das Unheil in Sekundenschnelle seinen Lauf: Nahezu zeitgleich berührt Heinz-Harald Frentzens Jordan den Ferrari Barrichellos und den Wagen des eigenen Teamgefährten. Trümmer

fliegen durch die Luft. In diesen Sekunden zieht sich der Fire-Marshal Paolo Ghislimberti tödliche Verletzungen zu. Aber nur wenige registrieren den tragischen Zwischenfall. Die Blicke sind auf die Piste gerichtet. Unkontrolliert kreiselt das Trio in die Auslaufzone und räumt auf dem Weg in den Kies Coulthards McLaren mit ab. Staub und Sand rauben den nachfolgenden Kollegen die Sicht...

In der brenzligen Situation nimmt Johnny Herbert bereits vor dem Bremspunkt Gas weg, und prompt knallt Pedro de la Rosas Arrows ins Heck des Jaguar. Der Bolide des Spaniers steigt auf, überschlägt sich mehrfach und verfehlt den Piloten des Ferrari mit Startnummer vier um Millimeter, bevor er kopfüber im Kies landet. Die betroffenen Fahrer rechnen mit einem Abbruch des Rennens. Aber Charlie Whiting, der verantwortliche Funktionär, handelt korrekt, als er sich für den Einsatz des Safety-Car entscheidet. Erst Minuten später wird Whiting über Ghislimbertis Schicksal informiert. Mit Beginn der zweiten Runde übernimmt Bernd Mayländer die Führung.

Jetzt erst wird das ganze Ausmaß des Crashs deutlich. Ärzte bemühen sich um den 33jährigen Ghislimberti. Aber die Verletzungen sind zu schwer – der Ferrari-Fan, der so stolz auf seine Arbeit an den Pisten war, ist verloren.

Letztlich wird die Unfallursache wohl nie restlos geklärt werden. Das Feld zirkuliert zunächst unverändert mit Rundenzeiten von knapp 150 Sekunden, als auch Pedro de la Rosa im Fahrerlager eintrifft. »Ich sah gelbe Flaggen und bremste«, erinnert er sich, »überall flogen Trümmer umher, und die Luft war blau vom verbrannten Gummi der Pneus. Plötzlich war die Sicht wieder frei – vor mir sah ich zwei extrem langsame Autos. Es gab gar nichts, was ich hätte tun können. Es war ein Unfall, wie er passieren kann. Dieser Gefahr sind wir immer ausgesetzt. Aber ich will nicht sagen, dass ich Pech hatte. Im Gegenteil – ich hatte heute unglaubliches Glück.«

Über Funk bitten die beiden Sauber-Piloten ihre Crew, die Rennleitung zu informieren, dass kleinere Kohlefaser-Stücke auf dem Asphalt liegen. Die scharfkantigen Splitter gefährden die Reifen... Aber die Marshals sind auf Zack und geben erst dann Entwarnung, als die Piste besenrein ist. Das ist im Verlauf der elften Runde der Fall.

Durch entsprechende Signale werden die Piloten informiert, dass die Freigabe des Tempos unmittelbar bevorsteht. Auf der Anfahrt zur Parabolica bereitet sich Michael Schumacher auf den Neustart vor. Er beschleunigt, dann tritt er auf die Bremse, weil die Kohlefaserscheiben aufgrund des Bummeltempos unterkühlt sind. Jenson Button wird durch dieses Manöver überrascht. Um nicht auf Villeneuve und »Schumi II« aufzufahren, weicht er nach links auf den Grünstreifen aus, wo er einen unvorsichtigen Streckenposten – der sich vor der Leitplanke aufhält – knapp verfehlt. Der Williams schlägt mit dem linken Hinterreifen gegen die Begrenzung, aber der Brite merkt zunächst nicht, dass der Pneu aufgrund eines Felgenschadens Luft verliert. Erst in der Parabolica macht sich der Defekt bemerkbar, als der FW22 ausbricht und in den Planken landet. Da waren´s nur noch 14... Michael Schumacher entschuldigt sich später für sein Bremsmanöver: »Sorry, wenn ich einigen Kollegen Probleme bereitet habe, dann tut mir das leid. Aus meiner Sicht war es selbstverständlich, die Bremsen aufzuheizen.«

Als das Rennen gut 25 Minuten nach dem schweren Unfall ein zweites Mal beginnt, wird schnell deutlich, dass Michael Schumacher keinen Gegner zu fürchten braucht. 1,4 Sekunden Vorsprung bringt er aus der zwölften Runde, die irgendwie auch die erste ist, mit. Innerhalb der nächsten drei Umläufe wächst das Zeitpolster, dass ihn von seinem finnischen Verfolger trennt, auf drei Sekunden an.

Im Jubel der Tifosi geht die wahre Sensation beinahe unter. Villeneuve hatte bereits nach den erfolgreichen Monza-Tests angekündigt: »Auf dieser Piste sind wir so stark, dass wir aus eigener Kraft in die Punkte fahren können.« Jetzt liegt der Kanadier auf Rang drei und hat damit das Podest im Visier. Aus einem bestimmten Grund ist der starke Auftritt ganz nach dem Geschmack von BARs Motorenpartner Honda. 26 Jahre nach dem Debüt der Japaner auf der Nordschleife des Nürburgrings feiern sie ihren 200. GP.

Aber die Freude der Asiaten währt nicht lange. Zu Beginn der 15. Runde rollt der BAR-Honda aus. Ein elektrischer Schluckauf hat die Startnummer 22 gestoppt. Der Zehnzylinder hat sich verabschiedet, und JV wandert tief enttäuscht zurück an die Boxen. »Es ist eine Schande«, diktiert er der Presse in die Notizbücher, »denn so nah waren wir dem Podest noch nie. Das war die große Chance der Saison, und die haben wir wegen des dummen Defektes nicht nutzen können.« Es ist tatsächlich eine Schande, dass ein Ass vom Kaliber eines Villeneuve seit dem 28. September 1997 – damals gewann er auf der GP-Piste des Nürburgrings den GP von Luxemburg – vergeblich auf seinen zwölften F1-Sieg warten muss. Was Villeneuve später zusätzlich nervt: Als sein Bolide nach dem Rennen in den Boxen gestartet wird, springt der Motor klaglos an. Immerhin, für Craig Pollock und seine Crew wird es einen Trostpreis geben.

Die Zuschauer auf den Rängen sind begeistert, obwohl sich auf der Piste keineswegs Sensationelles abspielt. Ricardo Zonta und Jos Verstappen sind die zwei einzigen Piloten, die dem Rennen Farbe verleihen. Beide sind mit leichten Autos unterwegs. Der Südamerikaner setzt auf eine Zwei-Stopp-Taktik, »Jos the Boss« fährt einen kurzen ersten Stint. Entsprechend können sie die Sporen geben. Sie spurten nach vorn und liegen nach 16 Runden – in der Reihenfolge Verstappen vor Zonta – auf den Plätzen drei und vier. Selbst ein Ralf Schumacher hat das Duo nicht in Schach halten können. Als er von den Außenseitern ausgebremst wird, macht sich »Schumi II« allerdings keine großen Sorgen: »Ich wusste, dass ich sie während der Stopps wieder packen würde. Eine echte Gefahr stellten sie für mich deshalb nicht dar.«

Mit einem atemberaubenden Manöver verdrängt Zonta seinen niederländischen Gegner zu Beginn der 21. Runde von Platz drei. Zwei Umläufe später geht der ehemalige GT-Champion an die Boxen. Auf dem vorletzten Platz findet er sich wieder. Daraufhin beginnt das Spiel von neuem – Zonta pflügt durchs Feld und wird letztlich mit dem zweiten WM-Punkt seiner Karriere belohnt.

Nach 39 Runden, Häkkinen liegt mehr als zehn Sekunden hinter dem deutschen Spitzenreiter zurück, fährt »Schumi« zum Routinestopp an die Boxen. Innerhalb von 7,2 Sekunden wird der Publikumsliebling abgefertigt. Jetzt führt der Titelverteidiger, aber der muss ja auch noch zum Service. Nach 42 Umläufen hält der Finne. Er wird nach nur 6,6 Sekunden »entlassen« und reiht sich zwölf Sekunden hinter dem Ferrari-Star wieder ins Geschehen ein. Das Rennen ist gelaufen.

Runde 43 bringt die letzten Positionsverschiebungen, als Ralf Schumacher, inzwischen längst wieder Dritter, und Fisichella Service machen lassen. Der Bruder des Leaders gibt nach 6,4 Sekunden wieder Gas. Doch für Fisico wird der Stopp zum Alptraum: Wegen eines Kupplungsdefektes stirbt der Motor ab, als der Pilot den ersten Gang einlegen will. Wilde Gesten, Hektik – endlich setzt sich der Benetton wieder in Bewegung. Aber jetzt ist der Italiener nicht mehr Vierter, sondern Elfter und damit Vorletzter.

Michael Schumacher, Häkkinen, Ralf Schumacher, Verstappen, ein überglücklicher Wurz, der erstmals seit Zeltweg 1999 punktet, und Zonta – die WM-Punkte sind vergeben. Happy sind nur fünf der sechs Erstplatzierten. Denn Häkkinen träumt nach der Zieldurchfahrt immer noch von seinem ersten Monza-Sieg, auf den er schon so lange vergeblich wartet. Kaum ist die schwarzweiß-karierte Flagge gefallen, da versinkt alles in einem Meer roter Ferrari-Fahnen.

Es ist kein Geheimnis, dass Michael Schumacher Statistiken aller Art wenig Beachtung schenkt. Deshalb ist seine Reaktion nach der Siegerehrung überraschend. Während der obligatorischen TV-Pressekonferenz, die grundsätzlich der »richtigen PK« im Pressezentrum vorgeschaltet wird, erinnert ihn der Fragesteller daran, dass er jetzt seinen 41. GP gewonnen hat und damit auf einer Stufe mit Ayrton Senna steht. Ob ihm dies etwas bedeute, wird Schumacher gefragt.

Kurz zögert der Deutsche. Dann sagt er mit zitternder Stimme: »Ja, das bedeutet mir sehr viel...« Unmittelbar darauf wird er von einem Weinkrampf geschüttelt. Anschließend wird gerätselt, wie es zu diesem Gefühlsausbruch kam. Michael Schumacher will sich dazu nicht äußern. Es gibt nur eine plausible Erklärung: Weltweit konnte sich nie zuvor jemand in die Lage des Ayrton Senna des Jahres 1994 versetzen. Aber Michael Schumacher kann es in der Stunde seines Triumphes. Ausgelöst durch die verbindende »41« spürt er unerwartet, wie sich der große Rivale im Jahr seines Todes fühlte. Jetzt blickt »Schumi« auf zehn Saisons F1-Sport zurück. Jetzt ist er der Superstar, auch wenn er – wie Senna – sein Ausnahmetalent nicht immer in Siege ummünzen kann. Ruhm und Reichtum, alles scheint identisch zu sein. Noch nie war Michael Schumacher seinem Rivalen so nah wie in diesem Augenblick. Und jetzt, quasi aus der Perspektive des Brasilianers, wird ihm das tragische Schicksal dieses Mannes so bewusst, wie es keinem der zahlreichen Senna-Fans je war oder sein wird...

Auch vier Tage nach dem Rennen wird geweint. In seinem Heimatort Barco di Levico bei Trient wird Paolo Ghislimberti zu Grabe getragen. Eine Ferrari-Fahne schmückt den Sarg. Mit unter den Trauergästen: Jarno Trulli, Heinz-Harald Frentzen und Luca Badoer. Um die Witwe, sie ist im achten Monat schwanger, zumindest vor akuter materieller Not zu bewahren, haben die elf F1-Teams 110.000 US-Dollar gespendet. Bernie Ecclestone stockte den Betrag auf 150.000 US-Dollar auf.

ERGEBNISSE UND AUSFÄLLE

1. Michael Schumacher	Ferrari F1-2000	1:27.31,638 = 210,286 km/h
2. Mika Häkkinen	McLaren-Mercedes MP4/15	3,810 Sekunden zurück
3. Ralf Schumacher	Williams-BMW FW22	52,432 Sekunden zurück
4. Jos Verstappen	Arrows-Supertec A21	59,938 Sekunden zurück
5. Alexander Wurz	Benetton-Playlife B200	1.07,426 Minuten zurück
6. Ricardo Zonta	BAR-Honda 002	1.09,292 Minuten zurück
7. Mika Salo	Sauber-Petronas C19	1 Runde zurück
8. Pedro Diniz	Sauber-Petronas C19	1 Runde zurück
9. Marc Gené	Minardi-Fondmetal M02	1 Runde zurück
10. Gastón Mazzacane	Minardi-Fondmetal M02	1 Runde zurück
11. Giancarlo Fisichella	Benetton-Playlife B200	1 Runde zurück
12. Jean Alesi	Prost-Peugeot AP03	2 Runden zurück
Nick Heidfeld	Prost-Peugeot AP03	16. Runde, Dreher
Jacques Villeneuve	BAR-Honda 002	15. Runde, Elektrik
Jenson Button	Williams-BMW FW22	11. Runde, Unfall
Johnny Herbert	Jaguar-Cosworth R1	2. Runde, Unfallfolgen
Rubens Barrichello	Ferrari F1-2000	1. Runde, Unfall
David Coulthard	McLaren-Mercedes MP4/15	1. Runde, Unfall
Jarno Trulli	Jordan-Mugen EJ10B	1. Runde, Unfall
Heinz-Harald Frentzen	Jordan-Mugen EJ10B	1. Runde, Unfall
Pedro de la Rosa	Arrows-Supertec A21	1. Runde, Unfall
Eddie Irvine	Jaguar-Cosworth R1	1. Runde, Unfall

SCHNELLSTE RUNDE: (50. Runde) – Mika Häkkinen, McLaren-Mercedes MP4/15
1.25,595 = 243,645 km/h
Rundenrekord – Strecke in dieser Form erstmals gefahren

42. Sieg

Großer Preis der USA
Indianapolis, 24. September

»Schumi« erobert Indy

Endlich gelingt den Roten wieder einmal ein Doppelsieg – dank der freundlichen Mithilfe der Silbernen. Nach zwölf störungsfreien Rennen verabschiedet sich der V10 im Rücken des zweifachen finnischen Weltmeisters.

Indianapolis, das ist eine unbestrittene Tatsache, zählt weltweit zu den Hauptstädten der Motorsport-Szene. Das legendäre 500 Meilen Rennen, die Indy 500, genießt internationalen Ruf, auch wenn die Traditionsveranstaltung nach 1995 etwas von ihrem Glanz verloren hat. Seit 1911 wird sie ausgetragen. In jenen Jahren wagte im fernen Europa kaum jemand auch nur daran zu denken, eine permanente Rennstrecke zu bauen.
Jetzt erwartet die Hauptstadt des US-Bundesstaates Indiana die Formel 1, die zuletzt 1991 in den USA gastiert hat. Das Comeback im Land der unbegrenzten Möglichkeiten zählte natürlich schon seit dem Frühjahr zu den wichtigen Themen der Branche. Und quer durch die Rennställe sind sich die Schlüsselfiguren einig: Die Rückkehr des Grand Prix-Sports in die Staaten ist ein Pluspunkt für das Championat. Man plant, sich von der besten Seite zu zeigen, um die Fans in der neuen Welt an die – aus der »Cowboy-Perspektive« – exotische Rennserie zu binden.
Was viele vergessen haben: Bereits am 30. Mai 1950 wurden in Indy WM-Punkte für das Fahrer-Championat vergeben. Jetzt sollen zum zwölften Mal WM-Punkte in Indianapolis vergeben werden, aber es ist der erste »richtige« Weltmeisterschaftslauf auf der Piste im Herzen des weltweit größten Maisanbaugebietes der Erde. Bernie Ecclestone und seine Mannen haben die Weichen klug gestellt: Die »F1-Schnupperproben« im Jahr des Neuanfangs werden praktisch gratis verteilt. Freitags kosten die Tickets zehn US-Dollar, samstags deren 20. Jeweils gibt es freie Sitzwahl auf den mächtigen Tribünen. Der Renntag, bei Preisen zwischen 50 und 140 US$, ist ohnehin seit Monaten ausverkauft.
Die europäischen Gäste, sofern sie keinerlei Indy-Erfahrung haben, wundern sich nach der Ankunft am Mittwoch. Während ein Thunderstorm wütet – wie schon in Hockenheim heißt es in der Boxengasse für Stunden »Land unter« –, tun sich viele schwer, den Indianapolis Motor Speedway zu finden... Tatsächlich ist die Beschilderung dürftig. Den Grund hierfür erklärt einer der »Yellow Shirts«, einer der greisen Ordner, die in Indy traditionell für Disziplin sorgen: »Die Tradition ist schuld. Schon unsere Großväter wussten, wo die Rennstrecke liegt. Wer nach bald 100 Jahren den Weg nicht kennt, ist das selbst schuld.« Ja, sie sind sehr stolz auf ihren Speedway, auch wenn er jetzt – eigens für die Formel 1 – verändert wurde. Das Oval wird nur, und zwar entgegen der klassischen Fahrtrichtung, partiell befahren. Ein zusätzliches Kurvengeschlängel im Infield macht die Anlage F1-tauglich.

Natürlich wird die Frage aufgeworfen, weshalb nicht im »Nudeltopf« gefahren wird. Ovalkurse entsprechen zwar nicht der F1-Weltanschauung, aber einmal im Jahr könnte man sich diesen Spaß ja erlauben. »Nein«, meint Adrian Reynard, der jetzt für den Bau des BAR-Honda 002 verantwortlich ist, in früheren Jahren allerdings auch schon Indy-Boliden konstruierte, »das ist aus Sicherheitsgründen nicht möglich – es würde Tote geben.« Patrick Head argumentiert mit den Kosten: »Aufgrund der speziellen Herausforderung müsste jedes Team neue Autos bauen. Nur für dieses eine Rennen! Das würde die Budgets sprengen. Bereits für diesen Grand Prix mussten wir wegen der überhöhten Kurve Spezial-Frontflügel konstruieren, die in der nächsten Woche in den Müll wandern. 2001 werden die Dinger wegen neuer Paragraphen im Technischen Reglement nicht mehr erlaubt sein…«
Die überhöhte Kurve! Die europäische Boulevard-Presse verkauft diesen »Turn 13«, den die alten Indy-Hasen nur als »Turn 1« kennen, als »Steilkurve«. Nein, steil ist sie nicht. Der optische Eindruck täuscht aufgrund der gigantischen Tribünen im Hintergrund. Die Überhöhung beträgt allerdings immerhin neun Grad und zwölf Sekunden. Bridgestone hat Spezialreifen gefertigt, denen die spezifische Belastung in »Turn 13« nichts anhaben kann.
Donnerstag, das nasse Sturmtief ist abgezogen, steht die erste offizielle Pressekonferenz auf dem Programm, und für die amerikanischen Journalisten gilt es, einen Schock zu verdauen. Wie selbstverständlich erwarten sie von Weltmeister Mika Häkkinen, Michael Schumacher und Co. einige Komplimente für die imposante Anlage. Fehlanzeige. »Indy«, erklärt der Titelverteidiger, »interessiert mich nicht. Das ist eins von 17 Rennen des Jahres. Ich bin voll auf die WM konzentriert.« Und »Schumi« erklärt, weshalb er nicht vor Ehrfurcht erstarrt: »Ich kümmere mich grundsätzlich nicht um Geschichte, außerdem hatte ich bisher noch nicht die Zeit, mich richtig umzuschauen.« Auf Nachfrage gestehen immerhin die beiden Hauptakteure, dass »alles recht groß« wirke, aber bisher, so Schumacher, kenne er nur das Fahrerlager. Jacques Villeneuve wittert die peinliche Lage und gibt den Amis Nachhilfeunterricht: »Ich weiß ja, wie ihr das seht. Als ich das erste Mal hier war – und wegen des Indy-Rennens mit allem drum und dran dauert der Aufenthalt ja vier Wochen – wurde mir auf Schritt und Tritt erläutert, welcher Indy-Star wann durch welche Tür geschritten sei, wo er auf dem Klo war und welchen Weg er anschließend ging. All diese heiligen Plätze… Hier mag das von Bedeutung sein, aber die Europäer können damit überhaupt nichts anfangen – dort ist das anders.«
Die Piloten und ihre Schlachtenbummler – 35.000 sind aus dem Ausland, das Gros aus England und Deutschland, angereist – werden aufgrund dieses Einstandes von den Einheimischen kritisch begutachtet. Freitags schreibt der »Indianapolis Star«: »Eine neue Rasse von Race-Fans ist in der Stadt. Diese Menschen tragen keine T-Shirts, und sie trinken auch kein Dosenbier. Es sind Champagner-nippende Europäer in dunklen Anzügen.«
Zunächst aber, einen Tag vor Trainingsbeginn, möchte Michael Schumacher mehr als nur das Fahrerlager kennenlernen. Er schwingt sich in den Sattel einer knallroten Vespa und rollt zum Ausgang der Boxengasse. Dort wird er von einigen Yellow Shirts gestoppt. Da könnte ja jeder kommen. Der Fremdling wird unter die Lupe genommen. Misstrauisch kontrollieren die Posten die berühmte Plastik-Karte, die jedes permanente Mitglied des GP-Zirkus um den Hals trägt. Michael Schumacher? Kennen wir nicht, also darf er nicht weiterfahren. Basta! Aber »Schumi« hat Glück. Die beiden

FIA-Funktionäre Charlie Whiting und Herbie Blash – beide Ex-Brabham-Mechaniker, die Bernie Ecclestone unverändert unter seinen Fittichen hat – rollen am Steuer des Safety-car heran. Der Kerpener erläutert sein Problem. Blash, ohnehin ein grundgütiger Mitmensch, zeigt Verständnis: »Eigentlich darf niemand auf die Piste, weil sich gleich Bernd Mayländer mit dem Safety-car einschießen wird. Trotzdem darfst du fahren – aber gib Gas, in sechs Minuten musst du zurück sein.«
Hinten im Fahrerlager, das tatsächlich imposante Ausmaße hat, ist inzwischen auch Heinz-Harald Frentzen eingetrudelt. Ausnahmsweise ist ihm nicht zum Scherzen zumute. Der Monza-Schock war eine böse Erfahrung. »Das waren schlimme Tage«, sagt der Mönchengladbacher mit nachdenklicher Miene, »mit dem Unfall habe ich mich sehr schwer getan. Dabei geht es nicht um die Schuldfrage – es war ein Unglück. Eines ist klar – wir dürfen nicht damit aufhören, weiter für Sicherheit zu kämpfen.« Dass ihn Rubens Barrichello nach dem Crash mit Vorwürfen überhäuft hat, nimmt er dem Brasilianer nicht übel: »Das war eine impulsive Reaktion von Rubens.«
Freitags bemühen sich Bernie Ecclestone und Max Mosley persönlich darum, den am Vortag von den Top-Piloten angerichteten Schaden zu begrenzen. Beide gehen den Gastgebern artig um den Bart und verteilen exakt jene Komplimente, die vor 24 Stunden so schmerzlich vermisst wurden. Der nächste diplomatische Fauxpas wird allerdings nicht lange auf sich warten lassen…
Schlag elf Uhr ist es endlich soweit: Angeführt von Jordan-Pilot Frentzen rollen die Boliden hinaus auf ihre erste Indy-Runde. Circa 50.000 Fans haben sich versammelt, und die wissen, den feierlichen Augenblick zu würdigen: Die Zuschauer erheben sich von ihren Plätzen und applaudieren. Und weil jeder Erfahrung sammeln muss, Bridgestone hat zwei zusätzliche Reifensätze pro Pilot spendiert, herrscht reger Verkehr.
Jetzt muss die Praxis zeigen, ob in der Vorbereitungsphase korrekt gearbeitet wurde. Alle Teams haben in den heimischen Werken die Herausforderungen der Piste von Indy simuliert. Aufgrund dieser theoretischen Grundlage wird zunächst mit wenig Abtrieb gefahren – die Flügel sind flach gestellt. Bis zum Sonntag ist dann ein interessanter Trend zu beobachten: Letztlich werden die Autos in der aerodynamischen Barcelona-Konfiguration, das bedeutet steilere Flügel als in Spa beobachtet wurden, abgestimmt. Auch die Motoren-Ingenieure haben sich sorgfältig vorbereitet. Frage an das Mercedes-Genie Mario Illien: Stimmt es, dass die Vollgaspassage im Start-und-Ziel-Bereich 24 Sekunden dauert? »Nie«, antwortet der Schweizer, »vielleicht bei Minardi…«
Die ersten 60 Minuten sehen Michael Schumacher und seinen südamerikanischen Teamkollegen auf den Plätzen eins und zwei. Im Verlauf der zweiten Stunde drehen die Silberpfeil-Piloten den Spieß um. David Coulthard, gefolgt vom Weltmeister, lässt sich als Tagessieger feiern. Die beiden Roten aus Maranello haben sich nicht steigern können.
Mit Spannung werden die ersten Aussagen der Piloten über den neuen Kurs erwartet. Allgemeiner Tenor: Die »Steilkurve« ist harmlos. Problematisch, da sind sich die 22 Akteure einig, könnte sie allerdings bei Regen sein. Dem Gros der Rennfahrer – allen voran Jacques Villeneuve – ist das Infield-Geschlängel nicht schnell genug. Die Kritik gilt speziell den Kurven »9« und »10«. Der BAR-Pilot: »Die müssen sich dort für nächstes Jahr etwas einfallen lassen.« Noch-Vizeweltmeister Eddie Irvine beschreibt die Rennstrecke zutreffend: »Mir erscheint der Speedway wie ein Mix aus Monza und Budapest.« Außen Indy, innen Mickey Mouse lautet der Nenner.

In der Nacht auf Samstag »kippt« das Wetter. Morgens um fünf Uhr ist über Indianapolis lautes Donnergrollen zu hören. Aber es gibt an diesem Tag Schlimmeres als ein paar Regentropfen im Laufe des Vormittags: Auf einem Parkplatz in der Nähe des Speedway sterben während der Nacht drei kanadische Fans in einem gemieteten Motorhome an einer Kohlenmonoxydvergiftung. Und einige Stunden später erwischt es auf tragische Art einen der Yellow Shirts, der von einem angetrunkenen Autofahrer überfahren wird. Der 58jährige Ordner wird schwerverletzt in ein Hospital eingeliefert.
Während sich diese Horrormeldungen langsam herumsprechen, schießen sich die 22 F1-Piloten, auf anfangs feuchter Piste, für das Qualifying und den Grand Prix am Sonntag ein. Dabei ist Ferrari auffallend fleißig: »Schumi« und Barrichello spulen gemeinsam 66 Runden ab und landen – wie am Freitagvormittag – auf den Plätzen eins und zwei. Damit gilt Michael Schumacher als Favorit für den Kampf um die Pole.
Als das Qualifying beginnt, ist der Asphalt trocken. Aber die Wetterlage ist keineswegs stabil. Jeden Augenblick, so scheint es, können die Niederschläge wieder einsetzen. So ist es keine Überraschung, dass auf dem Speedway sofort reger Verkehr herrscht: 19 Piloten gehen im ersten Ansturm auf die Piste. Nur Michael Schumacher, Pedro Diniz und Heinz-Harald Frentzen bleiben gelassen und stürzen sich nicht in das Getümmel. Was die Fans auf den Rängen geboten bekommen – inzwischen sind es wohl 80.000 –, kann sich als echte Werbung für den Grand Prix-Sport sehen lassen. »Schumi« fährt im Verlauf der 36. Minute Tagesbestzeit. Die Runde ist deshalb spektakulär, weil sie auf Teamwork beruht. Barrichello und sein Teamkollege umrunden den Kurs im »Formationsflug«. Der Brasilianer fungiert gemäß Absprache als Schrittmacher und sorgt auf der Geraden für einen Windschatten, der Schumacher wertvolle Zehntelsekunden bringt. Natürlich stellt sich Schumacher anschließend ebenfalls als »Schlepper« zur Verfügung. Bis in die Schlussphase herrscht elektrisierende Spannung, denn in der 57. Minute kopiert McLaren den »Tandem-Trick« – Häkkinen zieht DC. Der Schotte kann sich tatsächlich steigern und verdrängt Barrichello aus der ersten Startreihe. Aber Schumachers Zeit verfehlt er um 0,126 Sekunden.
Schumachers Startplatz liegt nur wenige Meter vor dem Ziegelstreifen, der als Ziellinie dient und parallel daran erinnern soll, dass die Rennstrecke – der »Brickyard« – ursprünglich mit 3250000 Klinkern gepflastert war. Der Streifen, neun Steine breit, bereitet Ferrari-Sportchef Jean Todt Kopfzerbrechen. Sein Schützling überquert die Klinker-Klippe unmittelbar nach dem Start – möglicherweise drehen die Antriebsräder des Ferrari zu stark durch. Todt interveniert bei der Rennleitung und fragt nach, ob man diese Steine des Anstoßes nicht eventuell mit Asphalt bedecken könne.
Todt hätte die Gastgeber nicht mehr beleidigt, wenn er mitten auf die heiligen Ziegel... Die Amerikaner sind empört. »Und im nächsten Jahr«, kündigt ein einheimischer Journalist an, »werden sie die Hall of Fame einreißen, weil sie an dieser Stelle eine vielversprechende TV-Kamera-Position wittern.« Natürlich werden die Klinker nicht asphaltiert, und Todt kann trotzdem gut schlafen: Alle Startplätze werden um 17 Meter zurück verlegt. Damit hat auch der Pole-Setter genügend Anlauf, um die Gefahrenstelle mühelos passieren zu können. Am Renntag herrscht trotz Regenwetters Volksfest-Stimmung. Seit den frühen Morgenstunden weisen die lokalen Rundfunkstationen darauf hin, dass die Formel 1-Piloten auch bei diesem Wetter fahren werden. Rennautos auf nasser Bahn, so wie am Samstagmorgen, das hat es in Indiana-

polis noch nie gegeben. Und über die Radiolautsprecher kommen weitere nützliche Hinweise. »Wenn Sie ins Fahrerlager wollen«, warnt der Sprecher, »um sich Autogramme von den Piloten zu holen – vergessen Sie es. Versuchen Sie es erst gar nicht! In der Formel 1 betritt kein normal Sterblicher den Bereich hinter den Boxen.«
Abgesehen von Johnny Herbert lassen beim Start alle Fahrer Regenreifen aufziehen. Der Regen hat zwar seit langem aufgehört, aber noch ist die Bahn partiell nass. Die letzten Zeremonien vor der PS-Show verlaufen ganz nach dem Geschmack alter Indy-Kenner: Luftballons, Kapellen, die amerikanische Nationalhymne – natürlich live gesungen – und das Gebet einer Geistlichen. Die Dramaturgie ist gekonnt.
Weniger gekonnt ist der Start, den kurz darauf DC produziert. Der McLaren-Fahrer schießt davon, während seine Kollegen in Gedanken noch beim Frühstück sind. Ein Fehlstart wie aus dem Lehrbuch. Das Feld fliegt die lange Gerade hinunter und bremst nach gut 300 Metern den Rechtsknick an, der ins Infield führt. Coulthard vor »Schumi«, Häkkinen, Barrichello, Trulli, Button, Publikumsliebling Villeneuve, »Schumi II« und Frentzen lautet die Reihenfolge.
Im Verlauf der zweiten Runde kollidieren Trulli und Button, was beide Piloten zu Reparaturstopps an die Boxen zwingt. Entsprechend wird aufgerückt, wobei das deutsche Verfolger-Paar die Plätze getauscht hat.
Als die Spitze aus dem dritten Umlauf zurückkehrt, beträgt Coulthards Vorsprung bereits knappe 1,8 Sekunden. Häkkinen hat als Dritter schon mehr als 3,6 Sekunden auf den Schotten verloren. Dann ändert sich das Bild schlagartig. Coulthard drosselt seine Rundenzeiten von ursprünglich 1.23,3 Minuten bis zur sechsten Runde auf 1.27,2... Nur im Infield, wo Michael Schumacher keine Überholmöglichkeit hat, bummelt der Brite. Die Situation ist eindeutig: Der Spitzenreiter ist bereits darüber informiert, dass er sich durch den Frühstart eine Zehn-Sekunden-Strafe eingehandelt hat. Damit hat er keine Chancen mehr auf einen der vorderen Plätze und stellt sich in den Dienst seines Teamkollegen, der sofort Anschluss an Schumacher findet.
Zu Beginn der siebten Runde macht dieser dem Spuk ein Ende, indem er Coulthard am Ende der Zielgeraden spektakulär niederringt. Schumacher: »Davids Verhalten im Infield geht okay. Aber wie er sich gegen mein Überholmanöver wehrte, war unfair – unsere Autos berührten sich.«
Nach acht Runden muss DC an den Boxen die Strafe abbrummen, und Fisichella verliert – aus dem gleichen Grund – ebenfalls kostbarste Sekunden.
Zu diesem Zeitpunkt ist bereits fast das komplette Feld auf Trockenreifen unterwegs. Als aufrechte Freunde profilierter Pneus erweisen sich lediglich Michael Schumacher, Frentzen, Diniz und Mazzacane – in dieser Reihenfolge belegt das Quartett die ersten Plätze. Als letzter Pilot lässt »Schumi« nach 16 Runden die Reifen wechseln. Nach seinem Stopp führt er mit 10,9 Sekunden Vorsprung vor Häkkinen, und es zeigt sich schnell, dass dieses Rennen noch lange nicht entschieden ist. Häkkinen macht Druck auf den Spitzenreiter.
Nach 25 Runden trennen die beiden Erstplatzierten nur noch 4,1 Sekunden. Der Führungswechsel scheint nur noch eine Frage der Zeit zu sein. Dann erstarrt das Gesicht von McLaren-Boss Ron Dennis zu Stein. Auf dem Monitor an der Boxenmauer sieht er, dass Häkkinens Silberpfeil Tempo verliert – Flammen schlagen aus dem Heck. Nach zwölf defektfreien Grand Prix kollabiert der V10 im Rücken des Finnen. »Es passierte«, erläutert der Titelverteidiger, »ohne die geringste Vorwarnung.«

Damit ist die Entscheidung an der Spitze gefallen. Michael Schumacher führt vor seinem Bruder und Frentzen. Ein deutscher Dreifachsieg liegt in der Luft. Aber die germanische Gala wird auf unbestimmte Zeit verschoben. Immer wieder muss der FW22 von »Schumi II« an die Boxen, um das Ventil-Druckluftsystem »aufpusten« zu lassen, dann streikt der Motor völlig.Und Frentzen wehrt sich vergeblich gegen Barrichello, der nach 50 Runden Platz zwei übernimmt, als HHF zum Service an die Boxen fährt. Doch auch Rang drei hat der Mönchengladbacher noch nicht unter Dach und Fach. Villeneuve jagt den gelben Postler und attackiert ihn zu Beginn des 65. Umlaufs. Aber das Manöver ist zu ungestüm. Der Kanadier rodelt ins Aus. Kurzfristig darf Frentzen durchatmen, dann ist Villeneuve schon wieder auf Tuchfühlung. Doch der Jordan-Pilot bleibt cool und rettet sich vor Villeneuve über die Linie. Rückblickend verschenkte der BAR-Pilot den möglichen Podestplatz, weil er mit zuviel Flügel fuhr. Die Fans sind happy – der »Grawn Pree« hat ihnen gefallen. Und Sieger Schumacher teilt diese Meinung. Acht Punkte Vorsprung vor Häkkinen sind ein angenehmes Polster. Aus eigener Kraft kann der finnische Pechvogel seinen Titel jetzt nicht mehr verteidigen.

ERGEBNISSE UND AUSFÄLLE

1. Michael Schumacher	Ferrari F1-2000	1:36.30,883 = 190,229 km/h
2. Rubens Barrichello	Ferrari F1-2000	12,118 Sekunden zurück
3. Heinz-Harald Frentzen	Jordan-Mugen EJ10B	17,368 Sekunden zurück
4. Jacques Villeneuve	BAR-Honda 002	17,935 Sekunden zurück
5. David Coulthard	McLaren-Mercedes MP4/15	28,813 Sekunden zurück
6. Ricardo Zonta	BAR-Honda 002	51,694 Sekunden zurück
7. Eddie Irvine	Jaguar-Cosworth R1	1.11,115 Minuten zurück
8. Pedro Diniz	Sauber-Petronas C19	1 Runde zurück
9. Nick Heidfeld	Prost-Peugeot AP03	1 Runde zurück
10. Alexander Wurz	Benetton-Playlife B200	1 Runde zurück
11. Johnny Herbert	Jaguar-Cosworth R1	1 Runde zurück
Jean Alesi	Prost-Peugeot AP03	65. Runde, Motor
Gastón Mazzacane	Minardi-Fondmetal M02	60. Runde, Motor
Ralf Schumacher	Williams-BMW FW22	59. Runde, Motor
Pedro de la Rosa	Arrows-Supertec A21	46. Runde, Getriebe
Giancarlo Fisichella	Benetton-Playlife B200	45. Runde, Motor
Jos Verstappen	Arrows-Supertec A21	35. Runde, Unfall
Mika Häkkinen	McLaren-Mercedes MP4/15	26. Runde, Motor
Mika Salo	Sauber-Petronas C19	19. Runde, Dreher
Jenson Button	Williams-BMW FW22	15. Runde, Elektrik
Jarno Trulli	Jordan-Mugen EJ10B	13. Runde, Aufhängung hinten

SCHNELLSTE RUNDE: (40. Runde) – David Coulthard, McLaren-Mercedes MP4/15
1.14,711 = 201,994 km/h
Rundenrekord

43. Sieg

Großer Preis von Japan
Suzuka, 8. Oktober 2000

Alla Scuderia

Der rote Pole-Setter kann auf den ersten Metern nach dem Start mit dem entfesselt fahrenden Mika Häkkinen nicht mithalten. Das Rennen indes wird an den Boxen entscheiden, die Strategen der Roten agieren fehlerfrei: Schumachers Sieg bedeutet den ersten Fahrertitel für einen Ferrari-Piloten seit Jody Scheckters Titel 1979.

Dank des Sieges in Indianapolis hat Michael Schumacher erstmals seit 1998 einen »Matchball« im Kampf um den WM-Titel. Gewinnt er, das ist die unmissverständliche Aussage der Taschenrechner, in Suzuka zwei Punkte mehr als Mika Häkkinen, dann hat er den Titel in der Tasche. Trotz erfolgreicher Testfahrten in Maranello beurteilt die deutsche Presse die Chancen des Rheinländers skeptisch. Die japanische Grand Prix-Strecke wird von ihr als »McLaren-Piste« gehandelt, auf der sich der Ferrari-Pilot keine großen Hoffnungen machen dürfe. Die Aussage beruht vermutlich auf den zwei Siegen, die Häkkinen hier in den bei den Vorjahren feiern durfte. Dabei wird übersehen, dass Michael Schumacher jeweils die Pole-Position erobern konnte.
Theoretisch muss der Deutsche nicht auf Angriff fahren. Zwei zweite Plätze – in Suzuka und beim Finale in Sepang – reichen ihm selbst dann zum Titelgewinn aus, wenn Häkkinen beide Grand Prix gewinnen sollte. Aber der Ferrari-Star will von einer Sicherheitsstrategie nichts wissen: »Wenn es möglich ist, mache ich den Sack hier zu.« Denkt Jean Todt anders? Nein, auf die Frage, ob sein Schützling möglicherweise mit einer defensiven Taktik ins Rennen geschickt wird, antwortet der Franzose geradezu empört: »Defensiv? In der Formel 1 ist das völlig ausgeschlossen – wir sind hier schließlich nicht in Le Mans.«
Fest steht: Mika Häkkinen wird kämpfen, so lange die Tür zu einer erfolgreichen Titelverteidigung auch nur einen Spalt breit offensteht. Im Gespräch mit Schumacher kündigt er an: »Ich werde jede Kurve drei Meter später anbremsen als normalerweise.« Der Kerpener kontert: »Dann verlege ich den Bremspunkt um fünf Meter.« Auch Häkkinen ist nicht auf den Mund gefallen: »Dann landest du im Kies.« Der Deutsche will das letzte Wort behalten: »Okay, dann treffen wir uns dort.«
Der freundschaftliche verbale Schlagabtausch macht die Psychostrategie der beiden Titelanwärter deutlich: Locker bleiben – keine Nervosität verraten.
Im Lager der Silberpfeile scheint sich Mercedes-Sportchef Norbert Haug allerdings bereits mit einer Niederlage abgefunden zu haben. Der Stuttgarter verkündet zwar pflichtbewusst Durchhalteparolen, aber er trifft auch Vorkehrungen, um eine Niederlage diplomatisch abzufedern: »Nach den Erfolgen der letzten Jahre könnten wir auch mit dem Vizetitel leben. Aus meiner Sicht wäre das wirklich keine Schande. Und falls es wirklich so kommt, dann beginnen wir am nächsten Montag mit den Vorbereitungen zur Rückeroberung des Titels.«

Freitags beginnt sich die aufgestaute Spannung stufenweise zu entladen. Im ersten freien Training müssen die ersten Karten auf den Tisch gelegt werden. In diesem Stadium der Saison kann es sich niemand erlauben zu »bluffen«. Als nach zwei Stunden die Bilanz des ersten Trainingstages gemacht wird, rangiert »Schumi« mit 0,6 Sekunden Vorsprung vor seinem finnischen Rivalen. Der sieht sich jedoch trotz des Rückstandes auf dem richtigen Weg: »Alles läuft nach Plan. Kleinere Probleme habe ich lediglich in der Schikane. Noch suche ich nach der besten Linie durch diese Ecken. Auch beschleunigt mein Auto ausgangs dieser Passage noch nicht optimal.«

Hauptgesprächsthema ist überraschend jedoch keineswegs das Geschehen auf der Piste, sondern ein Naturereignis. Um 13.32 Ortszeit, während der zweiten 60 Minuten des freien Trainings, erschüttern die Ausläufer eines schweren Erdbebens die Region. Circa 15 Sekunden lang zittern und schwanken die Gebäude bei Start-und-Ziel. Unten im Fahrerlager verschieben sich einige Betonplatten des Bodenbelages. Während die japanischen Pressevertreter lächeln und beruhigende Signale geben, flüchten einige Journalisten aus dem Pressezentrum ins Freie. Die Piloten auf der Piste spüren nichts von dem Beben, das in der Gemeinde Yonago für schwere Sachschäden sorgt.

Willi Weber, seit fünf Jahren bekennender Buddhist, stellt sofort eine Verbindung zwischen Natur und Technik her: »Buddha öffnet die Erde und verschlingt die Silberpfeile.« Auch Pedro de la Rosa, Achter des Trainings, bleibt nicht streng sachlich: »Ich habe nichts gespürt – aber offenbar mein Rennwagen, denn sonst wäre ich schneller gewesen.« Bei Williams-BMW ist man hingegen sehr stolz auf den »erdbebensicheren« FW22. BMW-Sportdirektor Dr. Mario Theissen erklärt: »In Indy fiel Jenson Button aus, weil sich beim Überfahren der berühmten Ziegel ein Schalter selbständig gemacht hatte und den Motor abstellte. Wir haben das Problem inzwischen durch eine neue Software gelöst, und die hat sich während des Erdbebens bewährt…«

Samstags wird im freien Training deutlich, dass Mika Häkkinen mit seinen optimistischen Ankündigungen vom Vortag den Mund keineswegs zu voll genommen hat. Diesmal hat er die Nase vorn, kann Michael Schumacher jedoch nicht mehr als 0,139 Sekunden abnehmen. Ein Qualifying-Krimi zeichnet sich ab.

Für Pedro Diniz wird die morgendliche Sitzung zum Desaster. Dass der Petronas-V10 im Rücken des Südamerikaners hochgeht, ist prinzipiell noch zu verkraften, obwohl er sich jetzt nicht mehr für das Qualifying »einschießen« kann. Es kommt schlimmer. Trotz des Defektes ist der C19 noch fahrbar. Mit dezent brennendem Heck rollt der Sauber zurück an die Boxen – auf dem Asphalt bleibt eine Ölspur zurück. Die Stewards reagieren auf diesen »Sabotage-Akt« ausgesprochen streng. Im voraus werden Diniz die beiden schnellsten Qualifying-Runden gestrichen!

Die einstündige Zeitenjagd beginnt mit der traditionellen Passivität. Abwarten heißt die Devise. Es droht kein Regen, und deshalb gibt es keinen Grund zur Eile. Jede Runde eines Konkurrenten macht die Ideallinie schneller, weil zusätzliches Gummi auf den Asphalt geraspelt wird.

Fast eine halbe Stunde ist vergangen – Suzuka-Spezialist Eddie Irvine hat inzwischen durch beachtliche 1.37,393 auf seine Existenz aufmerksam gemacht –, als Michael Schumacher im Duell der Giganten vorlegt: 1.36,094! Nur 60 Sekunden später fliegt Häkkinens Silberpfeil über die Linie. Der Finne verpasst die Zeit des Rivalen um 0,074 Sekunden.

In der 41. Minute macht es der Titelverteidiger besser. Mit 0,077 Sekunden Vorsprung rückt er auf Platz eins. Schumacher nimmt sich mit seinem Konter Zeit, dann aber steigert er sich auf 1.35,908 Minuten und liegt damit um »satte« 0,109 Sekunden in Front. Weitere Verbesserungen scheinen kaum noch möglich. Doch Häkkinen hat sein Pulver noch nicht verschossen. Er schraubt den Bestwert auf 1.35,834, was einem Vorsprung von 0,074 Sekunden entspricht. »Schumi«, angeschnallt im Cockpit, sieht den Wert auf dem Monitor, schluckt und lächelt leicht verlegen. Jetzt liegt die Latte endgültig so hoch, dass die Grenzen des Möglichen scheinbar erreicht sind. Langsam rollt der Ferrari mit Startnummer drei durch die Boxengasse. Im Verlauf der Anlaufrunde steigt die Spannung spürbar an. Die Fans auf den Rängen halten den Atem an. Dann läuft die Stoppuhr. Nach einem Drittel fehlen dem Rheinländer 0,039 Sekunden auf Häkkinens Zeit. Nach zwei Dritteln liegt er 0,012 Sekunden vorn. Diesen Vorsprung kann Schumacher zwar nicht bis zur Linie retten, aber neun Tausendstel reichen aus, um Rang eins zurückzuerobern. 0,009 Sekunden – das entspricht umgerechnet weniger als 55 Zentimetern... Ein letzter Versuch Häkkinens in der Schlussminute scheitert. Die Pole-Schlacht, die der großen Bedeutung des Wochenendes gerecht wurde, ist geschlagen.

Am Morgen des Renntages sprechen die einheimischen Meteorologen von 70 Prozent Regenwahrscheinlichkeit. Tatsächlich gehen bereits morgens einige Tropfen nieder – aber es fällt nicht schwer, diese einzeln mitzuzählen. Auch 40 Minuten vor dem Start tröpfelt es ohne sichtbare Konsequenzen auf dem Asphalt.

Als das Rennen gestartet wird, kommt Pole-Setter Schumacher keineswegs optimal von der Linie. Auch durch einen Spurwechsel kann der Kerpener nicht verhindern, dass Häkkinen die Führung übernimmt. Dahinter einigen sich die schnellsten der Verfolger auf die Formation Coulthard vor Ralf Schumacher (!), Irvine, Barrichello, Button, Herbert und Villeneuve

Wird der Titelverteidiger dem Ferrari-Star jetzt davonziehen können, wie im August auf dem Hungaroring? Die Frage wird schnell beantwortet. Der Abstand zwischen den beiden Favoriten wächst tatsächlich, aber es sind nur Sekundenbruchteile, die der Finne seinem Jäger pro Runde abnehmen kann. Nach zehn Umläufen beträgt Häkkinens Vorsprung 1,8 Sekunden. Damit ist klar: Das Duell wird sich während der Boxenstopps entscheiden. Und noch etwas ist bereits deutlich erkennbar: Die beiden Spitzenreiter fahren auf einem Level, der außerhalb der Reichweite aller anderen Piloten liegt – dem drittplatzierten Coulthard fehlen bereits 8,9 Sekunden auf den eigenen Teamkollegen. Runde zehn bringt auch den ersten Ausfall des Rennens. Jos Verstappen, in der Top-Ten unterwegs, muss seinen schnellen Arrows mit einem Defekt an der Getriebe-Elektronik abstellen. Die nächsten Pannen folgen mit der Zuverlässigkeit eines Uhrwerks in den Runden 20 und 30.

Nach 22 Umläufen biegt Häkkinen in die Boxengasse ab, während Michael Schumacher die Führung übernimmt. In diesen Sekunden fällt eine Vorentscheidung zugunsten des Deutschen. Unter den Blicken der Ferrari-Crew wird Häkkinen innerhalb von 6,8 Sekunden abgefertigt. Ross Brawn, Chefdenker der Roten, kann damit die Dauer des zweiten »Stints« von Häkkinen beurteilen und plant für den eigenen Schützling zusätzliche Runden auf dem zweiten Reifensatz ein. Wenn der Gegner seinen zweiten Stopp einlegt, ist er verwundbar – dann soll »Shuey« das Rennen für sich entscheiden. Entsprechend wird er nach 23 Runden in 7,4 Sekunden betankt und frisch bereift. Wenig später, Runde 28 läuft, beginnt es zu nieseln. Mal stärker, dann wieder schwächer werden die feinen Tröpfchen bis zum Ende des Rennens fallen. Der Asphalt wird unberechenbar schmierig – was Schumacher mehr als seinem Rivalen entgegenkommt. Doch die Montage von Regenreifen ist dennoch unnötig.

Fast zeitgleich mit dem Wetterwechsel kommt das Aus für Frentzen. Wegen eines Hydraulikschadens lässt sich das Getriebe nicht mehr schalten. Auch »Schumi II« hat keinen glücklichen Tag erwischt. Längst ist er nicht mehr auf Podiums-Kurs. Aufgrund der ersten Stopps fiel der Williams-Pilot hinter Barrichello auf Platz fünf zurück. Diesen Rang verlor er in Runde 30 wegen eines Ausrutschers an seinen Teamkollegen Jenson Button. Es wird noch schlimmer kommen.

Bevor Häkkinen nach 37 Runden seinen zweiten Stopp einlegt, betrug sein maximaler Vorsprung auf Michael Schumacher 2,9 Sekunden. Aber beim Überrunden von Trulli und de la Rosa hatte der Skandinavier weniger Glück als sein Verfolger. Deshalb trennen jetzt lediglich 0,8 Sekunden die beiden Favoriten. Das Rennen tritt in seine entscheidende Phase ein.

17 Grand Prix – die Saison 2000 ist lang. Und jetzt erleben die Fans kurze fünf Minuten, in denen sich die WM entscheidet: Drei Runden, in deren Verlauf sich Michael Schumacher im Duell mit dem nun »unsichtbaren« Gegner durchsetzen muss. 6,9 Sekunden lang steht der McLaren an den Boxen still. Doch der Deutsche steckt im Verkehr und kann nicht die eingeplanten »Killer-Runden« drehen. Nach 40 Umläufen kommt auch er zum Service. Nach glatten sechs Sekunden wird der Lollipop hochgerissen. Zusätzliche sechs Zehntelsekunden macht der Kerpener gut, weil er beherzter bis zum Beginn des Speed-Limit-Punktes fährt. Die Rechnung geht auf – Schumacher kommt zurück auf die Piste, bevor Häkkinen heranfliegt.

Wenig später haben die beiden anderen, im Rennen verbliebenen, deutschen Piloten Pech: Nick Heidfeld muss seinen Prost wegen mysteriöser Handling-Probleme an den Boxen abstellen, und Ralf Schumacher dreht sich beim Überrunden des Spaniers Marc Gené, weil der vergisst, in den Rückspiegel zu schauen... Vorn aber kontrolliert »Schumi« das Geschehen.

Die schwarzweiß-karierte Flagge wird geschwenkt. Nach vier Jahren harter Arbeit hat Michael Schumacher »seinen« WM-Titel, den er Ende 1996 nach eigener Aussage an Damon Hill »ausgeliehen« hatte, zurückerobert. Nach der Auslaufrunde parkt er seinen F1-2000 im Parc fermé, klettert zunächst allerdings nicht aus dem Cockpit. Erst als er seine verständlichen Emotionen wieder im Griff hat, folgen Umarmungen und Gratulationen. Auf dem Siegerpodest werden die beiden McLaren-Piloten und Jean Todt geduscht, dann stellt sich der neue Champion der Presse: »Ich fühle mich ähnlich, wie nach dem Sieg in Monza..., aber erwartet nicht, dass ich wieder weinen muss.« Tränen sind bereits im Cockpit beim Anblick der Zielflagge geflossen.

Nein, trotz des intensiven Glücksgefühls sei ihm noch nicht in vollem Umfang bewusst, was geschehen ist. »Ich kann mich allerdings nicht erinnern«, sagt er, »dass ich mich im Verlauf meiner Karriere schon einmal derart gefreut habe wie jetzt.« Dann lässt er die entscheidenden Momente des Rennens noch einmal Revue passieren: »Mein Start war keineswegs weltmeisterlich. Ich wechselte die Linie, um meine Position gegen Mika zu verteidigen, aber der war schon neben mir – damit konnte ich die Führung vergessen.«

Anschließend hoffte er, »irgendwie durch die Boxenstopps nach vorn gespült« zu werden. Aber nach den ersten Stopps war die Reihenfolge unverändert. Schumacher: »Da war es für mich schwer vorstellbar, das Blatt noch einmal wenden zu kön-

nen. Ich ging davon aus, dass es beim zweiten Halt auch nicht klappen würde. Entscheidend war dann, dass ich einen längeren zweiten Stint als Mika fahren konnte. Die Taktik war großartig. Doch wegen Verkehrs und des kreiselnden Benetton konnte ich dieses Plus nach eigenem Gefühl gar nicht richtig nutzen. Deshalb erlebte ich wirklich schlimme Augenblicke, als ich nach dem Stopp mit 80 km/h durch die Boxengasse rollte. Wegen der Boxenmauer hatte ich ja keinerlei Übersicht. Aber ich hörte per Funk die Stimme von Ross – es sieht gut aus, sagte er und wiederholte das. Wieder: Es sieht gut aus, und dann plötzlich – es sieht verdammt gut aus.« Dann Hoffen und Bangen. Bloß keinen Fehler machen – hält das Auto? Der Champion: »Wegen des Regens war es wirklich nicht leicht. Auf dem neuen dunklen Asphalt konnte ich nicht erkennen, wo es wirklich nass ist. Und Mika machte mir das Leben auch schwer. Bis zur letzten Kurve machte er Druck.«
Jetzt ist der Druck verschwunden. Die Ausfälle des Jahres 1996. Die unnötige Niederlage gegen Jacques Villeneuve mit dem Reflexfoul 1997. Eine Saison später das Startdrama in Suzuka und der Reifenschaden im Verlauf der verzweifelten Aufholjagd. Die Operation im General Hospital von Northampton nach dem Crash in Silverstone. Das Sommertief vor wenigen Wochen. Von all dem ist er jetzt befreit.
Während seine Mechaniker ein Versprechen einlösen und sich von ihrem Haupthaar trennen, freut sich natürlich auch der harte Kern des Schumi-Clans. Willi Weber kann durchaus verschmerzen, dass er nicht komplett ausgerüstet ist... Weil er gegebenenfalls nicht wieder »wie ein Idiot« dastehen wollte, hat der Schumacher-Manager diesmal darauf verzichtet, vorab »Weltmeister-Kappen« produzieren zu lassen. Dieser Schuss war 1997 nach hinten losgegangen. Damals musste die komplette Kollektion eingestampft werden, weil Jacques Villeneuve anstelle von Schumacher triumphierte. Einige wenige Exemplare entkamen allerdings dem Reißwolf, und diese »Fehldrucke« werden als kostbare Raritäten in Ehren gehalten...
Jetzt aber wird gefeiert, anstatt zu zittern. Weil Michael Schumacher – »Da bin ich abergläubisch« – keine Vorbereitungen einer WM-Party zulassen wollte, muss jetzt improvisiert werden. Bevor im nahen Circuit Hotel Speis und Trank geordert werden, bittet Jean Todt im Kreis seiner Mitarbeiter um Ruhe. Mehrere Anläufe sind notwendig – dann genießt er endlich die gewünschte Aufmerksamkeit. Er hebt die Rechte mit einem gefüllten Glas und ruft: »Alla Scuderia!« Auf den Rennstall – unbeschreiblicher Jubel bricht aus. Man muss wohl wirklich 21 Jahre lang auf das Erreichen eines großen Ziels warten, um sich derart freuen zu können.
Nach dem Festmahl verlagert sich die Party des Champions in die Cabin Lodge, wo sich Michael Schumacher erlaubt, recht tief ins Glas zu schauen. Arm in Arm mit seinem Rivalen Mika Häkkinen – »Der netteste, fairste und stärkste Rivale, den ich je in der Formel 1 hatte« – singt er in der Karaoke-Bar den Deep Purple Song »Smoke on the Water«. Ross Brawn will nicht zurückstehen und schmettert »We are the Champions«. Bis in die frühen Morgenstunden hält »Schumi« durch. Dann wird er etwas einsilbig, fragt Corinna nach einem Stück Weißbrot und ward nicht mehr gesehen. Anders als bei seinem ersten Titelgewinn im Jahr 1994, als der Kerpener anlässlich seiner Siegesfeier in Adelaide lediglich den Beschwipsten mimte, hat er diesmal zugelangt. Als Leistungssportler hat er jetzt natürlich verständliche Probleme mit den Promille...

ERGEBNISSE UND AUSFÄLLE

1. Michael Schumacher	Ferrari F1-2000	1:29.53,435 = 207,316 km/h
2. Mika Häkkinen	McLaren-Mercedes MP4/15	1,837 Sekunden zurück
3. David Coulthard	McLaren-Mercedes MP4/15	1.09,914 Minuten zurück
4. Rubens Barrichello	Ferrari F1-2000	1.19,190 Minuten zurück
5. Jenson Button	Williams-BMW FW22	1.25,694 Minuten zurück
6. Jacques Villeneuve	BAR-Honda 002	1 Runde zurück
7. Johnny Herbert	Jaguar-Cosworth R1	1 Runde zurück
8. Eddie Irvine	Jaguar-Cosworth R1	1 Runde zurück
9. Ricardo Zonta	BAR-Honda 002	1 Runde zurück
10. Mika Salo	Sauber-Petronas C19	1 Runde zurück
11. Pedro Diniz	Sauber-Petronas C19	1 Runde zurück
12. Pedro de la Rosa	Arrows-Supertec A21	1 Runde zurück
13. Jarno Trulli	Jordan-Mugen EJ10B	1 Runde zurück
14. Giancarlo Fisichella	Benetton-Playlife B200	1 Runde zurück
15. Gastón Mazzacane	Minardi-Fondmetal M02	2 Runden zurück
Marc Gené	Minardi-Fondmetal M02	47. Runde, Motor
Ralf Schumacher	Williams-BMW FW22	42. Runde, Dreher
Nick Heidfeld	Prost-Peugeot AP03	42. Runde, Handling
Alexander Wurz	Benetton-Playlife B200	38. Runde, Dreher
Heinz-Harald Frentzen	Jordan-Mugen EJ10B	30. Runde, Hydraulik
Jean Alesi	Prost-Peugeot AP03	20. Runde, Motor
Jos Verstappen	Arrows-Supertec A21	10. Runde, Elektronik

SCHNELLSTE RUNDE: (26. Runde) – Mika Häkkinen, McLaren-Mercedes MP4/15
1.39,189 = 212,830 km/h

44. Sieg

Großer Preis von Malyasia
Sepang, 22. Oktober 2000

Schaulaufen des Meisters

Weil sich Michael Schumacher den Titel in Japan vorzeitig gesichert hat, kommt es zum Abschluss der Saison erstmals seit 1995 zu einem »Überhang-Grand Prix«. Aber aus mehreren Gründen erwartet niemand, dass es auf der Piste von Sepang einen »Spaziergang« geben wird. Zum einen hat McLaren-Mercedes im Kampf um die Konstrukteurs-Meisterschaft noch nicht aufgegeben. Zum anderen ist ein GP-Sieg für jeden der 22 Akteure derart verlockend, dass niemand den Gasfuß auch nur um einen Millimeter anheben wird.

Als einer der ersten Piloten trifft Ralf Schumacher in Kuala Lumpur ein. Nach einigen Urlaubstagen hat ihn der Alltag wieder eingeholt: Autogramme schreiben und Fragen der einheimischen Presse beantworten. Dabei erweist sich »Schumi II« wieder einmal als ebenso fleißig wie originell. Als man von ihm wissen will, ob er eines Tages auch einmal – wie sein älterer Bruder – für Ferrari starten möchte, reagiert er mit Blick auf den aktuellen Arbeitgeber solidarisch: »Nein, ich zähle nicht zu denjenigen, die davon träumen, einen Vertrag in Maranello zu unterschreiben. Und außerdem ist der Ferrari ja ein italienisches Auto – die sind ja bekanntlich nicht besonders zuverlässig. Da bleibe ich lieber bei Williams-BMW.« Ab Freitag wird er weniger aufgekratzt sein, da ihn eine fiebrige Erkältung quälen wird.
Donnerstags hält der neue Champion im Hotel »The Pan Pacific« – unmittelbar am internationalen Flughafen KLA gelegen – gemeinsam mit Rubens Barrichello Hof. Geduldig bestätigt er zum wiederholten Mal, dass er sich sehr über den Gewinn des WM-Titels gefreut habe. Wird er seinem Teamkollegen im Rennen den Vortritt lassen, um ihm zum Sprung auf die oberste Stufe des Siegerpodests zu verhelfen? »Im Vordergrund«, stellt der Kerpener fest, »steht natürlich der Gewinn der Konstrukteurs-WM. Ob ein Geschenk für Rubens möglich ist, hängt ganz von der Konstellation während des Rennens ab. Aber ich habe den GP von Kanada nicht vergessen…«
Auch Barrichello wird mit diesem Thema konfrontiert. Verschmitzt lächelnd, antwortet der Brasilianer mit heiserer Stimme: »Wie soll mir Michael das Rennen schenken, wenn ich vor ihm liege?« Wie er denn, so lautet eine andere Frage im Verlauf der Pressekonferenz, mit den vielen Reisen und den damit verbundenen Klimawechseln klarkommt? »Das hören Sie doch«, gibt Barrichello röchelnd zurück, »gar nicht. Ich bin furchtbar erkältet.«
Am ersten Trainingstag fährt Mika Häkkinen die schnellste Runde. Die malaysischen Zeitungen pushen den Grand Prix zur »WM-Revanche«. Der Finne ist jedenfalls bis in die Haarspitzen motiviert. Das Finale zu gewinnen, gilt als ganz besonderes Vergnügen, denn die Siegesfreude hält bekanntlich bis zur nächsten Niederlage an – und die

gibt es, für wen auch immer, frühestens am 4. März 2001 in Melbourne.
Häkkinen vor »Schumi«, Coulthard und Barrichello. Wie erwartet, zeichnet sich ab, dass Ferrari locker jene drei WM-Punkte holen wird, die zur erfolgreichen Titelverteidigung des Konstrukteurs-Titels gebraucht werden. Ein japanischer Journalist möchte vor diesem Hintergrund von Coulthard wissen, wie McLaren seine Chance nutzen will. »Indem wir«, sagt der Schotte artig, »so viele Punkte holen wie möglich und gleichzeitig hoffen, dass Ferrari leer ausgeht.« Damit gibt sich der Fragesteller nicht zufrieden. Es muss doch einen Plan geben, um das in die Praxis umzusetzen... »DC« verneint: »Wir können nur alles geben und hoffen, dass es ausreicht.« Doch längst hat sich der Asiate festgebissen, er will konkrete Details hören. Coulthard resigniert: »Okay, wenn ich gewusst hätte, wie schwierig unsere Aufgabe ist, dann wären wir wohl besser zu Hause geblieben.«
Am späten Nachmittag findet die offizielle Abschiedsparty für Johnny Herbert statt. Zahlreiche Weggefährten und Kollegen marschieren auf und erinnern in kurzen »Festreden« an kleine Episoden aus der F1-Karriere des Jaguar-Piloten. Mika Häkkinen, der Anfang der 90er Jahre gemeinsam mit Herbert bei Lotus unter Vertrag stand: »Das Team hatte nicht viel Geld, und deshalb waren wir immer in Doppelzimmern untergebracht. Einmal kam ich zurück ins Hotel und sah Johnny in der Badewanne – zusammen mit einer Plastik-Ente.« Heinz-Harald Frentzen, und nicht nur er, berichtet von Herberts Unsitte, während der Fahrt ins Cockpit zu pinkeln. »Rubinho« greift dieses Thema dankbar auf, bestätigt die Aussage, weist aber darauf hin, dass er dies noch nie getan hat. Was ihn in der Szene übrigens zu einer Ausnahmeerscheinung macht. Dann fährt er fort: »Bevor ich abtrete, werde ich es mir allerdings irgendwann erlauben.« Diese Ankündigung ruft Jackie Stewart auf den Plan: »Dann tu mir einen Gefallen und mach´s, solange du bei Ferrari fährst und nicht erst, wenn du wieder bei Jaguar bist.« Eine monströse Torte, der Song »Johnny be good« aus den Lautsprechern – da ist niemand, der es begrüßt, dass der dreifache GP-Sieger seinen letzten F1-Auftritt hat.
Samstags erschüttert eine »Briefbombe« das Fahrerlager. Die FIA verteilt ein Schreiben, das Präsident Max Mosley an McLaren-Boss Ron Dennis gesandt hat. Der »Dear-Ron-Letter« ist dreieinhalb Seiten lang und brisant wie Nitroglyzerin. Mosley kritisiert den Teamchef wegen dessen, in Suzuka geäußerten, Bedenken gegen Roberto Causo. Gnadenlos faltet der Präsident sein Opfer zusammen. Mosley erinnert daran, dass unter anderem die beiden FIA-Software-Spezialisten, der Spritexperte sowie der Präsident und der Inhaber der Kommerz-Rechte Briten seien... Und er, Ron Dennis, rege sich darüber auf, dass die FIA einen italienischen Steward berufen habe. Das Schreiben enthält ein rundes Dutzend schallender Ohrfeigen. Wie wird sich Ron Dennis jetzt verhalten? Vor hundert Jahren hätte er den FIA-Obersten sicherlich zum Pistolen-Duell auf 30 Schritt gefordert. Der CEO der TAG McLaren-Gruppe indes reagiert schriftlich. Den Antwortbrief an Mosley verteilt er an die Presse. Ron Dennis gibt sich zahm wie ein Stallhase.
Im Qualifying muss Ron Dennis, dem nach eigener Aussage Niederlagen »körperliche Schmerzen« bereiten, eine weitere Schlappe einstecken. Mit 0,463 Sekunden Vorsprung vor Häkkinen sichert sich Michael Schumacher seine vierte Pole-Position in Folge und wundert sich: »Ich habe damit gerechnet, mir den besten Startplatz holen zu können. Aber mein Vorsprung ist unerwartet groß.« Der McLaren-Boss hat eine

Erklärung für das Abschneiden Häkkinens: »Wir haben uns heute morgen zu sehr auf die Abstimmung für das Rennen konzentriert.
Seit Tagen erreichen die Temperaturen Tageshöchstwerte von knapp über 30 Grad. Dicke Wolken bedecken den Himmel – nur selten kommt die Sonne durch. Im Vergleich zum Vorjahr ist es geradezu »herbstlich«. Was das Wetter für die Besucher aus gemäßigten Breiten so erträglich macht: Die Luftfeuchtigkeit ist wesentlich geringer als 1999.
Offiziell sind 90.000 Zuschauer aufmarschiert, um das Saisonfinale live mitzuerleben. Die Zahl wird vom Büro des Premierministers Mahathir Mohamad, der sich selbst gern als »Dr. M.« ansprechen lässt, herausgegeben. Die Angabe muss bezweifelt werden. Offenbar wurde aus Gründen der Sorgfaltspflicht zweimal gezählt, bevor man die beiden Summen dann versehentlich addierte...
Diejenigen, die den Weg auf das 450 Hektar große Gelände gefunden haben, bereuen die Anreise nicht. Im Warm-up werden sie Zeugen eines unerwarteten Auftritts von Ricardo Zonta. Der Südamerikaner, der für 2001 als Jordan-Testfahrer verpflichtet wurde, fährt Bestzeit vor Häkkinen. Auch Alexander Wurz, der sein bisher bestes F1-Weekend des Jahres erlebt und aus der dritten Startreihe ins Rennen gehen wird, überzeugt. Als Fünfter rangiert er immerhin vor Barrichello!
Die fünf roten Lichter sind noch nicht erloschen, als sich Mika Häkkinens Silberpfeil kriechend in Bewegung setzt. David Coulthard, schräg links hinter seinem Teamkollegen postiert, schießt nur ein Gedanke durch den Kopf: Jetzt kann McLaren den Konstrukteurs-Titel endgültig vergessen. Dem Schotten ist klar, dass der Finne mit einer Stop-and-Go-Strafe belegt werden wird.
Häkkinen übernimmt die Führung vor Coulthard. Michael Schumacher, der wieder einmal keineswegs weltmeisterlich startet, hält zunächst Platz drei. Und auch der ist gefährdet: Villeneuve, der sich erneut perfekt von der Linie katapultiert hat, attackiert den Rheinländer energisch. Aber der verteidigt sich erfolgreich, und dann trägt es den Kanadier so weit nach außen, dass er von Barrichello und Wunder-Wurz überrannt wird.
Die erste Runde verläuft ohnehin extrem turbulent: Pedro Diniz und sein Namensvetter de la Rosa sowie Nick Heidfeld werden Opfer der Vorfahrtsfrage im Gedränge. Beinahe erwischt es auch Jean Alesi, doch der Franzose kommt glimpflich davon: Das abgerissene Rad eines der Havaristen schlägt einen Rückspiegel des Prost ab. Und Ralf Schumacher, trotz seines schweren Ein-Stopp-Williams gut gestartet, muss einem Jaguar ausweichen, rodelt durchs Gras und fällt deshalb vom siebten auf den 14. Platz zurück. Bis zu seinem Ausfall in der 44. Runde wird »Schumi II« nur eine Nebenrolle spielen.
Um die Trümmer der havarierten Dreierbande in Ruhe bergen zu können, wird das Safety-Car auf die Piste beordert. Eine Runde lang zuckelt die dezimierte Wagenkette hinter Bernd Mayländers Mercedes her, dann wird die Fahrt wieder freigegeben.
Jetzt lässt der Spitzenreiter seinen schottischen Teamkollegen vorbeischlüpfen. Und weil der Finne, der nach fünf Umläufen seine Zeitstrafe absitzen wird, niemandem im Weg stehen will, gibt er auch dem Ferrari-Duo den Vortritt. Damit sind die Punkteränge zunächst stabil besetzt: DC führt vor dem Champion, Barrichello, Wurz, Villeneuve und Irvine. Diese Reihenfolge hat bis zum Ende der 17. Runde Bestand, dann biegt Coulthard zum Boxenstopp ab, der ihn vorübergehend auf Platz sechs zurückwirft.
Michael Schumacher übernimmt das Kommando. Sollte er tatsächlich viermal hintereinander siegen und gleichzeitig Malaysia als vorletzten weißen Flecken von seiner »Sieges-Landkarte« streichen? Ein lupenreiner »Vierer« im Verlauf einer Saison ist

bisher lediglich sechs Piloten gelungen: Jim Clark, Jack Brabham, Jochen Rindt, zweimal Ayrton Senna, Alain Prost und Michael Schumacher. Brabham, Clark und Nigel Mansell schafften sogar »Fünfer« und Alberto Ascari einen »Sechser«.

Tatsächlich: Während sich Mika Häkkinen – »Ohne die Zeitstrafe wäre meine Einstopp-Taktik heute aufgegangen« – durch eine sehenswerte Aufholjagd vom letzten auf den vierten Rang nach vorn kämpft, fährt »Schumi« zehn weiteren WM-Punkten entgegen. Nach dem frühen Ausfall von Heidfeld und Frentzens Elektrikschaden in Runde acht mischen auf deutscher Seite nur noch die Shuey-Brothers mit. Und nach gut 76 Minuten Renndauer streikt auch der Bolide von Ralf Schumacher. Per Sprechfunk erhält der Pilot die Nachricht, er solle sein Auto in den Boxen abstellen. Per Telemetrie wurde erkannt, dass das Ölsystem nicht störungsfrei arbeitet. »Schumi II«: »Ich bin maßlos enttäuscht, denn eigentlich wollte ich zum Saisonabschluss noch einmal aufs Podest.«

Ab Runde 45 setzt Coulthard, inzwischen Zweiter, den deutschen Ferrari-Star unter Druck. 0,8 Sekunden trennen die beiden Führenden. Bis ins Ziel wird der Rückstand

des Schotten nur für zwei Runden über eine Sekunde anwachsen. Ansonsten sind es immer nur wenige Zehntel, die zwischen den beiden liegen.
Der letzte Ausfall, sieht man vom letztlich klassierten Mazzacane ab, wird im Verlauf der 49. Runde registriert. Am Jaguar von Johnny Herbert reißt die rechte Antriebswelle und zerschlägt die Hinterradaufhängung. Der Engländer kann den R1 unmöglich unter Kontrolle halten und knallt in die Leitplanken. Den Aufprall bezahlt er mit Prellungen am linken Knie. Herbert wäre nicht Herbert, wenn er nicht trotz des bösen Abflugs scherzen könnte: »Meine F1-Karriere hat so geendet, wie sie begonnen hat. Bei meinem Debüt musste ich wegen meiner verletzten Beine zum Auto getragen werden – jetzt trug man mich von ihm weg…«
Dann wird die Flagge geschwenkt, die das Ende der Saison 2000 bedeutet. Anders als vor 14 Tagen, als der Pfarrer zunächst das Ende der Frühmesse abwarten musste, werden jetzt die Glocken in Maranello pünktlich geläutet.
Beim obligatorischen Wiegen vor der Siegerehrung kommt es zwischen den beiden Tagesbesten zu einer versöhnlichen Geste: David Coulthard entschuldigt sich bei Michael Schumacher für die Kritik, die er im Verlauf des Jahres hinter dessen Rücken äußerte. Offenbar will jeder mit einem ruhigen Gewissen in den Winterurlaub fahren. Jacques Villeneuve, der bekanntlich auch nicht zu Schumachers engstem Freundeskreis zählt, hatte schon in Suzuka gesagt: »Michael ist ein würdiger Champion, der den Titel vollauf verdient hat.«
Willi Weber, der inzwischen die in Suzuka vermissten roten Weltmeisterkappen hat anfertigen lassen, ziert sich, diese innerhalb des Teams zu verteilen: »Ich warte die Protestfrist ab. Vorher wird kein Karton geöffnet.«
Der Sieger hat längst seine eigene »Kappe« – eine rote Perücke. Die meisten Mitglieder der Scuderia tragen diese neuen »Uniformteile«. Und sogar Coulthard spielt mit und stülpt sich einen der farbigen Mopps über. Seit dessen Entschuldigung ist Schumacher auf den Schotten gut zu sprechen: »Das war sehr fair und nett von David. Wenn es in der Vergangenheit Reibereien zwischen uns gab, dann hat das sicherlich nicht nur an ihm gelegen. Wir konnten uns gegenseitig gewisse Dinge vorwerfen. Ich glaube, diese Animositäten können wir jetzt vergessen.«
Dann widmet er sich wieder ganz seiner neuen Liebe: Der Farbe Rot. »Mein Auto, mein Overall, das Team – alles ist rot. Am liebsten würde ich meine Mechaniker, meine Ingenieure und ganz Italien umarmen.« Aber in der Stunde des totalen Glücks, inzwischen sind auch die Weber´schen Kartons geöffnet, vergisst Michael Schumacher nicht, dass in wenigen Monaten die Titelverteidigung beginnt. »Ich glaube, dass es erneut sehr hart wird, und vermutlich heißt der stärkste Gegner wieder Mika Häkkinen. Aber wer weiß – vielleicht kann auch Williams ganz vorn mitfahren.« Was seinen Rennwagen betrifft, wünscht er sich die technischen Voraussetzungen für gute Starts: »Wenn Rubens und ich regelmäßig schlechter beschleunigen als Mika und David, dann muss das technische Ursachen haben. Ich glaube, auf diesem Sektor werden wir im Winter am härtesten arbeiten müssen.«
In der Nacht klingt die Saison mit einer Ferrari-Party aus, zu der auch die Rivalen geladen sind. Champion Michael Schumacher freut sich: »Auch sportliche Gegner können gemeinsam feiern. Vielleicht können Sportler anderer Disziplinen von uns lernen – es muss ja nicht überall Hass-Duelle geben.« Die Fete bezeichnet Schumacher als eine Explosion der Freude, und er begründet diese Aussage: »Anschließend sah unsere Kleidung jedenfalls aus, wie nach einer Explosion.«

ERGEBNISSE UND AUSFÄLLE

1.	Michael Schumacher	Ferrari F1-2000	1:35.54,235 = 194,199 km/h
2.	David Coulthard	McLaren-Mercedes MP4/15	0,732 Sekunden zurück
3.	Rubens Barrichello	Ferrari F1-2000	18,444 Sekunden zurück
4.	Mika Häkkinen	McLaren-Mercedes MP4/15	35,269 Sekunden zurück
5.	Jacques Villeneuve	BAR-Honda 002	1.10,692 Minuten zurück
6.	Eddie Irvine	Jaguar-Cosworth R1	1.12,568 Minuten zurück
7.	Alexander Wurz	Benetton-Playlife B200	1.29,314 Minuten zurück
8.	Mika Salo	Sauber-Petronas C19	1 Runde zurück
9.	Giancarlo Fisichella	Benetton-Playlife B200	1 Runde zurück
10.	Jos Verstappen	Arrows-Supertec A21	1 Runde zurück
11.	Jean Alesi	Prost-Peugeot AP03	1 Runde zurück
12.	Jarno Trulli	Jordan-Mugen EJ10B	1 Runde zurück
13.	Gastón Mazzacane *	Minardi-Fondmetal M02	6 Runden zurück/Motor
	Johnny Herbert	Jaguar-Cosworth R1	49. Runde, Antriebswelle hinten rechts
	Ricardo Zonta	BAR-Honda 002	47. Runde, Motor
	Ralf Schumacher	Williams-BMW FW22	44. Runde, Ölsystem
	Marc Gené	Minardi-Fondmetal M02	37. Runde, Motor
	Jenson Button	Williams-BMW FW22	19. Runde, Motor
	Heinz-Harald Frentzen	Jordan-Mugen EJ10B	8. Runde, Elektrik
	Pedro de la Rosa	Arrows-Supertec A21	1. Runde, Unfall
	Nick Heidfeld	Prost-Peugeot AP03	1. Runde, Unfall
	Pedro Diniz	Sauber-Petronas C19	1. Runde, Unfall

* Nicht im Ziel, aber aufgrund der zurückgelegten Distanz gewertet

SCHNELLSTE RUNDE: (34. Rd.) – Mika Häkkinen, McLaren-Mercedes MP4/15
1.38,543 = 202,498 km/h
Neuer Rundenrekord

WARST
BRIDGESTONE
Marlboro
TOMMY HILFIGER
Marlboro
OMP
M.Schumacher

Die Saison 2001

Die erste F1-Saison des Jahrtausends stand völlig im Zeichen von Michael Schumacher. Vom WM-Auftakt in Melbourne an drückte der Kerpener dem Championat seinen Stempel auf. Scheinbar ohne die geringste Mühe verteidigte der Rheinländer seinen Weltmeistertitel, und schon im August baute er seinen Vorsprung im Zwischenklassement so weit aus, dass er uneinholbar vorn lag. Die ausstehenden vier GP hätte sich »Schumi« als erfolgreicher Titelverteidiger von der Tribüne aus anschauen können. Rückblickend hatte er Titel Nummer vier sogar schon nach seinem Sieg auf der GP-Piste des Nürburgrings in der Tasche: Dort stockte der Ferrari-Star sein Punktekonto auf 68 Zähler auf – einen Wert, den Vizemeister David Coulthard bis zur Abreise aus Suzuka nicht erreichen sollte.

Der Triumph war perfekt, zumal Michael Schumacher den Franzosen Alain Prost in drei bedeutenden »ewigen Bestenlisten« vom Thron stoßen konnte: Mit 53 Siegen, 43 schnellsten Rennrunden und mittlerweile 801 WM-Punkten hatte er in diesen Kategorien jeweils die Nase vorn. Mit 128 Punkten stellte er außerdem einen neuen Saisonrekord auf.
Die Dominanz des deutschen Seriensiegers war in erster Linie sein ureigener Verdienst. Mit dem Ferrari F2001 verfügte Michael Schumacher zwar über einen ausgezeichneten, jedoch keinesfalls haushoch überlegenen Rennwagen. Das machte der Vergleich mit Rubens Barrichello deutlich. Der Brasilianer musste sich letztlich mit Rang drei in der WM begnügen. Selbst wenn »Rubinho« auf dem A1-Ring gemäß Stallregie nicht zur Abgabe von zwei Punkten an »Schumi« gezwungen worden wäre, hätte sich daran nichts geändert.
Neben der Scuderia aus Modena boten 2001 auch McLaren-Mercedes und Williams-BMW siegfähige Pakete an. Dabei setzte sich das Team aus Woking in der Konstrukteurs-WM mit Recht gegen die Blauweißen durch. Mit Recht, weil sich die Silberpfeile als die besseren Allrounder präsentierten. Das Team von Sir Frank Williams benötigte hingegen in Bezug auf Asphalt, Wetter und Streckencharakter optimale Bedingungen. Wenn diese Faktoren den Michelin-bereiften FW23 tatsächlich auf den Leib geschneidert waren, dann war kein Kraut gegen sie gewachsen. An vier Sonntagen war dies der Fall. Dreimal nutzte Ralf Schumacher die Gunst der Stunde, entsprechend einmal Juan Pablo Montoya. Als der Deutsche in Imola die volle Punktzahl abräumte, erreichte dieser Erfolg spezielle Dimensionen. Zum einen gewann im GP-Sport der Bruder eines F1-Siegers. Von einer derartigen Talentkonzentration auf einer Generationsebene hatten – mit einer Ausnahme – alle anderen F1-Brüderpaare bisher nur träumen dürfen. Diese Ausnahme stellten in den 60er Jahren die mexikanischen Brüder Pedro und Ricardo Rodriguez dar. Ralf Schumacher konnte sich 2001 auf dem Papier eindeutig gegen seinen neuen Teamkollegen Juan Pablo Montoya durchsetzen. Die nüchternen Zahlen lassen gar nicht erst die Frage zu, wer von beiden der Stärkere ist. Doch dieses Duell ist noch nicht entschieden. Was den Kolumbianer so brandgefährlich erscheinen lässt, sind seine mentalen Qualitäten: Als er im Fight gegen »Schumi II« nach Siegen 0:3 zurücklag, hinterließ diese deftige »Packung« keinen Kratzer am Selbstbewusstsein des Südamerikaners. Unverändert war er nicht bereit, Ralf Schumacher als Gegner ernst zu nehmen.

Aber nicht nur der Champion, dessen Bruder und die junge Garde – darunter Räikkönnen und Alsonso – machten 2001 auf sich aufmerksam. Mit Mika Häkkinen und Jean Alesi gaben zwei Routiniers ihren Abschied. Der eine freiwillig und möglicherweise nicht für immer. Der andere notgedrungen, nachdem er seinen sicheren Arbeitsplatz bei Prost verlassen hatte. Häkkinen benötigt nach elf Jahren F1-Stress eine ausgiebige Verschnaufpause. Das unterschied den Finnen von Michael Schumacher, der ebenfalls 1991 in die F1 einstieg, bisher aber keinerlei Abnutzungserscheinungen zeigt. Der Kerpener konnte seine Batterien allerdings auch 1999 gründlich aufladen, während er seine Sturzverletzung von Silverstone auskurierte. Als der zweifache Ex-Champion Häkkinen seinen Boss in Monaco in den Plan vom Extrem-Urlaub einweihte, reagierte der geschockt und ablehnend. Möglicherweise stellte der F1-Pilot seinen McLaren während des Rennens nur deshalb ab – ein Defekt am MP4/16 des Finnen wurde angeblich nie gefunden –, um Ron Dennis einen Wink mit dem Zaunpfahl zu geben: Vorsicht mein Freund, ich meine es ernst.

Das Team Ferrari

Vor Saisonbeginn zirkulierten zwei unterschiedliche Theorien über die grundsätzlichen Aussichten der Scuderia im »Jahr danach«. Die Pessimisten im Lager der Roten vertraten die These, zweimal hintereinander werde Ferrari keinesfalls den Champion stellen. Zur Begründung wurde daran erinnert, dass dieses Kunststück lediglich 1952/53 gelungen sei, als das Team der Konkurrenz mit dem Tipo 500 haushoch überlegen war. In allen übrigen Jahren habe sich der Rennstall aus Modena im Anschluss an Erfolge generell leichtsinnig auf seinem Lorbeer ausgeruht und sei entsprechend zwangsläufig abgestürzt. An dieser Argumentation ist viel Wahres, auch wenn sie keinesfalls für die knappe Niederlage im Jahr 1976 zutrifft. Deren Ursache war allein der inzwischen legendäre Lauda-Crash vom 1. August. Gleich dreimal konnte der Wiener wegen des Feuerunfalls auf dem Nürburgring nicht starten. Die zwei WM-Punkte, die ihm letztlich zum Titelgewinn fehlten, hätte er sich im Verlauf dieser drei Grand Prix mit an Sicherheit grenzender Wahrscheinlichkeit holen können.
Die Optimisten beurteilten naturbedingt die Lage von Beginn an rosig: Ohne den immensen Druck, der sich im Verlauf der Fehlschläge von 1980 bis 1999 aufgebaut hatte, müsse zwangsläufig befreit – und damit noch erfolgreicher – aufgetrumpft werden können. Was die reine Bilanz betrifft, behielten diese Optimisten Recht. Als wahre Ursachen für den erneuten Titelgewinn erwiesen sich in der Praxis zwei Faktoren: Die eigene Stärke und die Unzuverlässigkeit der Silberpfeile.
Die einzige Schwäche, die man dem Team aus Modena vorwerfen könnte, war die mangelhafte Balance des Piloten-Duos. Jean Todt setzte auf eine »Monokultur« mit Namen Michael Schumacher. Wenn dieses Ass nicht stach, durfte der kleine Franzose vom Sieg nur noch träumen. Oder: Allein die von »Schumi« geholten WM-Punkte hätten zum Gewinn der Konstrukteurs-WM ausgereicht.
Das Team-interne Qualifying-Duell zwischen Michael Schumacher und Rubens Barrichello endete 16:1. Bei 17 Doppeleinsätzen kam Ferrari 29 Mal in die Wertung. Gegenüber stehen entsprechend fünf Ausfälle – drei wegen technischer Pannen, zwei wegen Unfällen. In der Pannenstatistik belegte das Team Platz eins.

45. Sieg

Großer Preis von Australien
Melbourne, 4. März 2001

Rote Sinfonie in Moll

Blauer Himmel, grüne Bäume und exotische Boliden – die Atmosphäre im Melbourner Albert Park begeistert alljährlich aufs Neue. Die neue Saison beginnt dort, wie die alte endete: mit zehn Punkten für Michael Schumacher.

Endlich neigt sich die Phase der Spekulationen ihrem Ende entgegen. Während der Wintertests waren sich die Top-Teams Ferrari und McLaren aus dem Weg gegangen. Aber auch acht andere Rennställe vermieden es, sich in die Karten schauen zu lassen. Eine Sonderstellung nahm während der vergangenen Wochen Minardi ein – das elfte und letzte Team: In Faenza gab es keinen Boliden, den man hätte ausspionieren können. Nach dem späten Besitzerwechsel, neuer Chef ist der australische Flugzeugersatzteil-Großhändler Paul Stoddart, wurden zwei Rennwagen vom Typ PS01 erst unmittelbar vor dem Sammeltransport nach Melbourne fertig gestellt.
Für die erste Schlagzeile in down under sorgt Teamchef Peter Sauber. Der Eidgenosse verbannt Patricia und Hanna, die Freundinnen von Heidfeld und Räikkönen, aus dem Fahrerlager in Melbourne. Der Chef will jede Ablenkung seiner Piloten vermeiden. Die von der Boulevard-Presse als »Sex-Verbot« verkaufte – Maßnahme gilt zunächst für drei Grand Prix. Beide Piloten zeigen Verständnis.
24 Stunden vor Trainingsbeginn will keiner der Hauptakteure eine Prognose wagen. Allgemeiner Tenor: Man fühlt sich gut vorbereitet – mehr nicht. Zu den wenigen, die von diesem Kurs abweichen, zählt Pierre Dupasquier. Der Chef der Michelin-Sportabteilung backt kleine Brötchen: »Wir sind hierher gekommen, um zu lernen.
Insgeheim ist der Mann mit den charakteristischen »Rillen« auf der Stirn – die so sehr an aktuelle F1-Pneus erinnern – allerdings davon überzeugt, dass seine Gummiköche keinesfalls Durchschnittsware produziert haben. Wie sonst ist der Deal zu erklären, den die Franzosen diskret mit den Streckenposten absprechen: Die Marshals werden vergattert, die Teile eventuell zerbröselnder Michelin-Reifen einzusammeln und im Fahrerlager abzugeben. Auf diese Weise soll möglicher Spionage durch den japanischen Rivalen Bridgestone vorgebeugt werden. Der »Reifenkrieg« hat viele Fronten.
Neben der »Schwarzen Magie« der Kautschukbranche steht F1-Neuling Juan Pablo Montoya im Mittelpunkt des Interesses, Der Kolumbianer, Team-intern bei Williams der »Furchtlose« genannt, bleibt cool. Nicht ansatzweise ist erkennbar, dass ihn das bevorstehende Debüt nervlich belastet: »Ich bin happy, dass es endlich losgeht.« Überraschend räumt er dem Thema »Fitness« nur einen geringen Stellenwert ein: »Formel 1-Autos zu fahren, ist weniger anstrengend als der Job in der ChampCar-Serie. Dort sind die Rennwagen schwerer, haben etwas mehr Abtrieb und rollen auf

Slicks.« Die Aussage ist erstaunlich, weil sie im Widerspruch zur Meinung von Jacques Villeneuve steht, der den Wechsel von den ChampCars in die F1 1997 gewagt hatte. Der Kanadier: »Um für den Job in den USA fit zu sein, reichte es aus, etwas Golf zu spielen und ein bisschen zu joggen. In der Formel 1 ist das nicht genug. Wer nicht ständig im Kraftraum ist, hat keine Chance.« Und Michael Schumacher erwartet sogar, dass dem Faktor »Fitness« neuerdings eine noch größere Bedeutung zukommt: »Weil die Reifen jetzt deutlich mehr Grip haben als 2000, werden die Fliehkräfte in den Kurven gewaltig ansteigen.«

Außer Montoya debütieren mit Kimi Räikkönen, Fernando Alonso und Enrique Bernoldi drei weitere Nachwuchsfahrer. Daneben gibt es mit Luciano Burti, der bei Jaguar vor einer kurzen und freudlosen Zukunft steht, und Tarso Marques zwei Melbourne-Neulinge.

Freitag. Noch 30 Minuten bis zum Beginn des ersten freien Trainings. Vor der Ferrari-Box werden Pit-Stopps geübt. Ross Brawn persönlich hat die Stoppuhr in der Hand und kommandiert die Truppe. Nach einigen Versuchen nickt der Brite zufrieden. Pünklich um elf Uhr Ortszeit endet die Winterpause 2000/2001. Die Ampel zum Ende der Boxengasse springt auf Grünlicht, und die erste Welle – bestehend aus Bernoldi, Heidfeld, Panis, Villeneuve, Räikkönen, Trulli, Alonso, Marques und Frentzen – rollt hinaus auf die Piste.

Jetzt wird sich zeigen, wie sehr der Reifenkrieg die Rundenzeiten beeinflusst. Im Vorjahr konnte es sich Bridgestone als Monopolist erlauben, im Albert Park recht konservative »Holzreifen« zur Verfügung zu stellen. Jetzt gehen die Gummikonkurrenten an die Grenzen des aktuell Möglichen. 2000 stellte Mika Häkkinen seinen Silberpfeil in einer Zeit von 1.30,556 Minuten auf die Pole. Schon nach wenigen Minuten auf dem noch staubigen Pistenbelag wird deutlich, dass dieser Wert heuer nicht im entferntesten genügen würde. In der 24. Minute bleiben für Michael Schumacher die Uhren bei 1.30,84 Minuten stehen. Nur zwei Runden später ist es soweit: »Schumi« fliegt in 1.30,452 Minuten um den Kurs. Dann zeichnet sich ab: Auch jene fabelhaften 1.29,369, die Jacques Villeneuve 1997 auf den Asphalt zauberte, werde an diesem Wochenende locker unterboten. Das ist eine deutliche Sprache wenn man bedenkt, dass der Kanadier damals auf Slicks unterwegs war und das 97er Reglement eine um 20 Zentimeter breitere Spur erlaubte.

Der Titelverteidiger sorgt allerdings nicht nur durch schnelle Rundenzeiten für Furore. Im Verlauf der zweiten Trainingsstunde stellt sich sein Ferrari vor »Kurve 6« auf der Bremse quer, bevor er im Kies nach einem sehenswerten doppelten Überschlag auf den Rädern zum Stand kommt. Corinna Schumacher bleibt in den Boxen der Schock erspart. »Als ich auf den Monitor schaute«, erzählt sie, »war schon alles vorbei. Ich dachte nur – was ist denn jetzt schon wieder passiert?« Aus der Cockpit-Perspektive verlief die seitliche Rolle harmlos. Schumacher: »Ich war zum Glück nicht schnell. Trotzdem rechnete ich mit einem harten Aufprall – aber den gab's nicht. Es war eine weiche Landung.« Die Unfallursache bleibt kein Geheimnis. Per Funk war der Champion vor gelben Flaggen in »Kurve 5« gewarnt worden. Aber dort war die Piste frei. »Schumi« stieg wieder aufs Gas und wurde im folgenden Eck von den gelben Tüchern auf dem linken Fuß erwischt. Als Folge überbremste er seinen F2001.

Dann wird's politisch. Obwohl Michael Schumacher vertraglich verpflichtet ist, einen Helm der Firma Bell zu benutzen, schützt er seinen Kopf seit den Tests zur Saisonvorbereitung durch ein Produkt des Konkurrenten Schuberth, das er auch während der doppelten Rolle in »Turn 6« trug. Inzwischen liegt allerdings eine Gerichtsentscheidung aus Brüssel vor, die Bell Recht gibt. Das Urteil: Pro Einsatztag muss Michael Schumacher eine Viertelmillion Mark an den Kläger zahlen, falls er weiter gegen den Vertrag verstößt!

Aufgrund der damit verbundenen Kosten leistet sich »Schumi« im weiteren Verlauf des Wochenendes nicht mehr den Luxus, seinen Schuberth-Helm zu tragen. Aber nur wenige Tage gehen ins Land, dann hat Manager Willi Weber eine Lösung gefunden, die den Wechsel von Bell zu Schuberth dank einer Abfindungszahlung perfekt macht.

Eines wird samstags deutlich – langsamer ist der amtierende Weltmeister mit seiner »alten« Kopfbedeckung nicht. Mit einer Zeit von 1.26,892 Minuten sichert sich der Kerpener die Pole-Position – seine erste auf dem fünften Kontinent. In der ewigen Qualifying-Bestenliste hat er damit Jim Clark eingeholt. Gemeinsam mit dem Schotten liegt er dank seiner 33. F1-Pole auf Platz zwei hinter Ayrton Senna, der sich den besten Startplatz 65 Mal erobern konnte.

Michael Schumacher dominiert im Albert Park derart souverän, dass er es sich sogar erlaubt, während des Qualifying ins T-car umzusteigen. Er will dem Reserve-Ferrari auf den Zahn fühlen, falls er das Auto am Sonntag einsetzen muss. Auch der zweite Pilot aus Maranello glänzt: Rubens Barrichello ist in Top-Form, was im weiteren Saisonverlauf nicht immer der Fall sein wird. Der Südamerikaner holt sich Platz zwei, obwohl er zunächst durch rote Flaggen – als Luciano Burti seinen Jaguar in die Leitplanken setzt – und dann durch zwei langsame Konkurrenten behindert wird.

Der große Verlierer des Qualifying ist Mika Häkkinen. Verzweifelt kämpft der Finne mit seinem untersteuernden McLaren.

Auch David Coulthard steht auf verlorenem Posten. Erst hinter dem viertplatzierten Heinz-Harald Frentzen und dem Michelin-Aushängeschild Ralf Schumacher findet sich der Schotte wieder.

Vor dem Start werden die zwei roten italienischen Rennwagen als klare Favoriten gehandelt. Und zumindest der schnellere der beiden Ferrari-Piloten wird den allgemeinen Erwartungen gerecht, als die roten Lichter der Startampel erlöschen. Der Kampf um die ersten 26 WM-Punkte des neuen Jahrtausends hat begonnen, und der Pole-Setter löst sich vorbildlich von der Linie. Klar vor den 21 Konkurrenten lenkt der Rheinländer seinen Boliden in die Startkurve ein.

Hinter dem Spitzenreiter geht es hoch her. Häkkinen kann Barrichello ausbeschleunigen und damit Rang zwei erobern. Und »Rubinho« ist zunächst auch für Frentzen und »Schumi II« kein Gegner. Die beiden Deutschen fighten beinhart um Platz drei. Der Leidtragende des Duells heißt Coulthard: Der Brite gerät in das germanische Sandwich. »Ich glaube«, sagt er später, »dass Heinz den Williams abdrängen wollte. Die Vorderräder meines Autos waren bereits vor den Hinterrädern der beiden Wagen, als es immer enger wurde. Das war eine der bösesten Situationen, die man sich vorstellen kann. Wir berührten uns schon, dann lösten die beiden glücklicherweise die Umklammerung.«

Und Montoya? Erstmals seit dem Formel 3000-Rennen auf dem Nürburgring im Jahr 1998 muss der Kolumbianer wieder aus dem Stand ins Rennen gehen. Prompt verschläft er die ersten Zehntelsekunden. Umgehend will er den verloren gegangenen Boden wieder gutmachen. Viel zu spät tritt er vor »Turn 1« das Bremspedal und rodelt prompt über den Rasen. Anscheinend unbeeindruckt von dem Querfeldein-Intermezzo mit anschließendem Einordnen in den fließenden Verkehr, ist Montoya auch in »Turn 3« zu schnell. Als Folge gerät er – nach dem zweiten Anfängerfehler innerhalb weniger Sekunden – in den Clinch mit Eddie Irvine. Beide landen neben dem Asphalt. Der Südamerikaner verdankt es seiner großartigen Car-control, dass er schnell wieder festen Boden unter die Räder bekommt. Der »wilde Eddie« jagt dem Feld nach einem Dreher als Schlusslicht nach.

Trotz des Auftakts hinterlässt der Rookie Montoya an diesem Nachmittag einen positiven Eindruck. Während seine Rivalen später ihre Boxenstopps einlegen, rückt der Williams-Neuling bis auf Platz drei vor. Er selbst kommt nicht mehr dazu, Sprit und Reifen zu holen – ein Motorschaden beendet seine Fahrt. Die Panne bringt ihn um sichere WM-Punkte. In der Reihenfolge Michael Schumacher, Häkkinen, Frentzen, »Schumi II«, Barrichello, Trulli und DC kehrt die Spitze des Feldes aus der Startrunde zurück. Während der Titelverteidiger seinem finnischen Verfolger zunächst nicht wegfahren kann – im Verlauf der zweiten Runde rückt Häkkinen sogar knapp eine Zehntelsekunde näher –, bemüht sich sein Teamkollege Barrichello um Schadensbegrenzung. Der Brasilianer will jene Plätze wieder wettmachen, die er am Start verlor.

Als Ralf Schumacher ein Fehler unterläuft, schlägt der Brasilianer zu. Mit ihm schlüpfen auch Coulthard und Trulli, der bei dieser Gelegenheit von dem Schotten überrumpelt wird, vorbei. Der kann erst unmittelbar vor Villeneuve wieder Tritt fassen.

Jetzt will sich Barrichello auch »HHF« schnappen, aber der Mönchengladbacher gibt sich keine Blöße. Trotzdem attackiert der Südamerikaner. Zu Beginn des dritten Umlaufs schiebt er sich am Ende der Start-und-Ziel-Geraden innen auf Parallelkurs. Die Rechnung geht nicht auf, doch damit will sich der Angreifer nicht zufrieden geben. Mit einem rüden Rempler verschafft er sich Raum. Frentzen findet sich zunächst im Kies, dann auf Rang 16 (!) wieder. Und noch aus einem zweiten Grund wird man sich nach dem Rennen an dieses Stadium des GP erinnern: Weil sich Enrique Bernoldi wegen eines Unfalls verabschiedet, werden die gelben Flaggen geschwenkt. Trotz dieses Überholverbots zieht Olivier Panis an Nick Heidfeld vorbei.

Dann der Schock in Runde fünf. Hinter dem Spitzenquartett fighten Ralf Schumacher und Jacques Villeneuve. Mit einem Tempo von knapp 300 km/h fliegt das Duo auf »Turn 3« zu. Als der Williams-Pilot auf die Bremse tritt, knallt der BAR-Honda in das Heck des FW23 und steigt auf.

Sein Bolide wird links gegen die Pistenbegrenzung – eine Kombination aus Mauer und stabilem Drahtzaun – geworfen. Über eine Strecke von mehr als 100 Metern rasiert er die Barriere entlang, bevor der völlig ramponierte Bolide in der Auslaufzone liegen bleibt. »Schumi II«, der nach einigen Topspeed-Drehern ebenfalls »out« ist, eilt sofort zum Wrack des Kollegen und ist erleichtert, Villeneuve unverletzt vorzufinden.

Wenig später, das Safety-Car ist bereits ausgerückt, erkennen beide, dass Ärzte um das Leben eines Offiziellen kämpfen. Vergeblich, wie sich kurz darauf herausstellt. Der 52-jährige »Spectator-Marshal« Graham Francis Beveridge wurde im Brustbereich von einem Rad des BAR getroffen, das während des Horrorfluges durch einen schmalen Schlitz im Sicherheitszaun flog, der Helfern und Piloten im Notfall als Durchstiegsluke dient. Der Todesfall ist die tragische Verwicklung von Zufall und Leichtsinn. Die Wahrscheinlichkeit, dass sich ein Rad durch die Miniöffnung quetscht, ist verschwindend gering. Und Beveridge, dessen Aufgabe es war, die Fans innerhalb der Zuschauerzonen zu halten, hätte sich gar nicht in der Nähe der Luke aufhalten dürfen. Aber durch das »Fenster« konnte der Marshal natürlich bestens auf die Piste blicken. Die Unfallursache bleibt letztlich im Dunkeln.

Mit Beginn der sechsten Runde bestimmt das Safety-car das Tempo. Und das ändert sich erst, als der silberne Mercedes zu Beginn des 16. Umlaufs ausschert. Spitzenreiter Michael Schumacher ist auf Zack. Souverän verteidigt er beim Neustart die Führung. Dann zieht er davon. Nach 25 Runden hat er sich bereits ein Zeitpolster von 4,7 Sekunden aufbauen können, das ihn von Verfolger Häkkinen trennt. Dann das Aus für den zweifachen Ex-Weltmeister: Die vordere Aufhängung des MPW4/16 bricht, und der Silberpfeil landet unsanft in den Reifenstapeln.

Aus Sicht von McLaren-Chef Ron Dennis hat sich mit diesem Crash der potenzielle Sieger verabschiedet: »Mika war, wie Michael Schumacher, mit einer Ein-Stopp-Taktik unterwegs. Sein Stint wäre um einige Runden länger ausgefallen als der des Ferrari-Fahrers. In dieser Phase hätte Mika die Weichen für den Sieg gestellt.« Ob »Mister Perfect« mit dieser Theorie Recht hat, wird nie bewiesen werden können.

Aber McLaren hat ja mit Coulthard noch ein zweites Eisen im Feuer, und der Brite wittert plötzlich Morgenluft. Als Barrichello in Runde 34 auf den Spanier Fernando Alonso aufläuft, blickt der Minardi-Pilot nicht in die Rückspiegel. Der Brasilianer muss auf das Gras ausweichen, und prompt schlägt »DC« zu. 15,3 Sekunden beträgt sein Rückstand auf den Spitzenreiter. Kann er diese Lücke schließen? Er kann. Im Ziel sind Rot und Silber nur durch 1,7 Sekunden getrennt. Aber Sieger Schumacher machte mit Blick auf das Material in der Schlussphase nur Dienst nach Vorschrift. Seine zehn Punkte waren nie in Gefahr. Hinter dem Duo werden Barrichello, Panis, Heidfeld, Frentzen – der vergeblich gegen »Quick Nick« anrannte –, Räikkönen und sieben

weitere Piloten abgewinkt. Diese Reihenfolge hat bei Sonnenuntergang allerdings keine Gültigkeit mehr. Sauber protestiert gegen den Gelbsünder Panis, der prompt eine Zeitstrafe aufgebrummt bekommt. Der 25-Sekunden-Penalty wirft den Franzosen auf Platz sieben zurück. Heidfeld, Frentzen und Räikkönen rücken entsprechend je einen Platz auf. Während die internationale Presse im Verlauf der folgenden Tage nach den – in der Realität gar nicht existierenden – Schuldigen am Tod von Graham F. Beveridge sucht und Präventivmaßnahmen gegen unvorhersehbare Schicksalsschläge fordert, beurteilt die Witwe des Unfallopfers die Situation trotz ihres Schmerzes klarer. Fünf Tage nach der Tragödie lässt Karen Beveridge auf der Beerdigung ihres Mannes in Winfield, Queensland, gar keine Zweifel an ihrer persönlichen Beurteilung des Dramas aufkommen: »Graham liebte den Motorsport, kannte aber auch dessen Gefahren. Als er den Job als Marshal bekam, war er überglücklich. Graham war nicht zum falschen Zeitpunkt am falschen Ort. Er war am richtigen Ort zur falschen Zeit.«

ERGEBNISSE UND AUSFÄLLE

1. Michael Schumacher	Ferrari F2001	1:38.26,533 = 187,464 km/h
2. David Coulthard	McLaren-Mercedes MP4/16	1,717 Sekunden zurück
3. Rubens Barrichello	Ferrari F2001	33,491 Sekunden zurück
4. Nick Heidfeld	Sauber-Petronas C20	1.11,479 Minuten zurück
5. Heinz-Harald Frentzen	Jordan-Honda EJ11	1.12,807 Minuten zurück
6. Kimi Räikkönen	Sauber-Petronas C20	1.24,143 Minuten zurück
7. Olivier Panis	BAR-Honda 003	1.27,050 Minuten zurück
8. Luciano Burti	Jaguar-Cosworth R2	1 Runde zurück
9. Jean Alesi	Prost-Acer AP04	1 Runde zurück
10. Jos Verstappen	Arrows-Asiatech A22	1 Runde zurück
11. Eddie Irvine	Jaguar-Cosworth R2	1 Runde zurück
12. Fernando Alonso	Minardi-European PS01	2 Runden zurück
13. Giancarlo Fisichella	Benetton-Renault B201	3 Runden zurück
Juan Pablo Montoya	Williams-BMW FW23	41.Runde, Motor
Jarno Tralli	Jordan-Honda EJ11	39. Runde, Motor
Mika Häkkinen	McLaren-Mercedes MP4/16	26. Runde, Aufhängung vorn
Ralf Schumacher	Williams-BMW FW23	5. Runde, Unfall
Jacques Villeneuve	BAR-Honda 003	5. Runde, Unfall
Tarso Marques	Minardi-European PSOI	4. Runde, Elektrik
Enrique Bernoldi	Arrows-Asiatech A22	3. Runde, Unfall
Gaston Mazzacane	Prost-Acer AP04	1. Runde, Bremspedal

* Nicht im Ziel, aber aufgrund der zurückgelegten Distanz gewertet

SCHNELLSTE RUNDE: (34. Rd.) – Michael Schumacher, Ferrari F2001
1.28,214 = 216,414 km/h
Neuer Rundenrekord

46. Sieg

Großer Preis von Malaysia
Sepang, 18. März 2001

Keiner kann ihn stoppen

Am Ende des zweiten GP-Laufes der Saison hat der dreifache Weltmeister die maximale Punktzahl auf seinem Konto verbucht. Alles also wie gehabt? Nicht ganz, denn so einfach war es nun dann doch wieder nicht.

Die neue Saison ist erst wenige Tage alt, da schlagen die Wellen an der Politikfront bereits hoch. Losgetreten wird die Diskussionslawine von Heinz-Harald Frentzen. Der Jordan-Pilot spekuliert auf seiner Homepage über die technische Ausrüstung des Sauber C20. Im Melbourner Albert Park hatte »HHF« in der Schlussphase des Grand Prix keinen Weg vorbei an Nick Heidfeld gefunden. Jetzt erklärt er: »Relativ schnell konnte ich zu ihm aufschließen, aber ich kam nicht an ihm vorbei. Beim Beschleunigen ausgangs langsamer Kurven zog er mir regelmäßig davon. Das war durchaus merkwürdig, speziell weil ich deutlich Fehlzündungen hören konnte. Vielleicht wird die Traktionskontrolle von Ferrari auf Wunsch mitgeliefert.«

Ein Sprecher des Hinwiler Rennstalls reagiert empört und verweist den Einsatz illegaler elektronischer Fahrhilfen in den Bereich der Fabelwelt: »Wir sind nicht bereit, über Dinge zu diskutieren, die gar nicht existieren.« Auch FIA-Präsident Max Mosley, der die Seriosität seines Vorzeige-Championats aufgrund der Frentzen-Kritik in Gefahr sieht, meldet sich zu Wort: »Die FIA kann wohl besser als Frentzen beurteilen, mit welchem Equipment die Teams an den Start gehen. Es ist allerdings kein Geheimnis, dass die Motoren so abgestimmt werden dürfen, dass Wheelspin kaum noch auftritt. Entsprechend wird nicht gegen das Verbot von Traktionskontrollen verstoßen.«

Titelverteidiger Michael Schumacher mischt sich in seiner Eigenschaft als Ferrari-Pilot ebenfalls in die Diskussion ein: »Derartige Verdächtigungen schaden der Formel 1. Wenn jemand davon überzeugt ist, dass ein Konkurrent illegales Material einsetzt, dann soll er Protest einlegen.«

Die Stimmung ist gereizt, und der Kreis schließt sich, als Frentzen in Sepang Rede und Antwort stehen muss. Der Mönchengladbacher wäscht seine Hände in Unschuld: »Ich habe ja nie behauptet, dass gegen die Regeln verstoßen wird, sondern lediglich über meine Eindrücke gesprochen.« Aha! Wenn er sich also darüber im Klaren ist, dass bestimmte Anti-Traktionssysteme erlaubt sind, warum setzt Jordan diese nicht ein? »Vielleicht«, antwortet Frentzen milde lächelnd, »weil wir zu dumm sind.«

Top-Thema Nummer zwei ist die Sicherheitsdiskussion, die der Unfalltod von Graham Beveridge ausgelöst hat. Der Vorschlag, die Formel 1-Boliden mit »Stoßstangen« auszurüsten, die den Kontakt von Reifen mit Reifen verhindern sollen, kommt wieder einmal auf den Tisch. Daneben wird der Ruf nach einer Hubraumreduzierung auf 2,5 Liter laut. Die Meinungen darüber gehen natürlich auseinander. So wird mit

Recht gewarnt, dass F1-Rennwagen im Stil von Auto-Scootern der Moral am Steuer gewaltig schaden könnten. Ex-F1-Ingenieur Alan Jenkins mahnt: »Eine Gefahr würde beseitigt, neue würden möglicherweise entstehen. Entscheidungen dürfen jetzt nicht übers Knie gebrochen werden.«

Eine Versteigerung von Helmen diverser F1-Fahrer bringt den Erlös von umgerechnet mehr als 300.000 Mark, die der Witwe Beveridge überwiesen werden. Mittwochs wird an der Piste von Sepang deutlich, wie unkalkulierbar Unfälle in der Realität sind: Bei drückend heißen Temperaturen zuckt ein Blitz aus den tief hängenden Wolken und schlägt wenige Meter neben Rubens Barrichello in einen Gullydeckel ein. Sekunden später kann der Ferrari-Pilot schon wieder lachen. »Unglaublich«, sagt er, »der Blitz hat mich wohl als Brasilianer erkannt. Nirgendwo auf der Welt werden so viele Menschen vom Blitz erschlagen, wie in meiner Heimat.« Dann wird ihm der Boden zu heiß unter den Füßen »Rubinho« setzt sich ab in Richtung Hotel Panpacific, der Nobelherberge am Flughafen KLIA.

Neben den Rennställen der Favoriten steht ein Team ganz speziell im Mittelpunkt des öffentlichen Interesses: Sauber-Petronas. Die Schweizer tragen in Malaysia ihren Home-GP aus, denn die Konzernleitung von Petronas residiert in Kuala Lumpur – circa 60 Kilometer von der Piste entfernt. Bereits unmittelbar nach der Saisoneröffnung begannen Peter Sauber und seine beiden jungen Piloten, durch den Staat mit seinen knapp 20 Millionen Einwohnern zu tingeln. Höhepunkt waren F1-Demonstrationsfahrten downtown Johor Bahru, wo mehr Zuschauer den Straßenrand säumten, als je am Tage des GP zur Piste von Sepang marschierten.

Der schleppende Ticketvorverkauf hat die Verantwortlichen veranlasst, die TV-Direktübertragung in Malaysia abzusagen. Der offizielle Tenor: Wer die Formel 1 sehen will, soll sich zum Ausflug nach Sepang entschließen. Die Folge ist ein tagelanger »Krieg« in den Printmedien, die Pro- und Contra-Leserbriefe abdrucken. Das mangelnde Live-Interesse der Malaysier wird mit deren leeren Portemonnaies begründet und auch mit der Tatsache, dass die F1 hier zuletzt vor gerade einmal knapp fünf Monaten gastierte. Mit diesem Argument lenken die Organisatoren allerdings vom Grundproblem ab. Auch 2000 hielt sich das Interesse der Bevölkerung in engen Grenzen. Der Stellenwert des Grand Prix-Sports ist in Malaysia zu gering, um die Massen zu mobilisieren. Es ist gar nicht so lange her, da klafften auch auf dem Hockenheimring am Renntag riesige Lücken auf den Tribünen.

Freitags gibt Jarno Trulli vor den beiden Ferrari-Fahrern – in der Reihenfolge ihrer Startnummern – den Ton an. Aber noch haben die Zeiten keinen besonderen Wert. Die 1.38,8 Minuten, die der italienische Jordan-Pilot auf den heißen Asphalt knallt, werden in 24 Stunden nur noch für Platz 20 gut sein. Da ist es am ersten Trainingstag schon wesentlich bedeutender, dass Juan Pablo Montoya, der Superstar von eigenen Gnaden, wegen technischer Probleme keine einzige Runde zustande bringt: Eine Panne im Bereich der Spritzufuhr und eine defekte Lichtmaschine machen den Kolumbianer zum Zuschauer. Pech für »JPM«, der als einer der Sepang-Neulinge jede Trainingsrunde so dringend braucht.

Im Qualifying ziehen die Roten aus Maranello wieder ihre Gala ab und erobern die komplette erste Startreihe. Um 0,099 Sekunden, im Vergleich ist ein Wimpernschlag eine Ewigkeit, hat Michael Schumacher die Nase vorn. Aber anders als vor zwei Wochen geht Platz drei nicht an Mika Häkkinen, sondern an Ralf Schumacher. Der Bruder

des Champion kann dem Finnen um mehr als eine halbe Sekunde davonfahren!
Die Leistung des deutschen Williams-Piloten veranlasst Michael Schumacher zu scherzen: »Irgend jemand soll ihn mal daran erinnern, wie jung er ist. Er braucht die Dinge doch nicht so sehr zu überstürzen. Ralf kann sich ruhig noch etwas Zeit lassen.« Am Sonntag beim Start das Familienmitglied Nacken zu haben, so der Titelverteidiger, sei ihm durchaus recht. Allerdings nur deshalb, weil er sich auf den Bruder in brenzligen Situationen hundertprozentig verlassen könne. Der größte Sohn Kerpens: »Unterm Strich läuft natürlich immer auf das Gleiche hinaus – wir fahren ein Rennen. Geschenke wird es nicht geben.«
Ralf Schumacher erwartet hingegen kein direktes Duell mit seinem Bruder: »Klar, viel fehlt mir nicht auf die Pole-Position. Aber was das Rennen betrifft gibt es sehr viele Fragezeichen. Michelin hat keinerlei Sepang-Erfahrung. Ferrari machte möglicherweise noch nicht ernst. Ich glaube sogar, dass wir das Tempo der McLaren nicht mithalten können. Mehr als ein paar WM-Punkte erwarte ich nicht.«
Und Michael Schumacher erinnert an die gemeinsamen Eltern: »Die beiden haben garantiert mit gesteigertem Puls auf das Qualifying reagiert. Sicherlich haben sie das genossen, aber wahrscheinlich waren sie nervöser als Ralf und ich.« Dann kommt es zur Gewissensfrage: Sähe er den Bruder lieber als Nachbarn in der ersten Reihe als den brasilianischen Teamkollegen? »Schumi« reagiert schnell und professionell: »Ralfs Williams-BMW ist auf den Geraden zu schnell. Da ist es schon angenehmer, Rubens neben mir zu haben. Gemeinsam werden wir es schaffen, Ralf am Start hinter uns zu halten.« Unerwartet spannend wird es dann für Enrique Bernoldi, der sich im Qualifying mit einer Zeit von 1.38,708 Minuten Platz 19 erobert hatte. Die Bodenfreiheit seines Arrows ist im Frontbereich zu gering. Der Ausschluss vom Rennen droht. Aber die FIA lässt Milde walten. Die Qualifikationszeit des Brasilianers wird zwar gestrichen, doch Bernoldi darf aus der letzten Reihe von Position 22 aus ins Rennen gehen. Der schweizer Top-Funktionär Paul Gutjahr: »Wir konnten den Jungen doch nicht einfach nach Hause schicken.«
Aufregung vor dem Start. Mit Michael Schumacher und Enrique Bernoldi lassen sich gleich zwei Piloten in ihrem T-car anschnallen. Als das Feld aus der Einführungsrunde zurückkehrt, spielt der Italiener Giancarlo Fisichella verrückt. Trotz regen Sprechfunkverkehrs mit seiner Crew hat der Benetton-Fahrer Orientierungsprobleme: Fisico kann seinen Startplatz nicht finden und parkt seinen B201 letztlich zwischen den beiden Parallel-Kolonnen. Das Prozedere wird abgebrochen. Fisichella wird nach hinten verbannt, die Renndistanz vorschriftsmäßig um eine Runde gekürzt.
Erneut führt »Schumi« seine 21 Kollegen in eine Formationsrunde. Aber wieder läuft nicht alles nach Plan. Montoyas Williams bewegt sich nicht vom Fleck. Der Kolumbianer öffnet den Zentralverschluss der Gurte in Sekundenschnelle. Er springt aus der Kohlefaserröhre und rennt in die Boxengasse, wo er im Reserve-Williams Platz nimmt. Der späte Wechsel ist ebenso illegal wie der Einsatz eines Boliden mit Turbomotor. Aber in der allgemeinen Hektik lässt man die Blauweißen gewähren.
Als endlich Gas gegeben werden darf, nutzt Michael Schumacher seine ideale Ausgangsposition fehlerfrei. Im Rücken des Titelverteidigers aber kommt es zu erheblichen Positionsverschiebungen. So löst sich Barrichello nur schlecht von der Linie. Sofort wird der Südamerikaner von »Schumi II«, der auf der Außenbahn attackiert, und Trulli, der sein Glück innen versucht, in die Zange genommen. Ralf Schumacher hat

beim Einlenken in die erste Kurve die Nase bereits klar vorn, als ihn »Rubinho« abschießt. Der Williams kreiselt. Beim Versuch, einen Crash zu verhindern, läuft lediglich Irvines Jaguar aus dem Ruder, was den Nordiren einige Plätze kostet. Der große Verlierer der ersten Minute aber heißt Kimi Räikkönen: Der Sauber des finnischen Wunderknaben versagt wegen eines Antriebswellenschadens seinen Dienst.
Der Weltmeister kommt mit einem Vorsprung von 1,3 Sekunden auf seinen rüden Teamkollegen aus der Startrunde zurück. Hinter dem roten Duo folgen zunächst Trulli, Coulthard – der als Achter ins Rennen ging –, Frentzen, Verstappen – auf Platz 18 (!), als die Lichter der Startampel erloschen und Villeneuve. Ganz hinten liegen Barrichello-Opfer »Schumi II« und Montoya, der mit zehn Sekunden Verspätung aus der Boxengasse startete.
Auch in Runde zwei, der Spitzenreiter baut seinen Vorsprung auf 3,1 Sekunden aus, brauchen sich die Fans nicht über einen Mangel an Kurzweil zu beklagen. Olivier Panis verabschiedet sich wegen des Bruchs einer Ölleitung in Turn 6. Seinen Kollegen hinterlässt der Franzose dabei unfreiwillig eine tückische Ölspur. Im Mittelfeld verdrängt Fisichella seinen Teamgefährten Jenson Button, von Platz elf, und am Ende des Feldes biegt Fernando Alonso nach einem Ausflug durchs Grün zum Reinigen der Kühleröffnungen in die Boxengasse ab.
Während des dritten Umlaufs wird der Spaziergang der beiden Ferrari-Piloten jäh unterbrochen: In Turn 6, dort wo Panis das Öl des Honda-V10 verklappte, rutschen die beiden roten Rennwagen synchron in den Kies der Auslaufzone. Die Szene erinnert an die großen Tage des Eiskunstlaufens der Paare. Bevor Barrichello den Rückweg auf die Piste gefunden hat, sind Trulli und Coulthard durchgeschlüpft. »Schumi« verliert noch mehr Zeit im Kies. Er setzt das Rennen als Siebter fort. Neben den drei genannten, hat er nun auch Frentzen, Verstappen und Villeneuve vor sich. 6,8 Sekunden fehlen ihm jetzt auf den neuen Leader Trulli.
Aber Runde drei hat noch mehr zu bieten als die unfreiwillig komische Einlage des Ferrari-Duos: In Teilbereichen der Piste geht urplötzlich starker Regen nieder. Tropischer Regen. So stellt man sich vermutlich in der Sahara die Niagara-Fälle vor. Am Ende des Feldes biegen einige Piloten zum Wechsel auf Regenreifen in die Boxengasse ab. Gleich beide Benetton-Fahrer – es geht doch nichts über Koordination –, Burti, Marques und Irvine stoppen. Der Jaguar-Brite kann seine Fahrt allerdings wegen eines Kühlerdefekts nicht fortsetzen.
Das Chaos auf der partiell überschwemmten Piste hat seinen Höhepunkt noch nicht erreicht. Der vierte Umlauf bringt – bedingt durch Aquaplaning – das Aus für Villeneuve, Bernoldi, Montoya und Heidfeld. Der Mönchengladbacher, ein anerkannt guter Regenfahrer, ärgert sich maßlos, als er sich im Kies festfährt. Trulli, Coulthard und Barrichello kommen glimpflich davon. Das Trio legt Pirouetten ein, kann aber weiter mitmischen. Das Safety-car rückt aus, während in der Boxengasse Hochbetrieb herrscht: In der Reihenfolge Coulthard, Frentzen, Barrichello, Michael Schumacher – was Benetton kann, kann Ferrari schon lange –, Verstappen, Trulli, Häkkinen, Button, Ralf Schumacher und Mazzacane holen die zehn Erstplatzierten neue Reifen. Dabei wechseln die Ferrari-Fahrer auf Intermediates.
Der Stopp wird für Michael Schumacher zum Desaster. Weil er geduldig warten muss, bis Barrichello abgefertigt ist, verbringt der Rheinländer 1.56,461 Minuten in der Speedlimit-Zone. Zum Vergleich: Bei seinem zweiten Halt wird er dort mit 39,158

Sekunden gestoppt: »Ich wollte während des Wartens schon nach einer Tasse Kaffee fragen«, so später sein Kommentar.
Der Titelverteidiger wird vom vierten auf den elften Rang zurückgeworfen. Aber er hat Glück. Weil vorn das Safety-car bummelt, kann er sofort wieder den Anschluss an die enteilten Kollegen herstellen. 15 Piloten umfasst das dezimierte Feld noch. Vorn liegen nun Coulthard, Frentzen, Verstappen, Häkkinen, Trulli und Alesi.
Zum Ärger von McLaren-Chef Ron Dennis dreht das »SC« Runde um Runde, obwohl der Tropenschauer längst abgezogen ist. Der Chef der Silberpfeile hat den Verdacht, die Rennleitung warte mit Rücksicht auf Ferrari auf ideale Intermediate-Bedingungen. Tatsächlich scheut die Rennleitung das Risiko eines frühen Neustarts.
Erst mit Beginn des elften Umlaufs heißt es wieder: Feuer frei! Sofort geht es drunter und drüber. Schon die erste Runde mit frei beweglichem Gasfuß bringt gewaltige Veränderungen der Reihenfolge. Verstappen verdrängt »HHF« vom zweiten Platz. Ralf Schumacher gelingt ein gewaltiger Sprung vom achten auf den fünften Rang. Sein Bruder macht im Kielwasser von »Rubinho« immerhin zwei Positionen gut.
Nicht zu Unrecht wird im Formel 1-Sport immer wieder über mangelnde Überholmanöver geklagt. Auf dem abtrocknenden Asphalt der Piste von Sepang ist diese Kritik nicht angebracht. Positionswechsel gibt es am laufenden Band. Und speziell die mit ihren Intermediates ideal bereiften Ferrari schlagen gnadenlos zu. Michael Schumacher macht dabei – gerade kam die Funkanweisung, man solle es geruhsam angehen lassen – auch vor dem eigenen Teamkollegen nicht Halt. Der ist deshalb sauer und schimpft später: »Ich lief auf Alesi auf und nahm etwas Gas weg. Gemäß der Anweisung wollte ich kein Risiko eingehen und den Prost erst hinter der nächsten Kurve überholen. In diesem Augenblick schlug Michael überraschend zu.«
Und der Deutsche stürmt weiter nach vorn. Phasenweise ist er pro Runde fünf Sekunden schneller als seine Rivalen. Während des 16. Umlaufs übernimmt er wieder das Kommando. Scheinbar mühelos und lässig fährt er seinem sechsten GP-Sieg in Folge entgegen. Sein Vorsprung wächst derart schnell an, dass er die Führung auch dann nicht abgibt, als er nach 30 Runden auf Trockenreifen umrüsten lässt.

2001 – Sepang, 18. März, 2001

Ralf Schumacher hat Recht behalten: Er konnte ganz vorn nicht mitspielen und musste sich letztlich mit den angepeilten »paar Pünktchen« begnügen. Der Grund hierfür war allein das Ergebnis des frühen Remplers von Barrichello, der schon in Melbourne unangenehm durch einen »Bodycheck« aufgefallen war. Die Rollenverteilung der neuen Saison scheint eindeutig: Michael Schumacher siegt, Ex-Champion Mika Häkkinen findet nicht statt, Barrichello fährt mit dem Messer zwischen den Zähnen und »Schumi II« leidet unter Feindkontakt. In 14 Tagen wird sich an diesem Bild nicht allzu viel ändern – nur dass da Michael Schumachers Glücksfaden reißen wird: In der 50. Runde beim Großen Preis von Brasilien schlüpft »DC« an dem mit einem miserabel ausbalancierten Ferrari kämpfenden Weltmeister an der Innenbahn vorbei. Der Champion ist angefressen, und dass er in San Marino seinen Ferrari in der 25. Runde nach einem Motorschaden ganz abstellen muss, trägt auch nicht zur Hebung seiner Laune bei. Immerhin: Der größte Pokal bleibt in der Familie, Bruder Ralf gewinnt seinen ersten Grand Prix.

ERGEBNISSE UND AUSFÄLLE

1. Michael Schumacher	Ferrari F2001	1:47.34,801 = 170,030 km/h
2. Rubens Barrichello	Ferrari F2001	23,660 Sekunden zurück
3. David Coulthard	McLaren-Mercedes MP4/16	28,555 Sekunden zurück
4. Heinz-Harald Frentzen	Jordan-Honda EJ11	46,543 Sekunden zurück
5. Ralf Schumacher	Williams-BMW FW23	48,233 Sekunden zurück
6. Mika Häkkinen	McLaren-Mercedes MP4/16	48,606 Sekunden zurück
7. Jos Verstappen	Arrows-Asiatech A22	1.21,560 Minuten zurück
8. Jarno Trulli	Jordan-Honda EJ11	1 Runde zurück
9. Jean Alesi	Prost-Acer AP04	1 Runde zurück
10. Luciano Burti	Jaguar-Cosworth R2	1 Runde zurück
11. Jenson Button	Benetton-Renault B201	2 Runden zurück
12. Gaston Mazzacane	Prost-Acer AP04	2 Runden zurück
13. Fernando Alonso	Minardi-European PS01	3 Runden zurück
14. Tarso Marques	Minardi-European PS01	4 Runden zurück
Giancarlo Fisichella	Benetton-Renault B201	32. Runde, Benzindruck
Jacques Villeneuve	BAR-Honda 003	4. Runde, Dreher
Nick Heidfeld	Sauber-Petronas C20	4. Runde, Dreher
Enrique Bernoldi	Arrows-Asiatech A22	4. Runde, Dreher
Juan Pablo Montoya	Williams-BMW FW23	4. Runde, Dreher
Eddie Irvine	Jaguar-Cosworth R2	4. Runde, Kühler
Olivier Panis	BAR-Honda 003	2. Runde, Ölleitung
Kimi Räikkönen	Sauber-Petronas C20	1. Runde, Antriebswelle

SCHNELLSTE RUNDE: (48. Rd.) – Mika Häkkinen, McLaren-Mercedes MP4/16, 1.40,962 = 197,646 km/h

47. Sieg

Großer Preis von Spanien
Granollers, 29. April 2001

Der Beste wird nur Neunter

Rennsport kann ungerecht sein: Michael Schumacher und Ferrari profitieren vom unglaublichen Pech des schnellsten Mannes, von Mika Häkkinen. Der Sieg ist dennoch nicht unverdient.

Erstmals in der Saison 2001 treten die Teams nicht in der erwarteten Besetzung an, die Entlassung des Argentiniers Gaston Mazzacane sorgt für Wirbel. Eine Vertragsklausel, die im Qualifying einen Maximalrückstand auf Jean Alesi vorschrieb, macht es Alain Prost leicht, den Südamerikaner vor die Tür zu setzen. Mazzacane konnte die Bedingungen bisher nicht erfüllen. Der gnadenlos aussortierte Pilot wird durch Luciano Burti ersetzt, für den die Jaguar-Teamführung keinen Platz mehr sah, da die grünen Katzen den Edelreservisten Pedro de la Rosa in der Pipeline hatten.
Abgesehen von Mazzacane sind alle Beteiligten mit der Entwicklung zufrieden. Ganz besonders happy ist der Veranstalter des spanischen Grand Prix, da er die Fans jetzt mit einem zweiten einheimischen Fahrer neben Fernando Alonso anlocken kann.
Aber nicht nur zum Thema F1-Belegschaft gibt es Neuigkeiten zu berichten. Was die Rennwagen angeht, ist es endlich so weit: Der Streit um die leidigen Traktionskontrollen hat ein Ende. Das Durchdrehen der Antriebsräder wird von nun an offiziell vom Bordcomputer reguliert. Damit nicht genug. Auch »Starthilfen« sind ab sofort erlaubt. Das bedeutet: Das Getriebe schaltet automatisch. Dabei gilt es allerdings, einem Missverständnis vorzubeugen – automatische Getriebe kommen nicht zum Einsatz. Es handelt sich vielmehr um herkömmliche Schaltgetriebe mit dem kleinen Unterschied, dass die Schaltvorgänge nicht vom Piloten, sondern vom Computer ausgeführt werden. Niki Lauda stellt daher die Behauptung auf, auch ein Affe könne jetzt F1-Autos fahren. Der verbale Ausflug ins Tierreich wird in Zeltweg ein Nachspiel haben. Zunächst aber greift Michael Schumacher korrigierend in die Diskussion ein: »Einige Dinge sind jetzt einfacher. Aber unterm Strich ist die Herausforderung größer als früher. Wir fahren noch schneller als vorher. Das Seil, auf dem wir tanzen, ist dünner geworden. Und weil wegen des höheren Tempos auch die Fliehkräfte größer sind, werden die Rennen nicht nur mental, sondern auch körperlich anstrengender.«
Im Verlauf der beiden ersten freien Trainingssitzungen spricht zunächst alles für einen Durchmarsch der Silberpfeile. Freitags gibt David Coulthard, der vor Jahresfrist die missglückte Notlandung eines Privat-Jets überlebte, mit einer Zeit von 1.20,1 Minuten den Ton an. Am Morgen des zweiten Tages ist es dann aber Michael Schumacher, der mit 1.18,6 Minuten Bestzeit fährt. Das Blatt hat sich jedoch keineswegs zugunsten der Roten gewendet, auch wenn sich Rubens Barrichello Platz zwei erobern kann. McLa-

ren geht die Pace mit: Wie »Schumi« und sein Teamkollege steigert sich auch »DC« auf 1.18,6. 0,052 Sekunden fehlen dem Schotten auf die Bestzeit des Rheinländers.
Als schließlich um die Pole gekämpft wird, hat Michael Schumacher erneut die Nase vorn. Aber an der Spitze geht es eng zu: Die schnellsten acht Piloten befinden sich innerhalb einer Sekunde. Der Deutsche, der sich im Verlauf seiner F1-Karriere bereits zum 36. Mal den besten Startplatz gesichert hat, wirkt erleichtert: »Jetzt sind wir wieder vorn mit dabei, und ich darf mir Hoffnungen auf den Sieg machen. Aber gewonnen habe ich noch lange nicht. Die anderen sind stark, und ich erwarte, dass letztlich die bessere Taktik über den Ausgang entscheiden wird.«
Obwohl er sich dem Pole-Setter nur um 0,085 Sekunden geschlagen geben musste, lässt Mika Häkkinen als Zweiter die Ohren hängen: »Das war enttäuschend. Drei Mal blieb ich im Verkehr stecken. Endlich, im vierten Anlauf schien ich kein Pech zu haben. In der Zwischenzeit lag ich bereits deutlich mit drei Zehntelsekunden vorn, als mir in der fünften Kurve ein wenig das Heck wegrutschte.« Ob Laudas Affe es besser gemacht hätte? Als Dritter unterstreicht David Coulthard das Potenzial des MP4/16.
Die Spielregeln sind bekannt: Wem es nicht gelingt, sich auf der katalanischen Piste im Verlauf des Sprints zur ersten Kurve gegen einen oder gleich mehrere Gegner durchzusetzen, der muss sich zunächst einmal in Geduld üben. Der Circuit ist nämlich nicht nur für seinen gummimordenden Asphalt, sondern auch für seine extrem eingeschränkten Überholmöglichkeiten bekannt.
Für einen ist der Traum vom Überraschungscoup auf den ersten Metern bereits vor dem Start ausgeträumt. Der Motor des MP4/16 von David Coulthard tut keinen Muckser, als Michael Schumacher das Feld in die Formationsrunde führt. Der Silberpfeil mit Startnummer Vier wird mit Verspätung zum Leben erweckt und jagt den 21 Konkurrenten nach. Sein Pech: Die Paragraphen verbieten ihm jetzt, seine ursprüngliche Startposition wieder einzunehmen. »DC« muss anstelle von Tarso Marques als Schlusslicht ins Rennen gehen.
Pünktlich um 14 Uhr werden die Fans vor Ort und am heimischen TV Zeuge eines historischen Augenblicks: Erstmals seit dem 7. November 1993 (damals stand der GP von Australien in Adelaide auf dem Programm) gehen die F1-Boliden mit Traction- und Launch-Control in die Punkteschlacht. Ganz vorn fädelt sich das Feld in der Reihenfolge Michael Schumacher vor Häkkinen, Barrichello, Imola-Sieger »Schumi II«, Trulli und Montoya in die erste Rechtskurve ein. Heinz-Harald Frentzen sucht man in der Spitzengruppe vergeblich, denn sein gelber Jordan setzt sich erst nach Überwindung eines elektronischen Schluckaufs in Bewegung – als 18. wird er aus der ersten Runde zurückkehren.
Das Interesse der Beobachter konzentriert sich während der ersten Sekunden des Rennens nicht nur wegen Frentzens Absturz ins Nirgendwo auf die hinteren Ränge, wo jeder einen Raketenstart des frustrierten Silberpfeil-Schotten erwartet. Und der enttäuscht nicht. Inklusive »HHF«, der sich aus den geschilderten Gründen absolut »entgegenkommend« verhält, macht Coulthard bis zum Ende der Startgeraden sieben Kollegen nieder. Dann ist Endstation, denn im Gedränge von »Turn 1« touchiert er das Heck von Bernoldis Arrows und verbiegt sich den Frontflügel.
Nach zwei Umläufen liegt Coulthard mit 55,9 Sekunden Rückstand auf den Spitzenreiter – auf Rang 22, während sich vorn Michael Schumacher, Häkkinen und Barrichello leicht vom Bruder des Führenden absetzen kann, dem nun bereits 4,7 Sekunde fehlen.

Scharmützel im Mittelfeld prägen das Bild, bevor sich in Runde sechs ein Zwischenfall ereignet, der gleich für zwei Piloten das Ende des Arbeitstages einläutet: Bei seinem mühsame Unterfangen, beim Start verlorene Terrain zurückzuerobern, ist Frentzen auf de la Rosa aufgelaufen, den er vor 16. Platz verdrängen will. In »Turn 10 schlägt der Mönchengladbacher zu, doch der Spanier schließt die Lücke, die kurz zum Überholen einlud, und prompt kracht's. Obwohl beim verhängnisvollen Kontakt die Vorderräder des Jaguar die hinteren des Jordan berühren – was die Schuldfrage rech eindeutig beantwortet –, macht der Deutsche seinem Rivalen keine Vorwürfe: »Das war halt ein Unfall, wie er immer wieder einmal passieren kann. «
Als erste der Frontrunner biegen Trulli und Montoya nach 21 Runden zum Service in die Boxengasse ab. Der Kampf um Platz fünf wird für wenige Sekunden im Stand fortgesetzt: jetzt rattern die Schlagschrauber um die Wette. Die Augenzeugen halten den Atem an, dann wird der Lollipop vor dem Williams hochgerissen. Die Duellanten verlassen die Boxengasse in neuer Reihenfolge. Zu diesem Zeitpunkt ist Ralf Schumacher nach einem Dreher bereits auf dem Fußmarsch zurück an die Boxen. Dort erklärt er: »Das ist mir unverständlich. Als ich die Linkskurve anbremste, stand mein Auto noch gerade, dann brach das Heck aus, und ich landete im Kies, wo ich mich festfuhr.« Patrick Head hatte bereits während des Ausrutschers anhand der Telemetriedaten sehen können, dass blockierende Hinterräder den FW23 unfahrbar machten.
Knapp zwei Sekunden Vorsprung vor Häkkinen hat Michael Schumacher, als er nach 22 Runden planmäßig Sprit und Gummis holt. 8,7 Sekunden benötigen die roten Mechaniker, um den Ferrari flottzumachen. Hinter dem Finnen und dem eigenen Teamkollegen nimmt der Kerpener das Rennen wieder auf. Mit einer Serie 21er-Runden versucht der neue Spitzenreiter in der Folge, einen Vorsprung herauszufahren, der ausreicht, auch nach dem eigenen Boxenstopp vorn zu bleiben. In dieser Phase dreht Häkkinen die schnellste Runde des Rennens. Vier Umläufe nach »Schumi« stoppt auch er. Seine Rechnung geht allerdings nicht auf: Unmittelbar bevor er wieder auf die Piste zurückkehrt, zischt Schumachers roter Bolide vorüber – damit ist die alte Reihenfolge wieder hergestellt.
Mika Häkkinen wartet jetzt auf seine zweite Chance. Auf der Strecke gibt es für ihn kein Vorbei am Champion, überholen kann er frühestens während der zweiten Stoppserie.
Nach 38 Runden sind noch zehn Piloten in einer Runde mit Michael Schumacher: Häkkinen, Barrichello, Montoya, Villeneuve, Trulli, Heidfeld, Irvine, Panis, Räikkönen und Coulthard, der Unglücksrabe der ersten Minuten. Der Spitzenreiter biegt nach 43 Umläufen in die Boxengasse ab. Seine feuerfest verpackte Crew weiß – nur wenn der Weltmeister perfekt abgefertigt wird, hat er eine Chance auf Saisonsieg Nummer drei. 9,3 Sekunden lang tönt der italienische Zehnzylinder im Leerlauf. Dann katapultiert er sich auf die in der Boxengasse erlaubten 120 km/h, die wieder einmal quälend langsam erscheinen. Durch den notwendigen Halt handelt sich der Rheinländer einen Rückstand von gut 21 Sekunden ein. Hat Mika Häkkinen diesmal das entscheidende Quäntchen Glück, um das Blatt wenden zu können? Eine Signaltafel mit der Aufschrift »Push – gib Gas« wird ihm gezeigt, obwohl er selbst am besten weiß, was die Stunde geschlagen hat.
21er-Zeiten dreht der Silberpfeil-Star. »Schumi« benötigt am Steuer des gerade erst betankten – und deshalb schwereren – Ferrari eine Sekunde mehr. Nach 49 Runden hat der neue Spitzenreiter ein Plus von 26,6 Sekunden vor Michael Schumacher. Ob

dieses Zeitpolster ausreicht, braucht nicht diskutiert zu werden, denn seine Spritvorräte reichen lediglich für einen weiteren Umlauf, dann muss er seinen zweiten Boxenstopp einlegen. Häkkinen hält auf den Zentimeter genau. Während die Mechaniker ihr immer wieder geübtes Service-Ballett darbieten, tickt die Stoppuhr. Nach glatten acht Sekunden bleibt sie stehen – Häkkinens MP4/16 rollt durch die Boxengasse, während der Pilot das Visier wieder hinunterklappt. Über seinen Helmlautsprecher hört er beruhigende Worte: »Du schaffst es!«

Der Prophet von der Boxenmauer behält Recht. Vor dem roten Rivalen erreicht der zweifache Ex-Weltmeister das Ende der Speedlimitzone. Wer will ihm jetzt noch den ersten Sieg der Saison streitig machen? Michael Schumacher natürlich. Aber der kann es nicht. Der Kerpener kämpft offenbar mit technischen Problemen. Also macht er jetzt »Dienst nach Vorschrift«. Er will die sechs WM-Zähler sicher nach Hause bringen. Häkkinen ist mit seinem magersüchtigen Punktekonto ohnehin aktuell kein ernsthafter Gegner im Kampf um den Titel. Sorgt sich Michael Schumacher zu diesem Zeitpunkt, möglicherweise auszufallen? »Ja«, wird er später erklären, »mein Wagen vibrierte unglaublich. Ich dachte, dass eventuell einer der Reifen Luft verliert. Speziell auf den schnellen Streckenabschnitten könnte das sehr unangenehme Folgen haben. Und nachdem Rubens ausgefallen war, sagte mir Ross Brawn per Funk, ich solle Tempo wegnehmen.«

Als Mika Häkkinen in die letzte Runde fliegt, geht ein Ruck durch die Männer um Ron Dennis, die im »Hauptgefechtsstand« an der Boxenmauer bereits auf grenzenlosen Jubel eingestellt sind. Auch sie überhörten nicht jenen lauten »Knall« des Silberpfeils. Die Bedeutung des ungesunden Geräuschs ist für die Ingenieure, die die Telemetriedaten auswerten, bereits zu diesem Zeitpunkt kein Geheimnis mehr: Die Kupplung ist explodiert. Verzweifelt legt der Pilot die unterschiedlichsten Gänge ein. Aber auf dem Weg vom Motor zu den hinteren Rädern versickern die gut 800 Pferdestärken im Bereich der Kupplungstrümmer.

Mit 42,5 Sekunden Verspätung auf den silbernen Havaristen nimmt Michael Schumacher die letzte Runde in Angriff. Kurz darauf sieht er Häkkinens Rennwagen am Rand der Piste stehen.

Nach der Zieldurchfahrt versäumt es der Überraschungssieger nicht, spontan den silbernen Unglücksraben aufzusuchen. Michael Schumacher entschuldigt sich bei Häkkinen. Die eher seltene Geste begründet der Champion nach der Siegerehrung: »So kann der Rennsport sein – ich selbst habe das doch auch schon erlebt. Mika machte keinen Fehler, und er ist es, der den Sieg verdient hat. Es ist doch schlimm genug, wenn man in Führung liegend 20 Runden vor Schluss des Rennens ausfällt. Aber wenn man das Ziel vor Augen hat, dann ist es wirklich grausam.«

Während die Gewinner von WM-Punkten feiern, bemüht sich der moralische Sieger seit Rennende vergeblich, den allzu verständlichen Frust abzubauen. »Natürlich bin ich tief enttäuscht«, sagt er mit leiser Stimme, »ich war so zuversichtlich, dass es endlich wieder einmal klappt. Was die Zuverlässigkeit meines Autos betrifft, machte ich mir nicht die geringsten Sorgen. Und trotzdem war plötzlich alles aus.

Und seine schwarze Serie will nicht reißen: Beim Großen Preis von Österreich legt ihn ein Elektronikdefekt bereits in der zweiten Runde lahm. Immerhin: Wenn der McLaren hält, dann ist er siegfähig, David Coulthard gewinnt vor Michael Schumacher, der nach Österreich mit 42 Punkten vier Zähler vor dem Schotten liegt.

ERGEBNISSE UND AUSFÄLLE

1. Michael Schumacher	Ferrari F2001	1:31.03,305 = 202,507 km/h
2. Juan Pablo Montoya	Williams-BMW FW23	40,738 Sekunden zurück
3. Jacques Villeneuve	BAR-Honda 003	49,626 Sekunden zurück
4. Jarno Trulli	Jordan-Honda EJ11	51,253 Sekunden zurück
5. David Coulthard	McLaren-Mercedes MP4/16	51,616 Sekunden zurück
6. Nick Heidfeld	Sauber-Petronas C20	1.01,893 Minuten zurück
7. Olivier Panis	BAR-Honda 003	1.04,977 Minuten zurück
8. Kimi Räikkönen	Sauber-Petronas C20	1.19,808 Minuten zurück
9 Mika Häkkinen	McLaren-Mercedes MP4/16	1 Runde zurück/Kupplung
10. Jean Alesi	Prost-Acer AP04	1 Runde zurück
11. Luciano Burti	Prost-Acer AP04	1 Runde zurück
12. Jos Verstappen	Arrows-Asiatech A22	2 Runden zurück
13. Fernando Alonso	Minardi-European PS01	2 Runden zurück
14. Giancarlo Fisichella	Benetton-Renault B201	2 Runden zurück
15. Jenson Button	Benetton-Renault B201	3 Runden zurück
16. Tarso Marques	Minardi-European PS01	3 Runden zurück
Rubens Barrichello	Ferrari F2001	50. Runde, Aufhängung hinten
Eddie Irvine	Jaguar-Cosworth R2	49. Runde, Öldruck
Ralf Schumacher	Williams-BMW FW23	21. Runde, Dreher
Enrique Bernoldi	Arrows-Asiatech A22	9. Runde, Benzindruck
Pedro de la Rosa	Jaguar-Cosworth R2	6. Runde, Unfall
H.-H. Frentzen	Jordan-Honda EJ11	6. Runde, Unfall

* Nicht im Ziel, aber aufgrund der zurückgelegten Distanz gewertet

SCHNELLSTE RUNDE: (25. Rd.) – Michael Schumacher, Ferrari F2001,
1,21,151 = 209,831 km/h
Neuer Rundenrekord

48. Sieg

Großer Preis von Monaco
Monte Carlo, 27. Mai 2001

»Schumi« ohne Gegner

Der Kurs in Monte Carlo, der Höhepunkt im F1-Kalender eines jeden Jahres, ist etwas ganz Besonderes – nur Freunde beinharter Überholmanöver kommen da nicht auf ihre Kosten: Positionswechsel sind kaum möglich. Für Michael Schumacher ist das kein Problem: Da Pole-Setter Coulthard aus der letzten Reihe starten muss, hat er freie Fahrt.

Monte Carlo – für die einen ist es der siebte WM-Lauf der Saison, für die anderen die längste Party der Welt. Das im 365-Tage-Rhythmus wiederkehrende Ritual nimmt seinen Lauf. Hierzu zählen nicht nur der Yacht-Auftrieb im Haupthafen diesseits des Schlossfelsens, die schamlos angehobenen Preise der Gastronomie zwischen St. Tropez im Westen und Savona im Osten sowie die auffällig unauffällig umherrollenden Luxus-Sportwagen im Stadtverkehr, sondern auch die stereotyp heruntergebeteten Sicherheitsbedenken gegen den angeblich anachronistischen Straßenkurs. Was passiert – so eine der klassischen Lieblingsfragen –, wenn einer der Boliden während Training oder Rennen abhebt und auf einer dichtbesetzten Tribüne landet? Bedauerlicherweise ist die Antwort kein Geheimnis – ebenso gut könnte man fragen, welche Folgen ein Sturz vom Eiffelturm hat, wenn die handelnde Person nicht gerade einen Fallschirm trägt. Die sinnvolle Frage lautet: Wie groß ist die Gefahr, dass sich ein aus der Kontrolle geratener F1-Rennwagen unters Publikum mischt? Glücklicherweise ist sie gering. Bisher blieb Monaco von einer solchen Tragödie verschont. Aber Unfälle mit tödlichen Folgen gab es durchaus.
Zum Kreis der Monaco-Neulinge zählt Finnlands Wunderknabe Kimi Räikkönen. Was hält er von dem legendären Straßenkurs? Der Sauber-Pilot, meist kein Freund vieler Worte, gibt seine Antwort in Form einer ungewöhnlich langen Rede: »Noch fließt der Straßenverkehr, und weil so viele Autos unterwegs sind, ist der Blick versperrt. Ich kann die Kurven deshalb noch nicht gut einschätzen.« Kennt er besondere Tricks, um sich ihm unbekannte Circuits schnell einprägen zu können? »Nein«, gibt Räikkönen zu Protokoll, »keine Tricks. Ich fahre halt herum. Das ist eine Sache des Feelings. Die Bremspunkte finde ich automatisch.«
Als das Naturtalent mittwochs eine Inspektionsrunde per Motorroller dreht, legt er ausnahmsweise doch einmal die Ohren an. »Bist du sicher, dass man im Tunnel mit Vollgas fahren kann?« Trotz der Bestätigung bleiben offenbar Restzweifel. Aber am ersten Trainingstag wird er von Beginn an keine Probleme damit haben, den Gasfuß auch im Tunnel voll einzusetzen. Die Hürde, der er nicht gewachsen ist, muss erst noch gebaut werden. Wie Kartfahren sei es, erklärt er am Abend des ersten Trainingstages, nur die Leitplanken stünden etwas näher.
Auf die Frage nach der Sonderstellung des Straßenkurses antwortet Coulthard vor Trainingsbeginn: »Natürlich ist diese Piste einmalig und aufregend. Aber auf den Ab-

lauf von Qualifying und Rennen wirkt sich das Layout der Piste nicht aus. Alle werden sehen, nach dem Qualifying stehen wieder diejenigen vorn, die immer in den ersten Reihen zu finden sind.« Der Schotte wird mit dieser Ankündigung Recht behalten.

Nach dem ersten Trainingstag, dessen größte Sensation die Auftritte der Arrows und Jordan mit ihren originellen »Nasenflügeln« zur Schaffung zusätzlichen Abtriebs sind, erobern sich mit Coulthard, Michael Schumacher, Häkkinen, Barrichello und Ralf Schumacher die üblichen Verdächtigen die besten fünf Startplätze. Auffallend: Irvine als Sechster dank eines neuen Jaguar-Aerodynamik-Pakets, Monaco-Angstgegner Villeneuve als Neunter sowie die überdurchschnittlichen Startplätze von Fisichella und Alesi. Samstags sucht man die neuen Flügel der Arrows und Jordan übrigens vergeblich. Aus Gründen der Sicherheit verboten die Rennkommissare die Modifikationen freitags.

Nach den Startpannen in Barcelona und Zeltweg sind alle Beobachter gespannt, ob sich das Feld diesmal geschlossen in Bewegung setzen wird. Niemand will so recht glauben, dass jetzt alle Kinderkrankheiten der Launch-Control ausgemerzt sind. Die Überlegungen zu diesem Thema sind noch nicht abgeschlossen, als die Formationsrunde in Angriff genommen werden darf. 21 Rennwagen stürmen in Richtung Ste. Devote. Einer bleibt stehen. Der Silberpfeil mit Startnummer vier – David Coulthard. Wie schon vor vier Wochen in Spanien muss der Schotte nun vom letzten Platz aus ins Rennen gehen. Ausgerechnet hier, wo nur mit der Brechstange überholt werden kann, wiederholt sich dieses Missgeschick.

Dann, aus der Perspektive alter Monaco-Hasen mit Blick auf die traditionelle Startzeit von 15.30 Uhr viel zu früh, katapultiert sich der Pulk in die erste Runde. Auch vor den heimischen TV-Geräten halten die Fans den Atem an, als Michael Schumacher die bunte Wagenkette durch das Nadelöhr bei Ste. Devote führt. Höchst diszipliniert bedienen die 22 Akteure Lenkrad und Pedalerie. Trotzdem ereignen sich im Gedränge zwei Flüchtigkeitsfehler: Irvines Jaguar wird so weit nach außen getragen, dass Montoya vorbeischlüpfen kann. Dahinter rasiert Verstappen den Prost-Acer von Burti, was der Brasilianer mit einem beschädigten Frontflügel bezahlt. Nach drei Umläufen wird er sich an den Boxen das benötigte Ersatzteil montieren lassen. Die rote Spitze des Feldes ist bereits im Tunnel, als zwischen der Loews-Haarnadel und der Virage du Portier Verstappen Nick Heidfeld abschießt und per Funk an die Boxen meldet, er habe einen Platz gut gemacht. Der deutsche Monaco-Spezialist – Siege in den Formeln 3 und 3000 – reagiert nach dem Rückmarsch an die Boxen entsprechend säuerlich. Wie der Übeltäter heißt, erfährt »Quick Nick« jetzt erst, denn im Gedränge erkannte er lediglich, dass es »ein Arrows« war, über dessen Reifen er in die Leitplanke sprang.

Mit 1,1 Sekunden Vorsprung vor Häkkinen taucht Michael Schumacher nach der Startrunde wieder vor der Fürstenloge auf. Hinter dem Finnen folgen Barrichello, der Williams-Schumacher, dessen Teamkollege, Irvine, Trulli, Villeneuve, Fisichella, Alesi (!) und Panis, dem gerade einmal 9,5 Sekunden auf den Spitzenreiter fehlen. Das Schlusslicht heißt unverändert Coulthard. Als 21. und Letzter hat der Schotte bereits 19 Sekunden Rückstand auf den führenden F2001.

Runde zwei macht deutlich, dass sich Montoya als Fünfter nicht wohl fühlt. In 1.25,773 Sekunden, schneller als alle anderen, fliegt der »Furchtlose« über den 3,3 km-Kurs. Keine halbe Sekunde liegt er mehr hinter »Schumi II« zurück. In seiner Ungeduld verstößt der Rookie gegen das wichtigste aller ungeschriebenen Monaco-Gesetze: Ruhe bewahren, cool bleiben – Anschluss halten und abwarten. Hoffnungen, den Vordermann durch intensiven Druck zu einem Fehler zu zwingen, machen frühestens in der zweiten Rennhälfte Sinn, wenn zwangsläufig ein gewisser Konzentrationsverlust auftritt. Aber »JPM« drängelt weiter. Bis zum Streckenabschnitt »Piscine« geht der Ritt auf der Rasierklinge gut. Dann reißt der dünne Faden, und Montoya landet in den Leitplanken. Patrick Head ist »not amused«.

In Runde vier kämpft Coulthard Tarso Marques nieder. Und weil Burti seinem Prost inzwischen die dringend benötigte neue »Nase« verpassen ließ, ist der gelegentliche Kilt-Träger nun bereits Drittletzter. Jetzt wird er, so spekuliert man mit Recht auf den Rängen, die 2,8 Sekunden-Lücke zu Bernoldi »zufahren« und sich den Südamerikaner bei erstbester Gelegenheit schnappen. Es kommt anders.

In Runde fünf, keine zehn Prozent des Rennens sind gefahren, kann Michael Schumacher seinen Vorsprung auf Häkkinen auf über zwei Sekunden ausbauen. 2,6 Sekunden »Luft« trennen die beiden Rivalen. Große Gefahr scheint von dem Finnen nicht auszugehen. Doch der Eindruck täuscht: Als ein Dutzend Runden abgespult ist, liegt der MP4/16 bereits wieder formatfüllend in den Spiegeln des führenden Ferrari. Leicht wird er es dem Rheinländer nicht machen, den 2000 auf so unglückliche Weise verpassten Sieg nachzuholen. Doch bereits während des folgenden Umlaufs verliert Häkkinen Platz zwei und den Kontakt zu Michael Schumacher. Barrichello kann den Ex-Champion überholen, dessen Rennwagen aus unerfindlichen Gründen – »Ich war zuvor nirgendwo angeschlagen« – nach rechts zieht.

Wenig später wird das Auto des Skandinaviers an den Boxen einem gründlichen Check unterzogen. Die Ingenieure können keinen Defekt orten und schicken Häkkinen deshalb wieder hinaus auf die Piste. Als die gleichen Symptome erneut auftreten, gibt der 18-fache GP-Sieger auf. In dieser Phase des Rennens scheinen die Sterne für finnische Akteure ausgesprochen schlecht zu stehen: Räikkönen hat sich bereits auf den neunten Rang vorgearbeitet, als er an den Boxen auftaucht, sich losschnallt und aus dem Cockpit klettert. Nichts geht mehr. Obwohl sich die Sauber-Crew nun mit Aufräumungsarbeiten beschäftigen könnte, zwingt die berufliche Neugier die Ingenieure, den Ausfallgrund vor Ort zu ermitteln. Und sie werden fündig: Ein Computerschluckauf hat den Boliden aus Hinwil lahm gelegt. Und da an Bord der F1-Rennwagen viel mit »doppeltem Netz« gearbeitet wird, müssen die Techniker lediglich den Knopf für das Notprogramm drücken, und schon ist der C20 wieder voll einsatzbereit. Herr Räikkönen wird wieder ins Cockpit gebeten, angeschnallt und auf die hoffnungslose Reise geschickt. Fünf Runden Rückstand hat er sich eingehandelt, weil er vergaß, das Notprogramm selbst zu aktivieren.

Häkkinens Ausfall gibt dem Grand Prix ein völlig neues Gesicht. Das Duell mit offenem Ausgang hat sich in eine Solonummer verwandelt. »Schumi« kontrolliert das Geschehen von nun an souverän, zumal sein direkter Verfolger zum eigenen Lager zählt. Der Titelverteidiger ist allerdings gar nicht auf die Kooperation seines Teamkollegen angewiesen, denn Barrichello kann das Tempo des besseren der beiden Ferrari-Piloten ohnehin nicht mitgehen. Seit der zehnten Runde kämpft er mit Durchblutungsstörungen im rechten Fuß.

Und was macht Coulthard? Der »schiebt« seinen Vordermann Bernoldi unermüdlich hoch zum Casino und wieder hinunter zur Wasserlinie. Einen Weg vorbei an dem orangefarbenen Monoposto findet er nicht. Völlig zu Unrecht wird dem Südamerikaner von einigen Flaggenposten sogar die blaue Flagge – »Weg frei geben« gezeigt. Zu

Unrecht, weil das blaueTuch nur für Piloten geschwenkt werden darf, die zur Überrundung anstehen. Bernoldi aber liegt im direkten Zweikampf mit Coulthard und denkt gar nicht daran, Platz zu machen. Als »DC« in Runde 25 von Michael Schumacher eingeholt wird, wittert der Schotte eine Chance. Er lässt den Deutschen fair und ohne die geringste Gegenwehr passieren und hofft, in dessen »Kielwasser« an Bernoldi vorbeizuschlüpfen. Doch er unterschätzt die Aufgabe, verliert den Anschluss an Schumacher, und Bernoldi hat alle Zeit der Welt, dieTür wieder rechtzeitig zum Nachteil Coulthards zu schließen. Und es gelingt dem Sieger von Sao Paulo wenig später ebenso wenig, Barrichello als »Türöffner« zu nutzen.

Erst als Bernoldi am Ende der 42. Runde seinen Routinestopp einlegt, darf Coulthard aufatmen. Zu diesem Zeitpunkt führt Michael Schumacher mit 18,3 Sekunden vor Barrichello. Bruder Ralf liegt mehr als eine halbe Minute zurück.

Die 58. Runde läuft, da leuchtet im Cockpit des FW23 von »Schumi II«plötzlich eine Warnlampe auf. Sekunden später kollabiert die Servolenkung. Ralf Schumacher macht sich auf den Weg an die Boxen, wo er das Handtuch werfen muss. Der Grund: Ein Elektrikschaden zog eine Kettenreaktion nach sich. Der Pechvogel erklärt: »Zuerst war nur die Lenkung betroffen. Auf den letzten Metern zur Box ließen sich dann die Gänge nicht mehr schalten, und als ich anhielt, starb der Motor ab.«

Der Ausfall des Imola-Siegers ist der zwölfte und letzte des Rennens. Diejenigen, die bisher hinter dem Rheinländer zirkulierten, rücken je einen Platz auf. Michael Schumacher, der wegen der Boxenstopps die Führung für fünf Runden an Barrichello abgeben muss, sein brasilianischer »Leutnant«, Irvine, Villeneuve, Alesi und Coulthard liegen jetzt auf den Punkterängen. Bevor die schwarzweiß-karierte Flagge geschwenkt wird, kommt es allerdings zu einer letzten Positionsverschiebung: In Runde 69 regist-

riert Altmeister Jean Alesi im Tunnel »starke Vibrationen«: Der linke Hinterreifen verliert Luft. Der Italo-Franzose muss ein zweites Mal an die Boxen, und dank dieses Stopps macht Coulthard einen weiteren Platz gut.

Dann ist die Schlacht geschlagen. Michael Schumacher, dank des erneuten Erfolges bereits zum fünften Mal Monaco-Sieger, macht keinen Hehl aus der Tatsache, dass er nach Häkkinens Ausfall leichtes Spiel hatte: »Heute ging es nur darum, dass der Wagen durchhält und mir kein Fehler unterläuft.« Offenbar fühlte er sich während der 78 Runden nicht hundertprozentig ausgelastet, denn unterwegs erkundigte er sich immer wieder per Funk nach dem Schicksal einiger Kollegen. Die Neugier brachte ihm einen Rüffel von Seiten Ross Brawns ein. Schumacher: »Der antwortete mir, ich solle mich lieber aufs Fahren konzentrieren.«

Nicht ganz so entspannt wird es dann beim nächsten Rennen in Kanada zugehen. Da der Führende vor ihm allerdings sein Bruder ist, packt »Schumi« die Brechstange wieder ein.

ERGEBNISSE UND AUSFÄLLE

1. Michael Schumacher	Ferrari F2001	1:47.22,561 = 146,881 krn/h
2. Rubens Barrichello	Ferrari F2001	0,431 Sekunden zurück
3. Eddie Irvine	jaguar-Cosworth R2	30,698 Sekunden zurück
4. Jacques Villeneuve	BAR-Honda 003	32,454 Sekunden zurück
5. David Coulthard	McLaren-Mercedes MP4/16	1 Runde zurück
6. Jean Alesi	Prost-Acer AP04	1 Runde zurück
7. Jenson Button	Benetton-Renault B201	1 Runde zurück
8. Jos Verstappen	Arrows-Asiatech A22	1 Runde zurück
9. Enrique Bernoldi	Arrows-Asiatech A22	2 Runden zurück
10. Kimi Räikkönen	Sauber-Petronas C20	5 Runden zurück
David Coulthard,	McLaren-Mercedes MP4/15	1:49.28,213 = 144,072 km/h
Ralf Schumacher	Williams-BMW FW23	58. Runde, Elektrik
Tarso Marques	Minardi-European PS01	57. Runde, Antriebswelle
Fernando Alonso	Minardi-European PS01	55. Runde, Getriebe
H.-H. Frentzen	Jordan-Honda Ej11	50. Runde, Unfall
Giancarlo Fisichella	Benetton-Renault B201	44. Runde, Unfall
Jarno Trulli	Jordan-Honda Ej11	31. Runde, Hydraulik
Luciano Burti	Prost-Acer AP04	25. Runde, Dreher
Pedro de la Rosa	Jaguar-Cosworth R2	19. Runde, Hydraulik
Mika Häkkinen	McLaren-Mercedes MP4/16	16. Runde, Lenkung
Olivier Panis	BAR-Honda 003	14. Runde, Lenkung
Juan Pablo Montoya	Williams-BMW FW23	3. Runde, Unfall
Nick Heidfeld	Sauber-Petronas C20	1. Runde, Unfall
SCHNELLSTE RUNDE:	(68. Rd.) – David Coulthard, 1.19,424 = 152,749 km/h Neuer Rundenrekord	McLaren-Mercedes W4/16,

Großer Preis von Europa
Nürburgring, 24. Juni 2001

Schumacher-Gala

Michael Schumacher und Ferrari: Je länger die Saison dauert, desto erdrückender scheint die Dominanz zu werden – sehr zur Freude der Zehntausenden von »Rotkäppchen«, die in die Eifel gekommen sind, um ihr Idol siegen zu sehen. Da sich das Rennen zeitweise zu einem Duell »Schumi I« gegen »Schumi II« entwickelt, kommen aber auch Schumi-Gegner voll auf ihre Kosten.

Ein völlig neues Nürburgring-Feeling begeistert die Mitglieder des GP-Zirkus: Nie zuvor wurden in der Eifel F1-WM-Punkte im Juni – dann, wenn die Tage am längsten sind – vergeben. Und das Wetter spielt auch mit. Wärme und Sonnenschein tun vor allem den unzähligen Campern gut, die sich in der Vergangenheit oft genug wie Polarforscher kleiden mussten, um eine faire Chance im Kampf gegen Husten, Schnupfen und Heiserkeit zu haben.
Vom ersten Arbeitstag an haben auch diejenigen besonderen Grund zur Freude, die in der PS-Szene ihr Geld verdienen: Die Rennwagen werden in deutlich größeren und moderneren Boxen auf ihre diversen Einsätze während des Wochenendes vorbereitet, was Mechanikern und Ingenieuren das »Schrauben« erleichtert. Und die akkreditierten Journalisten haben endlich ein neues Pressezentrum, das im Inneren des mächtigen Gebäudekomplexes liegt, der Boxengasse und Fahrerlager voneinander trennt. Die »Schreiberlinge« atmen auf: Endlich entfällt die zeitraubende Pilgerwanderung durch den Tunnel hinüber zum alten Pressezentrum. Die neuen Arbeitsbedingungen sind vorbildlich und keineswegs überall anzutreffen, was der Dialog eines englischen F1-Journalisten mit Dr. Walter Kafitz, dem Chef der Nürburgring GmhH, deutlich macht. »Was geschieht mit dem früheren Pressezentrum?«, fragt der Mann von der Nordseeinsel. Dr. Kafitz weiß noch nicht so recht. »Dann«, wünscht sich der Brite, »verschenken Sie es doch bitte nach Imola.«
»Selbstverständlich« ist die Veranstaltung – was den Renntag betrifft – seit Wochen ausverkauft. Die Formel 1 feiert in Deutschland Hochkonjunktur. Im Vorfeld präsentiert die auflagenstärkste deutsche Tageszeitung auf der Titelseite (!) Fotos von den Glücksbringern der Shuey-Brothers – je einen kleinen goldenen Anhänger für eine Halskette. Entsprechend der Sternzeichen baumelt auf der Brust des Erstgeborenen ein Steinbock und auf Ralfs ein Krebs. Wichtigere Themen für Seite Eins sind prinzipiell vorstellbar, aber wenn die Formel 1 gastiert, gelten besondere Regeln.
Als die Piloten donnerstags im Fahrerlager eintrudeln, kann jeder Name auf der Liste der 22 Stammpiloten abgehakt werden. Die Montreal-Opfer Heinz-Harald Frentzen und Nick Heidfeld – der wegen Spätfolgen seines Qualifying-Crashs in Kanada Test-

fahrten absagen musste – sind wieder einsatzfähig. Die Schädel der Mönchengladbacher brummen nicht mehr. Der kurze Abstecher, den »HHF« ins Koblenzer Bundeswehrkrankenhaus machen muss, dient lediglich einem formellen Check seines vor zwei Wochen durchgerüttelten Körpers.

Weil sich beim achten WM-Lauf des Jahres gleich zwei Fahrer – wenn auch vergleichsweise harmlose – Verletzungen zuzogen, steht am Nürburgring natürlich das Thema »Sicherheit« auf der Tagesordnung. Erst in der Vorwoche wurden in Silverstone von diversen Teams Bremsleuchten getestet, die die Gefahr von Auffahrunfällen künftig möglicherweise verringern sollen. Ralf Schumacher hält nicht allzu viel von dieser Modifikation und witzelt: »Weshalb postieren wir nicht zusätzlich Polizisten auf den Strecken, um den Verkehr zu regeln?« Michael Schumacher sieht die roten Lichter mit anderen Augen: »Was spricht dagegen? Sie sind einfach zu montieren und können in kritischen Situationen eventuell nützlich sein.« Auch über HANS – der Kopf und Genick der Piloten schützen soll – wird wieder einmal diskutiert. HANS gilt als Alternative zum Airbag, den es in der Formel 1 wohl niemals geben wird.

Niki Lauda ist in seiner Eigenschaft als Jaguar-Oberguru natürlich auch in der Eifel. Im vorigen Jahrhundert zählte der Österreicher zu denjenigen, die sich auf der Suche nach mehr Sicherheit den Kopf zerbrachen. Würde er seine Zeit als aktiver F1-Pilot in die Gegenwart verlegen, wenn hierzu die Möglichkeit bestünde? Keine Sekunde benötigt er: »Natürlich würde ich lieber heute fahren. Dann würde ich 25 Millionen Dollar im Jahr verdienen und außerdem hätte ich noch beide Ohren.«

Zunächst ist es aber das Wichtigste, dass der F1-Krankenstand wieder bei Null liegt. Macht sich der Vizemeister der Saison 1997 nun Hoffnungen auf ein erfolgreiches »Comeback«? Frentzen lächelt etwas gequält und antwortet: »Es ist kein Geheimnis, dass wir uns nach einem guten Start in Melbourne inzwischen in einem Tief befinden. Seitdem ich bei Jordan bin, habe ich gute und schlechte Zeiten durchlebt. Deshalb bin ich zuversichtlich, dass wir schon bald wieder konkurrenzfähig sind.«

Über Sorgen dieser Art braucht sich Michael Schumacher den Kopf nicht zerbrechen: »Von mir aus kann's losgehen. Unser Auto und die Strecke passen zusammen, und deshalb sollten wir eine gute Chance haben.« Der Montreal-Sieger ist weniger optimistisch: »Viel wird von den Reifen abhängen oder besser gesagt, vom Wetter. Wenn es morgen schneit, sehen wir sicherlich alt aus. Aber es geht nicht nur um die Gummis, sondern auch um den Rennwagen. Was die Aerodynamik betrifft, wird hier mehr verlangt als vor 14 Tagen in Kanada.«

Freitags präsentieren sich die Silberpfeile in Hochform. Rang drei geht zunächst an Ralf Schumacher, dann folgen die beiden Ferrari-Piloten Michael Schumacher und Rubens Barrichello. Die deutschen Fans dürfen zufrieden sein, zumal Nick Heidfeld die achtbeste Zeit fährt

Von einem schwarzen Freitag darf lediglich »HHF« sprechen. Während Teamkollege Jarno Trulli zwischen Montoya und Heidfeld auf Platz sieben rangiert, findet sich Frentzen – mit fast 3,6 Sekunden Rückstand auf Häkkinen – als 19. wieder. Der Grund für das schlechte Abschneiden: Startnummer Elf verlor beinahe die komplette zweite Trainingsstunde, nachdem der gelbe Bolide im Kies gelandet war. Am Samstagmorgen knallt Ralf Schumacher als Schnellster eine Zeit von 1.15,355 Minuten auf den Asphalt. Es ist die bis dahin schnellste Runde, die je auf der GP-Piste des Nürburgrings gefahren wurde.

Mittags zwischen 13 und 14 Uhr geht es dann darum, wer auf der 4,5 Kilometer langen Piste einen inoffiziellen Rundenrekord für die »Ewigkeit« aufstellt. Inoffiziell, weil Leistungen im freien Training und im Qualifying keine Anerkennung als Rekorde finden. Und für die »Ewigkeit«, weil die Rennstrecke in dieser Form 2002 nicht mehr befahren wird. Bevor die Zeitenjagd beginnt, gibt sich Coulthard sehr zuversichtlich. Dank des Motorenpartners von McLaren fühlt sich der Schotte quasi als Hausherr. »Der Rummel um die beiden Shueys ist ja schön und gut. Aber man darf nicht vergessen, dass die Silberpfeile hier schon vor mehr als 70 Jahren gewonnen haben.«
In der elften Minute legt Tarso Marques eine Zeit von 1.20,722 Minuten vor. Villeneuve unterbietet die Leistung des Brasilianers locker. Seine 1.17,211 schüttelt der BAR-Pilot aus dem Ärmel. Dann, die 22. Minute läuft, macht es Coulthard noch besser. Für ihn bleiben die Uhren bei 1.16,073 stehen. Michael Schumacher scheint das alles völlig kalt zu lassen. In aller Seelenruhe »operiert« der Kerpener ein Mitglied der Ferrari-Crew, das über einen Holzsplitter in einer seiner Fingerkuppen klagt. Endlich wird der Patient als geheilt entlassen. »Schumi« blickt auf den Zeiten-Monitor und sieht, dass Häkkinen soeben die Zeit seines Teamkollegen um eine halbe Sekunde verpasst hat. Während der Star unter dem Jubel der Fans Anlauf für eine schnelle Runde nimmt, erobert sein Bruder mit 1.15,335 die provisorische Pole. Damit liegt die Latte für den Verwandten zu hoch: 0,156 Sekunden fehlen ihm, um Ralf zu verdrängen.
Auch Häkkinen, Coulthard und alle anderen rennen vergeblich gegen die Zeit des Williams-Deutschen an. Und in der 38. Minute legt »Schumi II« mit 1.15,226 sogar noch eins drauf. Das blauweiße »Paket« scheint bestens gerüstet, denn Montoya fährt 1.15,490, was vorläufig Platz zwei bedeutet. Eine mittlere Sensation liegt in der Luft, doch dann reißt Michael Schumacher das britisch-deutsche Team aus allen Träumen: 1.14,960! Damit steht der Wert für die Geschichtsbücher. Stolz gibt der Pole-Setter zu Protokoll: »Mein Auto war perfekt abgestimmt, und die Reifen waren bisher besser als die Michelins. Hoffentlich ändert sich daran morgen nichts.« Dafür gibt es tatsächlich keinerlei Garantien. Jede Temperaturabweichung um wenige Grad Celsius beeinflusst die Performance ebenso wie jeder Millimeter »Gummipatina«, der sich zusätzlich auf der Ideallinie ablagert.
Ralf Schumacher räumt ein Fehlurteil ein: »Mein Auto geht hier besser als erwartet.« Trotz dieser Erkenntnis glaubt er allerdings noch nicht an eigene Siegchancen: »Wenn die Temperaturen nicht deutlich ansteigen, werde ich Michaels Tempo nicht mitgehen können.« Zwei Schumacher in der ersten Startreihe, das komplette deutsche Quartett in der Top-Ten – die Piloten des Gastgeberlandes trumpfen vorläufig gewaltig auf. Parallel macht ein Blick auf Schlusslicht Tarso Marques deutlich, wie sich die F1 innerhalb von 13 Monaten weiterentwickelt hat. Die Zeit von 1.21,015 hätte dem Minardi-Fahrer 2000 den siebtbesten Startplatz gebracht! Da lässt sich schon ahnen, wo »Quick Nick« damals dank seiner 1.16,438 gestanden hätte: Auf der Pole-Position. Die schnellsten 17 unterboten Coulthards Pole-Zeit aus dem Vorjahr.
Dann klettert die Spannung auf den Siedepunkt. Punkt 13.30 Uhr öffnet sich die Boxengasse. 15 Minuten bleiben den Piloten nun, um zum Aufwärmen beliebig viele Runden zu drehen. Wer die Boxengasse allerdings bis 15 Minuten vor dem Start in die Formationsrunde nicht verlassen hat, verliert das Recht, seinen Startplatz einnehmen zu dürfen. Wer zu spät kommt, den bestrafen die Funktionäre, indem sie ihn aus der Boxengasse starten lassen, als Allerletzten, versteht sich. Und dieses Schicksal droht

plötzlich Michael Schumacher. Er nutzt die Zeit, um seine beiden Autos zu checken, und fühlt gerade Chassis 211 – dem T-car – auf den Zahn, als ihn die Technik im Stich lässt. Ausgerechnet im entferntesten Streckenabschnitt – unten im »Tal des Todes«, das offiziell den Namen »Dunlop-Kehre« trägt – ereignet sich das Missgeschick. »Du stehst da unten, und siehst plötzlich alle Chancen schwinden. Um zu Fuß die Boxen zu erreichen, fehlte mir die Zeit. Ein Motorroller war nirgends zu sehen. Dann entdeckte ich doch einen, aber der Zündschlüssel steckte nicht.«

Das Vehikel im Look eines motorisierten Rhönrads, das vom Hersteller BMW unter der Typenbezeichnung C1 vertrieben wird, stammt aus dem Fuhrpark des TV-Senders RTL. Der Mann mit dem Schlüssel springt herbei, und schon saust der Favorit unter dem Jubel der Fans zurück zu Start-und-Ziel, wo er in seinen Einsatzwagen umsteigt.

Beim Start scheint sich Ralf Schumacher gegen seinen großen Bruder durchsetzen zu können. Auf der rechten Spur greift er an. Aber das ausgebuffte Familienmitglied ist auf der Hut und macht den Raum eng – »Schumi II« lupft, um sich aus dem immer schmaler werdenden Trichter zwischen dem Ferrari und der Boxenmauer zu befreien. Objektiv gesehen ist die Aktion des Weltmeisters eindeutig legal, und es klingt glaubhaft, als er später sagt: »Gegen jeden anderen hätte ich mit härteren Bandagen gefightet.« Hinter dem PS-Duo aus Kerpen entschwinden Montoya, Coulthard, Häkkinen, Trulli, Barrichello – der sich mit dem Tempo einer Schildkröte von der Linie löste –, Heidfeld, Räikkönen und der Rest des Feldes in Richtung Dunlop-Kehre.

Innerhalb von zehn Runden kann der Spitzenreiter anschließend seinem Bruder auf 3,4 Sekunden davonfahren. Dann sind die Michelins an Ralfs Williams auf Temperatur gewalkt, und der Trend kehrt sich um: 18 Umläufe sind abgespult, und nur noch zwei Zehntelsekunden trennen die beiden. Dahinter rangieren zunächst exakt die Verfolger der ersten Sekunden in unveränderter Reihenfolge. Montoya fehlen allerdings bereits knapp zehn Sekunden auf den führenden Ferrari. Er steht aber nicht unter Druck, da »DC« weitere zehn Sekunden zurückliegt.

Da Ralf keinen Weg an seinem Bruder vorbei findet, setzt er auf den Boxenstopp. Nach 28 Umläufen biegt das Duo zeitgleich in die Boxengasse ab. Die Hände der Mechaniker fliegen. »Schumi I« hält sich unterm Strich 1,3 Sekunden kürzer in der Speedlimit-Zone auf als sein Jäger, der jetzt bei »Michelin-Wetter« – es ist vier Grad wärmer als am Vortag – auf den zweiten Stopp hoffen muss. Zunächst hat er jedoch andere Sorgen: Coulthard trennt ihn vom Bruderherz. Aber der Schotte will das Duell nicht stören. Als »Schumi II« ihn in Runde 31 überholt, macht sich der Silberpfeil-Pilot nicht breiter als unbedingt notwendig. Jetzt könnte Ralf Schumacher aufatmen, denn das Loch von vier, fünf Sekunden, das ihn von der Spitze trennt, wird er mit »eingefahrenen« Michelins locker schließen. Aber es gibt neuen Stress, da im Büro der Rennleitung eine Zeitbombe tickt. Nach seinem Stopp hatte der Kanada-Sieger beim Einfädeln eine weiße Linie überfahren. Das ist streng verboten. Prompt muss der Sünder an den Boxen zehn Sekunden »nachsitzen«.

Die Zeitstrafe wirft ihn hinter Montoya und Ein-Stopper Barrichello auf den vierten Rang zurück. Das Rennen ist gelaufen, Montoya kann Michael Schumacher nicht entscheidend gefährden. Er fährt den 49. GP-Sieg seiner Karriere entspannt heim. Mit ihm stehen Montoya und Coulthard auf dem Siegerpodest. Die »Blechmedaille« für den undankbaren vierten Platz geht an Ralf Schumacher. Stocksauer lehnt er alle Gespräche ab und lässt wissen, die Rennleitung habe zu hart geurteilt. Eine Geldstrafe hätte genügt, zumal »die Kreuzung« frei gewesen sei. Auf dem Weg aus dem Fahrerlager schaut er kurz bei Ferrari herein. Doch Bruder Michael ist noch im mobilen RTL-Studio, also entschwebt der Frustrierte grußlos in Richtung Salzburg. Platz vier empfindet er als Ärgernis. Frentzen und Heidfeld hätten sich über ein solches Ergebnis gefreut. Die beiden Mönchengladbacher waren nach 48 respektive 54 Runden out.

ERGEBNISSE UND AUSFÄLLE

1. Michael Schumacher	Ferrari F2001	1:29.42,724 = 204,143 km/h
2. Juan Pablo Montoya	Williams-BMW FW23	4,217 Sekunden zurück
3. David Coulthard	McLaren-Mercedes MP4/16	24,993 Sekunden zurück
4. Ralf Schumacher	Williams-BMW FW23	33,345 Sekunden zurück
5. Rubens Barrichello	Ferrari F2001	45,495 Sekunden zurück
6. Mika Häkkinen	McLaren-Mercedes MP4/16	1.04,868 Minuten zurück
7. Eddie Irvine	Jaguar-Cosworth R2	1.06,198 Minuten zurück
8. Pedro de la Rosa	Jaguar-Cosworth R2	1 Runde zurück
9. Jacques Villeneuve	BAR-Honda 003	1 Runde zurück
10. Kimi Räikkönen	Sauber-Petronas C20	1 Runde zurück
11. Giancarlo Fisichella	Benetton-Renault B201	1 Runde zurück
12. Luciano Burti	Prost-Acer AP04	2 Runden zurück
13. Jenson Button	Benetton-Renault B201	2 Runden zurück
14. Fernando Alonso	Minardi-European PS01	2 Runden zurück
15. Jean Alesi*	Prost-Acer AP04	3 Runden zurück/Dreher
Jos Verstappen	Arrows-Asiatech A22	59. Runde, Motor
Nick Heidfeld	Sauber-Petronas C20	55. Runde, Unfallfolgen
H.-H. Frentzen	Jordan-Honda EJ11	49. Runde, Traktionskontrolle
Jarno Trulli	Jordan-Honda EJ11	45. Runde, Getriebe-Öldruck
Enrique Bernoldi	Arrows-Asiatech A22	30. Runde, Getriebe
Olivier Panis	BAR-Honda 003	24. Runde, Dreher
Tarso Marques	Minardi-European PS01	8. Runde, Elektrik

* Nicht im Ziel, aber aufgrund der zurückgelegten Distanz gewertet

SCHNELLSTE RUNDE: (27. Rd.) – Juan Pablo Montoya, Williams-BMW FW23, 1.18,354 = 209,326 km/h
Neuer Rundenrekord

50. Sieg

Großer Preis von Frankreich
Magny-Cours, 1. Juli 2001

Michelins Heimniederlage

Ralf Schumacher feiert in Frankreich seinen 26. Geburtstag. Auch Bruder Michael bekommt ein Stück Torte, aber das bringt den Champion offenbar nicht auf den Gedanken, Geschenke in Form von WM-Punkten zu überreichen. Immerhin: Die erste F1-Pole seiner Karriere durfte sein Bruder behalten ...

Acht Jahre ist es her, dass der kleine Gallier die Zügel Jean Todt des cavallo rampante hier in Magny-Cours in die Hand nahm. Todt erinnert sich: »Damals, 1993, war Ferrari noch nicht das Dream-Team von heute. Den letzten Sieg hatte Ferrari 1990 in Spanien feiern dürfen, und ein Ende der Durststrecke war nicht absehbar. Natürlich hatte ich Vorstellungen von den notwendigen Veränderungen, um die Scuderia wieder nach vorn zu bringen, aber mir war auch klar, dass ein sehr langer und sehr steiniger Weg vor uns lag.«
Es läuft gut für Ferrari. Der Titelverteidiger hat bereits 68 WM-Punkte auf seinem Konto und führt das Zwischenklassement damit klar an. Aber rechnerisch kann bei acht ausstehenden Grand Prix immer noch jeder der 22 Akteure neuer Champion werden, da sich ein einzelner Pilot – zumindest theoretisch – die entsprechenden 80 Punkte sichern kann. An diesem Wochenende wird sich allerdings der Kreis derjenigen, die sich noch Hoffnungen auf den Titel machen dürfen, auf acht Fahrer reduzieren.
Im Motorhome von Williams-Motorenpartner BMW drängeln sich die Berichterstatter, um Ralf Schumacher zu »vernehmen«, der vor zwei Wochen am Nürburgring so wütend reagierte. Natürlich hat sich der Rennfahrer inzwischen längst wieder voll im Griff. Als er auftaucht, versucht er sofort, die Atmosphäre durch einen kleinen Spaß zu lockern: »Gibt's hier etwas umsonst?« Natürlich war er sauer, aber das sei ja wohl verständlich, nachdem ihm in der Eifel ein möglicher Sieg durch die Finger geglitten war. Vom Bruderkampf, den Teile der Tagespresse aufgrund des Vorfalls unmittelbar nach dem Start heraufbeschwören, will »Schumi II« nichts wissen: »Ich habe mir zwei Mal die Aufzeichnung angeschaut und sehe nichts Dramatisches. Michael hat niemanden gefährdet. Keine Frage: An seiner Stelle hätte ich exakt genauso gehandelt.«
Abends verteilen sich die Mitglieder des GP-Zirkus in einem Radius von ungewöhnlicher Größe. In der dünn besiedelten Region finden nur wenige in unmittelbarer Umgebung der Piste eine brauchbare Herberge. Hoteliers und Wirtsleute greifen den Besuchern hemmungslos in die Tasche. Und dies gilt innerhalb eines Kreises um Magny-Cours, dessen Durchmesser mehr als 160 Kilometer beträgt.
Im Süden reicht das vom Besucheransturm betroffene Gebiet beinahe bis Clermont-Ferrand im Massiv Central. Dort arbeiten auch die Renningenieure der Firma Michelin, die sich von ihrem Home-GP insgeheim natürlich besonders viel versprechen. Of-

fiziell erklärt Sportchef Pierre Dupasquier allerdings: »Wir haben in Magny-Cours nicht mehr getestet als die Konkurrenz. Deshalb besitzen wir keinerlei Heimvorteil.« Trotzdem werden die Williams-BMW als Favoriten gehandelt. Während der Testfahrten hinterließ das Team von Sir Frank Williams einen extrem starken Eindruck. Deshalb erwartet die Mehrheit der Experten, zehn Siegerpunkte für Grove.

Als sich die Gebrüder Schumacher auf der GP-Piste des Nürburgrings bereits zum dritten Mal die erste Startreihe teilten, kündigte der jüngere an: »Es ist ja sehr schön, ganz vorn neben Michael zu stehen. Aber ehrlich gesagt, gefällt mir die Reihenfolge nicht mehr besonders. Ich werde alles dafür tun, endlich selbst einmal ganz vorn zu stehen.« Am ersten Trainingstag sieht es nicht so aus, als könne »Schumi II« an diesem Wochenende seiner Favoritenrolle gerecht werden. Zuerst stoppt ihn ein Elektrikschaden, dann leckt eine Wasserleitung in einem der Sidepods. Ralf Schumacher verliert kostbare Zeit für die Feinabstimmung seines FW23. Er ist frustriert. Aber trotz des Pechs fährt er die fünftschnellste Zeit.

Samstags sieht die Welt aus der Perspektive der Schumacher-Familie nach weiteren 90 Minuten freien Trainings dann schon ganz anders aus. In der Reihenfolge Rot vor Blauweiß führen die Shueys die Zeitenliste an. Aber McLaren-Mercedes kann mithalten: Coulthard verpasst Ralf Schumachers Zeit lediglich um 0,019 Sekunden. Einen Qualitätsunterschied macht dieser geringe Abstand nicht deutlich. Nick Heidfeld fehlen als Achtem gerade einmal 0,923 Sekunden auf den vom Weltmeister vorgelegten Wert.

Mittags erlebt die Formel 1 eine Weltpremiere: Ralf Schumacher erobert sich erstmals eine F1-Pole! Die 32. Minute des Qualifying läuft, als ihm eine Runde in 1.12,989 Minuten gelingt. Fünf Minuten vor Schluss der Sitzung setzt der Rote dann noch einmal alles auf eine Karte, aber er ist zu »langsam« – um 0,010 Sekunden schrammt er an der Bestzeit vorbei: »Das ist ja ganz nett. Aber samstags gibt's keine Punkte. Viel wichtiger ist es, morgen Platz eins zu holen.«

Die Pistenverwaltung reagiert umgehend auf die neue Pole-Zeit, die einen neuen inoffiziellen Rundenrekord bedeutet. Im Pressezentrum, wo an einer großen Tafel die inoffiziellen Rekorde aller Rennwagen- und Motorradklassen aufgelistet sind, entfernt ein Mitarbeiter den Schriftzug Nigel Mansell und dessen Pole-Zeit aus dem Jahr 1992, 1.13,864 Minuten, um die Bestleistung umgehend zu aktualisieren. Und was sagt Michael Schumacher? »Mein vorletzter Versuch hätte mich an die Spitze gebracht«, meint er achselzuckend, »aber ich geriet in Verkehr, so läuft's halt manchmal.«

Als die Digitaluhren am Sonntagmittag auf 14 Uhr springen, verfinstert sich die Miene von McLaren-Boss Ron Dennis. Wieder einmal versagt einer der MP4/16 den Dienst, bevor das eigentliche Rennen begonnen hat. Während sich die 21 Kollegen in die Formationsrunde begeben, tut Häkkinens Bolide keinen Muckser. Der Havarist wird per Muskelkraft in die Boxengasse geschoben, wo Mechaniker und Ingenieure über ihn herfallen. Aber die Kunst der Techniker reicht nicht aus, dem McLaren vor Ort noch einmal Leben einzuhauchen. Ein Bauteil des Getriebepuzzles wurde nicht sachgerecht montiert. Häkkinen stemmt sich aus dem Cockpit. »Ich glaube es nicht«, stöhnt der Finne, »und muss die Enttäuschung nun erst einmal verdauen. Ich weiß natürlich, dass es Derartiges im Rennsport immer wieder gibt. Damit kann ich prinzipiell leben. Aber es fällt schwer zu akzeptieren, dass es immer mich erwischt.«

Der Skandinavier ist nicht der einzige, der gleich zum Auftakt Frustbewältigung betreiben muss. Zum Ende der Formationsrunde schert der Jaguar des Spaniers de la Rosa vor der »Virage du Lycée« aus und biegt in die Boxengasse ab. Als das Feld – jetzt sind es nur noch zwanzig – wenig später startet, hofft de la Rosa immer noch auf die Kunst der Jaguar-Ingenieure. Die Elektronik des R2 spielt verrückt.

Immer wieder ist die Beschleunigungsorgie in den schnellen Linksbogen »Grande Courbe« atemberaubend. Pole-Setter Ralf Schumacher lässt sich dabei die Butter nicht vom Brot nehmen, obwohl die Bremsbalance seines Rennwagens etwas zu weit nach hinten gestellt ist, was dem Piloten zunächst Probleme bereitet. Hinter »Schumi II« muss sein Bruder tief in die Trickkiste greifen, um Platz zwei erfolgreich gegen Coulthard zu verteidigen. Der Champion später dazu: »Die Kupplung meines Autos arbeitete nicht einwandfrei. Deshalb wurde es zwischen David und mir unglaublich eng. Ich lag innen, er außen, und der Ausgang des Duells stand auf des Messers Schneide. Wenn ich mich nicht hätte durchsetzen können, wäre es heute sehr, sehr schwer geworden.«

Mit 0,3 Sekunden Vorsprung vor Michael kommt der Spitzenreiter aus der ersten Runde zurück. Dahinter folgen zunächst Coulthard, Montoya, Barrichello, Trulli, Frentzen und Villeneuve. Und ganz am Ende rangiert de la Rosa, der dem Feld mit einer Runde Rückstand nachjagt.

Innerhalb von sechs Umläufen kann der führende Williams-Pilot seinen Vorsprung auf etwas mehr als eine Sekunde ausbauen. Und Villeneuve, dessen achten Rang Räikkönen »erbt«, fehlt. Der Kanadier ist maßlos frustriert und außer sich vor Wut. Er, der seit 1999 die BAR-Farben vertritt, serviert der Presse erstmals keine Solidaritätsbekundungen an die Adresse von BAR. Im Gegenteil: Laut denkt er darüber nach, zu Beginn der Saison 2002 das Team zu wechseln.

Erste Überlegungen werden angestellt, wann und wie oft die Schlüsselfiguren ihre Boxenstopps einlegen werden. Dank der mit technischen Daten gefütterten Computer weiß man: Die Zweistopp-Taktik bringt gegenüber einem Halt einen Vorteil von insgesamt 20 Sekunden. Theoretisch jedenfalls, denn der Verkehr auf der Piste kann jederzeit alle errechneten Szenarien gewaltig durcheinander wirbeln.

Als erster der Frontrunner taucht Barrichello nach 21 Runden im Karree seiner Mechaniker auf. 2,4 Sekunden trennen zu diesem Zeitpunkt die beiden Schumachers. Eine Zehntelsekunde weniger verstreicht, bevor dann auch »DC« die Lichtschranke der Zeitmessung kreuzt. Die Duell-Situation an der Spitze zeigt: Die Reifen von Michelin und Bridgestone sind offenbar ebenbürtig. Der Spitzenreiter verfügt nicht über den heimlich erhofften Gummivorteil.

Drei Runden nach Barrichellos Halt stoppt auch der führende Williams. Weil sich das neue rechte Hinterrad gegen die Montage sträubt, dauert der Service 10,3 Sekunden – drei länger als notwendig. Für eine Runde führt Michael Schumacher das Feld an. Dann wird der zweite Führungswechsel registriert, denn nun muss auch der Champion Sprit und Gummis nachfassen, was Coulthard auf Rang eins aufrücken lässt. Er bemüht seine Crew umgehend und gibt damit den Weg für Montoya frei. Hinter dem Kolumbianer folgen jetzt Michael und Ralf Schumacher sowie Coulthard und Barrichello. Den letzten Punkterang übernimmt Trulli gerade von Irvine.

Klare Verhältnisse herrschen an der Spitze erst wieder, nachdem auch Montoya gestoppt hat. »Schumi« führt mit 7,2 Sekunden Vorsprung vor seinem Bruder, dem Coulthard und Barrichello im Nacken sitzen. Dahinter die Montoya, Trulli und Heidfeld. Der große Abstand zwischen dem Ersten und dem Zweiten verrät: Hier stimmt

etwas nicht, und der Eindruck trügt nicht. Per Funk hat »Schumi II« seine Mannschaft längst darüber informiert, dass sein zweiter Reifensatz nicht gut funktioniert. Damit ist er machtlos und kann nicht in den Kampf um den Sieg eingreifen.
Dann schlägt eine Info der Rennleitung im Headquarter von McLaren-Mercedes wie eine Bombe ein: Weil er den Speedlimitknopf etwas zu früh losgelassen hat, überschritt »DC« nach seinem Halt ausgangs der Boxengasse die erlaubte Höchstgeschwindigkeit und wird deshalb zu einer Zehn-Sekunden-Strafe verdonnert, die er nach 32 Umläufen verbüßt. Damit fällt er hinter Barrichello und Montoya auf Rang fünf zurück und darf sich auf einen Podestplatz keinerlei Hoffnungen mehr machen.
Als Barrichello wenig später seinen zweiten von drei Boxenstopps einlegt, entwickelt sich ein Fight um Platz zwei zwischen Ralf Schumacher und seinem Teamkollegen »JPM«, der heftig drängelt. Der Kolumbianer hat die härtere Reifenmischung gewählt und liegt damit offenbar richtig. Per Funk wird der Deutsche aufgefordert, Montoya den Vortritt zu geben. Aber die Botschaft erreicht den Empfänger nicht – der Helmlautsprecher bleibt stumm...
Das Problem erledigt sich aus Montoyas Sicht, als »Schumi II« den zweiten Stint nach 44 Runden wegen der untauglichen Reifen durch einen vorgezogenen Boxenstopp beendet. Innerhalb der nächsten zehn Umläufe wird auf den vorderen Plätzen die endgültige Reihenfolge für den Zieleinlauf gefunden: Nacheinander lassen der Titelverteidiger, was Montoya für fünf Runden an die Spitze spült, der Kolumbianer selbst, Coulthard und Barrichello Service machen. Als »Rubinhos« F2001 für die Restdistanz aufgetankt und bereift wird, ist »JPM« allerdings bereits nicht mehr mit von der Partie. Ein Motorschaden bringt ihn um mögliche sechs WM-Punkte. Was den

Südamerikaner allerdings noch mehr schmerzt als der Verlust von Punkten und Pokal, ist die verpasste Chance, Ralf Schumacher auszustechen.
Mit einem Vorsprung von gut zehn Sekunden vor seinem Bruder wird Michael Schumacher auf Rang eins abgewinkt. Coulthard fehlen im Ziel trotz der zeitraubenden Strafe nur 17,1 Sekunden auf den Sieger, der bereits zum 50. Mal den größten Pokal stemmen darf. »Mein zweiter Reifensatz«, schwärmt der Gewinner nach der Siegerehrung, »war phantastisch – ich flog förmlich über die Piste.« Dann wird deutlich, wie schwierig es selbst für den Weltmeister ist, im vollgepackten Terminkalender mit 17 Rennen die Übersicht zu behalten. Auf dem Nürburgring, behauptet Schumacher, habe die Familie einen Doppelsieg mit Ralf auf Rang eins feiern dürfen, jetzt habe man erneut gemeinsam triumphiert – lediglich die Reihenfolge sei anders. Irrtum – zuletzt hatte Ralf in Montreal die Nase vorn.
Träumt Ralf Schumacher jetzt vom möglichen Vizetitel? Mit 31 Punkten rangiert er nun bereits auf Platz drei im Zwischenklassement. Zum zweitplatzierten Coulthard klafft eine Lücke von nur noch 16 Zählern. Die Antwort des Williams-Piloten verrät seine wahren Ziele: »Ob Dritter oder Zweiter – ist das wirklich ein bedeutender Unterschied? Ich will Weltmeister werden, aber in diesem Jahr geht der Titel ja wohl an Michael. 2002 werde ich einen neuen Anlauf nehmen.«

ERGEBNISSE UND AUSFÄLLE

1. Michael Schumacher	Ferrari F2001	1:33.35,636 = 196,093 km/h
2. Ralf Schumacher	Williams-BMW FW23	10,399 Sekunden zurück
3. Rubens Barricheilo	Ferrari F2001	16,381 Sekunden zurück
4. David Coulthard	McLaren-Mercedes MP4/16	17,106 Sekunden zurück
5. Jarno Trulli	Jordan-Honda EJ11	1.08,285 Minuten zurück
6. Nick Heidfeld	Sauber-Petronas C20	1 Runde zurück
7. Kimi Räikkönen	Sauber-Petronas C20	1 Runde zurück
8. Heinz-Harald Frentzen	Jordan-Honda EJ11	1 Runde zurück
9. Olivier Panis	BAR-Honda 003	1 Runde zurück
10. Luciano Burti	Prost-Acer AP04	1 Runde zurück
11. Giancarlo Fisichella	Benetton-Renault B201	
12. Jean Alesi	Prost-Acer AP04	1 Runde zurück
13. Jos Verstappen	Arrows-Asiatech A22	2 Runden zurück
Eddie Irvine	Jaguar-Cosworth R2	55. Runde, Motor
Juan Pablo Montoya	Williams-BMW FW23	53. Runde, Motor
Enrique Bernoldi	Arrows-Asiatech A22	18. Runde, Motor
Jacques Villeneuve	BAR-Honda 003	6. Runde, Elektrik
Mika Häkkinen	McLaren-Mercedes MP4/16	1. Runde, Getriebe

* Nicht im Ziel, aber aufgrund der zurückgelegten Distanz gewertet

SCHNELLSTE RUNDE: (53. Rd.) –David Coulthard, McLaren-Mercedes MP4/16, 1.16,088 = 201,130 km/h
Neuer Rundenrekord

51. Sieg

Großer Preis von Ungarn
Mogyoröd, 19. August 2001

Vierter Titel für »Schumi«

Nachdem Ferrari im Vorjahr in Ungarn eine empfindliche Niederlage einstecken musste und Schumi sowohl in Silverstone als auch in Hockenheim »nur« die zweitgrößten Pokale hatte mit nach Hause nehmen dürfen, beherrschen die Roten diesmal die Szene: Der vierte Titel, hier wird er perfekt gemacht.

Brütende Hitze lastet über der Region, aber die Köpfe rauchen nicht. Die Sprache des Zwischenklassements ist derart eindeutig, dass sich die Titelarithmetik als Kinderspiel darstellt: Wenn Michael Schumacher auf dem Hungaroring drei WM-Punkte mehr als David Coulthard holt, ist er Champion. Damit steht fest: Aus eigener Kraft kann der Schotte die Entscheidung nicht weiter hinauszögern.
Von verschiedenen Seiten wird der Favorit aus Kerpen bedrängt, den Sack noch nicht zuzumachen. Die Piste von Spa – wo »Schumi« seine F1-Karriere vor zehn Jahren begann –, so wird argumentiert, wäre ein weitaus besserer Schauplatz für den vierten Titelgewinn. Die Italiener nennen den 14. September als Wunschtermin für den Vollzug. Wie er sich allerdings so lange gegen den Triumph sträuben soll, kann niemand aus dem Lager der Ferraristi so recht erklären.
Die Hauptperson zieht Überlegungen dieser Art nicht ansatzweise in Erwägung. Einen Tag vor Trainingsbeginn gibt Schumacher im Ferrari-Motorhome seine obligatorische Wochenendauftaktaudienz. Mit acht Minuten Verspätung trifft er ein – gut gelaunt, wie meistens. Die zweieinhalb Wochen F1-Sommerpause habe er genossen, erklärt er, aber nun sei es wieder an der Zeit, sich ins Cockpit zu setzen. Dann äußert er sich zu seinen Titelchancen: »Ich bin Realist und weiß, dass ich hier Weltmeister werden kann. Aber ich habe mich keineswegs darauf versteift, es hier schaffen zu müssen. Die Saison ist noch lang – weitere Gelegenheiten werden sich ergeben. Andererseits gilt – je früher es klappt, desto besser.« Auf die Frage, ob er es nie zuvor als so leicht empfunden habe, sich den Titel zu holen, antwortet »Schumi« irritiert: »Leicht? Ich kann jedem versichern leicht ist es niemals, Champion zu werden.«
Noch am selben Tag vertraut er Jean Todt an, er habe nicht das Gefühl, dass er den Titel an diesem Wochenende holen wird. Am Sonntagnachmittag wird rückblickend deutlich: Es gibt gute Gründe, wenn Michael Schumacher sein Geld als Rennfahrer und nicht als Wahrsager verdient.
Mit vier Piloten hat die Gruppe der deutschen F1-Fahrer wieder ihre Standardstärke erreicht. Heinz-Harald Frentzen ist wieder mit von der Partie. Jetzt tritt der Mönchengladbacher für die Equipe Prost an. Im Gegenzug übernimmt Jean Alesi den Jordan von Ricardo Zonta, der ursprünglich »HHF« gehörte. Es ist nicht der erste und nicht der letzte Cockpit-Wechsel im Verlauf des Jahres. Am Rande der Karussell-Aktion

muss Teamchef Eddie Jordan tricksen. Weil der EJ11 mit Startnummer elf seit dem GP von Melbourne bereits von zwei Fahrern Frentzen und Zonta – pilotiert wurde, darf kein »Neuer« ins Cockpit. Also bekommt Jordan-Stammpilot Jarno Trulli die Doppel-Eins und Alesi erhält die Startnummer zwölf, die in puncto Transfer noch Spielraum hat.

Bereits im Vorfeld des Frentzen-Comeback hat Ex-Champion Niki Lauda gewarnt, der Mönchengladbacher könne durch den Umstieg zu Prost seinen Namen ruinieren. Was immer der Wiener mit dieser Aussage bezweckt, sie ist nicht korrekt. In jedem der F1-Autos kann ein Fahrer sein Image aufpolieren und in jedem kann er ihm schaden. Alle Experten sind sich über die Klasse eines Fernando Alonso einig. Und der Spanier fährt »nur« einen Minardi. Und alle Experten haben Zweifel, ob Mika Häkkinen 2001 konstant sein Bestes gibt. Ihm steht mit dem MP4/16 immerhin ein aktuelles Siegerauto zur Verfügung.

Aber nicht nur die Piloten stehen im Mittelpunkt der Fahrerlager-Gespräche. Die bereits im Frühjahr aufgeworfene Frage »Müssen die F1-Autos wieder einmal per Reglement eingebremst werden?« beschäftigt immer noch die Gemüter. Bobby Rahal, seit dem 1. Dezember des Vorjahres Chef des Teams Jaguar, kann die Diskussion nicht verstehen: »Die F1-Wagen werden doch gebaut, um möglichst schnell zu sein. So gesehen ist es doch unsinnig, sie langsamer machen zu wollen. Außerdem bedeutet jede Regeländerung wegen der notwendigen technischen Veränderungen eine Kostenexplosion. Ich kann mir nicht vorstellen, dass irgendjemand Interesse daran hat, alles noch teurer zu machen.«

Auch freitags knallt die Sonne vom Himmel. Die Rennleitung gibt die offizielle Anweisung zur Montage der »pink headrests«. Die Polster im Cockpitbereich sind je nach Härtegrad durch Farben markiert. Rosa steht für den größten Härtegrad, der in Verbindung mit den hohen Temperaturen die gewünschten Verformungswerte garantiert. Wenig später beginnt das freie Training mit einer Lachnummer: Als Jean Alesi aus seiner Installation-Lap zurückkehrt, rollt er gemütlich bis zum Ende der Boxengasse und stoppt, wie er es seit dem GP von Australien gewohnt ist, bei Prost. Dass er jetzt nicht mehr für Blau, sondern für Gelb arbeitet, hat er offenbar vergessen. »Wo steckst du?«, wird er per Funk von seiner Crew gefragt. Alesi kontert genervt: »Was wollt ihr? Ich bin doch schon längst da.« Dann taucht ein Trupp seiner Mechaniker auf und schiebt den EJ11 – das Rückwärtsfahren in der Boxengasse ist verboten zurück in Richtung Jordan-Boxen. Zeitgleich rollt Frentzen, der keinerlei Orientierungsschwierigkeiten hat, an dem Geisterfahrer vorbei in Richtung Piste.

Die 56. Minute der ersten Trainingsstunde läuft – an der Spitze gibt »Schumi I« mit einer Rundenzeit von 1.16,995 Minuten den Ton an –, da kommt David Coulthard in »Kurve 12« vom rechten Weg ab. Der Silberpfeil des Schotten rodelt über die Kerbs, und der Ritt auf der »Säge« bleibt nicht ohne Folgen: »DC« kann seine Fahrt nicht fortsetzen, weil der Unterboden auf den Betonzähnen gewaltig beschädigt wird.

Als nach 120 Trainingsminuten Bilanz gemacht wird, rangiert Michael Schumacher – inzwischen hat er sich auf eine Zeit von 1.16,651 Minuten steigern können – unverändert auf Rang eins. 38 Runden hat der Kerpener bisher gedreht. Coulthard, der wegen des Unfalls nur mit neun Umläufen in den Büchern steht, liegt abgeschlagen auf Platz zehn. Aber der Schotte darf trotzdem auf ein erfolgreiches Wochenende hoffen, denn die Silberpfeile scheinen wieder einmal gut in Form zu sein. Mika Häkkinen,

Dritter hinter dem Ferrari-Duo, fehlen gerade einmal 0,138 Sekunden auf Schumachers Bestwert.
Im freien Samstagstraining kann Frentzen einen ersten Achtungserfolg verbuchen: Er ist schneller als Alesi unterwegs, wenn auch nur um gut eine Zehntelsekunde. Im Qualifying wagt Fernando Alonso bereits nach drei Minuten den ersten Versuch. Bei 1.19,247 Minuten bleiben die Uhren für den Spanier stehen. Anschließend schweigen die Motoren für eine Viertelstunde, dann versucht sich Enrique Bernoldi. Überraschend kann der Brasilianer Alonsos Zeit nicht unterbieten. Jetzt geht es Schlag auf Schlag: Nacheinander tauchen die Namen Burti, Villeneuve, Räikkönen, Ralf Schumacher, Trulli und Häkkinen auf Platz eins auf. Der Bestwert steht jetzt – in der 29. Minute – bereits bei 1.15,411! Jetzt macht »Schumi« ernst, und der Rheinländer wagt sich in neue Sphären vor: 1.14,417! Um eine glatte Sekunde hat er den Bestwert des finnischen Ex-Champion unterbieten können.
Später, im Verlauf der 41. Minute, steigert sich der Titelanwärter auf 1.14,059. Damit fehlen ihm 0,060 Sekunden an der ersten 13er Runde auf dem Hungaroring. Zwei Versuche hat der Kerpener damit hinter sich. Sechs der erlaubten zwölf Runden sind abgespult. Und er ist sich seiner Sache so sicher, dass er beschließt, Feierabend zu machen. Er beurteilt die Lage korrekt: Niemand kann ihm die Pole auch nur annähernd streitig machen.
»Mein Auto«, berichtet der Pole-Setter wenig später, »war großartig, und meine schnellste Runde war praktisch perfekt. Vor dem Qualifying hatten wir die mögliche Bestzeit hochgerechnet. Aber mit diesem theoretischen Wert lagen wir voll daneben. Ich war deutlich schneller.« Coulthard braucht sich als Zweiter nicht zu verstecken. Flüchtigkeitsfehler und Verkehr sind für den recht großen Rückstand von 0,801 Sekunden verantwortlich. Dass er beim ersten Versuch durch »HHF« behindert wurde, nimmt er dem Deutschen – der sich prompt entschuldigte – nicht übel: »Auf einer Piste wie dieser kann das immer passieren, Aber frustrierend ist das durchaus, zumal man ihn per Funk hätte warnen müssen.« Voreilig äußert sich Barrichello enttäuscht über Rang drei: »Mein Auto war schnell genug für einen Platz in der ersten Startreihe, aber ich habe es nicht geschafft.« Hat der Südamerikaner vergessen, dass in Ungarn der dritte Startplatz wesentlich besser ist als der zweite?
Und Frentzen? Der steht zwar hinter Alesi, aber auch vor Burti – seinem neuen Teamkollegen hat er auf Anhieb mehr als eine Sekunde abnehmen können.
Als die 22 Akteure zwischen 13.30 und 13.45 Uhr ihre letzten Runden vor dem Start drehen dürfen, gestattet sich Michael Schumacher in »Kurve 12« einen kurzen Abstecher durch den Kies. Nach seiner Ankunft auf dem Startplatz lösen die Folgen der Exkursion Hektik aus: Steinchen werden aus den Öffnungen beider Sidepods gefischt und parallel wechseln andere Monteure die Barge-Boards. Jean Todt und Ingenieur Luca Baldisserri halten »Kriegsrat« und sind nicht ansprechbar. Der Ausflügler selbst gibt zu Protokoll: »Als ich sah, dass es eng wird, lenkte ich freiwillig in die Auslaufzone. Mir kam Davids Unfall vom Freitag in den Sinn, und deshalb wollte ich auf jeden Fall vermeiden, mit dem Unterboden über die Kerbs zu rodeln und dabei einen größeren Schaden zu riskieren.«
Alle Kiesel erwischen die roten Helfer allerdings nicht. Das wird zu Beginn der Formationsrunde deutlich. Als »Schumi« »Turn 1« anbremst, fliegen die letzten Kiesel aus den Seitenkästen. Erinnerungen an das Vorjahr werden wach, als die roten Ampel-

lichter erlöschen. 2000 hatte Michael Schumacher im Duell mit Mika Häkkinen eingangs der ersten Kurve »gekniffen« und dem Finnen nahezu kampflos den Vortritt gelassen. Er musste sich passiv verhalten. Nach drei Ausfällen in Folge – davon zwei First-Corner-Shunts – brauchte er dringend eine Zielankunft und Punkte.
Jetzt aber kann er unbeschwert auftreten, und entsprechend lässt er sich nicht die Butter vom Brot nehmen. Vor seinem Teamkollegen, der tatsächlich keine Mühe hat, »DC« – auf der schmutzigen Seite startend – auszubeschleunigen, lenkt der Titelverteidiger in die weite Rechtskehre am Ende der Startgeraden ein. Im Rücken der Spitzengruppe gelingt Nick Heidfeld ein Superstart, doch dann wird es im Gedränge für den Mönchengladbacher zu eng. Kurz berührt sein C20 den Jordan des Italieners Jarno Trulli, und deshalb kann er von Glück sagen lediglich auf Rang sieben abzurutschen. Für einige Runden befürchtet »Quick Nick«, an seinem Wagen könne etwas gebrochen sein, doch die Rumpf-Konstruktion hat den Feindkontakt schadlos überstanden. Zu diesem Zeitpunkt führt Michael Schumacher mit 1,4 Sekunden Vorsprung vor Barrichello. Als Drittem fehlen Coulthard weitere 1,1 Sekunden. Hinter dem Trio klafft ein Fünf-Sekunden-Loch zu Ralf Schumacher. Von dessen Hintermann Jarno Trulli geht keine Gefahr aus, aber der Italiener selbst steht unter massivem Druck von Häkkinen, Heidfeld und Montoya. Damit sind die Positionen auf den ersten vier Plätzen bereits bezogen. Lediglich aufgrund der Boxenstopps wird die Ordnung zwei Mal vorübergehend durcheinander gewirbelt. Trulli sieht die Zielflagge wegen eines Hydraulikschadens nicht. Entsprechend werden Häkkinen und Heidfeld hinter dem Bruder des alten und neuen Weltmeisters abgewinkt.
Michael Schumacher ist am Ziel seiner Wünsche. Sein 51. Formel 1-Sieg (damit hat er den von Alain Prost gehaltenen alten Bestwert eingestellt) bringt ihm WM-Titel Nummer vier. Während der Auslaufrunde grüßt der Kerpener seine Crew per Sprechfunk: »Ich liebe euch alle.«
Seit 1950 wurden einschließlich des GP von Ungarn 2001 676 WM-Läufe zur Fahrer-WM ausgetragen – 102 oder gut 15 Prozent davon gehen zu gleichen Teilen auf die Konten von Alain Prost und Michael Schumacher!
Was sich dann auf dem Siegerpodest abspielt, ist rote Freude pur. Gemeinsam mit Coulthard genießen Michael Schumacher, Jean Todt und Rubens Barrichello den Augenblick der ersten Euphorie. Die ausgelassene Stimmung ist verständlich, denn neben dem Fahrertitel hat die Scuderia dank Barrichellos zweitem Platz auch das Konstrukteurs-Championat in der Tasche. Im Verlauf der Champagner-Orgie wird der »kleine Napoleon« derart geduscht, dass er anschließend trieft, als habe er gerade einen neuen persönlichen Tauchrekord aufgestellt. Trockene Klamotten zum Wechseln liegen schon im Motorhome bereit.
Nach der stürmischen Siegerehrung wird »Schumi« beinahe von seinen Gefühlen übermannt. Mehrfach hat er einen Kloß im Hals und kämpft gegen Tränen an, als er offiziell zur erfolgreichen Titelverteidigung Stellung nimmt: »Ich mag ja ein recht guter Rennfahrer sein, aber leider fehlen mir die richtigen Worte, um meine augenblicklichen Gefühle zu beschreiben. Ich kann nur sagen – ich fühle mich wunderbar.« Dann die obligatorische Frage nach der Qualität des WM-Titels im Vergleich mit den zuvor gewonnenen. »Da lässt sich aus meiner Sicht keine Rangfolge erstellen«, erklärt er, »jede WM ist unverwechselbar. Deshalb existieren Unterschiede, aber die haben mit der Qualität nichts zu tun. Mit dem Siegen verhält es sich ebenso. Es ist immer wie-

der aufs Neue schön zu gewinnen. Deshalb werde ich auch weiterhin versuchen, Erster zu werden. Ich fühle noch genug Feuer in mir, um noch für eine ganze Weile weiterzumachen.

Das heißt, es ist eine Frage der Zeit, bis von ihm auch jene legendären fünf WM-Titel des unvergessenen Juan Manuel Fangio egalisiert oder gar übertroffen werden?

»Wenn ich mir«, antwortet Schumacher, »die Rennwagen anschaue, die Fangio fuhr, dann ist doch klar, dass sich nichts mit der Leistung des Argentiniers vergleichen lässt. Die Autos verfügten damals über keinerlei Sicherheitseinrichtungen. Ich könnte damit keine Rennen fahren, und deshalb wäre es unfair, die Leistungen von damals mit den heutigen zu vergleichen. Was Fangio geschafft hat, war einzigartig.«

Abends feiern die Roten im Budapester im Hotel Kempinski. Sogar Ferrari-Präsident Luca di Montezemolo reist per Hubschrauber an, um seiner Crew zu danken, während im fernen Maranello die Kirchenglocken läuten. Und auch diejenigen Mitarbeiter, die ausschließlich im Werk oder an den Testpisten zum Einsatz kommen, werden nicht vergessen: Die Jubel-Party wird montags in der Team-Basis fortgesetzt.

ERGEBNISSE UND AUSFÄLLE

1. Michael Schumacher	Ferrari F2001	1:41.49,675 = 180,348 km/h
2. Rubens Barrichello	Ferrari F2001	3,363 Sekunden zurück
3. David Coulthard	McLaren-Mercedes MP4/16	3,940 Sekunden zurück
4. Ralf Schumacher	Williams-BMW FW23	49,687 Sekunden zurück
5. Mika Häkkinen	McLaren-Mercedes MP4/16	1.10,293 Minuten zurück
6. Nick Heidfeld	Sauber-Petronas C20	1 Runde zurück
7. Kimi Räikkönen	Sauber-Petronas C20	1 Runde zurück
8. Juan Pablo Montoya	Williams-BMW FW23	1 Runde zurück
9 Jacques Villeneuve	BAR-Honda 003	2 Runden zurück
10. Jean Alesi	Jordan-Honda EJ11	2 Runden zurück
11. Pedro de la Rosa	Jaguar-Cosworth R2	2 Runden zurück
12. Jos Verstappen	Arrows-Asiatech A22	3 Runden zurück

Giancarlo Fisichella	Benetton-Renault B201	68. Runde, Motor
H.-H. Frentzen	Prost-Acer AP04	64. Runde, Dreher
Tarso Marques	Minardi-European PS01	64. Runde, Öldruck
Olivier Panis	BAR-Honda 003	59. Runde, Elektrik
Jarno Trulli	Jordan-Honda EJ11	54. Runde, Hydraulik
Fernando Alonso	Minardi-European PS01	38. Runde, Dreher
Jenson Button	Benetton-Renault B201	35. Runde, Dreher
Enrique Bernoldi	Arrows-Asiatech A22	12. Runde, Dreher
Luciano Burti	Prost-Acer AP04	9. Runde, Dreher
Eddie Irvine	Jaguar-Cosworth R2	1. Runde, Unfall

SCHNELLSTE RUNDE: (51. Rd.) – Mika Häkkinen,
McLaren-Mercedes MP4/16,1.16,723 = 186,515 kni/h
Neuer Rundenrekord

52. Sieg

Großer Preis von Belgien
Spa-Francorchamps, 2. September 2001

Historischer Triumph

Zehn Jahre nach seine Debüt kehrt der Weltmeister dorthin zurück, wo alles begann. Und auch wenn er den Titel bereits in der Tasche hat, ist der Rheinländer nicht gewillt, hier halbe Sachen zu machen. So wird dieser GP erneut zu einer Demonstration weltmeisterlichen Könnens.

Zehn Jahre ist es her, dass der Rheinländer sein Formel 1-Debüt gab. Und im Verlauf dieser Dekade reifte er zu einem der anerkannt besten und erfolgreichsten GP-Piloten aller Zeiten. Im August 1991 bestritt »Schumi« sein erstes Formel 1-Rennen am Steuer eines Jordan-Ford 191 – in Spa. Um das Jordan-Cockpit zu ergattern, hatte Schumacher-Manager Willi Weber dem Teamchef vorgeschwindelt, sein Schützling habe bereits Rennerfahrung auf dem anspruchsvollen Kurs sammeln können. Und weil der Deal quasi über Nacht eingefädelt wurde, fand das Nachwuchstalent lediglich in der Jugendherberge der benachbarten Gemeinde Ster Quartier. Heute könnte der Kerpener das komplette Gebäude erwerben, ohne dass sich der Stand seines Kontos vor dem Komma verändern würde.
Dass es den verbleibenden vier WM-Läufen der Saison an Spannung fehlen könnte, befürchtet der Weltmeister nicht: »22 Piloten sind am Start, von denen jeder siegen möchte. Jeder wird alles geben. Es geht jetzt doch niemand vom Gas, nur weil ich den Meistertitel geholt habe.«
Eine große deutsche Tageszeitung veröffentlicht einen Tag vor Trainingsbeginn ein Computer-Foto, das Michael Schumacher im Alter von 40 Jahren zeigt. Hat ihn das Bild amüsiert? Nein, denn er hat es bisher noch gar nicht gesehen. Dann seine Gegenfrage: »Weshalb zeigen die mich mit 40? Weshalb nicht mit 50, dem Alter, in dem ich meine Karriere beenden werde?« Niemand reagiert. Der Gag geht unter. Später wird »Schumi« augenzwinkernd sagen: »Merkwürdig, da lege ich die Karten auf den Tisch, aber das scheint keinen zu interessieren.«
Während Michael Schumacher zu Scherzen aufgelegt ist und bedauert, dass nicht alle 17 GP des Jahres» ohne Druck« gefahren werden, steht für das Trio David Coulthard, Rubens Barrichello und Ralf Schumacher mehr auf dem Spiel als das Aufpolieren der eigenen Statistik. Einer dieser drei Piloten wird der erste Vize-Champion des neuen Jahrtausends. »Schumi II« spielt die Bedeutung von Platz zwei herunter: »Vor Saisonbeginn hatte ich nicht damit gerechnet, in der Punktetabelle so weit vorn zu stehen. Entsprechend bin ich überrascht. Jetzt werde ich natürlich mein Bestes tun. Aber eigentlich will ich nur Formel 1 fahren und eines Tages den Titel holen.« Rechnet Rubens Barrichello mit der Hilfe von Michael Schumacher? »Ich weiß nicht genau«, antwortet der Südamerikaner, »Ferrari wird alles tun, um sich die beiden ersten Plätze zu holen. Aber ich werde mir wohl zuerst selbst helfen müssen, bevor mich Michael unterstützen kann.«

Der Titelträger sieht das ähnlich: »Wenn Rubens hinter mir liegen sollte, wird Jean Todt eine Entscheidung treffen, die für die Scuderia gut ist. Wenn eine entsprechende Anweisung kommt, werde ich sie befolgen – das ist gar keine Frage.« Auch nicht vor dem Hintergrund, dass er damit dem eigenen Bruder schaden könnte? »Im Herzen bin ich natürlich auf der Seite von Ralf«, erklärt der Ferrari-Star, »aber Rubens gegenüber habe ich eine Verpflichtung.«

In der Vorwoche flog »Schumi I« bei Testfahrten in Mugello in der ultraschnellen Rechtskurve »San Donato« wegen eines technischen Problems bei einem Tempo von mehr als 300 km/h ab. Das war für ihn bereits der zweite Highspeed-Crash der Saison, aber wie schon nach dem Abflug bei Tests in Monza, lässt sich der Rekordsieger nicht irritieren: »Schuld war ein Defekt der hinteren Aufhängung. Ein Teil, das eigentlich unverwüstlich ist, brach, und als Folge verlor ich den Heckflügel. Die Unfallursache wurde intensiv diskutiert und die Ingenieure schließen eine Wiederholung aus – weshalb sollte ich jetzt noch besorgt sein?«

Um 16.30 Uhr fallen im Fahrerlager die ersten Regentropfen. Es sind nicht die letzten dieses Wochenendes. Während die Piloten bei den Wetterfröschen ihrer Teams die jüngsten Wettervorhersagen einholen, macht die FIA unerwartet Kasse: Ralf Schumacher und David Coulthard kommen verspätet zur obligatorischen Pressekonferenz. Beide müssen je 500 US-Dollar Strafe zahlen. Auch Niki Lauda soll das Portemonnaie zücken, denn der Wiener hat die PK zu früh verlassen. Aber so schnell trennt sich der Ex-Champ nicht vom sauer verdienten Geld. Vor Wochenfrist hat er die Entlassung von Bobby Rahal durchgesetzt, da wird er in der Diskussion mit den Funktionären doch nicht den Kürzeren ziehen?

Am ersten Trainingstag gibt Michael Schumacher den Ton an. Spa ist sein Territorium. Als einziger fährt der Kerpener eine 48er Zeit. Aber er ist auch die Hauptperson eines Zwischenfalls, der sich auf der alten Startgeraden unterhalb von »La Source« in der Gischt des Ardennen-Regens abspielt: Im Blindflug knallt »Schumi« gegen den Jaguar des Spaniers de la Rosa. Die vordere Aufhängung und der Frontflügel des Ferrari werden stark beschädigt. Entsprechend zeigt der Jaguar hinten links deutliche Kampfspuren. De la Rosa wäscht seine Hände in Unschuld: »Ich sah die blaue Flagge, fuhr ganz rechts und ging vom Gas, was hätte ich noch mehr tun können?« Der Auffahrsünder: »Ich konnte ihn nicht sehen. Als ich ausscherte, folgte ich einem Instinkt, aber es war bereits zu spät.«

Am frühen Samstagmorgen präsentiert sich die Region von einer unfreundlichen Seite. Nicht nur das Hohe Venn ist in dichten Nebel gehüllt. Auch im Bereich der Piste hängen die Wolken unbeweglich in Bodennähe. Um sieben Uhr zeigt das Thermometer vier Grad an – immerhin über Null. Zwei Stunden später ist an einen pünktlichen Beginn des Trainings nicht zu denken, weil die Hubschrauber nicht landen können. Und ohne einsatzbereiten Rettungshelikopter dreht sich in der Formel 1 schon seit Jahren kein Rad mehr. »An uns liegt es nicht«, sagt achselzuckend Eddie Irvine, »wir könnten auch im Nebel fahren, denn die Kurven sind ja immer noch dort, wo sie gestern waren.«

Im Viertelstundentakt verschiebt die Rennleitung den Trainingsbeginn und hofft auf Besserung der Sichtverhältnisse. Es ist kurz vor zehn, als sich Charlie Whiting auf eine Inspektionsrunde begibt. Neuigkeiten bringt er nicht mit. Inzwischen ist die Lufttemperatur auf acht Grad angestiegen. Die »Verdoppelung der Wärme« innerhalb

von drei Stunden lässt hoffen. Was geschieht, wenn es erst mittags aufklart? Whiting bleibt cool: »Dann starten wir das Qualifying. Die Regeln schreiben das zweite freie Training nicht zwingend vor.« Endlich, um elf Uhr geht's los. Jetzt drängt die Zeit, und deshalb wird das Einschießen für das Qualifying von 90 auf 45 Minuten verkürzt. Auf nassem Asphalt überzeugt das Williams-Duo. Montoya und »Schumi II« diktieren mit 47er-Zeiten das Tempo. Spa-Spezialist Michael Schumacher dreht lediglich sieben Runden und rangiert mit 1.57,257 Minuten auf Platz 19. Bei Arbeiten an der Radaufhängung hatte sich eine Schraube in einer der Bremsen verklemmt und damit den F2001 lahm gelegt.
Nur 75 Minuten Pause – anstelle der gewohnten 120 – bleibt den Teams, um sich auf das Qualifying vorzubereiten. Heute werden die 22 Akteure wegen des Wetters kein leichtes Spiel haben. 20 Minuten vor Beginn der Zeitenjagd geht bei Start-und-Ziel ein Schauer nieder. Dann eine kurze Atempause, bevor sich die Himmelsschleusen unmittelbar vor Beginn des Qualifying noch einmal minutenlang gewaltig öffnen. Um 14.03 stoppt der Regen. Kurz darauf zeigt sich sogar die Sonne. Damit zeichnet sich ab: Die Entscheidung wird in der Schlussphase fallen, wenn der Pistenbelag möglicherweise weitgehend abgetrocknet ist.
Knapp die Hälfte der kostbaren Zeit verstreicht, ohne dass einer der Piloten auch nur den kleinen Finger rührt. Es wäre Benzinverschwendung, jetzt bereits einen Versuch zu wagen. Dann macht Tarso Marques den Anfang. Die anderen folgen. Doch zunächst sind die Zeiten keinen Pfifferling wert. Erst im Verlauf der letzten fünf Minuten zeichnet sich die Ideallinie hellgrau ab. Jetzt muss gefahren werden. Entsprechend überschlagen sich die Ereignisse. Die Zeiten purzeln. Aber ausgerechnet jetzt parkt ein Sauber ausgangs Stavelot – gelbe Flaggen werden gezeigt.
Als die Zeit abgelaufen ist, rangieren die beiden Williams – in der Reihenfolge Montoya vor Schumacher – auf den beiden ersten Plätzen. Dahinter folgt »Michael I.«, inoffizieller König von Spa, und – seine Leistung wird mit ungläubigem Staunen registriert – Prost-Pilot Frentzen! Natürlich waren die Schnellsten mutig genug, sich auf Trockenreifen hinaus zu wagen. »HHF« beschreibt die Herausforderung: »Es war eine Frage des Timings und der Konzentration. Kommst du unter solchen Bedingungen auch nur ein paar Millimeter von der Linie ab, dann landest du unweigerlich im Kies.« Dem Reglement entsprechend, wird das Qualifying-Resultat zunächst mit dem Hinweis »provisorisch« veröffentlicht. Und diesmal dauert es sehr lange, bis die Zeitenliste »offiziell« wird. Der Grund: Weil die besten Zeiten »unter Gelb« gefahren wurden, legt McLaren-Boss Ron Dennis gegen 14 (!) Piloten – darunter auch »seinen« Coulthard – Protest ein. Der Brite hat gute Gründe für sein Handeln. Erstens möchte er verbindlich geklärt wissen, wie die FIA zu Leistungssteigerungen trotz gelber Flaggen steht. Wenn die Funktionäre ihren eigenen Spielregeln treu bleiben, müssen sie tatsächlich mit dem Rotstift an das Ergebnis. Und das käme Dennis gelegen: Coulthards zweitbeste Zeit, die in diesem Fall zum Tragen käme, würde in der bereinigten Hackordnung zu Rang vier ausreichen. Knapp sechs Stunden lang wird hinter den Kulissen verhandelt. Dann verkündet die Rennleitung: Protest abgeschmettert. Damit folgte sie dem Argument, dass die schnelleren Rundenzeiten – trotz Respektierung der gelben Tücher – aufgrund der äußeren Bedingungen möglich waren. Prinzipiell ist das korrekt, aber das wahre Bild wird verfälscht. »Natürlich ging ich im zweiten Sektor wegen des geparkten Autos vom Gas«, hatte Michael Schumacher

nach dem Qualifying grinsend erklärt. Bruder Ralf wunderte sich nicht schlecht und konterte mit Recht: »Die gelben Flaggen waren im dritten Sektor – du bist mir ein schöner Kenner dieser Piste.«

Am Renntag sind die Wirren um die Startaufstellung vergessen. Zurück bleibt nur die gespannte Erwartung, ob sich die FIA-Funktionäre bei Gelegenheit an den geschaffenen Präzedenzfall erinnern werden.

Während der Startvorbereitungen ist Ralf Schumacher bester Laune. Er weiß, dass er heute den Grundstein für den möglichen Vizetitel legen kann. Ist er mit dem Startplatz auf der linken Pistenseite zufrieden? »Diese Frage«, antwortet er lachend, »kann ich erst nach dem Start beantworten.«

In Reihe zwei steht Frentzens blauer AP04 links neben dem Ferrari des alten und neuen Weltmeisters. Zuletzt teilten sich die beiden 1999 in Magny-Cours eine Reihe. »HHF« ist Realist. Er weiß genau, dass er sich nicht lange gegen die schnelleren Autos erfolgreich wird wehren können. Aber er wird sich so teuer wie möglich verkaufen. »Mal sehen«, sagt er, »was die Piste hergibt. Fest steht nur eines – weil ich keine Servolenkung habe, werde ich heute sehr viel tun fürs Geld.« Und Michael Schumacher spricht nachdenklich von den »schnellen Williams«. Auf Nachfrage wird er genauer: »Vor Ralf habe ich deutlich mehr Respekt als vor Montoya.«

Als die 22 Boliden nach der Einführungsrunde ein letztes Mal anhalten, um auf das Lichtspiel der Startampeln zu warten, wird das Prozedere jäh unterbrochen: Frentzen und wenig später Marques geben dem Starter durch Handzeichen zu verstehen, dass sie technische Probleme haben. Die Motoren der beiden Autos sind abgestorben, »HHF«: »Die Schaltringe standen so ungünstig, dass ich den ersten Gang nicht einlegen konnte. Also zurück in die Stellung »neutral«, um einen neuen Anlauf zu nehmen. Aber da leuchteten schon die Startampeln – die Zeit lief mir davon, und deshalb machte ich wohl einen Fehler beim Bedienen der Kupplung.« Weil der Deutsche den Startabbruch verursachte, muss er nun zurück in die letzte Startreihe.

Ein kurzer Check der Boliden, dann ist der Weg für die nächste Einführungsrunde frei. Und jetzt wird deutlich, dass sich »Schumi II« heute wirklich nicht vor Montoya in Acht nehmen muss. Der V10 im Rücken des Kolumbianers – »Ich drückte den Kupplungsknopf und prompt starb der Motor ab« – versagt den Dienst. Als der BMW endlich rund läuft, ist die Konkurrenz bereits entschwunden. Und überholen darf »JPM« während der Einführungsrunde nicht. Entsprechend findet er sich neben Frentzen in der letzten Reihe wieder, als das Feld endlich startet.

Dass »Schumi II« das Feld durch die »La Source« und »Eau Rouge« führt, dass sein Bruder ihn hinter »Kemmel« aufgrund höherer Topspeed locker überholen kann und dass Button ein sehenswerter Start gelingt, hat wenig später keinerlei Bedeutung mehr. In der schnellen Anfahrt nach »Blanchimont« attackiert Luciano Burti seinen Vordermann Eddie Irvine bei Tempo 300 auf der Innenbahn. Sieht der Nordire den blauen Angreifer nicht? Ignoriert er ihn? Jedenfalls lenkt er ein, die Autos berühren sich, und das Unheil nimmt seinen Lauf: Irvines Rennwagen wird beim Aufschlag gegen die Pistenbegrenzung zertrümmert, aber der »wilde Eddie« springt sofort unverletzt aus dem Cockpit. Burti schießt durch den Kies und knallt mit immer noch 200 km/h in das Reifenpolster, das den Rennwagen sofort unter sich begräbt. Zunächst rückt das Safety-Car aus, dann wird der GP abgebrochen. Schlimme Befürchtungen beschleichen die Augenzeugen. Sofort beginnen die Marshals damit – auch Irvine packt mit an –, den verschütteten Brasilianer auszugraben. Schließlich Erleichterung: Burti ist bei Bewusstsein und kann alle Gliedmaßen bewegen. Wieder einmal haben sich die Sicherheitsvorschriften bewährt. Aber Burti brauchte auch ein Quäntchen Glück: Die Frontpartie seines Helms ist im unteren Bereich extrem beschädigt. Der Verletzte wird per Krankenwagen in die kleine Streckenklinik transportiert.

Die Uhr zeigt 14.45, als das Feld zum dritten Mal in die Einführungsrunde geht. Gemäß Artikel 158 des sportlichen Reglements werden die bisherigen Aktivitäten komplett annulliert. Die Renndistanz wird auf 36 Runden festgesetzt. Startberechtigt sind alle Piloten, die sich zum Zeitpunkt des Abbruchs noch auf der Piste befanden. Wegen des Crashs sind Luciano Burti und Eddie Irvine nicht mehr mit von der Partie. Fernando Alonso und Kimi Räikkönen hatten wegen Getriebeschäden stoppen müssen. Entsprechend stellen sich 18 Rennfahrer dem Starter in der Reihenfolge, die zum Zeitpunkt des Stopps galt.

Und wieder ist es ein Williams-BMW, der wegen einer Panne ans Ende des Feldes abrutscht. Diesmal erwischt es Ralf Schumacher. Als seine Kollegen Gas geben, steht der FW23 noch aufgebockt zwischen den weißen Markierungslinien!

Unfreiwilliger Komik entbehrt diese Szene nicht. Was ist passiert? Einer der Mechaniker: »Wir hatten den Verdacht, der Heckflügel sei beschädigt und wechselten ihn deshalb aus. Hierfür muss der Wagen aufgebockt werden, denn die Krallen für den Wagenheber befinden sich an der Halterung des Flügels. Alles war Routine, dann kam plötzlich das Kommando, zum Pistenrand zu gehen.« Der Hintergrund: Während der letzten 15 Sekunden vor dem Start in die Formationsrunde darf nicht mehr an den Autos gearbeitet werden. Bei einem Verstoß gegen diese Bestimmung wird später eine Stop-and-Go-Strafe verhängt. Der Zeitplan der Crew geriet deshalb aus den Fugen, weil das Fünf-Minuten-Signal übersehen wurde. Die Mechaniker wähnten sich nicht unter Druck. Dann wurden sie durch das Drei-Minuten-Signal überrascht, und die Zeit lief davon.

Vor 45 Minuten war die erste Startreihe noch voll in blauweißer Hand. Jetzt, als der GP endlich beginnt, steht » Schumi II« ganz hinten und Montoya auf Platz 15. Im Rennen zeigt Michael Schumacher dann unmissverständlich, wer in Spa Herr im Haus ist. Scheinbar locker sichert er sich seinen 52. GP-Erfolg. Damit ist er einsamer Rekordhalter, was die Anzahl der Siege betrifft. Ein Ausritt durch den Kies im Bereich der Rechtskurve Stavelot geht auf das Konto mangelnder Konzentration. Der Champion: »Ich machte den Fehler, an zu vielen Lenkradknöpfen gleichzeitig herumzuspielen.« Eine Überraschung ist der Triumph am Jahrestag des F1-Debüts nicht. Auch Coulthards zweiter Platz setzt niemanden in Erstaunen. Das tut hingegen »Fisico«, der als dritter Mann mit auf das Podest darf, das er erstmals seit Montreal 2000 besteigt. Mit einem Raketenstart hatte sich der Römer zu Beginn vom sechsten auf den zweiten Rang katapultiert, den er bis in die 28. Runde gegen die Angriffe des letztlich stärkeren Silberpfeil-Schotten verteidigen konnte. Ein tolles Resultat für den Benetton-Fahrer, der während des gesamten Rennens die vorderen Reifen nicht wechseln ließ. Unter dem Jubel seiner Crew beendet Michael Schumacher zum 52. Mal einen GP als Sieger. Damit hat der Rheinländer den alten »Rekordhalter« Alain Prost übertrumpft.

Und alle freuen sich schon auf den Großen Preis von Italien, der am 16. September ausgetragen wird. Doch zu dem Zeitpunkt hat die Welt ganz andere Sorgen als den F1-

Heroen beim Rennfahren zuzusehen: Die Anschläge vom 11. September machen den Sport zur Nebensache. Doch die Szene reagiert, Ferrari tritt zum ersten Mal seit 34 Jahren ohne Sponsoren-Aufschriften an. Zum Zeichen der Anteilnahme an der Tragödie ist der Bug des Rumpfes schwarz gehalten. Das Rennen selbst ist vor allem wegen der Ereignisse im Vorfeld interessant. Die Fahrer sind nervös, die Nerven liegen blank, und der Versuch des Weltmeisters, seine Kollegen aus Sicherheitsgründen von riskanten Fahrmanövern abzubringen, scheitert. Das Rennen selbst spult der Kerpener lustlos ab, als wolle er in jedem Fall verhindern, an der Siegerehrung teilnehmen zu dürfen: Er wird Vierter, der Sieger heißt Montoya.
Das nächsten Rennen in den USA findet zwei Wochen später statt. Und der Champion sucht nach erklärenden Worten: »Jeder bewältigt Ereignisse dieser Art unterschiedlich. Es ging ja nicht nur um New York. Das ganze Wochenende schien unter einem schlechten Stern zu stehen. Ich brauchte eine ganze Woche, um zurück in ein normales Leben zu finden.« In den USA geht es darum, Michaels Schumacher »Leutnant« Barrichello zum Vizemeister zu krönen. Der Mann aus Sao Paulo hat grünes Licht zum Siegen, sogar das T-Car ist nach seinen Wünschen abgestimmt. Dass es für »Rubinho« dennoch nicht reicht, liegt an seinen Ferrari. Sein streikender Motor sorgt für eine Nullnummer. Michael Schumacher ist dann nicht mehr in der Lage, Mika Häkkinen abzufangen. Der Finne gewinnt, Schumacher wird Zweiter.

ERGEBNISSE UND AUSFÄLLE

1. Michael Schumacher	Ferrari F2001	1:08.05,002 = 221,050 km/h
2. David Coulthard	McLaren-Mercedes MP4/16	10,098 Sekunden zurück
3. Giancarlo Fisichella	Benetton-Renault B201	27,742 Sekunden zurück
4. Mika Häkkinen	McLaren-Mercedes MP4/16	36,087 Sekunden zurück
5. Rubens Barrichello	Ferrari F2001	54,521 Sekunden zurück
6. Jean Alesi	Jordan-Honda EJ11	59,684 Sekunden zurück
7. Ralf Schumacher	Williams-BMW FW23	59,986 Sekunden zurück
8. Jacques Villeneuve	BAR-Honda 003	1.04,970 Minuten zurück
9. Heinz-Harald Frentzen	Prost-Acer AP04	1 Runde zurück
10. Jos Verstappen	Arrows-Asiatech A22	1 Runde zurück
11. Olivier Panis	BAR-Honda 003	1 Runde zurück
12. Enrique Bernoldi	Arrows-Asiatech A22	1 Runde zurück
13. Tarso Marques	Minardi-European PS01	4 Runden zurück
Jarno Trulli	Jordan-Honda EJ11	32. Runde, Motor
Jenson Button	Benetton-Renault B201	18. Runde, Unfall
Juan Pablo Montoya	Williams-BMW FW23	2. Runde, Motor
Pedro de la Rosa	Jaguar-Cosworth R2	2. Runde, Unfall
Nick Heidfeld	Sauber-Petronas C20	1. Runde, Unfallfolgen

SCHNELLSTE RUNDE: (3. Rd.) – Michael Schumacher, Ferrari F2001,
1.49,758 = 228,546 km/h
Neuer Rundenrekord

53. Sieg

Großer Preis von Japan
Suzuka, 14. Okober 2001

Final-Gala des Champions

Im letzten Grand-Prix der Saison zeigt es Weltmeister noch einmal, dass er das Siegen nicht verlernt hat. Obwohl der Titelkampf schon lange feststeht, strömen die Scharen zur Honda-Hausstrecke Suzuka. Und sie bekommen, wieder einmal, einen bestens gelaunten und blendend fahrenden Schumacher zu sehen.

Regnerisches Wetter empfängt die Formel 1 in der Region um Suzuka, als sich das Fahrerlager der Traditionspiste aus dem Jahr 1962 mittwochs zu füllen beginnt. Aber noch am selben Tag zieht das ungemütlich nasse Tief weiter. Die nächsten Niederschläge fallen erst, als sich der GP-Tross längst wieder über den Erdball verteilt hat.
Im Land der aufgehenden Sonne fiel die Entscheidung im F1-Titelkampf auf den Pisten von Fuji, Aida und Suzuka bereits elf Mal. Nur in Italien wurde der jeweilige Champion noch öfter gekrönt. Doch diesmal geht es lediglich um »Formalien« wie die Vergabe der Vizemeisterschaft – die David Coulthard nur noch theoretisch zu nehmen ist – und die Zementierung von Rang vier im Konstrukteurs-Championat durch Sauber-Petronas. Allerdings müssen auch in diesem Fall Taschenrechner gequält werden, um die Chancen der Konkurrenz auszuloten. Von Spannung im herkömmlichen Sinn ist entsprechend nicht die Rede. Doch die Fans werden am Sonntag 150.000 Mann hoch aufmarschieren – die Formel 1 fasziniert, auch wenn »nur« der Tagessieg auf dem Spiel steht. Elf Piloten – also exakt 50 Prozent des Startfeldes – haben einen solchen Triumph bisher niemals feiern dürfen. Weitere vier hatten in der Vergangenheit nur ein einziges Mal das Vergnügen. Und im Kreis der »üblichen Verdächtigen«, deren Gesichter auch von den Siegerehrungsfotos her bekannt sind, herrscht ebenfalls kein Motivationsmangel.
Bei der einheimischen Presse steht ein Rennfahrer im Mittelpunkt, der die Formel 1 bisher nur in der Rolle eines Testpiloten kennen gelernt hat: Takuma Sato, das 1,63 Meter große 60-Kilo-Leichtgewicht aus Tokio. Der Champion der britischen F3-Meisterschaft hat für die Saison 2002 bei Jordan-Honda unterschrieben. Damit hat Nippon endlich wieder einen Superlizenzinhaber. Zuletzt war Japan durch Toranosuke Takagi in der Königsklasse vertreten. Er zog sich Ende 1999 nach 32 GP-Auftritten erfolglos aus der Formel 1 zurück.
Donnerstags zeigt sich wieder einmal, wie straff die FIA in der Formel 1 die Zügel in Händen hält. Im Bereich der Ferrari-Unterkunft im Fahrerlager – gemeinsam mit McLaren, Williams und Benetton durften die Roten ein etwas abseits gelegenes neues Gebäude beziehen – herrscht eine derartige Enge, dass dort an eine Durchführung der traditionellen »Schumi-Audienz« nicht zu denken ist. Auf der freien Fläche im Paddock ist hingegen genug Raum vorhanden, aber dieses Gelände ist für einen der-

artigen Zweck tabu. Doch die Funktionäre zeigen Einsicht. Dem Ferrari-Antrag auf kurzfristige Nutzung weniger Quadratmeter für die Versammlung unter freiem Himmel wird großzügig stattgegeben. Nach zwei sieglosen Rennen, daraus macht der Champion kein Geheimnis, er will jetzt wieder zuschlagen und sich mit GP-Erfolg Nummer 53 in die Winterpause verabschieden. Auf Indy rückblickend, gesteht er ein: »Platz eins im GP der USA habe ich unter anderem wohl auch deshalb verpasst, weil ich anfangs zuviel Rücksicht auf Rubens genommen habe.« Vergleichbares wird ihm hier keinesfalls widerfahren, denn der Teamkollege liegt im Kampf um den Vizetitel inzwischen so weit zurück, dass Schützenhilfe nur im Extremfall sinnvoll ist. Schumacher beurteilt die Chancen des Brasilianers jedenfalls schlecht: »Für ihn sieht es inzwischen gar nicht mehr gut aus.«

Im Training wird schnell klar, wie ernst es Michael Schumacher meint. Zwar rangiert er nach den beiden ersten Stunden nur auf Platz acht, doch er arbeitet derart konzentriert an der Abstimmung seines F2001, als stünde der WM-Titel auf dem Spiel. »Freitags-Sieger« wird Jean Alesi, der erst vor drei Tagen seinen Rücktritt aus der Formel 1 zum Saisonende erklärt hat. Die Leistung des Routiniers kann sich sehen lassen, selbst wenn man bedenkt, dass er mit extrem wenig Sprit an Bord und frischen Reifen unterwegs war. Für Aufregung sorgt zu Beginn der Aktivitäten Tomas Enge, der seinen Prost zum Ende der ersten 60 Minuten in der gefürchteten Linkskurve »430 R« in die Planken setzt. Noch am Sonntag werden ihn starke Rückenschmerzen an den bösen Crash erinnern.

Scheinbar spricht am Samstagmorgen alles für eine blauweiße erste Startreihe, denn Ralf Schumacher fährt als Erster und vorläufig Einziger eine 33er Zeit. Montoya wird im zweiten freien Training zweiter. Mittags genügen Michael Schumacher dann drei Versuche, um zu zeigen, wer Herr im Haus ist. Nach seiner schnellsten Runde bleiben die Uhren bei 1.32,484 Minuten stehen, Damit ist er glatte 0,7 Sekunden schneller als Montoya, der »Schumi II« auf Platz drei verdrängt. Für den deutschen Williams-Piloten ist das eine bittere Pille: Er fuhr hier bereits 13 Rennen, »JPM« ist Suzuka-Neuling.

Als die Piloten ihre Startplätze einnehmen, fällt zunächst nicht auf, dass sich lediglich 21 Boliden versammeln, denn nirgends in der Formation klafft eine auffällige Lücke. Abgängig ist der Minardi des Malaysiers Alex Yoong, der nun eigentlich ganz hinten in der letzten Reihe stehen müsste. Weil der PS01 wegen eines Elektrikdefekts streikt, muss der Asiate ins T-Car umsteigen und aus der Boxengasse starten, wo er schon bald Gesellschaft bekommen wird.

Minuten später dürfen die Motoren gestartet werden, und dann ist der Weg für die letzte Formationsrunde des Jahres frei. Angeführt von Pole-Setter Michael Schumacher setzen sich 20 Boliden in Bewegung. Zurück bleibt der Arrows des Brasilianers Enrique Bernoldi. Fieberhaft bemühen sich seine Mechaniker, die zehn ehemaligen Peugeot-Zylinder zum Leben zu erwecken. Die Zeit drängt. Wenn das Feld im Anschluss an die Bummelrunde wieder auftaucht, muss sich der Startplatz besenrein präsentieren. Entsprechend greifen die Funktionäre ein: Rückwärts wird der A22 davongeschoben, das große »Fluttor« in der Boxenmauer öffnet sich, und Bernoldis Bolide verschwindet in der Boxengasse, wo sich Ingenieure und Monteure augenblicklich der Wiederbelebung des Motors widmen – letztlich mit Erfolg.

Während der Formationsrunde tut sich Wundersames. Jos Verstappen überholt Tomas Enge. Das Manöver ist ebenso verständlich wie illegal. Das weiß auch der Niederländer, der später erklärt: »Kurz hinter der Haarnadelkurve schien Enge zu stoppen. Der Anschluss nach vorn ging verloren. Und weil es beim Briefing immer heißt, Jungs, bleibt in der Formationsrunde zusammen, zog ich vorbei.« Der Arrows-Pilot bemerkt nicht, dass der Tscheche schnell wieder aufschließt. Und der ist unsicher, weiß nicht, ob er überholen darf. Nach Funkabsprache mit seiner Crew bleibt er hinter »Jos the Boss«. Als die Startplätze bezogen werden, sind die Positionen also nicht korrekt besetzt. Jetzt müsste die Rennleitung handeln, aber die bleibt zunächst passiv. Im weiteren Rennverlauf wird Verstappen mit einer Zehn-Sekunden-Strafe belegt.

Während die Lichter der Startampel aufleuchten, werden Erinnerungen an den 13. Mai wach: Auch auf dem A1-Ring lautete die Ordnung auf den vier ersten Plätzen: Michael Schumacher, Montoya, Ralf Schumacher und Barrichello. Damals konnten sich die blau-weißen Williams-BMW auf den ersten Metern gegen den Ersten des Qualifying durchsetzen. Wird »Schumi« erneut überrannt werden? Die fünf Lichter verlöschen.

Energisch attackiert Montoya auf der rechten Pistenseite. Doch auch der Weltmeister kommt gut von der Linie weg – der erlaubte einmalige Spurwechsel genügt ihm, um seine Position erfolgreich zu verteidigen. Der Grundstein für einen weiteren Sieg ist damit gelegt. Ganz hinten kleckern die beiden Pechvögel in der Reihenfolge Yoong vor Bernoldi aus der Boxengasse nach.

Aus der Startrunde bringt Michael Schumacher einen Vorsprung von 3,6 (!) Sekunden auf Montoya mit. Nichts scheint seinem Wunsch vom krönenden Saisonabschluss im Weg zu stehen. Dahinter folgen auf den vorderen Rängen Barrichello – der »Schumi II« vor der Schikane überrannt hat –, Fisichella und Häkkinen. Während des zweiten Umlaufs kann der Spitzenreiter seinen Vorsprung auf 6,3 Sekunden ausbauen. Hinter ihm liegt jetzt Teamkollege Barrichello, der sich in einem sehenswerten Manöver am Kolumbianer vorbeigequetscht hat. Lange kann sich der Brasilianer jedoch nicht an Platz zwei erfreuen, denn sein kolumbianischer Hintermann kontert zu Beginn der dritten Runde eingangs »Turn 1«. Sekunden später stellt sich Fisichellas Benetton quer, und der Römer hat alle Hände voll zu tun, den Boliden einzufangen. Bevor er wieder Tritt fassen kann, fliegen sieben Konkurrenten an dem hellblauen Rennwagen vorüber. Punkte wird der hoch talentierte Italiener, der im Verlauf der Saison das »Wunderkind« Jenson Button demontierte, heute nicht mehr holen können. Die Ereignisse des dritten Umlaufs sind damit noch nicht komplett aufgelistet, denn Heinz-Harald Frentzen verliert im Infight mit Pedro de la Rosa die Nase seines Prost. Das Malheur zwingt ihn zum Reparaturstopp an die Boxen.

Jetzt lässt sich bereits erkennen: Barrichello ist »leicht«, mit einer Dreistopp-Taktik, unterwegs. Aber seine Rechnung wird nur dann aufgehen, wenn er Montoya endgültig überholen kann. Doch das schafft »Rubinho« nicht.

Bis auf gut elf Sekunden zieht der rote Schumacher dem Monza-Sieger im Verlauf der nächsten fünf Runden davon. Dann drosselt der Kerpener das Tempo und begnügt sich damit, den Vorsprung zu halten. Zu diesem Zeitpunkt sind Jean Alesi und Kimi Räikkönen bereits nicht mehr mit von der Partie. Vermutlich weil die linke hintere Aufhängung gebrochen ist, läuft der Sauber des Finnen in der schnellen Dunlop-Kurve bei Tempo 220 km/h aus dem Ruder. Der nachfolgende Franzose kann nicht ausweichen und torpediert den C20. Sekundenbruchteile später hat Alesi riesiges Glück, als der Bug des kreiselnden Sauber das Jordan-Cockpit knapp verfehlt.

Alesi ist traurig, weil seine Karriere mit einem Crash endet, doch andererseits ist er

happy, »weil uns beiden nichts passiert ist«. Der Franzose hat heute die Chance verpasst, alle Rennen der Saison in Wertung zu beenden.
Barrichello bemüht seine Mechaniker tatsächlich bereits nach 15 Runden zum ersten Mal – muss Michael Schumacher die Führung zwei Mal kurz abgeben. Aufgrund des ersten Halts kommen Montoya und anschließend Ralf Schumacher nach vorn, wegen des zweiten lediglich der Kolumbianer, denn »Schumi II« mischt zu diesem Zeitpunkt vorn nicht mehr mit: Eine Stop-and-Go-Strafe wegen Abkürzens in der Schikane hat ihn aussichtslos zurückgeworfen.
Mit Beginn des 42. Umlaufs scheinen die Punkte endgültig vergeben. Der Champion führt klar vor Montoya, Häkkinen, Coulthard, Barrichello und seinem Bruder. Dann aber kommt es doch noch zu einer Positionsverschiebung: Der drittplatzierte Finne lässt seinem Teamkollegen kampflos den Vortritt. »Heute war Zahltag«, erklärt er später, »David hat mir im Verlauf der letzten Jahre so oft geholfen, und jetzt bot sich mir die letzte Gelegenheit, mich dafür zu revanchieren.«
Bei Sauber ist der Champagner schon rechtzeitig zur Zieldurchfahrt in die Gläser gefüllt. »Platz vier in der Konstrukteurs-WM«, freut sich der Chef, »beflügelt, belastet und verpflichtet. Der Druck wird jetzt größer werden. Aber es muss machbar sein, diese Position zu verteidigen, auch wenn es sicherlich sehr, sehr schwierig werden wird.« Einige Boxen weiter in Richtung »Turn 1« hat Jean Alesi seine Kumiko umarmt und zum Abschied jedem Mitglied der Crew die Hand gereicht. »Es ist so«, sagt er mit belegter Stimme, »als wäre es gestern gewesen, dass ich 1989 in Le Castellet mein erstes F1-Rennen fuhr.« Die Schumacher-Brüder schauen nach der Siegerehrung noch kurz bei Karlheinz Zimmermann, dem Edelwirt im Paddock, vorbei, dann setzen

sie sich in die Winterpause ab. Entsprechend fehlen sie beim traditionellen nächtlichen Umtrunk in der »Cabin Lodge« auf dem Gelände des Circuit Hotels. Dort, wo schon so viele frisch gebackene Weltmeister zu tief ins Glas schauten, sind es diesmal Montoya und Barrichello, die fleißig mithelfen, die Bierbestände zu dezimieren. Mit dabei ist auch Willy Rampf, der Technische Direktor des Teams Sauber. Er will keine Promillerekorde aufstellen. Er genießt die Nacht, das sensationelle Abschneiden im Konstrukteurs-Championat und die Tatsache, dass Nick Heidfeld die WM als Achter beendet hat. Besser sind nur die Piloten der drei Top-Teams und Villeneuve platziert!

ERGEBNISSE UND AUSFÄLLE

1. Michael Schumacher	Ferrari F2001	1:27.33,298 = 212,664 km/h
2. Juan Pablo Montoya	Williams-BMW FW23	3,154 Sekunden zurück
3. David Coulthard	McLaren-Mercedes MP4/16	23,262 Sekunden zurück
4. Mika Häkkinen	McLaren-Mercedes MP4/16	35,539 Sekunden zurück
5. Rubens Barrichello	Ferrari F2001	36,544 Sekunden zurück
6. Ralf Schumacher	Williams-BMW FW23	37,122 Sekunden zurück
7. Jenson Button	Benetton-Renault B201	1.37,102 Minuten zurück
8. Jarno Trulli	Jordan-Honda EJ11	1 Runde zurück
9. Nick Heidfeld	Sauber-Petronas C20	1 Runde zurück
10. Jacques Villeneuve	BAR-Honda 003	1 Runde zurück
11. Fernando Alonso	Minardi-European PS01	1 Runde zurück
12. Heinz-Harald Frentzen	Prost-Acer AP04	1 Runde zurück
13. Olivier Panis	BAR-Honda 003	2 Runden zurück
14. Enrique Bernoldi	Arrows-Asiatech A22	2 Runden zurück
15. Jos Verstappen	Arrows-Asiatech A22	2 Runden zurück
16. Alex Yoong	Minardi-European PS01	3 Runden zurück
17. Giancarlo Fisichella*	Benetton-Renault B201	6 Runden zurück/Getriebe
Pedro de la Rosa	Jaguar-Cosworth R2	46. Runde, Ölleck
Tomas Enge	Prost-Acer AP04	43. Runde, Bremsen
Eddie Irvine	Jaguar-Cosworth R2	25. Runde, Tankanlage
Kimi Räikkönen	Sauber-Petronas C20	6. Runde, Unfall
Jean Alesi	Jordan-Honda EJ11	6. Runde, Unfall

*Nicht im Ziel, aber aufgrund der zurückgelegten Distanz gewertet

SCHNELLSTE RUNDE: (46. Rd.) – Ralf Schumacher, Williams-BMW FW23,
1.36,944 = 217,573 km/h
Neuer Rundenrekord

2002

Die Saison 2002

Die Scuderia Ferrari beherrschte die F1-Saison 2002 scheinbar nach Belieben. Keines der rivalisierenden Teams konnte den Italienern auch nur halbwegs das Wasser reichen. Michael Schumacher schlug gleich elf Mal zu und stellte sich mit seinen fünf Titeln auf eine Stufe mit der Legende Fangio.

Die Saison 2002 begann im März mit einem Paukenschlag: Im Kampf um die Führung lösten Rubens Barrichello und Ralf Schumacher wenige Sekunden nach dem Start im Melbourner Albert Park eine Massenkarambolage aus, die unterm Strich ein Drittel des Feldes außer Gefecht setzte. Anschließend gab es sofort Diskussionen darüber, ob die Rennleitung den Grand Prix mit Blick auf die Show nicht hätte abbrechen und neu starten müssen.

Mitte Oktober schloss sich der Kreis im japanischen Suzuka. Diskutiert wurde zu diesem Zeitpunkt erneut. Diesmal jedoch nicht über die – im übrigen absolut korrekte – Melbourne-Entscheidung, sondern über mögliche Veränderungen des sportlichen Reglements der Formel 1. Das Motiv für die von FIA-Präsident Max Mosley höchst persönlich losgetretene Diskussionsrunde war kein Geheimnis. Die Scuderia Ferrari und ganz speziell deren Star-Pilot Michael Schumacher hatten das Rennjahr derart dominiert, dass Kritiker von einer ernsthaften Krise sprachen.

Wie schnell sich die Zeiten ändern. Nicht lange ist es her, da hagelte es Schelte, gerade weil die WM-Entscheidung erst sehr spät, beim Saisonfinale, fiel. Fünf Mal war das im Verlauf der letzten zehn Jahre der Fall. Und prompt wurde jeweils gewettert, die Dramaturgie des Saisonverlaufs sei durch den großen F1-Drahtzieher Bernie Ecclestone manipuliert.

Trotz der frühen Entscheidung im Titelkampf faszinierte die Saison. Michael Schumacher hatte erstmals das Vergnügen, mit dem Ferrari F2002 über den mit Abstand besten Boliden des kompletten Startfelds zu verfügen. Und der Kerpener nutzte die Chance zu einer gnadenlosen Machtdemonstration. Die Anzahl an Siegen stockte er zwischen März und Oktober von 53 auf 64 auf. Nie zuvor war es ihm oder einem seiner Kollegen gelungen, elf Mal die volle Punktzahl zu kassieren. Nach jedem einzelnen der 17 Wertungsläufe stand Michael Schumacher mit auf dem Siegerpodest. Dank der insgesamt 144 gesammelten Zähler – seine beiden direkten Verfolger Barrichello und Montoya brachten es gemeinsam auf 127 – sicherte er sich WM-Titel Nummer fünf. Damit stand Michael Schumacher auf einer Ebene mit dem legendären »Maestro« Juan Manuel Fangio. Der Rheinländer selbst übrigens vertrat die Meinung, seine eigene Leistung reiche nicht an die Fangios heran, weil sich der Südamerikaner bei der Ausübung seines Sports Gefahren ausgesetzt habe, die »Schumi« niemals einzugehen bereit sei.

Mit der gleichen Souveränität, mit der Michael Schumacher in der Fahrer-WM zuschlug, beherrschte Ferrari die Konstrukteurs-WM. Die Scuderia sammelte insgesamt 221 Punkte. Die Gegner, inklusive Arrows-Cosworth, brachten es gemeinsam ebenfalls auf die Anzahl von 221. Wären die Rivalen als Konsortium gegen Ferrari angetreten und hätten alle WM-Punkte in einen gemeinsamen Topf geworfen, hätte dies

also nicht zum Titelgewinn ausgereicht. Bei Punktgleichstand entscheidet die Anzahl der Siege, und hier hatte Ferrari die Nase mit 15:2 recht eindeutig vorn.
Die drückende Überlegenheit der »Organisation Todt« hatte durchaus auch ihre Schattenseiten, die weit über den flachen Verlauf der Spannungskurve hinaus gingen. Auffällig war das Versagen der Roten auf dem politischen Parkett: Wenn seitens der Teamführung Einfluss genommen wurde, wie beispielsweise in Zeltweg, dann wurde die Wunschplatzierung mit Sympathieverlusten bezahlt. Und zu diesen Tiefpunkten zählte auch der Grand Prix der USA mit einem Finish, das nicht nur die amerikanischen Fans verärgerte.

Das Team Ferrari

Die Scuderia aus Maranello sicherte sich zum vierten Mal hintereinander den Konstrukteurs-Titel und stellte außerdem den Champion sowie den Vizeweltmeister. Dieser Hattrick gelang Ferrari zuletzt 1979.
Die technische Grundlage des Erfolgs war der Rennwagen vom Typ F2002, der in Interlagos erstmals zum Einsatz kam und auf Anhieb siegte. Bei diesem Auto handelte es sich um eine konsequente Weiterentwicklung des Vorgängermodells F2001. Im Heck arbeitete ein neuer Motor, ebenfalls eine Evolutionsstufe des Materials aus der Saison 2001. Dabei bot der beste F1 der Saison keine Sensationen. Der Schlüssel zum Erfolg war das Fehlen wirklicher Schwachstellen. Ein zweites großes Plus war die enorme Zuverlässigkeit des Rennautos, das während der Grand Prix Michael Schumacher nie und Rubens Barrichello selten im Stich ließ. Zwei der vier Pannen des Brasilianers gingen auf das Konto des F2001, den »Rubinho« in Sepang und bei seinem Heim-GP in Sao Paulo pilotierte.
Der Vorsprung vor der Konkurrenz war derart gewaltig, dass er zumindest die kommende Saison überdauern sollte. 2002 zog Ferrari nur im Qualifying zuweilen den Kürzeren. Doch dieser Nachteil wurde von Ross Brawn und seinen Mitarbeitern bewusst in Kauf genommen. Man hatte sich mit den Gummi-Japanern darauf geeinigt, das Hauptaugenmerk immer auf die Renn-Performance zu konzentrieren.
Also auch auf dem Reifensektor zeigte sich Ferrari mit den Bridgestone-Gummis ausgezeichnet versorgt. Die Scuderia trat 2002, als erster und bisher einziger Rennstall der Formel 1, mit einem speziellen Test-Team an, das sich ausschließlich den Pneus widmete. Permanent arbeiteten Bridgestone-Ingenieure in Maranello und Ferrari-Techniker im Werk des Reifenherstellers. Das Ergebnis waren Reifen, die optimal auf die Bedürfnisse des F2002 zugeschnitten waren. Entsprechend konnten die Fahrer der Scuderia auch auf den Pisten den Ton angeben, auf denen Michelin die Nase prinzipiell vorn hatte. Das Team-interne Qualifying-Duell zwischen Michael Schumacher und Rubens Barrichello endete 13:4. Bei 17 Doppeleinsätzen kam Ferrari 29 Mal in die Wertung. Gegenüber stehen entsprechend fünf Ausfälle – vier wegen technischer Pannen, einer wegen Unfalls. Von 2180 möglichen Rennrunden wurden 1912 zurückgelegt. In der Zuverlässigkeits-Statistik belegte das Team Platz zwei.

54. Sieg

Großer Preis von Australien
Melbourne, 3. März 2002

Fliegender Start

Während von der Equipe Prost nichts zu sehen war, gaben nicht weniger als vier Rookies ihr F1-Debüt. Rot dominiert im Qualifying, dafür gehört den Bauweißen der Luftraum: »Schumi II« gelingt ein 70-Meter-Flug, und nur das Safety-Car genießt freie Fahrt. Frentzen wird als Ampelsünder entlarvt, und für die Bridgestone-Equipe gilt: Einer kommt durch. Nur Schumacher warnt vor falschen Schlüssen.

Als »Vorhut« der Grand Prix-Karawane trifft das Team Minardi in Melbourne ein. Seit einem Jahr befindet sich der Rennstall in australischem Besitz, und Teamchef Paul Stoddart verpflichtete seinen Landsmann Mark Webber. Erstmals seit 1994, als David Brabham im GP-Sport Fuß zu fassen versuchte, geht damit wieder ein F1-Pilot vom fünften Kontinent an den Start.
Stoddart legte den Grundstein für sein Vermögen vor Jahren, als er dem australischen Staat ausgediente Boeings vom Typ 707 abkaufte. Anschließend schlachtete er die Jets aus, um weltweit Ersatzteile für dieses Flugzeugmuster anzubieten. Jetzt landet er an Bord einer eigenen 747 seiner Fluggesellschaft European Airways, und beim Ausrollen auf dem Airfield Avalon, 40 Kilometer vor den Toren Melbournes, weht eine australische Flagge aus dem Cockpit. »Unser Ziel ist es«, erklärt Stoddart, »hier einen Platz in der Top-Ten zu ergattern. Falls es sogar zu einem Rang in den Punkten ausreichen sollte, werde ich das wie den Gewinn der Weltmeisterschaft feiern.«
Jenseits des Yarrah-River scheint sich niemand dafür zu interessieren, was sich im Albert Park abspielt. Aber dieser Eindruck täuscht. Die Popularität des Autorennsports und speziell der Formel 1 ist gewaltig. Bereits donnerstags – morgens um 9.30 Uhr beginnen die Aktivitäten auf der Piste, als historische Tourenwagen ihre Runden drehen – marschieren mehr als 50.000 Fans auf. Ein Team ist nicht mehr mit von der Partie. Die Equipe Prost hauchte ihr Leben aus finanziellen Gründen offiziell am Montag, den 28. Januar aus, als Konkurs-Richter Franck Michel in Versailles ein letztes Rettungsangebot als unseriös einstufte. Bereits am 5. Januar war die Organisation des australischen Grand Prix allerdings angewiesen worden, lediglich Boxen für elf Teams aufzubauen... Nur langsam kommen die Hintergründe des Todeskampfs der Blauen ans Tageslicht. Im September 2001 hatte der unkontrollierte »Ausverkauf« begonnen. Ein früherer Prost-Intimus: »Alains Team war ein Puzzle aus zahlreichen Firmen. Für jeden Schraubenschlüssel existierten unterschiedliche Besitzverhältnisse. In der Schlussphase ging es in Guyancourt drunter und drüber. Vorn kam der Konkursverwalter rein, während in den Büros Unterlagen verbrannt wurden ...«. Vor dem Hintergrund des drohenden Untergangs wurden die bestehenden Konten geplün-

dert. Insgesamt, so vermuten französische Prost-Experten, hat der »Professor« seit der Übernahme des ehemaligen Teams Ligier im Februar 1997 circa 70 Millionen Euro auf eigene Konten transferiert. Nachdem der vierfache Champion, der gerade im Indischen Ozean auf der Insel Mauritius ausspannt, in seiner aktiven Zeit als Rennfahrer nie Spitzengehälter à la Michael Schumacher, Ayrton Senna, Nelson Piquet oder Niki Lauda kassieren durfte, hat er so dank der F1 doch noch ein stattliches Vermögen schaffen können – unterm Strich allerdings mutmaßlich auf Kosten der über 200 Angestellten seines Teams.
Natürlich bewegt das Thema Prost die Gemüter, zumal die französische Präsenz in der Formel 1 jetzt auf den Piloten Olivier Panis und das Team Renault reduziert ist.
Selbstverständlich werden im Albert Park Erinnerungen an den Crash wachgerufen, der vor Jahresfrist den australischen Zuschauer-Marshal Graham F. Beveridge das Leben kostete. Um einen vergleichbaren Zwischenfall – Trümmerteile waren durch eine Luke im Begrenzungszaun geflogen und hatten Beveridge erschlagen – auszuschließen, wurden die altmodischen Luken durch modifizierte Versionen ersetzt. Im Bemühen, den Sicherheitsstandard anzuheben, schossen die Verantwortlichen allerdings über das Ziel hinaus: Bereits vor Trainingsbeginn wimmelt es im Fahrerlager von frustrierten Fotografen, die längst entdeckt haben, dass die Minilöcher des Zaunes den Einsatz größerer Objektive unmöglich machen.
Ausgesprochen happy präsentiert sich hingegen Ralf Schumacher, nachdem er zu Beginn der Woche einen Tauchgang im Haifischbecken des Melbourner Aquariums wagte. Nein, Angst habe er nicht gehabt, sagt er und ergänzt: »Nur wenn sie zu nahe kamen, hatte ich ein komisches Gefühl. Man weiß ja nie, was sie vorhaben.« Da die Statistik des Jahres 2000 bereits vorliegt, kann das »Hai-Risiko« exakt beurteilt werden: 79 Menschen wurden von den Knorpelfischen attackiert – zehn bezahlten die Angriffe mit ihrem Leben – drei von ihnen in australischen Gewässern. Geradezu harmlos erweisen sich die eleganten Killer allerdings im direkten Vergleich mit Extremisten aus dem Bereich der Pflanzenwelt: Im gleichen Zeitraum wurden weltweit 150 Menschen unter Palmen von herabfallenden Kokosnüssen erschlagen ... Ralf Schumacher ist jedenfalls stolz, ganz speziell, weil Bruder Michael den Spaß nicht ausprobieren will, da es ihm »zu gefährlich« ist. Der Champion hat andere Sorgen. Auf die Frage nach seinem stärksten Rivalen, antwortet der Kerpener: »Ehrlich gesagt – ich weiß es nicht. Ich muss mich völlig neu orientieren, weil Mika Häkkinen nicht mehr mitfährt. Jahrelang war er es, auf den ich mich konzentrierte. Auch im letzten Jahr war es so, dass ich ihn am höchsten einstufte, obwohl er ja im Titelkampf wegen seines Pechs früh den Anschluss verloren hatte.« Letztlich legt er sich auf die Formulierung »vier plus Rubens« fest und meint damit die Piloten der Teams McLaren und Williams sowie seinen brasilianischen Teamkollegen. Vielleicht wird der Kerpener ja schon am Sonntag klarere Vorstellungen vom Kräfteverhältnis haben. Und die Statistiker sehen dem ersten Schlagabtausch des Jahres 2002 mit ganz besonderem Interesse entgegen, denn im Verlauf der letzten zwölf Jahre wurde der Gewinner des Saisoneröffnungs-GP anschließend meistens auch Weltmeister. Lediglich David Coulthard (1997) und Eddie Irvine (1999) bilden Ausnahmen.
Natürlich werden wieder einmal F1-Neulinge begrüßt. Diesmal sind es mit Mark Webber und Felipe Massa, Takuma Sato und Allan McNish vier Rookies. Der Anteil der F1-Anfänger beträgt damit mehr als 18 Prozent.

Sechs Jahre ist es her, dass die Formel 1 ihren ersten WM-Lauf auf der Piste im Albert Park austrug. Von den 20 Piloten, die damals in die Saison 1996 starteten, sind jetzt mit Michael Schumacher, Eddie Irvine, Mika Salo, David Coulthard, Jacques Villeneuve, Rubens Barrichello und Olivier Panis nur noch sieben im GP-Sport aktiv. »Schumi« geht erstmals als dienstältester F1-Pilot in ein neues Rennjahr.
Und dieses Rennjahr beginnt freitags pünktlich um 11 Uhr Ortszeit, als nacheinander McNish, Yoong, Salo, die beiden Arrows-Piloten und der Rest des Feldes hinaus auf die Piste fahren. Alle scheinen es eilig zu haben. Daten sammeln, um die richtige Abstimmung zu finden – so lautet die Aufgabe. Gerade hier ist das von größter Bedeutung, da in Australien nicht getestet wird. Zeit nehmen sich zunächst lediglich die beiden Ferrari-Fahrer. Sie genießen den Vorteil, mit den im Vorjahr so überlegenen Boliden vom Typ F2001 anzutreten. Sie kennen diesen Rennwagen bis ins kleinste Detail und können jederzeit auf die Abstimmungswerte des Vorjahres zurückgreifen.
Michael Schumacher: »Der F2001 war im letzten Jahr so stark, dass er auch jetzt noch einigermaßen konkurrenzfähig sein sollte.« Nach eigener Aussage freut sich der Kerpener wie »ein kleines Kind« darüber, dass es »endlich los geht«. Er nimmt seine elfte komplette F1-Saison in Angriff und zeigt keinerlei Abnutzungserscheinungen.
Aufgrund der freien Trainingssitzungen gehen die Ferrari-Piloten als Favoriten in das erste Qualifying des Jahres. Und das rote Duo wird den Erwartungen gerecht. Als die Aktivitäten nach gut einer halben Stunde – inklusive einer zehnminütigen Rotphase – wegen Regens zum Erliegen kommen, hat sich Rubens Barrichello die Pole gesichert.

Mit fünf Tausendsteln Rückstand folgt der Titelverteidiger auf Rang zwei. Auf nasser Bahn bringt es Neuling Takuma Sato, der den trockenen Asphalt defektbedingt nicht nutzen konnte, lediglich auf eine Rundenzeit von 1.53,351 Minuten. Die 107-Prozent-Marke – 1.31,852 – verpasst er damit deutlich. Die Funktionäre drücken ein Auge zu und erteilen dem Japaner trotzdem die Starterlaubnis.

Sonntags zeichnet sich bereits beim Start in die Einführungsrunde ab, dass die Früchte für Arrows heute zu hoch hängen werden. Trotz verzweifelter Bemühungen der Crew – über die erlaubte Zeit hinaus – springen die Cossies beider A23 wegen Elektrikproblemen nicht an. Die Batterien sind überlastet, weil die Techniker nicht berücksichtigten, dass der neue Motorenpartner Cosworth seine Aggregate mit zwei Benzinpumpen bestückt hat. Während Champion Schumacher die verbliebenen 19 Kollegen durch die Formationsrunde führt, werden die zwei Arrows zum Ausgang der Boxengasse geschoben, wo sich die Techniker des Teams auf die Havaristen stürzen, um zu retten, was möglicherweise noch zu retten ist.

Knapp dreieinhalb Minuten sind seit dem Arrows-Desaster vergangen, als die aufleuchtenden roten Lichter den Puls der Piloten und Augenzeugen in die Höhe treiben. Dann hat das Warten ein Ende und plötzlich geht alles schneller, als es manchem lieb ist. Während Barrichello seine optimale Ausgangsposition nutzt, kommt Michael Schumacher nicht gut von der Linie weg. Als Dritter hinter dem Pole-Setter und seinem Bruder Ralf wird er Sekunden später Augenzeuge des ersten Renn-Crashs der neuen Saison: Mit einem zweiten Richtungswechsel – zur Abwehr Ralf Schumachers – hat sich der führende Brasilianer an den rechten Pistenrand manövriert. Damit ist er in einer denkbar schlechten Position, um »Turn I«, eine Rechtskurve, anbremsen zu können. Schlimmer noch, »Schumi II« sitzt ihm mit unverändertem Druck im Nacken und hat die Hoffnung noch nicht aufgegeben, die Führung zu übernehmen.

Als der Rheinländer zum Überholen ansetzt, zieht der Ferrari mit Startnummer zwei nach links, und das Unvermeidliche passiert. Der Williams knallt gegen das Heck des F2001 und fliegt unter Verlust seines Frontflügels über den roten Boliden hinweg. Während des 70-Meter-Fluges nimmt Ralf Schumacher die Hände ebenso wenig vom Lenkrad, wie bei der Landung. Erst kurz vor dem Aufprall gegen die Leitplankenpolster kreuzt er die Arme vor der Brust, um sie vor Verletzungen zu schützen.

Auch Barrichello ist augenblicklich »out«. Der Südamerikaner, dessen eigener Heckflügel seinen Kopf streift wäscht seine Hände in Unschuld: »Der Aufprall war gewaltig. Ralf stand noch voll auf dem Gas und hätte die Kurve niemals gepackt.« Der Kerpener sieht's anders: »Rubens bremste recht früh, doch darüber will ich mich nicht beschweren. Aber er wechselte die Linie öfter als erlaubt ...«

Der Zwischenfall löst unter den Verfolgern ein Chaos aus. Michael Schumacher lenkt seinen Ferrari übers Gras, weil »überall Autos herumflogen« und legt damit den Grundstein für F1-Sieg Nummer 54. Auch Nick Heidfeld verlässt die Piste, lenkt dann aber zurück auf den Asphalt, wo er eine Kettenreaktion auslöst: Der Sauber kollidiert mit Fisichellas Jordan, der wiederum Massa erwischt. Und das Billardspiel geht munter weiter. Der Sauber-Neuling rempelt Button, der seinerseits Panis in einen Dreher zwingt. McNish kann nicht ausweichen – der Toyota des Schotten torpediert den bereits geschundenen Renault Buttons. Damit bleiben insgesamt acht Rennwagen der ersten Kurve zurück. Drei weitere Fahrer kommen mit einem blauen Auge davon. Villeneuve hat Feindkontakt mit Salo, der sich dreht. Am Toyota des Finnen

verbiegt eine der hinteren Spurstangen. Und schließlich bleibt auch Kimi Räikkönen nicht ungeschoren. Er hat keine Chance, Ralf Schumachers Frontflügel auszuweichen und beschädigt seinen MP4/17 derart, dass ein Reparaturstopp unumgänglich ist.
Im allgemeinen Durcheinander rechnen viele damit, der Grand Prix werde abgebrochen und neu gestartet. Auch im Arrows-Lager keimt Hoffnung auf. Aber im Headquarter der Rennleitung behält Charlie Whiting einen kühlen Kopf und delegiert das Safety-Car auf die Piste.
Coulthard führt vor Trulli, Montoya, Michael Schumacher und Irvine, während die zwei Finnen nach einem beziehungsweise zwei Umläufen ihre Boxen aufsuchen, um die notwendigen Reparaturen vornehmen zu lassen.
3,14 Minuten verbringt der Toyota innerhalb der Speedlimitzone, womit er sich mehr als eine Runde Rückstand einhandelt. An Räikkönens McLaren wird nicht nur ein neuer Frontflügel montiert: Beim Crash verirrte sich ein Kohlefaser-Splitter ins Cockpit des Silberpfeils, das nun aus der Sitzschale gefingert werden muss. Der McLaren-Neuling hält sich 90 Sekunden in der Boxengasse auf – dank der SC-Runden, die knapp über zweieinhalb Minuten liegen, bleibt Räikkönen in einer Runde mit der Spitze.
Und während der Bummelfahrt tut sich noch mehr: Mit zwei Runden Rückstand schießt Frentzens Arrows hinaus auf die Piste. Im Eifer des Gefechts übersieht der Mönchengladbacher, dass die Ampel am Ende der Boxengasse auf »Rot« steht. Den Regelverstoß bezahlt »HHF« mit der Disqualifikation.
Zu Beginn der sechsten Runde schert das SC aus, und die Piloten dürfen endlich wieder Gas geben. Sofort attackiert Montoya ungestüm seinen italienischen Vordermann. Aber der Angriff misslingt. Der Kolumbianer kommt von der Ideallinie ab und fällt seinem aufmerksamen Verfolger Schumacher zum Opfer. Ganz hinten im Feld startet Räikkönen seine verzweifelte Aufholjagd vom elften Platz aus.
Schumachers Situation spricht nicht dafür, dass der Champion seine Melbourne-Siege der Jahre 2000 und 2001 wiederholen kann. An Trulli findet er keinen Weg vorbei, und »DC« liegt nach sieben Umläufen bereits 4,5 Sekunden vor dem Renault. Mit Enrique Bernoldi taucht überraschend auch der zweite Arrows auf. Auch ihm bleibt die schwarze Disqualifikationsflagge nicht erspart. Der Brasilianer ist in den Reserve-A23 umgestiegen, was nach dem Start in die Formationsrunde nicht mehr erlaubt ist.
Runde neun bringt ein völlig neues Bild an der Spitze, weil Trulli – offenbar zu sehr auf seinen Jäger Schumacher konzentriert – seinen Renault auf einer Ölspur aus der Kontrolle verliert, die sein Teamkollege Button zu Beginn des Rennens gelegt hatte. Der Bolide des Italieners blockiert die Piste, was die Rennleitung erneut zum Einsatz des Safety-Car zwingt.
Obwohl das Feld schon nach wenigen Sekunden so stark dezimiert wurde, brauchen sich die Fans nicht über einen Mangel an Kurzweil zu beklagen. Zwei Runden lang liegen zwei »Silberpfeile« in Front, auch wenn der eine lediglich der verlängerte Arm von Charlie Whiting ist. Als dann aber wieder das Signal für freie Fahrt gegeben wird, führt Champion Schumacher vor Montoya und Irvine! Erst dann taucht Coulthard bei Start-und-Ziel auf, nachdem er in der Zieleingangskurve einen Abstecher durchs Grün gemacht hat. Der Schotte: »Plötzlich gab's beim Runterschalten Probleme, und als das Safety-Car ausscherte, war ich plötzlich im Leerlauf und flog ab.« Auch im weiteren Rennverlauf wird das Getriebe des MP4/17 verrückt spielen, bis es in Runde 34 im sechsten Gang blockiert. Das bedeutet das Aus für Coulthard. Lange kann sich

Schumacher nicht der Führung erfreuen – Montoya zeigt bereits am Ende der Boxengeraden die Zähne und vernascht den Weltmeister in »Turn I« auf der Außenbahn! »Ein gutes Gefühl« sei es gewesen, wie er später zu Protokoll geben wird. Fünf Runden lang diktiert der Kolumbianer das Tempo. Dann schlägt Michael Schumacher erfolgreich zurück. Schnell kann er sich in der Folge absetzen.
Hinter dem Champion wird es zwischen Montoya und Aufholjäger Räikkönen noch einmal eng. Aufgrund des schnelleren Stopps schiebt sich der Finne auf Rang zwei vor. Doch schon in »Turn I« wagt er auf neuen Reifen zuviel, und Montoya stellt die alte Reihenfolge wieder her. Hinter Michael Schumacher, Montoya und Räikkönen werden nach 58 Runden Irvine, Webber, Salo, Yoong und de la Rosa abgewinkt. Nur ein Bridgestone-bereiftes Auto ist ins Ziel gekommen – und das hat gesiegt.
»Man darf keine falschen Schlüsse aus dem scheinbar spielerisch herausgefahrenen Erfolg ziehen«, erklärt der Champion geradezu entschuldigend, »denn in Interlagos kann alles schon ganz anders aussehen.« Tut es auch, aber der Sieger wird wieder »Schumi« heißen.

ERGEBNISSE UND AUSFÄLLE

1. Michael Schumacher	Ferrari F2001	1:35.36,792 =193,011 km/h
2. Juan Pablo Montoya	Williams-BMW FW24	18,628 Sekunden zurück
3. Kimi Räikkönen	McLaren-Mercedes MP4/17	25,067 Sekunden zurück
4. Eddie Irvine	Jaguar-Cosworth R3	1 Runde zurück
5. Mark Webber	Minardi-Asiatech PS02	2 Runden zurück
6. Mika Salo	Toyota TF102	2 Runden zurück
7. Alex Yoong	Anardi-Asiatech PS02	3 Runden zurück
8. Pedro de la Rosa	Jaguar-Cosworth R3	5 Runden zurück
David Coulthard	McLaren-Mercedes MP4/17	34. Runde, Getriebe
Jacques Villeneuve	BAR-Honda 004	28. Runde, Unfall
Heinz-Harald Frentzen	Arrows-Cosworth A23	17. Runde, Disqualifikation
Enrique Bernoldi	Arrows-Cosworth A23	16. Runde, Disqualifikation
Takuma Sato	Jordan-Honda EJ12	13. Runde, Getriebe
Jarno Trulli	Renault B202	9. Runde, Dreher
Rubens Barrichello	Ferrari F2001	1. Runde, Unfall
Ralf Schumacher	Williams-BMW FW24	1. Runde, Unfall
Giancarlo Fisichella	Jordan-Honda EJ12	1. Runde, Unfall
Felipe Massa	Sauber-Petronas C21	1. Runde, Unfall
Nick Heidfeld	Sauber-Petronas C21	1. Runde, Unfall
Jenson Button	Renault B202	1. Runde, Unfall
Olivier Panis	BAR-Honda 004	1. Runde, Unfall
Allan McNish	Toyota TF102	1. Runde, Unfall

SCHNELLSTE RUNDE: (37. Rd.) – Kimi Räikkönen, McLaren-Mercedes MP4/17
1.28,541= 215,615 km/h

55.Sieg

Großer Preis von Brasilien
Interlagos, 31.März 2002

F2002 siegt auf Anhieb

Im dritten Rennen der Saison debütiert Schumachers neuer Dienstwagen. Es wird ein Auftakt nach Maß, auch wenn im Dreikampf um die Pole-Position Montoya die Nase vorne behält. Der Kolumbianer indes überschätzt sich, während Ralf Schumacher nicht mit letzter Konsequenz seinen Bruder zu attackieren scheint.

Zwei Rennen, zwei unterschiedliche Sieger. Auf dem Papier erscheint der Start in die neue Saison durchaus vielversprechend, auch wenn es bisher in einem Punkt keine Abwechslung gibt: Die Gewinner heißen beide Schumacher.
Ob sich auch der WM-Lauf in Interlagos zur Familienangelegenheit der Shuey-Brothers entwickeln wird, steht zu Beginn des Wochenendes noch nicht zur Diskussion. Zunächst ist für die meisten Mitglieder des Grand Prix-Zirkus angesagt, sich psychisch zu akklimatisieren. Die zahlreichen Diebstähle, Überfälle und Einbrüche, die vor zwölf Monaten zu einer gewissen Verunsicherung führten, sind noch nicht vergessen. Die Tatsache, dass die Polizei im Multi-Millionen-Moloch Sao Paulo pro Tag durchschnittlich 35 Morde registriert, ist ebenso gewöhnungsbedürftig wie beispielsweise die nassforsche Fahrweise der Biker, die offenbar von ihrer Unsterblichkeit im Straßenverkehr überzeugt sein müssen. Tatsächlich aber soll der wöchentliche Schwund im Kreis der Motorradfahrer beträchtlich sein, was deren aberwitzige Risikobereitschaft allerdings nicht sichtbar beeinflusst.
Im Fahrerlager der Piste von Interlagos ist der brasilianische Alltag weit entfernt. Lediglich das landestypische Wetter macht vor der Umzäunung der Anlage keinen Halt. Am Mittwochnachmittag geht – scheinbar aus dem Nichts – ab 15.30 Uhr ein Tropenregen der Sonderklasse nieder. Die urplötzlich aufziehenden Wolken und die »Viertelliter-Tropfen« machen den Tag vorübergehend zur Nacht. Sollte es am Sonntag zu einer Wiederholung dieses nassen Schauspiels kommen, wird mit Sicherheit die Stunde von SC-Pilot Bernd Mayländer schlagen, da die Superlizenzinhaber aus unerfindlichen Gründen bei starkem Regen kein Gespür für das Machbare haben.
Gesprächsthema Nummer eins ist die Entscheidung der Scuderia Ferrari, Titelverteidiger Michael Schumacher einen der neuen Boliden vom Typ F2002 zur Verfügung zu stellen. »Aufgrund der letzten Testfahrten", erklärt Ross Brawn, »ist der Einsatz gerechtfertigt.« Erfordert das keine gewaltigen organisatorischen Schritte? Brawn winkt lächelnd ab und verrät: »Wir haben die Crew um vier Mann aufgestockt, die allesamt während der Tests spezifische Erfahrungen mit dem neuen Wagen sammeln konnten.« Rubens Barrichello sitzt ein weiteres Mal im Cockpit des »Jahreswagens«, sieht sich deshalb aber nicht unfair behandelt: »Michael liegt im WM-Zwischenklassement vorn. Da stellt sich doch gar nicht erst die Frage, wer von uns das neue Auto bekommt.« Donnerstags rücken Training und Rennen vorübergehend in den Hinter-

grund, denn die Formel 1 blickt auf die Saison 2004! Was die berüchtigte Regeländerung angeht – ein Motor pro Pilot und GP-Weekend –, vertreten die meisten Piloten zurückhaltend die Meinung, das Problem interessiere sie nur am Rande, weil es in erster Linie dieTeams und deren Motorenpartner beträfe. Die Motorenhersteller wiederum sind der Ansicht, das Reglement bedürfe recht bald sorgfältigster Überarbeitung. Gefallen an den Zehnzylindern vom Typ »Dauerbrenner« findet ohnehin nur eine Minderheit. Jacques Villeneuve, ohnehin für seine ungeschminkten Worte bekannt, lässt kein gutes Haar an der umstrittenen Spar-Idee: »Im Zweifel wird's sogar noch teurer. Vielleicht werden einige Hersteller zweigleisig fahren. Ein Motor wird mit Blick auf die Haltbarkeit gebaut und auf Kursen eingesetzt, auf denen man nicht überholen kann. Dort kann sich schließlich niemand erlauben, zehn Startplätze zu verlieren. (Anmerkung: Die Strafe, die jedem droht, der während des Wochenendes einen Ersatzmotor benötigt.) Aber dort, wo das Überholen möglich ist – speziell wenn man einige zusätzliche PS unter der Haube hat –, kann man starke Motoren einsetzen, weil sich so der schlechtere Startplatz schnell kompensieren lässt.«
Noch aber zählen die Zehnzylinder zum Verschleißmaterial der Branche. Nach der ersten Stunde freien Trainings führt Michael Schumacher die Zeitenliste vor seinem Bruder an. Niemand kann ahnen, dass die beiden – in exakt gleicher Reihenfolge – auch am Sonntag ganz vorn stehen werden.Nach der zweiten Stunde rangieren Coulthard, Montoya, McNish (!) und Ralf Schumacher an der Spitze. Damit zeichnen sich zwei Dinge ab: Zum einen scheint Michelin erneut gute Gummis gebacken zu haben, denn das Spitzen-Quartett rollt geschlossen auf den französischen Pneus. Zum zweiten wird sich die »Schmach« von Sepang nicht wiederholen: Diesmal wird die Formel 1 gemäß ihrem Anspruch permanenter Vorwärtsentwicklung nicht vergeblich der Pole-Zeit aus dem Vorjahr hinterher jagen. 2001 ging Michael Schumacher dank einer Qualifying-Runde in 1.13,780 Minuten vom besten Startplatz aus ins Rennen. jetzt blieben die Uhren für Coulthard bei 1.15,075 Minuten stehen. Die fehlenden 1,3 Sekunden lassen sich am Samstagmittag, wenn mehr Gummiabrieb auf der Linie sein wird und das Set-up der Boliden optimiert ist, mit spielerischer Leichtigkeit finden.
Den Beweis für diese Theorie treten Ralf Schumacher, Coulthard, Button und Trulli – wieder hat das Michelin-Männchen einen Grund, sich voller Stolz aufzublasen – bereits im freien Samstags-Training an. Alle vier unterbieten die Pole-Zeit der Vorsaison. Mit Blick auf die Aktivitäten zwischen 13 und 14 Uhr verläuft die »Generalprobe« für das Qualifying ausgesprochen vielversprechend. Die schnellsten zehn Piloten werden durch gerade einmal 0,965 Sekunden getrennt. Gleich sieben Mitglieder der Top-Ten zählen zum Kreis der Michelin-Kundschaft. Die beiden Ferrari-Piloten und Nick Heidfeld sind die drei Eindringlinge aus dem Bridgestone-Lager.
Als Ernst gemacht wird, erleben die Fans dann einen Dreikampf zwischen den Shuey-Brothers und Juan Pablo Montoya, der auf den Tribünen über eine beeindruckende Anzahl von Fans aus seiner kolumbianischen Heimat verfügt. Die erste diskutable Zeit gelingt Lokalmatador Rubens Barrichello, der nach einer knappen halben Stunde mit 1.13,935 Minuten gestoppt wird. Dann geht es im Minutentakt weiter: Montoya legt die Latte auf 1. 13,554, Ralf Schumacher auf 1.13,328. Jetzt ist Michael Schumacher an der Reihe. Der Titelverteidiger lenkt seinen F2002 in 1.13,424 Minuten um den Kurs – Platz zwei. 666 Sekunden vor Ende der Sitzung setzt Montoya den Schluss-

punkt: 1.13,114. Mit 1.13,241 kontert Michael Schumacher nicht energisch genug.
Der Pole-Setter kommentiert seine Leistung mit der vertrauten Lässigkeit: »Wir wussten rechtzeitig, dass es heiß wird und hatten die entsprechende Reifenwahl getroffen. Deshalb war ich von Beginn an zuversichtlich.« Michael Schumacher scheint sich mit einer Niederlage am Sonntag bereits abgefunden zu haben: »Es hat keinen Sinn, die Augen vor der Tatsache zu verschließen, dass dies nicht unser Wochenende ist. Die Situation erinnert mich an die im Vorjahr. Aber es kommen auch noch andere Rennstrecken, auf denen wir Vorteile haben werden.« Am Sonntagvormittag ereignet sich während des obligatorischen Warm-up ein ebenso dramatischer wie kurioser Zwischenfall: Für den Auftakt ist die Technik des Arrows A23 verantwortlich. Als Bernoldi in die Bergab-Kurve »Senna's S« sticht, bricht eine der hinteren Spurstangen. Der Brasilianer verliert zwangsläufig die Kontrolle über seinen Rennwagen und knallt in die Leitplanken. Der Unfall alarmiert Rennarzt Professor Sid Watkins, der sich sofort von seinem Leib-Chauffeur Alex Ribeiro – der Brasilianer nahm Ende der 70er Jahre an zehn Grand Prix teil – zum Ort des Geschehens fahren lässt. Ribeiro hat den Mercedes gerade am linken Pistenrand geparkt, da sticht Nick Heidfeld den Hang hinunter und weiß nicht, wo er seinen C21 hinlenken soll.
Der Mönchengladbacher wählt den Randstreifen zwischen dem Auto des Doc und den Leitplanken als Notausgang. Heidfelds Rechnung wäre aufgegangen, wenn Ribeiro nicht just in diesem Moment die Wagentür geöffnet hätte. Damit ist der Fluchtweg versperrt. Der Sauber knallt gegen die Autotür, und Ribeiro kann von Glück sagen, dass sich die Karambolage nicht zwei, drei Sekunden später ereignete. Bernoldi zeigt kein Verständnis für Heidfeld: »Der muss verrückt gewesen sein, da innen durchzufahren.« Erwartungsgemäß lässt der Deutsche diese Diagnose nicht unwidersprochen. »Am Ende der Zielgeraden sah ich keine gelben Flaggen«, beteuert er, »und nach dem Einlenken war mir zunächst die Sicht versperrt, weil ich direkt hinter einem Ferrari fuhr. Der zog dann nach rechts, und jetzt sah ich zwei Wagen vor mir. Für mich gab es nur den Ausweg auf der linken Seite. Ich bremste und versuchte, zwischen dem Medical Car und dem Reifenstapel durchzukommen. Dann öffnete sich die Fahrertür und ich begann zu beten, sie möge sich wieder schließen. Ich zog mein Auto noch weiter nach links und beschädigte es deshalb sowohl am Reifenstapel, wie auch an der Autotür."
Nach einer Vernehmung der Beteiligten legt die FIA den Fall zu den Akten. Alex Ribeiro empfehlen die Funktionäre allerdings nachdrücklich, sich künftig vor dem Öffnen der Tür umzuschauen, um zu checken, ob die Luft rein ist.
Die Tribünen – Stehplätze sucht man rund um die Piste von Interlagos vergeblich – sind gut besetzt, als sich die 22 Boliden auf dem Startplatz formieren. Die ganz große Begeisterung will allerdings wieder einmal nicht aufkommen. Der Grund liegt auf der Hand: Einen Nelson Piquet, einen Emerson Fittipaldi oder gar einen Ayrton Senna haben die Brasilianer zur Zeit nicht zu bieten.
Das Rennen ist erst wenige Sekunden alt, da überrascht der kolumbianische Pole-Setter durch ein befremdendes Manöver: Montoya gibt ohne Not die Innenspur preis. Michael Schumacher lässt sich nicht zweimal bitten. Später wird sich der Williams-Pilot nicht zu der Aktion äußern, aber die Vermutung liegt nahe, dass er »Schumi« im Gefühl der eigenen Stärke eins auswischen wollte. Ganz nach dem Motto: Schau her, ich bin fair, lasse dir Platz, vorbei kommst du ohnehin nicht.
Die Aktion geht daneben. Der Champion zieht seinen Ferrari auf gleiche Höhe. Ne-

beneinander führt das Duo die 20 Kollegen durch »Senna's S". Auf der langen Gegengeraden »Reta Oposta« versucht Montoya dann, die Scharte auszuwetzen. Noch vor der folgenden Linkskurve will er den Spitzenreiter verdrängen. Der aber spielt nicht mit, und als sich die Boliden berühren, verliert Montoya am Heck des Ferrari den Frontflügel seines FW24. Ohne den notwendigen Anpressdruck auf der Vorderachse fällt der Rennwagen mit Startnummer sechs sofort zurück, obwohl Montoya mutig auf dem Gas bleibt. Auf dem Weg an die Boxen »fängt« der Williams-BMW zu allem Überfluss die Schnur eines Papierdrachens auf, den ein leichtsinniger Zuschauer zuvor aus der Kontrolle verloren hatte. Nach den ersten 4,3 Kilometern ist Montoya nicht der einzige, der seine Crew zwecks Reparaturarbeiten bemüht, denn nach einer Karambolage biegen auch Fisichella und McNish in die Boxengasse ab.
Das Feuerwerk an der Spitze hat beinahe von den Geschehnissen hinter den Duellanten abgelenkt. Bis zum Zeitpunkt der Kollision rangiert Ralf Schumacher, gefolgt von Trulli, Button, Coulthard, Barrichello und Räikkönen, auf Rang drei. Im Verlauf der zweiten Runde baut der Spitzenreiter den Vorsprung vor seinem Bruder von 1,5 auf 2,3 Sekunden aus. Weiter hinten vernascht Barrichello den Silberpfeil-Schotten. Und als der Brasilianer während des nächsten Umlaufs auch Button passiert, wird deutlich: »Rubinho« ist mit einem, auf zwei Stopps ausgelegten F2001 unterwegs. Entsprechend kann er sich in Runde vier Trulli schnappen. Jetzt liegt der Südamerikaner bereits auf Rang drei. Aber als das Feld zum sechsten Mal bei Start-und-Ziel vorüberfliegt, führt Michael Schumacher mit 4,3 Sekunden vor seinem Teamkollegen, der seinerseits »Schumi II« bereits 2,4 Sekunden abgenommen hat.
Wenn Barrichellos Taktik Erfolg haben soll, dann muss er jetzt auch den Weltmeister überholen. Die Rechnung geht auf. Nach 14 Umläufen führt der Südamerikaner, dem Michael Schumacher kampflos die Vorfahrt gewährt hat. Interessant: Niemand stört sich an dieser eindeutigen Stallregie. Nur Minuten später ist der Traum vom möglichen Sieg im Heim-GP ausgeträumt: Ein Hydraulikschaden stoppt den »Jahreswagen«.
Das Pech des Teamgefährten bringt den Champion wieder auf Platz eins, den er bis ins Ziel nicht mehr abgibt, sieht man von den fünf Führungsrunden seines Bruders ab, der seine Nase allerdings lediglich wegen der Boxenstopps vorübergehend vorn hat. Eine Spazierfahrt wird die Restdistanz für Michael Schumacher jedoch nicht. Meter um Meter kämpft sich Ralf Schumacher an seinen Bruder heran. Nach 45 Runden fehlen ihm glatte drei Sekunden auf den Ferrari. Zehn Umläufe später sind es nur noch neun Zehntelsekunden. Und er rückt dem Verwandten noch dichter auf den Pelz. Sieben Runden vor dem Ende ist der Abstand auf 0,4 Sekunden geschrumpft. Per Funk bekommt der Jäger die Erlaubnis, den Motor höher zu drehen. Aber nichts tut sich. Ralf unternimmt noch nicht einmal den Versuch, die Positionen zu tauschen.
Das Rennen endet mit einer unfreiwilligen Posse, als das Kicker-Denkmal Pelé mit dem Schwenken der schwarzweiß-karierten Flagge offenbar überfordert ist. Die Wichtigkeit seines Tuns ist ihm offenbar nicht einmal ansatzweise bewusst. Und es endet mit einem blauen Auge für McLaren-Mercedes. Coulthard wird Dritter. Allerdings nur deshalb, weil Button ein Fahrfehler unterlief, den er zu seinem Vorteil nutzte.
Als wäre die Zeit stehen geblieben, dreht sich nach geschlagener Schlacht zunächst alles um die Ereignisse der Startrunde in Verbindung mit den Herren Michael Schumacher und Juan Pablo Montoya. Die Aussage des Deutschen bringt nicht die gewünschte absolute Klarheit. »Ehrlich gesagt", gibt er zu Protokoll, »war die Fahrt

durch die ersten Kurven sehr interessant. Juan Pablo fuhr absolut fair. Mein Plan war es, ihn in der Startkurve auszubremsen. Doch dann fuhr er einen überraschend weiten Bogen. Beinahe wäre er von der Bahn gerutscht. Ich hatte relativ leichtes Spiel. Aber Juan Pablo gab nicht auf. Was vor der vierten Kurve passierte, weiß ich nicht. Ich fuhr nach links und ließ damit die Außenseite frei. Dann sah ich, dass er zurückfiel. Vorher hatte ich noch nicht einmal einen Schlag gespürt.«
Hinter den Boxen des Teams Williams-BMW hockt der Mann, der diese Aussagen möglicherweise ergänzen kann: Pablo Montoya. Trotz einer grandiosen Aufholjagd, die ihm letztlich Platz fünf und zwei WM-Punkte brachte, ist der Südamerikaner frustriert und schimpft: »Ich hatte die Pole, ich fuhr die schnellste Runde des Rennens. Das wäre mein GP gewesen. Okay, in der ersten Kurve unterlief mir Fehler. Aber den hätte ich korrigieren können. Doch als ich Michael holen wollte, fuhr er mir vors Auto und riss dabei meinen Frontflügel ab.« Im Verlauf von zwei aufeinander folgeden Grand Prix hat es zwischen Michael Schumacher und Juan Pablo Montoya gekracht. Eine zwangsläufige Folge des Rennverlaufs ist es auch, dass Ralf Schumacher nach der Siegerehrung Kritik einstecken muss. Dass er »nur« Zweiter wurde, nimmt ihm niemand übel. Dass er aber keinen einzigen Versuch unternahm, das Duell gegen seinen Bruder für sich zu entscheiden, sorgt unter den Beobachtern für Irritationen. Hat »Ralle« keinen Mumm in den Knochen, wenn er seinen Bruder zum Gegner hat? »Das ist doch Unsinn", gibt er zur Antwort, »ich konnte zwar zu Michael aufschließen, aber zum Überholen hat es halt nicht gereicht. Mir blieb gar nichts anderes übrig, als zu hoffen, er werde einen Fehler machen. Aber diesen Gefallen tat er mir nicht. Deshalb war die Schlussphase aus meiner Sicht auch keineswegs spannend.«

2002 – Interlagos, 31. März 2002

Die drei Übersee-Grand Prix haben eindeutig gezeigt, dass Michael Schumacher auf dem Weg zu seinem fünften WM-Titel ist. Wenn Williams-BMW im Kampf um die Meisterschaft ein Wort mitsprechen will, dann müssen die Blauweißen in 14 Tagen in Imola zuschlagen. Der Rennstall aus Grove sieht sich selbst allerdings nicht in der Verantwortung, dem Championat Spannung zu verleihen. Dr. Mario Theissen erklärt klipp und klar: »Unser Ziel ist es, Platz zwei in der Konstrukteurs-WM zu holen. Wir wollen besser als McLaren abschneiden und gleichzeitig die Lücke zu Ferrari verkleinern. Es wäre blauäugig anzunehmen, dass wir die Roten in diesem Jahr packen können, nachdem die 2001 99 Punkte mehr holten als wir.«

ERGEBNISSE UND AUSFÄLLE

1.	Michael Schumacher	Ferrari F2002	1:31.43,663 = 200,098 km/h
2.	Ralf Schumacher	Williams-BMW FW24	0,588 Sekunden zurück
3.	David Coulthard	McLaren-Mercedes MP4117	59,109 Sekunden zurück
4.	Jenson Button	Renault 8202	1.06,883 Minuten zurück
5.	Juan Pablo Montoya	Williams-BMW FW24	1.07,563 Minuten zurück
6.	Mika Salo	Toyota TF102	1 Runde zurück
7.	Eddie Irvine	Jaguar-Cosworth R3	1 Runde zurück
8.	Pedro de la Rosa	Jaguar-Cosworth R3	1 Runde zurück
9.	Takuma Sato	Jordan-Honda EJ12	2 Runden zurück
10.	Jacques Villeneuve *	BAR-Honda 004	3 Runden zurück/Motor
11.	Mark Webber	Minardi-Asiatech PS02	3 Runden zurück
12.	Kimi Räikkönen *	McLaren-Mercedes MP4/17	4 Runden zurück/Radnabe rechts hinten
13.	Alex Yoong	Minardi-Asiatech PS02	4 Runden zurück
	Nick Heidfeld	Sauber-Petronas C21	62. Runde, Bremse vorn links
	Jarno Trulli	Renault 8202	61. Runde, Motor
	Felipe Massa	Sauber-Petronas C21	42. Runde, Kollision
	Allan McNish	Toyota TF102	41. Runde, Dreher
	Olivier Panis	BAR-Honda 004	26. Runde, Getriebe
	Heinz-Harald Frentzen	Arrows-Cosworth A23	26. Runde, Spurstange, hinten
	Enrique Bernoldi	Arrows-Cosworth A23	20. Runde, Spurstange, hinten
	Rubens Barrichello	Ferrari F2001	17. Runde, Getriebehydraulik
	Giancarlo Fisichella	Jordan-Honda EJ12	7. Runde, Motor

* Nicht im Ziel, aber aufgrund der zurückgelegten Distanz gewertet

SCHNELLSTE RUNDE: (60. Rd.) – Juan Pablo Montoya, Williams-BMW FW24
1.16,079 = 203,898 km/h

56. Sieg

Großer Preis von San Marino
Imola, 14. April 2002

Paarlauf der roten Scuderia

Während man sich noch fragt, ob »Schumi II« seinen Vorjahressieg wiederholen kann, geben sich die Kontrahenten Montoya und Schumacher zurückhaltend. McLaren-Mercedes rückt erstmals mit einem gigantischen »Motorhome« an. Das große Stühlerücken findet aber bei BAR statt.

Vor dem ersten WM-Lauf des Jahres auf europäischem Boden diskutiert die Öffentlichkeit den »Paarlauf« der Gebrüder Schumacher, die dem Ziel in Interlagos kampflos entgegenrollten. Ralf Schumacher wird von zahlreichen Kritikern als »Weichei« bezeichnet, weil er nicht einmal ansatzweise Interesse an einem Überholmanöver zeigte. Die Vorwürfe lassen den Williams-Piloten kalt. »Wenn eine Tür geschlossen ist«, verteidigt er sich einen Tag vor Trainingsbeginn, »dann ist sie geschlossen – so einfach ist das.« Mit gewissen Image-Abstrichen muss er trotzdem leben.

Schützenhilfe bekommt »Schumi II« von seinem Bruder. Der Champion erklärt: »Von außen betrachtet mag das merkwürdig wirken, aber es ist doch eigentlich seit Jahren bekannt – der Jäger hat grundsätzlich Probleme mit den Turbulenzen, die der vorausfahrende Rennwagen verursacht. Wenn man kein deutlich schnelleres Auto hat, kann man nicht überholen. Hätte Ralf in Brasilien geführt, wäre ich wohl auch nicht an ihm vorbeigekommen.«

Und ein zweites Thema bewegt die Gemüter, noch bevor sich in Imola auch nur ein einziges Rad gedreht hat: Juan Pablo Montoya, der aufgrund seiner nassforschen Fahrweise von der größten deutschen Boulevard-Zeitung der »Irre« tituliert wird. In Wahrheit fließen die Hirnströme des Kolumbianers in geregelten Bahnen. Nach seiner Ankunft im Fahrerlager macht er kein Geheimnis aus seiner Absicht, auch weiterhin bei jeder sich bietenden Gelegenheit zu attackieren: »Zuletzt hatte ich etwas Pech. So ist das halt im Rennsport – man nicht erwarten, dass immer alles nach Plan läuft.« Seine Wut über den Startrunden-Rempler in Brasilien ist inzwischen verflogen. Aber von seiner Meinung ist er kein Jota abgerückt: »Ich vertrat in dieser Angelegenheit einen ganz bestimmten Standpunkt, und den vertrete ich immer noch. Für die Stewards war es ein Renn-Zwischenfall. Nun ja, dann wollen wir mal sehen, wie es von nun an weitergeht. Meine Fahrweise werde ich jedenfalls nicht ändern. Wir werden schließlich dafür bezahlt, Rennen zu fahren. Nur aus diesem Grund sind wir hier."

Mit dieser Aussage konfrontiert, äußert sich Titelverteidiger Michael Schumacher mit dem diplomatischen Fingerspitzengefühl eines UN-Beobachters inmitten eines Krisengebietes: »Wir beide wollen ins Ziel kommen. Was auch immer passiert – es macht uns für den nächsten Einsatz cleverer.« Der Rheinländer ist an einer Eskalation der Situation nicht interessiert, will als F1-Platzhirsch allerdings auch keinesfalls einlenken. Was das Bemühen betrifft, ins Ziel kommen zu wollen, sind Michael Schumacher und sein südamerikanischer Rivale übrigens absolute Spezialisten. Beide sahen in der laufenden Saison als einzige Piloten des gesamten Feldes jedesmal die schwarzweißkarierte Flagge – vorausgesetzt, sie wurde geschwenkt.

Tatsächlich ist der Formel 1-Sport ein Mix aus Hirn und Bauch. Immer wieder ergeben sich Situationen, in denen die Renn-Intelligenz und die Fighter-Laune des Piloten miteinander kollidieren. Heinz-Harald Frentzen erklärt: »In gewissem Maße ist Disziplin erforderlich, denn jeder Fahrer spürt immer zwei Seelen in seiner Brust.

Während sich »HHF« über die Psyche eines F1-Piloten auslässt, prasseln wiederholt Regentropfen auf das Dach des Arrows-Headquarters im Fahrerlager.

Weiter oben, in Richtung »Rivazza«, steht das neue Motorhome des Teams McLaren-Mercedes, das die traditionellen Elemente der F1-Wagenburg weit in den Schatten stellt. »Ron's Bed&Breakfast« ist ein kunstvolles Puzzle aus sechs Containern, das zuvor im Verlauf von zweieinhalb Tagen zusammengefügt wurde. Dank der zu erwartenden Routine im Aufstellen des Fertighauses soll die Montagezeit demnächst auf 20 Stunden reduziert werden. Das ist auch bitter notwendig: Ende Juli stehen an zwei aufeinander folgenden Sonntagen die WM-Läufe in Magny-Cours und Hockenheim auf dem Programm.

Abends lädt BAR-Boss David Richards nach Castel Guelfo ein. In kleinem Kreis will der Brite aus dem Nähkästchen plaudern. Der Schauplatz des Treffens verrät, dass Richards – wie Toyota-Teamchef Ove Andersson und Ferraris Jean Todt – der Rallye-Szene entstammt: Zwischen den Dolomiten und Sizilien gibt es wohl kaum eine Lokalität, die noch versteckter liegt als das Restaurant »Piccolo Albergo". Entsprechend glücklich sind diejenigen, die das Shuttle-Angebot des Gastgebers nutzen können.

Richards, das macht der Businessman und Racer schnell deutlich, will die Weichen auf Erfolgskurs stellen. Malcolm Oastler und Andy Green wurden bereits vor Tagen gefeuert. Geoff Willis heißt der neue Mann an der Spitze der Ingenieure. Das Spezialgebiet des 42-jährigen, der an der Uni von Exeter promovierte, ist die Aerodynamik. Schnelle Fortschritte verspricht der Routinier, der 1990 als Mitarbeiter des Teams Leyton House (March) in die Formel 1 kam, nicht: »Um vorn mitfahren zu können«, sagt er nachdenklich, »brauchen wir zwei, drei Jahre.« Im laufenden Rennjahr darf also nicht mehr mit einem Schritt nach vorn gerechnet werden? »Für den GP von Kanada«, kündigt der Techniker daraufhin an, »wird es diverse Verbesserungen geben, von denen ich mir einiges verspreche.« BAR-Star Jacques Villeneuve, der bei seinem Heimat-GP natürlich gut aussehen will, reagiert auf diesen Hinweis mit einer Portion Galgenhumor: »Mir wäre es am liebsten, das Rennen in Montreal würde bis in den September verschoben.«

Bei nasskaltem Wetter gibt das Ferrari-Duo freitags den Ton an. Weltmeister Michael Schumacher spult im Verlauf der insgesamt 120 Trainingsminuten 25 Runden ab. Die schnellste fährt der Rheinländer in einer Zeit von 1.36,898 Minuten. Teamkollege Barrichello, jetzt ebenfalls mit dem neuen Modell F2002 ausgerüstet, belegt mit 0,196 Sekunden Rückstand Platz zwei. Von der hochgerechneten Pole-Zeit – trockener Asphalt vorausgesetzt – ist die Spitze damit allerdings noch circa 15 Sekunden entfernt.

Auch am zweiten Tag zeigt sich die Region mit Blick auf die Witterung nicht gerade von ihrer schönsten Seite: Es ist kühl, die Piste ist nass.

Ein Blick auf die Zeiten des freien Morgentrainings beweist, dass die Bahn zunehmend abtrocknet und den Einsatz von Trockenreifen erlaubt. Für den Schnellsten, erneut ist es der Titelverteidiger, bleiben die Uhren bei 1.23,046 Minuten stehen. Damit hat der Kerpener beste Aussichten auf die Pole. Ein »Spaziergang« zeichnet sich für den Platzhirsch allerdings nicht ab. Coulthard, Barrichello, Heidfeld und Ralf Schumacher folgen ihm mit weniger als einer Sekunde Rückstand auf den Plätzen zwei bis fünf. Auch Montoya und Räikkönen dürfen noch nicht abgeschrieben werden. Parallel empfiehlt sich »HHF« am Steuer des praktisch ungetesteten Arrows A23 als Zehnter (!) für den »Oscar der besten männlichen Nebenrolle". Der Mönchengladbacher wünscht sich für den weiteren Verlauf des Wochenendes Regenwetter, weil das die aktuellen technischen Schwächen seines Rennwagens kaschiert. Aber man sieht im Fahrerlager auch lange Gesichter. Alex Yoong fehlen beängstigende 5,9 Sekunden auf Michael Schumacher. Damit hat der Malaysier allen Grund, sich vor der 107%-Prozent-Regel zu grausen. Und zu den vorläufigen Verlierern zählt auch Toyota. Als bester des rotweißen Duos rangiert Mika Salo zunächst auf Rang 17. Gustav Brunner, Technischer Direktor der »kölschen Japaner«, trägt's mit Fassung: »Mehr haben wir uns nicht ausrechnen dürfen, denn auf dieser Piste machen sich die aerodynamischen Schwächen des TF102 bemerkbar. In Barcelona wird es ähnlich werden, danach haben wir wieder bessere Chancen.«

Während der letzten 30 Minuten vor Beginn des Qualifying zieht sich der zuvor zunehmend blaue Himmel wieder zu. Aber es besteht kein Grund zur Panik. Unmittelbare Regengefahr droht nicht. Entsprechend löst das grüne Ampellicht am Ende der Boxengasse keinen Massenansturm auf die Piste aus. Abwarten heißt die allgemeine Devise, an die sich lediglich Enrique Bernoldi nicht hält. Der Arrows-Pilot will sofort eine Zeit vorlegen, scheitert jedoch, weil der »Cossie« sein Leben aushaucht. Er parkt seinen Boliden im Bereich der Schikane vor der Abfahrt zur Doppelrechtskurve »Rivazza«.

Anschließend überrascht es wenig, als Ralf Schumacher in der elften Minute mit 1.22,651 Minuten die erste brauchbare Bestzeit markiert. Der Vorjahressieger zählt trotz der roten Dominanz im freien Training unverändert zum engsten Favoritenkreis. Sechs Minuten lang hält sich »Ralle« in der Spitze, dann verdrängt ihn Rubens Barrichello, der mit 1.22,242 Minuten deutlich schneller ist. Wenig später nimmt Michael Schumacher unter dem Jubel der Tifosi Anlauf für seinen ersten Versuch. Ideal sind die Bedingungen nicht gerade, denn zeitgleich mit dem Champion tummeln sich neun weitere Piloten auf der Piste. Tatsächlich findet er keine freie Runde und verpasst Barrichellos Zeit um 0,023 Sekunden.

Die 22. Minute sieht einen Doppelschlag von Williams-BMW: Zunächst gelingt Montoya mit 1.21,864 Minuten die erste 21er-Zeit. Ralf Schumacher antwortet mit 1.21,630. Damit liegt die Latte bereits recht hoch, sicherte sich doch David Coulthard am 14. April 2001 die Pole mit 1.23,054 Minuten. Weil ein Motorwechsel fällig war, hat der vor Jahresfrist so schnelle Schotte bisher noch nicht ins Geschehen eingreifen können. Jetzt ist sein Silberpfeil endlich einsatzbereit. Aber er ist zu langsam, um bei der Vergabe der Pole-Position ein Wörtchen mitsprechen zu können. 30 Minuten sind noch zu fahren, da formieren sich die Ferrari-Fahrer zum Konterschlag gegen das Williams-Duo. Mit 1.21,155 gelingt dem Brasilianer eine sensationelle neue Bestzeit. »Schumi« kann nicht mithalten, aber immerhin schiebt er sich an Montoya vorbei auf Platz drei. In der 48. Minute macht der Titelverteidiger seine Sache besser. Dank einer Runde in 1.21,212 Minuten rückt er in die erste Startreihe vor. Aber zu Barrichello feh-

len ihm immer noch 0,078 Sekunden. Wird »Rubinho« erstmals seit dem australischen GP wieder vom besten Startplatz aus ins Rennen gehen? Der Südamerikaner darf hoffen. Doch er hofft vergeblich: Mit seinem letzten »Schuss« steigert sich Michael Schumacher auf 1.21,091. Damit hat er die Nase vorn – um 0,064 Sekunden.
Die komplett rote erste Startreihe spricht für einen weiteren Ferrari-Sieg. Favorit Ralf Schumacher hat als Dritter des Qualifying eindeutig die schlechteren Karten. Aber er tröstet sich: »Letztes Jahr stand ich auf demselben Startplatz und siegte. Mit einer guten Taktik sollte das auch morgen möglich sein.« Ganz so locker, wie er vorgibt, ist »Schumi II« allerdings nicht drauf. Auf die Frage, ob er wegen der prinzipiell drohenden Regengefahr früher als üblich seinen ersten Versuch fuhr, antwortet er: »Jedenfalls taten wir das nicht, weil wir ein Barbecue geplant hatten.«
Zwei Ferrari, zwei Williams-BMW und zwei McLaren-Mercedes – die Boliden der Top-Teams – haben paarweise die drei ersten Startreihen erobert. Dahinter rangiert Nick Heidfeld auf der inoffiziellen Planstelle »best of the rest«. Nach dem starken Renault-Auftritt in Interlagos hatten die meisten Beobachter eigentlich eine Wiederholung der Leistung der Franzosen erwartet. Teamchef Peter Sauber wundert sich allerdings nicht: »In Brasilien wurde die Rolle der Reifen unterschätzt.« Der Pilot selbst macht aus seinem Stolz keinen Hehl: »Wenn man bedenkt, wie überlegen die drei Teams an der Spitze sind, dann ist Platz sieben ähnlich viel wert, wie die Pole. Morgen sollte der Gewinn einiger Pünktchen möglich sein.«
Am Renntag werden um 13.38 Uhr kritische Blicke gen Himmel gerichtet. Vereinzelte Regentropfen fallen. Geht Heinz-Harald Frentzens Wunsch vom Regenrennen doch noch in Erfüllung? Nein, falscher Alarm. Die Wolken laden ihre nasse Last irgendwo in der Nachbarschaft ab.
Erinnerungen an 2001 werden wach, als das Feld die Startpositionen einnimmt. Vor Jahresfrist gelang es Ralf Schumacher dank einer Blitzattacke, »über links« sofort die Führung zu übernehmen. Jetzt lauert er erneut auf der drittbesten Position. Während die fünf roten Lichter nacheinander aufleuchten, schwillt der Motorenlärm zum Orkan. Dann werden die 21 Gaspedale niedergetreten.
Michael Schumacher lässt sich die Butter nicht vom Brot nehmen. Sein kleiner Bruder beschleunigt erneut überzeugend, allerdings nicht mit dem durchschlagenden Erfolg, der ihm vor zwölf Monaten gelang. Als Zweiter bremst er sich mit qualmenden Reifen in die erste Schikane ein. Barrichello ist Dritter. Dahinter folgen Montoya, Räikkönen, Coulthard, Trulli, Button, Heidfeld und der Rest vom Rest: Weil er tatsächlich an der 107%-Hürde scheiterte, durfte Yoong gar nicht erst starten, und Allan McNish stemmt sich bereits aus dem Cockpit seines Toyota, bevor das Feld die Linkskurve »Tosa« erreicht hat.
Die Reihenfolge an der Spitze kündigt an, dass Michael Schumacher wohl kaum daran gehindert werden kann, sein Punktekonto um weitere zehn Zähler aufzustocken. Nach 16 Runden – an der Reihenfolge auf den ersten acht Rängen hat sich nichts verändert, und die Gebrüder Schumacher sind bereits durch 11,1 Sekunden voneinander getrennt – biegt Heidfeld in die Boxengasse ab. Ist der frühe Stopp ein Trick der Schweizer? Wollen sie dem Deutschen, dem die zwei blaugelben Renault eindeutig »im Weg stehen«, auf diese Weise zu freier Fahrt verhelfen? Augenblicklich wird deutlich, dass diese Spekulation nichts mit der Realität zu tun hat. Die Crew ist vielmehr auf Felipe Massa vorbereitet. Nach dem Rennen erklärt der Chef: »Wie immer gaben

wir Nick eine erste Information – Stopp in fünf Runden. Ja, und dann stand er plötzlich da. Er hatte den Hinweis missverstanden.« Jetzt wirbeln die Helfer. Heidfelds Tankanlage muss aktiviert werden, seine Reifen werden geholt. Wegen des Tohuwabohu dauert der Halt zehn Sekunden länger als geplant. Endlich: Die Kontrollleuchte am Tankrüssel blinkt auf. Der Schlauch wird weggerissen, Heidfeld gibt Gas. Dann die Ernüchterung: Beim Check wird festgestellt, dass kein einziger Tropfen Sprit in den Tank floss. Drei Runden später steht der Unglücksrabe erneut den Boxen.
Vorn aber dreht Michael Schumacher einsam seine Runden. Und Teamkollege Barrichello rückt während der ersten Stopp-Serie an »Schumi II« vorbei auf Platz zwei vor. Dahinter fährt Montoya ein farbloses Rennen. Sein FW24 untersteuert zu stark. Die Positionen sind fest bezogen und gelten immer noch, als die schwarzweiß karierte Flagge geschwenkt wird. Nein, einen Thriller bekommen die Tifosi wirklich nicht geboten. Neben dem Quartett erhalten auch Jenson Button und David Coulthard Anteile des Punktekuchens. Dem Schotten fehlt im Ziel allerdings bereits mehr als eine volle Runde auf den Sieger! Jacques Villeneuve verpasst den ersten WM-Punkt des Jahres für BAR-Honda nur knapp, bringt Platz sieben aber nicht mit einem Formanstieg seines Teams in Verbindung: »Keine falschen Rückschlüsse bitte – diese Piste hat unseren Wagen immer schon recht gut gelegen.« Und Heidfeld? Der trauert einer verpassten Chance nach. Hinter Barrichello, den Brüdern Schumacher und Montoya drehte er die fünftschnellste Runde des Rennens! Damit lag Coulthard entgegen allen Erwartungen durchaus in Schlagweite des Sauber-Piloten – wenn es da nur nicht dieses folgenschwere Missverständnis gegeben hätte. Obwohl es dem Rennen an der seit Melbourne gewohnten Spannung fehlte, treten die Tifosi nach dem roten Doppelsieg hochzufrieden den Heimweg an. Seit dem Grand Prix der USA im Jahr 2000 führt Michael Schumacher das WM-Klassement der Formel 1 an. Bei den zurückliegenden 40

WM-Läufen stand jedesmal zumindest ein Ferrari-Pilot auf dem Siegerpodest. Der alte »Rekord«- 35 Podestplätze in Folge –, den Ferrari zwischen 1950 und 1955 unter Ausklammerung des Klassikers »Indy 500« aufgestellt hatte, ist also längst ausgelöscht. Entsprechend fragen sich die Fans bereits nicht mehr ernsthaft, wer Champion des Jahres 2002 wird. Vielmehr wird gerätselt, wann der rote Faden reißt. Tatsächlich kommen die Rivalen schon in Monaco – nach zunächst zwei weiteren Siegen der Scuderia – zum Zuge. Michael Schumacher will aber beim Abschied in Imola nichts von einer Vorentscheidung wissen: »Wenn ich in all meinen F1-Jahren eines gelernt habe, dann ist es die Tatsache, dass man sich auf nichts verlassen kann und sich entsprechend nicht zu früh freuen darf. Die Saison ist noch sehr lang, und die Gegner sind noch lange nicht geschlagen. »

Während das Material im Fahrerlager für die nächtliche Reise zurück in die Werke verpackt wird, regnet sich die Szenerie ein. Ob es sich um Freudentränen des Himmels über die Ferrari-Gala handelt, kann nicht geklärt werden. Möglicherweise werden ja von höchster Stelle Tränen deshalb vergossen, weil sich der Kampf um den Fahrer-Titel zum Alleingang des Kerpener Titelverteidigers zu entwickeln scheint.

ERGEBNISSE UND AUSFÄLLE

1. Michael Schumacher	Ferrari F2002	1:29.10,789 = 205,613 km/h
2. Rubens Barrichello	Ferrari F2002	17,907 Sekunden zurück
3. Ralf Schumacher	Williams-BMW FW24	19,755 Sekunden zurück
4. Juan Pablo Montoya	Williams-BMW FW24	44,725 Sekunden zurück
5. Jenson Button	Renault 8202	1.23,395 Minuten zurück
6. David Coulthard	McLaren-Mercedes MP4/17	1 Runde zurück
7. Jacques Villeneuve	BAR-Honda 004	1 Runde zurück
8. Felipe Massa	Sauber-Petronas C21	1 Runde zurück
9. Jarno Trulli	Renault 8202	1 Runde zurück
10. Nick Heidfeld	Sauber-Petronas C21	1 Runde zurück
11. Mark Webber	Minardi-Asiatech PS02	2 Runden zurück
Enrique Bernoldi	Arrows-Cosworth A23	51. Runde, Benzinsystem
Eddie Irvine	Jaguar-Cosworth R3	46. Runde, Antriebswelle
Kimi Räikkönen	McLaren-Mercedes MP4/17	45. Runde, Auspuff
Olivier Panis	BAR-Honda 004	45. Runde, Gaszug
Pedro de la Rosa	Jaguar-Cosworth R3	31. Runde, Antriebswelle
Mika Salo	Toyota TF102	27. Runde, Getriebe
Heinz-Harald Frentzen	Arrows-Cosworth A23	26. Runde, Benzinpumpe
Giancarlo Fisichella	Jordan-Honda EJ12	20. Runde, Hydraulik
Takuma Sato	Jordan-Honda EJ12	6. Runde, Getriebe
Allan McNish	Toyota TF102	1. Runde, Kraftübertragung

SCHNELLSTE RUNDE: (38. Rd.) – Rubens Barrichello, Ferrari F2002
1.24,170 = 210,987 km/h
Neuer Rundenrekord

57. Sieg

Großer Preis von Spanien
Granollers, 28. April 2002

1000 Punkte für Kerpen

Schumacher scheint unschlagbar zu sein: Auch der Große Preis von Spanien bestätigt die schier erdrückende Überlegenheit der Paarung Schumacher und Ferrari.

Mit der Frage konfrontiert, ob es kein Fehler der Scuderia Ferrari gewesen sei, im Verlauf der letzten Monate auf der Piste von Barcelona weniger als die direkten Konkurrenten zu testen, winkt Michael Schumacher lächelnd ab. »Nein«, sagt er gelassen, »das ist kein Nachteil, denn unsere Tests hier sind sehr gut verlaufen.« Der Titelverteidiger ist völlig entspannt. Keiner der Gegner kann Ferrari auf der Piste von Barcelona das Wasser reichen, zumal der Circuit Williams-BMW nicht liegt. Aus dieser Tatsache macht Sepang-Sieger Ralf Schumacher kein Geheimnis: »Wie immer in den letzten Jahren, stehen wir hier vor einem schwierigen Wochenende.«
Die Fahrerlagergespräche drehen sich an diesem Donnerstag aber nicht nur um die Chancen der einzelnen Akteure für den fünften WM-Lauf des Jahres. Zu den Top-Themen zählt auch die modernisierte Haupttribüne, obwohl der harte Kern des F1-Trosses während der winterlichen Testfahrten die Fertigstellung jedes einzelnen Bauabschnitts miterlebte und jetzt keinerlei Grund hat, beim Anblick des mächtige Komplexes überrascht zu sein. Irritiert reagieren allerdings all diejenigen, die ihrem Job während des Wochenendes in einer der TV-Kabinen nachgehen. Keiner freut sich auf den zeitraubenden Arbeitsweg, und schnell wird spekuliert, ob der Aufstieg ohne mitgeführte Sauerstoffflasche überhaupt möglich ist. Die erste »Späher« geben Entwarnung: Architekt Hermann Tilke hat mitgedacht und einen Aufzug installiert.
Während die Kommentatoren aufatmen, wird ausgiebig ein Artikel eines englischen Fachblattes diskutiert, der die 100 mächtigsten Menschen der F1-Fahrerlager auflistet. Schmunzelnd wird zur Kenntnis genommen, dass das monegassische Staatsoberhaupt Rainier III. auf Platz 72 rangiert. Für jemand, der 16 Mal pro Saison im Paddock durch Abwesenheit glänzt, ist das ein akzeptabler Rang. FIA-Präsident Max Mosley, der immerhin sporadisch vorbeischaut, belegt Rang vier und wird damit erst hinter Michael Schumacher, Luca di Montezemolo und Bernie Ecclestone eingestuft. Liegen die Autoren mit ihrer Einschätzung richtig, den Weltmeister als mächtigsten Mann im Fahrerlager anzusehen? Der Champion ist mit dieser Wertung nicht einverstanden: »Das kann ich nicht nachvollziehen. Wenn ich darüber nachdenke ... Eigentlich gehöre ich überhaupt nicht in den Kreis der ersten 100.« Die Antwort ist klug, können sich doch alle Insider noch bestens daran erinnern, dass sich der Kerpener 2001 in Monza nicht durchsetzen konnte, als er einen »Start mit Überholverbot« forderte. Michael Schumacher ist ein erfolgreicher und wohlhabender Sportler, ein Machtmensch ist er nicht. Was die Listenplätze der übrigen deutschen F1-Piloten betrifft, taucht Ralf Schumacher auf dem 21. und Nick Heidfeld

auf dem 61. Platz auf. Norbert Haugs Name erscheint ebenso wenig wie der von Heinz-Harald Frentzen. Aber »HHF«, der den Arrows A23 in der Vorwoche erstmals seit Saisonbeginn testete, steht an diesem Wochenende trotzdem hoch im Kurs. Zu 50 Prozent fließt spanisches Blut in seinen Adern und außerdem spricht er die Landessprache fließend. Entsprechend wird er von der nationalen Presse wie eine Zitrone ausgequetscht. Mit der Wahrheit rückt der Vizemeister der Saison 1997 allerdings nicht immer heraus. Bei der Frage, ob er nun wesentlich weniger Geld verdiene als vor Jahresfrist in den Diensten von Eddie Jordan, zieht er sich mit einem Scherz aus der Affäre: »Ja, es ist etwas weniger geworden – aber es reicht immer noch, meiner Frau Blumen mit nach Hause bringen zu können.« Am Sonntagabend wird es für einen ganz besonders dicken Strauß ausreichen, denn Frentzen wird sich eine Prämie erkämpfen.
Hinter den Kulissen sorgt eine personelle Veränderung an der Spitze der Ford-Tochter Jaguar für Furore: Dr. Wolfgang Reitzle hat den Automobilhersteller verlassen und sich zu Linde – die Firma produziert unter anderem Kühlschränke – abgesetzt. Scherzhaft wird spekuliert, Dr. Reitzle sei es in der Autobranche wohl etwas zu heiß geworden. Niki Lauda, Chef des F1-Teams von Jaguar, lässt der Transfer kalt. Die GP-Zukunft der grünen Katzen sieht er nicht gefährdet: »Es gibt nach wie vor einen festen Fünf-Jahres-Fahrplan, und dabei wird es bleiben. Wir haben alles im Griff.«
Abends geht es im Hotel Catalunya am Ortsrand des nahegelegenen Küstenorts Calella rund. Traditionell feiert hier der »1. Offizielle Michael Schumacher Fanclub«, der mit einer Delegation von über 300 Mitgliedern angereist ist. Cerveza fließt reichlich, und die Stimmung ist gut. Anders als noch beim letzten Calella-Meeting lässt sich das Idol jedoch nicht blicken. Angeblich hängt der Haussegen schief. Erst im Juni wird klar: Michael Schumacher hat sich mit dem Vorsitzenden des Clubs überworfen. Seine Fans, das betont der Champion, tragen an dem Zerwürfnis keine Schuld.
Freitags beginnen die Aktivitäten auf der Piste, die pünktlich um elf Uhr für das erste freie Training freigegeben wird. Für Takuma Sato gibt es gleich zum Auftakt eine kalte Dusche: Der Jordan des Japaners bleibt nach nur knapp 100 Metern wegen eines Elektrikdefekts stehen.
Als nach 60 Minuten eine erste Zwischenbilanz gezogen wird, führt Michael Schumacher die Zeitenliste vor Rubens Barrichello an. Ferrari hat im Hinterland Barcelonas offenbar tatsächlich genügend Testkilometer abgespult. »Schumi« gibt jedenfalls immer noch den Ton an, als auch die zweite Sitzung abgewinkt wird. Und hinter dem Kerpener macht Frentzen als Zweiter deutlich, dass er neben der Landessprache auch die spanische GP-Piste beherrscht.
Wie schon in Imola entwickelt sich das Qualifying zu einem Duell zwischen Michael Schumacher und seinem Teamkollegen. Und wie in Oberitalien scheint der Brasilianer den besten Startplatz kurz vor Ende sicher in Händen zu haben. Doch erneut schlägt der rote Rheinländer auf den letzten Drücker erfolgreich zu: Der Champion unterbietet die vorgelegte Zeit um satte 0,326 Sekunden. Auch Barrichello wird noch seine Erfolgserlebnisse im Qualifying haben, aber vorläufig muss er sich noch ein wenig gedulden. Beide Ferrari-Fahrer begnügen sich übrigens, ebenso wie der drittplatzierte Bruder des Pole-Setters, mit nur neun der zwölf erlaubten Runden.
Weiter hinten wird deutlich, dass Frentzen am Vortag nicht zuviel versprochen hat: Der Mönchengladbacher katapultiert seinen A23 in die Top-Ten, was ihm – zumindest innerhalb des Fahrerlagers – eine gehörige Portion Anerkennung einbringt.

Im Anschluss an die Qualifikation gesteht der Schnellste: »Weil es zunächst nicht optimal lief, änderten wir das Set-up in Richtung der Abstimmung, die Rubens gewählt hatte. Es schien mir, als hätte er die bessere Wahl getroffen.« Barrichello verheimlicht nicht, dass ihm Flüchtigkeitsfehler unterliefen. Aber er lässt die Ohren nicht hängen. Erneut hat er sich extrem teuer verkauft, und das genießt der Südamerikaner: »Dieses Jahr mache ich Michael das Leben schwer, und das freut mich gewaltig.«
Wieder einmal outet sich Schumacher, kein Freund statistischer Fakten zu sein. Auf den Hinweis, er sei bisher immer dann Weltmeister geworden, nachdem er zuvor in Barcelona die Pole erobern konnte, reagiert er gelassen: »Von solchen Überlegungen halte ich gar nichts. Lass uns nach vorn schauen. Ich will nur eines – morgen ein schönes Rennen fahren.«
Ralf Schumacher, am Vortag mit dem Handling seines Williams-BMW noch recht unzufrieden, freut sich über Rang drei: »Damit durfte ich gestern noch nicht rechnen. Das gute Ergebnis habe ich in erster Linie dem Team zu verdanken, denn über Nacht wurden unsere Autos komplett umgebaut.« Offiziell wagt er keine Vorhersage, was seine Chancen am Renntag betrifft. Es zeichnet sich ab: Für Williams hängen die WM-Punkte sehr, sehr hoch. Von Seiten der Blauweißen aus Grove hat Michael Schumacher keinesfalls etwas zu befürchten.
Während des Qualifying ereignet sich ein Zwischenfall, dem von vielen Beobachtern zunächst keine große Bedeutung beigemessen wird. Am Minardi des Malaysiers Alex Yoong löst sich in der Zieleingangskurve der Frontflügel, als der PS02 über die Kerbs rumpelt. Morgens hatte Teamkollege Mark Webber auf der Boxengeraden das gleiche Bauteil verloren und sofort mit dem eigenen Wagen überrollt. Prompt machte der Bolide einen kleinen Hüpfer, was bei einem Tempo von knapp 300 km/h eher zur Sorte der unangenehmen Erlebnisse zählt.
Teamchef Paul Stoddart handelt schnell. Im Werk in Faenza wird eine Sonderschicht eingelegt. »Nasen« und Frontflügel werden per Luftfracht nach Italien geschickt und dort verstärkt. Die modifizierten Flügel sollen rechtzeitig bis zum Beginn des Warm-up im Fahrerlager eintreffen. Stoddart scherzt trotz der kostenintensiven Einlage: »Es ist manchmal gar nicht so schlecht, wenn man eine Fluggesellschaft besitzt.«
Die überarbeiteten Flügel treffen tatsächlich pünktlich ein. Dann der Schreck während des 30-minütigen Warm-up am Sonntagmorgen: Am Rennwagen des Australiers Mark Webber bricht am Ende der Start-Ziel-Geraden der Heckflügel ab. Von einer Sekunde auf die nächste einer großen Portion Abtriebs beraubt, kreiselt der Minardi ins Aus. Eine Stunde lang diskutieren die Verantwortlichen der Scuderia die Situation, dann verkündet Stoddart: »Einen Startverzicht auszusprechen, zählt sicherlich zu den unangenehmsten Entscheidungen, die ein Teamchef treffen kann. Aber genau dazu habe ich mich entschlossen, da uns keine Zeit bleibt, die Ursache für den Defekt zu ermitteln, um eine Wiederholung ausschließen zu können.« Erklären kann sich der Australier den Bruch des Heckflügels nicht. Maximal 450 Kilogramm lasten bei Topspeed auf der Abtriebsfläche, die sicherheitshalber so ausgelegt wurde, dass sie einem Druck von 900 kg standhält.
In der über 50-jährigen Geschichte der Fahrer-WM gibt es nur wenige Präzedenzfälle. Im Jahr 2000 verzichtete das Team Sauber in Interlagos auf den Start, weil es im Training zu unerklärlichen Heckflügelbrüchen kam. Alle übrigen freiwilligen Startverzichte erfolgten aus Pietätsgründen im Anschluss an tödliche Crashs während des Trainings.

Als sich das Feld pünktlich in die Formationsrunde begibt, bewegt sich Barrichellos F2002 um keinen einzigen Zentimeter: Das Getriebe ist blockiert. Jetzt droht dem Brasilianer das Schicksal, aus der letzten Reihe starten zu müssen. Aber es kommt noch schlimmer für »Rubinho«: Seine Techniker können nicht helfen, und der Bolide mit Startnummer zwei wird in die Boxengasse geschoben, wo Ross Brawn und Co. endgültig kapitulieren – Barrichello darf sich umziehen.
Ohne die beiden Minardi und ohne den zweiten Ferrari stellen sich dem Starter nur 19 Piloten. Als die fünf roten Lichter erlöschen, lässt sich Michael Schumacher die Butter nicht vom Brot nehmen: Vor seinem Bruder, dessen Teamkollegen Montoya, Räikkönen – der Button in »Turn 1« auf der Außenbahn überholt –, dem so vernaschten Renault-Briten, Coulthard und den zwei Sauber-Fahrern in der Reihenfolge Heidfeld vor Massa führt der einzige verbliebene Ferrari das Feld in die erste Runde. Als die bunte Wagenkette erstmals wieder bei Start-und-Ziel auftaucht, hat der Spitzenreiter seinen Verfolgern bereits 1,5 Sekunden abnehmen können.
Innerhalb von nur drei Umläufen baut Michael Schumacher seine Führung auf 2,6 Sekunden aus. Damit zeichnet sich der Trend des Tages bereits klar ab: Ferrari ist wieder einmal eine Klasse für sich.
Runde vier bringt das unverschuldete Aus für Kimi Räikkönen, dessen MP4/17 völlig unerwartet am »Minardi-Syndrom"erkrankt: Der Heckflügel bricht weg. Button hat alle Hände voll zu tun, nicht in den Zwischenfall verwickelt zu werden. Den coolen Finnen, der sein Auto noch bis an die Boxen bringen kann, lässt der Defekt kalt: »Die werden schon herausfinden, weshalb das passierte. Sorgen mache ich mir jedenfalls nicht, denn ein solcher Defekt tritt nur extrem selten auf.«
Als der Titelverteidiger nach 26 der 65 Runden auf dem »gummifressenden« Circuito seinen ersten von zwei Service-Stopps einlegt, verliert er die Führung trotz einer Standzeit von 9,4 Sekunden nicht. Wenig später bringt sich Ralf Schumacher um alle Chancen: Er rutscht von der Piste und muss seinen Williams an den Boxen durchchecken lassen – auf Platz 13 findet er sich wieder. Nach dem Rennen wird er sagen: »Ein Tag zum Vergessen. Wir alle werden Hausaufgaben machen müssen – Williams, BMW, Michelin und auch ich selbst.«
Bei Halbzeit, nach 33 Runden, führt Michael Schumacher vor Montoya, Button, Coulthard, Trulli, Heidfeld, Massa, Panis, Frentzen und sechs weiteren Piloten. Nur Sekunden später bremst »DC« seinen Vordermann in »Turn I« aus. Wegen eines Hydraulikschadens ist Button wehrlos. Damit ist zumindest die endgültige Reihenfolge auf den drei ersten Rängen hergestellt. 45 Runden sind gefahren, als sich Montoya zum zweiten Routinestopp zwischen seinen Spalier stehenden Mechanikern einbremst. Nach 6,8 Sekunden reißt Chefmechaniker Carl Gaden den Lollipop hoch. Der Kolumbianer gibt Gas. In diesem Augenblick bemerkt Gaden, dass ihm ein Fehler unterlaufen ist: Der Tankvorgang ist noch nicht beendet! Reflexartig stellt er sich dem FW24 in den Weg. Der linke Fuß des voreiligen, aber mutigen Crew-Mitglieds gerät unter den linken Vorderreifen des Rennwagens. Ärztliche Versorgung lehnt Gaden zunächst ab. Er begnügt sich mit Eisspray. Erst später wird der Bruch einiger Mittelfußknochen diagnostiziert. Weil in der Schlussphase beide Renault der Technik zum Opfer fallen, gehen die Punkteränge hinter Michael Schumacher, Montoya und Coulthard an Heidfeld, Massa und Frentzen. Drei deutsche Piloten unter den ersten Sechs. Vergessen sind die Tage, an denen es solche Ergebnisse bestenfalls beim Rodeln gab.

Ein Jahr nach seinem Überraschungssieg auf der Piste bei Granollers – Spitzenreiter Mika Häkkinen explodierte während der Schlussrunde die Kupplung – hat Michael Schumacher einen zu keinem Zeitpunkt gefährdeten Bilderbuch-Erfolg landen können. »Alles lief unerwartet glatt. Aufgrund der beiden Vortage ließ sich ja nicht genau vorhersagen, wie sich die Reifen während des Rennens verhalten. Es gab dann aber keinerlei Probleme, die Bridgestones liefen großartig.«
Auf die Frage, ob die Formel 1-Rennen aufgrund seiner Dominanz nicht an Spannung verlieren, antwortet der Sieger ungeschminkt: »Ja sicherlich, aber bei einem Grand Prix geht es ja nicht nur um Platz eins. Um jede Position, auch außerhalb der Punkteränge, wird hart gekämpft. In Interlagos ging es an der Spitze auch hoch her. In Imola und hier war es an der Spitze wohl nicht so interessant. Aber solche Rennen hat es in der Vergangenheit doch auch immer wieder gegeben.«
Der zweitplatzierte Kolumbianer Juan Pablo Montoya ist in Gedanken bei Lollipop-Man Carl Gaden: »Ich habe gehört, dass es ihm recht gut geht. Er hatte Glück. Was das Rennen betrifft, kann ich nicht viel sagen – wir haben halt das Beste aus der Situation gemacht. Mehr war heute wirklich nicht drin. Mein Auto war gar nicht schlecht ausbalanciert, es lief einfach nicht schnell genug.«
Vorüber scheinen vorerst die Tage, an denen die Silberpfeile in Spanien regelmäßig groß auftrumpften. »Ferrari", erklärt Mercedes-Sportchef Norbert Haug – der Gerüchten zufolge nicht mehr die volle Rückendeckung durch seinen Arbeitgeber genießt –, »werden wir in absehbarer Zeit nicht aus eigener Kraft schlagen können. Das kann vorerst nur dann gelingen, wenn wir auf irgendeiner Piste einen klaren Vorteil auf dem Reifensektor haben.« Vier Wochen wird er sich noch gedulden müssen, dann darf auch er wieder einmal jubeln.
David Coulthard, der sich als Siebter des Qualifying keine großen Hoffnungen machen durfte, freut sich über vier WM-Punkte. Die allgemeine Lage beurteilt der Schotte allerdings realistisch: »Heute habe ich vom Pech anderer Piloten profitieren können. Probleme habe ich damit nicht, denn das gehört zum Motorsport.«
Statistikern hat der Sonntag einen Leckerbissen der besonderen Art beschert. Aufgrund des Erfolges von Michael Schumacher weist das Punktekonto der schnellen Kerpener F1-Gebrüder jetzt glatte 1000 WM-Punkte auf!

ERGEBNISSE UND AUSFÄLLE

1. Michael Schumacher	Ferrari F2002	1:30.29,981= 203,753 km/h
2. Juan Pablo Montoya	Williams-BMW FW24	35,630 Sekunden zurück
3. David Coulthard	McLaren-Mercedes MP4/17	42,623 Sekunden zurück
4. Nick Heidfeld	Sauber-Petronas C21	1.06,697 Minuten zurück
5. Felipe Massa	Sauber-Petronas C21	1.18,973 Minuten zurück
6. Heinz-Harald Frentzen	Arrows-Cosworth A23	1.20,430 Minuten zurück
7. Jacques Villeneuve	BAR-Honda 004	1 Runde zurück
8. Allan McNish	Toyota TF102	1 Runde zurück
9. Mika Salo	Toyota TF102	1 Runde zurück
10. Jarno Trulli *	Renault 8202	2 Runden zurück/Motor
11. Ralf Schumacher *	Williams-BMW FW24	2 Runden zurück/Motor
12. Jenson Button *	Renault 8202	5 Runden zurück/Hydraulik
Olivier Panis	BAR-Honda 004	44. Runde, Auspuff
Eddie Irvine	Jaguar-Cosworth R3	42. Runde, Hydraulik
Enrique Bernoldi	Arrows-Cosworth A23	41. Runde, Hydraulik
Takuma Sato	Jordan-Honda EJ12	11. Runde, Dreher
Giancarlo Fisichella	Jordan-Honda EJ12	6. Runde, Hydraulik
Kimi Räikkönen	McLaren-Mercedes MP4/17	5. Runde, Bruch des Heckflügels
Pedro de la Rosa	Jaguar-Cosworth R3	3. Runde, Dreher

* Nicht im Ziel, aber aufgrund der zurückgelegten Distanz gewertet

SCHNELLSTE RUNDE: (49. Rd.) – Michael Schumacher, Ferrari F2002
1.20,355 = 211,909 km/h
Neuer Rundenrekord

58. Sieg

Großer Preis von Österreich
Spielberg A1-Ring, 12. Mai 2002

Pyrrhus lässt grüßen ...

Schumachers erster Sieg in Österreich gehört sicher nicht zu den schönsten Erinnerungen des Champions: Die umstrittene Stallorder führt zu einem gellenden Pfeifkonzert. Korruption oder Kasperltheater? Jean Todt allerdings verteidigt die Strategie der Scuderia.

Zeltweg, Österreich. Erinnerungen werden wach. Bei der Einfahrt in Richtung Fahrerlager fallen unweigerlich riesige Fotos ins Auge, welche die Rückseite der Haupttribüne schmücken. Alle zeigen ein Motiv: Jochen Rindt. Am 18. April 2002 wäre der F1-Weltmeister des Jahres 1970 60 Jahre alt geworden.
Den Titel vor Augen, verunglückte der gebürtige Mainzer am 5. September 1970 während des Abschluss-Trainings für den GP von Italien tödlich. Die 45 WM-Punkte, die er zu diesem Zeitpunkt auf seinem Konto hatte, machten ihn posthum zum Champion.
Dass die Österreicher den »Piefke« bis heute verehren, hat seine Gründe. Weil Rindt in Graz lebte und mit österreichischer Lizenz fuhr, betrachteten sie ihn seit jeher als einen der ihren. Und Deutschland zeigte immer schon wenig Interesse an dem Bürger der Bundesrepublik. Zu dessen Lebzeiten nicht, weil die Formel 1 zwischen Rhein und Elbe als »Unsport« verteufelt wurde. Heute nicht, weil Superstar Michael Schumacher als erster deutscher F1-Champion verkauft wird.
Donnerstags herrscht im Fahrerlager nicht jene spannungsgeladene Atmosphäre, die üblicherweise einen Tag vor Trainingsbeginn die Szene bestimmt. Was fehlt ist die nervöse Erwartungshaltung. Die Mitglieder der Scuderia Ferrari treten selbstbewusst und lässig auf – die Konkurrenz scheint zu resignieren. Ähnlich prickelnd geht es regelmäßig bei Testfahrten der Formel 3000 im Februar zu.
Natürlich wird spekuliert, ob es Michael Schumacher gelingen wird, den letzten weißen Flecken auf seiner Siegerlandkarte auszulöschen. Auf allen aktuellen F1-Pisten hat er bisher mindestens ein Mal gewonnen. Der A1-Ring aber sah ihn noch nie als Ersten im Ziel. Fünf Mal habe er es probiert, aber bisher sei nicht viel passiert, schreibt eine österreichische Tageszeitung. Die Behauptung sorgt für Heiterkeit, denn wegen seines Silverstone-Unfalls trat Schumacher 1999 in der Steiermark nicht an. Der deutsche Ferrari-Pilot ging hier erst vier Mal an den Start. Statistisch gesehen ist der erste Österreich-Triumph des Champion also überfällig. Andererseits sprechen die Gesetze der Wahrscheinlichkeit für einen Ausfall des Deutschen, der seit seiner Hockenheim-Panne 2001 nicht mehr von der Technik im Stich gelassen wurde.
Die WM-Läufe des Jahres haben sich bisher die Gebrüder Michael und Ralf Schumacher im Verhältnis 4:1 geteilt. Angesprochen auf das eventuell bestehende Problem mangelnder Abwechslung, kontert F1-Guru Bernie Ecclestone: »Die Leute wollen ei-

nen Superstar sehen. Wenn es in zehn Rennen acht Sieger gibt, dann existiert kein Superstar.« Mit Recht erinnert die graue Eminenz der Szene an den einstigen Schwergewichtsboxer Cassius Clay. Obwohl der seinen Gegnern jahrelang haushoch überlegen war, erlebte der Boxsport eine Blütezeit. Und spannend, so Ecclestone, sei es auch gewesen: »Da haben doch alle mitgefiebert, ob ihn endlich einer besiegt.«
Ab 14.45 Uhr geht eine kurze Schauer nieder. Wenn es auch während des Rennens regnet, da sind sich alle einig, werden die Michelin-Piloten voraussichtlich schlechte Karten haben. Aber trotz einer vorhergesagten Niederschlagswahrscheinlichkeit von 60 Prozent wird der GP trocken über die Bühne gehen.
Ralf Schumacher sorgt unfreiwillig für Heiterkeit. Überraschend taucht er mit goldblondem Haar auf. Der Bruder des Weltmeisters spricht von einem »Betriebsunfall«. Eigentlich hätte er nur Strähnchen haben wollen, doch die Aktion der Friseuse sei fehlgeschlagen. Da er seinen Beruf mit undurchsichtiger Kopfbedeckung ausübt, hält sich der Schaden in Grenzen.
Bereits die Trainingsaktivitäten machen deutlich, dass die roten F2002 auch auf dem A1-Ring keinen Gegner fürchten müssen. Nach 60 Minuten führt Michael Schumacher das Feld vor seinem brasilianischen Teamkollegen an, und als nach zwei Stunden die Tagesbilanz gezogen wird, gilt diese Hackordnung unverändert.
Knapp 24 Stunden später trumpft der Champion erneut auf: Im freien Samstagstraining fliegt er in einer Zeit von 1.08,433 Minuten um den Kurs. Als Zweitem fehlen Barrichello 0,713 Sekunden auf diesen Wert. Dahinter folgen während des Aufgalopps zum Qualifying Ralf Schumacher und Montoya vor Heinz-Harald Frentzen, dem heimlichen Helden dieser 90 Minuten. Wer jetzt sein Geld nicht darauf setzt, dass sich »Schumi« die Pole sichern wird, muss ein extrem wagemutiger Zocker sein.
Aber es kommt anders. Michael Schumacher verfehlt seine Vormittags-Zeit im Qualifying um mehr als zwei Zehntel und muss sich überraschend mit Platz drei zufrieden geben. Die Pole geht an Barrichello, der diesmal – anders als in Imola und Barcelona – nicht in letzter Minute überrumpelt wird. Platz zwei sichert sich Ralf Schumacher, der sich wundert: »Ich hatte mir ausgerechnet, die Lücke zu Ferrari einigermaßen klein halten zu können. Aber dass ich die splitten kann, hätte ich mir nicht im Traum einfallen lassen.« Routinier Niki Lauda sieht Michael Schumachers Favoritenstellung durch den Qualifying-Patzer nicht in Gefahr: »Michael ging sehr spät raus, und dann wurde der Rhythmus wegen der Unterbrechung gestört. Später lief ihm dann die Zeit davon. Das kann immer einmal passieren.« Tatsächlich wurde die Zeitenjagd nach einem Motorenplatzer im Auto von Jarno Trulli für 10,27 Minuten gestoppt, weil das versprühte Öl des Zehnzylinders abgebunden werden musste. Für Barrichello und Frentzen kamen die roten Flaggen allerdings zu spät – beide rutschten auf dem schmierigen Asphalt in den Kies.
Am Renntag marschieren 81.000 Fans auf, die diesen Tag nicht so schnell vergessen werden. Im Warm-up werden sie zunächst Zeugen davon, dass den Rivalen der Scuderia über Nacht kein wirksames Gegenmittel gegen die rote Dominanz eingefallen ist. Mit nahezu identischen Rundenzeiten von 1.10,876 Minuten für Barrichello und 1.10,895 für den Champion – die Differenz beträgt 0,019 Sekunden – beherrscht Ferrari die Szene erneut. Dahinter kündigen Massa, Frentzen und Heidfeld an, dass sie ernsthafte Ansprüche auf WM-Punkte anmelden. Geradezu traditionell spielen die Williams-Fahrer während der 30 Minuten nur bescheidene Nebenrollen. Entsprechend bleiben im Team die Mienen entspannt – kein Grund zu Besorgnis.

Anders als vor Jahresfrist haben die beiden Williams-Piloten beim Start keine Chance gegen Ferrari. Gleich aus zwei Gründen haben sie beim Beschleunigen schlechte Karten: Die beiden FW24 sind bis zum Stehkragen vollgetankt, und zudem stehen sie neben der Ideallinie auf der »schmutzigen Seite«.
Nicht einmal die Ränge drei und vier bleiben den Blauweißen, denn Nick Heidfeld nutzt den bisher besten Startplatz seiner F1-Karriere, um als Dritter in die Startkurve einzulenken. Während dem einen der beiden Mönchengladbacher damit eine mittlere Sensation gelingt, bekommt der andere einen empfindlichen Dämpfer: In der Remus-Kurve wird Frentzen von seinem ehemaligen Teamkollegen Villeneuve in den Kies bugsiert – »HHF« findet sich auf dem letzten Platz wieder. Vorn können beide Williams in Runde zwei Heidfeld verdrängen, weil sich dessen Sauber beim Bremsen laut Aussage des Piloten »merkwürdig« verhält.
Als der 23. Umlauf in Angriff genommen wird, führt Barrichello mit 1,7 Sekunden Vorsprung vor Michael Schumacher, der dem Südamerikaner ohne erkennbaren Angriffswillen folgt. Dahinter klafft bereits eine Lücke von 33,5 Sekunden zum drittplatzierten Ralf Schumacher. Alle Abstände schrumpfen wenig später auf wenige Meter zusammen: Vor der Haupttribüne geht der Honda im Rücken von Panis hoch, und um den leicht querstehenden BAR bergen zu können, übernimmt SC-Pilot Bernd Mayländer das Kommando. Mit Beginn der 28. Runde erinnern bei Start-und-Ziel nur noch die schwarzen Spuren der blockierten Reifen an den Ausfall von Olivier Panis – die Akteure dürfen wieder Gas geben. Aber die Hatz geht nur für wenige Sekunden gut, denn im Bereich der Remus-Kurve ereignet sich ein spektakulärer Zwischenfall, der daran erinnert, dass sich die Lücken im dicht gewebten F1-Sicherheitsnetz natürlich niemals völlig schließen lassen: Der C21 des Mönchengladbachers Nick Heidfeld überbremst und gerät völlig aus der Kontrolle des Piloten. Unfreiwillig kürzt der Bolide mit Startnummer sieben den langsamen Rechtsknick im Infield ab und schießt – inzwischen benötigt Heidfeld die Rückspiegel, um in Fahrtrichtung zu schauen – zurück auf die Piste. Dabei verfehlt der Sauber zunächst Montoyas Williams denkbar knapp. Wenige Zentimeter vor dem FW24 des Kolumbianers saust er vorüber. Montoya wird später aussagen: »Es ging unglaublich schnell – ich bekam gar nicht mit, dass Heidfeld rückwärts fuhr.« Sekundenbruchteile später kracht's. Mittschiffs torpediert der Sauber den Jordan Takuma Satos, und beide Autos zerlegen sich beim Aufprall in unzählige Trümmerteile.
Während das Safety-Car sofort wieder in Aktion tritt, wird schnell deutlich, dass sich die strengen Bauvorschriften der F1-Rennwagen wieder einmal bewährt haben. Heidfeld verlässt das Cockpit unmittelbar nach dem Crash.
Weil sein rechtes Knie schmerzt, nimmt er dann aber die Hilfe von zwei Marshals in Anspruch, die ihn hinter die Leitplanke tragen. Zu diesem Zeitpunkt hat Sato bereits durch Handzeichen signalisiert, dass auch er okay ist.
Ohne fremde Hilfe kann er die Kohlefaserröhre seines EJ12, der es seit dem Aufprall an ihrer ursprünglichen Geräumigkeit fehlt, allerdings nicht verlassen. Da zu diesem Zeitpunkt Knochenbrüche nicht ausgeschlossen werden können, geht die Bergung mit äußerster Vorsicht über die Bühne. Schon im Medical Center wird wenig später festgestellt, dass Sato zwar Prellungen am ganzen Körper erlitten hat, ansonsten aber ohne Befund ist. Doch weil die Ärzte Zweifel an ihrer eigenen Diagnose haben, wird der Asiate sicherheitshalber per Helikopter in eine Grazer Klinik geflogen, aus der er am folgenden Morgen entlassen wird. Am Ende der 36. Runde biegt Bernd

Mayländer wieder in die Boxengasse ab – der denkwürdige Grand Prix »beginnt« ein drittes und damit letztes Mal. Auffällig: Während alle übrigen noch im Rennen befindlichen Piloten die SC-Phasen für Stopps nutzten, haben die beiden Williams-Fahrer noch keinen Service-Halt eingelegt. Tatsächlich überlegten die Blauweißen, Ralf Schumachers Auto an die Boxen zu holen, doch Patrick Head ging das Risiko nicht ein. Welches Risiko? Der Technische Direktor: »Wir befürchteten, Juan Pablo könne seine Crew jeden Augenblick in Anspruch nehmen, um einen neuen Frontflügel montieren zu lassen. Für uns sah es so aus, als könne ihm Heidfeld bei seinem Abflug einen Streifschuss verpasst haben.«
Bis unmittelbar vor dem Ziel ändert sich auf den Positionen eins und zwei nichts. Mit einem Rückstand, der zwischen 2,5 und 4,5 Sekunden pendelt, folgt Weltmeister Michael Schumacher dem Pole-Setter, ohne auch das geringste Interesse an Platz eins zu signalisieren. Vor dem Hintergrund der Tatsache, dass der Verfolger im Zweifel über die besseren fahrerischen Qualitäten verfügt und es auf dem A1-Ring von Überholmöglichkeiten geradezu wimmelt, ist das erstaunlich.
Im Rücken der beiden roten Spitzenreiter tut sich auch nicht viel, dafür aber Entscheidendes. Nach 47 Runden kommt Ralf Schumacher endlich zum Service an die Boxen, wo er in 8,8 Sekunden abgefertigt wird. Vier Umläufe später bremst sich auch Montoya zwischen seinen Mechanikern ein und reiht sich nach einem 7,2-Sekunden Stopp vor seinem deutschen Teamkollegen wieder in den fließenden Verkehr ein.
Um die restlichen zwei Punkteplätze tobt hinter den beiden Williams-BMW ein beinharter Fight zwischen Fisichella, Coulthard, Button und Villeneuve. Bemerkenswert: Der Kanadier mischt in diesem Windschatten-Quartett mit, obwohl er nach dem Startrunden-Foul gegen Frentzen mit einem Abstecher in die Speedlimit-Zone der Boxengasse bestraft wurde. Als die Zielflagge geschwenkt wird, ist der Champion des Jahres 1997 allerdings nicht mehr mit von der Partie: In der Schlussrunde gibt der Motor seines BAR den Geist auf.
Ein letztes Mal kommt das rote Duo aus der Zieleingangs-Kurve geflogen. Unverändert führt Barrichello vor Schumacher. Der Mann mit der schwarzweißkarierten Flagge steht schon bereit, da geschieht das Unerwartete: Der Spitzenreiter nimmt den Fuß vom Gas. Michael Schumacher geht auf Überholkurs und wird mit 0,18 Sekunden Vorsprung abgewinkt. Die Aktion löst augenblicklich stürmische Proteste aus.
Die Siegerehrung wird zur Farce. jetzt – viel zu spät – versucht Michael Schumacher unter dem gellenden Pfeifkonzert des Publikums zu retten, was nicht mehr zu retten ist. Der Kerpener dirigiert Barrichello auf die oberste – dem Protokoll nach dem Gewinner vorbehaltene – Stufe des Siegerpodests. Auch den ihm zustehenden Pokal hält der Titelverteidiger nur kurz in Händen, dann überreicht er ihn dem brasilianischen Teamkollegen. Dem laufen Tränen übers Gesicht.
Bei Beginn der offiziellen Pressekonferenz wiederholen sich die Ereignisse. Erneut Pfiffe und Buhrufe – Vergleichbares hat es in der über 50-jährigen Geschichte der Fahrer-WM noch nicht gegeben. »So habe ich meinen ersten Sieg in Österreich eigentlich nicht holen wollen«, gesteht Michael Schumacher. Seine Körpersprache, seine Stimmlage – alles verrät: Könnte er die Uhr um 20 Minuten zurückdrehen, er würde gegen die Stallregie seines Teams verstoßen. Zu spät, das Kind ist in den Brunnen gefallen.
Wie ein Lauffeuer spricht es sich herum, dass die Tifosi in Italien ebenso frustriert sind wie die Fans vor Ort. Nachdem sie sich den österreichischen GP gemeinsam auf

einer großen Videowand angeschaut haben, rollen Mitglieder eines Ferrari-Fanclubs in Maranello ihre Ferrari-Fahnen zusammen, lassen »Rubinho« hochleben und treten den Heimweg an. Das Presse-Echo wird Ferrari am Montag vernichtend treffen.
Im Fahrerlager spricht Flavio Briatore ungeschminkt von »Korruption«. Gerhard Berger zeigt keinerlei Verständnis: »Ein Kasperltheater! Eine absolut unnötige Aktion von Ferrari.« Andere blicken nüchterner auf den Vorfall. Mit den Worten, »das sind Team-Order, in die ich mich nicht einmischen will«, hält Juan Pablo Montoya diplomatisch Abstand. Jaguar-Teamchef Niki Lauda sieht den Vorfall sachlich: »Wenn Schumacher Weltmeister werden soll, dann muss man solche Entscheidungen akzeptieren.« Dann schränkt der Wiener ein: »Ferrari hätte das alles etwas früher ausmachen können.«
Eine Stunde nach Ende des Rennens bemüht sich Jean Todt um Schadensbegrenzung. In der roten Wagenburg belagert die Presse den kleinen Franzosen und fordert, dass er Rede und Antwort steht. Richtig wohl ist ihm nicht in seiner Haut. Er verweist auf die Verantwortung und den hohen Stellenwert des WM-Titels. Und er sagt auch: »1997, 1998 und 1999 verloren wir den WM-Fight im jeweils letzten Rennen der Saison. Wir wollen nicht, dass sich das noch einmal wiederholt. Wäre das damals nicht passiert, hätten wir uns heute möglicherweise anders entschieden. Aber es hat sich halt vor ein paar Jahren so abgespielt – das waren harte Zeiten. Ich bin mir bewusst, dass jetzt einige Leute nicht besonders glücklich sind. Aber wir haben unser Ergebnis und denken, es ist für das Team das Richtige.«
Auch auf den Hinweis, die Roten hätten Sympathien verschenkt, hat Todt eine pragmatische Antwort parat: »Es geht doch darum, ein wettbewerbsfähiges Team zu haben, darum, Rennen zu gewinnen. Eine solche Überlegenheit in einer umkämpften Sportart wie der Formel 1 zu zeigen, ist gut für das Image, auch wenn unsere Entscheidung leichte Abstriche bewirken mag. Unterm Strich verursacht eine Niederlage im Titelkampf doch mehr Schaden als die Entscheidung, wer nach dominantem Auftritt eines der Rennen gewinnt.«
Und dann die Aussage, die den »Fall Ferrari« in einem völlig neuen Licht dastehen lässt: »Zu fighten, haben wir unseren Fahrern in Zeltweg nicht gestattet. Es fällt mir nicht leicht, das zu sagen, aber wir waren im Rennen deutlich schneller als die anderen. Es gab also keinerlei Anlass, einen internen Fight zu erlauben, denn dadurch hätten wir unsere Chance zum Doppelsieg möglicherweise verspielt.« Damit steht fest: Bereits die ersten 70 Runden waren »getürkt". Michael Schumachers Hinweis, er habe keine Chance gehabt, Barrichello zu überholen, ist schlichtweg unkorrekt – er durfte gar nicht angreifen. Mit der Stallregie der ersten 70 Runden konnte die Weltöffentlichkeit gut leben. Als dann aber die eigentliche Reihenfolge – dass »Schumi« der bessere Rennfahrer ist, steht bei einem Siegverhältnis von 57:1 wohl außer Frage – auf Befehl hergestellt wurde, kochte die Volksseele. Wenn die Fans an der Nase herumgeführt wurden, dann während dieser 70 Runden und nicht erst auf den letzten 200 Metern.
Dieser Sachverhalt ändert natürlich nichts an der Tatsache, dass weder die Teamführung noch Michael Schumacher Fingerspitzengefühl bewiesen haben. Weltweit hagelt es vernichtende Urteile der Presse. Und die FIA bleibt nicht untätig: Am 26. Juni werden die beiden Ferrari-Piloten zu einer Geldstrafe in Höhe von 500.000 US-Dollar verdonnert – weil Michael Schumacher seinen Teamkollegen auf die oberste Stufe des Podestes schob und ihm den Siegerpokal in die Hände drückte.

ERGEBNISSE UND AUSFÄLLE

1.	Michael Schumacher	Ferrari F2002	1:33.51,562 =196,344 kmlh
2.	Rubens Barrichello	Ferrari F2002	0,182 Sekunden zurück
3.	Juan Pablo Montoya	Williams-BMW FW24	17,730 Sekunden zurück
4.	Ralf Schumacher	Williams-BMW FW24	18,448 Sekunden zurück
5.	Giancarlo Fisichella	Jordan-Honda EJ12	49,965 Sekunden zurück
6.	David Coulthard	McLaren-Mercedes MP4/17	50,672 Sekunden zurück
7.	Jenson Button	Renault 8202	51,229 Sekunden zurück
8.	Mika Salo	Toyota TF102	1.09,425 Minuten zurück
9.	Allan McNish	Toyota TF102	1.09,718 Minuten zurück
10.	Jacques Villeneuve *	BAR-Honda 004	1 Runde zurück/Motor
11.	Heinz-Harald Frentzen	Arrows-Cosworth A23	2 Runden zurück
12.	Mark Webber	Minardi-Asiatech PS02	2 Runden zurück
	Jarno Trulli	Renault 8202	45. Runde, Benzindruck
	Alex Yoong	Minardi-Asiatech PS02	43. Runde, Motor
	Eddie Irvine	Jaguar-Cosworth R3	39. Runde, Hydraulik
	Nick Heidfeld	Sauber-Petronas C21	28. Runde, Unfall
	Takuma Sato	Jordan-Honda EJ12	27. Runde, Unfall
	Olivier Panis	BAR-Honda 004	23. Runde, Motor
	Felipe Massa	Sauber-Petronas C21	8. Runde, Aufhängung links hinten
	Kimi Räikkönen	McLaren-Mercedes MP4/17	6. Runde, Motor
	Enrique Bernoldi	Arrows-Cosworth A23	3. Runde, Kollisions-Folgen
	Pedro de la Rosa	Jaguar-Cosworth R3	1. Runde, Gaszug

* Nicht im Ziel, aber aufgrund der zurückgelegten Distanz gewertet

SCHNELLSTE RUNDE: (68. Rd.) – Michael Schumacher, Ferrari F2002
1.09,298 = 224,733 km/h
Neuer Rundenrekord

59. Sieg

Großer Preis von Kanada
Montreal, 9. Juni 2002

Schlüsselrolle für Villeneuve

Die Saison ist für die Reifenbäcker von Bridgestone sehr erfolgreich verlaufen: Fünf von sieben Rennen wurden gewonnen. Doch das, so befinden die Japaner, sind zwei zu wenig. Zumindest der GP Kanada ist da so recht nach dem Geschmack des Bridgestone-Mannes, Michael Schumacher dominiert erneut und schenkt den Roten den insgesamt 150. F1-Sieg seit Bestehen der Formel 1.

Auch wenn es mit dem erhofften sechsten Sieg in Monaco nichts geworden ist und statt seiner David Coulthard ganz oben auf dem Treppchen stand, reist Schumacher als unangefochtener WM-Leader nach Übersee. Monaco ist an den Boxen entschieden worden, die Silberpfeile hatten die bessere Strategie. In Kanada machen die Roten alles richtig.
Seit 1978 tritt die Formel 1 in Montreal an. Traditioneller Schauplatz ist der Circuit auf der künstlich angelegten Insel Notre Dame im Sankt-Lorenz-Strom. Der große Vorteil der Anlage: Trotz der räumlichen Nähe – die Rennstrecke kann mit der U-Bahn erreicht werden – gehen sich der Grand Prix und das Alltagsleben der Millionenstadt stressfrei aus dem Weg.
Nachdem der Kurs im Verlauf der knapp 25 Jahre bereits mehrfach modifiziert wurde – der massivste Eingriff war die Verlegung von Start-und-Ziel sowie die Errichtung einer permanenten Boxenanlage –, präsentiert sich der Circuit »Gilles Villeneuve« wieder einmal in neuer Form: Der Scheitelpunkt der Haarnadelkurve wurde um 30 Meter nach innen verlegt, um mehr Sturzraum vor den Tribünen zu schaffen. Folgerichtig ist die Strecke jetzt 60 Meter kürzer. Eine weitere Modifikation hat auf die Rundenlänge keine Auswirkung. Um die Kollisionsgefahr zu reduzieren, wurde die Mauer ausgangs der legendären »Kurve 15« um einige Meter zurückversetzt und mit Reifenstapeln gepolstert. Gleichzeitig wurde das Kiesbett im Bereich dieser Schikane durch eine asphaltierte Fläche ersetzt, was den Rennfahrern den Respekt vor dem Rechts-Links-Knick völlig nehmen wird.
Am Donnerstag, das Wetter zeigt sich inzwischen von seiner angenehmen Seite, lädt Bridgestone in die Innenstadt, in der Peel Street 1170, zum Gespräch im altehrwürdigen Hotel Le Windsor. Unter mächtigen Kronleuchtern verkündet Hamashima-San überraschend, dass er mit dem bisherigen Saisonverlauf nicht zufrieden ist. »Fünf Siege aus sieben Rennen«, verkündet der Bridgestone-Manager, »sind nicht genug. Wir wollen alle Rennen gewinnen.«
Nach dieser Bekundung japanischer Gründlichkeit kommt auch derjenige zu Wort, der die asiatischen Gummis mit großem Erfolg fährt: Michael Schumacher. Auf seinem Weg zum fünften Titelgewinn seiner Superkarriere hat er – wie stets vor dem ka-

nadischen WM-Lauf – einen Urlaub in den USA eingelegt, was sowohl seine Stiefel als auch den Gürtel erklärt. »Wir waren gemeinsam mit Freunden im Norden des Bundesstaates Texas und sind in dieser großartigen Landschaft viel geritten. Das war ganz nach dem Geschmack von Corinna, denn sie ist ja eine begeisterte Reiterin. Auch mir hat es ausgezeichnet gefallen. Ich hätte gar nicht gedacht, dass das so viel Spaß macht.«

Kanadier und Amerikaner wollen von »Shuey« wissen, ob er nicht Lust verspürt, eines Tages die Indy 500 oder den 24-Stunden-Klassiker in Le Mans zu fahren. Der Champion winkt ab – zu gefährlich.

Was Montreal betrifft, antwortet er ausweichend auf die Frage, ob er Jacques Villeneuves Restaurant »Newtown« einen Besuch abstatten will: »Ins Newtown? Weshalb nicht? Wenn Jacques mir ein Essen spendiert.« Mit dieser Äußerung konfrontiert, wird der BAR-Pilot am folgenden Tag sagen: »Ich dachte bisher, er verdient so viel Geld, dass er sich aus eigener Tasche verpflegen kann. Aber an mir soll's nicht liegen – er bekommt seine Gratis-Mahlzeit.«

Der erste Trainingstag sieht David Coulthard ganz vorn, der sich ja eigentlich erst für den GP von Ungarn wieder Chancen ausgerechnet hatte. Er legt eine Zeit von 1.15,407 Minuten vor. Das Schlusslicht heißt Alex Yoong, für den die Uhren bei 1.19,050 stehen bleiben. Was die Kilometerleistung angeht, rangiert der Malaysier allerdings an der Spitze: 56 Runden spult der Montreal-Neuling ab. Zum Vergleich: »DC« genügen 40 Umläufe, um sich für den Rest des Weekend einzuschießen. Zur Freude der einheimischen Fans gelingt Villeneuve der Sprung in die Top-Ten. BAR-Honda hat die Rennwagen rechtzeitig für das Heimrennen des Ex-Champions modifiziert.

In Begeisterung bricht der stets realistisch denkende Kanadier deshalb nicht aus: »Wir fuhren mit wenig Sprit an Bord, deshalb sieht das Resultat für uns ganz gut aus.« Und die Modifikationen? Wirken die sich nicht positiv aus? »Das Auto fühlt sich gut an. Ich glaube, es ist zum ersten Mal in den dreieinhalb Jahren, dass ich eine Verbesserung spüre. Aber es ist ja nicht so, dass wir jetzt Dinge am Auto hätten, die andere nicht haben. Ich will es einmal so sagen – bisher reichte es im Qualifying für Startplatz 14, 15 oder 16. Jetzt könnte Rang zwölf möglich sein.« Diese Prophezeiung ist etwas zu pessimistisch: Tatsächlich wird er Neunter des Qualifying.

Im freien Samstagstraining meldet Michael Schumacher Ansprüche auf die Pole-Position an. Der Deutsche steigert sich auf 1.13,395. Lediglich Montoya kann halbwegs mithalten – nur 0,251 Sekunden fehlen ihm auf die Zeit des Titelverteidigers. Die Zeitenjagd verspricht ein Duell der beiden.

Wer auf der Piste von Montreal schnell sein will, braucht einen gut ausbalancierten Boliden mit einer funktionstüchtigen Traktionskontrolle – um aus den langsamen Ecken heraus optimal beschleunigen zu können – sowie hervorragende Bremsen. Pro Runde werden den Rennautos fünf Vollbremsungen abverlangt. Das Problem: Die Beschleunigungsphasen zwischen den Bremsmanövern sind gerade mal lang genug, um die Systeme vor Überhitzung und damit vor ihrer völligen Zerstörung zu bewahren. Natürlich tragen die Ingenieure dem Rechnung: Extrem hartes Verschleißmaterial kommt zum Einsatz. Diese Scheiben und Beläge haben allerdings einen großen Nachteil: Es erfordert viel Geschick, den Tritt auf das Pedal exakt zu dosieren.

Überraschend eröffnet Ralf Schumacher die Zeitenjagd. Schon in der elften Minute rollt der blauweiße Wagen mit Startnummer fünf durch die Boxengasse und nimmt

Anlauf. Das Motiv für die ungewöhnlich frühen Aktivitäten auf der Piste ist die Wetterlage. Die Meteorologen wollen Regen nicht ausschließen. 60 Sekunden später folgt mit Montoya prompt ein weiteres heißes Eisen. Ralf Schumachers 1.14,931 sind mäßig, Montoyas 1.14,341 nicht überzeugend. Michael Schumachers Auftritt in der 24. Minute ist bereits von anderem Kaliber: 1.13,3311. Barrichello kommt mit dem zweiten Ferrari auf 1.13,655. Wird es am Sonntag eine rein rote erste Startreihe geben? Noch bevor die Hälfte des Qualifying vorüber ist, wandelt sich das Blatt zugunsten von Williams. Nach einem Doppelschlag rangiert Montoya mit 1.12,836 vor seinem Teamkollegen, der sich auf 1.13,301 steigert.
Am Morgen des Renntages ereignet sich ein rarer Zwischenfall: Während des Warm-up versagt der Motor im F2002 von Titelanwärter Michael Schumacher den Dienst. Allgemeines Staunen aufgrund des guten Timings macht sich breit. Wenn es das Ferrari-Ass schon einmal erwischt, dann nicht, wenn es um kostbare WM-Punkte geht. Und der Faktor Glück macht sich zusätzlich positiv bemerkbar, denn der rote Bolide des Deutschen, es handelt sich ohnehin um das T-car, rollt in unmittelbarer Nähe der Boxen aus. Schumachers Zeitverlust hält sich entsprechend in engsten Grenzen.
Beim Start behauptet sich zunächst Montoya. Im Rücken des Kolumbianers lässt Michael Schumacher seinem Teamkollegen sofort den Vortritt, denn Barrichello fährt auf zwei Stopps und muss am Steuer seines leichten Ferrari sofort Dampf machen, wenn die Rechnung aufgehen soll. Der abgesprochene taktische Positionswechsel schlägt sich in der Laune des Publikums nicht wieder.
Für Pedro de la Rosa beginnt der GP frustrierend. Während an der Spitze Barrichello Montoya von Platz eins verdrängt, rollt der Spanier nach einer Rempelei mit Allan McNish bereits zum Ende der Startrunde an die Boxen. Schon nach vier Umläufen zeichnen sich die Strategien der Protagonisten ab. Montoya folgt dem Spitzenreiter mit 1,2 Sekunden Rückstand, während »Schumi« schon 3,3 Sekunden auf Barrichello fehlen. Also werden zwei »leichte« Rennwagen von einem »schweren«, der entsprechend nicht ganz mithalten kann, verfolgt. Im weiteren Verlauf des Rennens kann sich das ungleiche Trio kontinuierlich vom Rest des Feldes absetzen. Für Räikkönen, Ralf Schumacher, Coulthard und die übrigen ist das vorgelegte Tempo zu hoch.
Zum Entsetzen der einheimischen Fans muss Lokal-Matador Jacques Villeneuve, im bisherigen Rennverlauf auf den 13. Rang zurückgefallen, in Runde neun ausgangs der Haarnadelkurve wegen eines Motorschadens stoppen. Der BAR steht ungünstig »geparkt« auf der Piste und – schlimmer noch – lässt sich von den Marshals nicht an eine geschützte Stelle bugsieren. Die Rennleitung alarmiert das Safety-Car, gibt dem Mayländer-Mercedes aber vorläufig noch keinen Einsatzbefehl. Als die Bemühungen der Marshals auch nach insgesamt 14 Runden nicht fruchten, gibt Bernd Mayländer Gas.
Statt 17er Zeiten fährt Rubens Barrichello mit Beginn des 15. Umlaufs seine Runden in mehr als zwei Minuten und zehn Sekunden. Gleichzeitig schrumpft das bereits weit auseinander gezogene Feld auf Minimalabstände zusammen. Für die Zwei-Stopper bricht eine Welt zusammen, während sich die Ein-Stopper die Hände reiben. Mit Beginn der 18. Runde darf wieder ans Limit gegangen werden. Vorn lautet die Reihenfolge jetzt: Barrichello, Michael Schumacher, Räikkönen, Ralf Schumacher und Montoya. Williams hat klug reagiert und den Kolumbianer zum Ende der 14. Runde zum Service an die Boxen geordert. Montoya hat zwar Platz zwei verloren, wegen des Bummeltempos kostete ihn der Halt aber keine Zeit in Relation zu den Rivalen.

Die Chancen des Südamerikaners sind also keineswegs schlechter geworden. Und wild entschlossen kämpft er sich bis zur 19. Runde auf Platz drei vor. Barrichello legt zum Ende des 26. Umlaufs seinen ersten Stopp ein. Laub muss aus den Sidepods gesaugt werden. Der F2002 steht 10,6 Sekunden lang still. Jetzt liegt Montoya sogar wieder auf seinem »angestammten« zweiten Rang. Gut zehn Sekunden fehlen ihm auf den neuen Spitzenreiter Michael Schumacher.

Nach 38 Runden wird Michael Schumachers Bolide innerhalb von 10,4 Sekunden für die Restdistanz aufgetankt und neu bereift. Entsprechend übernimmt Montoya, der Mann der ersten Sekunden, das Kommando. Damit tritt der Grand Prix in seine entscheidende Phase ein. Wird es dem Williams-Piloten gelingen, einen Vorsprung herauszufahren, der ausreicht, um »Schumi« beim zweiten eigenen Stopp in Schach halten zu können?

Während die Spannung im Fight um den Sieg und zehn WM-Punkte steigt, durchlebt Sauber-Petronas einen höllischen Nachmittag: Gleich drei Zeitstrafen in Form von Boxengassendurchfahrten müssen gegen die Hinwiler ausgesprochen werden – davon gleich zwei gegen Nick Heidfeld. Schuld an dem Malheur ist ein Software-Hickup, der die C21 jeweils nach dem Stopp zu hoch beschleunigen lässt.

Das Spitzen-Duo liegt bereits 5,3 Sekunden auseinander, als Ralf Schumacher seinen planmäßigen Boxenstopp einlegt. Die Standzeit kostet den Williams-Piloten Nerven. Endlich, nach knapp 20 Sekunden, signalisiert ihm der Lollipop-man freie Fahrt. Doch der Leidensweg des Champion-Bruders ist noch nicht vorüber: Weil trotz aller Bemühungen kein Sprit geflossen ist, muss Ralf zwei Umläufe später erneut beim Tankwart vorsprechen.

Schumacher der Jüngere ist nicht der einzige Fahrer, der an diesem Tag Probleme beim Auftanken hat: Heinz-Harald Frentzens erster Halt dauert wegen einer defekten Anlage zehn Sekunden länger als geplant. Und da der Mönchengladbacher zudem kein Vertrauen in die Bremsanlage seines A23 hat, gurkt er untypisch am Ende.

Als Montoya nach 51 der insgesamt 70 Runden in die Boxengasse abbiegt, steht fest, dass er die Führung wegen des Service-Halts verlieren wird. Nur circa 13 Sekunden vor Michael Schumacher reichen bei weitem nicht aus, um die Nase vorn zu behalten. Der Champion führt jetzt vor Barrichello, der allerdings noch einmal halten muss, und Montoya, der sich tatsächlich um einen Rang verbessert, als sein brasilianischer Vordermann notgedrungen seine Crew aufsucht. Anschließend scheint es sicher, dass Michael Schumacher, Montoya und Barrichello die Pokale in die Hand gedrückt bekommen. Aber wegen eines Motorschadens kehrt Montoya aus der 57. Runde als Fußgänger zurück. Seinen Platz übernimmt Coulthard, der während Barrichellos letztem Boxenstopp gemeinsam mit dem Pechvogel an dem Brasilianer vorbeischlüpfte. Verzweifelt versucht Barrichello, den Silberpfeil-Piloten niederzukämpfen. Seinen Höhepunkt erreicht das Duell, als man im Doppelpack zum 59. Mal auf die modifizierte Schikane vor Start-und-Ziel zufliegt. Der rote Jäger setzt zum Überholen an. Er sieht eine Chance, weil der Brite auf den zur Überrundung anstehenden Japaner Takuma Sato aufläuft. Aber Coulthard denkt gar nicht daran, als Erster zu bremsen. Prompt überfährt er seinen Bremspunkt, kann den MP4/17 nicht mehr auf der Piste halten und kürzt über den neu aufgetragenen Asphalt ab. Barrichello steht vor dem gleichen Problem und entgeht der prekären Situation ebenfalls durch einen Abstecher neben die Piste. Folgen hat der Zwischenfall nicht, da keiner der Sünder von dem Manöver profitiert.

Coulthard und Barrichello sind keineswegs die ersten, die dem vorgeschriebenen Fahrtweg an dieser Stelle keine Beachtung schenken. Selbst routinierte Strichlistenführer haben bereits bei Halbzeit des Rennens beim Versuch, die Vorfälle zu zählen, kapituliert. Die Moral der Piloten gibt zu denken, und die Verantwortlichen sollten sich rechtzeitig etwas einfallen lassen. Andernfalls wird die Schikane ab 2003 wohl völlig ignoriert.

Nach etwas mehr als 93 Minuten ist die Schlacht geschlagen, deren Ausgang einen Leckerbissen für Statistiker darstellt: Der GP von Kanada 2002 bringt der Scuderia Ferrari – mit Blick auf die 1950 eingeführte Fahrer-WM – den 150. Sieg! Den Anfang dieser stolzen Serie machte der Argentinier Froilan Gonzalez, als er sich am Samstag, damals war der Sonntag den Briten noch heilig, den 14. Juli 1951 den GP von Großbritannien in Silverstone sicherte. Sollte das Team aus Maranello auch weiterhin im selben Tempo gewinnen, dann wird Sieg Nummer 300 zu Beginn der zweiten Hälfte des laufenden Jahrhunderts gefeiert.

Nach der Siegerehrung brennt eine Frage an den Gewinner unter den Nägeln: Fast während der kompletten Distanz machte er Dampf, als sei er mit einer Zwei-Stopp-Taktik unterwegs. »Mir blieb gar keine andere Wahl«, sagt der Ferrari-Pilot, »nachdem klar war, dass Montoya zwei Stopps einlegt und er mir verdammt nah war. Ich musste also alles geben. Erst als ich nach seinem zweiten Stopp wieder vor ihm lag, konnte ich Tempo wegnehmen.« Den Erfolg, so Michael Schumacher, verdanke er dem erneut rundherum guten Gesamtpaket. Dann schränkt er ein: »Der linke Hinterreifen spielte nicht hundertprozentig mit – auf der Lauffläche bildeten sich Blasen.«

ERGEBNISSE UND AUSFÄLLE

1. Michael Schumacher	Ferrari F2002	1:33.36,111=195,682 km/h
2. David Coulthard	McLaren-Mercedes MP4/17	1,132 Sekunden zurück
3. Rubens Barrichello	Ferrari F2002	7,082 Sekunden zurück
4. Kimi Räikkönen	McLaren-Mercedes MP4/17	37,563 Sekunden zurück
5. Giancarlo Fisichella	Jordan-Honda EJ12	42,812 Sekunden zurück
6. Jarno Trulli	Renault 8202	48,947 Sekunden zurück
7. Ralf Schumacher	Williams-BMW FW24	51,518 Sekunden zurück
8. Olivier Panis	BAR-Honda 004	1 Runde zurück
9. Felipe Massa	Sauber-Petronas C21	1 Runde zurück
10. Takuma Sato	Jordan-Honda EJ12	1 Runde zurück
11. Mark Webber	Minardi-Asiatech PS02	1 Runde zurück
12. Nick Heidfeld	Sauber-Petronas C21	1 Runde zurück
13. Heinz-Harald Frentzen	Arrows-Cosworth A23	1 Runde zurück
14. Alex Yoong	Minardi-Asiatech PS02	2 Runden zurück
15. Jenson Button *	Renault 8202	5 Runden zurück/ Kraftübertragung
Juan Pablo Montoya	Williams-BMW FW24	57. Runde, Motor
Allan McNish	Toyota TF102	46. Runde, Dreher
Eddie Irvine	Jaguar-Cosworth R3	42. Runde, Motor
Mika Salo	Toyota TF102	42. Runde, Bremsen
Pedro de la Rosa	Jaguar-Cosworth R3	30. Runde, Getriebe
Enrique Bernoldi	Arrows-Cosworth A23	17. Runde, Vibrationen hinten rechts
Jacques Villeneuve	BAR-Honda 004	9. Runde, Motor

* Nicht im Ziel, aber aufgrund der zurückgelegten Distanz gewertet

SCHNELLSTE RUNDE: (50. Rd.) – Juan Pablo Montoya, Williams-BMW FW24
1.15,960 = 206,682 km/h
Rundenrekord – Kurs in dieser Form erstmals gefahren

60. Sieg

Großer Preis von Großbritannien
Silverstone, 7. Juli 2002

Schumacher-Sieg Nr. 60

In Silverstone hat Schumacher bisher noch kaum brillieren können, und auch sein einziger schwerer Rennunfall ist untrennbar mit der Traditionsrennstrecke verbunden. Doch das ist Geschichte: Bei wechselhaften Bedingungen fährt Schumacher einem ungefährdeten Sieg entgegen. Es ist der 60. in seiner Karriere – oder besser gesagt: der 61. – wenn Schumacher nicht beim Großen Preis von Europa auf dem Nürburgring seinem Teamkameraden Barrichello den Sieg überlassen hätte und treuherzig versicherte, es habe halt nicht für ihn gereicht.

Der Weltmeisterschaftslauf auf der größten aller Nordseeinseln ist alljährlich ein Höhepunkt des F1-Terminkalenders. Obwohl der erste aller Grand Prix in Frankreich ausgetragen wurde, gilt England als Mutterland des Automobilrennsports. Bekanntlich nahm die inzwischen über 50-jährige Geschichte der Fahrer-WM in der Mitte des vorigen Jahrhunderts in Silverstone ihren Anfang.
Bei regnerischem und kühlem Wetter beginnen freitags die Aktivitäten auf der Piste. Barrichello markiert mit 1.31,457 Minuten die Bestzeit vor seinem deutschen Teamkollegen, für den die Uhren bei 1.31,881 stehen bleiben. In den Mittelpunkt rückt allerdings erneut Arrows. Beide Piloten sind einsatzbereit, steigen aber nicht in ihre Rennwagen ein. Niki Lauda, der als Chef nicht nur Jaguar, sondern auch die Geschicke von Cosworth lenkt, will von Tom Walkinshaw Geld sehen, bevor er die elektronischen Steuergeräte für die Zehnzylinder aus Northampton herausrückt. Am Abend wird der Arrows-Boss die fällige Leasingrate zahlen und damit die Teilnahme am Rennen sichern.
Nicht nur die Startnummern 20 und 21 fehlen – auch die Nummer 24 macht sich rar: Mika Salo hat sich gründlich den Magen verdorben. Weil er die Schmerzen kaum ertragen kann, wird er von Teamarzt Riccardo Ceccarelli nach nur einer Installations-Runde zurück ins Hotel geschickt. Der Finne soll sich gründlich auskurieren.
Am Samstag meint es das Wetter deutlich besser. Es weht zwar unverändert ein kühler Wind, aber die Piste ist jetzt trocken. Die zweite positive Nachricht des Tages hält Tom Walkinshaw bereit. Um 8.38 Uhr verkündet der Schotte: »We are racing!« Heinz-Harald Frentzen, der sicherlich nicht ahnen kann, dass er in diesem Jahr beinahe in einen Jordan und tatsächlich in einen Sauber steigen wird, ist erleichtert: »Weil der gestrige Tag verregnete, haben wir nicht viel verpasst. Die anderen beginnen auch jetzt erst mit der Trockenabstimmung.«
Während im zweiten freien Training an der Spitze erneut Barrichello vor Michael Schumacher rangiert, lässt Frentzen seinen Worten Taten folgen: Er stellt seinen Arrows auf Platz neun! Im Qualifying rutscht der Mönchengladbacher dann auf Rang 16 ab.

Frentzen trauert der verpassten Chance nach. Insgeheim hofft er auf ein Regenrennen – »Nur bei Nässe kann ich nach vorn fahren«. Montoya freut sich über eine Verlängerung seiner Pole-Serie. Buchstäblich in letzter Sekunde hatte der Kolumbianer erfolgreich zugeschlagen und Barrichello von Platz eins verdrängt. Michael Schumacher, zum dritten Mal in der laufenden Saison im Qualifying langsamer als sein Teamkollege, muss sich mit einem Platz in der zweiten Startreihe begnügen.
Rubens Barrichello blickt auf ein Qualifying zurück, das für ihn mit Hindernissen gespickt war. Seinen ersten Versuch musste er abbrechen, weil ihm zunächst die Qualmentwicklung nach einem Motorschaden am Renault von Jenson Button die Sicht raubte und er anschließend in Verkehr kam. Auch Versuch Nummer zwei wurde zum Fehlschlag – einer der Anschnallgurte hatte sich gelöst. Dann endlich konnte er richtig Gas geben. Zum ersten und einzigen Mal, denn Versuch Nummer vier endete wieder im Verkehr. Und Seriensieger Michael Schumacher? Er zuckt mit den Schultern und sagt: »Der erste Sektor war okay, die Zeit verlor ich im zweiten und dritten – ich weiß nicht, welcher der schlimmere von beiden war.«
Während der üblichen Spekulationen am Sonntagmorgen über den möglichen Ausgang des Rennens fällt zwangsläufig immer wieder der Name Montoya als der des möglichen Siegers. Die vierte Pole-Position in Folge macht den Kolumbianer automatisch zum Favoriten. Statistisch gesehen haben die Pole-Setter in Silverstone in jüngerer Vergangenheit allerdings keine allzu großen Chancen. Vom besten Startplatz aus gewann hier zuletzt Jacques Villeneuve – im Jahr 1997.
Während der letzten Check-Runden den »Recognition-Laps«, die zwischen 12.30 und 12.45 Uhr gedreht werden dürfen, gibt es eine Portion Extra-Stress für Olivier Panis. Der BAR-Honda des Franzosen streikt kurz hinter der Boxenausfahrt. Neun Minuten bleiben ihm, um wieder hinaus auf die Piste zu fahren. Panis stemmt sich gegen seinen Boliden und schiebt ihn zurück. Dann aber entscheiden die Ingenieure, dass der Pilot in das T-Car umsteigen muss.
Das Prozedere nimmt weiterhin seinen standardisierten Verlauf. Immer wieder werden prüfende Blicke zum Himmel geworfen. Wird es regnen? Die Meteorologen sind sich uneins. Zu den wenigen, die eine feste Meinung haben, zählt Ex-Champion Jackie Stewart. »Es wird regnen«, erklärt der Schotte ohne den geringsten Zweifel in seiner Fistelstimme, »allerdings nur phasenweise.« Prompt fallen für wenige Minuten vereinzelte Tropfen vom Himmel. »Trockener Asphalt ist mir lieber als alles andere«, gesteht Ralf Schumacher, der unvermittelt ganz andere Sorgen als das Wetter bekommt: Ehefrau Cora ist missgestimmt. Wenn Blicke töten könnten. »Ralle« zieht alle Beschwichtigungsregister, hat im Rahmen der privaten Auseinandersetzung aber offenbar schweres Spiel. Die Meinungsverschiedenheit, deren Inhalt nur die Schumachers selbst interessieren sollte, ist noch nicht ganz ausgeräumt, als sich »Schumi II« auf seinem Arbeitsplatz anschnallen lassen muss.
Als das Feld in die Formationsrunde rollt, bleibt der F2002 von Rubens Barrichello zunächst wie angewurzelt stehen. Zu spät kommt der rote Bolide in die Gänge und wird jetzt aus der letzten Reihe starten müssen.
Wenig später erlöschen nacheinander die roten Lichter der Startampel. Die Jagd beginnt. Bei einem der Akteure rentiert sich der Adrenalinstoß allerdings nicht: Der Toyota des Schotten Allan McNish versagt nach wenigen Metern den Dienst. Bei Felipe Massa hingegen kommt das Nebennierenmark kaum mit der Produktion des

nützlichen Hormons nach: Der Brasilianer gerät auf der Anfahrt zu Copse Corner links auf den Rasen, und der C21 beginnt zu kreiseln. Bevor er wieder Tritt fassen kann, wird er auf den letzten Platz durchgereicht.
Noch bevor Montoya, Michael und Ralf Schumacher, Räikkönen, Trulli und Blitzstarter Button erstmals wieder bei Start-und-Ziel auftauchen, dreht sich Massa ein zweites Mal. Der Sauber-Pilot hat offensichtlich keinen guten Tag erwischt. Sein Landsmann Barrichello sieht hingegen Licht am Ende des Tunnels: Nach der Startrunde liegt er bereits auf Platz 14, profitierte allerdings vom Pech der Kollegen McNish und Massa. Vorn hat Montoya einen Vorsprung von 1,1 Sekunden herausfahren können, muss sich jetzt aber – wie alle anderen auch – vorsehen, denn im südlichen Streckenteil hat es leicht zu regnen begonnen. Aber der Spuk ist zunächst nur von kurzer Dauer.
Der zweite Umlauf bringt keine Höhepunkte. Montoya kann sein Zeitpolster auf 1,6 Sekunden aufblasen, während sich Barrichello im Mittelfeld in der Hoffnung auf weitere WM-Punkte unaufhaltsam. Am Jaguar des Nordiren Eddie Irvine vorbei, schiebt sich der Südamerikaner auf Platz 13. Auf den nächsten 5,1 Kilometern schnappt sich Räikkönen den Williams-Schumacher, und auch Barrichello kann weiteren Boden gutmachen, indem er Bernoldi überholt. Als Zwölftem fehlen »Rubinho« jetzt allerdings bereits 13, 7 Sekunden auf den Spitzenreiter.
Champion Schumacher hat den Rückstand auf 0,6 Sekunden verkürzen können und damit macht er unmissverständlich eigene Siegansprüche geltend. Er folgt Montoyas führendem FW24 jetzt wie ein Schatten.
Barrichello, der unbeirrt durchs Feld pflügt, kommt als Achter aus Runde zwölf zurück. Dann ändert sich die Situation schlagartig. Regen setzt ein. Montoya meldet sich mit einem SOS-Ruf an den Boxen. »Ich kann den Wagen«, lässt er seine Crew per Funk wissen, »kaum noch auf der Piste halten.«
Heinz-Harald Frentzen kommt die Schlechtwetterfront gleich aus zwei Gründen gelegen. Zum einen hat er sich ohnehin nassen Asphalt gewünscht. Zum anderen ist das Timing der Niederschläge für den Mönchengladbacher ideal. Während die Spitze ahnungslos in die Regenfalle tappt, kann er sofort reagieren und sich Intermediates montieren lassen. Außer ihm nimmt lediglich Massa, der inzwischen auf drei Dreher zurückblicken kann, den 13. Umlauf mit tauglichen Pneus in Angriff.
Nur eine Runde später – niemanden wundert's – herrscht in der Boxengasse Hochbetrieb: 14 Boliden werden abgefertigt. Oder andersherum ausgedrückt: Lediglich Coulthard, der die Spitze übernimmt, de la Rosa und Sato spielen va banque. Sie versuchen ihr Glück weiterhin auf Trockenreifen. Nicht in allen Fällen geht der Service allerdings reibungslos über die Bühne. Räikkönen trifft seine Schrauber unvorbereitet, was den Finnen knapp 30 zusätzliche Sekunden kostet. Nach dem Rennen wird er das Malheur als unwichtig einstufen: »Was soll's? Wegen eines Motorschadens kam ich ja doch nicht ins Ziel.« Und Ralf Schumacher verliert 20 Sekunden, weil es vorn rechts Ärger mit dem Zentralverschluss des Reifens gibt.
Lange kann sich Coulthard nicht der Führung erfreuen, denn sofort wirft ihn, der in der Hoffnung auf eine Wetterbesserung auch die Runden 14 und 15 auf Trockenreifen fährt, ein Dreher hinter Montoya zurück. Bereits der folgende Umlauf bringt den nächsten Führungswechsel: Michael Schumacher hat am Steuer seines Intermediate-bereiften Ferrari keine Mühe, Montoya – dessen Williams rollt auf Regen-Pneus – zu vernaschen. Einmal in Front, zieht der Champion dem Kolumbianer unerbittlich da-

von: Innerhalb von nur vier Runden nimmt er ihm knapp 13 Sekunden ab. Und jetzt ist auch Barrichello an Montoya vorbeigeschlüpft. Ein Drittel der Distanz ist abgespult, und der Vorstart-Schrecken ist bereits vergessen.
Weiter hinten scheint sich Frentzens ideal getimter Boxenstopp auszuzahlen. Der Arrows-Pilot liegt hinter dem roten Duo, Montoya, Trulli, Räikkönen und dem Bruder des Spitzenreiters auf Platz sieben. Nur 0,3 Sekunden fehlen ihm auf »Schumi II", den er wohl gleich überholen wird. Dann aber platzt der Ford-Motor im Heck des A23 mit Startnummer 20 und zeitgleich Frentzens Hoffnung auf ein Top-Resultat. Das Ausscheiden des Deutschen lässt beinahe untergehen, dass Räikkönen seinen Vordermann Trulli überholt.
In Runde 23 – die Piste beginnt wieder abzutrocknen – findet auch Ralf Schumacher den Weg vorbei an dem Renault-Italiener. Den 60.000 Fans rund um den Traditionskurs wird ausgesprochen viel geboten. Und es bleibt hektisch: Coulthard kommt an die Boxen, er will Trockenreifen montieren lassen, trifft seine Crew aber im Tiefschlaf an. Später erklärt Teamchef Ron Dennis: »Das digitale TV störte den Funkverkehr – deshalb waren wir auf Davids Stopp nicht vorbereitet.« Merkwürdig – die Konkurrenz klagte nicht über Kommunikationsprobleme. Während die Silberpfeil-Jungs aufgeregt nach dem rechten Vorderrad suchen, tickt die Stoppuhr gnadenlos weiter. Gut 20 Sekunden gehen im Chaos verloren. Auch Räikkönen holt sich Trockenreifen.
Während der Finne mit den Rillen-Pneus halbwegs zurechtkommt, rutscht »DC« über die Wiese. Anschließend – in Runde 27 setzt wieder Regen ein – dreht sich der Schotte zwei Mal. Kein Wunder, dass er vor seiner Heimreise sagen wird: »Diesen Tag möchte ich so schnell wie möglich vergessen.«
50 Prozent der Distanz sind zurückgelegt. Michael Schumacher führt vor Barrichello, Montoya, Ralf Schumacher, Villeneuve, Heidfeld, Panis, Fisichella und Massa, der nach seinem vierten Dreher gerade einen Reparatur-Stopp einlegen muss. Insgesamt sind noch 14 Piloten aktiv. Gleich zu Beginn der zweiten Rennhälfte kommt »Schumi II« zum Routine-Halt an die Boxen. Wieder steht sein Auto 20 Sekunden länger still als geplant, denn der Sprit will nicht fließen. Der Pechvogel rutscht vom vierten auf den achten Rang ab. Zwangsläufig muss er kurz darauf einen weiteren Tankstopp einlegen. Jetzt strömt der Kraftstoff. Als Zehnter setzt Ralf Schumacher seine Fahrt fort. Während der Kerpener mit dem Schicksal hadert, hat Barrichello allen Grund zum Jubel: Ein Dreher in Runde 32 kostet ihn zwar knapp zehn Sekunden, aber er kann das Rennen ohne Platzverlust fortsetzen.
Nur einen Umlauf später stoppen nacheinander beide Ferrari zum Tanken und Reifenwechsel. Das Duo bleibt den bewährten Intermediates treu. Für wenige Runden ist diese Wahl ideal. Dann aber beginnt sich die Linie erneut hellgrau abzuzeichnen. Zur Abwechslung trocknet der Asphalt wieder einmal.
Für Barrichello, Montoya und Panis – dieses Trio belegt zu diesem Zeitpunkt die Plätze zwei bis vier – ist die Wetterbesserung Grund genug, sich nach 40 Runden Rillen-Reifen zu holen. Als die drei wieder mitmischen, haben Barrichello und Montoya die Plätze getauscht, und Panis ist hinter seinen Teamkollegen Villeneuve zurückgefallen.
Und noch einmal wird es spannend. Nicht deshalb, weil Michael Schumacher nach 43 Runden ein letztes Mal seine Crew bemüht. Der planmäßige Halt verringert lediglich seinen Vorsprung vor Montoya von 50 auf gut 14 Sekunden. Die Spannung kommt auf, weil Barrichello alle Register zieht, um Montoya Platz zwei wieder abzujagen. In Runde 47 tragen die Bemühungen des Brasilianers dann tatsächlich Früchte. Mit Blick auf die ersten neun Plätze ist es die letzte Positionsverschiebung in einem Rennen der Extraklasse.

Michael Schumacher beendet den Grand Prix mit dem 60. F1-Sieg seiner Karriere. »Natürlich freue ich mich riesig, speziell weil ich hier in Silverstone bisher ja nicht besonders erfolgreich war.« Nicht nur er muss Hände schütteln und Gratulationen entgegennehmen. Auch Barrichello, der sich im Verlauf von nur 19 Runden vom letzten auf den zweiten Platz vorfahren konnte. »Als ich zurück in die letzte Reihe musste«, gesteht er, »hoffte ich bestenfalls auf ein paar Punkte. Ich sagte mir immer wieder, dass es das Wichtigste ist, cool zu bleiben. Glücklicherweise behielt ich die Nerven.« Und Montoya macht kein Geheimnis aus der Tatsache, dass er gegen die Ferrari keine Chance hatte: »Ich übte wirklich gewaltigen Druck aus, aber mehr als Platz drei war nicht drin.«
Dank Sieg Nummer sieben im Verlauf der ersten zehn Grand Prix des Jahres hat Michael Schumacher in 14 Tagen in Magny-Cours die Gelegenheit, einen »Matchball« zum vorzeitigen Titelgewinn zu verwandeln. So richtig glaubt aber niemand an eine Realisierung der Chance, denn aus eigener Kraft kann der Rheinländer den Sack nicht zumachen. Und die Konkurrenz wird ihm wohl kaum den Gefallen tun, ihn hilfreich zu unterstützen.

ERGEBNISSE UND AUSFÄLLE

1. Michael Schumacher	Ferrari F2002	1:31.45,015 = 201,649 km/h
2. Rubens Barrichello	Ferrari F2002	14,578 Sekunden zurück
3. Juan Pablo Montoya	Williams-BMW FW24	31,661 Sekunden zurück
4. Jacques Villeneuve	BAR-Honda 004	1 Runde zurück
5. Olivier Panis	BAR-Honda 004	1 Runde zurück
6. Nick Heidfeld	Sauber-Petronas C21	1 Runde zurück
7. Giancarlo Fisichella	Jordan-Honda EJ12	1 Runde zurück
8. Ralf Schumacher	Williams-BMW FW24	1 Runde zurück
9. Felipe Massa	Sauber-Petronas C21	1 Runde zurück
10. David Coulthard	McLaren-Mercedes MP4/17	2 Runden zurück
11. Pedro de la Rosa	Jaguar-Cosworth R3B	2 Runden zurück
12. Jenson Button *	Renault 8202	6 Runden zurück/ Vorderrad links
Takuma Sato	Jordan-Honda EJ12	51. Runde, Motor
Kimi Räikkönen	McLaren-Mercedes MP4/17	45. Runde, Motor
Jarno Trulli	Renault 8202	30. Runde, Elektronik
Enrique Bernoldi	Arrows-Cosworth A23	29. Runde, Antriebswelle
Eddie Irvine	Jaguar-Cosworth R3B	24. Runde, Unfall
Heinz-Harald Frentzen	Arrows-Cosworth A23	21. Runde, Motor
Mika Salo	Toyota TF102	16. Runde, Antriebswelle
Mark Webber	Minardi-Asiatech PS02	10. Runde, Dreher
Allan McNish	Toyota TF102	1. Runde, Elektronik

* Nicht im Ziel, aber aufgrund der zurückgelegten Distanz gewertet

SCHNELLSTE RUNDE: (58. Rd.) – Rubens Barrichello, Ferrari F2002,
1.23,083 = 222,760 km/h
Neuer Rundenrekord

61. Sieg

Großer Preis von Frankreich
Magny Cours, 21. Juli 2002

Meisterprüfung bestanden

Barrichello kann nicht starten, Williams hat verwachst und Räikkönen auf Siegerkurs, rutscht auf einer Ölspur aus: »Schumi« ist, trotz eines Patzers, der fünfte Titel nicht zu nehmen. Dem Champ, der damit mit Fangio gleichgezogen hat, fehlen die Worte. Doch nicht alle Sponsoren sind zufrieden.

Bereits zum zwölften Mal reist der GP-Tross nach Magny-Cours. Damit setzt sich die Provinz-Piste alleine auf Platz zwei, was die Anzahl der ausgetragenen Formel 1-WM-Läufe betrifft. Nationaler Spitzenreiter ist der Circuit Paul Ricard bei Le Castellet, der zwischen 1971 und 1990 14 Mal Schauplatz des französischen Grand Prix war. Hinter Magny-Cours folgt der Hochgeschwindigkeitskurs von Reims mit elf Auflagen auf Platz drei. Daneben kamen im Laufe der Jahre Rouen, Clermont-Ferrand, Le Mans und Dijon zum Einsatz. Lediglich die USA weisen eine noch größere Vielzahl aktiver oder ehemaliger WM-Pisten auf. Die relativ einsame Lage macht den Circuit von Magny-Cours bei vielen Mitgliedern des harten F1-Kerns trotz der landschaftlichen Idylle der Region nicht gerade zu einer der beliebtesten Stationen im Kalender. Das wahre Problem der Anlage, die klinisch sterile Atmosphäre rund um das 4,2 Kilometer lange Asphaltband, wird von der Mehrheit der Besucher hingegen klaglos hingenommen oder gar völlig übersehen. Die südfranzösische Rennstrecke gilt als einer der Vorläufer des Typs »Retortenkurs«.
Im Mittelpunkt des Interesses steht natürlich Michael Schumacher, der sich seinen fünften WM-Titel am Sonntag vorzeitig sichern kann. Einen Tag vor dem Beginn des Trainings bemüht sich der Kerpener, den Rummel um seine Person herunterzuspielen. Und es sind keine diplomatischen Tricks, als er laut über das nachdenkt, was er hier zu erwarten glaubt: »Es ist ja kein Geheimnis – wir alle wissen, was sich hier unter ganz bestimmten Umständen abspielen kann. Ehrlich gesagt, denke ich nicht viel darüber nach, denn ich bin davon überzeugt, dass es hier nicht passieren wird. Ich bin hierher gekommen, um ein ganz normales Rennen zu fahren, wobei ich natürlich alles tun werde, um zu gewinnen. Mal sehen, wie es ausgeht. Wann es klappt, hier oder woanders – das ist aus meiner Sicht gar nicht wichtig. Wichtig ist nur, dass es klappt.« Auffällig ist: Den möglichen Titelgewinn umschreibt Michael Schumacher hartnäckig und wählt immer wieder die Formulierung »wenn es passiert«. Selbst wenn er jetzt nach Hause fliegt und sich erst in Suzuka zurückmeldet, hätte er immer noch Titelchancen!
Tatsache ist: Um sich WM-Titel Nummer fünf vorzeitig zu sichern und damit mit dem legendären Juan Manuel Fangio gleichzuziehen, muss »Schumi« mindestens sechs Punkte mehr sammeln als seine direkten Verfolger. Einen weiteren Sieg des deutschen Ferrari-Stars vorausgesetzt, könnten Rubens Barrichello und Juan Pablo Montoya den »Matchball« entsprechend mit einem zweiten Rang abwehren und die Entscheidung damit zu-

mindest bis zum Auftritt auf dem Hockenheimring vertagen. Aus Sicht des Kolumbianers scheint diese Aufgabe locker lösbar. Michael Schumacher beurteilt Montoyas Chancen ebenso realistisch, zumal er eine extrem starke Leistung von Michelin erwartet, liegt das Werk des französischen Reifenherstellers doch nur knapp 200 km südlich des Circuit.
Spätestens seit dem GP von Großbritannien steht natürlich auch Arrows mit im Mittelpunkt des Interesses. Inzwischen gibt es angeblich mehrere seriöse Investoren, die auf eine Übernahme des Rennstalls spekulieren. »Bis Ende August«, so Tom Walkinshaw voreilig, »werden alle Probleme aussortiert sein. Ob ich dann noch Mitglied des Managements sein werde, lässt sich nicht absehen.«
Ungewissheit auch bei Sauber. Der »Chef« will sich noch nicht festlegen, mit welchen Piloten er 2003 antreten wird. Trotzdem zweifelt niemand daran, dass er seine Option auf Nick Heidfeld einlösen wird. Aber wird er auch an Felipe Massa festhalten? »Es ist noch zu früh«, urteilt Sauber, »ihn endgültig einzuschätzen. Was mir bei ihm fehlt, ist der klar erkennbare kontinuierliche Aufwärtstrend.« Über die Namen derjenigen, die den Brasilianer ablösen könnten, wird offen gesprochen. Jenson Button hat sich bereits im Hinwiler Werk umgeschaut, und Giancarlo Fisichella steht auch auf der Liste potenzieller Neuzugänge.
Keiner von beiden wird den Zuschlag bekommen. Bereits an diesem Wochenende wird Buttons Wechsel zu BAR bekannt, wo er mit Beginn der nächsten Saison Olivier Panis ablösen wird. Buttons Renault-Drive, das zeichnete sich seit Monaten ab, wird der Spanier Fernando Alonso erhalten, dem alle Experten eine sehr erfolgreiche Zukunft prophezeien. Fisichella wiederum – und Peter Sauber ist diese Reaktion unverständlich – will in jedem Fall bei Jordan bleiben. Damit ist der Weg für Mister X frei, vorausgesetzt, Massas Dienste werden tatsächlich nicht mehr benötigt. Dass Heinz-Harald Frentzen im September in Massas Auto sitzen wird, würde sich zur Zeit nicht einmal der dreisteste aller Gerüchte-Verbreiter zu sagen wagen.
Sonnig und sehr warm ist es am ersten Trainingstag. Die französische Sommerluft erwärmt sich bis auf 27 Grad. Die Asphalttemperatur misst mittags knapp 50 Grad. Das ist Michelin-Wetter. Zumindest theoretisch. Da aber freitags ohnehin niemand mit letzter Konsequenz das Limit auslotet, bleibt diese Behauptung vorerst unbewiesen. Das Tempo diktieren die Silberpfeil-Piloten Coulthard und Räikkönen. Einige Beobachter winken müde ab und sprechen wieder einmal von »Vorstandszeiten«. David Coulthard persönlich gibt dieser Theorie Nahrung: »Wir haben zwar einige nützliche Dinge gefunden, die uns im Qualifying helfen werden. Ich bezweifle aber, dass die ausreichen, um Ferrari schlagen zu können. Mich würde es jedenfalls sehr wundern, wenn die Roten morgen nicht in der ersten Startreihe stehen.« Eines der Teams glänzt durch Passivität: Wie schon vor 14 Tagen gönnt sich Arrows einen freien Freitag. Die A23 von Frentzen und Bernoldi bleiben auch am Samstagvormittag in den Boxen, während sich die Konkurrenz zunächst unverändert auf das Rennen und während der Schlussminuten auf das Qualifying vorbereitet. Am vielversprechendsten gelingt das Michael Schumacher, Räikkönen, Coulthard, Barrichello und Button. Doch der Fight um den besten Startplatz scheint völlig offen: Ralf Schumacher fehlen als Siebtem des freien Trainings gerade einmal 0,754 Sekunden auf seinen älteren Bruder.
Als das Qualifying beginnt, erholt sich Giancarlo Fisichella von einem Crash am Vormittag. In der 39. Minute der ersten Session kam der Jordan des Italieners ausgangs »Estoril« auf die Kerbs. Er verlor den Frontflügel, der sich unter dem Wagenbug so

verkeilte, dass die vorderen Räder keinen Bodenkontakt mehr hatten. Von dieser Sekunde an ließ sich der gelbe Bolide weder lenken noch effektiv abbremsen. Beim Aufprall in die Reifenstapel wurde »Fisico« derart durchgeschüttelt, dass er wenig später für kurze Zeit die Besinnung verlor. Rennarzt Professor Sid Watkins rät ihm daraufhin, für den Rest des Weekend blauzumachen. Entsprechend fehlt der Pechvogel im Qualifying. Dafür aber tauchen jetzt beide Arrows auf der Piste auf. Gleich zu Beginn unternehmen Frentzen und Bernoldi je einen Versuch. Walkinshaw hat die Runden aus formaljuristischen Gründen angeordnet. Die Absicht, sich für das Rennen zu qualifizieren besteht nicht. Die Boxen verlassen die Arrows-Cosworth erst dann wieder, als das Material für den Heimweg in die Transporter verladen wird. Walkinshaw bedauert, dass man an der Qualifikation gescheitert sei.
Die 19 übrig gebliebenen Piloten geben hingegen munter Gas. Und nach 60 Minuten ist es dann wieder einmal Juan Pablo Montoya, der den Schlusspunkt setzt: Mit der einzigen Elfer-Zeit – 1.11,985 Minuten – sichert er sich die fünfte Pole in Folge. In acht Tagen wird seine Serie allerdings abreißen. Als Qualifying-King wird er sich erst wieder am 14. September in Monza feiern lassen können.
Abends kommt unerwartet Wirbel auf. Telefonisch wird Heinz-Harald Frentzen kurz vor seinem Abflug in Lurcy-Lévis gestoppt. Die Deutsche Post AG, Jordans Hauptsponsor, bemüht sich aufgrund einer Idee von Manager Professor Gert Schukies darum, den Mönchengladbacher am Sonntag in den verwaisten Fisichella-Boliden zu setzen. Erstaunen macht sich breit: Hatte die Post nicht vor Jahresfrist tatenlos zugesehen, als »HHF« unmittelbar vor dem deutschen GP von Jordan entlassen wurde? Die Drähte glühen. Dann reist Frentzen ab. Nein, bevor Eddie Jordan nicht die immer noch ausstehende Gage gezahlt hat, will er nicht für ihn arbeiten.
Als der Start in die Formationsrunde näher rückt, wird deutlich, dass es Probleme mit dem F2002 von Rubens Barrichello gibt. Sein Rennwagen wird doch nicht etwa schon wieder ... Die Boliden der Konkurrenz sind einsatzklar, aber der Ferrari des Brasilianers steht immer noch auf den Wagenhebern aufgebockt. Im letzten Augenblick – während der letzten 15 Sekunden darf nicht mehr am Auto gearbeitet werden – senkt ein Mechaniker die Hinterachse ab. Vorn aber bleibt der Wagen aufgebockt.
Während Montoya das Feld in die Einführungsrunde führt, wird Barrichellos Wagen in die Boxengasse geschoben, wo sich die Ingenieure vergeblich abmühen, zu reanimieren. Ein defekter Getriebesensor sorgt für den technischen K.o.
Vorn hat Montoya keine Mühe, sofort das Kommando zu übernehmen. Hinter dem blauweißen FW24 schießen als dichteste Verfolger Michael Schumacher, Räikkönen, Ralf Schumacher, Coulthard, Button und Massa – der von Platz zwölf gestartet ist – durch die Startkurve. Im Mittelfeldgedränge kollidieren die Autos von Panis und Sato. Beide rodeln ebenso durch den Kies wie der Jaguar von de la Rosa, der weitsichtig vom Asphalt flüchtet, um nicht in den Händel verwickelt zu werden.
Während die Zuschauer sich noch über das Phantom mit Namen Massa wundern, haben die Frühstart-Sensoren längst im Office der Rennleitung Alarm geschlagen. Das fällige Strafmaß ist hinreichend bekannt: Der Brasilianer bekommt eine Drive-Through-Penalty. Er muss einmal unter Berücksichtigung des Speedlimits durch die Boxengasse rollen. Nach sieben Runden schert der Südamerikaner zu Sühnezwecken aus dem fließenden Verkehr aus. Zu diesem Zeitpunkt führt Montoya mit 0,6 Sekunden Vorsprung vor Michael Schumacher. Button fehlen als Sechstem gerade einmal

4,8 Sekunden auf den kolumbianischen Spitzenreiter. Das Rennen verspricht einen spannenden Verlauf.
Das Bild an der Spitze ändert sich aufgrund der ersten Stopps. Jetzt führt Michael Schumacher vor Montoya, der das Tempo des Deutschen nicht mitgehen kann. Innerhalb von nur sieben Runden fährt der Champion dem Pole-Setter um mehr als acht Sekunden davon. Grund zur Gelassenheit hat er allerdings nicht. Längst wurde er per Funk darüber unterrichtet, dass er nach seinem Boxenstopp beim Einfädeln auf die Piste die berühmte »weiße Linie« überfahren hat. Und jetzt, nach 35 Runden, muss er zur Strafe durch die Boxengasse rollen.
Zu Beginn der zweiten Rennhälfte dürfen sich Montoya, der nun wieder führt, der zweitplatzierte Räikkönen sowie die Brüder Schumacher – Michael liegt vor Ralf – und Coulthard Siegchancen ausrechnen. Die fünf Piloten werden durch gerade einmal drei Sekunden getrennt!
Mit zunehmender Renndauer wird anschließend immer klarer, dass die Williams-Piloten mit der Wahl der harten Michelins verwachst haben. Der Grund: Die Temperaturen sind nicht mehr so hoch wie am Vortag. Und Ralf Schumacher reiht sich zudem in die Liste der »Ritter von der weißen Linie« ein, auf der wenig später auch David Coulthards Name auftaucht. Damit ist der Fünferpack auf Räikkönen, der heute seine ersten F1-Führungskilometer abspult, und Michael Schumacher zusammengeschmolzen. Zwischen diesen beiden muss sich das Rennen entscheiden. Aber niemand rechnet damit, dass der Rheinländer alles auf eine Karte setzen wird, denn die Vorstellung, sich den Titel auf dem Hockenheimring zu sichern, fasziniert ihn sicherlich.
Entsprechend scheint der Grand Prix gelaufen, als Räikkönen und Michael Schumacher mit einer Sekunde Abstand in die 68. der 72 Runden fliegen. Dann aber tut sich auf der Piste Sensationelles: Auf der Anfahrt zur Haarnadelkurve »Adelaide« rutscht der Spitzenreiter geradeaus. Niemand hat ihn vor dem Öl gewarnt, das kurz zuvor aus dem verendenden Motor des Toyota von Allan McNish sprühte. Ganz weit wird der Finne nach außen getragen. »Schumi« nutzt die Gunst der Sekunde. Auf der In-

nenbahn sticht der Ferrari in Front. Obwohl Räikkönen mit Rang zwei seine bisher beste F1-Platzierung erreicht, wird er nach dem GP vom »enttäuschendsten Rennen meines Lebens« sprechen. Montoya steckt die erneute Schlappe mit besserer Moral weg: »Die Reifenwahl war falsch. So etwas kann immer einmal passieren. Michael Schumacher möchte ich gratulieren. Er hat den Titel verdient. Er fährt das beste Auto und nutzt sein Material perfekt. Aber ich kann auch nicht klagen. 2001 wurde ich WM-Sechster, jetzt liege ich auf Rang zwei und will Vize-Champion werden.«
»Ja, wie fühle ich mich?«, fragt sich Michael Schumacher nach der Siegerehrung, um Zeit zu gewinnen. Wie so oft in Momenten absoluten Glücks ringt er nach Worten. Und es ist ihm voll bewusst, dass er schneller fährt, als er spricht, denn er erklärt: »Ich bin überwältigt. Während des ganzen Wochenendes war ich völlig entspannt. Ehrlich – ich hatte nicht das Gefühl, dass es mit dem Titelgewinn hier klappt.« Jetzt kommt er langsam in Fahrt. In Gedanken durchlebt er das für ihn so wichtige Rennen noch einmal. »Ich bekam natürlich mit, was Rubens passierte«, erinnert er sich, »und auch, dass wir schnell genug waren, um Montoya im Griff zu haben. In dieser Phase begann ich, an den Titel zu denken. Doch dann unterlief mir der Fehler mit der weißen Linie. Es waren wohl eher Millimeter als Zentimeter, die ich falsch lag. Aber das spielt natürlich keine Rolle – die weiße Linie darf nicht überfahren werden.«
Damit, so »Schumi", lag der Titel wieder außerhalb seiner Reichweite. Auch in der Schlussphase habe er nicht an eine Titelchance geglaubt. »Aber dann«, so der jetzt fünfmalige Champion, »machte ich Druck. Man weiß nie, wofür's gut ist. Doch Kimi fuhr stark und ließ sich nicht nervös machen. Das Öl kostete ihn den Sieg. Wenn du das Öl nicht erkennst, dann machst du gar nichts. Sein Pech war mein Glück, denn wegen seiner Probleme konnte ich reagieren. Was dann folgte, waren wohl die fünf schlimmsten Runden meiner Karriere. Plötzlich spürte ich die Last auf meinen Schultern – jetzt bloß keinen Fehler machen. Schließlich hatte ich es geschafft und wurde – von meinen Gefühlen übermannt. Ich stand während der letzten Tage offenbar doch wesentlich stärker unter Druck, als ich es mir selbst eingestanden hatte.«
Und dann zerbricht sich Michael Schumacher den Kopf wegen eines Problems, das vor ihm nur ein einziger Mensch auf dieser Welt hatte: Welcher der insgesamt fünf WM-Titel ist der schönste? »Auf jeweils seine Art", antwortet der Champion, »ist jeder einzelne etwas Besonderes. Man kann diese Erfolge nicht miteinander vergleichen. Weltmeister zu werden, ist nichts, an das man sich gewöhnen kann. Die Freude und das fantastische Gefühl sind immer wieder neu.«
Die 80.000 Zuschauer sind längst auf dem Heimweg, als sich im Fahrerlager das Gerücht verbreitet, Michael Schumacher habe eventuell doch nicht gewonnen. McLaren-Mercedes hat die Rennleitung auf einen möglichen Regelverstoß des Deutschen hingewiesen. Die Argumentation der Silberpfeile: Der Ferrari-Pilot habe Kimi Räikkönen illegal »unter Gelb« überholt, da am Ort des Geschehens wegen des ausgefallenen McNish-Toyota gelbe Warnflaggen geschwenkt wurden. Die drei Stewards Bryan Brophy, Mumtaz Tahincioglu und Jean-Claude Cresp studieren das Videomaterial, vernehmen die beteiligten Parteien und kommen zu dem Ergebnis: Alles lief korrekt ab, denn Schumacher war nicht verpflichtet anzuhalten und zu warten, bis Räikkönen wieder den Weg zurück auf die Piste gefunden hat. McLaren-Mercedes lenkt ein und verzichtet darauf, gegen diese Entscheidung Protest einzulegen. Die entsprechende Erklärung entlarvt Ron Dennis & Co. jedoch als schlechte Verlierer. Das Reglement, so

heißt es, müsse in puncto gelbe Flaggen überprüft werden. Mit Blick auf die Entscheidung im Titelkampf halte man es jedoch für unangemessen, weitere Schritte einzuleiten. Jetzt ist Michael Schumacher endgültig Weltmeister der Saison 2002.
Bis tief in die Nacht hinein feiert die Scuderia Ferrari im Hotel »Le Grand« inmitten des kleinen Dörfchens Magny-Cours. Sogar Rubens Barrichello, der an Bord seines Jets auf dem Flughafen von Nevers schon auf die Startfreigabe wartete, nimmt an der Party teil. Der Brasilianer wurde telefonisch informiert, und er reagierte umgehend, obwohl er eigentlich eher in Moll gestimmt ist. »Rubinho« ist nicht der einzige, der bei Licht betrachtet keinen richtigen Grund hat, fröhlich zu sein. Auch die Vertreter des Ferrari-Sponsors Marlboro leeren ihre Gläser eher aufgrund ihres Pflichtgefühls als aus Überzeugung. Die Fotos von Michael Schumachers historischem Triumph, die seit dem Nachmittag um die Welt gehen, zeigen den F2002 des Rheinländers ohne Schriftzug und Logo der Zigaretten-Marke. Aus Sicht des US-Konzerns Philip Morris hätte sich »Schumi« keinen falscheren Zeitpunkt auswählen können, um vorzeitig Champion zu werden. Aber was hätte er tun sollen? Der Titelgewinn war nicht zu verhindern.

ERGEBNISSE UND AUSFÄLLE

1. Michael Schumacher	Ferrari F2002	1:32.09,837 =199,135 km/h
2. Kimi Räikkönen	McLaren-Mercedes MP4/17	1,105 Sekunden zurück
3. David Coulthard	McLaren-Mercedes MP4/17	31,976 Sekunden zurück
4. Juan Pablo Montoya	Williams-BMW FW24	40,676 Sekunden zurück
5. Ralf Schumacher	Williams-BMW FW24	41,773 Sekunden zurück
6. Jenson Button	Renault 8202	1 Runde zurück
7. Nick Heidfeld	Sauber-Petronas C21	1 Runde zurück
8. Mark Webber	Minardi-Asiatech PS02	1 Runde zurück
9. Pedro de la Rosa	Jaguar-Cosworth R3B	2 Runden zurück
10. Alex Yoong	Minardi-Asiatech PS02	4 Runden zurück
11. Allan McNish *	Toyota TF102	7 Runden zurück/Motor
Eddie Irvine	Jaguar-Cosworth R3B	53. Runde, Bruch des Heckflügels
Jarno Trulli	Renault 8202	50. Runde, Motor
Felipe Massa	Sauber-Petronas C21	49. Runde, Kraftübertragung
Mika Salo	Toyota TF102	49. Runde, Motor
Jacques Villeneuve	BAR-Honda 004	36. Runde, Motor
Olivier Panis	BAR-Honda 004	30. Runde, Unfallfolgen
Takuma Sato	Jordan-Honda EJ12	24. Runde, Unfall

* Nicht im Ziel, aber aufgrund der zurückgelegten Distanz gewertet

SCHNELLSTE RUNDE: (62. Rd.) – David Coulthard, McLaren-Mercedes MP4/17
1.15,045 = 203,925 km/h
Neuer Rundenrekord

62. Sieg

Großer Preis von Deutschland
Hockenheim, 28. Juli 2002

Feuertaufe für heiße Piste

Obwohl der Titelkampf entschieden ist, verläuft der Große Preis von Deutschland alles andere als langweilig. Der umgebaute Hockenheimring bietet reichlich Raum für spektakuläre Überholmanöver, aus denen sich der alte und neue Weltmeister aber heraushalten kann: Der einmal mehr überragend fahrende Schumacher bestimmt das Rennen von Anfang an und schafft einen lupenreinen Start-Ziel-Sieg.

Mit gemischten Gefühlen reisen Besucher und Aktive ins Badische, denn vom berühmten Hockenheimring ist nicht viel übrig geblieben – genauer gesagt: 67 Prozent, denn die Piste wurde von 6,825 auf 4,574 km verkürzt. Der Schritt kam nicht überraschend. Bereits in den 80er Jahren waren Überlegungen angestellt worden, den Piloten die langen Wege zur Ostkurve und wieder zurück zu ersparen.
Der komplette »Rumpf-Ring« – also die alte Passage und die notwendig gewordene Abkürzung – wurde rechtzeitig für den deutschen Grand Prix neu asphaltiert. Und in einem Aufwasch ließen die Verantwortlichen die Eingangskurve ins Motodrom sowie die Süd- und die Nordkurve unter Berücksichtigung von Sicherheitsaspekten modifizieren.
Aufgrund der Umbaumaßnahmen hat der Circuit seinen einzigartigen Charakter verloren. Sich auf einer nur acht Meter breiten Piste mit einem Tempo von über 350 km/h Rad an Rad mit dem Rivalen durch den Kiefernwald zu katapultieren, gehörte zu den ganz großen Herausforderungen jedes Rennjahres.
Aufgrund sofort eingeleiteter Renaturierungs-Schritte bekamen Wald und Eichhorn jenes Terrain wieder zurück, dass vor Jahrzehnten unter einer Teerdecke verschwand. Ob möglicherweise ein Denkmal kompostiert wurde, werden spätere Generationen objektiv beurteilen können. Von weiten Teilen der Rennstrecke existieren jedenfalls nur noch Fotos und Filmaufzeichnungen.
Auf Anhieb kann man allerdings feststellen, dass zahlreiche neue Zuschauerplätze – speziell im Bereich der Haarnadelkurve und des »Kleinen Motodroms« – entstanden sind.
Dem Veranstalter schmeckt es zwangsläufig nicht besonders, dass Michael Schumacher den Titelkampf bereits am Vorwochenende zu seinen Gunsten entschieden hat. Mit einem ausverkauften Haus darf die Hockenheimring GmbH jetzt nicht mehr rechnen.
Eine der wichtigsten Nachrichten macht bereits donnerstags die Runde: Das Team Arrows ist nicht nur angereist, es will auch ganz regulär an Training, Qualifying und Rennen teilnehmen. Heinz-Harald Frentzen fällt ein Stein vom Herzen: »Die Vorbereitungen liefen völlig normal ab, und ich kann den Beginn des ersten Trainings kaum abwarten.« Es wird das letzte Rennen sein, das er für Tom Walkinshaw bestreitet. Parallel stellt der Mönchengladbacher die Weichen für die Zukunft: Am Sonntagabend ei-

nigt er sich mit Teamchef Peter Sauber auf einen Einjahresvertrag für 2003. Mit der offiziellen Bekanntgabe des Deals warten die Hinwiler allerdings noch bis zum Ende des nächsten Monats.
Und wie sieht es mit der, Rubens Barrichello zugesagten, Unterstützung aus? »Rubens«, antwortet der Weltmeister, »hat von diesem Wochenende an, unabhängig vom Qualifying-Resultat, zusätzlich das T-car zur Verfügung. Was das Rennen betrifft, verweise ich auf alle Aussagen, die wir im Anschluss an den GP von Österreich machten.« Mit anderen Worten: Diejenigen, die sich in Zeltweg wegen der Team-Order aufregten, werden doch jetzt nicht etwa eine solche Maßnahme verlangen.
Nach dem vorzeitigen Titelgewinn erklärt Michael Schumacher, wie er sich den Verlauf der Restsaison vorstellt. Sein Erfolgshunger ist ungebrochen: »Wir wollen die ausstehenden sechs Rennen gewinnen. Meine Einstellung ist doch bekannt – lieber gewinnen als verlieren.« Das gilt in ganz besonderem Maße für den WM-Lauf am Wochenende, und »Schumi« sagt weshalb: »Hier habe ich bisher erst einmal gesiegt. Diese eher magere Bilanz möchte ich natürlich aufpolieren.«
Während der Champion allen Grund hat, auch sein berufliches Leben in vollen Zügen zu genießen, fighten andere darum, ihre F1-Karriere überhaupt fortsetzen zu können. Dem Schotten Allan McNish eröffnet Toyota in Hockenheim, dass man seine Dienste im nächsten Jahr nicht benötigt. Die Kündigung für Mika Salo ist ebenfalls bereits beschlossene Sache. Aber die »Toyoten« warten vorläufig noch ab, bis sie dem Finnen diese Entscheidung mitteilen. Olivier Panis hingegen hat seine Kündigung durch BAR bereits verdaut. Der Franzose strahlt Optimismus aus. »Ich mache mir keine großen Sorgen«, verkündet er im Plauderton, »denn mein Management steht mit mehreren Teams in Verhandlungen. Darunter auch – und das ist kein Scherz – mit BAR.«
Verrückte Formel 1. Sollte David Richards Panis tatsächlich aus der Vordertür hinaus komplimentieren und durch den Hintereingang wieder an Bord bitten? Möglich wäre dieser Salto nur dann, wenn sich der Rennstall von Jacques Villeneuve trennen sollte. Daran denkt Villeneuve nicht ernsthaft. »Falls mich Ferrari ruft«, meint er lächelnd, »gehe ich natürlich. Aber das erwarte ich nicht. Also werde ich bleiben.«
Bewölkter Himmel, vereinzelte Regentropfen und bescheidene 17 Grad Lufttemperatur – freitags ist vom traditionellen »Glutofen von Hockenheim« nicht viel zu spüren. Pünktlich um elf Uhr beginnen die »Schnupperrunden« auf dem Torso des Hockenheimrings. Schnell wird deutlich, dass die neue Anlage eine ganz wichtige Bedingung erfüllt: Überholmanöver sind endlich wieder möglich. Außerdem kann, dank der jetzt steiler gestellten Flügel, auch im Motodrom Gas gegeben werden. Mit dem klassischen low-downforce-set-up rutschten die Boliden – ausgerechnet dort, wo sich das Gros der Fans versammelt – stets hilflos durch die Kurvenkombinationen.
Tagessieger wird Rubens Barrichello, der sich mit 0,075 Sekunden Vorsprung denkbar knapp vor seinem Teamkollegen hält. Mit Panis, Räikkönen und Heidfeld rangieren hinter dem roten Duo aus Maranello weitere Bridgestone-Kunden. Dann erst, als Sechster, folgt Montoya als erster Vertreter des oppositionellen französischen Gummi-Lagers. Offensichtlich, so die einhellige Meinung, »fröstelt's« den Pneus aus Clermont-Ferrand.
Dr. Mario Theissen, der Wahl-Münchner, nennt einen weiteren Grund, weshalb sich Montoya und Ralf Schumacher hier schwer tun werden, die Vorjahres-Gala zu wiederholen: »Uns fehlen natürlich die langen Geraden durch den Wald, auf denen wir die Stärke

unserer Motoren voll ausspielen konnten.« Toyotas Norbert Kreyer, wie Dr. Theissen aufgrund der Eifeler Herkunft schon in jungen Jahren am Nürburgring durch den PS-Bazillus infiziert, schließt sich dieser Meinung an: »Mir wäre es lieber, auf der alten Power-Strecke zu fahren. Die hätte unseren Autos sicherlich recht gut gelegen.«
Zwischen den zwei einstündigen Sitzungen, mittags um 12.10 Uhr, wird die Formel 1 von ihrer Vergangenheit eingeholt. Im »McLaren-Palast« wird ein Video mit Mika Häkkinens Abschiedsbotschaft ausgestrahlt. Der Finne grüßt aus den Wäldern seiner finnischen Heimat. Die Ansprache des Ex-Champion lässt sich auf einen kurzen Nenner bringen: Macht's gut, Jungs. Mit mir braucht ihr nicht mehr zu rechnen, denn ich habe mich an noch schönere Seiten des Lebens gewöhnt. Überraschend kommt das Bekenntnis nicht, zumal Mika Salo schon längst von der Entscheidung seines Landsmanns erzählt hat.
Am folgenden Tag zeichnet sich während des freien Vormittags-Trainings ein Duell zwischen den Teams von Ferrari und Williams-BMW ab. Michael und Ralf Schumacher führen die Zeitenliste vor Barrichello und Montoya an. Knapp eine Sekunde liegt das Quartett auseinander. Als drittstärkster Rennstall tritt Sauber-Petronas auf, aber den Piloten des Hinwiler Teams fehlen bereits 1,3 Sekunden im Fall Heidfeld – und 1,5 Sekunden auf die vom Champion vorgelegte Zeit von 1.14,487 Minuten.
Zu Beginn des Qualifying feiern die Zuschauer die Formel 1, sich selbst und sicherlich in ganz besonderem Maße Michael Schumacher mit »La Ola«. Wird sich das Idol der Fans durchsetzen können? 46 Mal startete es bisher von der Pole – allerdings nur zweimal in Hockenheim. Andererseits muss gefragt werden: Wie wichtig ist der beste Startplatz auf dem Hockenheimring? 2000 holte sich Barrichello hier die volle Punktzahl, nachdem der Brasilianer von der 18. Position aus ins Rennen gegangen war.
In der zehnten Minute eröffnet Alex Yoong die Aktivitäten auf der Piste. Mit einer eher bescheidenen Runde in 1.21,471 Minuten setzt er sich mangels Konkurrenz auf Platz eins. Was folgen wird, scheint vorprogrammiert: Die Umkehrung eines alten Bibelspruchs: Die Ersten werden die Letzten sein.
Als erste der Top-Guns gibt Kimi Räikkönen knapp vor »Halbzeit« Gas. Seine Runde in 1.16,182 Minuten reicht zwar aus, um die Führung zu übernehmen, kann die Favoriten allerdings nicht aus der Ruhe bringen.
Als sich die Qualifying-Session ihrem Ende zuneigt, rangiert Ralf Schumacher ganz vorn. In der 52. Minute hat der zweitgrößte Sohn Kerpens eine Zeit von 1.14,570 auf den Asphalt geschmettert. Jetzt muss »Schumi II« zittern. Der vorgelegte Wert hält zunächst allen Angriffen stand, dann aber – in der Schlussminute – unterbietet ihn sein Bruder um 0,181 Sekunden. Hinter den Speed-Brothers landen Barrichello und Montoya, dessen Pole-Serie damit beendet ist. Der Südamerikaner nimmt's gelassen: »Die fünf Pole-Positions brachten mir keinen Sieg. Vielleicht hole ich ja aus der zweiten Reihe zehn Punkte?«
Und Alex Yoong? Der ist tatsächlich Letzter geworden. Schlimmer noch: Der Asiate ist erneut an der 107%-Hürde gescheitert. Und weil ein entsprechendes »Gnadengesuch" erwartungsgemäß abgelehnt wird, darf er am Sonntag nicht teilnehmen. Yoong ist am Boden zerstört, und Minardi-Chef Paul Stoddart reagiert. Der Malaysier soll sein derangiertes Nervenkostüm auf Vordermann bringen und muss deshalb in Ungarn (Mogyoröd) und Belgien (Spa) pausieren.
Nach zwei aufeinander folgenden Start-Flops spricht die Statistik vor Rennbeginn

nicht für eine weitere Panne am F2002 von Rubens Barrichello. Nach Plan läuft es für den Brasilianer allerdings erneut nicht. Während der letzten Check-Runden entscheidet er sich relativ spät, ins T-car umzusteigen. Die Zeit läuft davon. Aber trotz der Hektik behalten die Roten die Nerven: 17 Sekunden bevor das Rotlicht die Boxenausfahrt versperrt, entkommt der Bolide mit Startnummer zwei hinaus auf die Piste. Das Schicksal hat sich für heute ein anderes Opfer ausgesucht.

Im Augenblick des Starts hat Michael Schumacher keine Mühe, das Geschehen von der Spitze aus zu kontrollieren. Vor seinem Bruder und Barrichello lenkt er in die Nordkurve ein. Dahinter folgt Räikkönen, der sich seinen Vordermann Montoya auf der Außenbahn (!) schnappt. Auf dem Startplatz bleiben der Minardi von Mark Webber und Frentzens Arrows zurück. Während der Australier dem Feld mit geringfügiger Verspätung nachjagen kann, muss der A23 des Deutschen in die Boxengasse geschoben werden, wo sich die Ingenieure sofort fieberhaft der streikenden Technik annehmen. Unter dem Jubel der Fans fliegt Michael Schumacher mit 1,6 Sekunden Vorsprung vor seinem Bruder in die zweite Runde. Und er kann den Abstand weiter vergrößern, denn die nächsten 4,5 Kilometer lassen die Lücke zwischen den beiden Schumachers auf 2,5 Sekunden anwachsen. Jetzt endlich, alle Kollegen befinden sich inzwischen in Runde drei, greift auch Frentzen ins Geschehen ein. Sein Rückstand ist absolut hoffnungslos.

Nach zehn Runden bietet sich folgendes Bild: Michael Schumacher hat sein Zeitpolster auf 5,1 Sekunden ausbauen können. Um Rang zwei fighten Ralf Schumacher und Barrichello, die als Tandem unterwegs sind. Noch enger geht es zwischen Räikkönen und Montoya zu, die auf den Spitzenreiter zwar schon mehr als 15 Sekunden verloren haben, selbst aber innerhalb von nur 0,5 Sekunden durch die Lichtschranke bei Start-und-Ziel fliegen. Weitere acht Sekunden zurück folgt Trulli als »Lokomotive« eines D-Zugs mit den »Waggons« Coulthard, Fisichella, Panis, Massa und Heidfeld. Nichts, aber auch gar nichts schenken sich die Akteure dieser Kampfgruppe.

Dann erleben die Schumacher-Fans im Bereich der Nordkurve eine Schrecksekunde. Ihr Idol nimmt falsch Maß, kommt auf die Kerbs und wird anschließend weit nach außen getragen. Cool fängt er seinen Ferrari ab – weniger als eine Sekunde kostet ihn der Patzer.

Was nun folgt, ist einer der Höhepunkte des gesamten Rennjahres: Montoya setzt sich draußen in der Haarnadelkurve neben seinen Vordermann Räikkönen, um den vom vierten Platz zu verdrängen. Doch der Finne hält dagegen. Nebeneinander fahrend, nimmt der Zweikampf seinen Lauf – nicht für einhundert oder zweihundert Meter, sondern bis ins Motodrom, wo sich der kolumbianische Angreifer endlich durchsetzen kann.

Keine Frage, dieses Duell ist nur aufgrund der neuen Streckenführung möglich. Nicht nur das Publikum, auch die Piloten genießen das »längste Überholmanöver der Welt«, das vor dem Hintergrund generell immer rauer werdender Duell-Sitten eine wohltuende Abwechslung darstellt. Die beinharte Auseinandersetzung geht ohne die geringste erkennbare Unsportlichkeit über die Bühne! Nun hat Montoya freie Fahrt. Aber der High-Speed-Paarlauf mit Räikkönen hat weitere kostbare Zeit gekostet.

Von Michael Schumacher trennen ihn jetzt glatte 19 Sekunden. Nur einen Umlauf später überholt Coulthard den Italiener Trulli. Damit liegen die sechs Boliden der drei Top-Teams standesgemäß vorn: Ferrari, Williams, Ferrari, Williams und zwei McLaren.

In Runde 19 endet der Leidensweg von Heinz-Harald Frentzen. Wegen eines Hydraulikschadens lassen sich die Gänge nicht mehr schalten. »Ausgerechnet bei meinem Heim-GP muss so etwas passieren«, stöhnt der Mönchengladbacher, »aber woher soll die Hydraulik wissen, dass wir auf dem Hockenheimring fahren.« Der Galgenhumor tröstet ihn etwas über die Enttäuschung hinweg, nachdem er für immer aus dem Arrows-Cockpit geklettert ist. In wenigen Tagen wird er sich aus dem Team verabschieden und dann erst in Indianapolis ein überraschendes Comeback geben.
Zwischen der 26. und der 30. Runde legen die sechs vorn platzierten Piloten ihre ersten Routinestopps ein. An der Reihenfolge ändert sich dadurch nichts, aber »Schumi II« verliert einige Sekunden, weil ihm bei der Anfahrt zu den Boxen Villeneuves BAR im Weg »steht«. Während des 33. Umlaufs tauschen die zwei Sauber-Piloten ihre Plätze zugunsten von Heidfeld, dem die Teamführung auf der Jagd nach dem siebtplatzierten Panis die besseren Chancen einräumt.
Wenig später fängt sich Räikkönen hinten links einen Plattfuß ein. Auf dem Weg an die Boxen macht er trotz des Handicaps Dampf und rutscht prompt von der Piste. Mehr als zwei Minuten benötigt er für die Runde. Als er das Rennen wieder aufnimmt, rangiert er als Schlusslicht.
Als Panis nicht aus der 40. Runde zurückkehrt, meldet Massa prompt Ansprüche auf seinen »alten Platz« vor Heidfeld an, doch Peter Sauber erfüllt diesen Wunsch nicht.
Zwischen Runde 46 und 49 erfolgt die nächste Stopp-Serie. Barrichellos Ferrari steht schier endlose 21,2 Sekunden an den Boxen, weil sich die Tankklappe nur unter Mühen öffnen lässt. Auch Ralf Schumacher verliert Zeit. Er gibt Gas, obwohl der Lollipop noch nicht hochgerissen ist. Sicherheitshalber tritt er wieder auf die Bremse – alles okay? Ja! Nachdem die Hektik an den Boxen verflogen ist, ergibt sich ein klares Bild: Barichello musste das widerspenstige Verhalten des Tankdeckels teuer bezahlen. Hinter seinem Teamkollegen, dessen Bruder Ralf und Montoya liegt der Brasilianer nun nur noch auf Rang vier. Dann folgt Coulthard vor dem Sauber-Duo in der künstlich angeordneten Reihenfolge.
Nach 63 Runden wird es dann noch einmal spannend, als Ralf Schumacher unerwartet seine Crew bemüht. 7,2 Sekunden benötigen die Mechaniker, um Luft für das pneumatische Ventilsystem »nachzutanken«. Montoya lässt sich nicht zweimal bitten und übernimmt kampflos Rang zwei. Keine sechs Minuten später winkt der Mann mit der schwarzweiß-karierten Flagge den ersten WM-Lauf auf dem verkürzten Hockenheimring ab. Der allgemeine Tenor: Feuertaufe bestanden, auch wenn die Traditionalisten die Wald-Geraden nicht so schnell vergessen werden.
Bei der »Nachbesprechung« des Grand Prix im Fahrerlager macht der Sieger weder aus seiner Freude noch aus dem kleinen Wermutstropfen ein Geheimnis: »Jeder weiß, dass ich dieses Rennen bisher auf Ferrari nicht gewinnen konnte. Jetzt habe ich es geschafft. Es ist unglaublich, wie gut es in diesem Jahr für uns läuft.« In einem Punkt ist Michael Schumacher mit dem Endergebnis allerdings nicht zufrieden: »Es ist eine Schande, was Ralf passierte. Zwei Schumachers auf den Plätze eins und zwei – das wäre doch toll gewesen. Künftig wird es hoffentlich noch Gelegenheiten geben, dieses Resultat nachzuholen.«
Den Platz, auf dem der Champion so gern seinen Bruder gesehen hätte, nimmt jetzt dessen Teamkollege Juan Pablo Montoya ein. Der ist davon überzeugt, dass ihn der zeitraubende Zweikampf mit Räikkönen möglicherweise um ein noch besseres Abschneiden

brachte: »Als ich einmal vorbei war, fuhr ich die Zeiten der Jungs an der Spitze. Aber das nützte mir nichts, denn ich lag schon zu weit zurück.« Manchmal, sagt er nachdenklich, reiche es nicht, schnell zu sein. Man brauche auch das notwendige Glück. Aber gerade das stand ihm doch zur Seite, um Platz zwei heimfahren zu können? »Sag'ich ja«, antwortet er,"so ist es im Rennsport – Glück und Pech spielen eine gewaltige Rolle. Zuletzt startete ich bekanntlich fünfmal hintereinander von der Pole-Position, kam aber nie so weit vorn ins Ziel wie heute – vom vierten Startplatz aus.«
Vorjahressieger Ralf Schumacher hadert mit dem Schicksal und betet all' die Zwischenfälle herunter, die heute ein besseres Ergebnis verhinderten. Unterm Strich findet er dann allerdings einen versöhnlichen Nenner: »Wir sind auf den Plätzen zwei und drei gelandet, was gut für unserTeam ist. Wir hatten schon schlechtere Wochenenden, würde ich meinen.« Andersherum gesagt: Auf das Jahr 2002 bezogen, war Williams bisher lediglich in Sepang noch besser als auf dem umgebauten Hockenheimring.

ERGEBNISSE UND AUSFÄLLE

1. Michael Schumacher	Ferrari F2002	1:27.52,078 = 209,262 km/h
2. Juan Pablo Montoya	Williams-BMW FW24	10,503 Sekunden zurück
3. Ralf Schumacher	Williams-BMW FW24	14,466 Sekunden zurück
4. Rubens Barrichello	Ferrari F2002	23,195 Sekunden zurück
5. David Coulthard	McLaren-Mercedes MP4/17	1 Runde zurück
6. Nick Heidfeld	Sauber-Petronas C21	1 Runde zurück
7. Felipe Massa	Sauber-Petronas C21	1 Runde zurück
8. Takuma Sato	Jordan-Honda EJ12	1 Runde zurück
9. Mika Salo	Toyota TF102	1 Runde zurück
Giancarlo Fisichella	Jordan-Honda EJ12	60. Runde, Motor
Kimi Räikkönen	McLaren-Mercedes MP4/17	60. Runde, Unfall
Eddie Irvine	Jaguar-Cosworth R3B	58. Runde, Bremsen
Enrique Bernoldi	Arrows-Cosworth A23	49. Runde, Motor
Olivier Panis	BAR-Honda 004	40. Runde, Getriebe
Jarno Trulli	Renault 8202	37. Runde, Unfall
Jacques Villeneuve	BAR-Honda 004	28. Runde, Getriebe-Hydraulik
Jenson Button	Renault 8202	25. Runde, Motor
Allan McNish	Toyota TF102	24. Runde, Motor
Mark Webber	Minardi-Asiatech PS02	24. Runde, Hydraulik
Heinz-Harald Frentzen	Arrows-Cosworth A23	19. Runde, Hydraulik
Pedro de la Rosa	Jaguar-Cosworth R3B	1. Runde, Getriebe

SCHNELLSTE RUNDE: (44. Rd.) – Michael Schumacher, Ferrari F2002
1.16,462 = 215,354 km/h
Rundenrekord
Kurs in dieser Form zum ersten Mal gefahren

63. Sieg

Großer Preis von Belgien
Spa-Francorchamps, 1. September 2002

Klare Verhältnisse

Belgien ist Schumi-Land. Hier begann seine F1-Karriere, und hier fuhr er seinen ersten Sieg nach Hause. Nur mit der Pole-Position in Spa, da hatte es bislang nicht geklappt. Das ändert sich gründlich, und Schumi und seine Teamkollege Barrichello bescheren der Scuderia einen weiteren Doppelsieg.

Eine Kostprobe ihrer Überlegenheit haben die Roten auch auf dem Hungaroring abgeliefert, geruhsam bummeln die beiden Ferrari über die Ziellinie. Geradezu provozierend, wie der praktisch schon als Weltmeister feststehende Schumacher seinen Teamkollegen den Sieg schenkt. In Belgien ist Schumacher allerdings nicht bereit, irgendwelche Liebesgaben zu verteilen: Hier kann es nur Einen geben.
Keine andere Rennstrecke im F1-Kalender fordert die Piloten mehr als der legendäre Dreieckskurs, der Circuit von Spa-Francorchamps. Das gilt auch für die laufende Saison. Und das, obwohl eine der Spa-Schlüsselstellen, die Kurve »Eau Rouge«, modifiziert und damit entschärft wurde: Die Auslaufzonen der Passage wurden asphaltiert, und mit dem alten Pistenbelag verschwanden auch deren Tücken.
Ein weiterer baulicher Eingriff wurde in der »Bus-Stop-Schikane«, deren Ausgang jetzt flüssiger ist, vorgenommen. Die Streckenlänge hat sich durch diese Maßnahme um 21 Meter verkürzt. Keine Auswirkungen auf die Distanz hat hingegen die Verlegung der Boxenzufahrt.
Zum großen Erstaunen vieler ist zur Abwechslung wieder einmal das Team Arrows angereist. Kaum jemand hatte die Meldung vom Vortag, in der die Briten ihr Comeback angekündigt hatten, ernst genommen. Aber die Crew-Mitglieder wurden tatsächlich aus ihrem Zwangsurlaub zurückbeordert. Die meisten der Teamangehörigen scheinen erleichtert. Zum einen, weil man endlich wieder mit von der Partie ist. Zum anderen, weil der Chef erstmals seit Monaten Gehälter auszahlte. Wer aber, so lautet die große Frage, wird die A23 pilotieren? Offiziell kann sich der Rennstall mit der Nominierung noch Zeit lassen. Es ist Donnerstagmittag. Laut Reglement müssen die Fahrernamen der Rennleitung bis spätestens 18 Uhr mitgeteilt werden. Unter vier Augen lassen sich die Arrows-Jungs allerdings jetzt schon in die Karten schauen: Heinz-Harald Frentzen wird aus sportrechtlichen Gründen in den Wagen mit Startnummer 21 umgesetzt. Die Startnummer 20 bekommt Enrique Bernoldi. Diese Auskunft überrascht. Hat Frentzen nicht bereits nach dem GP von Deutschland gekündigt? Hat der Mönchengladbacher auf der Hacke kehrtgemacht und erneut unterschrieben? Niemand will das so recht glauben. Man wird sehen.
Am frühen Nachmittag betritt Michael Schumacher, der ungekrönte »König von Spa«, das Fahrerlager. Der Szene fehlt es nicht an Situationskomik, denn der Zufall will es, dass die FIA zeitgleich die Generalprobe der Siegerehrung durchspielt – aus

den Lautsprechern hallt die deutsche Nationalhymne, während der Weltmeister seine Schritte in Richtung Ferrari-Motorhome lenkt.
Der Kerpener, der hier vor elf Jahren sein F1-Debüt gab und zwölf Monate später an gleicher Stelle seinen ersten GP-Sieg heimfuhr, ist völlig entspannt.
Spa, das ist sein Territorium. Weit und breit ist niemand in Sicht, der ihm den Sieg am Sonntag streitig machen könnte. Und ein Bummelstreik zum Vorteil des Teamkollegen ist nicht zu erwarten. Nirgendwo ist die sportliche Befriedigung nach einem Sieg so groß wie in Spa, und deshalb wird hier sicherlich nichts verschenkt. Von niemandem. Was Michael Schumacher in seiner »Spa-Dose« gesammelter Ardennen-Erlebnisse noch fehlt, ist eine Pole-Position. Wird er versuchen, das Versäumte endlich nachzuholen? Schumachers Reaktion auf diese Frage beweist, dass er wirklich nicht der große Statistikfreak ist. »War ich hier wirklich noch nie auf dem besten Startplatz?«, fragt er mit ungläubiger Miene. Nein, war er nicht. Auch der zweite Appell an das Erinnerungsvermögen des Kerpeners endet mit einer Überraschung – er kann sich nicht an den Rennablauf im Vorjahr erinnern! Um 18 Uhr wird das amtlich, was sich mittags noch wie ein Scherz angehört hatte: Arrows meldet offiziell die Piloten Bernoldi und Frentzen. Parallel wird hinter den Kulissen seit Tagen mit einem potenziellen Käufer, dem amerikanischen Multimillionär Cal Smith, verhandelt. Der US-Greis, der sein Geld in den Branchen Bergbau und Stahl machte, scheint aber nicht bereit, die Katze im Sack zu kaufen.
Am Freitagmorgen herrscht in der Region – ungewöhnlich ist das in dieser Jahreszeit nicht – dichter Nebel. Oben auf dem Hohen Venn ist die Sichtweite auf wenige Meter begrenzt. Aber noch sind es mehr als zwei Stunden bis zum Trainingsbeginn. Noch haben die tief hängenden Wolken ausreichend Zeit, um abzuziehen. Rund um die Piste sind die Wetterbedingungen keineswegs ideal, aber dem Trainingsbetrieb steht prinzipiell nichts im Weg. Wenn die erste Sitzung trotzdem nicht pünktlich beginnen wird, dann liegt das daran, dass der per Reglement vorgeschriebene Rettungshubschrauber zwar starten, nicht aber in Lüttich oder Aachen landen kann. Offiziell heißt es, dass in den beiden »Nachbarstädten« noch keine entscheidende Wetterbesserung eingetreten sei. In Wahrheit wurde von den Verantwortlichen wohl vergessen, den Helikopter zu ordern, denn der aus Aachen eintreffende Rennstrecken-Architekt Hermann Tilke berichtet von strahlendem Sonnenschein in der Kaiserstadt.
Endlich, mit einer Stunde Verspätung, springt die Ampel am Ende der Boxengasse auf Grün. Damit der einstündige Verzug keine weiteren Auswirkungen auf das restliche Tagesprogramm hat, wird die Sitzung auf 30 Minuten verkürzt.
Entsprechend läuft den Aktiven die Zeit davon. Als fleißigste Piloten bringen es die zwei BAR-Fahrer gerade einmal auf je ein Dutzend Runden. An der Spitze setzt das Ferrari-Duo ein Zeichen und erobert in der Reihenfolge Barrichello vor Schumacher die Plätze eins und zwei. Und wo rangieren Frentzen und Bernoldi? Der Deutsche weilt in seiner monegassischen Wahlheimat und wartet auf bessere Tage. Bernoldi dreht im Fahrerlager Däumchen. Beide Autos bleiben wieder einmal in den Boxen. Auf den Monitoren der Zeitnahme wird währenddessen deutlich, welche Folgen die Bürokratie haben kann: Die Namen Bernoldi und Frentzen tauchen am unteren Ende des Bildschirms mit dem Hinweis auf, beide seien bisher noch keine Runde gefahren. Im Falle von Bernoldi mag man dafür Verständnis haben. Was aber »HHF« betrifft, der sich mehr als 1000 Kilometer südlich aufhält und nichts von seiner Nominierung ahnen kann, löst sein Name auf den Screens allgemeines Kopfschütteln aus.

Die zweite Sitzung des Tages, sie dauert die vorgeschriebenen 60 Minuten, sieht Räikkönen vor Coulthard, Michael Schumacher, Barrichello, Ralf Schumacher und den übrigen 15 Piloten. Dabei sticht ins Auge: Im Kreis der zwölf Schnellsten befinden sich gleich zehn Michelin-Kunden. Nur Ferrari kann in diese Phalanx eindringen. Michael Schumacher wird es im Qualifying nicht leicht haben, sich tatsächlich endlich seine erste Spa-Pole zu sichern.
Abends um 19 Uhr gibt es zur Abwechslung wieder einmal Neues von Arrows: Weil sich der Papierkram im Zusammenhang mit dem angepeilten Verkauf trotz intensiver Bemühungen auf beiden Seiten nicht rechtzeitig erledigen lässt, tritt der Rennstall an diesem Wochenende nicht an. Auf keinen Fall will man Schritte unternehmen, die das Verkaufsverfahren gefährden könnten. Am folgenden Morgen `ist die Luft klar. Keine Spur von Nebel. Auch die Arrows-Trucks sind verschwunden; der letzte Arrows-Anlauf der Saison 2002 gehört der Vergangenheit an: Das viertälteste F1-Team hat seine Aktivitäten bis auf weiteres eingestellt.
Im zweiten freien Training ist es erneut Kimi Räikkönen, der den Ton angibt. Die MP4/17 scheinen absolut konkurrenzfähig zu sein, zumal David Coulthard hinter Michael Schumacher die drittschnellste Zeit fährt. Lange Gesichter hingegen bei Sauber-Petronas. Willy Rampf, der technische Direktor der Hinwiler, versteht die Welt nicht mehr: »Wir haben das Set-up über Nacht völlig umgebaut und sind trotzdem noch viel zu langsam. Leider wissen wir nicht weshalb. Natürlich liegt es auch an den Reifen, aber Panis ist Achter – das müssten wir also auch schaffen.« Tatsächlich aber rangiert Felipe Massa nur auf Platz 14. Nick Heidfeld kann als 17. lediglich McNish und die beiden Minardi-Piloten hinter sich lassen.
Vor Beginn des Qualifying denkt Gerhard Berger laut über die Chancen der Blauweißen aus Grove nach: »Ferrari wird auch hier sicherlich wieder eine Klasse für sich darstellen. Die liegen wohl außerhalb unserer Reichweite. Und was McLaren betrifft, werden wir es sehr schwer haben.« Tendenziell liegt der Tiroler mit dieser Vorhersage richtig: Michael Schumacher sichert sich in den Ardennen erstmals die Pole. Und McLaren-Mercedes ist immerhin stark genug, um Barrichello auf Platz drei verweisen zu können: 0,185 Sekunden kann Räikkönen dem Südamerikaner abnehmen. Dann erst folgt der vom zweiten Schumacher pilotierte erste Williams-BMW. Dem Deutschen fällt ein Stein vom Herzen, weil er ausgerechnet auf der Prestige-Piste Montoya in Schach halten kann, der sich mit Platz fünf zufrieden geben muss.
Michael Schumacher reagiert nach dem Qualifying ausgesprochen stolz: »Nachdem ich vorgestern erfuhr, dass ich hier noch nie vom besten Startplatz aus ins Rennen ging, war es mir wichtig, das endlich zu schaffen.« Die Leistung spricht für den hohen Perfektionsgrad von Fahrer und Team. In der Schlussphase geht der Champion noch einmal hinaus auf die Piste, obwohl sich klar abzeichnet, dass er bereits nach der Anlaufrunde abgewinkt werden würde. Der Pole-Setter erklärt: »Wir hatten uns verkalkuliert. So etwas kann mal passieren. Selbstverständlich sah ich sofort, dass ich zu spät dran war. Aber trotzdem war es sinnvoll, noch einmal Gas zu geben. Zuvor hatten wir das Auto neu abgestimmt, und ich wollte sehen, ob dieser Schritt richtig war. Ganz im Vertrauen – er war es nicht. Aber auch das macht uns natürlich schlauer.«
Räikkönens Begeisterung über Rang zwei, die bisher beste Qualifying-Platzierung des Finnen, hält sich in Grenzen. Richtig freuen kann sich der Häkkinen-Nachfolger im Team McLaren-Mercedes wohl nur über erste Plätze. »Mein letzter Versuch", berichtet er ohne erkennbare Emotionen, »war ganz gut. Aber leider stand mir ein Auto

im Weg und dann war Sand auf der Piste, weil ein Jaguar 'rausgerutscht war. Das kostete mich im mittleren Sektor Zeit. Aber das Ergebnis ist ganz okay.«
Ein Blick in die Niederungen der Startaufstellung zeigt: Der britische Yoong-Vertreter Anthony Davidson ist zwar nur 20. und damit Letzter, hat seinen Job aber erneut gut gemacht. Mit einer Zeit in 1.48,170 Minuten erreicht er 104,284 Prozent von Michael Schumachers Pole-Zeit – die für Alex Yoong dreimal unüberwindliche 107 %-Hürde zu meistern ist für das Greenhorn also gar kein Problem.
Und wie haben die Sauber-Piloten abgeschnitten? In der Reihenfolge Massa vor Heidfeld belegt das Duo die vorletzte Startreihe. Die Schweizer haben allen Grund, den Herrn dafür zu preisen, dass es Minardi gibt.
Beim Start hat Michael Schumacher keine große Mühe, den kurzen Sprint zur Haarnadelkurve »La Source« für sich zu entscheiden. Kimi Räikkönen, der dem Champion im Qualifying so eindrucksvoll die Zähne zeigte, ist rein defensiv eingestellt: Er fährt »auf Platz halten« und zieht seinen Silberpfeil nach rechts, um Barrichello den Weg nach vorn zu versperren. Durch Räikkönens Manöver tut sich auf der linken Pistenseite eine Lücke auf, die Ralf Schumacher reaktionsschnell erspäht. Doch der Plan von »Schumi II« geht nicht auf. Bei »La Source« bleibt er im Verkehr stecken. Als die Spitze, vorbei an der alten Boxenanlage, bergab in Richtung »Eau Rouge« beschleunigt, findet er sich auf Platz sechs wieder. Vor ihm liegen: Michael Schumacher, Barrichello, Räikkönen – dessen »Blockadepolitik« nicht fruchtete –, Montoya und Coulthard.
Bereits die ersten 6,9 Kilometer machen deutlich, weshalb Michael Schumacher den

Spitznamen »König von Spa« trägt. Mit 2,2 Sekunden Vorsprung fliegt er in die zweite Runde. Wenn sein Ferrari hält, dann wird der Kerpener heute souverän triumphieren.
Während des zweiten Umlaufs verdrängt Montoya Räikkönen von Platz drei. Die nächste Positionsverschiebung innerhalb der Top-Ten wird erst in Runde elf registriert, als Mika Salo den Jaguar-Spanier de la Rosa niederkämpft. Zu diesem Zeitpunkt führt Michael Schumacher mit 8,8 Sekunden Vorsprung vor seinem Teamkollegen, der sich seinerseits bereits mehr als 13 Sekunden von seinem kolumbianischen Verfolger absetzen konnte. Umkämpft ist im vorderen Teil des Feldes lediglich Rang vier, denn Coulthard, Ralf Schumacher und Trulli sitzen Räikkönen dicht im Nacken.
16 Runden sind gefahren, als sich der Spitzenreiter an den Boxen zwischen seinen Mechanikern einbremst, die ihn innerhalb von 8,3 Sekunden abfertigen. Lediglich Barrichello schlüpft in der Zwischenzeit vorbei. Während für »Schumi« alles nach Plan verläuft, dreht sich sein Bruder in der Abfahrt hinunter nach Stavelot. Das kostet den Williams-Piloten Platz sechs, denn Jarno Trulli lässt sich nicht zweimal bitten, den Schnitzer zu seinen Gunsten zu nutzen.
Keine zwei Minuten nach Michael Schumachers Routinestopp rattern in der Ferrari-Box erneut die Schlagschrauber. Auch Barrichello braucht Reifen und Sprit. Damit ist auf den ersten drei Plätzen die alte Reihenfolge wieder hergestellt. Hinter Montoya folgt nun aber Coulthard. Er konnte seinen finnischen Teamkollegen, der 1,1 Sekunden länger »parkte«, überholen.
Als der Weltmeister an den Boxen nach 30 Runden ein zweites Mal Verbrauchsmaterial fasst, ist sein Vorsprung mit mehr als 25 Sekunden bereits so groß, dass er wieder Gas geben kann, bevor Barrichello die Chance zu einem dritten Führungswechsel hat. Eventuelle Zweifel an einem weiteren Ferrari-Doppelsieg sind damit endgültig ausgeräumt. Die beiden F2002 spulen die Restdistanz souverän ab. Von einigen anderen Kollegen darf das nicht behauptet werden. Abgesehen von de la Rosa, den bei einem Tempo von über 300 km/h ein Aufhängungsbruch auf die Bretter zwingt, verabschieden sich zwischen Runde 35 und 39 Räikkönen, Massa, Fisichella und Panis wegen Motorschäden. Während der letzten Runden lässt der Sieger seinen Vorsprung, bis auf knapp zwei Sekunden abschmelzen. Dann fliegt das Duo über die Linie.
Wie sich bereits zwei Tage zuvor abzeichnete, gehen die übrigen vier Punkteränge an Piloten, deren Rennwagen auf Michelin-Reifen rollen. Dabei heimst der Nordire Eddie Irvine überraschend den letzten Zähler ein. Dank einer neuen vorderen Radaufhängung hat sein Jaguar einen weiteren Schritt nach vorn gemacht. Der »wilde Eddie« bekommt aufgrund des guten Abschneidens sofort Appetit auf mehr. »Jetzt freue ich mich«, sagt er mit leuchtenden Augen, »auf die nächsten Rennen. Speziell von Monza und Suzuka verspreche ich mir einiges.« Die Zukunft wird zeigen, dass er mit diesen Worten den Mund nicht zu voll genommen hat. Ein Mix aus Frust und Freude herrscht hingegen bei Toyota: Mika Salo ist um weniger als eine halbe Sekunde an dem WM-Punkt vorbeigeschrammt, über den sich die grünen Katzen so sehr freuen.
Im Motorhome der Scuderia Ferrari genießt man währenddessen den totalen Triumph. Zum 50. Mal hintereinander stand nach einem Grand Prix zumindest einer der beiden roten Piloten mit auf dem Siegerpodest! Auf seinen zehnten Saisonsieg blickt Michael Schumacher zufrieden und stolz zurück: »Dass es so glatt laufen würde, hatte ich nicht erwartet, denn vor dem Start lässt sich wegen möglicherweise wechselnden Temperaturen nie genau vorhersagen, wie sich die Reifen verhalten.« War es

vielleicht nicht sogar etwas zu einfach? »Nein«, antwortet Schumacher, »ein Auto auf dieser Piste schnell zu fahren, macht einen derart großen Spaß, dass ich wirklich jede Runde genossen habe. Nur am Ende nahm ich vorsichtshalber Tempo weg, nachdem es so viele Kollegen mit Motorschäden erwischt hatte.«
Der drittplatzierte Kolumbianer muss sich aufgrund des Resultats notgedrungen damit abfinden, dass sich seine Chancen auf den Vizetitel dramatisch verschlechtert haben. Aber Montoya ist nicht der Typ, der die Flinte voreilig ins Korn wirft. »Sieben Punkte wettzumachen«, sagt er nachdenklich, »ist kein Kinderspiel. Aber wer weiß, wie sich die Dinge entwickeln. Wenn Rubens in Monza nicht ins Ziel kommen sollte, dann kann sich das Blatt wieder sehr, sehr schnell wenden.« Doch auch da gibt es für ihn nichts zu gewinnen: Die Ferrari fahren einem ungefährdeten Doppelsieg entgegen. Dann steht wieder der Brasilianer ganz oben, während der Kerperner einmal mehr treuherzig versichert, es habe für ihn eben nicht zu einem Sieg gereicht.

ERGEBNISSE UND AUSFÄLLE

1. Michael Schumacher	Ferrari F2002	1:21.20,634 = 225,970 km/h
2. Rubens Barrichello	Ferrari F2002	1,977 Sekunden zurück
3. Juan Pablo Montoya	Williams-BMW FW24	18,445 Sekunden zurück
4. David Coulthard	McLaren-Mercedes MP4/17	19,357 Sekunden zurück
5. Ralf Schumacher	Williams-BMW FW24	56,440 Sekunden zurück
6. Eddie Irvine	Jaguar-Cosworth R3B	1.17,370 Minuten zurück
7. Mika Salo	Toyota TF102	1.17,809 Minuten zurück
8. Jacques Villeneuve	BAR-Honda 004	1.19,855 Minuten zurück
9. Allan McNish	Toyota TF102	1 Runde zurück
10. Nick Heidfeld	Sauber-Petronas C21	1 Runde zurück
11. Takuma Sato	Jordan-Honda EJ12	1 Runde zurück
12. Olivier Panis *	BAR-Honda 004	5 Runden zurück/Motor
Giancarlo Fisichella	Jordan-Honda EJ12	39. Runde, Motor
Pedro de la Rosa	Jaguar-Cosworth R3B	38. Runde, Aufhängung hinten rechts
Felipe Massa	Sauber-Petronas C21	38. Runde, Motor
Kimi Räikkönen	McLaren-Mercedes MP4/17	36. Runde, Motor
Jarno Trulli	Renault 8202	36. Runde, Motor
Anthony Davidson	Minardi-Asiatech PS02	18. Runde, Dreher
Jenson Button	Renault 8202	11. Runde, Motor
Mark Webber	Minardi-Asiatech PS02	5. Runde, Getriebe

* Nicht im Ziel, aber aufgrund der zurückgelegten Distanz gewertet

SCHNELLSTE RUNDE: (15. Rd.) – Michael Schumacher, Ferrari F2002
1.47,176 = 233,884 km/h
Rundenrekord
Kurs in dieser Form zum ersten Mal gefahren

64. Sieg

Großer Preis von Japan
Suzuka, 13. Oktober 2002

Klare Verhältnisse

Beim vorletzten Rennen in Indianapolis, als die Scuderia ihren 60. Doppelsieg feiern durfte und Barrichello den Siegerpokal erbte, wurde Schumacher arg gescholten. Hatte er wirklich geglaubt, mit seinem Teamkollegen gemeinsam auf das Tausendstel genau über die Ziellinie zu rollen? In Suzuka, dem letzten Rennen der Saison, ist Wiedergutmachung angesagt: »Schumi« dominiert bis ins Ziel hinein.

Am Dienstag vor dem Saisonfinale der Saison 2002 ist das Wetter in der Küstenregion südlich Nagoyas eindeutig miserabel. Kalt und regnerisch ist die Szenerie. Schon wird voreilig diskutiert, wem nasser Asphalt wohl den größten Vorteil bringen könnte. Tatsächlich aber steht ein Weekend mit Bilderbuchwetter bevor.

Zu diesem Zeitpunkt sickern erste Gerüchte durch, dass die Saison auch hinter den Kulissen mit Höhepunkten endet: Dr. Werner Laurenz, der Chef der BMW-F1-Motorenabteilung, hat sich aus München abgesetzt. Mercedes hat den erfolgreichen PS-Produzenten abgeworben.

Der Coup erklärt, weshalb die Silberpfeile mit »Verspätung« in das kommende Rennjahr starten wollen. Die ersten drei Grand Prix werden mit dem aktuellen MP4/17 bestritten. Dann erst, in Imola, soll der Nachfolger MP4/18 debütieren. Schneller kann der neue Bolide nicht komplett auf die Räder gestellt werden, da Konstruktion und Bau des passenden Zehnzylinders jetzt erst beginnen. Vor Februar 2003 wird das neue Kraftpaket nicht auf dem Prüfstand laufen.

BMW-Motorsportdirektor Dr. Mario Theissen macht kein Geheimnis aus dem Nachteil, den der personelle Verlust für das eigene Team darstellt: »Wenn eine Schlüsselfigur abwandert, dann ist es unvermeidlich, dass auch Knowhow transferiert wird. Und dieses Knowhow kommt künftig einem unserer Gegner zugute.«

Der »Laurenz-Klau« ist nicht die einzige Affäre, die im Fahrerlager für Gesprächsstoff sorgt. McLaren-Chef Ron Dennis hat seine Juristen bemüht, um seine Teamkasse aufzufüllen. Der Brite fordert einen Teil der TV-Gelder, die eigentlich der Equipe Prost zustanden, nach dem Untergang des französischen Rennstalls dann aber an den »Nachrücker« Minardi flossen. Minardi-Boss Paul Stoddart reagiert entsprechend aufgebracht: »Ich habe keinerlei Verständnis dafür, dass einer der reichsten Rennställe den schwächsten fertig machen will. Unsere Situation ist doch schwierig genug. Und durch Rons Schritt werden jetzt auch noch unsere Sponsoren verunsichert.« Wenn sich der mächtige McLaren-Chef durchsetzen sollte, daran lässt Stoddart keinen Zweifel, wird er sein Team zumachen müssen. Ex-McLaren-Pilot Niki Lauda, inzwischen selbst als Teamchef in Verantwortung, ist außer sich. In der ihm eigenen ungeschminkten Art fragt er seinen Ex-Chef, ob er den Verstand verloren habe. Hat er

nicht. Dem Dennis-Schritt liegt lediglich ein konsequentes Monopoly-Denken zugrunde, dass auf die Schwächeren keine Rücksicht nimmt: Wenn die Anzahl der Teams weiter schrumpfen sollte, dann werden die Einnahmen aus der TV-Geld-Kasse in einem entsprechend kleineren Kreis aufgeteilt – die »Kuchenstücke« werden größer.
FIA-Präsident Max Mosley sieht in erster Linie Handlungsbedarf, was die sportlichen Regeln der Formel 1 betrifft. Während die viel diskutierte »Ein-Motoren-Regel« immer noch nicht formuliert oder gar verabschiedet ist, gibt der Brite eine ganze Liste neuer Ideen bekannt. Sie reicht von einer Neuordnung des Qualifying über Zusatzballast für erfolgreiche Piloten und das Verbot elektronischer Fahrhilfen bis hin zum »Fahrertausch« – reihum sollen Michael Schumacher und Co. am Steuer aller Autos eingesetzt werden. Das Ziel der Maßnahmen: Sie sollen der WM zu zusätzlicher Spannung verhelfen.
Freitags ab 11 Uhr vormittags lenken die Aktivitäten auf der Piste vorübergehend von den sportpolitischen Querelen ab. Dabei sammeln auch die alten Suzuka-Hasen während der ersten Kilometer neue Erfahrungen: Die 1962 von dem Niederländer John Hugenholtz gebaute Piste präsentiert sich in neuer Form: Um die entsprechende Auslaufzone vergrößern zu können, wurde die »Dunlop Kurve« nach innen gezogen, was den Circiut um 38 Meter verkürzt.
Während der ersten Trainingsstunde diktiert Michael Schumacher das Tempo. Im Verlauf der zweiten wird der Rheinländer nach hinten durchgereicht und landet auf Platz sechs. Der Grund für das ungewöhnlich schlechte Abschneiden: Nach nur vier Runden streikt die Hydraulik seines F2002. »Schumi« schaut nur zu, während sich die anderen auf der zunehmend schneller werdenden Piste steigern.
Der erste Trainingstag beweist wieder einmal, dass sogar Michael Schumachers »Wunderauto« zuweilen streikt – solange keine WM-Punkte auf dem Spiel stehen. Die beiden Sitzungen machen auch auf die Tücken der Rennstrecke aufmerksam. Jacques Villeneuve landet ebenso in den Leitplanken wie der Heißsporn Juan Pablo Montoya. Die geschundene Nase des Crash-BAR wird am Samstagabend einen neuen Eigentümer finden. Bei einer Einladung des Teams in die »Circuit Hall« wird sie dem talentiertesten Karaoke-Sänger übergeben. Das unhandliche Souvenir findet seine Heimat in Northampton. BAR liefert »frei Brackley«, was dem stolzen Besitzer des Edelschrotts den Rückflug nach Europa erleichtert.
Im freien Samstagstraining ist Michael Schumachers Dienstwagen wieder ganz der Alte. Mit der schnellsten Runde des Vormittags hat der Deutsche keinerlei Probleme, sich als Favorit für die Pole-Position zu empfehlen.
Bei Asphalttemperaturen von mehr als 30 Grad tut sich dann auf der heißen Piste während der ersten sieben Minuten nichts. Die Uhren ticken, der Circuit gleicht einer verkehrsberuhigten Zone. Das Qualifying ist 36 Minuten alt. McNish hat Anlauf genommen und ist jetzt schnell unterwegs. In der Linkskurve »130 R« bricht das Heck des übersteuernden Toyota bei einer Geschwindigkeit von 286,7 km/h aus. Um abzufliegen, gibt es angenehmere Ecken in Suzuka. Reflexartig lenkt der Schotte gegen, und dabei unterläuft ihm ein schwerer Fehler. Seine Lenkbewegung ist zu intensiv, und prompt läuft der Bolide aus dem Ruder. Der TF102 dreht sich und schlägt rückwärts in Reifenstapel und Leitplanken ein. Beim Aufprall, das verraten später die aufgezeichneten Telemetrie-Daten, beträgt das Tempo des rotweißen Rennwagens immer noch 260 km/h.
Das Rennauto durchbricht die beiden oberen Schienen der dreifachen Leitplanke,

dann kommt es an einer Böschung zum Stand. Der Crew an den Boxen bricht der kalte Schweiß aus. Über die Lautsprecher der Sprechfunkanlage sind lediglich stöhnende Atemgeräusche des Piloten zu hören. Dann löst sich die Anspannung. Auf den Monitoren ist erkennbar, dass McNish ohne fremde Hilfe aus dem Cockpit klettert. Für kurze Zeit legt sich der Schotte ins Gras, um seinen Kreislauf zu beruhigen. Dann geht's im Medical-Car, dem Mercedes von Professor Watkins, zurück ins Fahrerlager, wo der Rennfahrer nach einem kurzen, aber intensiven Check – das rechte Kniegelenk wird geröntgt – aus der Pistenklinik entlassen wird. Lediglich eine Prellung am rechten Knie hat er sich zugezogen. »Für das plötzliche heftige Übersteuern«, sagt McNish, »habe ich keine Erklärung. Nach dem Crash war es ehrlich gesagt mein Instinkt, der mich veranlasste, die Funktionstüchtigkeit aller Gliedmaßen zu überprüfen.« War es das reine Glück, dass McNish ausgerechnet dort auf die Planken traf, wo sich weit und breit das einzige Altreifenpolster befindet? FIA-Funktionär Jo Bauer winkt ab: »Nein, die Reifen wurden ganz gezielt platziert. Per Computerprogramm werden die neuralgischen Stellen erkannt und abgesichert.«
Nach einer Zwangspause von 1:15,30 Stunden wird das Qualifying fortgesetzt. Auch McNish will mitfahren, aber für ihn ist heute vorzeitig Feierabend. In der Toyota-Box herrscht indessen jedoch Hochbetrieb. Eine Mechaniker-Crew baut das Ersatz-Monocoque auf, um am Renntag über drei einsatzfähige Rennwagen zu verfügen. Abends um 19.20 Uhr ist das benötigte dritte Rennauto fertig montiert.
Gleich zu Beginn der »Nachspielzeit« steigert sich Michael Schumacher auf die Fabelzeit von 1.31,510 Minuten. Diesen Wert wird niemand unterbieten können. Damit scheint die Pole in sicheren Händen. Ist sie auch, aber dem Weltmeister gelingt eine weitere Steigerung. Mit dem dritten Versuch legt er die Latte unwiderruflich auf 1.31,317 Minuten. Hinter dem Ferrari-Star verschiebt sich die Reihenfolge mit jedem Versuch, bevor Rubens Barrichello als zweiter Mann in der ersten Startreihe feststeht. Hinter der roten Reihe folgt eine silberne, dann eine blauweiße vor einer gelben. Mit der klaren Trennung nach Farben wird die Startaufstellung ausgesprochen »ordentlich« aussehen, zumal die schnellsten sechs Piloten nach Startnummern sortiert in den ersten drei Reihen stehen.
Am Morgen des Renntages ist Michael Schumacher während des Warm-up erneut nicht zu schlagen. Auch McNish gehört jetzt wieder zum Kreis der Aktiven. Insgesamt spult der Schotte zehn Runden ab.
Und schnell ist er auch. Seine beste Runde dreht er in 1.37,743 Minuten Rang 13. Damit hat der Schotte die Generalprobe für den wohl letzten F1-GP seiner Rennfahrerkarriere bestanden.
Während die vierstündige Pause bis zum Start des Saisonfinales dahinplätschert, wird als einer der Höhepunkte des Rahmenprogramms ein Rennen der Formel 3 gestartet. Natürlich sind die Nachwuchspiloten bis in die Fingerspitzen motiviert. Bei aller Motorsportbegeisterung der Japaner: Wann haben die »jungen Wilden« schon einmal die Gelegenheit, ihr Können vor einer Kulisse von 155.000 Zuschauern zeigen zu dürfen? Und wann steht möglicherweise gleichzeitig ein echter F1-Teamchef an der Boxenmauer und notiert sich die Namen derjenigen, die positiv aus der Masse hervorstechen? An Mut fehlt es den Jungs nicht. Sie geben Gas, als gäbe es kein morgen. Nur wenige Runden geht die wilde Hatz auf dem Achterbahn-Kurs gut. Dann aber erwischt es den 22-jährigen Hirozaku Nagaya auf extrem dramatische Art

und Weise. Nachdem er den Flitzer eines Rivalen berührt hat, steigt Nagayas Rennauto auf und fliegt – sich wieder und wieder überschlagend – über die Pistenabsperrung hinweg. Schlimmste Befürchtungen werden geweckt. Doch der junge Mann kommt trotz einer schweren Halswirbelverletzung glimpflich davon. Ist es nur die Nervosität, von der sich vor Ort niemand freimachen kann, als der Helikopter mit dem verletzten Rennfahrer an Bord in Richtung Nagoya abhebt?
Bei dem am Vortag angekündigten letzten ärztlichen Check weigert sich Professor Watkins den Toyota-Piloten McNish gesundzuschreiben. Die Rennleitung kann gar nicht anders und verhängt ein Startverbot. Für den Schotten bricht eine Welt zusammen, und er macht keinerlei Hehl aus seiner tiefen Enttäuschung. Da die ärztliche Begründung für die harte Maßnahme nicht überzeugt, kann wohl auch er sich nicht von dem Gedanken lösen, die Stars der Szene hätten in einer vergleichbaren Situation anstandslos grünes Licht für die Teilnahme am WM-Finale bekommen.
Die Startvorbereitungen laufen auf Hochtouren. Die Piloten nutzen die zur Verfügung stehenden 15 Minuten zu letzten Check-Runden. Sind alle Dichtungen okay – sind die Schrauben angezogen, die Kontakte fixiert? Villeneuve ist sich nicht ganz sicher und entscheidet sich für den Reserve-BAR. Fisichella muss diesen Schritt ebenfalls tun, denn der Motor seines Rennwagens explodiert. Das Problem des Italieners: Das T-car ist für Sato abgestimmt und zudem nicht mit der raren jüngsten Evo-Stufe des Honda-V10 bestückt.
Beim Start beherrscht »Schumi« seine 18 Kollegen souverän. Während der Beschleunigungsphase kommen zu keinem Zeitpunkt Zweifel daran auf, wer das geschlossene Feld durch die langgezogene doppelte Rechtskurve und anschließend hinauf durch die »Esses« führt. Hinter dem Champion ordnen sich Barrichello, Coulthard,

Ralf Schumacher, Räikkönen, Montoya, Sato und die übrigen Piloten ein. Was dann folgt, ist eine weitere eindrucksvolle Demonstration der weltmeisterlichen Fahrkunst. Allein im Verlauf der Startrunde nimmt der Pole-Setter seinem direkten Verfolger knapp 2,3 Sekunden ab!

Das Schaulaufen des Meisters setzt sich über die nächsten 51 Runden fort. Nur während des ersten seiner beiden planmäßigen Boxenstopps muss Michael Schumacher die Führung für einen Umlauf an Barrichello abgeben. Und der Brasilianer, dem der Spitzenreiter maximal gut zwölf Sekunden davonfährt, nimmt Platz zwei mit vergleichbarer Souveränität ein. Der Rest des Feldes kämpft lediglich um Bronze.

Lange sieht es so aus, als könne sich Ralf Schumacher Platz drei und die dazugehörigen vier WM-Punkte sichern. Aber ein Motor-Schaden stoppt den Bruder des Führenden ohne die geringste Vorwarnung. Da sich Coulthard bereits früh wegen eines Elektrikschadens verabschieden musste und sich Montoya wegen Handling-Problemen nicht so recht in Szene setzen kann, ist letztlich Räikkönen der lachende Dritte. Die Fans allerdings genießen in erster Linie zwei Leckerbissen: Die eindrucksvolle Lektion, die der Champion seinen Kollegen erteilt und den bemerkenswerten Auftritt ihres Landsmanns Takuma Sato. Vom siebten Startplatz aus fährt der Jordan-Pilot knapp 90 Minuten lang durch ein Spalier bunter Fähnchen, die die Zuschauer unermüdlich schwenken.

Als die beiden Ferrari die letzte Runde in Angriff nehmen, beträgt der Vorsprung Michael Schumachers vor seinem Teamkollegen 9,1 Sekunden. Spätestens jetzt werden bei vielen Besuchern Erinnerungen an Indy wach. Wie wird sich der Deutsche auf den letzten Kilometern verhalten? Wird er eine Pufferzone verteidigen, um den Stallgefährten gar nicht erst in Versuchung zu führen, seine Sammlung von Sieger-Pokalen durch einen weiteren »Abstauber-Erfolg« aufzustocken?

Nein. Der Weltmeister entscheidet sich für eine völlig andere Taktik und nimmt den Fuß erneut vom Gas. Fuhr er während der letzten Minuten Rundenzeiten zwischen 97 und 99 Sekunden, so benötigt er für den 53. Umlauf zehn Sekunden mehr. Entsprechend ist der Abstand zwischen den beiden F2002 bis auf wenige Meter geschrumpft, als das Duo ein letztes Mal aus der Schikane heraus bergab beschleunigt. Geradezu provokativ langsam fährt der Spitzenreiter auf den Mann mit der schwarzweiß-karierten Flagge zu. Jetzt dämmert es auch dem Letzten, welches Spielchen »Schumi« spielt: Vor den Augen der vielen Millionen Fans auf der Haupttribüne und an den heimischen TV-Geräten führt der Weltmeister einen »Dressurakt« vor. Und Barrichello pariert äußerst diszipliniert. Trotz des auf den letzten Metern eingeschlagenen Bummeltempos seines Vordermanns wagt sich der Brasilianer noch nicht einmal aus dem inzwischen gar nicht mehr vorhandenen Windschatten heraus. Michael Schumacher gewinnt entsprechend stressfrei – zum elften Mal im Jahr 2002 und zum 64. Mal überhaupt.

14 Tage nach dem peinlichen Indy-Zwischenfall, als er vom Gas ging, den Brasilianer aufschließen ließ und dann um Sekundenbruchteile nach diesem die Ziellinie passierte, zeigt sich Barrichello lernfähig. Im Hintergrund folgt der Renault von Button, der mit einer Runde Rückstand als Sechster abgewinkt wird.

Es klingt überzeugend, als er anschließend sagt: »Es ist unglaublich. In dieser Saison bin ich bei jedem GP ins Ziel gekommen und stand immer auf dem Podest. Ehrlich gesagt, glaube ich nicht, dass sich dies jemals wiederholen wird.« Michael Schumacher ist überglücklich.

ERGEBNISSE UND AUSFÄLLE

1.	Michael Schumacher	Ferrari F2002	1:26.59,698 = 212,644 km/h
2.	Rubens Barrichello	Ferrari F2002	0,506 Sekunden zurück
3.	Kimi Räikkönen	McLaren-Mercedes MP4/17	23,292 Sekunden zurück
4.	Juan Pablo Montoya	Williams-BMW FW24	36,275 Sekunden zurück
5.	Takuma Sato	Jordan-Honda EJ12	1.22,694 Minuten zurück
6.	Jenson Button	Renault 8202	1 Runde zurück
7.	Nick Heidfeld	Sauber-Petronas C21	1 Runde zurück
8.	Mika Salo	Toyota TF102	1 Runde zurück
9.	Eddie Irvine	Jaguar-Cosworth R3B	1 Runde zurück
10.	Mark Webber	Minardi-Asiatech PS02	2 Runden zurück
11.	Ralf Schumacher *	Williams-BMW FW24	5 Runden zurück/Motor
	Pedro de la Rosa	Jaguar-Cosworth R3B	40. Runde, Kraftübertragung
	Giancarlo Fisichella	Jordan-Honda EJ12	38. Runde, Motor
	Jarno Trulli	Renault 8202	33. Runde, Motor
	Jacques Villeneuve	BAR-Honda 004	28. Runde, Motor
	Alex Yoong	Minardi-Asiatech PS02	15. Runde, Dreher
	Olivier Panis	BAR-Honda 004	9. Runde, Stromversorgung
	David Coulthard	McLaren-Mercedes MP4/17	8. Runde, Elektrik
	Felipe Massa	Sauber-Petronas C21	4. Runde, Unfall

* Nicht im Ziel, aber aufgrund der zurückgelegten Distanz gewertet

SCHNELLSTE RUNDE: (15. Rd.) – Michael Schumacher, Ferrari F2002
1.36,125 = 218,003 km/h
Rundenrekord
Strecke in dieser Form zum ersten Mal gefahren

Deutsche Vermögensberatung
vodafone
vodafone
vodafone
Marlboro
Marlboro
BRIDGESTONE
Marlboro
M. Schumacher

Die Saison 2003

Pure Spannung war das Markenzeichen der F1-Saison 2003. Ganz energisch meldeten die jungen Wilden eigene Ansprüche an. Erst in letzter Minute stand Michael Schumacher erneut als Champion fest. Damit rückte der Name einer Legende der 50er-Jahre wieder ins Blickfeld

Das Rennjahr begann mit einem Resultat, dass die Fans von Michael Schumacher irritierte. Weil er in Melbourne lediglich als Vierter abgewinkt wurde, rangierte der Rheinländer folgerichtig erstmals seit September 2000 nicht auf Platz eins der Punktetabelle ...

Gut sieben Monate später stand der deutsche Ferrari-Star dennoch als alter und neuer Champion der Formel 1 fest. Die Entscheidung im Titelkampf fiel erstmals seit 1999 im letzten Rennen, in dessen Verlauf die beiden Titelaspiranten zur Freude der Fans bis ins Ziel fighten mussten.

Ein Jahr nach der einsamen Ferrari-Dominanz, die jegliche Spannung im Titelkampf im Keim erstickte, ließ die Formel 1 in puncto Dramatik diesmal keine Wünsche offen. Mehrere Gründe waren für diese Trendwende verantwortlich: Erstens das neue Punkte-Schema. Es belohnt jetzt die ersten acht – zuvor sechs – Piloten jedes Grand Prix. Michael Schumacher fischte sich vier Zähler aus diesem Zusatzkontingent. Zieht man sie von seinem Konto ab, fällt er mit 89:91 hinter Kimi Räikkönen zurück. Trotzdem war der Kerpener nicht Nutznießer, sondern Opfer des neuen Paragraphen, denn bei seinen sechs Siegen zog er dem jeweils Zweitplatzierten nicht mehr um satte vier, sondern lediglich um kümmerliche zwei Punkte davon. Entsprechend hätte er sich nach dem alten Reglement schon in Indianapolis als Sieger feiern lassen dürfen.

Die zweite wichtige Neuerung betraf das Qualifying. An die Stelle der einen entscheidenden einstündigen Samstags-Sitzung, in deren Verlauf die Akteure zwölf Runden drehen durften, um die Startplätze auszukegeln, rückten zwei Einzelzeitfahren über je eine schnelle Runde. Dabei diente das erste, abgesehen von Monte Carlo, freitags ausgetragene, lediglich der Ermittlung der Startreihenfolge für das zweite Qualifying. In diesem musste dann jeweils zuerst der langsamste des Vortages auf die Piste. Der schnellste hingegen durfte – theoretisch von den besten Grip-Bedingungen profitierend – den Schlusspunkt setzen. Das neue Format hatte den Vorteil, sich auf jeden der 20 Akteure konzentrieren zu können. Und es hatte zwangsläufig den Nachteil einer frustrierend geringen Verkehrsdichte auf dem Asphalt. Bei insgesamt zehn Teams mit je zwei Piloten wären den Zuschauern nach dem alten Modus im Idealfall 240 Runden geboten worden. So mussten sich die Fans mit 60 begnügen, ohne dass die Preise der Samstags-Tickets entsprechend angepasst wurden.

Das neue Prozedere hatte eine weitere Schwachstelle, denn im Anschluss an das zweite Qualifying durfte nicht nachgetankt werden. Erst im Rennen konnten die Spritvorräte ergänzt werden. Allein um Speed ging es entsprechend nur freitags. 24 Stunden später standen taktische Überlegungen im Vordergrund. Zwangsläufig führte das – und bei wechselndem Wetter zusätzlich der Zufallsfaktor – immer wieder zu kuriosen Startaufstellungen und damit zu mehr Überholmanövern während der Rennen.

Es lag allerdings nicht nur am neuen Sportlichen Regelwerk, wenn die WM-Titel erst in Suzuka vergeben wurden. Aufgrund des weiteren Festhaltens am gültigen Technischen Reglement rückten Ferraris Rivalen der Scuderia dichter auf den Pelz. Nicht nur einmal waren die roten Rennwagen aus Maranello den Konstruktionen von Williams-BMW, McLaren-Mercedes und Renault eindeutig unterlegen. Die Qualitätsunterschiede wurden von den klassischen Faktoren bestimmt: Aerodynamik, Reifen, Motor, Chassis und Fahrkunst. Dabei rückte die Bedeutung der Pneus zunehmend in den Vordergrund.
Keine Frage: Auch wenn sich Michael Schumacher diesmal nur knapp durchsetzen konnte, hat er den WM-Titel mehr als verdient. Der Kerpener sicherte sich sechs der 16 WM-Läufe, und das wahre Kräfteverhältnis hätte sich bei einem Erfolg des Finnen Kimi Räikkönen im Endklassement nicht korrekt widergespiegelt. Um sich beim Finale in Suzuka durchzusetzen, hätte der Silberpfeil-Pilot einen Sieg benötigt. Es wäre sein zweiter gewesen... Mit dem historischen Gewinn seines sechsten WM-Titels machte sich Michael Schumacher in der Welt des Sports unsterblich. Posthum profitierte davon indirekt auch Juan Manuel Fangio, der mit fünf Titelerfolgen über Jahrzehnte den Maßstab gesetzt hatte: Der Name des Argentiniers ist plötzlich wieder in aller Munde, nachdem er zuvor lediglich dem harten Kern der F1-Fans bekannt gewesen war. Rekord-Champion »Schumi« war nach seinem Triumph sehr fair, als er ungefragt darauf hinwies, dass man seine eigene Leistung nicht mit dessen vergleichen darf. »Schumi« saß inzwischen selbst oft genug im Cockpit von F1-Rennwagen jener Epoche und ist davon überzeugt, dass er am Steuer dieser lebensgefährlichen Boliden keinen einzigen GP bestritten hätte.
Aktuell erwies sich der inzwischen erreichte Sicherheitsstandard wieder einmal als vorbildlich. Trotz zahlreicher Abflüge verletzte sich keiner der Akteure ernsthaft, auch wenn Ralf Schumacher, Jenson Button und Ralph Firman nach Crashs vorübergehend schachmatt gesetzt waren, weil die Schädel brummten. Der Ire zog sich zudem eine Blessur des rechten Fußknöchels zu.
Auch nach seinem sechsten Titel sind bei Michael Schumacher noch nicht die in der Branche üblichen Abnutzungserscheinungen erkennbar. Aber der Nachwuchs hämmert ungeduldig an das Tor. Unmissverständlich zeichnen sich die Schlüsselfiguren des zu erwartenden »Erbfolgekrieges« ab: Kimi Räikkönen (dem FIA-Präsident Max Mosley Anfang 2001 mit aller Kraft die Superlizenz verweigern wollte), Fernando Alonso, vielleicht Jenson Button, um nur die wichtigsten zu nennen.

Das Team Ferrari

Der Scuderia aus Maranello gelang es 2003 als erstem Team der WM-Historie, sich den seit 1958 vergebenen Konstrukteurs-Titel ein fünftes Mal hintereinander zu sichern. Dank Michael Schumacher setzte sich der italienische Rennstall parallel auch im Fahrer-Championat durch.
Der von Jean Todt so erfolgreich geführte Traditions-Rennstall – das Team nahm an 686 der 713 bisher ausgetragenen WM-Läufe teil – ging mit dem bewährten Konzept des Vorjahres ans Werk: Zunächst setzten die Roten auf das Modell der vorangegangenen Saison. Dabei erwies sich der Typ F2002 zwar als unverändert konkurrenzfä-

hig, die Einsätze in Melbourne, Sepang und Interlagos verliefen jedoch glücklos. Bevor die legendäre Konstruktion dann in den Vorruhestand versetzt wurde – bei Reifentests kam sie anschließend weiter zum Einsatz –, feierte sie in Imola dann doch noch einen Sieg, den letzten von insgesamt 15.
Beim GP von Spanien debütierte dann der Nachfolger vom Typ F2003GA. In den Händen von Michael Schumacher war der neue Rennwagen bei seinen beiden ersten Einsätzen unschlagbar. Dann aber riss der rote Faden. Scheinbar ging die Niederlage in Monaco allein auf das Konto des neuen Qualifying-Systems und der bekanntlich extrem bescheidenen Überholmöglichkeiten auf der Stadtpiste. Diese Theorie schien sich nur 14 Tage später zu bestätigen, als der Titelverteidiger in Montreal siegte. Dank dieses Erfolges übernahm der Rheinländer erstmals im Verlauf der Saison '03 die Führung im WM-Zwischenklassement. Doch die Zeichen standen bereits an der Wand, denn der Ferrari-Star musste sich im Cockpit von Chassis 229 bis ins Ziel gegen den starken Druck von gleich drei Konkurrenten zur Wehr setzen. Prompt geriet Ferrari in drei aufeinander folgenden GP unter die Räder.
Ein seit Saisonbeginn eingeplante erstes massives »Facelifting« des F2003-GA brachte in Silverstone, wo sich Rubens Barrichello in bestechender Form die volle Punktzahl sicherte, die Rückkehr auf die Siegerstraße Anschließend ging es ab ins nächste Wellental. Die Talsohle der Formkrise wurde in Budapest erreicht. Das Team reagierte mit »Facelifting« Nummer zwei. Erstmals seit Montreal zurück an Bord von Chassis 229, gewann Schumacher daraufhin in Monza und Indy. Damit reiste der Deutsche als Favorit nach Suzuka, wo er sich im Finale allerdings unerwartet schwer tat.
Das Team-interne Qualifying-Duell Michael Schumacher contra Rubens Barrichello endete 8:8 (Fr.) und 10:6 (Sa.). Bei 32 Einsätzen kam Ferrari 26 Mal in die Wertung. Gegenüber stehen entsprechend sechs Ausfälle. Von 2036 möglichen Rennrunden wurden 1744 zurückgelegt. In der Zuverlässigkeits-Statistik belegt das Team Platz zwei.

65. Sieg

Großer Preis von San Marino
Imola, 20. April 2003

Na endlich: »Schumi« siegt

Die Saison 2003 hatte nicht gerade prickelnd begonnen: Nur ein 4. Platz in Australien, eine Runde Rückstand in Malysia auf den Sieger und der K.o. in Runde 27 beim Regen-Rennen in Interlagos – ein gelungener Saisonauftakt sieht anders aus.

Sechs Wochen nach Saisonbeginn gibt die Formel 1 ihr erstes Gastspiel des Jahres auf europäischem Boden. Spätestens beim ersten WM-Lauf in der alten Welt, so eine gängige Weisheit der Branche, sollte man seine Ansprüche auf den Titel anmelden. Für »Platzhirsch« Michael Schumacher wird es also höchste Zeit, ein Zeichen zu setzen. Rein statistisch gesehen, kommen für den Titelgewinn aufgrund des bisherigen Saisonverlaufs die beiden McLaren-Piloten und Giancarlo Fisichella in Frage. Die Begründung: Seit der Einführung des Championats im Jahr 1950 gelang es bisher lediglich neun Fahrern, sich den Titel zu sichern, nachdem sie zu Saisonbeginn keinen der ersten drei WM-Läufe gewinnen konnten.
Der Grand Prix von San Marino hat übrigens selbst Ausnahme-Charakter, denn er wird nicht im namensgebenden Land ausgetragen: Imola liegt in Italien, allerdings nicht weit vom Territorium der Republik San Marino entfernt. Weil das nur 60,5 Quadratkilometer große Mini-Land über keine Rennstrecke verfügt, wurde von der Möglichkeit Gebrauch gemacht, ins Ausland auszuweichen. Einzigartig ist dieser Trick keineswegs. 1997 und 1998 wurde der GP von Luxemburg in Deutschland ausgetragen, und die Schweizer wichen 1982 ins französische Dijon aus, weil Motorsport auf Rundstrecken im Reich der Eidgenossen gegen geltendes Recht verstößt. Vor diesem Hintergrund muss es als geradezu großzügig angesehen werden, dass man Peter Sauber unweit von Zürich in Sachen Formel 1 schalten und walten lässt. Nicht realisiert wurden Pläne, den letztlich abgesagten belgischen GP 1971 nach England zu verlegen.
Entgegen den allgemeinen Erwartungen entschließen sich die Verantwortlichen der Scuderia Ferrari acht Tage vor der extrem kurzen Anreise von Maranello nach Imola, auch im vierten WM-Lauf des Jahres auf Boliden vom Typ F2002, das Modell der Vorsaison, zu setzen. Damit entfällt ein zusätzlicher Anreiz für die potenziellen Besucher des Rennens, was den Interessen des Veranstalters zuwiderläuft. Nur schleppend gingen die Tickets im Vorverkauf über den Tresen. Wenn am Sonntagabend Bilanz gemacht wird, wird das Ergebnis ernüchternd sein: Im Verlauf der drei Tage werden 82.000 Besucher gezählt. Die Kassierer der weltweit größten Fußball-Clubs würden sich über diese Zahl freuen. In der Formel 1 allerdings treibt sie den Organisatoren Sorgenfalten auf die Stirn. Im Jahr 2000 strömten im selben Zeitraum noch 192.000 durch die Tore des Autodromo.
Aus der Perspektive der Gebrüder Schumacher spielt das alles keine Rolle. Die Gedanken der beiden F1-Piloten kreisen um die erkrankte Mutter, die vor Tagen nach ei-

nem Zusammenbruch in die Kölner Universitätsklinik eingeliefert wurde. Nachdem sie im Anschluss an eine Notoperation von den behandelnden Ärzten in ein künstliches Koma versetzt wurde, hängt das Leben von Elisabeth Schumacher an einem seidenen Faden...

Donnerstags hält FIA-Präsident Max Mosley Hof. Der F1-Oberfunktionär äußert sich zum Thema »Neue Regeln«. Erwartungsgemäß fällt sein Urteil positiv aus. Das Verbot elektronischer Fahrhilfen , das neue Punktesystem (10-8-6-5-4-3-2-1) und das Qualifying, das jedem Fahrer nur eine einzige schnelle Runde gestattet, ist, so sieht er es, ausgesprochen gelungen.

Abseits der hohen Sportpolitik spielt sich im Paddock eine eher rustikale Szene ab. Als Juan Pablo Montoya das Terrain am Nachmittag gemeinsam mit Ehefrau Conny betritt, weckt das Pärchen die Aufmerksamkeit eines Kameramannes des ORF, der prompt hautnah zur Sache geht. Dann folgt ein rücksichtsloser Schwenk mit dem geschulterten Aufnahmegerät, das... Montoya am Hinterkopf trifft! Vor Schmerz brüllt der Williams-Pilot auf. »Ich bring' dich um!«, schreit er dem verdutzten Alpensohn zu und will sich auf ihn stürzen. Doch er kommt nicht dazu, den Plan in die Tat umzusetzen. Pasquale Lattuneddu, Ecclestones Mann für die kleinen Aufgaben zwischendurch, wirft sich mutig ins Geschehen. Er umklammert Montoya und »entschärft« den gewaltig geladenen Kolumbianer durch beruhigende Worte. »Ich konnte«, erklärt Lattuneddu wenig später, »einfach nicht zulassen, dass Juan den Mann verdrischt. Das wäre schlecht für das Image der F1« Die kurzfristig blutende Wunde am Haupt des Piloten beeinträchtigt die Einsatzbereitschaft des Südamerikaners im weiteren Verlauf des Weekend nicht.

Wie schon vor Jahresfrist lädt BAR-Boss David Richards zum Dinner nach Castel Guelfo ins Restaurant »Piccolo Albergo« ein. Richtig sei es seitens der FIA gewesen, die F1-Regeln zu modifizieren, sagt er. Nach der stereotypen roten Dominanz im Vorjahr hätte etwas geschehen müssen. Mit dem Hinweis konfrontiert, dass er selbst doch wohl nichts lieber sähe, als eine vergleichbare Vorherrschaft seines eigenen Teams und seiner Piloten, wird Richards nachdenklich... Vom Rennen am Sonntag verspricht sich der Chef nichts Überdurchschnittliches. »Den nächsten technischen Schritt nach vorn«, erklärt er, »werden wir in Barcelona machen. Beim spanischen GP kommt gleich eine Reihe neuer Teile zum Einsatz.«

Die Freitags-Tester sind bereits seit 50 Minuten unterwegs, als Michael Schumacher vom nahe gelegenen Parkplatz aus ins Fahrerlager schlendert, wo er nach wenigen Metern Jean Alesi über den Weg läuft. Die beiden Freunde umarmen sich, und »Schumi« nimmt sich Zeit für einen kurzen Schwatz, bevor er im Ferrari-Motorhome verschwindet. Die familiären Sorgen lässt er sich nicht anmerken.

Bei den zweistündigen Testfahrten fährt überraschend der Brasilianer Antonio Pizzonia mit 1.23,099 Minuten Bestzeit; das erste freie Training wird aber zur sicheren Beute des blauweißen Williams-Duos. Ralf Schumacher setzt sich mit 0,074 Sekunden Vorsprung gegen seinen Teamkollegen Montoya durch. Zum Dritten, Mark Webber, klafft bereits eine Lücke von mehr als sieben Zehntelsekunden! Den favorisierten Ferrari-Piloten gelingt nicht nur das denkbar knappe Eindringen in die Top Ten, Michael Schumacher und Rubens Barrichello fahren auf die Tausendstelsekunde identische Zeiten. Für beide bleiben die Uhren bei 1.23,057 Minuten stehen. »Rubinho« hat dabei die Nase vorn, da er den Wert vorgelegt hatte und der Kerpener lediglich nachzog.

Am frühen Nachmittag, während des ersten Qualifying, setzt sich die rote Hausmacht dann jedoch durch. Aus Sicht der Scuderia, die den längst überfälligen ersten Saisonsieg heimfahren will, läuft alles nach Plan: Platz eins für Schumacher, Rang zwei für Barrichello, dessen Zeit der Bruder des Titelverteidigers allerdings um nur 0,111 Sekunden verpasst.
So kommt es nicht überraschend, dass sich Michael Schumacher samstags vor seinem jüngeren Bruder – der vormittags nach einem Dreher ausgangs der »Variante Alta« in der Pistenbegrenzung gelandet war – die Pole-Position sichert. Nur 0,014 Sekunden trennen die beiden Kerpener. Die Abstände sind insgesamt recht knapp: Fernando Alonso fehlen als Achtem gerade einmal 0,842 Sekunden auf den Champion. Auffällig ist noch etwas anderes. Neben den beiden Ferrari vertreten lediglich die zwei BAR die Bridgestone-Kundschaft in der Top-Ten.
Nach dem entscheidenden Qualifying haken die Gebrüder Schumacher ihre Debriefings mit den Ingenieuren im Zeitraffer ab. Um 17.30 Uhr verlassen beide gemeinsam mit ihren Ehefrauen das Fahrerlager in Richtung Flughafen. Die Szene wandelt sich zur peinlichen Groteske, als pietätlose Fotografen den Weg versperren, denn das Motiv für die Abreise ist kein Geheimnis: Sie wollen Abschied von ihrer Mutter nehmen, deren Zustand keinerlei Hoffnung mehr lässt. »Schumis« Privat-Jet schwebt abends um 22.30 Uhr wieder ein...
Am Sonntagmorgen betritt Michael Schumacher in Begleitung von Jean Todt das Fahrerlager. Die Gesichtszüge des Weltmeisters sind ernst, eine Sonnenbrille verbirgt seine Augen. Fans von den oberen Rängen der Tribüne »Variante Bassa« – von dort hat man nach hinten schauend Blick in den Eingangsbereich des Paddock – skandieren: »Mi-che-le – Mi-chele – Mi-chele!« Offenbar sind sie nicht über den Zustand der Mutter informiert. Michael Schumacher zeigt Verständnis, hält kurz inne, wendet sich seinen Fans zu und winkt. Dann verschwindet er mit Todt in Ferraris rollendem Hauptquartier. Wenig später wird bekannt: Elisabeth Schumacher ist in den frühen Morgenstunden verstorben.
Jean Todt und Frank Williams stellen es ihren deutschen Piloten daraufhin frei, ob sie am GP von San Marino teilnehmen wollen. Prompt beginnt die Diskussion darüber, ob die beiden Schumachers fahren »dürfen«. Und natürlich finden sich sofort viele, die diese Frage mit einem klaren »Nein« beantworten. Nur, so wird argumentiert, extrem seelenlose und geldgierige Menschen könnten ihrem Beruf nachgehen, wenn der Tod der eigenen Mutter erst wenige Stunden zurückliegt. Im Vergleich zu diesen Stimmen, die sich montags in diversen Zeitungen gedruckt wiederfinden, verhielten sich die Blockade-Fotografen am Vortrag geradezu sensibel...
Tatsächlich kann diese Frage nur individuell von Michael und Ralf Schumacher beantwortet werden. Beide entscheiden sich – wie 1988 Andrea de Cesaris, den damals in Imola der gleiche Schicksalsschlag traf – für eine Teilnahme am Rennen. Abends wird der Champion die Gründe hierfür mitteilen: »Meine Mutter liebte es, auf der Kartbahn zu sein. Sie liebte es, wenn wir in unseren Karts über die alte Strecke in Kerpen düsten. Und sie liebte es, uns Rennen fahren zu sehen. Unsere Eltern haben uns immer unterstützt. Sie haben uns ermöglicht, das zu tun, was wir tun. Mama hätte gewollt, dass wir dieses Rennen heute fahren, da bin ich mir sicher.« Ob das zutrifft oder nicht, kann niemand besser beurteilen als die beiden Schumachers selbst.
Die Rennleitung befreit die beiden Trauernden von der Teilnahme an der Fahrer-Prä-

sentation, und als die letzten Vorbereitungen für den Start getroffen werden, erinnern äußerlich nur die Mienen der Betroffenen, der Trauerflor am rechten Oberarm des Ferrari-Stars und Ralf Schumachers Helm mit zusätzlichem schwarzen Rand an das tragische Ereignis der letzten Nacht.
52 000 Zuschauer haben sich versammelt, als der Motorenlärm Sekunden vor dem Start anschwillt, während die fünf roten Lichter der Startampel nacheinander eingeschaltet werden. Die Spannung ist auf dem Siedepunkt, dann erlöschen die roten Punkte und das Feld geht auf die 62-Runden-Reise. Vorn beschleunigt Ralf Schumacher seinen älteren Bruder aus. Dahinter folgen Barrichello, Montoya, Räikkönen und Alonso. Webber und Villeneuve kommen nur schlecht von der Linie weg, Pizzonia gar nicht. Der Jaguar des Brasilianers wird in die Boxengasse geschoben, von wo aus er das Rennen mit einer Runde Rückstand aufnehmen wird.
Schnell wird deutlich, dass die beiden führenden Piloten nicht angetreten sind, um im Gedenken an ihre Mutter einige Ehrenrunden zu drehen. Der Erstgeborene setzt den Spitzenreiter gewaltig unter Druck – doch der hält dagegen. Nach vier Umläufen scheint sich der Champion endlich durchsetzen zu können. Bei Start-und-Ziel beträgt sein Rückstand kaum sichtbare 0,098 Sekunden... Doch »Schumi II« behält die Nase vorn. Zweikämpfe dieser Art kosten bekanntlich Zeit – entsprechend lässt sich Barrichello, dem Montoya im Nacken sitzt, nicht abschütteln. Erst dahinter klafft nach zehn Runden eine Lücke zum Pärchen Räikkönen/Alonso.
Das Bild an der Spitze ändert sich erst, als Ralf Schumacher nach 16 Umläufen seinen ersten Routine-Stopp – Standzeit: 6,4 Sekunden – einlegt. Jetzt hat sein Verwandter ersten Grades freie Fahrt. Und davon macht er nach allen Regeln der Kunst Gebrauch. Er dreht die 17. Runde in 1.22,491 Minuten. Das ist die schnellste Runde des Tages. Dann holt auch er Benzin und Reifen, in 8,2 Sekunden ist der Job erledigt.
Jetzt führt zwar Räikkönen vor Coulthard, beide waren noch nicht an den Boxen, dahinter aber folgen die Geschwister aus dem Rheinland in neuer Reihenfolge – der ältere liegt vor dem jüngeren. Für den Platztausch kann nicht nur Michael Schumachers Sprint verantwortlich sein, denn dieses Plus ging durch die relativ lange Standzeit verloren. Ralf Schumacher ist an seinem Unglück selbst schuld: Beim Anfahren erwischte er nicht den ersten Gang...
Beinahe ein Drittel der Distanz ist bereits zurückgelegt, da wird der erste Ausfall des Rennens registriert: Jacques Villeneuve muss wegen eines Schadens im Bereich der Getriebehydraulik aufgeben.
Als nach 22 Umläufen auch beide Silberpfeile ihre ersten Service-Stopps hinter sich haben, führt Michael Schumacher mit 6,2 Sekunden Vorsprung vor seinem Bruder. Dahinter lauern Barrichello und Räikkönen in Schlagdistanz, dann – mehr als vier Sekunden hinter dem Finnen – folgt Montoya.
Als die zweite Service-Welle der Drei-Stopper anrollt, versagt die Tankanlage beim Versuch, Montoyas FW25 mit Treibstoff zu versorgen. Zwei Umläufe nach dem Malheur, zum Ende der 32. Runde, fließt der Sprit endlich. Chancen auf eine gute Platzierung kann sich der Kolumbianer damit abschminken. Auch Barrichello wird das Opfer eines verpatzten Stopps. Ihn erwischt es beim dritten Halt – vorn links lässt sich der Zentralverschluss des Rades nicht festziehen. Mehrmals muss der F2002 wieder aufgebockt werden, bevor der Südamerikaner nach 13,3 Sekunden wieder Gas geben kann. »Rubinho« muss von Glück sprechen, dass er anschließend Ralf Schumacher

niederkämpfen kann, dessen dritter Reifensatz offensichtliche Grip-Probleme hat. Zum Zwei-Stopper Räikkönen schließt er zwar in der Schlussphase locker auf, überholen lässt sich der coole Finne allerdings nicht.
Hinter Sieger Michael Schumacher – es ist der letzte Triumph des legendären Ferrari Tipo F2002, der im Vorjahr eine Klasse für sich darstellte – sehen Räikkönen, Barrichello und Ralf Schumacher das erlösende schwarzweiß-karierte Tuch. Die übrigen Punkteränge gehen an Coulthard, Alonso, Montoya und Button. Damit führt Kimi Räikkönen das Zwischenklassement mit 32 Punkten an. Titelverteidiger Michael Schumacher hat 18 Zähler auf seinem Konto, die für Platz drei ausreichen. Wenn er einen kühlen Kopf behält und etwas Glück hat, da sind sich alle Beobachter einig, wird Räikkönen von seinem 14-Punkte-Vorsprung noch lange zehren können.
Bei der Siegerehrung verdient sich das Publikum einen Extrapreis: Keine Spur von Party-Stimmung – man nimmt Rücksicht auf die Gemütslage des Siegers. Denn kaum hat die Konzentration nachgelassen, die notwendig ist, einen F1-Boliden mit einem Durchschnittstempo von über 200 km/h am Stadtrand von Imola zu bewegen, kommen bei Sieger Michael Schumacher natürlich die schwarzen Gedanken zurück. Während der Sieger-Zeremonie spricht sein Gesicht Bände. Dann macht er sich auf den Rückweg; die FIA suspendiert ihn offiziell von der obligatorischen Pressekonferenz, bei der die drei erstplatzierten Piloten Rede und Antwort stehen müssen.

ERGEBNISSE UND AUSFÄLLE

1.	Michael Schumacher	Ferrari F2002	1:28.12,058 = 207,894 km/h
2.	Kimi Räikkönen	McLaren-Mercedes MP4/17D	1,882 Sekunden zurück
3.	Rubens Barrichello	Ferrari F2002	2,291 Sekunden zurück
4.	Ralf Schumacher	Williams-BMW FW25	8,803 Sekunden zurück
5.	David Coulthard	McLaren-Mercedes MP4/17D	9,411 Sekunden zurück
6.	Fernando Alonso	Renault R23	43,689 Sekunden zurück
7.	Juan Pablo Montoya	Williams-BMW FW25	45,271 Sekunden zurück
8.	Jenson Button	BAR-Honda 005	1 Runde zurück
9.	Olivier Panis	Toyota TF103	1 Runde zurück
10.	Nick Heidfeld	Sauber-Petronas C22	1 Runde zurück
11.	Heinz-Harald Frentzen	Sauber-Petronas C22	1 Runde zurück
12.	Cristiano da Matta	Toyota TF103	1 Runde zurück
13.	Jarno Trulli	Renault R23	1 Runde zurück
14.	Antonio Pizzonia	Jaguar-Cosworth R4	2 Runden zurück
15.	Giancarlo Fisichella *	Jordan-Cosworth EJ13	5 Runden zurück/Motor
	Mark Webber	Jaguar-Cosworth R4	55. Runde, Antriebswelle
	Ralph Firman	Jordan-Cosworth EJ13	52. Runde, Motor
	Jos Verstappen	Minardi-Cosworth PS03	39. Runde, Elektrik
	Justin Wilson	Minardi-Cosworth PS03	24. Runde, Tanksystem
	Jacques Villeneuve	BAR-Honda 005	20. Runde, Getriebe/hydraulik

* Nicht im Ziel, aber aufgrund der zurückgelegten Distanz gewertet

SCHNELLSTE RUNDE: (17. Rd.) – Michael Schumacher, Ferrari F2002
1.22,491= 215,281 km/h
Neuer Rundenrekord

66. Sieg

Großer Preis von Spanien
Granollers, 4. Mai 2003

Debüt der Extraklasse

In Spanien holt »Shuey« seinen nächsten Sieg, im Rampenlicht aber steht er nicht allein: Viel Aufmerksamkeit gilt seinen neuem Dienstwagen, dem F2003-GA, der hier erstmals eingesetzt wird. Das Interesse der Spanier allerdings richtet sich auf den Wahl-Briten Fernando Alsonso, der den Weltmeister gehörig unter Druck setzt.

Dem fünften WM-Lauf des Jahres wird mit ganz besonderer Spannung entgegengefiebert, denn die Scuderia Ferrari setzt erstmals die Neukonstruktion vom Typ F2003-GA ein. Weshalb bringt der Titelverteidiger das Auto erst jetzt? Ross Brawn, der Technische Direktor des Rennstalls, erläutert die Gründe: »Ursprünglich hatten wir Imola angepeilt, aber aus zwei Gründen wurde der Zeitplan umgestellt. Einmal, weil der F2002 immer noch wettbewerbsfähig war – davon konnten wir ja wohl jeden überzeugen – und zum zweiten, weil bei den vorherigen Testfahrten Zuverlässigkeits-Probleme auftraten. Jetzt sind wir soweit. Bei den letzten Tests in Mugello spulten wir inklusive drei GP-Simulationen mehr als 3000 Kilometer ab. Es gab keinerlei Pannen. Also haben wir uns für den Schritt zum Debüt entschlossen. Ein Zurück gibt es jetzt nicht mehr, denn aufgrund der intensiven Arbeiten am F2003-GA haben wir das Vorjahres-Auto nicht weiterentwickelt.«
Der Brite gibt offen zu, dass man den GA erst während der Renneinsätze richtig verstehen lernen wird. »Das neue Auto ist schneller als sein Vorgänger«, erklärt er, »aber ich erwarte nicht, dass wir damit so überlegen sein werden wie 2002.« Damit trifft Brawn den Nagel auf den Kopf, auch wenn am Sonntagabend fast jedermann vom Gegenteil überzeugt sein wird...
Donnerstags, beim obligatorischen »pit walkabout«, herrscht in der Boxengasse ein Gedränge wie beim Münchner Oktoberfest auf »der Wies'n«. Die Ursache für den Massenauflauf liegt auf der Hand: Dank der bisher überzeugenden Leistungen des Renault-Piloten Fernando Alonso haben die Spanier ihr Herz für die Formel 1 entdeckt. Der junge Mann aus Oviedo – der seinen Wohnsitz längst nach Oxford verlegt hat, um immer wieder ohne große Umstände bei Renault UK in Enstone vorbeischauen zu können – bedankt sich artig für die Aufmerksamkeit. Er marschiert bis zur Absperrung vor und gibt Autogramme, bis die Finger nicht mehr mitmachen.
Im ersten freien Training fährt Schumacher mit einer Runde in 1.17,015 Minuten Bestzeit – der schnelle Mann heißt Ralf mit Vornamen. Seinem älteren Bruder fehlen 1,723 Sekunden auf den vorgelegten Wert. Damit rangiert er lediglich auf der 15. Position. Da Rubens Barrichello nicht über Platz zehn hinauskommt, herrscht bei den Anhängern der Scuderia zunächst Verwirrung. Vom Debüt des F2003-GA hat man sich mehr versprochen. Gut

24 Stunden später sieht die Welt der Roten schon anders aus. Am Steuer der Neukonstruktion hat sich der Titelverteidiger die Pole-Position gesichert. Und das, obwohl er in den Kurven neun und elf nicht optimal zurechtkam. Mit gut zwei Zehntelsekunden Rückstand auf seinen Teamkollegen komplettiert Barrichello die erste Startreihe. »La Bomba«, der neue Ferrari, scheint ein gelungener Wurf zu sein. Kimi Räikkönen wird es schwer haben, seine Führung im WM-Zwischenklassement noch lange zu halten. Der Finne ist tatsächlich im Begriff, an diesem Wochenende einen Großteil seines kostbaren 14-Punkte-Vorsprungs, den er bisher auf den Titelverteidiger herausfahren konnte, zu verlieren, denn im entscheidenden zweiten Qualifying patzte der Silberpfeil-Pilot kläglich. Als einziger der 20 Fahrer beendete er seine fliegende Runde nicht. Damit wird er vom letzten Startplatz aus ins Rennen gehen müssen. »Als ich in der Würth-Kurve durch den Kies der Auslaufzone rodelte«, erklärt der Sepang-Sieger, »hatte ich keine andere Wahl, als die Runde abzubrechen.« Wird er, so lautet jetzt die große Frage, aus der Boxengasse starten? Da er ohnehin von ganz hinten losfahren muss, wäre der zusätzliche Zeitverlust zu verschmerzen, zumal er die Abstimmung seines MP4/17D dann inklusive der Tankfüllung beliebig modifizieren könnte.
Rang drei im Qualifying geht überraschend an Fernando Alonso, der damit selbst die kühnsten Erwartungen seiner zahlreich aufmarschierten Fans übertrifft.
Während der Startvorbereitungen wird schnell deutlich, wie sich die Teamführung von McLaren entschieden hat: Kimi Räikkönen nimmt seinen Platz in der letzten Startreihe ein und bleibt damit dem ursprünglichen Strategie-Plan treu.
Kaum ist der Start freigegeben, da überschlagen sich die Ereignisse: Wie bereits 14 Tage zuvor in Imola, versagt die Launch-Control an Bord der »grünen Katze« des Brasilianers Pizzonia. Hintermann Justin Wilson, dessen Weg sich mit dem des Südamerikaners im Sommer auf unerwartete Art kreuzen wird, erkennt das Malheur in letzter Sekunde und schlägt einen Haken. Erst in diesem Augenblick hat auch Räikkönen freien Blick auf die Straßensperre vom Typ R4. Zu spät. Der Silberpfeil knallt in das Heck des Havaristen – damit sind bereits zwei Piloten »out«, noch bevor das Rennen richtig begonnen hat.
Auch wenn er den Auffahrunfall nicht verhindern konnte: Räikkönen reagierte großartig. Obwohl ihm nur Sekundenbruchteile blieben, lenkte er seinen Boliden zu einem Ausweichmanöver nach links, wie die »Kontaktstellen«- rechtes Vorderrad contra linkes Hinterrad – eindeutig beweisen.
Während der WM-Leader für diesen Tag auch den letzten Funken Hoffnung auf den Gewinn wenigstens einiger Punkte begraben muss, enttäuscht Blitzstarter Alonso seine Anhänger nicht. Optimal kommt der Spanier von der Linie weg. Trotzdem gelingt es ihm nicht, die beiden Ferrari zu splitten. Für wenige Sekunden schiebt er sich zwar vor den Brasilianer, dann aber muss er sich hinter den beiden Ferrari-Piloten anstellen, die in der Reihenfolge Schumacher vor Barrichello in die erste Rechtskurve einbiegen. Während man sich vorn mit Haken und Ösen kämpfend auf die Reihenfolge einigt, scheppert es weiter hinten erneut, kaum dass oben vor den Boxen die Entsorgung der McLaren/Jaguar-Trümmer begonnen hat. Die Autos von Trulli und Coulthard kollidieren, und im Rückstau werden mit Firman, Frentzen, Webber und Panis gleich vier Piloten mehr oder weniger unschuldige Opfer der Karambolage. Für den Italiener ist das Rennen damit beendet. Firman, Frentzen und Coulthard müssen Reparatur-Stopps einlegen.

Als das Trio zum unfreiwilligen Halt in die Boxengasse abbiegt, hat die Rennleitung bereits Bernd Mayländer alarmiert, der sich zu Beginn des zweiten Umlaufs vor das Feld setzt, um den Aufräumtrupps humane Arbeitsbedingungen zu bieten. Es dauert – Heidfeld nutzt die »Bummelphase« für einen vorgezogenen Service-Halt – bis zum Ende der fünften Runde, bevor das »SC« wieder ausschert, um die Wahl des Tempos den Superlizenzinhabern zu überlassen.
Nach insgesamt zehn Runden bietet sich auf der Piste folgendes Bild: Champion Michael Schumacher führt mit 2,4 Sekunden Vorsprung vor seinem brasilianischen Teamkollegen, der zunehmend unter den Druck seines Verfolgers Alonso gerät. Keine Sekunde trennt den hellblauen Renault vom Rennwagen des Vizeweltmeisters. Dahinter öffnet sich eine Lücke von knapp zwei Sekunden zum Solisten Ralf Schumacher, der Montoya schon fast vier Sekunden abgenommen hat. Die übrigen Punkteränge belegen Button, Villeneuve und da Matta.
Aus dem Kreis der Punkteanwärter scheidet der BAR-Pilot Jenson Button zu Beginn des 18. Umlaufs aus, als er das Opfer einer Unaufmerksamkeit des Schotten David Coulthard wird.
Nach seinem ersten Boxenstopp liegt der BAR-Honda mit Startnummer 17 hinter dem verbliebenen Silberpfeil, der sich seit dem Trulli-Zwischenfall auf dem mühsamen Weg durchs Feld befindet. Was sich dann beim Einlenken in die erste Kurve abspielt, beschreibt Button nach dem Rennen so: »David fuhr offenbar leicht jenseits der Haftgrenze. Er hatte Mühe, sein Auto auf der Bahn zu halten, also entschloss ich mich spontan dazu, ihn auf der Innenbahn anzugreifen – in dem Augenblick lenkte er ein ... « DC dreht sich in den Kies der Auslaufzone, Button kann das Rennen nach der Montage eines neuen Frontflügels fortsetzen. Coulthard weicht auf die Frage nach dem Schuldigen aus: »Um genau zu sehen, was da passiert ist, muss ich mir zunächst noch einmal die Aufzeichnung anschauen.« Für seinen Boss Ron Dennis ist die Lage hingegen klar: »David fiel aus, weil sich ein Rivale beim Versuch zu überholen völlig verschätzte.« Es ist verständlich, dass der Mann sauer ist, denn erstmals seit dem GP von Malaysia 2002 fallen beide Silberpfeile aus.
Die Stimmung in dem britisch-deutschen Team ist ohnehin angespannt, denn während Ferrari munter mit seiner Neukonstruktion auf Siegkurs unterwegs ist, zeichnet sich in Woking ab, dass der neue MP4/18 vorläufig wohl nicht zum Einsatz kommt. Das Auto ist zwar schnell, wie bei den ersten Tests bewiesen werden konnte, aber es ist unzuverlässig. Noch hoffen Ron Dennis und Norbert Haug auf ein Debüt im Sommer. Tatsächlich wird auch dieser späte Termin nicht eingehalten. Die Premiere des MP4/18 wird von Woche zu Woche verschoben, bis schließlich unmissverständlich klar wird: Er kommt überhaupt nicht.
Der Kampf um Platz zwei entscheidet sich während der ersten regulären Boxenstopp-Serie. Der drängelnde Alonso erhält drei Runden vor dem Brasilianer Sprit und Gummis und gibt anschließend derart Gas, dass er 3,4 Sekunden vor Barrichello liegt, nachdem sich auch der an den Boxen neues Verbrauchsmaterial geholt hat. Einmal vor dem roten Rennwagen aus Modena liegend, hat der Spanier keine Mühe, Platz zwei zu halten.
Ralf Schumacher bringt sich um alle Chancen auf Platz vier, als ihm im Verlauf der 41. Runde ein Fahrfehler unterläuft. Weit wird der Rheinländer hinaus in den Kies getragen, und im »Rough« löst sich im Frontbereich ein Windleitblech. Damit nicht genug:

Das verbogene Teil raubt dem rechten Kühler einen Teil des dringend benötigten Fahrtwindes. »Schumi II« steuert umgehend die Boxen an, und... im Augenblick des Stillstands fällt das angeknackste Teil auf den Asphalt. Trotzdem bleibt der Deutsche 8,8 Sekunden lang stehen, da zur Sicherheit beide Sidepods nach möglicherweise eingedrungenen Fremdkörpern abgesucht werden. Dann nimmt der Bruder des Champions das Rennen wieder auf. Doch bis ins Ziel wird seinem Boliden die notwendige Balance fehlen – der FW25 übersteuert grausam. Dass Montoya seinen Teamkollegen schon wenig später abfangen kann, überrascht nicht.
Nur 5,7 Sekunden hinter Michael Schumacher wird Fernando Alonso abgewinkt, und deshalb wird der Rheinländer bei der Siegerehrung prompt mit der Frage konfrontiert, ob der Fight gegen den Spanier aus der Cockpit-Perspektive möglicherweise wesentlich härter war, als es dem Beobachter am Pistenrand erschien. »Nein«, antwortet der Rekord-Weltmeister, »ein Spaziergang war das sicherlich nicht. Aber ich war auf genau diese Situation vorbereitet. Die Renault waren während des gesamten Wochenendes schnell. Das war ja kein Glück – das hatte System. Deshalb habe ich mir bereits vor dem Start gedacht, es könnte heute ein hartes, umkämpftes Rennen geben.«
Nur fünf der insgesamt zehn Michelin-Piloten erreichen das Ziel – der langsamste mit Franzosen-Gummis ist Mark Webber, der die Schachbrett-Flagge als Siebter sieht.

Der Sieger aber fährt Bridgestones. Was sagt er zur Bedeutung der Pneus auf dem Asphalt des Circuit von Barcelona, der wegen seines Appetits auf Reifen berühmt berüchtigt ist? »Mir schien es«, gibt der Ferrari-Chauffeur zu Protokoll, »als seien die frischen Bridgestones den frischen Michelins etwas überlegen gewesen. Aber das glich sich wieder aus, denn unsere Reifen bauen dafür etwas früher ab als die Michelin.«
Alonso, den das Publikum feiert, als habe er sich soeben den WM-Titel gesichert, ist verständlicherweise mit seinem bisher besten F1-Resultat rundherum zufrieden. Der großen Chance beim Start trauert er allerdings etwas nach: »In der ersten Kurve ging es wirklich heiß her. Es ist ja offensichtlich, dass unsere Startautomatik eine der besten im gesamten Feld ist. Entsprechend beschleunigte mein Auto hervorragend, und ich versuchte, an Rubens vorbeizukommen. Und ich schaffte es auch. Aber dann wechselte er auf die Außenbahn und kam wieder vor. Dabei rückte er unglaublich dicht an Michael heran. Ich dachte schon – gleich kracht es und war bereit, mir in diesem Fall alle beide zu schnappen.« Sein Rennen bezeichnet der Spanier als »easy«. Permanent habe er etwas Druck auf Michael Schumacher ausgeübt, ohne ihn ernsthaft gefährden zu können, und von hinten habe ihm seitens Barrichello keine wirkliche Gefahr gedroht.
Abseits der Superstars freuen sich Cristiano da Matta, Mark Webber und Ralph Firman, da sich das Trio die verbleibenden Punkte sicherte. Firman und da Matta, der Rookie in Diensten des Teams Toyota, kassieren ihre ersten WM-Punkte überhaupt. Nicht viel hätte gefehlt, und es hätte vier statt der drei Zähler gegeben, denn in der Schlussphase setzte der Freund von Rubens Barrichello den waidwunden Williams-BMW von Ralf Schumacher gewaltig unter Druck. Ralf rettete sich mit gut drei Zehntelsekunden über die Linie... »Schade«, sagt da Matta, »dass es nicht reichte, um Ralf noch abzufangen. Aber etwa ab Mitte des Rennens trat sich das Bremspedal meines Autos immer weicher. Deshalb konnte ich nicht so richtig attackieren.«
Fünfter statt Vierter... solche Sorgen würde Teamchef Peter Sauber gern haben. Nachdem die Hinwiler bei allen drei Übersee-GP gepunktet hatten, stehen sie jetzt zum zweiten Mal in Folge mit leeren Händen da. Wie gut, dass die Schweizer nicht wissen, dass bis inklusive Monza nur noch ein weiteres Pünktchen hinzukommen wird.
Sauber-Heimkehrer Heinz-Harald Frentzen kommt gar nicht erst ins Ziel, weil vorn links der Pushrod bricht. Und Nick Heidfeld wird das Opfer eines Missverständnisses. Seine Story im O-Ton: »Gegen Ende des Rennens kämpfte ich in einer Gruppe mit Button, Firman und da Matta. Jenson schnappte ich mir, als wir beide gemeinsam nach 44 Runden einen Boxenstopp machten. Wenig später sah ich, dass da Matta aus der Box kam, als ich gerade in Höhe des Boxenausgangs vorbeiflog. Vier Runden lang hielt ich ihn hinter mir. Blaue Flaggen waren nirgends zu sehen. Ja, und dann sagte mir meine Crew per Funk, dass da Matta eine Runde vor mir liegt ... Ich machte sofort Platz, aber schon in der nächsten Runde teilte man mir mit, dass ich zur Strafe einmal durch die Boxengasse fahren muss – das ist der reine Frust.«
Im Zwischenklassement der Fahrer-WM liegt Michael Schumacher dank seines Sieges und der Nullrunde des McLaren-Finnen nur noch vier Zähler hinter Kimi Räikkönen zurück. In der warmen spanischen Frühlingsluft ist der Vorsprung des Silberpfeil-Piloten geschmolzen wie eine Eiswaffel im Backofen. Der neue Ferrari hat seine Feuertaufe bestanden, und als der F1-Zirkus abends seine Zelte bei Granollers abbricht, spricht praktisch alles dafür, dass »Schumi« seinen Titel trotz des »Fehlstarts« während der drei Auftaktrennen in Übersee recht mühelos verteidigen wird.

ERGEBNISSE UND AUSFÄLLE

1.	Michael Schumacher	Ferrari F2003-GA	1:33.46,933 =196,619 km/h
2.	Fernando Alonso	Renault R23	5,716 Sekunden zurück
3.	Rubens Barrichello	Ferrari F2003-GA	18,001 Sekunden zurück
4.	Juan Pablo Montoya	Williams-BMW FW25	1.02,022 Minuten zurück
5.	Ralf Schumacher	Williams-BMW FW25	1 Runde zurück
6.	Cristiano da Matta	Toyota TF103	1 Runde zurück
7.	Mark Webber	Jaguar-Cosworth R4	1 Runde zurück
8.	Ralph Firman	Jordan-Cosworth EJ13	2 Runden zurück
9.	Jenson Button	BAR-Honda 005	2 Runden zurück
10.	Nick Heidfeld	Sauber-Petronas C22	2 Runden zurück
11.	Jüstin Wilson	Minardi-Cosworth PS03	2 Runden zurück
12.	Jos Verstappen	Minardi-Cosworth PS03	3 Runden zurück
	Giancarlo Fisichella	Jordan-Cosworth EJ13	44. Runde, Motor
	Olivier Panis	Toyota TF103	42. Runde, Getriebe
	Heinz-Harald Frentzen	Sauber-Petronas C22	39. Runde, Vorderrad/ aufhängung links
	David Coulthard	McLaren-Mercedes MP4/17D	18. Runde, Kollision
	Jacques Villeneuve	BAR-Honda 005	13. Runde, Motor
	Jarno Trulli	Renault R23	1. Runde, Unfall
	Antonio Pizzonia	Jaguar-Cosworth R4	1. Runde, Unfall
	Kimi Räikkönen	McLaren-Mercedes MP4/17D	1. Runde, Unfall

SCHNELLSTE RUNDE: (52. Rd.) – Rubens Barrichello, Ferrari F2003-GA
1.20,143 = 212,470 km/h
Neuer Rundenrekord

67. Sieg

Großer Preis von Österreich
A1-Ring Spielberg, 18. Mai 2003

A1-Ring – das Jahr danach

Zwei Themen beherrschen am Vortag des Trainingsbeginns den Small-Talk im Fahrerlager des A1-Rings. Erstens werden Erinnerungen an den österreichischen Grand Prix des Vorjahres wach. Vor zwölf Monaten kam es in der Steiermark zum Eklat, weil Rubens Barrichello seinem deutschen Teamkollegen auf der Zielgeraden Platz machte, damit »Schumi« die volle Punktzahl kassieren konnte. Es dauerte Wochen, bis sich die erregten Gemüter wieder beruhigt hatten. Wenn das Management der roten Scuderia aus Maranello jemals in den Fettnapf trat, dann bei diesem Rennen.

Thema Nummer zwei ist die Zukunft des GP der Alpenrepublik. Auch wenn Bernie Ecclestone, der große F1-Drahtzieher, den Vertrag bisher noch nicht aufgelöst hat, pfeifen es die Spatzen von den Dächern: An diesem Wochenende heißt es für die Formel 1, Abschied von der Region zu nehmen. Ecclestone braucht Platz im GP-Terminkalender 2004. Der belgische GP soll wieder in die Welt-Tournee integriert werden und gleichzeitig stehen China und Bahrain ante Portas.
Verständlicherweise ist die Bevölkerung der umliegenden Gemeinden aufgrund dieser Entwicklung verstimmt. Zu sehr hat man sich an den alljährlichen Geldsegen gewöhnt, der künftig in andere Kassen fließen wird. Die Modifizierung einiger Auslaufzonen – die herkömmlichen Kiesbeete wurden asphaltiert – erscheint plötzlich als Fehlinvestition. Einer wird – zumindest im stillen Kämmerlein seines Privat-Jet am Sonntagabend dankbar für die Baumaßnahmen sein...
Auf den kommenden Sonntag bezogen, stellt sich die Frage, ob Michael Schumacher daran glaubt, dank eines Sieges einen Hattrick landen zu können. Der Kerpener ist optimistisch: »Die Rennstrecke von Barcelona zeigt das wahre Potenzial jedes Rennwagens ganz speziell, was den Sektor Aerodynamik betrifft. Wenn dort alles funktioniert, dann darf man davon ausgehen, dass es überall funktioniert.« Diese alte F1-Weisheit wird 2003 nicht nur von Ferrari widerlegt. Der F2003-GA wird definitiv nicht überall funktionieren. Auch bei Toyota sieht man die Bedeutung des Circuit von Barcelona in neuem Licht, wie Ingenieur Norbert Kreyer am unteren Ende des Fahrerlagers erklärt: »Im Winter haben wir sehr viel in Barcelona getestet, und es lief gut. Daran gemessen sind wir mit unseren bisherigen Leistungen nicht zufrieden. Ich glaube, es ist uns gelungen zu beweisen, dass schnelle Runden in Barcelona keineswegs der Schlüssel zum guten Abschneiden auf allen anderen Rennstrecken ist.«
Im Paddock liegen die Beweise für die jüngste Regeländerung der FIA, die wiederum abstreitet, die Paragraphen neu gefasst zu haben: Bridgestone und Michelin haben erstmals seit dem Vorjahr richtige Regenreifen im Angebot! Daneben existieren weiterhin die Intermediate-ähnlichen Pneus, die in Interlagos für Ärger sorgten, weil sie

der Nässe zu Beginn des GP nicht gewachsen waren. Trotzdem erlaubt die FIA unverändert lediglich einen Typ Regenreifen... Des Rätsels Lösung: Die neuen »full wets« sind keine normale Alternative, sondern Spezialgummis, die nur auf Anweisung der Rennleitung montiert werden dürfen.

Freitags tritt um 8.30 Uhr pünktlich die »Weck-Brigade« an: Zwei Stunden lang drehen die Piloten der Teams Renault, Jaguar, Jordan und Minardi

Testrunden. Erlaubt ist, was nützlich ist. Die Anzahl der eingesetzten Boliden pro Team ist nicht begrenzt, und selbstverständlich können neben den Stammfahrern auch Testpiloten eingesetzt werden. Die schnellste Runde dreht diesmal der italienische Interlagos-Sieger Giancarlo Fisichella, für den die Uhren bei 1.09,781 Minuten stehen bleiben. Die Leistung auf dem »jungfräulichen« Asphalt zeigt, welche Fortschritte in puncto Speed seit 1997 gemacht wurden. Beim ersten F1-WM-Lauf auf dem Al-Ring stand Jacques Villeneuve mit einer Zeit von 1.10,304 Minuten auf der Pole-Position. Von den 21 Piloten, die 1997 starteten, nehmen übrigens nur neun am österreichischen Abschieds-Grand Prix teil: Die beiden Schumachers, David Coulthard, Jacques Villeneuve, Rubens Barrichello, Jos Verstappen, Jarno Trulli, Giancarlo Fisichella und Heinz-Harald Frentzen. Fünf harte Jahre haben ausgereicht, um gut die Hälfte der Aktiven auszusortieren. Nicht mehr mit von der Partie sind außerdem die Teams Arrows und Prost. Die Rennställe Stewart und Benetton wechselten seitdem den Eigentümer und treten entsprechend unter neuen Namen – Jaguar und Renault – an.

Das erste freie Training beweist, dass Michael Schumachers Barcelona-Theorie zumindest dieses Weekend überstehen könnte: Hinter Coulthard, Trulli und Pizzonia fährt er die viertschnellste Zeit. Auf die Runde des Schotten bezogen, fehlen dem Titelverteidiger lediglich 0,132 Sekunden. Damit ist er mit bei der Musik. Den endgültigen Beweis tritt er im ersten Qualifying an. Mit 1.07,908 Minuten gelingt ihm als einzigem eine 7er-Zeit. Als Schnellster der Sitzung hat er nun den Vorteil, samstags beim entscheidenden zweiten Qualifying seine Solo-Runde als letzter aller Piloten drehen zu dürfen.

Schumacher auf Platz eins – nach dem Debüt des neuen Ferrari wundert sich darüber niemand so recht. Schumacher auf Platz 20 ist die größere Sensation: Nach Räikkönen, Michael Schumacher, Alonso, Barrichello und Coulthard muss des Champions kleiner Bruder als Sechster hinaus auf die Piste. Gut sieht es für ihn aus, denn er legt den ersten Sektor in einer Zeit von 17,156 Sekunden zurück. Nur der eigene Bruder war noch schneller. Dann aber, in der Gösser-Kurve, passiert's: Ralf dreht sich in den Kies der Auslaufzone. Den Ausrutscher nimmt er auf seine Kappe: »Ich habe wohl zu viel gewollt.«

Samstags sichert sich der Weltmeister die Pole-Position mit 0,039 Sekunden Vorsprung vor Räikkönen. Die großen Pechvögel der Sitzung heißen Fernando Alonso, der seit dem australischen GP regelmäßig punktete, und Jos Verstappen. Dem Spanier unterläuft in »Turn 5« ein Fahrfehler, der seine miserable Zeit von 1.20,113 Minuten erklärt. Satte 10,9 Sekunden fehlen ihm auf die Zeit von Michael Schumacher. Und Ralf Schumacher? Der sichert sich Rang zehn und damit den besten Startplatz, den bisher derjenige Pilot erobern konnte, der im zweiten Qualifying als Erster auf die Piste musste.

Am frühen Sonntagvormittag rast das Gerücht, Kimi Räikkönen müsse aus der letzten Reihe starten, mit der Geschwindigkeit eines Lauffeuers durchs Fahrerlager. Angeb-

lich muss der Motor seines Silberpfeils gewechselt werden. Noch in Interlagos drückten die Funktionäre im Fall von Motorwechseln nach dem zweiten Qualifying beide Augen zu. Jetzt aber ist es tatsächlich nicht mehr straffrei. Wenn jemand weiß, ob der V10 ausgetauscht werden muss, dann ist es Mario Illien, der »Vater« des Mercedes-F1-Aggregats. Der Schweizer gibt prompt Entwarnung. »Ein Check«, berichtet er, »zeigte, dass eines der 40 Ventile ausgewechselt werden musste, und das wurde unter Aufsicht der FIA getan.« Der Fortsetzung des Duells »Schumi« contra Kimi Räikkönen steht damit nichts mehr im Weg.
Am späteren Vormittag werden kritische Blicke zum Himmel geworfen. Hält das trockene Wetter trotz der teils düsteren Wolken an? Um 10.30 Uhr fallen erste Tropfen, doch es regnet sich nicht ein. 55 Minuten später ein zweiter Versuch – erneut wird der Asphalt feucht, aber auch diese Regenwolken setzen sich nicht fest.
Als sich das Feld für den Start formiert, wird schnell deutlich, dass zwei Teams in die Trickkiste greifen: Die Rennwagen von Alonso und Webber werden ausgangs der Boxengasse postiert. Damit wird das Recht erkauft, die Boliden nach Wunsch zu betanken und Modifikationen am Set-up vorzunehmen. Die Briten haben allerdings vergessen, das immer komplizierter werdende Reglement zu studieren, denn zu früh – vor dem Start in die Formationsrunde – fließt Sprit in den Tank des 114. Webber wird den Regelverstoß mit einer Boxendurchfahrt nach Runde 14 abbüßen müssen.
Noch einmal nieselt es partiell und die Rennleitung meldet »Wasser in Kurve 7«, als das Feld die Formationsrunde in Angriff nimmt. Wenig später wird das Prozedere unterbrochen, weil Cristiano da Matta den Motor seines Toyota Sekunden vor dem Start abwürgt. Um 14.08 Uhr rollt das Feld, der brasilianische Sünder ist jetzt das Schlusslicht, in die notwendig gewordene zweite Formationsrunde, und dann... würgt da Matta den Motor seines TF103 ab. Und wieder mahlen die Mühlen der FIA-Bürokratie. Diesmal darf der Südamerikaner seinen Startplatz behalten, denn noch weiter nach hinten kann man ihn nicht verbannen.
Um 14.16 Uhr kommt wieder Bewegung ins Feld – die insgesamt dritte Formationsrunde beginnt. 17 Boliden lösen sich von der Linie. Zurück bleibt Heinz-Harald Frentzens C22, den eine streikende Kupplung lahmgelegt hat. Der Mönchengladbacher sprintet zu seiner Box, um in das Reserve-Auto zu springen, doch das ist für »Quick Nick« Heidfeld präpariert. Für einen Umbau ist es glücklicherweise zu spät. Glücklicherweise, weil das Auto zu diesem Zeitpunkt ohnehin nicht mehr gewechselt werden darf. Immer wieder ist es interessant zu beobachten, dass sich diese Regel bei den Teams nicht herumspricht...
Endlich: Der vorläufig letzte GP von Österreich wird gestartet. Vorn lässt Michael Schumacher nichts anbrennen. Im Rücken des Rheinländers beschleunigt Montoya Räikkönen aus, und Barrichello schiebt sich an Heidfeld vorbei auf Platz vier. Weiter hinten streikt Verstappens Minardi, und weil der Niederländer unfreiwillig einen »gefährlichen« Parkplatz wählen musste, wird Bernd Mayländer alarmiert. Nach drei Runden – Panis und Wilson nutzen die SC-Phase zu vorgezogenen Boxenstopps – schert das Safety-Car wieder aus.
Nach zehn Umläufen hat Weltmeister Schumacher seinen Vorsprung vor Montoya auf 4,8 Sekunden ausbauen können. Auch dem Kolumbianer droht keine unmittelbare Gefahr. Er hat ein Polster von immerhin 2,2 Sekunden aufbauen können, das ihn von Räikkönen und Barrichello trennt, die Rad-an-Rad fighten.

Das Bild ändert sich in Runde 16. Der zuvor bis auf 10,6 Sekunden davongefahrene Leader lässt es ruhiger angehen, denn vereinzelt setzt leichter Regen ein. Innerhalb von nur drei Runden rückt Montoya dem Spitzenreiter bis auf 3,1 Sekunden auf den Leib. Dann schließen sich des Himmels Schleusen, und »Schumi« gibt wieder Gas.
Als Barrichello nach 21 Umläufen seinen ersten Boxenstopp einlegt, verliert der Brasilianer mehr als zehn Sekunden, weil seine Tankanlage nicht funktioniert. Nur zwei Runden später bremst sich Michael Schumacher zwischen seinen Mechanikern ein, und auch der zweite Ferrari-Stopp misslingt: Ein Ruck geht durch die Crew, als urplötzlich Flammen am Heck des Ferrari züngeln. Aber die vermummten roten Männer funktionieren trotz der Schrecksekunde vorbildlich. Schnell werden die Flammen erstickt und nach 20,4 Sekunden katapultiert sich »Schumi« aus dem Stand auf die erlaubten 80 km/h.
Jetzt führt Montoya, der schon nach 20 Runden Benzin und Reifen fasste, vor Räikkönen, Michael Schumacher, Jenson Button und Barrichello. Noch ist nichts entschieden. Doch dann gelangt der Champion unerwartet schnell an die Spitze zurück: Im Verlauf der 32. Runde geht der Motor des führenden Kolumbianers hoch, und fast zeitgleich trickst der Titelverteidiger Räikkönen aus.
Zu Beginn der 45. Runde – Michael Schumacher liegt aufgrund seines zweiten Boxenstopps vorübergehend hinter Räikkönen und seinem Teamkollegen – hängt das Rennen des Deutschen an einem seidenen Faden. Fernando Alonso, der trotz seines Boxengassen-Starts erneut Kurs auf WM-Punkte hält, wird am Ende der Start-Ziel-Geraden durch einen kapitalen Motorschaden gestoppt, und... »Schumi« verliert seinen F2003-GA auf dem verölten Asphalt aus der Kontrolle. Weit wird er aus der Castrol-Kurve, die ihren öligen Namen selten so verdiente wie am heutigen Tag, herausgetragen. Noch vor Jahresfrist wäre er jetzt im Kies stecken geblieben. Jetzt aber reicht der Asphalt bis zum »Horizont«, und Schumacher kurvt zurück auf die Piste.
Als wenig später Räikkönen und Barrichello ihre letzten Stopps einlegen, ist auf den Punkterängen die endgültige Reihenfolge für den Zieleinlauf beinahe gefunden. Michael Schumacher fährt vor Räikkönen, Barrichello – das Duo liefert sich bis ins Ziel einen harten Fight –, Button, Ralf Schumacher, Coulthard, Webber und Trulli. Beinahe, denn als Ralf in der 57. Runde in der Gösser-Kurve kurzfristig neben die Piste rutscht, weil seinem FW25 auf dem dritten Reifensatz die Balance fehlt, schlüpft »DC« vorbei auf Rang fünf.
Nach dem Rennen scheint Michael Schumacher ein Stein vom Herzen gefallen zu sein. »Drei Siege in ununterbrochener Reihenfolge«, erklärt er, »ist für uns natürlich sehr gut. Mein Auto war gleichmäßig schnell und zuverlässig. jetzt fehlen mir noch zwei WM-Punkte auf Kimi, und ich bin optimistisch, diesen Rückstand schnell aufholen zu können. «Über die Flämmchen, die während des Boxenstopps kurz züngelten, äußert sich der Sieger zunächst nur scherzhaft: »Meine Mechaniker dachten wohl, mir sei kalt. Deshalb wollten sie mich wohl aufwärmen.« Die Crew, fügt er hinzu, habe einen guten Job gemacht und die Feuerlöscher schnell zum Einsatz gebracht. Ihm selbst fehle der Überblick, um sagen zu können, ob die Situation gefährlich war.
Wie auch immer: Die Tagespresse bauscht das Feuer gewaltig auf, um dem Rennen damit einen dramatischen Höhepunkt verleihen zu können. Mit gefährlichen Bränden an den Boxen – Jos Verstappen machte 1994 auf dem Hockenheimring diesbezüglich unangenehme Erfahrungen – hat das Ferrari-Malheur, das sich wegen einer defekten Dichtung ereignete, in Wahrheit nichts gemeinsam.

Während der heiße Zwischenfall schnell vergessen wird, hat ein anderer Pilot jetzt Feuer unter dem Hinterteil: Kimi Räikkönen, dem Weltmeister Michael Schumacher innerhalb von nur drei WM-Läufen so gefährlich nah auf den Leib gerückt ist. Aber der finnische »Ice man« bleibt cool und sieht die jüngste Entwicklung positiv: »Auch wenn es an der Spitze jetzt enger zugeht, bin ich froh, im Zwischenklassement unverändert auf Platz eins zu liegen.« Bei Licht betrachtet, ist sein Abschneiden tatsächlich beachtlich, denn der McLaren-Pilot durfte seinen Motor nach der Notreparatur am Vormittag nicht mehr voll ausdrehen. Zum packenden Schlussduell mit Barrichello sagt Räikkönen: »Das war verdammt knapp. Ehrlich gesagt, war ich nicht sicher, ob ich Platz zwei erfolgreich verteidigen kann. Erst als ich in der letzten Runde ausgangs der Castrol-Kurve immer noch vor Rubens lag, wusste ich, dass mir nichts mehr passieren kann.«
Bereits vor der Abreise aus der Steiermark konzentrieren sich die Gedanken auf den kommenden WM-Lauf in Monte Carlo. Auf dem Stadtkurs am Mittelmeer hat Titelverteidiger Michael Schumacher die Chance, aus eigener Kraft die Tabellenführung zu erobern. Tatsächlich aber wird er sich zwei weitere Wochen lang gedulden müssen. In Monaco wird es für Schumacher »nur« zu einem dritten Platz reichen.

ERGEBNISSE UND AUSFÄLLE

1. Michael Schumacher	Ferrari F2003-GA	1:24.04,888 = 213,003 km/h
2. Kimi Räikkönen	McLaren-Mercedes MP4/17D	3,362 Sekunden zurück
3. Rubens Barrichello	Ferrari F2003-GA	3,951 Sekunden zurück
4. Jenson Button	BAR-Honda 005	42,243 Sekunden zurück
5. David Coulthard	McLaren-Mercedes MP4/17D	59,740 Sekunden zurück
6. Ralf Schumacher	Williams-BMW FW25	1 Runde zurück
7. Mark Webber	Jaguar-Cosworth R4	1 Runde zurück
8. Jarno Trulli	Renault R23	1 Runde zurück
9. Antonio Pizzonia	Jaguar-Cosworth R4	1 Runde zurück
10. Cristiano da Matta	Toyota TF103	1 Runde zurück
11. Ralph Firman	Jordan-Cosworth EJ13	1 Runde zurück
12. Jacques Villeneuve	BAR-Honda 005	1 Runde zurück
13. Justin Wilson	Minardi-Cosworth PS03	2 Runden zurück
Giancarlo Fisichella	Jordan-Cosworth EJ13	61. Runde, Benzinsystem
Nick Heidfeld	Sauber-Petronas C22	47. Runde, Motor
Fernando Alonso	Renault R23	45. Runde, Motor
Juan Pablo Montoya	Williams-BMW FW25	33. Runde, Motor
Olivier Panis	Toyota TF103	7. Runde, Vorderradaufhängung links
Jos Verstappen	Minardi-Cosworth PS03	1. Runde, Getriebe
SCHNELLSTE RUNDE:	(41. Rd.) – Michael Schumacher, Ferrari F2003-GA 1.08,337 = 227,894 km/h Neuer Rundenrekord	

68. Sieg

Großer Preis von Kanada
Montreal, 15. Juni 2003

Kein Vorbeikommen...

Die meisten Piloten kommen gerne nach Montreal, doch nur einer zieht hoch zufrieden wieder von dannen: Michael Schumacher. Erstmals rangiert er im laufenden Rennjahr auf Platz eins des WM-Zwischenklassements. Drei Punkte liegt er jetzt vor Kimi Räikkönen, der sich im Qualifying um alle Chancen brachte, die WM-Führung erfolgreich verteidigen zu können.

Montreal empfängt die Mitglieder des F1-Zirkus und die Fans aus aller Welt offen und freundlich, wie immer seit 1978.
Dennoch hängt über der beliebten Veranstaltung das Schwert des Damokles: Wegen der strikten Anti-Tabakwerbung-Gesetze, die natürlich nicht im Sinne der von den Tabakkonzernen unterstützten Rennställe sind, könnte diese Veranstaltung bald fehlen.
Vorläufig gilt es allerdings, völlig andere Probleme aus der Welt zu schaffen. Vor Saisonbeginn, hatten die wohlhabenden Teams beschlossen, den Hungerleidern der Szene – den Teams Minardi und Jordan – finanziell unter die Arme zu greifen. Weil bisher kein Geld in den »Fighting Fund« geflossen ist, geht Minardi-Eigentümer Paul Stoddart zur Attacke über. Der Australier wählt für seinen Großangriff die offizielle FIA-Pressekonferenz am Freitag, an der außer ihm selbst die Teamchefs Ron Dennis, Eddie Jordan, David Richards und Frank Williams teilnehmen.
Stoddart, der agile Selfmademan, der zwar nicht über einen Schulabschluss – die Penne erschien ihm als zu langweilig –, wohl aber über ein Millionen-Vermögen verfügt, zieht munter vom Leder. Weil, so lässt er wissen, die Abmachungen bisher nicht eingehalten wurden, fühle er sich nicht mehr gebunden. Stoddart macht von seinem Vetorecht Gebrauch und besteht darauf, dass – wie ursprünglich vorgesehen vom britischen WM-Lauf an auf elektronische Hilfsmittel wie eine Launch-Control verzichtet werden muss.
Überraschend, zumindest aus Sicht von Stoddart, wird der Minardi-Boss nicht von Eddie Jordan unterstützt. Jordan windet sich und verkündet schließlich, sein Team vertrete eine eigene unabhängige Meinung... Über die Hintergründe seines Tuns kann nur spekuliert werden: Offenbar hat er sich hinter den Kulissen mit Ron Dennis arrangiert. Im weiteren Verlauf des Sommers wird klar, dass sich Jordan in Montreal bedeckt hielt, weil er 2004 Kundenmotoren von Mercedes haben möchte.
Stoddarts klare Worte bringen Ron Dennis gewaltig in Verlegenheit. Die Stimmung wird zusätzlich angeheizt, als der Minardi-Chef mit einigen Briefen, mit offenbar brisantem Inhalt, herumwedelt, die Dennis bisher nicht im Besitz von Stoddart wusste! Eine Einigung gibt es vor Ort selbstverständlich nicht, zumal der McLaren-Chef die Pressekonferenz als unpassendes Forum für diese Diskussion bezeichnet.

Ein interessantes Detail am Rande: Bernie Ecclestone ist höchstpersönlich aufmarschiert, um sich die Debatte anzuhören. Normalerweise nimmt der große F1-Zampano weder aktiv noch passiv an den FIA-Pressekonferenzen teil. Weshalb er diesmal eine Ausnahme macht, wird noch vor Sonnenuntergang klar. »Mr. E.« engagiert sich als Teilhaber bei Minardi. Damit erlebt das Hinterbänkler-Team natürlich eine unglaubliche politische Aufwertung.
Völlig sorgenfrei ist am Abend des ersten Trainingstages hingegen die Scuderia Ferrari. Im ersten freien Training – die FIA erlaubte die Montage der »Monsun-Reifen« – gaben Michael Schumacher und Rubens Barrichello auf nassem Asphalt unmissverständlich den Ton an. Der Südamerikaner markierte mit 1.30,925 Minuten Bestzeit. Als Zweitem fehlen seinem deutschen Teamkollegen 1,044 Sekunden. Und was folgt hinter dem roten Duo? Lange Zeit nichts. Da wundert es niemanden, dass sich Ferraris Technischer Direktor Ross Brawn offen einen verregneten Samstag wünscht.
Der Wunsch des Briten geht nur halb in Erfüllung. Während des zweiten freien Trainings am Vormittag nieselt es. Die Nässe reicht aus, um für Ferrari und Bridgestone annähernd perfekte Bedingungen zu schaffen. Michael Schumacher knallt eine Runde in 1.23,385 Minuten auf die Bahn. Barrichello lässt sich lediglich knapp drei Zehntelsekunden abnehmen, doch die übrigen stehen auf völlig verlorenem Posten.
Die Hoffnungen der Bridgestone-Kundschaft auf ein verregnetes zweites Qualifying erfüllen sich nicht. Mit 16 Grad Lufttemperatur, der Pistenbelag ist mit 18 Grad nur unwesentlich wärmer, gibt sich das Wetter zwar von einer eher ungemütlichen Seite, aber der Circuit Gilles Villeneuve präsentiert sich in absolut trockenem Zustand. Bei den Michelin-Piloten sieht man entsprechend erleichterte Gesichter...
Wenig später beginnt die Zeitenjagd. Den Auftakt macht Lokal-Matador Jacques Villeneuve, der sich am Vortag während des ersten Qualifying in der allerletzten Kurve einen Dreher leistete und deshalb die langsamste aller Runden drehte. Bei einer Zeit von 1.17,347 Minuten bleiben die Uhren für den Kanadier stehen. Damit ist kein Blumentopf zu gewinnen. Von nun an wird die Piste – zumindest theoretisch – von Runde zu Runde schneller. Entsprechend der umgekehrten Reihenfolge des Vortages nimmt Ralf Schumacher als sechster Pilot Anlauf, und dem Bruder des Champions gelingt eine Runde in 1.15,529 Minuten. Damit verpasst er zwar die Freitags-Zeit des Heathrow-Testers Alonso knapp, ist aber doch so schnell, dass er außerhalb der Reichweite der nach ihm startenden Kollegen liegt.
Nicht nur die Beobachter wundern sich. Auch Ralf Schumacher fällt aus allen Wolken. »Auf der Anreise«, gesteht er, »habe ich mir ausgerechnet, dass wir hier halbwegs mithalten können. Aber nachdem, was gestern geschah – und auch, weil ich so früh fahren musste –, hatte ich zwar einen Platz unter den ersten Fünf erwartet, keinesfalls aber Startreihe eins und schon gar nicht die Pole-Position.« Wie bereits vor 14 Tagen in Monaco hat sich Montoya den zweitbesten Startplatz gesichert. Erneut vom eigenen Teamkollegen gebügelt zu werden, ist natürlich gar nicht nach dem Geschmack des Kolumbianers. Aber er macht gute Miene zum bösen Spiel und erklärt: »Platz zwei ist gar nicht so schlecht, wenn man bedenkt, dass mir in der dritten Kurve ein Fehler unterlief und ich ausgangs der letzten vom Gas gehen musste, weil ich sonst gegen die Mauer geknallt wäre.« Dann fügt er grinsend hinzu: »Ich sagte Ralf schon vor dem Qualifying, dass wir es bei der in Monaco bewährten Arbeitsaufteilung belassen sollten – er holt sich die Pole, ich gewinne das Rennen.«

Weltmeister Michael Schumacher spricht offen darüber, dass seine Runde nicht gerade gut gewesen sei. Dritter ist der Rheinländer, der die Flüchtigkeitsfehler aber nicht als Entschuldigung für eine verpasste Pole-Position verstanden wissen will: »Selbst wenn alles geklappt hätte – ich glaube nicht, dass es heute zur Bestzeit gereicht hätte.« Traurig ist er aufgrund der mäßigen Ausgangsposition allerdings nicht, denn Kimi Räikkönen – die Nummer eins im WM-Zwischenklassement wird vom letzten Platz aus starten. Der Finne brachte seine Runde nicht zustande, weil er bereits in der ersten Kurve im Kies landete.

Als sich die Boliden für den Start formieren, wird schnell deutlich, dass McLaren-Mercedes und Kimi Räikkönen um jeden Preis ein »zweites Barcelona« vermeiden wollen. Der Silberpfeil des Finnen wird am Ausgang der Boxengasse postiert. Natürlich will man mit diesem Schachzug nicht nur einer möglichen Startkarambolage ausweichen. Der Tank des MP4/17 wird bis zum Stehkragen aufgefüllt; Räikkönen soll lediglich einmal zum Tanken und Reifenwechsel an die Boxen kommen. Als das Feld aus der Formationsrunde zurückkehrt, bekommt der in der Boxengasse stehende McLaren Gesellschaft. Auch Firman lässt Sprit nachfüllen, bevor das Rennen beginnt.

Beim Start übernehmen die beiden Williams-Piloten in der Qualifying-Reihenfolge das Kommando, aber Michael Schumacher kann Kontakt zu dem blauweißen Duo halten. In der ersten Kurve, wo es in den letzten Jahren immer wieder zu spektakulären Zwischenfällen kam, scheppert es erneut. Aber die Rempelei verläuft vergleichsweise harmlos: Barrichello unterschreitet den Mindestabstand zu Alonso und beschädigt am Heck des Renault den eigenen Frontflügel. In der Haarnadelkurve knallt es erneut, weil Pizzonia mit Trulli kollidiert. »Pizza« wird ans Ende des Feldes zurückgeworfen, kann das Rennen aber nach einem Reparaturstopp fortsetzen. Trulli fährt zunächst weiter, kommt mit dem angeschlagenen R23 aber nur bis in die 23. Runde.

Am Ende des zweiten Umlaufs dreht sich Montoya in der Zieleingangskurve, dort wo freitags Villeneuve kreiselte. Michael Schumacher, Alonso und Webber fliegen vorbei, dann fasst der Südamerikaner wieder Tritt. Über einen Mangel an Turbulenz brauchen sich die Fans nicht zu beklagen... jetzt erst biegt Barrichello in die Boxengasse ab, wo seinem F2003-GA innerhalb von 14 Sekunden ein neuer Frontflügel verpasst wird. Gleichzeitig hat Ross Brawn entschieden, den Brasilianer auf nur noch einen weiteren Boxenstopp umzupolen und entsprechend auftanken lassen. Kimi Räikkönen hat sich bisher nicht weiter als bis auf Platz 16 vorfahren können – am Steuer des bleischweren McLaren wird die geplante Aufholjagd zur Knochenarbeit. Nach drei Runden zeichnet sich ab, dass Alonso das von den Schumacher-Brüdern vorgelegte Tempo nicht mitgehen kann. 4,5 Sekunden fehlen dem Spanier bereits auf den Spitzenreiter. Dahinter gerät Webber zunehmend unter den Druck Montoyas, dem er schon während des nächsten Umlaufs nachgeben muss. Sofort zieht der Südamerikaner alle Register, um jetzt die Vier-Sekunden-Lücke zu Alonso zuzufahren, was ihm bis zur neunten Runde gelingt. Zu Beginn der zehnten kämpft er den Renault-Piloten nieder.

Die Entscheidung im Kampf um Platz eins fällt, als Ralf Schumacher nach 20 Runden den ersten von zwei Boxenstopps einlegt. Sein älterer Bruder übernimmt die Spitze, und er bleibt vor Ralf, als er selbst zum Ende der folgenden Runde Sprit und Gummis holt. Der Stopp des Champions dauert mit 10,6 Sekunden 1,8 Sekunden länger als der des Verwandten. Wenn er trotzdem die Führung übernehmen kann, liegt das an der schnellen Runde – 1.16,899 Minuten – die er in dem Moment dreht, als er freie

Fahrt hat. Der Williams-Schumacher benötigt für die erste Runde am Steuer seines aufgetankten FW25 hingegen 1.19,344 Minuten... Als letzter Pilot des Spitzen-Quartetts lässt Alonso nach 26 Umläufen Service machen.
Inzwischen sieht Räikkönen endlich die Früchte seiner Arbeit: Zwischen der zehnten und der 24. Runde rückt der Finne vom 15. bis auf den fünften Platz vor. Der Mono-Stopper bemüht seine Crew erst nach 33 Umläufen. Eine Runde früher hätte er kommen müssen, denn auf der Anfahrt zu den Boxen löst sich die Lauffläche des rechten Hinterrades. Räikkönen wird auf Rang zehn zurückgeworfen. Weil er jetzt allerdings bis ins Ziel mit Verbrauchsmaterial eingedeckt ist – während die Kollegen ein weiteres Mal an die Boxen müssen –, hat er gute Karten. Bis zum Ende des Rennens rückt er so wieder bis auf Rang sechs vor. Die Viererbande an der Spitze liegt ohnehin zu weit vorn und Barrichello packt er nicht, weil er ebenfalls nur einen richtigen Boxenstopp benötigte.
Zehn Runden vor Ende des Rennens bietet sich allen das unveränderte Bild: Michael Schumacher, Ralf Schumacher, Montoya und Alonso. Obwohl sich die Positionen nicht verschoben haben, liegt knisternde Spannung in der Luft. Die Abstände sind dramatisch knapp. Der Vorsprung des Weltmeisters vor seinem Bruder beträgt gerade einmal 0,4 Sekunden. Montoya fehlen 1,1 Sekunden auf den führenden Ferrari. Alonso folgt »abgeschlagen« erst 5,4 Sekunden hinter »Schumi«. Zum Vergleich: Die beiden Einstopper Barrichello und Räikkönen kämpfen Rad-an-Rad – mit einer Minute Rückstand auf den Führenden.
Während alle Augen gebannt auf Ralf Schumacher starren, weil er jeden Augenblick eine Attacke starten müsste, kämpft sich von hinten Alonso nach vorn. Vier Runden vor Schluss erreicht der Vierkampf seinen Höhepunkt, als das Quartett innerhalb von nur 1,814 Sekunden geschlossen durch die Lichtschranke bei Start-und-Ziel fliegt. Michael Schumacher wird erklären: »Ich hatte die Situation im Griff, drückte aber nicht mehr voll aufs Tempo, weil ich die Bremsen schonen musste.« Ralf Schumacher und Montoya machen erfolglos Druck, bis ins Ziel. Zu diesem Zeitpunkt hat sich Alonso bereits ebenso zurückfallen lassen wie weiter hinten Barrichello-Jäger Räikkönen.
Der Sieger erlebt ein Hoch der Extraklasse. Erst vor wenigen Tagen verlängerte er seinen Vertrag mit der Scuderia Ferrari um weitere zwei Jahre bis Ende 2006. Dank der zehn weiteren WM-Punkte hat er sein Karriere-Konto jetzt auf 999 Zähler schrauben können. Jetzt sollte es ihm leicht fallen, in 14 Tagen vor heimischer Kulisse die Schallmauer von 1000 Punkten zu durchbrechen. Damit nicht genug: Noch ein weiterer Sieg, und Michael Schumacher hat 50 Mal am Steuer eines Ferrari triumphiert.
Ralf Schumacher steht nach geschlagener Schlacht vor einem Rätsel: »Ich weiß nicht, wie es Michael gelungen ist, beim Boxenstopp an mir vorbeizukommen. Eigentlich war mein Auto heute besser als seines. Wir hatten auch einen Vorteil, was die Reifen betrifft.« Seine Enttäuschung hält sich allerdings in Grenzen, denn immerhin bleibt der Sieg ja in der Familie. »Schumi II" erinnert an 2001: »Da lief es ähnlich, aber am Ende siegte ich. Jetzt war halt Michael an der Reihe. Weshalb eigentlich nicht?«
Als sich der Sieger am frühen Abend am Fuß des Towers der Rennleitung bei Bernie Ecclestones »Leibkoch" Karlheinz Zimmermann eine dicke Zigarre schmecken lässt, muss er davon ausgehen, dass die ausstehenden Rennen der Saison für ihn kein unüberwindbares Hindernis auf dem Weg zum angepeilten sechsten Titelgewinn sind. Tatsächlich aber wird er bis zum letzten WM-Lauf fighten müssen, um seinen sechsten WM-Titel feiern zu dürfen. Denn in den nächsten Rennen läuft es alles andere als planmäßig: Dass

beim Großen Preis von Europa auf dem Nürburgring Bruder Ralf ganz oben auf dem Podest steht, dürfte der Champion mit einiger Genugtuung gesehen haben, um so mehr, als er als Fünfter noch vier Pünkten einpacken konnte, während Kimi Räikkönen in der 26. Runde wegen Motorschadens aufgeben musste. In Frankreich steht erneut der »falsche« Schumacher auf dem obersten Podestplatz, der »große Bruder« kommt immerhin auf Platz drei. Dann Silverstone, wo Schumi in einem chaotischen Rennen einen vierten Rang ergattert und gegenüber Kimi einenPunkt einbüßt. Dann das Rennen auf dem Ring, bei dem sich der Weltmeister bis auf Platz zwei vorarbeitet, als plötzlich der linke Hinterreifen seines F2003-GA kollabiert. Das Bummeltempo auf dem Weg an die Boxen und der außerplanmäßige Stopp von 7,2 Sekunden Dauer werfen den Kerpener vom zweiten auf den achten Rang zurück. Auch Kimi Räikkönen geht leer aus, ein Unfall in der 1. Runde brachte ihm das »Aus«. Völlig verkorkst dann auch das Ungarn-Wochenende, Schumacher ist froh, noch einen WM-Punkt retten zu können. Noch liegt er in Führung im Klassement. Montoya liegt einen Zähler zurück, der Finne einen weiteren. Die Formel 1-Fans dürfen sich auf einen heißen Herbst freuen.

ERGEBNISSE UND AUSFÄLLE

1. Michael Schumacher	Ferrari F2003-GA	1:31.13,591= 200,777 km/h
2. Ralf Schumacher	Williams-BMW FW25	0,784 Sekunden zurück
3. Juan Pablo Montoya	Williams-BMW FW25	1,355 Sekunden zurück
4. Fernando Alonso	Renault R23	4,481 Sekunden zurück
5. Rubens Barrichello	Ferrari F2003-GA	1.04,261 Minuten zurück
6. Kimi Räikkönen	McLaren-Mercedes MP4/17D	1.10,502 Minuten zurück
7. Mark Webber	Jaguar-Cosworth R4	1 Runde zurück
8. Olivier Panis	Toyota TF103	1 Runde zurück
9. Jos Verstappen	Minardi-Cosworth PS03	2 Runden zurück
10. Antonio Pizzonia *	Jaguar-Cosworth R4	4 Runden zurück/Bremsen
11. Cristiano da Matta *	Toyota TF103	6 Runden zurück/Radaufhängung

Justin Wilson	Minardi-Cosworth PS03	61. Runde, Getriebe
Jenson Button	BAR-Honda 005	52. Runde, Getriebe
David Coulthard	McLaren-Mercedes W4/17D	48. Runde, Getriebe
Nick Heidfeld	Sauber-Petronas C22	48. Runde, Motor
Jarno Trulli	Renault R23	23. Runde, Unfallfolgen
Giancarlo Fisichella	Jordan-Cosworth EJ13	21. Runde, Getriebe
Ralph Firman	Jordan-Cosworth EJ13	21. Runde, Ölleck
Jacques Villeneuve	BAR-Honda 005	15. Runde, Bremsen
Heinz-Harald Frentzen	Sauber-Petronas C22	7. Runde, Elektronik

* Nicht im Ziel, aber aufgrund der zurückgelegten Distanz gewertet

SCHNELLSTE RUNDE: (53.Rd.) – Fernando Alonso, Renault R23
1.16,040 = 206,465 km/h

69. Sieg

Großer Preis von Italien
Monza, 14. September 2003

»Schumis« Auferstehung

Fast alle setzen auf Montoya – doch Schumacher meldet sich eindrucksvoll zurück. Jeder, der den Weltmeister schon abgeschrieben hat, erlebt ein rotes Wunder: Der Champion ist immer noch hungrig ...

Die internationale und nationale Reaktion auf das Resultat des Grand Prix von Ungarn ist ein vernichtendes Urteil über Michael Schumacher. Die Presse ist sich weitgehend einig: Die Scuderia Ferrari ist stehend k.o., der Titelverteidiger ist ausgebrannt und befindet sich offensichtlich auf dem absteigenden Ast. Dass der Rheinländer ankündigt, er werde keineswegs aufstecken und alles tun, um das Blatt in Monza zu wenden, wird bestenfalls als »Pfeifen im dunklen Wald« interpretiert. Auf der italienischen Traditions- und Power-Piste, so wird behauptet, seien die Williams-BMW ohnehin schneller. Der neue Titelanwärter, so der allgemeine Tenor, kommt aus Kolumbien und heißt Juan Pablo Montoya.
Mitten in die auf Michael Schumacher gesungenen Abschiedsarien ereignet sich am zweiten Testtag ein spektakulärer Trainingsunfall, der ein andere Mitglied er Schumacher-Familie in die Schlagzeilen bringt: Eingangs der ersten Lesmo-Kurve kommt der FW25 Ralf Schumachers wegen eines technischen Defekts von der Piste ab und überschlägt sich mehrmals. Vermutlich gab die linke hintere Radaufhängung nach – die mögliche Folge eines Brandes. Kurz zuvor hatte der Bolide an den Boxen Feuer gefangen. Die Nacht verbringt der Pilot, der die seitlichen Überschläge mit einer schweren Gehirnerschütterung bezahlen muss, im Hospital.
Donnerstags vor dem Grand Prix müssen Ralph Firman, wegen seines Hungaroring-Crashs, und das Lesmo-Opfer Ralf bei Rennarzt Sid Watkins zum medizinischen Check antreten. Der »Prof« erklärt den Briten für fahruntauglich, was im Fahrerlager belustigt registriert wird. Der Hintergrund: Firmans Chef Eddie Jordan will unbedingt ein zweites Mal Zsolt Baumgartner einsetzen, da der Ungar eine Mitgift in Höhe von knapp 150.000 Euro mitbringt. Der Stammpilot spielt brav mit und verkauft sich bei Watkins weit unter Tagesform... Ralf Schumacher hingegen wird gesundgeschrieben. Nicht ohne Grund, denn der Williams-Fahrer fühlt sich pudelwohl – abends wird er in bester Laune am obligatorischen Fußball-Kick mit Bruder Michael und deutschen Journalisten teilnehmen. Abgeschlossen ist die Krankenakte des Rennfahrers damit jedoch noch nicht...
Vorläufig träumt er davon, am Sonntag zu gewinnen. Was mögliche Unterstützung im Titelkampf angeht, ist er wild entschlossen, gegenüber Montoya »keinen Millimeter« nachzugeben, und er verabschiedet sich mit den Worten: »Jetzt muss ich noch bei Ferrari vorbeischauen und mich bedanken. Unsere neuen Reifen sind super ...«

Keine Frage, Monza ist ein würdiger Schauplatz für den nächsten heißen Fight um den WM-Titel. Hier wurden bereits zwölf Champions gekrönt. Mehr als eine Vorentscheidung kann hier diesmal allerdings nicht fallen. Was hingegen bald fallen soll, sind die beiden mächtigen Steilwandkurven des Ovals, das – in das normale Autodromo integriert – von der Formel 1 in den Jahren 1955 bis 1961 genutzt wurde. Jetzt soll das historische Baudenkmal abgerissen werden. Nachdem im Frühjahr 2002 bereits der große gemauerte Torbogen aus den frühen 20ern des vorigen Jahrhunderts verschwand, der die Piste vom alten Fahrerlager trennte, muss nun erneut gebangt werden. Rettung kann allerdings eine Initiative bringen, die sich für eine Sanierung des Ovals mit dem Ziel einsetzt, die Formel 1-Rennwagen dort wieder antreten zu lassen. Sicherheitsbedenken bestehen nicht, denn in den Steilwänden lenken sich die Autos praktisch von allein. Während renovierte Monza-Steilkurven das Thema einer ungewissen Zukunft sind, wird der F1-Weltmeister des Jahres 2003 spätestens in gut vier Wochen gekrönt. Ist es für Michael Schumacher ein Vorteil, dass er über weitaus mehr Routine verfügt als seine Rivalen Montoya und Räikkönen? »Das wird sich schon bald herausstellen«, antwortet der Titelverteidiger nachdenklich, »aber ehrlich gesagt, glaube ich das nicht. Die beiden Jungs sind gut, sonst wären sie im Zwischenklassement nicht so weit vorn... Auf die einzelne Runde bezogen, habe ich mit Sicherheit kein Plus. Wenn überhaupt, dann könnte mir meine Erfahrung im strategischen Bereich nützlich sein.«

Im ersten Qualifying setzt sich Juan Pablo Montoya vor Rubens Barrichello und dem deutschen Ferrari-Star durch. 0,6 Sekunden fehlen »Schumi« auf seinen kolumbianischen Herausforderer. Und wo steht Ralf Schumacher? Nachdem er sich eingangs der ersten Schikane verbremste und im Bereich des langsamen Rechts-Links-Knicks notgedrungen diagonal abkürzte, annullierten die Funktionäre seine Zeit von 1.21,965 Minuten, die ihm Platz fünf eine Tausendstelsekunde vor Kimi Räikkönen und dem zeitgleichen Mark Webber – eingebracht hätte.

Der Samstag beginnt mit einer faustdicken Überraschung. Morgens, kurz nach sieben Uhr, taucht Ralf Schumacher im Fahrerlager auf. Kurz bespricht er sich mit Ingenieur Sam Michael. Wenig später sucht er Sid Watkins auf, der ihm vor zwei Tagen gesagt hatte, er solle sich sofort bei ihm melden, wenn gesundheitliche Probleme irgendwelcher Art auftreten. Um 7.30 Uhr ist der Rennfahrer wieder bei seinem Team und erklärt, dass er sich nicht fit genug fühle, um am weiteren Verlauf des GP-Weekend teilnehmen zu können. Ein Rückfall dieser Art, weiß Professor Watkins kurz darauf zu berichten, sei bei einer schweren Gehirnerschütterung keine Seltenheit.

Während sich der Sieger der GP von Europa und Frankreich in Richtung des Flughafens von Bergamo absetzt, wird der Williams-Testpilot Marc Genét telefonisch aus dem Schlaf geklingelt. Der Spanier ist natürlich hellauf begeistert, während sich Alexander Wurz, McLarens dritter Mann, vermutlich insgeheim fragt, ob David Coulthard nicht auch einmal Kopfschmerzen haben könnte...

Ralf Schumacher ist längst wieder zu Hause, als sich sein älterer Bruder beim zweiten Qualifying die Pole-Position sichert. Platz zwei geht an Montoya, dem lediglich 0,051 Sekunden auf die Zeit des Ferrari-Stars fehlen. Nach zwei Sektoren hat der Südamerikaner die Nase noch vorn. Dann, im dritten Abschnitt, der von der Ascari-Schikane bis zum Ziel reicht, fällt er die entscheidenden Sekundenbruchteile zurück. Damit sind die Weichen für eine Fortsetzung des Titelkrimis gestellt, aus dem sich der Silber-

pfeil-Pilot Kimi Räikkönen zu verabschieden scheint. Der Finne ist »nur« Vierter und liegt damit nur einen Rang vor Genét, der der unerwarteten Aufgabe aus dem Stand gewachsen ist. Wie schnell sich die Dinge in der F1 wandeln können, zeigt ein Blick auf den 20. und letzten Startplatz: Das Schlusslicht heißt Fernando Alonso, der vor knapp zwei Wochen in Ungarn noch erfolgreich die Rolle von Superman ausfüllte.
Natürlich hat der Spanier nicht das Autofahren verlernt. Er wird von ganz hinten starten müssen, weil er sich im Qualifying ausgangs der ersten Schikane drehte und deshalb keine Runde zu Stande brachte. Die Ursache für den Patzer war technischer Natur: Die Traktionskontrolle seines R23B streikte.
Als Pole-Setter nimmt Michael Schumacher – ebenso wie Montoya und der drittplatzierte Teamkollege des Weltmeisters – an der Samstags-Pressekonferenz teil. Erstmals seit dem österreichischen Grand Prix hat sich Schumacher wieder im zweiten Qualifying durchsetzen können. »Ja« sagt er, »es ist lange her, dass ich mir den besten Startplatz holte. Aber ich glaube, es ist genau der richtige Zeitpunkt für ein Comeback dieser Art.« Montoya tröstet sich damit, dass noch nichts verloren ist. Er lässt sich kaum anmerken, dass er »angefressen« ist, denn natürlich hätte er dem Rivalen im Kampf um die Pole zu gern eins ausgewischt, um mit einem psychologischen Vorteil ins Rennen gehen zu können.
Am Vorabend des Renntages versammeln sich traditionsgemäß die Gäste der Scuderia Ferrari in einem Festzelt unweit des Fahrerlagers. Der Anlass ist immer der gleiche: Das Team feiert sich selbst, und Luca di Montezemolo, der Präsident der Firma, schwört die Truppe auf den wichtigeren ihrer beiden Heim-GP ein. Gut 350 Mann sind versammelt, und natürlich sind auch die Piloten inklusive der Testfahrer anwesend. Montezemolo hält eine flammende Rede, in der kein Zweifel an der Tatsache aufkommt, wer sich die beiden WM-Titel 2003 sichern wird. Der Mann würde auch dann nicht verhungern, wenn er sein Geld als Entertainer verdienen würde. Dass er bei mehrfachen Versuchen, »La Ola« loszutreten, scheitert, darf man ihm nicht anlasten. Im Eifer des Gefechts hat er schlicht nicht bedacht, dass die Mehrheit der Gäste Journalisten sind, und die sind in erster Linie objektiv und neutral.
Während der letzten Stunde vor dem Start herrscht knisternde Spannung. Nicht oft genug kann die dramatische Ausgangslage diskutiert werden. Nur zwei WM-Punkte liegen die drei Titelaspiranten auseinander. Schumacher – Montoya – Räikkönen: 72 – 71 – 70... Alles ist möglich. Wer heute ausfällt, da ist sich das Trio ausnahmsweise einig, der scheidet aus dem Kampf um die Champion-Krone aus. Bei Licht betrachtet, irren die Herren in diesem Punkt, denn natürlich könnte ein Pechvogel in 14 Tagen wieder gleichziehen. Aber an Indy denkt natürlich niemand, als das Feld per Grünlicht in die Formationsrunde geschickt wird. 19 Boliden verlassen den Startplatz planmäßig. Zurück bleibt nur Fisichella, dessen Jordan an einem Schluckauf der Elektrik leidet.
Mit Verspätung jagt der Italiener seinen Kollegen nach und biegt am Ende der Runde in die Boxengasse ab. Da er jetzt ohnehin von ganz hinten starten muss, disponiert er von zwei Stopps auf nur einen um und lässt entsprechend Benzin nachfüllen. Positiv ist der Schachzug für die sieben Piloten, die »Fisico« im zweiten Qualifying geschlagen hatte. Sie alle sind jetzt einen Platz aufgerückt, noch bevor das Rennen begonnen hat.
Dann die Erlösung. Die roten Ampellichter erlöschen, während die Tifosi mit Jubelschreien aus zigtausend Kehlen versuchen, den Motorenlärm von 20 hochdrehenden Zehnzylindern zu übertönen. Vorn wird deutlich, dass sich die Scuderia Ferrari bei

den letzten Testfahrten auch intensiv um die Elektronik der Launch-Control kümmerte, denn Michael Schumacher gewinnt den Sprint zur ersten Kurve. Um sich gegen Montoya durchsetzen zu können, muss der Rheinländer allerdings extrem spät in die Eisen steigen. Es fehlt nicht viel und er wäre – wie freitags der jüngere Bruder – über die Kerbs ins Niemandsland gerutscht. Der Fahrfehler kostet Zeit und bringt den kolumbianischen Jäger in eine ideale Angriffsposition, die er in der Roggia-Schikane auf der Außenbahn nutzen will. Montoya zieht auf Parallelkurs. Für Sekunden scheint es, als könne er sich gegen Schumacher durchsetzen. Aber der hält erfolgreich dagegen ... Hut ab – vor beiden!

Auch am Ende des Feldes geht es dramatisch zu: Justin Wilson kriecht wegen eines Getriebeproblems von der Linie, Verstappen weicht der müden grünen Katze reaktionsschnell aus und wird prompt von Alonso gerammt, dessen Renault den unmittelbar davor startenden Boliden natürlich haushoch überlegen ist. Der R23B des Spaniers steigt zwar auf, fällt aber sofort auf die Räder zurück. Die beiden Kontrahenten werden nach nur einer Runde zu Reparaturzwecken an die Boxen fahren, können das Rennen aber fortsetzen.

Inzwischen hat die Spitze – Schumacher, Montoya, Trulli (!) und Barrichello – die Kurve »Lesmo 1« erreicht, wo aus dem Quartett ein Trio wird. Wegen eines Hydraulikschadens verliert Trullis Renault rasch an Fahrt, und »Rubinho« muss ein gewaltiges Ausweichmanöver fahren, um nicht ins Heck des Havaristen zu knallen. Der Brasilianer: »Als ich wieder Tritt gefasst hatte, waren Michael und Juan Pablo auf und davon.« In Wahrheit fehlen dem Brasilianer nach der Startrunde nur knapp zwei Sekunden auf den deutschen Spitzenreiter, aber auf den Geraden entspricht das bereits einem Rückstand von knapp 200 Metern...

In der Folge wird eine große Schwäche der atmosphärisch so beeindruckenden Piste, der ältesten permanenten Rennstrecke Europas, deutlich: Überholen? Geht nicht – zumindest, wenn die Piloten über halbwegs vergleichbares Material verfügen. Nach zwei Runden liegen Schumacher, Montoya, Barrichello, Räikkönen, Coulthard, Gené, Panis und Villeneuve auf den Punkterängen. Auf den ersten vier Plätzen wird sich da-

ran bis ins Ziel nichts ändern. Coulthard und Panis kommen aufgrund technischer Defekte nicht über die Distanz. Die »Nachrücker« heißen zunächst Frentzen und Webber. Jubel in der Sauber-Box, denn endlich winken wieder einmal WM-Punkte. Aber dann erwischt es den Vizeweltmeister der Saison 1997 in der drittletzten Runde – das Getriebe streikt.
Während sich Michael Schumacher über den Sieg mit dem F1-Rekordschnitt von 247,585 km/h freut – »Die Situation erinnert mich an das Jahr 2000, als ich in Monza ebenfalls dringend auf einen Sieg angewiesen war« –, kritisiert auch der zweitplatzierte Montoya den ungarischen Rookie: »Die Nachzügler brachten mich möglicherweise um den Sieg. Ich hatte mich gut an Michael herangearbeitet, aber dann stand mir dieser Baum – sorry, ich habe seinen Nachnamen vergessen – im Weg.«
Nichts scheint in dieser Saison vorhersehbar. Vor zwei Wochen gewann Alonso und Michael Schumacher wurde mit einer Runde Rückstand Achter – jetzt verhält es sich genau umgekehrt! Verlass scheint nur auf die Spannung im Titelkampf.

ERGEBNISSE UND AUSFÄLLE

1.	Michael Schumacher	Ferrari F2003-GA	1:14.19,838 = 247,585 km/h
2.	Juan Pablo Montoya	Williams-BMW FW25	5,294 Sekunden zurück
3.	Rubens Barrichello	Ferrari F2003-GA	11,835 Sekunden zurück
4.	Kimi Räikkönen	McLaren-Mercedes MP4/17D	12,834 Sekunden zurück
5.	Marc Gene	Williams-BMW FW25	27,891 Sekunden zurück
6.	Jacques Villeneuve	BAR-Honda 005	1 Runde zurück
7.	Mark Webber	Jaguar-Cosworth R4	1 Runde zurück
8.	Fernando Alonso	Renault R23B	1 Runde zurück
9.	Nick Heidfeld	Sauber-Petronas C22	1 Runde zurück
10.	Giancarlo Fisichella	Jordan-Cosworth EJ13	1 Runde zurück
11.	Zsolt Baumgartner	Jordan-Cosworth EJ13	2 Runden zurück
12.	Nicolas Kiesa	Minardi-Cosworth PS03	2 Runden zurück
13.	Heinz-Harald Frentzen*	Sauber-Petronas C22	3 Runden zurück/Getriebe
	David Coulthard	McLaren-Mercedes MP4/17D	46. Runde, Benzinpumpenantrieb
	Olivier Panis	Toyota TF103	36. Runde, Bremsen
	Jos Verstappen	Minardi-Cosworth PS03	28. Runde, Ölleck
	Jenson Button	BAR-Honda 005	25. Runde, Getriebe
	Cristiano da Matta	Toyota TF103	4. Runde, Unfall
	Justin Wilson	Jaguar-Cosworth R4	3. Runde, Getriebe
	Jarno Trulli	Renault R23B	1. Runde, Hydraulik

* Nicht im Ziel, aber aufgrund der zurückgelegten Distanz gewertet

SCHNELLSTE RUNDE: (14. Rd.) – Michael Schumacher, Ferrari F2003-GA
1.21,832 = 254,848 km/h
Neuer Rundenrekord

70. Sieg

Großer Preis der USA
Indianapolis, 28. September 2003

Da waren es nur noch zwei

Indianapolis ist die älteste permanente Rennstrecke der Welt. Zwanzig Jahre vor dem ersten GP von Monaco drehten die Boliden hier bereits ihre Runden. Und in den USA fällt auch die Vorentscheidung für die Weltmeisterschaft: Nach dem Wochenende hat Schumacher zehn Punkte mehr auf dem Konto – der Dauer-Weltmeister biegt ein auf die Zielgerade einer turbulenten Saison.

Ganz anders als in weiten Gebieten Europas, ist der Sommer im US-Bundesstaat Indiana grauenvoll verlaufen, was das Wetter betrifft: Kalt, nass und stürmisch. Ende August fallen in und um die Hauptstadt Indianapolis herum innerhalb von nur 24 Stunden knapp 18,3 Zentimeter Regenwasser. Damit wird ein 108 Jahre alter Rekord geschlagen! Riesige Flächen sind überschwemmt, ein Mann ertrinkt in den Fluten und Bürgermeister Bart Peterson erklärt die Region zum Notstandsgebiet. Auch der Indianapolis Motor Speedway steht unter Wasser, aber die Pistenverwaltung bestätigt umgehend, dass der Austragung des Grand Prix der USA – nicht ganz einen Monat ist es bis zum entsprechenden Termin – nichts im Wege steht. Woher diese Gewissheit genommen wird, bleibt ein Geheimnis. Tatsächlich wird das Rennen problemlos, aber keineswegs auf trockenem Asphalt, über die Bühne gehen.
Um während des Rennwochenendes keinesfalls von Jetlag geplagt zu werden – die Differenz zwischen der Mitteleuropäischen Sommerzeit und der US Central Time beträgt immerhin sieben Stunden –, reisen die meisten F1-Piloten ausreichend früh an und bummeln an einem Ort ihrer Wahl »freie Tage« ab.
Entsprechend ist seitens der Teams im Fahrerlager der ältesten permanenten Rennstrecke der Welt schon am Donnerstagmorgen alles vertreten, was Rang und Namen hat. Wer will, dass anderntags in Europa im Blätterwald über ihn berichtet wird, der muss sich jetzt den Journalisten stellen, denn jenseits des Atlantik rückt der Redaktionsschluss unaufhörlich näher. Die Titelaspiranten geben sich entspannt. In gewohnter Lässigkeit gibt Juan Pablo Montoya zu Protokoll: »Die Situation ist doch unverändert. Ich liege drei Punkte zurück. Also werde ich am Sonntag alles tun, um diese Lücke kleiner zu machen. Ich werde versuchen, mit Michael in Kontakt zu bleiben und Kimi weiterhin hinter mir zu halten. Sicherlich wird es interessant, aber ich rechne mir ein gutes Resultat aus.«
Kimi Räikkönen, der sein Geld als Redner wohl nicht verdienen könnte, teilt mit sparsamsten Lippenbewegungen mit: »Ich habe mich auf dieses Rennen vorbereitet, wie auf alle anderen Rennen auch. Unser Auto sollte hier besser mit den Williams und Ferrari mithalten können als beim letzten Rennen. Das hoffe ich jedenfalls.« Dass er

bisher in Indy noch nie ins Ziel kam, beunruhigt den Finnen überhaupt nicht: »Das traf schon auf viele, viele andere Rennstrecken zu, und dann klappte es in diesem Jahr trotzdem.«
Auch Michael Schumacher bleibt cool, als er sagt: »Meiner Meinung nach haben wir uns auf dieses Rennen gut vorbereitet. Viele Leute weisen darauf hin, dass Ferrari hier immer stark war. Dafür kann ich mir wenig kaufen, denn die Vergangenheit bringt mir hier keinen Vorteil. Was allein zählt, ist die Gegenwart. Wir sind jetzt in einem WM-Stadium, in dem weniger geredet als gehandelt werden sollte.« Selbstverständlich will der Rheinländer seinen Vorsprung verteidigen, um in Suzuka aus eigener Kraft Champion werden zu können.
Natürlich zählen auch die Reifen mit zu den Themen, die im Vorfeld einer möglichen Vorentscheidung im Titelkampf diskutiert werden. Bei herrlichem Spätsommerwetter blinzelt Williams-Ingenieur Frank Dernie in Richtung Sonne und sagt: »So muss es bleiben. Das wären für uns die idealen Bedingungen. Es darf weder kälter werden noch regnen.« Damit spielt der Brite auf die Hitzeempfindlichkeit der Bridgestone-Trockenreifen an. Auf die Tatsache, dass die Michelins aufgrund ihrer relativ weichen Flanken in der überhöhten Zieleingangskurve – der Neigungswinkel beträgt neun Grad und 12 Minuten – Nachteile bringen könnten, haben die Franzosen rechtzeitig reagiert und Pneus mit steiferen Flanken gebacken.
Kurz nach 13.00 Uhr wird bei Start und Ziel die Generalprobe der Siegerehrung durchgeführt – mit Nationalhymnen und allem Brimborium. Im Vorjahr hatte sich die Organisation für diesen Zweck bei Ferrari Barrichellos F2002 ausgeliehen. Drei Tage später stand der Südamerikaner dann tatsächlich ganz oben auf dem Siegerpodest. Diesmal wird der McLaren-Mercedes von Kimi Räikkönen auf den Lift gestellt und ein paar Meter angehoben. Sollte der Veranstalter erneut das richtige Gespür haben?
Abends gibt sich das Pisten-Management ratlos. Für mehrere Stunden hatten die Fans heute die Möglichkeit zum kostenlosen »Pitwalkabout«. Und diese Gelegenheit zum Gratis-Spaziergang in der Boxengasse wurde ausgiebig genutzt. Die Folge: Vom frühen Morgen an waren die Zufahrtsstraßen zum Motor Speedway völlig verstopft. Entsprechend heißt es aus der Chefetage der Pistenverwaltung: »Das Angebot war ein riesiger Erfolg, mit dem wir in dieser Form nicht gerechnet hatten. Falls wir die Aktion im nächsten Jahr wiederholen, werden wir sie organisatorisch anders durchführen.«
Derjenige, der bereits jetzt Aktionen startet, ist überraschend Jarno Trulli. Der Italiener fährt freitags drei Mal nacheinander Bestzeit: Im Test am frühen Morgen, im ersten freien Training und im Freitags-Qualifying. Am Samstagmorgen muss er sich mit Rang zwei zufrieden geben, da Rubens Barrichello seinen F2003-GA noch schneller als der Renault-Pilot über die Piste des Motor Speedway hetzt – allerdings lediglich um 0,012 Sekunden... Damit ist Trulli Pole-Anwärter Nummer eins. Wechselndes Wetter, mal nass, dann wieder trocken, kann dem RenaultFahrer nichts anhaben, während sein Teamkollege Fernando Alonso seit Beginn der US-Aktivitäten über zu starkes Untersteuern klagt. Dann stellt sich Trulli selbst ein Bein: Während des Warm-up vor dem entscheidenden zweiten Qualifying, das über die Qualität der Startplätze entscheidet, verliert er seinen R23B in »Turn 11« aus der Kontrolle und landet in den Reifenpolstern vor der Leitplanke. Das Auto kann repariert werden, aber das Selbstvertrauen des Piloten hat einen Knacks bekommen.

Abgeschlagen landet Trulli auf Platz zehn, während sich Kimi Räikkönen die zweite Pole seiner F1-Karriere sichern kann. Der in Monza von vielen bereits vorzeitig abgeschriebene Finne hat sich damit eindrucksvoll zurückgemeldet. Als Vierter wird Montoya immerhin aus der zweiten Reihe starten dürfen. Favorit Michael Schumacher ist hingegen mit der Abstimmung seines Ferrari unzufrieden und landet abgeschlagen auf dem siebten Startplatz. Mit Blick auf einen möglichen Suzuka-Krimi scheint die Startaufstellung ideal zu sein. Aus der Perspektive des Titelverteidigers ist sie schlicht katastrophal.

Da wundert es nicht, dass am Mittag des Renntages Jürgen Dilk, langjähriger Wegbegleiter von Michael Schumacher und einer seiner frühen Förderer, mit ernster Miene durchs Paddock schreitet. Der Mann ist prinzipiell begeistert, denn er freut sich, »endlich einmal« die USA kennen zu lernen. Doch er macht sich Sorgen. »Michael«, sagt er nachdenklich, »wird es heute schwer haben, weil er beim Start so weit hinten steht. Vierter wird er wohl, vielleicht Dritter.« Aus Dilks Mund ist das eine wahrhaft düstere Prophezeiung, denn Dilk ist unverbesserlicher Optimist.

Über Nacht sind die Temperaturen deutlich gesunken. Knapp 45 Minuten vor dem Start ziehen dunkle Wolken auf. Wenig später beginnt es zu tröpfeln. Auch einige Hagelkörner fallen, deren Größe sich jedoch in überschaubaren Grenzen hält. Die Rennleitung reagiert um exakt 12.25 Uhr, indem sie offiziell mitteilt, dass sich das Wetter verändert hat. Die Mitteilung ist deshalb so wichtig, weil die Teams jetzt kleinere Abstimmungs-Modifikationen an den Boliden – den Frontflügel, die Kühlung und die Öffnungen in den Sidepods betreffend – vornehmen dürfen. Pünktlich rollt das Feld in die Einführungsrunde. Entgegen allen Befürchtungen sind 140.000 Fans aufmarschiert, um sich die merkwürdigen europäischen Rennwagen anzuschauen. Im Motor Speedway mit seinen mächtigen Tribünen, die anlässlich des Klassikers »Indy 500« von mehr als 400.000 Zuschauern bevölkert werden, verlieren sich die Besucher allerdings ein wenig.

Als 20 Boliden nacheinander ihre Startplätze einnehmen, versucht der gigantische kolumbianische Fanblock, einen Teil der Haupttribüne zum Einsturz zu bringen. Die Konstruktion bebt, wackelt und ächzt, hält aber dem südamerikanischen Temperamentsausbruch der Extraklasse stand.

Start! Vorn lässt Pole-Setter Räikkönen nichts anbrennen. Vor Olivier Panis lenkt der Finne seinen Silberpfeil in »Turn I« ein. Dahinter Ralf und Michael Schumacher. Drei Plätze hat der Titelverteidiger bereits auf den ersten Metern gutmachen können. Des Rätsels Lösung: Wegen eines Problems im Bereich der Launch-Control ist Barrichello – so lautet später seine eigene Darstellung – zunächst irritiert, dann muss er manuell schalten. Entsprechend langsam kommt er in Fahrt. Die »Opfer« des Ferrari-Piloten heißen Montoya und Alonso. Beide rangieren jetzt hinter dem Spitzen-Quartett, Schumachers brasilianischem Teamkollegen und David Coulthard, der nicht in den »Barrichello-Stau« verwickelt wurde, auf den Plätzen sieben und acht. Augenblicklich scheint es, als sei im kolumbianischen Fan-Block ein kollektives Schweigegelübde abgelegt worden... Weiter hinten im Feld scheint sich für Jos Verstappen die Geschichte zu wiederholen: Wie schon vor 14 Tagen wird der Minardi des Niederländers von hinten torpediert. Diesmal heißt der Auffahrsünder Ralph Firman. Der Jordan-Pilot muss umgehend an die Boxen, Verstappen wird eine Runde später die notwendigen Reparaturarbeiten an seinem PS03 ausführen lassen.

Im Verlauf der zweiten Runde kann Räikkönen seinen Vorsprung vor Panis von 1,6 auf 2,4 Sekunden ausbauen, während der Franzose seinerseits unter zunehmenden Druck durch Ralf Schumacher gerät. Inzwischen hat es in einigen Streckenabschnitten leicht zu regnen begonnen. Lange kann der Toyota-Pilot nicht mehr Widerstand leisten. In Runde drei muss er dem Verfolger weichen. Knapp drei Sekunden später attackiert am selben Schauplatz, dem »Turn 1«, Montoya den Vorjahressieger. Der Angriff erfolgt auf der Außenbahn. der Brasilianer hält gegen. Für wenige Meter liegen die beiden Boliden auf Parallelkurs. Dann, in »Turn 2«, berühren sich die Rennwagen. Während Montoya seine Fahrt, jetzt zusätzlich hinter die beiden Renault zurückgefallen, fortsetzen kann, kreiselt der Ferrari in den Kies. Vergeblich bittet der gestrandete Pilot die Marshals per Handzeichen um Schiebehilfe – Barrichello ist »out«.

Absicht kann Montoya bei diesem »Bodycheck« nicht unterstellt werden. Aber die Aktion hat Folgen – nicht nur für Barrichello, für den es aus dem Kies kein Entrinnen gibt. Zehn Minuten nach dem Zwischenfall gibt die Rennleitung bekannt, dass er »untersucht« wird. 17 weitere Minuten gehen ins Land, in deren Verlauf die drei »Stewards of the Meeting« Lars Osterlind, John Large und Steve Earle – einen Urteilsspruch fällen: Montoya wird zu einer Boxendurchfahrtsstrafe verdonnert. Damit sinken die Titelchancen des Kolumbianers rapide. Und es kommt noch schlimmer für den Südamerikaner. Gerade jetzt, da er einmal durch die Boxengasse bummeln muss, regnet es so stark, dass er eigentlich auf Regenreifen wechseln müsste.

Inzwischen hat sich auf der Piste einiges getan: Zu Beginn der fünften Runde schiebt sich Michael Schumacher an Olivier Panis vorbei auf Platz drei. Dabei gelingt es ihm, sich am Ende der Start-und-Zielgeraden – wo seit dem Montoya-Barrichello-Zwischenfall Warnflaggen geschwenkt werden, um den Ferrari gefahrlos aus dem Kies bergen zu können – unmittelbar vor dem ersten »Gelb-Wedler« an dem Toyota vorbeizuschieben. Prompt wird die Frage aufgeworfen, ob der Champion illegal »unter Gelb« überholt hat. Die Antwort lautet eindeutig: Nein! Die Regeln sagen klipp und klar, dass das Überholverbot nicht beim Anblick gelber Flaggen in Kraft tritt, sondern erst in deren Höhe. Den Stewards sind diese Paragraphen bekannt und entsprechend lassen sie Schumacher den Älteren unbehelligt. Nach sechs Umläufen, inzwischen regnet es stärker, lassen Panis, Villeneuve, Kiesa und der eine Runde zurückliegende Firman profilierte Reifen aufziehen. Alonso leistet sich einen Ausrutscher und wird von Coulthard und Montoya, der seit der Rempelei mit Barrichello permanent Boden wettgemacht hat, überholt. Die Unruhe im Feld hält an. Keine der Positionen scheint annähernd stabil bezogen, sieht man von Räikkönen und Ralf Schumacher ab, denn jetzt fällt »Schumi« im Verlauf von nur einer Runde hinter »DC«, Montoya und Coulthard zurück. Erinnerungen an Melbourne werden wach: Auf nassem Pistenbelag sind die Trockenreifen des Herstellers Michelin den Bridgestone-Produkten deutlich überlegen.

Acht Runden, gut zehn Prozent der Distanz, sind gefahren. Jetzt beginnt die Piste abzutrocknen, was zunächst Villeneuve und Firman, wenig später auch Panis und Kiesa, veranlasst, die Regenreifen-Entscheidung wieder rückgängig zu machen.

Endlich scheint etwas Ruhe einzukehren. Die Piloten gönnen sich und den Fans eine kurze Phase relativer Ruhe. Jedoch nicht für lange. Nach 15 Runden läutet Ralf Schumacher die erste Serie geplanter Boxenstopps ein. Zwei Umläufe später bringen Coulthard, Montoya und Heidfeld ihre Crews auf Trab. Weil bei Williams wegen eines

klemmenden Tankrüssels die zweite Anlage aktiviert werden muss, »parkt« Montoya 15,6 Sekunden lang an den Boxen – circa sechs Sekunden länger als geplant. Dann biegt Alonso in die Boxengasse ab. Jetzt regnet es wieder, aber der Spanier bleibt den Trockenreifen treu. Gut 80 Sekunden später tut es ihm Räikkönen gleich, während sich Frentzen »Wets«, Regenreifen, holt. Rückblickend werden sich diese beiden Stopps als vorentscheidend für den weiteren Rennverlauf erweisen... Und es bleibt hektisch. 21 Runden sind gefahren, als Michael Schumacher seinen Stopp einlegt. Die Regentropfen fallen inzwischen wesentlich dichter. Aber Michael Schumacher - »Ich wollte wegen des stärker werdenden Regens in letzter Sekunde umdisponieren, verzichtete aber darauf, weil ich zu große Unruhe im Team befürchtete« – lässt sich den bereitliegenden Satz Rillenreifen montieren. Diese Entscheidung ist falsch.
Bevor der Weltmeister mit einer Runde Verspätung die richtigen Gummis wählt, spült es nacheinander Mark Webber und Ralf Schumacher – beide jeweils in Führung liegend – auf Trockenreifen in die Reifenstapel. Dann der »Korrekturstopp« von Michael Schumacher. Gemeinsam mit ihm rüsten auch Wilson, der durch einen Dreher gewarnte Button, Heidfeld und Fisichella auf Profil-Gummis um. Eine weitere Runde später folgen Räikkönen und das Renault-Duo diesem Beispiel, während Montoya – aus genannten Gründen – tatenlos durch die Boxengasse rollen muss. Während des Strafabstechers verbietet das Reglement einen Stopp, also muss er eine weitere Runde auf den inzwischen untauglichen Trockenreifen drehen. Erst eine – entsprechend langsame – Runde später, in deren Verlauf er trotz gedrosseltem Tempo über das Grün schliddert, darf er sich Regenreifen holen.
Damit bietet sich an der Spitze nach 23 Runden folgendes Bild: Button führt mit knapp einer Sekunde – Tendenz steigend – Vorsprung vor Frentzen. Als Drittem fehlen Wilson 4,5 Sekunden auf den BAR-Piloten. Räikkönen folgt mit weiteren zwei Zehntelsekunden Rückstand. Dahinter zirkulieren Coulthard, Alonso und »Schumi«, der 10,4 Sekunden auf Button gutmachen muss, wenn er das Rennen gewinnen will. Als Elfter wirkt sich Montoya auf seine Fans wie Baldrian aus.
Jetzt, auf nassem Asphalt, setzt sich das Paket Schumacher/Ferrari/Bridgestone souverän durch: Innerhalb von 15 Runden kämpft sich der Rheinländer auf Platz eins vor. Wenig später explodiert Buttons Motor spektakulär. Zu diesem Zeitpunkt ist die Rennstrecke bereits wieder soweit abgetrocknet, dass der Wechsel auf Rillenreifen möglich ist, wie Alonso nach 38 Runden beweist.
Spitzenreiter Schumacher fährt seinen Stint jedoch planmäßig zu Ende. Die »heißlaufenden« Regengummis kühlt er immer wieder auf den feuchten Flecken neben der Ideallinie ab. Erst nach 49 Runden – jetzt führt er vor dem Sauber-Duo Frentzen/Heidfeld – legt er seinen letzten Stopp ein. Für eine Runde übernimmt Frentzen die Führung, dann muss auch er, wie wenig später Heidfeld, an die Boxen.
Während der letzten 22 Runden erobert Räikkönen Platz zwei, Trulli verdrängt Heidfeld von Rang vier, Montoya kann Fisichella abfangen, um Sechster zu werden. Und hinter dem Interlagos-Sieger hat sich Justin Wilson bereits seit Runde 46 Platz acht und damit seinen ersten WM-Punkt gesichert. Bis zuletzt hofft Montoya, dass einer seiner Vorderleute einem Defekt zum Opfer fällt – vergeblich. Damit ist er aus dem Kreis der Titelanwärter ausgeschieden. Räikkönen hat sich hingegen eine Restchance erhalten: Wenn er in 14 Tagen in Suzuka siegt und Michael Schumacher, dem nur ein Punkt zum Titelgewinn fehlt, auf der Achterbahn von Suzuka leer ausgeht, dann ist er als

dritter Finne der F1-Historie Champion. »Bis zur letzten Kurve werde ich kämpfen«, kündigt der Silberpfeil-Pilot an.
Michael Schumacher ist nach seinem 70. GP-Sieg happy, bleibt aber auf dem Teppich. »Ich habe eine gute Ausgangsposition«, sagt er, »aber ich weiß auch, dass noch alles möglich ist.« Und Schumacher-Manager Willi Weber lässt wissen, dass er mit der Produktion der Weltmeister-Kappen vorläufig wartet. Er hat 1997 nicht vergessen, als er auf Tausenden der Mützen sitzen blieb, weil sich beim Finale Jacques Villeneuve durchsetzte. Nur wenige Exemplare überlebten den Reißwolf...
Den Saisonabschluss in Suzuka beschert dem Weltmeister seinen sechsten Titel. Ein Spaziergang ist das keineswegs, er geht vom Startplatz 14 aus ins Rennen, nachdem er im Qualifying vom Regen überrascht wurde. Der McLaren-Pilot hat mehr Glück, er steht auf acht. Der Finne beendet das Rennen als Zweiter, während Schumacher – der in Runde sechs ein neue Nase holen musste und in Runde 41 nach einer Vollbremsung mit Bremsplatten zu kämpfen hat – als Achter die gewürfelte Flagge sieht. Mit zwei Pünktchen Vorsprung wird er der erste sechsfache Weltmeister in der Geschichte der Formel 1.

ERGEBNISSE UND AUSFÄLLE

1. Michael Schumacher	Ferrari F2003-GA	1:33.35,997 =196,164 km/h
2. Kimi Räikkönen	McLaren-Mercedes MP4/17D	18,258 Sekunden zurück
3. Heinz-Harald Frentzen	Sauber-Petronas C22	37,964 Sekunden zurück
4. Jarno Trulli	Renault R23B	48,329 Sekunden zurück
5. Nick Heidfeld	Sauber-Petronas C22	56,403 Sekunden zurück
6. Juan Pablo Montoya	Williams-BMW FW25	1 Runde zurück
7. Giancarlo Fisichella	Jordan-Cosworth EJ13	1 Runde zurück
8. Justin Wilson	Jaguar-Cosworth R4	2 Runden zurück
9. Cristiano da Matta	Toyota TF103	2 Runden zurück
10. Jos Verstappen	Minardi-Cosworth PS03	4 Runden zurück
11. Nicolas Kiesa	Minardi-Cosworth PS03	4 Runden zurück
Jacques Villeneuve	BAR-Honda 005	64. Runde, Motor
Ralph Firman	Jordan-Cosworth EJ13	49. Runde, Dreher
David Coulthard	McLaren-Mercedes MP4/17D	46. Runde, Getriebe
Fernando Alonso	Renault R23B	45. Runde, Motor
Jenson Button	BAR-Honda 005	42. Runde, Motor
Olivier Panis	Toyota TF103	28. Runde, Unfall
Mark Webber	Jaguar-Cosworth R4	22. Runde, Unfall
Ralf Schumacher	Williams-BMW FW25	22. Runde, Unfall
Rubens Barrichello	Ferrari F2003-GA	3. Runde, Kollision

SCHNELLSTE RUNDE: (13. Rd.) – Michael Schumacher, Ferrari F2003-GA
1.11,473 = 211,145 km/h
Neuer Rundenrekord

Deutsche Vermögensberatung
FILA

Die Saison 2004

Auch 2004 war Rot die Modefarbe der Formel 1. Denn auch nach seiner 14. Formel 1-Saison zeigte der Rheinländer keinerlei Verschleißerscheinungen. Er blieb der Maßstab der Königsklasse; zu locker und lässig wirkte sein Sprint zum siebten WM-Titel. Auch wenn dem deutschen Ferrari-Star bei den letzten fünf Auftritten lediglich ein Sieg gelang: Michael Schumacher sicherte sich 13 Mal die volle Punktzahl, womit er die Anzahl seiner F1-Siege auf insgesamt 83 schraubte. Und nebenbei fuhr sich der Rheinländer in den inoffiziellen Club der 200er, dem er als sechstes Mitglied beitrat. Anders als viele Zuschauer vor den TV-Geräten oder vor Ort wertete der Champion seine Saison keineswegs als Spazierfahrt. Aus der Perspektive des Siebenmaligen, und der muss es wissen, war sie das Produkt unermüdlicher und knochenharter Anstrengungen der kompletten Scuderia. »Der Tag, an dem du glaubst, du seist schnell genug«, begründete er seine intensiven Testfahrten, »ist der Tag, an dem Deine Niederlage ihren Anfang nimmt.« Aber 2004 brachte mehr als die dominanten Auftritte des roten Abräum-Kommandos aus Maranello. Da waren der wundersame Aufstieg des Teams BAR-Honda und die Rückkehr von Sauber-Petronas in den Kreis des etablierten Mittelfeldes. Williams-BMW und McLaren-Mercedes hingegen wurden bereits in Melbourne jäh aus winterlichen Titelträumen gerissen. Zunächst scheinbar im freien Fall, mobilisierten beide Rennställe jedoch alle Kräfte, was in Grove und Woking zum Stopp des Abwärtstrends führte und diesen sogar wieder umkehrte.

Charakteristisch für dieses Rennjahr waren zudem die endlosen Diskussionen über die Regeln für 2005 und darüber hinaus. Am Rande dieses Paragraphen-Tauziehens gab FIA-Präsident Max Mosley keine gute Figur ab. Dem Rücktritt folgte – entgegen allen Beteuerungen – der Rücktritt vom Rücktritt.

Wie viel seit den ersten Tagen des Championats – damals war es den Piloten noch freigestellt, ob sie mit oder ohne Sturzhelm antreten wollten – für die Sicherheit getan wurde, machten drei schwere Crashs deutlich, die sich in Montreal, Indianapolis und Silverstone ereigneten. Felipe Massa entstieg seinem C23 auf der Ile de Notre Dame ebenso unverletzt, wie Jarno Trulli seinem R24 auf dem Gelände des ehemaligen britischen Militärflughafens. Und Ralf Schumacher, von der früher permanent existierenden Brandgefahr völlig abgesehen, hätte in der angeblich so guten alten Zeit gar nicht erst über einen Comeback-Termin nachdenken müssen...

Das Team Ferrari

Vor Saisonbeginn wurden die Titelverteidiger beider Championate nicht als Favoriten gehandelt. Zu knapp war der Ausgang der WM 2003 gewesen, als Michael Schumacher seinen sechsten F1-Titel erst beim Finale unter Dach und Fach brachte. Aber der rote Express aus Maranello war im Verlauf des Rennjahres 2004 nicht zu bremsen. Die Gestione Sportiva der Nobelmarke Ferrari – allen voran Superstar Michael Schumacher – walzte fast jeden nieder, der es wagte, sich ihr in den Weg zu stellen.

Insgesamt kassierte die Scuderia nur drei Niederlagen. In Monte Carlo, weil das Einzelzeitfahren inklusive der Detailbestimmungen Michael Schumacher nicht die Chance einräumte, sich die dort notwendige Ausgangsposition zu verschaffen. In Spa-Francorchamps, weil die Tagesordnung andere Prioritäten vorsah. Und schließlich in Interlagos, weil Ferrari – um die alte Kickerweisheit zu zitieren – zuerst kein Glück hatte und anschließend noch Pech hinzukam. Beim Maxi-Kalender von insgesamt 18 WM-Läufen standen den drei Schlappen 15 Erfolge, die im Stil von Fließbandarbeit produziert wurden, gegenüber. Was diese drei schwarzen Flecken auf der im Übrigen weißen Ferrari-Weste betrifft, ist eine Tatsache von besonderer Bedeutung: Keiner der Rivalen kristallisierte sich als wirklicher Jäger des springenden Pferdes heraus, denn mehr als nur einen Sieg schaffte keiner von ihnen.

Der Garant für den Erfolg war der Dienstwagen vom Typ F2004. Er erwies sich auf fast allen Pisten als haushoch überlegen. Seine Markenzeichen: Überragender Speed in Verbindung mit perfekter Zuverlässigkeit des Materials. Die Ursachen für die beiden einzigen Ausfälle war menschliches Versagen der Piloten beziehungsweise deren Gegner. Die eindrucksvollste Vorstellung dieser Dominanz erlebte die F1 in Monza, wo Ferrari das Feld nach Anfangswirren genüsslich von hinten aufrollte. Teamchef Jean Todt zum Saisonende: »Das war für uns ein ganz außergewöhnliches Rennjahr. Die Erfolge waren traumhaft. Möglich waren sie, weil wir ein eingespieltes Team wirklicher Spezialisten sind, die in einem hervorragenden Betriebsklima arbeiten, sich nie auf ihren Erfolgen ausruhen, sondern stattdessen hart und unermüdlich arbeiten.« Damit hielt der »kleine Napoleon« zwar eine Sonntagsrede, traf aber den Nagel auf den Kopf. Vielleicht hätte er noch das stattliche Budget erwähnen sollen...

Das Team-interne Qualifying-Duell Michael Schumacher contra Rubens Barrichello endete 13:5. Bei 36 Einsätzen kam Ferrari 34 Mal in die Wertung. Gegenüber stehen entsprechend zwei Ausfälle. Von 2244 möglichen Rennrunden wurden 2196 zurückgelegt. In der Zuverlässigkeits-Statistik belegte das Team Platz eins.

71. Sieg

Großer Preis von Australien
Melbourne, 7. März 2004

Sieg des »roten Buddha«

Nach Saisonschluss 2003 konnte sich kaum jemand vorstellen, dass das rote F1-Hoch ein weiteres Jahr anhalten wird. Zum anderen macht Williams-BMW während der Testfahrten mit dem neuen FW26 wiederholt durch schnelle Rundenzeiten und pannenfreie Auftritte auf sich aufmerksam. Selbst in Maranello herrscht Skepsis. Nach dem Auftaktsieg von Melbourne sind aber alle Zweifel wie weggeblasen. Wer soll die Roten stoppen?

Seit 1996 werden die ersten WM-Punkte des Jahres traditionell in Melbourne vergeben. Unverändert ist jedoch die Begeisterung der Australier für den Motorsport. Im Albert Park beginnt das neue Rennjahr zwei Tage vor Trainingsbeginn mit der offiziellen Präsentation des neuen Minardi-Cosworth im Marquee von Pete´s Bar. Donnerstags heizt sich dann die Atmosphäre im wahrsten Sinne des Wortes auf: Die Quecksilbersäulen der Thermometer klettern auf knapp 30 Grad, und im Albert Park versammeln sich bereits mehr als 50.000 Zuschauer. Die Aktivitäten auf der Piste beginnen. Auf keiner anderen Rennstrecke der Welt bietet ein F1-Veranstalter den Fans so viel Action wie in Melbourne. Während die Boliden unterschiedlichster Formeln und Klassen ihre Runden drehen, stimmt McLaren-Boss Ron Dennis beim traditionellen Presse-Lunch im ›Stoke House‹ in St. Kilda seine Gäste auf die neue Saison ein. Ob der auf dem Strand geparkte MP4/19 symbolisch darstellen soll, dass man befürchtet, die Saison in den Sand zu setzen, verrät der Brite nicht. Wenig später treten die Ferrari-Piloten zu einem Dreikampf in einem nahe gelegenen Stadion – assistiert von einigen Journalisten – in den Sportarten Fußball, Golf und Basketball an. Nach einem Remis setzt sich Barrichello im Stechen gegen den Champion durch. Kaum jemand setzt sich hingegen gegen die Drehkreuze durch, die den Eingang ins Fahrerlager versperren. Selbst Bernie Ecclestone und Michael Schumacher nicht. Der Grund: Die Chips der Pässe taugen nichts. Erst in Bahrain wird dauerhaft Abhilfe geschaffen.
Freitags geht die Zeit der Winterpause und der kleinen Spielereien am Rande vorüber. Um zehn Uhr Ortszeit, in Deutschland ist es gerade erst Mitternacht, zeigt die Ampel am Ausgang der Boxengasse grünes Licht. Unter dem Jubel der Zuschauer eröffnen Pantano, Glock, Davidson, Bruni, Panis, Alonso, Fisichella, Wirdheim, da Matta und Baumgartner die F1-Saison 2004. Insgesamt treten im Verlauf des ersten Trainingstages nur 24 Piloten an. Nicht mit dabei: Bas Leinders, der in Australien vorgestellte Minardi-Fahrer. Die FIA hat dem Neuzugang die Superlizenz verweigert. In der Woche nach dem GP wird Leinders in Europa F1-Meilen sammeln und im Gegenzug den F1-Führerschein erhalten.
Natürlich wird die erste Runde des Titelverteidigers mit ganz besonderem Interesse erwartet. Seit Tagen fällt auf, wie extrem heiß der Kerpener auf den Saisonauftakt ist.

Aber Michael Schumacher nimmt sich Zeit. Im Schneidersitz hockt er auf einem Container in der Ferrari-Box und wartet. Als roten Buddha wird ihn die australische Presse anderntags verkaufen. Auf dem Monitor schaut er mit an, wie nach fünf Minuten Felipe Massas Sauber stehen bleibt. Für 6,25 Minuten wird die Sitzung unterbrochen, um den gestrandeten C23 zu bergen. Dann dröhnen die Motoren erneut, und nach knapp 22 Minuten rollt auch der Ferrari mit Startnummer Eins aus den Boxen. Schumi nimmt Anlauf, dann macht er Ernst, und die Uhren bleiben bei einer Zeit von 1.26,223 Minuten stehen. Zum Vergleich: 2003 stand er im Albert Park mit einer Runde in 1.27,173 Minuten auf der Pole. Nahtlos hängt er eine zweite Runde an und steigert sich auf 1.25,127! Teamkollege Rubens Barrichello verfehlt die vorgelegte Superzeit um 0,373 Sekunden. Als schnellster der Ferrari-Gegner liegt Jarno Trulli sogar 1,898 Sekunden zurück. Zufriedene Gesichter bei Ferrari, lange in den Boxen der Rivalen. Von diesem Augenblick an ist jedem im Fahrerlager klar, dass der Weg zum Titel über den 35-jährigen Rheinländer führen wird. Wer sich im weiteren Saisonverlauf darüber wundert, dass Ferrari die erste Niederlage erst in Monte Carlo einstecken muss, der hat diese ersten 60 offiziellen F1-Minuten des Rennjahres 2004 nicht richtig interpretiert.
In Melbourne werden zunächst andere Fragen diskutiert. Wieder einmal wurden Regeln des GP-Sports geändert. Die wichtigsten Neuerungen sind der umstrittene Ein-Motoren-Paragraph, der besagt, dass pro Renn-Weekend und Pilot nur ein Zehnzylinder eingesetzt werden darf, sowie das neue Qualifying-Format im Doppelpack.
Die Motorenregel läuft den Interessen der Zuschauer entgegen. Die Fans legen ihr Geld auf den Tisch, um auch an den Trainingstagen F1-Action zu erleben. Um die so kostbar gewordenen Motoren zu schonen, beschränken sich die Teams auf eine minimale Mileage... Im Verlauf von dreieinhalb Stunden freien Trainings bringen es die Stammpiloten der zehn Teams entsprechend auf bescheidene Rundenzahlen: McLaren 75; Jaguar 87; BAR 89; Ferrari 96; Minardi 104; Williams und Renault je 110; Sauber 113; Jordan 114; Toyota 115.
Auch das neue Qualifying, das nach einem nächtlichen Temperatursturz um zehn Grad über die Bühne geht, ist nicht wirklich gut durchdacht. Abgesehen von den 106.000 Fans – speziell Michael Schumacher, Juan Pablo Montoya und natürlich Mark Webber werden begeistert angefeuert – will niemand so recht Gefallen am neuen Modus finden. Mehr als 110 Minuten Einzelzeitfahren am Stück lassen Bernie Ecclestone unmissverständlich urteilen: »Das ist ein Desaster!«
Trotz des dringenden Handlungsbedarfs wird nur minimal nachgebessert: Ab Bahrain wird zwischen den beiden Qualifying-Sitzungen eine kleine Pause eingelegt.
Nachdem Michael Schumacher während aller vier freien Trainingssitzungen Bestzeit gefahren war, überrascht es niemanden, dass er sich auch die Pole-Position, die 56. seiner F1-Karriere, sichert. Rubens Barrichello unterstreicht die Ferrari-Dominanz mit Platz zwei. Hinter den zwei Roten fahren Juan Pablo Montoya und Jenson Button auf die Tausendstelsekunde gleich schnell. Weil er den Briten in der ersten Qualifying-Sitzung schlug, wird dem Kolumbianer Rang drei zugesprochen. Noch hofft der Williams-Pilot auf einen Sieg. Im Lager von BAR-Honda glaubt Ingenieur Leo Ress zu wissen, weshalb Button die entscheidende Tausendstel fehlte: »Jenson ist halt manchmal etwas schlampig...« Ein wenig vom Humor des Ex-Sauber-Mitarbeiters könnten Ralf Schumacher, der lediglich aus der vierten Reihe starten wird, und die Silberpfeil-

Truppe gut gebrauchen. Keine Frage, ›Schumi II‹ ist mit seiner Leistung absolut unzufrieden: »Das entspricht nicht meinen Wünschen. Ich habe keinerlei Vorstellungen, weshalb es im ersten Qualifying gut lief, im zweiten dann aber nicht.«
Neben den Schuhen steht auch McLaren-Mercedes: Platz zehn für Kimi Räikkönen, Rang zwölf für Vorjahressieger David Coulthard. »Probleme am Auto«, erklärt der Finne, »gab es nicht – wir sind ganz schlicht zu langsam.« Auch Teamchef Ron Dennis, generell nicht verlegen, wenn es gilt, bescheidene Resultate schönzureden, findet deutliche Worte: »Heute war keiner unserer Fahrer wettbewerbsfähig. Wir können jetzt nur hoffen, dass sich im Rennen unsere Strategie auszahlen wird.« Wird sie nicht.
Neuling Christian Klien bricht im zweiten Qualifying seinen Versuch ab, weil während der Anlaufrunde die Hydraulik seines R5 kollabiert und zunächst die Servolenkung, Sekunden später auch die Schaltung lahmlegt. Leidensgenossen des Österreichers sind Olivier Panis und Gimmy Bruni. Beide können ihre Slots nicht nutzen, weil die Motoren ihrer Boliden nicht anspringen. Wie Klien stehen sie in der Startaufstellung mit dem Vermerk ohne Zeit am Ende des Feldes.
Am Morgen des Renntages pendeln die Temperaturen unverändert um die 20-Grad-Marke. Graue Wolken hängen am Himmel. Doch abgesehen von ein paar vereinzelten Tropfen, die während des Vormittags fallen, bleibt es trocken. Bei Sauber, Jordan und Minardi löst das Wetter nicht gerade Freude aus. Die drei Bridgestone-Kunden hatten auf Regen gehofft. Auf trockenem Asphalt sind alle drei Teams chancenlos. Ohne realistische Aussichten auf WM-Punkte steht auch Toyota am Start – keine Downforce, kein Grip. Der Kölner Rennstall geht als krasser Außenseiter ins Rennen.
Ein Blick auf die Bilanzen der 20 Akteure macht das Kräfteverhältnis deutlich. Aus dem Kreis der Aktiven konnten bisher Michael Schumacher, Coulthard, Barrichello, Ralf Schumacher, Montoya, Panis, Räikkönen, Fisichella und Alonso zumindest einen GP gewinnen. Damit stehen insgesamt acht Sieger am Start. Beim näheren Hinschauen wird deutlich: 70 Siege gehen auf das Konto des amtierenden Weltmeisters. Die sieben Kollegen kommen gemeinsam auf 20 weitere Erfolge…
Der Start des Rennens wird gleich aus zwei Gründen mit Spannung erwartet. Natürlich geht es vorrangig um Positionsverbesserungen auf den ersten Metern. Zusätzlich steht diesmal das Geschick der Piloten wieder etwas mehr im Vordergrund, denn die neuen Regeln verbieten die Launch-Control und erlauben den Einsatz der Traktionskontrolle erst, nachdem die Rennwagen ein Tempo von 100 km/h, also nach circa 2,5 Sekunden, erreicht haben. Aber die FIA entschärfte den Paragraphen im Winter – um ein zu starkes Durchdrehen der Antriebsräder auf den ersten Metern zu verhindern, darf die Zündung einzelner Zylinder unterbrochen werden.
Trotzdem ist es kein Honiglecken, wenn sich die Kraft aus 200 Zylindern entfaltet, 16000 PS freigesetzt werden und im Pulk »Turn 1« angepeilt wird. Als die fünf roten Lichter erlöschen, kommt der Titelverteidiger gut von der Linie. Einen Angriff seines brasilianischen Teamkollegen eingangs der ersten Kurve kann er erfolgreich abwehren. Im Rücken der zwei F2004 gelingt Fernando Alonso ein großartiges Manöver. Der Spanier schiebt sich auf der Außenbahn an Button und Montoya vorbei auf Rang drei. Aber der Williams-Pilot will sich nicht geschlagen geben. Noch vor dem Rechtsknick überholt er den Renault auf der Innenbahn. Doch Tempo und Kurvenradius harmonieren nicht. Der kolumbianische Heißsporn wird aus der Kurve getragen und

fasst erst hinter Alonso, Button, Trulli und seinem deutschen Teamkollegen wieder Fuß. Lokalmatador Mark Webber belegt nach einer Runde den achten und letzten Punkterang.

Die ersten drei Positionen werden bis ins Ziel von dem deutsch-brasilianisch-spanischen Trio gehalten. Dahinter kämpfen sich die beiden blauweißen FW26 an Button und Trulli vorbei. Lediglich Webber wird im Verlauf des Rennens aus den Punkterängen gekegelt – seinen Platz nimmt David Coulthard ein. Nach 29 Runden muss der Australier Feierabend machen. Weil sich die Gänge sechs und sieben im Getriebe seines R5 verabschiedet haben, wird eine Reparatur erst gar nicht ins Auge gefasst – Webber biegt direkt in die Boxen ab. Sein Ausfall ist der dritte von insgesamt fünf. Pechvogel Nummer eins ist Kimi Räikkönen, der seinen Silberpfeil bereits in Runde zehn am Pistenrand parkt. Weil Kühlflüssigkeit ausläuft, gibt der Motor seinen Geist auf.

Zu den wenigen Höhepunkten zählt das Duell zwischen Nick Heidfeld und Giancarlo Fisichella, seinem Nachfolger im Team Sauber. In Runde zwei trickst der Jordan-Pilot den Italiener aus. Anschließend wehrt der Mönchengladbacher zunächst alle Konter ab. Erst in Runde 34 findet »Fisico« einen Weg vorbei an Heidfelds EJ14 – nach kurzem »wheel banging« setzt sich der Sauber-Pilot durch. Auch eine Rangelei zwischen Montoya und Ralf reißt die Fans von den Sitzen. Ralf Schumacher kündigt an: »Beim nächsten Mal halte ich dagegen – und wenn wir beide abfliegen...«

Durch ein Beispiel lobenswerter Ausdauer macht Minardi auf sich aufmerksam. Nach einem Boxenstopp von fast 18 Minuten Dauer – seine Mechaniker müssen einen Elektronikschaden im Bereich der linken Zylinderbank richten – nimmt Bruni das Rennen wieder auf. Zum einen soll der Rookie zusätzliche F1-Praxis sammeln, zum anderen geht es Teamchef Paul Stoddart um Ergebniskorrektur. Und die beiden anderen Neulinge? Pantano rangiert deutlich unterhalb des Levels seines Teamkollegen Heidfeld. Den besten Eindruck hinterlässt fraglos Christian Klien. Im Team Jaguar Racing ist man mit der Vorstellung des Österreichers ausgesprochen zufrieden.

Während der letzten fünf Runden geht Spitzenreiter Schumacher vom Gas, um die zehn WM-Punkte nicht durch einen möglichen Defekt zu gefährden. Dass auch die F2004 technische Probleme bekommen können, wird am Beispiel von Rubens Barrichello deutlich, der seit seinem zweiten Boxenstopp über ein »langes« Bremspedal klagt und seinem Teamkollegen seitdem nicht mehr wie ein Schatten folgt. Bis zu fünf Sekunden bleibt Schumacher hinter seiner zuvor eingeschlagenen Reisegeschwindigkeit zurück und löst damit bei einigen Beobachtern – je nach Standpunkt – Sorgen beziehungsweise Hoffnungen aus.

Nach knapp 85 Minuten winkt Mrs. Sheene, die Witwe des vor Jahresfrist verstorbenen Motorrad-Champions Barry Sheene, den GP ab. Erstmals seit 2000 ging das Rennen im Albert Park ohne SC-Einsatz über die Bühne. Täuscht der Eindruck, oder war es für Michael Schumacher tatsächlich nicht mehr als ein Sonntagsspaziergang? »Es war ein perfektes Rennen«, sagt er hochzufrieden, »auch wenn mich Rubens anfangs ziemlich unter Druck setzte. In dieser Phase durfte ich mir jedenfalls nicht den kleinsten Fehler erlauben. Brenzlig war es eigentlich nur zweimal, als Nachzügler mir beim Überrunden einen besonderen Gefallen tun wollten und überraschend bremsten, um mich vorbeizulassen – das war knapp. Ich bin jedenfalls happy, dass ich jetzt bereits zwei WM-Punkte mehr auf meinem Konto habe als im Vorjahr nach drei Rennen. Aber deshalb hebe ich jetzt nicht gleich ab. In Sepang sieht es vielleicht schon ganz anders aus. Dort hatten wir immer gewisse Probleme.« Drei Sepang-Siege für die Scuderia in fünf Rennen. »Gewisse Probleme« sind das wohl nur aus der Perspektive des Springenden Pferdes...

Etwas kleinlaut gibt man sich verständlicherweise in den Boxen der Gegner. Für BMW erklärt Dr. Mario Theissen: »Das Ergebnis entspricht nicht ganz unseren Erwartungen...« McLaren-Boss Ron Dennis sagt offen: »Jetzt von einem schwierigen Wochenende zu sprechen, wäre wohl eine Untertreibung.«

ERGEBNISSE UND AUSFÄLLE

1. Michael Schumacher	Ferrari F2004	1:24.15,757 = 219,010 km/h
2. Rubens Barrichello	Ferrari F2004	13,605 Sekunden zurück
3. Fernando Alonso	Renault R24	34,673 Sekunden zurück
4. Ralf Schumacher	Williams-BMW FW26	1.00,423 Minuten zurück
5. Juan Pablo Montoya	Williams-BMW FW26	1.08,536 Minuten zurück
6. Jenson Button	BAR-Honda 006	1.10,598 Minuten zurück
7. Jarno Trulli	Renault R24	1 Runde zurück
8. David Coulthard	McLaren-Mercedes MP4/19	1 Runde zurück
9. Takuma Sato	BAR-Honda 006	1 Runde zurück
10. Giancarlo Fisichella	Sauber-Petronas C23	1 Runde zurück
11. Christian Klien	Jaguar-Cosworth R5	2 Runden zurück
12. Cristiano da Matta	Toyota TF104	2 Runden zurück
13. Olivier Panis	Toyota TF104	2 Runden zurück
14. Giorgio Pantano	Jordan-Cosworth EJ14	3 Runden zurück
Felipe Massa	Sauber-Petronas C23	45. Runde, Motor
Nick Heidfeld	Jordan-Cosworth EJ14	44. Runde, Kupplung
Gianmaria Bruni *	Minardi-Cosworth PS04B	44. Runde, Distanz
Mark Webber	Jaguar-Cosworth R5	30. Runde, Getriebe
Zsolt Baumgartner	Minardi-Cosworth PS04B	14. Runde, Elektronik
Kimi Räikkönen	McLaren-Mercedes MP4/19	10. Runde, Motor

* Im Ziel, aber aufgrund der zurückgelegten Distanz nicht gewertet

SCHNELLSTE RUNDE: (29. Rd.) – Michael Schumacher, Ferrari F2004
1.24,125 = 226,933 km/h
Neuer Rundenrekord

72. Sieg

Großer Preis von Malaysia
Sepang, 21. März 2004

»Schumi« contra Michelin

Malaysia empfängt die Mitglieder des Formel 1-Zirkus mit der gewohnten Freundlichkeit, die allerdings auch bei der sechsten Auflage des Sepang GP jede Form von F1-Begeisterung vermissen lässt. Die Massen wurden lediglich – wie schon in den Vorjahren – mobilisiert, als das Team Sauber im Anschluss an den Saisonauftakt im Albert Park durch das Inselreich tingelte. Und selbst die Aussicht auf einen neue Ferrari-Gala scheint niemanden zu elektrisieren.

In Kuala Lumpur liegen die Tickets für den GP wie Blei in den Vorverkaufsstellen. Auch intensive TV-Werbung im gesamten südostasiatischen Raum hat daran wieder einmal nichts ändern können. In der Not werden die Tickets nahezu verschenkt: Wer downtown in einem der großen Kaufhäuser Waren im Wert von mindestens 100 Ringgit einkauft, das entspricht umgerechnet circa 25 Euro, erhält als Gratis-Zugabe ein Tribünen-Ticket. Ein Erfolg ist der großzügigen Aktion nicht beschieden, denn die ›Wertpapiere‹ wandern fast ausnahmslos in den nächsten Papierkorb...
Das alles nimmt der F1-Tross nur am Rande wahr. Dort spekuliert man natürlich über den Rennausgang. War die Scuderia Ferrari, so fragt man sich, vor zwei Wochen nur so erfolgreich, weil sich die Temperaturen in Grenzen hielten und die Bridgestone-Reifen deshalb wettbewerbsfähig waren? Es gibt nicht wenige, die davon ausgehen, dass unter der tropischen Sonne eine Michelin-Kunde die Nase vorn haben wird.
Einen Tag vor Trainingsbeginn gibt sich Rubens Barrichello ungewöhnlich aufmüpfig. Auf die Frage, weshalb er als einziger der Top-Fahrer während der Pause zwischen den GP in Melbourne und Sepang zu Testfahrten in Europa weilte, antwortet der Brasilianer: »Das war nicht meine Entscheidung.« Dann wird er deutlicher: »Obwohl ich in der Nacht zuvor gut schlafen konnte, brachte der erste Tag wegen des Jetlags gar nichts. Am zweiten lief es dann recht gut. Aber unterm Strich wäre es sinnvoller gewesen, unseren Testpiloten Luca Badoer die Arbeit machen zu lassen.« Angesäuert zeigt er dann auch wenig Mitleid, als die Sprache auf den Brand im Ferrari-Werk in Maranello kommt: »Ich weiß noch gar nicht, was dort passierte. Aber die Hauptsache ist, dass ich mein Auto in Monte Carlo ließ und nicht auf dem Werksgelände parkte.«
Auch Ralf Schumacher lässt es nicht an Deutlichkeit fehlen. Gebeten, den Vorwurf seines Teamkollegen – der sich beschwert hatte, weil ihn der Deutsche in Melbourne angeblich beinahe ins Aus gedrängt hätte – zu kommentieren, erklärt »Schumi II«: »Hm, da kann ich nur sagen, dass Juans Manöver ein starkes Stück war und dass ich ihn beim nächsten Mal tatsächlich ins Aus befördern werde.« Ohrenzeuge David Coulthard ist begeistert. Da er am Steuer des McLaren MP4/19 nicht viel zu lachen hat, ist der Schotte für die Kampfansage im rivalisierenden Team Williams dankbar. Aber

auch ›DC‹ kann austeilen. Mit Blick auf den Motor des Silberpfeils spricht er ohne erkennbare Gefühle positiver oder negativer Art von einem ›Ilmor‹. Wenn man bedenkt, wie sehr gerade Motorpartner Mercedes diesem Piloten über Jahre die Treue hielt, darf wohl getrost von einem unfreundlichen Akt gesprochen werden…
Im freien Freitagstraining beginnt auf der Piste das erste vorsichtige Abtasten. Mit unter den jetzt 25 Akteuren ist ein neues Gesicht: Bas Leinders, der Belgier, dem die FIA vor zwei Wochen die Superlizenz verweigert hatte. Dass dem Neuling 8,9 Sekunden auf Michael Schumacher – der Champion knallt eine Bestzeit von 1.34,437 Minuten auf den Asphalt – fehlen, ist allerdings kaum verzeihlich.
Im Fahrerlager zählt Willi Weber mit zu den begehrtesten Gesprächspartnern, da der Schumacher-Manager vor wenigen Tagen verkündete, Ralf werde ab 2005 für Renault starten. Die Unterschrift unter dem entsprechenden Vertrag, so Weber, sei reine Formsache. Auf den Deal mit der französischen Equipe angesprochen, winkt er jedoch ab: »Das war ein Missverständnis. Ich habe einen Witz gemacht, und das wurde leider nicht erkannt.« In Wahrheit werde unverändert mit Williams verhandelt. Eine Woche nach dem GP von Bahrain werde die Entscheidung fallen, ob es mit dem Team aus Grove weitergeht. Auch diese Auskunft wird sich als Witz erweisen. Tatsächlich fällt die Entscheidung erst im Juli. Dann wird verkündet, dass ›Schumi II‹ sein Geld ab 2005 bei Toyota verdienen wird. Ein Freund von Frank Williams, der nicht genannt werden will, weiß immerhin bereits jetzt: »Ralf erhält keinen neuen Vertrag von Frank.«
Am Samstag steht natürlich erneut das modifizierte Qualifying-Format im Mittelpunkt der Diskussionen. Diesmal dauert die Endlos-Prozedur zur Ermittlung der Startaufstellung zwei Stunden und zehn Minuten. Vom Hocker reißt sie niemanden. Den Namen des Schuldigen an diesem Desaster zu ermitteln, grenzt an Detektivarbeit. So erklärt Jean Todt: »Diese Frage kann ich nicht beantworten. Wie üblich traf sich nach Saisonende die F1-Kommission. Und natürlich stand die Diskussion über das 2003 eingeführte Einzelzeitfahren im Qualifying auf der Tagesordnung. Es wurde der Vorschlag gemacht, beide Qualifying-Sitzungen samstags nacheinander durchzuführen. Und dieser Vorschlag wurde akzeptiert. Es hieß ja, den Zuschauern würde zu wenig geboten – das sollte auf diese Weise geändert werden.«
Vor dem Start steht nicht nur Pole-Setter Michael Schumacher im Mittelpunkt des Interesses, denn neben dem deutschen Ferrari-Ass lauert Mark Webber in der ersten Startreihe. Nie zuvor eroberte sich der Australier in der Formel 1 eine derart gute Ausgangsposition, und jetzt wartet natürlich jeder mit Spannung darauf, wie der Jaguar-Pilot im Rennen abschneiden wird. »Meine Erwartungen sind nicht übermäßig groß«, sagt er bescheiden, »man darf ja auch nicht vergessen, wo wir herkommen – vom anderen Ende des Feldes.«
Der Start des Rennens ist auf 15.00 Uhr Ortszeit festgesetzt. Der späte Beginn ist eine freundliche Geste an die Adresse der europäischen Fans, die den Wecker nicht ganz so früh stellen müssen. Dabei ist es durchaus interessant zu beobachten, welchen Wert die FIA in diesem Fall ›instinktiv‹ Europa einräumt, denn offiziell wollen Max Mosley und seine Helfer die Alte Welt mittelfristig in eine F1-Brache verwandeln. In Wahrheit weiß der FIA-Präsident aber offenbar sehr genau, in welcher Region des Erdballs die verlässlichste GP-Stammkundschaft zu Hause ist…
Genau siebeneinhalb Minuten bevor das Feld – sieht man von Pantano ab, der aus

der Boxengasse starten wird – per Grünlicht in die Formationsrunde geschickt wird, beginnt es zu regnen. Bei Start-und-Ziel gehen nur relativ wenige der gefürchteten ›Viertellitertropfen‹ nieder. In anderen Streckenteilen rauscht es hingegen beängstigend vom Himmel.
Früher als erwartet, fordert der tückisch glatte Asphalt ein Opfer: Kimi Räikkönen dreht eine unfreiwillige Pirouette, fängt seinen Silberpfeil aber gekonnt wieder ein, bevor ihn das letzte Auto überholt hat. Damit hat er das Recht, sich wieder auf seinen ›Original-Startplatz‹ vorzufahren.
Für die Webber-Fans und den Australier selbst wird der Start zum Fiasko. Während sich der Titelverteidiger perfekt in Richtung »Turn 1« katapultiert, kriecht der Mann vom fünften Kontinent im Zeitlupentempo von der Linie. Gleich sieben Rivalen vernaschen den dunkelgrünen R5, bevor Webber endlich Tritt fasst. Im weiteren Verlauf des Nachmittags wird sich herausstellen, dass dieser Patzer der wesentliche Grundstein für Michael Schumachers zweiten Saisonsieg ist.
Vorn einigt man sich innerhalb der Top-Ten zunächst auf die Reihenfolge Michael Schumacher, Barrichello, Montoya, Räikkönen, Trulli, Button, Coulthard, Ralf Schumacher, Webber und Alonso. Webber wird später von einer »riesigen Enttäuschung« sprechen und davon, dass er vor einem Rätsel steht, was die Ursache für das Versagen auf den ersten Metern betrifft. Da auch Teamkollege Christian Klien den Start versiebt, tippen die Jaguar-Ingenieure auf technische Probleme.
Ein erstes Anzeichen dafür, dass es der Titelverteidiger hier nicht ganz so leicht wie in Melbourne haben wird, erhalten die Beobachter zum Ende der neunten Runde. Mit 4,5 Sekunden Vorsprung vor Montoya – Barrichello wurde während des zweiten Umlaufs von dem Kolumbianer und Räikkönen überholt, als es den Ferrari des Brasilianers weit aus einer Kurve trug – biegt Michael Schumacher zum ersten planmäßigen

Service in die Boxengasse ab. Der Stopp des Rheinländers ist ungewöhnlich früh und er zeigt, dass sich ›Schumi‹ hier die Pole nur dank eines extrem leichten F2004 sichern konnte. Gemeinsam mit ihm holen auch Coulthard und Alonso Sprit und Reifen. Nur eine Runde später sind Räikkönen, Barrichello und Trulli an der Reihe.
Michael Schumacher wird nach dem Rennen die Bedeutung der Länge der einzelnen Stints herabspielen. Tatsächlich sind sie von größter Wichtigkeit für den Deutschen. Obwohl die Williams-BMW beim Start deutlich schwerer als Schumachers Ferrari sind, kann Montoya halbwegs mithalten. Der Grund: Bei wärmeren Temperaturen hat Michelin tatsächlich unverändert einen Vorteil. Das beweist auch ein Blick auf die schnellste Rennrunde, die an diesem Sonntag von... Montoya gefahren wird.
Rückblickend wird die Ferrari-Strategie transparent: Dank des leichten und damit schnellen Autos sicherte sich Schumacher die Pole. Im Verlauf des zwangsläufig kurzen ersten Stints soll er einen möglichst großen Vorsprung herausfahren. Der Rest des Rennens steht unter der Überschrift, das Geschehen von der Spitze zu kontrollieren und Platz eins zu halten. Einmal in Front, fährt der Champion deutlich längere Stints, die 15, 14 beziehungsweise 16 Runden dauern. Die Rechnung wäre nicht aufgegangen, wenn sich Webber beim Start an die Spitze gesetzt und Schumacher anschließend ein langsameres Tempo diktiert hätte.
Der Weltmeister ist also strategisch bestens gerüstet. Für seinen Teamkollegen Rubens Barrichello trifft das nicht zu, denn der Brasilianer hat sich für die härtere der beiden für Sepang ausgewählten Reifenmischungen entschieden. Zu Rennbeginn, auf der anfangs partiell feuchten Piste, sind die härteren Gummis ein klarer Nachteil, wie Barrichellos Ausrutscher beweist. Wie der Blitz schossen Montoya und Räikkönen an dem zweiten Ferrari vorbei. In dieser Phase waren die Michelins den Bridgestones eindeutig überlegen: In Runde zwei verkürzt Montoya seinen Rückstand auf Schumacher von 2,7 auf 1,1 Sekunden! Dann beginnt der Asphalt abzutrocknen und Schumacher geht zur Sache. Viele Runden stehen ihm nicht zur Verfügung, um einen entscheidenden Vorsprung herauszufahren.
Nach neun Runden ist die Katze aus dem Sack. Jetzt kann eine Vorentscheidung fallen, denn nun muss Montoya Dampf machen, um den roten Rivalen im indirekten Duell zu überholen. Aber das ist leichter gesagt als getan. Obwohl er jetzt die volleren Tanks hat, ist Michael Schumacher – zumal am Steuer eines frisch bereiften Ferrari – ein harter Brocken. Als auch Montoya getankt hat, er bemüht seine Mechaniker nach zwölf Umläufen, befindet er sich unverändert auf Platz zwei. Aber jetzt liegt er satte 6,3 Sekunden hinter »Schumi« zurück. Der Kolumbianer kann sich im Verlauf des nächsten Stints zwar bis auf 3,3 Sekunden heranfahren, aber die Entscheidung ist gefallen. Rechtzeitig vor dem zweiten Stopp enteilt der Kerpener seinem Jäger erneut und baut ein Zeitpolster von 8,2 Sekunden auf.
Die letzte theoretische Möglichkeit, Schumacher von der Spitze zu verdrängen, bietet sich während der dritten Stopps. Montoya ›bunkert‹ nach 39 Runden Sprit, der führende Ferrari-Pilot nach 40 Umläufen. Aber der WM-Dritte des Vorjahres kann die Situation nicht zu seinen Gunsten nutzen, denn er fühlt sich durch Rubens Barrichello behindert. Nach dem Rennen schimpft er: »Immer, wenn ich zum Überholen ansetzte, machte Rubens die Tür zu und nahm Gas weg.«
Als der kolumbianische Widersacher endlich selbst zum Tanken und Reifenwechsel abbiegt, liegt Michael Schumacher mit einem Vorsprung von 9,2 Sekunden meilen-

weit außerhalb Montoyas Reichweite. Beide Piloten entschließen sich daraufhin, die Restdistanz bis ins Ziel abzubummeln.
Michael Schumacher gewinnt innerhalb von 14 Tagen ein zweites Mal, aber diesmal scheint es, anders als im Albert Park, als seien die Ferrari nicht unverwundbar. »Meiner Meinung nach«, sagt einer der Piloten, »braucht man aktuell ein Renault-Chassis, das von einem BMW-V10 angetrieben wird. Damit hätte man ein Auto, das dem Ferrari ebenbürtig ist. Es geht in unserem Sport ja nur darum, alles auf die Reihe zu kriegen. Ferrari ist das heute erneut gelungen. Alle anderen müssen auf dieses Ziel hinarbeiten.« BAR-Pilot Jenson Button ist hinter dem Weltmeister und Montoya als Dritter abgewinkt worden und durfte erstmals auf ein F1-Siegerpodest klettern. Noch hält man dieses Abschneiden allgemein für einen statistischen Ausreißer. Tatsächlich aber hat der BAR-Aufschwung System.

ERGEBNISSE UND AUSFÄLLE

1. Michael Schumacher	Ferrari F2004	1:31.07,490 = 204,384 km/h
2. Juan Pablo Montoya	Williams-BMW FW26	5,022 Sekunden zurück
3. Jenson Button	BAR-Honda 006	11,568 Sekunden zurück
4. Rubens Barrichello	Ferrari F2004	13,616 Sekunden zurück
5. Jarno Trulli	Renault R24	37,360 Sekunden zurück
6. David Coulthard	McLaren Mercedes MP4/19	53,098 Sekunden zurück
7. Fernando Alonso	Renault R24	1.07,877 Minuten zurück
8. Felipe Massa	Sauber-Petronas C23	1 Runde zurück
9. Cristiano da Matta	Toyota TF104	1 Runde zurück
10. Christian Klien	Jaguar-Cosworth R5	1 Runde zurück
11. Giancarlo Fisichella	Sauber-Petronas C23	1 Runde zurück
12. Olivier Panis	Toyota TF104	1 Runde zurück
13. Giorgio Pantano	Jordan-Cosworth EJ14	2 Runden zurück
14. Gianmaria Bruni	Minardi-Cosworth PS04B	3 Runden zurück
15. Takuma Sato*	BAR-Honda 006	4 Runden zurück/Motor
16. Zsolt Baumgartner	Minardi-Cosworth PS04B	4 Runden zurück
Kimi Räikkönen	McLaren-Mercedes MP4/19	41. Runde, Kraftübertragung
Nick Heidfeld	Jordan-Cosworth EJ14	35. Runde, Getriebe
Ralf Schumacher	Williams-BMW FW26	28. Runde, Getriebe
Mark Webber	Jaguar-Cosworth R5	24. Runde, Dreher

* Nicht im Ziel, aber aufgrund der zurückgelegten Zeit gewertet

SCHNELLSTE RUNDE: (28. Rd.) – Juan Pablo Montoya, Williams-BMW FW26
1.34,223 = 211,782 km/h
Neuer Rundenrekord

73. Sieg

Großer Preis von Bahrain
Sakhir, 4. April 2004

Wind, Sand und Sterne

Schauplatz des dritten WM-Laufs der Saison ist der Inselstaat Bahrain. Das im Persischen Golf gelegene Emirat zählt zu den kleinsten Ländern der Erde. Knapp 700.000 Einwohner, darunter fast 40 Prozent Ausländer, verteilen sich auf insgesamt 33 Inseln. Der Grand Prix, der erste in der arabischen Welt, ist nicht mehr als ein Werbe-Gag für die Region, denn der Motorsport hat in Bahrain keinerlei Tradition. Fast traditionell steht auch bei diesem WM-Lauf Michael Schumacher ganz oben auf dem Treppchen.

Der Monarch, Scheich Hamad Ibn Isa Al-Khalifa, fand Gefallen an der Vorstellung, Schumi & Co. zu einem Gastspiel zu bewegen. Da es ihm und seiner Familie nicht am notwendigen Kleingeld fehlt, stand dem Projekt nichts mehr im Weg, sieht man vom Placet der FIA respektive des F1-Zampanos Bernie Ecclestone ab.
So fremd die potenziellen Besucher des Grand Prix in ihren weißen, wallenden Dishdashas den Mitgliedern des F1-Trosses schon bei der Einreise auf dem internationalen Flughafen von Manama erscheinen, so fremd ist die PS-Welt den Gastgebern. In der Hauptstadt des Wüstenreichs ist es ein Leichtes, mit den Freunden der Wasserpfeife ins Gespräch zu kommen. Schwierig ist es hingegen, das Interesse auf die Formel 1 zu lenken. »Formel 1? Nie gehört«, lautet die gern gegebene Antwort. Unter den Saudis, die oft Stippvisiten nach Bahrain unternehmen, ist der Prozentsatz der Unwissenden noch weitaus größer.
So groß die Unwissenheit der Einheimischen, so gigantisch das Fahrerlager der Rennstrecke. Es übertrifft in puncto Größe alles, was die Formel 1-WM im Verlauf ihrer 54-jährigen Geschichte bisher zu sehen bekam. Die Verantwortlichen müssen sich jedoch die Frage gefallen lassen, ob man nicht eventuell zuviel des Guten getan hat. Team-Mitglieder, VIP-Gäste und Pressevertreter verlieren sich auf der riesigen Fläche, die zwischen den Boxen und den großzügigen Pavillons der Rennställe liegt. Entsprechend erinnert die relaxte Atmosphäre eher an den Hof eines Sanatoriums und lässt elektrisierende Spannung gar nicht erst aufkommen. Davon, dass der Zeitplan wankte und die Helfer einen dramatischen Endspurt einlegen mussten, ist nichts erkennbar. Hier und dort wird noch Hand angelegt, aber in irgendeiner Form gebastelt wird praktisch auf allen GP-Pisten der Welt bis zur letzten Minute. Als gelungenen stilechten Gag werten es die Besucher aus Europa, dass im Bereich der Drehkreuze, die das Fahrerlager von Rest-Bahrain trennen, Orientteppiche ausgelegt sind. Nein, lumpen lassen sich die Scheichs ganz sicherlich nicht.
Während die Piloten das unbekannte Asphaltband per pedes, Fahrrad oder Motorroller erkunden, um einen ersten Eindruck von der Kurvenfolge und den Bremspunkten

zu bekommen, wird hinter den Boxen der für Sonntag gebraute »Sieges-Champagner« gekostet. Das Getränk, weil alkoholfrei, ist einzigartig, da es sich um den seltenen Mix aus Wasser, Puderzucker und Rosenaroma handelt. Das glauben zumindest die europäischen Zungen erkennen zu können.
Eine ganz besondere Herberge wurde Michael Schumacher für die Dauer seines Aufenthalts in Bahrain angeboten, wie der Kerpener erzählt: »Der König hat mich in einen seiner Paläste eingeladen, aber ich habe dankend abgelehnt, denn von dort ist der Weg zur Rennstrecke zu weit.« Sicherlich war es nicht leicht, dieses Angebot abzulehnen. War diplomatisches Fingerspitzengefühl notwendig? »Nö«, sagt der Ferrari-Star lächelnd, »ich habe einfach nur gesagt, das sei mir zu weit.« Im Zweifel müssen sich Könige die gleichen Argumente anhören wie die Mitarbeiter von Reisebüros...
Als freitags die ersten Runden gedreht werden – als erster Pilot ist Timo Glock, Jordans »Dritter Mann« , auf der Piste –, sitzen trotz der angenehmen Lufttemperatur von 31 Grad Celsius nur einige wenige Zuschauer auf den Tribünen. Da nach dem Kalender der Einheimischen »Sonntag« ist, stellt sich jeder die Frage: Wie groß wird der Besucherandrang am Renntag sein, der als bahrainischer »Dienstag« ein stinknormaler Wochentag ist?
Obwohl die Veranstalter dem Sand in unmittelbarer Nähe des – zwischen einer Pferde- und einer Kamel-Rennbahn gelegenen – Circuit durch Bindemittel rechtzeitig die gefürchteten Flugeigenschaften raubten, wehen die puderfeinen Sandkörnchen immer noch umher. An Nachschub mangelt es nicht... Große Sorgen machen sich die Ingenieure der F1-Teams deshalb nicht. »Auf diese Weise«, scherzt Toyota-Mann Norbert Kreyer, »werden die Ventile in den Motoren erst so richtig eingeschliffen.«
Bereits das zweite freie Training bringt unerwartet den ersten Höhepunkt des Weekend. Die neunte Minute der Sitzung läuft, als der Silberpfeil des Finnen Kimi Räikkönen in »Turn 9« ausrollt. Die Flammen am Heck sprechen eine deutliche Sprache – der Zehnzylinder hat seinen Geist aufgegeben. Damit setzt sich der Leidensweg des Vizeweltmeisters fort, denn der fällige Motorwechsel kostet ihn zehn Startplätze.
Im freien Samstags-Training macht das Team BAR-Honda nachdrücklich auf sich aufmerksam. Jenson Button und Takuma Sato fliegen um den Kurs, als seien sie die heißesten Titelanwärter. Blufft die Crew aus Brackley? »Nein«, beteuert Geoff Willis, der Technische Direktor, »bei uns läuft es einfach nur gut.« Tatsächlich erlebt das Team im Qualifying, das erstmals im laufenden Jahr mit einer längeren Pause zwischen den beiden Durchgängen ausgetragen wird, einen herben Rückschlag. »Kein Grip«, jammert Button, »das ist Frust pur.« Auf Platz sechs ist der Engländer gelandet. Sein asiatischer Teamkollege ist immerhin Fünfter.
Die Pole sichert sich hingegen Titelverteidiger Michael Schumacher, der damit seine weiße Qualifying-Weste 2004 behält. Rubens Barrichello fährt die zweitschnellste Zeit. Zu den großen Enttäuschungen des Qualifying zählt Fernando Alonso, der sich nach mehreren Patzern – im Bereich der Kurven 14 und 15 rutscht er neben den Asphalt – mit Platz 16 begnügen muss. Damit hat der Renault-Pilot innerhalb von nur 14 Tagen zum zweiten Mal im Kampf um die Qualität der Startplätze versagt. Angeblich ließen ihn die Bremsen im Stich, aber die Ingenieure können keine Unregelmäßigkeit feststellen... In Wahrheit ist es wohl das Handling des R24 – nach Aussage beider Piloten ist der Bolide »schwierig zu fahren«.
Samstagabend, 20.00 Uhr. Es ist ruhig geworden im Fahrerlager. Die Boliden stehen seit nachmittags abgeriegelt im Parc fermé. Über die Strategie braucht sich um diese Zeit

niemand mehr den Kopf zerbrechen, seitdem zwischen Qualifying und Start nicht mehr nachgetankt werden darf. Nur ein Rennstall macht Überstunden: Die Scuderia Ferrari! Nach Siegen in Melbourne und Sepang sowie drei Pole-Positions ist es ausgerechnet die F1-Supermacht aus Maranello, die Sonderschichten einlegt. Unter Anleitung von keinem Geringeren als Ross Brawn höchstpersönlich werden Boxenstopps geübt. Wieder und wieder, bis die Augen des Technischen Direktors hinter den dicken Brillengläsern zufrieden funkeln – Feierabend! Es ist schon erstaunlich, dass sich gerade der Rennstall so intensiv vorbereitet, der es theoretisch am wenigsten nötig hat...
Um zu wissen, dass es in der Region nicht viel regnet, muss man im Geographieunterricht nicht aufmerksam gewesen sein. Ein Rundblick genügt, um Näheres zu erfahren: Regen zählt offenbar zu den seltensten Besuchern der Insel. Deshalb ist es eine kleine Sensation, dass die, bereits seit Donnerstag verbreitete, Wettervorhersage eintrifft: In den frühen Morgenstunden des Sonntags fallen tatsächlich Wassertropfen vom Himmel! Bei durchschnittlich zehn Regentagen per annum wundern sich die Inselbewohner. Auch die Fremdlinge sind erstaunt. Am frühen Vormittag fegen zudem einige Sandstürme, die es tonnenweise in sich haben, in der Region. Innerhalb weniger Sekunden reduziert sich die Sichtweite auf wenige Meter. Erst abends gegen 22.00 Uhr wird sich dieses Schauspiel wiederholen, das – zur falschen Zeit am falschen Platz – die F1-Aktivitäten komplett zum Stillstand gebracht hätte.
Als um 14.00 Uhr Ortszeit die Boxengasse geöffnet wird, ist das wenige Nass längst verdunstet. Trotzdem sind die Wetterverhältnisse mit denen des Vortags nicht vergleichbar, denn von Hitze ist keine Spur mehr, und die Temperatur des Asphaltbandes liegt circa 20 Grad Celsius unter den Werten, die vor 24 Stunden während des Qualifying gemessen wurden. Damit sinken die Chancen der Michelin-Kundschaft, dass sich einer der ihren die zehn Siegerpunkte ergattern könnte. Während die Startvorbereitungen auf Hochtouren laufen, fallen in fast allen Kabinen der TV-Kommentatoren die Fernsehbilder aus. Panik! Erinnerungen an Sepang werden wach, wo 2002 ein vergleichbares Malheur passierte. Glücklicherweise fließt der Strom rechtzeitig wieder, aber Sepang bleibt ein Thema, als das Feld – abgesehen von Gianmaria Bruni, dessen Minardi in die Boxengasse geschoben wird – in die Formationsrunde startet: Erstmals seit dem GP von Malaysia 1999 werden heute wieder einmal WM-Punkte auf einer komplett neuen Formel 1-Piste vergeben. Der Circuit von Sakhir ist – von Umbauten, inklusive dem dramatischen in Indianapolis, abgesehen – die 62. Rennstrecke, auf der ein Lauf zur Fahrer-WM der FIA ausgetragen wird.
Auf den Tribünen der 160 Millionen Dollar teuren Anlage warten die Zuschauer gespannt auf die Show der bunten Boliden. Aber obwohl die Regierung den Arbeitstag mit Blick auf das Publikum zu einem Feiertag erklärt hat, verlieren sich die Fans auf den mächtigen Tribünen, von denen einzelne komplett leer geblieben sind. Der Landesvater handelte weitsichtig, als er 7.500 Tickets zum Nulltarif an die nahe gelegene Universität abgab und einige tausend weiterer Eintrittskarten unter den zahlreichen Helfern verteilen ließ, die den Circuit bei zeitweise mörderisch heißen Temperaturen aus dem trockenen Wüstenboden stampften.
Im Verlauf des Rennens über 57 Runden lässt Michael Schumacher zu keinem Zeitpunkt Zweifel darüber aufkommen, wer in der Formel 1 das Sagen hat. Bereits aus der Startrunde bringt der Rheinländer 1,5 Sekunden Vorsprung auf seinen Teamkollegen Rubens Barrichello mit. Zu diesem Zeitpunkt fehlen Juan Pablo Montoya, der auf

Platz drei rangiert, schon satte 2,4 Sekunden auf den Titelverteidiger. Damit sind die Weichen für den 17. Doppelsieg des deutsch-brasilianischen Duos aus Maranello gestellt. Und eine zweite Vorentscheidung ist zu diesem Zeitpunkt gefallen: Fernando Alonso lässt seinem Renault nach nur einem Umlauf eine neue Nase verpassen. 16,7 Sekunden muss er sich an den Boxen in Geduld üben, bevor er wieder Gas geben darf. Notwendig wird der Reparaturstopp durch eine Rempelei mit dem Jaguar des Österreichers Christian Klien. Damit liegt der Spanier abgeschlagen auf Platz 19. Leader Schumacher ist 54 Sekunden voraus. Letzter ist Alonso nur deshalb nicht, weil es den Minardi-Ingenieuren immer noch nicht gelungen ist, dem PS04B des Italieners Bruni Leben einzuhauchen.
Als das Rennen abgewinkt wird, fehlen Alonso, der als Sechster ins Ziel kommt, 53 Sekunden auf Sieger Schumacher... Prompt wird die Behauptung aufgestellt, der Spanier hätte wohl gesiegt, wenn er nicht mit Klien aneinander geraten wäre. Hätte er den GP von Bahrain tatsächlich gewinnen können? Die Antwort heißt nein, denn der führende Champion bummelte in der Schlussphase, um den dritten Saisonerfolg nicht durch einen technischen Defekt zu gefährden. Wie schnell es einen erwischen

kann, wird am Beispiel von Juan Pablo Montoya deutlich: Bis in die 49. Runde hält der Williams-Kolumbianer locker Platz drei. Dann verabschiedet sich ein Gang des Getriebes nach dem anderen, bis nur noch der Vierte zu Diensten ist. Wehrlos wird Montoya bis auf Rang 13 nach hinten durchgereicht.
Über den dritten Podestplatz darf sich nun Jenson Button freuen, der sich damit voll für den Qualifying-Frust entschädigt fühlt und zum zweiten Mal innerhalb von nur 14 Tagen einen Pokal entgegennehmen darf.
Trotz des Doppelsiegs äußert sich Ross Brawn nach dem Rennen nachdenklich: »Das ist bisher ein Traumstart in die Saison, aber wir bleiben auf dem Teppich. Es ist nicht auszuschließen, dass wir heute von Wolken, Staub und Sand profitierten. Da noch 15 WM-Läufe ausstehen, werden wir keinesfalls den Fehler machen und uns zu früh freuen.«

ERGEBNISSE UND AUSFÄLLE

1. Michael Schumacher	Ferrari F2004	1:28.34,875 = 208,976 km/h
2. Rubens Barrichello	Ferrari F2004	1,367 Sekunden zurück
3. Jenson Button	BAR-Honda 006	26,687 Sekunden zurück
4. Jarno Trulli	Renault R24	32,214 Sekunden zurück
5. Takuma Sato	BAR-Honda 006	52,460 Sekunden zurück
6. Fernando Alonso	Renault R24	53,156 Sekunden zurück
7. Ralf Schumacher	Williams-BMW FW26	58,155 Sekunden zurück
8. Mark Webber	Jaguar-Cosworth R5	1 Runde zurück
9. Olivier Panis	Toyota TF104	1 Runde zurück
10. Cristiano da Matta	Toyota TF104	1 Runde zurück
11. Giancarlo Fisichella	Sauber-Petronas C23	1 Runde zurück
12. Felipe Massa	Sauber-Petronas C23	1 Runde zurück
13. Juan Pablo Montoya	Williams-BMW FW26	1 Runde zurück
14. Christian Klien	Jaguar-Cosworth R5	1 Runde zurück
15. Nick Heidfeld	Jordan-Cosworth EJ14	1 Runde zurück
16. Giorgio Pantano	Jordan-Cosworth EJ14	2 Runden zurück
17. Gianmaria Bruni	Minardi-Cosworth PS04B	5 Runden zurück
David Coulthard	McLaren-Mercedes MP4/19	51. Runde, Ventil-Pneumatik
Zsolt Baumgartner	Minardi-Cosworth PS04B	45. Runde, Motor
Kimi Räikkönen	McLaren-Mercedes MP4/19	8. Runde, Motor

SCHNELLSTE RUNDE: (7.Rd.) – Michael Schumacher, Ferrari F2004
1.30,252 = 216,074 km/h
Rundenrekord

74. Sieg

Großer Preis von San Marino
Imola, 25. April 2004

Blind oder blöde?

Zum 24. Mal wird der Grand Prix von San Marino ausgetragen und bereits zum 25. Mal werden auf der Piste von Imola WM-Punkte für das F1-Championat vergeben. Und vor zehn Jahren starb hier der unvergessene Ayrton Senna. Längst gibt es einen neuen Superstar in der Formel 1, und der gewinnt auch dieses erste Heimspiel dieses Jahres für die Scuderia.

Im Mittelpunkt der ersten Gespräche im Fahrerlager donnerstags geführt werden, steht ein Gastpilot der Scuderia Ferrari, der vor wenigen Tagen in Fiorano sein F1-Debüt gab: Valentino Rossi, der begnadete Motorradrennfahrer. Aus dem Stand fuhr der Italiener Rundenzeiten, mit denen er sich nicht hinter den Vierrad-Routiniers zu verstecken braucht. Zu dem, was ein Motorradfahrer im Cockpit eines Rennwagens lernen muss, zählt das Bedienen der Bremse per Fußtritt, wie einer der Brembo-Ingenieure beim Plaudern über das Thema Rossi anmerkt. Er bleibt beim Thema hängen und verrät: »Beim Studium der gesammelten Daten vieler Piloten auf allen möglichen Circuits haben wir festgestellt, dass es nur einen Fahrer gibt, der bei Vollbremsungen vor langsamen Kurven mit immer wieder der gleichen Präzision den notwendigen 100-Kilo-Tritt vollbringt. Und dieser Mann heißt Michael Schumacher. Alle anderen verpassen immer wieder einmal ihren Bremspunkt, indem sie zu früh oder zu spät aufs Pedal treten, oder aber es fehlt an der erforderlichen Energie.« In diesem Zusammenhang werden Erinnerungen an die beiden ehemaligen schottischen F1-Weltmeister Jackie Stewart und Jim Clark wach, die es gemeinsam auf fünf F1-Titel brachten. Der Nachwuchs-Pilot Stewart beichtete dem um sieben Ecken mit ihm verwandten Kollegen: »Neulich fuhr ich einen Rennwagen mit ungewohnter Pedalanordnung – das Gaspedal war in der Mitte. Prompt trat ich vor einer Kurve auf das Gas- statt aufs Bremspedal.« Daraufhin Clark: »Und du bist in der Wiese gelandet...« Nein, antwortete Stewart, er habe das Auto noch abfangen können. »In diesem Fall«, mahnte der Lotus-Star, »steht fest, dass du viel zu früh bremsen wolltest...«
Dass auch ein Jim Clark in Imola gewann, spielt aktuell keine Rolle mehr. Wohl aber ein anderer Superstar vergangener Tage: Ayrton Senna, der legendäre brasilianische Championissimo, der am 1. Mai 1994 in Imola tödlich verunglückte. Die Erinnerung an Senna bringt zwangsläufig das Thema Sicherheit auf den Tisch, das 2004 ohnehin eine ungewöhnlich große Rolle spielt. Mit Blick auf die Gesundheit fordert die FIA, allen voran ihr Präsident Max Mosley, das Tempo der Boliden zu reduzieren. Maßnahmen dieser Art sind bekanntlich nicht neu. Was ungeklärt im Raum steht, ist die Frage nach der Notwendigkeit. Tatsächlich wurden die Rennwagen der Königsklasse im Verlauf der letzten Jahre deutlich schneller. Isoliert betrachtet, begründet dies aller-

dings keinen Handlungsbedarf, da die Geschwindigkeit immer in Relation zu den aktiven und passiven Sicherheitsmaßnahmen und -vorschriften gesehen werden muss.
Bereits jetzt liegt die Mosley-Forderung auf dem Tisch, die Motoren der F1-Rennwagen mittelfristig auf 2,4 Liter Hubraum und acht Zylinder zu begrenzen. Bernard Dudot, die graue PS-Eminenz der Equipe Renault, rechnet kurz, bevor er sagt: »Ungefähr 700 PS werden diese Motoren haben.«
Natürlich, behaupten die Befürworter, ließe sich der GP-Sport auch mit derart schmalbrüstigen Aggregaten betreiben. Die Gegner der Kastrationspläne bestreiten das nicht. Sie weisen jedoch darauf hin, dass in diesem Fall nicht mehr der erforderliche Leistungsunterschied zwischen der Formel 1 und der darunter liegenden Monoposto-Kategorie bestehen würde. Und sie sprechen einen weiteren Punkt an, der auf einen kurzen Nenner gebracht wird: 2,4-Liter-Autos sind Nordschleifen-tauglich! Wenn sie aber auf den modernen Pisten mit ihren weiträumigen Auslaufzonen gefahren werden, dann können sie sich nicht spektakulär in Szene setzen.
Während des freien Trainings, gefahren mit den potenten Zehnzylindern, tasten sich die Akteure ab. Gleichzeitig wird die ideale Feinabstimmung für das Qualifying und den Renntag gesucht. In der letzten der insgesamt vier Sitzungen zeichnet sich am Samstagvormittag ein Duell zwischen Weltmeister Michael Schumacher und dem BAR-Piloten Jenson Button ab. Der Brite verpasst die Rundenzeit des Favoriten um lediglich 0,025 Sekunden. Hinter dem rot-weißen Duo klafft bereits eine Lücke von satten sieben Zehntelsekunden zu Fernando Alonso. Dahinter rangieren auch Coulthard, Montoya, Barrichello, Sato, Trulli, Räikkönen und da Matta in der Top-Ten.
Aufgrund der Dominanz von Michael Schumacher und Button steht fest, wer als Pole-Anwärter gehandelt wird. Doch dann scheint sich eine kleine Sensation anzubahnen, als im Pre-Qualifying Ralf Schumacher und Juan Pablo Montoya die Bestzeiten vorlegen. Hat Williams-BMW am Vormittag nur gepokert, oder waren die beiden im ersten »Quali« mit extrem wenig Sprit an Bord unterwegs?
Im Anschluss an eine Zigarettenpause müssen die Karten endgültig auf den Tisch gelegt werden. Dem Reglement entsprechend, gehen die Asse während des Einzelzeitfahrens als letzte Piloten auf die Piste. Als Erster der letzten Fünfergruppe muss Button sein Können zeigen. Für den Briten bleiben die Uhren bei einer Zeit von 1.19,753 Minuten stehen. Damit wird er den Erwartungen gerecht und verdrängt Rubens Barrichello von Platz eins. Dann ist David Coulthard an der Reihe, der seit Monaten weiß, dass seine Tage bei McLaren gezählt sind. Seine Runde in 1.21,091 Minuten wird in der Endabrechnung gerade einmal für Rang elf ausreichen. Unter dem Jubel der Tifosi nimmt nun Michael Schumacher Anlauf. Anders als Button scheitert der Rheinländer mit einer Runde in 1.20,011 Minuten wegen eines kleinen Fahrfehlers an der 80-Sekunden-Schallmauer. Damit fehlen ihm 0,258 Sekunden auf den Wert des BAR-Fahrers. Immerhin: Er steht in der ersten Startreihe, falls er nicht doch noch von einem oder beiden Williams-Piloten verdrängt wird. Aber der Paukenschlag aus Didcot bleibt aus. Ralf Schumacher verfehlt sogar Barrichellos Rundenzeit. Montoya wird immerhin Dritter.
Selbst der geschlagene Michael Schumacher findet mit Blick auf die Super-Runde seines Gegners lobende Worte: »Jenson hatte eine wirklich gute Runde vorgelegt. Für mich ging es entsprechend um alles oder nichts. In der Variante Alta tat ich dann ein

wenig zu viel des Guten. Nur mit etwas Glück konnte ich mein Auto abfangen und damit einen Dreher verhindern. Natürlich freue ich mich, trotz des Fehlers in der ersten Startreihe zu stehen.«

Als Dritter des Qualifying verrät Juan Pablo Montoya ein wenig über grundsätzliche taktische Überlegungen beim heutigen Qualifying-Prozedere: »Im ersten Lauf fuhr ich mit extrem wenig Sprit an Bord, um mir für den zweiten einen möglichst späten Slot zu sichern. Wir wollten im eigentlichen Qualifying erst so spät wie möglich an die Reihe kommen, weil die Bahn immer schneller wurde. Die Rechnung ging auf, auch wenn mir auf neuen Reifen ein wenig Tempo fehlte.« Der Kolumbianer ist auffallend happy. Platz drei rechtfertigt bei dem ehrgeizigen Südamerikaner die gute Laune kaum, deren wahre Ursache er wenig später anspricht: »Erstmals habe ich hier auf dieser Piste Ralf im Qualifying geschlagen – das ist doch prima!« In der Formel 1 gibt es doch für jeden Piloten kaum etwas Schöneres, als den eigenen Teamkollegen hinter sich zu lassen!

Sehr zum Missfallen des Michelin-Lagers fallen in der Nacht auf Sonntag die Temperaturen. Ein solcher Wetterwechsel ereignet sich im vierten Rennen des Jahres bereits zum vierten Mal in der laufenden Saison. Prompt kursiert im Fahrerlager das Ulk-Gerücht, Michael Schumacher habe einen Pakt mit dem Teufel geschlossen, um am Renntag immer exakt die Witterungsbedingungen anzutreffen, die seinen Wünschen genau entsprechen und umgekehrt im Widerspruch zu den Interessen seiner Rivalen stehen. Die Michelins fühlen sich, das ist kein Geheimnis, unverändert auf heißem Asphalt wohl, dessen Ideallinie eine möglichst dicke Schicht Gummiabrieb trägt.

Diesmal bringt der Samstagabend nicht nur kühlere Temperaturen, sondern auch eine Kombination aus Sturm und Wolkenbruch. In Imola verschwindet die Gummi-Patina in der Drainage der Rennstrecke. Entsprechend ist das Asphaltband am Sonntagvormittag wieder ›green‹. Das Rahmenprogramm, das den Fans auf den Zuschauerplätzen als ›PS-Vorspeise‹ zum Einstimmen auf den WM-Lauf präsentiert wird, lindert die Situation aus Sicht der Michelin-Kundschaft ein wenig. Unterm Strich sind es wohl einige Kilogramm Gummi, die wieder in den Pistenbelag gerieben werden. Trotzdem bleiben Bedenken, was die Miene von Michelin-Sportchef Pierre Dupasquier unmissverständlich verrät. Aber diesen Bedenken zum Trotz – noch zählt allerdings Ferrari auf den ersten Metern eines GP nicht zur Extraklasse – lässt Button nichts anbrennen, als Charlie Whiting die fünf roten Startampeln per Knopfdruck erlöschen lässt: Mit der Rasanz einer Feststoffrakete schießt der BAR-Honda des Pole-Setters in Richtung des ersten Bremspunktes, der 345 Meter entfernt liegt. Michael Schumacher hat nicht einmal die Spur einer Chance, dem Briten die Führung streitig zu machen.

Nach dem Rennen wird der Kerpener die Situation aus seiner Sicht schildern: »Es war absolut atemberaubend, wie Jenson auf den ersten Metern davonschoss. Es war, als führe ich auf nassem, er aber auf trockenem Asphalt. Er gab Gas und verschwand irgendwo in der Ferne. Ehrlich gesagt, wunderte ich mich gewaltig.«

Während Englands neues PS-Idol die Flucht nach vorn antritt, geht es an der Spitze der Verfolgergruppe, die von ›Schumi‹ angeführt wird, hoch her. Hinter dem Ferrari lauert Montoya, der nur mäßig von der Linie weg kam und den jüngeren Bruder seines Vordermanns nur mit Mühe hinter sich halten konnte. Der Grand Prix ist erst we-

nige Sekunden alt, da kracht´s, als »DC« im Gedränge der Tamburello-Schikane ins Heck des R24 Fernando Alonsos fährt. Der notwendige Reparaturstopp wird den Schotten kurz darauf weit ans Ende des Feldes zurückwerfen.
Button hat seinen Boliden bereits in die langsame Linkskurve Tosa eingelenkt, da kriselt es erneut. Montoya will sich aus dem Schumacher-Sandwich befreien und attackiert den Champion. Auf der Anfahrt zum Tosa-Bremspunkt streckt er die Nase seines FW26 zunächst links aus dem Windschatten des Ferrari. Dann probiert er es rechts, dann wieder links. Aber Weg und Zeit gehen dem Kolumbianer aus. Nur ein Angriff ist vor Tosa noch möglich, und ausgerechnet jetzt liegt er auf der ungünstigen Außenseite. Nun stellt sich heraus, dass er seine wilde Zickzack-Taktik falsch getaktet hat, denn im entscheidenden Augenblick steht er auf dem falschen ›Bein‹.
Trotzdem versucht Montoya sein Glück. Aber derjenige, der Michael Schumacher in der Tosa auf der Außenseite überholen kann, ist unter den sechs Milliarden Erdenbürgern unbekannt. Der Rheinländer bleibt voll auf der Ideallinie, die ausgangs der Kurve logischerweise in Richtung Außenrand verläuft. Damit macht er von seinem »›Vorfahrtsrecht« Gebrauch. Und Montoya? Der denkt im Eifer des Gefechts gar nicht daran zu lupfen. Zwangsläufig wird er ins »Grün« abgedrängt. Weil er dort Tempo verliert, wird der Jäger innerhalb weniger Wimpernschläge zum Gejagten: Ralf Schumacher will die Gunst der Sekunde nutzen und den strauchelnden Teamkollegen abfangen. Doch der ist auf der Hut. Jetzt ist er es, der die Ellenbogen ausfährt und... Ralf rodelt durchs Gras, wo er zur sicheren Beute des Japaners Takuma Sato wird.
Der Zwischenfall hat ein Nachspiel. Nach dem GP wettert Montoya: »Erst machte mir Michael einige Male die Tür zu. Dann drängte er mich von der Bahn. Ich bin wegen dieses Verhaltens wirklich enttäuscht. Ich würde mich wundern, wenn er ungeschoren davonkommt. Aber das liegt jetzt in der Hand der FIA.« Die sieht keinen Handlungsbedarf. Der Kritisierte kontert im direkten Rededuell: »Erstens habe ich dich plötzlich nicht mehr im Spiegel gesehen und zweitens war mit einem Angriff auf der Außenbahn nun wirklich nicht zu rechnen.« Dass ein Super-Pilot vom Kaliber eines Michael Schumacher in einer solchen Situation die Übersicht verliert, muss bezweifelt werden. Aber das ändert nichts daran, dass er im Recht ist und die Attacke auf der Außenbahn tatsächlich nicht erwartet hatte. Jetzt verliert Montoya die Beherrschung, das Argument »nicht gesehen« bringt den Kolumbianer auf die Palme. »Wenn das so ist«, schimpft er, »bist du entweder blind oder blöde.« Die F1-Welt hat aufgrund der rüden Formulierung ein Skandälchen, und Juan Pablo Montoya ist sein Image als beinharter Fighter los. Bisher galt er jedenfalls nicht als jemand, der den Vordermann bei Überholversuchen um aktive Mithilfe bittet. Wichtiger noch: Er hatte dies auch gar nicht nötig...
Button bringt aus der Startrunde einen Vorsprung von 2,771 Sekunden mit! Die Fans vor den TV-Schirmen und rund um den Circuit halten den Atem an: Hat BAR-Honda ein Mittel gegen die Dominanz der Scuderia aus Maranello gefunden? Nicht wirklich. Schumachers Bridgestones kommen Kilometer um Kilometer mehr auf Betriebstemperatur, und der Champion fährt sich in nur drei weiteren Umläufen bis auf 0,9 Sekunden an den Spitzenreiter heran. »Schumi« ist klar der schnellere Mann. Wenn Button als Erster tanken muss, kann der rote Verfolger den Sack zumachen.
Wenig später geht dann alles tatsächlich sehr schnell. Die Entscheidung fällt während der ersten Boxenstopps. Button holt nach neun Umläufen erstmals Sprit und Reifen.

Schumacher, der mit dem Einlenken des Briten in die Boxengasse die Führung übernimmt, zwei Runden später. Die »IN-Lap« – die Runde, die mit dem Boxenstopp endet – des Deutschen ist 1,8 Sekunden schneller als die des Briten. Schumachers »OUT-lap« – also der erste Umlauf nach dem Stopp – ist zwei Sekunden besser als die des Rivalen. Als die beiden wieder richtig Tritt gefasst haben, führt der Rheinländer mit fünf Sekunden Vorsprung vor Button. Innerhalb vier kurzer Runden hat sich das Blatt gewendet. Und der Champion zieht weiter unaufhaltsam davon. Die Suppe ist gegessen.

Immerhin: Jenson Button wird Zweiter und hat den drittplatzierten Montoya ebenso sicher im Griff, wie der Sieger »Schumi« den BAR-Briten. »Irgendwann«, stöhnt einer der Williams-Ingenieure, »wird Licht am Ende des Tunnels sein – in diesem Jahr, im nächsten, irgendwann ganz sicherlich...« Montoya hat in Imola keinen Grund, mit seinem Auto zufrieden zu sein. Umgekehrt findet man im Team auch keine lobenden Worte für Montoyas wilde Startrunde. Patrick Head erklärt: »Michael an dieser Stelle zu überholen, war unmöglich. Für Juan gab es nur zwei Möglichkeiten – vom Gas zu gehen, oder ins Gras zu rutschen. Aber dass Michael behauptet, er habe Juan nicht gesehen, ist nicht haltbar.«

Ralf schneidet als Siebter bescheiden ab. Das Resultat ist ärgerlich, denn der Bruder des Siegers verschenkt in Imola zusätzliche WM-Punkte. Nach 49 der 62 Runden liegt Ralf hinter seinem Teamkollegen auf Platz vier. Jetzt attackiert Alonso, da der Deutsche vor der »Tosa« ein wenig zu viel Platz auf der Innenseite lässt. Als der Renault-Pilot durchschlüpfen will, macht »Schumi II« zu. Die zwei Boliden berühren sich, und während Alonso ungeschoren davonkommt, dreht sich der Gegner und fällt auf Platz sieben zurück. »Abgesehen vom Zwischenfall mit Fernando«, erklärt der Wahl-Österreicher trotzig, »war meine Leistung doch gar nicht so schlecht.« Die britische Presse sieht´s anders und spottet, Ralf Schumachers Zukunft liege in der DTM.
14 Tage haben die Teams nun Zeit, sich etwas einfallen zu lassen, um den Ferrari-Siegeszug zu stoppen. Selbst Jenson Button, der im Autodromo Enzo & Dino Ferrari neun Runden lang von einem Wunder träumen durfte, bleibt mit Blick auf den Spanien GP Realist: »Bestenfalls können wir die Lücke zu Ferrari etwas verkleinern.«

ERGEBNISSE UND AUSFÄLLE

1. Michael Schumacher	Ferrari F2004	1:26.19,670 = 212,405 km/h
2. Jenson Button	BAR-Honda 006	9,702 Sekunden zurück
3. Juan Pablo Montoya	Williams-BMW FW26	21,617 Sekunden zurück
4. Fernando Alonso	Renault R24	23,654 Sekunden zurück
5. Jarno Trulli	Renault R24	36,216 Sekunden zurück
6. Rubens Barrichello	Ferrari F2004	36,683 Sekunden zurück
7. Ralf Schumacher	Williams-BMW FW26	55,730 Sekunden zurück
8. Kimi Räikkönen	McLaren-Mercedes MP4/19	1 Runde zurück
9. Giancarlo Fisichella	Sauber-Petronas C23	1 Runde zurück
10. Felipe Massa	Sauber-Petronas C23	1 Runde zurück
11. Olivier Panis	Toyota TF104	1 Runde zurück
12. David Coulthard	McLaren-Mercedes MP4/19	1 Runde zurück
13. Mark Webber	Jaguar-Cosworth R5	1 Runde zurück
14. Christian Klien	Jaguar-Cosworth R5	2 Runden zurück
15. Zsolt Baumgartner	Minardi-Cosworth PS04B	4 Runden zurück
16. Takuma Sato *	BAR-Honda 006	6 Runden zurück/Motor
Nick Heidfeld	Jordan-Cosworth EJ14	49. Runde, Antriebswelle hinten links
Cristiano da Matta	Toyota TF104	33. Runde, Unfall
Gianmaria Bruni	Minardi-Cosworth PS04B	23. Runde, Bremsen
Giorgio Pantano	Jordan-Cosworth EJ14	7. Runde, Hydraulik

* Nicht im Ziel, aber aufgrund der zurückgelegten Distanz gewertet

SCHNELLSTE RUNDE: (10. Rd.) – Michael Schumacher, Ferrari F2004
1.20,411 = 220,850 km/h
Neuer Rundenrekord

75. Sieg

Großer Preis von Spanien
Granollers, 9. Mai 2004

Das umstrittene Jubiläum

Das interessanteste an diesem Rennen war die Frage, ob jetzt endlich auch mal ein anderer Pilot ganz oben auf das Treppchen steigen darf. Michael Schumacher denkt allerdings gar nicht daran, seinen Stammplatz zu verlassen. Fernando Alonso, der so gerne seinen Heim-GP gewonnen hätte, muss noch warten.

Der Circuit de Catalunya ist im Zweifel die Rennstrecke, auf der sich alle Superlizenz-Inhaber am besten auskennen. Während der Saison und ganz speziell im Verlauf der Winterpausen treten die Teams dort zu Testfahrten an. Das milde Winterklima sowie die Streckenführung mit Kurven unterschiedlichster Radien machen die Anlage für diesen Zweck ganz besonders attraktiv.
Das Wochenende beginnt mit einem Streit der »F1-Gelehrten«. Es geht um die Antwort auf die Frage, ob Michael Schumacher hier, so behauptet es Ferrari, seinen 200. Grand Prix fährt. Es gilt, zwei Stolpersteine zu diskutieren. Erstens: Darf der GP von Frankreich 1996 mitgezählt werden? »Schumi« blieb damals während der Formationsrunde wegen eines Motorschadens stehen. Beim Start war er also gar nicht mehr mit von der Partie. Die Entscheidung fällt leicht: Dieses Rennen zählt nicht! Zweitens geht es um den legendären Beinbruch-GP 1999 in Silverstone. Dort nahm Schumacher am Start teil. Aber das Rennen wurde abgebrochen und anschließend über die Originaldistanz – ohne den Kerpener – neu gestartet. Laut FIA-Statuten darf nur das »zweite Rennen« berücksichtigt werden. Aber das geht selbst den Statistik-Pharisäern zu weit. Wie soll man jemandem erklären, ein Pilot habe sich bei einem Rennen, an dem er gar nicht teilgenommen hat, eine Verletzung zugezogen? Damit steht fest: Michael Schumacher steht unmittelbar vor seinem 199. GP. Das runde Dienstjubiläum dürfte eigentlich erst in Monte Carlo gefeiert werden.
Was sagt der Betroffene selbst: »Ob 200 oder nicht 200 – das ist doch völlig unerheblich. Bekanntlich zähle ich ohnehin nicht zu den Statistik-Freaks.« Doch auch so gilt: Die meisten F1-Statistiken führt er an. Nur drei der zahlreichen Bestwerte wird er sich wohl niemals sichern: Rekordstarter Riccardo Patrese, der 256 Mal an den Start ging, liegt außerhalb der Reichweite. Und auch Luigi Fagioli ist ›uneinholbar‹: Der Italiener gewann 1951 (gemeinsam mit Juan Manuel Fangio, man durfte sich damals noch am Steuer ablösen) den Grand Prix von Frankreich. Mit 53 Jahren und 22 Tagen ist er seitdem der älteste Sieger aller Zeiten. Um ältester Teilnehmer zu werden, müsste sogar Louis Chiron überholt werden, der bei seinem Abschieds-GP, 1955 in Monaco, kurz vor seinem 56. Geburtstag stand.
Neben dem Ferrari-Jubilar, der an diesem Weekend von Rechts wegen noch gar nicht jubeln dürfte, steht Jenson Button im Mittelpunkt des Interesses. Der Pole-Setter von

Imola wird in Ermangelung stärkerer Kollegen in die Rolle des Schumi-Schrecks gedrängt. »Hoffentlich«, sagt er, »gewinne ich tatsächlich. Eigentlich sollte es ja nur eine Frage der Zeit sein, wann es das erste Mal klappt. Jeder konnte ja sehen, dass ich vor 14 Tagen nicht vor lauter Freude ausgeklinkt bin. Natürlich ist es toll, wenn man dort oben auf der zweiten Podeststufe steht. Aber dann blickt man hoch zu Michael und weiß genau: Dort willst du hin! «
Patrick Head, von seinen Piloten ohnehin nicht gerade als Kumpel-Typ geschätzt, plaudert nebenan zum Thema »Schumi II« aus dem Nähkästchen: »Seit dem Test-Crash in Monza 2003 ist Ralf nicht mehr der Alte. Wenige Tage später nahm er ja dann auf derselben Piste am ersten Training für den GP von Italien teil und verbremste sich in der ersten Schikane, die mit weit über 300 km/h angefahren wird. So stellten wir es jedenfalls damals offiziell dar – in Wahrheit, so sagte er uns, hatte er vergessen zu bremsen... Er fährt nicht mehr so schnell wie vor dem Unfall, und dank der Telemetrie sehen wir, woran es liegt – er bremst viel zu früh.«
Am ersten Trainingstag ist dann wieder zu beobachten, was sich in dieser Saison bereits so oft abspielte: Im Verlauf der ersten Stunde beherrscht Ferrari die Szene. Michael Schumacher legt als Schnellster eine Bestzeit von 1.15,658 Minuten vor. Vor Jahresfrist reichten ihm hier noch »müde« 1.17,762 für die Pole. Teamkollege Rubens Barrichello wird mit 0,375 Sekunden Rückstand Zweiter. Im Verlauf der zweiten Sitzung überlässt es die Scuderia erneut anderen, die Show zu machen. Button fährt sich mit einer Runde in 1.15,935 Minuten auf Platz eins. Und was machen die Fahrer der Scuderia Ferrari? Barrichello wird Sechster, »Schumi« ebenso unauffälliger Siebter. Der Grund für den Absturz ins Mittelfeld: Nachdem morgens gecheckt wurde, ob man die Lage im Griff hat, stand im zweiten freien Training, ebenfalls 60 Minuten lang, rein die Qualifying- und Renn-Abstimmung – seit dem Vorjahr gibt es diesbezüglich ja keine Unterschiede mehr – im Vordergrund.
Bereits zu diesem Zeitpunkt hat der finnische Vizemeister Kimi Räikkönen mental das Handtuch geworfen. Nach seinen Chancen für dieses Wochenende befragt, antwortet der McLaren-Pilot mit bitterer Miene: »Mission impossible.« Tatsächlich steht die Silberpfeil-Truppe unverändert im Schilf.
Samstags ernten die Roten die ersten Früchte ihrer sorgfältigen Vorbereitung. Mit 0,617 Sekunden Vorsprung vor Juan Pablo Montoya sichert sich Michael Schumacher den besten Startplatz. »Schumi« contra »MOY«? Da war doch etwas vor 14 Tagen... Hinter Takuma Sato und Jarno Trulli landet Barrichello ›abgeschlagen‹ auf Platz fünf. Aber die Miene des Südamerikaners will so gar nicht zu der bescheidenen Leistung passen! Des Rätsels Lösung: Härtere Reifen und ein Stopp mehr als sein prominenter Teamkollege. Platz fünf am Steuer eines »Tanklastzuges« – das kann sich durchaus sehen lassen. Fernando Alonso und Jenson Button erwischt es hingegen tatsächlich böse. Der Lokalmatador muss im entscheidenden zweiten Qualifying ausgerechnet zu dem Zeitpunkt seine Runde drehen, als der unberechenbare Wind am heftigsten und tückischsten weht. »Mal hatte ich Rückenwind«, stöhnt der Renault-Spanier, »mal blies er direkt von vorn.« Ingenieur Pat Symonds bestätigt: »Die Telemetrie-Daten beweisen, dass Fernando fehlerfrei fuhr. Wenn es nur zu Platz acht reichte, lag das tatsächlich an diesen Böen.« Noch weiter hinten – und dies ausgerechnet auf einer Piste ohne erkennbare Überholmöglichkeit – steht Button als 14.
Am Samstagabend herrscht im Paddock kein Zweifel daran, dass Michael Schuma-

cher morgen seinen fünften Saisonsieg landen wird. Aufgrund seiner seit gestern gezeigten Leistungen muss man kein Prophet sein, um den »roten Baron« als haushohen Favoriten zu nennen. Wenn es überhaupt eine Klippe gibt, die er auf dem Weg zu weiteren zehn WM-Punkten umschiffen muss, dann ist dies der Williams-BMW von Montoya, der sich 2004 erstmals für die erste Startreihe qualifiziert hat. Zoff liegt in der Luft. Zu frisch sind die Erinnerungen an den Satz vom blinden Blödel. Die beiden Hauptakteure spielen das Thema jedoch professionell herunter. Auf die Frage, welches Szenario er beim Einlenken in die erste Kurve erwartet, antwortet Schumacher: »Dort werden wir ein wenig Rennsport erleben – vielleicht – hoffentlich.« Mit der Aussage des Rheinländers konfrontiert, meint Montoya kurz angebunden: »Genau!«
Sorgen dieser Art kennt Takuma Sato als Dritter nicht. Nie zuvor qualifizierte sich ein japanischer Formel 1-Pilot bei einem Grand Prix für einen derart guten Startplatz. Aber Sato-San blickt bereits auf den Renntag: »Wenn man im Qualifying Dritter wird, dann will man auch aufs Siegerpodest. Ich weiß, wie schwierig das ist, denn bisher habe ich es noch nie geschafft. Sicher ist nur: Ich werde mein Bestes geben.«
Als sich das Feld dann am Sonntag um 14.00 Uhr in Bewegung setzt, um die Formationsrunde in Angriff zu nehmen, drehen sich fast alle Gespräche am Pistenrand um die Frage, ob Michael Schumacher oder Montoya den Sprint zur ersten Kurve gewinnen wird. Und viele Beobachter vertreten sogar die Meinung, dass beide Fahrer ins Aus rodeln werden, weil sie beim Einlenken den Mindestabstand unterschreiten.
Fachsimpeleien dieser Art werden jäh unterbrochen, als bei Start-und-Ziel plötzlich ein Zuschauer auf der Piste auftaucht. Die Zuschauer fühlen sich an Hockenheim 2000 und Silverstone 2003 erinnert. Sollte etwa ein weiterer Schwachsinniger den Ablauf eines WM-Laufs unterbrechen? Glücklicherweise greifen die Ordnungskräfte rechtzeitig ein, bevor »Schumi« seine 19 Kollegen zurück auf den Startplatz geführt hat.
Endlich. Die fünf Startampeln geben den Weg frei und innerhalb weniger Sekunden kann das Thema des Zweikampfs zwischen Schumacher und Montoya zu den Akten gelegt werden. Der lachende Dritte heißt Jarno Trulli. Der Italiener übernimmt die Führung vor dem Titelverteidiger, Sato, Montoya – der lammfromm beschleunigt –, Barrichello und dem Rest des Feldes. Zu denen, die ihren Job überdurchschnittlich gut machen, zählt Alonso, der nach nur einer Runde auf Platz sechs an den Boxen vorüberfliegt.
Im weiteren Rennverlauf wiederholen sich prinzipiell die Ereignisse von Imola. Wie zuvor Button, hält sich jetzt auch Trulli nur bis zu seinem ersten Boxenstopp an der Spitze. Bis zum Ende der neunten Runde, dann biegt der Italiener in die Boxengasse ab, ist Schumacher dem Renault wie ein Schatten gefolgt. Der Deutsche lässt eine Runde später nachtanken. Obwohl seine Standzeit 0,8 Sekunden länger als die seines Gegners ist, kommt er vor ihm auf die Piste zurück. Die neue Reihenfolge: Barrichello, als Zweistopper liegt er zwangsläufig vorn, Michael Schumacher und Trulli.
Aus »Schumis« Perspektive erledigt sich das »Problem« Barrichello, als auch der – nach 17 Runden – Service machen lässt und deshalb hinter den italienischen Renault-Piloten auf Platz drei zurückfällt. Wenig später legt Trulli seinen zweiten Stopp ein und Barrichello kann kontern. Schon steht die Reihenfolge für den Zieleinlauf.
Wieder einmal wirkt ein Schumacher-Sieg wie ein Kinderspiel. Tatsächlich schwitzt der Gewinner diesmal Blut und Wasser: Zu Beginn des zweiten Stints knackst der Auspuff seines F2004. Der Champion: »Ross meldete sich per Sprechfunk und sagte, man könne nichts für mich tun...« Von diesem Moment an wird der Grand Prix für den Kerpener zur

Zitterpartie. 2000 führte er in Monaco überlegen, bis der Auspuff brach und die Radaufhängung links hinten verbrannte... Aus! Jetzt aber tritt kein Folgeschaden auf. Der V10 des Spitzenreiters tönt zwar unflätig, aber der Sound ist Nebensache und kann den fünften Schumacher-Sieg in Folge, den die Ferrari-Crew wegen dieses Auspuffproblems als Super-Krimi empfunden haben muss, nicht verhindern.
Den Doppelsieg seiner Piloten frisch vor Augen, gerät Teamchef Jean Todt ins Schwärmen. »Ferrari«, verkündet er, »ist so etwas wie eine Religion.« Michael Schumacher ist der Glückspilz des Tages, Alonso der Pechvogel. Als Vierter schrammt er am Podest vorbei. Seine schnellste Rennrunde war gerade einmal eine Zehntelsekunde langsamer als Schumachers Bestwert und vier Zehntel besser als die seines Teamkollegen Trulli.
Beim nächsten Grand Prix, dem von Monaco, wird eben dieser Trulli den heiß begehrten oberetsten Podestplatz in Beschlag nehmen; Fernando setzt in Runde 42 seinen renault im Tunnel an die Leitplanken setzt. Auch der Titelverteidiger hat beim Roulette in Monte Carlo kein Glück, denn er wird nach einer Safety-Car-Phase von Montoya aufs Korn genommen. In der 49. Runde reißt die Siegesserie des Kerpeners...

ERGEBNISSE UND AUSFÄLLE

1. Michael Schumacher	Ferrari F2004	1:27.32,841 = 209,205 km/h
2. Rubens Barrichello	Ferrari F2004	13,290 Sekunden zurück
3. Jarno Trulli	Renault R24	32,294 Sekunden zurück
4. Fernando Alonso	Renault R24	32,952 Sekunden zurück
5. Takuma Sato	BAR-Honda 006	42,327 Sekunden zurück
6. Ralf Schumacher	Williams-BMW FW26	1.13,804 Minuten zurück
7. Giancarlo Fisichella	Sauber-Petronas C23	1.17,108 Minuten zurück
8. Jenson Button	BAR-Honda 006	1 Runde zurück
9. Felipe Massa	Sauber-Petronas C23	1 Runde zurück
10. David Coulthard	McLaren-Mercedes MP4/19	1 Runde zurück
11. Kimi Räikkönen	McLaren-Mercedes MP4/19	1 Runde zurück
12. Mark Webber	Jaguar-Cosworth R5	1 Runde zurück
13. Cristiano da Matta	Toyota TF104	1 Runde zurück
Giorgio Pantano	Jordan-Cosworth EJ14	52. Runde, Hydraulik
Juan Pablo Montoya	Williams-BMW FW26	47. Runde, Bremsen
Christian Klien	Jaguar-Cosworth R5	44. Runde, elektr. Gaszug
Olivier Panis	Toyota TF104	34. Runde, Hydraulik
Nick Heidfeld	Jordan-Cosworth EJ14	34. Runde, Hydraulik
Gianmaria Bruni	Minardi-Cosworth PS04B	32. Runde, Dreher
Zsolt Baumgartner	Minardi-Cosworth PS04B	18. Runde, Dreher

SCHNELLSTE RUNDE: (12.Rd.) – Michael Schumacher, Ferrari F2004
1.17,450 = 215,070 km/h
Rundenrekord
Piste in dieser Form erstmals gefahren

76. Sieg

Großer Preis von Europa
Nürburg, 30. Mai 2004

Heimsieg für »Schumi«

In Monaco ist er leer ausgegangen, beim Heimspiel am Ring aber lässt der sechsfache Weltmeister keinen Zweifel daran, wer hier Herr im Hause ist. Es kann nur Einen geben ...

Nur drei Tage nach der nächtlichen Abreise aus Monaco steht die Wagenburg aus Trucks und Motorhomes bereits säuberlich aufgereiht im Fahrerlager der GP-Piste des Nürburgrings. Während Truckies und Mechaniker schuften, wird im Blätterwald munter fantasiert. Nach ihrer unheimlichen Begegnung im Zwielicht des monegassischen Tunnels, der in Wahrheit bekanntlich gar kein Tunnel ist, werden Michael Schumacher und Juan Pablo Montoya zu Todfeinden hochstilisiert. Dass die beiden sich nicht sonderlich grün sind, ist kein Geheimnis, aber eine echte Feindschaft ist wohl frühestens dann denkbar, wenn sich die zwei wieder einmal ein Duell um den Titel liefern sollten.
Der Nürburgring empfängt die Mitglieder des F1-Zirkus bei herrlichem Frühlingswetter, das sich in der Region festsetzt und erst in der Nacht auf Montag durch eine Regenfront abgelöst wird. Zu spät für Nick Heidfeld und die Sauber-Piloten, die sich von Herzen einen nassen Nürburgring wünschen.
Aus Sicht des Veranstalters gibt es bereits am Donnerstag Grund zur Freude. Der erstmals angesetzte Pit-Walkabout – die Fans dürfen durch die Boxengasse flanieren – wird zu einem riesigen Erfolg. Der Zuschauerandrang ist gigantisch und auch die »Taxifahrten« als Passagier auf dem heißen Sitz neben einem echten F1-Piloten werden von den ausgelosten Glückspilzen begeistert angenommen. Dieser Teil des Vorprogramms hat jedoch einen Schönheitsfehler: Weil Michael Schumacher und Rubens Barrichello Wichtigeres zu tun haben, so die offizielle Erklärung der Scuderia Ferrari, stehen ausgerechnet diese beiden Superlizenz-Inhaber nicht als Chauffeure zur Verfügung. Die Zuschauer empfinden es als schwachen Trost, dass die zwei Ferrari-Fahrer das Versäumte in Magny-Cours nachholen wollen.
Michael Schumachers kurzfristige Planung sieht einen Sieg vor heimischer Kulisse vor. Den Ausrutscher in Monte Carlo will er so schnell wie möglich vergessen machen. Seine Chancen beurteilt er, mit der gewohnten Zurückhaltung, positiv: »Hier sollten wir eigentlich wettbewerbsfähig sein.« Aus der Schumacher-Sprache übersetzt, bedeutet das: Wenn alles auch nur halbwegs glatt läuft, gewinne ich. Den stärksten Druck erwartet er seitens BAR und Renault. McLaren-Mercedes und Williams-BMW werden vom Titelverteidiger lediglich anstandshalber erwähnt...
Im blauweißen Team aus Grove und München hat man bereits personelle Konsequenzen aus dem bisher enttäuschenden Abschneiden gezogen, und auch bei McLa-

ren-Mercedes rollen Köpfe: Überall dort, wo der Haussegen schief hängt, bleiben die Erfolge aus. Das gilt auch für Toyota. Auf die Frage, ob sich die Handschrift des britischen Neuzugangs Mike Gascoyne als neuer Technischer Direktor schon bald in einer ansteigenden Formkurve bemerkbar machen könne, winkt einer der ›Toyoten‹ lachend ab. »Gascoyne?«, fragt er amüsiert und gibt selbst die Antwort: »Der bringt gar nichts…« Ganz anders dagegen Ferrari, BAR-Honda, Renault und Minardi – das sind die Teams, in denen jeder für jeden steht, die funktionieren auch. Entsprechend gut – sieht man von der Kirchenmaus-Truppe Minardi ab, wo das Budget keinen normalen F1-Betrieb erlaubt – sind die Erfolge. Hinter den Kulissen indes tickt bei BAR-Honda eine Zeitbombe…

Am ersten Trainingstag erwärmt sich die Luft auf knapp 20 Grad – im Zeichen der Nürburg haben die Fans schon kälteres Wetter erlebt. Wer den schnellsten Piloten der ersten 60-Minuten-Sitzung vorab richtig getippt hätte, wäre wohl ein reicher Mann geworden, denn es ist keiner der renommierten Stars, sondern Anthony Davidson, der die Bestzeit vorlegt. Klar, der britische BAR-Pilot ist einer der reinen »Freitagsfahrer«. Er braucht also keinerlei Rücksicht auf den Motor zu nehmen, denn sein Wochenende dauert nur 120 Minuten. Trotzdem verschafft er sich, er überzeugt nicht zum ersten Mal, mit seiner Leistung viel Respekt. Im Verlauf der zweiten Stunde gibt dann Kimi Räikkönen den Ton an. Vor einem Jahr fiel der Finne hier in Führung liegend aus. Sollte die Piste am Rand der legendären Nordschleife McLaren derart gut liegen, dass die Silberpfeile hier am Sonntag mitmischen können? Michael Schumacher müsste sich mit seiner Prognose gewaltig geirrt haben.

Der Samstagvormittag bringt Trainingsresultate, die den Äußerungen des Orakels von Kerpen schon näher kommen: Beide Sitzungen werden von Jenson Button bestimmt, der den Bestwert auf 1.28,827 Minuten schraubt. Inoffiziell – als offizielle Rekorde werden lediglich Rennrunden gewertet – unterbietet er damit den Rundenrekord des finnischen Silberpfeil-Piloten Kimi Räikkönen um knapp zwei Sekunden!

Damit steigen die BAR-Aktien gewaltig, und als Takuma Sato im Pre-Qualifying eine Runde in 1.27,691 Minuten aus dem Ärmel schüttelt, bereiten sich die Fans darauf vor, möglicherweise Zeugen einer historischen Stunde der Championats-Geschichte zu werden: Der ersten F1-Pole eines japanischen Piloten. Doch »Taku« gelingt der Sprung auf den besten Startplatz nicht. Zunächst ist es Trulli, der vor Wochenfrist so erfolgreich zuschlug, der mit einer Runde in 1.29,135 Minuten eine Pole-verdächtige Zeit markiert. Nach dem Italiener sind noch zwölf weitere Fahrer an der Reihe. Eine Verbesserung des vorgelegten Wertes will zunächst niemandem gelingen. Und Trulli steht immer noch auf Platz eins, als nur noch »Schumi« und Sato auf ihren Einsatz warten. Dann aber muss er alle Hoffnungen auf seine zweite F1-Pole begraben: Michael Schumacher unterbietet die Leistung des Renault-Italieners um 0,784 Sekunden. Als »Schlussmann« gibt Sato Gas. Nach dem ersten Sektor liegt er eine Zehntelsekunde zurück. Spannung liegt in der Luft, bis auf den Monitoren die zweite Zwischenzeit aufleuchtet – jetzt fehlen ihm bereits mehr als drei Zehntel. Wettmachen kann er diesen Rückstand nun nicht mehr. Der kleine Japaner wird nur Zweiter.

Nach der Zeitenjagd erklärt der deutsche Pole-Setter, der erst beim zweiten WM-Lauf auf deutschem Boden erneut vom besten Startplatz aus ins Rennen gehen wird: »Es war ein Vorteil, im ersten Qualifying endlich einmal nicht als Straßenfeger fahren zu müssen. So konnte ich mir eine gute Ausgangsposition für den zweiten und entscheidenden Durchgang sichern.« Was er nicht sagt, da er sich von der Konkurrenz nicht vorzeitig in die Strategie-Karten schauen lassen will: Durch Satos Vorstellung im ersten Quali geschockt, lenzen die Ferrari-Mechaniker den Tank des F2004 mit Startnummer eins bis auf ein Minimum ab.

Takuma Sato – der nicht ahnen konnte, wie leicht Schumacher unterwegs war – kann es trotz seines Rückstands von letztlich 0,635 Sekunden verschmerzen, dass er sich dem Superstar beugen musste: »In Barcelona wurde ich im Qualifying Dritter, hier Zweiter – der Trend stimmt und irgendwann klappt es auch mit der Pole.« Auch beim drittplatzierten Trulli ist keinerlei Enttäuschung spürbar. Am Renntag sind auf den Tribünen große Lücken erkennbar. Das Problem liegt auf der Hand: Bernie Ecclestone greift tief in die Taschen der Veranstalter und die müssen sich – wollen sie finanziell über die Runden kommen – bei den Fans schadlos halten. GP-Tickets wurden auf diese Weise längst zum Luxus-Gut. Der relativ schwache Besuch liegt nicht an mangelndem Interesse, sondern an der fehlenden Bereitschaft, das eigene Bankkonto zu plündern, um den 20 Superlizenzinhabern bei der Arbeit zuschauen zu dürfen. Am Nürburgring kommt der Veranstalter an diesem Wochenende mit einem blauen Auge davon. Noch schwerer werden es die Kollegen im Badischen haben: Im August wird die Hockenheimring GmbH nur dank einer Finanzspritze des Landes Baden-Württemberg dem Pleitegeier entkommen.

Das Gros des Publikums drückt am Sonntagvormittag Michael Schumacher die Daumen. Die Hoffnungen der deutlich kleineren Oppositionsfraktion ruhen hingegen auf Sato und Trulli. Sollte es einem dieser beiden gelingen, den Champion am Start auszutricksen und anschließend aufzuhalten, dann geht die Ferrari-Rechnung nicht auf, weil er den Vorteil seines ultraleichten Autos nicht ausspielen kann. Was auffällt: Michael Schumachers absolute Zuversicht, was einen erfolgreichen Start betrifft. Sie ist ein deutliches Indiz dafür, dass der Bolide des Kerpeners leicht, also nur für einen kurzen ersten Stint, betankt ist.

Tatsächlich hat Michael Schumacher keine Mühe, den 510-Meter-Sprint zur ersten Kurve für sich zu entscheiden. Dahinter kann Trulli den BAR-Piloten Sato zunächst ausbeschleunigen. Doch der Asiate gibt sich nicht so schnell geschlagen, bremst die Rechtskurve in die Mercedes-Arena extrem spät an und quetscht sich wieder an dem Renault vorbei. Dahinter folgt Kimi Räikkönen, der hier im Vorjahr nur durch einen Motorschaden am Sieg gehindert werden konnte. Etwas weiter hinten bremst ein überoptimistischer Montoya die erste Rechtskurve zu spät an und schießt seinen Teamkollegen »Schumi II« ab, der seinerseits auf dem Weg ins Aus Cristiano da Matta abräumt.

Damit ist eine Vorentscheidung gefallen – zumindest was die Frage nach dem Sieger betrifft. Noch im Verlauf der Startrunde ereignen sich weitere wichtige Dinge, denn Trulli und Sato tun wenig später des Guten ein wenig zu viel: Der Italiener will innen an dem BAR vorbeistechen, doch »Taku« macht die Tür zu. »Mein linkes Vorderrad«, wird Trulli später aussagen, »berührte sein rechtes, und beinahe wäre ich abgeflogen.« Das Duo fasst zwar wieder Tritt, aber jetzt lautet die Reihenfolge hinter dem Spitzenreiter: Räikkönen, Alonso, Sato, Barrichello, Button und Barrichello – dann erst folgt Trulli. Mit 2,4 (!) Sekunden Vorsprung vor dem Finnen kehrt der Titelanwärter aus der ersten Runde zurück.

Im Verlauf der nächsten sieben Runden baut Michael-Superstar sein Zeitpolster auf kaum glaubliche 17,2 Sekunden aus, während sich hinter Räikkönen all jene stauen, die dem roten Hausherren an diesem Tag möglicherweise hätten gefährlich werden können. Dann biegt er in die Boxengasse ab, um Kraftstoff zu bunkern und neue Reifen montieren zu lassen. Dass er am Steuer seines F2004 in einer separaten Liga fährt, wird deutlich, als es ihm Räikkönen nur einen Umlauf später gleichtut. Verglichen mit ihm profitierte »Schumi« also nur von einem geringfügigen Gewichtsvorteil.

Von nun an kann es der Pole-Setter ruhig angehen lassen. Vorübergehend wird er zwar auf Rang sechs zurückgeworfen, aber er muss jetzt nicht mehr tun, als gelassen abzuwarten. Es ist eine Frage der Zeit, bis auch seinen aktuellen Vorderleuten Benzin und Reifengummi knapp werden. Nacheinander ist dies bei Räikkönen – dessen Motor unmittelbar nach dem Service-Stopp den Dienst quittiert –, Alonso, Button, Sato und dem eigenen Teamkollegen der Fall. Mit Beginn der 16. Runde übernimmt der Publikumsliebling wieder das Kommando und gibt es bis ins Ziel nicht mehr ab.

Als sich das Feld ein wenig auseinander gezogen hat und die meisten Piloten ungehindert ihr eigenes Tempo fahren können, wird klar, dass Sato hinter Michael Schumacher der zweitstärkste Pilot auf dem Asphalt ist. Wenn er in der ersten Runde nicht so übermütig gewesen wäre, hätte der Japaner die Chance gehabt, zu Beginn des zweiten Stints zu führen... Den Sieg hat Sato der kleine Patzer im Zweifel nicht gekostet, ganz sicherlich aber Platz zwei.

Um den muss er sich im Schlussdrittel mit Rubens Barrichello duellieren. Zu Beginn des 46. Umlaufs setzt der BAR-Pilot an, um den roten Vordermann eingangs der Mercedes-Arena zu überrumpeln. Weil bei dem Manöver der Mindestabstand unterschritten wird, macht sich der Frontflügel des 006 selbstständig – Sato muss seine Box ansteuern, um eine neue Nase montieren zu lassen.

Er fällt auf Platz fünf zurück und hat damit immerhin noch drei WM-Punkte vor Augen, als ihn ein kapitaler Motorschaden um die Früchte seiner engagierten Arbeit bringt. ›Rubinho‹ bezeichnet die Attacke des Japaners später als »amateurhaft«, während der Gescholtene einem verpassten »guten Ergebnis« nachtrauert.

Nach Satos Ausfall sind die endgültigen Positionen für den Zieleinlauf bezogen. Hinter den beiden Ferrari werden auf den Punkterängen Button, Trulli, Alonso, Fisichella – der nach einem Motorwechsel vom drittletzten Startplatz aus ins Rennen gehen musste –, Webber und, mit einer Runde Rückstand, Montoya abgewinkt.

Die Scuderia Ferrari feiert nach der Zieldurchfahrt den vierten Doppelsieg der Saison in gedämpfter Stimmung, da an diesem Wochenende aus Italien die Nachricht vom Tod des FIAT-Chefs Umberto Agnelli eintraf. Michael Schumacher widmet seinen Erfolg dem Verstorbenen. »Wegen des Todes von Herrn Agnelli«, sagt Teamchef Jean Todt, »war der Sieg besonders wichtig. Heute wollten wir für ihn, der uns sonst immer als Erster gratulierte, fahren.«

Als die Trucks am Sonntagabend mit ihrer Hightech-Fracht beladen werden, stehen den Mitgliedern des F1-Zirkus sechs harte Wochen bevor, die mit vier Rennen gespickt sind. Titelverteidiger Michael Schumacher hat sich beim siebten WM-Lauf des Jahres seinen sechsten Saison-Sieg gesichert. Schon rechnen sich seine Rivalen aus, dass er sein Punkte-Guthaben in der anstehenden heißen Phase auf 100 Zähler aufstocken könnte. Damit wäre die Grundlage geschaffen, seinen siebten WM-Titel schon im August heimzufahren! Vor dem Hintergrund derartiger Hochrechnungen müssten die Ferrari-Gegner eigentlich vor Scham im Boden versinken...

ERGEBNISSE UND AUSFÄLLE

1. Michael Schumacher	Ferrari F2004	1:32.35,101 = 200,159 km/h
2. Rubens Barrichello	Ferrari F2004	17,989 Sekunden zurück
3. Jenson Button	BAR-Honda 006	22, 533 Sekunden zurück
4. Jarno Trulli	Renault R24	53,673 Sekunden zurück
5. Fernando Alonso	Renault R24	1.00,987 Minuten zurück
6. Giancarlo Fisichella	Sauber-Petronas C23	1.13,448 Minuten zurück
7. Mark Webber	Jaguar-Cosworth R5	1.16,206 Minuten zurück
8. Juan Pablo Montoya	Williams-BMW FW26	1 Runde zurück
9. Felipe Massa	Sauber-Petronas C23	1 Runde zurück
0. Nick Heidfeld	Jordan-Cosworth EJ14	1 Runde zurück
11. Olivier Panis	Toyota TF104	1 Runde zurück
12. Christian Klien	Jaguar-Cosworth R5	1 Runde zurück
13. Giorgio Pantano	Jordan-Cosworth EJ14	2 Runden zurück
14. Gianmaria Bruni	Minardi-Cosworth PS04B	3 Runden zurück
15. Zsolt Baumgartner	Minardi-Cosworth PS04B	3 Runden zurück
Takuma Sato	BAR-Honda 006	48. Runde, Motor
David Coulthard	McLaren-Mercedes MP4/19	26. Runde, Motor
Kimi Räikkönen	McLaren-Mercedes MP4/19	10. Runde, Motor
Ralf Schumacher	Williams-BMW FW26	1. Runde, Unfall
Cristiano da Matta	Toyota TF104	1. Runde, Unfall

SCHNELLSTE RUNDE: (7.Rd.) – Michael Schumacher, Ferrari F2004
1.29,468 = 207,144 km/h
Neuer Rundenrekord

77. Sieg

Großer Preis von Kanada
Montreal, 13. Juni 2004

Bluff im Qualifying

Es ist kein Geheimnis, dass sich der F1-Tross gern in der französisch-sprachigen Provinz Quebec aufhält, woran selbst die von den Hotels geforderten Wucherpreise nichts ändern können. Auch für die Konkurrenz von Michael Schumacher gilt: Außer hohen Spesen nichts gewesen ...

Fraglos zählt der kanadische Grand Prix neben den WM-Läufen in Japan und Australien zu den drei Championatsrunden außerhalb Europas, die bei Gästen und Gastgebern gleichermaßen hoch im Kurs stehen.
Wie auch bei den europäischen Grand Prix lassen sich die F1-Piloten und die Schlüsselfiguren ihrer Teams spätestens donnerstags zum ersten Besuch im Fahrerlager sehen. In der Regel ist Small-Talk angesagt. Ralf Schumacher, der in etwas mehr als einer Woche für negative Schlagzeilen sorgen wird, streut die Nachricht, dass er für 2005 Angebote von drei Rennställen habe. Seinem Noch-Teamkollegen Montoya wird mangelnde Motivation vorgeworfen, weil er sich von Williams innerlich bereits in Richtung Silberpfeile verabschiedet habe. »Quatsch«, schimpft der Kolumbianer, »ich bin Williams-Fahrer. Mit McLaren habe ich noch nichts am Hut – ich bekomme von denen auch keinerlei Informationen.« Stört es ihn nicht, dass das Team aus Woking bisher nicht über eine Statistenrolle hinausgekommen ist? »Klar, deren Auto ist schlecht«, antwortet er, »aber das ist deren Problem, nicht meines. Für mich ist nur wichtig, dass der McLaren für 2005 ein siegfähiges Auto wird.«
Natürlich kommt auch in Montreal das Kapitel »Politik« nicht zu kurz. Kein Rennwochenende vergeht ohne Meetings zum Thema sportliche oder technische Regeln. Mit Blick auf das dringend zu reformierende Qualifying-Format heißt die neue Zauber-Formel: »25 – 10 – 25« . Dahinter verbirgt sich ein einstündiges Qualifying, bei dem alle Piloten zweimal 25 Minuten lang, getrennt durch eine zehnminütige Pause, auf die Piste dürfen. Ab Silverstone soll »25 – 10 – 25« die nervtötenden 120 Solorunden ablösen. Realisiert wird die Idee nicht, denn bereits wenige Tage später ist das Papier Makulatur, weil sich die zehn Teamchefs wieder einmal nicht einigen können.
Im Team McLaren-Mercedes ist man inzwischen den Ursachen für die Motorschäden auf der GP-Piste des Nürburgrings auf die Spur gekommen. Martin Whitmarsh, die rechte Hand von Teamchef Ron Dennis, teilt mit: »Es lag an den Kolben. Beim letzten Rennen setzten wir Kolben mit einer neu konstruierten Oberfläche ein, aber das Problem war nicht das Design, sondern die Fertigung. Alle beschädigten Kolben stammten aus zwei bestimmten Materiallieferungen. Trotzdem sind wir für dieses Rennen hier zum alten Design zurückgekehrt, denn als wir die V10 für Montreal montierten, hatten wir den Grund für die Defekte noch nicht 100-prozentig analysiert.«

Kurzfristig hofft man im Lager der Silberpfeile auf den modifizierten Boliden vom Typ MP4/19B. Auch Whitmarsh kann die Frage noch nicht beantworten, wann der 19B debütieren wird. »Nach dem WM-Lauf in Indianapolis«, erklärt er, »werden wir intensive Tests in Jerez fahren. Wir gehen davon aus, dass die positiv verlaufen. Und wenn das tatsächlich der Fall ist, kommt der 19B in Magny-Cours zum Einsatz.«
Was den bisherigen Saisonverlauf betrifft, zählt neben McLaren auch Williams-BMW zu den Verlierern. BMW-Sportdirektor Dr. Mario Theissen macht gar nicht erst den Versuch, die Lage schönzureden: »Schon in Melbourne erfüllten wir nicht die eigenen Erwartungen und die anschließenden Weiterentwicklungen reichten einfach nicht aus, um den Anschluss zu finden. Doch über Nacht lässt sich weder die Organisation noch das Auto verbessern. Im Wesentlichen geht es um die Aerodynamik. Bei Williams ist jetzt ein zweiter Windkanal in Betrieb, was die Arbeit beschleunigen sollte.«
Im freien Freitagstraining geben Michael Schumacher und – im Verlauf der zweiten Stunde – Takuma Sato den Ton an. Da ist längst niemand mehr, der sich wundert, wenn der Japaner den anderen zeigt, wo es langgeht.
Am Samstagmorgen wird überraschend eine wichtige personelle Veränderung registriert: Giorgio Pantano wird durch Jordans »Dritten Mann«, Timo Glock, ersetzt. Die unerwartete Chance, sein erstes Formel 1-Rennen fahren zu dürfen, wird der junge Nachwuchspilot am Sonntag mit Bravour nutzen.
Das Qualifying endet mit einer Überraschung, weil Ralf Schumacher nicht nur in der ersten, sondern auch in der entscheidenden zweiten Sitzung Bestzeit fährt und sich damit die Pole sichert. Hinter ihm folgen Button, Trulli, Montoya, Alonso und dann erst Titelfavorit Michael Schumacher. Während sich der Pole-Setter freut – »Damit habe ich nach dem bisherigen Verlauf des Wochenendes nun wirklich nicht gerechnet.« –, lässt der große Bruder gekonnt den Kopf hängen. »Ich hatte erwartet«, jammert er glaubhaft, »dass es hier schwierig wird, aber doch nicht so schwierig.« Er scheint sich selbst Mut machen zu wollen, als er anschließend daran erinnert, dass er schon von ›noch schlechteren‹ Startplätzen aus gewinnen konnte. Die wahren Gründe für das relativ bescheidene Abschneiden beider Ferrari werden zu diesem Zeitpunkt natürlich niemandem auf die Nase gebunden: Die Tanks der F2004 sind recht voll, denn die Roten wollen während des Rennens nur zwei Mal stoppen.
Timo Glock, dem F1-Grünschnabel im gelben Jordan, fehlt fast auf die Tausendstel genau eine Sekunde auf seinen routinierten Teamkollegen Nick Heidfeld. »Unterm Strich bin ich recht zufrieden, auch wenn ich vielleicht etwas zu vorsichtig unterwegs war.«
Als sich das Feld anderntags für den Start formiert, entscheidet das Team Minardi, Bruni aus der Boxengasse starten zu lassen. Takuma Sato hat sich zu diesem Schritt bereits vor Stunden entschieden, weshalb er – den neuen Regeln entsprechend – erst gar nicht in der offiziellen Startaufstellung auftaucht.
Die erste Kurve des Circuit von Montreal zählt nach dem Start in jeder Saison – ähnlich wie die berüchtigte Haarnadelkurve »La Source« in Spa-Francorchamps – zu den klassischen Stolpersteinen, die gemeistert werden müssen. Oft schon war hier Feierabend, und im Gedränge sind die Unfallopfer nicht zwingend auch die Auslöser der Zwischenfälle.
Diesmal wird der erste Ausfall sogar noch vor Erreichen des Engpasses registriert: Jarno Trulli katapultiert seinen blauen Renault zunächst gut von der Linie, rollt aber

bereits Sekunden später kraftlos am Pistenrand aus. Die linke Antriebswelle hat versagt.
Trullis Renault steht noch nicht, da führt Ralf Schumacher das Feld vor Button, Alonso, Montoya, seinem Bruder, Räikkönen und Barrichello in Turn 1. Sekunden später spielt sich im Mittelfeld der obligatorische Startrunden-Crash ab. Klien – »Ich wurde selbst von hinten gestoßen« – rempelt Coulthards McLaren an, rumpelt über eines der Hinterräder des Silberpfeils und landet unkontrolliert auf dem Jaguar seines Teamkollegen. Glücklicherweise erlaubt es die große Rasenfläche den Nachfolgenden, weiträumig auszuweichen.
Nach nur einer Runde, die Ralf als Spitzenreiter mit 1,1 Sekunden Vorsprung vor Button beendet, legt Webber an den Boxen einen Reparaturstopp ein. Sein grüner R5 ist allerdings derart ramponiert, dass er wenig später aufgeben wird. Das Sicherheitsrisiko ist dem Australier und seinen Ingenieuren zu groß.
Im Verlauf der zweiten Runde kann der Bruder des Titelverteidigers seine Führung auf knapp zwei Sekunden ausbauen. Weiter hinten fighten Coulthard und Sato auf ihrem langen Marsch in Richtung standesgemäßer Platzierungen bereits um Rang 13.
Zehn Umläufe sind abgespult, und Michael Schumacher – unverändert auf Rang fünf – macht keinerlei Anstalten, seinen Vordermann Montoya erkennbar unter Druck zu setzen. Wird er ausgerechnet in Montreal, wo er bereits sechs Mal siegen konnte, seine zweite Saisonniederlage einstecken müssen?
Wenig später sorgt die erste Boxenstopp-Serie für eine Vorentscheidung. Schumacher holt als letzter der Frontrunner Reifen und Benzin und wird deshalb zu Beginn der 17. Runde an die Spitze gespült. Als auch er den ersten Stopp hinter sich hat, liegt er hinter seinem jüngeren Bruder und Button bereits auf Platz drei. Aus seiner Sicht sieht die Welt nun ganz anders aus, zumal ihm lediglich 6,7 Sekunden auf den Verwandten ersten Grades fehlen.
Auffallend ist die lange Standzeit des Champion von 10,3 Sekunden. Sie ist ein deutliches Indiz für eine Zweistopp-Strategie. Ein entsprechend langer zweiter Stint, so wird spekuliert, wird ihn an seinen beiden Vorderleuten vorbei an die Spitze bringen…
Die Rechnung geht auf. Button hält nach 31, Ralf Schumacher nach 33 Runden ein zweites Mal. Der Ferrari mit der Nummer eins führt und geht selbst erst nach 47 Umläufen an die Boxen. Das ist sein zweiter und letzter Halt. Noch einmal taucht Ralf Schumacher für eine Runde an der Spitze auf, dann muss er tanken. Die Zweistopper triumphieren über die Dreistopper, denn hinter den Kerpen-Brothers zieht Button den Kürzeren gegen Barrichello, der wie seine Nummer eins auf zwei Boxenstopps gepolt ist.
Hinter dem Spitzenquartett werden auf den Punkterängen Montoya, Fisichella, Räikkönen und da Matta abgewinkt. Mit Fisico und dem Toyota-Brasilianer befinden sich in dieser Gruppe zwei weitere Zweistopper und mit Räikkönen sogar ein Fünfstopper. Der Finne bekam wegen Überfahrens der weißen Linie eine Boxendurchfahrt aufgebrummt. Zudem machten Kurzschlüsse zwei Lenkradwechsel notwendig – einer davon konnte während eines Routinestopps erledigt werden.
»Ich hab´s gewusst«, freut sich Ferraris Teamchef Jean Todt nach der Zieldurchfahrt, »dass wir es mit unserer Strategie schaffen können, obwohl wir beim Start so weit hinten standen.« Und Michael Schumacher wundert sich, nachdem er seinen siebten Montreal-Pokal in Empfang genommen hat: »Ehrlich gesagt, weiß ich selbst nicht,

warum ich hier schon so oft gewonnen habe. Vermutlich liegt es am guten Gesamtpaket und ein wenig Glück. Wie auch immer – heute lief jedenfalls wieder einmal alles nach Plan.«
Vorläufig leistet sich Ralf Schumacher, der mit lediglich 1,062 Sekunden Rückstand ins Ziel kam, den Luxus, enttäuscht zu sein: »Ich habe zwar mehr erreicht, als ich mir bei der Anreise hätte träumen lassen, aber wenn man von der Pole startet, dann ist Platz zwei immer ein wenig enttäuschend.« Noch zwei, drei Rennen, so hofft er, dann wird es entscheidend aufwärts gehen. Aber die überzeugende Leistung ist in Wahrheit nicht mehr als ein Strohfeuer, das Williams auf einer Piste abbrennen konnte, die in puncto Aerodynamik keine hohen Anforderungen an die Boliden stellt.
Ralf Schumacher sitzt bereits bei »Ecclestone-Wirt« Karl-Heinz Zimmermann, als sein Handy klingelt. Sam Michael berichtet, dass die beiden Williams FW26 wegen eines möglichen Regelverstoßes unter die Lupe genommen werden. Auch die beiden TF104 stehen unter Verdacht. In allen vier Fällen befinden sich die Öffnungen der Brems-Lufthutzen zu nah an der gedachten Längslinie der Boliden. Bei Williams um 30, bei Toyota um drei Millimeter.
Um 17.40 Uhr Ortszeit schlägt die Bombe ein: Beide Williams und beide Toyota werden disqualifiziert. Ralf Schumacher: »Na bravo! Ich weiß nicht: Hab´ ich irgendetwas ver-

brochen, dass es für mich so knüppeldick kommt?« In acht Tagen wird er mehr Grund haben, mit dem Schicksal zu hadern.
Vergeblich argumentiert Toyotas Technischer Direktor Mike Gascoyne, die minimale Abweichung von der Norm könne durch Vibrationen während der Fahrt aufgetreten sein. Die FIA-Funktionäre bleiben hart. Jetzt heißen die glücklichen Punktgewinner des Tages: Michael Schumacher, Barrichello, Button, Fisichella, Räikkönen, Coulthard, Glock und Heidfeld.

ERGEBNISSE UND AUSFÄLLE

1. Michael Schumacher	Ferrari F2004	1:28.24,803 = 207,165 km/h
Ralf Schumacher *	Williams-BMW FW26	1,062 Sekunden zurück
2. Rubens Barrichello	Ferrari F2004	5,108 Sekunden zurück
3. Jenson Button	BAR-Honda 006	20,409 Sekunden zurück
Juan Pablo Montoya *	Williams-BMW FW26	21,200 Sekunden zurück
4. Giancarlo Fisichella	Sauber-Petronas C23	1 Runde zurück
5. Kimi Räikkönen	McLaren-Mercedes MP4/19	1 Runde zurück
Cristiano da Matta *	Toyota TF104	1 Runde zurück
6. David Coulthard	McLaren-Mercedes MP4/19	1 Runde zurück
Olivier Panis *	Toyota TF104	1 Runde zurück
7. Timo Glock	Jordan-Cosworth EJ14	2 Runden zurück
8. Nick Heidfeld	Jordan-Cosworth EJ14	2 Runden zurück
9. Christian Klien	Jaguar-Cosworth R5	3 Runden zurück
10. Zsolt Baumgartner	Minardi-Cosworth PS04B	4 Runden zurück
Felipe Massa	Sauber-Petronas C23	63. Runde, Unfall
Takuma Sato	BAR-Honda 006	49. Runde, Motor
Fernando Alonso	Renault R24	45. Runde, Antriebswelle rechts
Gianmaria Bruni	Minardi-Cosworth PS04B	31. Runde, Getriebe
Mark Webber	Jaguar-Cosworth R5	7. Runde, Unfallfolgen
Jarno Trulli	Renault R24	1. Runde, Antriebswelle links

* disqualifiziert

SCHNELLSTE RUNDE: (68.Rd.) – Rubens Barrichello, Ferrari F2004
1.13,622 = 213,246 km/h
Neuer Rundenrekord

78. Sieg

Großer Preis der USA
Indianapolis, 20. Juni 2004

Ralf Schumacher geht k.o.

Das Land der unbegrenzten Möglichkeiten bietet vom unbegrenzt hektischen New York bis hin zum unbegrenzt verschlafenen Indianapolis alles, was das Herz begehrt, sieht man davon ab, dass das Tempo auf dem Highway von Chicago nach »Indy« – der wichtigsten »Einfallschneise« der meisten Leute, die in Sachen F1 unterwegs sind – durchaus begrenzt ist. Unbegrenzt ist auch der Siegeswille des Weltmeisters, der sich auch vom Horror-Crash seines Bruders nicht bremsen lässt.

Während das Gros der Team-Mitglieder mit dem raschen Einräumen des Fahrerlagers der ältesten permanenten Rennstrecke der Welt beschäftigt ist, gönnen sich andere den Luxus, ein paar Tage lang auszuspannen. Parallel wird auf eine Besserung des Wetters gewartet, denn immer wieder fegen Regenstürme so gewaltig über die weite Landschaft, dass sich die Bäume biegen und sich die riesigen Maisfelder in Seen-Platten verwandeln. Immerhin gehen die Unwetter bei Temperaturen nieder, die von Besuchern aus gemäßigten Klimazonen als geradezu tropisch heiß empfunden werden.
Donnerstags knallt die Sonne dann tatsächlich vom Himmel. Es scheint, als würden die Regenreifen auch an diesem Wochenende nicht gebraucht. Obwohl es noch 24 Stunden dauert, bis die Motoren dröhnen, haben sich bereits die ersten Fans eingefunden. Unverändert ist die Formel 1 in den USA eine Randsportart, die nur von einer Minderheit ernst genommen wird. Die Akzeptanz des GP-Sports erinnert an die Zustände, die in Deutschland vor dem Beginn der wundersamen Karriere des Michael Sch. herrschten – sieht man von den Boom-Jahren 1954 und 1961 ab, die durch das Comeback der Silberpfeile und das starke Abschneiden des rheinischen Grafen von Trips verursacht wurden. Die Amis, die sich für die Formel 1 interessieren, gehören zum größten Teil einem harten Fan-Kern an, der sich zu 100 Prozent zu den einsitzigen Drei-Liter-Autos und ihren Piloten bekennt.
Vor dem Hintergrund der WM-Tradition in den USA, der Tatsache, dass bereits auf neun unterschiedlichen Rennstrecken Punkte vergeben wurden sowie der Erfolge der US-Piloten Phil Hill und Mario Andretti – beide brachten es zu Titelehren – ist es immer wieder erstaunlich, dass der F1 bisher der Durchbruch nicht gelungen ist. Vermutlich bedarf es wohl eines »amerikanischen Schumachers«, um einen Boom auszulösen. Dabei ist die Piste von Indy eigentlich ideal gelegen, auch für F1-Muffel. In Sichtweite des Stadtkerns mit seinen wenigen Wolkenkratzern gelegen, ist die Rennstrecke bequem erreichbar. Entsprechend wird sich der Publikumsandrang an diesem Weekend auch durchaus sehen lassen können. Die Besucher müssen für die Tickets allerdings nicht wesentlich mehr bezahlen, als bei den europäischen Top-Veranstaltungen für das Parken des Autos zu berappen ist.

Um Schlag 16.00 Uhr Ortszeit wird die Fahrerlager-Idylle im Infield des ehrwürdigen Brickyard durch einen Wolkenbruch unterbrochen. Innerhalb weniger Sekunden wird die Flucht in die Garagen der Teams angetreten, und die plätschernden mobilen Springbrunnen, die eigens wegen des ›hohen Besuchs‹ aus Übersee zur Verschönerung des Beton-Hofs aufgestellt wurden, wirken ein wenig lächerlich.
Im Verlauf des Freitags und des Samstags kann Rubens Barrichello die ersten drei der insgesamt vier freien Trainingssitzungen für sich entscheiden. Die letzte geht an Jenson Button, der damit Ansprüche auf die Pole-Position anmeldet. Tatsächlich sind es dann die Rennställe aus Maranello und Brackley, die im Qualifying den Ton angeben. Die vier Piloten Barrichello, Michael Schumacher, Sato und Button fahren als einzige 10er-Zeiten und sichern sich in der genannten Reihenfolge die vier besten Startplätze. Zwei Rote, dahinter zwei Weiße, und auch die dritte Startreihe ist mit zwei Blauweißen »reinrassig« besetzt.
Am Sonntagmorgen strömen die Fans seit den frühen Morgenstunden in das Mekka des US-amerikanischen Motorsports. Wer im Dunst der zahlreichen Imbissbuden – die für den kleinen Hunger zwischendurch Truthahnkeulen anbieten, die gleich zwei herkömmlich gebaute Mitteleuropäer sättigen würden – das Gespräch mit den Amis sucht, der findet schnell heraus: Man verzeiht es der Exoten-Truppe mit Namen F1, dass sie den merkwürdigen Mix-Kurs aus Teilen des Ovals und der winkligen Infield-Passage fahren. Aber fast alle sähen es lieber, wenn Schumi & Co. den Nerv hätten, ihr Können auf der Original-Indy-Piste mit ihren vier Linkskurven pro Runde zu zeigen.
Kurz bevor das Grünlicht den Start in die Formationsrunde freigibt, bricht rund um den blauweißen Boliden mit Startnummer drei Hektik aus. Der externe Anlasser lässt sich nicht am Getriebe des FW26 andocken. Montoya springt aus der Kohlefaserröhre und sprintet an die Boxen, wo er sich im Cockpit des T-car anschnallen lässt. Die Leichtathletik-Einlage des Kolumbianers ist absolut sehenswert, aber der Pilot hetzt vergeblich: Sein Tun ist illegal. Wer einen Blitzwechsel dieser Art machen will, muss den Startplatz 15 Sekunden vor dem Aufleuchten der grünen Ampel verlassen. Dieser Zeitpunkt war bereits verstrichen, als Montoya zum Spurt ansetzte. Bis die Rennleitung den Verstoß gegen Artikel 85 des sportlichen Reglements der FIA mit der unumgänglichen Disqualifikation ahndet, wird allerdings noch sehr viel Zeit vergehen…
Die FIA-Mühlen haben sich im Fall Montoya noch nicht in Bewegung gesetzt, als ein First-Corner-Crash für turbulente Sekunden sorgt: da Matta lupft, um eine Kollision mit seinem französischen Teamkollegen zu verhindern. Die Vorsichtsmaßnahme löst eine Kettenreaktion aus. Klien fährt auf den Toyota des Brasilianers auf und wird seinerseits ein Opfer von Massa. Auch Bruni und Pantano werden mit in den Schlamassel gezogen, als der Jordan mit dem linken Vorderrad über das rechte des Minardi rumpelt. Fisichella kann sich dank eines weiten Bogens durchs Gras retten.
Als sich der Pulverdampf legt, wird deutlich, dass Klien, Massa, Bruni und Pantano mit der mentalen Vorbereitung auf den GP von Frankreich beginnen können – das komplette Quartett ist out, und Cristiano da Mattas Toyota hält auch nur noch bis Runde 18 durch. Um die gestrandete Viererbande bergen zu können, hat die Rennleitung das Safety-Car auf die Piste beordert, dem Barrichello, dessen deutscher Teamkollege, Alonso, Sato, Räikkönen, Button, Ralf Schumacher und die übrigen neun im Rennen verbliebenen Piloten vom Beginn der zweiten Runde an folgen.
Nach fünf Umläufen zieht sich SC-Pilot Bernd Mayländer auf seinen »Parkplatz« bei

Start-und-Ziel zurück. Die Regeln sagen klar: Sobald das Safety-Car in die Boxengasse abgebogen ist, bestimmt der Spitzenreiter das Tempo nach eigenem Gusto und bis zu Beginn der nächsten Runde herrscht Überholverbot. Erst jenseits der Lichtschranke der Zeitnahme bei Start-und-Ziel darf wieder attackiert werden.
Als die Spitze, von Mayländers SLK befreit, durch diese Lichtschranke fliegt, leuchtet die Startnummer eins mit dem Kürzel »MSC« auf dem ersten Platz auf. Sekunden dahinter wird der, auf Parallelkurs liegende, Teamkollege registriert. Hat Michael Schumacher alias MSC illegal überholt? Droht ihm jetzt eine Strafdurchfahrt durch die Boxengasse? Nein. Keine halbe Minute später flimmert eine korrigierte Reihenfolge auf den Monitoren der Zeitnahme: Jetzt wird Barrichello rückwirkend, mit 0,013 Sekunden Vorsprung, auf Platz eins gesetzt. »Es gab einen Irrtum beim Empfang des Signals«, wird der lokale Pressechef später erklären. Präzedenzfälle eines vergleichbaren Signal-Irrtums sind nicht bekannt. Wer wirklich zu Beginn jener sechsten Runde des GP der USA 2004 führte, wird sich wohl niemals klären lassen…
Fakt ist – ob legal oder illegal: Der amtierende Weltmeister führt das Feld an. Nach acht Umläufen hat er einen Vorsprung von 0,9 Sekunden vor Barrichello. Alonso liegt 3,7 Sekunden hinter dem führenden Ferrari. Doch der Spanier kommt nicht mehr weit. Nur wenige hundert Meter später platzt der linke Hinterreifen seines R24, der am linken Pistenrand in die Begrenzung knallt. Alonso nimmt´s gelassen: »Es ging alles sehr schnell, und ich weiß ehrlich gesagt noch nicht, was passiert ist. Was auch immer – es kostete mich einen Platz auf dem Siegerpodest.« Den erbt jetzt Sato, der in seiner japanischen Heimat seit Wochen einen Run auf die Eintrittskarten für den Grand Prix von Japan auslöst.
Über Langeweile braucht sich das amerikanische Publikum nicht zu beschweren, und bereits die zehnte Runde bringt den nächsten dramatischen Zwischenfall. Im langgezogenen, leicht überhöhten »Turn 13«, der Zieleingangskurve, verliert Ralf Schumacher seinen Williams bei einem Tempo von 324 km/h wegen eines Reifenschadens hinten links aus der Kontrolle und schlägt nach einem 180-Grad-Dreher rückwärts gegen die äußere Begrenzungsmauer. Nach dem heftigen Aufprall trudelt das Wrack über die Piste und kommt in Fahrbahnmitte zum Stand. Durch die Wucht des Aufpralls hat sich das Helmvisier des Piloten geöffnet, aber da der Tank und die Benzinleitungen wieder einmal dicht gehalten haben und keine Flammen lodern, ist diese Panne im Zweifel sogar von Nutzen für Ralf. Ihm kann die Frischluft nur gut tun. Per Sprechfunk bittet Sam Michael seinen Fahrer, durch Handzeichen zu signalisieren, dass er bei Bewusstsein ist, und die gewünschte Geste lässt nicht lange auf sich warten.
Während sich die Rettungskräfte sofort um den Unfallfahrer, der sich nicht selbst aus dem Cockpit stemmen kann, kümmern, haben seine Kollegen unverändert das eine Ziel vor Augen: Eine möglichst gute Platzierung. Michael Schumacher biegt nur einen Umlauf später in die Boxengasse ab, und nicht nur er hat im Kopf, dass sich SC-Phasen ideal zum Vorziehen von Service-Stopps eignen. Hinter ihm bleiben Sato, Button, Webber und Montoya zwar draußen, dann aber herrscht Rushhour-Atmosphäre in der Pitlane. Die Teams Ferrari und McLaren holen ihre Piloten also synchron an die Boxen. Im Fall der Silberpfeile ist das kein Problem, da Räikkönen 7,9 Sekunden vor seinem schottischen Teamkollegen liegt. »Schumi« und »Rubinho« sind jedoch durch weniger als eine Sekunde voneinander getrennt. Der Brasilianer muss sich entsprechend lange gedulden, bis er mit seinen Sprit- und Gummi-Rationen an die Reihe

kommt. Sauer ist er deshalb nicht, wie er nach dem Rennen erklärt: »Natürlich kam es mir wie eine Ewigkeit vor, als ich hinter Michael warten musste, aber in Wahrheit waren es nur fünf Sekunden.« Ross Brawn hatte den Computer entscheiden lassen, der blitzschnell erkannte, dass Barrichello noch mehr Zeit verloren hätte, wenn er nicht sofort zur Box beordert worden wäre.

Mit Beginn der zwölften Runde hat wieder Bernd Mayländer das Sagen. Dahinter liegt Michael Schumacher trotz seines Stopps auf Platz eins, da Takuma Sato die Trümmerzone ausgangs von »Turn 13« sehr behutsam passieren musste, zumal dort seit dem Abflug von Schumi II gelbe Flaggen geschwenkt werden.

Immer noch sitzt Ralf Schumacher im Cockpit, aber die Szene macht deutlich, dass er sich offenbar nicht ernsthaft verletzt hat. Das bekommt auch sein Bruder mitgeteilt, der sich Sorgen macht, weil sich die Helfer immer noch um den Williams-Piloten kümmern.

Die 16. Runde läuft, als Ralf Schumacher im Krankenwagen abtransportiert wird. Nach einem Check in der Pisten-Klinik wird er per Hubschrauber in das berühmte Methodisten-Hospital am Rand der City von Indianapolis geflogen, wo er die kommende Nacht im fünften Stockwerk, Zimmer 5017, verbringen wird.

Mit Beginn des 20. Umlaufs dürfen die Piloten wieder Gas geben. Spitzenreiter Michael Schumacher sieht sich umgehend starkem Druck seitens der beiden BAR-Piloten ausgesetzt. Doch weder Sato, der dem Ferrari-Fahrer unmittelbar im Genick sitzt, noch dessen britischer Teamkollege können den Champion ernsthaft gefährden, zumal das Duo die SC-Phase nicht für Boxenstopps genutzt hatte. Jetzt muss das Versäumte nachgeholt werden. Nach 24 Runden peilt Button seine Boxen an und verpasst den Zentimeter genau markierten Service-Point um gut einen Meter. Den Patzer bezahlt er mit etwa einer Sekunde Zeitverlust. Eine Runde später wird Sato von den Mechanikern abgefertigt. Jetzt hat Michael Schumacher etwas Luft. Montoya liegt 5,8 Sekunden hinter dem Ferrari und fällt kontinuierlich weiter zurück.

Michael Schumacher legt seinen zweiten und letzten Stopp nach 42 Runden ein. So kommt sein Teamkollege Barrichello für neun Umläufe an die Spitze. Als dann auch der Brasilianer Benzin und Pneus für den dritten Stint holt, übernimmt der Titelverteidiger erneut das Kommando – es fehlen »Rubinho« am Ausgang der Boxengasse allerdings nur wenige Meter, um sich vor dem heranfliegenden Rheinländer platzieren zu können.

Hinter den beiden Ferrari, die durch weniger als eine Sekunde getrennt werden, folgt Montoya, dem allerdings bereits knapp zehn Sekunden auf den Spitzenreiter fehlen. Immer noch grübelt die Rennleitung, ob der Kolumbianer an diesem Grand Prix teilnehmen darf... Knapp 60 der 73 Runden sind gefahren, als endlich die Entscheidung getroffen wird, die eigentlich seit den hektischen Ereignissen des Vorstarts überfällig ist: Montoya bekommt die schwarze Flagge, das Zeichen der Disqualifikation, gezeigt.

Rang drei geht vorerst an Monaco-Sieger Trulli. Die Leistung des Italieners verdient Bestnoten. Wegen eines Getriebedefekts hatte der Renault-Pilot seine Qualifying-Runde abbrechen müssen. Als Folge des Defekts ging er vom letzten Startplatz aus ins Rennen, und jetzt hat er einen Podestplatz vor Augen! Natürlich profitierte er von der Safety-Car-Phase und der Chance zum vorgezogenen Boxenstopp – aber das taten andere auch...

Doch Trulli hat die Rechnung ohne Takuma Sato gemacht. Der folgt mit nur drei Sekunden Rückstand und beginnt damit, die Lücke Sekundenbruchteil um Sekundenbruchteil zuzufahren. Nach 61 Umläufen ist es nur noch eine Zehntelsekunde, die zwischen den Duellanten liegt. Dann schlägt der Japaner zu: Beide bremsen »Turn 1« extrem spät – zu spät – an und rodeln synchron durchs Grün. Sato ist derjenige, der schneller wieder Tritt fasst und sich damit Platz drei erobert.
Michael Schumacher, Barrichello, Sato, Trulli sowie Panis, Räikkönen, Coulthard und Baumgartner werden auf den Punkterängen abgewinkt. Daneben kommt lediglich noch Fisichella in die Wertung, doch dessen C23 parkte schon nach 65 Runden wegen eines Hydrauliklecks.
Der Sieger beteuert, für ihn sei es »das Wichtigste, dass mein Bruder okay ist«. Noch am Abend wird er ihn vor der Heimreise gemeinsam mit Ehefrau Corinna im Krankenhaus besuchen. Barrichello freut sich über eine Ausbeute von 16 Punkten, die ihm der Nordamerika-Trip insgesamt einbrachte, ärgert sich allerdings auch ein wenig: »Heute hätte ich siegen können. Leider war der Reifendruck hinter dem Safety-Car etwas zu sehr gesunken – deshalb konnte ich Michaels Attacke beim Restart nicht abwehren.« Andererseits gesteht der Südamerikaner, dass er an diesem Tag Glück im Unglück hatte: »Irgendwann fuhr ich ausgangs einer Kurve über ein Trümmerteil. Es gab einen furchtbaren Schlag, und ich dachte, die Radaufhängung sei gebrochen. Doch das war falscher Alarm.«
Am Montagmittag verlässt Ralf Schumacher auf eigenen Wunsch das Methodisten-Hospital. Die Diagnose lautet: Schwere Gehirnerschütterung sowie eine starke Prel-

lung des Rückens. Erinnerungen an den Unfallhergang hat der Williams-Pilot nicht: »Ich kann mich lediglich an den Start erinnern – alles was danach geschah, ist ausgelöscht.« Nach der Rückkehr werden bei einer Nachuntersuchung Haarrisse in den Brustwirbeln »T11« und »T12« diagnostiziert. »Wegen der Blutergüsse im Rückenbereich«, erklärt Rennarzt Prof. Sid Watkins, »können derartige Verletzungen beim Röntgen nicht festgestellt werden. Medizinisch dürften die Wirbel auch kein Problem darstellen. Was mir Sorgen bereitet, ist die Tatsache, dass Ralf kurzzeitig bewusstlos war.« Allgemein wird darüber spekuliert, dass »Schumi II« beim Grand Prix von Deutschland wieder mitmischen wird. Tatsächlich wird er nach Hockenheim kommen – allerdings nur samstags und um wieder einmal Guten Tag zu sagen...

ERGEBNISSE UND AUSFÄLLE

1. Michael Schumacher	Ferrari F2004	1:40.29,914 =182,698 km/h
2. Rubens Barrichello	Ferrari F2004	2,950 Sekunden zurück
3. Takuma Sato	BAR-Honda 006	22,036 Sekunden zurück
4. Jarno Trulli	Renault R24	34,544 Sekunden zurück
5. Olivier Panis	Toyota TF104	37,534 Sekunden zurück
6. Kimi Räikkönen	McLaren-Mercedes MP4/19	1 Runde zurück
7. David Coulthard	McLaren-Mercedes MP4/19	1 Runde zurück
8. Zsolt Baumgartner	Minardi-Cosworth PS04B	3 Runden zurück
9. Giancarlo Fisichella *	Sauber-Petronas C23	8 Runden zurück/Hydraulik
Mark Webber	Jaguar-Cosworth R5	61. Runde, Ölfilter
Juan Pablo Montoya	Williams-BMW FW26	58. Runde, disqualifiziert
Nick Heidfeld	Jordan-Cosworth EJ14	44. Runde, Motor
Jenson Button	BAR-Honda 006	27. Runde, Getriebe
Cristiano da Matta	Toyota TF104	18. Runde, Getriebe
Ralf Schumacher	Williams-BMW FW26	10. Runde, Unfall
Fernando Alonso	Renault R24	9. Runde, Unfall
Christian Klien	Jaguar-Cosworth R5	1. Runde, Unfall
Felipe Massa	Sauber-Petronas C23	1. Runde, Unfall
Giorgio Pantano	Jordan-Cosworth EJ14	1. Runde, Unfall
Gianmaria Bruni	Minardi-Cosworth PS04B	1. Runde, Unfall

* Nicht im Ziel, aber aufgrund der zurückgelegten Distanz gewertet

SCHNELLSTE RUNDE: (7. Rd.)-Rubens Barrichello, Ferrari F2004
1.10,399 = 214,366 km/h
Neuer Rundenrekord

79. Sieg

Großer Preis von Frankreich
Magny-Cours, 4. Juli 2004

Vorsprung durch Taktik

Zurück in Europa, präsentieren die Teams McLaren und Williams die angekündigten überarbeiteten Boliden. Doch weder die einen noch die anderen spielen bei der Verteilung der Siegerpokale eine Rolle. Denn zwei Drittel der zur Verfügung stehenden Trophäen packt die Scuderia in ihr Handgepäck ...

Einen Tag vor Trainingsbeginn wird allerdings nicht nur über Kohlefaser, Kevlar und Abtriebswerte diskutiert. Max Mosley, seines Zeichens Präsident der FIA, lässt aus Paris wissen, dass er sich im Oktober von seinem Amt zurückziehen wird. Michael Schumacher hat andere Sorgen, und die gelten seinem jüngeren Bruder. Erst vor wenigen Tagen wurden die Haarrisse in den beiden Brustwirbeln entdeckt. »Ralf«, erklärt der Champion im Ferrari-Motorhome, »hat eine gute Moral, aber das Untersuchungsergebnis hat ihn doch ein wenig geschockt. Jetzt hat natürlich die Therapie Vorrang. Ralf muss sich Zeit nehmen. Er ist ein schneller Pilot und braucht nichts zu beweisen. Also gibt es für ihn keinen Grund, früher wieder ins Auto zu steigen als unbedingt notwendig. Für diesen Job muss man 100-prozentig fit sein.« Was das Thema Mosley betrifft, so ist Schumacher ebenso überrascht wie alle anderen Mitglieder des F1-Zirkus. Tatsächlich beteuert sogar Bernie Ecclestone, er habe »keinerlei Vorwarnung von Max« erhalten.

Schumacher-Manager Willi Weber hat derweil die Witterung für ein mögliches Nebengeschäft aufgenommen. Der clevere Geschäftsmann denkt laut darüber nach, die behandelnden Ärzte des Methodisten-Hospitals zu verklagen, weil ihnen die angeknacksten Knöchelchen seines Schützlings bei der Untersuchung in Indianapolis nicht auffielen. Rennarzt Professor Sid Watkins kann sich die scheinbare Panne hingegen aufgrund seiner Fachkenntnis erklären. »Aufgrund der starken Blutergüsse«, wiederholt er sachlich, »sind derartige Verletzungen zunächst kaum zu diagnostizieren. Es handelt sich auch nicht um richtige Brüche. Wir Ärzte sprechen in diesem Zusammenhang eher von Prellungen. Für meine amerikanischen Kollegen halte ich jedenfalls die Hand ins Feuer. Um Ralf kümmerten sich absolute Top-Spezialisten, die schon vielen Rennfahrern nach schweren Verletzungen geholfen haben.«

Traditionell zieht Renault beim Heim-GP der blauen Equipe alle Register. Auch in diesem Jahr kaufte der Staatskonzern die Tickets kompletter Tribünen auf, um sie an Mitarbeiter, Kunden und andere Geschäftspartner zu verschenken. Tatsächlich rechnen sich die Blauen aus Enstone beziehungsweise Viry-Chatillon gute Chancen aus, das Rennen am Sonntag für sich entscheiden zu können.

Am Freitag, 13 Minuten ist die erste Trainingssitzung alt, beginnt es zu regnen. Zwar lassen sich alle 25 Akteure auf der Piste sehen, doch aufgrund der ungünstigen Witterungsbedingungen verzichten Massa, Alonso, Fisichella, Coulthard, Montoya, Räikkönen und Webber darauf, auch nur eine einzige gezeitete Runde zu drehen. Ganz oben in den Zeitenlisten stehen die Namen von Barrichello und seines deutschen Teamkollegen – das Duo erwischte allerdings noch den trockenen Asphalt, was einen Vergleich mit der Konkurrenz unmöglich macht. Während der zweiten 60 Minuten nimmt das Geschehen dann seinen normalen Lauf. Die Bestzeit sichert sich der Brasilianer Cristiano da Matta, der im weiteren Saisonverlauf nur noch durch einen Reifendefekt auf dem Hockenheimring und seine Entlassung im Sommer auf sich aufmerksam machen wird.

Nachmittags schlägt dann die große Stunde des FIA-Präsidenten, der sich der Presse stellt. Milde lächelnd trägt der britische Gentleman seine Anliegen vor. Er spricht darüber, dass Ralf Schumacher in Indianapolis aller Kritik zum Trotz vorschriftsgemäß erste Hilfe geleistet wurde. Anschließend kommt er auf die Montoya-Disqualifikation in Indy zu sprechen: »Er verpasste die Möglichkeit zum Wechsel ins T-car um drei Sekunden. Also musste er disqualifiziert werden. Aber weil es nur um drei Sekunden ging, wurde der Vorfall zunächst von allen Seiten beleuchtet – Videos wurden angeschaut, Zeugen wurden vernommen und Protokolle des zeitlichen Ablaufs studiert. Die Rennleitung wollte aus verständlichen Gründen auf Nummer Sicher gehen, denn wenn jemand die schwarze Flagge gezeigt bekommt und stoppt, ist das nicht mehr rückgängig zu machen…«

Dann wendet er sich seinem Steckenpferd zu: Dem Thema Sicherheit. Viel zu schnell seien die Boliden geworden, speziell in den Kurven. Die Unfälle von Massa in Montreal und »Schumi II« in den USA seien Warnsignale, die zum Handeln zwingen. Den Vorschriften folgend, gibt er den Teams eine Frist von zwei Monaten, einen Vorschlag für die Tempo-Reduzierung zu machen. Verstreicht diese Frist tatenlos – und sie wird tatenlos verstreichen –, wird die FIA drei Konzepte vorlegen, aus denen die F1-Bosse innerhalb weiterer 45 Tage eins auswählen müssen. Mosley: »Wenn es keine Einigung gibt, wird die FIA nach Ablauf dieser 45 Tage, also in der dritten Oktober-Woche, ein Konzept diktieren, das Ende Januar 2005 in Kraft treten wird.« Damit brennt die Zündschnur. Der Mann mit dem Streichholz, Max Mosley, will zu diesem Zeitpunkt bekanntlich nicht mehr in Amt und Würden stehen. Als er gefragt wird, ob sein Rücktritt im Oktober endgültig ist, antwortet der Boss: »Natürlich ist er endgültig, ich bin doch kein F1-Teamchef, und deshalb ändere ich auch nicht alle zwei Minuten meine Meinung.« Damit hat er die Lacher auf seiner Seite. Zumindest für einige Wochen. Dann wird Max Mosley den Rücktritt vom Rücktritt erklären… Vielleicht liegt das daran, dass er selbst einmal F1-Teamchef war.

Im Fahrerlager fällt ein Mann ganz besonders auf, da er an dem Treiben offenbar überdurchschnittliches Interesse hat: Balbir Singh, Michael Schumachers Schatten, wenn es um die persönliche Betreuung geht. Singh war weder in Montreal noch in Indy mit von der Partie und zeigte nach der Ankunft bereits entsprechende Entzugserscheinungen. »Es war ein wirklich komisches Gefühl, diese beiden Rennen am Fernseher zu verfolgen«, gesteht der Inder, »denn seit Michaels Beinbruchpause im Jahr 1999 habe ich keinen Grand Prix ausgelassen. Auf dem Bildschirm sah ich all die bekannten Gesichter. Es war wirklich merkwürdig – wenn ich einen Knopf hätte drücken können, um mich ins Fahrerlager zu transportieren, ich hätte ihn gedrückt.«

Weder das dritte noch das vierte freie Training lassen ernsthafte Rückschlüsse zu, was

den Ausgang des Qualifying betrifft. Nach dem Kampf um die besten Startplätze ist für Renault die Welt noch in Ordnung: Fernando Alonso steht auf der Pole. Dahinter komplettieren Michael Schumacher, Coulthard, Button, Trulli, Montoya, Sato, Gené, Räikkönen und Barrichello die Top-Ten. Gerade einmal 0,780 Sekunden trennen die Piloten der ersten fünf Startreihen. Auch wenn die Startaufstellung wegen der unterschiedlichen Tankfüllungen nur eine geringe Aussagekraft über das wahre Kräfteverhältnis hat, zeichnet sich ab, dass der modifizierte McLaren eine deutliche Verbesserung darstellt. Die Tatsache, dass Räikkönen nur Neunter ist, kann darüber nicht hinwegtäuschen, denn der Finne erklärt: »Ich machte in der ersten Kurve zuviel Druck, mein Auto untersteuerte und das kostete Zeit. Im Bemühen, die Scharte auszuwetzen, unterlief mir dann eine Serie weiterer kleiner Fehler.«
Seitdem das Warm-up aus dem Programm gestrichen wurde, sind die langen Stunden vor dem Start die ideale Zeit, um zu fachsimpeln und nach den News zu jagen, die den Journalisten nicht freiwillig von den PR-Spezialisten der Teams auf die Nase gebunden werden. So verrät eine der undichten Stellen, auf dem Strategie-Papier der Scuderia Ferrari habe auch die Möglichkeit einer Vierstopp-Variante gestanden. Die Nummer klingt gewagt, aber tatsächlich hatte einer der Ferrari-Ingenieure bereits im Februar auf die Frage nach den 2004 möglichen Strategien geantwortet: »Wo bisher einmal gestoppt wurde, wird es zwei Stopps geben, und wo es bereits zwei waren, wird es einen dritten geben. Theoretisch sind sogar vier Stopps vorstellbar – aber wenn überhaupt, dann nur in Magny-Cours.«
Am Renntag erweist sich der R24 des Spaniers Fernando Alonso als pfeilschnell. Startnummer acht lässt sich beim Start von niemandem die Butter vom Brot nehmen und nutzt die beste Ausgangsposition optimal. Titelverteidiger Michael Schumacher heftet sich direkt an die Fersen des Pole-Setters, während DC den Start verpennt und erst hinter Trulli und Button als Fünfter Fuß fasst.
Während der ersten zehn Umläufe versucht der Spitzenreiter vergeblich die Flucht nach vorn. Er dreht zwar unmittelbar hintereinander sechs Mal die jeweils schnellste Rennrunde, doch der Ferrari des Rheinländers will in den Rückspiegeln des Renault nicht kleiner werden. Andererseits hat Schumacher keine Chance, den Spanier zu überholen, obwohl er – mit weniger als einer Sekunde Rückstand – durchaus in Schlagdistanz liegt.
Elf Runden sind gefahren, da biegt der Champion bereits zum ersten Stopp in die Boxengasse ab und überlässt damit dem Renault-Duo, das durch 6,4 Sekunden getrennt ist – die Doppelführung. Anschließend wird das Feld kurz durcheinander gewirbelt, und als die erste Boxenstopp-Serie vorüber ist, ist auf den fünf ersten Plätzen die alte Reihenfolge wieder hergestellt.
Das Rennen auf einer Piste, auf der praktisch keine Überholmöglichkeit besteht, ist nach dem Geschmack der Fans, die wegen möglicher spektakulärer Zwischenfälle angereist sind. Auf dem Circuit passiert jedoch diesbezüglich herzlich wenig. Sogar was die Ausfälle betrifft, 18 der 20 gestarteten Piloten kommen ins Ziel, tut sich praktisch nichts.
Trotzdem ist es ein denkwürdiger Grand Prix, denn Michael Schumacher legt tatsächlich vier Boxenstopps ein. Diese ungewöhnliche Strategie erweist sich als Schlüssel zum neunten Sieg im zehnten WM-Lauf der Saison. Im Ziel hat er satte 8,3 Sekunden Vorsprung vor Alonso, der damit klar ein Opfer der roten Strategen um Ross Brawn

und Luca Baldisserri wird. Brawn erklärt: »Wir hatten ja nichts zu verlieren. Platz zwei war sicher, Platz eins war möglich. Unsere einzige Chance war es, Michael von dem Renault zu lösen, da der Ferrari seine Stärken im Windschatten nicht ausspielen konnte. Vor dem Start ließen wir uns beide Türen – drei oder vier Stopps – offen. Erst nach dem zweiten Boxenstopp legten wir uns endgültig fest.«
Michael Schumacher ist natürlich absolut happy, will aber nicht so weit gehen und behaupten, er hätte den Erfolg allein der Vierer-Strategie zu verdanken: »Vielleicht hätte es auch mit drei Boxenstopps geklappt, aber dann hätte ich mir Alonso auf der Piste schnappen müssen, was sicherlich recht schwierig gewesen wäre. Mein Vorteil waren jedenfalls die Bridgestone-Reifen, die jeweils zum Ende der Stints extrem gut waren.«
Was die Zuschauer während 69 Runden vermissten, das bekamen sie zum Ende des letzten Umlaufs nachgereicht. Nachdem er Trulli zuvor lange Zeit unter Druck gesetzt hatte, griff Barrichello den Italiener überraschend in der vorletzten Kurve an und verdrängte den Renault-Piloten durch eine Attacke auf der Innenbahn von Platz drei. Jetzt ist der Monaco-Sieger sauer auf sich selbst. Das Handling seines R24 habe sich vom letzten Boxenstopp an verschlechtert – keine Traktion, Übersteuern… und dann habe er es nicht geschafft, rechtzeitig die Tür zuzumachen. Teamchef Briatore stuft den Auftritt seines Landsmanns als »sehr enttäuschend« ein.
Barrichello freut sich hingegen riesig. »Ich bekam die unerwartete Chance, weil Jarno in Turn 13 zu langsam war. Deshalb konnte ich im folgenden Gefälle zu ihm aufschließen und mich innen neben ihn setzen. Das Manöver war durchaus riskant. Nachdem ich mich vom zehnten Startplatz bis auf Rang vier nach vorn gefahren hatte, wollte ich diesen Platz nicht wenige Meter vor dem Ziel verlieren. Also gab ich zunächst nur 85 Prozent. Dann sah ich die Chance, und ich addierte weitere 20 hinzu. Das machte 105 Prozent, und die reichten aus, Jarno zu überholen.«
Hinter Trulli wurde Button abgewinkt, der eigentlich seinerseits Platz drei angepeilt hatte. Aber beim letzten Boxenstopp versagte die automatische »Anti-Abwürg-Einrichtung« des Motors, was den Briten kostbare Sekunden kostete. Die Ränge sechs und sieben gingen – wie vor 14 Tagen in Indy – an das McLaren-Duo. Doch anders als

in den USA wäre ein besseres Ergebnis möglich gewesen. Schuld an der eher mageren Ausbeute war Räikkönens Qualifying-Pech und der Schnecken-Start des Schotten Coulthard.
Den letzten Punkt darf Montoya mit nach Hause nehmen. Nackenschmerzen als Folge eines Ausrutschers am Freitag, ein Dreher in Runde 18 – ein Jahr nach dem Williams-Doppelsieg in Magny-Cours war es nicht der Tag des Kolumbianers und des Teams, denn als Zehnter kann auch Schumacher-Vertreter Gené nicht überzeugen. Aus Sicht der Blauweißen muss man das Wochenende abhaken.
Auf dem Weg zu seinem siebten WM-Titel lässt sich Michael Schumacher dank seiner seit 1991 gesammelten F1-Erfahrung so schnell nicht aus der Ruhe bringen. Als dann aber nach der Siegerehrung gefragt wird, ob er den Sieg seinem Bruder Ralf widmet – der 2003 in Magny-Cours gewann und jetzt seine geschundenen Knochen pflegt –, ist der Ferrari-Star für Sekundenbruchteile irritiert. Dann antwortet er: »Nö, so schlecht geht es Ralf ja nun auch nicht.«

ERGEBNISSE UND AUSFÄLLE

1. Michael Schumacher	Ferrari F2004	1:30.18,133 = 205,035 km/h
2. Fernando Alonso	Renault R24	8,329 Sekunden zurück
3. Rubens Barrichello	Ferrari F2004	31,622 Sekunden zurück
4. Jarno Trulli	Renault R24	32,082 Sekunden zurück
5. Jenson Button	BAR-Honda 006	32,484 Sekunden zurück
6. David Coulthard	McLaren-Mercedes M24/19B	35,520 Sekunden zurück
7. Kimi Räikkönen	McLaren-Mercedes MP4119B	36,230 Sekunden zurück
8. Juan Pablo Montoya	Williams-BMW FW26	43,419 Sekunden zurück
9. Mark Webber	Jaguar-Cosworth R5	52,394 Sekunden zurück
10. Marc Gene	Williams-BMW FW26	58,166 Sekunden zurück
11. Christian Klien	Jaguar-Cosworth R5	1 Runde zurück
12. Giancarlo Fisichella	Sauber-Petronas C23	1 Runde zurück
13. Felipe Massa	Sauber-Petronas C23	1 Runde zurück
14. Cristiano da Matta	Toyota TF104	1 Runde zurück
15. Olivier Panis	Toyota TF104	2 Runden zurück
16. Nick Heidfeld	Jordan-Cosworth EJ14	2 Runden zurück
17. Giorgio Pantano	Jordan-Cosworth EJ14	3 Runden zurück
18. Gianmaria Bruni *	Minardi-Cosworth PS04B	5 Runden zurück/ Ölleck (Getriebe)
Zsolt Baumgartner	Minardi-Cosworth PS04B	32. Runde, Dreher
Takuma Sato	BAR-Honda 006	16. Runde, Motor

* Nicht im Ziel, aber aufgrund der zurückgelegten Distanz gewertet

SCHNELLSTE RUNDE: (32.Rd.) – Michael Schumacher, Ferrari F2004
1.15,377 = 210,669 km/h
Neuer Rundenrekord

80. Sieg

Großer Preis von Großbritannien
Silverstone, 11. Juli 2004

Mit Extra-Kilos zum Sieg

Während man bei Toyota hofft, mit Ralf Schumacher ein zweites Team Ferrari aufbauen zu können, ist das Original-Team längst noch nicht satt. Allen voran der unersättliche Michael Schumacher, der mit diesem Sieg sein Saison-Punktekonto auf 100 Zähler aufstockt. Sein Teamkollege Barrichello folgt mit weitem Respektabstand, er hat 74 Punkte gehamstert.

Nachdem es inzwischen amtlich ist, dass Ralf Schumacher – der unverändert in seiner österreichischen Wahlheimat die ramponierten Brustwirbel pflegt – für 2005 bei Toyota unterschrieben hat, verkündet sein Manager optimistisch, Ralf werde in Köln-Marsdorf mithelfen, ein »zweites Team Ferrari« aufzubauen. Sprich: Er soll das Team, so wie es sein Bruder in Maranello vorgemacht hat, zu neuen Höchstleistungen antreiben. Mit dieser Aussage konfrontiert, sagt Michael Schumacher: »Sicherlich hat der Rennstall Potenzial. Die ersten Schritte sind getan, aber damit es weiter vorwärts geht, muss sich Toyota personell verstärken. Ein zweites Ferrari wird in Köln sicherlich nicht entstehen, aber vielleicht ein erstes Toyota.«
Der Donnerstag ist der Tag eines GP-Wochenendes, der noch nicht von den Aktivitäten auf der Piste und endlosen Briefings beherrscht wird. Noch fühlen sich die Piloten nicht im Schraubstock des Erfolgsdrucks. Entsprechend lässt sich auch über entfernte Themen plaudern. Auf den Nürburgring angesprochen, gerät Michael Schumacher ins Schwärmen: »Auf dem Ring habe ich meine ersten Gehversuche am Steuer gemacht und auf der Nordschleife viele Satz Reifen und Bremsbeläge verschlissen. Das ist eine tolle Piste, die natürlich viel interessanter als der benachbarte GP-Kurs ist.« Würde er die Traditionspiste gern einmal mit seinem F1-Ferrari abfahren? Schumacher winkt ab: »Nicht wirklich.« Aus Sicherheitsgründen würde er das lieber im Cockpit eines guten Tourenwagens tun. Damit widerspricht er den Erkenntnissen der Ingenieure, die den F1-Boliden einen höheren Sicherheitsstandard einräumen als den Rennern der Tourenwagen-Szene. Bevor er sich zum ersten Meeting des Wochenendes mit seinen Technikern trifft, verabschiedet sich der sechsmalige F1-Champion in Erinnerung an seinen Coup vom letzten Sonntag mit einer seiner eher seltenen Humor-Kostproben: »Vielleicht werde ich am Sonntag mit einer Achtstopp-Strategie fahren…«
Freitags zeigt sich das britische Wetter nicht gerade von seiner besten Seite, aber immerhin regnet es nicht. Die Lufttemperatur von 16 Grad will allerdings nicht so recht zum Juli-Datum passen. Mit einer Zeit von 1.21,209 Minuten hatte Rubens Barrichello seinen Ferrari F2003-GA im Vorjahr in Silverstone auf die Pole gestellt. Natürlich ist das der Richtwert, als die 25 Piloten um 11.00 Uhr beginnen, sich für Qualifying und Rennen einzuschießen. Der Teamkollege des amtierenden Weltmeisters dreht im Ver-

lauf der ersten Trainingsstunde die schnellste Runde. Bei 1.19,138 Minuten bleiben die Uhren für den Südamerikaner stehen. Das entspricht einem Durchschnittstempo von über 233 km/h... Von GP-Wochenende zu GP-Wochenende ist es beeindruckend, wie die alten Bestleistungen pulverisiert werden. Gleich die schnellsten elf Piloten unterbieten auf Anhieb die 2003er Pole-Zeit! Und das, obwohl die Piste noch ›green‹ ist, da die notwendige Gummi-Patina erst in Ansätzen in den Asphalt radiert wurde.
Am Samstagmorgen nehmen – bis auf Minardi, das um John Walton trauert, einen im gesamten Fahrerlager beliebten und respektierten Racer – alle Teams pünktlich um 9.00 Uhr den Trainingsbetrieb auf. Zwei Stunden später – in der zweiten Halbzeit mischen auch die Minardi-PS04B wieder mit – steht der Name des finnischen Vizeweltmeisters ganz oben in den Zeitenlisten. Mit einer Runde in 1.18,280 Minuten hat sich Räikkönen an die Spitze gesetzt. Auch Button darf mit Blick auf das Qualifying hoffen, denn dem BAR-Briten fehlen lediglich 0,134 Sekunden auf die Zeit des McLaren-Piloten. Den Titelverteidiger sucht man auf den vorderen Plätzen vergeblich. Michael Schumacher hat an diesem Vormittag auf andere Weise auf sich aufmerksam gemacht: Zuerst leistete er sich einen Dreher in Turn 15. 65 Minuten später folgte eine Pirouette des Champion ebenfalls in Turn 15. Die zweite Ferrari-Schlappe des Jahres muss einkalkuliert werden.
Die merkwürdige Show, die den Zuschauern mittags als Qualifying geboten wird, sorgt für Schlagzeilen. Die Schuld an den seltsamen Ereignissen hat der Wetterbericht. Die Meteorologen kündigen Regen an, der den Bereich des Circuit während des zweiten, entscheidenden Qualifying erreichen soll. Vor diesem Hintergrund ist es nur logisch, dass niemand während des zweiten Quali einen der sonst so begehrten ›späten‹ Slots erwischen will. Nur wer zunächst langsam fährt, darf im zweiten Durchgang früh hinaus auf die – dann noch trockene – Piste...
Den Regeln entsprechend, geht »Schumi« in seiner Eigenschaft als Gewinner des letzten WM-Laufs als Erster auf die Bahn. Nach einem erneuten Dreher, wieder in Turn 15, bleiben die Uhren für den Ferrari-Star bei einer Zeit von 1.30,293 Minuten stehen. Danach fährt Alonso mit 1.21,923 Minuten eine halbwegs normale Runde. Nun kommt Barrichello an die Reihe, und niemand wundert sich darüber, dass der Südamerikaner in Turn 8 durchs Gras rodelt – 1.24,817. Damit ist auch dem geistig unbeweglichsten Beobachter klar: Die Piloten der Scuderia haben absichtlich ›Fahrfehler‹ begangen, um im zweiten Qualifying vor dem drohenden Regen fahren zu dürfen. Button macht dieses Spiel nicht mit und dreht eine flotte Runde in 1.18,827 Minuten. »DC« hingegen bummelt in 1.23,521 nach Stowe und zurück, bevor Montoya, Webber und Klien noch ungenierter ans Werk gehen – das Trio nimmt in Sichtweite des Zielstrichs den Fuß vom Gas. 34er-, 35er- und sogar eine 38er-Zeit sind die Folge. Erstmals in der Geschichte des GP-Sports pfeifen die Piloten auf gute Rundenzeiten. Auf der einen Seite ist diese Vorstellung peinlich, auf der anderen verständlich. Die Schuld an dem Quali-Paradox tragen weder Teams noch Piloten, sondern allein die klugen Köpfe, die sich Regeln ausgeheckt haben, die Fan-Frust dieser Art erst möglich machen.
Im zweiten Durchgang bleibt der angekündigte Regen aus, wenn man davon absieht, dass es in der Schlussphase ein wenig tröpfelt. Negative Auswirkungen haben die Mini-Niederschläge allerdings nicht, denn Räikkönen und Button fahren in dieser Phase die schnellste beziehungsweise drittschnellste Zeit der Sitzung. Die befürchteten Regenwolken ziehen jenseits von Stowe Corner und im Rücken der Start-und-Ziel-Geraden vorü-

ber. Prompt bemerkt Michael Schumacher schmunzelnd: »Der Wetterbericht war absolut korrekt. Das Problem war lediglich, dass die Rennstrecke am falschen Ort ist.«
Bei McLaren-Mercedes herrscht verständlicherweise beste Laune. Die 115. Pole der Team-Geschichte steht dabei weniger im Vordergrund als die Tatsache, dass dieser Erfolg mit dem 19B möglich war, der erst vor Wochenfrist in Magny-Cours seiner Feuertaufe unterzogen wurde. Pole-Setter Räikkönen spricht von einem »Quantensprung«. Mercedes-Sportchef Norbert Haug schwärmt: »Damit ist bewiesen, dass wir in die richtige Richtung gearbeitet haben.« Und Boss Ron Dennis freut sich, weil sich die wochenlange Plackerei mit Sonderschichten rund um die Uhr auszuzahlen beginnt.
Mit eher bescheidenen Temperaturen, die bestenfalls auf der größten Nordsee-Insel die Bezeichnung »sommerlich« verdienen, herrschen am Renntag Bedingungen, die erneut nicht für die Kunden des Reifenherstellers Michelin sprechen. Weshalb die Franzosen stur bei ihrer weltfremden Strategie bleiben, Gummis für heißen Asphalt anzubieten, zählt mit zu den großen unbeantworteten Fragen der F1-Gegenwart. Echte Siegchancen darf man sich aufgrund der Wetterlage im Lager der Silberpfeile jedenfalls nicht ausrechnen. Nach 60 Runden wird Räikkönen mit nur zwei Sekunden Rückstand hinter dem Kerpener-Dauersieger abgewinkt werden. Aber dieses Ergebnis täuscht über das wahre Kräfteverhältnis hinweg, weil das Safety-Car das Feld nach drei Vierteln der Distanz noch einmal zusammenführte.
Wer beim Start Wunderdinge – beispielsweise von Button oder Alonso – erwartete, sieht sich getäuscht. Auf den ersten zwölf Positionen wird in der Startreihenfolge in die Rechtskurve Copse Corner eingelenkt, die mittlerweile das schnellste Eck der britischen Piste ist. Auch Sato, obwohl er in der ersten Kurve extrem weit nach außen gerät, kann seinen Platz halten. Im weiteren Verlauf der Startrunde schiebt sich der mutige Japaner dann sogar an seinem Vordermann Juan Pablo Montoya vorbei, der sich seinen Platz in Runde drei zwar zurückerobert, unterm Strich aber erneut nicht über eine Nebenrolle hinauskommen wird.
Während Spitzenreiter Räikkönen zwischen sich und seinem Verfolger Barrichello in der Startrunde ein Zeitpolster von 3,5 Sekunden aufbauen kann, wird bereits darüber spekuliert, ob der Finne endlich seinen zweiten F1-Sieg heimfahren kann. Eine erste Antwort auf diese Frage gibt es postwendend: In Runde zwei verläuft die Flucht nach vorn des Silberpfeils bereits weniger spektakulär, denn der brasilianische Jäger fällt lediglich acht weitere Zehntelsekunden zurück. Jetzt kommen auch die Bridgestones auf Temperatur. Sie benötigen grundsätzlich etwas Anlaufzeit, um zur Bestform – die sie anschließend lange halten – aufzulaufen.
Obwohl Button den Kontakt zur Spitze als Dritter peu à peu verliert, folgt ihm Michael Schumacher geduldig. Mit weniger als einer Sekunde Rückstand bleibt der Rheinländer permanent in Schlagdistanz, attackiert seinen Vordermann allerdings nicht.
Aus seiner Sicht beginnt die Wende zum Guten nach neun Umläufen, als die erste Boxenstopp-Serie anfängt. Zwei Runden später – inzwischen haben bereits acht Rivalen Service machen lassen – ist Schumacher vorn. Und er selbst macht keinerlei Anstalten, Benzin und Reifen zu holen. Jetzt hat er freie Bahn und lässt nach bewährtem Muster den Hammer fallen – er drückt aufs Tempo. Die zwölfte Runde fährt er in 1.19,2 Minuten, die nächste in 1.18,9, dann steigert er sich auf 1.18,7 und baut damit seinen Vorsprung vor Räikkönen auf 23,3 Sekunden aus. Dann bremst auch er sich zwischen seinen Mechanikern ein und gibt nach 9,3 Sekunden wieder Gas. Die Rechnung der Roten geht auf.

Knapp vor dem McLaren-Finnen katapultiert sich der Champion aus der Boxengasse. Bis ins Ziel, das er nach nur einem weiteren Stopp erreichen wird, gibt er die Führung nicht mehr ab. In Frankreich machte Schumacher einen Stopp mehr als seine Gegner und siegte, hier hält er als Zweistopper einmal weniger und gewinnt ebenfalls...
Trotz der erneuten Demonstration einsamer Klasse wird es für Michael Schumacher noch einmal brenzlig. In Runde 40 verliert Jarno Trulli seinen R24 ausgangs Bridge Corner wegen eines Bruchs der hinteren Radaufhängung aus der Kontrolle und erlebt einen extrem unsanften Abflug. Rückwärts knallt er in die Reifenstapel, bevor er sich spektakulär überschlägt und im Kies der Auslaufzone zum Stand kommt. Der Pilot reagiert bereits Sekunden später und signalisiert per Handzeichen, dass er sich unverändert bester Gesundheit erfreut. Der Crash und sein letztlich harmloser Verlauf veranlasst Bernie Ecclestone zu der Bemerkung: »Wenn man schon mit dem Auto verunglückt, dann sollte man zusehen, möglichst am Steuer eines Formel 1-Rennwagens zu sitzen. Sicherere Autos gibt es nicht.«
Der Zwischenfall alarmiert die Rennleitung, die kurz darauf Bernd Mayländer zum Einsatz bringt. Die ›SC-Phase‹ nutzen nach der 41. Runde Räikkönen, Barrichello, Button, Fisichella, Montoya, Coulthard, Bruni, Alonso und Gené zum Boxenstopp. Das ist Pech für den Spitzenreiter, denn dank des Safety-Car verlieren die Rivalen durch ihre Stopps keine Zeit. Aber der Weltmeister hat Glück im Unglück: Unmittelbar hinter ihm kursieren die überrundeten Kollegen da Matta und Webber und fungieren damit als Pufferzone vor Räikkönen. Die Rundenzeiten steigen auf Werte um 2.20 Minuten an.
Nach Runde 45 heißt es wieder Feuer frei. Obwohl er zunächst den lästigen Doppelpack da Matta/Webber überholen muss, kann Räikkönen im Verlauf der nächsten 5,1 Kilometer bis auf 0,244 Sekunden zu Michael Schumacher aufschließen. Der Deutsche wird später sagen: »Das Safety-Car fuhr zu langsam. Meine Reifen kühlten zu sehr aus, und deshalb geriet ich unter Druck von Kimi, dessen Michelins dieses Problem nicht haben.« Die Meinung des Champion in Ehren, aber erstens kann der Führende nach Herzenslust wedeln und auch die Bremsen seines Autos vorglühen, und zweitens hat Mayländer mit

seinen bescheidenen knapp 500 PS auf einer schnellen Piste wie Silverstone recht schlechte Karten… Mit anderen Worten: Schneller ging´s wohl nicht.
Wenig später wird Michael Schumacher zum 80. Mal als Sieger eines F1-WM-Laufs abgewinkt. Dahinter kreuzen Räikkönen, Barrichello, Button, Montoya, Fisichella, Coulthard und Webber – also die übrigen sieben Punktesammler – innerhalb von nur 23,7 Sekunden die Linie.
Auf seine Strategie angesprochen, erklärt der Sieger: »Wir haben das Qualifying geopfert, um mit ein paar Extra-Kilo Benzin und nur zwei Stopps zum Erfolg zu kommen. Ehrlich gesagt, war ich von Beginn an optimistisch, aber ich hätte nie gedacht, dass unsere Rechnung so schnell aufgehen würde.« Bei McLaren freut man sich über Räikkönens zweiten Platz, verspürt aber gleichzeitig Appetit auf mehr. Norbert Haug: »Noch sind wir nicht da, wo wir hinwollen. Aber wir sind bereits sehr nahe dran.«
Als Letzter und 16. kommt auch Gianmaria Bruni und damit einer der beiden Minardi ins Ziel. In Erinnerung an das verstorbene Teammitglied John Walton sind die Boliden der Stoddart-Truppe ohne Sponsoren-Aufkleber gestartet. Lediglich die Worte »John Boy« und ein Herz zieren die Autos. Die sympathische Geste hat Folgen: Hauptsponsor Wilux steigt aus.

ERGEBNISSE UND AUSFÄLLE

1. Michael Schumacher	Ferrari F2004	1:24.42,700 = 218,403 km/h
2. Kimi Räikkönen	McLaren-Mercedes 1T4/19B	2,130 Sekunden zurück
3. Rubens Barrichello	Ferrari F2004	3,114 Sekunden zurück
4. Jenson Button	BAR-Honda 006	10,683 Sekunden zurück
5. Juan Pablo Montoya	Williams-BMW FW26	12,173 Sekunden zurück
6. Giancarlo Fisichella	Sauber-Petronas C23	12,888 Sekunden zurück
7. David Coulthard	McLaren-Mercedes MP4/19B	19,668 Sekunden zurück
8. Mark Webber	Jaguar-Cosworth R5	23,701 Sekunden zurück
9. Felipe Massa	Sauber-Petronas C23	24,023 Sekunden zurück
10. Fernando Alonso	Renault R24	24,835 Sekunden zurück
11. Takuma Sato	BAR-Honda 006	33,736 Sekunden zurück
12. Marc Gene	Williams-BMW FW26	34,303 Sekunden zurück
13. Cristiano da Matta	Toyota TF104	1 Runde zurück
14. Christian Klien	Jaguar-Cosworth R5	1 Runde zurück
15. Nick Heidfeld	Jordan-Cosworth EJ14	1 Runde zurück
16. Gianmaria Bruni	Minardi-Cosworth PS04B	4 Runden zurück
Giorgio Pantano	Jordan-Cosworth EJ14	48. Runde, Dreher
Jarno Trulli	Renault R24	40. Runde, Unfall
Zsolt Baumgartner	Minardi-Cosworth PS04B	30. Runde, Motor
Olivier Panis	Toyota TF104	17. Runde, Feuerlöscher

SCHNELLSTE RUNDE: (14.Runde) -Michael Schumacher, Ferrari F2004
1.18,739 = 235,049 km/h
Neuer Rundenrekord

81. Sieg

Großer Preis von Deutschland
Hockenheim, 25. Juli 2004

Ralf Schumacher contra Button

Zu den ungeschriebenen F1-Gesetzen der letzten Jahre gehört es, dass in Hockenheim und Umgebung tropische Temperaturen herrschen, wenn auf der – im Vorjahr bis zur Unkenntlichkeit modifizierten – badischen Rennstrecke um WM-Punkte gekämpft wird. Brüllheiß ist es am Donnerstag, aber nur einer bleibt ganz cool.

Zum Auftakt des zwölften Gastspiels der F1-World-Tournee präsentiert Toyota mit dem TF104B ein komplett neues Auto. Sogar das Monocoque ist nicht mit dem des Vorgängers identisch. Mike Gascoyne, der Technische Direktor, erklärt: »Der Neue ist 15 Kilogramm leichter als das bisher eingesetzte Auto, und er verfügt über ein neues Aerodynamik-Paket.« Gascoyne, der in den letzten Jahren als Verantwortlicher des Aufstiegs der Equipe Renault galt, ist innerhalb der Marsdorfer Belegschaft keineswegs unumstritten. Die größten Widersacher des Briten titulieren ihn hinter vorgehaltener Hand als »Hooligan«, die gemäßigtere Fraktion sieht ihn schlicht als Blender oder Hochstapler. Den Gascoyne-Gegnern fällt es jedenfalls nicht schwer, sich über dieses Thema die Köpfe heiß zu reden – bei 32 Grad Celsius um 19.00 Uhr abends bedarf es hierfür allerdings kaum eines brisanten Gesprächsstoffs.
BAR-Honda ist – zumindest vorläufig – ein Beispiel dafür, dass innerhalb eines Teams durchaus an einem Strang gezogen werden kann. Am Freitagvormittag wird offiziell verkündet, dass die britisch-japanische Zusammenarbeit bis mindestens 2007 fortgesetzt wird. Honda behält sich jedoch das Recht vor, aus der F1 auszusteigen, falls das technische Reglement der FIA nicht mit der Philosophie des Engagements in Einklang zu bringen ist. Offenbar sind die Asiaten nicht bereit, jedem Mosley-Streich in Sachen Bauvorschriften der Motoren zu folgen. Davon, dass noch eine ganz andere Zeitbombe tickt, weiß innerhalb des Teams außer Jenson Button niemand... Sie wird überraschend am 5. August explodieren, wenn Button verkündet, er werde 2005 und 2006 für Williams – das Team, das ihn 2000 aus der F3 in die F1 hievte – fahren. Dave Richards wird aus allen Wolken fallen, da er der festen Überzeugung ist, rechtzeitig von seiner Option Gebrauch gemacht zu haben.
Dann aber haben endlich die Zehnzylinder das Wort. Schnellster im ersten freien Training wird Anthony Davidson, der »dritte Mann« im Team BAR, der mit einer Runde in 1.15,756 Minuten sogar den »Hausherrn« Michael Schumacher verbläst. Der Rheinländer hat Recht, wenn er immer wieder darauf hinweist, dass es in der F1 niemanden gibt, der diese Boliden mit ihren knapp 900 PS starken Motoren nicht perfekt beherrscht. Alle haben einen unglaublich schweren Gasfuß. Zumindest für einzelne Runden kann jeder der Akteure ans Limit gehen und das Potenzial seines Autos voll ausreizen. Den fahrerischen Unterschied machen Faktoren wie Routine, nervliche Be-

lastungsfähigkeit oder körperliche Fitness aus. Im zweiten freien Training – nur in Bahrain wurden bisher heißere Asphalttemperaturen gemessen, als an diesem ersten Trainingstag für den Deutschland GP – einigt man sich vorn auf die Reihenfolge Michael Schumacher, Räikkönen und Montoya.

Am Freitagabend aber geht in der Region ein Unwetter mit echtem Sintflut-Charakter nieder. Außerhalb schützender Motorhomes werden Mutige innerhalb von Sekunden bis auf die Haut durchweicht. Die brasilianischen Journalisten fühlen sich aufgrund der extremen Niederschläge an ihre Heimat erinnert. Weniger verklärt reagieren die zahlreichen Camper, sofern sie sich nicht in Caravans zurückziehen können. Keine Frage, eine derartige Schauer würde am Sonntagnachmittag alle Aktivitäten auf der Piste stoppen, da es seit Jahren nicht mehr zum Basiskönnen der F1-Piloten zählt, die eigene Fahrweise den Witterungs- und Pistenbedingungen anzupassen.

Die beiden freien Trainingseinheiten am Samstag sehen zunächst Michael Schumacher und dann Jenson Button auf Platz eins. Anschließend, um 12.15 Uhr, hält Ralf Schumacher Hof. Der Rekonvaleszent will ein Lebenszeichen von sich geben. Sein Urteil über den Crash, den er nur auf den Videos gesehen hat, fällt wohltuend nüchtern aus: »Besonders dramatisch wirkte das ja nun wirklich nicht.«

Im Pre-Qualifying sieht es dann so aus, als könne Juan Pablo Montoya an den Hockenheim-Triumph des Vorjahres anknüpfen. Der Kolumbianer fährt Bestzeit und sein neuer Teamkollege Pizonia, sein dritter in der laufenden Saison, unterstreicht das Williams-Zwischenhoch durch Platz zwei. Doch der gute Auftritt der Blauweißen kann im entscheidenden zweiten Durchgang nicht ganz wiederholt werden. Immerhin reicht es für den Südamerikaner zu Platz zwei hinter dem Publikums-Liebling Michael Schu-

macher, der sich damit seine erste Pole seit dem F1-Gastspiel in der Eifel sichert. Button ist mit 0,006 Sekunden Rückstand hinter Montoya Dritter, wird diese gute Ausgangsposition allerdings wegen des Motorschadens am Freitag nicht nutzen können.
Am Renntag richtet sich das Interesse der Fans zunächst einmal auf die brisante erste Startreihe. Bereits zum zehnten Mal teilen sich Schumi und Montoya die beiden besten Ausgangspositionen, und grundsätzlich gilt diese Kombination als besonders heikel. Zwischenfälle in der ersten Kurve wären auf dem Hockenheimring wahrlich nichts Neues. Erst im Vorjahr schepperte es gewaltig, als sich Barrichello, Räikkönen und Ralf Schumacher wie magisch anzogen, bis allen drei Piloten der Platz ausging.
Zunächst spielt sich das Prozedere laut Drehbuch ab. Michael Schumacher führt das Feld unter dem Jubel der Zuschauer durch die obligatorische Formationsrunde. Dann werden die 20 Boliden auf ihren Startplätzen geparkt. Die Spannung erreicht den Siedepunkt. Knapp 200 Meter trennen den Pole-Setter vom Einlenkpunkt in die Nordkurve. Dann die kalte Dusche: Panis signalisiert, dass sein TF104B keinen Muckser mehr tut. Der Franzose hat den Motor seines Autos abgewürgt. Umgehend wird der Ablauf des Geschehens unterbrochen. Wenige Minuten später setzt sich das Feld erneut in Bewegung, nachdem zuvor offiziell angezeigt wurde, dass der GP um eine Runde verkürzt wird.
Auch beim zweiten Versuch verstummt der V10 in Panis´ Rücken. Aber diesmal behindert der Oldie niemanden, da er in der letzten Startreihe steht. Der Toyota wird in die Boxengasse geschoben, von wo aus er dem inzwischen gestarteten Feld mit wenigen Sekunden Verspätung nachjagt.
Wer auf den ersten Metern mit einem Überraschungs-Coup Montoyas rechnete, irrt. Der Williams-Pilot – »Ich hatte Kupplungs-Probleme« – kriecht von der Linie und gefährdet den Titelverteidiger nicht einmal ansatzweise. Erwartungsgemäß macht Alonso seinen Job wesentlich besser. Der Spanier katapultiert sich vorbei an Coulthard, Räikkönen und Montoya auf Platz zwei. Angeführt von Michael Schumacher, Alonso, Räikkönen, Trulli, Coulthard, Barrichello, Montoya und Webber entschwinden die 20 Rennwagen aus dem Blickfeld der Zuschauer im Motodrom-Bereich.
Die Reihenfolge an der Spitze hat nicht einmal für eine Runde Bestand. Beim Anbremsen der Spitzkehre tritt »Rubinho« einen Sekundenbruchteil zu spät aufs Pedal und rutscht ins Heck von Coulthards 19B. Glücklicherweise bleibt der Silberpfeil des unschuldigen Schotten unbeschädigt. Barrichello hingegen bezahlt den Rempler mit dem Verlust des Frontflügels seines Ferrari. Damit nicht genug: Der abgerissene Flügel irritiert Montoya, und Webber nutzt die Gunst der Sekunde, um sich den Südamerikaner zu schnappen.
Nach nur einer Runde, die Schumacher mit einer Sekunde Vorsprung vor Alonso beendet, holt sich Barrichello einen neuen Frontflügel. Gleichzeitig wird sein Ferrari betankt, um mit zwei geplanten Stopps über die Runden zu kommen. Nach 10,3 Sekunden wird der Lollipop vor der Nase des F2004 hochgerissen.
Auch der zweite Umlauf bringt Action, denn – Schauplatz ist erneut die Bremszone vor der Spitzkehre – Räikkönen quetscht sich an Alonsos Renault vorbei und übernimmt damit selbst die Rolle des direkten Schumi-Jägers. Weiter hinten quält sich Pechvogel Button durchs Feld, der es bisher noch nicht weiter als bis auf Platz elf geschafft hat. Und dies, obwohl er Barrichello aus bekannten Gründen kampflos abfangen konnte. In Runde vier schnappt er sich Christian Klien, während Montoya weiter vorn einen erfolgreichen Konter gegen Webber fährt. Damit kehrt im vorderen Teil des Feldes etwas Ruhe ein, die erst durch die erste Boxenstopp-Serie gestört wird.

Neun Runden sind zurückgelegt, vorn ist der Abstand zwischen dem Spitzenreiter und dem finnischen Vize-Champion mit 3,3 Sekunden recht konstant, als sich Alonso und Pizzonia als Leichtgewichte Boxenstopps einlegen. 4,5 Kilometer später ist Michael Schumacher gemeinsam mit vier Kollegen an der Reihe. Damit rückt Räikkönen, der in einer Woche seine Verlobte Jenni Dahlman ehelichen wird, automatisch auf Platz eins vor. Eine Runde lang führt der Noch-Junggeselle, dann braucht auch sein Bolide Benzin und Reifen. Die McLaren-Jungs arbeiten mustergültig und fertigen ihn in 8,9 Sekunden ab. Vorübergehend fällt der Finne auf Platz vier zurück. Aber er liegt sehr aussichtsreich im Rennen, denn sein Rückstand auf Michael Schumacher beträgt jetzt nur noch 1,2 Sekunden. Die Führung übernimmt Button, der – aus dem Kreis der Dreistopper – den meisten Sprit im Tank hat, was seine Leistung im Qualifying rückblickend noch eindrucksvoller macht.
Kurz darauf darf Kimi Räikkönen nicht mehr hoffen. Als er zu Beginn der 14. Runde auf die Nordkurve zufliegt, löst sich der Heckflügel seines MP4/19B. Von einer Sekunde auf die andere wird der Silberpfeil unfahrbar, und der Finne kreiselt in die Absperrungen. Räikkönen hat den kurzen Fußmarsch an die Boxen noch nicht beendet, da ist Buttons erster Boxenstopp fällig. Schumacher, Alonso, Coulthard, Montoya, Button und Trulli lautet jetzt die Hackordnung auf den ersten Plätzen. Der deutsche Spitzenreiter kann seinen Vorsprung von zunächst zehn Sekunden im weiteren Verlauf des GP kontinuierlich ausbauen. Damit hat er, vorausgesetzt sein F2004 erreicht pannenfrei das Ziel, weitere zehn WM-Punkte in der Tasche.
Im Rücken des Titelverteidigers ist hingegen noch gar nichts entschieden. Montoya fällt wegen eines Fahrfehlers in Runde 21 hinter Button zurück. Coulthard ist nicht in der Lage, für McLaren-Mercedes die Kastanien aus dem Feuer zu holen, da sein Rennwagen stark untersteuert. Die schlechte Balance »verdankt« er seinem Teamkollegen, denn beim Überfahren von Trümmerteilen des Räikkönen-Zwischenfalls wurde der Frontflügel des Silberpfeils mit Startnummer fünf beschädigt – ein Deflektor brach.
Damit kommt es im Kampf um Platz zwei zu einem Shoot-out zwischen Alonso und Button – zwei Piloten, die hoffen, eines Tages die Nachfolge des allmächtigen Michael Schumacher antreten zu können. Das Duell der Kronprinzen beginnt sich nach Buttons zweitem Boxenstopp zum Ende des 34. Umlaufs zuzuspitzen. Weniger als eine Sekunde trennt das Duo. Runde 36 erlebt den ersten ernsthaften Angriff des Briten. Rad-an-Rad tobt der Zweikampf, aber der Spanier gibt nicht nach. Auch die dritte Boxenstopp-Serie bringt nicht die Entscheidung. Button lässt zwar erst drei Runden nach seinem Rivalen Service machen, aber die knapp vier Minuten freie Fahrt genügen dem Engländer nicht: Nach seinem Stopp zum Ende des 50. Umlaufs liegt er unverändert hinter dem Renault-Piloten.
In Runde 52 macht Button dann den Sack überraschend unspektakulär zu: Keine Gegenwehr von Alonso, der umgehend den Anschluss an den BAR verliert. Verzweifelt funkt der Spanier an die Boxen: »Keinerlei Grip auf der Vorderachse – ich komme an die Boxen.« Die Crew befiehlt weiterzufahren: »Bleib draußen, wir können keinen Defekt erkennen.«
Auch Button gerät plötzlich in Not. Auf den Geraden presst er seine linke Hand gegen den Helm. Will er verhindern, dass sich das Visier öffnet? Nein. Der Verschluss seines Helmes hat sich gelockert, der Fahrtwind hebt den Kopfschutz und bringt den Piloten in Atemnot, da der Kinnriemen gegen die Gurgel gedrückt wird.

Völlig problemlos indessen die Fahrt des Spitzenreiters. Michael Schumacher freut sich über seinen elften Saisonsieg und gibt offen zu: »Jenson war unglaublich stark. Es gab eine Phase, da war ich mir nicht sicher, ob ich vor ihm ins Ziel kommen würde. Er zwang mich, am Limit zu fahren.« Der Brite spricht überglücklich vom »bisher besten F1-Rennen meiner Karriere« und vertritt die Meinung, sein erster F1-Sieg sei nun langsam überfällig. Die übrigen WM-Punkte teilen sich Alonso, Coulthard, Montoya, Webber, Pizzonia und Sato. Barrichello, der sich bereits bis auf Rang neun vorgearbeitet hatte, wird im Verlauf der Schlussrunde auf den zwölften Platz durchgereicht, weil der linke Hinterreifen seines Ferrari Luft verliert. Der Brasilianer kann sich bei Panis dafür bedanken, dass der GP nicht über die ursprünglich geplante Distanz lief…

ERGEBNISSE UND AUSFÄLLE

1. Michael Schumacher	Ferrari F2004	1:23.54,848 = 215,852 km/h
2. Jenson Button	BAR-Honda 006	8,388 Sekunden zurück
3. Fernando Alonso	Renault R24	16,351 Sekunden zurück
4. David Coulthard	McLaren-Mercedes W4/19B	19,231 Sekunden zurück
5. Juan Pablo Montoya	Williams-BMW FW26	23,055 Sekunden zurück
6. Mark Webber	Jaguar-Cosworth R5	41,108 Sekunden zurück
7. Antonio Pizzonia	Williams-BMW FW26	41,956 Sekunden zurück
8. Takuma Sato	BAR-Honda 006	46,842 Sekunden zurück
9. Giancarlo Fisichella	Sauber-Petronas C23	1.07,102 Minuten zurück
10. Christian Klien	Jaguar-Cosworth R5	1.08,578 Minuten zurück
11. Jarno Trulli	Renault R24	1.10,258 Minuten zurück
12. Rubens Barrichello	Ferrari F2004	1.13,252 Minuten zurück
13. Felipe Massa	Sauber-Petronas C23	1 Runde zurück
14. Olivier Panis	Toyota TF104B	1 Runde zurück
15. Giorgio Pantano	Jordan-Cosworth EJ14	3 Runden zurück
16. Zsolt Baumgartner	Minardi-Cosworth PS04B	4 Runden zurück
17. Gianmaria Bruni	Minardi-Cosworth PS04B	4 Runden zurück
Nick Heidfeld	Jordan-Cosworth EJ14	43. Runde, Aufhängung vorne links
Cristiano da Matta	Toyota TF104B	39. Runde, Dreher
Kimi Räikkönen	McLaren-Mercedes MP4/1913	14. Runde, Unfall

SCHNELLSTE RUNDE: (10. Rd.) -Kimi Räikkönen, McLaren-Mercedes MP4/1913
1.13,780 = 223,182 km/h
Neuer Rundenrekord

82. Sieg

Großer Preis von Ungarn
Mogyoród, 15. August 2004

Schonkost statt Paprika

Aus Sicht der Scuderia ein perfektes Wochenende, aus Sicht der Konkurrenz frustrierend und aus Sicht der Fans eher langweilig: In Ungarn fehlt das Feuer, Michael Schumachers Dominanz ist zu erdrückend. kein Zweifel, die Ferrari fahren in einer eigenen Liga.

Der Wechsel von Jenson Button von BAR-Honda zu Williams, der nach dem Rennen in Hockenheim ruchbar wird und die damit verbundenen Querelen – Button hat bei Williams unterschrieben, während BAR der Meinung ist, die Option rechtzeitig rechtzeitig eingelöst zu haben und auch 2005 mit Button plant – sind im Fahrerlager des Hungarorings Thema Nummer eins. Aber wer glaubt, aus dem Munde des Rennfahrers Näheres zu seinen Motiven und dem Sachstand der Dinge zu erfahren, sieht sich getäuscht. Viel mehr als ein hilfloses Lächeln und ein stereotypes »Kein Kommentar« ist dem Williams-Wunschpiloten, der sich während der letzten Tage nach Sardinien zurückgezogen hatte, nicht zu entlocken.
In der Nacht auf Freitag tobt ein Gewitter über dem Gelände des Hungarorings. Am ersten Trainingstag haben sich die Regenwolken dann allerdings weitgehend verzogen. Lediglich 90 Minuten vor Beginn der Pisten-Aktivitäten fallen noch ein paar Tropfen. Als ab 11.00 Uhr die ersten Runden gedreht werden, hat sich die Sonne bereits wieder soweit durchgesetzt, dass Asphalttemperaturen von 40 Grad gemessen werden.
Natürlich macht auch der ungarische F1-Circuit keine Ausnahme, was die Leistungssteigerungen der Boliden im Vergleich zu den Rundenzeiten des Vorjahres betrifft. 2003 hatte Fernando Alonso hier seinen Renault mit einer Qualifying-Zeit von 1.21,688 Minuten auf die Pole gestellt. Diesen Wert unterbietet Michael Schumacher, der an diesem Wochenende die Chance hat, seinen siebten WM-Titel unter Dach und Fach zu bringen, bereits im Verlauf der ersten Trainingsstunde. Für den Kerpener bleiben die Uhren bei 1.21,552 Minuten stehen, obwohl der Pistenbelag noch recht schmutzig ist und entsprechend wenig Grip bietet. Glücklicherweise reicht er für einen verirrten Hasen aus, der der Todeszone zwischen den Leitplanken unversehrt entkommt.
Als »Schumi« vor zwölf Monaten in Ungarn eine schwere Niederlage einstecken musste – mit einer Runde Rückstand auf Fernando Alonso wurde er lediglich Achter –, schrieb ihn die Presse nahezu einhellig ab. Schumacher sei ausgebrannt, hieß es damals, und seine Ära neige sich unweigerlich ihrem Ende zu. »Offenbar«, sagt er jetzt schmunzelnd, »haben sich die Experten damals getäuscht. Ich habe jedenfalls den Eindruck, dass ich immer noch ganz gut mithalten kann.« Tatsächlich hat er seitdem 15 Grand Prix bestritten, von denen er 13 (!) für sich entschieden hat...

Samstags – Luft und Asphalt sind deutlich kühler als am Vortag – werden nach dem morgendlichen freien Training die Piloten der Teams Ferrari, BAR-Honda und Williams-BMW als Pole-Anwärter gehandelt, denn Button, Michael Schumacher, Barrichello und Pizzonia geben den Ton an. Gerade einmal 0,357 Sekunden trennen das Quartett, und Button legt die Latte bei dieser Gelegenheit auf 1.19,556 Minuten! Während darüber diskutiert wird, wer die besten Karten für das Qualifying hat, kommt schlechte Kunde aus der Sauber-Box. Der Motor im Heck des C23 von Felipe Massa muss gewechselt werden. Für den Brasilianer ist das Qualifying damit nur noch von sekundärer Bedeutung, denn der Verlust von zehn Startplätzen macht ihm – speziell auf dieser Rennstrecke ohne Überholmöglichkeiten – bereits jetzt einen Strich durch den weiteren Verlauf des Wochenendes.
Da der Wetterbericht für den Tagesverlauf Regenschauer nicht ausschließen will, spekuliert man im Fahrerlager, ob es eventuell ein »zweites Silverstone« – ein Pre-Qualifying mit extrem langsamen Rundenzeiten – geben wird. Doch zur Freude der Fans wird diesmal trotz aller Witterungsbedenken munter Gas gegeben, als es um die Slots für den entscheidenden zweiten Durchgang geht.
Die theoretisch beste Ausgangsposition, er darf sein Glück als Letzter versuchen, sichert sich Barrichello. Dem Südamerikaner gelingt eine Traumrunde in 1.18,436 Minuten. Als Vorletzter wird Michael Schumacher zuschlagen. Falls es trocken bleibt, steht einer rein roten ersten Startreihe nichts im Weg. Tatsächlich beginnt es während des Qualifying zu tröpfeln. Betroffen sind die letzten acht Piloten: Trulli, Button, Montoya, Sato, Fisichella, Massa sowie die beiden Piloten der Scuderia Ferrari in genannter Reihenfolge. Die Niederschläge verursachen allerdings lediglich ein wenig Zusatz-Stress, denn die minimale Nässe beeinflusst die Performance der genannten Fahrer nicht. Wie schon so oft, entscheidet das Abschneiden der letzten Fünfergruppe über die Platzverteilung in den ersten Reihen: Zunächst verdrängt Sato seinen Teamkollegen Button von der provisorischen Pole. Fisichella, obwohl ausnahmsweise »leicht« unterwegs, verpasst die Zeit des Japaners deutlich. Massa verzichtet auf seinen »Run«, da er ohnehin von ganz hinten starten muss. Dann ist Michael Schumacher an der Reihe, der 2003 in Ungarn so viel Häme einstecken musste. Seine »Rache« gelingt. Er verdrängt Sato von Platz eins. Unmittelbar nach ihm beißt sich Barrichello an der Zeit des Rheinländers die Zähne aus.
Damit hat Schumacher zum 62. Mal bei einem F1-WM-Lauf den besten Startplatz in der Tasche. Drei Qualifying-Bestzeiten fehlen ihm jetzt noch, um mit dem ›Pole-König‹ Ayrton Senna gleichzuziehen. Der Rheinländer reagiert ausgesprochen happy auf das Resultat: »Mann – wenn man das Ergebnis mit dem des Vorjahres vergleicht, dann ist der Unterschied doch gewaltig. Was Ferrari in diesem Jahr leistet, mag von außen betrachtet so spielerisch leicht aussehen. Aber ich kann versichern: Es ist das Resultat knochenharter Arbeit. Während der letzten Testfahrten, ganz speziell in Jerez, haben wir einen deutlichen Schritt nach vorn gemacht. Der hat sich bereits in Hockenheim positiv ausgewirkt, und auch hier scheinen wir davon profitieren zu können.«
Die Startaufstellung überrascht ihn nicht, wenn man davon absieht, dass er die McLaren-Mercedes ein wenig weiter vorn erwartet hat. »Aber«, fügt er hinzu, »vielleicht haben die sich ja auch für eine völlig andere Strategie entschieden. In diesem Punkt werden wir morgen schlauer sein.« Tatsächlich steht Kimi Räikkönen als der schnellere der beiden Silberpfeil-Piloten »nur« auf Rang zehn. Und das, obwohl er

mit derselben Spritmenge an Bord unterwegs war wie »Schumi«. Im Lager von Williams-BMW fällt auf, dass Ralf-Schumacher-Ersatz Pizzonia seinen Teamkollegen Montoya hinter sich ließ – obwohl er für drei zusätzliche Runden Benzin im Tank hat... Der Spritverbrauch auf dem relativ langsamen ungarischen GP-Kurs ist allerdings recht gering. Die Piste rangiert in der Verbrauchstabelle der 18 Circuits auf Platz 13. Pro Runde werden lediglich 2,6 Kilogramm verpulvert, und die Ingenieure gehen davon aus, dass die Rundenzeit aufgrund zusätzlicher zehn Kilo um 0,41 Sekunden ansteigt. Die zusätzliche Last macht sich nicht nur beim Beschleunigen und Abbremsen negativ bemerkbar. Sie beeinflusst, weil sie im Inneren des Tanks schwappt, auch die Kurvendurchfahrten.

Als das Feld in die Formationsrunde gebeten wird, herrscht bei den Roten helle Aufregung. Sekundenlang scheint es, als könne der Motor in Barrichellos F2004 nicht zum Leben erweckt werden. Dann endlich brüllt der V10 im Rücken des Südamerikaners auf – früh genug, um keinen Nachteil zu haben, denn solange man nicht bis auf den letzten Platz durchgereicht wird, darf man während der Formationsrunde überholen, um seinen »Original-Startplatz« einnehmen zu können. Ausgerechnet der ›Local Hero‹ Zsolt Baumgartner kommt nicht von der Linie weg. Sein Minardi wird in die Boxengasse geschoben, von wo aus er dem Feld nachjagen wird.

Beim Start lassen die Roten aus Maranello der Konkurrenz keinen Stich. Der Champion lenkt seinen Boliden vor Barrichello in die erste Kurve ein. Dahinter folgt der spanische »Raketen-Starter« und Vorjahressieger Alonso, der damit gleich zwei Plätze gutmacht. Es fehlte nicht viel und er hätte sich eingangs von »Turn 1« auch noch Barrichello schnappen können. Dem Renault-Piloten sind Montoya, Button, Trulli und Räikkönen auf den Fersen. Und Sato, die Hoffnung des Landes der aufgehenden Sonne, der auf Platz drei gestartet war? Er geht auf den ersten Metern völlig unter und wird nach dem Rennen die Gründe für den Absturz auf Platz acht nennen: »In der ersten Kurve lag ich neben Alonso und kam ein wenig von der Linie ab. Auf der schmutzigen Seite der Piste verlor ich an Fahrt. Bevor ich Schwung und Rhythmus wiedergefunden hatte, flogen vier andere Autos an mir vorbei.« Michael Schumacher kommt mit 1,1 Sekunden Vorsprung aus der Startrunde zurück.

Zunächst spricht alles für einen weiteren problemlosen Ferrari-Durchmarsch. Dieses Bild ändert sich unmittelbar nach dem ersten Boxenstopp von Rubens Barrichello, der nach elf Umläufen – eine Runde vor seinem deutschen Teamkollegen – seinen ersten Service-Halt einlegt. Kaum hat »Rubinho« wieder Gas gegeben, da steckt die Teamführung an der Boxenmauer die Köpfe zusammen. Offenbar gibt es ein Problem. Wenig später wird die Ursache für das ungeplante Brain-Storming deutlich: Während des Tankens ist eine kleine Menge Sprit aus der Anlage gesickert, und jetzt machen sich einige Mechaniker in aller Seelenruhe daran, ein Kupplungsstück des Schlauchs auszutauschen. Schon beginnen die Rivalen des springenden Pferdes zu hoffen, es handele sich um einen irreparablen Schaden. Doch die Unken-Fraktion freut sich zu früh. Erstens ist kein Team auf nur eine Tankanlage angewiesen, und zweitens werkeln die Ferraristi mit einer derartigen Bierruhe, dass klar ist: Niemand macht sich ernsthafte Sorgen, einer der Ferrari-Motoren könne an diesem Nachmittag verdursten. Ross Brawn zum Thema »tropfender Tankschlauch«: »Vorsorglich haben wir ein paar Teile ausgetauscht, aber wir hatten die Situation jederzeit im Griff. Deshalb sagten wir den Fahrern gar nicht erst, was passiert war.«

Keine Frage, es gab seit 1986 auf dem Hungaroring in der Vergangenheit einige unvergessene Renn-Schlachten, die in puncto Spannung kaum Wünsche offen ließen. Grundsätzlich aber ist der Circuit trotz einiger Umbaumaßnahmen nicht ideal für einen F1-GP. Es kann ebenso wenig überholt werden wie in Monte Carlo, gleichzeitig fehlt es an Flair und Nervenkitzel. Sieht man von vorübergehenden Verschiebungen wegen der – in der Regel drei – geplanten Boxenstopps ab, kommt es zwischen der ersten und der 70. Runde auf den ersten fünf Plätzen zu keinen Veränderungen. Und wenn im Ziel hinter Michael Schumacher, Barrichello, Alonso, Montoya sowie Button weder Trulli noch Räikkönen auftauchen, dann deshalb, weil sie ausfallen. Sato, Pizzonia und Fisichella rücken nach – die beiden Letztgenannten haben, das soll nicht verschwiegen werden, tatsächlich die Plätze getauscht!
Jean Todt spricht nach der Zieldurchfahrt feierlich von einer weiteren neuen Seite, die man an diesem Tag ins Geschichtsbuch der Scuderia geschrieben habe. Unrecht hat der Franzose damit ganz sicherlich nicht, denn der Würgegriff, mit dem die Roten ihre Gegner kontrollieren, ist aus der Maranello-Perspektive absolut vorbildlich.
Der drittplatzierte Alonso berichtet von einem eher geruhsamen Sonntagnachmittag: »Ehrlich gesagt, ging alles sehr ruhig über die Bühne. Vielleicht sogar ein wenig zu ruhig. Die Ferrari lagen außerhalb meiner Reichweite. Also ging es darum, den Vorsprung vor Juan Pablo zu halten und keine Fehler zu machen.« Die Schilderung des Spaniers macht deutlich, wie unterschiedlich man ›einsame Rennen‹ beurteilen kann. Als überlegener Spitzenreiter kurvte er 2003 weitaus isolierter durch die Hügellandschaft bei Mogyoród. Aber damals hatte er den Siegerpokal und zehn WM-Punkte vor Augen und klagte keineswegs über 70 reizarme Runden. Zu den Losern des Tages zählt eindeutig Kimi Räikkönen, der an diesem Nachmittag bereits zum siebten Mal im Verlauf dieser Saison von der Technik im Stich gelassen wird.
Während die Augenzeugen eines unbestritten langweiligen Grand Prix – spöttisch werden abends im Fahrerlager Vergleiche zum Synchron-Schwimmen gezogen – enttäuscht abwandern, kann die Scuderia Ferrari hochzufrieden sein.
Das Traditions-Team hat sich den siebten Doppelsieg der Saison gesichert. Damit ist den Italienern der Konstrukteurs-Titel, der sechste in Folge, auch rechnerisch nicht mehr zu nehmen. Gleichzeitig hat Michael Schumacher die Weichen zum Gewinn seines siebten Fahrer-Titels in Spa-Francorchamps gestellt. Zwei WM-Punkte mehr als sein Teamkollege muss er in den Ardennen ergattern, dann ist er am Ziel seiner Wünsche. Und am Rande wird registriert, dass der Kerpener mit jetzt 82 F1-Siegen exakt doppelt so viele GP-Erfolge aufzuweisen hat wie die vor zehn Jahren verstorbene Motorsport-Legende Ayrton Senna. Wenn inmitten des roten Siegesrausches ein Hellseher verraten würde, dass sich Michael Schumacher erst im japanischen Suzuka wieder die volle Punktzahl sichern wird – niemand würde ihm glauben...
In Spa nämlich wird »Schumi« zwar seinen siebten WM-Titel feiern können, der Sieg aber geht an Kimi Räikkönen. In Monza reicht es auch »nur« für einen zweiten Platz, doch wird diese Rennen ur eindrucksvollsten Dominanz-Demonstration der gesamten Saison. Und dass letztlich Barrichello ganz oben stehen darf, heißt lediglich, dass Schumacher nicht ernsthaft angegriffen hat. Beim Großen Preis von China dagegen ein Nullnummer. Im letzten freien Training, Samstags, unterläuft dem Überflieger aus Kerpen einer seiner seltenen Fahrfehler, er fliegt ab. Um ihm dennoch maximale Chancen einzuräumen, entschließt sich die Scuderia, den Boliden des Deutschen mit

einem frischen Motor zu bestücken und aus der Boxengasse loszuschicken. Außerdem wird der F2004 nachgetankt, so dass ein extrem langer erster Stint möglich erscheint. Nicht wenige Experten sind der Meinung, dass der Weltmeister dann am Sonntag, wie in Monza, als 21. das Feld von hinten aufrollen wird. Nach zehn Runden liegt Schumacher bereits auf Platz sechzehn. Als er den vor ihm liegenden Christian Klien überholen will, knallt es: Der Jaguar-Pilot hat den Ferrari nicht gesehen, der auf der Innenbahn passieren will. Für beide Autos reicht der Platz nicht. Immerhin. Schumacher kann weiterfahren, Klien muss seinen Jaguar mit ramponierter Radaufhängung zur Box bringen. Nach 14 Umläufen – Platz zehn für den Champion – dann ein Dreher des Rheinländers, der zwei Plätze einbüßt. In Runde 20 – Platz sechs – der Boxenstopp, der ihn acht Plätze zurückwirft. Und 15 Runden später dann ein Plattfuß hinten links. Das Rennen beendet der Wahl-Schweizer dann ganz weit hinten: ein zwölfter Platz, mehr ist nicht zu holen. Doch in Suzuka wird sich das Bild schon wieder ändern ...

ERGEBNISSE UND AUSFÄLLE

1. Michael Schumacher	Ferrari F2004	1:35.26,131=192,798 km/h
2. Rubens Barrichello	Ferrari F2004	4,696 Sekunden zurück
3. Fernando Alonso	Renault R24	44,599 Sekunden zurück
4. Juan Pablo Montoya	Williams-BMW FW26	1.02,613 Minuten zurück
5. Jenson Button	BAR-Honda 006	1.07,439 Minuten zurück
6. Takuma Sato	BAR-Honda 006	1 Runde zurück
7. Antonio Pizzonia	Williams-BMW FW26	1 Runde zurück
8. Giancarlo Fisichella	Sauber-Petronas C23	1 Runde zurück
9. David Coulthard	McLaren-Mercedes MP4/19B	1 Runde zurück
10. Mark Webber	Jaguar-Cosworth R5	1 Runde zurück
11. Olivier Panis	Toyota TF104B	1 Runde zurück
12. Nick Heidfeld	Jordan-Cosworth EJ14	2 Runden zurück
13. Christian Klien	Jaguar-Cosworth R5	2 Runden zurück
14. Gianmaria Bruni	Minardi-Cosworth PS04B	4 Runden zurück
15. Zsolt Baumgartner	Minardi-Cosworth PS04B	5 Runden zurück
Giorgio Pantano	Jordan-Cosworth EJ14	49. Runde, Getriebe
Jarno Trulli	Renault R24	42. Runde, Öldruck
Ricardo Zonta	Toyota TF104B	32. Runde, Elektronik
Felipe Massa	Sauber-Petronas C23	22. Runde, Bremsen
Kimi Räikkönen	McLaren-Mercedes MP4/19B	14. Runde, Elektronik

SCHNELLSTE RUNDE: (29. Rd.) – Michael Schumacher, Ferrari F2004
1.19,071=199,461 km/h
Neuer Rundenrekord

83. Sieg

Großer Preis von Japan
Suzuka, 10. Oktober 2004

Schumacher kann's noch

Für Aufregung in Japan sorgt vor allem das Wetter, der Rennverlauf bringt nicht die großen Aufreger. Aus deutscher Sicht besonders erfreulich ist das Abschneiden der Schumacher-Brüder, die ohne Probleme ihr Pensum abspulen.

Im Anschluss an den WM-Lauf in Schanghai teilt sich der Grand Prix-Tross in zwei Fraktionen auf. Während sich ein Teil der Akteure nach Europa zurückzieht – unter anderem auch Weltmeister Michael Schumacher –, bleiben andere auf der östlichen Erdhalbkugel. David Coulthard setzt sich nach Thailand ab, die beiden Jaguar-Piloten machen einen Abstecher nach Australien, und wieder andere bleiben in China. So nutzen einige Mitglieder des Teams Sauber die freien Tage für einen Trip nach Peking und an die chinesische Mauer.
Natürlich wird es von allen als gewöhnungsbedürftig empfunden, dass die Saison in Japan nicht ausklingen wird. Es ist wieder so wie früher. Wie in jenen Jahren von 1987 bis 1995, als Suzuka ebenfalls als vorletzte Station im WM-Kalender stand, bevor es weiter zum Finale ins australische Adelaide ging. Der befremdliche Rhythmus wird jedoch schnell in den Hintergrund gedrängt, denn »Ma-on«, der 22. Taifun des Jahres, der sich Japan zum Ziel gesetzt hat, befindet sich aus südlicher Richtung im Anflug. Am Samstag wird er, so die Meteorologen, die Region um Suzuka erreichen...
Der siebenmalige F1-Champion tut das bereits donnerstags – per Hubschrauber aus Tokio einfliegend. In der japanischen Hauptstadt erledigte er am Vortag ein volles Programm. Nacheinander hakte er dort Veranstaltungen von Shell, Vodafone, Bridgestone und Olympus ab. Abends genoss der Kerpener einen Empfang des japanischen Transport-Ministers, bevor der Tag mit einem Bridgestone-Dinner ausklang. Anschließend erlebte Michael Schumacher eine Überraschung. Der Ferrari-Pilot lag bereits im Bett seines Hotelzimmers im sechsten Stockwerk des »Okura«, als er durchgeschüttelt wurde. »Ich sagte mir« erklärt er, »dass es nicht an mir liegen kann, da ich ja praktisch nichts getrunken hatte. Es war das erste Erdbeben, das ich erlebte. Angst empfand ich nicht, dafür war es nicht stark genug.« Tatsächlich beruhigte das umsichtige Hotel-Management die Gäste auch umgehend durch Lautsprecherdurchsagen, man möge bitte auf den Zimmern bleiben, da keinerlei Gefahr bestünde.
Und wie sieht der Rheinländer das Thema »Ma-on«? »Bisher«, antwortet er lächelnd, »gab es noch kein Formel 1-Rennen mit Taifun-Einlage – aber einmal ist immer das erste Mal. Wir sollten abwarten – diese Stürme ändern ja schließlich oft genug ihre Richtung. Wer sagt denn, dass er wirklich hierher kommt?«
Donnerstags kann sich tatsächlich jeder im Fahrerlager ein sturmfreies Weekend vorstellen, denn es herrscht spätsommerliches Bilderbuchwetter, wie es in Suzuka – von wenigen Ausnahmen abgesehen – eigentlich um diese Jahreszeit die Regel ist.

Was das Rennen betrifft, es spielt zum Auftakt des GP-Wochenendes nur eine Nebenrolle, stuft Schumacher seine Motivation im Vergleich zu den letzten GP als »ein wenig größer« ein. »Ja«, meint er, »ich will dieses Rennen gewinnen. Dabei bin ich mir durchaus darüber im Klaren, dass hier BAR und Mercedes sehr stark sein werden.«
Natürlich wird auch über die Rennstrecke von Suzuka diskutiert, die im extremen Gegensatz zum Schauplatz des chinesischen WM-Laufs steht. Neben der Piste von Spa-Francorchamps stellt der japanische F1-Circuit eine geradezu unglaubliche Herausforderung dar. Dabei fällt auf: In Spa wurde der erste GP – wenn auch auf der ursprünglich wesentlich längeren Rennstrecke – schon im Jahr 1925 ausgetragen. Die Anlage von Suzuka stammt immerhin aus dem Jahr 1962. Sie wurde von dem Niederländer John Hugenholtz als Testpiste für Honda gebaut. Wenn, zumal auch der monegassische Klassiker zu den fahrerischen Leckerbissen zählt, die ältesten Rennstrecken die besten Noten bekommen, dann sollte das nachdenklich stimmen.
Mit dieser Frage konfrontiert, zieht sich Michael Schumacher diplomatisch aus der Affäre: »Man muss die Saison im Ganzen sehen. Den Reiz des gesamten Rennjahres macht der Mix aus den legendären alten Kursen und den neuen aus.«
Freitags bringt sich »Ma-on« bereits in den frühen Morgenstunden unübersehbar in Erinnerung. Morgens um sechs Uhr beginnt es zu regnen. Grau in Grau zieht sich der weite Himmel über der Küstenregion der Provinz Mie von Horizont zu Horizont. Eine Besserung des Wetters ist nicht in Sicht. Den widrigen Bedingungen zum Trotz beginnt das freie Freitagstraining pünktlich um 11.00 Uhr. Die Superlizenz-Inhaber scheinen weitaus weniger »wasserscheu«, als aufgrund des Sauwetters befürchtet. Der Eindruck täuscht. 30 Minuten später hat noch keiner der insgesamt 25 Akteure auch nur eine einzige fliegende Runde zurückgelegt. Das Gros begnügt sich bis zu diesem Zeitpunkt mit einer Installationsrunde – nach 5,8 Kilometern bog man wieder in die Boxengasse ab und brachte sich ins Trockene. Die 38. von 60 Minuten läuft, als Trulli die erste fliegende F1-Runde des Wochenendes dreht. Für den Italiener bleiben die Uhren bei einer Zeit von 2.11,055 Minuten stehen. Zum Vergleich: Auf trockener Piste stellte Rubens Barrichello im Vorjahr seinen F2003-GA hier mit einer Zeit von 1.31,713 Minuten auf die Pole. Anschließend verbessern sich die Bedingungen ein wenig, und fünf Minuten vor Ende der ersten Sitzung brennt Michael Schumacher eine Zeit von 1.47,906 auf den Asphalt.
Im zweiten Training, mittags von 13.00 bis 14.00 Uhr, steht das Wasser zunächst weniger hoch. »Schumi« steigert sich als Bester auf 1.45,388 Minuten. Hinter dem Deutschen platzieren sich Fisichella, Räikkönen, Barrichello, Coulthard mit neuer Kupplung, Glock, Heidfeld, Sato, Davidson und Villeneuve. Insgesamt kommen nur 23 Fahrer zum Einsatz. Briscoe und Wirdheim werden von Toyota beziehungsweise Jaguar gar nicht erst in den Regen geschickt. Der nimmt während der letzten 20 Minuten wieder derart zu, dass sich in der Schlussphase lediglich Panis für eine Bummelrunde sehen lässt.
Nach dem Training setzt die Rennleitung für 17.30 Uhr ein Krisen-Meeting an, da sich »Ma-on« bisher unverändert auf dem berechneten Kurs bewegt und inzwischen von den japanischen Wetterfröschen offiziell vom »Taifun« zum ›«Super-Taifun« aufgewertet wurde. Die drei Stewards des Meetings – Paul Gutjahr, Horst Tomczyk und Takami Sugawara – wollen gemeinsam mit den Teamchefs beraten, wie es weitergehen soll. Über diesen neuesten Stand der Entwicklung unterrichtet, winkt der alte Hase

Professor Sid Watkins ab: »Die FIA muss schnell eine Entscheidung treffen? Oh... das ist nicht gerade deren starke Seite.«
Hilfe kommt diesmal von außen. Die Präfektur Mie ordnet an, dass am Samstag kein Publikum aufmarschieren darf. Die Kombination aus 120.000 Fans und dem drohenden Sturm erscheint der Verwaltung mit Recht als zu großes Risiko. Automatisch zieht die FIA nach: Alle Samstags-Aktivitäten der F1 sowie sämtliche Rahmenrennen werden für den weiteren Verlauf des Wochenendes abgesagt. Da das Reglement einen derartigen Fall nicht vorsieht, muss parallel beraten werden, in welcher Reihenfolge gestartet werden soll. Morgens hatte »Ober-Steward« Paul Gutjahr noch gesagt: »Wenn das Qualifying am Samstag ausfällt, ist alles möglich – von der Übernahme der Schanghai-Startaufstellung bis hin zu einer Losentscheidung.« Beschlossen wird letztlich, die zwei Quali-Sitzungen am Sonntagmorgen nachzuholen.
Nachdem der verantwortliche japanische Fernsehsender Fuji-TV bereits kurz nach 15.00 Uhr mit der Demontage der Sendeanlagen begonnen hatte, ziehen nun die Teams und die Pistenverwaltung umgehend nach: Die Anlage wird Taifun-sicher gemacht. Die »Befehlsstände« an der Boxenmauer werden demontiert oder vertäut, die Werbetafeln zerlegt und die Zelte des VIP-Paddock-Clubs durch Ketten und schweres Gerät gesichert. Vor den geschlossenen Boxentoren entsteht ein »Damm« aus Sandsäcken. Um die kostbaren Boliden zusätzlich zu schützen, lässt die Rennleitung eine Karawane von Rettungswagen vor den Metalltoren parken. In Erwartung der Naturkatastrophe reicht Christian Klien abends seinem Freund Timo Glock im Scherz die Hand: »Falls wir uns nie mehr sehen sollten – es war nett, Dich kennen gelernt zu haben.«
Am Samstagmorgen regnet es unverändert. An der Rennstrecke bietet sich ein trauriges Bild. Die Teams haben nur wenige Aufpasser postiert, die in der tropfnassen Szenerie gelangweilt Dienst schieben. Das Gros des F1-Tross befolgt den Rat der Regionalverwaltung, die Hotels an diesem Tag nicht zu verlassen. Auf der Bowling-Bahn des Circuit Hotels verlustieren sich, angeführt von Michael Schumacher und Ron Dennis, einige Piloten und Teamchefs. Im Media Centre sind die japanischen Gastgeber in voller Mannschaftsstärke angetreten, aber nur wenige Berichterstatter haben sich an diesem Tag – dem ersten freien F1-Samstag im Verlauf der über 50-jährigen Championats-Geschichte – auf den Weg gemacht. Auf den Monitoren flimmern Satelliten-Aufnahmen des Taifuns, der vorläufig stur seinen Weg in Richtung Suzuka hält.
Dann die plötzliche Entwarnung: Der Taifun hat abgedreht. Er wird gut 70 Kilometer östlich der Region vorbeiziehen, um sich in ein paar Stunden die japanische Hauptstadt vorzuknöpfen. Um 14.45 Uhr hört es, nach über 32 Stunden, auf zu regnen. Sofort rücken die Bautrupps an, um die Anlage wieder F1-klar zu machen.
Am Sonntagmorgen wird das Versäumte planmäßig nachgeholt. Der Regen ist in der vorherigen Nacht noch einmal zurückgekehrt. Die Rennstrecke ist morgens um 9.00 Uhr noch nass, als Schanghai-Sieger Barrichello als Erster ins Pre-Qualifying muss. Seine Chancen, sich die dritte Pole in Folge zu holen, reduzieren sich damit praktisch auf Null. Die Sitzung endet mit einer faustdicken Überraschung, denn der Toyota-Neuzugang Trulli markiert die Bestzeit. Im Lager der »Toyoten« rauft man sich dennoch die Haare: In der guten alten Zeit, als zwischen dem ersten und dem zweiten Qualifying noch 24 Stunden lagen, hätte man den Coup des Italieners in den Medien entsprechend lange als Top-Thema gehandelt.

Zu Beginn des zweiten Durchgangs sind bereits Teile der Piste abgetrocknet. Die Luftfeuchtigkeit ist von 90 auf 83 Prozent gesunken, die Bestzeit markiert einmal mehr Schumacher-San, der in Suzuka zum achten Mal die Pole geholt. So hat er den bisherigen Rekord egalisiert, den Ayrton Senna einst in Imola aufgestellt hatte. Gut dreieinhalb Stunden trennen die Akteure nach dem Ende des Qualifying vom Start.
Als sich das Feld für den Start formiert – Baumgartner postiert sich in der Boxengasse –, teilen sich die Gebrüder Schumacher zu Beginn eines F1-GP bereits zum siebten Mal die erste Startreihe. Nur einmal kam es bisher in dieser Konstellation auf den ersten Metern zu einer Positionsverschiebung: 2003, als Ralf seinen großen Bruder in Imola austricksen konnte.
So überrascht es dann nicht, dass die Kerpener Geschwister nach dem Start die im Qualifying gefundene Reihenfolge beibehalten. Dahinter formieren sich auf den vorderen Rängen: Button, Sato, Trulli, Webber – der seinen guten Startplatz ebenso wenig nutzen kann, wie im März in Sepang Rang zwei –, Coulthard und Villeneuve.
Schnell wird deutlich, dass »Ralle« das Tempo des Spitzenreiters nicht mithalten kann. Als er nach neun Umläufen seinen ersten Boxenstopp einlegt, hat er bereits fünf Sekunden auf seinen roten Bruder verloren. Die ersten vier Positionen der Startrunde werden bei der Zieldurchfahrt noch unverändert besetzt sein.
20 Runden lang bleibt das Feld komplett. Die Zuverlässigkeit der aktuellen Boliden-Generation ist auf einem beeindruckend hohen Stand. Es scheint nur eine Frage der Zeit zu sein, bis erstmals seit dem GP der Niederlande 1961 der erste WM-Lauf ohne Ausfälle über die Bühne geht. Es wäre erst der zweite der Championats-Geschichte.
Obwohl die Fronten an der Spitze prinzipiell geklärt sind, wird dem Publikum einiges geboten. Auffallend ist, dass Villeneuve erneut nicht die in ihn gesetzten Erwartungen erfüllen kann. Der Kanadier macht in erster Linie als rollendes Verkehrshindernis auf sich aufmerksam. Der Fairness halber sei daran erinnert, dass der Renault R24 ausgesprochen schwierig zu fahren ist. In der kommenden Woche wird der Ex-Champion bei Testfahrten in Jerez weitere Kilometer sammeln und anschließend ankündigen, er werde beim Finale in Brasilien alles tun, um in die Punkte zu kommen.
In Suzuka schafft er diesen Sprung nicht. Und sein künftiger Teamkollege Felipe Massa tut alles, um sich bei Villeneuve Respekt zu verschaffen, der den Brasilianer vor zwei Jahren auf das heftigste kritisiert hatte: »Dieser Dummkopf gehört nicht in die Formel 1.« Jetzt fährt dieser »Dummkopf« Kreise um Villeneuve, den er gleich zweimal locker ausbremst. Im Schatten der Stars verdient sich Massa an diesem Tag ohnehin den Oskar für die beste Nebenrolle, denn nach dem verkorksten Qualifying dreht der Sauber-Pilot so richtig auf. In der Liste der schnellsten Rennrunden wird er Platz vier einnehmen. Er kommt letztlich hinter seinem Teamkollegen Fisichella als Neunter ins Ziel.
Zu den wenigen, die neben Jaguar-Pilot Webber die Segel streichen mussten, zählen Rubens Barrichello und David Coulthard. Die Ursache für ihr Scheitern: In Runde 38 versucht der Brasilianer im Rahmen seiner Aufholjagd den Schotten von Platz fünf zu verdrängen. Doch der ist selbst auf die mit diesem Rang verbundenen vier WM-Punkte scharf. Er zeigt sich beim Einlenken in die Schikane nicht kompromissbereit. Prompt knallt es. Mit verbogenen vorderen Radaufhängungen schleppen sich beide noch bis an ihre Boxen – Endstation.
Nach seinem Erfolg, dem ersten seit seinem Triumph auf dem Hungaroring, spricht sich Michael Schumacher dagegen aus, den »all inclusive« Renntag zum Vorbild zu

nehmen: »Das dichte Programm brachte heute zwar einen aufregenden Tag, aber für die Mechaniker und die Ingenieure war es doch wohl ein wenig zu stressig.« Über seinen Sieg freut sich der Champion anschließend nicht so sehr, wie über das gute Abschneiden seines Bruders: »Wer ihn wegen seines Unfalls in Indy abgeschrieben hat, der irrte sich. Ralf muss man immer auf der Rechnung haben.«
Der Saisonabschluss in Interlagos bietet allerdings für keinen der beiden Brüder so richtig Grund zur Freude. Mit einem gewaltigen Abflug im freien Samstags-Training bringt sich der Weltmeister um alle Chancen, sich mit einem Sieg in die Winterpause verabschieden zu können. Danach muss er nämlich für Qualifying mit dem T-car antreten, was juristisch als Motorwechsel gewertet wird und ihn in der Startaufstellung um zehn Plätze nach hinten bringt: Startplatz 18 heißt es zu Rennbeginn, doch bereits in der Startrunde macht er gewaltig an Boden gut, liegt bereits auf Rang zehn. Dann in Runde drei ein Dreher, drei Plätze sind futsch. Nach 71 Runden sieht Schumacher dann als Siebter die gewürfelte Flagge – die längste GP-Saison aller Zeiten ist zu Ende.

ERGEBNISSE UND AUSFÄLLE

1. Michael Schumacher	Ferrari F2004	1:24.26,985 = 218,524 km/h
2. Ralf Schumacher	Williams-BMW FW26	14,098 Sekunden zurück
3. Jenson Button	BAR-Honda 006	19,662 Sekunden zurück
4. Takuma Sato	BAR-Honda 006	31,781 Sekunden zurück
5. Fernando Alonso	Renault R24	37,767 Sekunden zurück
6. Kimi Räikkönen	McLaren-Mercedes MP4/19B	39,362 Sekunden zurück
7. Juan Pablo Montoya	Williams-BMW FW26	55,347 Sekunden zurück
8. Giancarlo Fisichella	Sauber-Petronas C23	56,276 Sekunden zurück
9. Felipe Massa	Sauber-Petronas C23	1.29,656 Minuten zurück
10. Jacques Villeneuve	Renault R24	1 Runde zurück
11. Jarno Trulli	Toyota TF104B	1 Runde zurück
12. Christian Klien	Jaguar-Cosworth R5	1 Runde zurück
13. Nick Heidfeld	Jordan-Cosworth EJ14	1 Runde zurück
14. Olivier Panis	Toyota TF104B	2 Runden zurück
15. Timo Glock	Jordan-Cosworth EJ14	2 Runden zurück
16. Gianmaria Bruni	Minardi-Cosworth PS04B	3 Runden zurück
Zsolt Baumgartner	Minardi-Cosworth PS04B	42. Runde, Dreher
David Coulthard	McLaren-Mercedes MP4/19B	39. Runde, Unfallfolgen
Rubens Barrichello	Ferrari F2004	39. Runde, Unfallfolgen
Mark Webber	Jaguar-Cosworth R5b	21. Ründe, Aufgabe

SCHNELLSTE RUNDE: (30. Rd.) -Rubens Barrichello, Ferrari F2004
1.32,730 = 225,441 km/h
Neuer Rundenrekord

Replay

Die Saison 2005

2005 gelang es Renault und Fernando Alonso, den roten Giganten aus Modena vom Sockel zu stoßen. Kimi Räikkönen, der die Wachablösung so gern selbst vollzogen hätte, wurde das Opfer zahlreicher technischer Schwächen seines Boliden. Auf dem langen Weg von Melbourne nach Schanghai erlebte die Formel 1 Tiefs, wie das US-Gummi-Desaster, und Hochs à la Suzuka.

Die Formel 1-Saison 2005 wird als das Rennjahr der Entthronung Michael Schumachers in die Geschichte eingehen. Natürlich musste die phänomenale Siegesserie des Ferrari-Stars irgendwann reißen. Statistisch gesehen war ein Durchhänger geradezu überfällig. Aber wer hatte nach Michael Schumachers erdrückender Dominanz im Verlauf der Saison 2004 ernsthaft damit gerechnet, dass es im Jahr danach nur zu einem einzigen Sieg reichen würde? Und diesen einen »Zehner« verdankte der Rheinländer nicht der Performance des eigenen Pakets, sondern ganz speziellen Umständen. In den Augen der Öffentlichkeit befand sich »Schumi« von Melbourne bis Schanghai im freien Fall. Tatsächlich knacksten nur die beiden obersten Sprossen der Erfolgsleiter, denn mit Platz drei im Endklassement gelang ihm eine weiche Landung.

Dass sich an der Spitze erst gar kein Macht-Vakuum bilden kann, gehört zu den »Naturgesetzen« der Serie. Als Erste sprangen Renault und Fernando Alonso in die Lücke. Damit sicherten sich die blaue Equipe und der spanische Jung-Star den entscheidenden Vorteil. Mit dem Vorsprung, den sich Renault in der Frühphase der Saison erkämpfte, legte sie den Grundstein zum Gewinn beider WM-Titel. Auch wenn bei allen Beobachtern der Szene Michael Schumacher als der fahrerische Maßstab der Königsklasse galt, so gab es keine Zweifel: Fernando Alonso war ein absolut würdiger F1-Champion. Der Mann, der Alonso das sportliche Leben zumindest ein wenig schwer machte, war Kimi Räikkönen. Der Finne, von manchen als der »moralische Champion« gesehen, hatte den Piloten aus Oviedo spätestens ab dem Grand Prix von San Marino im Griff – wenn sein McLaren-Mercedes ihn nicht gerade wieder einmal im Stich ließ.

Den sportlichen Höhepunkt erlebten die Fans sicherlich mit dem packenden Japan GP. Ironie des Schicksals: Zu diesem Zeitpunkt war das Championat bereits entschieden – zumindest, was den Fahrer-Titel betrifft. Der Tiefpunkt ging im Mittleren Westen der USA über die Bühne, als die Michelin-Reifen im Nudeltopf von Indianapolis derart weichgekocht wurden, dass ihnen sonntags lediglich die Formationsrunde zugemutet werden konnte. Gleichzeitig feierte aber auch dort der Sport einen großen Triumph, denn die FIA ließ sich auf keinerlei faule Kompromisse ein und degradierte die F1 nicht zur billigen Show. Der französische Reifenhersteller wird das Versagen dank 18 von 19 möglichen Siegen verkraften können.

Die Türkei tauchte in dieser Saison erstmals im F1-Kalender auf. Sehr wichtig: Nach den WM-Neulingen Malaysia, Bahrain und China mit ihrem eher zurückhaltenden Zuschauerinteresse war der Publikumsandrang in der Türkei trotz fehlender Motorsport-Tradition erfreulich groß. 2005 wird aber auch in Erinnerung bleiben, weil sich zu Saisonschluss die Teams Sauber, Minardi, Jordan und BAR-Honda aus der F1 verabschiedeten. Sauber wurde nach 13 Jahren in der Königsklasse von BMW übernommen. Red Bull, das jüngste der im letzten Jahr aktiven Teams, kaufte im Spätsommer Minardi und nutzte diesen Rennstall unter dem Namen Squadra Toro Rosso als Filiale für eigene Nachwuchstalente nutzen. Jordan, für dieses Team fuhr Michael Schumacher 1991 seinen ersten Grand Prix, blieb unverändert im Besitz des Stahlmagnaten Alex Schnaider, trat künftig aber als Midland Racing an. Und BAR-Honda mutierte zum offiziellen Honda-Werks-Team.

Das Team Ferrari

Für die erfolgsverwöhnte Scuderia war es eine lange Saison. Nur mit Glück – das in Indianapolis in Form des Pechs von Michelin zum Tragen kam – schlingerten die Roten an einem Rennjahr ohne Siege, dem ersten seit 1993, vorbei. Obwohl sich die Niederlage schon früh abzeichnete, wollten Jean Todt und seine Vertrauten lange nicht wahrhaben, von Renault und McLaren-Mercedes überrollt worden zu sein.

Verantwortlich für den Abstieg waren gleich mehrere Faktoren. Bestleistungen, auch was aufeinander folgende Titelgewinne betrifft, lassen sich nicht nach Belieben fortsetzen. Die zuvor gezeigte Erfolgsserie musste daher reißen, zumal es Ferrari nicht für notwendig gehalten hatte, zu Saisonbeginn trotz der einschneidenden Regeländerungen mit einer Neukonstruktion anzutreten. Aus dem Gefühl der Überlegenheit heraus hielt man zunächst die Interims-Lösung F2004 M für stark genug. Diese Strategie wurde als Fehler erkannt. Und nun wurde in der Not überstürzt gehandelt. Am 22. und 23. März testeten Rubens Barrichello und dann Michael Schumacher den neuen F2005. Anstatt wie ursprünglich geplant am 8. Mai, debütierte das neue Modell dann bereits am 3. April.

Mit Recht lobte Michael Schumacher die intensive Verkürzung der Vorbereitungsphase des F2005, aber sie ging das wurde in Bahrain deutlich – auf Kosten der zuvor so vorbildlichen Zuverlässigkeit der roten Boliden. Diese wurde im weiteren Saisonverlauf zwar deutlich verbessert, doch letztlich war das Auto zu langsam. Reifen und Chassis harmonierten nicht, die Aerodynamik war auch nicht optimal. Mit verantwortlich waren die Tatsachen, dass der langjährige Chef-Designer Rory Byrne seine Aufgaben an den Ex-Minardi-Ingenieur Aldo Costa übergab und Bridgestone qualitativ von Michelin überrannt wurde.

Wenn sich Ferrari – deswegen hart von den Gegnern und Medien kritisiert – nicht geweigert hätte, die freiwillige Testbeschränkung einzuhalten, hätte die Scuderia ab Imola nur noch im Mittelfeld mitmischen können.

In der Schlussphase der Saison kommandierte Teamchef Jean Todt seine besten Leute dann zur Entwicklung des neuen Autos für 2006 ab. In ihren letzten gemeinsamen Saison traten dann Ferrari und Michael Schumacher nicht mehr gemeinsam mit Rubens Barrichello, sondern mit dessen Landsmann Felipe Massa an.

84. Sieg

Großer Preis der USA
Indianapolis, 19. Juni 2005

Ebbe im »Nudeltopf«

Mit geringen Erwartungen tritt die Scuderia in »Indy« an: Die Michelin-Reifen haben sich auf nahezu allen Pisten den Bridgestones überlegen gezeigt. Und unter normalen Bedingungen hat der Rekordchampion auch hier keine Chance.

Dass die Saison 2005 kein Selbstläufer werden würde, war jedem Rotkäppchen klar. Doch dass bereits in Melbourne ein Ausfall nach Unfall die ersten Punkte kostet, damit hat niemand gerechnet. In Malaysia ergattert Schumacher aber auch nur zwei Pünktchen, und dass er in Bahrain mit dem neuen F2005 den ersten technischen Ausfall seit Hockenheim 2001 zu verzeichnen hat, trägt auch nicht dazu bei, die Stimmung im Lager der Roten zu heben. Hoffnung gibt es erst wieder in Imola, wo »Schumi« nur um einen Wimpernschlag zu spät kommt, um Alonso noch vor der Ziellinie abzufangen. Dann Spanien – ein Debakel. Erst ein luftloser Hinterreifen, dann ein platter Pneu vorne links – in der 47. Runde ist der Lauf zu Ende. Monaco bringt Platz sieben, im Schatten der Nürburg macht »Schumi« dann zwar zwei Plätze gut, ist aber längst vom selbst gesteckten Ziel des achten Titels entfernt. Immerhin: In Kanada keimt etwas Hoffnung auf, »Schumi« auf zwei, »Rubinho« auf drei. Bringt Nordamerika die Wende im Titelkampf?
Der für Montreal seit Tagen angekündigte Regen – während des Rennens fielen lediglich wenige unbedeutende Tropfen – geht am Montag, allerdings immer noch nicht in der direkten Region, sondern südwestlich der kanadischen F1-Gemeinde nieder. Unwetter, die »coast to coast« Thema der TV-Nachrichten in den USA sind, bringen nicht nur die Flugpläne der Airlines durcheinander. Auch der Highway, der Montreal mit New York verbindet, ist partiell betroffen. Die Reparatur der Straßenschäden wird Monate dauern.
Nicht betroffen von den Folgen des Unwetters sind diejenigen Mitglieder des GP-Zirkus, die sich direkt auf den Weg in Richtung Chicago beziehungsweise Indianapolis machen. Das F1-Material wird mit exakt den Jets nach »Naptown« geflogen, die erst vor wenigen Tagen den Transport von Europa nach Nordamerika übernommen hatten. Als abends auch für Indy eine Thunderstorm-Warnung gegeben wird, ist das kostbare PS-Gut glücklicherweise längst am Schauplatz.
Der neunte WM-Lauf der Saison 2005 findet in Indianapolis statt. Vom Auftritt in der Hauptstadt des Bundesstaates Indiana verspricht sich der Veranstalter in diesem Jahr ein besonders gutes Geschäft, denn mit Scott Speed tritt – zumindest am Freitag – ein US-Boy an. Außerdem werden die Indy-Fans durch Gerüchte mobilisiert, das Rennen solle mittelfristig nach Las Vegas abwandern. Steve Vynn, der Baulöwe und »King of Vegas«, hat sich vor wenigen Tagen als Gast von Renaults Teamchef Flavio Briatore

diskret auf dem Gelände des Circuit Gilles Villeneuve umgeschaut… Der drohenden Gefahr aus der Spielerstadt in Nevada kann sich Indy nur durch wirtschaftliche Erfolge entziehen.
Donnerstags strömen die Fans tatsächlich in Massen. Pit-Walkabout heißt das Zauberwort. Die Zuschauer werden für ihr Kommen belohnt. Auf der 15 Autominuten nordwestlich der City gelegenen Strecke dürfen sie nicht nur zum Nulltarif durch die Boxengasse pilgern. Am Rande des Fahrerlagers präsentieren sich außerdem Mario Andretti, seines Zeichens eine der amerikanischen Rennsport-Legenden und F1-Champion der Saison 1978, sowie auch Michael Schumacher. Der Rheinländer gibt sich ausgesprochen locker – die Amis huldigen dem F1-Superstar. Von dem so oft beobachteten Feeling, der Ferrari-Fahrer habe im Verlauf der letzten Jahre vielleicht ein wenig zu oft triumphiert, ist hier nichts zu spüren. »Schumi« braucht sich weder wegen seiner Erfolge noch wegen des aktuellen Durchhängers zu rechtfertigen und genießt die relaxte Atmosphäre.
Seine gute Laune hält an, als er wenig später die merkwürdige Frage gestellt bekommt, was ihm lieber ist, Rindfleisch oder Hähnchen – beef or chicken? »Was bedeutet das?« fragt Schumacher, der fließend Englisch spricht, aber in diesem Fall verunsichert ist, weil er eine Doppelbedeutung argwöhnt. Die Umstehenden amüsieren sich. Als er aufgeklärt wird, dass es sich lediglich um seine Essgewohnheiten handelt, verrät er: »Wenn´s nur darum geht – Rindfleisch.«Jetzt kann auch er sich einen Lacher nicht verkneifen.
Als letzter Höhepunkt des Tages lässt sich Danica Patrick sehen, die junge amerikanische Dame, um die seit zwei Wochen ein Riesenwirbel veranstaltet wird. Als erste Rennfahrerin führte sie das Feld während des Klassikers »Indy 500« an. Letztlich wurde sie auf Platz vier abgewinkt. Schon wird sie als erste F1-Amazone seit den vergeblichen Qualifikations-Versuchen von Giovanna Amati vor zwölf Jahren gehandelt. Von einem möglichen Wechsel in eine andere Serie will die IRL-Pilotin allerdings – zumindest offiziell – nichts wissen. »Ich fühle mich in der Indy Racing League ausgesprochen wohl«, erklärt sie, fügt dann allerdings hinzu: »Man soll niemals nie sagen – weder zur NASCAR-Serie noch zur Formel 1.« Michael Schumacher gibt die kleine Lady Bestnoten – »Ein Blick auf seine persönliche Statistik sagt doch alles« –, und der siebenmalige Weltmeister ist immerhin schon auf Patricks Existenz aufmerksam geworden. Es wäre sicherlich interessant, wie sie sich in der Königsklasse schlagen würde, meint der Kerpener, und ein amerikanischer Journalist will umgehend wissen, welchen Rat er der Nachwuchspilotin geben würde. Schumacher antwortet weise lächelnd: »Sei schnell, aber flieg´ nicht von der Bahn.«
Ob die Amerikanerin jemals am Steuer eines Formel 1-Boliden zu sehen sein wird, muss bezweifelt werden, wenn man Kevin Kalkhoven glaubt, dem – im Silicon Valley reich gewordenen – US-Gegenstück zu Bernie Ecclestone. Der beteuert jedenfalls in seiner Eigenschaft als Intimkenner der US-Motorsportszene, dass die Patrick grundsätzlich mit Spezialmotoren unterwegs ist, die deutlich mehr PS haben als die Antriebsaggregate ihrer Rivalen. Kalkhoven desillusioniert ohnehin gewaltig, was das Image der Autorennen in seiner Heimat betrifft. »Weshalb«, fragt er rhetorisch, »geht es denn bei den ach so beliebten NASCARs immer so extrem spannend zu?« Umgehend klärt er auf: »Je nachdem, wie der Meisterschaftsstand gerade aussieht, bekommen einzelne Teams vor den Rennen Telefonanrufe und werden zuverlässig darü-

ber informiert, dass ihre Autos am kommenden Wochenende keiner technischen Kontrolle unterzogen werden...«

Was mögliche Erfolge der exotischen Sportart Formel 1 in dem 50-Staaten-Land betrifft, ist Kalkhoven fest davon überzeugt, dass gar nichts läuft, solange es keinen siegreichen amerikanischen GP-Piloten gibt. Also muss ein zweiter Phil Hill, Dan Gurney oder Mario Andretti aus dem Hut gezaubert werden. Doch der ist vorläufig nicht in Sicht, auch wenn Scott Speed ein gewisses Talent nicht abzusprechen ist.

Bislang jedenfalls hat die US-Öffentlichkeit keinen Schimmer davon, was im Ecclestone-Zirkus abgeht. Das beweist das Ergebnis einer Umfrage, die eine der vielen TV-Stationen organisiert. Wer, so lautet die Frage, ist Fernando Alonso? Nach der Multiple-Choice-Methode werden drei Antworten vorgegeben: Ist er ein spanischer Rennfahrer, ein mexikanischer Popstar oder ein Zauberer, der zur Zeit in Las Vegas auftritt? 90 Prozent der Befragten entscheiden sich für den Zauberer.

Was sich mit Beginn der Aktivitäten auf der Piste abspielt, ist bis zu diesem Zeitpunkt – und wahrscheinlich noch für Jahrzehnte – einmalig. Freitags knallt Ralf Schumacher um 14.12 Uhr Ortszeit in »Turn 13« gegen die Pistenbegrenzung. Die Unfallursache ist ein zerbröselter linker Hinterreifen. Insgesamt werden am ersten Trainingstag die Michelin-Kunden Toyota, Red Bull und McLaren acht Mal wegen Reifenschäden auffällig. Der französische Reifenkonzern Michelin reagiert umgehend und bestellt in Clermont-Ferrand einen neuen Reifentyp – die Pneus werden in Container verladen und auf den Weg gebracht.

Samstags – weil er sich nach dem Crash noch nicht wieder hundertprozentig fit fühlt, reist Ralf ab und wird durch Ricardo Zonta ersetzt – rät Michelin seinen Kunden ein-

dringlich, mit deutlich erhöhtem Luftdruck zu fahren. Das wird seitens der Teams als inakzeptabel eingestuft, weil es sich negativ auf das Handling der Autos auswirkt. Im Verlauf des dritten freien Trainings drehen aus dem Michelin-Lager lediglich Montoya und Coulthard fliegende Runden. Im vierten wagen sich alle durch den »Michelin-Killer« mit Namen »Turn 13«. Am Qualifying nehmen alle 20 Akteure teil. Die Pole geht dank Jarno Trulli erstmals in der F1-Geschichte an einen Toyota-Piloten. Die Nachricht von dieser Leistung erreicht den abgereisten Teamkollegen auf dem Heimweg und wirkt sich sicherlich nicht positiv auf dessen Kopfschmerzen aus.
In Clermont-Ferrand und in Greenville (South Carolina) nutzt Michelin seine Laboratorien, um die Indy-Reifen genau auf ihre Tauglichkeit zu untersuchen. Für Sonntagmorgen 2.00 Uhr werden Resultate erwartet. Die werden den Teams um 6.30 Uhr mitgeteilt. Es stellt sich heraus, dass die Reifen nicht mit Rennspeed durch »Turn 13« gefahren werden können. Die in diesem Streckenteil in den Asphalt gefrästen Rillen verursachen bei Topspeed Hochfrequenzschwingungen, die zur Folge haben, dass sich die Lauffläche der Michelin-Reifen von der Karkasse löst. Spätestens nach zehn Runden kommen sie in einen kritischen Zustand. Auch bei den nachgelieferten Reifen kann man für deren Funktionieren nicht garantieren.
Um 9.30 Uhr treffen sich alle betroffenen Teamchefs, Michelin, Charlie Whiting und Bernie Ecclestone, um eine Lösung zu finden. Telefonisch stehen sie mit Max Mosley in Verbindung. Um 11.05 Uhr verlassen Ecclestone und Dennis das Meeting. Ecclestone zu Dennis: »Jetzt läuft uns die Zeit davon.«
Um 11.20 Uhr endet das Meeting. Ein Vorschlag, vor »Turn 13« eine Schikane zu errichten – neun Teams stimmten dafür –, wurde von Mosley kategorisch abgelehnt. Niemand weiß, wie es weitergehen soll. Um 12.00 Uhr trifft sich Ecclestone mit vier Teamchefs. Die Fünf ziehen kurze Zeit später in ein anderes Büro um, wo von 12.10 bis 12.38 Uhr noch einmal alle Teamchefs zusammensitzen. Zu diesem Zeitpunkt ist die Boxengasse bereits geöffnet.
Als sich die 20 Rennwagen in Bewegung setzen, um die Formationsrunde in Angriff zu nehmen, ist klar, dass 14 der Akteure dies nur aus formaljuristischen Gründen tun. Sie signalisieren lediglich, dass sie prinzipiell willig sind. Die Fans auf den Rängen gehen zu diesem Zeitpunkt unverändert davon aus, ein normales Rennen zu sehen, denn der über 80-jährige Streckensprecher mit der markigen John Wayne-Stimme hat keinerlei Information über das, was sich gleich abspielen wird. Entsprechend kann er nicht vorwarnen.
Als Trulli das Feld zurück zu Start-und-Ziel führt und in Höhe der Boxengasse abbiegt, glauben viele zunächst an einen Defekt des Toyota. Sekundenbruchteile später folgen dem Italiener alle übrigen Michelin-Kunden. Nur je zwei Ferrari, Jordan und Minardi stellen sich dem Starter. Die Folge des einmaligen Vorgangs ist ein gellendes Pfeifkonzert. Die Amis verstehen die Welt nicht mehr, weil sie per Lautsprecher nicht auf dem Laufenden gehalten wurden. So, das leuchtet ein, schafft man sich in diesem Land keine Freunde... Aber laut Kalkhoven kann ja ohnehin nur ein amerikanischer F1-Sieger das US-Publikum »bekehren«. Und wenn der eines Tages wirklich auftaucht, wird der zum schwarz-rot-gelben Sechserpack verkommene GP des Jahres 2005 niemand mehr Zornesfalten auf die Stirn treiben.
Nach Farben sortiert – je zwei Rote, zwei Gelbe und zwei Schwarze – geht das Mini-Feld auf die Reise. Die geringe Teilnehmerzahl allein ist kein Grund dafür, dass den Zu-

schauern im Verlauf der nächsten 90 Minuten nur extrem wenig Spannung geboten wird. Denn 1966 in Spa, als dort wegen einer plötzlich aufziehenden Regenfront nur sieben Boliden aus der Startrunde zurückkehrten, kamen die Fans wegen des unvergessenen Krimi-Duells Surtees contra Rindt voll auf ihre Kosten. Hier aber plätschert das Rennen recht einförmig dahin, weil sich die drei zirkulierenden Pärchen nicht nur farblich, sondern auch leistungsmäßig stark unterscheiden. Auch innerhalb der drei Lager herrschen klare Verhältnisse. Im Fall der Scuderia werden die allerdings nicht recht deutlich, weil Spitzenreiter Michael Schumacher natürlich darauf verzichtet, ans Limit zu gehen.

Eng wird es nur zu Beginn der 52. Runde, als »Schumi« nach seinem zweiten Pitstop zurück auf die Piste kehrt. Denkbar knapp vor Barrichello lenkt der Rheinländer in »Turn1« ein. Es fehlt nicht viel, und die beiden wären kollidiert. Unmittelbar darauf meldet sich Ross Brawn per Sprechfunk bei seinen zwei Piloten:»Ich möchte, dass beide Autos ins Ziel kommen!« Das ist ein Befehl! Ein verständlicher Befehl, denn die Teamführung kann es nicht zulassen, dass sich das Ferrari-Duo – 18 geschenkte WM-Punkte vor Augen – gegenseitig von der Piste rempelt oder durch eine unnötig scharfe Gangart technische

Ausfälle riskiert. Die übrigen »Höhepunkte« des Rennens sind eher trauriger Natur, denn aufgebrachte Fans können nicht davon abgehalten werden, zwei gefüllte Bierdosen über den hohen Sicherheitszaun hinweg auf die Piste zu schleudern. Glücklicherweise ist das Timing der Aktion so, dass keiner der Rennfahrer Gefahr läuft, getroffen zu werden. Vergleichbare Fälle kennt die F1-Historie nicht. Lediglich 1971 drohten italienische Fans vor dem Monaco GP Flaschenanschläge gegen den Franzosen Jean-Pierre Beltoise an – aber den Worten folgten damals keinerlei Taten.
Die Siegerehrung – Platz drei geht an den Portugiesen Tiago Monteiro – wird von lautstarken Protesten der Zuschauer begleitet. Indy-Chef Tony George verleiht seiner denkbar schlechten Stimmung demonstrativ Ausdruck, indem er keinem der Pokalempfänger gratuliert. Die zwei Ferrari-Fahrer verhalten sich während der Pokalübergabe ausgesprochen zurückhaltend. Monteiro freut sich hingegen wie ein Schneekönig. Der Jordan-Pilot fühlt sich, als sei er im siebten Himmel und würde am liebsten noch stundenlang auf dem Siegerpodest verweilen. Bei den Unmutsäußerungen des Publikums handelt es sich um eine Art »Notwehrreaktion«, denn die drei Piloten auf dem Treppchen sind natürlich völlig unschuldig an den Ursachen der etwas eintönigen Vorstellung. Aber andere, an denen man sein Mütchen mit einer gewissen Berechtigung hätte kühlen können, lassen sich aus nachvollziehbaren Gründen nicht blicken. Viele Mitglieder der Michelin-Teams werden abends vor Verlassen des Paddock ihre Teamuniformen gegen Zivilklamotten tauschen, um nicht angepöbelt zu werden.
Michael Schumacher gesteht nach dem Rennen offen: »Keine Frage, das war ein etwas sonderbarer Grand Prix. Auf diese Art habe ich meinen ersten Saisonsieg ganz sicherlich nicht holen wollen. Aber bei jetzt insgesamt 84 F1-Erfolgen ist es wohl nicht als Desaster anzusehen, wenn einer davon auf merkwürdige Weise zustande kam.« Die Wurfgeschosse aufgebrachter Fans will er nicht dramatisieren: »Ein paar Getränkedosen wurden geworfen. So weit ich es riechen konnte, handelte es sich dabei um Bierdosen. Aber die Bedingungen waren prinzipiell okay.«
Der schwarze Indy-Sonntag geht natürlich eindeutig auf das Konto von Michelin. Entweder nahm man seitens der Franzosen die Aufgabe nach den vorausgegangenen acht Siegen auf die leichte Schulter, oder aber man ging in der Grauzone des Grenzbereichs einen Schritt zu weit. Der Vorfall ist peinlich, zumal die Verantwortlichen aus Clermont-Ferrand noch vor wenigen Tagen versichert hatten, man sei auf Indy bestens vorbereitet und das gälte speziell für den ultraschnellen, leicht überhöhten »Turn 13«... Die FIA ging den einzig möglichen Weg, auch wenn der nicht schön war. Eine Schikane – in diesem Fall hätte das Rennen nicht zur WM zählen dürfen – hätte zwar für den einen Tag die Show gerettet, aber die Bridgestone-Teams wären betrogen worden.
Normalerweise ist der US-amerikanischen Presse der F1-WM-Lauf des Landes – zumindest außerhalb der Gemeindegrenzen von Indianapolis – bestenfalls ein paar dürftige Zeilen wert. Diesmal ist das anders. Wohl kein Blatt lässt das Thema aus, das sich zum echten Tagesgespräch entwickelt. Und natürlich laufen die Diskussionen ebenso ab wie im guten alten Europa: Jeder vertritt seine Meinung – aber kaum jemand kennt Fakten, Hintergründe oder Zusammenhänge. Natürlich kommt nicht nur die komplette F1, sondern speziell der Reifenhersteller Michelin schlecht weg. Öffentlich drohen Leitfiguren der nationalen Motorsportszene – wie einige der extrem popu-

lären NASCAR-Piloten – an, sie oder ihre Familienangehörigen werden nie mehr im Leben Produkte des französischen Konzerns kaufen. Michelin wird nach kurzen Krisensitzungen reagieren und den frustrierten Indy-Zuschauern die Rückerstattung der Ticketpreise anbieten. Wer von weit außerhalb anreiste, muss trotz dieser kulanten Reaktion die Reise- und Hotelkosten als Fehlinvestition verbuchen. Aus Sicht des F1-Zirkus hat der »Indy-Skandal« nur einen Vorteil. Bisher wusste kaum jemand von der Existenz der exotischen Sportart. Jetzt aber ist sie in aller Munde, und im September wird bekannt, dass am 2. Juli 2006 in Indy erneut um WM-Punkte gekämpft wird.
Wie dem auch sei: Schumacher hat zum ersten und einzigen Mal in dieser Saison die volle Punktzahl eingefahren – etwas, das ihm in den restlichen Rennen des Jahres nicht mehr vergönnt ist. Immerhin, beim nächsten Lauf in Magny-Cours entert der Titelverteidiger erneut das Podium und wird Dritter. In Silverstone springt nur ein sechster Platz heraus und auf dem Hockenheimring dann ein fünfter. In Ungarn darf er mal wieder vom Sieges-Champagner kosten, er wird Zweiter hinter Kimi Räikkönen. Sein Bruder in Toyota-Farben bekommt auch noch etwas ab: Der wird Dritter. Dann der ersten Grand Prix überhaupt in der Türkei – ein Rennen, das der Rheinländer dann als »größte Enttäuschung der Saison« bezeichnet. Von Platz 20 aus in Rennen gegangen, musste er nach Runde 33 infolge eines Unfalls aufgeben. Kaum besser ergeht es den Roten in Monza: »Schumi« liegt als Zehnter außerhalb der Punkte, und in Belgien wird der Kerpener von Takuma Sato torpediert, was für beide in der 14. Runde das Ende der Dienstfahrt markiert. Schumacher – »Ich weiß auch nicht, welche Therapie Sato jetzt noch helfen kann« – war von Startplatz sechs aus ins Rennen gegangen. Auch in Brasilien wird es wieder nichts mit dem Podium: Mehr als Platz vier springt für den Bridgestone-Piloten nicht heraus. In Japan schließlich ist die Meisterschaft entschieden, Fernando Alonso heißt der neue Titelträger. Der wird in Suzuka Dritter, Schumacher Siebter. Dann der letzte GP des Jahres, China. Auch hier kein versöhnlicher Abschluss für den Rekordmeister. Seine Saison endet in Runde 23 mit einem Dreher. Im Abschlussklassement findet er sich auf Platz drei wieder – mit 62 Punkten hat er halb so viele Zähler auf dem Konto wie der neue Weltmeister mit 123 Punkten.

ERGEBNISSE UND AUSFÄLLE

1. Michael Schumacher	Ferrari F2005	1:29.43,181 = 204,648 km/h
2. Rubens Barrichello	Ferrari F2005	1,522 Sekunden zurück
3. Tiago Monteiro	Jordan-Toyota EJ15	1 Runde zurück
4. Narain Karthikeyan	Jordan-Toyota EJ15	1 Runde zurück
5. Christijan Albers	Minardi-Cosworth PS05	2 Runden zurück
6. Patrick Friesacher	Minardi-Cosworth PS05	2 Runden zurück

SCHNELLSTE RUNDE (48. Rd.) – Michael Schumacher, Ferrari F2005
1.11,497 = 211,074

中国石化
BRIDGESTONE
Marlboro
OMP
M. Schumacher

Die Saison 2006

Seit 1991 mischte »Schumi« in der Formel 1 mit – seit 1994 beherrschte er sie. Ende 2006 verabschiedete er sich als aktiver Pilot. Sein Traum vom achten Titel ging nicht in Erfüllung, doch er war es, der dem Rennjahr die Würze gab. Die Planstelle des Giganten wird so schnell nicht neu besetzt werden, aber die GP werden deshalb sicherlich nicht weniger interessant.

Nachdem er 2005 bei der Titelvergabe als abgeschlagener WM-Dritter nicht über eine Zuschauerrolle hinausgekommen war, wollte es Michael Schumacher in seinem letzten Rennjahr noch einmal wissen. Bereits vor Saisonbeginn hatte er sich entschieden, sich im Anschluss an diese Nagelprobe aus der F1 zurückzuziehen. Doch zunächst hielt er seine Pläne geheim, und als er im Sommer seine grandiose Aufholjagd gegen Titelverteidiger Fernando Alonso fuhr, liebäugelte er damit, seine Traumkarriere um eine weitere Saison zu verlängern. Aber die Verantwortlichen der Scuderia hatten die Weichen bereits unwiderruflich in Richtung Kimi Räikkönen gestellt. Schumacher legte den Plan »2006 plus 1« daraufhin zu den Akten und erklärte am 10. September um 15.37 Uhr in Monza seinen Rücktritt zum Saisonende.
2006 brauchte der Grand Prix-Sport zum zwölften Mal in Folge kein Opfer unter den Piloten zu betrauern. Der einst riskante Beruf hat sich für die Akteure glücklicherweise längst zu einem Broterwerb gewandelt, dessen Schattenseite sich bis auf das oft zitierte und unvermeidliche Restrisiko reduziert hat. Wie schwierig dieser Prozess intensiver Sicherheitsverbesserungen war und ist – die Bemühungen dauern an –, sieht man an den 2006 realisierten Plänen der FIA. Durch die Verringerung des Hubraums von drei auf 2,4 Liter und den damit zwangsläufig verbundenen Verlust von circa 200 PS sollte die F1 dank niedrigerer Geschwindigkeiten noch sicherer werden. Tatsächlich erreichten die Boliden nicht mehr die Spitzengeschwindigkeiten, die im Vorjahr gemessen wurden. Doch weil parallel wieder die Reifen gewechselt werden durften – was den Einsatz weicherer und damit »schnellerer« Pneus erlaubt –, konnte der Topspeed-Verlust durch deutlich höhere Kurvengeschwindigkeiten nahezu kompensiert werden. Die hohen Geschwindigkeiten wurden also von den »sicheren« Geraden in die »gefährlichen« Kurven verlegt. Durchdacht war das nicht, aber vor dem Hintergrund der stabilen Rennwagen und der meist extrem großzügigen Auslaufzonen machten sich die Regeländerungen nicht negativ bemerkbar.
Dank der Neueinsteiger-Truppe Super Aguri F1 stieg die Anzahl der Starter um zehn Prozent – von 20 auf 22 – an.
Mit vier Fahrern, den Gebrüdern Schumacher sowie Nick Heidfeld und Nico Rosberg, stellte Deutschland das größte nationale Kontingent. Berücksichtigt man die »Friday-Onlys«, die jeweils nur während der Trainingssitzungen ins Lenkrad griffen, waren sogar acht Deutsche im Einsatz, denn Michael Ammermüller, Adrian Sutil, Sebastian Vettel und Markus Winkelhock durften gelegentlich freitags Reifen aussortieren.
Den Weltmeister stellte mit Fernando Alonso allerdings erneut Spanien. Für den Renault-Piloten entwickelte sich die Saison nach souveränen Leistungen während der Wintertests zwar überraschend nicht zum erwarteten Spaziergang, aber letztlich si-

cherte er sich den Titel zu Recht. Ab Juli gelang es Michael Schumacher zwar bis Anfang Oktober, ein zuvor klaffendes 25-Punkte-Loch zuzufahren, aber dann hatte der siebenmalige Ex-Champion das Pech, dass ihn in Suzuka ein – statistisch gesehen längst überfälliger – Motorschaden stoppte. Alonso ließ sich nicht zwei Mal bitten und zog um zehn Punkte davon. Damit blieb dem Ferrari-Star nicht mehr als eine mathematische Chance, die er aus eigener Kraft nicht nutzen konnte. Beim Finale ließ ihn die Technik im Qualifying erneut im Stich. Als Folge konnte er sich durch eine sensationelle Fahrt, die ihn vom zehnten bis auf den vierten Platz nach vorn brachte, im Zweifel mehr in Szene setzen als durch den ursprünglich möglichen Start-Ziel-Sieg, der sich aufgrund des Trainingsverlaufs abgezeichnet hatte. Fakt ist: Der 37-jährige Kerpener verabschiedete sich in Sao Paulo auf höchstem fahrerischen Niveau von der Formel 1. Zumindest die Routiniers unter den jüngeren Kollegen, die hinter ihm ins Ziel kamen, hätten nach dieser eindrucksvollen Demonstration des »Frührentners« eigentlich eine Denkpause einlegen müssen…
Michael Schumacher hatte sein letztes Rennen noch nicht beendet, da wurde laut die Frage nach seinem Nachfolger gestellt. Was den Gewinn des Championats betrifft, ist diese Frage ohnehin seit 2005 beantwortet. Was seine Rolle als F1-Superstar angeht, wird es vorläufig keinen Nachfolger geben. Dem Grand Prix-Sport könnte das bevorstehende Machtvakuum durchaus gut tun, denn es verspricht Spannung im Titelkampf 2007, zumal sich Fernando Alonso im kommenden Jahr vermutlich etwas weiter hinten anstellen muss. So wie Michael Schumacher unter der Regie des Teamchefs Flavio Briatore zunächst zwei Mal Weltmeister wurde und sich dann – mit Ferrari – einem Team anschloss, das weit von der Erfolgsspur abgekommen war, so heuert der »Prinz von Asturien« jetzt bei den Silberpfeilen an – ebenfalls wegen der Perspektive und der Gage.
Die unterm Strich so gute Saison erlebte zwangsläufig ihre Höhen und Tiefen, was den Spannungsgrad der einzelnen Rennen betrifft. Die Grand Prix, die Bestnoten verdienten, gingen in Imola, wo Ferrari und Michael Schumacher durch eine Strategie-Gala glänzten, auf dem regennassen Hungaroring und in Interlagos über die Bühne. Fade Hausmannskost bekamen die Fans in Spanien geboten. Diese um Objektivität bemühte Meinung wird individuell natürlich nicht geteilt. Das brachte der frisch gebackene Doppelweltmeister in Sao Paulo unmissverständlich zum Ausdruck, als er sagte, für ihn sei der Spanien GP – vom Titelgewinn einmal abgesehen – der absolute Höhepunkt der Saison gewesen. Aus gutem Grund gibt es niemand, der ihm dieses positive Urteil ausreden könnte, denn das Rennen brachte ihm vor einer Rekordkulisse den ersten F1-Heimsieg.
Die Saison 2006 war zweifellos auch ein Rennjahr der Abschiede. Zunächst gingen Juan Pablo Montoya und Jacques Villeneuve, dann Michael Schumacher und Michelin. Aber dieses Quartett ist nur die Spitze eines Eisbergs, wenn man beispielsweise an den Motorenhersteller Cosworth oder die Rennstrecken von Suzuka und Hockenheim denkt. Den beiden Pisten werden allerdings Comeback-Chancen eingeräumt. Doch selbst eingefleischte Traditionalisten sollten in diesem Zusammenhang nicht trauern: Maserati, Lotus und die Nordschleife sucht man in der F1 längst vergebens. Die Zukunft bringt immer Neues mit sich. 2010 wollen die Südkoreaner einen eigenen Grand Prix austragen, und dann will Hyundai mit einem eigenen F1-Team antreten.

Das Team Ferrari

Teamchef Jean Todt mobilisierte in Maranello alle Kräfte, um die »Schlappe« der Vorsaison auszubügeln. Da mit Acer und Martini zwei neue Sponsoren ins Boot kamen, die gemeinsam rund 20 Millionen US-Dollar in die Kriegskasse des ehrgeizigen Franzosen fließen ließen, spielte das Geld zur Finanzierung des Revanche-Projekts nur eine untergeordnete Rolle.
Bei der Konzeption des Tipo 248 F1 wies Vordenker Rory Byrne die Designer-Crew mit Zustimmung des Technischen Direktors Ross Brawn an, ungewohnt riskante Wege einzuschlagen, anstatt in der jahrelang gewohnten Manier Mini-Entwicklungsschritte zu gehen. Als Vorteil erwies sich für die Scuderia, dass die F1-Regeln das geplante Wechseln der Reifen während des Rennens wieder erlauben. Das kam dem Reifen-Partner Bridgestone entgegen. Die Änderung des Reglements als »Lex Ferrari« anzusehen, wie vielfach geschehen, war nicht gerechtfertigt. Die Pneus wurden im Grand Prix-Sport seit dessen Beginn im Jahr 1906 gewechselt. Richtig wäre also bestenfalls, davon zu sprechen, dass sich die Paragraphen 2005 gezielt gegen Ferrari richteten.
Was das gesamte Team leistete, ist bekannt. Bestnoten verdiente sich die Scuderia in erster Linie jedoch weniger durch die bloßen Resultate, als durch den unglaublichen Motivations-Level in den Wochen der Finsternis, in denen Mitte Juni beide Championate bereits klar zu Gunsten von Renault entschieden schienen. In dieser Phase hätte es Ferrari niemand übel nehmen dürfen, wenn sich verständliche Resignation breit gemacht hätte. Glück für die Scuderia und deren Fans: Die Schlüsselfiguren kennen diese Form der Reaktion nur vom Hörensagen...
Im gigantischen Abschiedsrummel um Michael Schumacher ging Ende Oktober beinahe unter, dass Ross Brawn zumindest ein Sabbat-Jahr einlegen wird und dass sich Jean Todt, der seine F1-Arbeit bei Ferrari im Juli 1993 aufgenommen hatte, von seinem Job an der Boxenmauer verabschiedete. Die Nachfolger des Trios werden es nicht nur deshalb schwer haben, weil in der Formel 1 ohnehin kein Job easy ist. Als größten Gegner werden sie vermutlich an den Erfolgen der Schumacher-Ära gemessen werden. Der Druck ist enorm.

85. Sieg

Großer Preis von San Marino
Imola, 23. April 2006

»Schumis« Lebenszeichen

Die neue Saison hatte für die Roten so begonnen, wie sie endete: Unbefriedigend. Zum Heimspiel in Imola meldet sich die Scuderia aber wieder eindrucksvoll zurück.

Mit Beginn des ersten europäischen Saisonteils, der in diesem Jahr fünf aufeinander folgende WM-Läufe umfasst, wird traditionell eine erste Zwischenbilanz gezogen. Diejenigen, die in Übersee überzeugen konnten – und das ist lediglich die Equipe Renault – wollen die bisher gezeigte Leistung in der Alten Welt untermauern. Die anderen hoffen, versprechen, vertrösten oder zeigen erste Anzeichen von Resignation, was normalerweise an der stereotypen Ankündigung »Aber in der nächsten Saison...« erkennbar ist.
Richtig prickelnd ist es für Ferrari und Schumacher bislang nicht verlaufen. Dem guten Saisonauftakt in Bahrain mit dem zweiten Platz (»Wenn man bedenkt, wo wir in der letzten Saison standen, dann kann ich mich nur beim ganzen Team bedanken, dass wir jetzt wieder vorn mitmischen können.«) folgt die Pleite in Malaysia (Platz sechs) und der Ausfall in Australien, wo er in einem spektakulären Crash in der Zieleingangskurve seinen 248 F1 verschrottet.
Das Fahrerlager wird aus der Perspektive der Traditionalisten als wohltuend empfunden, denn der schmale Streifen zwischen den Boxen und dem Flüsschen Santerno atmet mit jedem Meter Racing-Atmosphäre. Daran kann nicht einmal die jüngste Generation imposanter »Motorhomes« etwas ändern... Besondere Aufmerksamkeit, was den architektonischen Aspekt betrifft, genießt die Hospitality-Unit des Teams MF1 Racing, das der angebliche Eigentümer Alex Shnaider Gerüchten zufolge gern abstoßen würde. An – allerdings unterschiedlich ernst gemeinten – Angeboten mangelt es in den kommenden Wochen jedenfalls nicht, und aktuell signalisiert ein spanischer Investor Interesse. Der Verkauf wird sich bis in den September hinziehen.
Wie auch immer. Die Konstruktion aus dunkel getöntem Glas und Alu läuft voll gegen den Trend, denn sie ist weder einladend noch großkotzig. Weil sich bisher noch kein Rad gedreht hat, ist Shnaiders Alu-Schachtel eines der wichtigsten Gesprächsthemen, und schnell stellt sich heraus, dass sie polarisiert: Die Mehrheit lehnt sie entschieden ab, eine Minderheit gibt ihr die Note sehr gut. Einer der ungläubig stutzenden Betrachter sagt nachdenklich: »In solchen Gebäuden wohnen in den James Bond-Filmen immer die Bösen...«
Für Diskussionen sorgt auch das offizielle F1-Plakat des vierten WM-Laufs der Saison. Es zeigt Fernando Alonso und Michael Schumacher im Infight. Natürlich erinnert die realistisch gemalte Szene an das Rennen im Vorjahr, hat diesbezüglich allerdings einen kleinen Schönheitsfehler: Der Ferrari führt vor dem Boliden der französischen

Equipe, obwohl 2005 bekanntlich Alonso die Nase knapp vorn hatte. Umgehend machen die Theorien vom »Wunschdenken« beziehungsweise einem funktionierenden »Verdrängungsmechanismus« des Veranstalters die Runde. Am Sonntagnachmittag werden die Kritiker umdenken und den Plakatmaler vielmehr in die Kategorie der Hellseher einstufen...

Andere Neuerungen betreffen die Rennstrecke. Durch eine Modifikation der »Varianta Alta« – natürlich einer Entschärfung, um den Piloten die Arbeit wieder einmal einfacher zu machen – wurde der Circuit seit dem Vorjahr um 22 Meter länger. Vielleicht ist es die letzte Modifikation der Traditionspiste, die in den ersten Jahren ihrer Existenz völlig ohne Schikanen auskam. Die letzte deshalb, weil sich die nächste angeblich nicht auf weitere kleine »Schönheitsoperationen« beschränken wird, sondern als kompletter Neubau ausfallen soll. Vergleichbare Konzepte gab es in der Vergangenheit bereits oft. Zur Realisierung fehlten jedoch stets die dringend notwendigen Millionen.

Das erste Freitags-Training läuft in der vierten Minute, als der erste Fahrfehler des Wochenendes registriert wird: Yuji Ide verpasst den Scheitelpunkt von »Turn 12«, dem zweiten Eck der »Varianta Alta«. Bevor die Sitzung endet, werden sechs weitere Zwischenfälle registriert. Auch wenn einer davon erneut auf die Kappe von Ide geht, ist der Japaner nicht der einzige Pilot, dem Flüchtigkeitsfehler unterlaufen.

Der Schnellste der ersten 60 Minuten heißt Michael Schumacher. Der Ferrari-Pilot umrundet die Piste in einer Zeit von 1.24,751 Minuten. Orientiert an seiner Pole-Runde, die er samstags fahren wird, hat der Rheinländer damit noch circa zwei Sekunden »Luft«. Die Feinabstimmung seines Boliden sowie die zunehmend gummierte – und damit schnellere – Ideallinie werden die Steigerung möglich machen. Im Verlauf der zweiten Stunde, der Asphalt ist nun um fünf Grad wärmer als am späten Vormittag und damit etwas »langsamer«, gibt Fernando Alonso den Ton an. Es ist ungewöhnlich, dass der Spanier schon am ersten Tag richtig Gas gibt. Für seine schnelle Runde gibt es nur ein Motiv, auch wenn man das im Lager der blauen Equipe nicht offen eingesteht: Der Titelverteidiger will Flagge zeigen, da er Ferrari auf heimischem Terrain als ernsthaften Rivalen einkalkuliert.

Am Samstagmorgen tasten sich die Protagonisten ein letztes Mal ab, bevor es mittags um die Vergabe der 22 Startplätze geht. Sie endet mit einem rotweißen Mix auf den ersten vier Plätzen. Michael Schumacher und Jenson Button qualifizieren sich für die erste Startreihe – ihre beiden Teamkollegen – Massa für Ferrari, Barrichello für Honda – für die zweite.

Pole-Setter »Schumi« hat mit seiner Leistung den Uralt-Rekord des Brasilianers Ayrton Senna überboten, der 1994 an gleicher Stelle die Bestmarke auf 65 Poles geschraubt hatte. Nur zwölf Jahre hatte der – ursprünglich als »unschlagbar« eingestufte – Superrekord des Südamerikaners Bestand. Schumacher, der Statistiken nach eigener Aussage eigentlich keinerlei Beachtung schenkt, ist sich der historischen Stunde durchaus bewusst und äußert sich entsprechend stolz: »Mein heutiges Abschneiden im Qualifying bedeutet mir sehr viel. Diese 66 ist etwas ganz Besonderes. Trotzdem bin ich nicht überrascht. Wir haben in den letzten Wochen extrem hart gearbeitet, und das musste sich jetzt ganz einfach auszahlen.«

Zufriedene Gesichter sieht man natürlich bei Honda. Ausgerechnet hier in Imola, wo das Vorläufer-Team BAR vor Jahresfrist von der FIA gnadenlos hart bestraft wurde, kann ein positives Zeichen gesetzt werden. Trotzdem ist Jenson Button nur »einiger-

maßen zuversichtlich«, denn er glaubt zu wissen, dass die weißen Boliden im Rennen weniger gut mithalten werden. Der Renntag wird ihn eines Besseren belehren.
Beim Start lässt sich Michael Schumacher von Jenson Button nicht die Butter vom Brot nehmen. Immerhin verteidigt der Brite Platz zwei erfolgreich, während sein brasilianischer Teamkollege von Massa und Alonso überrannt wird und sich deshalb auf Platz fünf wiederfindet, nachdem sich der Staub der ersten Scharmützel gelegt hat. Trotz des üblichen Startrunden-Gedränges läuft zunächst alles fehlerfrei ab. Dann jedoch, ausgangs der Kurve »Villeneuve«, hat ein harmloser Rempler zwischen Ide im Super Aguri und Albers überraschend spektakuläre Folgen: Der MF1-Toyota des Niederländers überschlägt sich sechs Mal, bevor er im Kies der Auslaufzone endlich zum Stand kommt. Der unverletzte Pilot wird schnell geborgen.
Die Startrunde ist noch nicht beendet, als sich Bernd Mayländer bei Start-und-Ziel am Steuer des SC postiert, um auf Weisung von Charlie Whiting ab Runde zwei die Führungsarbeit zu übernehmen. Hinter dem Blinklicht-Mercedes legt Spitzenreiter »Schumi« den zweiten Umlauf in einer Zeit von 2.30,4 Minuten zurück, dann schon schert Mayländer wieder aus, denn Trümmer gilt es nicht wegzufegen – Albers´ Bolide hatte die Piste »am Stück« verlassen.
Nach zehn Umläufen führt Michael Schumacher mit 2,4 Sekunden vor Button. Hinter dem Honda-Briten folgen Massa und der amtierende Weltmeister, dem bereits 6,3 Sekunden auf den führenden Ferrari fehlen. Schlusslicht ist Ide, den sich die Rennleitung – das hat sie bereits angekündigt – nach dem Rennen zur Brust nehmen will. Der Japaner hat seinen Super Aguri nach der ersten Runde an den Boxen ausbeulen lassen und legte nach dem dritten Umlauf einen zweiten Reparaturstopp ein, der vorläufig nicht beendet ist. Neun Runden Rückstand wird er haben, als er sich wieder ins Getümmel wirft.
Kurz darauf wird deutlich, weshalb sich Button und Barrichello bisher in der Top-Five halten konnten – die beiden RA106 gingen »leicht« an den Start und müssen deshalb schon nach 14 (Barrichello) bzw. 15 Runden betankt werden. Zum Vergleich: Aus dem Kreis der Spitzenpiloten kommt Alonso als letzter zum ersten Stopp – elf Runden nach Barrichello. Das entspricht bei einem Spritverbrauch von 2,71 Kilogramm pro Runde einem ursprünglichen Gewichtsvorteil des Brasilianers in Höhe von stolzen 37,9 kg. Zehn Kilogramm, das ist die Faustregel für den Circuit von Imola, entsprechen auf der Stoppuhr pro Umlauf 0,4 Sekunden. Die Honda-Strategie erhält einen ersten Dämpfer, denn der Südamerikaner verbringt 15,5 Sekunden im Stand, weil die Tankanlage ausgetauscht werden muss. Damit nicht genug. An Buttons Auto verkantet sich bei der Montage der Zentralverschluss des rechten Hinterrades. Deshalb dauert sein Halt 9,4 Sekunden.
Nach der ersten Stoppserie führt Michael Schumacher unverändert. Jetzt aber heißt der direkte Verfolger Alonso. 11,2 Sekunden trennen das Duo nach 25 Runden. Der Rückstand des drittplatzierten Button beträgt 17,6 Sekunden. In der Folge stellt sich schnell heraus, dass der blaue Jäger dem roten Publikumsliebling pro Runde gut eine Sekunde abnehmen kann und sich entsprechend bedrohlich schnell annähert.
Zum Ende der 30. Runde kommt Button ein zweites Mal zum Routinehalt an die Boxen, wo er von seiner Crew alles andere als routiniert abgefertigt wird... Zunächst verläuft alles planmäßig, bis dem erfahrenen Chefmechaniker Alastair Gibson ein böser Fehler unterläuft: Er reißt den Lollipop hoch, obwohl der Tankrüssel noch nicht

abgekoppelt ist! Umgehend will er den Schnitzer korrigieren und versucht, den Piloten mit dem Lollipop aufzuhalten, indem er ihm die »Kelle« vors Visier drückt. Der schleudernde Schlauch reißt mehrere Mechaniker zu Boden, von denen sich glücklicherweise niemand verletzt. Da auch ein wenig Benzin auf den Beton geflossen ist, nehmen einige Jungs ruckartig ihre Feuerlöscher in Anschlag. Aber der Ernstfall tritt nicht ein.

Weil Button Gibsons »Wink mit dem Zaunpfahl« in Sekundenbruchteilen verstanden hat, tritt er die Bremse und wartet geduldig, bis er das endgültige Abfahrtssignal bekommt. Circa 40 Sekunden dauert die Verzögerung durch das Tohuwabohu. Sein Rückstand auf den Sieger wird im Ziel 39,6 Sekunden betragen…

Während der Brite gefrustet alle Register seines Könnens zieht und immerhin zwei WM-Punkten entgegenfährt, wird die Luft an der Spitze für Michael Schumacher immer dünner. Nach 34 Runden hat Alonso zu dem Rheinländer aufgeschlossen. Nur 0,4 Sekunden trennen die beiden, als sie bei Start-und-Ziel durch die Lichtschranke fliegen. Es scheint, als habe »Schumi« Probleme, denn im Kampf um Bronze machen Massa und Montoya im Doppelpack Runde um Runde Boden auf den Deutschen gut.

Die 37. Runde läuft, als Alonso vor »Tosa« einen Angriff fährt. Kurz scheint es, als könne er erfolgreich zuschlagen, dann aber nimmt er die Nase seines R26 wieder aus dem Wind und zieht sich in den Windschatten des Ferrari zurück.

Alle Beobachter fragen sich, wie lange der Kerpener dem Druck noch standhalten wird, und da beide noch einmal an die Boxen müssen, scheint ein Führungswechsel

spätestens zu diesem Zeitpunkt mehr als nur wahrscheinlich. Rundenlang beträgt der Rückstand des Spaniers weniger als 0,3 Sekunden. Die Fans auf den Tribünen hält es nicht auf ihren Sitzen. Völlig unabhängig davon, wem sie die Daumen drücken, dieser Krimi ist nichts für schwache Nerven.

Obwohl er noch genügend Sprit für weitere Runden im Tank hat, bekommt der Champion aus der Renault-Box die Funkanweisung, an die Boxen zu kommen. Alonso hält nichts von diesem Plan und rät entsprechend ab. Wenig später meldet sich Pat Symonds erneut und jetzt, zum Ende der 41. Runde, willigt der Pilot ein. Jeder Handgriff sitzt, und schon gibt der Spanier wieder Gas. Ohne den langsamen roten Vordermann wird er jetzt das Potenzial seines Boliden ausspielen können.

So weit die Theorie. Tatsächlich aber gibt Michael Schumacher von dem Moment an richtig Gas, da sein Verfolger an die Boxen geht. Mit dem blauen Schatten drehte »Schumi« 1.27er- und sogar 1.28er-Runden. Jetzt knallt er locker eine 1.26er und anschließend eine 1.25er »In-Lap« auf den Asphalt. Dann braucht auch er neue Reifen und Benzin. Für die Restdistanz ausgerüstet, kommt er anschließend knapp vor Alonso zurück auf die Piste. Damit ist eine Vorentscheidung gefallen, denn dass hier nicht überholt werden kann, lernten die beiden Duellanten vor Jahresfrist. An der Spitze liegt allerdings Montoya, da Massa zeitgleich mit Alonso Service machen ließ. Das Gastspiel des Kolumbianers auf Platz eins dauert bis zum Ende des 44. Umlaufs, dann benötigt sein Silberpfeil Treibstoff und Pneus. Bevor Massa auftaucht, ist er bereits wieder unterwegs.

Kurz darauf haben alle Mechaniker ihr Tagwerk verrichtet, und auf den Punkterängen bietet sich folgendes Bild: Michael Schumacher führt vor Alonso, Montoya, Massa, Räikkönen, Webber, Button und Fisichella. Bis ins Ziel übt Alonso Druck auf Michael Schumacher aus und geht dabei derart ans Limit, dass er Glück hat, nicht abzufliegen: In Runde 48 wird er in der zweiten »Rivazza« gefährlich weit nach außen getragen, in der 59. geht ihm im Streckenabschnitt »Villeneuve« beinahe die Straße aus, und schon in der nächsten Runde hat er erneut ausgangs »Rivazza« Probleme. Dann gibt es Balsam für die strapazierten Tifosi-Seelen: Der Mann mit der Schachbrettflagge winkt »Michele« als Sieger ab.

Stolz zeigt der Gewinner erstmals in dieser Saison seine »Karajan-Nummer« und dirigiert zu den Klängen der italienischen Nationalhymne, die zu Ehren der Scuderia Ferrari erklingt. Wer gehofft hatte, er werde sich anschließend zu seinem strategischen Supertrick äu-

ßern, wird enttäuscht. »Nein, ich fuhr nicht absichtlich langsam, um Fernando in Sicherheit zu wiegen und ihn zu einem vorgezogenen Boxenstopp zu animieren. In dieser Phase ging es einfach nicht schneller. Die Laufflächen der Reifen körnten ein wenig. Und selbst nachdem ich neue geholt hatte, lief mein Auto nicht mehr so gut wie bis zum ersten Stopp. Wir werden genau untersuchen müssen, was da passiert. ist.« Gar nichts war passiert, Ross Brawn und seine Mannen hatten die Briatore-Truppe schlicht ausgetrickst.
Machte sich Michael Schumacher im Verlauf der Schlussrunden Sorgen, Alonso könne ihn doch noch abfangen? »Nein«, antwortet der Sieger, »solange ich keinen Fehler machte, hatte er keine Chance.« Der Spanier nimmt die Niederlage äußerlich gelassen: »Ich habe weitere acht WM-Punkte geholt und bin damit voll zufrieden. Vielleicht hätte ich gewonnen, wenn ich mich an unseren ursprünglichen Boxenstopp-Plan gehalten hätte. Aber wer weiß das schon so genau. Als wir abänderten, waren wir davon überzeugt, das sei der richtige Weg, um an Michael vorbeizukommen.«

ERGEBNISSE UND AUSFÄLLE

1. Michael Schumacher	Ferrari 248 F1	1:31.06,486 = 202,322 km/h
2. Fernando Alonso	Renault R26	2,096 Sekunden zurück
3. Juan Pablo Montoya	McLaren-Mercedes MP4/21	15,868 Sekunden zurück
4. Felipe Massa	Ferrari 248 F1	17,096 Sekunden zurück
5. Kimi Räikkönen	McLaren-Mercedes MP4/21	17,524 Sekunden zurück
6. Mark Webber	Williams-Cosworth FW28	37,739 Sekunden zurück
7. Jenson Button	Honda RA106	39,635 Sekunden zurück
8. Giancarlo Fisichella	Renault R26	40,200 Sekunden zurück
9. Ralf Schumacher	Toyota TF106	45,511 Sekunden zurück
10. Rubens Barrichello	Honda RA106	1.17,851 Minuten zurück
11. Nico Rosberg	Williams-Cosworth FW28	1.19,675 Minuten zurück
12. Jacques Villeneuve	BMW F1.06	1.22,370 Minuten zurück
13. Nick Heidfeld	BMW F1.06	1 Runde zurück
14. Vitantonio Liuzzi	Toro Rosso-Cosworth TR1	1 Runde zurück
15. Scott Speed	Toro Rosso-Cosworth TR1	1 Runde zurück
16. Tiago Monteiro	MF1-Toyota M16	2 Runden zurück
David Coulthard	Red Bull-Ferrari RB2	48. Runde, Antriebswelle
Takuma Sato	Super Aguri-Honda SA05	45. Runde, Hydraulik
Christian Klien	Red Bull-Ferrari RB2	41. Runde, Hydraulik
Yuji Ide	Super Aguri-Honda SA05	24. Runde, Radaufhängung hinten
Jarno Trulli	Toyota TF106	6. Runde, Lenkung
Christijan Albers	MF1-Toyota M16	1. Runde, Kollision

SCHNELLSTE RUNDE: (23. Rd.) – Fernando Alonso, Renault R26
1.24,569 = 211,098 km/h
Rundenrekord
Strecke in dieser Form erstmals befahren

86. Sieg

Großer Preis von Europa
Nürburg, 7. Mai 2006

Hartes Stück Arbeit

Sehr zur Freude der Fans triumphiert Schumacher auch am Ring. Doch das, so stellt sich heraus, ist nur ein kurzes Zwischenhoch, denn die nächsten vier Rennen in Folge wird der spanische Weltmeister für sich verbuchen können.

Noch sind es 24 Stunden bis zum Beginn des ersten freien Trainings, und Mercedes nutzt die Ruhe vor dem Sturm zur inzwischen bereits traditionellen Besichtigung der Nordschleife aus der Beifahrer-Perspektive von Ringkennern wie Klaus Ludwig, Bernd Schneider, Norbert Haug oder Stefan Mücke. Selbst Leute wie Juan Pablo Montoya lassen sich diesen heißen Ritt nicht entgehen, und Ring-Neuling Christijan Albers ist nach der Demo-Runde minutenlang sprachlos – er will kaum glauben, was er soeben erlebt hat: »Ich hatte natürlich schon viel von dieser Rennstrecke gehört, aber man muss das selbst gesehen haben, um wirklich zu wissen, wie grandios diese Anlage ist.«
Beim anschließenden Plausch mit dem Mercedes-Sportchef und seinen beiden F1-Piloten macht Kimi Räikkönen klar, dass er sich vorläufig keine Siege aus eigener Kraft vorstellen kann, weil Renault und Ferrari seinem McLaren überlegen seien. Nach dem Dauerthema »Kimi zu Ferrari« befragt, hält sich der Finne hingegen vornehm zurück. Und aus verständlichen Gründen verschweigt er, dass er erst vor zwei Tagen in Viry-Chattillon, knapp südlich der französischen Hauptstadt, Renault einen Besuch abstattete. Offenbar ist größte Geheimhaltung angesagt, denn am kommenden Wochenende wird Renault-Teamchef Flavio Briatore diese Visite mit lächelnder Unschuldsmiene im Reich der Phantasie ansiedeln…
Freitags geht es zur Sache. So früh im Jahr wie nie zuvor in der Geschichte des Rings heulen die F1-Motoren. Zwangsläufig steht ein unerwartet großes Fragezeichen hinter der bevorstehenden Reifenwahl: Sind Bridgestone und Michelin auf die recht hohen Temperaturen eingestellt, oder wurden nur extrem weiche Reifen für ausgekühlten Asphalt mitgebracht? Beide Hersteller erklären auf Nachfrage, das Temperaturfenster der angelieferten Gummis habe ein taugliches Format.
Damit steht dem »Rückspiel« zwischen dem Hausherrn »Schumi« und dem amtierenden Weltmeister nichts mehr im Weg. Der Spanier geht unverändert davon aus, dass der Ferrari-Sieg in Imola wohl nicht mehr als eine Eintagsfliege war. Alarmiert sind die Franzosen allerdings, was das strategische Potenzial des Cavallo Rampante betrifft. Angeblich hat sich die Equipe darauf eingestellt, nicht nur auf dem Asphalt zu fighten, sondern parallel einen Lauschangriff auf den Ferrari-Funkverkehr zu starten. Im Lager der Roten bleiben Jean Todt und seine Mannen trotzdem gelassen. Man ist hingegen fest davon überzeugt, den technischen Anschluss an Renault gefunden zu haben und

bis auf weiteres absolut konkurrenzfähig zu sein. Tagessieger wird Alexander Wurz.
Als Michael Schumacher und sein Teamkollege während der »Generalprobe«, dem dritten Training am Samstagvormittag, den Ton angeben und Fernando Alonso mit mehr als einer Sekunde Rückstand auf den Rheinländer nur Sechster wird, rückt der Überraschungssieger des Vorsonntags zur Freude der Zuschauer plötzlich in die Favoritenrolle. Aber der wird er nicht gerecht. Alonso sichert sich mit 0,2 Sekunden Vorsprung vor Michael Schumacher den besten Startplatz – zum zehnten Mal im Verlauf seiner F1-Karriere und zum ersten Mal in der laufenden Saison.
Da »Schumi« als Zweiter auf der schmutzigen Seite starten muss, wird er auf den ersten Metern schlechtere Chancen haben als Felipe Massa, der am Sonntag direkt hinter dem Quali-Schnellsten auf der Ideallinie steht. Mit diesem Problem konfrontiert, bleibt Schumacher cool. Nein, diesbezüglich mache er sich keinerlei Sorgen. Mit anderen Worten: Sein Teamkollege wird ihm als treuer Ferrari-Arbeitnehmer keinesfalls in die Parade fahren.
Die großen Pechvögel des Qualifying heißen Mark Webber und Nico Rosberg. Beim Check nach der dritten Trainingssitzung entdeckten die Cosworth-Ingenieure im Inneren der Motoren der zwei Williams-Fahrer Verschleißerscheinungen, die eine weitere Verwendung der Aggregate nicht ratsam erschienen ließen. Entsprechend wurden vor der Zeitenjagd zwei neue V8 installiert, was die betroffenen Piloten je zehn Startplätze kostet. Da ist es ein schwacher Trost, dass in beiden Fällen Motoren der Serie 3 durch die etwas leistungsstärkeren Achtzylinder der Serie 4 ersetzt wurden.
Alonso nutzt seine Jubiläums-Pole beim Start optimal. Dahinter hat Michael Schumacher, wie von seinen Fans befürchtet, Mühe, direkten Kontakt zum Spitzenreiter zu halten, denn Massa kommt wesentlich besser aus den Startlöchern als der Deutsche. Nebeneinander stoßen die beiden Ferrari in die spitzwinklige Rechtskurve, die hinab in die Mercedes-Arena führt. Der Rheinländer wird die kritischen Sekunden später kommentieren: »Ich wusste natürlich, dass Felipe in meiner unmittelbaren Nähe ist, konnte ihn aber weder in den Rückspiegeln noch bei einem Seitenblick erkennen. Also hing ich mich in Alonsos Windschatten und... da tauchte Felipes Auto urplötzlich neben mir auf.«
Was die beiden Ferrari-Piloten mit kühlen Köpfen vermeiden können, widerfährt dem Routinier David Coulthard und Vitantonio Liuzzi in »Turn 1« im Mittelfeld: Die beiden roten Bullen kollidieren. Die »Schuld« an dem Familien-internen Gemetzel trägt Ralf Schumacher. »Ralf«, gibt Liuzzi wenig später zu Protokoll, «stieß mir von hinten gegen meinen rechten Hinterreifen – dann konnte mir David nicht ausweichen.« Ralf wird aussagen, es habe sich um einen ebenso bedauerlichen, wie unvermeidbaren Crash im Startgetümmel gehandelt, wie er sich in dieser engen Kurve immer wieder abspiele. So sehen es auch die Rennleitung und der schottische Oldie Coulthard. Liuzzi kommt wegen eines Drehers – der Pilot passt sein Tempo nicht dem Plattfuß an – nur bis in die zehnte Kurve. »DC« lässt seinem Boliden an den Boxen einen neuen Frontflügel verpassen, schleppt sich aber anschließend nur noch bis in die dritte Runde, bevor ihn ein Folgeschaden des Unfalls stoppt.
Damit die Pisten-Marshals Kohlefaser-Splitter fegen können, ohne um ihre körperliche Unversehrtheit fürchten zu müssen, übernimmt mit Beginn der zweiten Runde SC-Fahrer Bernd Mayländer das Kommando. Lange braucht der Deutsche allerdings keine Führungsarbeit zu leisten, denn zu Beginn des vierten Umlaufs schert der silberne Mercedes auf Befehl von Charlie Whiting wieder aus. Beim Anbremsen der ersten

Kurve verändert sich die Reihenfolge der ersten drei Piloten nicht. In deren Rücken aber schiebt sich Räikkönen eingangs der Schikane an Button vorbei auf den vierten Rang. Der Finne rückt anschließend sogar bis auf den ersten Rang vor, als das Top-Trio nach 17 beziehungsweise 18 Runden Boxenstopps einlegt, die sich nicht auf die Platzierungen auswirken. Als Räikkönen am Ende des 23. Umlaufs ebenfalls Benzin- und Gumminachschub braucht, herrscht vorn wieder die ursprüngliche Ordnung.
Nach 30 der insgesamt 60 Runden bietet sich an der Spitze folgendes Bild: Der amtierende Weltmeister führt mit 1,2 Sekunden Vorsprung vor Michael Schumacher. Massa fehlen als Drittem 5,6 Sekunden auf den Spanier und ist damit bereits ein wenig abgeschlagen. Was dieser Rückstand bei Licht betrachtet heißt, macht eine kleine Rechnung deutlich – pro Runde hat Massa weniger als zwei Zehntelsekunden eingebüßt. Platz vier hält unverändert Räikkönen, der seine Runden als Solist dreht, denn nach vorn hat er den Anschluss an den zweiten Ferrari verloren, und Nico Rosberg, der erst nach 33 Runden seinen ersten von insgesamt zwei Boxenstopps einlegen wird, rangiert als Fünfter 26 Sekunden hinter dem Silberpfeil. Auch Barrichello, Ralf Schumacher und Klien liegen bei Halbzeit auf Punkterängen.
Die zweiten Stopps werden den Kampf um den Sieg entscheiden. Nach 38 Runden spitzt sich die Lage entsprechend zu, denn Alonso steuert seine Crew an, die ihn in 8,8 Sekunden abfertigt. Für Michael Schumacher bleiben die Uhren für diesen Umlauf bei 1.32,420 Minuten stehen. Im Folgenden steigert er sich auf 1.32,099 Minuten und dreht damit die schnellste Runde des Rennens. Er weiß genau, dass er gewaltig Gas geben muss, um nach seinem eigenen letzten Stopp rechtzeitig vor dem herannahenden Alonso auf die Piste zurückzukehren.
Am Ende der 41. Runde ist es soweit. Die Zuschauer halten den Atem an, als sich »Schumi« vor seiner Box einbremst. 6,8 Sekunden steht der rote Bolide still, dann wird der Lollipop hochgerissen. Von Alonso gibt es noch keine Spur – Ross Brawns Rechnung ist aufgegangen. Alonso liegt mehr als sieben Sekunden hinter seinem Schützling. Michael Schumacher ist zwar nur Zweiter hinter Kimi Räikkönen, aber der muss noch einmal tanken und ist deshalb kein direkter Gegner.
Obwohl die Entscheidung an der Spitze – vorausgesetzt, es gibt keine Pannen – damit gefallen ist, können sich die Fans nicht über mangelnde Abwechslung beklagen. Mit Räikkönen im Nacken schiebt sich Massa näher und näher an Alonso heran. Im Ziel wird das Trio innerhalb von gut einer Sekunde abgewinkt werden. Dahinter, mit einem Abstand von gut einer Minute, folgt ein zweiter Dreierpack, der sich aus Barrichello, Ralf Schumacher und Fisichella zusammensetzt. Ralf muss in Runde 53 aufgeben, aber da von hinten Rosberg heranfliegt, streiten sich bis zuletzt drei Piloten auf engstem Raum um den fünften Rang. Der letzte WM-Punkt geht an Jacques Villeneuve, der auf dieser Piste 1996 seinen ersten von letztlich elf F1-Siegen herausfuhr. Der Ex-Champion profitiert allerdings entscheidend vom Doppelausfall Ralf Schumacher/Montoya, der ihn kampflos um zwei Plätze aufrücken lässt.
Im Anschluss an die Siegerehrung spricht Michael Schumacher offen von einem »harten Stück Arbeit«, das er bewältigen musste, um diesen WM-Lauf zu gewinnen. Fernando Alonsos Enttäuschung hält sich in Grenzen; Felipe Massa freut sich über seinen ersten F1-Podestplatz, von dem er schon so lange geträumt hat.
Ein ganz besonderes Lob verdient sich Nico Rosberg, der sich vom Ende des Feldes bis auf den siebten Rang vorkämpfte und damit zwei WM-Punkte holte. Der deutsche

Williams-Pilot: »Nun kann ich doch noch zufrieden abreisen, dabei hatte es zunächst gar nicht danach ausgesehen.«
Das nächste Rennen, der GP von Spanien, sieht wieder zwei Deutsche in den Punkten: »Quick Nick« auf acht – und einen enttäuschten Michael Schumacher auf zwei: »Glücklicherweise bleibt mir ja noch viel Zeit, um Fernando abzufangen.« Davon ist er in Monte Carlo weiter entfernt denn je: Durch die Dummheit im zweiten Sektor, als er in der Rascasse mit abgewürgten Motor die Ideallinie blockiert – angeblich, um diejenigen auszubremsen, die nach ihm noch auf Zeitenjagd hatten gehen wollen. Fahrfehler? Absicht? – Nahezu einhellig wird die Meinung vertreten, dass der Kerpener absichtlich seinen Ferrari in die Kurve stellte, um zu verhindern, dass ihm ein Rivale noch von der Pole verdrängt. Als Folge davon rutscht Schumacher – »Ich habe nicht beschissen!« – vom ersten auf den letzten Startplatz. Er wird zwar noch Fünfter, doch Monaco hinterlässt einen faden Nachgeschmack.
Tadellos dagegen die Leistung des Rekordweltmeisters in Silverstone: Von Platz fünf gestartet und als Zweiter im Ziel: »Nichts ist entschieden, denn noch stehen zehn Rennen aus – da kann sich noch vieles ändern.« Richtig. Aber nicht beim nächsten Großen Preis, dem in Montreal: Gripmangel, Reifen, Set-up – nichts passt zusammen, Schumacher wird von Platz fünf aus ins Rennen gehen und müsste mit den acht Punkten für den Zweitplatzierten eigentlich zufrieden sein. Der Rheinländer ist aber keineswegs happy, denn der spanische Rivale im Titelkampf hat sich nun zum vierten Mal in Folge die volle Punktzahl gesichert. Mit 25 Punkten Rückstand auf Alonso scheint die WM bereits entschieden ...

ERGEBNISSE UND AUSFÄLLE

1. Michael Schumacher	Ferrari 248 F1	1:35.58,765 = 193,080 km/h
2. Fernando Alonso	Renault R26	3,751 Sekunden zurück
3. Felipe Massa	Ferrari 248 F1	4,447 Sekunden zurück
4. Kimi Räikkönen	McLaren-Mercedes MP4/21	4,879 Sekunden zurück
5. Rubens Barrichello	Honda RA106	1.12,586 Minuten zurück
6. Giancarlo Fisichella	Renault R26	1.14,116 Minuten zurück
7. Nico Rosberg	Williams-Cosworth FW28	1.14,565 Minuten zurück
8. Jacques Villeneuve	BMW F1.06	1.29,364 Minuten zurück
9. Jarno Trulli	Toyota TF106	1 Runde zurück
10. Nick Heidfeld	BMW F1.06	1 Runde zurück
11. Scott Speed	Toro Rosso-Cosworth TR1	1 Runde zurück
12. Tiago Monteiro	MF1-Toyota M16	1 Runde zurück
13. Christijan Albers	MF1-Toyota M16	1 Runde zurück
Ralf Schumacher	Toyota TF106	53. Runde, Motor
Juan Pablo Montoya	McLaren-Mercedes MP4/21	53. Runde, Motor
Takuma Sato	Super Aguri-Honda SA05	46. Runde, Motor
Franck Montagny	Super Aguri-Honda SA05	30. Runde, Hydraulik
Jenson Button	Honda RA106	29. Runde, Motor
Christian Klien	Red Bull-Ferrari RB2	29. Runde, Getriebe
Mark Webber	Williams-Cosworth FW28	13. Runde, Hydraulik
David Coulthard	Red Bull-Ferrari RB2	3. Runde, Unfallfolgen
Vitantonio Liuzzi	Toro Rosso-Cosworth TR1	1. Runde, Unfallfolge/

SCHNELLSTE RUNDE: (39.Rd.) – Michael Schumacher, Ferrari 248 F1
1.32,099 = 201,226 km/h

87. Sieg

Großer Preis der USA
Indianapolis, 2. Juli 2006

Sieben auf einen Streich

Michael Schumachers Titel-Chancen sind nahe dem Nullpunkt, als der GP-Tross Indianapolis erreicht. Doch weder Schumacher noch Ross Brawn haben den Kampf schon aufgegeben. Aus ihrer Sicht fängt die Saison jetzt erst richtig an. Indianapolis bringt mehr als nur einen kleinen Hoffnungsschimmer für »Schumi«.

Ein Jahr nach Michelins Indy-Desaster – die komplette Kundschaft der Franzosen verzichtete auf den Start, weil die Reifen nur zehn Runden lang durchhielten – muss der Konzern auf Nummer sicher gehen. Einen zweiten Gummi-GAU würde das auf dem nordamerikanischen Markt ohnehin angeschlagene Image wohl vollends zerstören. Große Hoffnungen auf den Sieg macht sich Fernando Alonso also nicht. Mit diplomatischen Worten kündigt er an: »Diese Rennstrecke liegt meinem Auto nicht. Wir stehen vor einem schwierigen Wochenende.« Auf die heikle Lage des Reifenpartners geht er wohlweislich nicht ein, um ihn nicht bloßzustellen. Prinzipiell, meint der Spanier, könne es in diesem Jahr ohnehin nur besser werden, denn bisher sei es für ihn in Indy regelmäßig miserabel gelaufen. »Hier«, erinnert er, »bin ich noch nie ins Ziel gekommen.« Diesmal wird er die volle Distanz zurücklegen, aber happy ist er deshalb am Sonntagabend nicht. Dank dieser Ausgangslage stehen die Zeichen für Michael Schumacher gut, ein paar Pünktchen aufholen zu können, zumal er mit vier Siegen und zwei zweiten Plätzen eine beachtliche Indy-Statistik vorweisen kann. Die lässt er allerdings nicht als positives Argument gelten: »Was macht das schon? Meine Kanada-Statistik ist auch okay – und was hat mir das am letzten Sonntag genutzt? Gar nichts.« Für Michael Schumacher zählt nur der Sieg, sonst hätte er seinen zweiten Rang vom Vorsonntag wohl in besserer Erinnerung.
Der siebenmalige F1-Champion hat nach Ansicht der Experten kaum noch Titelchancen. Aus eigener Kraft kann er 2006 jedenfalls nicht mehr Meister werden, denn selbst wenn er die ausstehenden acht GP gewinnt, macht er nicht mehr als 16 Punkte gut – vorausgesetzt, Alonso wird jedes Mal Zweiter. Wie beurteilt Ross Brawn, der Technische Direktor der Scuderia Ferrari, die Möglichkeiten der Roten? Die Augen des Briten funkeln hinter den dicken Brillengläsern, als er antwortet: »Wir geben jedenfalls nicht auf. Tatsache ist, dass Renault einen ausgezeichneten Job macht. Bisher waren die fehlerfrei. Aber wir konnten sie auch nicht oft genug fordern. Wir müssen alles tun, um Renault unter Druck zu setzen – dann unterläuft denen eventuell der ein oder andere Schnitzer. Von nun an hängt alles vom Entwicklungstempo ab, das wir und die anderen gehen können.« Damit hat der alte Fuchs prinzipiell Recht, aber selbst er scheint nicht daran glauben zu können, dass das Blatt in den kommenden Monaten noch einmal zugunsten der Scuderia gewendet werden kann.

Anschließend plaudert »Schumi« ein wenig von seiner – inzwischen bereits traditionellen – Motorrad-Tour durch den Wilden Westen und davon, wie schwierig es gewesen sei, in puncto Fußball-WM auf dem Laufenden zu bleiben, da die Amis diesen Sport im TV nur am Rande abhandeln. Aus Sicht der Freunde des knallharten American Football ist das Gekicke im europäischen Stil eher etwas für Frauen und Kinder. Wie auch immer, der Ferrari-Star und die übrigen deutschen Mitglieder des F1-Zirkus können sich im Verlauf des anstehenden Wochenendes über einen Sieg »ihrer« Elf über Argentinien freuen, der den Weg ins Halbfinale freimacht. Einer derjenigen, der diese Freude nicht teilen kann, ist Bernie Ecclestone. Der Brite hatte zwar auf einen Sieg der Klinsi-Gang gewettet, doch den hatte er im Verlauf der regulären Spielzeit prophezeit. Weil es aber in die Verlängerung ging, zählt er zu den Verlierern und kann den Einsatz abschreiben. Dabei ging es immerhin um das stolze Sümmchen von 100.000 Pfund!
Aus Sicht der US-Fans, die sich durch die Enttäuschung im Jahr 2005 nicht haben abschrecken lassen und in der gewohnten Kopfzahl anmarschieren, zählt Scott Speed zu den Hauptfiguren des Weekend. Dass der Rookie bisher nicht andeuten konnte, dass er genug fahrerisches Potenzial hat, um eines Tages in die Fußstapfen der einstigen US-Größen Phil Hill, Dan Gurney, Richie Ginther oder Mario Andretti zu treten, ist den einheimischen F1-Kennern allerdings auch klar. Deshalb hoffen sie auf die mittelfristige Zukunft und den Aufstieg des Andretti-Enkels Marco sowie von Graham Rahal, dem Sohn des Ex-Rennfahrers mit Vornamen Bobby.
Im ersten freien Training belegt der US-Boy Platz neun. Das kann sich sehen lassen, auch wenn insgesamt nur 16 Piloten zumindest eine fliegende Runde drehen. Schnellster Mann der ersten Stunde ist das ewige britische Talent Anthony Davidson, doch den stärksten Eindruck hinterlässt Michael Schumacher. Er fährt nur einen einzigen gezeiteten Umlauf, und der bringt ihm Platz zwei ein. Fernando Alonso tuckert nur einmal um den Kurs, um die Einsatzbereitschaft seines R26 zu checken und verschwindet dann wieder in den Boxen.
Am frühen Nachmittag sind dann alle 29 Akteure auf der Bahn, die einen Vollgasanteil von 61 Prozent hat. Honda-Pilot Davidson kann sich von 1.12,083 auf 1.12,013 Minuten steigern. Insgesamt spult er an diesem Tag 65 Runden ab, um für die beiden Stammpiloten seines Teams Daten zu sammeln. Als Sechster ist Michael Schumacher nur eine Zehntelsekunde schneller als Alonso, der auf dem neunten Rang landet. Beide kümmern sich um das Set-up ihrer Autos für Sonntag, ohne dabei auf die Bestwerte zu achten. Um 15.30 Uhr beginnt es – bei Temperaturen von knapp 30 Grad – zu regnen. Doch alle Befürchtungen beziehungsweise Hoffnungen, die weiteren Aktivitäten des Wochenendes könnten sich auf nassem Asphalt abspielen, werden sich als nicht gerechtfertigt erweisen.
Im freien Samstags-Training sind reglementgemäß die Stamm-Piloten unter sich, und Michael Schumacher gelingt als Schnellstem die erste 10er-Zeit des Wochenendes. Zumal Massa Zweiter wird, zeichnet sich ab, dass die Roten in der Hackordnung die Nase vorn haben. Als bestem Renault-Fahrer fehlen »Fisico« satte 1,1 Sekunden auf die Bestzeit. Alonso, dessen Motor allerdings nicht so stark ist wie der seines italienischen Teamkollegen, wird mit 1,4 Sekunden Rückstand Sechster. Der Spanier plagt sich mit starkem Untersteuern seines R26 herum.
Der gewonnene Eindruck bestätigt sich im Qualifying: Die ersten drei Plätze gehen an »Schumi«, dessen brasilianischen Stallgefährten und Fisichella. Alonso kann im Ver-

gleich zum Vormittag allerdings einen Platz gutmachen. Der Spanier wird hinter Barrichello Fünfter. Alonso nimmt´s gelassen: »Nach den Problemen am Vormittag habe ich mir nicht viel mehr ausrechnen dürfen. Obwohl ich den Frontflügel steiler stellen ließ, war das Auto schwer zu fahren. Trotzdem hoffe ich darauf, im Rennen einen Podestplatz zu holen, um den Schaden in der Punktetabelle möglichst gering zu halten.«
Pole-Setter Michael Schumacher, der mehr als eine Sekunde schneller als Fisichella fuhr, scheint aufgrund dieser Dominanz regelrecht irritiert: »Ich hatte gehofft, dass ich mir den besten Startplatz holen kann, weil es im freien Training so gut lief. Aber ich wundere mich selbst über diesen großen Vorsprung – mehr als eine Sekunde, das ist gewaltig…« Dann referiert er ausgiebig zum Thema »Form« und erklärt: »Den Unterschied machen letztlich Kleinigkeiten im Bereich der Abstimmung aus. Richtig gut ist ein Auto nur dann, wenn wirklich alles stimmt. Und das ist bereits dann nicht mehr der Fall, wenn am Renntag der Wind ein wenig mehr, oder aus einer anderen Richtung weht. Auch die Temperaturen von Luft und Asphalt können entscheidend sein. All das gilt zumindest dann, wenn man es auf hohem Niveau mit so starken Gegnern

wie Alonso und Renault zu tun hat.« Zumal ihm Teamkollege Felipe Massa notfalls Rückendeckung geben könnte, sieht der Rheinländer dem Renntag relativ gelassen entgegen.
Bereits am frühen Sonntagvormittag ziehen die Düfte von Hotdogs, Popcorn und monströsen gegrillten Putenkeulen – offenbar eine der Leibspeisen der heimischen Rennsport-Fans – bis jenseits der 16. Straße. Den 22 F1-Piloten macht diese Kost allerdings keinen Appetit. Sie haben Heißhunger auf WM-Punkte, und in ihrer Gier tun sie kurz nach dem Start des Guten ein wenig zuviel. Gleich sieben Fahrer kommen nicht über die erste Runde hinaus. Damit ist knapp ein Drittel des Startfeldes eliminiert. Viel Betrieb auf der Piste wird den amerikanischen Zuschauern also erneut nicht geboten, doch immerhin ist eine steigende Tendenz erkennbar.
Das Drama nimmt seinen Lauf, als zunächst Montoya seinen Teamkollegen Räikkönen anrempelt. Unabhängig davon rappelt es Sekunden später in einer Gruppe, der Button, Heidfeld, Webber, Speed, Klien und Montagny angehören. Mit dem spektakulärsten Abflug verabschiedet sich der Mönchengladbacher, der die Zuschauer mit einer fünffachen Rolle in Atem hält. Abgesehen von Button, den Folgeschäden des Crashs erst in Runde vier stoppen werden, bleiben bei diesen Zwischenfällen alle beteiligten Piloten auf der Strecke. Natürlich alarmiert Charlie Whiting umgehend den deutschen SC-Fahrer Bernd Mayländer, der das Feld bis zum Ende der achten Runde anführt.
Hinter den Boxen geben die Gestrauchelten ihre Eindrücke zu Protokoll. Räikkönen: »Juan Pablo stieß mich von hinten an – das war's.« Montoya: »Bedauerlicherweise kollidierte ich mit Kimi, aber der bremste auch ungewöhnlich früh.« Teamchef Ron Dennis ist keineswegs »amused«. Er wird den Kolumbianer schon bald kurzerhand vor die Tür setzen, zumal der sich immer wieder über das Handling seines Autos – »Es macht selten das, was ich von ihm erwarte.« – beschwert hatte. Heidfeld: »Ich weiß nicht genau, was passiert ist – jedenfalls flog ich plötzlich durch die Luft. Es sah wohl schlimmer aus, als es tatsächlich war. Verletzt habe ich mich jedenfalls nicht.« In diesem Punkt kann er von Glück sprechen. Prinzipiell war sein Unfall zwar tatsächlich harmloser Natur, aber »Quick Nick« beging einen Kardinalfehler. Anstatt seine Hände vom Lenkrad zu nehmen und vor der Brust zu kreuzen, hielt er sie instinktiv »schützend« über den Kopf. Das dieses Verhalten schnell zu schweren Handverletzungen führen kann, ist kein Geheimnis. Falls es ein »nächstes Mal« geben sollte, will Heidfeld daran denken... Webber: »Ich wurde urplötzlich von irgendjemand harpuniert und stieg auf. Ich befürchtete, ich würde mich überschlagen, was zum Glück nicht passierte – aber mein Auto war hinüber.« Speed: »Plötzlich war die Piste vor mir von umherfliegenden Autos blockiert. Ausweichen war nicht möglich, ganz unabhängig davon, für welche Seite ich mich entschieden hätte. Schade, aber so ist das halt manchmal im Rennsport.« Klien: »Ich kann nicht sagen, was passiert ist. Ich erinnere mich, dass es plötzlich zu eng für uns alle wurde, und es ging drunter und drüber – es gab kein Entrinnen.« Montagny: »Ich hatte keine Chance, obwohl ich wie gewohnt kein Risiko einging. Aber wenn man mit 200 »clicks« unterwegs ist und fünf Meter Abstand zum Vordermann hat, dann gibt es nichts, was man in einem solchen Fall tun könnte. Ich glaube, alles begann damit, dass Coulthard gegen Kliens Auto stieß.«
Noch bevor Mayländer den Weg auf Anweisung der Rennleitung wieder freigibt, kollabiert Buttons Honda. Das Rumpffeld zirkuliert auf den vorderen zehn Plätzen in der

Reihenfolge Massa vor Michael Schumacher, Alonso, Fisichella, Barrichello, Villeneuve, Ralf Schumacher, Rosberg, dem Vorjahresdritten Monteiro und Coulthard. Kaum ist das Rennen wieder »unterwegs«, da überholt Coulthard seinen portugiesischen Vordermann, und Sato will es dem Schotten gleichtun. Doch die Aktion des Japaners endet mit einer Karambolage, die ihn augenblicklich schachmatt setzt. Monteiro kann sich trotz eines Reparaturstopps nur noch bis in die neunte Runde schleppen. Parallel hat sich Ralf nach dem Neustart an Villeneuve vorbeiquetschen können.
Während die beiden Ferrari an der Spitze dicht beieinander bleiben, fällt Alonso kontinuierlich zurück. Nach 14 Umläufen liegt er bereits 7,3 Sekunden hinter dem Spitzenreiter, und mit Blick auf WM-Punkte für die »Teamkasse« gibt die Renault-Crew dem Spanier die Anweisung, seinen Hintermann kampflos überholen zu lassen.
Zum erwarteten Führungswechsel kommt es während der ersten Boxenstopps. Hinter den beiden Roten aus Maranello folgt nun Jarno Trulli, der mit einem extrem schweren Toyota aus der Boxengasse gestartet war und nun immer noch von seiner ursprünglichen Tankfüllung zehrt. Erst nach 39 Umläufen – zehn Runden nach »Schumi« und Fisichella – kommt der italienische Ein-Stopper zum Bunkern von Kraftstoff an die Boxen.
Als die Top-Four – Michael Schumacher, Massa, Fisichella und Alonso – zwischen der 52. und der 55. Runde ein zweites Mal Service machen lassen, trägt Trullis Rechnung weitere Früchte, denn er wird am Weltmeister vorbeigespült und kann den Spanier bis ins Ziel sicher auf Distanz halten. In der schwierigen Lage hat der Champion Glück, dass Ralf Schumacher, der ihn inzwischen auch überholt hat, wegen eines Radlagerschadens aufgeben muss.
Auf den ersten drei Rängen gibt es keine weiteren Veränderungen, und auch im Rücken Alonsos sind die Positionen von Barrichello, Coulthard, Liuzzi und Rosberg stabil bezogen. Vitantonio Liuzzi, der ausgeflippte Ex-F3000-Champion, bringt seinen Toro Rosso letztlich als Achter von Rosberg, der mit einem schier unfahrbaren Williams kämpft, ins Ziel und kassiert damit einen Zähler.
Ein echtes Kontrastprogramm zu Liuzzi bietet Fernando Alonso. Der hat zwar vier Mal so viele Punkte wie der Italiener kassiert, kann sich aber aus nachvollziehbaren Gründen gar nicht so recht freuen. Das Maximum habe er gegeben, sagt er nach seiner ersten Zielankunft in Indy. »Mehr war nicht möglich«, erklärt er, »denn wir waren hier während des gesamten Weekend nicht wettbewerbsfähig. Es mangelte am notwendigen Grip.« Sorgen macht er sich dennoch nicht, an neun der bisherigen zehn GP-Wochenenden habe Michelin bessere Reifen als Bridgestone geliefert und er sehe keine Grund, weshalb das nicht wieder der Fall sein soll.
Im Lager der Scuderia Ferrari gibt es gleich mehrere Gründe, happy zu sein. Michael Schumacher hat zum dritten Mal im laufenden Rennjahr die volle Punktzahl kassiert und damit zumindest angedeutet, dass er bei der Vergabe des WM-Titels noch ein Wörtchen mitreden möchte. Außerdem feiert das Traditions-Team seinen ersten Doppelsieg seit dem GP von Monza des Jahres 2004. Michael Schumacher: »Ehrlich gesagt, wusste ich nicht, dass das schon so lange her ist.« Dann spricht er vom Lohn für die harte Arbeit in der Vorbereitungsphase für die zwei Nordamerika-Rennen: »Ich wusste, dass wir ein gutes Auto haben, und es hat zum Gewinn von 18 WM-Punkten gereicht. Weshalb wir in Kanada nicht gewonnen haben, ist mir allerdings noch nicht klar. Aber Montreal ist ohnehin abgehakt, und jetzt will ich mich über dieses großar-

tige Wochenende freuen, das der deutschen Mannschaft den Einzug ins Halbfinale und mir diesen Sieg gebracht hat.«

Glaubt er ernsthaft an eine Chance, Alonso im beinahe schon entschiedenen Titelkampf noch abfangen zu können? Michael Schumacher: »Klar, ich liege weit zurück. In gewisser Hinsicht sehr weit. Aber immerhin haben wir noch acht Rennen vor uns. Das heißt, man kann sich bestenfalls noch 80 Punkte holen. In diesem Sport spielen so viele Faktoren eine Rolle. Schwierig wird das ganz sicherlich. Viel wird davon abhängen, wie viel von unserem aktuellen Schwung wir mit nach Europa nehmen können.« Und nach einer kurzen Bedenkzeit wagt er einen Tipp: »Ja, ich glaube, ich kann's noch packen.«

Dieser optimistischen Meinung schließt sich Teamchef Jean Todt an, als er erklärt: »Besser hätte die zweite Saisonhälfte für uns nicht beginnen können. Dieser Doppelsieg gibt uns neuen Mut.« Parallel kündigt Ross Brawn Detailverbesserungen des 248 F1 für den anstehenden WM-Lauf in Magny-Cours an.

ERGEBNISSE UND AUSFÄLLE

1. Michael Schumacher	Ferrari 248 F1	1:34.35,199 = 194,117 km/h
2. Felipe Massa	Ferrari 248 F1	7,984 Sekunden zurück
3. Giancarlo Fisichella	Renault R26	16,595 Sekunden zurück
4. Jarno Trulli	Toyota TF106B	23,604 Sekunden zurück
5. Fernando Alonso	Renault R26	28,410 Sekunden zurück
6. Rubens Barrichello	Honda RA106	36,516 Sekunden zurück
7. David Coulthard	Red Bull-Ferrari RB2	1 Runde zurück
8. Vitantonio Liuzzi	Toro Rosso-Cosworth TR1	1 Runde zurück
9. Nico Rosberg	Williams-Cosworth FW28	1 Runde zurück
Ralf Schumacher	Toyota TF106B	63. Runde, Radlager vorn links
Christijan Albers	MF1-Toyota M16	38. Runde, Kraftübertragung
Jacques Villeneuve	BMW F1.06	24. Runde, Motor
Tiago Monteiro	MF1-Toyota M16	10. Runde, Kollision
Takuma Sato	Super Aguri-Honda SA05	7. Runde, Unfall
Jenson Button	Honda RA106	4. Runde, Kollisionsfolgen
Kimi Räikkönen	McLaren-Mercedes MP4/21	1. Runde, Kollision
Nick Heidfeld	BMW F1.06	1. Runde, Kollision
Juan Pablo Montoya	McLaren-Mercedes MP4/21	1. Runde, Kollision
Mark Webber	Williams-Cosworth FW28	1. Runde, Kollision
Scott Speed	Toro Rosso-Cosworth TR1	1. Runde, Kollision
Christian Klien	Red Bull-Ferrari RB2	1. Runde, Kollision
Franck Montagny	Super Aguri-Honda SA05	1. Runde, Kollision

SCHNELLSTE RUNDE: (56. Rd.) –Michael Schumacher, Ferrari 248 F1
1.12,719 = 207,527 km/h

88. Sieg

Großer Preis von Frankreich
Magny-Cours, 16. Juli 2006

»Schumi« zum Achten!

Die Aufholjagd hat gerade erst begonnen, und ausgerechnet auf heimischen Boden bereitet Bridgestone-Mann Schumacher Michelin und Renault eine bittere Niederlage – bereits die zweite für die Equipe des Weltmeisters, der sich des Ansturms des siebenfachen Weltmeisters nicht erwehren kann.

Montags, vier Tage vor Beginn des Trainings in Magny-Cours, erhält Pedro de la Rosa einen Anruf. Ein Mitglied des Teams McLaren-Mercedes teilt dem Silberpfeil-Testfahrer mit, er solle sich darauf einstellen, am Wochenende eventuell zum Einsatz zu kommen. Einen Tag später, es ist 9.30 Uhr und de la Rosa ist auf dem Weg ins Werk, klingelt sein Handy erneut. Jetzt ist es amtlich: Der Spanier übernimmt mit sofortiger Wirkung bis auf weiteres das Cockpit von Juan Pablo Montoya! Der Kolumbianer hatte die Presse am Vortag, ohne Rücksprache mit Boss Ron Dennis, von seinen in den USA gefassten NASCAR-Plänen unterrichtet. Nicht zuletzt wegen des Indy-Zwischenfalls, der beide MP4/21 wenige Sekunden nach dem Start schachmatt setzte, ist »Mr. Perfect« nicht gut auf Montoya zu sprechen. Er nutzt die Vorlage zu dessen Beurlaubung. Der Brite betont ausdrücklich, der Südamerikaner sei keineswegs gefeuert. Mercedes-Sportchef Norbert Haug deutet zumindest an, dass sich der Kolumbianer in Woking zuletzt keiner besonders großen Beliebtheit erfreute: »Pedro ist ein Teamplayer. Das ist Juan Pablo auch, soweit ihm das möglich ist...«
Die aktuellen Neuerungen beziehen sich allerdings nicht nur auf die »Software« in Gestalt der Piloten. Von WM-Lauf zu WM-Lauf werden die F1-Boliden – sieht man von den kleinen Teams und back-to-back Rennen in Übersee ab – modifziert. Mal handelt es sich um die Aerodynamik, mal um die Mechanik oder den Motor. Zuweilen werden die Entwicklungsschritte auch parallel in mehreren Bereichen realisiert. Oft sind diese Verbesserungen nur schwer erkennbar. Diesmal aber präsentiert das Team BMW neue Bauteile aus dem Windkanal, die selbst ein Blinder mit dem sprichwörtlichen Krückstock wahrnehmen kann: Zwei senkrecht stehende Luftleitbleche im Bugbereich lenken die Blicke aller auf sich. Die in der Vorwoche in Jerez getesteten »Stäbe« tragen sogar einen offiziellen Namen: »Nose-Wings«. Willy Rampf, der Technische Direktor der Hinwiler, erklärt: »In Verbindung mit den kleinen Seitenflügeln im Bereich der Motorverkleidung wird die gesamte Heckpartie effizienter angeströmt. Die Dinger bringen eindeutig mehr Abtrieb.«
Und es gibt ein zweites technisches Thema, das die F1-Szene allerdings noch länger beschäftigen wird, bevor die Funktionäre einen Schlussstrich ziehen. Die von Renault seit dem Italien Grand Prix des Vorjahres und in der laufenden Saison auch von Ferrari eingesetzten Masse-Dämpfer stoßen den FIA-Technikern beim Scrutineering un-

angenehm auf. Man diskutiert, dann gibt es doch noch grünes Licht für den Einsatz der Bauteile. Die Dämpfer reduzieren die schwingende Nickbewegung der Boliden, und aufgrund der hierdurch bewirkten kleineren Amplituden kann mit geringerer Bodenfreiheit gefahren werden – Schwerpunkt und Aerodynamik werden deutlich verbessert. Die Equipe Renault ist auf diese Dämpfer dringlicher angewiesen als die roten Rivalen, denn die Gesamtkonstruktion des R26 basiert auf den Schwingungstilgern. Bei Ferrari geht es hingegen lediglich um die Demontage eines nachträglich integrierten Bauteils.
Sieht man von einem zunächst kaum beachteten Abflug des US-Boys Scott Speed am ersten Trainingstag ab, ereignen sich die ersten bedeutenden Zwischenfälle im Verlauf des dritten Trainings. Betroffen sind beide Piloten der Scuderia Ferrari. Weil im Auto des Südamerikaners Massa die Kupplung streikt und Schumachers Rennwagen an den Boxen für scheinbar endlose Sekunden Feuer fängt, bringt es das Duo inklusive der Out- und In-Laps auf lediglich 13 Runden. Diese Basis reicht nicht aus, um das notwendige Datenmaterial für eine seriös errechnete Abstimmung der Boliden zu sammeln. Brawn und seinen Mannen bleibt keine andere Wahl, als das Set-up aufgrund von Erfahrungswerten und den dürftigen Fakten Pi mal Daumen vorzunehmen...
Merkwürdiges tut sich zu Beginn von Q3. Weil die FIA diese letzte und – was die ersten fünf Startreihen betrifft – entscheidende Qualifying-Phase um 25 Prozent auf nunmehr 15 Minuten reduziert hat, haben es die Akteure extrem eilig. Ganz besonders gilt das für Alonso, Trulli und Räikkönen. Das Trio postiert sich, jenseits einer durchgezogenen weißen Linie, links der Fahrspur der Boxengasse. Gérard Schartre, dem Chef der Pitlane, gefällt das gar nicht. Reaktionsschnell fotografiert er die Sünder in flagranti, denn sie befinden sich in einer für sie verbotenen Auslaufspur, die ausschließlich von Havaristen genutzt werden darf, die ausgangs der Boxengasse durch einen technischen Defekt gestoppt werden.
Das bisher eher durch seinen langweiligen Verlauf aufgefallene »Spritverbrennen« zu Beginn von Q3 entwickelt sich aufgrund der neuen Bestimmungen unerwartet zum Krimi, als sich der spanische Weltmeister und sein deutscher Vorgänger von der ersten Minute an einen Fight um die Führung liefern. Beide werden im weiteren Verlauf des Nachmittags übereinstimmend aussagen, der Zeitdruck sei aufgrund der Modifikation des Formats derart groß, dass der eigene Fahrplan in Gefahr sei, wenn man nicht selbst das Tempo bestimmen würde. Michael Schumacher gewinnt dem Duell, das mehrere Überholmanöver bietet, später im Rückblick allerdings auch positive Seiten ab: »Mir hat es gut gefallen. Die FIA sollte sich überlegen, für solche Zweikämpfe WM-Punkte zu vergeben.«
Die gute Laune des Rheinländers, der selten zum Scherzen aufgelegt ist, hat ihren Grund: »Schumi« hat sich die 68. Pole seiner F1-Karriere gesichert und als Zweiter vor Alonso hat Felipe Massa morgen eine gute Ausgangsposition, um den Rheinländer gegen mögliche Gefahr von hinten abzuschirmen.
Monsieur Schartre hausiert inzwischen bei den Stewards of the Meeting mit seinen Beweisfotos des Sündertrios. Doch die Funktionäre winken müde ab und geben dem pflichtbewussten Boxenaufseher zu verstehen, es sei unmöglich, ausgerechnet beim Frankreich GP den Star der Equipe Renault zu disqualifizieren... Schartre versteht die Welt nicht mehr und kündigt an, er werde dafür sorgen, dass die FIA den Regelver-

stoß in der kommenden Woche in Paris noch einmal aufrollt. Tatsächlich aber wird die Affäre im Sande versickern... Rückblickend erscheint die Strafe, die sich Michael Schumacher in Monte Carlo einfing, plötzlich noch härter als am 27. Mai.
Die erste Schrecksekunde des Rennsonntags erlebt Takuma Sato, als der Honda-V8 seines Super Aguri beim Start in die Einführungsrunde erst mit Verzögerung anspringt. Mit Verspätung jagt der Japaner dem Feld nach, doch damit hat er sein Tagwerk auch beinahe schon erledigt: Im Rennen wird er nicht eine Runde zurücklegen und sein Auto wegen eines Kupplungsdefekts in »Turn 6« parken.
Pole-Setter Michael Schumacher beherrscht den Sprint zur ersten Kurve souverän, während Alonso in seinem Rücken alle Hebel in Bewegung setzt, um – vorbei an Massa – direkten Anschluss an den Spitzenreiter zu bekommen. Seite an Seite liegt das Duo im Infight – es geht um Zentimeter, bevor sich Massa durchsetzt. Als Schumacher den Teamkollegen im Rückspiegel als direkten Verfolger erkennt, reagiert er erleichtert. Aus Sicht des Titelverteidigers verläuft der beinharte Zweikampf absolut fair. Auf den Plätzen vier und fünf etablieren sich zunächst die beiden Toyota-Piloten Jarno Trulli und Ralf Schumacher. Der Deutsche hatte sich zwar zunächst von Räikkönen überrumpeln lassen, kontert aber noch vor Ablauf der ersten Runde.
Im Verlauf der ersten 15 Runden werden – abgesehen vom Start und den ersten Kilometern – lediglich zwei Überholmanöver registriert. Zunächst unterläuft Barrichello ein Fahrfehler, den der vom Trainingssturz noch angeschlagene Speed zu seinem Vorteil nutzt, und dann muss sich der Honda-Brasilianer auch noch Villeneuve geschlagen geben.

Massa eröffnet die Serie der ersten Boxenstopps. In dieser Phase machen, wegen entsprechend später Stopps, die beiden »Toyoten« auf sich aufmerksam, als zunächst für eine Runde Trulli führt und Ralf Schumacher im direkten Anschluss für weitere zwei. Inzwischen hat Renault-Ingenieur Pat Symonds in die Trickkiste gegriffen. Bei seinem Service-Halt am Ende des 17. Umlaufs wird Alonso innerhalb von acht Sekunden mit reichlich Sprit für einen langen zweiten Stint versorgt, um das rote Führungs-Duo splitten zu können. Kurz darauf wird der Name Barrichello als Dritter – zwischenzeitlich strich nach Sato auch Monteiro die Segel – in die Liste der Ausfälle eingetragen. Der Honda-Motor des Südamerikaners verabschiedet sich mit einer gewaltigen Wolke seiner verdampfenden Lebenssäfte.
Bei Halbzeit bietet sich folgendes Bild: Michael Schumacher führt mit 16,2 Sekunden Vorsprung vor Alonso. Massa, der unmittelbar zuvor seinen zweiten von insgesamt drei Tankstopps einlegte, fehlen 26,6 Sekunden auf den Spitzenreiter. In einer Runde mit »Schumi« befinden sich außerdem Trulli, Fisichella, Ralf Schumacher, Räikkönen, de la Rosa – der gerade planmäßig in die Boxengasse abbiegt – Webber, Heidfeld und Coulthard.
Drei Runden später übernimmt der Renault-Fahrer Alonso zur Freude der einheimischen Fans die Führung, als Michael Schumacher Sprit und neue Reifen benötigt. Die französischen Zuschauer genießen den Anblick des hellblauen Spitzenreiters, zumal ihr Landsmann Franck Montagny als Schlusslicht des Feldes zirkuliert.
Gut fünf Minuten später ist die Welt aus der Perspektive des deutschen Ferrari-Stars wieder in Ordnung, denn nun muss auch der Titelverteidiger Verbrauchsmaterial nachfassen. Damit ist die alte Reihenfolge – Michael Schumacher vor Massa und Alonso – wieder hergestellt. Doch dank der Rennstrategie ist das Auto des Spaniers bereits fit für die Restdistanz, während Massa ein weiteres Mal an die Boxen kommen muss und lediglich gut zehn Sekunden vor Alonso liegt.
Prompt geht die Rechnung auf. Der amtierende Weltmeister ist längst vorüber, als Massa zu Beginn der 54. Runde die Restdistanz in Angriff nimmt. Auch Michael Schumacher muss ein drittes Mal halten, aber der liegt mit 34 Sekunden Vorsprung außerhalb der Reichweite des Spaniers und behält die Führung, als er zum Ende des 55. Umlaufs nach nur 5,9 Sekunden Service-Zeit wieder aufs Gaspedal treten darf. Anschließend kommen nur noch Rosberg, der Platz 14 behält, und Button an die Boxen. Der Brite allerdings nicht freiwillig, denn auch der zweite Honda streikt.
Nicht nur die ersten drei Plätze sind zu diesem Zeitpunkt bereits für den Mann mit der Schachbrettflagge sortiert, denn Buttons Ausfall bringt die letzte Positionsveränderung des 70-Runden-Rennens. Neben den Mitgliedern des Top-Trios kassieren auch Ralf Schumacher, Räikkönen, Fisichella, Montoya-Nachfolger de la Rosa und Heidfeld am Steuer des BMW WM-Punkte.
Der Zieleinlauf ist ein historisches Ereignis, denn wieder einmal wird ein neuer Rekord aufgestellt: Bereits zum achten Mal staubt Michael Schumacher in Magny-Cours den größten Pokal ab. Kein anderer F1-Pilot gewann zuvor derart viele WM-Läufe eines Landes. »Dieses Ergebnis«, gibt der nun 88-malige GP-Sieger – auch das ist natürlich eine neue Bestleistung – offen zu, »ist ebenso fantastisch wie unerwartet. Weil wir im Training nicht viele Long-Runs fahren konnten, tappten wir etwas im Dunkeln, was unsere Renn-Performance betrifft. Zwei Erfolge hintereinander – diesen Schwung müssen wir beibehalten, denn noch ist die Lücke zu Fernando sehr groß.«

Der Titelverteidiger, der noch vor wenigen Tagen als haushoher Favorit für den Renault-Home-GP gehandelt wurde, lässt sich seine Enttäuschung nicht anmerken. »Gemessen an den Umständen‹, erklärt er, ›ist das ein perfektes Resultat. Michael war ein wenig schneller als wir, daran änderte auch unser Strategie-Wechsel von drei auf zwei Stopps nichts.« Trotz des Verlustes von zwei weiteren WM-Punkten sieht sich der Spanier unverändert auf Erfolgskurs, zumal ihm der deutsche Gegner aus eigener Kraft nicht gefährlich werden kann. Alonso: »Die Situation war heute ähnlich wie zuvor in Imola und auf dem Nürburgring. Nach den beiden Schumacher-Siegen hatten viele erwartet, er werde in diesem Stil weitermachen. Tatsächlich aber reagierten wir mit dem Gewinn von 40 Punkten in vier Rennen. Ich gehe davon aus, dass wir nun vergleichbar kontern werden.«

Mit ganz besonderer Freude wird der Ausgang des französischen WM-Laufs in Hockenheim registriert. Zwei Schumacher-Siege in Folge sind die beste Werbung, die sich die Organisatoren des Grand Prix von Deutschland vorstellen können. Aber obwohl der rote Nationalheld die Werbetrommel so fleißig gerührt hat, werden sich die Fans in zwei Wochen im Badischen rar machen.

ERGEBNISSE UND AUSFÄLLE

1. Michael Schumacher	Ferrari 248 F1	1:32.07,803 = 200,967 km/h
2. Fernando Alonso	Renault R26	10,131 Sekunden zurück
3. Felipe Massa	Ferrari 248 F1	22,546 Sekunden zurück
4. Ralf Schumacher	Toyota TF106B	27,212 Sekunden zurück
5. Kimi Räikkönen	McLaren-Mercedes MP4/21	33,006 Sekunden zurück
6. Giancarlo Fisichella	Renault R26	45,265 Sekunden zurück
7. Pedro de la Rosa	McLaren-Mercedes MP4/21	49,407 Sekunden zurück
8. Nick Heidfeld	BMW F1.06	1 Runde zurück
9. David Coulthard	Red Bull-Ferrari RB2	1 Runde zurück
10. Scott Speed	Toro Rosso-Cosworth TR1	1 Runde zurück
11. Jacques Villeneuve	BMW F1.06	1 Runde zurück
12. Christian Klien	Red Bull-Ferrari RB2	1 Runde zurück
13. Vitantonio Liuzzi	Toro Rosso-Cosworth TR1	1 Runde zurück
14. Nico Rosberg	Williams-Cosworth FW28	2 Runden zurück
15. Christijan Albers	MF1-Toyota M16	2 Runden zurück
16. Franck Montagny	Super Aguri-Honda SA05	3 Runden zurück
Jenson Button	Honda RA106	62. Runde, Motor
Mark Webber	Williams-Cosworth FW28	54. Runde, Felge hinten links
Jarno Trulli	Toyota TF106B	40. Runde, Bremsen
Rubens Barrichello	Honda RA106	19. Runde, Motor
Tiago Monteiro	MF1-Toyota M16	12. Runde, Unfallfolgen
Takuma Sato	Super Aguri-Honda SA05	1. Runde, Kupplung
SCHNELLSTE RUNDE:	(46. Rd.) – Michael Schumacher, Ferrari 248 F1 1.17,111 = 205,931 km/h	

89. Sieg

Großer Preis von Deutschland
Hockenheim, 30. Juli 2006

Sieg für den Hausherrn

Zum letzten Mal in seiner langen Karriere gibt sich »König Schumi« im Motodrom die Ehre. Das Rennen selbst verläuft nach dem Geschmack der Fans – wäre da nicht ein Finne in Diensten von McLaren-Mercedes, der dem Fan-Idol die Pole wegschnappte. Dennoch: Schumacher fährt seinen 70. Sieg für Ferrari nach Hause und den 100. für die Reifenbäcker von Bridgestone.

Nach der Ankunft am Donnerstag drehen sich zunächst alle Gespräche um die Zukunft des Grand Prix von Deutschland. Es gilt praktisch als ausgemacht, dass die Formel 1 2007 nicht im Badischen antreten wird. F1-Drahtzieher Bernie Ecclestone bestätigt entsprechende Überlegungen, als er sagt: »Da sich viele Länder um die Ausrichtung eines WM-Laufs der Formel 1 bemühen, ist es sehr unwahrscheinlich, dass Deutschland zwei Rennen behalten wird.« Das klingt logisch, hat aber mit der Wahrheit nicht viel zu tun. Auf die Feststellung, dass sich Italien – mit Monza und Imola – in der gleichen Lage befinde und wohl auch einen GP abgeben müsse, wiegelt der Brite ab: »Das ist eine völlig andere Situation…« Offenbar ist es auch kein »Fairnessproblem«, über ein zweites japanisches Rennen nachzudenken, wie es bereits in den Jahren 1994 und 1996 – damals auf dem Circuit von Aida – gefahren wurde. Jetzt zieht der Circuit von Suzuka alle Register, um 2007 den Pacific Grand Prix auszutragen, weil man den nationalen WM-Lauf dann an die modifizierte Piste am Mount Fuji abtreten muss.
Das tatsächliche Problem ist rein finanzieller Natur. In Deutschland lässt sich mit dem GP-Sport nicht mehr so recht Kasse machen. Zu spät wurden die neuen Sitzplätze gebaut, denn die fetten Jahre sind – zumindest vorläufig – vorüber. Am notwendigen Interesse fehlt es nicht, aber die Eintrittspreise liegen für die meisten potenziellen Besucher eindeutig jenseits der Schmerzgrenze. Mister Ecclestones Lieblingsargument in diesem Zusammenhang – »Die Schuhe sind auch teurer geworden« – ist denen, die gern wollen, aber nicht können, ein schwacher Trost. Nürburgring-Chef Dr. Walter Kafitz hofft natürlich bereits, dass sich 2007 möglichst viele Fans in die Eifel aufmachen, wenn dort das einzige deutsche F1-Gastspiel der Saison gegeben wird. Ob das Rennen GP von Deutschland heißen wird, steht allerdings noch in den Sternen… Eine Lösung des Namensstreits zeichnet sich erst zu Saisonende ab, denn die beiden rivalisierenden »Pakete« – Nürburgring/ADAC/Europa GP auf der einen und Hockenheimring/AvD/ Deutschland GP auf der anderen – lassen sich zunächst nicht problemlos aufschnüren und neu zusammenstellen. Natürlich spielen dabei auch langfristige Verträge eine Rolle.
Bei 35 Grad im Schatten wird ein zweites Thema heiß diskutiert. Die bisher von den

Funktionären stets als legal eingestuften Masse-Dämpfer finden beim Scrutineering erneut den Segen der Ingenieure. Die kalte Dusche folgt umgehend: Die FIA kündigt an, gegen die Entscheidung der eigenen Ingenieure Protest einzulegen. Um nicht Gefahr zu laufen, zu einem späteren Zeitpunkt rückwirkend bestraft zu werden, verzichten die betroffenen Teams auf die umstrittenen Dämpfer, die sich zum Dauerbrenner des Sommers entwickeln und auch in Ungarn wieder ein Thema sein werden. Und was die Technik der Boliden des Hauses BMW betrifft, sind die Nose-Wings inzwischen verschwunden. Die FIA-Funktionäre vertreten die Meinung, die senkrechten Flügel seien ein Sicherheitsrisiko, weil die Sicht der Piloten eingeschränkt wird. Merkwürdig, dass dies den Fahrern selbst – und die sind in der Moderne des F1-Sports extrem auf die eigene Sicherheit bedacht – nicht aufgefallen ist...
Hohe Wellen schlägt auch die öffentliche Behauptung Ralf Schumachers, er habe in seiner Kindheit mit seinem älteren Bruder »nie viel zu tun« gehabt. Der Toyota-Fahrer: »So etwas wie Bruderliebe gab es zwischen uns nicht. Michael war für mich, weder privat noch beruflich, eine Orientierung. Bei Michael hat immer schon alles geklappt. Es wäre unrealistisch, ihn kopieren zu wollen. Eigentlich bin ich als Einzelkind groß geworden.« Ralfs Äußerungen sorgen im Vorfeld des Grand Prix für reichlich Gesprächsstoff. Doch als sich das Fahrerlager des Hockenheimrings am Donnerstag bei 35 Grad Sommerhitze – das Thema globale Erderwärmung wird in Deutschland ab August vorübergehend nur noch auf Sparflamme gekocht werden – füllt, zieht »Schumi II« einen Schlussstrich unter die »Affäre Einzelkind«, weil inzwischen ein normales Verhältnis zu seinem Verwandten ersten Grades bestünde.
Der Freitag verläuft dem modernen – bedauerlicherweise nicht gerade publikumsfreundlichen – Reglement entsprechend unspektakulär. Doch 24 Stunden später, als die »Friday-Onlys« das Feld geräumt haben und die Stamm-Piloten keine andere Wahl haben, als endlich ernsthaft ins Geschehen auf der Piste einzugreifen, bahnt sich im dritten Training dank des Verlaufs der Long-Runs aus Sicht der Zuschauer Erfreuliches an: Ferrari, und damit Michael Schumacher, zeichnet sich als stärkstes Team ab. Die vorgelegten Rundenzeiten sprechen in Verbindung mit dem sorgfältig registrierten Reifenverschleiß dafür, dass die Roten am Renntag die Favoritenrolle haben.
Entsprechend freuen sich die Fans darauf, im Qualifying Zeuge einer Pole-Fahrt des deutschen Ferrari-Stars zu werden. Doch der und seine Anhänger haben die Rechnung ohne Kimi Räikkönen gemacht. Nur wenige Kilometer von Stuttgart, dem Sitz des Konzerns DaimlerChrysler, entfernt, hat sich McLaren-Mercedes nicht das Vergnügen nehmen lassen, den Finnen »leicht« in die Zeitenjagd zu schicken, um an diesem Weekend zumindest einmal die Nase vorn zu haben. Die Taktik der Schwaben geht auf: Der Finne schüttelt in der Schlussphase von Q3 locker die »Vorstandszeit« von 1.14,070 Minuten aus dem Ärmel und schlägt »Schumi« damit um knapp zwei Zehntelsekunden. Alonso muss sich hinter diesen beiden sowie Massa, Button, Fisichella und Barrichello mit Platz sieben zufriedengeben.
Während sich Räikkönen über seine erste Pole im Verlauf der Saison 2006 freut, ziehen die beiden Titelanwärter lange Gesichter: Michael Schumacher, weil er vor eigenem Publikum so gern von ganz vorn starten würde, und Alonso, weil er am Sonntag nicht mehr tun kann, als Schadensbegrenzung zu betreiben. Seit dem GP der USA befindet sich der Spanier auf der Verliererstraße, deren Ende sich vorläufig nicht abzeichnet.

Am Renntag sind im weiten Rund des Motodroms die vom Veranstalter befürchteten großen Lücken auf den Rängen deutlich erkennbar. Wenn ein einheimischer Pilot beste Siegchancen hat und die RTL-TV-Einschaltquoten lebhaftes nationales Interesse an der Formel 1 beweisen, sich aber vor Ort trotzdem nur die Spitze des »Fan-Berges« sehen lässt, gibt es keinerlei Grund mehr, daran zu zweifeln, dass es tatsächlich allein die Eintrittspreise sind, die das potenzielle Publikum von einem Live-Besuch abhalten. Mister E. sollte vielleicht doch noch einmal über seine Schuh-Theorie nachdenken – solange auf den Straßen nicht mehr Leute gesehen werden, die barfuß unterwegs sind, muss angezweifelt werden, dass die Ecclestone´sche Theorie richtig ist...

Während sich 21 Piloten auf ihren Startplätzen postieren, steht Sakon Yamamotos, der Japaner hat Franck Montagnys Super Aguri übernommen, Bolide in der Boxengasse bereit, um das Rennen aufzunehmen. Als endlich beschleunigt werden darf, lässt sich Räikkönen Platz eins von niemandem streitig machen. Im Rücken des Finnen behalten die beiden Ferrari in ihrer Quali-Reihenfolge die zwei nächsten Ränge. Dahinter folgt »Fisico«, dann Button, der sich zwar auf den ersten Metern von beiden Renault niederkämpfen lässt, dann aber erfolgreich gegen Alonso zurückschlägt.

Noch bevor der erste Umlauf endet, tut sich allerdings weit mehr als das Scharmützel zwischen dem Honda-Briten und dem Renault-Duo: In der ersten Kurve begeht Jacques Villeneuve einen Kardinalfehler, als er seinen Teamkollegen Nick Heidfeld anrempelt. Damit legt er den Grundstein für seine Entlassung. Im Bereich der Spitzkehre nimmt »Schumi II« Coulthards Red Bull auf die Hörner. Ralf: »Die Vorderräder meines Autos blockierten – es gab nichts, was ich hätte tun können, um den Unfall zu vermeiden.«

Und die erste Runde ist noch lange nicht beendet. Nico Rosberg mutet seinem Williams eingangs des Motodroms ein wenig zuviel zu und fliegt in die Reifenstapel der Pistenbegrenzung. Wenig später erklärt er in den Boxen: »Ich bin echt frustriert, denn es hatte so viel versprechend begonnen. Mein Auto lief echt gut. Deshalb wollte ich in der ersten Runde möglichst viel Boden gutmachen. Aber dann brach das Heck ohne Vorwarnung aus, und ich konnte nicht mehr korrigieren. Ich wollte einfach zuviel. Offenbar muss ich noch lernen, mich manchmal etwas zurückzuhalten.«

Nach nur 4,5 Kilometern kommen Ralf Schumacher, die beiden Selbstverstümmler des Teams BMW und Rookie Yamamoto, das Getriebe seines flammneuen SA06 bockt, an die Boxen, um aufgetretene Schäden reparieren zu lassen.

Während Räikkönen seinen Vorsprung in der zweiten Runde von 0,8 auf 1,1 Sekunden ausbauen kann, muss Yamamoto aufgeben – seine Crew hat den Getriebedefekt nicht kurieren können. Weit vorn zeigt sich Button gut in Form, denn er kann Fisichella vom vierten Platz verdrängen.

Kurz darauf lernt Pedro de la Rosa nach dem Punktgewinn in Magny-Cours den grauen F1-Alltag kennen, denn sein Silberpfeil spielt nicht mehr mit. Nach nur zehn Runden braucht Pole-Setter Räikkönen Sprit. Michael Schumacher wird doppelt so lange seine Runden drehen können, was deutlich macht, dass er im Qualifying gut 20 Kilogramm schwerer als der Skandinavier unterwegs war. Kaum ist der McLaren mit Startnummer drei ausgeschert, da übernimmt »Schumi« kampflos die Führung. Er wird sie – selbst während der beiden eigenen Boxenstopps – bis ins Ziel nicht mehr abgeben, und sein brasilianischer Leutnant wird ihm wie ein Schatten folgen.

Am Ende der 31. Runde erlebt die Formel 1 einen historischen Augenblick, den niemand als solchen wahrnehmen kann: Jacques Villeneuve verliert seinen BMW im Motodrom aus der Kontrolle und kracht in die Pistenbegrenzung. Beim obligatorischen Debriefing nach dem Rennen fehlt der Kanadier unentschuldigt. Was niemand ahnt: Villeneuve wird sich bis Saisonende in keinem F1-Fahrerlager mehr sehen lassen. Im August erklärt sein Manager Craig Pollock offiziell, die Formel 1-Karriere des Ex-Weltmeisters sei nach 163 Rennen beendet.

Mit Jacques Villeneuve, der sich zum Ende des kommenden Monats in seiner Heimatstadt Montreal von 60.000 Zuschauern als Sänger feiern lassen wird, verliert der GP-Sport nach Juan Pablo Montoya den zweiten »Charakterkopf« innerhalb weniger Wochen. Deren Job im Cockpit haben längst andere übernommen, aber als Querdenker mit offen artikulierter eigener Meinung finden sie – zumindest bis Saisonende – keine Nachfolger.

Das Rennen verläuft so ganz nach dem Geschmack der Mehrheit der zahlenden Augenzeugen, die guten Grund haben, zehn Runden vor Ende des Rennens davon auszugehen, dass sich Michael Schumacher, Massa, Button, Räikkönen, Webber, Alonso, Fisichella und Trulli anteilmäßig den Punktekuchen teilen werden. Es kommt anders. Zunächst kann Räikkönen Button vom dritten Rang verdrängen und dann, acht Runden trennen ihn vom Mann mit der Schachbrettflagge, streikt die Technik im Auto des Australiers Mark Webber. Vier WM-Zähler vor Augen, erlebt der Mann vom Fünften Kontinent, wie der Motor seines FW28 zunächst dramatisch an Power verliert und den Chauffeur wenig später zur Aufgabe an die Boxen zwingt. Ein Kühlwasserschlauch hat sich gelöst, was den Verlust der für den V8 lebenswichtigen Brühe zur Folge hat.

Nutznießer des »DNF« von Mark Webber ist der Österreicher Christian Klien, der zuletzt beim Saisonauftakt in Bahrain gepunktet hatte. Seinen Platz im Team Red Bull Racing wird er trotz der Verdopplung seines Punktekontos langfristig gesehen nicht behalten können.

Nach 67 Runden wird das Rennen unter dem Jubel des Publikums abgewinkt. Auch wenn der Abstand zwischen dem Sieger und seinem Teamkollegen mit 0,7 Sekunden extrem knapp ist und auch die beiden Renault im Ziel nur durch Zehntelsekunden getrennt sind: Hoch her geht es in der Schlussphase lediglich im Kampf um Platz sechs zwischen den beiden Italienern Fisichella und Trulli, doch der Toyota-Fahrer kommt nicht nahe genug an seinen Vordermann, um einen erfolgreichen Angriff fahren zu können.

Der Erfolg des Publikumslieblings markiert seinen 70. Ferrari-Triumph und den 100. des Konzerns Bridgestone. Was bedeuten diese Jubiläen dem Rheinländer? »Das sind schöne Zahlen«, sagt er zufrieden, »aber aus meiner Sicht ist die Ziffer Elf noch wichtiger, denn mein Rückstand auf Alonso beträgt jetzt nur noch elf Punkte. Für uns war es ein perfektes Wochenende, und jetzt geht es darum, den Druck auf Renault aufrechtzuerhalten.« Gab es während des Rennens für ihn überhaupt kritische Momente? »Nein, weil wir so überlegen waren. Neben der Linie war es sehr rutschig, aber weil ich nicht am Limit fahren musste, war das aus meiner Sicht kein Problem.«

Titelverteidiger Fernando Alonso, der sich nicht nur dem Ferrari-Duo, sondern zusätzlich Kimi Räikkönen und Jenson Button beugen musste, ist gezwungen, kleine Brötchen zu backen. »An diesem Wochenende«, gesteht er ein, »haben das Team und ich alles gegeben – konkurrenzfähig waren wir trotzdem nicht. Ohne die Blasen auf den Laufflächen der Reifen hätte es vermutlich für einen Podestplatz gereicht, aber das sollte offenbar nicht sein.« Eine spätere Analyse wird zeigen, dass die Reifenprobleme als direkte Folge des Masse-Dämpfer-Verbots auftraten.

Der McLaren-Finne reagiert auf seinen »Bronze-Platz« mit der für ihn typischen Emotionslosigkeit. Ja, sein MP4/21 sei deutlich verbessert. Nein, problemlos sei sein Rennen nicht verlaufen, weil zunächst beim Boxenstopp ein Zentralverschluss klemmte, beim zweiten Stint die Reifen nicht mitspielten und außerdem die Hydraulik unter einem Schluckauf litt.

Während der Siegerehrung fällt auf, dass sich Michael Schumacher offenbar am liebsten auf der obersten Podeststufe einquartieren würde. Genießt er den Triumph überdurchschnittlich, oder nimmt er in der Siegerrolle bewusst Abschied von seinem Heimpublikum? Aufmerksame Beobachter interpretieren das jedenfalls so und werten es deshalb als Indiz dafür, dass der Kerpener zum Saisonende zurücktreten wird.

Eine kalte Dusche gibt es für beide Rivalen dann am Hungaroring – ein trübes Wochenende., in jeder Bezeihung. Schumacher läuft im Verlauf des dritten Trainings auf Alonso und Robert Kubica, den Mann, der Villeneuves Cockpit bei im BMW übernommen hat, auf und überholt die beiden – dummerweise werden rote Flaggen geschwenkt, was ihm zwei Strafsekunden fürs Qualifying einbringt. Dennoch wäre nicht alles verloren, hätte nicht Schumacher sich völlig verkalkuliert: Auf abbauenden Reifen unterwegs, lässt er sich auf einen völlig aussichtslosen und zeitraubenden Zweikampf mit de la Rosa im McLaren ein, den er nicht gewinnen kann. In der 67. von 70 Runden dann ist in der Schikane Heidfelds BMW schneller, doch anstatt ihn passieren zu lassen, hält der Kerpener gegen und runiniert die Spurstange seines 248 F1. Futsch sind damit auch die fünf WM-Punkte, die ihm bei besonnener Fahrweise geblieben wären. Schumacher, der es ver-

passt hat, entscheidend Boden auf Alonso gutzumachen (der bereits ausgefallen war), verteidigt seine taktisch unkluge Fahrweise mit einem Totschlag-Argument: »Ich bin Rennfahrer, also lasse ich mich nicht gerne überholen.« Dass er am Ende doch noch ein Pünktchen kassiert, ist der Tatsache zu verdanken, dass die FIA Kubicas BMW für zu leicht befindet und den Sechstplatzierten disqualifiziert.
Auch in der Türkei unterlaufen dem Seriensieger zwei dicke Patzer, die dazu führen, dass der »falsche« Ferrari-Fahrer den größten Pokal einsackt: Ein dummer Fehler im Qualifying hat ihn die Pole gekostete, daher wird Massa, der vor ihm liegt, an der Box zuerst abgefertigt. Dann, in seinem zweiten Stint, mit abbauenden Reifen, der zweite, der entscheidende fehler: Im Bereich der lang gezogenen Bergabpassage »Turn 8« gerät er über den Pistenrand hinaus. Der Abstecher kostete ihn 5,3 Sekunden – Zeit, die ihm beim letzten Boxenstopp fehlt. Massa gewinnt vor Alsonso und dem Rheinländer – Punkte auf den Spanier eingebüßt, nicht gutgemacht...

ERGEBNISSE UND AUSFÄLLE

1. Michael Schumacher	Ferrari 248 F1	1:27.51,693 = 209,277 km/h
2. Felipe Massa	Ferrari 248 F1	0,720 Sekunden zurück
3. Kimi Räikkönen	McLaren-Mercedes MP4/21	13,206 Sekunden zurück
4. Jenson Button	Honda RA106	18,898 Sekunden zurück
5. Fernando Alonso	Renault R26	23,707 Sekunden zurück
6. Giancarlo Fisichella	Renault R26	24,814 Sekunden zurück
7. Jarno Trulli	Toyota TF106B	26,544 Sekunden zurück
8. Christian Klien	Red Bull-Ferrari RB2	48,131 Sekunden zurück
9. Ralf Schumacher	Toyota TF106B	1.00,351 Minuten zurück
10. Vitantonio Liuzzi	Toro Rosso-Cosworth TR1	1 Runde zurück
11. David Coulthard	Red Bull-Ferrari RB2	1 Runde zurück
12. Scott Speed	Toro Rosso-Cosworth TR1	1 Runde zurück
Christijan Albers	MF1-Toyota M16	1 Runde zurück/ disqualifiziert
Tiago Monteiro	MF1-Toyota M16	2 Runden zurück/ disqualifiziert
Mark Webber	Williams-Cosworth FW28	60. Runde, Wasserleck
Takuma Sato	Super Aguri-Honda SA06	39. Runde, Hydraulik
Jacques Villeneuve	BMW F1.06	31. Runde, Unfall
Rubens Barrichello	Honda RA106	19. Runde, Motor
Nick Heidfeld	BMW F1.06	10. Runde, Bremsen/ Aufgabe
Pedro de la Rosa	McLaren-Mercedes MP4/21	3. Runde, Benzinpumpe
Sakon Yamamoto	Super Aguri-Honda SA06	2. Runde, Getriebe
Nico Rosberg	Williams-Cosworth FW28	1. Runde, Unfall
SCHNELLSTE RUNDE:	(17. Rd.) – Michael Schumacher, Ferrari 248 F1 1.16,357 = 215,650 km/h	

90. Sieg

Großer Preis von Italien
Monza, 10. September 2006

Weekend der Emotionen

Nullrunde für Alonso – Michael Schumacher kündigt Rücktritt an: Auf einen kurzen Nenner gebracht sind das die Schlagzeilen, die das Wochenende beherrschen. Vor diesem Hintergrund gerät Schumachers letzter Monza-Sieg beinahe zur Nebensache. Bis auf zwei Punkte hat er sich nun an Alonso herangekämpft. Es sieht gut aus für den roten Jäger...

Ein Wochenende vor dem Italien GP tritt Michael Schumacher anlässlich der »Ferrari Days« am Nürburgring auf. Dort verspricht er seiner Fan-Gemeinde, er werde alles tun, um Fernando Alonso spätestens in Sao Paulo abzufangen. »Und falls es mir nicht gelingt, in diesem Jahr Weltmeister zu werden, dann werde ich es in der nächsten Saison erneut versuchen.« Mit dieser unmissverständlichen Aussage, er werde seine F1-Karriere zumindest im Fall einer Niederlage im Titel-Duell gegen den spanischen Renault-Piloten fortsetzen, legt er ein letztes Mal eine falsche Spur, was seine Zukunftspläne betrifft. In Wahrheit ist die Entscheidung, den Helm an den Nagel zu hängen, längst gefallen. Weshalb sonst hätte er im Vorjahr dem Management der Scuderia empfehlen sollen, ab 2007 mit Kimi Räikkönen anzutreten?
Am Monza-Wochenende, auf diesen Termin hatte ihn sein Arbeitgeber im Mai festgenagelt, wird er das aussprechen, was er bisher nur versehentlich andeutete. Doch die Zeichen wollte kaum jemand erkennen, und selbst noch am kommenden Sonntagvormittag ist die Mehrheit der Mitglieder des F1-Zirkus fest davon überzeugt, dass Michael Schumacher »weitermacht«. Bereits im 16. Jahr – und vom ersten Tag an extrem beeindruckend – mischt der Rheinländer in der Szene mit, der er einen Stempel bisher unbekannter Prägung aufdrückte. Längst ist der Name dieses Mannes zum Synonym für die Formel 1 geworden. All das macht deutlich, weshalb sich so viele den GP-Sport ohne ihn nicht einmal ansatzweise vorstellen können.
Vor diesem Hintergrund ist die Anspannung groß, als der Superstar donnerstags im Fahrerlager erwartet wird. Eigentlich ist die Nervosität nicht angebracht, denn der Rheinländer hat längst wissen lassen, dass er das Top-Thema erst nach dem Ende des Rennens ansprechen wird. Um 16.20 Uhr – so spät wie selten zuvor – betritt er das Paddock und verschwindet umgehend in der roten Kommandozentrale seines Teams. 20 Minuten später gibt er eine erste »Audienz«. Im überfüllten Motorhome könnte man die oft zitierte Stecknadel zu Boden fallen hören, als er nach dem Mikro greift. Nach der Begrüßung stellt er fest, in den letzten Tagen sei in der Presse viel über ihn und seine Pläne geschrieben worden. Echten News-Charakter hat diese Aussage nicht, die sich wohl in erster Linie auf den Aufmacher eines Boulevardblattes bezieht, der vor wenigen Tagen den verbindlichen Rücktritt ankündigte. Eventuell spielt er

aber auch auf den Konter eines regional konkurrierenden Blattes an, das Michael Schumacher künftig als Silberpfeil-Piloten sieht. Michael Schumacher fährt fort: »Ich bitte um Verständnis dafür, dass ich heute nichts zu diesem Thema sage. Zunächst einmal will ich mich voll und ganz auf das Rennen und das Titel-Duell konzentrieren.« Damit kann sich die Szene wieder beruhigt dem Tagesgeschäft widmen. Der Traditions-Circuit von Monza, Europas älteste permanente Rennstrecke, ist bekanntlich der letzte verbliebene Hochgeschwindigkeitskurs des gesamten F1-Kalenders. Das erfordert zwangsläufig eine aerodynamische Abstimmung, die nur relativ wenig Abtrieb erzeugt. Nur dann, mit entsprechend reduziertem Luftwiderstand, kann man auf den langen Geraden wirklich schnell sein. Gemessen an der klassischen High-Downforce-Piste in Monte Carlo ist der Abtrieb um circa 25 Prozent reduziert. Trotzdem aber werden in Monza die höheren Abtriebswerte erzielt... Das liegt daran, dass die Flügel bzw. die komplette Außenhülle des Rennwagens inklusive Unterseite den gewünschten Effekt nur in Verbindung mit Fahrtwind erzeugen. Und der bläst aufgrund der extremen Geschwindigkeiten nirgendwo so heftig wie hier. So kommt es, dass auf den Monza-Geraden Abtriebswerte von deutlich über 1000 Kilogramm wirken.

Einer der größten Fans dieser Piste ist Christian Klien. Dem Österreicher macht das hohe Tempo richtig Spaß, und er weist auf einen interessanten Nebeneffekt hin: »Wenn man sich auf einer In-Lap den Boxen nähert und schon auf ungefähr Tempo 100 abgebremst hat, dann kommt einem das derart langsam vor, dass man das Gefühl hat, man könne bereits aussteigen.« Nick Heidfeld dagegen beteuert, es mache auf den Geraden grundsätzlich »keinerlei Unterschied, ob man 200, 300 oder 400 km/h schnell fährt«. Es sei auch keineswegs so, dass ihm die Piste jenseits der 300er-Marke extrem schmal erscheine.

Da es an den gewohnt großen Flügeln mangelt, fehlt es den Boliden natürlich an Grip, was sich besonders beim Bremsen und in den Kurven bemerkbar macht. Die Folge: Die Rennwagen rutschen in den Ecken, was die Reifen prinzipiell vor große Probleme stellen sollte. Wenn die Gummis in Wahrheit keinen Ärger bereiten, liegt das daran, dass es in Monza nur wenige Kurven gibt und sich die Pneus auf den Geraden regelmäßig »erholen« können. Auf diese Weise bleiben sie – ebenso wie die Bremsen – thermisch ausbalanciert.

Freitags beginnen die Aktivitäten pünktlich um 11.00 Uhr. Zwei Minuten später parkt Hondas »Dritter Mann«, Anthony Davidson, seinen RA106 mit Motorschaden in der »Curva Grande«, deren Zufahrt seit 1972 durch die unterschiedlichsten Schikanen gedrosselt wird. Der Vorfall sorgt zunächst für geringe Aufmerksamkeit und wird von den britischen Beobachtern unter der Rubrik »shit happens« abgelegt.

Schnellster der ersten Stunde wird der junge BMW-Pilot Sebastian Vettel, der nach seinem F1-Auftritt in der Türkei wieder seinem regulären Broterwerb, der Formel 3, nachging. »Es macht die Sache nicht einfacher«, erklärt er, »wenn man zwischen den beiden Formeln pendelt. Interessant ist meiner Meinung nach, dass der Umstieg von der F3 in die F1 leichter fällt als umgekehrt. Das liegt wohl daran, dass es so unglaublich viel Freude bereitet, das GP-Auto zu fahren. Das ist wirklich ein hervorragender Rennwagen.« Wie schon in Istanbul, überschreitet Vettel – der einheimische Speaker spricht den Namen hartnäckig »Vätäll« aus – das Speedlimit in der Boxengasse. Diesmal allerdings nicht zu Beginn der ersten Stunde, sondern auf den letzten Drücker... Sieben Minuten vor Ende des Trainings wird er bei einem Tempo von 74,3 km/h er-

wischt. Laut FIA-Tabelle entspricht das einem Bußgeld in Höhe von 3.500 US-Dollar. Auch die Mittags-Sitzung sieht den Neuling, der jetzt mit einer Runde in 1.22,631 Minuten Tagesbestzeit fährt, auf Platz eins. Und noch etwas wiederholt sich. Um 14.11 Uhr fängt Davidsons Honda ausgangs der zweiten Schikane Feuer. Die Ursache des Brandes ist ein Motorschaden. Nach diesem Schockerlebnis bleiben die beiden Stammpiloten Jenson Button und Rubens Barrichello sicherheitshalber in den Boxen.
Abends, es ist kurz nach 21.00 Uhr, werden der Königliche Park von Monza und die umliegende Region von einem heftigen Gewitter heimgesucht. Es gießt wie aus Eimern, aber den befürchteten Wetterwechsel bringt diese Einlage nicht.
Samstags hat Honda die Lehren aus den beiden Motorschäden des Vortages gezogen. Die brandneuen Achtzylinder der jüngsten Entwicklungsstufe wurden über Nacht aus den beiden Einsatzautos ausgebaut und durch die »Istanbul-Spec« ersetzt. Juristisch gilt das nicht als Motorwechsel, da Button und Barrichello bisher noch keinen Meter zurücklegten.
Des Rätsels Lösung ist das Reglement. Weil die Entwicklung der Motoren auf dem Stand der laufenden Saison eingefroren werden soll, bemüht sich jedes Team natürlich darum, eine möglichst fortschrittliche Spezifikation homologieren zu lassen. Der Haken: Die FIA berücksichtigt nur solche Ausbaustufen, die bis Saisonende bei zwei GP über die Runden kommen. Im Bemühen, diesen Job möglichst gut zu machen, gingen die Japaner offenbar einen Schritt zu weit: Ihr Motor für Übermorgen hat noch nicht die gewünschte Standfestigkeit. Aber noch stehen ja drei WM-Läufe aus.
Während die Autos der 22 Piloten für das dritte Training vorbereitet werden, lenkt Michelin ein wenig vom F1-Alltag ab. Bekanntlich steigt der Konzern zu Saisonende aus der F1 aus und deshalb zelebriert der Reifenhersteller vorsorglich einen Europa-Abschied. Bei dieser Gelegenheit geben die Franzosen Einblick in interessantes Statistikmaterial. So wurden seit dem Michelin-Comeback vor sechs Jahren unter anderem 2.250 kg Beefsteak, 1.800 kg Hühnchenfleisch, 620 kg Gänseleberpastete und 12.250 Baguettes an Gäste verfüttert. Parallel wurden 102.000 Liter Softdrinks und 1.850 Liter Wein getrunken.
Im Verlauf des dritten freien Trainings, das gern als Indikator für die Qualifying-Form gesehen wird, zeichnet sich ab, dass Ferrari und BMW sehr gute Form zeigen und Renault relativ schlechte.
Anschließend verläuft das Qualifying keineswegs unauffällig. Sieht man vom Ausscheiden des Australiers Mark Webber ab, trifft es in Q1 mit Yamamoto, Sato, Monteiro, Albers und Liuzzi zwar die üblichen Verdächtigen, aber die Session muss für knapp sechseinhalb Minuten unterbrochen werden, weil der linke Hinterreifen des Autos von Yamamoto platzt und die Piste partiell von Plastiksplittern und Reifenfetzen gesäubert werden muss. Der Vorfall hat Folgen in Q3. Kurz bevor die entscheidende Schlussphase beginnt, fängt sich Titelverteidiger Fernando Alonso hinten rechts einen Platten ein. Als sich der Pneu in seine Bestandteile zerlegt, werden Teile des Bodywork beschädigt. Die subjektiven Tifosi reagieren jubelnd.
Jetzt droht dem Spanier die Zeit davonzulaufen. Den Umständen entsprechend zügig fährt er an die Boxen, wo ein frischer Reifensatz montiert wird. Zur Reparatur der Schäden bleibt keine Zeit, denn nun muss sich Alonso sputen, um seine letzte fliegende Runde vor dem Ende des Qualifying zu beginnen. Auf seiner extrem schnellen Out-Lap, die er wenige Sekunden vor dem Abwinken beendet, wird er in beträchtlichem Abstand von Felipe Massa verfolgt, für den die Uhren gerade ticken...

Dann ist Feierabend, und Räikkönen, Michael Schumacher, Heidfeld, Massa, Alonso, Button, Kubica, de la Rosa, Barrichello und Fisichella belegen die ersten zehn Plätze. Während man bei Renault zu dem Schluss kommt, dass sich Alonso den Reifenschaden wohl als Folge des Yamamoto-Zwischenfalls einfing, werden Klagen seitens der Scuderia Ferrari laut. Massa, so heißt es, könnte anstelle von Räikkönen auf Rang eins stehen, wenn die durch Alonsos Renault verursachten Luftverwirbelungen nicht die Aerodynamik des Ferrari beeinträchtigt hätten. Einen Protest legen die Italiener nicht ein, aber die Stewards nehmen sich des Falles an.
Das tun sie allerdings mit zeitlicher Verzögerung, weil zunächst das Ende des GP2-Rennens – in dessen Verlauf sich Lewis Hamilton vorzeitig den Titel sichert – abgewartet werden muss. Um 18.29 Uhr wird das Urteil unterschrieben. Weil Alonso nach Ansicht der Funktionäre Massa unbedingt hätte Platz machen müssen, und dies nicht tat, werden ihm seine drei schnellsten Q3-Zeiten gestrichen. Damit rutscht er vom fünften auf den zehnten Startplatz.
Abends geht das traditionelle Media Dinner der Scuderia Ferrari über die Bühne. Anders als bei den vielen Malen zuvor, ist seitens des Gastgebers weder Freude noch Begeisterung spürbar. Luca di Montezemolo lässt sich gar nicht erst sehen. Die Ursache hierfür ist sicherlich nicht die Strafe, die Alonso aufgebrummt wurde. Es bleiben zwei Motive: Die bevorstehende Rücktrittsankündigung Michael Schumachers oder interner Zoff, der angeblich deshalb hinter den Kulissen ausgetragen wird, weil »Schumi« zuletzt immer wieder darauf gedrängt haben soll, Räikkönen wieder auszubooten und 2007 mit ihm und Massa anzutreten…
Am späten Sonntagvormittag bittet Renault zu einer Pressekonferenz. Die Atmosphäre ist angeheizt. Praktisch niemand hat Verständnis für die Bestrafung von Alonso. Auch Bernie Ecclestone hält das Urteil für unsinnig. Wenige Tage nach dem Rennen wird der Weltverband entscheiden, dass die Stewards künftig nur noch in Fällen besonders schwerer Behinderung eines Konkurrenten Recht sprechen dürfen. In den übrigen Fällen haben Charlie Whiting und seine Männer das Sagen.

Die Renault-PK ist kaum vorüber, da wird bei MF1 Wichtiges verkündet: Ein niederländisches Konsortium um den Sportwagenhersteller Spyker und die seit längerem interessierte Firma Lost Boys hat das Team übernommen. Die Nachricht vom Vollzug des Deals war allerdings schon vor zwei Tagen durchgesickert... Erstmals seit der Ecurie Maarsbergen haben die Niederländer wieder ein F1-Team. Der unschöne Ausklang des Tages: Red Bull Racing feuert Christian Klien mit sofortiger Wirkung, weil sich der Österreicher erlaubt hat, das Red Bull-Angebot abzulehnen, 2007 für die Getränkefirma in der ChampCar-Szene anzutreten.
Nach dem Start übernimmt das Trio Räikkönen, »Schumi« und Kubica die Führung. An der personellen Besetzung der Spitzengruppe wird sich bis ins Ziel nichts mehr ändern, wohl aber an deren Reihenfolge, da der Deutsche seinen ersten Tankstopp zwei Runden später als sein ursprünglicher Vordermann einlegt – die wenigen Kilometer freie Fahrt reichen dem Ferrari-Piloten aus, um nach dem eigenen Boxenstopp vor dem Finnen zu liegen. Da Kubicas BMW am Start das höchste Kampfgewicht auf die Waage brachte, kann er den ersten Service am längsten hinauszögern, was ihm fünf Führungsrunden einbringt, bevor er durch den eigenen Halt wieder auf Platz drei abrutscht. Trotzdem werden die Fans rund um die Piste Zeugen historischer Minuten, denn nie zuvor rangierte ein Pole während eines Grand Prix der F1-WM auf dem ersten Platz. Wenn Teamkollege Nick Heidfeld einen Tag nach seiner Superleistung im Qualifying im Schatten des Osteuropäers steht, dann sind das die Folgen eines Gerangels mit Michael Schumacher in der Startrunde sowie einer Drive-Through-Strafe wegen Speedings in der Boxengasse.
Im Rücken der Spitzengruppe fährt Alonso ein extrem starkes Rennen. Nach zwei Umläufen ist er bereits Sechster, und im weiteren Verlauf des GP arbeitet er sich kontinuierlich bis auf Rang drei vor, den er nach 41 Runden auf spektakuläre Weise übernimmt. Fast zeitgleich mit Kubica hat er ein letztes Mal Sprit und Reifen geholt. 6,2 Sekunden lang stehen die beiden Boliden still, dann rollen sie Seite an Seite zurück auf die Piste. Da der frisch bereifte Spanier auf der etwas günstigeren Außenbahn liegt, kann er das Krimi-Duell für sich entscheiden. Michael Schumacher, das ist den Tifosi in diesem Moment bewusst, wird dem Renault-Fahrer im Titelkampf also nur vier Zähler abnehmen können.
Doch lange hat der »Amtierende« keine Freude an Platz drei. Zu Beginn des 44. Umlaufs explodiert unter dem Jubel der Zuschauer der Motor des R26 – ein extra für den Power-Kurs installiertes Exemplar der D-Spec... Der Spanier äußert sich zu dem Malheur: »Was soll ich zu solch einem Tag sagen? Ohne die Strafe hätte ich easy mit um den Sieg fahren können. So aber musste ich in allen Bereichen ans Limit gehen.« Der Defekt wirkt sich auch negativ auf Nick Heidfelds Fahrt aus, denn er könnte sich den vor ihm liegenden Jarno Trulli schnappen und ihm damit Rang sieben abjagen, wenn die »Überholspur« vor der ersten Schikane – nur dort ist der Angriff möglich – wegen Alonsos Motoröl nicht zu rutschig für das notwendige Ausbremsmanöver auf der letzten Rille wäre.
Auf dem Weg vom Parc fermé zur Siegerehrung hält der Gewinner kurz inne und kämpft mit den Tränen. Dann genießt er die Zeremonie, bevor er die seit langem erwartete Erklärung abgibt: »Das ist ein ganz besonderer Tag – nicht nur wegen des Sieges und der neuen Situation im Titelkampf, sondern mehr noch mit Blick auf die Zukunft. Bereits seit längerem wird über meine Zukunft spekuliert, und Fans sowie Interessierte haben ein Recht darauf zu erfahren, wie es weitergehen wird. Es tut mir

leid, wenn das erst heute geschieht, aber ich brauchte dafür den richtigen Tag – und der ist gekommen. Um es kurz zu machen: Dies war mein letztes Rennen in Monza. Am Ende der Saison werde ich mich vom Rennsport zurückziehen.« Mit immer wieder feuchten Augen und gelegentlichen Schluckbeschwerden spricht Michael Schumacher noch minutenlang zum Thema. Er hat das Bedürfnis, sich bei seinen Angehörigen und Wegbegleitern zu bedanken und anscheinend auch den Eindruck, sich für seine logische und konsequente Entscheidung rechtfertigen zu müssen.

Bei drei ausstehenden WM-Läufen ist die Spannungskurve des Championats durch Michael Schumachers Triumph und das Motorenpech des Rivalen steil angestiegen. Nur noch zwei Pünktchen trennen das Duo. 6 : 6 steht es nach Anzahl der Siege. Mathematisch hat der Spanier die bessere Ausgangsposition. Psychologisch hat dessen roter Jäger die Nase vorn, denn wenn man einen 25-Punkte-Rückstand auf zwei Zähler verringert hat, dann erscheint der letzte kleine Schritt zur Übernahme der Führung einfach zu sein, während der Atem des Verfolgers dem Gehetzten langsam den Nachtschlaf zu rauben beginnt. Am ersten Oktober wird man im Reich der Mitte eventuell schon klarer sehen...

ERGEBNISSE UND AUSFÄLLE

1. Michael Schumacher	Ferrari 248 F1	1:14.51,975 = 245,814 km/h
2. Kimi Räikkönen	McLaren-Mercedes MP4/21	8,046 Sekunden zurück
3. Robert Kubica	BMW F1.06	26,414 Sekunden zurück
4. Giancarlo Fisichella	Renault R26	32,045 Sekunden zurück
5. Jenson Button	Honda RA106	32,685 Sekunden zurück
6. Rubens Barrichello	Honda RA106	42,409 Sekunden zurück
7. Jarno Trulli	Toyota TF106B	44,662 Sekunden zurück
8. Nick Heidfeld	BMW F1.06	45,309 Sekunden zurück
9. Felipe Massa	Ferrari 248 F1	45,955 Sekunden zurück
10. Mark Webber	Williams-Cosworth FW28	1.12,602 Minuten zurück
11. Christian Klien	Red Bull-Ferrari RB2	1 Runde zurück
12. David Coulthard	Red Bull-Ferrari RB2	1 Runde zurück
13. Scott Speed	Toro Rosso-Cosworth TR1	1 Runde zurück
14. Vitantonio Liuzzi	Toro Rosso-Cosworth TR1	1 Runde zurück
15. Ralf Schumacher	Toyota TF106B	1 Runde zurück
16. Takuma Sato	Super Aguri-Honda SA06	2 Runden zurück
17. Christijan Albers	MF1-Toyota M16	2 Runden zurück
Tiago Monteiro	MF1-Toyota M16	45. Runde, Bremsen
Fernando Alonso	Renault R26	44. Runde, Motor
Pedro de la Rosa	McLaren-Mercedes MP4/21	21. Runde, Motor
Sakon Yamamoto	Super Aguri-Honda SA06	19. Runde, Hydraulik
Nico Rosberg	Williams-Cosworth FW28	10. Runde, Antriebswelle

SCHNELLSTE RUNDE: (13. Rd.) – Kimi Räikkönen, McLaren-Mercedes MP4/21
1.22,559 = 252,604 km/h

91. Sieg

Großer Preis von China
Schanghai, 1. Oktober 2006

Der letzte Sieg des Michael Schumacher

Der letzte Sieg von Michael Schumacher ist die Krönung einer perfekten Renn-Strategie. Die Scuderia und der Rekord-Champion haben alles richtig gemacht, nun liegt der Rheinländer gleichauf mit Fernando Alonso.

Bereits zum dritten Mal steht das F1-Rennen im Reich der Mitte im GP-Terminkalender. Trotzdem will bei den meisten Mitgliedern des F1-Zirkus noch keine Routine-Stimmung aufkommen. Zu ungewohnt sind die niemals schlafende Mega-Stadt Schanghai und deren Bewohner, die nicht auf einen wirtschaftlichen Aufschwung warten, sondern ihn realisieren.
Trotz seiner zwei WM-Punkte Rückstand im Zwischenklassement liegt Michael Schumacher nach überwiegender Meinung der Öffentlichkeit im Titelkampf – zumindest was den psychologischen Aspekt betrifft – vorn. Der Deutsche hat sein großes Ziel, den achten WM-Titel zum Abschluss der einmaligen Karriere, seit Monza zum Greifen nahe vor Augen. Das beflügelt und stärkt die Moral. Andererseits spürt Fernando Alonso den Druck des Jägers immer deutlicher. Und der Motorschaden in Italien wirkt natürlich auch nicht gerade wie Balsam. Doch der Spanier hat ein ausgesprochen stabiles Nervenkostüm. Einen Tag vor Trainingsbeginn strahlt er im Fahrerlager des Circuit von Schanghai eine Ruhe aus, als habe er den WM-Titel bereits in der Tasche. Nicht ohne Stolz präsentiert er sich den Fotografen mit neuem »Piratenbart«. Den wird er sich allerdings am Samstagmorgen abnehmen – nicht ahnend, dass er 24 Stunden später von Michael Schumacher ein weiteres Mal rasiert wird...
»Ich gehe davon aus«, sagt der Spanier, »dass wir hier voll siegfähig sein werden. Ohne die unsinnige Strafe hätte ich auch in Monza siegen können. Wir sind in Top-Form, aber Ferrari wird ganz sicherlich auch hier ein harter Gegner sein.«
Michael Schumacher reagiert schlagfertig auf den Hinweis auf seine bisher eher dürftige China-Bilanz, die einen 14. Platz sowie einen Ausfall aufweist: »Da sollte es mir ja eigentlich nicht schwer fallen, mich zu steigern.« Dann wird er genauer: »Zwischen Renault und Ferrari geht es denkbar knapp zu, und daran wird sich bis zum Saisonende nichts mehr ändern. Letztlich geht es um Nuancen. Abgesehen von technischen Defekten wird es ausschlaggebend sein, ob die Reifen am Renntag optimal mitspielen. Das gilt für Fernando und für mich bei allen drei ausstehenden Rennen.« Abschließend räumt er ein, dass er froh sein wird, wenn er China am Montag mit einem

guten Ergebnis in der Tasche verlassen kann. Die beiden folgenden WM-Läufe des Restprogramms seien ihm aufgrund des Charakters der Pisten deutlich lieber als das Rennen auf dem Circuit von Schanghai.
Der erste Trainingstag endet mit einer Überraschung: Erstmals seit seinem Einstieg in die F1 ist Sebastian Vettel nicht Tagessieger. Von seiner Qualität hat er allerdings nichts verloren. Zwei Minuten vor Ende der zweiten Sitzung katapultiert er sich auf Platz eins. Damit scheint seine Serie gerettet, bis... ihm 22 Sekunden vor Ablauf des Trainings Alexander Wurz die Bestzeit mit 0,040 Sekunden Vorsprung wegschnappt. Mit dieser Leistung kann er sich natürlich sehen lassen. Ex-Friday-Only Robert Kubica bringt das Dilemma der dritten Piloten auf den Punkt, als er sagt: »Wenn du freitags schnell bist, dann sagen alle, dein Tank sei leer gewesen. Wenn du langsam bist, dann heißt es, der kann nichts.« Neben Vettel hat auch dessen Landsmann Michael Ammermüller, erstmals in der F1 mit von der Partie, einen guten Auftritt. Der neue »Dritte« des Teams Red Bull Racing wird Achter und erhält Lob von »ganz oben«, denn sein Namensvetter Schumacher erklärt: »Das war ein guter Einstand, speziell wenn man bedenkt, dass diese anspruchsvolle Rennstrecke nicht der ideale Ort für ein F1-Debüt ist.«
Kaum sind die beiden Trainingsstunden vorüber, da sickert aus dem Ferrari-Lager durch, dass in Massas Auto der Motor gewechselt werden muss. Entsprechend lang sind die Gesichter der Roten – auf Unterstützung durch den Brasilianer wird Michael Schumacher am Sonntag verzichten müssen. In Erinnerung an Monza spricht Renault-Teamchef Flavio Briatore von der »Gerechtigkeit des Himmels«, als ihm die Story vom Motorwechsel zu Ohren kommt.
In der Nacht auf Samstag regnet es sich in Schanghai und Umgebung ein. Morgens um 06.00 Uhr ist es windstill, und der Himmel präsentiert sich grau in grau, als wollten die Niederschläge niemals aufhören. Das tun sie dann aber überraschend – und alles andere als aus heiterem Himmel – bereits 120 Minuten später. Doch bei einer Luftfeuchtigkeit von satten 84 Prozent trocknet der Asphalt bis zum dritten freien Training nicht ab. Während dieser Sitzung – die Nässe hat sich inzwischen derart verflüchtigt, dass die Zeiten nur circa fünf Sekunden über den Vortagswerten liegen – proben »Schumi« und Alonso den Ernstfall. Die beiden Titelaspiranten sichern sich die Plätze eins und zwei, wobei der Ferrari-Pilot die Nase vorn hat. Knapp zwei Zehntelsekunden trennen die beiden. Das chinesische Publikum ist eindeutig auf Seiten des Deutschen und macht dies nicht nur durch Jubel und Applaus, sondern auch durch Transparente mit Aufschriften wie »Schumi, ich liebe dich, wirklich nur dich«, »Schumi, danke für die 16 Jahre« oder »Schumi, wenn du wirklich gehst, dann werde ich mir die F1 nicht länger anschauen« deutlich. Das spiegelt die jüngste weltweite FIA-Umfrage unter F1-Fans wider, die Michael Schumacher in der Publikumsgunst mit 28 Prozent Zustimmung ganz oben sieht. Fernando Alonso belegt laut dieser Studie hinter Kimi Räikkönen und Jenson Button mit sieben Prozent nur den vierten Rang.
Wie heiß in diesem dritten Training gefightet wird, machen die zahlreichen Fahrfehler deutlich. Mit Doornbos, Barrichello, Massa (zweimal), Yamamoto und Räikkönen (zweimal) werden insgesamt sieben Dreher gezählt. Auch Michael Schumacher bleibt nicht fehlerfrei und gerät kurz neben den Asphalt.
40 Minuten vor Beginn des Qualifying fängt es erneut an zu regnen. Damit, das hat

der nasse Auftakt des dritten Trainings bewiesen, haben die Bridgestone-Kunden schlechte Karten. Diese Theorie wird in der Praxis unmissverständlich untermauert. Nur einem der Bridgestone-Fahrer gelingt der Sprung in Q3, und dieser eine ist »natürlich« Michael Schumacher. Damit hat er den Hauch einer Chance auf einen halbwegs guten Startplatz wahren können, die er mit Platz sechs hinter Alonso, Fisichella, dem auf die Tausendstelsekunde gleich schnellen Honda-Pärchen Barrichello und Button sowie Räikkönen tatsächlich nutzen kann.
Nach dem Qualifying ist Michael Schumacher kurz angebunden wie selten. Einsilbig und lustlos versucht er sich bei Fragen aus der Affäre zu ziehen. Die schlechte Laune ist verständlich, denn nun spricht alles für einen Alonso-Sieg und damit für eine Verschlechterung der Ausgangslage im Titel-Duell.
Noch darf man bei Bridgestone auf eine Verbesserung der Bedingungen hoffen, doch als es sonntags kurz vor neun Uhr erneut zu regnen beginnt, stürzen – wie schon vor dem Qualifying – die Aktien derjenigen Piloten, die mit den japanischen Gummis unterwegs sind, in den Keller. Das Wetter scheint bei der Titelvergabe ein Wörtchen mitreden zu wollen.
Souverän ziehen die beiden – nun haushoch favorisierten – Renault davon, als die fünf roten Ampellichter erlöschen. Zwar hat es inzwischen wieder aufgehört zu regnen und die Boliden aller Akteure stehen auf Intermediates, aber die letzte Schauer sorgte noch einmal reichlich für »Nachschub«. Es wird bis in die Schlussphase dauern, bevor es ein Vorteil ist, Trockenreifen montieren zu lassen.
Abgesehen von einer Rangelei zwischen Kubica und Doornbos, die zwei Verlierer hat, verläuft die erste Runde problemlos. Vorn kann sich Alonso bereits im Verlauf der ersten 5,4 Kilometer 2,6 Sekunden von Fisichella absetzen. Und als der Spanier nach nur zehn Runden 11,5 Sekunden vor seinem italienischen Teamkollegen liegt, berechtigt dieser beachtliche Vorsprung zu der Überlegung, »Fisico« fahre nicht voll, um Alonso den Rücken freizuhalten. Auf Rang drei folgt Räikkönen ungeduldig drängelnd. Dahinter klafft je eine Fünf-Sekunden-Lücke zu Button und zu Michael Schumacher, der – vorbei an Barrichello – immerhin schon einen Platz gutgemacht hat. Nützen, so scheint es, wird ihm das nicht viel, denn auf Alonso fehlen dem Kerpener inzwischen über 22 Sekunden...
Runde 13 bringt auf den vorderen Rängen gleich zwei Platzverschiebungen: Kimi Räikkönen überholt Fisichella, und »Schumi« kann sich nach Barrichello nun auch den zweiten Honda schnappen. Alonso, Räikkönen, Fisichella, Michael Schumacher, Button und Barrichello – dahinter komplettieren de la Rosa und Heidfeld die Punkteränge. Schumachers Rückstand auf den spanischen Spitzenreiter ist inzwischen auf 25 Sekunden angewachsen. Die Weichen für dessen ersten F1-Sieg seit dem Kanada GP scheinen gestellt.
Das Bild ändert sich erneut, als sich der finnische Silberpfeil-Pilot mit grausam tönendem Achtzylinder verabschiedet – Gaspedal und Motor harmonieren nicht mehr im Sinne des Konstruktionsplans.
»Schumi« hat unmittelbar zuvor getankt, die angefahrenen Bridgestones bei dieser Gelegenheit allerdings nicht wechseln lassen, als Alonso zum Ende des 22. Umlaufs ebenfalls Service machen lässt. Weil er sich Sorgen um den linken Vorderreifen macht, lässt er sich vorn zwei neue Pneus montieren. Mit dieser Entscheidung – das zeigt die nächste Phase des Rennens – liegt der Titelverteidiger voll daneben.

Der so unterschiedlich bereifte R26 ist kaum fahrbar. Immer näher kommen Fisichella, der beim ersten Stopp wie Schumacher dem ersten Reifensatz treu geblieben ist, und der deutsche Ferrari-Star. In der 30. Runde zieht »Fisico« in Front, und einen Umlauf später kann sich Alonso auch nicht mehr erfolgreich gegen Michael Schumacher wehren. Gerade einmal 1,4 Sekunden trennen das neue blau-rote Führungs-Duo, das Fernando Alonso nun ohnmächtig ziehen lassen muss.
Die zweiten Stopps werden über Sieg und Niederlage entscheiden. Auf dem nur langsam abtrocknenden Asphalt – ab Runde 50 wird es später sogar wieder ein wenig tröpfeln – hatte Kubica bereits nach 24 Runden auf Trockenreifen gesetzt. Den Mut zum Risiko bezahlte er mit zwei Drehern und einem Rückgriff auf die Intermediates nach nur einer Runde. Inzwischen aber kann ernsthaft über den Einsatz der Rillenreifen nachgedacht werden, und Alonso setzt diese Überlegung nach 35 Umläufen in die Tat um. Weil sich der rechte Hinterreifen nicht montieren lassen will, dauert der Stopp 19,2 (!) Sekunden. Und als sei dieser weitere Zeitverlust nicht schlimm genug, stellt sich schnell heraus, dass es immer noch zu früh für Trockenreifen ist. Alonso verliert weitere Sekunden.
So fällt die Entscheidung ohne den Spanier. Nach 40 Runden lässt »Schumi« seinen Ferrari auf Trockenreifen stellen. Einen Umlauf später tut es ihm Spitzenreiter Fisichella gleich. Aber der Italiener hat sich, wie alle Michelin-Fahrer, für harte Gummis entscheiden müssen, und die benötigen einige Runden, um auf Betriebstemperatur

zu kommen. Knapp vor Michael Schumacher kommt der Renault mit Startnummer zwei zurück auf die Piste und steht dem Rheinländer auf den »kalten« Pneus geradezu im Weg. Beinahe kollidieren die beiden, dann sticht Schumacher auf der Innenbahn mit den beiden rechten Rädern im Abseits in Front und ist damit auf die Siegerstraße eingebogen.
Michael Schumacher hat den Zielstrich bereits als Erster vor Alonso und »Fisico« überquert, als es auf den hinteren Punkterängen drunter und drüber geht. Weil Nick Heidfeld durch die überrundeten Piloten Albers und Sato aufgehalten wurde, gerät sein sicher geglaubter vierter Rang auf den letzten Metern in Gefahr. Barrichello wittert eine Chance zum Überholen, rutscht aber auf der Bremse in Heidfelds BMW. Nutznießer sind Button und de la Rosa, die beide vorbeischlüpfen können, bevor auch »Rubinho« wieder Tritt fassen kann. »Quick Nick« kann von Glück sprechen, seinen ramponierten BMW noch über die Linie zu bringen, um vor Mark Webber Platz sieben zu retten.
Der neue WM-Zwischenstand lässt sich nach diesem Resultat in weniger als einer Sekunde »errechnen«. Gleichstand 116 zu 116 heißt das neue Zauberwort. Wenn Michael Schumacher trotzdem vor Fernando Alonso rangiert, dann hat er dies der Tatsache zu verdanken, dass er einen Saisonsieg mehr auf dem Konto hat. Da ist es verständlich, dass sich Michael Schumacher über die volle Punktzahl so freut wie selten zuvor.
Die meisten Beobachter sind sich in ihrem Urteil einig: Dies war einer der großartigsten Siege, die »Schumi« je nach Hause fuhr. Ob diese Bewertung korrekt ist, mag bezweifelt werden. Tatsächlich bot der Kerpener ein ausgezeichnetes und starkes Rennen. Aber den Sieg verdankt er letztlich den Fehlern des Rivalen und erst in zweiter Linie dem eigenen Auftritt. Von einem seiner wichtigsten Siege – zudem einem völlig unerwarteten – zu sprechen, ist deshalb angebracht. Auf diesen Punkt bringt er es selbst auch, als er sagt: »Diesen Erfolg werte ich als Überraschung. Beim Start dachte ich daran, dass es heute um nichts anderes als Schadensbegrenzung geht.«
Nach der Siegerehrung spielt sich eine Szene ab, die speziell die meist abergläubischen Einheimischen zum Nachdenken anregt. Bekanntlich gehört es in der Formel 1 unter dem Stichwort »Brauchtum und Sitte« dazu, die zuvor geschüttelten, aber trotzdem meist noch halbvollen, Champagner-Magnums vom Podest in die Hände eines fangbereiten Mechanikers fallen zu lassen. Auch diesmal gibt es eine Kostprobe dieser hohen Kunst, doch Alonsos Fänger entgleitet die Glasbombe, die auf dem harten Beton in tausend Scherben zersplittert. Dem Renault-Piloten scheint heute auch gar nichts gelingen zu wollen. »Schumis« Mitspieler fängt hingegen sicher auf und erhält Szenenapplaus. Aber ist es nicht so, dass Scherben angeblich Glück bringen…?
Auf der obligatorischen Pressekonferenz bietet Michael Schumacher das Kontrastprogramm zu seiner vom bevorstehenden Abschiedsschmerz geprägten Vorstellung in Monza. Jetzt schwärmt er: »Oh Mann, war das ein Wochenende. Freitags lief es ganz gut. Dann der Absturz – im Qualifying verpasste ich beinahe den Sprung in die Top-Ten. Mit Ach und Krach wurde ich Sechster und schaffte damit rückblickend die Voraussetzungen für den Sieg. Mit entscheidend war natürlich die Reifenstrategie, die ein wenig Glücksspiel-Charakter hatte. Doch wir machten alles richtig – zunächst die Entscheidung, den ersten Reifensatz nicht zu wechseln, und dann holte ich zum idealen Zeitpunkt Trockenreifen.« Während »Schumi« einige der glücklichsten Minuten seiner langen Karriere genießt, hat Fernando Alonso verständliche Schwierigkeiten, das harte Brot der Niederlage zu kauen.

Beim nächsten Rennen, in Suzuka, bringt aber dann die Vorentscheidung im WM-Duell. Der Motor von Michael Schumachers 248 F1 geht in der 37. Runde hoch. Damit verliert er nicht nur den sicher geglaubten Sieg, sondern auch den achten Titel. Der Motorschaden, der den scheidenden Superstar stoppte, ist der erste, der ihn seit dem 2. Juli des Jahres 2000 während eines Rennens trifft.
Schumacher nach dem Rennen: »Ich habe heute mein Bestes gegeben und lag in Führung, als mein Motor hochging. Damit habe ich keine Chance mehr, den Fahrertitel zu holen. Ich möchte jedenfalls nicht in der Hoffnung nach Brasilien reisen, dass dort mein Rivale ausfällt. Auf diese Weise möchte ich nicht Champion werden.«

ERGEBNISSE UND AUSFÄLLE

1. Michael Schumacher	Ferrari 248 F1	1:37.32,747 = 187,644 km/h
2. Fernando Alonso	Renault R26	3,121 Sekunden zurück
3. Giancarlo Fisichella	Renault R26	44,197 Sekunden zurück
4. Jenson Button	Honda RA106	1.12,056 Minuten zurück
5. Pedro de la Rosa	McLaren-Mercedes MP4/21	1.17,137 Minuten zurück
6. Rubens Barrichello	Honda RA106	1.19,131 Minuten zurück
7. Nick Heidfeld	BMW F1.06	1.31,979 Minuten zurück
8. Mark Webber	Williams-Cosworth FW28	1.43,588 Minuten zurück
9. David Coulthard	Red Bull-Ferrari RB2	1.43,796 Minuten zurück
10. Vitantonio Liuzzi	Toro Rosso-Cosworth TR1	1 Runde zurück
11. Nico Rosberg	Williams-Cosworth FW28	1 Runde zurück
12. Robert Doornbos	Red Bull-Ferrari RB2	1 Runde zurück
13. Robert Kubica	BMW F1.06	1 Runde zurück
Takuma Sato	Super Aguri-Honda SA06	1 Runde zurück/ disqualifiziert
14. Scott Speed	Toro Rosso-Cosworth TR1	1 Runde zurück
15. Christijan Albers	MF1-Toyota M16	3 Runden zurück
16. Sakon Yamamoto	Super Aguri-Honda SA06	4 Runden zurück
Ralf Schumacher	Toyota TF106B	50. Runde, Motor
Felipe Massa	Ferrari 248 F1	45. Runde, Kollision
Jarno Trulli	Toyota TF106B	39. Runde, Motor
Tiago Monteiro	MF1-Toyota M16	38. Runde, Dreher
Kimi Räikkönen	McLaren-Mercedes MP4/21	19. Runde, elektronischer Gaszug

SCHNELLSTE RUNDE: (49. Rd.) – Fernando Alonso, Renault R26
1.37,586 = 201,090 km/h

Großer Preis von Brasilien
Interlagos, 22. Oktober 2006

Generationswechsel

In seinem allerletzten Rennen, dem 250., beweist Michael Schumacher noch einmal seine Extraklasse. Der Mann, der die Formel 1 dominierte wie kein Fahrer vor ihm, fährt das vielleicht beste Rennen seines Lebens und setzt damit den Schlusspunkt hinter eine einzigartige Karriere.

Zum 23. Mal insgesamt und zum ersten Mal seit 2003 fällt die Entscheidung im Titelkampf beim letzten WM-Lauf des Jahres. Die Rennstrecke von Interlagos erlebte die Krönung des Champion zwar bereits in der Vorsaison, war aber noch nie Schauplatz eines solchen Finales beim Finale.

Um die letzten 2006er WM-Punkte aufzuteilen, reist der Formel 1-Tross – zumindest aus europäischer Perspektive – von Sukuka, einem Ende der Welt, zum anderen, was einem Reiseweg von mehr als 20.000 Kilometern entspricht. Die Bedeutung der Veranstaltung ist vor Ort nicht einmal ansatzweise spürbar. Trotz einiger Plakate mit der Aufschrift »O duelo final« und Portraits der beiden Titelanwärter scheint die Gemeinde Sao Paulo kaum Notiz von dem F1-Rennen nehmen zu wollen. Offenbar hat das mit knapp 20 Millionen Einwohnern größte Siedlungsgebiet des Amazonas-Staates andere Sorgen.

Die vor fast 20 Jahren von knapp acht auf 4,3 Kilometer verkürzte Rennstrecke von Interlagos, circa 25 km südöstlich des Zentrums gelegen, genießt in der Szene einen ausgezeichneten Ruf. Der in hügeligem Gelände eingebettete Circuit ist fahrerisch anspruchsvoll und von zusätzlichem Reiz, weil er – wie auch die Pisten in Imola und Istanbul – gegen den Uhrzeigersinn gefahren wird. Für eine Portion Extrabelastung für Mensch und Material sorgt der »Waschbrettbelag«, der sich immer wieder erfolgreich gegen zahlreiche bauliche Gegenmaßnahmen zur Wehr setzt.

Fernando Alonso lässt sich donnerstags – »natürlich« regnet es – bereits am späten Vormittag im Paddock sehen. Sein deutscher Rivale Michael Schumacher betritt die Szene erst nachmittags um 15.35 Uhr. Morgens nahm er im nahe gelegenen Hotel Transamerica an der inzwischen schon traditionellen Shell-Pressekonferenz teil, in deren Rahmen er sich vorsorglich bereits vom Kreis der deutschen Journalisten verabschiedete. Bei seinem Erscheinen im Fahrerlager empfängt ihn ein wahres Blitzlichtgewitter der Fotografen, die ihm von nun an kaum noch eine ruhige Minute lassen werden. Während »Schumi«, wie in Suzuka bereits verkündet, nicht mehr an einen Titelgewinn glaubt, hat sein Manager Willi Weber die Hoffnung noch nicht aufgegeben. Der Ferrari-Fahrer: »Ich habe hier zwei Ziele – ich möchte dem Team zum Gewinn des Konstrukteurs-Titels verhelfen und mich mit einem möglichst guten Resultat verabschieden.« Sein mit 20 Prozent an allen Einnahmen beteiligter väterlicher

Freund: »Michaels Ausgangslage ist natürlich nicht gut. Aber noch ist nichts entschieden. Solange wir nicht verloren haben, hat der andere noch nicht gewonnen.«
Der Titelkampf spielt im weiteren Verlauf des Weekend vor Ort nur eine untergeordnete Rolle. Und auch der spanische Renault-Fahrer wird nicht im Mittelpunkt des Interesses stehen. Vielmehr dreht sich alles, ob zu Recht oder nicht, um den Abschied des Michael Schumacher. Zu einmalig sind seine Erfolge, als dass sein letzter Auftritt als aktiver F1-Pilot nicht alles andere in den Schatten stellen würde. Um deutlich zu machen, wer da die Asphaltbühne verlässt, vorab ein paar statistische Zahlen, die in den F1-Geschichtsbüchern ab Sonntagabend unter dem Stichwort »Michael Schumacher« zu finden sind: 249 Grand Prix. 91 Siege. 43 zweite und 20 dritte Plätze. 68 Pole-Positions. 115 Startplätze in Reihe eins. 76 schnellste Rennrunden. 1364 WM-Punkte. 13.909 Rennrunden. 66.164 Rennkilometer. Bei 141 GP in Führung liegend. 189 Platzierungen auf einem der Punkte-
ränge. 5.108 Führungsrunden. 24.127 Führungskilometer. 22 Hattricks – Pole, schnellste Rennrunde, Sieg. Auf Wunsch ließe sich die Auflistung von Superlativen »endlos« fortsetzen. Beispielsweise durch den Hinweis, dass »MSC« dank seiner 154 Podiumsplätze mehr als elfeinhalb Stunden seines Lebens auf F1-Siegerpodesten stand, Nationalhymnen lauschte, Hände schüttelte, Pokale entgegennahm und – von wenigen Ausnahmen abgesehen – Champagner versprühte. Dieser Rechnung liegt eine durchschnittliche Siegerehrungsdauer von viereinhalb Minuten zugrunde.
Während der beiden Freitags-Sitzungen fahren – auf inzwischen trockenem Asphalt – zunächst Kimi Räikkönen und dann Alexander Wurz Bestzeit. Erwartungsgemäß kann Sebastian Vettel auch auf diesem Circuit mithalten, denn der BMW-Pilot landet in der addierten Tageswertung auf Platz drei.
Die beiden Hauptakteure Fernando Alonso und Michael Schumacher greifen erst im Verlauf der zweiten 60 Trainingsminuten ein und begnügen sich zunächst mit den Rängen zehn respektive sechs. Der Rheinländer bedankt sich anschließend ausdrücklich bei BMW, weil das Team mit Heckflügelaufschrift »Danke Michael« unterwegs war, dann erklärt er: »Natürlich bin ich mir voll bewusst, dass dies mein letzter F1-Freitag ist, aber wenn ich im Auto sitze und das Helmvisier `runterklappe, dann fühlt sich alles unverändert an. Im Cockpit ist man so sehr auf die Arbeit konzentriert, dass Gedanken dieser Art gar nicht erst aufkommen.« Zu diesem Zeitpunkt hat der Kerpener – nach dem Kreuz, das ihm sein Sohn Mick als Glücksbringer mit auf den Weg gab – bereits ein zweites Abschiedsgeschenk erhalten: Ein großes Foto, das ihn beim Boxenstopp zeigt und von allen abgelichteten Helfern mit persönlichen Wünschen signiert wurde. Ein kurzer Blick des Rheinländers genügt, um mit feuchten Augen zu reagieren. »Nein«, sagt er, »das kann ich jetzt nicht lesen… ich werde mir das Bild am Montag anschauen, wenn alles vorüber ist.«
Am Vormittag des zweiten Trainingstages wird deutlich, dass die beiden Ferrari-Piloten eine Klasse für sich darstellen. Überlegen führt das Duo die Rangliste des dritten Trainings an. Der für Michael Schumacher so wichtige Sieg rückt damit theoretisch in greifbare Nähe.
Bei Asphalttemperaturen von 36 Grad Celsius nimmt das Qualifying zunächst einen unauffälligen Verlauf: Je zwei Spyker und Super Aguri sowie »DC« und Speed werden in Q1 aussortiert. Der zweite Durchgang fordert mit Jenson Button, der seinen Honda morgens noch auf Platz drei stellte, ein unerwartetes prominentes Opfer. Den Briten

trifft keinerlei Schuld, denn sein RA106 ist aufgrund eines Elektronik-Problems, das die Traktionskontrolle lahmlegt, nicht konkurrenzfähig. Button: »Es ist ein Jammer, wenn man ein derart gutes Auto hat und dann vom 14. Startplatz aus ins Rennen gehen muss.« Auch Nico Rosberg ist »out« und ärgert sich: »Für das letzte Rennen des Jahres hätte ich mir einen besseren Startplatz gewünscht. Ich war wohl zu vorsichtig und frage mich selbst: Weshalb warst du so ein Weichei und bist ausgangs der Kurven nicht früher aufs Gas gegangen?«
Während der Suomi-Germane mit sich hadert, lassen die verbliebenen zehn Akteure ihre Boliden auftanken, um Q3 in Angriff zu nehmen. Jetzt beginnt die Phase des »Auto leicht Fahrens«. Kaum sind die Rennwagen unterwegs, da haben die Verantwortlichen der Ferrari-Crew Schweißperlen auf der Stirn: »Schumi« bewegt sich in Schleichfahrt, und an der Boxenmauer weiß man, weshalb – der Benzindruck ist nahezu komplett zusammengebrochen... So wird Schumachers Out-Lap zur In-Lap und der 248 F1 verschwindet in den Boxen, die er bis zum Ende der Sitzung nicht mehr verlassen wird.
Ohne dass der scheidende Ex-Champ ins Geschehen eingreifen kann, sichern sich Massa, Räikkönen, Trulli und Alonso die beiden ersten Startreihen. Der deutsche Pechvogel ist ebenso enttäuscht wie gefasst, als er sagt: »Solche Dinge passieren halt. Ich werde natürlich trotzdem versuchen, das Beste aus der Situation zu machen und morgen von der ersten bis zur letzten Runde fighten.«
Im Lager der Roten lassen die Mitarbeiter die Köpfe hängen. Zum zweiten Mal innerhalb von nur zwei Wochen hat die Technik Schumacher im Stich gelassen. Immer wieder erkundigen sich Mechaniker seiner Crew im engsten Schumacher-Umfeld: Ist Michele sauer auf uns? Sie werden beruhigt. Der Superstar, der um 17.00 Uhr mit ernster Miene in Richtung Hotel aufbricht, ist keineswegs wütend – dafür aber umso frustrierter.
Am Morgen des Renntages wartet der »Sperrriegel« der Fotografen am Eingang des Fahrerlagers bis 10.15 Uhr auf Michael Schumacher. Nach dem Passieren eines der Drehkreuze geht er mit hastigen Schritten hinüber zu den Ferrari-Boxen. Sein letzter F1-Arbeitstag hat begonnen; Fernando Alonso ist bereits vor 20 Minuten eingetroffen. Fünfzehn Minuten vor dem Start geht, einen großen Pokal in Händen, Edson Arantes do Nascimento ins Startfeld. Der unter seinem »Ballkünstlernamen« Pelé bekannte Ex-Kicker überreicht die Trophäe Michael Schumacher für dessen Lebenswerk. »Schumacher«, erklärt der Brasilianer, »ist der Pelé des Motorsports.« Wenig später schlendert Kimi Räikkönen zu seinem Auto. Martin Brundle, einst »Schumis« Teamkollege bei Benetton und jetzt als ITV-Reporter unterwegs, stoppt den Finnen und sagt ihm vor laufender Kamera mit Hinweis auf die Ehrung: »Du hast etwas verpasst.« Der McLaren-Fahrer erklärt seine Abwesenheit ohne die geringste Rücksicht auf das live zuschauende englische Fernsehpublikum: »Ich war auf dem Klo.« In Wirklichkeit hat er es noch viel drastischer formuliert. Im Gegenzug beweist Brundle, dass ihn immer noch ein schnelles Reaktionsvermögen auszeichnet, indem er antwortet: »Dann bist du ja gleich leicht unterwegs.«
Während die Spitze das Feld nach dem Start in der Reihenfolge Massa vor Räikkönen, Trulli und Alonso anführt, machen Michael Schumacher und Jenson Button im Verlauf der ersten Runde je vier Plätze gut. Aber es tut sich weit mehr, als die ersten Wiedergutmachungsversuche der beiden Samstagspechvögel: In der Bremszone vor

»Turn 4« rauscht Nico Rosberg seinem australischen Teamkollegen ins Heck. Webber muss anschließend an den Boxen aufgeben, die Rosberg gar nicht erst erreicht – ohne Frontflügel mutet er seinem FW28 ein zu hohes Tempo zu und knallt deshalb in »T14« in die Planken. Die Spitze ist in Runde zwei, als Charlie Whiting das Safety-Car auf die Bahn schickt, um aufräumen zu können. Mit Beginn des siebten Umlaufs wird das Tempo nicht mehr diktiert. Sofort setzt Michael Schumacher, der Barrichello unmittelbar vor der SC-Phase überholt hatte, Fisichella unter Druck und schnappt sich den Italiener zu Beginn der neunten Runde. Bei dem Überholmanöver, das der Angreifer in »Senna´s S« auf der Außenbahn (!) fährt, geht es um Millimeter. Als Schumacher zurück auf die Ideallinie lenkt, kommt es zu einer Berührung zwischen dem Renault-Frontflügel und dem linken Hinterreifen des Deutschen. Der Pneu wird beschädigt – Luft tritt aus, und fast eine komplette Runde trennen den Deutschen von den Boxen... Ein zunächst völlig irritierter Alonso bekommt umgehend den Funkbefehl, seinen Motor nicht mehr voll auszudrehen.
Als Schumacher die Box nach dem notwendigen Stopp wieder verlassen kann, findet er sich auf dem 19. und damit letzten Platz wieder. Doch wie hatte er am Vortag gesagt? Er werde bis zur letzten Runde fighten.
Während sich Michael Schumacher zunächst daranmacht, die 35-Sekunden-Lücke zu Monteiro zuzufahren, folgt der nächste Doppelausfall. Im Abstand von nur einer Runde streichen beide Toyota die Segel, weil ihre Autos unfahrbar sind – die hinteren Radaufhängungen machen schlapp.
Nach 36 Runden bietet sich auf den Punkterängen folgendes Bild: Massa führt vor Alonso, Button, Räikkönen, Fisichella, Barrichello, Kubica und Michael Schumacher.
Tatsächlich fährt sich »Schumi« noch bis auf den vierten Platz vor und beeindruckt dabei speziell durch sein spektakuläres Überholmanöver gegen Kimi Räikkönen. Was wird wohl aus Ferrari, wenn das Duell »Vergangenheit gegen Zukunft« derart klar zu Gunsten des scheidenden Piloten ausgeht? Natürlich, an diesem Tag ist das rote Gesamtpaket dem silbernen zweifelsfrei haushoch überlegen, doch die Frage drängt sich dennoch auf...
Gut 90 Minuten nach dem Start gehört das letzte Rennen der Saison 2006 der Geschichte an. Zu Ehren des neuen und alten Champion gibt's Stanniol-Konfetti zur Siegerehrung. Vier Piloten freuen sich ganz besonders: Felipe Massa, weil er als erster Brasilianer seit Ayrton Senna im Jahr 1993 einen Home-GP gewonnen hat; Fernando Alonso, der im Alter von 25 zwei F1-Titel in der Tasche hat; Jenson Button, der es überraschend bis aufs Treppchen gebracht hat – und natürlich auch noch Michael Schumacher. Bevor er sich gemeinsam mit Ehefrau Corinna, Vater Rolf, Willi Weber und dem engsten Freundeskreis zum Feiern zurückzieht, erklärt er: »Zunächst möchte ich Felipe zu seinem Sieg und Fernando zum Titelgewinn gratulieren. Mein eigenes Rennen wurde heute leider durch den Reifenschaden beeinflusst. Immerhin konnte ich anschließend einigen Boden gutmachen. Jetzt heißt es Abschied nehmen. Es gibt so viel, was ich über meine Freunde bei Ferrari sagen könnte, aber leider ist es schwierig, die richtigen Worte zu finden...« Inoffiziell fügt er hinzu, dass er dieses Rennen so gern gewonnen hätte und dass ihm dies ohne den Reifenschaden trotz des Quali-Pechs locker gelungen wäre: »Mein Auto flog heute geradezu – ich hätte vermutlich alle überrunden können.«
Und keiner der Millionen Fans, die vor den Bildschirmen saßen, wird ihm widersprechen.

Deutsche
Vermögensberatung
Marlboro
PUMA